The Penguin History of the WORLD

企鹅全球史

I 古典时代

〔英〕
J.M. 罗伯茨
O.A. 维斯塔德
———— 著

陈恒　贾斐等
———— 译

中国出版集团　　东方出版中心

图书在版编目（CIP）数据

企鹅全球史：第六版 /（英）J. M. 罗伯茨，（英）
O. A. 维斯塔德著；陈恒等译. －上海：东方出版中心，
2020.10（2023.4 重印）
　ISBN 978-7-5473-1615-3

Ⅰ. ①企… Ⅱ. ①J… ②O… ③陈… Ⅲ. ①世界史－
通俗读物 Ⅳ. ①K109

中国版本图书馆CIP数据核字（2020）第047800号

上海市版权局著作权合同登记：图字09-2018-314号

企鹅全球史（第六版）

著　　者　〔英〕J. M. 罗伯茨　　〔英〕O. A. 维斯塔德
责任编辑　刘　鑫
装帧设计　热带宇林

出版发行　东方出版中心
地　　址　上海市仙霞路345号
邮政编码　200336
电　　话　021－ 62417400
印　刷　者　山东韵杰文化科技有限公司

开　　本　890mm × 1240mm　1/32
印　　张　45
字　　数　1061千字
版　　次　2020年10月第1版
印　　次　2023年4月第6次印刷
定　　价　198.00元

目　录

第六版序言

　　约翰·罗伯茨是一位非常了不起的历史学家，他撰写的这套世界史，可能是用英语撰写的同类著作中迄今为止最优秀的。我第一次阅读这本书时，还是一个在小镇上长大的少年，这本书宽广的视野令我震惊：罗伯茨不仅是在"复述"历史，他是在"讲述"它；他勾勒出了人类发展进程的宏伟，又没有遗失掉驱动它前行的伟大故事。他注意到了那些意想不到的、突然的偏离，因为这些不能很轻易地与之前的轨迹相融，于是更加需要解释一番。他深信人类调整与改变的能力，但又绝不会让历史流于目的论，从不相信我们的某段历史只能指向一种结果。罗伯茨理解历史的复杂性，但也知道需要简单地加以讲述，这样才能让尽可能多的人们得以据此进行反思：到底是什么创造了我们今天生活的世界。一言以蔽之：他正是我想要成为的那种历史学家。

　　因此很多年后，当企鹅出版社请我试着全面修订罗伯茨这部经典著作，推出第六版时，我非常荣幸。2007 年罗伯茨已经逝世，我对第五版进行了些许修订：事实证明，那是一项非常艰难的工作，因为作者在于 2003 年逝世前已经开始亲自着手修订，但没能完工，而我的工作就是在他的基础之上做些小的修补。这次经历让我很想做一次更全面的修订，在尽可能忠实于作者原来主旨的前提下，将我们的历史知识进一步推进，而这些方向可能是罗伯茨当年还意料不到的。所以现在你们读到的远远不仅是简单的增订，而是根据新的历史知识和解释对文本进行的重构。我希望，这将是为新世纪而写的一本新的世界史。

本书的第一版是在 1976 年推出的，罗伯茨的撰写过程则是在 20 世纪 60 年代晚期完成的。第一版在英国和美国都获得了极佳的反响，当时就有一些评论家称之为"经典"和"当代无可匹敌的世界通史著作"。有些人认为本书写得太"学术"，难以赢得更广泛的读者群（有一位评论家觉得这书对他的本科班学生们来说太"艰涩"了）。其他人遵循当时的时代风气，批评该书太过"精英主义"，或太关注西方的兴起。但广大读者却很欣赏罗伯茨高屋建瓴的能力和优美的行文。他的这本全球史甫一推出就成为畅销书，迄今已经售出 50 多万套。是读者们，而不是评论家们，让它成为今天还在印行的全球史著作中的翘楚。

此后，在约翰·罗伯茨生活和工作的英国，历史学发展经历了数个不同的阶段，他也一直持续修订这本著作。尽管他对文本的修订每一步都清晰可辨，但他的基本观点并没有发生大的改变。欧洲之外的历史对他来说变得越来越重要，现代早期的历史也是如此（尤其是 16 世纪）。年岁渐长的罗伯茨或许已经不那么关注文化差异了，也以比年轻时更加开放的心态看待历史发展的结果。但这些都不是根本的改变，文本的主体在第一版和第五版之间始终没有大动。

想要对自己非常赞赏的文字进行修订，就需要经常（也令人愉悦地）与作者进行对话互动。罗伯茨和我在对待历史的立场上人体相同：总体来说，有主有次比事无巨细更加重要；影响着我们今日发展的历史进程，比没有这种作用的进程（即使它们在当时也非常重要）

更为重要。罗伯茨在第五版序言中对此有极好的说明：

> 我从一开始就抱定想法，要争取在能够辨识出那些有着普遍
> 影响力的因素的地方，直接指出这些因素。它们的影响范围最为
> 深远。我不想仅仅再次去收集传统意义上的重要主题。我希望避
> 免罗列细节，而是要从影响到最大多数人类的主要历史进程（它
> 们给后世留下了大量遗产）入手，并展示它们之间的对比与相互
> 关系。我没有试图去撰写所有主要国家或人类活动所有领域的连
> 贯历史，我相信，若要事无巨细地记录过去的史实，就应该去编
> 一本百科全书……
>
> ……我力图强调那些看起来重要的事情，而不是我们大家熟
> 知的事情。因此，不论路易十四是法国和欧洲历史上多么杰出的
> 人物，他都可能被一笔带过，写得比像中国的辛亥革命等事件更
> 为简略。

普遍的、主要的、本质的，这些是罗伯茨这部世界史的关键，我
希望它们对我来说仍然与对他一样至关重要。

当我们有分歧时（往往是由我们在历史理解上的新突破激发的），
对话就会产生观点上的差异，这时我常常赢得胜利（尽管有时候他靠
固执己见也会占上风）。比如，我们都相信，在 16 世纪到 20 世纪这
个时段里，世界史是由西方的兴起所主导的。不过，我们对这场"大
加速"的根源有不同看法：罗伯茨认为，其中的重要因素可溯源到古
典时代；而我发现，它们的主体更加浅近，就在公元 1500 年前后那
段时间。不过，这种分歧对本版修订的影响不大：不论我是否认为欧
洲社会在 19 世纪的优势地位源于古典时代的发展势头，这都不会影
响到我对罗伯茨论希腊和罗马部分的修订。

　　我对第六版的修订主要如下：我对卷一进行了部分改写，融入了最近十年间考古学和人类学对地球上早期人类生活的重大发现。我扩展了卷二至卷四当中有关印度和中国的篇幅。我在卷四和卷六中加入了关于主要移民模式的一些新认识，并增订了对欧亚大陆中部、伊斯兰世界早期和拜占庭帝国晚期的讨论。我还在卷七和卷八中增加了关于科学、科技和经济史的讨论的分量。最后，根据我们今天新的理解，我在合适的地方加大了对女性和年轻人的社会、文化作用的呈现。我当然意识到，关于历史的新解释和新认识会不断增加，或许在今天的增速还远远快于过去（人们常说，历史已经不再是过去的历史了）。但很多常量却始终留存，比如将人类历史联结为一体的那些因素。比如，罗伯茨和我一致认为，人类文化之间的交流与合作，始终比它们之间的对抗更为重要，而这种模式在未来还可能持续。在这里我要再次引用罗伯茨在第五版序言中的话：

　　　　我们总能获得对事件意义的新解释。例如，我们最近总能听到许多关于文明冲突的讨论，据称它们正在进行或将要发生。显然，最近几十年里，人们又重新认识到了伊斯兰世界的独特性，以及它制造出的新热点，这些都大大影响到了这种断言。我已……给出了拒绝这种观点的理由……认为这些言论的论据不够充分，而且过于悲观。但显然没人能够否认，在被我们泛泛称作"西方"的地区和许多伊斯兰国家之间，确实累积了不少紧张态势。在最近的几个世纪里，既是存心又是无意，有时甚至出于偶然，来自西方的干扰因素已经打搅和困扰了许多文化传统，伊斯兰只不过是其中之一（对于全球化概念绝不能仅仅从最近几年的视角来加以看待）。

　　约翰·罗伯茨试图让他这本史书成为这样一种渠道：理解族群之间及个体之间如何互动，以及这样的互动又如何变成总是带来多重结果的意义和重要性之网。我希望我修订的版本也能服务于这样的主旨。如果要让历史研究对于尽可能多的人富有意义，那么就有必要强调长时段而非短时段，并理解人类无穷的变化潜能。

O.A.维斯塔德教授

2012 年 7 月

作者介绍

罗伯茨（J. M. Roberts）生于英国巴斯市（Baith），就学于牛津大学。1953 年至 1979 年，他担任牛津大学默顿学院的研究员和导师；1979 至 1985 年，任南安普顿大学副校长；1985 至 1994 年，任默顿学院院长。自 1967 年至 1976 年，他曾担任《英国历史评论》的合作编辑。罗伯茨著有《欧洲：1880—1945》《秘密社团的神话》《右派看巴黎公社》《革命与改良的年代》和《法国大革命》。1985 年，BBC 二台播放了罗伯茨创作并解说的 13 集历史系列节目《西方的胜利》，之后，他出版了同名书籍。罗伯茨还为 BBC 反响不错的电视节目《人民的世纪》担任历史顾问。他还是《企鹅欧洲史》和《企鹅 20 世纪世界史》的作者。罗伯茨于 2003 年 5 月逝世。

维斯塔德（O. A. Westad）生于挪威，就学于奥斯陆大学和北卡罗来纳大学教堂山分校。1990 至 1998 年担任挪威诺贝尔学院的研究主管，自 1998 年起担任伦敦经济学院国际关系史教授。他已出版 15 部关于现当代国际关系史的著作，其中包括荣获班克罗夫特奖的《全球冷战史》（2005）和《决定性的相遇》（2003）。他还担任了《剑桥冷战史》（2010）的联合主编，以及《冷战史》期刊的编辑。维斯塔德的最新著作为《不安的帝国：1750 年以来的中国与世界》。

卷一

史前史

导　论

　　历史起于何时？这就好比在回答"太初"是什么。然而，答案再清楚不过了：你会很快发现，解答这样的问题是在枉费心神。正如一位瑞士史学巨匠在另外相关的问题中指出的那样：历史这门学问，你无法找到其发轫处。我们可以沿着人类一路走来的痕迹，重返脊椎动物出现，甚至生命起始——光合细胞以及其他原始生命结构诞生的时代。我们还可以追溯得更远，回到那个经历一番近乎不可思议的剧变后地球形成的年代；或者，再远一些，回到宇宙起源的那一刻。然而，这些东西都不能算作"历史"。

　　历史讲述的是人类的故事，包括了人类的作为、苦难和欢乐——这种说法可能更易为人接受。我们很清楚，唯独人类拥有历史，猫狗没有。尽管历史学家会对不受人类支配的自然进程如气候起伏、疾病传播等予以描述，但他们之所以这样做，不过是为了帮助我们理解，为何人类会以这样一些方式生活（和死亡），而不是以另外一些方式生活（或死亡）。

　　这就意味着我们只需要弄明白，始祖人类究竟在什么时候走出了远古影幕的笼罩。但是，回答这个问题的难度一点也不亚于当年人类迈出混沌的那一步。首先，我们必须明确生物进化到了何种程度才能被界定为"人"。大多数人试图以外观特征为基准判断某种生物是否是"人类"，以此进行定义。不过，这种方法最终被证明是众人的主观臆断，很难经得起推敲。如在"猿人""缺失环节"等问题上就曾出现过长期争论。就好像运用生理学的检测方法仅能帮助我们得到相关数据分析一样，这无法确定什么是"人类"、什么不是"人类"。"什么是人类"这个命题存有争议在所难免。曾有人指出，人类的独特性在于语言。不过，其他灵长类动物却拥有与我们相似的发声系统。这套系统同样可以发出信号之类的声音。那么，这些声音信号究竟发展到了何种程度才会变成语言？还有一种定义方法也很著名：人类是工具制造者。约翰逊博士（Dr. Johnson）曾嘲笑博斯韦尔（Boswell）向他引用该观点。此事过后很久，随着人类认知的进步，这种阐释人类独特性的说法也遭到了与前一种假说所遭遇的相同的质疑。

人类种群确凿无疑、清晰可辨的独特性并非在于拥有特定的能力或生理表征，而是要看依靠这些能力与表征创造出来的业绩。这才能称作人类的历史。人类之所以能够创造出独一无二的伟业，是因为人类拥有傲视世间万类、出类拔萃的能动性和创造力，以及逐步引发变化的能力。动物有着各自的生存方式，其中有一些相当复杂，我们完全可以称之为"文化"，但只有人类的文化呈现了进步态势。在人类文化中，蕴含着理智的抉择和挑选；此外，人类文化也承受住了突发状况以及来自自然的压力，那些人类求索而获的重要知识和经验亦得到了积累。基于以上几点，人类文化才得到了不断发展。人类的基因和行为代代相传、不断积累，终于有一天，人类作出了理智的抉择。正是在那一刻，人类第一次突破了自然的束缚，开始主导环境，人类的历史也就此开始。当然，人类从来不能随心所欲地创造历史，总是受到一定因素的制约。现在，这些限制因素非常多，在各方面起作用。然而，这些制约的威力一度很集中，因此，我们无法确定人类进化到何时才摆脱了听天由命的境地。长久以来，可能是囿于佐证之物的零星不全，或是由于我们不能完全认定应探寻的对象，人类的起源只能是一个模糊不清的故事。

第 1 章　人类起源的基础

历史的根源可以追溯至前人类时代。那个时代实在太遥远了，因此，我们无法确知是在多久以前（虽然这很重要）。若将纪元体系中的一个世纪视作记录时间流逝的"大钟"上的 1 分钟，那么，欧洲白人开始殖民美洲不过是约 5 分钟之前的事。而基督教的出现，亦不过是在这 5 分钟之前还不到 15 分钟的事。至于人类在美索不达米亚南部定居，随后演化出为我们所知的最古老文明，也好像是一个钟头多一点之前的事。然而，这已经大大超越了有文字记载的历史边缘；参照我们设定的时钟，人类开始记录过去，不过是在不超过 1 个钟头里发生的故事。依据上述的时刻表，在大约 6 至 7 小时或更为遥远的时间之前，我们可以发现，在西欧地区已出现第一批可识别的人类，具有现代人类的生理特征。而在 2 到 3 周之前，具有部分人类表征的生物留下了足迹。人类就是这种生物进化而来的吗？这个问题依旧在争论中。

为了弄明白人类的起源，我们究竟需要深入漫长的黑暗时代多远呢？这是一个见仁见智的问题。不过，我们有必要花点时间考虑更加宽泛、漫长的时光。因为在这段时光里，发生了太多的事。对此，我们虽无法作出分毫不差的描述，但这些事确实决定了后世的发展方向。我们知道，早在 450 万年前，一批至少具备人类的某些基本特征的生物就已经出现。而人类带入有史可寻时期的特定潜质与局限性，在更遥远的年代就已经出现了。尽管这个情况与我们探讨的主题之间没多大关系，但我们还是要试着理解，人类作为环境改造者，在与同样经过极其漫长时光演化而成的灵长类远亲相伴而行时，有哪些独特的优势或弱点。实际上，我们今天认为人类肯定应具有的一切——包括人类的形体以及许多精神层面的东西，在那个时候就已经定型，并按照那种形态继续发展下去。换句话说，人类进化中的一些旁支已经被淘汰，而另一部分幸存下来。人类进化的关键一步，就是从灵长类动物各支中脱颖而出，成为独特的一支，继续演化。我们不妨这么看，当人类站在这个节骨眼上，即人类抵达"独立进化"的站头时，历史便开始了。我们可以预测，正是在这个关键时刻，能够找到人类自觉改造自然环境留下的首批确凿无疑的痕迹——这标志着人类已迈入改造自然的初级阶段。

地球本身是故事的根底。在动植物化石、各种地貌及地质断层中，存留下了世事变迁的痕迹，它们诉说着一出纵横古今、史诗一般的大戏。千万年以来，世界面貌历经沧桑，变得面目全非：地球表面曾出现过巨大的裂痕，自然之力却能将创口复合；海岸线也在不停地伸缩变化；在广袤的土地上，那些绝迹已久的植被也曾兴旺一时。许多动植物种群相继登上了演化舞台，繁衍兴旺，只是后来，大部分种群慢慢消失了。这些"戏剧化"事件几乎是以我们难以想象的龟速上演着，有些持续了数百万年，进展最为迅速的，也要经历若干世纪。那些已消失的生物，即使在灭绝之前，也在不断演化，不过在我们看来，与生存于20世纪的蝴蝶——虽只拥有区区三周的生命，但也能体验季节的韵味——没有太大区别。地球在缓慢成长的过程中，为不同生物种群的繁衍提供了许多栖身之所，与此同时，生物进化也以令人难以置信的缓慢速度推进着。

气候好似一台最强功率的起搏器，掌控着自然界的变迁。约4 000万年前，持续了很久的温暖气候期渐趋终结。我们重点关注的时期，也就是从这个距今非常久远的转折点开始算起。是时，恐龙恰蒙上苍眷顾，横行于世；南极洲与澳大利亚也就在这个时候分了家；世上也找不到一丝冰原的踪影。不过，随着世界越变越冷，在新气候状况的影响下，生物的生存环境变得严酷起来。最终，恐龙走向了灭亡（也有人认为，大陨石撞击地球所产生的影响，才是恐龙灭绝的主因）。但有的物种，如一些哺乳动物，却能够适应新环境。距今2亿年前或更早的时候，哺乳动物的祖先就已经出现，只是体态较小些罢了。哺乳动物接过恐龙的班，成为地球主宰，或者说，在地球的许多地方，哺乳动物成了霸主。这批物种在经历了一系列突变与自然选择之后，一路走来，进化为统治当今世界的哺乳动物——人类就是其中一员。

我们若对哺乳动物千百万年来的进化大势作一番概述，可以发现，天体运行周期很可能起到了决定性作用。地球在围绕太阳运转的同时，自身位置也在发生变化，气候随之改变。气温起伏巨大，呈周期性变化。极端寒冷的气候肆虐地球时，世界不仅冷却下来，而且变得干燥贫瘠，一部分生物的进化脚步因此受阻。不过，在气候温和的日子里，有些地方环境适宜，恰好成为某些物种繁衍的乐园，并以此为基地，向新栖息地扩张。这个过程极为漫长。我们关注的只是其中离我们并不遥远（当然是以史前史的标准来看）的一小段时光——距今近400万年。随后而来的便是气候动荡的阶段，其变化速度之迅速、威力之巨大，胜于之前我们所了解的时期。各位读者可要注意了："迅速"在这里是个相对的概念，所耗时日可能是成千上万年之久。相对说来，距今400万年之前的数百万年间的气候状况就要稳定许多，与距今400万年以来、气候变化如此迅速的时代相比，真有天壤之别。

学者对"冰期"问题有过长期讨论。他们认为：冰期每次持续5万到10万年之久，北半球大片地区（包括欧洲大部以及今天纽约以北的美洲地区）都银装素裹，冰层之厚有时可达一英里或更甚。约300万年前，上述"冰期"第一次出现。迄今为止，学者将冰期大致划分为17—19个（确切数目尚有争议）。随着末次冰期于1万年前结束，我们生活的这个温暖时代便接踵而至。时至今日，我们可以在各海洋与大陆找到冰期的遗迹，感受它的余威，并以此构建史前纪年的主线。通过了解冰期世界的外部情况，我们可以顺着这些线索认识人类进化。

　　气候对史前时代生物的生存进化起到了极大影响，冰期不啻为一个突出的例子。不过，片面强调气候对生物的演化起到直接、关键的作用，就有失偏颇了。冰期的降临虽是缓慢、渐进的过程，但其势难挡，席卷全球，生灵涂炭，这点毋庸置疑。我们多数人就是生活在经数千世纪前冰雪冲击、净化后形成的世界里。冰雪消融后，有些地方会蒙受灾难——洪水肆虐，摧毁已适应恶劣极地严寒环境的生物的栖息地。但洪水也给了生命新机会。每次冰期过后，新物种便会在冰雪融化的地方蓬勃繁衍。冰川造成的直接影响并不局限在一些地区，甚至很有可能左右了全球生物的进化之路。冰川不仅决定了周边地区的冷热变化，而且对环境的影响还会波及千里之外；某种程度上，它对生物的影响是决定性的。譬如，生物向新环境迁移的可能性，随着大地的贫瘠与草原的扩展等变化而变化。特别对于那些能够直立、双脚行走的生物来说，更是如此。其中，有些生物属于人类进化史的一部分。而人类进化过程中最重要阶段的证据，据我们了解，都是在远离冰原的非洲发现的。

　　即便到了今天，气候依然起到十分重要的影响，只要关注一下干旱引发的灾难便知分晓。这类气候效应影响着千百万人类，但它的影响力已不如缓慢改变世界外貌、左右史前时代食物供给那般重要。直到最近，气候依然决定着人类生活的地点和方式。技术因气候变得格外重要（现在仍然如此）：很久以前，自从人类掌握了捕鱼生火之类的技能后，就能在许多新的环境中生存。在新环境里，人类大家族演化出了许多分支，他们又不断传承、发现、学习这些技能。人类在不同的地方生活，导致在获取食物方面产生差异，饮食逐渐变得多种多样，采集、狩猎等方式也变得五花八门起来。早在冰期之前的久远年代，甚至是在最终进化成为人类的生物出现之前的时代，气候就已经为后来人类的进化历程布置好了舞台。人类最终形成的遗传基因，是由气候通过选择而塑造的。

在深入研究不太充分的（但会逐渐丰富的）证据库之前，我们把视线再往回看会更有益处。1亿年前或更早的时候，始祖哺乳动物分化成了两大支：一支是啮齿目动物，一直在地面上过活；另一支陆陆续续跑到树上发展。这样一来，两支哺乳动物争夺生存资源的压力都减轻了，我们知道，它们的后代一直存活到今天。在跑到树上的当中就包括原猴亚目动物（prosimian），即原始灵长类动物的祖先，人类就是原猴亚目动物的后裔。

说到"我们祖先"这个问题时，无论如何只能讲出个大概来，对此，我们不必感到意外。人类与原猴亚目动物之间相隔数百万代，在这个进化过程中，也还存在着许多盲点。虽然如此，我们还是不能忽视已知最古老的、在树上生活的祖先。森林是动荡不安、危机四伏的地方，只有遗传基因最能适应这种环境的物种，才能在接下来的进化之路上幸存。严酷的环境逼迫原猴亚目动物发展学习生存技巧的能力。那些能够应付意外、突发危险，具备适应黑暗环境、处理眼花缭乱的视觉影像、攀握残壁断枝能力的物种活了下来，它们的基因渐渐遗传下来。不具备这种适应环境能力的物种逐渐消失。得以幸存的佼佼者（从基因的角度看）有着长长的脚趾，后来又演化成手指，最终进化出对称的拇指。猿类的先驱已经朝着三维视觉的方向进化，减少了对嗅觉的依赖。

原猴亚目动物是不起眼的小生物。树鼩（Tree-shrews）① 存活到了今天，我们可以推测这种动物过去的样子。树鼩与猴子大不相同，与人类的差别更不用说了。不过，原猴亚目动物可能进化为人类的特征，千百万年以来一直在树鼩身上保留着。在那段岁月里，它们的进化在很大程度上为地理环境所左右。地理环境限制了不同种群之间的联系；有些种群遭到彻底隔离。这样一来，种群之间的差别就不断扩大。

这种缓慢的变化可能是这样的：在大地母亲的"干预"下，生存环境变得碎化，形成了隔离地区。慢慢地，许多可辨认的现代哺乳动物的祖先在此出现了，原始猴类和猿类便位列其中——这大约是6 000万年前的事。

这批猴类和猿类的出现，象征着人类祖先在进化中取得了巨大进展。这两类动物远比其祖先"心灵手巧"得多。在它们当中，开始演化出拥有不同体型与特殊技能的种群。对于它们的生理心理进化过程，我们知道的不是很清楚。同视力进步与立体视觉的进化一样，动手能力的增强似乎也影响到了心智的成长。也许，它们当中的一部分可以分辨不同颜色了。初始灵长类动物的大脑结构不仅已经相当复杂，远胜过它们的前辈，而且容积也变得更大。其中，有一支或几支的大脑发展到了相当复杂的程度，肢体力量也得到充分发展。大约在此时，它们跨越了一般动物对世界混沌感知的界限，对物质世界至少有了些许认知。无论发生在何时，这都是决定性的一步，它们能利用物质世界来掌控世界，而非对世界作出机械反应。

---

① 树鼩体型类似松鼠，以虫类为主食，主要分布在东南亚的热带雨林中。现代生物学将之归于灵长目之下，认为是灵长类动物的始祖。——译者注

约 3 000 万或 2 500 万年前，气候变得干燥起来，森林面积缩小。生物为了日渐稀少的森林资源展开的争夺越发激烈。在树林与草原的交界处，环境恶劣，但又带来了机遇。一些灵长类动物无法在森林里生存，却能凭借先天的本领在大草原找到食物。它们适应了恶劣的环境，抓住了自然赐予的机遇。它们的体态动作很可能同人类有了些许相似，但更接近于大猩猩或黑猩猩。直立、靠双脚轻松移动，使背负重物——包括食物，成为可能。具备了这些能力，便能探索危机四伏的大草原，将资源带回较安全的巢穴。多数动物就地吃掉所找到的食物，人类的祖先却不这么做。灵活的上肢除了搬东西、搏斗外，还可以做别的事，这也意味着某种潜力。我们没法断定什么是最早的"工具"，但除了人类外，灵长类动物已经能拾起一些物体，握在手里，挥动以示威慑，或当作武器；抑或用作辅助工具，探寻可能的食物源。

对于进化的下一步，世人争议极大。我们将一瞥某种生物，它在生物学意义上，与人类、类人猿同属一科。相关证据虽零碎不全，但我们可以知道，约 1 600 万至 1 500 万年前，出现了一类非常成功的物种，它遍及欧亚非三洲。这很可能是种树居动物，据样本来看，体型肯定不会很大——估计重约 40 磅。遗憾的是，这样的证据还是太孤立了。对它的直系祖先和后代，我们没有直接了解。但大约 500 万年前，在其后世近缘身上，灵长类动物的进化来到了岔路口，发生了分道扬镳的情况：一支演化成大猩猩或黑猩猩，另一支变成了人类。后面这一支就叫作"人科动物"（hominid）。这些类群的分化可能是比较慢的过程，发生在数百万年间，杂交频繁出现。在那段时间里，地质地理变迁巨大，出现在灵长类动物身上的许多进化新形态必定受此左右。

现存最早的人科动物化石所代表的物种，或许就是小型人科动物的祖先，在经历了地质剧变期后，终于在东非及东南非的广大区域现身。它们归属的科目，现在称为南方古猿属（*Australopithecus*）。其现存最早的化石碎片，经鉴定，距今 400 多万年之久。1998 年，有人在约翰内斯堡（Johannesburg）附近，发现了最古老的完整头骨以及一副几近完整的骨架，很可能比前面提到的化石碎片"年轻"至少 50 万年。它与早先（在埃塞俄比亚）发现的最完整南方古猿样本"露西"（Lucy）所处时代，相差无几（考虑到时间跨度的宽广，史前纪年可取近似值）。在更远的肯尼亚和德兰士瓦（Transvaal），发现了另属"更新纪灵长动物"（australopithecines，通行的叫法）生物的证据，其年代可追溯至这之后 200 万年当中的某些时期，这些发现对考古学研究震动极大。这些更新纪灵长动物的发现，推动了对人类起源探寻的深入：从 1970 年起，人们可以把人类起源限定在约 300 万年前。问题却依然疑云重重，争论不休。若人类拥有一个共同祖先，那么，它极可能就是南方古猿中的一种。我们知道，它和南方古猿属有着联系，换个更合适的说法，应当称其为某些物种的"同代人"：它一出现，就同猿类、类人猿以及其他具有人类特征的生物搅在一起，很难分清，情况十分复杂。疑问越来越多，可以说变得更难以解答。对此，还没有一清二楚的答案，有待世人继续探索。

我们手头虽有很多南方古猿属动物的证据，却不能忽视其他同时代的更新纪灵长动物。有些更接近人类。这类动物被命名为人属（*Homo*）。毋庸置疑，它们与南方古猿有联系，约 200 万年前，分别出现在非洲的几个地方，是首批与南方古猿区别极为明显的人属动物。然而，其中一支的残骸经放射性方法断代，年代却还要更早约 150 万年。

对于这些我们掌握的零散证据（在时间表上留下了约 200 万年人科动物活动的年代），有些地方连专家也争执不下，恐怕还会继续争论下去。所以，我们外行人对此不必太过教条。不过，有一点再清楚不过了：那些在人类身上观察到的特征，早在超过 200 万年前的久远年代就已经有了。对此我们有十足的把握。我们知道，拿更新纪灵长动物来说，体型虽比现代人类小，但腿骨和脚比起猿类来，更接近人类。它们能直立行走、奔跑、长途负重，猿类无法企及。它们的手有人类特征：指甲平扁。这些都属于很早以前人类体格进化之路上的几个阶段，虽说我们人类的直系祖先是来自人科动物谱系上的另外支系。

我们还是把最早的工具残片，归于人属（*Homo*）早期成员（有时称作能人，*Homo habilis*）之手。使用工具虽不局限在人类之中，不过，制造工具作为人类的一大特征已深入人心。制造工具是生物向环境求生、获得成功的非凡一步。已知最古老的工具（约有 250 万年的历史）是在埃塞俄比亚发现的：石质、用鹅卵石敲打开锋、做工粗糙。人属生物似乎经常有目的地携带鹅卵石，也许是有选择地将之带到预定地点。有意识的工具制造从此开始。此后，同一类型的简易鹅卵石制石刀遍布史前时期的旧世界，约 100 万年前，在约旦河谷就在使用这种工具。后来在非洲，便涌现出史前人类及其先祖，并留下了最大个体躯干的证据。对这类生物的分布及其文化的了解，大都由此而来。在坦桑尼亚的奥杜维峡谷（Olduvai Gorge）遗址，有最古老、可辨认的建筑遗迹：一座石头搭成的围墙可追溯回 190 万年前；证据显示，里面的居民吃肉。从骨头粉碎的情况看，这是此地居民为了品尝骨髓脑子、吃到生肉所致。

奥杜维峡谷遗址引发了世人的大胆推想。将石头和肉带到特定场所的行为再加上其他证据，表明：早期人属生物的幼儿，多半不能像其他灵长类动物的后代那样，紧跟着母亲踏上漫长的觅食之旅。这也许就是人类建立营地这一习惯的最早遗迹。在灵长类动物中，只有人类会建造妇幼常住的场所，男人外出觅食，带回来给妻儿享用。这样的基地也暗示着：在经济任务方面的性别分化，已经能隐约看出个大概了。这甚至意味着人属生物在一定程度上能预见未来，进行计划：不会为贪图一时的口腹之欲，就地将食物大快朵颐，而是留作满足家庭在别处消耗之用。打猎与吃腐肉（已确定更新纪灵长动物就这么做了）是两种截然不同的生活方式，而人属生物是否打猎，又是另外一个问题了。不过，在奥杜维峡谷遗址早期，其中的居民就开始食用大型动物的肉了。

这类证据虽振奋人心，但只能提供一些微小的、毫无关联的真相。我们不能根据这点东西推断，东非遗址一定就是提供庇护、孕育人类出现的典型。我们之所以能对它们有所了解，只是因为那个地方的环境有利于早期人科动物遗骸的保留，以至于有后来的发现。尽管证据有所指向，但我们不能确信这些人科动物中的任何一支就是人类的直系祖先；它们都只是人类出现的前兆。只能这么说，这些生物在创造力方面展现了卓越的进化能力，这一点能和人类搭上关系；它们的出现意味着诸如猿—人（或人—猿）分类法的不合时宜。另外，现在少有学者能斩钉截铁地脱口而出：我们不是能人（或已确认的最先使用工具的人种）的直系后代。

很好理解，营地的出现让生物生存变得较为容易起来，让它们有可能从疾病、意外造成的危险中休息、复原。这样，就稍稍回避了物竞天择的进化过程。我们再结合人属生物其他特点来看的话，也许就能解释这些人属生物的代表，如何能在接下来的约百万年时光里、在世界的大部分地区——美洲、澳大利亚除外，留下痕迹。但是，我们无法确知，这是由同一支生物散布开来，还是相近的生物在不同地点进化。世人相信，是起源于东非的移民把工具制造带到了亚洲和印度（也许还有欧洲）。这批人科动物能在这么多不同地点站住脚跟、存活下来，必定具备高超的能力，能适应变化中的环境。不过，我们还是

不晓得它们行为的奥秘：它们怎么突然间拥有了那种适应能力，使之
能遍布亚非大陆。在我们人类大家族——后来占据了除南极洲之外的
每一块大陆，取得了生物界罕见的成就——产生分支之前，还没有哪
种哺乳动物能像人类那样，分布如此之广，如此成功地适应环境。

在人类进化接下来的整个阶段，完全就是一场体质革命。在人科
动物与更接近猿的生物——约 500 多万年前就出现了——分道扬镳之
后，人科动物中的一支获得了成功。它们的脑容量不断变大，不到
200 万年的时光，大小就约两倍于南方古猿。在大脑不断发达的过程
中，有一类物种经历了其中最重要的一个阶段，完成了人类进化某些
最关键的部分，那便是直立人（*Homo erectus*）。直立人在 100 万年
前就已分布甚广，且十分成功地进入了欧洲、亚洲。迄今发现的该物
种最古老的样本，年代大约还要早 50 万年。最新发现的遗骸证据
（出土于爪哇岛）表明，属直立人的生物竟然在 1 万至 1.5 万年前还
存在。可见，直立人比起能人来，开发环境的本事要大许多；比起我
们人类归属的智人——人科动物的一支，开发环境的时间也要久远很
多。许多迹象一再表明，直立人起源于非洲，它们从那里出发，走遍
欧洲和亚洲（能人首次被发现之处）。除了化石之外，我们可以以一
种特别的工具为准绳，描绘出新物种的分布情况，也就是界定出直立
人散布或没有散布到的区域。这种工具就是所谓的石制"手斧"，其
主要用途貌似对大型动物的剥皮、切割（平常也会当斧头使，所以要
起个确切的名字就不太容易了，姑且称为手斧吧）。毫无疑问，直立
人在遗传方面是成功的品种。

直立人的亚种存在了很长一段时间，虽说今天几乎已没有学者认
为其中任何一个亚种（至少非洲以外的亚种）是我们的祖先之一，但
在它们与我们之间并没有明确的分界线（人类史前史中从不存在这一
时期，这事实上很容易被忽略、遗忘）。面对直立人的不同亚种，我们

会接触到这样一种生物：它不仅继承了前辈的直立，而且脑容量接近现代人类。尽管我们对大脑组织结构的认识依然有限，不过考虑到动物身体的大小，还是可以得知：大脑大小与智力高低大致关联。拥有较大大脑的物群易受自然选择的眷顾；在人类特征缓慢积聚的过程中，大脑变大可谓巨大的进步。因此，将这两点视作极为重要的依据，是合情合理的。

变大的大脑需要更大的颅骨，也引发了其他变化。胎儿的尺寸越变越大，造成两个后果：一是女性的盆骨必须变大，好让头部不断变大的后代降生；再就是幼儿出世后成长期的延长。女性生理进化没有达到这样充分的程度：能向腹中胎儿提供营养、环境，使其达到任何意义上的生理成熟。人类的孩子在出生后，需要母亲的长期照料。婴儿期与幼年期延长的另一面，意味着依赖的增长：在幼儿成长到能自己获取食物之前，将经历一段漫长的时光。也许就是从直立人后代开始，进入了对未成熟群体包容、爱护的漫长时期。最新的证明是：当今，年轻人在接受长期高等教育时，依靠的是社会支持。

生理变迁也意味着在确保种群繁衍的措施中，对幼儿的照料养育逐渐变得比大量生子更有价值。另一方面，这也就意味着性别角色出现更深入、剧烈的分化。食物采集技术似乎愈趋精细，需要男性付出辛劳与长期合作，也许是因为体型更大的生物需要更多、更好的食物。女性则更多地局限于母亲这一身份。心理方面可能也出现了重大的变化。伴随长时间幼儿期而来的是对个体的全新关注。大约是受社会环境的影响，学习与记忆变得越来越重要，技艺的发展日益复杂。此时，人类对力学原理的运用开始超出我们的想象（如果那时的人类确曾运用了属于力学的原理的话）。我们接近了这么一个时代：学习让人类突破了人科动物基因预设的框架。这是伟大变革的开始（即便我们或许永远无法回答，这种变革究竟是在何地出现的），人类从天赋的体质才能向拥有传统与文化过渡，最终达到意识掌控的水平，成为进化的选择者。

生理方面另一重要的变迁就是雌性人科动物发情期的消失。我们虽不知道这是何时发生的，不过，发情期彻底消失后，其交配周期变得与其他生物大不相同。人类是唯一发情期机制（平时，雌性的性吸引力受到约束；在热情迸发的特定时期接纳异性）彻底消失的动物。显而易见，这与婴儿期的延长有进化方面的关联：若雌性人科动物受发情期影响、正常生活规律遭到严重搅乱，那它的后代就容易被时不时地忽视，想要存活下来就不太可能了。因此，在遗传方面抛弃发情期的种群，必然在进化中成为幸存者。肯定有一种族群符合上述情况。而要完成上述转变的过程，可能要花费 100 万或 150 万年的时间——影响是在不知不觉中产生的。

这样的改变影响深远。女性对男性的吸引力和接纳能力的增强，让个人在选择伴侣时更加讲究。于是，选择伴侣较少受到自然节律的

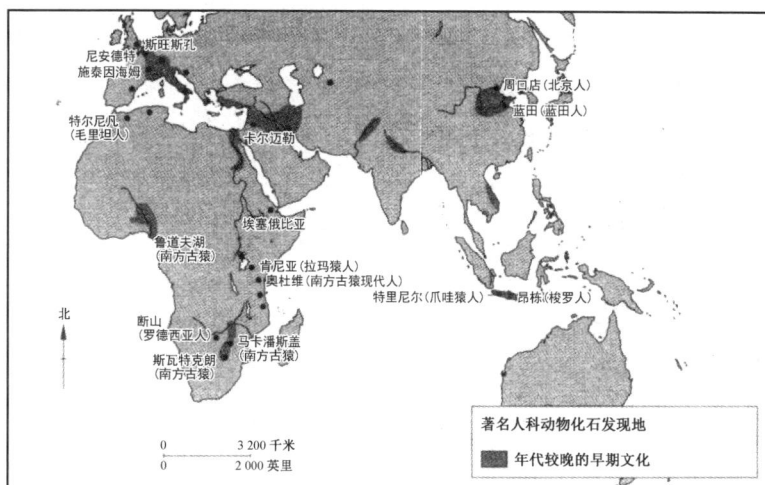

著名人科动物化石发现地

左右，人类来到朦胧的漫漫长路的起点上，朝性爱的观念走去。个人选择带来的新可能性也与婴儿依赖期的延长一道，预示着人类独一无二制度的出现：父亲、母亲、儿女组成稳定持久的家庭单位。有人甚至推测，乱伦禁忌（事实上，人类几乎都有这样的禁忌。不过，对这种遭禁止关系的精确定义却多种多样）起源于人类对某些危害的认识，即没有社会地位而已性成熟的青年男性，与总是存有潜在情欲的女性保持长期亲密关系是很危险的事。

如此一来，谨防乱伦就是最好的选择了。相关证据只能告诉我们一点点信息。另外，这些证据是我们从跨度相当长的时段中搜集到的，时段长到可以为重大生理、心理与技术进化提供时间。直立人的初期形态与末期形态应该有很大区别，有些科学家就把末期直立人中的一部分归为人科动物家族进化下一阶段的原始形态。然而，所有的思考都支持着一种假说：在直立人占据进化舞台中央时，人科动物中出现了显著的变化，对于标明人类进化的路线特别重要。直立人拥有前所未有的掌控周边环境的能力，尽管在我们眼里，他们掌控自然的火候可能还相当浅薄。除了能借以了解直立人文化的手斧之外，末期直立人还留下了现存最早的搭建住所（以石板或兽皮做地板、用树枝搭成的临时住所，有的长达 50 英尺），处理过的木头、木矛、容器（一个木碗）的遗迹。能有如此规模的创造，有力地暗示着直立人的心智达到了一个新水平：器物未成，而心有全物；或许还有加工的观念。于是，有人提出更大胆的想法。在大量出土的石质工具中，简易的造型如三角形、椭圆形、卵形反复出现。我们可以发现，直立人极为喜欢制造对称的形状，尽管这似乎对工作效率的提高没有丝毫助益。我们是不是可以认为，对美的感觉最早是在直立人中间钻出微小嫩芽的呢？

部分这类生物学会了如何生火，标志着史前技术与文化取得了最伟大的进步。一直以来，我们掌握的最早使用火的证据来自中国，年代约在 50 万至 30 万年前。不过，最新在德兰士瓦的发现提供了新证据，让许多学者相信，人科动物在那之前就能熟练地使用火了。从火堆的残迹可以完全确定，直立人从来没有学会如何生火，其后的种群在很长的时间里也没能学会。另一方面，他们知道如何用火，这点是无可争议的。用火知识的重要，在后来许多民族的民间传说中得到了印证；几乎都是英雄人物或魔兽掌控火的故事。这些传说暗示用火是对神明秩序的搅乱：如在希腊神话里，就有普罗米修斯盗取诸神火焰之说。这只是联想，并非确实。不过，直立人可能是从天然气外泄或火山活动中拿来第一把火。从文化、经济、社会、技术角度来看，火是一项革命性的工具——再次提醒各位，一次史前"革命"要花上千年时间。火带来了温暖与光亮的可能，人类先辈的步伐因而迈得更开，进入寒冷而黑暗的环境，定居下来。从物质方面讲，用火占据洞穴就很清楚地诠释了这点。从此，火焰既驱赶了洞里的动物，又将之挡在了洞外面（打猎时用火赶大猎物也许就是因之萌发）。技术也获得了进步：火让矛变得更坚硬；烹饪食物成为可行之事，种子之类本来不易消化的物质成了食材，味道不佳、口感苦涩的植物可被食用。这必然刺激了人们关注植物的品种以及获取方式；植物学研究在不知不觉中萌生。

　　火也一定对心智的进化施加了更直接的影响，成为强化意识的抑制和约束这一趋势的另一因素。因此，火在人类进化过程中扮演重要角色。烹饪之火亦是光亮与温暖的来源，增强了心灵的力量。时至今日，依然如此。黑夜降临，一群人围坐在火炉边，他们几乎必定已经认识到，自身是一个微小而意味深长的单位，而这样使他们能在混乱危险的大环境中立足。语言——我们对它的起源一无所知——应该是从群体交流的新方式中逐渐成长起来的。群体内部结构也应该有了明确分工。有一天，持火人、掌握生火技能的人出现了，群体存亡皆依赖他们。于是，他们成了令人敬畏、拥有神秘力量的重要人物，看护这伟大、带来解放的工具。火必须要有人照看，他们因而在群体中获得了主宰地位。不过，这股新能源最深远的影响，就是推动人类不断向解放迈进。火突破了白天与黑夜不可逾越的坚固壁垒，甚至季节定下的规律，进一步打破了伟大的客观自然规律，曾束缚我们无火可用的祖先。人类的行为或许能够不完全按照常规而是更加自主。甚至可以看到休闲的可能。

捕捉大型猎物是直立人另外一项伟大成就。其起源可以追溯到很久以前吃腐肉的时代，有些素食的人科动物变成了杂食者。吃肉可以集中获取蛋白质。肉食者不必再像那么多素食生物一般，一口一口不停地啃食，节省了精力。这是有意识节制的能力发挥作用的最初迹象：直立人会把找到的食物带回家，第二天再和大家分享，而不是当场直接吃掉。从最初的考古学记录来看，奥杜维峡谷遗址有食用野兽腐肉留下的残骸，其中有一头大象，或许还有一些长颈鹿、野牛；但在很长一段时间里，体型较小的动物的骸骨占据了绝大多数。大约到了 30 万年前，情况完全颠倒过来。

南方古猿及其近亲是如何被更大、更高效的直立人取代的，在这里我们可以发现一丝线索。新食物源既满足了更大的胃口，生活环境也不免遭到改变：既然大家都想吃肉，那么一定要去捉野兽。人科动物的吃饭问题变得或多或少要依赖其他物种。因此，他们要进一步拓展领地、建立新的定居点，特别是探明猛犸象、披毛犀喜居的地点。直立人必须学会相关知识，将之代代相传；没有什么事比学会设陷阱、屠戮、分解古代大型野兽的必备技能更重要了。因而，技巧一定要得到传承、保护。更重要的是，这些都是合作的技能：只有一大帮子人才能完成如此复杂的行动。他们可能是用火把野兽驱赶到合适的屠宰地。比如，赶入沼泽，身躯沉重的动物会难以脱身；悬崖，则是捕杀猎物的绝妙地点，也是猎手的安全平台。除天然陷阱以外，没有什么武器能当辅助工具用。一旦猎物倒下，又引发了更深层次的问题：直立人只能用木头、石块、燧石把猎物割碎，拖回老窝。把食物搬到家里后，新式的肉食供给了直立人休息的机会，直立人能暂时从四处搜索营养含量少、但可源源不断获取的食物的苦差事里解脱出来。

很显然，这是一个至关重要的新纪元。依照后世社会的情况来看，变革速度依然奇慢无比。但是，若考虑到数百万年进化的背景的话，变革的速度确实加快了。据我们所知，直立人虽不属于人类，但开始向类人生物靠拢：最伟大的掠食者开始在摇篮中蠢蠢欲动。如原始社会之类的东西也朦胧可见，不仅能在狩猎活动的复杂配合中看到，知识代代相传也暗示了社会的形成。基因突变，自然选择慢慢被文化、传统替代，成为人科动物之中发生变化的首要因素。拥有对有效技能最清晰的"记忆"，这群人继续进化。经验具有极大的价值。因为方法知识很可能是依赖经验继承，而不是靠试验与分析（现代社会越来越倚重）。光是这一点就让年长者与经验丰富的人越发重要。营地和捕猎大动物的群体生活让生存变得容易，这样，他们才得以知道如何处理日常事例、以何种方法运作，并反复操作。当然，他们的寿命不会很长，很少有人能活过40岁。

自然选择也青睐这样的群体：其成员不仅记性好，而且讲话的思考能力也越来越强。对于史前史时代的语言，我们的了解微乎其微。现代形态的语言是在直立人消失后很久才出现的。然而，追捕大猎物肯定要进行某些形式的交流，所有灵长类动物都会发出传递意义的信号。人科动物最早在何时开始交流不得而知，不过，有一种合乎情理的推测认为：语言起初是从其他动物也能发出的类似呼喊中分化出来，转变成可以重新调整的、独特的声音。如此，表达不同信息成为可能，这也许就是语法的起源。能够确定的是，进化的速度随着可以累积经验、注重实践、改进技能、用语言阐述思想的种群的出现大大提升。又一次，我们不能把任何一个进程孤立起来：更好的视力——一种不断加强的生理能力，能将世界视作一系列彼此分离的物体；以及工具的使用，让人工器具数量倍增，两种情况在千百万年里同步发生。而语言也在进化中。三者汇集在一道，促进了心智的不断发展。直到有一天，能用概念思考，抽象思维也出现了。

　　人类之前的人科动物习性，我们无法信心满满地说出个大概来，更不要说对其作出极其精准的确认了。然而，这就是事实。我们在一团迷雾里摸索，隐隐约约撞上时而类人、时而近人的生物。可以确定，他们与我们思想之间的差异几乎难以置信，简直就是风马牛不相及。而我们将直立人的属性从头到脚审视一番，最吸引眼球的是那些属于人类而非前人类的特征。生理上，直立人的脑容量大约能与我们相提并论。他们会制造工具（传统技艺远不止一个），搭建庇护所，学会用火占据天然的安身之处，成群结队出猎、找食物。在纪律的约束下，一群人能完成复杂的行动，因此，他们可能具备了以讲话交流意见的能力。狩猎群体这样的基本生物群体组织——以营地制度和性别差异活动为基础，很可能是人类核心家庭出现的前兆。也许出现了一些复杂的社会组织。如持火人、采火人或构成其"社会"知识记忆库的年长者，被其他劳动者供养。肯定还有某种社会机构，负责分配合作取得的食物。假使我们要为上述直立人的进化史在史前史里找到一个精确的拐点或分界线，将是一场徒劳。但若抛开他们看后来的人类历史，肯定也难以想象。直立人的一个亚种可能拥有较大、较复杂的大脑，演化成智人（*Homo sapiens*）。其之所以能够如此，凭借的是取得的巨大成就以及牢牢掌握的遗产。是否该称之为人类？这个问题无关紧要了。

第 2 章　智　人

　　智人的出现意义重大：尽管样子古老，不过已经可以看出是人了。然而，该进化阶段的情况也比较笼统。人类进化的开场白就此结束，正戏即将上演，只是我们无法搞清开始的精确时间。这是一个过程，不是一个时间点，在同一时间段里，各处发生的情况也不尽相同。我们手头可以拿来追溯的，只有部分早期人类的遗骸。经识别，其类型很接近或属于现代人。其中，有一部分很可能重复了更早期的人科动物已延续10万多年的生活状态；另一部分也许起步不顺，最后走入进化的死胡同。人类进化必然保持高淘汰率。进化的速度虽较以前的时代快了许多，但还是很慢。我们关注的事可能发生在20万年前。那时，我们最早、真正的"祖先"出现了，具体时间无法确定（地点几乎可以肯定是在非洲）。在定义直立人时，我们依据生理、技术、精神的标准来划定界限，然而，直立人却与智人一道在地球上生活了十多万年。所以，要把问题提得恰到好处，永远不会容易。

　　仅存的几块早期人类化石引发了极大的争议。但毋庸置疑的是，大约在25万年至18万年前，介于两个冰期之间的暖期，一种新的类型扩散到了欧亚大陆各地。当时的气候和今天截然不同：大象在亚热带气候的泰晤士河谷漫步，河马则在莱茵河中游泳。以其发现地命名的"斯旺斯孔头骨"①（Swanscombe skull）表明，它的主人有个大脑

---

　　① Swanscombe 也可意译为"天鹅谷"，是英格兰东南部肯特郡达特福德区的一个小镇。——译者注

袋（脑容量约为1 300毫升），不过在其他方面就不太像现代人了。他可能是海德堡人（Homo Heidelbergensis，以首次发现遗骸的那座德国城市命名）的一种。这些群体是某个类型的直立人的后代，还可能是尼安德特人乃至我们（这些群体的非洲同类）共同的祖先。他们在非洲和欧亚大陆迅速扩散开来，达到了之前类型的人难以达到的发展水平。他们几乎肯定是第一个学会取火的物种，而这对人类进一步的发展具有里程碑式的影响。

　　戏幕随着下一个冰期的到来而落下，再度开幕时已是13万年前了。在接下来的温暖期中，人类遗骸再次出现。这些遗骨虽引发了不少争议，但无可争议的是，人类进化前进了一大步。此时，虽然相关证据仍零星不全，但我们已进入人类繁衍相当兴旺的时期。差不多10万年前，我们能称为人类的生物在欧洲出现了。在之后的5万年里，多尔多涅（Dordogne）地区的洞穴留下了人类断断续续占用的遗迹。这批人类的文化全仗洞穴才熬过了气候巨变时期，保留下来。他们在一个温暖的间冰期里留下了最初的痕迹，在末次冰期中期留下了最后的踪影。这个文化如此连贯，其遗址附近的动植物必定数量充足、品种繁多，这样才能支撑起一个文化。能存活这么久，这个文化一定善于应变、有很强的适应能力。

　　虽然他们与我们有基本的相似之处，但依然可以看出上述文化的创造者在生理上与现代人类的区别。其遗骸最早是在德国尼安德特发现的（因此，这一类型的人类通常叫作尼安德特人），头骨形状很奇怪，导致我们长期将之误认为现代人中的低能。如今我们对这些进化路上的近亲的了解已经大为增长。2010年时，科学家们依据从三具古代遗骸上提取的基因信息，成功地绘制出了尼安德特人的基因图谱。我们现在已经知道，尼安德特人（科学的分类名称为 Homo Neanderthalis）最初是在人类的极早期形态很久以前迁徙出非洲时演进出来的，时间可能是在 50 万年前。经历了许多曲折的基因演化历程后，所谓"前尼安德特人"出现了；大约 20 万年前，从中随之演化出了尼安德特人的最终形态，他们令人惊讶的遗骸发现于欧洲。换句话说，欧洲的尼安德特人大致是与我们所属的智人平行发展的。与尼安德特人相关联的其他形态的早期人类，进入了亚洲，可能远达中国。很显然，在相当长的一段时间里，尼安德特人是一个非常成功的物种。

大约是在 35 万年前，尼安德特人与现代人的祖先在非洲分离，各奔东西。那时，他们中的一部分很可能已经在欧亚大陆站稳了脚跟。10 万年前，尼安德特类型的人群制作的手工器物已经遍及整个欧亚大陆，并表现出技术和形态上的差异。与专家们从解剖学意义上归类为现代人类的不同物种一样，尼安德特人也直立行走，头颅巨大。他们在进化之路上迈出了伟大的步伐，其心智日趋复杂，对此我们至今几乎无法理解，更不用说估量了。一个非常引人瞩目的例子是尼安德特人用技术克服艰苦环境。我们从尼安德特人留下的用于处理皮毛的刮皮刀获悉，他们曾以皮毛为衣（但没有保存下来。不过，在俄罗斯还是发现了最古老的着衣尼安德特人遗骨，年代约为 3.5 万年前）。虽然这是在利用自然环境方面的重大进步，却比不上尼安德特文化中出现正式的葬礼更令人惊奇。丧葬习俗的发现有着重大考古学意义。坟墓保存了远古社会的手工制品，因此格外重要。尼安德特人的坟墓提供了更多的信息：可能包含了最早的仪式、礼节的证据。

有些事物超出了考古证据的解释范围，只能加以推测。对葬于撒马尔罕（Samarkand）附近的尼安德特小孩身边的角环，我们也许能用某些早期图腾崇拜现象加以解释。也有人指出，尼安德特人对墓葬的重视，可能反映的是他们对个体的全新关注，是冰期再次降临、尼安德特人群体内部互相依赖更为紧密的结果。这样的做法强化了他们在成员去世时所产生的失落感，抑或是在表达其他意义。另外，有人找到了一具右臂缺失的骨架，他在死前很多年就已失去了手臂（或在他生前）。此人生前一定是非常依赖他人，尽管手臂残废，他依然被自己的群体供养。

仪式化的葬礼暗含几分死后生活的观念，这种想法虽吸引人，但比较冒险。若果真如此，那就表明人科动物有很强的抽象思维能力，可以证明一个最伟大、最悠久的神话的起源——生命是幻觉、真实隐于无形之处、万物有表里之分。抛开这些揣测，我们至少可以同意：大变革正在进行中。尼安德特人洞穴里还到处可见有关动物的仪式，与细心的墓葬一道，可能标志着他们打算掌控环境。人类大脑肯定已经具备了发现问题、希望得到解答的能力，或许就是用仪式获得答案。我们会觉得这是尝试性的、没把握的笨拙之举；也可能是浅薄的。但是，人类内心活动丰富起来，最伟大的探险之旅已经起航。

后期的尼安德特人生活在组织良好的群体中。他们不仅会照顾病患，埋葬死者，而且会组成有效协调的小团队，集体狩猎，相互还存在至少是某种形态的沟通。到 10 万年前时，他们已经出现了地区性的差异。比如，他们的 DNA 显示出，有些生活在欧洲的群体的肤色开始变浅。在欧亚大陆中部，一个新的物种丹尼索瓦人出现了。他们在基因上与他们的尼安德特先祖已经不同。尼安德特人还为我们提供了一项可怕的人类习性的最初证据，这就是战争。战争中可能还伴随着食人行为，胜者会吃掉败者的脑子。与更晚近人类社会的类比表明，在此我们发现了关于灵魂或精神的某种概念的开端。他们这么做的目的是获取死者的魔力或精神力量。

尽管尼安德特人取得了种种成就，但大约在 6 万年前，他们逐渐开始谢幕。经历了漫长而广泛的主导时期后，他们最终没能成为地球的新霸主。气候变化可能是他们衰亡的因素。他们狩猎的方式也可能有影响。尼安德特人过着危险的生活。他们总是致力于狩猎大型动物，但事实证明，这往往得不偿失——我们已发掘了大量年轻尼安德特人的遗骸，他们都因为围猎猛犸象而受了致命伤。为了成功狩猎，需要整个家族一起出动，这也可能剥夺了他们进行分工和专门化学习的时间。最终，他们有可能是在争夺资源的战斗中输给了同样从非洲走出的基因上的近亲——智人，也就是我们所属的物种。

大约 6 万年前，我们走出非洲开始扩张后，将成为生活在全世界的尼安德特人以及所有其他类型的人类的继承者。但基因研究显示，我们仍然携带着其他形式的人类生命的痕迹。我们知道，智人与我们笼统所称的尼安德特人群体进行了杂交——我们的基因中仍有大概 4％源自尼安德特人。但与我们还没能确认的其他群体，是否也普遍存在这种杂交呢？想要确定在我们的祖先离开非洲之后，不同群体的人类之间在何处有过杂交，结果又如何，尚需时日。这乃是史前研究领域内一大令人兴奋的研究课题，将会极大影响到我们对今日人类生活的理解。尼安德特人的基因组测序完成后，我们已经很清楚，人类目前具有的一些最为重要的抗病基因，是来自我们自己物种之外。有些研究人员认为，我们能够与其他群体的人类杂交，对人类广泛分布在地球上贡献极大，因为这让我们具有了"杂种优势"（hybrid vigour），能适应除南极洲外所有的大陆。

智人的成功令人瞩目，在他们初次出现在非洲（可追溯到约公元前 16 万年）后的 10 万年里，他们已经遍布欧亚大陆，并最终遍及全球。但他们肯定是起源于非洲，我们如今能够将所有在世的人的父系血缘回溯到一个共同的祖先，他生活在略早于 6 万年前的东非。智人的成员从一开始就可以从解剖学上确认为现代人，比尼安德特人的脸更小，头骨更轻，四肢也更直。起初，一个相对很小的群体进入了黎凡特和中东地区，然后又主要沿着海岸行进，扩散到东亚和东南亚，最终在约公元前 5 万年到达澳大利亚。这时，他们也开始垦殖欧洲，并将在那里与尼安德特人比邻生活数千年。大约15000年前，他们穿过一座大陆桥——后来成为白令海峡——进入了美洲。

在智人离开非洲之前，这个物种已经历了漫长的发展变化期——事实上，这段时间比他们离开非洲后度过的时间还要长。在大概10万年的时间里，人类缓慢地发展出了日后能让我们成为优势物种的技能。这一切并不全是以线性过程发生的，中间有很多挫败和曲折。我们的祖先人数很少，生存时常朝不保夕，甚至相比其他生活在这块大陆的人类物种也是如此。有学者把我们在非洲的发展比作微弱的烛火。尽管人类当时已经学会传承学习的成果，但某些灾难性事件导致大多数这类尝试都失败了，有时还让整个部落灭绝。不过，似乎在距今不到10万年的某个时间点上，东非的智人到达了一个关键的临界点，此时，创新的积累和部族之间的联络都完全稳定了下来。这可能在一定程度上和语言的发展相关，即使是最初级的语言也有利于学习和记忆。大约65000年前，物种扩张需要的所有条件几乎都在非洲具备：复杂的工具、长途运输、仪式和礼仪、网、陷阱和渔具、烹饪和棚屋。其中有些技能毫无疑问是通过与基因不同的其他人类群体接触而习得的。此后人类的发展进程中仍然会遇到"瓶颈"，不论是在第一批人类离开非洲之前还是之后，这可能让人类的数量骤降到数千人。但某种连续性将维持下去。

在评估智人扩张的时间和模式的原因时，至今还有许多无法确定的地方。古人类学家仍然对化石记录保持谨慎。他们中的一些人不愿无保留地断定，我们全都是大约在同一时间走出非洲的一小群人类的后裔。然而，多数人同意：从约5万年前到末次冰期结束的9000年前，属于这段时间的大量证据可以最终确定为现代人类的范畴。人们通常把这一时期称为"旧石器时代晚期"（Upper Palaeolithic），得名于希腊语，意为"古老的石头"，大致与更常用的词"石器时代"含义相同。不过，如同其他史前史术语一样，使用这些词会造成混乱，所以用词需再三斟酌，以避免歧义的出现。

分清旧石器时代晚期和旧石器时代早期（Lower Palaeolithic）并不难。地质组成顶层反映的是最近的时期，因而上层的化石、手工制品的年代要比较下层发现得晚。旧石器时代晚期所表示的时代比早期更古老。旧石器时代保存下来的手工制品，几乎都是用石头做的，没有金属制品。我们可以依照工具外表，采用罗马诗人卢克莱修（Lucretius）使用过的术语——他为石器时代之后的时代依次贴上了"青铜""黑铁"标签。

当然，这是从文化技术角度贴上的标签，最大好处在于将关注点引向了人类活动。工具、武器一度是用石头做的，然后是青铜，后来是铁。但即便是用这样的术语来表达，也有不妥之处。最明显的就是，在很长一段时间里，最重要的实体证据是石质手工制品，大都是人科动物的作品。虽说其多少有些人类的特征，但许多石质工具并不是人类制作的。其次，这种起源于欧洲的考古学术语也带来了许多不便。在欧洲以外的地方出土的越来越多的证据，并不完全适用于该类术语。这种情况愈演愈烈，最后，就连欧洲该时期的重大历史分期也变得模糊了。结果只好在此基础上再作改进。学者将石器时代（依次）分为旧石器时代的早中晚三期，之后是中石器时代（Mesolithic），以及新石器时代（Neolithic，依照原来冶金技术分期方法就会产生混淆）。直到欧洲末次冰期结束的时期，有时也被称作旧石器时代。混乱再次出现，因为我们在这里又要采取另外的分类原则——简而言之，就是按照年代来分。晚期智人现身欧洲大约是在旧石器时代晚期开始时，也正是在欧洲发现了数量最为庞大的骨骼遗骸。对于史前人类物种的分辨，就建立在这批证据的坚实基础上。

对于欧洲这一时期的分类划期，是按照工具的种类依次标明属于何种文化，已有很多结论。气候并不稳定，尽管天气通常很冷，但还是有重大起伏：约 2 万年前，曾发生在 100 万年前的极度严寒很可能再度疯狂肆虐。社会演进依然受到气候变更的强烈影响。也许是 3 万年前出现的气候变化，让后来人类进入美洲成为可能。人类从亚洲出发，穿过两片大陆的连接点——冰层或暴露在外的陆地，当年的诸多冰盖现已化为海水，当年海平面也低得多。千万年里，他们一直向南走，最终来到了最后一片无人居住的大陆。可见，美洲的人口构成从一开始就是移民。然而，冰层消退后，海岸、行动路线、食物供给都发生了巨大变化。这样的情况曾在无数世代发生过，但是这一回与众不同。人类出现了。他们具备新的智慧形式，发挥新兴、不断增长的机智来应付环境变化。人类有意识地控制环境越来越有成效，人类已经转入历史的轨道。

依据早期人类的一系列工具、武器判断，考虑到他们能掌握的资源，可以认为他们大有长进。若我们将之与其先辈作对比，他们已经具备了多种多样的能力。智人的基本工具是石器，不过比起早先的工具，更多是为满足特定用途而制作；采取的方法也不同，用精挑细选的石核打击石片而成。其品种多样、工艺精巧，是人类进化不断加速的另一信号。旧石器时代晚期，新材料也得到使用。在原始的工房、武器库里，多了骨头、鹿角，与木材、燧石做伴。这让生产加工能翻出新花样：骨针的使用是制衣技术的一大进步，压力剥离（pressure flaking）让一些熟练工匠能改进燧石的边缘，让它变得纤薄。最早的人工材料——黏土与骨头粉末的混合物出现了。人类也改进了武器。旧石器时代晚期临近结束时，我们可以观察到这样的趋势：小型燧石工具的出现更为频繁，形状更呈规则几何状，意味着合成武器的成型。同时，人类相继发明传播了掷矛竿、弓箭、倒钩叉，一开始用来捕捉哺乳动物，后来也用于抓鱼。后者显示了捕猎范围的扩展，也意味着人类开始向水寻求资源。虽说在此前很久——约 60 万年前，中国或其他地方的人科动物就已经在搜寻软体动物吃了。人类一用上鱼叉，以及较容易腐烂的工具如网、鱼线，就能开发新的、更富饶的水生食物源（拜末次冰期的温度变化所赐）。可能再加上冰后期森林的增长，人类有了新的衣食来源，以及对驯鹿、野牛活动规律的了解，打猎技术也获得了进步。

我们可以从旧石器时代晚期所有人类遗迹中最非凡、最不可思议的部分，即他们的艺术里，看到他们的身影，着实诱人。这是我们能够确定的人类存在最早的艺术种类。更为早期的人类，甚至是类人生物，可能就已在泥土上刻下图案、涂抹身体、按节拍跳舞。不过，我们对这类事情其实一无所知，就算确曾发生过，却没有任何痕迹保留下来。约 6 万到 4 万年前，有些人类会不辞辛劳、一点一点地聚藏红赭石，而这样做的目的无从知晓。一块尼安德特人的墓碑上有两道刻痕，这可能就是现存的最早艺术。而欧洲洞穴壁画才是第一批大量、确凿的证据。最早的壁画是在 3 万年前诞生的，之后数量急剧增长，直到我们可以在这些巧夺天工、美不胜收的带有人类意识的艺术品中看到人类形象时，洞穴壁画发展几近成熟，没有任何预告或前兆。这种艺术在消失前持续发展达数千年。正如没有先驱那样，它亦无传承者，虽说它已运用了许多当今仍然在使用的基本的视觉艺术手法。

洞穴壁画在空间和时间方面的集中出现，让世人有理由猜想，还有更多壁画有待发现。非洲的洞穴里满是壁画、石刻，年代最古老的可以追溯到 2.7 万前，之后不断有人修饰，一直延续到英国维多利亚女王时代。澳大利亚的洞穴壁画至少有 2 万年的历史。可见，旧石器时代的艺术并不局限于欧洲。而对在欧洲以外发现的壁画的研究，迄今为止还很是断断续续。对于世界各地洞穴壁画的年代，以及让欧洲乃至世界其他地方壁画保留下来的独特条件，我们都还没有充分了解。我们也不清楚哪些艺术可能已消失。从手势、声音、易腐烂的物质中，极有可能诞生了艺术，却无法得到考证。从整体上看，旧石器时代晚期的西欧艺术仍然表现出令人印象极其深刻的独特性。

近期的发现证实，某种形式的艺术已经遍及欧洲各地，时间远远早于我们之前所认为的。2008 年，德国东南部发掘出一个令人惊叹的大胸女人雕像（几乎可以肯定是生育的象征），时间可以追溯到几乎 4 万年前。其他在法国西南部以及西班牙北部的发现主要可分为三大类：石制、骨制及偶尔泥制的小人像（通常是妇女）；带装饰的物件（一般是工具、武器）；洞穴内壁、顶部的图画。在洞穴里（以及物件的装饰上），动物主题占了压倒性的多数。学者对这些图案的意义，尤其是洞穴壁画刻意安排的顺序十分好奇。图像上的许多野兽很明显受到人类以狩猎经济为中心的影响，它们被人类仔细观察。至少在法国的洞穴里，洞穴壁画的序列显示人类有了规则意识，这是极有可能的事。但要作进一步探讨的话，依然很不容易。显然，旧石器时代晚期的艺术相较后来的书写，承载的含义太多了，对它所要传递的信息的意义我们仍然不清楚。壁画似乎可能与宗教、魔法行为有联系。非洲岩石画令人信服地展示了其与魔法、萨满教的关联；古人类会选择地处遥远、艰险角落里的洞穴。我们若对这些欧洲壁画进行一番探究，会强烈感到古人类一边在作画、凝视壁画，一边在举行某些特殊的仪式（当然，在这些漆黑的洞穴里会生火照明）。宗教起源迹象早在尼安德特人葬礼中就出现了，到旧石器时代晚期的人群里更为明显，他们会为此精心准备。此时，我们很难不对其艺术的重要意义有所推测。这也许就是有组织的宗教保留下来的第一手遗迹。

欧洲最早的人类艺术成就的诞生、成熟与消亡，经历了极其漫长的时光。约 4.5 万年前，经过装饰、着色的物件出现了，一般是用骨头、象牙做的。四五千年后，出现了最早的人物艺术。此后不久，迎来了史前美学成就的顶峰：在带有壁画与雕刻的伟大洞穴"圣殿"（约定俗成的叫法）里，罗列着一连串动物，以神秘象征的形象反复出现。这段顶峰时期持续了约 5 000 年，在漫长的时光里保持了始终如一的风格内容，令人吃惊。如此长的时段——几乎等于我们星球整个文明史——阐明了传统的变化速度在远古时代是很慢的，不受外界影响。这抑或是史前文化地理隔绝的标志。经鉴定，这种艺术的最后阶段，其下限在公元前 9000 年；在经过装饰的工具和武器大量涌现之前，牡鹿愈发取代其他动物成为艺术主题（无疑反映了冰原退去，猛犸象、驯鹿消失的情况）。最后，欧洲第一次伟大艺术成就走向了终点。之后时代的艺术产出，无论是在规模还是质量方面，都无法与之媲美，最上乘的遗物也只不过是一点加工过的鹅卵石。下一次伟大艺术高峰的来临，还要再等 6 000 年。

对这次人类伟大成就衰落的原因，我们一无所知。旧石器时代晚期的光彩黯淡下来，一去不复返，黑暗迅速将之包围。当然，这也就意味着要持续数千年。然而，前后之间的巨大反差形成冲击之感，令人印象深刻。艺术就这样相对突然地消失，留下了个谜团。我们不知道此事发生的精确时间，更别提搞清楚来龙去脉了。艺术并非在一年或两年里终结，艺术活动是在很长一段时间里渐渐枯萎的，直到最后完全枯死。有学者将之归咎于天气，他们认为，所有洞穴艺术也许均与气候对大型野生畜群迁移、数量增长施加的影响有关，而狩猎人群赖此为生。随着末次冰期谢幕，驯鹿数量一年比一年少，人类便寻求新的、神奇的方法来掌控它们。冰原不断消退，人类业已适应的环境逐渐消失，因此，人类影响自然的期望也改变了。不过，智人并没有束手待毙，他们进行了调节以应对新的挑战。只是暂时的文化贫乏在所难免，抛弃他们最初的艺术是适应新局面的结果。

很容易理解，作出上述推测大都靠想象。而面对如此惊人的成

就，我们实难抑制兴奋之情。世人已为这一连串伟大洞穴冠上旧石器
时代"大教堂"之名，若以我们所知人类更早取得的成就作为参照来
评判洞穴艺术达到的高度，以及从事洞穴艺术的规模，该比喻恰如其
分。在人类最早的伟大艺术面前，原始人科动物被远远地甩在后头，
我们也获得了人类精神力量确凿的证据。

对旧石器时代晚期的其他许多认知，让我们能确定这种观点：重
大的基因变化已经完成，进化的现阶段表现在精神、社会层面。世上
几大人种的分布情况，在旧石器时代晚期就已大致确定下来，直到近
代早期。人类的肤色、发征、头骨形状、面部骨骼结构受地理气候的
影响，出现特殊分化。中国最早的智人遗骸中，蒙古人种的特征清晰可
见。几大人类族群都是在公元前 1 万年确立的。笼统说来，各人种以地
理为界，直到高加索人种海外大殖民为止，即作为公元 1500 年后欧洲文
明兴起、主导全球的一个表现。旧石器时代的世界到处有人类活动。最
终，人类渗入了新的大陆，那是他们的祖先和近亲们从未涉足过的。

早在近 5 万年前，第一批人类就来到了澳大利亚，与智人在欧洲
定居几乎同时。他们是一群主要沿着海岸线从中东迁徙来的人类的后
代。这里的海产品蛋白质含量丰富，这些人逐渐成了熟练的海产品采
集者。尽管当时印度尼西亚群岛一带的海平面比现在低很多，因此生
成了若干大陆桥和宁静的海域，但他们有可能是乘船一直前行，最终
发现了新大陆。在帝汶海和班达海域的岛屿间走走停停之后，他们终
于到达澳大利亚，并很快分散到各处。当时这里植被葱茏，物种繁
茂，非常适合新来的人类；多大湖大河，还生活着许多如今已经灭绝
的物种可供狩猎为食，比如巨大的、形似袋熊、属于有袋目的袋犀
（Zygomaturus，块头接近现代倭河马），以及一种重达 450 磅的袋
鼠——巨型短面袋鼠（Procoptodon）。

人类垦殖最后一块新大陆的时间要晚得多。大约在 17 000 年前，

一群亚洲的人类，可能分属于几个很小但血缘相近的部族，从亚洲北部穿越大陆桥进入阿拉斯加，到达美洲。他们携带着工具和技术，这些都是他们在上一个千年中，在西伯利亚南部的阿尔泰山脉和黑龙江流域之间的区域发展出来的。之后他们分散到美洲各地，首先是沿着海岸线，随后很快开始深入内陆。这批最早的美洲人中很快有人学会了怎么建造小船。其他人成为猎捕猛犸象和乳齿象（mastodon）的能手。目前在智利发现的最早的人类定居点可追溯到公元前11000年；大概就在同一时期，今日美国中西部的北部，可能还有大西洋沿岸的少数地区也开始有人居住。

到末次冰期结束时，智人已经成为爱冒险的家伙，各大陆之中，似乎只有南极洲仍在等待他们的光临与定居（一直要等到我们的纪元公元1895年为止）。然而，旧石器时代晚期的世界仍然是个相当空旷的场所。经估算，在尼安德特时代，有2万人在法国生活。到2万年前全世界可能约有1000万"人"，其中在法国可能有5万。"罕有人迹的荒野里，却有成群的猎物"，一位学者描述道。他们靠捕猎、采集过活。维系一家人的生活，需要很大一块地盘。只要时节不是太坏，智人就是相当出色的狩猎-采集者。有新的证据显示，这些新来者最初来到欧洲时，曾以10∶1的比例与尼安德特人远系繁殖。尽管如此，总体来说当时人类的数量还是非常少，而世界是那么广大。

无论这些数字多么值得怀疑，若我们认同人类数量是停留在这种级别的话，那就意味着文化变迁依然极为缓慢。尽管人类在旧石器时代的进步速度或许大大提升，正变得种类繁多，但还要花上数千年的时间，才能跨越地理社会界限的阻隔，传递各自的学识。一个人可能终其一生都没碰上过其他群体或部落的人，更谈不上见识另一种文化了。不同智人种群间已有的差别开启了一个历史纪元：即便一个群体没有与另一个群体隔离，也难免产生文化差异的大趋势。这增强了人类物种的多样性。直到最近的时代，受技术、政治因素的影响，情况才有所转变。

我们对旧石器时代晚期人类生活群体的了解依然甚少。已经清楚的是，相比先前的时代，群体规模更大，更多人过起了定居生活。居住在今捷克和斯洛伐克共和国及俄罗斯南部的旧石器时代晚期的猎人，留下了最早的建筑遗迹。法国部分地区存有一批约公元前 1 万年、能容下 400—600 人的庇护所聚落。从考古学记录来看，这是不寻常的。因此，类似部落的人类群体很可能出现了。但其组织、等级关系实在很难讲清楚。能确定的是，随着人类捕猎技术日臻完善、技艺愈发精湛，定居生活又为妇女从事植物采集提供了新的可能性，旧石器时代的性别分工日趋明显。

尽管疑云依旧，我们却能发现，旧石器时代结束时的地球有几大重要特点。虽然地理变迁依然发生（例如约公元前 7000 年，英吉利海峡的面貌发生了一次新的变化），但我们生活在一个地形上相对稳定的时期，保留了约公元前 9000 年时世界的主要面貌。那时，世界成为智人稳固的天下。从树上走下来的灵长类动物的后代，掌握工具制作的技能、运用自然资源搭建庇护所、保存火、狩猎与利用其他动物，他们在学习摆脱部分自然规律束缚的重要手段方面，取得了长足进步。智人因而达到了足够高的社会组织水平，能承担起重大协作任务。他们的需求引发了性别间的经济分化。上述几点与其他重要因素紧紧连在一起，导致人类以语言传递观念，产生了源于宗教观念的宗教仪式，最终产生出伟大的艺术与思想。甚至有人争论，旧石器时代晚期的人类就已使用阴历。史前史中的人类已是一种具有抽象思维能力的生物了，他拥有智慧，能客观、抽象处世。很难不去相信，这种新生能力正是史前史最后、最伟大的跨步——农业发明的原因。

第3章 文明的可能

　　人类创立文明的时间，甚至不及他们总历史的二十分之一。末次冰期的逐渐退去，让朝向文明的漫长行军渐渐抵达终点，也成为迈向历史的紧密前奏。在五六千年里，发生了一连串重大变革，其中最重要的变革非食物供给莫属。除了最近三个世纪以来发生的所谓的工业革命，还没有哪种变化能如此急剧地加快人类的发展，产生如此深远的影响。

　　有位学者总结了这些变迁，冠以"新石器革命"（Neolithic revolution）之名，标志着史前史的终结。这又是个可能引人误解、产生些许困惑的术语，不过也是史前史中最后一个了。考古学家继"旧石器时代"后，又相继提出了"中石器时代""新石器时代"（还有人添上第四种——红铜时代［Chalcolithic］，用来表示石制品、铜制品并用的社会阶段）。前两者之间的区别，实质上仅仅体现了专家的口味，这些术语描绘的都是文化因素，表明了史前古器物发展的先后顺序，体现了资源、生产能力的增长情况。"新石器时代"这个字眼却需要加以关注。从最严格的狭义上讲，它指的是打磨或抛光过的石器取代打制石器的文化（尽管有时还要加上其他评判标准）。有些史前史学者对新石器时代流露出兴奋之情，但这似乎并不能算作一次惊人的变迁，更说不上是场"新石器革命"。尽管我们有时仍然运用这样的表达方式，但用了该术语，就掩盖了许多不同的观念，实际上并不能令人满意。不管怎样，这个词尝试对发生在各地、情况各不相同的重大复杂的变迁进行定义，值得我们对它的普遍意义作一番评定。

　　我们先要注意：即便是从最狭义的技术层面来看，新石器时代的人类发展，并没有同时在各个地方开始、繁荣、终结。有些地方的发展较他处漫长，可能多持续了数千年；其开端与之前的发展情况分离，不属于同一条发展脉络，而是进入了文化变迁的神秘地带。此外，在发展过程中，并非所有社会都享有同等的技术资源，有些社会知晓制作陶器以及磨制石器；另一些则着手驯养动物，采集、培育谷物。进化遵循缓慢的准则。直至具备书写能力的文明出现，各个社会的发展水平参差不齐。然而，新石器文化是文明诞生的基石，是其积蓄力量的先决条件，绝非仅限于精心打造、用来命名该时代的石器制品。

　　论及此次变迁，我们亦须斟酌"革命"这个字眼。我们虽告别了更新世（Pleistocene）的缓慢进化，进入史前史提速的纪元，但其间并无清晰的界线。在后来的历史中界限则更加模糊，即使硬要作分辨，几乎没有什么社会是完全与其前身脱节的。我们可以清楚的是，人类的行为、组织缓慢而彻底的转变经历了一代又一代，而非一场突发、全新的分离。无论我们怎么称呼这个时代，几类重大变迁融合在了一起，让史前史的最后阶段呈现为一个整体的面貌。

　　旧石器时代末期，人类的形态愈发接近当今我们对自己身体认知的水平。当然，身高、体重还有待几分变化。随着营养改善，人类的身高、预期寿命获得增长，成为当时进步最突出之处。在旧石器时代，无论是男人还是女人，要活到 40 岁，还是不太可能的事。就算能活到这个岁数，以我们的眼光看来，他们也很可能过着极为痛苦的生活：过早衰老；饱受关节炎、风湿、意外突发骨折、牙齿腐坏的折磨。这些情况只是慢慢朝好的方向发展。饮食变化，人类脸形也随之进化（这种情况似乎仅出现在公元 1066 年后，盎格鲁—撒克逊人的对切牙合让位给覆咬合，这是人类转为更多吸取淀粉、碳水化合物的最终结果。其发展对后来英格兰人的出现，多少有点重要影响）。

不同大陆人类的体貌虽各有千秋，可我们不能臆测他们的能力有高下之分。末次冰期渐趋退去，产生气候与地理上的剧变，世界各地的晚期智人为适应环境而调节自身传统，各显神通。人类开始过起具有一定规模、较为永久的定居生活。技术精进，语言发展，特色艺术初露端倪。这些情况构成一些基本元素，混合在了一起。文明成为最终的结晶。当然，要成就文明，需要的远远不止这点东西。首当其冲的是，必须要在满足日常需求之外，还有一定的经济剩余产品。

但这种剩余几乎不可想象，除了在某些资源丰富的地区。在这些地方，直到约1万年前，人类仍在从事狩猎采集经济，以维系全部生计，而且他们只知道这一种方式。农业的出现让这种情况发生改变，也让经济剩余产品真正成为可能。

这一发明是如此重要，以至于完全值得大书特书，而"农业革命""食物采集革命"这些术语正清晰地表明了它的意义，点出了新石器时代为什么能为文明的出现提供土壤的真相。冶金知识不再停留在只知皮毛的水平，在新石器时代的部分社会里有了传播和发展。农业对人类生活状况产生了天翻地覆的影响，这才是思考"新石器时代"含义所需牢记的重点。有人将之简要归纳为"介于狩猎生活方式结束与开始完全使用金属经济之间的时期，农业生产方式兴起，像一股缓慢推进的波浪，传遍欧洲、亚洲、北美的大部分地区"。

农业的本质是种植农作物以及从事畜牧业。农业是在何时何地、如何产生的？这更难以琢磨。有些环境肯定比其他环境更有利于农业的成长。一群人在冰原消融后露出的平原上追逐猎物，而另一群人则磨炼了探索新的、富饶河谷以及盛产可食植物、鱼类入海口沿岸的必要技能。谋食之道，无外乎从事耕种或放牧。大体而言，生活在非洲、欧亚大陆组成的旧世界的动物，其品种要比后来所称的新世界来得丰富，也就意味着更容易进行驯养。而农业起源不止一处，形态迥异，并不出人意料。据称，最早以培育原始形态的小米、大米为基础的实例，约于公元前1万年出现在东南亚某地。而数千年来，人类已经学会了让食物供给增长的方法，虽说这些办法是在史前时代慢慢被发现的，手段比较原始。这种情况一直持续到距今几个世纪之前。人类开垦新土地，对作物品种进行初步观测，加以选择，开始有意识地改良物种；将各种植物带到他处；他们翻地、排水、灌溉，花大力气从事耕作。这让粮食产量增长成为可能，可以维持人类数量缓慢而稳定地上升，直到化学肥料与现代基因科技引发大变革为止。

　　位于中国两条大河之间的贾湖遗址的新发现，刷新了我们对早期农业聚落的认知。考古学家们在那里发现了45座房屋遗址和数千件工艺品，年代可追溯到至少公元前7000年。其中还有大量各种各样的乐器。同时发现的还有铁锹、镰刀等农作工具，以及其他一些农用器具，这有助于我们了解在当时就已经在贾湖开展的相当发达的稻作农业。目前看来，稻作农业越来越可能是发源于中国中部的某个地方，最早的一些文明因此兴起，并从那里扩展到亚洲的其他地方。中国发现的考古证据还表明，农作物种植与心智的发展之间有密切的关联：农人们聚集起来定居在村庄中时，他们也更有可能孕育知识，把它保存下来，进而传播到别的地方。

　　由于遗存的偶然情况和学术努力的方向，直到最近，我们对中东和安纳托利亚的早期农业的了解，要远远多于对其位于远东的可能先驱的了解。然而，我们很有理由把中东视为关键地区。后人称为"肥沃新月地带"的区域，拜先天环境以及遗迹所赐，特别引人瞩目。该地区呈弧形，自埃及向北，穿越巴勒斯坦和黎凡特，越过安纳托利亚直至里海南岸和伊朗之间的群山，环抱着美索不达米亚（位于今伊拉克）的两大河谷。约5000年前，气候正值最佳，此处水土丰美，其

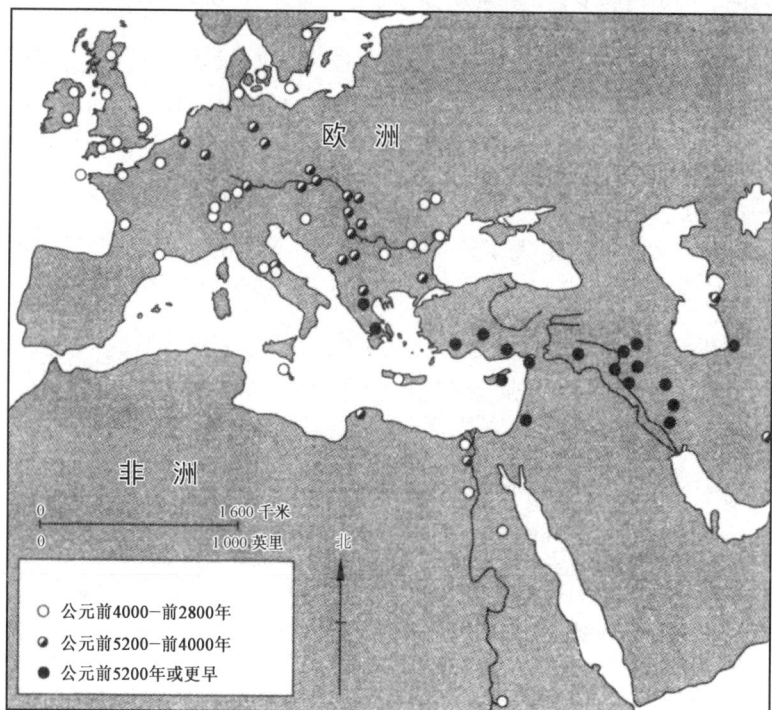

早期农业遗址

大致的风貌与现在大相径庭。大麦和类似小麦的谷物在南土耳其生
长，野生小麦则长在约旦河谷。埃及降水充足，人类因而可以追捕着
大猎物，迈入历史纪元。而在公元前 1000 年的叙利亚森林里，还可
以看到大象的身影。当今，该地区与环绕周边的沙漠地区相比，依然
肥沃，不过在史前时代，还要更胜一筹。成为后世农作物祖先的谷类
植物，可以在这片土地上找到源头。在小亚细亚，发现了约公元前
9500 年收获野生谷类植物的证据，虽然这还不能算作人类从事耕种
的必然结果。最后的冰期过去后，林地大批生长，但人类应对这次挑
战，似乎还很得心应手；可供狩猎、采集的地方变得过分拥挤后，人

口压力也许推动了拓展生存空间的尝试，如清理土地、种植作物。约公元前 7000 年，来自这一地区的新食物和种植收割技术传到了欧洲。当然，在这个区域，各类技术的交流要比外传相对容易。在西南伊朗发现的带刀刃工具，其年代最早可追溯至公元前 8000 年，却是以安纳托利亚的黑曜石制成。但是，技术的传播不是推动农业发展必需的过程。后来，美洲出现了农业，就似乎并没有依赖从外界引进的技术。

　　从采集野生谷物到种植、收割谷物的跳跃，其意义似乎并不比从驱赶猎物式的狩猎到放牧重大多少，然而，驯化动物的意义却非同一般。最早圈养绵羊的遗迹出现在伊朗北部，时间约在公元前 9000 年。泽西牛（Jersey cow）与格洛斯特郡花猪（Gloucester Old Spot pig）的野生祖先在丘陵草原地区悠闲地游荡数千年中，偶尔会和猎人打交道。猪确实能在旧世界各地找到，而在小亚细亚以及横贯亚洲的大部分地区尤其盛产绵羊、山羊。人类掌握了饲养它们的方法，创造了其他经济技术的革新，从而能系统地探索世界：皮毛的使用又为人类带来了新的可能性；喝牛奶催生了乳制品业；骑马和畜力牵引随后而来；驯养家禽亦不在话下。

　　此时，人类历史发展的程度远远超出了上述变迁的范围。随着农业的出现，后来人类历史赖以为基础的物质架构，虽然还未成为人类的生活方式，却突然跃入了我们的眼帘。这是人类改造环境伟大里程的开端。在狩猎-采集的社会里，一个家庭需要数千英亩的土地才能过活；然而在原始农业社会，25 英亩左右的土地便足矣。单从人口增长的角度来说，飞快加速成为可能之事。人类力图确保食物剩余或在实质上已经得到确保，这意味着新式的、稳定的定居生活诞生。更多人口可以在较小的地区生活，真正的村庄出现了。一部分人可以相对容易地获取食物，脱离粮食生产，从而获得锻炼其他技能的机会，成为某些方面的专才。公元前 9000 多年，杰里科出现了一座小村落（可能有圣祠）。1000 年后，它发展成覆盖约 8 到 10 英亩的泥砖房屋群，围有坚固壁障。

若要清楚辨明早期农耕群体的社会结构、行为，还有待时日。而这个时期很可能也像其他时期一样，人类的区域分化起到了关键影响。人类在身体上比以往更为同一，但他们要摆平不同的问题，利用不同的资源，因而在文化上愈发多姿多彩。末次冰期结束后，面对接下来的环境，属于不同分支的智人显示出相当惊人的适应能力，创造了诸多变化，与先前几次冰期过后的情况大不相同。大部分人类群体过起了互相隔离、定居的传统生活，循规蹈矩无可争议地成为生活的重点。这为贯穿旧石器时代，出现得极为缓慢的文化和种族分离，提供了新的、坚实的基础。在后来的历史时期中，各地人类的独特性还要历经相当漫长的时光，才受人口增长、交流加速、贸易出现的影响，渐渐瓦解——该过程最多仅持续了万年。在农耕群体内，似乎确实出现了角色分化加剧、强制接受新的集体纪律约束的现象。一部分人必然更闲暇（尽管对于实质上投入粮食生产的其他人来说，闲暇时光很可能因之减少）。人类社会地位分化确实越发明显。这也许与人类社会的新元素有关联——可用于实物交换的剩余产品增多，最终，贸易出现了。

剩余产品也可能激发了继狩猎之后人类最古老的活动——战争的诞生。狩猎是王者的活动，雕塑、传奇里记载着早期英雄的勋业，也把掌控动物世界归于其中。而人类的冲动以及物质的诱惑，必然让人对劫掠、征服之事蠢蠢欲动。早在战争出现前，人类之间的冲突已是家常便饭。或许，我们也可以从游牧民与定居者之间的冲突中发现战争的起源。人类需要组织起来保护庄稼、贮存物品，政治权力可能由此起源。我们甚至可以推测，贵族统治的概念可能在下列情况中露出了微小的苗头：狩猎采集者代表的是一个更为古老的社会阶层，他们看准与耕地绑在一起的定居者的弱点，成功（必然时常发生）地将之奴役。尽管史前世界确实充满了暴虐、无法无天，然而，还有别的因素值得牢记：整个世界还相当空旷。农民取代狩猎-采集者并不一定是一个暴力过程。处于引入农业前夜的欧洲，地广人稀，这也许能对考古学证据方面缺少暴力痕迹的情况作出解释。人口的增长以及新式农业资源所承受的压力，只是慢慢增强了竞争的可能。

　　与农业一样，在漫长的时光中，冶金技术也引发了许多变迁，而那是一个更为漫长的时期。冶金技术的出现，造成了缓慢而根本的转变，这很可能是由于人类最初发现的矿藏储量稀少、位置分散：在很长一段时间里，并没有找到多少金属。有证据表明，最早被使用的金属是铜（若把老派术语"青铜时代"套在使用金属文化的开端，显得很不贴切）。虽然已知最早金属制品的年代可追溯至约公元前4000年（埃及出现了锤炼过的铜针），但在公元前7000至前6000年间的某段时期，在安纳托利亚的加泰—休于（Çatal Hüyük）就有了未经高温熔炼而打击成形的铜。人类发明了铜锡混合技术，造出青铜。有了这种金属在手，投掷起来相对容易，且刃口更锋利、不易变钝。公元前3000年后不久，美索不达米亚开始使用这种金属。青铜得到广泛运用，一方面带动了许多事物的发展，另一方面使得含矿区一跃成为新的、相当重要的地区，青铜转而首次与贸易、市场、人类的行动路线紧密联系在一起。当然，随着铁的运用在一些毫无争议地迈入文明时代的文化中出现，情况变得越发复杂，这也作为史前纪元无甚章法地进入历史纪元的另一个反映。我们一眼便可发现，铁拥有突出的军事价值，而铁在农业工具中的运用显得更为重要。尽管前路漫漫，但铁的使用让生存空间、用于粮食生产的土地得到极大扩展。新石器时代的人可以顺利地焚烧森林、灌木丛，不过只有石制扁斧可用、以鹿角或木制凿器挖掘坚硬的土地。铁器的使用变得普遍后，人类发明了犁（约公元前 3000 年，中东）——借用畜力帮助人类劳作，才让翻松、深掘土地成为可能。

各种因素相互渗透、影响，开始对变迁的速度、方向产生作用，我们已经明白这是多么快的事了——"快"是以早期史前史为背景来说的，虽说这种变化在一些地方经历了数千年的漫长时光。初始文明早在上述进程于一些地方发挥影响之前，就已经存在了。史前史学家经常争论，人类的改革创新是从一个单独的源头向外扩散，还是自发、独立地在不同地点出现？由于相关背景情况过于复杂，做这样的探讨似乎是在浪费时间与精力。两种观点若任取一种，似乎都站不住脚。在一个地方且仅在一个地方就具备了新现象出现的所有条件，随后很简单地向他处扩散，叫人难以信服；而相同的发明恰好在地理、气候以及文化传统大相径庭的环境里产生，这种情况反复出现，同样令人难以置信。我们可以观察到，在中东地区集中出现了几项因素，使得该地区无可估量地在关键时刻，成为最引人注目、活跃、重要的发展新中心。但这并不能排除其他地方出现相似的独立发展的情况：陶器最早似乎于约公元前 1 万年出现在日本①，而美洲的农业演进早在约公元前 5000 年就开始了，完全与旧世界不相干。

这就意味着人类史前史没有一个整齐划一的终点，历史与史前史之间还是没有明确的分界线。在史前史终结与初始文明之交，我们看到，与此前相比，人类社会更加多元化，在应对不同环境、求生存方面更是获得了前所未有的成功。其中，有些社会在后来的人类历史中继续繁衍。日本北部的虾夷人到约 20 世纪的时候才消亡，连同他们

---

① 2012 年，科学研究证实中国江西省仙人洞陶器出现的时间为 2 万年前，系已发现的最早陶器。——编辑注

据说与 1.5 万年前相似的生活方式一道消失。16 世纪，到北美的英格兰人和法兰西人发现，那里有过狩猎-采集生活的人，着实与他们祖先 1 万年以前过的生活极为相似。美洲的史前史阶段在柏拉图与亚里士多德都已降生又离世之后，才因尤卡坦伟大玛雅文明的出现而让位；爱斯基摩人、澳大利亚土著人直到 19 世纪时，还处在史前史时代。

因此，我们无法以大略的纪年划分，来阐明如此错综复杂的状况。不过，其最重要的特点再突出不过了：到公元前五六千年为止，旧世界至少有一处具备了过上文明生活的全部必要元素。其最深层的根源可回溯至千百万年前，那个被缓慢遗传进化所统治的时代。在旧石器时代晚期，文化慢慢变得更为重要，受此重大因素的影响，变迁的速度增快。然而，这一点与后来的情况相比又算不上什么。文明，让人类能在崭新的程度上，有意识地作出掌控、调节人与环境的尝试。脑力、技术资源的积累成为这些尝试的基础。而人类自身变化带来的影响，反过来进一步加快了变迁的进程。在各种领域内，比如运用技术掌控环境、人类心智精巧化、社会结构变化、财富积累、人口增长等，都有了更为迅速的发展。

这里，摆正我们的视角很重要。据一些现代观点看来，欧洲处于中世纪的那几个世纪，好似一个漫长的休眠期。当然，没有中世纪学者会同意中世纪社会是凝固不变的。而一个活在 20 世纪的人，被迅速的变迁所包围，其速度之迅猛令其咋舌，自然就会深深感到，中世纪社会相对静止。可是，他必须好好反思一下这种印象：艺术从查理曼时代亚琛的罗马风格发展到 15 世纪法国的绚烂风格，历经了 5 至 6 个世纪的时间。相比之下，在比之漫长 10 倍的时期里，我们所知最早的艺术——旧石器时代晚期欧洲的艺术，风格的变化可谓微不足道。回溯再远一点，早期工具类型长期保持不变的情况，显示了变迁节奏更为缓慢。何况，尚有更多的基本变迁更难察知。就我们所知，与更新世早期相比，最近 1.2 万年间人类在人体生理学上几乎没有什么变化。相比之下，我们从一堆由自然实验留下的化石遗骸中窥知，更新世早期人类生理的巨变能演化到这一步，却历经了千百万年。

从某种程度上讲，变迁速率的对比反映的正是我们从一开始在讨论的那种对比：作为变迁制造者的人与自然之间的对比。人类逐步开始自主选择，甚至因此在史前时期，变迁的故事就是一部人类不断有意识地适应发展的故事。这个适应的故事将仍在历史中继续，且将更加有力度。这就是为什么人类故事中最重要的部分是意识的故事。很久以前，意识打破了缓慢的遗传进程，让万事开始皆有可能。天赋与后天培养开始并存，从此刻起，人类首次清晰可辨。先天与后天因素也许永远不可能分得一清二楚，但人为的文化与传统越来越成为变迁的决定因素。

为了恰当地考量这些无可争议的事实，应作两种反思。首先，自旧石器时代晚期以来，我们人类这一物种在天赋能力方面几乎肯定没有任何改进。约 4 万年来人类体格没有发生根本性的变化，假如人类原始心智能力也没有发生变化的话，这是令人惊奇的。这么短暂的时间实在无法形成之前时代所发生的那种程度的遗传变迁。自史前时代起，人类之所以取得了如此迅速的成就，可以简单归结为：我们可以利用更多人的天赋；更重要的是，人类成就的本质是靠积累而成。人类依赖继承前辈积累下的遗产，这种积累是诸种利益交错形成合力的产物。原始社会从这个宝库中所继承的，远比我们今天少得多。这也让原始社会迈出的最伟大、有力的步伐，显示出更为惊人的成就。

若以下推测可以成立，那么便无第二种反思的立足之地了：智人的遗传继承不仅让他能作出有意识的改变，进行一类前所未有的进化，也控制、限制了人类。20 世纪出现的非理性之事，显示了人类试图以心智控制自己的命运，仍是能力有限的。从这个意义上说，人类依然是自然的一部分，受其左右，无法摆脱其影响；自然仍首先以进化选择的方式赐予人类独特的能力。我们也很难从遗传中区分由非理性塑造的人类心智的那部分，这是从进化过程中获得的。那部分深深植入了我们所有审美与情感生活的核心中。人类注定生活在与生俱来的二元对立中。大多数伟大的、依然成为人类生活指南的哲学、宗教、神话的目标，就是处理这对关系，而它们本身就是依据二元对立而来的。正值人类从史前史进入历史之际，勿忘其决定性影响很重要；相比那些被如此迅速克服的史前史时期地理与气候无意识的作用，这种决定力量更难以抗拒。尽管如此，在开启历史的临界点，我们已经和一类我们熟悉的生物打交道了——变迁制造者，也即人类。

卷二
文明

导　论

　　一万年前，世界的轮廓和今天差不多。陆地的轮廓和我们所知道的一样宽广。从那时起，主要的天然屏障和交流通道将一成不变地遗留至今。与最后一个冰河时代结束前数十万年的巨变相比，此时，气候也稳定了下来；从此，历史学家仅需要关注它短期的起伏波动。呈现在人们眼前的是这样一个时代（我们仍然生活在这个时代里），这个时代里的很多变化是人为的。

　　文明是引起这种变化的重要加速器之一。据一个历史学家说，文明最少有七个开端，也就是说他至少能够辨别出七个地方，在这些地方，人类技能和自然因素以独特的方式糅合聚集起来，使以开发自然为基础的生活新秩序的建立成为可能。虽然，所有这些文明的诞生经历了大约3000年左右的时间，与漫长的史前时代相比仅仅是一瞬间，但是它们既不是同时发生的，也不都是同样顺利。它们呈现出很大的差异，然而在盛极一时之后，有的文明保持繁荣，继续向前发展，而有的文明由盛而衰或者销声匿迹了。然而，与之前所取得的任何成就相比，所有这些文明都体现了一种在速度上和程度上的显著变化。

　　在这些早期文明中，有一些仍是我们当今世界的真正基础。然而，有一些除了如今我们考察遗址（这是它留下的全部）的时候或许还能够激发我们的想象和情感之外，很少或根本不再产生影响。尽管如此，它们共同决定了世界文化迄今为止的大体分布状况，因为即使当它们在思想、社会组织或者技术方面取得的成就早被遗忘时，源自它们的传统所具有的力量却仍在起作用。最早的文明诞生在大约公元前3500至前500年之间，成为世界史主要编年分期的开端。

第 1 章　早期的文明生活

很久以来我们就知道，杰里科有一股不断流淌的泉水，浇灌着到目前为止依然广袤的绿洲。毫无疑问，这解释了在大约 1 万年的时间里，为什么一直有人居住在那里。史前时代晚期，农耕者就聚居在那儿，在当时人口可能达到了两三千人。公元前 6000 年前，这个地区有一个巨大的蓄水池，这表明有较大的需求需要满足，可能是用于灌溉；并且那里有一座巨大的石塔，它是精心修筑的长期防御工事的一部分。显然，这里的居民认为他们有值得保护的东西，他们拥有财产。杰里科是一个值得深思的地方。

即使这样，它还不是文明的开端，依然缺少很多条件。在文明时代开始的时候，值得去思考，我们所探寻的文明是什么？这与最早的人类是什么的问题有些类似。我们大致能划出变化发生在哪一段时间区间里，但是我们仍对其具体的时间点存有疑义。大约在公元前5000 年，中东各地农村已出现剩余农产品，这为文明最终的兴起提供了保障。其中一些为后世留下复杂的宗教仪式和精美绘制的彩陶，这种彩陶是在新石器时代得到广泛传播的艺术形式之一。大约在公元前 6000 年，在土耳其加泰—休于古城附近出现了砖石建筑，这个遗址仅比杰里科遗址稍早一点。但是，我们通常所指的文明不仅仅是宗教仪式、艺术或者某一技术的出现，当然也不只是人类开始在同一个地方聚居。

这好比谈论"一个有教养的人"：每个人见到一个有教养的人都能够认出，但不是所有有教养的人都得到公认，也没有一个必要的或绝对可靠的统一衡量标准（例如，大学本科）。词典的条目对定义"文明"也没有什么帮助。《牛津英语词典》将文明定义为"一种发达的或者先进的人类社会状态"，这个定义是无可争议的，但因太过谨慎而起不到什么作用。我们仍须判定的是，发展或者进化达到了何种程度？沿着何种路线前行？

有人曾说，一个文明社会是不同于一个未开化社会的，因为文明社会拥有一些特定的特征，如文字、城市、纪念性建筑物，这一切都表明了两者的不同。但是若达成一致是困难的，不依赖于任何简单的测试似乎更为保险。如果我们关注的不是边缘的和有争议的例子，而是关注那些被人们公认为文明的例子，那么它们的共同点是显而易见的，即同样是复杂的。甚至与富庶的初级村社相比，他们都达到了一种精致程度，允许更多的、各种各样的人类行为和经历存在。当大量的文化潜力和一定的资源盈余积累起来时，"文明"一词成为我们以一种创造性的方式提供给人类相互交流的名称。从文明的角度来看，这些解除了对人类能力的束缚，以便在一个新的水平上发展；在随后更大程度上的发展，就能自行持续了。这多少有些抽象，现在以实例来说明。

文明史的开端大约是在公元前4000年左右，这将有助于列出一张粗略的年表。我们以最早的可以鉴定的美索不达米亚文明作为开始。紧接着是在埃及，显然，这儿的文明要稍晚一些，大约在公元前3100年。另一个标志是中东的"米诺斯"文明，它大约出现在公元前2000年的克里特岛，并且从这个时候起，我们可以忽略世界上这部分地区有优势这一问题了：不同文明已经出现，它们相互作用、相互交流。与此同时，大约在公元前2500年左右，另一个文明在印度出现，至少文字记载是这样的。随后，中国最早的文明出现，大约在公元前第2千纪中期。之后中美洲文明出现。公元前1500年后只有这最后一个文明的例子是完全孤立的，因此在我们解释文明进程时，它不是一个重要的考虑对象；从那个时候起，如果不考虑到先于它产生的其他文明的激励、冲击或继承关系，一种文明就无法得到诠释。在此处，我们的概述点到这里也就够了。

对这些最早的文明（其特点和形式将是后几章论述的主题）进行归纳是很难的。当然，尽管与它们未开化的先辈比起来水平已经是很高了，它们显示出的技术水平仍比较低。与我们现在的文明相比，这些文明的形成与发展更多地取决于周围环境。然而，它们已经冲破了地理局限。当时世界的地形已经和今天非常接近，陆地以其现有的形态固定下来，由此形成的影响交通的障碍和渠道也不再变化，但是开拓和超越它们的技术能力在不断提高。决定早期航海的风向和水流也变化不大，甚至在公元前 2000 年，人们已学会去利用它们，摆脱它们施加的束缚。

这恰恰表明，在早期，人类文明交流的可能性是相当大的。因此，武断地提出文明以某种标准的方式出现在不同地区，是很不明智的。反对者则提出适宜的环境这一因素。以大河流域为例，显然，大河流域肥沃且易于耕种的土地能够养活村落里相当密集的人口，这些地区可缓慢发展形成最早的城市。这种情况在美索不达米亚、埃及、印度河流域和中国都发生过。但是，城市和文明也有远离大河流域兴起的，比如中美洲、克里特岛的米诺斯以及后来的希腊。就最后两个文明而言，有极大可能是受到外部的重要影响，但是埃及文明和印度河流域文明形成的早期也受到了美索不达米亚文明的影响。有关这种联系的证据，在以前一度导致一种观点，即视所有其他文明都来自一个文明中心。现在这种观点不是很流行了。不仅仅是因为要处理孤立的美洲产生文明这一难缠的事实，而且是因为，随着碳放射测定年代的技术让我们获得了越来越多有关早期年代的知识，要确定假设的文明发散传播陆续发生的时间序列变得相当困难。

最满意的答案是，文明很可能常常是许多因素杂糅的结果，这些因素易于促使某个特定地区产生出足够厚重的某些东西，即后来所谓的文明。但是不同的环境，受外界的以及过去留下的不同文化传统的影响，意味着世界各地的人类并不是以同样速度发展的，或者甚至不是向同样目标前进的。社会"进化"同轨论甚至先于文明同源发散理论被摒弃。显然，一个有利的地理环境是必不可少的；在最早的文明中一切事物都以农业剩余产品的存在为基础。但是，还有另外一个很重要的因素，即人们利用环境的优势或应对挑战的能力。在这一方面，外部联系可能和内部传统一样重要。乍一看，中国几乎是与外界隔绝的，但即使在那里也存在着联系的可能性。因此，不同社会如何形成文明，所需的大量因素仍然很难作出回答。

比较准确地阐述早期文明的标志，要比描述其产生过程容易得多。但在这点上，同样没有绝对的、放之四海皆准的说法。早在文字还没有作为储存和使用经验的有用工具时，文明就已经存在了。很多机械技术的传播也是不平衡的。中美洲人既不役使牲畜也不借助车轮，便完成了重大的施工建设；而中国人要比欧洲人早近 1 500 年就知道如何铸铁。不是所有的文明都遵循相同的文明发展道路，这些文明在终止与发展之间存在着很大的不同，更不用说取得的文明成就了。

无论如何，早期文明与后来的文明仍然很相似，它们似乎有一个共同的积极特征：改变了人类行事的规模。比起早期文明社会，后来的文明集合了更多人类共同努力，其方式经常是，让人们汇集起来，形成更大的聚落。"文明"这个词的拉丁词源表明了它与城市化之间的关系。固然，想明确指出天平的指针到底在哪个精确的界限处标示出最早城市出现，而不再指示称，这是围绕着一个宗教中心或者一个集市的紧紧挨着的农业村庄，愿意做这种区分的人们是大胆的。然而，完全有理由说，比起任何其他机制，城市提供了更多的产生文明的大量人口，而且迄今为止比任何其他环境因素都更为优越地孕育了革新。在城市内部，农业生产创造的盈余使其他属于文明生活特征的行为的出现成为可能。它们为祭司阶层提供了生活保障，而这个阶层精心制定了一个复杂的宗教结构，建造了不仅仅是局限于经济活动的伟大建筑物，而且最终形成大量文献记载。与早期时代相比，大量的资源被分配在其他方面而非直接消费上，这就意味着财富和经验以一种新形式积累起来。这些积累的文化渐渐地成为改变世界越来越有效的工具。

一个明显的变化是：在世界不同地区之间，人类间的差异变得越来越大。关于早期文明，最明显的事实是：它们的风格迥异。但是由于这些太过显而易见，所以我们常常忽视了这一点。文明的到来开启了一个新时代。这是一个在服饰、建筑、科技、行为、社会结构和思想方面不断飞速分化的时代。这种分化显然是源自史前时期，那个时候，各个人种已经以不同的生活方式、不同的生存形态、不同的思想，以及不同的身体特征而存在。但此时，这种分化不再只是作为自然环境赐予的产物，而是文明本身创造力的结果。只有随着20世纪西方科学技术的兴起，这些多样性才开始减少。从文明初始到今天，始终存在着各种不同类型的社会，尽管它们彼此之间了解很少。

这些文明斑斓的多样性大部分已经很难再现了。在某些情况下，我们可以做的只是意识到它的存在。除了我们能够还原的制度、艺术中所体现的象征、文学作品中表现出来的思想之外，人类初始的精神生活几乎没有任何痕迹了。在这些仅存的遗迹中保留着这样一些假设，这些假设是重要的坐标参照系，围绕着它们，一种世界观建立，即使在那个时候持这种观点的人还不知道它们的存在（历史往往是对

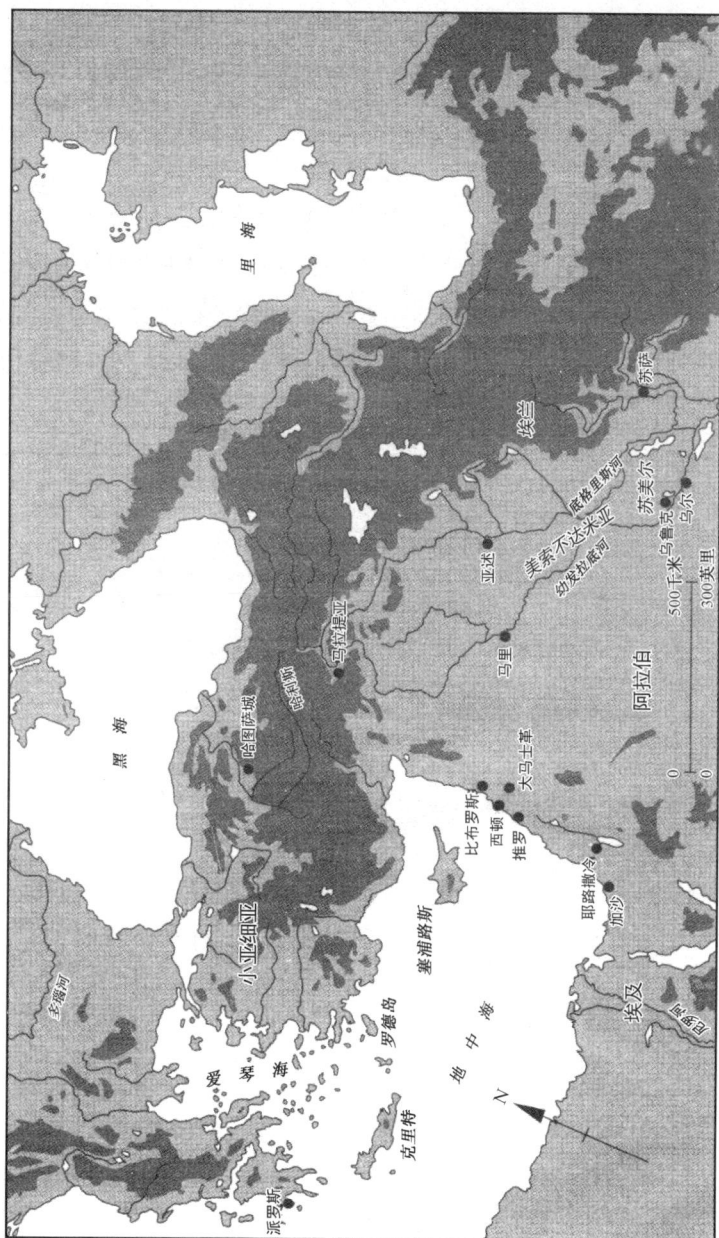

肥沃新月地带

人们自身所不知道之事的发现）。其中的很多观点是不能恢复的，即使在我们开始掌握古老文明时期人类生活的形式时，仍然需要不断想象，以避免落入用今日来衡量过去的时代错误。甚至文字也无法表达那些和我们似像非像的人类的大部分思想。

正是在西亚和地中海东部地区，不同文化彼此之间相互的刺激作用第一次变得明显。而且毫无疑问，这种相互作用正是最早期文明诞生故事中的主要情节。在三四千年里，各个民族不断迁徙所造成的混乱既丰富又分裂了这个地区，我们的历史一定发轫于此。在大部分历史时期里，肥沃新月地带成为各种文化的大熔炉，这里不仅是一个定居地，而且是一个中转站，通过这里谱写出一部各民族及其思想的兴衰史。最终，各种制度、语言和信仰得以进行广泛的交流，甚至到今天，人类的很多观念和习惯都源于这里。

为什么历史恰巧发轫于此？这是很难解释的。不过，一种最广为接受的假设是，其根本原因在于，来到此处的入侵者们，其故土人口过剩。用人口过剩说来解释当时的这个世界看起来似乎是矛盾的，因为在公元前 4000 年前后，世界的全部人口估计只有 8 000 至 9 000万。也就是说，仅相当于今天德国的人口数量。在接下来的 4 000 年里，人口增长了将近 50%，达到 1.3 亿。这就表明，与我们如今认为的理所当然的人口增长相比，其每年的增长率几乎是感觉不到的。这既表明了我们人类对自然界开发力量增加的相对缓慢，也说明了与史前时代相比，文明所带来的新机会已经在多大程度上、以多快的速度强化了人类对于繁殖和繁荣的偏好。

用后来的标准衡量，这种人口增长仍然是微弱的，因为它总是建立在一个非常脆弱的资源盈余基础之上，正是这种脆弱性证明了人口过剩的说法。干旱和干燥能够剧烈地、突然地破坏一个地区的供给能力，而人类要在几千年之后才能轻易地从别处运来食物。最直接的结果一定是经常发生饥荒。但从长远的角度来看，存在着更为重要的影响，它所产生的困扰是早期历史的主要推动力：气候的变化仍然作为一个决定因素在发挥着作用，尽管此时其影响更多的是在局部的、个别的范围里。干旱，灾难性风暴，甚至是在几十年中气温稍低或者稍高的变化，都能迫使人们迁移，从而通过不同传统的民族偶然间地相遇促进了文明的发展。在冲突与合作中，他们相互学习，因此增加了社会的总体潜力。

在这个地区早期历史舞台上出现的民族都属于浅肤色人种（有时被混淆地称为高加索人），属于智人（*Homo sapiens*）三大人种之一（另外两个人种是尼格罗人［Negroid］和蒙古人）。语言差异使得对他们进行区分成为可能。在肥沃新月地带早期文明时代生活的所有人群，可根据他们所说的语言划分：在北非和撒哈拉东北部演化形成含米特人（Hamitic），或者是阿拉伯半岛的闪米特族（Semites），或者是来自俄罗斯南部、在公元前 4000 年迁徙到欧洲和伊朗的印欧族，或者是来自格鲁吉亚的真正的"高加索人"。他们都已经被鉴定为早期中东历史的主人公。他们的历史中心都位于早期农业和文明出现的地区周围。一个良好定居地的大量财富必定会吸引周边地区的人们。

大约在公元前 4000 年，肥沃新月地带的大部分地区被高加索人占领，从此时此地，我们可以尝试对接下来 3000 年的文明作一总结，这将为早期文明提供一个框架。可能在那个时候，闪米特人已经开始进入这一地区；他们的力量不断壮大，直到公元前 2500 年左右（在文明出现很久以后）穿过底格里斯河和幼发拉底河中部，在美索不达米亚中部完全定居下来。许多学者已经认识到，在该地区的早期历史中，闪米特人与那些凭借着高地势从东北部控制着美索不达米亚的高加索人之间的相互影响和竞争是一个永恒的主题。在公元前 2000 年，印欧语系的人种引起世人的注意，他们来自两个方向。一部分是从欧洲进入安纳托利亚的赫梯人（Hittite），他们的快速发展可与另一部分的伊朗人从东方的快速进入相媲美。

在公元前 2000 年至前 1500 年之间，这些次级单元的民族分支跟闪米特人和高加索人在肥沃新月地带发生冲突与融合，而含米特人和闪米特人之间的碰撞是古代埃及大部分政治的本源。当然，上述情节叙述是非常概化的，它的价值只在于，有助于揭示中东古代历史发展的基本动力和规律。许多这方面的细节（和将要出现的一样）是非常含糊不清的，并且无法说清是什么维持了这种流动性。然而，不论原因是什么，这些民族迁徙都是最初的文明出现和繁荣发展的背景。

第 2 章　古代美索不达米亚

人类可辨别的文明首次出现的最好例证出现在美索不达米亚南部，在那片由底格里斯河和幼发拉底河冲刷形成的 700 英里长的土地上。在新石器时代，肥沃新月地带这一端的土地上曾经散布着许多村落。在一些位于最南端、最古老的村落中，连续几个世纪以来，内陆的排水和每年的洪水冲积形成一片非常肥沃的土地。只要水的供应源源不断并且安全可靠，这里就一定比其他地区更容易种植庄稼。这种推测是可能的，因为尽管降水很少并且毫无规律，但河床总是高于周围的平原。有统计显示：在公元前 2500 年左右，美索不达米亚南部地区的谷物产量，就可以比得上今天加拿大最好粮食产区的产量。种植量超过了日常的消耗量，这种可能性在这里很早就已经存在了，而生产盈余是城镇生活出现不可或缺的条件。此外，这里还可以从附近的海域内捕鱼。

美索不达米亚南部的环境既是一个机遇，同时也是一个挑战。两河流域突然地、剧烈地改变河床的走向，因此三角洲的沼泽地、低洼地不得不通过筑堤挖沟，使其高于洪水水位线，并且不得不开凿运河疏导洪水。很久以前，这里最早使用相关技术，用芦苇和泥浆来建造平台，再在这些平台上建立了这个地区最早的家园。几千年后，这些技术在美索不达米亚仍然可以看到。耕地集中在土地肥沃的地区，耕地需要的排水和灌溉渠道可能被妥善地管理，然而必定是集体管理才行。毫无疑问，土地开垦的社会组织是另外一个成就。不管它是如何发生的，将湿地变成良田看起来是史无前例的成就，它一定是以人类聚居的方式形成了一个新的复杂体系才能达成。

随着美索不达米亚人口的增长，更多的土地被用来种植粮食。不同村落的人们迟早有一天会彼此接触，与其他人一同改造曾经将他们彼此分开的沼泽地。甚至在此之前，不同的灌溉需要可能已使他们彼此发生过联系。这里存在一个选择：对抗还是合作。每一种选择都意味着集体组织的进步和权力的新凝聚。在某些地方，沿着这条道路，使得人类意识到要团结起来，组成比当前更大的单元来保护自己或者利用环境。一个现实的结果就是城镇的出现。它建立在高于水位线的平台上，最初筑有泥墙，用来阻止洪水和敌人的入侵。城镇作为社会权威的后盾必然要选择当地的圣祠之地，这是符合逻辑的。这个地方由大祭司来掌管，大祭司成为与其他人进行竞争的为数不多的神权统治者。

与此类似的一些事情——我们不知道这些事情具体是什么——可能说明了在公元前第 4 千纪和公元前第 3 千纪时，美索不达米亚南部地区与新石器时代其他地区之间的差异性，尽管这些地区长久以来处于相互联系的状态。陶器和特有的神龛表明，在美索不达米亚文明与安纳托利亚、亚述、伊朗的新石器时代文明之间存在联系，由此开始形成一个中东地区。它们有很多的共同点。但仅在一个相对来说较小的范围内，中东大部分地区所共有的乡村生活方式才开始迅速扩展并且固化为另外一种东西。在这种背景下，苏美尔出现了最早的、真正的都市化，这也是该地区能够发现的最早的文明。

苏美尔是一个用于称呼美索不达米亚南部的古老名字，它指的是比今天的海岸线再往南大约不到 100 英里的地方。居住在那里的人们可能属于高加索人，他们不同于西南部的闪米特邻居，而更像他们北方的邻居，也就是那些居住在底格里斯河对岸的埃兰人（Elamite）。学者们仍然试图鉴别苏美尔人（即那些所说的语言后来被称作苏美尔语的人）是什么时候来到这一地区的。他们可能是在公元前 4000 年左右来到这里。但是既然我们知道，文明的苏美尔人是不同种族的混合体，可能包含该地区的早期居民，那么对于一种外来因素和本地因素混合的文化，这就不是一个重要问题。

苏美尔文明源远流长，人们长期以来过着一种与他们的邻居相差无几的生活。他们居住在村庄，并且有几个一直沿用的、很重要的祭祀中心。其中有一个祭祀中心位于名叫埃利都（Eridu）的地方，大约创建于公元前 5000 年前后。它稳步地发展到了有历史记载的时期，在公元前 3 千纪中期，那里出现了一座神庙。一些人认为，尽管现在除了建造的地基之外什么都没留下，但是这座神庙为美索不达米亚纪念性建筑提供了原始模型。这种祭祀中心始于为居住在其附近的居民提供服务。它们并不是真正意义上的城市，不过是礼拜和朝圣的地方。它们可能没有很多的常住人口，但常常是活动中心。后来，城市围绕着它们形成。这有助于解释在古代美索不达米亚，宗教和政府始终保持密切关系的原因。事实上，早在公元前 3000 年以前，许多这样的地方已经有了非常大的神庙。在乌鲁克（Uruk，《圣经》中称为以力［Erech，见《创世记》10：10］）有一座非常宏伟的神庙，尤其是其精美的装饰和直径达 8 英尺的泥砖柱子，给人留下深刻印象。

陶器是连接美索不达米亚史前未开化时代与有史时期最重要的证据之一。它提供了一条最初的线索，表明，某些具有很大文化价值的东西，后来向着本质上不同于新石器时代的进化方向发展。所谓的乌鲁克罐（Uruk pots，这些罐因发现于乌鲁克而得名），常常是比较单调的，没有早期的陶器那样令人兴奋。事实上，它们是批量生产的，在一个转轮上以标准形式制造而成（轮子第一次以这种功能出现）。这其中的含义是深刻的。当陶器得到批量生产时，那里必定已经存在一个专门的工匠群体；这个群体一定是依靠他们的产品去交换非常丰富的剩余农产品来维持的。正是通过这种交换，苏美尔文明的历史才得以从容地展开。

苏美尔文明大约延续了 1 300 年（大约从公元前 3300 到前 2000 年），几乎相当于查理曼到我们现在这么长的一段时间。在苏美尔文明伊始，文字便产生了。这可能是在蒸汽时代之前唯一一个比得上农业发明的发明。大部分的文字用黏土制造而成，人类将近一半的历史中所掌握的就是这种书写技术。事实上，圆锥形印章的发明还早于文字，在印章上雕刻小的图案，并碾压在黏土上。陶器制造可能已经衰落，但是这些印章成为美索不达米亚伟大的艺术成就之一。最早的文字是以象形图画或简单图画的形式刻在黏土制成的石板上的（这是通向抽象表达中的一步），在黏土板上用芦苇秆刻画好，然后烧制而成。最早的文字出现在苏美尔，可以看出它们是以备忘录形式出现的，上面记录着货物、收条；其记录的重点是经济，不能作为连续的文章来阅读。这些早期备忘录和账目的文字渐渐地变成了楔形文字，这是以一种削尖的芦苇秆印在黏土上的印记排列形成的。通过这种方式完成了对象形文字的突破。在这一阶段，用以表示语音和大致音节因素的成群符号出现，都是以相同的、基本的楔形为基础组合构成。它以符号作为一种沟通方式，比迄今为止使用的任何沟通方式都更灵活，苏美尔在公元前 3000 年后不久便达到了这一程度。

关于苏美尔人的语言，我们知道得比较多，其文字中的一些元素至今仍保留着。其中之一便是"alcohol"（即酒精，以及最早的酿造啤酒的配方）这个词的原型。不过苏美尔语言最令人感兴趣的是其书写形式的出现。读写能力既是变化的，又是稳定的。一方面，它提供了大量新的沟通的可能性；另一方面，因为对文字记载可进行查阅，对口述传统也可进行查考，实践方式就渐渐稳定成形。这使土地浇灌、收割以及粮食储存这些比较复杂的操作变得简单了，而这些活动是一个社会不断发展的基础。书写使得资源利用更为有效。它也极大地加强了世俗政权，并加强了世俗政权与那些最初垄断书写能力的祭祀阶层的联系。值得注意的是，因为印章被人们用在寺庙的收据上以证明庄稼的多少，所以其最早的用途之一似乎与此有关。或许，起初他们记录了集中再分配的经济运作过程，在这一过程中人们向神庙缴纳规定的农产品，并在那里领取自己所需的食物或日用品。

除了这些记录之外，文字的诞生还以另外一种方式为历史学家展现了更加丰富的历史，最终，历史学家在谈论智识发展状况时，有了坚实的物质证据可供参考。因为文字保留了文学作品。世界上最古老的故事是《吉尔伽美什史诗》。虽然事实上它的最完整版本只能追溯到公元前7世纪，但这个传说故事在苏美尔时期就已经出现。我们已经知道，它于公元前2000年后不久被记录下来。吉尔伽美什是一个真实的人物，统治着乌鲁克。他成为世界文学中第一位有个性的人物和英雄，并且出现在其他史诗中。他也是在本书中出现的第一个人物。对于一个当代读者来说，史诗最吸引人的部分可能是那场巨大洪水的来临。除了一个有特权的家庭建造了一只诺亚方舟得以幸存下来之外，那场洪水消灭了全部人类；而当那场洪水消退后，他们繁衍了新的人种并且栖息散布于世界各地。但这部史诗最古老的版本中并没有这部分内容，它来自另一首独立的诗歌，讲述了一个在许多中东作品中发生的故事。不过，它之所以会被加入进去，其原因也很容易理解。下美索不达米亚地区一定经常受到洪水的困扰。毋庸置疑，这给它的繁荣所依赖的脆弱的灌溉系统带来很大压力。或许，洪水只是灾难的普通形式，而它一定有助于培养悲观的宿命论，有些学者已经将其视为了解苏美尔信仰的关键。

这种忧郁的情绪充斥着整部史诗。吉尔伽美什做了很多伟大的事情，付出不懈的努力，想要证明自身作为人的能力，反对诸神规定的、确信人类会失败的律条。但最终预言是对的，吉尔伽美什也必须死。

> 英雄们，智者们，犹如新月一般有其阴晴圆缺。人们会说："有谁曾像他那样用力量和权力来进行统治。"正如在没有月亮的夜晚或者月缺的时候，只要没有他，那里就没有光明。哦！吉尔伽美什，这就是你梦想的意义。你被赋予国王的地位，这是你命中注定的；但永生却不是你的天命。

除了这种忧郁的情绪以及揭示出一种文明带有的宗教色彩之外，在史诗中还有很多关于古代美索不达米亚神灵的内容。但是很难通过这些内容了解历史，更不必说把它同历史上的吉尔伽美什联系起来。尤其是，尽管有足够的关于洪水频繁发生的大量证据可以使用，但试图通过考古学的方法去鉴别一场灾难性洪水，这种尝试并不能令人信服。陆地最终浮出水面——这或许是我们了解的一种对世界诞生和人类起源的说法。在希伯来《圣经》里，陆地是按照神的旨意浮出水面的。这种说法曾在1000年的时间里被大多数有教养的欧洲人所接受。这样推测是很有趣的：我们传承的这种知识可能在很大程度上源于苏美尔人对他们自己的史前史的神话重构；在他们那段历史中，从美索不达米亚三角洲的沼泽地中开垦出了耕地。但这只是一种推测，为谨慎起见，我们最好只满足于注意这部史诗与《圣经》中最著名的那个故事，即诺亚方舟的故事之间不可否认的密切联系。

吉尔伽美什的故事暗示我们，在苏美尔历史的重心转移到上美索不达米亚后的很长一段时间里，苏美尔思想在中东地区传播可能有其重要性。史诗的各种版本和各部分内容——此处仅指文本自身——已经出现在档案以及公元前第2千纪本地区很多统治者的遗址当中。虽然史诗后来消失了，直到近代才被重新发现，但吉尔伽美什是一个在多种语言文学作品中都被有意提及的名字，而这些作品时间跨度大约是2000年。在某种程度上，如同欧洲作家们直到最近还理所当然地认为古希腊人的暗示能够被读者理解一样，苏美尔语在几个世纪以来的神庙和文官学校中流传下来，一如在西方罗马古典世界崩溃之后，在欧洲方言文化混杂不一的状态下，拉丁文仍然靠各地的博学者得以留存。这个比较是启发性的，因为文学和语言的传统体现了各种观念和想法；这些观念和想法又强加、允许和限制了各种不同的世界观。也就是说，它们拥有自己的历史地位。

借助苏美尔语言留存下来的思想中最主要的大概就是宗教方面的。像乌尔城（Ur）和乌鲁克城都孕育了很多的思想，在公元前2000年和公元前1000年之间的中东地区这些思想演变为其他宗教。尽管是以无法察觉的不同形式进行演变，但是在4000年后，这些思想的影响遍及世界各地。有这样的一个例子，在史诗《吉尔伽美什》中有一个理想化的自然生命体——巨人恩奇都（Enkidu），他受到一个妓女的性诱惑，从纯真走向堕落。从此以后，虽然他的结局是文明，但是他失去了与自然界联系的愉悦。我们在文学作品中能够观察到，后来其他社会的神话中也有这类暗示。在文学作品中，人类开始让早期隐藏在模糊的祭祀遗址、泥像以及圣殿或寺庙的地面规划后面的含义明确化。但在苏美尔早期，这些遗迹已经展示出组织者与超自然对话的高超能力。虽然如此古老，但其精妙复杂程度，在世界其他地方鲜有可与之媲美者。神庙已经成为早期城市的焦点，并且发展得越来越庞大、辉煌（部分原因是，传统上新神庙总是在旧庙的地基上扩建而成）。在那里举行祭祀以确保丰收。后来祭祀的仪式变得复杂，更大更宏伟的寺庙在北至亚述（Assur）的地方建立起来，距离底格里斯河300英里远。据说，其建筑所用的雪松从黎巴嫩运来，铜来自安纳托利亚。

在那个时候，没有任何其他古代社会给予宗教如此重要的地位，或者投入如此多的集体资源去维持它。这就表明，没有任何其他古代社会让人们的感情如此完全地依赖于神的旨意。在古代，下美索不达米亚是一块扁平的由泥潭、沼泽和河流构成的土地。那里没有山脉供神灵像人一样居住，只有空旷的上苍，无情的烈日、狂风肆虐着那片没有防护的土地；洪水是无法抗拒的力量，干旱带来毁灭性的枯萎。神灵居住在这样的自然环境里，或者住在平原中孤零零的"高地"上，就像《圣经》巴别塔里记载的砖石塔楼和金字形神塔。毫不奇怪，苏美尔人将自己视作天生就为神灵服务的劳动力。

大约在公元前 2250 年，在苏美尔已经出现了一批或多或少代表着拟人化的自然元素和自然力量的神灵，这成为美索不达米亚宗教和神学开端的基础。最初，每个城市都有特定的神。可能受到城市政治兴衰变迁的推动，在这些神灵之间最终形成一个等级制度，既反映又影响人们对于人类社会的看法。这个完善的体系将美索不达米亚诸神以人的形式描绘出来。每位神都被赋予一种特殊的能力或者角色。有空气之神、水之神，另外还有农耕之神。伊斯塔尔（Ishtar，这是她后来的闪米特名字）是掌管爱和生育的女神，同时也是战神。在神级制度的最高层是阿努（Anu）、恩利尔（Enlil）和恩基（Enki）三位伟大的男神，他们的角色很难区分。阿努是众神之父；恩利尔最初是最杰出的神，他是"空气之神"，没有他什么事都做不了；恩基是智慧之神和淡水之神，对苏美尔人而言，他名字的字面意思是生命，他是一位人生导师和生命的给予者，他维持恩利尔制定的秩序。

在繁琐的仪式中，这些神要求人类抚慰并且服从。作为回报，人们过上美好生活并得以繁荣和长寿，但是并不会很多。在美索不达米亚生活的诸多不确定因素之中，认为存在一种可能获得保护的感觉是必要的，人类依靠神灵在反复无常的宇宙中获得安慰。神——尽管美索不达米亚不用这些术语称呼它们——是一些基本欲望的概念化，这些欲望包括控制环境，抵御突发的洪水和沙尘暴灾害，通过重复庆祝盛大的春季节日以确保季节的连续循环。此时众神又一次联姻，创世之剧目再度上演。在此以后，世界的存在又获得了一年的保障。

后来人类希望宗教所能做的最大贡献之一就是，它能够帮助人们应对不可避免的、面对死亡的恐惧。苏美尔人和那些继承其宗教思想的人们，很难从其信仰中得到更多的安慰。就我们所能掌握的情况而言，他们似乎将来世看作是一个黑暗、悲惨的世界，那是"一间房子，在那里，他们沉寂在黑暗之中，灰尘是他们的主食，泥土是他们的肉，他们穿的和鸟类一样，翅膀是他们的服饰，门栓和门上积满了灰尘，一切都处于寂静当中"。这里展示了后世的地狱观念和阴曹观念的起源。然而至少有一种仪式涉及实质上是自杀的行为：公元前第3千纪中期，一位苏美尔国王和王后死后，有随从人员陪葬；这些随葬的人们，可能事先喝了某种催眠的酒。这就暗示，死后是去某个地方，在那里如同在人间时一样，有大量的随从人员和华丽的珠宝非常重要。

苏美尔宗教有着大量的政治内容。所有土地最终都属于众神；国王最初可能既是军事统帅又是宗教领袖，只是众神的代理人。当然，没有世俗法庭会要求国王代诸神作出解释。代理制也意味着一个祭司阶层的出现，这是一个自身重要性与经济特权相对应的特权阶级，被允许培养特殊技能和知识。从这方面来说，苏美尔也是一个东方先知、预言家、智者的传统源头。他们基于对楔形文字的记忆和复制，还控制了最早的、有组织的教育系统。

在苏美尔宗教的副产品当中，首先是宗教艺术对人类肖像的描绘。尤其在马里（Mari）这个宗教中心，那里似乎偏爱描绘从事宗教仪式活动的人物形象。有时这些人物排成一队，因此，这就创建了象形艺术的一大主题。另外两个突出的主题是战争和动物世界。有人发现，在苏美尔肖像画中有着更为重要的东西，人们通过这些肖像看到了在苏美尔文明可能的范围内取得的惊人成就，以及取得这些成就所要具备的力求杰出和成功的精神特质。但这仅仅是推测。我们还可以发现，苏美尔艺术最早的主题大部分是远离我们的早期时代的日常生活。考虑到苏美尔人和与之结构基本相似的邻邦民族间的广泛接触，不难推断出，我们可以从中开始窥见曾在古代中东大部分地区常见的生活状况。

印章、雕塑和绘画展现了一个常常穿着毛皮（不知道是山羊皮还是绵羊皮）裙子的民族，有时妇女将其折叠起来围在肩上。男人们常常但并不总是把胡子剃光。士兵们统一着装，仅从他们携带的武器或者有时戴的尖皮帽子才能进行区分。奢华似乎不表现在服装上，而表现在对闲暇时间和财富的拥有上；但珠宝除外，因为留存至今的苏美尔珠宝很多，其目的一般是为了显示地位。这些财富表征了一个日益复杂的社会。残存下来的还有一幅反映酒会的图画：一群人围坐在椅子上，手里拿着杯子，同时一个乐师在为他们演奏。在这一时刻，苏美尔人看起来与我们相距并不那么遥远。

苏美尔人的婚姻与之后社会中的极为相似。婚姻的关键是新娘家庭的认可，一旦其对婚姻安排表示满意，就通过登记注册结婚，建立一个新的一夫一妻制家庭。家族的统治者是父权制的丈夫，他管理他的亲戚和奴隶，这种形式直到最近世界很多地方仍然可以看到。然而也有一些有趣的细微差别。法律和文字材料表明，即使在早期时代，苏美尔妇女比起后来中东社会的女性来说，遭受的虐待要轻得多。在这一点上，闪米特人的传统和非闪米特人的传统可能存在着分歧。苏美尔人关于其神灵的故事表明，这个社会已经意识到女人的性是非常危险的，甚至带有令人敬畏的力量。苏美尔人是第一个对情欲进行描写的民族。要把这一发现与相关制度表现联系起来是很不容易的，但是苏美尔的法律中对此确有体现：并没有将妇女仅仅作为流动资产看待，而是给予她们重要的权利；甚至是一个和自由人生了孩子的女奴，在法律中也享有受保护权；离婚协议规定，妇女和男子一样有权利选择离婚，并为离婚妇女提供平等待遇。虽然一个女人因通奸行为将被处以死刑，而男人同样的行为却不会被处死，但这种差异可以从继承权和财产问题的角度来理解。苏美尔时代结束以后不久，美索不达米亚的法律就开始强调处女身份的重要性和高尚妇女戴面纱的重要性，这两者表明要对她们施加更强和更多的约束。

苏美尔人也展示了伟大的技术创造力，其他民族可能都要感谢他们。苏美尔法律的影响可以追溯到后苏美尔时代很长时间。他们也奠定了数学的基础，创建了借助进位和符号计数的方法（例如，我们能够按其距小数点的位置，将 1 看作为 1、0.1、10 或者许多其他数值），并且掌握了一种将圆平均分为六份的方法。他们虽然没有利用十进制，但是却已知道。并且我们在《吉尔伽美什》中第一次看到将一周分为七天的记录。

苏美尔作为一个独立文明，在其历史结束的时候已经学会聚居。据说仅仅一个城市就有 3.6 万名男性。这就对建筑技术提出了更高的要求，而巨大的纪念性建筑也出现了很大的需求。由于缺乏石材，南部美索不达米亚人最初使用芦苇秆混合泥土，后来则用泥加工成砖在太阳下晒干来建造房屋。到了苏美尔时代末期，他们的制砖技术极为先进，使得用柱子和平台建造巨型建筑成为可能。其最伟大的纪念物是乌尔城的层进式神塔，有一个 100 多英尺高的平台，基底 200 英尺长、150 英尺宽。在乌尔城发现了现存最早的陶工旋盘，这是人类利用旋转运动的第一次尝试。在此基础上，形成了更大规模的陶器生产，使得这项生产活动成为男性的行业，而不像早期那样属于女性的行业。之后，大约在公元前 3000 年，轮子被用在运输上。苏美尔人的另外一项发明是玻璃，专门的手工艺人们早在公元前第 3 千纪就开始青铜铸造。

这个创新引起了进一步的质疑：原材料从何而来？美索不达米亚南部并没有矿产。此外，即使在更早的时候，即新石器时期，这个地区也必须从其他地区获得最初打制农具需要的燧石和黑曜石。显然，前提是一个与外界广泛接触的网络的建立。最重要的不仅仅是与遥远的黎凡特和叙利亚建立联系，还要沿着波斯湾与伊朗和巴林保持联系。公元前 2000 年之前，美索不达米亚已从印度河流域获取货物，不过可能是通过间接的方式。文字资料表明（这些资料揭示了公元前 2000 年之前这一地区同印度的交往），一个萌芽的新兴国际贸易体系已经创造出了不同国家间相互依赖的重要模式，给人留下深刻印象。公元前第 3 千纪中期时，中东的锡供应已经枯竭，美索不达米亚青铜武器不得不让位于纯铜武器。

所有这些从一开始就靠一种复杂而丰产的农业来维持。大麦、小米和芝麻这些谷物得到大量种植，大麦可能是主要农作物。这无疑说明了为什么在古代美索不达米亚频频出现酒类。洪水浸没过的土地容易耕种，不需要非常先进的农具就能精耕细种。在这里，技术为灌溉的实施和治理方法的增加做出了巨大的贡献。这些技能是慢慢地积累起来的，苏美尔文明于是留给我们长达 1500 年的有待考证的历史。

到目前为止，这段长期的历史几乎已经讨论结束，好像在这段历史中什么也没发生，是一个不变的整体。事实并非如此。在古代世界，无论对缓慢变化持什么样的保留意见，虽然我们现在看起来似乎是毫无变化的，但是对美索不达米亚人而言，这整整 15 个世纪是变迁巨大的时期，是真正意义上的历史。学者们已经再现了大部分的历史，虽然许多历史片段仍然存在争议，许多依然是模糊不清，甚至其年代也往往是粗略估计的，这里不再详述。这里所需要做的是，叙述美索不达米亚文明早期阶段与其继承者及同一时代别处发生的事件的联系。

苏美尔的历史能够划分出三大阶段。第一阶段，从大约公元前3360年一直到公元前2400年，为古典时期。这一时期的历史内容是城邦间的战争及其此消彼长。这方面的证据是：设有防御的城市和在战争中用于笨拙四轮战车上的轮子。这一阶段的时间跨度大致有900年。到这一阶段的中期，随着战争的胜利，一些地方性的王朝建立。起初，苏美尔人的社会似乎存在某种代议制，甚至出现了民主的基础；但是，随着政体规模的扩大，导致了不同于最初祭司统治者的国王的出现；开始他们可能是奉城市之命来指挥军队的军事首领，但在紧急状况结束后，他们并没有放弃自己的权力，相互争斗的各个王朝也由他们开始。而后，一个伟大的人物突然出现，开启了一个新的阶段。

这个伟大的人物就是萨尔贡一世（Sargon Ⅰ），闪米特城市阿卡德的国王，他于公元前2334年征服了美索不达米亚，并且开启了一个阿卡德人的繁荣时期。现存有一个雕刻头像可能是他的。如果真的是他，那么这将是第一个君王雕像。他是第一个长期帝国的缔造者，有人认为，他曾派遣军队远征埃及和埃塞俄比亚，将苏美尔带向了广阔世界。阿卡德人沿用了苏美尔的楔形文字，但萨尔贡国王的统治并不是建立在某个城邦相对其他城邦更加强盛之上。他的政权达到了某种集权的程度。几千年来，他的人民一直处于外部大河文明的压力之下，他们得到了想要的文明，并用武力把自己纳入其中，这就留下了一种新的苏美尔艺术风格，即以王室凯旋为标志。

阿卡德帝国并不是苏美尔文明的结束，相反，却是苏美尔文明的第二个主要阶段。尽管它本身只是一段插曲，但是其重要性在于表现了一种新的组织水平。在萨尔贡时期，真正的国家已经出现。在古典苏美尔时期出现的世俗与神权之间的分离是根本性的。虽然超自然的力量仍然渗透到日常生活的各个层面，但是世俗和宗教权威已经分离。在苏美尔各城市里，宫殿出现在寺庙的旁边，就清晰地证明了这一点。但神的权威也隐藏在宫殿拥有者背后。

　　早期城市的贵族们是如何转变为国王的追随者至今仍不太清楚，或许职业军队的演变在这一过程中发挥着重要作用。训练有素的步兵，手中拿着矛、盾整齐地排列，以方阵的形式前进，这些记录在乌尔城出土的纪念碑上。阿卡德帝国达到了早期军国主义的顶点，萨尔贡自夸在他的宫殿里养着 5 400 名士兵。毫无疑问，此时已是靠武力建立权势阶段的尾声，征服提供了供养这样一支军队所需的资源。但其开端却可能再次起源于美索不达米亚特定的挑战和需要。随着人口的增长，统治者最主要的责任必然是为灌溉和防控洪水的大工程去调动劳力。拥有这种动员力的统治者，同样也能召集起大批士兵。而由于武器变得更加复杂和昂贵，所以军人职业化将更为合适。阿卡德人取得胜利的重要原因之一就是使用了一种新式武器——一种由剥了皮的木条和犄角做成的复合弓。

　　阿卡德人的霸权相对较短。200 年后，萨尔贡的曾孙在位期间统治被推翻，显然是被一些称作古蒂人（Gutian）的山民。这开启了苏美尔文明的最后阶段。学者们称其为"新苏美尔文明"（Neo-Sumerian）。又过了大约 200 年，到公元前 2000 年，统治权再一次转到了当地的苏美尔人手中。这一次统治中心在乌尔城。乌尔第三王朝（Third Dynasty of Ur）的第一个国王利用权势称自己为苏美尔和阿卡德的国王，尽管这一次很难看懂它在实践中有什么意义。苏美尔艺术在这一阶段展现了一种新的趋势，那就是赞扬国王的权威；而古典时期描绘普通民众的传统几乎消失殆尽。庙宇再次被建造得更大更好，国王似乎力图在阶梯金字塔神庙（ziggurat）中展现自身的伟大。有行政资料表明，阿卡德人留下了非常丰厚的遗产。新的苏美尔文化展现了闪米特人的许多特征，这种沿袭或许是扩大国王统治范围的努力导致。那些向最后一位成功的乌尔国王纳贡的省份，从底格里斯河下游埃兰边界的苏萨（Susa）一直延伸到黎巴嫩边境的比布罗斯（Byblos）。

此时，这第一个创造文明的民族开始走向没落。当然他们并没有完全消失，他们的特性即将被融入美索不达米亚和整个中东历史之中。他们留下了极富创造力的时代，并把我们的注意力吸引到一个相对较小的区域内；但历史的范围却即将扩大。在其边界地区充斥着敌人。大约在公元前 2000 年，埃兰人进入这一地区，乌尔王朝落入他们手中。是什么原因，我们不得而知。在一千年中，当地的民族和外迁而来的民族之间有着断断续续的战争，焦点是为了控制伊朗通往高地的商路，因为那里有美索不达米亚所需的矿产。无论如何，这是乌尔王朝的结局。随着它的消失，那个消失的苏美尔传统融入一个由多种文明构成的世界漩涡之中，现在仅仅能够从别人创造的模式中看到它。在 15 个世纪中，如同其未开化的先辈为其奠定了所依赖的物质基础那样，苏美尔人奠定了美索不达米亚文明的基础。苏美尔文明留下了文字、纪念性建筑、正义的观念、法制的观念，以及数学和一种伟大宗教传统的起源。这是一段很重要的记录，是其他很多记录的种子。美索不达米亚有着悠久的历史传统，而苏美尔文明触及这个传统的各个方面。

正当苏美尔人创造他们的文明时，其影响也引起了别处的改变。肥沃新月地带出现了新的王国和民族，他们被所看到的南方世界的成就、乌尔王朝的成就以及自身的需要激励和教导。文明习俗的传播已经很快，很难以一种简明的方式对几个世纪的主要传播过程加以描述和归类。更糟糕的是，中东地区在很长时间里都是一个非常混乱的地区，各民族经常因一些我们不能理解的原因迁移。那些阿卡德人本身也是他们中的一部分，他们最初从阿拉伯半岛闪米特人的聚居地迁移到美索不达米亚。那些参加推翻阿卡德王朝的古蒂人属于高加索人。所有这些民族当中最成功的是阿摩利人（Amorite），他们是闪米特人的一支，散居在遥远而广阔的区域内，一度联合埃兰人打败乌尔军队并摧毁乌尔的王权。阿摩利人曾在亚述、上美索不达米亚的大马士革和巴比伦，以及一系列延伸至巴勒斯坦海岸的王国中建立自己的统治，他们继续与埃兰人争夺美索不达米亚南部和古苏美尔地区。在安纳托利亚，阿摩利人的邻居是赫梯人，属于印欧民族的一支，在公元前第 3 千纪时穿越巴尔干地区来到此地。这个巨大混杂地区的边缘，存在着另一个古老文明埃及，还有遍布伊朗的蓬勃发展的各印欧民族。这是一幅混乱的场景，这一地区是各民族从四面八方涌入的一个大漩涡，发展模式难以辨别。

在美索不达米亚，一个新帝国的出现提供了一个适时的地标，留下了一个世人皆知的名字：巴比伦。另外一个与它紧密相连的名字就是巴比伦其中的一个国王：汉谟拉比。如果我们对他除了作为一个法律制定者的声望外一无所知，那么他将在历史中丧失一定的地位。他的法典是"罪罚相当"法律原则的最早阐述。他也是统一了整个美索不达米亚的第一人。虽然这个帝国存在的时间很短暂，但是从他那个时期起，巴比伦城成为南部闪米特民族的象征中心。巴比伦帝国的历史开始于乌尔城崩溃后的那个混乱时代，在那段时期它战胜了实力远在其之上的阿摩利人的部落。汉谟拉比可能在公元前 1792 年成为统治者，他的继任者一直把各民族集结在一起，直到公元前 1600 年后的某个时间赫梯人摧毁了巴比伦为止；而美索不达米亚在从四面八方涌入的竞争对手面前再次分裂。

巴比伦第一帝国最鼎盛时期统治了从苏美尔、波斯湾向北直到亚述、上美索不达米亚的大片地区。汉谟拉比统治了底格里斯河流域的尼尼微（Nineveh）和尼姆鲁兹（Nimrud），以及幼发拉底河上的马里，并且控制了幼发拉底河最接近阿勒颇（Aleppo）的那块地区；大约有700英里长、100英里宽。这是一个庞大的国家。由于乌尔帝国的统治更为松散和依赖附庸，因此，巴比伦事实上是这个地区到此时为止最庞大的国家。巴比伦帝国有一套完整的行政结构，作为法律的《汉谟拉比法典》名贯古今，实至名归，尽管在一定程度上要把它的声望归功于机遇。如同更早期的判例和法规集成（它们仅有残篇存世）一样，汉谟拉比的法典被刻在石头上，并且竖立在寺庙的庭院中供大众查阅。但是比起早期的法律，《汉谟拉比法典》更为详实和有序，包含了282条法规，内容涉及很多领域：薪金、离婚、医疗费用以及其他许多方面。这不是立法，而是将现存法律公之于众。不将这一点牢记，"法典"（code）一词的使用可能会使人误解。汉谟拉比并没有重新制定法律，只是整理了已经存在的法律规则。这部"习惯法"成为美索不达米亚历史延续的主要部分之一。

家庭、土地和商业似乎成为这部法律汇编的主要关注点。它描绘了一个已经远离宗族、地方社区和村庄头人共治的社会。到了汉谟拉比时期，司法程序已经从宗教中独立出来，没有僧侣的法庭成为定制。主持这些法庭的是当地城镇的显贵，进一步的上诉则经由他们送达巴比伦和国王那里。汉谟拉比石碑（这个石柱上刻着他的法典）清楚地表明，其目的是通过颁布法律来确保正义：

> 让那些有冤屈的人
> 来到我的石碑面前
> 仔细阅读我刻在石碑上的内容

遗憾的是，与更古老的苏美尔传统相比，处罚措施在这部法典中似乎变得更加严苛。但在其他方面，例如法律中涉及女性的部分，苏美尔传统被巴比伦保存了下来。

这部法典涉及财产方面的条款还包括有关奴隶的规定。巴比伦，像所有其他古典文明和许多近代文明一样，建立在奴隶制基础之上。奴隶制出现的最大可能是源于征服。对于早期历史战争中的任何失败者以及他们的妻子和孩子，沦为奴隶是必然的。但是到了巴比伦第一帝国时期，固定的奴隶市场已经出现，并且奴隶有着稳定的价格，这暗示了存在一种相当定期的贸易。来自某一地区的奴隶，因其可靠的品质而被特别出价。尽管奴隶主对奴隶拥有绝对的控制权，但是一些巴比伦的奴隶仍然享有明显的独立性，能够从事商业甚至是通过自己的努力拥有奴隶，而且他们在一定范围内有法定权利。

我们今天理所当然地认为将奴隶视为财产是不合理的，但我们却很难评价，在一个并不存在上述前提假设的世界里，奴隶制在实践中意味着什么。有证据表明，奴隶所做的事很可能是多样化的，因此任何概括都很难成立。如果说他们大部分人过着艰难的生活，那其实或许大多数自由人的生活也是如此。当然，当我们在从公元前第 3 千纪中期乌尔的“金色旗帜”到 1 500 年后刻画亚述人征服活动的浮雕等众多纪念碑上看到，就在获胜的征服王者前面，一群群战俘沦为奴隶，心中涌起的只能是阵阵同情。古代世界文明建立在残酷的人剥削人的制度之上，即使他们认为这并不十分残酷，这只是表明他们想象不出其他的治理方式。

巴比伦文明终究成了一个伟大传奇。现存的有关其城市生活的伟大景象之一，就是极其奢华和无与伦比的、被称为“空中花园”的奇观。这是巴比伦留下的一份遗产，它证明了这个文明的规模和富有。尽管这主要与其后期有关，然而，有丰富的遗产保留下来，其中甚至包括巴比伦第一帝国时期的，这使人们能看到这个神话背后的现实。马里宏伟的宫殿是一个典型的例子：40 英尺厚的宫墙围绕着庭院，300 多间房子构成一个整体，其中有 30 英尺深的、沥青的、排列整齐的排水系统；它涵盖大约 150 码 × 200 码这么大的一片区域。可见，这是君主拥有权力的最好证明。同时在这个宫殿中发现大量的泥板，上面的文字揭示了这一时期政权的职权范围及其详细情况。

巴比伦第一帝国残存的泥板比它之前和后继的王朝要多得多。这些泥板提供的细节使我们对这一文明的了解比对 1 000 年前某些欧洲国家的了解还要深入。它们也提供了巴比伦精神生活的证据。《吉尔伽美什史诗》的现存版本正是这样流传下来的。巴比伦人给予楔形文字以音节形式，从而大大增加其灵活性和实用性。他们的占星术推动了对大自然观察的发展，也留下了另外一个谜团，即迦勒底人智慧之谜——那些迦勒底人有时被误认为是巴比伦人。巴比伦人希望通过观测星象来了解自己的命运，因此创建了一门学科——天文学，并开始进行一系列重要的观察。这些是巴比伦人文化主要遗产的另一部分。从乌尔时代开始，巴比伦文化经历了几个世纪的积累，到公元前1000 年的时候预测月食成为可能；又过了两三个世纪之后，根据确定不变的星座位置，能够非常精确地绘制出太阳和其他行星运行的轨迹。这种科学传统反映在巴比伦人的数学之上，他们将苏美尔人的六十进位制传递给我们，让我们知道一圈有 360 度，一个小时有 60 分钟。巴比伦人还制定了数学用表和在实践中有很大作用的解析几何；而且，已知最早的测量时间流逝的仪器日晷似乎也是他们发明的。

天文学产生于寺庙之中，主要预测天体的移动并宣布收获和播种的重要节日的到来。巴比伦的宗教信仰与苏美尔的传统紧密联系在一起。像其他古代城市一样，巴比伦有一个自己的神，称为马尔杜克（Marduk），他渐渐超越了美索不达米亚众神竞争者而居于首位。这一过程经历了很长时间。汉谟拉比曾意味深长地说，苏美尔的神阿努和恩利尔把美索不达米亚万神殿首领的位子授予了马尔杜克，因为众神命令他统治好所有世人。其后，时代的变迁（有时伴随着入侵者掠夺其雕塑的行为）遮掩了马尔杜克的地位，但是在公元前 12 世纪以后它的地位已不可撼动。同时，苏美尔传统保持十足的活力进入公元前 1 千纪，苏美尔语以他们喜爱的众神的名义，广泛使用在巴比伦的礼拜仪式之中。对宇宙起源的解释方面，就像苏美尔人一样，巴比伦人在水的淤泥中创造世界（有一个神的名字意思就是"淤泥"），最终人类作为众神的奴隶被制造出来。另外一种解释是，众神造人就像造砖一样，是从泥土的模具中制造出来。这是一幅完全适用于专制君主国家的世界图景，国王在这样的国家里像神一样对人民行使权力，而人民辛苦地建造宫殿，供养官员和大人物们组成的特权阶级。这些画面在天界也得到了体现。

汉谟拉比的成就在其死后留存的时间并不久。在美索不达米亚北部发生的事件表明，甚至在他建立帝国之前就出现了新的国家。在乌尔拥有霸权的末期，汉谟拉比推翻了一个在亚述建立的阿摩利人王国。这是暂时的胜利。紧接着大约 1 000 年的时间里，亚述成为战场和一个兵家必争之地；虽然原先它是从巴比伦分离出去的，但它最终超越了巴比伦。美索不达米亚历史的重心最终从古代苏美尔向北方转移。在公元前第 3 千纪最后四分之一时间里，赫梯人在安纳托利亚建立了自己的国家，并在接下来的几个世纪里缓慢地向前发展。在这段时间里，他们接受了楔形文字，应用于自己的印欧语系之中。到公元前 1700 年，他们统治了叙利亚和黑海之间的土地。然后，一个国王向南发展，去对付一个已经衰落并且退缩至阿卡德旧地的巴比伦。这个国王的继任者继续执行这个计划直到完成：巴比伦被侵占、洗劫，汉谟拉比王朝及其成就最终走到了尽头。但另一方面，赫梯人撤退了，在神秘的 4 个世纪里有别的民族在统治和争夺美索不达米亚，对此我们知道得很少，除了知道在此期间比较重要的是亚述和巴比伦最终分裂，此事在下一个千年中产生了重大影响。

公元前 1162 年，马尔杜克的雕像再一次被埃兰征服者从巴比伦掳走。从那个时候起，一个非常混乱的时代开启了，并且世界历史的焦点已经离开了美索不达米亚。亚述帝国的故事仍然在继续，但它的背景是公元前 13 和前 12 世纪的移民新浪潮。这次移民浪潮对苏美尔后人的影响相对较小，而更直接、更深刻地牵扯到其他文明。不过，那些继任者、征服者和代替者，依然都是以苏美尔为基础建立起来的。在公元前 1000 年，中东卷入了世界政治（这个术语在那个时候还不是很准确）的漩涡，这个地区在技术、思想、法律、宗教等方面仍然带有最早文明创造者的痕迹。它们的文明经过奇特的蜕变，以新的形式又传给了其他文明。

第 3 章 古代埃及

　　美索不达米亚不是唯一孕育出文明的大河流域，但在早期创造的文明中，美索不达米亚的文明具有持久的影响力，只有埃及能够与之相媲美。在尼罗河文明消逝数千年之后，该河谷最早文明的物质遗迹仍然吸引着世人的注意，并激发人们的想象。甚至是希腊人也被那片土地神秘、智慧的传说所迷惑，神的形象在那里面是半人半兽的。人们也仍旧在花费精力去体会金字塔建造所包含的超自然意义。古代埃及一直是我们从古老历史中所获得的最大的可见历史遗产。

　　我们之所以对埃及的历史知道得要比美索不达米亚多，原因之一在于埃及文明留下了丰富的遗产。另一个原因在于，这两种文明之间存在着很大的差别：苏美尔文明先出现，埃及文明可以从它的经验和先例中受益。这里的确切含意，长期存在争论。美索不达米亚的贡献体现在早期埃及艺术作品的主题中，体现在最初的埃及文献中出现的圆柱形印章上，体现在采用相似技术用砖建造大型建筑上，也体现在早期苏美尔文字对埃及图形化文字、象形文字的影响上。在埃及早期和美索不达米亚之间有着无可争议的重要联系，但是两地的人们的最早接触是如何及为何而发生，或许永难知晓。考古发现，他们接触的最早证据来自公元前第 4 千纪。埃及第一次感受到苏美尔文明的影响，可能是借助来到尼罗河三角洲生活的人们的传播。这发生在尼罗河的北端；而这条河本身既是埃及史前史的核心，又是其历史的核心，正是它把埃及人的历史完全与其他所有文明中心的历史区分开来。

尼罗河及其两侧的沙漠和绿洲划定了埃及的范围。在史前时期，那里是一片很大的沼泽地，有 600 英里长，并且除了在三角洲以外，宽度从来没有超过几英里。一开始，河水的定期泛滥成为经济运行的基础，在岸上演奏出基本的生活韵律。渐渐地，农业在年复一年积淀越来越高的河床上扎下根。但是早期社会一定是不稳定的，人们生活在近水的环境之中，大部分人被赶到三角洲的河床地带去生活。早期遗留下来的只是一些人们制造并且使用的物品。这些人生活在洪水泛滥地区的边缘，或者生活在临时的岩石洞穴里面，或者在河谷边上。在公元前 4000 年以前，他们开始遭受一次重大气候变迁的影响。沙子从沙漠地区吹来，土地变得干燥。在基本农业技术的防护下，这些人向下游迁移，在洪水冲积平原的沃土上耕作。

因此，从一开始，尼罗河就是埃及生命的哺育者。它是一个仁慈的神，它的恩惠令人感激不尽，而不是被视为凶猛洪水发生的险恶并且危险的源头。它提供了一种环境，农业（尽管其建立要比黎凡特和安纳托利亚晚）在这种环境之下给予了迅速而丰富的回报，或许使人口"爆炸"成为可能，而这种爆炸释放了人力和自然资源。公元前 4000 年埃及人和苏美尔人接触的迹象虽然表明苏美尔的经验或许是作为埃及文明的养料来使用的，但是不能说它是决定性的。在尼罗河流域一直存在着一股产生文明的潜力，并且它可能不需要外部的刺激便可以释放。至少有一点是显而易见的，当埃及文明最终出现的时候，它就是独一无二的，完全不同于我们在其他地方发现的文明。

考古学和后来的传统勾勒出这个文明最深刻的根基。它们揭露了新石器时代在上埃及（就是埃及南部地区，也即尼罗河上游）定居的人民。大约在公元前 5000 年，这些人就打猎、捕鱼、采集作物，并且最终在河谷中开始有目的的耕种。他们居住的村庄围绕着中心的集贸市场，似乎分属不同的部落，这些部落把动物作为标志或者图腾刻在陶器上。这样逐渐形成了日后埃及政治结构的基础，这种组织结构以部落首领的出现为开端，部落首领统治着居住区内的拥护者。

在早期阶段，这些部族已经取得了一些重要的技术成就。虽然埃及人不像古代中东其他地区的人们那样是拥有高超耕作技术的农民，但他们知道如何制造纸莎草船，如何加工硬质材料如玄武岩，如何用铜打制小的生活用品。换言之，早在文字记载产生之前，他们就已经取得了相当大的成就，有分工精细的匠人，而且从当时的珠宝饰品判断，有了明确的阶级和地位划分。而后，大约在公元前第 4 千纪中期前后，外界的影响首先在三角洲北部地区加强，与其他地区尤其是与美索不达米亚的贸易和联系明显增多，美索不达米亚的影响开始体现在这一时期的艺术方面。与此同时，打猎和偶然的农耕让位于精耕细作。在艺术方面，出现了浅浮雕，它在后来的埃及传统中占据着重要地位；青铜物品也更多了。几乎没有任何前兆，一切事物似乎是突然间一下子出现的，未来国家的基本政治结构也是这个时代的产物。

在公元前第 4 千纪的某些时间里，形成了两个王国，一个在北方，一个在南方；或者说一个在下埃及，一个在上埃及。引人关注的是，与苏美尔相比，这里没有城市国家。埃及似乎从史前文明时代直接过渡到大区域的政府时代。埃及的早期"城镇"是农贸市场，农村公社和部族合并形成后来行省的雏形。埃及早于美索不达米亚 700 年成为一个政治实体，但甚至后来，它也仅有有限的城市生活体验。

直到公元前 3200 年，关于上下埃及国王们的历史我们知之甚少，但是可以猜想，他们是几个世纪的政权统一战争的最后胜利者。大约与此同时开始出现文字记录，在权力巩固方面起到很重要的作用。由于在埃及历史开始的时候书写就已经产生，所以与苏美尔文明相比，埃及文明有一些更像是连续性的历史记录从而得以构成一个整体。在埃及，文字从出现时候起便不仅仅是行政管理和经济活动的便利工具，而是为了在建筑和遗迹上记录发生的事件以求流传下来。

记录告诉我们，大约在公元前 3200 年，上埃及一个伟大的国王美尼斯（Menes）征服了北方。因此，埃及成为一个沿河绵延 600 英里的庞大的统一国家，向上延伸至阿布辛拜勒（Abu Simbel）。此后，它甚至更进一步扩张，顺其心脏地带——尼罗河延伸得更远。它也将不断地面临着分裂的考验，但实际上，这是一种文明的开端，一直延续到古希腊罗马时代。在将近 3 000 年的时间里——相当于基督教历史的一倍半——埃及是一个历史的实体，因为大部分时间里埃及都是创造奇迹的源头和人们钦佩的焦点。在如此长的一段时间里发生了很多事情，我们并不能详细知道，然而，更引人注目的是埃及文明的稳定性和保守力量，而非其历史变迁。

大致说来，这一文明最辉煌的时期大约结束于公元前 1000 年左右。在此之前，埃及历史可以很容易地被分为五个阶段。其中的三个阶段分别称为：古王国、中王国和新王国；它们之间被两个称为第一和第二中间期的阶段分开。大体上，三个"王国时期"是兴盛时期或是至少有统一的政府；而那两个中间期在内部和外部因素的作用下，是软弱的并且是分裂的间歇。整个进程可以看作是一个夹层蛋糕，在口味不同的三层蛋糕中间夹着两层某种不定型的奶油。

这绝不是理解埃及历史的唯一方法，也不是所有方法中最好的。许多学者喜欢依据 31 个王朝列出古埃及的年代表，这在获得客观尺度方面有着极大优势，它避免了那种看似完美恰当但在一些地方存在分歧的状况。例如，第一王朝应该归入"古王国"时期还是作为一个独立的"早期"时代单独陈列？又比如分期线应画在中间期开始还是结束的时候？尽管如此，如果我们再区分出一个早期序幕的话，那五部分的分期方式也足以满足我们的要求。近期归纳出的一个年代分期表如下：

王 朝 年 代 表

第 1—2 王朝	早王朝时期约公元前 3000—前 2686 年
第 3—8 王朝	古王国时期公元前 2682—前 2160 年
第 9—11 王朝	第一中间期公元前 2160—前 2055 年
第 12—14 王朝	中王国时期公元前 2055—前 1650 年
第 15—17 王朝	第二中间期公元前 1650—前 1550 年
第 18—20 王朝	新王国时期公元前 1550—前 1069 年

　　顺着这个年代分期表，我们最后来到这样一个时期，和美索不达米亚一样，此时埃及的历史由于受到一系列源自外部边界的侵扰而出现某种程度的断裂。这种状态很适合用被过度使用的词"危机"来形容。虽然，直到几个世纪之后，古埃及历史才真正结束，一些现代埃及人仍然坚持着一种从法老时代开始就一直存在于埃及人之间的身份认同感，然而，公元前第 1 千纪开始的某个时候应是将古代与现代历史断开的合适地方。这纯粹是因为，到此时为止，埃及人为后人创造的伟大成就已告终结。

　　埃及最主要的成就是以君主制国家为核心，并且其本身便是这一体制的产物。国家形式本身就是埃及文明的表现。它最早集中在孟斐斯（Memphis），那儿曾是古王国的首都，其建筑开始兴建于美尼斯统治时期。之后，在新王国统治下，虽然有一段时间首都在哪里是不确定的，但通常是在底比斯（Thebes）。孟斐斯和底比斯是伟大的宗教中心，也是宏伟建筑的集中地，但它们并没有真正发展成为城市。在早期，城市的缺乏也有很大的政治意义。埃及国王并没有像苏美尔国王那样，起初获得授权管辖某个城邦社区，后来渐渐崛起为社区中的"大人物"。他们也并不像其他普通人一样，要服从于统治着所有人的大小诸神。国王是臣民们和神秘力量的中介。在埃及，宫殿和寺庙之间的张力消失了。当埃及王权出现的时候，它就是至高无上的。法老要成为神，而不是神的仆役。

只有到新王国时期，"法老"这个名称才用来特指国王。在此之前，它只用来指代国王的宫殿和朝廷。然而，在早期阶段，埃及的君主已经拥有了在古代世界看来非常显赫的权力。这种权力，在早期的纪念碑上通过夸大君主身材伟岸程度的方式得到了体现。这种权力基本上是他们从史前国王身上继承而来的；史前国王们具有特殊的神圣权力，因为他们能够确保农业丰收带来繁荣。这种权力至今还被非洲一些唤雨国王所拥有；在古代埃及则集中在尼罗河。法老被认为控制着每年的潮涨潮落；对于在河岸地区的人们而言，生活也正是这样的。我们所知道的最早有关埃及王权的宗教仪式就是关于丰产、灌溉和土地开垦的。美尼斯最早的雕像展现了他正在开挖一条运河。

在古王国时期，出现了国王是土地绝对主人的观念。之后，国王作为神的后人、土地原有的主人而被崇拜。国王变成了一个神——奥西里斯（Osiris）的儿子荷鲁斯（Horus）获得强大而可怕的特性。这些特性是属于神圣秩序制造者的。他的敌人的身体要么被描绘成像猎得的鸟一样一排排挂着，要么是跪着祈求以免（像不够幸运的敌人那样）脑袋在仪式中被砍去。公正是"法老所喜爱的"，邪恶是"法老所憎恶的"；法老像神一样无所不知，并且不需要法律的指引。此后，在新王国统治之下，法老们被描绘成同时期其他文明中伟大战士般的英雄形象；他们被描绘为战争中驾驭战车的勇士，践踏了他们的敌人，满怀信心地屠宰猛兽。或许在这方面能够推断出一种世俗化变化的程度，但这并没有改变埃及王权神圣不可侵犯的宗教地位。在大约公元前1500年，法老的一位主要文官这样写道："他是一个神，每个人靠他而生活，他是所有人的父母，他是独一无二的。"直到中王国时期，只有国王有值得期盼的来世。埃及比其他青铜时代的国家更强调国王是神的化身，甚至是当新王国和铁器时代到来，生活的现实让这一观念逐渐破灭之时。最后，因外族入侵，灾难降临埃及，人们无法继续相信法老是全世界的神。

但是早在新王国之前，埃及的国家已经形成了另外一个公共机构的形式和框架——一套详细而严格的官僚等级制度。这一制度的最高等级是维齐尔（viziers），即行省总督和主要来自贵族阶层的高级官员。这些重要人物中，有些人的葬礼规模可以比得上法老。而没那么显赫的家庭则提供了数千名政府所需的书吏，接受主管大臣的领导，为这套精细官僚制度服务。这种官僚制度的精神特质能够从文学作品中得以了解，在这些作品中列出了一个合格书吏所要具备的品德：好学、自我约束、谨慎，对上级的尊重，对权力、法律、土地财产和司法组织的神圣崇拜。书吏们都在底比斯的一个学校里接受培训，那里教授的不仅仅是传统历史、文学，还有不同的文书格式，而且似乎将测量、建筑、会计学也包含在内。

这个官僚集团所统治的是一个以农民为主的国家。农民们不能过着完全舒适的生活，因为，他们不仅要养活在这个君主政体下处理大量公共事务的人员，还要创造盈余以支撑贵族阶层、官僚和一个巨大的宗教机构。幸而，埃及的土地是肥沃的，并且靠着前王朝时期所发明的灌溉技术，土地越来越能从人所愿（这些可能是最早表现古埃及及其政府调动集体力量卓越能力的证明之一，这种能力将成为埃及政府的标志之一）。蔬菜、大麦、小麦是这个地区沿着灌溉渠道分布开来的主要作物；对埃及的饮食加以补充的还有家禽、鱼类和野生动物（所有这些在埃及艺术中得到充分展现）。牛被用在耕地上最早开始于古王国时期。由于古埃及农业变化微小，直到现代这种农业形式仍是埃及生活的基础。这足以使埃及成为罗马的粮仓。

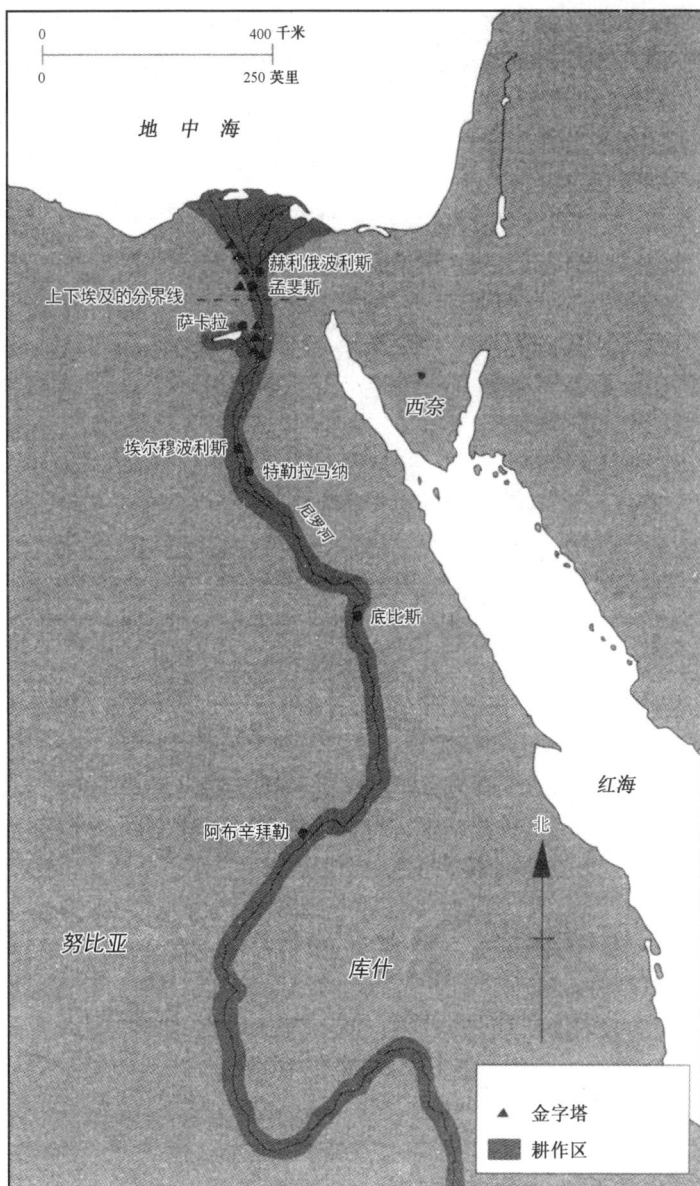

古代埃及

　　在农业剩余的基础上，产生了埃及人自身特殊的、引人注目的铺张性消费，即一系列用石头建造的伟大公共工程。这在古代世界是无与伦比的。在王朝时代以前，古代埃及的房屋和农场建筑使用泥砖来建造，并不打算要亘古流存。法老们的宫殿、寺庙和纪念碑则另当别论，它们是由尼罗河流域某些地方的大量石头建造而成。尽管先用铜、再用青铜装饰，并常常经过精雕细琢，但是利用这种材料的技术算不上很复杂。埃及人发明了石柱，但他们取得的伟大建筑成就并不像在社会和管理上的成就那么多。其伟大之处是，依靠前所未有并且几乎是无法超越的对人类劳动的集合来完成建造工作。在文官的指挥下，成千上万的奴隶，有时还有大量的士兵，被调动起来把那些大量的庞大建造材料切割、推动到位。以当时的水平，没有绞车、滑轮、滑轮组或者滑车可以使用，唯一能借助的工具就是杠杆和长橇，以及在地上建立一个巨大的斜坡。就这样，他们制造了一系列惊人的建筑。

　　这些宏伟的建筑最早出现于第三王朝。其中最著名的是位于孟斐斯附近萨卡拉（Saqqara）的金字塔群。其中的"阶梯式金字塔"，是伊姆霍特普（Imhotep）的杰作，他作为国王的大臣，是第一个留名史册的建筑师。他的作品给人深刻印象，以至于他后来被神化成药神，同时被尊称为天文学家、牧师和圣人。石制建筑的发明要归功于他，并且人们很容易相信，能史无前例地建造出高达 200 英尺的金字塔，无疑证明他拥有神一般的力量。金字塔建筑的出现，在当时的埃及无出其右者，因为当时的大众仍旧住在泥土建筑中。一个世纪之后，每块重达 15 吨的石头被用于建造齐奥普斯（Cheops）金字塔（即胡夫金字塔）。也正是在这个时候（在第四王朝时期），最伟大的金字塔群在吉萨（Giza）建造完成。齐奥普斯金字塔的建造历时 20 年，传说雇佣了 10 万人来建造。虽然目前看来是夸大其辞，但一定雇佣了几千人，因为大量的石头（500万—600万吨）是从500英里之外的地方运来。这座巨大的建筑朝向正东，它的每一条边长是750英尺，相差至多8英寸，差别比例大约只有0.09％。这些金字塔之后被认为是世界七大奇迹之一，并成为这些奇迹中唯一留存下来的。它们是法老国家权力和自信的最好证据。当然，它们并不是埃及唯一的巨型建筑物，它们中的每一个仅仅是一个伟大建筑群的主要部分，而这些建筑群共同组成了国王死后的居所。在另外一个遗址帝王谷中，有很多大型寺庙、宫殿和国王们的陵墓。

这些庞大的公共工程从实体和象征定义上都是埃及人留给子孙后代的最大财富。这些建筑使得一种观念变得不那么令人惊讶，那就是后来埃及人被普遍认为是伟大的科学家。人们无法相信，这些巨大纪念物的建造没有依靠精确的数学计算和科学技术。然而，事实上这一推论不是正确的，而是错误的。虽然埃及人的测量技术非常娴熟，但直到今天，较高的数学运算技巧才成为工程学必不可少的一部分。可以肯定的是，这种运算技巧对于建造金字塔并不是必需的，必需的是杰出的测量和某些计算体积和重量公式的处理能力。不论后世的崇拜者们如何大加猜想，埃及人的数学程度也仅止于此。现代数学家认为埃及的理论成果没什么大不了，埃及人在这方面肯定比不上巴比伦人。埃及人以十进位计数乍看起来很现代，但他们对后来数学计算的唯一贡献可能是发明了分数单位。

毫无疑问，平庸的数学运算是埃及人在天文方面没有取得成绩的部分原因。矛盾的是，在这个领域里，后人也把许多成就都归功于埃及人。埃及人的观测是准确的，足以对尼罗河的上涨作出预报并布置仪式中建筑物的排列，这是真的，但是他们的天文学理论毫无价值，远远落在了巴比伦人的后面。记录下埃及人天文学的碑文或许可以得到占星家们几个世纪的敬畏，但是，它们的科学价值很低，并且它们的预测效力是相对短暂的。真正基于埃及天文学发展起来的一项实质成就是历法。埃及人是第一个创建一年是 365¼ 天太阳历的民族，他们将一年分为 12 个月，每个月 3 周，一周 10 天，在年末另加 5 天。值得注意的是，这种日历在 1793 年差点复活，当时法国的革命派试图用一个更合理的历法取代基督教纪年。

埃及的这个历法在很大程度上归功于对星体的观测，也反映了其间接的起源，即埃及人生活的关键动力——尼罗河的泛滥。它给埃及农民设定一年 3 个季节，每个季节大约 4 个月左右，一个季节耕种，一个季节洪水泛滥，一个季节收获。但是，尼罗河无止境的循环还在更深的程度上影响了埃及的发展。

古埃及宗教生活的结构和完整性极大地影响了其他民族。希罗多德认为，希腊人从埃及引入了诸神的名字。他是错的，但有趣的是他这么想。后来，对埃及神明的崇拜被罗马帝国视为一种威胁而被禁止，但罗马人最终还是包容了它们，这就是其吸引力之所在。在 18 世纪，带有埃及韵味的巫师和江湖骗子依然能够被有教养的欧洲人所接受。对古代埃及神话迷恋的一种有趣和无知的表现，在近期的圣地兄弟会（Shriners）的仪式上仍然能够看到，这是一种由受人尊敬的美国商人组成的兄弟会组织，这些人盛大节庆时分在小镇的街道上游行，不合时宜地戴着土耳其帽，穿着宽松的裤子。事实上，正如埃及文明的其他方面一样，埃及宗教具有持续的活力，比持久庇护它的政治形式存活的时间更长久。

然而，埃及宗教也留下了一些特别难理解的问题。使用"活力"这个词来形容它会导致误解。古埃及的宗教与其说是一种独立的结构，就像后世人们理解的教会，不如说它是一种无处不在的、犹如我们习以为常作为人体循环系统一样的东西。当然，埃及也有神职人员，他们与特定的宗教和宫殿联系起来；在古王国统治时期，一些祭司人员就已经有了极高的地位，足以确保死后安葬在高贵的墓地。但他们的寺庙除了是宗教核心，也是经济控制中心和存储中心，许多当时及以后的祭司们都兼有宗教、书吏、管理人员及皇家官僚的职责。他们实在不像后世人们所认为的神职人员。

最好不要将埃及宗教视为一种不断增长、充满活力的社会力量，而应将其视为一种方式：通过管理一个恒定不变的宇宙中的各个部分，来应对现实。然而即使这么说，也是有条件的。我们不得不记住，那些我们在评价（甚至谈论）其他时代时理所当然使用的概念和特征，对于我们试图去洞察其思想的那时的人来说并不存在。例如，宗教和巫术的分界线对古埃及人来说几乎并不重要，尽管他可能很清楚这两者各有其适用的功效。据说巫术就像某种痼疾一样经常出现在埃及人的宗教之中，虽然这么说可能有些言过其实，但却体现了某种密切的联系。另一种区分则是我们大多数人会不由自主作出，但古代埃及人却不会的，这就是名称和事物的区别。对古埃及人而言，名称就是事物。因此其他符号可能也是这样。埃及人生存在象征的生活里，就像鱼生活在水里，这都是理所当然的事，因此我们必须冲破一种极端非象征主义文化的假设去理解他们。

因此，埃及人的全部世界观都关涉在理解宗教对古代埃及的作用与意义上。一开始那里就有很多埃及宗教重要性的绝对证据。几乎在埃及文明的整个时期，古埃及人都显示出一种异乎寻常的一致性，即通过宗教寻找一种透过变动不居的日常经历洞察一个永恒世界的方式。那个永恒世界可以通过生活在那里的人们——死者的生活得到最好的诠释。或许在那里还可以发现尼罗河周而复始的动力，每年它都将旧的一扫而空再做新的，但循环本身却一再复现，永不变更，体现了一种宇宙的节奏。威胁人类的最大变化就是死亡，这最好地表达了埃及人共同经历的衰退和变迁。埃及宗教从一开始似乎就对死亡着迷。其最熟悉的表现是在博物馆中保存的在墓室中发现的木乃伊和陪葬品。在中王国统治时期，所有人都相信，并不仅仅是国王，其他人也可以期待在另一个世界生活。因此，通过宗教仪式和象征，通过为在冥界判官前将接受的审判做准备，一个人满怀信心地安排来世生活，他原则上相信能够实现永恒的幸福。因此，埃及人对来生的态度并不像美索不达米亚人那么悲观失望，人们可以乐在其中。

如此多的人历经众多世纪努力确保这一结果，这赋予埃及宗教一种英雄特质。这也解释了埃及人极度精心修建陵墓、把死者安放在永久栖息地的行为表现出来的最终目的。其最杰出的表现就是建造金字塔和制作木乃伊。在中王国统治时期，要花 70 天的时间去完成葬礼仪式和国王木乃伊的制作。

埃及人相信，一个人死后将在奥西里斯面前接受审判。如果裁判结论是好的，他将在奥西里斯的王国里生活；如果裁判结论是不好的，他将被遗弃给一个半鳄鱼半河马形态的邪恶毁灭者。不过，这并不意味着人类在一生中需要做的仅仅是取悦奥西里斯，因为埃及人信仰的神很多，大约有 2000 位，许多都是起源于史前时代的动物神明，并有许多重要的崇拜仪式。鹰神荷鲁斯也是王的守护神，它可能是随着公元前第 4 千纪神秘敌人的入侵而来到埃及的。这些动物经历了一个缓慢却不完整的人格化过程：艺术家们将动物头颅安在人的身体上，其后这种像图腾的生命又会以一种新的形式重新组合，这取决于法老们试图通过合并对多神的崇拜来实现政治目的。以这种方式，荷鲁斯崇拜与对太阳神阿蒙（Amon-Re，法老即其化身）的崇拜合并，这就是金字塔建造时期的官方崇拜。而这并不是历史的终结。后来荷鲁斯又经历了一次转变，作为国家祭祀的核心人物奥西里斯和其配偶伊西斯的一个后代出现。伊西斯是生育和爱之神，很可能是所有神中最古老的，它的起源就像其他埃及神明一样，要追溯到史前时代。它源自一个普遍存在的母性之神，整个新石器时代，中东地区都存在这位神的痕迹。伊西斯存在了很长时间，并被刻画成怀里抱着婴儿荷鲁斯的形象，这种形象一直保留到基督教圣母玛利亚的形象之中。

在古埃及的艺术中，神是一个重要主题，但还包含着其他更多的内容。它以一种基本的自然主义表现为基础，尽管受到传统语言和行为的约束，但这种自然主义首先给予2 000年的古典埃及艺术朴素之美。随后在一段更衰微的时期，古埃及艺术展现了讨喜的魅力和亲和力，它允许对日常的生活加以现实主义的描绘：展现了农耕、捕鱼和打猎等农村生活主题，表现了手艺人忙于制造产品和文吏工作时的画面。然而，最终在古埃及艺术中最突出的特点既不是内容也不是技术，而是经久不衰的风格。大约在2 000年的时间里，艺术家们都满足于在古典传统的范围内创作。古埃及艺术的起源在某些方面可能要感谢苏美尔，它也展示了对外部影响的接纳，然而其本民族传统的强大与坚固却从来没有动摇过。对于古代到访埃及的访客来说，其看到的印象最深刻的特征之一可能是：他见到的一切是如此风格一致。如果排除了我们知之甚少的旧石器时代晚期的作品，那古埃及艺术在整个艺术史上是最长久并且是最稳固的传统。

古埃及艺术的可移植性并没有被证实过。圆柱在埃及起源于泥浆和熟石灰包裹的芦苇束，能让人想起这种关联的遗迹是柱上刻下的凹槽。或许希腊人从古埃及引入了圆柱。但除此之外，很明显的是，尽管埃及的纪念物连续不断地吸引着其他地区的艺术家和建筑师，甚至他们根据自己的目的对其进行成功的借鉴，但创造的作品常常是肤浅的、有异国情调的。古埃及艺术风格从古到今虽然不断地以装饰形式突然出现——圆柱、家具上的狮身人面像和蛇的形象、这里的方尖碑、那里的剧场等等，但从未在任何地方扎根。埃及艺术只对未来艺术做出了一项具有重大整体意义的贡献，即为那些巨大的雕刻和陵墓中的彩绘形象制定了传统的人体比例标准。这一标准通过希腊人传到了西方艺术中。直到达·芬奇时代，很多欧洲艺术家们对此仍然很着迷，尽管此时这些贡献只是理论而非艺术风格上的了。

另外一个与埃及相关的艺术成就并不限于埃及，但在此体现得尤为重要，这就是用于书写的文字。埃及人似乎特意接受了苏美尔人表音而不表意的发明，但是拒绝了楔形文字。取而代之的是，埃及人发明了象形文字。他们特意选择栩栩如生的小图案或类似图案的符号，来取代美索不达米亚发展的、以不同方式排列相同的基本图案的系统。比起楔形文字，象形文字更具装饰性，但也更难掌握。第一个象形文字出现在公元前3000年前，而最后一个我们所知道的象形文字写于公元394年。将近4000年的时间对于一种书写方式来说是一段相当漫长的岁月，但是在它消失后的14个半世纪里，缺乏相应知识的人仍然不能够读懂它，直到一位法国学者解读了"罗塞塔石碑"铭文为止。罗塞塔石碑是随同拿破仑军队远征的科学家们在埃及发现并带回法国的。

在古代埃及，阅读象形文字的能力是通向祭司阶层地位的关键，因此也就成为这个阶层中严守的秘密。从前王朝时期开始，草纸的发明便被用于记载历史，早在第一王朝时期就为大量的历史记载提供了方便。草纸的制作是将芦苇皮横竖层层叠放，捣成一张质地均匀的纸。对世界而言，草纸的发明比象形文字具有更大价值。草纸比兽皮（制造羊皮纸的材料）更便宜，比泥板或者石板更方便（尽管更容易腐坏）。在中东地区直到基督教时期，它仍是通信和记录的最普遍基础，此时，尽管纸（甚至纸的名字也源于草纸）已经发明，开始从远东传到地中海世界。在草纸出现后不久，作家们开始将其黏到一起形成一长卷，因此埃及人发明了书，我们的祖先在这种材料上面书写并留给我们手迹。这可能是我们从埃及人那里得到的最大收获，因为我们所知道的大部分的内容都是直接或者间接地通过草纸获得的。

毫无疑问，传说中埃及宗教和巫术开创者们杰出的才能，以及在艺术和建筑中得到卓越体现的超凡政治成就，都说明了埃及拥有长久声望的原因。然而，如果相对地看待，埃及文明似乎既不非常丰富，也不非常敏感。虽然技术并不是一种极其可靠的检测方法，也是一项不容易解释清楚的方法，但是它暗示出，一个民族一旦充满活力地跃入文明，其采纳技术的速度就变慢了，进行革新也不主动了。在文字产生以后的很长一段时间里，石头建筑是唯一的主要创新。尽管在第一王朝统治时期草纸和轮子就已被人们所熟知，在其使用井（放眼望去，那个时候在很多河谷地区已经用井来灌溉土地）之前 2 000 年埃及和美索不达米亚就已经建立了联系，但埃及发明的水钟这一基本机械在随后的诸文明中得到了长时间的研究改进。或许常规压力是无法抑制的，这种不变的背景是由尼罗河提供的。

埃及只在医学上取得了无可争议的独创性成就，而且至少可以追溯到古王国时期。到公元前 1000 年，埃及人在这方面的卓越成就得到了国际公认。虽然埃及的医学并没有与巫术完全分开（巫术的药方和护身符大量保存了下来），但是它包含着一定的合理性内容和纯粹经验主义的观察结果。它甚至还知晓一些有关避孕的知识。无论它在当时的功效有多大，其对后来历史的间接贡献是巨大的。我们关于药物和药物种植的很多知识最早是由埃及人建立并且从他们那里传播开来的，最终通过希腊人传给了中世纪欧洲的科学家们。例如开始使用海狸油这样长效的药物就是一件值得注意的事情。

至于根据医学成就能对古埃及人的健康状况作出怎样的推论，则是另外一回事。古埃及人看起来并不像美索不达米亚人那样担心酗酒过度，但是从中很难推断出什么结论。一些学者认为，那里的婴儿死亡率极高，并且有确凿证据表明成年人有一些疾病。但是无论如何解释，保留下来的许多木乃伊并没有身患癌症、佝偻病或梅毒的例子。另一方面，那种在今天的埃及也很流行的引起人身体虚弱的血吸虫病，似乎在公元前第 2 千纪已经在埃及肆虐了。当然，这并没有让我们更清楚地了解古埃及的医学实践。不过，埃及给我们提供了最古老的医疗著作，其所留下的处方和治疗建议的证据表明，埃及医生可以提供一系列治疗方法，与当代以前任何其他文明中心所采用的治疗方法相比，水平基本差不多（似乎长期强调清洗和灌肠）。尽管可能是由于那里特殊的气候条件，但防腐技术的发展在很大程度要归因于木乃伊的制作。奇怪的是，用医疗手段处理成的木乃伊，后来自身又被视为有治疗价值；几个世纪以来，在欧洲，木乃伊的粉末被用于治疗许多疾病。同样有趣的是，埃及人发明和使用了一些基本的避孕方法，但它们在减少人口过剩风险上起到多大的作用，以及由于此种原因是否造成了婴儿死亡，还完全不为人知，也难以估量。

　　大多数埃及人是农民，结果造成埃及的城市化程度低于美索不达米亚。埃及文学和艺术提供的生活图片展示了，居住在乡村的人们并没有把小镇和庙宇当作住所，而是当作服务中心。埃及在大部分古代时期是一个拥有不少诸如底比斯和孟斐斯这样的崇拜和行政中心的地区，其余的地方就是村庄和市场。对于穷人而言生活是艰辛的，但并非一直都这样。最主要的负担是被征召服劳役。当法老不要求他们做这些的时候，当他们在等待尼罗河泛滥为其服务的时候，此时的农民是非常悠闲的。农业基础是非常雄厚的，同时也足以支撑一个由大量的手工艺人组成的复杂、多样的社会。与美索不达米亚手工艺人的生活相比，主要得益于那些石雕和绘画，我们对埃及手工艺人的生活知道的要多得多。这个国家人与人之间最大的区分标准是受没受过教育，受过教育的能够进入国家机构服务。奴隶制也存在，但是作为一种制度，看起来它不像要求农民承担的强制劳动那般重要。

　　较晚时期的文明传统曾评论过埃及妇女的魅力和亲切。借助一些证据的帮助，我们可以对埃及社会形成这样的印象：比起其他地方，妇女在更大程度上是独立的，享有更高的地位。毫无疑问，这些在艺术中得到了充分体现：宫女们穿着埃及人纺织的、精致的、袒胸露肩的亚麻裙，发型和珠宝精美考究，妆容精细。埃及商业对这些东西的供应给予了极大关注。我们不应该在这一点上花费更多的精力，但我们对埃及统治阶级妇女们形成的这种印象是很重要的，因为这反映出了尊严和独立。法老及其妻子和其他贵族夫妇也常常以一种亲密的基调被描述，这在公元前第 1 千纪以前的古代中东艺术中是完全找不到的。这使人联想到一种真实的情感平等，这种表现不可能是偶然性的。

　　出现在许多绘画和雕塑中美丽而迷人的女人，可能也反映了她们在这里享有别处缺乏的某种政治重要性。王位在理论并且在实际运作中常常是以母系来传承的。一位女继承人可以为她的丈夫带来继承权。因此公主们的婚姻非常令人担忧，许多王室婚姻是兄妹之间结婚。但似乎也没有产生令人不满意的明显基因影响。一些法老和他们的女儿结婚，或许是为了避免其他人和她们结婚，而不是为了保持神圣血统的连续性（这可以通过纳侧室实现）。这种情况势必使得王室女性凭借自身的实力成为有影响力的重要人物。一些妇女掌握着重要的权力，甚至有人登上了王位，她们戴着假胡子、穿着男装出席仪式，接受法老的封号。当然，这是一种创新，但是并未得到完全认可。

　　在埃及的神灵中也有很多女性，特别是对伊西斯的崇拜，颇具代表性。文学和艺术强调了对妻子和母亲的尊重，这种尊重超出了显要人物圈子的界限。总的来说，爱情故事和家庭生活的场景揭露了什么被认为是整体社会理想的标准，它强调温柔的性爱，轻松而不拘礼节，以及男性和女性情感的平等。一些妇女受过教育。埃及甚至有一个文字专指女书吏，我们也确实发现了两名真实存在的女书吏。但是，除了女祭司和妓女外，女性能从事的职业并不太多。不过，如果她们家境富裕，就能够拥有自己的财产，她们的合法权益在很多方面看起来有点类似苏美尔传统中的妇女权利。要对埃及这么长的一段文明作出概括并不容易，但是从古埃及留下了的证据中我们获得了这样一种社会印象：这个社会中存在着妇女自我表达的潜力，而这在前现代时期后来的许多民族中未曾发现。

回想起来，令人难忘的是古埃及文明的稳定性和内容的丰富性。其稳定性是如此明显，以至于和美索不达米亚相比较，我们更难查知其与外部世界的联系或在尼罗河河谷内的权力斗争。要解释的时间跨度实在太大，就算仅关注古王国时期（几个时期中最短的一段），其历史的长度也有美国的1.5倍。在这么长的时间里，发生的事情实在太多，因此，想抓住一个中心来讲述往往不大可能。其困难在于确定发生了什么，重要性何在。在美尼斯之后大约1 000年的时间里，埃及的历史实质上被认为是处于孤立状态之中。它应该作为一段法老统治无法取代的稳固时期加以回顾，然而在古王国统治时期，埃及的社会政治权力已经分化，各省的官员表现出了日益增强的重要性和独立性。法老虽仍然要戴两个王冠，死后被埋葬两次，一次在上埃及，一次在下埃及，但事实上分裂依然存在。尽管到古王国末期，埃及发动了一系列针对巴勒斯坦地区的民族的远征，但与邻国的关系依然没什么好说的。随着第一中间期的到来，相反的情况又出现了，埃及遭到入侵，而不再是一个侵略者。毫无疑问，埃及的软弱和分裂，使亚洲入侵者在尼罗河下游的河谷地区定居下来。有一种不寻常的评论称："出身高贵的人满怀悲叹，但是出身卑贱的人却喜气洋洋……肮脏、混乱遍布整个国家……陌生者已经闯入埃及。"埃及的竞争者出现在现代开罗的附近，孟斐斯的掌控力开始减弱。

埃及历史的下一个伟大时代是中王国时期，由强大的阿蒙涅姆赫特一世（Amenemhet I）成功开创，他从首都底比斯开始重新统一了国家。在公元前 2000 年后的 250 年时间里，埃及经历了一个恢复期，其名声可能在很大程度上受到中间期留给人的恐慌印象（我们通过记载了解到这些）的影响。中王国统治时期，秩序和社会凝聚力有了新的加强。神圣法老的地位发生了细微变化：他不仅仅是神，更强调是神的后裔，并将得到众神相随。在一段令人产生怀疑的黑暗时期之后，永恒的秩序将保持不变。可以肯定的是，这一时期出现了扩张和物质增长。尼罗河沼泽地巨大的开垦工程已取得成功。在南方，埃及征服了第一和第三瀑布之间的努比亚，并将其金矿全部开采。埃及人的定居地甚至建到了更远的南方地区，后来那里出现了一个被称为库什的神秘黑非洲国家。与以往任何时候相比，贸易留下了更多的详细痕迹，而且此时西奈的铜矿再次得到开采。神学的变化也随之而来，各类崇拜在对阿蒙神的崇拜中统一起来，反映了政治的联合。然而最终中王国因政治剧变和王朝斗争终结。

第二中间期大约持续了 100 年，以另一次更危险的大规模外族入侵为特征。这些外族人是喜克索人（Hyksos），可能是一个亚洲民族，用铁制二轮战车的军事优势在尼罗河三角洲建立国家，底比斯王朝偶尔向他们朝贡。关于他们的情况所知不多，看上去他们继承了埃及人的习俗和生活方式，甚至在最初阶段保留了现存的官僚，但是并没有导致同化。在第十八王朝统治时期，埃及人通过一场民族战争驱逐了喜克索人，这是新王国的开始。新王国第一项伟大的成就是在公元前 1570 年取胜以后的数年里乘胜追击，直捣喜克索人位于迦南南部的根据地。最后，埃及人占领了叙利亚和巴勒斯坦的大部分地区。

新王国在极盛时期的成功得到了广泛的承认，并且留下了丰富的物质财富。不难想象，喜克索人的统治一定为其提供了养分。第十八王朝统治时期几乎是艺术的复兴时期，通过吸收诸如二轮战车等亚洲人的装备实现了军事改革，并且出现了一个高度集中的王权。也就在这时，一位名叫哈特谢普苏特（Hatshepsut）的女性第一次登上王位，统治着一个以商业扩张而闻名的国家，至少神庙的记录差不多是这么写的。在接下来的一个世纪，帝国和军人带来更多的荣誉，在哈特谢普苏特的配偶和继承者图特摩斯三世（Thotmes Ⅲ）的统治下，埃及推进到幼发拉底河，达到了帝国的顶峰。纪念碑记录了贡品和奴隶的到来、与亚洲公主的联姻，这些与埃及神庙内出现的新的丰富的装饰和圆顶上的雕塑等国内成就交相辉映。圆顶上雕刻的半身像和全身像通常被认为是埃及艺术成就的顶峰。在这个时候，埃及也受到了来自克里特的外国艺术的影响。

到了新王国末期，埃及与外国交往增加的迹象开始表现出另外一些东西：埃及的权力环境发生了重大改变。最关键的地区是黎凡特沿岸，图特摩斯三世征服这一地区花了 17 年的时间。他没能征服一个庞大的帝国，即由占领着叙利亚东部和美索不达米亚北部的米坦尼人（Mitanni）统治的帝国。图特摩斯三世的继承者改变了策略。一个米坦尼的公主嫁给了法老，并且为了保护埃及在这片地区的利益，新王国开始依赖公主来获取那里人民的友善。埃及被迫从长期孤立状态中走了出来。但是米坦尼人承受的来自北方赫梯人的压力不断增加，在公元前第 2 千纪的后半叶，中东世界最重要的民族之一赫梯人的野心和动作越来越多地搅乱了中东世界。

关于新王国在这个过程早期阶段的关注重点，我们知道得很多，因为它们被记录在历史上最早的外交文书之一上，其所录为阿蒙霍特普三世（Amenhotep Ⅲ）和四世（大约公元前1400—前1362年）统治时期的相关情况。前一位阿蒙霍特普开创了最伟大的底比斯时代，使埃及的威信和繁荣达到顶峰。阿蒙霍特普很自然地被埋到了为国王准备的最大的一个陵墓中，尽管这个陵墓除了后来希腊人称为门农（Memnon，传说中的一个英雄，埃及人认为他是埃塞俄比亚人）巨像的碎片之外，什么都没有留下。

阿蒙霍特普四世于公元前 1379 年继承父位。他试图进行一场宗教改革，用太阳神阿吞的一神教崇拜来替代古老宗教。为了表明他的认真，他改名为埃赫那吞（Akhnaton），并在底比斯以北 300 英里的地方建了一座新城阿玛纳（Amarna）作为新宗教的中心，其中有一座神庙的圣殿没有屋顶，直接向阳光敞开。虽然无须质疑埃赫那吞目的的严肃性及其个人的虔诚，但考虑到埃及宗教的保守主义，他的企图从一开始就注定是失败的。而他坚持这么做的背后可能也有政治动机，或许是为了夺回被阿蒙神的祭司们篡夺的权力。无论怎么解释，埃赫那吞的改革激起了反对力量，削弱了他在其他方面的力量。同时，赫梯人的压力使得埃及的附属国显示出明显的紧张迹象。埃赫那吞无法解救米坦尼人。公元前 1372 年，米坦尼人在幼发拉底河西岸的全部领土都被赫梯人占领，并且陷入了国内战争；这场战争预示了这个国家约 30 年后的消亡。埃及的领土正在瓦解。后人从官方的国王名册中删除了埃赫那吞的名字，除了因其改革宗教招致怨怒外，可能还有其他原因。

埃赫那吞继任者的名字，可能是古埃及最广为人知的一个。阿蒙霍特普四世改名为埃赫那吞，因为他希望清除对旧的太阳神阿蒙崇拜的记忆。他的继任者和女婿图坦卡吞（Tutankhaton）却改名为图坦卡蒙（Tutankhamon），以表示恢复旧的太阳神崇拜。宗教改革尝试失败了。或许是人们为了表示感谢，图坦卡蒙在结束其平凡而短暂的统治后，被相当隆重地葬在了帝王谷内。

图坦卡蒙死后，新王国又延续了两个世纪，但除了偶然的间断外，它在稳步走向衰亡。反映这种趋势的代表事件是，图坦卡蒙的遗孀嫁给了一个赫梯王子（尽管他在婚礼举行前被谋杀）。后面的国王们努力收复失地，偶尔也取得了成功。曾有一位国王仿效前辈与外族联姻的形式，娶了一位赫梯公主。但是，征战的浪潮在巴勒斯坦地区来回拉锯，还有更多的新敌人出现，以至于与赫梯的联盟也不再是一种保障。爱琴海正处于骚动之中，根据埃及人的记录，海中诸岛上的各族"倾巢出动"，"所向披靡"。这些海上的居民最终被击退了，但战斗十分艰难。

在这些年中随之而来还发生了一段对后世有重要意义的插曲，其精确的事实和历史已经不能确定。根据许多世纪之后编写的宗教文献得知，一小撮被埃及人称为"希伯来人"的闪米特人离开了三角洲地区，他们在领袖摩西的带领下走出埃及进入西奈沙漠地区。从公元前1150年左右开始，内部失序的迹象也不断显现。拉美西斯三世死于后宫的阴谋，他是在抵制不断上涨的灾难方面采取有力措施的最后一个国王。关于他继任者的统治，我们听到的是罢工和经济困难，抢劫底比斯皇家墓地，而这种亵渎神灵事件的发生成为一种不祥征兆。法老失去了控制祭司和官员的权力，到第二十王朝统治的末期，拉美西斯十一世实际上已成为自己宫殿内的囚犯。埃及的王权时代结束了。实际上，这也是赫梯帝国和其他帝国在公元前第2千纪末的命运。不仅仅是埃及那种不容置疑的强大在消逝，就连作为它的荣耀背景的整个世界也都如此。

毫无疑问，埃及的变化影响着整个古代世界，人们必定会进行大量的研究去探寻埃及的衰落。然而，人们很自然会产生这样一种感觉，新王国最后几个世纪所暴露的弱点，从埃及文明一开始就出现了。

想要一眼看清这些是很不容易的。埃及的纪念性建筑和不能以一个世纪而要以千年来计算的辉煌的历史遗产，动摇了人们的批判意识，阻止了人们的怀疑。然而，埃及文明的创造性最终看来似乎被奇怪地用错了地方。在那些以任何时代标准衡量均属杰出的公职人员的指导下，巨大的劳动力资源得到聚集，最终却创造了举世无双的伟大墓葬。高品质技术的采用，其杰作却是古墓中的陪葬品。这里虽有识文断字水平高超的精英阶层，他们能够充分地使用一种复杂而微妙的语言和非常便利的书写材料，却没能为世界贡献出堪与希腊人或者犹太人的哲学或宗教思想比肩的成果。我们很容易发现这一熠熠生辉杰作的内在贫乏。

以另外一个标准来说，古埃及文明拥有绝对的持久力。毕竟，在很长一段时间它产生的影响是一个不争的事实。尽管至少经历了两次相对混乱的阶段，但是它似乎都没有发生改变地恢复过来。在这种情况下，生存下来是一个伟大的物质与历史的成功。仍然不清楚的是，为什么它要在那里停止。与世界其他文明相比，埃及的军事和经济实力几乎没有永久性差异。它的文明从未成功地向外传播。或许这是因为其文明的生存在很大程度上依赖于环境。如果如此快地创建各种制度是一个积极成功的话——这些制度维持了这么久而基本上也没有什么变化，那么大概对外界有着如此强大免疫力的任何古代文明都可以做到这一点。中国也展现了令人印象深刻的连续性。

再一次回顾早期社会和文化的变化是多么缓慢和难以察觉，也是很重要的。因为我们习惯于变化，我们一定很难察觉到那种几乎在之前任何时代的成功社会制度中都具有的强大惯性（社会制度是一个能够让人们和物质、精神环境作有效斗争的制度）。在古代世界，改革的动力与现在相比要少得多，并有着更多的偶然性。如果我们回顾史前时代，那么古代埃及历史前进的步伐是非常迅速的；但如果我们想到在美尼斯和图特摩斯三世之间长达1500年的时间里，在这段相当于罗马人离开不列颠至我们当代这么长的时间段里，日常改变是那么少，那么其速度又是非常缓慢的。显著的变化只源于突发的巨大自然灾害（而尼罗河又是一位可靠的安全卫士），或者入侵、征战（而埃及长期居于中东各民族战场的边缘，仅仅是偶尔受到他们来来去去的影响）。技术或经济力量只能微弱地对变化产生我们所认为的压力。至于智力刺激，在整个文化传统都导向日常谆谆教导的社会，这几乎不可能变得强大。

关于埃及历史特性的思考，总是存在这样一种诱惑，最终让你转向强大的尼罗河的自然形象。因为尼罗河总是具体地呈现在埃及人眼前。尼罗河是如此巨大，以至于其巨大而突出的影响被掩盖，因为没有比尼罗河河谷更广大的地区需要考虑。而同时，在肥沃新月地带长久以来不断发生的令人费解的战争背景之下（其结局是世界的形成），古埃及历史延续了数千年，这事实上是不屈不挠的、慈善的洪水和尼罗河沉积的作用；尼罗河两岸心存感恩而又消极的人们，则收获它所带来的富饶。在尼罗河面前一切都显得微不足道，因此，在埃及人看来，人生真正所必需的一切就是：为来世做好适当的准备。

第 4 章　闯入者与侵略者

美索不达米亚和埃及为中东有文字记载的历史奠定了基础。在很长一段时间内，这两个伟大文明中心的故事占据着编年史的主体地位，并且或多或少地处于独立发展的状况。但显而易见，它们的历史并不是古代中东地区的全部历史，更不能代表整个古代世界。公元前2000 年后不久，其他民族的运动就已经将这种局面打破，从而形成了新的格局。1000 年以后，其他地区出现了别的文明中心，我们也进入了新的历史时期。

对历史学家而言，不幸的是，即使在肥沃新月地带，尽管这里仍然比世界其他地区表现出更多的创造力和活力，这里的历史在很长一段时间内也不是简单且显而易见的统一体。这里只有混乱无章的混沌状态。从公元前第 2 千纪以后到公元前 9 世纪，一系列最早的新帝国兴起。散布在这种混乱中的各种巨变与重组连轮廓都难以说清，更难以解释清楚。幸运的是，在这里不需要阐明它们的细节。历史在飞快地前进，文明准备给人类提供新的机会。与其将我们自己淹没在洪水般的历史事件中，不如尝试着去把握一些主宰变动的力量。

主宰世事变革最主要的力量仍然是大迁徙。在公元前 2000 年后的一千年里，这种民族迁徙的基本形式以及民族特征没什么太大变化，其基本的动力来自从东到西的印欧民族对肥沃新月地带的压力。这些民族的种类和数量在不断增长，尽管他们中的一些民族可以让我们想到希腊人的遥远起源，但是在这里我们不需要记住他们的名字。与此同时，闪米特民族与印欧民族在争夺美索不达米亚流域；埃及和神秘的"海上民族"在争夺西奈半岛、巴勒斯坦和黎凡特。另外，北方民族的一支在伊朗定居，并且最终在这里形成了古代世界最伟大的帝国——公元前 6 世纪的波斯帝国；另外，还有一支进入印度。这些移民活动在一定程度上解释了几个世纪以来这些帝国和王国不断变迁的原因。以现在的标准衡量，一些王国的统治时间较为长久。从公元前 1600 年起，一个来自高加索地区称为加喜特（Kassites）的民族在巴比伦统治了 4 个半世纪，相当于大英帝国的全部历史。然而，以埃及人的标准来衡量，这样的构架组织只是一瞬间的事，昙花一现而已。

如果这些帝国和王国最终并没有那样的不堪一击，那才会让人吃惊。因为，许多其他力量也在同时发挥作用，这些力量扩大了民族迁徙的革命性影响。这些力量留下的痕迹之一便是军事技术的提高。公元前 2000 年，美索不达米亚的防御工事和围城技术都已达到了相当高的水平。这些技术保卫了一些新的文明族群，其中有一些就在不久之前还是游牧民族。或许正是因为这些原因，虽然他们在很长一段时间里不擅打围城战，但是他们能够在战场上革新战术。他们将四轮战车和骑兵引进了战争之中。据史书记载，苏美尔士兵靠笨拙的驴拉四轮战车前进；这可能是将军们或者领导者前往战场的一种简单方式，便于矛和斧在战场上发挥作用。真正的战车是由马拉的两轮战车，通常由两个人操作，一个人驾车，另一个人将战车作为发射武器的平台。一般的武器是一种由尖角制成的复合弓。加喜特人可能是最早将马用在战场上的民族，而他们的统治者可能属于印欧人。进入肥沃新月地带北部和东部的高地草原，使他们在游牧之地拥有众多的马匹。最初在河谷地区的马是很稀少的，被看作是国王和将领的财产，因此野蛮入侵者在军事和心理上拥有极大的优势。最终，中东地区所有王国在军事中都使用了战车；作为极有价值的武器，战车不再被忽略。

在埃及人驱逐喜克索人时，除了其他武器，埃及人使用的武器还有当年喜克索人入侵时使用的战车。

骑马也改变了战争。一个骑兵不仅能骑在马背上前进，更能在马背上作战。这种骑术需要花很长的时间去训练，因为骑马的同时拿着弓或者矛并不是简单的事。骑术源于伊朗高原，早在公元前 2000 年那里就有骑马训练。在此后的 1 000 年间，骑马传遍了中东地区和爱琴海诸岛。公元前 1000 年后，出现了武装骑兵，凭借其绝对的负重和冲击力，担负着内部防御的责任，凌驾于步兵之上。于是，一种以骑兵为主要战斗力的漫长时期开始了。然而，只有在几百年之后，在马镫的发明给骑手们更大的控制力之后，骑兵的价值才得到充分的体现。

自公元前第 2 千纪起，战车的某些部件就由铁制作而成；不久铁就用来打造车轮。铁这种金属在军事上的用途十分明显，因此可以毫不奇怪地发现，铁这种金属在中东得到广泛使用，并且传播到更远的地区，虽然拥有铁的民族试图去限制它的传播。最初使用铁的民族是赫梯人。他们衰落之后，铁加工广泛传播，不仅仅因为铁是一种非常实用的制作武器的材料，还因为尽管铁矿石稀缺，它仍然比铜矿石或者锡矿石丰富。铁器除了引发军事改革以外，还刺激了经济。在农业方面，使用铁的民族能够耕种原先木器或者燧石器耕种不了的硬土地。但是，这种新金属并没有很快得到广泛应用。作为人类使用的工具，铁器从公元前 1000 年左右开始非常缓慢地补充青铜器，就像青铜器和黄铜器曾补充石器和燧石器一样；而这种过渡在一些地区快一些，在另一些地区则慢一些。

冶金的需求有助于解释另外一个变化：新的、日益复杂的跨区域长途贸易正在逐渐增长。公元前第 2 千纪末，在这个世界即将解体之际，使其连成一个整体的内部作用力极为复杂，长途贸易便是其中之一。例如，锡是如此重要的一种商品，必须从美索不达米亚、阿富汗以及安纳托利亚运到我们现在称为"制造业中心"的地区。塞浦路斯的铜是另外一种广泛贸易的商品。而对于铜的寻求也使得欧洲在古代历史的边缘占据一席之地。甚至在公元前 4000 年前，南欧巴尔干半岛上就已经有了采矿的竖井，能够深入到地下 60 到 70 英尺开采铜。因此，也许并不让人感到意外的是，一些欧洲民族后来有着高超的冶金技术，尤其在打造巨大的青铜板和铸铁方面（比起青铜，铁更难达到所需的冶炼温度）。

远距离商业活动依赖于运输。最初，货物的运输依靠骡子和驴子。公元前第 2 千纪中期，骆驼的驯化使得亚洲驼队贸易以及后来被视作永久的古老阿拉伯半岛驼队贸易成为可能，他们开启了穿越至今都未能穿越的沙漠之地的旅程。对于非游牧的民族而言，早期道路质量不高，车辆运输仅仅在当地发挥作用。早期车辆是由牛或者骡子拉的，它们发挥作用的时间分别是：公元前 3000 年左右出现在美索不达米亚，公元前 2250 年左右出现在塞浦路斯，而两三百年后出现在安纳托利亚，到了公元前 1500 年左右出现在希腊本土。

对大批货物来讲，水路运输比陆路运输更便宜和简单。水路运输成为经济生活中恒久不变的部分，一直维持到蒸汽火车的出现。早在商队开始将南部阿拉伯沿海的树胶和树脂运输到美索不达米亚和埃及之前，船队便将货物运到了红海，商人们也借助商船来往于爱琴海。可以理解的是，在运输中取得了最重要的航海技术的进步。

我们知道，新石器时代人们就能够利用独木舟在江河上进行长距离的航行，甚至从公元前第 7 千纪起就有了一些明显的航海证据。埃及第三王朝在航海的船上安上了帆，中央的桅杆和风帆是航海不依靠人力的开端。在随后的 2000 年里，帆具的改进缓慢地向前发展。据说，制作了一些接近纵向的帆具，这些帆是船依靠风航行时所必需的。当然在很大程度上古代的船是横帆的。由于这一点，主导风向在海上交通中起着决定性作用。另外一种能源是人力：桨的发明很早，它不仅为短途旅行提供动力，也为海上的长途航行提供动力。虽然，在军舰中经常要用到划桨手，但驶出海港的这些人在很早之前可能被称为商人。到公元前13世纪，能够承载超过200个铜锭的船只已经行驶在东部地中海上，一些船并在几个世纪后已经装有密不透水的甲板。

即使在近代，物物交换依然存在，因此，毫无疑问对于古代大部分时期而言，这就是贸易的含义。然而货币的发明迈出了伟大的一步。货币可能出现于公元前2000年之前的美索不达米亚，那里物品的价值就是用谷物或者银子来衡量的。青铜时代晚期，紫铜锭是整个地中海的货币单位。第一个官方盖印的交易方式源于公元前第3千纪后期卡帕多西亚（Cappadocia）出现的银锭交易方式，这是一种真正的金属货币。然而，虽然货币是一项重要的发明，并且它将广泛传播，但我们不得不等到公元前8世纪才迎来亚述人的第一枚钱币。改良的货币手段可能有助于推动贸易（美索不达米亚在早期就有了信贷制度和交易账单），但这并不是必不可少的。在古代世界，没有货币人们也能够相处。传说中精明过人的腓尼基商人在公元前6世纪以前并没有使用货币；埃及作为一个中央集权控制的经济体有着惊人的财富，但在货币出现200年以后才开始使用它；欧洲的凯尔特人尽管从事金属贸易，可是直到200年以后才开始铸造货币。

至于村社之间的经济交流，有关这一最早阶段的确切概括很困难。自有史料记载以来，我们可以看到很多涉及商品交换的活动发生，但并不是所有的交换都是为了经济目的。供物、统治者之间象征的或外交性的礼物、还愿用的捐献物，都是其中的一些形式。我们不应该急于定论。直到19世纪，中国还把对外贸易想象成外部世界对它的进贡；根据埃及墓室的绘画来判断，法老们对于爱琴海的贸易也有着类似的理解。在古代世界，这种交易可能包含着标准物品的转让，例如一定重量的鼎或者统一规格的环等，这些物品代表着一些早期货币的某些特征。有时候，这些东西有其本身的用途；有时候，它们仅仅是符号。所以，可以肯定的是，商品流通的日益增加，其大部分的增长最终变成为盈利而交易的手段，我们现在将之称为商业。

新城镇也为贸易做出了贡献。部分原因很可能是因为人口的增长，这些城镇遍布古代中东地区。它们标志着农业的成功开拓，但也纵容了寄生思想的发展。在《圣经·旧约》中就记录着在城市疏远乡下人的文化传统。然而城市生活也令文化创造达到了一个新的高度。大约在公元前2000年，文字主要局限于江河文明及其影响到的地区：楔形文字已经传遍美索不达米亚，且有两三种语言用楔形文字来书写；埃及纪念碑的铭文是用象形文字书写的，日常写在草纸上的文字是一种象形文字的简化形式僧侣体。1 000多年以后，情况发生了变化，识字的民族遍布中东地区，在克里特岛和希腊半岛也随处可见。楔形文字成功地被更多的语言所采用，甚至埃及政府也用它作为外交语言。同时也发明了其他文字。在克里特岛，其中一种文字将我们带到了现代边缘，因为它揭示了公元前1500年左右一个使用希腊文的民族。随着一种闪米特字母，即腓尼基字母的使用，公元前800年就出现了第一部西方文学作品。后来所称的荷马史诗，是使用腓尼基文字的最早例证。

这些主题使年代表变得没有什么价值；如果历史太过专注于某个特殊国家，那么就无法察觉这些主题显示出的变化。然而，各个不同的国家及其人民尽管同样受到各种普遍作用力的影响，且彼此之间的接触也越来越频繁，但也变得越来越有自身特色了。文字约束了传统，而传统表达了群体的自我意识。可以推断，部落和民族一直能意识到其本身的特征，但当国家以更持续、更制度化的形式出现时，这种意识变得更强烈。从苏美尔时期到现代，帝国分裂成更易生存的单位是非常熟悉的事情，但一些形式如持久传统的核心，一次次地出现。甚至在公元前第 2 千纪，国家已经变得很稳定且显示出其坚韧的力量，但仍然不能对其人民实现广泛而连续的控制，直到现代这种可能性才充分展现出来。然而，甚至在最古老的记载中，似乎也有一个未经核实的倾向：政府更规则化，政权更制度化。国王周围环绕的是为更大的野心寻找资源的官僚政治和税收制度，法律成为一种被广泛接受的观念，无论如何，法律开始在各处渗透，尽管一开始并不明了，但是对个人权力的限制使立法者的权力得到扩展。更重要的是，国家在军力上也越来越强大，例如常设职业军人的补养、装备和管理等问题在公元前 1000 年就解决了。

当这些事情发生时，统治阶级和社会制度的规则开始从早期文明普遍规律中脱离出来。尽管简单的交往和联姻使一个新的全球化概念成为可能，但是不同的群体采取了不同的道路。精神生活方面，差异性最显著的表现是宗教。虽然在前古典时期已经能够看到一种简单化的、一神论的趋势，但当时最明显的事实是，各地都有庞大而多样的地方神祇，其各司其职，绝大多数能够和平共处，只是偶尔提到一个神嫉妒另一个神的高贵。

文化的其他表象也出现了新的差异。在文明未开始以前，艺术就已经作为一种独立的活动而存在，它并不一定与宗教或者巫术发生联系（尽管人们一直认为艺术与宗教、巫术存在这样的联系）。最初的文学作品已经提及，我们也开始从文学的记录中看到其他东西。娱乐可能已经存在，棋盘游戏在美索不达米亚、埃及和克里特出现。人类可能已经开始赌博。国王和贵族们酷爱打猎，他们的宫殿有作为娱乐的音乐和舞蹈。在运动方面，拳击可能要追溯到青铜时代的克里特岛，那里还流行一种独特的跳牛运动。

在这种情况下，很明显的是，我们不需要在年代表上花很多心思，一些特别的日期即使能够得到肯定，也没有必要。在我们目前所关注的这片土地上，单个文明的观念越来越不起作用。对于个别文明而言，比起埃及和苏美尔时代，它需要承受更多相互作用带来的影响。大约在公元前1500年到公元前800年之间，这里发生了一些重大变化，我们绝不能让这些巨变从捕捉最初两个文明历史的网眼中悄悄滑过。公元前1000年前后的几个世纪之中，动荡的中东以及东地中海地区，正在形成一个不同于苏美尔和古埃及王国的新世界。

不同文化的相互作用给中东周边民族带来许多改变，但同其他地区文明一样，文明根植于爱琴海岛屿是在新石器时期。发现于希腊的第一个金属物品是一颗公元前4700年的铜珠，这可能受到欧洲和亚洲的影响。克里特岛是希腊最大的岛屿。公元前2000年的几个世纪之前，生存在新石器时代克里特岛的一个先进民族，建立了一座有规划的城镇。他们可能受到了安纳托利亚的影响，造就了非凡的成就，但这并没有明确的证据。他们也可能是自身发展到了这种程度。无论如何，在大约1000年里，依照其文明建造的房屋和坟墓不同于其他文明，但在风格上没有多大的变化。到公元前2500年左右，沿海很多重要城镇和村庄是用石头和砖建成的；土著居民惯做金属物件和生动的标志物及首饰。应该说，在这个时期，克里特岛人与希腊本土和小亚细亚文化相差无几，他们与其他爱琴海部落进行着商品交易。此后，变化发生了。大约在500年以后，克里特人开始建造一系列宏伟的宫殿，这便是我们称为"米诺斯"文明的纪念物。这些建筑物中最壮观的是克诺索斯宫（Knossos），大约建于公元前1900年。当时其他地方没有出现像这座宫殿那样给人深刻印象的建筑物，因此克里特岛几乎成为整个爱琴海地区的文化领导者。

米诺斯是一个奇怪的名字，它源自米诺斯国王的名字，这位国王只在传说中被称颂，但可能根本不存在。后来，希腊人相信或者认为他是克里特岛一位伟大的国王，住在克诺索斯宫，与诸神谈判过，与太阳的女儿帕西淮（Pasiphae）结婚。他有一个畸形的后代，即米诺陶（Minotaur），住在克里特岛迷宫的中心，吞食从希腊进贡的作为祭品的青年男女；而英雄忒修斯（Theseus）成功地闯入迷宫，杀了他。这是一个回味无穷又富有暗示性的传说，让学者感到兴奋，认为这个传说能解释克里特文明。但的确没有证据可以证明米诺斯国王的存在。也许正如传说本身所暗示的，可能那里不止一个米诺斯；或者他的名字是许多克里特岛统治者的称呼，并无特指。他像亚瑟王一样，是一个充满魅力的人物，仅仅存在于历史之外，存在于神话之中。

如此，米诺斯仅仅意味着生活在青铜时代的克里特文明，没有其他的含义。这个文明持续了将近 600 年，但只有重要的历史事件流传下来。这些事件反映了居住在相互关联城镇中的一个民族，由克诺索斯宫的君主统治。在三到四个世纪的时间里，这里的人们享受着繁荣，与埃及、小亚细亚和希腊本土进行商品贸易，以本国农业维持生存。这可能解释了米诺斯文明飞跃前进的原因。与今天一样，那时克里特岛比希腊本土和其他岛屿更适合种植橄榄和葡萄，这是后来地中海农业的两种主要作物，并且似乎牧养了大量的羊并且出口羊毛。无论其形式是什么样的，克里特岛在新石器时代晚期经历了一场农业改进，不仅使谷物产量增长，更主要的是引入了橄榄、葡萄的种植。这两种植物可以在谷物难以生长的土地种植，它们的发现改变了地中海生活的可能性。紧接着，人口随之增长。因为有新的人力资源可以利用，所以在此之后建立了更多的生活区域，但是也因此对组织和管理、对更复杂的农业及其生产的规范化提出了新的要求。

　　无论怎样，米诺斯文明于公元前 1600 年达到顶峰。大约一个世纪以后，米诺斯的宫殿被毁坏了。这种神秘的毁灭令人捉摸不透。差不多在同一时间，爱琴海诸岛上的主要城镇在大火中也毁灭了。也许这次毁灭是由地震所致。近代学者们认为在那个时候，锡拉岛（Thera）发生了剧烈的火山爆发；而 70 英里以外的克里特岛可能还遭到海啸和地震的袭击，火山灰的降落毁灭了克里特岛的田地。另一些人倾向于认为，对统治者的反抗导致了克里特的毁灭。还有一些人观察到了一个新入侵者的痕迹，或者是假设了一些来自海上的突然袭击，这些袭击者带着战利品和大批俘虏扬长而去，没有给这里带来新的居民，从而导致了政权的颠覆。这些推测都不能最终确定，只能推测发生了什么事情。最无根据的观点则认为，在锡拉岛曾发生了一场自然灾难，摧毁了米诺斯文明的基础。

　　不管是什么原因，这并不是克里特岛早期文明的终结，因为在接下来的几个世纪里来自大陆的人们居住在克诺索斯。但是，虽然又出现过相当繁荣的时期，克里特岛文明的上升期已经过去。似乎，克诺索斯仍然兴旺过一段时期，随后，在公元前 14 世纪也毁于大火。这种情况之前也发生过，但这一次克诺索斯没能重建起来。早期克里特文明因此结束。

　　幸运的是，克里特文明的显著特征比其历史细节更易于理解，最明显的就是克里特岛与大海的密切关系。米诺斯人对海洋的开发利用同其他民族对自然环境的开发利用一样，其结果是物品和思想的交换。这再一次证明了不同民族的交流如何使文明加速发展。早在公元前 1550 年之前，米诺斯人便与叙利亚保持密切联系，他们甚至与遥远的西西里或者更远的地区进行贸易。有些人将货物带到亚得里亚海，更重要的是对希腊的渗透。米诺斯可能是最重要的并且是唯一的通道，借助它将早期文明的物品和思想传输给青铜时代的欧洲。公元前 2000 年后，埃及出现了克里特产的物品，那时埃及是克里特的主要出口地，而这个新兴王国的艺术也印证了克里特的影响力。一些学者甚至认为，当时一些埃及人在克诺索斯住过一段时间，可能是为了考察那里已经建立起来的行业。也有人提出米诺斯人曾与埃及人一道抵抗喜克索人，小亚细亚的许多地方都发现了克里特生产的花瓶和金属制品，这些都是流传下来的物品。而且曾有人断言，米诺斯还提供了大范围的其他物品，包括木材、葡萄、油、木制品、金属花瓶甚至鸦片。作为回报，克里特人从小亚细亚带回了金属，从埃及带回了雪花石膏，从利比亚带回了鸵鸟蛋。至此，形成了一个复杂的贸易世界。

除了在农业上的丰硕成果，贸易更是巩固了这一文明，使之能如同克诺索斯宫重建一样，在自然灾害后重生。宫殿虽是米诺斯文明留下的最精美遗产，然而城镇的建设也非常好，拥有完善的管道排水系统。这是很高的技术成就，早在克诺索斯建立一系列宫殿的时候，沐浴和卫生设施就已经达到了相当高的水平，而直到罗马时代这种水平才被超越。其他文化成就没有什么实用性：艺术具体呈现了米诺斯文明的最高层次，并留下最灿烂的文化遗产，其影响力漂洋过海到了埃及和希腊。

考古发现为米诺斯的宗教世界提供了证据，但因缺乏文字记载，我们不能深入了解。虽然我们掌握了一些关于克里特诸神的记载，但是要确定他们究竟是谁仍然很困难。我们也无法深入体验他们的宗教仪式，只能通过统计发现，他们经常提到祭坛、建在高处的圣殿、双头斧，以及米诺斯人崇拜的中心人物是一名女神（尽管她与众神的关系仍然是个谜）。这位女神可能在新石器时期代表着生育，就如同后来一再出现的那种代表女性魅力的神祇，比如后来的阿斯塔特（Astarte）和阿弗洛狄忒（Aphrodite）。

　　我们并不清楚米诺斯社会的政治安排。宫殿不仅是王室的居所，在某种意义上还是一个经济中心、一个大集市。对此最恰当的解释是，当时处于发达贸易形式的顶峰，而这种形式基于首领的重新分配。宫殿也是一个庙宇，但不是堡垒。在它的完备时期，它是一个具有高度组织性的结构中心，其灵感可能来自亚洲。对这个从事贸易的民族来说，他们已经知道了像埃及和美索不达米亚这样有文化的国家。我们对米诺斯政府的了解来源之一是收集起来的成千上万的石板，上面刻的是他们的管理记录，叙述了其严格的等级制度和系统化的管理，但并未记录如何实际操作。无论如何，从这些记录中唯一能够肯定的是，其渴望一个有效的政府，这是一个与后来的希腊世界所想象的统治非常接近，又更复杂的监督制度。如果问同时期是否存在与此类似的政府，那么只能算上亚洲的王国和埃及。

　　来自大陆的成功侵略本身就是一个征兆，预示了青铜时代末期的动荡年代使米诺斯文明得以持续的可能性正在消失。克里特岛在长时间内没有任何对手威胁它的海岸线——可能是因为埃及无暇顾及，北部也长期没有遭遇可能的威胁。但渐渐地，北部的安全环境一去不返。活跃于大陆上的正是已经在我们的历史中出现多次的印欧民族。他们中的一部分在克诺索斯最终毁灭之后再次进入克里特岛。他们显然是成功的殖民者，在克里特岛开垦低地并将米诺斯人及其破碎的文明驱逐到了一些偏远的避难小镇；在那里，米诺斯人从世界历史舞台上消失了。

　　具有讽刺意味的是，仅仅在此之前的两三百年里，克里特文明的影响曾经几乎笼罩着希腊。在希腊思想里，克里特一直神秘地萦绕在他们心中，而且是一块遗失的黄金宝地。米诺斯文明对大陆的直接渗透最早是通过阿卡亚人（Achaean，通常指早期说希腊语的民族）实现的，他们南下到阿提卡和伯罗奔尼撒，并于公元前 18 世纪到前 17

世纪期间在那里建立了村社和城镇。他们来到的这片土地与亚洲有着悠久的联系，那里的居民将城中的高地防御起来成为卫城，这成为希腊生活的长期标志。这些新来的民族在文化上远远不如被征服的民族，尽管他们带来了马匹和战车。与克里特人相比，他们是野蛮人，没有属于自己的艺术，然而他们比岛上的居民更清楚暴力和战争在社会中的作用（这是毋庸置疑的，因为他们不能享有海洋带给的保护，而且不断地感受到所占领国施加的压力），因此他们加强城市防御，并建起城堡。他们的文明充满了军事风格。他们选择的地方后来有些成了希腊城邦的中心，其中就有雅典和派罗斯（Pylos）。这些城市并不是很大，最大的至多也只能容纳几千人。其中最重要的城市之一是迈锡尼，公元前 2 千纪中期前后，以其命名的文明最终传遍了青铜时期的希腊。

迈锡尼文明由于其丰富的黄金资源而留下了一些华丽的遗迹。因受到米诺斯艺术的强烈影响，它也是希腊文明和半岛本土文明的真正结合。迈锡尼文明社会制度的基础好像扎根于父权制思想，但除此之外它还有更多其他东西。克诺索斯碑铭以及从伯罗奔尼撒西部的派罗斯发现的公元前 1200 年前后的碑铭，揭示了迈锡尼文明对官僚政治的强烈愿望，表明了从克里特回流到本土的改革浪潮。每个有一定规模的城市就有一位国王。迈锡尼国王早期可能是某种同盟王国的领袖，统治着拥有土地的骑士社会，这些骑士们的佃户和奴隶都是土著人。赫梯人的外交记录表明希腊在迈锡尼时代存在着一定程度上的政治统一。派罗斯碑铭展现了一种对社会生活的严密监督和控制，在国王下面，官员之间存在区分，在奴隶和自由民之间存在更基本的区别。我们无法知道这些不同在现实中意味着什么。与对克里特一样，我们无法详细了解迈锡尼文明根植其上的、处于王室中央集权之外的经济生活。

不论其物质基础是什么，在迈锡尼表现得最淋漓尽致的那种文化，到公元前 1400 年时已传遍希腊本土和大部分岛屿。它成为一个整体，尽管直到古典时代希腊方言中仍保持着根深蒂固的不同以区别各民族。迈锡尼以其自身的贸易取代了克里特在地中海的贸易霸权地位。它在黎凡特设有贸易站，并被赫梯国王们视为需要认真对待的一股力量。有时迈锡尼取代米诺斯成为陶器出口国，甚至有事例表明米诺斯的定居地也被迈锡尼人占据了。

迈锡尼帝国，如果可以这么称呼的话，在公元前 15 世纪至公元前 14 世纪达到了顶峰时期。有一阵子，埃及的衰落和赫梯权力的瓦解帮助了它。当大国没落的时候，一个依靠贸易富裕起来的小民族获得了与自身情况极不相称的重要地位。迈锡尼的殖民地建在小亚细亚的海滨地区，并与其他亚洲城镇进行贸易，因此繁荣起来。位于黑海入海口的特洛伊正是其代表。但是公元前 1300 年前后出现了一些衰退的迹象。战争似乎是其原因之一：在这个世纪末对埃及的进攻中阿卡亚人发挥了重要作用，在公元前 1200 年左右发生了一场在今天被称为"不朽的特洛伊之围"的伟大奇袭。这些事件的背景则是迈锡尼城自身一系列复杂的王朝剧变。

被称作爱琴文化黑暗时期的时代正在临近，这同当时中东所发生的事情一样令人费解。当特洛伊沦陷后，新的对希腊本土的蛮族入侵已经开始。正是在公元前 13 世纪末期，伟大的迈锡尼文化中心可能因地震而毁灭了，最早的希腊分裂成为几个互不相连的地区。因此，迈锡尼文明的统一体消失了。但不是所有的迈锡尼定居点都被遗弃了，至少没被全部遗弃。只有在临近公元前 1000 年时才出现了一些复苏的迹象。有关这一阶段的传说大都属于新来者中的同一个群体，即多利安人（Dorians）。他们充满活力、英勇无畏，被认为是赫拉克勒斯（Heracles）的后代。尽管根据后来出现的希腊方言来倒推早期入侵者属于哪个特定小群体是很危险的，但传统使他们成为多利安语的使用者，这种语言一直留存到古典时期，作为区分他们的一种方言。在这方面，学者们认为传统是公正的。在斯巴达和阿戈斯（Argos），多利安人建立了自己的村社，这便是后来的城邦。

但是其他民族在这个令人费解的时期也推动了一个新文明的成型。最成功的是后来说"爱奥尼亚语"（Ionic）的希腊人，即黑暗时期的爱奥尼亚人。他们从阿提卡出发（在阿提卡，雅典人要么坚持得更久，要么同化了迈锡尼之后的入侵者），在基克拉迪群岛（Cyclades）和爱奥尼亚（即今天的土耳其爱琴海沿岸）扎根下来。在此他们以移民或海盗的身份建立或夺取城镇。这些城镇要么建在岛上，要么通常建在海岸或海岸附近，而这些就是后来航海民族的国家。他们所选择的地点常常已经被迈锡尼人所占领，有时候他们就把较早定居的希腊人赶走，比如在士麦那（Smyrna）。

这最多是一幅混乱的画面，而且其中的大部分只有零星的证据留存。然而，从这种混乱中，渐渐地重新出现了青铜时代爱琴文明所享有的文明的统一。不过在一开始，还是经历了几个世纪的分裂和排他主义。曾经四海一家的世界，经历了地方主义的新阶段。贸易萎缩了，与亚洲的联系也不那么紧密了，代之而起的是地域上的民族迁徙，有时要耗费几个世纪去建立新的定居格局。但是最终，未来希腊世界的版图出现了。

文明生活曾出现过巨大倒退，这使我们想到古代文明生活是何等脆弱。最显著的标志就是公元前 1100 至前 1000 年间的人口减少。这种减少如此广泛和凶猛，以至于一些学者们要在突发的大灾难中寻求解释。这些灾难包括瘟疫，或许也可能是气候变化——这种变化使巴尔干半岛和爱琴海的少量可耕地突然而迅猛地减少。无论原因究竟是什么，可以看到在精致程度和技术方面的退步：硬宝石的雕琢、石壁画的绘制以及精巧陶器的制作都面临停滞。在当时所能允许的文化的延续，大部分可能是精神上的，类似歌谣、神话和宗教思想一类的东西。

这个混乱时代的面貌只有很少一部分隐约、间接地反映在吟游诗人传唱的史诗中，后来以书面形式记录在《伊利亚特》和《奥德赛》中。其中包括代代口耳相传的素材，并源自与这些事件几乎同时代的传统对事件的描述，尽管后来这一切都被归功于一位诗人——荷马。虽然人们对史诗表现的确切内容的看法很难达成一致，但目前的共识是，史诗所描述的内容在迈锡尼文明时代并不重要，对其后的时代稍有影响。《伊利亚特》记述的中心是攻打特洛伊，虽然故事反映了阿卡亚人在小亚细亚定居地的真正优势，但在此并不重要。除此之外，剩下值得关注的是诗歌附带提到的少量社会和思想信息。尽管荷马对迈锡尼国王所具有的、某种特别突出形象的描述给人以深刻印象，但史诗中包含的信息是公元前 8 世纪之后的，是从"黑暗时期"开始恢复过来的后迈锡尼时代爱琴海的信息。它揭示了这样一个社会：盛行的权力逻辑是野蛮军阀式的，而不是像亚洲那样由国王统领常规军或管理官僚。荷马时代的国王们是大贵族中最大的，是家族首领，他们所获得的权威受到与其地位相近的好斗者切实享有的权势的制约，而且要依靠他们强力贯彻自身意志的能力来保证。他们的生活是不安而苛求的。诗歌仅仅断断续续地描绘了一个初级社会，仍然处于混战之中，或许已经稳定下来；但这个社会既不像迈锡尼那样先进，甚至也没有对未来希腊社会稍加预示。

从几个世纪的混乱中最终出现的新文明，在很大程度上要归功于与东方交往的继续。希腊人（Hellenes，名字专指的是希腊的入侵者，以此将他们与其前辈相区别）向岛屿和亚洲本土扩张很重要，他们为两种文化提供了许多接触的机会。但他们并不是亚洲和欧洲间相互联系的唯一渠道，文明的种子常常通过世界历史中的中介人——伟大的商人们传播。

这些从事贸易的民族之一又是一个航海民族，尽管并没有传说中说的那么长，但它确实有着一段漫长而纷扰的历史。腓尼基人声称自己约在公元前2700年的时候就来到了推罗。对待这种说法，可能需要像对待多利安国王声称自己是赫拉克勒斯的后裔一样。但是，当公元前2千纪埃及人从他们那里获得雪松时，他们已经在现代黎巴嫩海岸边定居下来。腓尼基人是闪米特人的一支。正如红海的阿拉伯人一样，他们之所以成为一个航海民族，是因为地理条件要求他们关注海外而不是内陆。他们生活在狭长的海岸边，那里是沟通非洲和亚洲的历史性海峡。在他们的背后是一片浅滩地区，农业资源贫乏，从大山脉绵延到海边的丘陵切断了内部之间的联系，以致沿海的定居地很难实现统一。这同后来希腊人的经历有着相似之处，他们都在类似的情况下向大海方向发展，其结果都是不仅发展了贸易，而且推动了殖民化。

内部的虚弱使他们轮流受到希伯来人、埃及人和赫梯人的侵扰。腓尼基人只有在埃及、迈锡尼和赫梯帝国强大时期过去之后，才从别人的历史阴影中走出来。这并不全是偶然的。他们也是在其他文明衰落的时候繁荣起来的。只有到公元前1000年以后，当米诺斯贸易的兴盛时代过去很久之后，比布罗斯（Byblos）、推罗和西顿（Sidon）这三个腓尼基城市才迎来短暂的黄金时期。刻在所罗门圣殿建筑上有关它们的那部分《圣经》内容证实了其重要性。"你知道，"所罗门说道，"在我们中间没有人像西顿人善于砍伐树木。"他还适当付了点钱（《列王纪上》5：6）。古代作家常常强调他们作为贸易商和殖民者的名声。他们沿着海岸线来回贸易，成为第一个从地中海冒险进入大西洋的民族。作为熟练的远距离航海者，他们能够展开其他民族甚至无法想象的旅程。

他们还搜寻商品以转售出去，因而需要发展长途贸易的技能。腓尼基的染料久负盛名，他们还贩运纺织品、木料、玻璃和奴隶。毫无疑问，商业需求激发了他们的创造力；正是在比布罗斯（希腊人用这个名字命名书籍），后来被希腊人采用的字母表发明了。这迈出了伟大一步，它使文字的广泛传播成为可能，但卓越的腓尼基文献没有幸存下来。此外，腓尼基人的艺术倾向于反映他们作为中介人的作用。可能是出于顾客的需要，他们从亚洲和埃及人那里借用或者复制。

贸易是腓尼基人关注的重点。起初并不需要建立海外定居地，然而他们还是逐渐地把自己安置在越来越多的殖民地或贸易站上，有时是在迈锡尼人早期开展贸易的地方。其最远的贸易站位于地中海的入海口外缘，他们在今天的加的斯（Cadiz）所在地建立了加迪尔（Gadir）。它连接地中海和大西洋的贸易，保证了银和锡的供应。结果，在地中海各处共约 25 个这样的贸易点，最早的一个建于公元前 9 世纪末期，位于塞浦路斯的基提翁（Kition，现代的拉纳卡[Larnaca]）。一些殖民地可能随着这个地区腓尼基人的商业活动而发展起来，比如西西里。

这些殖民地同样也反映了在公元前第 1 千纪初短暂的独立阶段之后出现的腓尼基城市受到突然侵扰的令人烦恼的年代。公元前 7 世纪，西顿被夷为平地，推罗国王的女儿们被掠夺成为亚述国王亚述巴尼巴（Ashurbanipal）的妻妾。因此腓尼基只剩下在地中海其他地方的一些殖民地，除此之外的势力范围极小。但这种殖民动向也反映了对希腊人在地中海西部掀起的殖民化浪潮的焦虑。这种浪潮威胁了金属的供给，特别是威胁到了不列颠的锡和西班牙的银。这能够解释一个世纪前腓尼基人建立迦太基的原因；它成为比推罗和西顿难对付得多的城市并继续建立起自己的殖民链。腓尼基人最初的发源地被夷为平地后，他们继续繁盛。

　　腓尼基人是文明世界中最重要的贩运者之一，但其他民族在无意中也扮演了这一角色：迈锡尼人通过传播他们的文化，希腊人通过搅乱爱琴海世界的族群构成。克里特人则更胜一筹，作为真正的开创者，他们不仅向已有的文化中心学习，而且在再次传播之前把学到的东西重新打造。这些民族有助于一个更加快速变化的世界的形成。一个很少被人提到的很重要的附带作用是对欧洲大陆的刺激。为了寻找矿藏，开拓者和勘探者越走越远，来到了未知的地区。在公元前第 2 千纪，已经有了关于复杂未来的最早萌芽。在迈锡尼发现的珠子项链是用波罗的海的琥珀在不列颠制作的。贸易常常缓慢发生作用，吞食孤立地区，改变各民族间的联系，把新格局强加给世界。但是我们很难把这段历史和爱琴海各族间闹成一锅粥的历史联系起来，更不用提将其与自公元前 2000 年以来亚洲大陆纷纷扰扰的历史相联系了。

　　如果我们从世界历史角度看，从克诺索斯王朝末期开始的近 800 年里，中东历史确实是非常混乱的。其实质是，为了争夺对这片古代世界最精良农业区缓慢增长的财富的控制权（前后出现的王国都不能在中东边缘沙漠和荒原地区中发现资源蕴藏，获取资源是他们四处征讨的合理目的）。可每一次征服后就再无下文。侵略者们迅速地进进出出，他们走后留下一些新部族，这些部族建立新国家来取代所推翻的王朝。这些事件总是偶然地突然降临到一些人身上，让他们遭遇到（比如）家园被烧毁、妻女被奸污、儿子被掳为奴隶——或没那么惨痛，他们发现新的总督打算征收更高的税额。这些急剧的变化总是让他们难以消化并接受。

　　在大陆，游荡民族在一定的区域内迁移，该区域有建立已久的政府和人口中心，有强大持久的政治结构，有许多专门的行政管理阶层，有宗教和知识。这就部分地解释了为什么新进入的民族对这一地区已有成就的破坏要比在爱琴海地区少。另一种保护力量是，这一地区的大多数蛮族已经和文明发生了接触，因此他们想要的不是摧毁文明，而是享受文明的成果。这两种力量最终推动文明向更远的地方传播，并创造了一个越来越巨大和混杂的、世界主义的，但又是文明而互相连接的中东。

这里文明的历史开始得很早，有些地方可以追溯到公元前第 2 千纪初年赫梯人来到小亚细亚时。他们是中东迎来的新种族，印欧人，来自欧亚大陆中部西侧的大草原，有着独特的语言和文化。他们远不是原始蛮族，他们有自己的一套法律体系，并从巴比伦人教授的知识中吸取了很多。在亚洲，他们事实上享有对铁的垄断地位，这不仅因为他们的农业有很重要的地位，更在于他们凭借着对要塞和双轮战车的控制，占据了军事优势，给埃及和美索不达米亚以重创。公元前 1590 年前后推翻巴比伦似乎是第一赫梯"帝国"发展到顶峰的标志。接着就是一段消退和黑暗时期。

然而在公元前 14 世纪上半叶，赫梯又出现了权力的复兴。第二次更辉煌的时代展现了一种赫梯霸权，它在很短一段时间内从地中海沿岸延伸到波斯湾。它统治了除埃及以外的整个肥沃新月地带；并且当迈锡尼处于无休止的战争时，它成功地迎接了甚至是强大军事国家的挑战。但和其他帝国一样，大约一个世纪之后它衰落了，于公元前 1200 年左右走向终结。赫梯势力的最后消失和埃及人记载的"海上民族"的进攻，两个事件发生的时间离得很近，有些人认为这太过明显不可能仅仅是巧合。赫梯人的征服者是来自色雷斯地区一个被称为弗里吉亚（Phrygians）的民族。这是另一个此后将大大影响希腊文化的印欧民族。

"海上民族"是这个时代民族大迁徙运动的又一个表现。有了铁器装备，从公元前 12 世纪初起，他们开始入侵地中海盆地、劫掠叙利亚和黎凡特的城市。这些海上民族中的一些人可能是曾经从迈锡尼城市迁出，首先到了多德卡尼斯群岛（Dodecanese），然后又去了塞浦路斯的"避难者"。他们中的一支非利士人（Philistines）于公元前1175年定居在迦南，人们仍以源自其的现代名字来纪念他们，即巴勒斯坦。但埃及人是海上民族的主要受害者。就像2 000年后的北欧海盗们一样，来自海上的入侵者和劫掠者们一次次地冲入这片三角洲地区，不会因为偶然失败而灰心，甚至一度从法老手中夺取该地区的统治权。埃及处于巨大压力之下，于公元前11世纪早期分裂为两个国家，并且彼此之间存在着争斗。海上民族并不是埃及唯一的敌人。在某个时期，利比亚的舰队好像突袭了这一三角洲地区，尽管后来它撤走了。在南部，努比亚边界还没出现问题，但是到了公元前1000年左右，苏丹出现了一个独立的王国，它后来成为一个麻烦。就像对迈锡尼时代的希腊人那样，蛮族入侵的浪潮推翻了中东的旧制度。

至此，在这些事件起伏中我们对历史已经足够深入，以致很清楚地表明我们已经进入了一个对平铺直叙来说既太过复杂又太过模糊的时代。值得庆幸的是，在混乱中很快出现了两条线索：一条线索是旧主题的延续，即持续不断的美索不达米亚传统将要进入最后的阶段；另一条线索相当新，它开始于一个我们无法确定发生时间，只是从几个世纪后传说中略知一二的事件。这一事件可能发生在埃及人受到海上民族影响的某个时期。无论它何时发生、如何发生，当一个埃及人称其为希伯来人，世界后来称之为犹太人的民族从埃及民族中分离出来时，世界历史面临着一个转折。

对许多民族来说，基督教创立之前的很多世纪里，人类历史是犹太人的历史以及由他们所描述的其他民族的历史。这些都记录在犹太民族神圣的经典《旧约》中，后来由于基督教传教士的推动和印刷术的发明而在世界范围内以多种语言传播。他们是第一个得出上帝的抽象概念并且禁止使用具体形象来代表上帝的民族。没有一个民族曾从如此细微的起源和资源中产生出更大的历史影响。事实上，这些起源是那么微不足道，以至于关于犹太人我们仍然所知不甚详尽。

犹太人起源于阿拉伯的游牧民族——闪米特民族中，其史前和历史时期的趋势就是进入离发源地最近的肥沃新月地带当中最肥沃的土地。他们最早值得关注的历史阶段是氏族时期，当时的传统体现在《圣经》有关亚伯拉罕、以撒和雅各的记载中。要否认这些强大的、传说中的人物的原型确实存在，看来没有什么好的理由。如果他们真的存在，那么他们大约生活在公元前1800年左右，其历史是乌尔王国结束之后混乱时期的一部分。《圣经》上称亚伯拉罕从乌尔来到迦南，这貌似非常可信，和我们所知道的此后400年中阿摩利人和其他部落的散布并不矛盾。在那些被认为是亚伯拉罕的后裔中，一部分最后演变成"希伯来人"；该词原意为"流浪者"，在公元前14世纪或公元前13世纪的埃及记录和碑刻中才出现，此时距他们最早定居在迦南已过去很久。

正是在迦南，亚伯拉罕的人民第一次在《圣经》中凸显出来。他们被描写成牧人，以部落形式组织在一起，因水源和草场而与邻居和亲属发生争执；由于干旱和饥饿的压力，仍然容易受到中东的影响。我们被告知，可能在公元前17世纪早期，他们中的一支南下进入埃及，在《圣经》中是作为雅各家族出现。正如《旧约》中所揭示的历史，我们知道雅各的大儿子约瑟在法老的官吏中很受器重。关于这一点，我们可能要寄希望于埃及记录的帮助。记录表明这发生在喜克索人占优势的时期，因为只有在纷纷扰扰的动荡乱世之中，一个外族人才有可能不同寻常地在埃及官僚体系中获得显赫地位。或许就是这样，但没有证据来证明或反驳它。

如果不是因为1000至3000年之后发生的事，《旧约》当中没有什么显得非常重要，当然除了专业学者外也不能吸引任何人。然而整个世界的命运都受到了基督教文明和伊斯兰教文明的影响，这两种文明都根植于同一种宗教传统。它属于一个人数极少、不太容易辨别出的闪米特族群。几个世纪以来，美索不达米亚和埃及大帝国的统治者们几乎都不能从许多类似的流浪者中辨别出这个族群。但这些事件的发生都是因为，不论具体情形如何，希伯来人最终形成了一种独特的宗教观念。

在整个古代中东世界都能看到使一神教的观点更有吸引力的力量发挥着作用。巴比伦第一帝国之后，在对巨大动荡和该地区经常肆虐的疾病的思考之后，地方诸神的力量似乎受到了怀疑。埃赫那吞的宗教改革和马尔杜克崇拜的壮大，都被看作是对这种挑战的回应。但只有希伯来人和那些与他们有共同信仰的民族才能把这个进程深入推进，在公元前7世纪之前的某个时间，超越多神教和地方主义，达到一种一致而坚定的一神教。改善的第一步，是形成这样一种观念：以色列民族（对雅各后裔的称呼）将只忠于他们的部落神，善妒的耶和华。耶和华与他的人民立下约定，要带他们返回应许之地迦南。这是耶和华带着亚伯拉罕出乌尔去往的地方，至今它仍是种族斗争的焦点。立约之说是一个伟大的创举。以色列民族得到保证，只要依约行事，就能得偿所愿。这和美索不达米亚或埃及的宗教氛围十分不同。

随着以色列宗教的发展，耶和华开始被看作是超越凡尘的神灵。一首赞美诗中这样唱道："主在他的圣殿里，主的宝座在天上。"他创造了万物，但又独立于自己的造物，是一个普遍的存在。"我往那里去躲避你的灵？我往那里逃躲避你的面？"赞美诗中这样唱诵。耶和华的创造力也是让犹太传统有别于美索不达米亚传统的因素。对以色列人来说，他就如同后来基督教信条中描述的那样："万物的创造者，万物由他而创生。"此外，他按照自己的形象创造了人，作为自己的同伴，而不是奴隶；人类是他创造力的巅峰和最佳表现。这种造物能够区分好坏，如同耶和华本体。最后，人类住进了按照耶和华的本质设立的道德世界里。他就是公正本身；人类制定的律法或许能或许不能反映他的意志，但他才是正确与正义最终的界定者。

尽管《圣经》的记载不能全部引为信史，但它应该被尊奉为有关犹太人大部分历史的唯一证据。其中有许多内容能够与其他地方所知道或推测的联系起来。只有当希伯来人到达迦南后，考古学才对历史学家产生帮助。《圣经·约书亚记》中有关征服的历史与公元前13世纪迦南遭摧毁的痕迹相符合。我们知道迦南人的文化和宗教也与《圣经》中有关希伯来人与当地的教派活动及普遍的多神教进行斗争的记载相一致。巴勒斯坦在整个公元前12世纪就处在两种宗教传统和两个民族的冲突中。显然这再次说明了埃及统治的瓦解，因为若是埃及王权统治仍然有效的话，这个关键地区不可能被弃之不顾，任由区区几个闪米特族群争来争去。现在看来似乎希伯来人获得了其他游牧民族的支持，而检验同盟的标准就是对耶和华的忠诚程度。尽管部族间相互争吵，但他们在争端解决后继续信奉耶和华，而且一段时间里这曾是他们唯一团结的力量，因为以色列只有部落这一种政治结构。

希伯来王权统治在公元前1000年前后出现。随之出现的还有另外一种制度，即先知的特殊地位。因为正是先知撒母耳（Samuel）为第一位国王扫罗（Saul）和他的继承者大卫行了膏礼（并以此举授予他们王位）。扫罗统治时，《圣经》告诉我们以色列没有铁制武器，因为非利士人关心的是不能因为允许他们使用铁器而影响自身的统治地位。无论如何，犹太人还是从他们的敌人那里学会了使用铁器；希伯来单词"小刀"和"头盔"都有非利士语的词根。犁头还不存在，如果有的话，它们可能会被打制成剑。扫罗的事业由大卫完成了。在《旧约》涉及的所有人物中，大卫的优点和缺点都刻画细致，显得特别生动可信。虽然没有考古学的证据证明他的存在，但他仍是世界文学中的伟大人物，是两千年中的国王之典范。

不过，大卫的儿子兼继承者所罗门才是第一个取得主要国际地位的以色列国王。他以战车武装军队，发动了对以东人（Edomites）的远征，并与腓尼基人结成同盟建立海军。征服和繁荣随之而来。

> 所罗门统管诸国，从大河到非利士地，直到埃及的边界……所罗门在世的日子，从但到别是巴的犹太人和以色列人，都在自己的葡萄树下和无花果树下安然居住。
>
> （《圣经·列王纪上》4：21，25）

所罗门王利用了当强权衰退时，适用于弱者开拓的可能性。以色列在所罗门统治下的成功是古老帝国衰败的进一步证明，它可以与叙利亚和黎凡特如今已被人们遗忘的民族的继承者所取得的成就相匹敌。《旧约》记载的众多籍籍无名的斗争中描述了由这些人组成的政治世界的情形。

希伯来人的部族信仰成功地抵制了早期农人们信仰的丰产仪式和多神教带来的玷污危险，而希伯来人正定居于迦南的这些农人中间。因此以色列最终被后人所纪念不是因为国王们的伟大功绩，而是先知们倡导的道德标准。他们在宗教和道德间建立了联系，这不仅控制了犹太教，还影响了基督教和伊斯兰教。先知们把耶和华教派发展成对万能上帝的信仰；这个上帝是公平仁慈的，对罪恶严厉惩罚，但愿意接受悔改的犯罪者。这是中东宗教文化的高潮，也是宗教信仰能从地方和部族中分离出来的时刻。先知们也严厉打击社会的不公正行为。阿摩司（Amos）、以赛亚（Isaiah）和耶利米（Jeremiah）在特权僧侣等级出现后也这么做，他们谴责直接面对人民的宗教官员的傲慢。他们宣称在上帝面前人人平等，国王们不能只做他们愿意做的事情。他们宣布了一种是既定的事实，独立于世俗权力之外的道德准则。

　　亚述人于公元前 722 年消灭了以色列，在大规模的流放中大多数希伯来部落从历史中消失。犹大王国存活得最久。它的国土较为紧凑，而且也没有处在大国相争的必经道路上，它一直存在到公元前 587 年巴比伦军队摧毁耶路撒冷城墙和神殿之时。然后，犹大王国的人民也遭到了驱逐，他们中许多人都被带往巴比伦，经历伟大的流亡期。这个时期是如此重要，如此具有塑形意义，因此要在这之后，我们才能探讨何谓真正的"犹太人"——他们继承并传播着一种仍然鲜活，仍然切实可循的传统。大帝国又一次在美索不达米亚建立了他们的统治，并给了其文明最后的辉煌。有利于犹太国家出现的环境消失了，对犹太人来说，幸运的是犹太教派确保了环境消失并不意味着民族身份的消亡。

　　从汉谟拉比时代起，美索不达米亚河谷的民族就受到迁移民族恶意地压榨。长期以来，相对危险的是赫梯人和米坦尼人，但其他民族也时不时统治过亚述和巴比伦。当赫梯人也瓦解时，古老的美索不达米亚长期没有出现军事霸主。一群称为阿拉姆人（Aramaean）的充满干劲的闪米特部落，他们是从沙漠向肥沃土地扩张的古老传统的追随者，构成潦倒的亚述国王们棘手而易怒的邻居，一直持续了 200 年左右的时间，和美国存在的时间差不多。虽然这些闪米特民族之一被称为迦勒底人，然而最终它的名字有点误解地给了巴比伦人。在这段历史中没有太多可以铭记的，除了那些进一步证明古代世界政治结构脆弱性的证据。

　　只有当公元前 9 世纪美索不达米亚恢复时，帝国的形状才开始在混乱的事件中重新出现。然后，《旧约》告诉我们，亚述的军队再次不停地进击叙利亚和犹太国家，经历一些成功的反抗之后，亚述人一次次地重来，最后成了征服者。这是中东历史上一个新的、重要的、令人不快阶段的开始，一个新的亚述帝国正在形成。公元前 8 世纪它发展到了巅峰期，位于底格里斯河上游的首都尼尼微取代了古代亚述的中心，和巴比伦时一样成为美索不达米亚历史的焦点。在某种意义上，同其他大帝国相比，亚述帝国是一个整体。它不是建立在使别的国王成为附庸和创造附庸国基础上的，相反，它扫除了各国的统治者并设置了亚述人的统治。它也常常清除当地的人民。它的一个特殊手段就是大规模地放逐，以色列的 10 个部落是人们印象最深的受害者。

亚述的扩张因不断的、决定性的胜利而推进。最大的胜利发生在公元前 729 年，巴比伦被灭。不久以后，亚述的军队又摧毁了以色列。埃及也受到入侵，埃及法老的势力局限在上埃及，三角洲地区被抢占了。此时，塞浦路斯屈服了，西里西亚（Cilicia）和叙利亚则被征服了。最后在公元前 646 年，亚述发动了最后一次征服，占领了埃兰（Elam）的部分土地，其国王则拖着征服者的战车穿过尼尼微的街道。这些结果对整个中东来说具有重大意义。统一的政府和法律体系遍布了整个地区。征募的军队和放逐的人口在其范围内移动，削弱了地方主义。阿拉姆语（Aramaic）作为一种通用语言被广泛传播。亚述时代以后，新的世界主义成为可能。

亚述人强大权力的形成，记录在公认的、威严的纪念物上。萨尔贡二世（Sargon，公元前 721—前 705 年）在尼尼微附近的豪尔萨巴德（Khorsabad）建筑了占地半平方英里，装饰着一英里多浮雕的宏伟宫殿。征服而来的财产为建造一个富裕而豪华的宫殿筹措了资金。亚述巴尼拔（Ashurbanipal，公元前 668—前 626 年）也留下了他的纪念物（包括从底比斯运到尼尼微的方尖碑），但他是一个喜欢学问和古迹的人，他最好的遗物是为其图书馆编制的大量泥板，汇集了所有能发现的有关古代美索不达米亚的记录和文学作品，其中一些留存至今。我们许多关于美索不达米亚的文学知识都要归功于这些文本，包含从苏美尔人那里翻译过来的《吉尔伽美什》史诗的完整版本。因此，推动这一文明的思想最终可以从文学作品以及其他来源中去理解。亚述国王经常以猎人形象出现，这可能是勇敢的国王形象的一部分；但也可能是这样一种意识的某种体现：刻意将国王与遥远的苏美尔时代那些征服自然的英雄人物加以等同。

记载亚述国王伟大业绩的石头浮雕，同样单调地重复着另一个关于劫掠、奴役、围困、酷刑和最后以大规模放逐来解决问题的传说。亚述帝国有其进行征服和威胁的残酷基础，这可能是由当时所建立的最好军队做到的。军队由征召入伍的男性组成，装备铁制武器，还有用来攻击当时坚不可摧的城墙的攻城炮，甚至还有部分重装骑兵。这支军队综合协调了当时所有的武器装备，或许其中也包含了特殊的宗教热情。传说中，当他们出战时，可以看到亚述的神灵在军队上空盘旋并向国王报告战胜无信仰者的消息。

亚述帝国很快达到极盛，然后就衰退了。亚述国王们过度消耗了原本就不足的亚述人力，这属于英国现代历史学家保罗·肯尼迪所称的"帝国过度扩张"的第一批例子。亚述巴尼拔死后的那一年，帝国走向瓦解，最早的迹象就是巴比伦的起义。反叛者们得到迦勒底人的支持。一个强大的新邻居米底（Medes）王国即今天伊朗的主体民族也支持这次起义。米底人作为历史舞台上一支主要力量的出现标志着一次重大转折；很久以来，他们总受到干扰，要对付来自北方另一个蛮族斯基泰人入侵的浪潮。斯基泰人从高加索（与此同时又沿黑海海岸到了欧洲）涌入伊朗。他们是轻骑兵，在马背上以弓作战。于是，世界历史中的一股新生力量，来自中亚的游牧民族第一次直接大规模涌入西亚。当斯基泰人和米底人加入之后，亚述人陷入绝境，并给了巴比伦人又一次独立。公元前 612 年，亚述人因为米底人洗劫了尼尼微而退出历史舞台。

这次意外事件，使巴比伦国王尼布甲尼撒（Nebuchadnezzar）有机会给美索不达米亚文明创造了最后的辉煌。他建立了最后一个巴比伦帝国，给后人的印象也最为深刻：它的边界沿着苏伊士、红海到叙利亚的美索不达米亚和古埃兰王国（当时由被称为阿契美尼德王朝的伊朗王朝所控制）。即使不考虑尼布甲尼撒的其他成就，他也将被记载为在犹太人起义之后于公元前587年摧毁了耶路撒冷，并把犹太人囚禁起来的伟大征服者。就像对待别的俘虏那样，他利用犹太人进行装饰都城的工作，他的"空中花园"被认为是世界七大奇迹之一。今天能在柏林佩加蒙博物馆里欣赏到的伊什塔尔大门，就能让我们一瞥其壮丽辉煌。他是当时最伟大的国王，可能也是到他为止历史上最伟大的国王。

帝国的荣耀开始集中在对马尔杜克的崇拜上。这一崇拜正处于顶峰时期。在每年举行的隆重的新年庆典上，所有美索不达米亚的神（地方神殿中的偶像和雕像）顺着大河和运河而下，到首都的神庙中听取马尔杜克的意见，并承认其至高无上的地位。他们排成长四分之三英里的队伍（我们被告知，这可能是古代最华丽的队伍）或从离神庙较近的幼发拉底河登岸，然后与一尊巨型神像合为一队。根据希罗多德两个世纪后的记载，这座雕像是用2.25吨黄金塑造的。毫无疑问，他夸大其词了。但毋需质疑这是壮观的。然后，以这座神庙为中心的整个世界的命运受到诸神的摆布，并决定了另一年的命运。因此，神学反映了现实的政治。"创世记"之剧的重新上演是对马尔杜克永恒权力的认可，而且这也是对巴比伦绝对君主制的一种承认：保证世界秩序的责任委派给了巴比伦，因此政权也落到了巴比伦手里。

马尔杜克崇拜是美索不达米亚传统最后的辉煌，并很快结束了。在尼布甲尼撒后继者统治下，越来越多的行省被侵占。此后，公元前

539 年，发生了由阿契美尼德率领的来自东方的新征服者波斯人的入侵。从举世瞩目的壮观宏伟到崩溃，过程是突然发生的。《但以理书》用一个动人的结束场景——伯沙撒（Belshazzar）的盛宴来概括说："当晚，"我们读到，"迦勒底王伯沙撒被杀。玛代人大流士取了迦勒底国。"（《但以理书》5：30—31）不幸的是，这段记载是 300 年后写的，事实并非如此。与《但以理书》上所记载的不同，伯沙撒既不是尼布甲尼撒的儿子，也不是他的继承者，而攫取巴比伦的国王是居鲁士。不过，对犹太传统的强调具有生动的、心理上的真实性。就古代的历史要有一个转折点而言，一个源于苏美尔的独立的美索不达米亚传统结束了，我们站在了新世界的边缘，这就是全部意义。一个犹太诗人在《以赛亚书》中兴奋地对此作了总结，在书中，居鲁士作为犹太人的解放者出现：

> 迦勒底的闺女啊，你要默然静坐，进入暗中，因为你不再称为列国的祖母。

（《旧约·以赛亚书》47：5）

第 5 章　南亚文明的开端

到公元前第 3 千纪中期，印度已经有了杰出而持久的文化传统的基础，将比美索不达米亚和埃及的延续更久，并将有深远的影响。即使到现在，古代印度还通过它的文学、宗教和习俗，能直接被我们看见和感知到。大约在公元前 1000 年所建立的种姓制度的主要系统，仍被用来管理数百万人的生活。许多村庄神龛中供奉着的诸神和女神，对其的膜拜可以追溯到石器时代。

在某种程度上，不同于其他古代文明，古代印度仍然与我们同在。然而，虽然在印度生活中因循守旧的例子到处都是，但同样也包容着很多其他东西。20 世纪初的狩猎和采集者，同其他经常坐火车旅行的印度人是同时代人。印度人的生活差异巨大，从其国土辽阔和生活背景多样性来考虑，是完全可以理解的。毕竟，分布于次大陆的印度国土和欧洲面积大致相同，按照气候、地形和农作物的不同划分成了若干区域。

北方有两河流域——印度河和恒河水系。两河之间是沙漠和干燥平原。南方是大部分为森林覆盖的德干高原山区。从有文字记载的历史开始，印度种族的复杂性也已经相当突出了：学者确定有六个主要种群，说各种语言，主要是印欧语和德拉威语。许多其他种族是后来才出现的，他们也在印度次大陆和印度社会中定居。所有这一切使我们难以找到一个中心。

然而印度历史具有统一性，这一事实体现在它有巨大力量吸引并改变外来影响。这就为我们提供了一条线索，引导我们通过考古学和长期以来只是口头流传的文本，找到印度早期历史阶段零落斑驳的说明。其基点可以从另外一个事实中找到：印度由于地理原因在很大程度上同外界隔绝。虽然幅员辽阔、地域差异很大，但在16、17世纪各大洋开始开发以前，印度同外族的接触不多，尽管它经常与不可抵御的入侵进行斗争。印度北部和西北部受世界最高山脉保护，东部有热带丛林。次大陆庞大三角地带的其他两边向外延伸，进入浩瀚的印度洋。这种天然屏障不仅沟通同时也限制着印度同外界的联系，并且给印度带来特殊的气候。印度大部分地区并不位于热带地区，却依然是赤道气候。高山挡住了中亚袭来的寒风。漫长的海岸线使大洋上空滚滚而来的积雨云长驱直入，却无法进入北方山地。气候循环的规律是每年一次的季风。季风在每年最热的几个月中带来雨水，至今仍是农业经济的主要依靠。

　　虽然在进入现代社会之前，印度在某种程度上一直难以被外力侵入，但它的西北边境比起其他地区更加对外开放。从17世纪以来，俾路支（Baluchistan）地区和边境关口是印度接触其他民族最主要的地区。在文明时期，甚至印度同中国的接触最早也是通过这条弯道进行的（虽然它并不像我们所知的墨卡托［Mercator］投影地图所表现的那样蜿蜒曲折）。印度西北地区不时地遭受外族控制，这对于我们审视印度早期文明很有启发作用。我们并不十分了解印度文明是如何形成的，但我们知道苏美尔和埃及文明先于印度。阿卡德萨尔贡一世时美索不达米亚的记载中，记述了同"美路哈"（Meluhha）的交往，学者们现在认为那就是印度河流域，这个冲积平原是旅行者进入印度后遇到的第一个自然区。正是在那儿，在森林覆盖的富饶乡村，出现了印度早期文明。也是在这个时候，在更远一些的西部地区，开始出现起到历史杠杆作用的印欧语系民族大迁移。对印度文明起刺激作用的因素可能不止一个。

　　历史遗迹表明，农业进入印度晚于中东。印度农业最初可以追溯至次大陆西北角。考古证据显示，俾路支早在公元前 6000 年就驯养动物了。还有迹象表明，公元前 3000 年，这里的冲积平原上就有了定居生活，并且开始出现和其他流域文化大致相同的情况。坯轮制的陶瓷器皿和青铜器开始被发现。这些迹象表明，如同埃及和苏美尔的情况一般，农业定居逐渐集中，直到真正的文明开始出现。但是，在此之后可能有美索不达米亚的直接影响。最后，来自北方的新种群至少对正在形成的印度的未来产生了合理影响。虽然对此作出断言未免太过草率，但印度人口的复杂种族结构早就暗示了这一点。

当有关文明生活毋庸置疑的证据终于出现，其变化之显著令人吃惊。一位学者称之为文化"爆炸"。可能有过一种至关重要的技术水平：烧砖的发明（同美索不达米亚以太阳晒干的泥砖相对）。这使缺少天然石块的平原有可能控制洪水。不管用什么方式制砖，结果是出现了一个引人瞩目的、连绵 25 万平方英里的印度河流域文明，面积比美索不达米亚和埃及都大。

"哈拉帕"文明因位于印度河支流哈拉帕城（Harappa）的伟大遗址而得名，类似的遗址在摩亨佐·达罗（Mohenjo-Daro）还有一个，而其他的则正在发现过程中。这些遗址共同揭示，人类已经高度组织起来，能够周密地管理集体工作，其规模同埃及和美索不达米亚一样。城市里有大谷仓，度量衡似乎也已在广大区域内统一起来。很显然，到公元前 2600 年，一个高度发达的文化已经建立并延续了大约 600 年，几乎没有什么变化，直到在公元前第 2 千纪衰退为止。

哈拉帕和摩亨佐·达罗是印度文明的两大城市，各有人口 3 万多。这说明当地农业高度发达，能够供养这样两座城市。当时这个地区远非后来变成的干旱地区。摩亨佐·达罗和哈拉帕的城市周长约为 2 至 2.5 英里之间，建筑物统一而复杂，表现了相当高的组织管理技术。两城各有一个卫城和一个住宅区，街道的房屋都是棋盘式布局，用统一规格的砖建成。两城精心设计而有效的排水系统和房屋内部设计表明，人们对沐浴和清洁极为重视。在哈拉帕城的一些街道上，几乎每一幢房子都有一个浴室。从这里也许可以看出日后成为印度宗教永久特征的某些最初表现形式。洗澡和宗教沐浴对于印度人至今仍很重要。

这些城市的贸易范围很广，居民们过着一种比较复杂的经济生活。在摩亨佐·达罗以南 400 英里处的洛塔尔（Lothal），有一个大船坞与一条 1 英里长通往大海的运河相连，由此可以想象通过波斯湾直到美索不达米亚的对外贸易的重要性。哈拉帕各城市还有遗迹证明，专业工匠从各地获得材料，而后将他们的技术产品运往四面八方。哈拉帕文明生产棉花（我们有最早的棉布证据），足以包裹成捆的出口货物，捆包带上盖有在洛塔尔发现的印章。这些印章是有关哈拉帕文字（及其使用）的部分证据。陶器碎片上的一些铭文则补充说明了这一点，并提供了印度文字的最早遗迹。大约有 2 500 个印章留存至今，为我们提供了了解哈拉帕思想的最好线索。印章上的象形文字从右到左。印章上经常出现动物，可能代表划分的一年的 6 个季节。印章上的许多"字"尚未被释读，但现在看来至少可能是一种语言的组成部分，同印度南部现今仍在使用的达罗毗荼语很相近。

来自印度河的思想和技术在信德和旁遮普广为传播，直达古吉拉特西岸。这一过程历时数百年，而考古为我们提供的画面太过混乱，不足以展现统一的模式。在哈拉帕文明影响没有到达的恒河流域（另一个富有肥沃淤泥的可以大规模居住的地区）和东南地区，经历了不同的文化进程，但都没有留下任何（像哈拉帕文明）如此璀璨的内容。一些印度文化可能源自其他地区，有受到中国影响的迹象，但并不确凿。例如，印度恒河流域开始种植水稻，我们不知道它源自何处，一种可能是来自中国或东南亚，那里的沿海地区大约在公元前

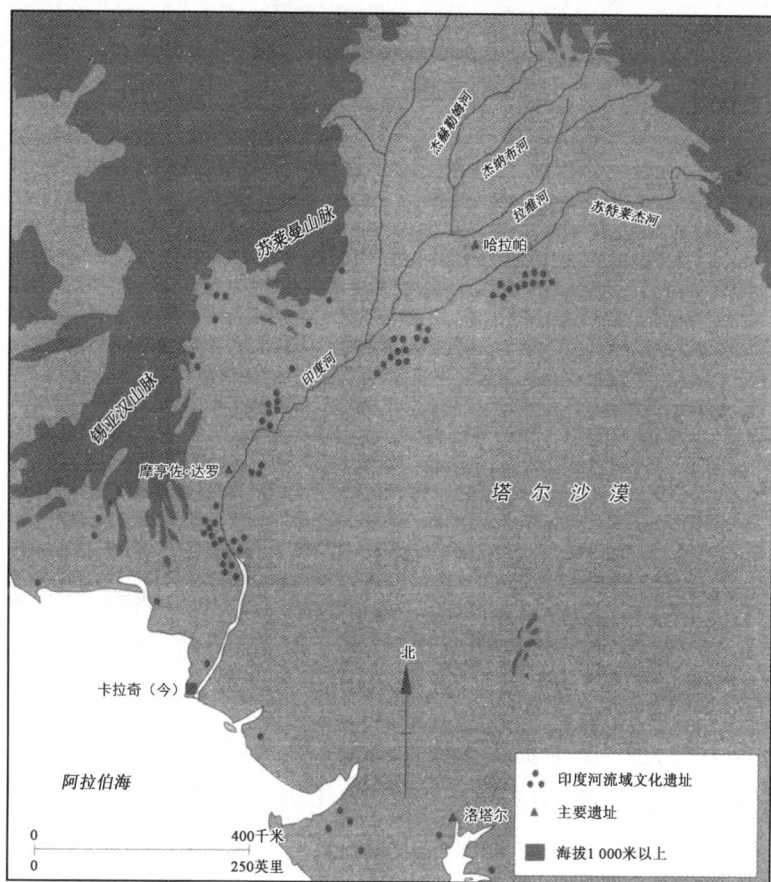

印度河谷

3000年就开始种植了。两千年后，米饭成为印度北方大部分地区的主食。

尽管它们消失的年代大致可以断定，但我们不知道印度早期文明为什么会开始衰败。一种可能是印度河洪水的破坏；另一种可能是印度那不可控制的河水改道，破坏了两岸农业微妙的平衡。为了给哈拉帕建筑所依赖的砖窑提供燃料而砍伐树木，森林遭到毁坏。但是也许还有其他因素在起作用。摩亨佐·达罗街道上发现的人类的尸骸，很可能是阵亡的将士。哈拉帕文明似乎大约于公元前1750年在印度河流域结束，这同印度历史上最富有创造力的一支侵略力量雅利安人的入侵时期相吻合。不过学者们并不赞成外族入侵破坏了印度河流域城市的看法，也许入侵者进入的是一片已经被过度开采和自然灾害破坏了的土地。

严格来说，"雅利安"像"印欧"一样，是一个语言学术语。然而，这个词被习惯地、方便地用于界定印欧人中的一个族群。雅利安人的迁徙成为推动公元前2000年以后旧世界其他地区古代历史（发展）的一股巨大动力。大约在公元前1750年的某个时候，在其他印欧人涌入伊朗的同时，雅利安人开始大量从兴都库什山脉进入印度。这只是延续数百年的移民浪潮的开端。移民越来越深入地进入印度河流域和旁遮普，最后到达恒河上游。虽然印度河流域文明崩溃了，但他们没有消灭当地土著。毫无疑问，雅利安人引发了许多暴力，因为他们是武士和游牧民，装备着青铜器武器，还有马和战车。然而雅利安人定居下来了。大量迹象表明，当地土著和他们共同生活，仍然保持着自己的信仰和习俗。诸多考古证据还表明，他们同哈拉帕人的生活方式相融合。不管融合程度如何，这是文化同化的早期例子，这种同化一直是印度社会的特征，最终形成古典印度教惊人的消化力。

很显然，雅利安人没有给印度带来哈拉帕那样先进的文化。这类似于印欧人进入爱琴海地区的情况。比如，文字消失了，直到公元前10世纪中叶才重新出现。城市也必须重建，而重新出现的城市不如印度河流域先人所建的那么精致和有序。然而，雅利安人似乎慢慢地放弃了他们的游牧习性，定居下来过起了农业生活，并将最初散乱的定居村落向东和向南扩散。这个过程历时数百年，直到铁的出现和恒河流域得到开垦才结束。铁制工具使耕作更为容易。与此同时，伴随着北方平原自然环境的开发，雅利安文化对印度历史、对印度的宗教制度和社会制度做出了两个决定性的贡献。

雅利安人奠定了日后成为印度文明核心内容的宗教基础。它围绕祭祀理念形成。通过祭祀，诸神在鸿蒙初开时的创造过程将不断被重复。火神阿耆尼（Agni）极其重要，因为人们是通过其祭火同神联系。重要而显赫的还有主持这些仪式的婆罗门祭司。诸神中最重要的是天神婆楼那（Varuna）和战神因陀罗（Indra）。前者控制自然秩序并体现公正；后者年复一年地宰杀一条龙，使得天水能再次在雨季降临人间。我们通过《黎俱吠陀》（*Rig-Veda*）了解了这一切。《黎俱吠陀》是祭祀时咏诵的一部颂歌集，收有 1 000 多篇赞美诗，最早大约在公元前 1000 年进行第一次收集，但在以后许多世纪中逐步增加。《黎俱吠陀》不仅是我们了解印度宗教史，而且是了解雅利安社会史最重要的资料之一。

《黎俱吠陀》似乎反映的是在定居印度过程中形成的雅利安文化，而不是较早时期存在的雅利安文化。《黎俱吠陀》同《荷马史诗》一样由口头流传最后形成文字，不同的是它较易用作史料，因为它表述的情况确凿得多。由于《黎俱吠陀》本身所具有的神圣性，必须以确切的形式进行记录。虽然《黎俱吠陀》直到公元 1300 年才成文，但它的初始形式几乎没有遭到破坏。《黎俱吠陀》同后来的吠陀颂歌和散文一起，成为我们了解雅利安印度的最好史料。而对雅利安印度的考古却长期难以展开，因为当时城市和寺庙用的建筑材料不如印度河流域城市所用的砖那么结实历久。

《黎俱吠陀》揭示的世界又一次使我们联想起荷马时期的世界，那是青铜器时代的野蛮人的世界。现在有一些考古工作者相信，他们能够从这些颂歌中推测出哈拉帕城市毁灭的情况。颂歌中没有提到铁，铁似乎直到公元前 1000 年以后才进入印度（关于铁究竟何时出现或来自何地，还存在着争论）。颂歌产生于印度河西岸到恒河的广袤地区，那里居住着雅利安人和黝黑皮肤的土著。这些人构成了以家庭和部落为基本单位的社会，但他们遗留下来的东西没有像后来逐渐形成的一种雅利安人社会组织模式那么持久；葡萄牙人曾把这种社会组织模式称为"种姓"（caste），我们沿用至今。

关于庞杂的种姓制度的早期历史及其意义，我们无法确凿论断。种姓规则一经成文，结构严谨，不容变化。然而，这种情况是在种姓存在数百年之后才出现的，在此以前它仍然是灵活多变而不断发展的。种姓制度的根源看来是对已确立的农业社会基本阶级划分的一种认可。武士贵族刹帝利、祭司婆罗门和普通农人吠舍，这些是人们现今观察到的雅利安社会最早的等级划分；似乎并没有明确的界限，他们之间可以相互流动。早期唯一不可逾越的似乎是非雅利安人和雅利安人之间的障碍。雅利安人用来表示印度土著居民的一个词是 dasa（达萨），后来意指"奴隶"。对非雅利安人，后来又增加了与职业相关的第四种姓，这显然是基于维护种族完整的愿望。这一种姓便是无法阅读或聆听吠陀颂歌的首陀罗，或称"贱民"。

种姓结构后来变得越来越精细。当社会变得更加复杂时产生了进一步的分级和再分级，最初的三重结构内也发生了变动。在这个结构中，婆罗门是最高等级，起着关键作用。地主和商人开始同农人区别开来，前者称作吠舍，首陀罗则成为耕种者。婚姻和饮食禁戒被编集成法典。这一过程逐渐演出了我们今天所看到的种姓制度。大量的种姓和亚种姓逐渐加入这一制度，其义务和要求最终成为印度社会的主要调节器。到了近代，出现了数千个迦提（jatis）。这是一种地方种姓，其成员只能在种姓内部通婚，只能吃同种姓人做的食物，遵守规章制度。种姓制度还往往限制某种姓的人只能从事某一行业或职业。由于这个原因（也由于传统的部落家庭和地区纽带及财产分配），直到今天，种姓制度在印度社会权力结构中的作用仍大于正式的政治机构和中央集权。

早期雅利安部落社会摒弃国王。国王后来的出现无疑是因为军事技术的缘故。一些国王渐渐获得了诸如神圣制裁之类的权力，虽然这必须始终依靠同婆罗门种姓保持良好的关系。但这并不是唯一的政治模式，并非所有雅利安人都接受这种演变。大约在公元前600年，当一些关于早期印度政治史的详细情况通过大量的传说和神话最终开始出现端倪时，有两种政治社会可以被识别出来：一种是在多丘陵的北方继续存在的非君主制社会，一种是建立在恒河流域的君主制社会。这反映了雅利安人对东部和南部数百年的持续压力。当时，和平定居和通婚似乎同武力征服起着同样大的作用。与此同时，雅利安印度的重心逐渐从旁遮普转移到恒河流域，因为雅利安文化已经被在那儿居住的各民族接纳了。

跳过吠陀王国的衰退期，让我们来做个概括，很显然，他们在印度北方形成了某种文化上的统一。公元前7世纪，恒河流域是印度人口的重要中心。这也许是那里种植水稻的缘故。印度城市的第二时期就是在那儿开始的，最先建立的城市是市场和制造中心，这可以从其集中了专业工匠判断出来。各大平原，连同大规模发展的军队和精良装备（听说使用了大象），有利于更大的政治组织的巩固。到公元前7世纪末，印度北方建立了16个王国，虽然这种情况是如何发生的，各王国彼此之间的关系又如何，我们仍难以从神话中找到答案。然而，铸币的存在和文字记载的开始，说明这些王国有可能建立了越来越稳固的政府。

王国出现的过程在一些有关印度历史最早的文献资料中有所涉及，即雅利安文化开始统治恒河流域时创作的《梵书》（*Brahmanas*，大约在公元前800—前600年）。而有关各王国及其显贵的更多资料，可以在之后的文献，尤其是印度的两部伟大史诗《罗摩衍那》和《摩诃婆罗多》中找到。它们的现存文本是约公元前 400 年到公元 400 年间不断修改的结果。据了解，它们在公元 400 年时第一次以我们今天所知的形式编纂成文，因此很难释读。随之，至今也仍难以了解背后的政治状况和行政管理的实际情况（比如以南方比哈尔［Bihar］为基础的摩羯陀王国，虽然它最终成为主导力量，成为印度历史上最早一批帝国的核心）。另一方面（可能是更重要的方面），历史证据充分表明，恒河流域已经初步定型，成为帝国的所在地，其文化优势确保它成为印度文明的中心、未来的印度斯坦。

后来的吠陀文本和丰富的雅利安文献记载，使人们极容易忘却另一半次大陆的存在。文字记载倾向于把这一时期（甚至以后）的印度历史局限为北方历史。考古学和历史学的研究成果也反映并进一步解释了把注意力集中在印度北方的原因。但这只是由于我们对古代北方的了解比南方多而已。当然，之所以这样强调同样也存在着较好的、并非偶然的理由。例如，考古证据说明，古代印度河水系和印度其他地区（可以指出的是，都以河流命名）之间存在着清晰而连续的文化差距。启蒙（如果可以这样说的话）来自北方。在南方现代的迈索尔（Mysore）附近，和哈拉帕差不多同时代的定居点，虽然有驯养牛和羊的遗迹，但没有出现使用金属的迹象。青铜器和铜器只是在雅利安人进入北方以后才开始出现。此前除了印度河水系之外，没有同时代的金属雕刻和印章，几乎没有赤陶俑。尽管在克什米尔和孟加拉东部，有充分证据表明，当地存在着与中国南方文化有密切关系的石器时代文化，但至少有一点是清楚的，那就是，无论这些印度各地的文化具有怎样的特征，又受到怎样的地理环境制约，在历史上起主导作用的首先是哈拉帕文明，而后是雅利安文明。这两种文化逐渐向孟加拉和恒河流域显示自己的影响，直至古吉拉特西岸和次大陆中部高地。这是黑暗时代的模式，当我们接触到这一时期的历史时，并没有更多的补充线索。南方遗传下来的达罗毗荼诸语言表明，这一地区长期与世隔绝。

地形学充分解释了这种隔绝现象。丛林覆盖的温迪亚山脉（Vindhya）始终把德干高原同北方分割开来。南方内部同样地势崎岖多丘陵，不利于建立北方辽阔平原上那样的大国。与此相反，由于彼此间难以接近，印度南方始终支离破碎。南方一些民族继续保持部落时代的狩猎和采集文化，其他民族则由于碰巧处于另一种地理环境中而转向海洋；但他们均截然不同于农业占主导地位的北方各帝国。

数百万人受到上述种种变化的影响。众所周知，对古代人口的估计是不可能确切的。据估计，印度人口在公元前 400 年时约为 2 500 万，大约占当时世界人口总数的四分之一。但是，印度早期历史的重要性在于它创立了一种生活模式，至今仍影响着大多数人，而不仅仅是古人。这就是以上所述的印度宗教。古典印度教形成于公元前第 1 千纪。第一个世界性宗教佛教同样形成于当时的印度，最后主导着亚洲广大地区。人们的举止是按照他们的信念而形成的。印度历史的活力在于创造了一种文化而不是创造了一个国家或一种经济。宗教是这种文化的核心。

印度宗教和哲学的结合是根深蒂固的。当今印度人崇奉的众多神祇中，最热门之一就是湿婆（Shiva），对他的膜拜融合了早期的各类生育崇拜。在摩亨佐·达罗发现的一枚印章上的图像，看上去就很像湿婆的雏形。哈拉帕文明各城市中，均发现了形状类似现代寺庙中伫立的林伽（lingam，湿婆标志性的阴茎崇拜象征）的石块。因此可以从中大致推定，对湿婆的膜拜可能是世界上现存最古老的宗教崇拜。虽然湿婆吸收了雅利安人的许多重要特征，但其出现于雅利安人入侵之前，并以具有的多面力量继续存在着，至今仍是崇拜对象。湿婆并非远古印度文明的唯一幸存者。其他哈拉帕印章也可以使人联想到一个以大母神和公牛为中心的宗教世界。公牛流传至今，即在信奉印度教的印度各地无数村庄神龛中供奉的难底（Nandi，其在 20 世纪又焕发出新的活力，化身为国大党的大选标识）。

毗湿奴（Vishnu）是现代印度公众礼拜的另一个中心，其在很大程度上是雅利安人的神灵。同数百个地方神和女神一起，毗湿奴仍是今日印度寺庙供奉的众神之一，受人膜拜。然而，对毗湿奴的膜拜并不是雅利安人对印度教做过贡献的唯一或最好证据。不管古代哈拉帕（甚至哈拉帕之前）留下了什么，印度教主要的哲学和思想传统源自作为雅利安人遗产的吠陀宗教。在当今世界，梵文是宗教学习要用到的语言，它超出了种族划分。无论是在说达罗毗荼语的南方，还是北方，梵文都为婆罗门（僧侣）广泛使用。梵文是伟大的文化黏合剂，它所表述的宗教也是如此。吠陀颂歌为一个比原始的泛灵论更加抽象、更具有哲学内涵的宗教思想体系提供了核心内容。雅利安人与地狱和天堂相对应的观念是"泥土之屋"和"父辈之地"，由此逐渐演化成这样一种信念：人世间的行动决定人的命运。一种博大的、包容一切的思想架构渐渐出现，这是一种世界观，认为万物都联系在一个巨大的生命网中。在这个巨网中，灵魂可以在不同生命体之间转换，变成更高或更低等的生命体，例如，在种姓之间或甚至在人类世界和动物世界之间转换。这种关于从生命到生命转换的思想，其形式由正当的行为决定；它同涤罪和重生思想，同信奉可从瞬息、偶然而充满表象的世界中解脱，以及同信奉梵天中关于灵魂和绝对生命的最终认同的创造原则，都有联系。信徒的责任是遵守达摩（Dharma）——一个事实上没法翻译的概念。但这种观念体现了西方有关公正的自然法则的某些思想，体现了人们尊敬和恪守其地位和所应有的责任的思想。

这些发展经历了很长时间。原始吠陀传统开始进入古典印度教的过程是模糊而复杂的。处于早期进化中心的是婆罗门（僧侣）。婆罗门长期控制着宗教思想，因为他们是吠陀宗教祭祀仪式上的关键角色。婆罗门阶层似乎运用宗教权力以强调自己的威严和特权。杀害一个婆罗门很快就成了最大罪行，甚至连国王也不能以自己的权力同他们抗争。然而，他们似乎很早就接纳了一个更古老世界的诸神。据推测，可能正是因为早先非雅利安人宗教崇拜的祭司渗透进了婆罗门阶层，这才保证了湿婆的膜拜保存下去并不断普及。

神圣的《奥义书》大约在公元前700年就编纂成文，标志着印度文明向着更具哲学性宗教的方向又进展了重要的一步。《奥义书》由大约250条祈祷句、颂诗、箴言以及圣人有关传统宗教真理内在含义的见解编纂而成。《奥义书》不像早先的文本那么强调人格化的神和女神，但同样包括一些最古老的苦行教谕；这些教谕后来成为印度宗教的一个显著特点，尽管能做到的只有一小部分人。《奥义书》满足了一部分人的要求，他们想从传统结构以外找到宗教满足感。似乎有人对祭祀原则产生了怀疑，新的思维模式在有文字记载的历史时期开始时就已经出现。而对传统信念的不确定后来在《黎俱吠陀》的颂歌中也有所表述。在这里提及这些发展情况是恰当的，因为离开雅利安人和前雅利安人的历史就无法理解这些发展。古典印度后来体现了诸多思想的综合，如《奥义书》中说明宇宙一元观的种种思想，以及婆罗门所代表的信奉多神的公众传统。

抽象思辨和苦行往往得到了抛弃物质欲望而转向虔诚修炼和敛心默祷的修道生活的支持。这种修炼出现于吠陀时期。一些修道士投身苦行实践，其他人则竭力思辨。我们现在拥有的资料证明，当时存在以彻底的决定论和唯物论为基础的智识体系。耆那教是一种非常成功的教派，它不要求信奉诸神，表达了与婆罗门教形式主义的对立。耆那教在公元前6世纪由一位导师所创，主要宣扬尊重动物生命，这与农业和畜牧业格格不入。所以耆那教徒往往是商人，耆那教社团成为现代印度最富有的社团之一。但显然最重要的创新体系是佛陀的说教。佛陀之名"Buddha"可译作"觉者"或"悟者"。

普遍认为佛陀如同其他宗教创始人一样，出生于恒河平原北部边缘地区的一个国家，在那里，他处出现的正统的君主政治模式并不存在。此时正值公元前6世纪初期。乔达摩·悉达多不是婆罗门，而是武士阶级的一个王子。他在舒适、高贵的环境中长大后，感到对自己的生活不满意而离家出走。他首先求助的是苦行主义。7年的苦行生活证明他误入歧途，于是他开始转向布道和说教。反思导致他提出一种苦行的、道德的教义，其目标是通过达到较高的意识状态以摆脱苦难。这同《奥义书》的说教有相似之处。

在佛教中起着重要作用的瑜伽，后来成为印度哲学中的"六度"（Six Systems）之一。"System"一词含义很多，但在这里大致可以翻译成"方法"或"技术"。这种哲学力图通过禅思，在完全、完美地控制人体之后得道。这种控制据认为是要揭示人性幻觉，这就像上帝所创造的世界中的其他一切事物一样，仅仅是流——是事件的流逝——而非本质。这个"度"同样已经在《奥义书》中得到概述，后来成为印度宗教留给欧洲游客最深刻的印象之一。佛陀教导门徒要以这样的方式摆脱七情六欲，使得灵魂可以无碍地进入涅槃的有福境界，脱离无穷尽的生命轮回和转化。这种教义要求人们不要有所为，而要有所成——以便达到无为境界。要做到这一点，方法是奉行完善道德和精神的"八正道"。所有这一切意味着一场伦理大革命和人道大革命。

佛陀显然具有高超的修炼和组织才能，再加上他无可非议的个人品德，很快成为一位广受欢迎、成功的大师。他对婆罗门教采取回避而不是反对的态度，这必然使他的道路更为畅通。佛教僧侣群体的出现为佛陀的事业提供了一种在他死后依然存在的制度背景。他也对那些不满传统做法的人，尤其是妇女和低种姓的人具有影响力，因为在他看来种姓是无关紧要的。最后，佛教是不崇尚仪式的、单纯的和无神的。佛教不久便增添了内容。对此有人会说是一种理论的混合。与各大宗教一样，佛教吸收了先前存在的信仰和做法，其结果使佛教得到广泛的传播。

然而，佛教并没有取代婆罗门教。大约有两个世纪，佛教仅局限于恒河流域相当小的范围内。公元 1 世纪后不久，印度教最后成为胜利者，而佛教则衰退成为印度少数人的宗教。但佛教后来成为亚洲传播最广的宗教，在世界历史上具有举足轻重的影响。佛教成为历史上第一种传播到诞生地社会之外的世界性宗教，因为更为古老的以色列传统要等到公元 1 世纪后才成为世界性宗教。在印度，在伊斯兰教形成之前，佛教一直是重要的宗教。因此，佛陀教谕的传扬，标志着印度历史上一个公认的时代，值得我们以此来为历史分野断代。直到佛陀出现之时，至今仍活力无穷、依然保持强大的同化能力的印度文明才以其最本原的方式完整地表现出来。这是一个非常重要的事实，它将把印度同世界其他地区区分开来。

早期印度文明的许多成就依然是无形资产。有一尊在摩亨佐·达罗出土的漂亮舞女的著名雕像保存至今，但在佛陀时代之前，古代印度并没有产生美索不达米亚、埃及或米诺斯克里特那样的伟大艺术，更不要说他们伟大的纪念建筑了。印度的技术成就并不突出。虽然比其他文明晚多少很难准确说明，文字也产生得较晚。然而，印度早期历史的诸多不确定性掩盖不了一个事实：印度的社会制度和宗教延续的时间比人类思想的其他伟大创造都更加持久。即使我们对以下观点加以猜测也显得鲁莽：这些伟大创造物通过所宣扬的观点，几个世纪以来以纯粹或非纯粹的形式传播开来，产生了怎样的影响？对此，只有消极的教条主义才是稳妥的。一套如此包罗万象的世界观，种种对个人如此淡漠的制度，对无情的生命轮回如此确信的哲学，在对善恶责任的任何归咎上又如此缺乏，这样只能产生一种迥然有别于闪米特文明传统所培育的历史。而这些观点大部分是在公元前 1000 年之前形成并固定下来的。

第6章 古代中国

　　中国历史最令人惊异之处在于它如此源远流长。中华民族使用汉语已经长达3500余年。尽管其间有分裂和骚乱，但政府至少在名义上作为唯一的管理机构一统天下。中国文明绵绵不绝，只有古埃及文明可与之相媲美，这种连续性是中国历史认同的关键。中国首先是成为一个文化单元，深刻吸引了周边邻居。印度历史表明文化可以比政府更重要，而中国历史却是以不同方式说明了同样的道理。在中国，文化使统一的政府管理变得容易。中国某些恒久制度和观念在很早时候就已形成，由于其适应环境所以能够很持久。某些制度和观念甚至超越了20世纪的革命。

　　我们必须从国土本身开始说起。乍一看来，中国的地域并不利于国家统一。中国地域辽阔，比美国还要大，现在拥有的人口是美国人口的4倍多。保卫北方边境的长城由蜿蜒2500至3000英里的防御工事组成，断断续续建了超过1700年。从北京到几乎位于其正南方的广州，直线距离约为1200英里。这个幅员辽阔的国家拥有多种气候和多个温度带，总之，北方和南方差别很大。夏季，北方炎热干燥，南方则湿润多洪水；冬季，北方荒芜多风沙，南方则总是郁郁葱葱。中国早期历史的一大主题是传播文明，有时通过人口迁徙，有时通过从北至南的传播。征服和政治统一的趋势与传播文明这一方向趋同。同时，来自外部，即蒙古和中亚的潮流对北方文明不断地刺激和浇灌。

　　高山和河流将中国内陆切割开来，三条大河流域大致从西向东穿越。从北往南，分别是黄河、长江和珠江。令人惊讶的是，一个如此广袤、如此割裂的国家，居然完成了统一。然而，中国也是与世隔绝的，这个国家从更新世开始就自成一体。中国大部分地区多山，除了最南端和东北部，中国边界顺山脉和高原走向延伸。长江源头，如湄公河源头一样，都发源于西藏北部高耸的昆仑山脉。这些高原边界是隔离的大屏障，高原山脉所形成的弧线只是在黄河从内蒙古向南流入中原处才断裂掉。也正是在黄河的两岸，开始了中国文明的故事。

黄河绕鄂尔多斯沙漠而行，另一个山脉把它同戈壁荒原隔开，呈漏斗形流向中国北方。人群和土壤顺着黄河移动；北风铺就了黄河流域肥沃而易于耕种的黄土地，使黄河流域成为中国最早的农业基地。这个地区曾经森林覆盖，灌溉条件良好，但是，在一次继原始社会大变迁之后而来的气候变化中，变得寒冷而且更为干燥。当然对于中国史前历史而言，还有着比一条大河流域更大的背景。"北京人"，一种直立人，据考证大约在60万年前就使用火了。三大流域都有类似尼安德特人的遗迹。从这些先驱者到新石器时代早期继承人的各种依稀可辨的文化遗迹，把我们引向一个已经分裂成两个文化区域的中国，而黄河是它们的交汇处和混合处。要解开当时已经察觉到的文化连接的纠缠状况是不可能的。但当时并没有出现朝着统一或统一文化平稳发展的趋势。从这一多变的背景产生出稳固的农业，游牧民和定居者在中国共存，直至今日。在公元前1000年的不久前，中国北方还在猎取犀牛和大象。

和世界其他地区一样，农业的诞生意味着一场革命。早在公元前9000年后不久，它就已经在长江与黄河间的小部分区域发生了。在远为广阔的区域，他们开采植被给自己提供衣着和食物，但这还是一个有待继续深入研究的课题。公元前8千纪以前，水稻已经在长江流域种植。在地面刚刚高于黄河洪水水平面的地区，大约同一时间也开始出现农业（可能是种植小米）的迹象。同远古埃及情况相近的是，中国最早的农业似乎是消耗型或半消耗型的。土地被开垦使用了若干年后变得贫瘠，然后就归还自然，而耕种者的注意力也转向其他地区。从被称为"华北核心区"的农业中可以看出，后来农业是从这里传播到了东北地区和南方地区。不久这一地区出现了复合的文化，把农业同玉雕、木雕、养蚕以及后来成为传统形式的礼器制作，甚至同筷子的使用结合起来。换句话说，后来在有史时期的中国许多传统特点，在新石器时代就已经在这里形成了。

中国的文字至少在 3 200 年前就已经成熟，它是中国文明的坚实根基。与美索不达米亚的楔形文字和埃及的象形文字一样，中国的文字最开始也是因形表意，但不久它也有了表音的成分。然而在各大文明中独树一帜的是，中国的书面文字始终是表意文字，而没有采用表音的字母。"人"字（中国北方念"ren"），从中国文字出现至今，基本没有发生什么变化。虽然形式上明显是象形文字，但它指代了"人"，因此也就能根据其意义和发音，和其他字组合成词组。早在公元前第 2 千纪，中国的书面文字就已经成为一个灵活而复杂的体系，并在相当长的历史时段里，在东亚的大部分地方得到使用。中文最初用于占卜和象征宗族，但不久就成为行政和文学语言。对精英阶层而言，中文书面语界定着中国的文化，而对广大民众来说——超越中国历朝历代的边界——掌握它才意味着掌握文明的精髓。

在这个阶段我们还能发现宗族结构和图腾的出现，其表征就是宗族或家庭内部相应的行为规则。以这种形式出现的亲属关系，几乎可以说是首个在各历史时段都至关重要的体制。陶器提供的证据也表明社会角色上有了新的复杂分化。中国中北部的多个遗址都出土了可追溯到大约公元前 9000 年的陶器碎片。这些陶器已经是由黏土盘筑而成，有独特的装饰，再入火烧至坚固。而且还有证据表明，这些器具已经有了区分：有日用的粗陶，和用于仪式场合的精细陶器。有些陶器明显不适合在日常的食物制作和储存中磕磕碰碰；似乎早在我们进入有史时期之前，社会分层就已经出现。

这个阶段出现了未来中国的一个重要标志：小米的广泛食用。小米是一种很适合在干旱的北方地区种植的谷物，后来成为中国北方人的基本主食，直到将近 1000 年前都是如此。小米维系着中国古代社会，在某个时候出现了文字，出现了建立在难度很大但先进技术之上的伟大的青铜器铸造艺术，能够制作世界上最精美的陶器。最重要的是，出现了一个有序的政治和社会制度，构成中国历史第一个主要阶段的特征。但是，我们必须再次记住，使这一切成为可能的农业，在很长一段时期内局限在中国北方，这个泱泱大国的许多其他地方直到有史时期以后才开始进行耕作。

近期的考古发掘显示，从公元前 3000 年开始，中国已经出现一系列人口中心，甚至出现在远离中东部河谷的地方。从（今日）西部的四川到南部的湖南，以及北部的辽东，都有独立发展并开始逐渐彼此交流的聚落出现。我们能够发现诸如龙之类的象征，以及玉器等特定物品的使用，是如何在中国全境扩展的。尽管中国早期历史中关键的政治体制，是出现在北方的大河流域核心区域，但毋庸置疑的是，在其他地方发展起来的众多文化因素也进入了中国文化之中，有助于形成中国多层次的意义体系。集中关注这些文化和要素之间的交流传递，可能会比试图将中国的政治实体回溯到夏朝更为有用。据说这个朝代的统治时期在公元前第 3 千纪晚期。无论夏朝存在与否，拥有数千居民的热闹城镇早在大型政治实体创建之前就已经存在，这在考古学上已经确证无疑。

要全面追溯远古历史是极其困难的，但加以概述则是有把握的。普遍认同的看法是，中国文明史始于一个史称商的朝代统治时期。商是第一个具有独立证据表明它属于传统王朝年表的名称。这一王朝年

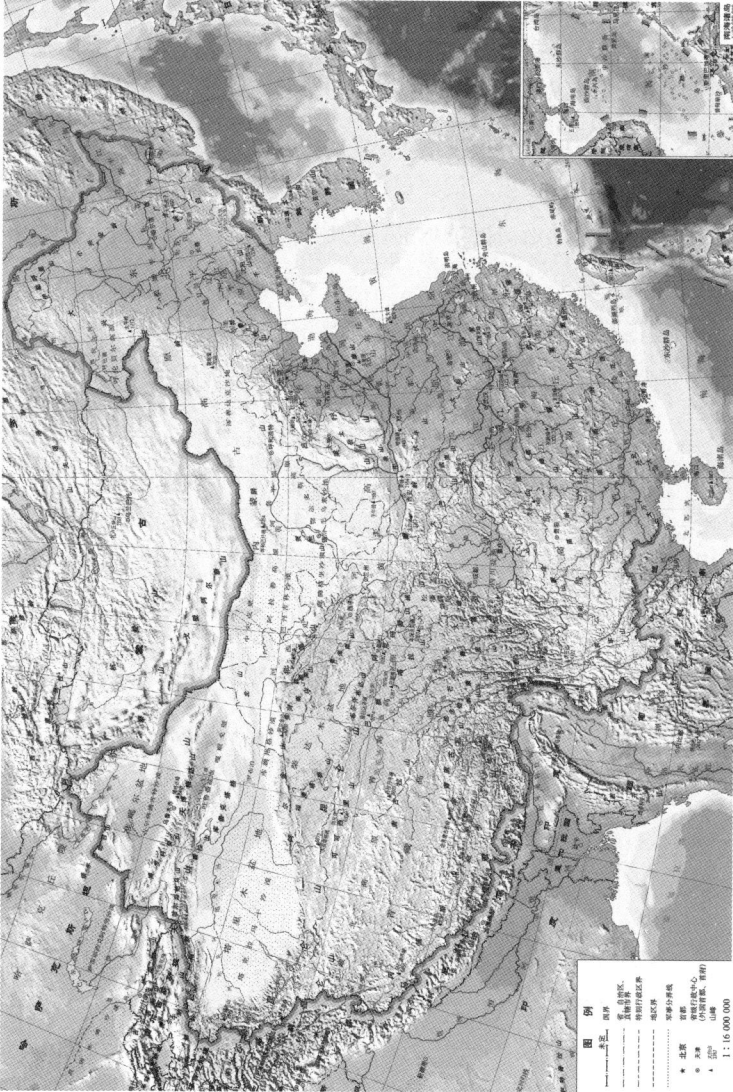

中国地形

表在相当长的时间里一直是中国编年史的基础。从公元前 8 世纪后期开始，我们有了更准确的日期；但我们仍没有像比如埃及那样确切的中国早期历史年表。比较肯定的是，大约在公元前 1700 年（允许有前后 100 年的误差幅度），一个称作商的部落，凭借双轮战车的军事优势，凌驾于黄河流域广大地区诸邻国之上。最后，商的领地大约占了河南北方 4 万平方英里，仅比现代英国小一些。正如来自遥远的中国南方、新疆和东北沿海的证据显示的那样，商文化的影响大大超出周边地区。

　　商朝国王死后的生活同生前的生活状况是一样的，奴隶和殉葬的人们被一起埋葬在既深邃又奢侈的陵墓中。商王宫廷中有档案保管员和文书，这是美索不达米亚以东第一个真正有文字的文化。这也是区别商文明和商王朝影响范围的理由之一。商文化势力的影响大大超出了其政治范畴。商朝领地的政治安排似乎依靠的是拥有土地与对国王的义务的结合；关键人物是作为武士的土地所有者，他们是拥有半神话化起源的贵族世系中的主要成员。然而，商王朝相当先进，足以使用文士，并且有标准化的货币。商王朝的鼎盛表现在有能力动员大量劳工建造防御工事和城市。

　　商朝在其他领域也贡献巨大，但我们不能确定，这些进步是商开创的，还是仅仅从其他中国族群那里引入的。它发展出了相当精确的历法，成为一直延续到今天的中国农历的基础。商朝的宗教以至高神"帝"为核心，在朝代后期则仅称其为"天"。它确立了敬天或敬祖先的仪式，并制作了用于这种场合的大型青铜器皿。它把劳动力高度组织起来，能够完成包括集体开垦新土地这样的工程。但最主要的是它发明了以帝王为核心的君主集权统治，他被称为"一人"，统领所有军事力量，四方均要向他朝贡。商崇尚武力扩张，但也会因为先进的文化和技术能力而吸引人们主动归顺。

我们今天知道，与商同时代，在其统治区域之外还有很多独立的社群，甚至在远离商朝核心区域的西部四川也有。它们大多数都处在北方的大河流域，其中一些很可能已经达到了与商同等的发展程度，只是规模可能更小，组织能力也可能更弱。将中国的中心设想为一个逐渐聚合的单元可能比较恰当，既通过武力征服也通过文化传播或移民，整个过程开始于公元前第 2 千纪中期的某个时间，并一直持续到我们当代。当然，过程之复杂难以描述，中国的面积有消有涨，这个中心的强大程度及其统一程度也潮起潮落。但从文化意义上来说，这个扩展过程是坚定的：独特但又彼此相连的各个文化逐渐聚合，然后又将周边区域整合进来，然后再超出原来的核心区域，直到众多人都感觉自己共享着同一种文化和同一份遗产。要让这一切得以发生，共享的文化因素必须要足够有吸引力，而且要得到有能力的强者的推崇。

在公元前 11 世纪取代商的主导政权，通称为周。它最初只是一个向商王进贡的较小诸侯国，但根据中国传统记载，因为面临无理的要求而被迫与更强的商对抗。商周易代，为中国的朝代循环设定了一种模式：正义的统治者受命于天，创立了一个伟大的王朝，但之后却衰退堕落，由恶人统治。这个政权于是就遭到新的正义统治者的挑战，并被推翻，天命已经转到新的正义者一方。由于前朝的历史往往是由取代它的朝代写就的，不难想见这种循环模式是怎么创立起来的。如今我们知道的关于周取代商的故事是，两国军队于公元前 1045 年在河南中部的牧野打了一场大战。周大胜，可能是由于运用了先进的战车，当时的一份文献这样写道："牧野洋洋，檀车煌煌，驷騵彭彭。"[1]周人可能秉承了天命——这是他们发展出来的概念——但先

---

① 《诗经·大雅·大明》。——译者注

进的战争技术肯定也帮了他们大忙。

周朝诸王创立的国家，在此后很长一段时期内都成为中国王朝制度的典范。尽管当时还存在其他一些诸侯国，它们既服膺于周的权威，又想要合力与周抗争，但这个新的王朝还是成了中国统治制度的典范。这一方面是因为周的延续时间如此长（直到公元前 3 世纪才算彻底灭亡），另一方面也是因为它设定了新的效率和公正的标准。周在其都城统治了 275 年，它叫丰镐，也就是后来的长安（今天的西安），使其成为中国历代定都之处近 2 000 年。在统治的第一个阶段，周就已经扩张到了中国东部沿海地带，创立了这里此前从未有过的一个广大国度。

周公，他是自己侄子——第一位周王——的摄政①，在王"受命于天"的基础上创立了中国理想的官僚制政府。为了长治久安，君王应当公正地统治，为举国谋福利。国之官员应当勤学德行，表现出足够的治理能力。为了训练官员，关于伦理与治国之道的经典著作因此写就。周朝很重视创建一套正常运转的贤人领导体制，也非常关注书面记录，因此就连低等官吏的任命也有一式三份的记录（这也是我们会对他们了解如此之多的一个原因）。周人还逐步把商代的礼仪改为更大规模的国家仪式，以此来彰显统治者的合法性，以及他与民众及祖先们的关联。这种意识形态得到了后世王朝的采纳和沿用。

树立合法统治的榜样以扩大影响力的观念，也是周代诸王开创的。尽管这个王朝也扩张了领土（至少在公元前 771 年之前），但它在中国文明形成中最主要的作用，还是确立了一个文明开化的统治模

---

① 原文如此，有误，周公旦辅佐的是周武王姬发的儿子周成王，成王是第二位周王。——译者注

式。后世有评论称："先王们不辞辛劳地宣扬德化，由此让远人主动来朝。万国皆带来礼品，四方领袖皆至，如同近亲。"[①] 周朝影响力的扩展既依靠武力征服，又依靠他们建立文化威望的能力，而这种威望将远远比他们的政治优势更加持久深远。

周的权威体现在了它的艺术作品中，这些都是古代中国如今最常见也最让人惊叹的遗存。商朝和周朝的建筑已经没有多少留存下来，它们的建筑大多为木制，墓葬也没有揭示出太多的东西。另一方面，对城市的发掘揭示出它们建造大型工程的能力。周的一个都城的城墙由夯土筑成，高30英尺，厚40英尺。更小的物件能保留下来的就多得多，它们揭示出，中国文明早在商代时就已经能够制作精细工艺品，尤其体现在其陶瓷当中——这在古代世界是无可匹敌的。在它们背后是一个能一直回溯到新石器时代的传统。不过，商代最值得提及的还是那一系列伟大的青铜器，始于商代之初，此后一直不间断地产出。制作献祭用的容器、罐子、酒器、武器和三足鼎的工艺，早在公元前1600年就达到了巅峰。有些学者还认为，创造出新的典范作品的脱蜡法，在商代也已被知晓。青铜铸造工艺那么突然地出现，又取得了如此高的成就，以至于人们总是尝试从外来技术输入的角度来加以解释。但迄今并没有证据支持这种观点，更有可能的是，中国的金属熔铸方法是本土演化出来的，来源于新石器时代后期的数个技术中心。

这些青铜器在早期都没有外流，至少目前没有发现在公元前第1千纪中期以前的传播证据。也没有在外部世界发现太多更早期的其他物件，是引起过中国工匠关注的，比如将石头和异常坚硬的玉，雕刻

---

① 此句出处不明，或为《尚书·周书·梓材》："先王既勤用明德，怀为夹，庶邦享作，兄弟方来。"——编辑注

出美丽而精致的图案。除了从野蛮的游牧邻人那里吸取的一些东西外，中国似乎直到完全进入有史时期，都极少有什么自外习得的东西，情况似乎是，但又无法解释，（她所了解的）外部世界总是想从她那里学到很多。

周代从政治统治意义上来讲，到公元前 770 年就结束了，但这个朝代还继续作为东周存在了一段时间，不过这仅是个尊称，在政治上越来越无足重轻。周的都城丰镐为蛮族军队所毁。一直延续到公元前 5 世纪 80 年代的春秋时期，逐步出现了诸侯国体系，其中有些国家是由从未臣服于周的统治，但现已接受周的统治体系和仪式的人群所建立的。居于这个诸侯国体系中心的是周的继任政体，自称"中国"（意为中央之国），这就是"中国"之名的由来。这些国家的贤人们以宣扬先周统治体系为己任。尽管它们的军事实力并不强，但精英们还是主张，在各个国度推行正道是一种共同的责任。这样一来，与其说这些贤人让各自的国家在周边获得了更大的影响力，不如说他们在一个动荡的时代中，高扬了一个具有持久意义的概念，这就是文化中国。

西周灭亡后，在长达 500 多年的时间里，中国域内各诸侯国必须要学习竞争求生，但某种形式的统一观念还是留存了下来，至少在一段时期内，总是会出现诸侯大会，和某位实力强于他国的霸主。这些出现于公元前 500 年前后的松散国家联盟，显然是出于避免战争的愿望，因为它们视这些战争为兄弟之争。虽然武装冲突还是会不时发生，某种意义上的平衡态势已经扩展到了中国的其他区域，在至少 200 年的时间里，有助于维持和平时间长于战乱时间的局面。最令人惊讶的是，虽然各个地方四分五裂，但经济和文化进步还是遍地开花、四处传扬，其广度和深度都远超过去。

公元前第 1 千纪中期，中国的农业生产力有了长足的发展，很快就能养活更为庞大的人口。主要的技术突破出现在灌溉与平整土地方面，从而带来更多产出。沟通交流也变得频繁，贸易也在增长，各国所做的控制贸易的举措只是说说而已，出于各国发展的需要，它们都愿意保护经商。铸币技术的发明也有助于经济的一体化——币种虽然很多，但它们都能在中国的核心区域内有效流通，因为谁都不想随意让金属贬值。东周的这种均势局面在好长一段时间里似乎运转良好。但到公元前5世纪时，随着外围的强国影响力增强，彼此角力，中心显然已经没办法再这样持续下去，西周的遗产显然不足以再支撑起稳定的态势。

到春秋末期，中国出现了绵长而深重的社会和政治危机。一股探究政府统治基础和伦理的思潮应运而生。这个时期后来以"百家争鸣"著称，四方游走的学者们到处寻找支持者，希望自己的主张得到采纳。其中一派名为"法家"。他们主张，立法应该代替礼仪，成为国家的组织原则，君王之下，人人在法律面前平等，最终创建一个富有而强大的国家。在他们的反对者看来，这些主张不过是激进的权谋之术，但在接下来的数百年间，法家取得了重大胜利，因为至少各国君主还是很欣赏他们的主张。但争论还是持续了很长一段时间。法家的主要反对者，就是中国思想家中最著名的那位——孔子的追随者们。孔子在中国受尊崇的程度无人能及。他的言论——或据传属于他的言论——在2000年里塑造了这个国家的民众的思维。

孔子名为孔丘，公元前551年出生在小国鲁国（位于今天的山东）。他幼年丧父，由母亲抚养长大，接受了士人的教育。他的家族中出了很多大学者和官员，孔子自己也曾当过一些小官。他四处讲学，宣扬自己的思想，却找不到一位统治者愿意真正采纳实施，于是他转向研究和讲学。他希望能够探寻到周礼中核心的信条，重新确立统治阶层的个人操守和公正无私。他是一位寻求改革的保守派，希望向学生们传递被现实的繁文缛节掩盖和庸俗化的上古之"道"的真理。他认为，在上古曾经存在一个神话般的时代，那时人人知其位，尽其责。孔子的道德追求就是恢复那种状况。他提倡有序，各归其位，各司其职。而在现实情境中就是强调能确保家庭、层级、长幼等秩序的各种机制，以及相应的相互责任和义务。

这样的教义所培养出的人，很可能尊重传统文化，强调良好行为与正当举止的价值观念，并希望通过尽忠职守来实现自己的道德责任。这种教育立即取得了成效，孔子的很多学生都功成名就（尽管他在教义中并不提倡追求这些目标，而是敦促要像绅士一样谦恭自守）。不过他还在更为根本的意义层面上取得了成功，因为此后一代代的中国士大夫，始终孜孜不倦地追求着他所立下的行为规范和执政规范。人们认为"文、行、忠、信"的"四教"是孔子提倡的施政指引，帮助塑造了千百年来一批可靠，有时无私甚至仁慈的文职官员。

孔子这番复古的教义中，每个人自我的修身责任是要旨。但人们还需要规范自己的外在行为，才能遵从先人设立的规范。与后来的《圣经》一样，孔子也相信推己及人的原则非常重要，他说："己所不欲，勿施于人。"他相信，研究历史是完善道德和治国之术的关键。他强调忠是首要的美德，同样重要的还有宽恕，即使是对自己的敌人。如果不敢于反对不正当的秩序，就有可能导致国家的灭亡。孔子这样说道："君子不忧不惧。"

孔子的著作后来被尊奉为圣典。他的名字给任何与他相关的事物带来极大声誉。据说他把一些著作汇编成集，后人统称作"十三经"，直到公元13世纪才最后定型。如同《圣经·旧约》，十三经汇集了各种旧诗、编年史、早期国家文献、道德说教和一部史称《周易》的古代宇宙演化学。但在很多世纪里，十三经中据认为已经得到孔子认可的戒律，被统一和创造性地用来塑造中国历代文职官员和统治者（同

《圣经》的使用情况如出一辙，至少在新教国家中是这样，令人惊讶）。根据传统说法，十三经是孔子编的因而具有权威性，因此其中一定包含吸收了孔子学说的文献。十三经同时也随之大大强化了中文的使用，因为这些著作是用中国知识分子的通用语言写成的。文集是另外一条纽带，它以一种共同的文化把一个庞大而多样的国家牵引到一起。

令人惊讶的是，孔子在有生之年（他于公元前 479 年过世）对于超自然力量几乎没有涉及；从这个词的普遍意义上讲，他不是一个"宗教"大师（这可能说明了为什么其他大师在民众中获得更大成功）。孔子实质上关心的是现实责任，这是他同公元前 5 或前 4 世纪的其他一些中国大师共同强调的一点。这可能是由于当时这种文化印记就已深深烙下，中国思想受现实实际痛苦的不确定性，或个人超越实际可能性的困扰，要少于其他更纠缠于这些问题的传统。过去的教训、前人的智慧以及良好秩序的维护，远比思索神秘莫测的神学问题或在隐秘的诸神环抱中寻求保证更重要。

孔子虽然影响很大，但不是中国知识分子传统的唯一创建者。在某种程度上，中国知识分子的生活基调也许不能归因于任何个人的学说，而是和其他东方哲学共同创建的。它强调的是思辨和反省的方式，而不是欧洲人更熟悉的有条理、质疑的方式。通过思想上有系统地质询有关自身力量的性质和范畴所反映的知识，并没有成为中国哲学家的一种典型行动。这并不意味着他们喜欢超俗和幻想，因为孔子的儒家学说强调的是实践。与犹太教、基督教和伊斯兰教的道德圣贤不同的是，中国圣贤们总是倾向于探索现世，他们探索的是实际问题和世俗问题，而不是神学和玄学。

孔子去世后不久，中国历史进入战国时代，大致是从公元前 480 年前后，到公元前 221 年。这段时期的很多特征，恰恰是孔圣人所反对的。围绕衰弱的周朝建立的诸侯国秩序已经崩溃，分裂的时代带来连绵的战乱。最为强大的几个国家不断征战，进而形成了一种新的国家类型，以最大限度支持作战为要旨。伴随军事化而来的是一系列军事技术革新：弯弓①和铁矛比之前所有武器都有威力；大型步兵方阵可以在阵地战时用于强攻；骑兵训练有素，盔甲也更加精良；攻城战术得到发展，对城市甚至整个国家造成很大破坏。这一时期最有代表性的著作不是出自哪位大哲学家之手，而是一本军事著作《孙子兵法》，作者为孙子，其生平还有诸多疑点。

孙子的军事策略包括对内，务求齐心；对外，兵不厌诈。《孙子兵法》称：

> 兵者，诡道也。故能而示之不能，用而示之不用，近而示之远，远而示之近。利而诱之，乱而取之……

孙子还推荐将发动战争所必需的手段加以集中管理。贵族应交税给中央，且要随时愿意跟随君王上阵杀敌。随着时间的推移，战争装备变得昂贵，只有贵族才负担得起这些更为优良的武器、盔甲和马匹。武士们以战车为平台射箭杀敌，到战争尾声时才下车，持青铜武器徒步厮杀。在公元前的最后几百年里，作战方式继续发展为由两三名披戴盔甲的武士同六七十名随员组成一队，还配有一辆战车，车上载有供不时之需的重装盔甲以及弯弓、铁矛和剑等新式武器。在这种作战体系中，与之前一样，贵族仍然是关键。

与春秋时代一样，战国时期也不仅仅有分裂、冲突和毁灭。这还

---

① 原文为 convex bow，疑为弩或反曲弓，但反曲弓在商代甚至更早就已出现。战国时期得到很大发展的是复合弓。——编辑注

是一个名城宫殿、伟大艺术、科学和医学进步的时代。中国的青铜和陶瓷艺术进一步发展，精细的漆器、纺织和丝绸工艺也在兴起。最近在中国中南部江西省的发现表明，此时贵族所穿的丝绸衣服，其染工和织工令人惊叹，远远超出之前的时代。墓中壁画人物呈现自然主义风格，并体现出在建筑、绘画方面的巨大成就。到公元前 200 年时，中国的艺术形成了一些特定的风格，并将持续近千年。

中医的首次大突破也出现在这个看似冲突不断、政治秩序崩溃的时代。《黄帝内经》是现存最早的中医理论著作，在公元前 100 年间根据早期文本编纂而成，概述了对多种疾病的诊断和治疗方法。它是一本详细的医学纲要，指出了天、地、人三者间的恰当关系，概论了解剖学和病理学，以及如何才能正确地做出诊断，开出药方。更为重要的是，这些文本已经大体上脱离了之前的巫术理论和实践，代之以观察和经实证有效的草药和治疗方法。针灸疗法大致也是在这一时期进入中医疗法库的，并在此后长盛不衰。

天文学是另一个在这一时期迅速发展的领域。石申和其他一些天文学家绘制了详细的星图，并观察了太阳黑子及其变动。彗星和行星都已被发现并得到记录。简易版的指南针也已经开始使用。这些发现大多是为了帮助制定更为精确的历法，用于航海，以及正确处理国家内部及国家间的关系。中国的天文学家们相信，人间的不公正和过失，会反映在星象的变动上，尽管天空本身是个独立的被观察对象，但它又与地面上人们的生活息息相关。日食或地震标志着国运转衰，但它们也让科学家们获得了观察天体现象或地动现象的客观机会。对平民来说，这样的观察毫无用处，比起天象预示了什么，他们更加关心的是土地的产出。

中国庞大的农民群体支撑起了中国所有的文明成果和国家威权成果。我们对这些芸芸众生的生活知之甚少，甚至可能少于其他古代文明底层的那些劳碌众生。这是有现实原因的：中国农民的生活不断交替，冬天住在自己的土坯小屋里，夏天住在田间窝棚，累月看护自己的庄稼。两者都没有留下什么痕迹。而余下的生活，则是在社群中默默无闻，面朝黄土，偶尔离开去承担徭役，或者为领主作战和狩猎。文学与历史书写都只为强权阶层存在——学者和官员，贵族和君王。

到战国末期，中国社会变得更加复杂，但平民与贵族之间的分隔仍然很明显。这带来了重要的影响，比如对平民实施的刑罚如肉刑等不施于贵族。后世士绅可免受平民需要遭受的杖刑，就是这种规定的遗存（不过，如果罪责严重的话，他们也必须接受恰当的严厉惩罚）。贵族阶层还长期在事实上垄断着财富，这比他们之前对金属武器的垄断更为长久。不过，这些都不是关键的区分，贵族最重要的是通过垄断某些仪式，拥有了独特的宗教地位。只有贵族才可以参与祭祀，而这是中国人家庭观念的核心。只有贵族才属于某个家族，这意味着他有明确的祖先。敬拜祖先、求助先灵早在商代以前就存在，但那时候没有多少先人被认为可以进入神灵世界。或许只有最为重要的人的魂灵才有可能。最可能的当然是统治者们，毕竟他们声称自己本就是神灵的后裔。

家族是作为宗族的合法改进形式和分支而产生的，周代是其分类塑形过程中最为重要的阶段。当时大约有 100 个贵族宗族，每个宗族内部禁止通婚。它们都被认为是某位英雄或神灵的后代。宗族的男性首领对成员可行使特定的权威，并有资格主持宗族仪式，从而影响神灵介入，调动控制着宇宙运行的力量来为本宗族谋福利。这些仪式活动是用来确认人们有权拥有土地或担任官职。宗族在这个层面上提供了一种机会上的民主制：任何一名成员都可以受命担任仪式中的最高职位，因为他们本质上都是神灵般的人物的后裔，因此具有相应的资格。从这种层面上来看，君主只是头号显贵（primus inter pares），即显贵中最突出的一位而已。

　　家族吸收了大量的宗教含义与精神力量，其相关仪式一般都繁复而冗长。平民百姓无法参与进来，于是通过延续对自然神灵的崇拜来寻找宗教慰藉。精英们也会关注对山川河流的祭祀，从很早开始这就是王室的一项重要职责，但这对中国思想核心部分的发展的影响，要比对其他宗教中类似观念的影响更小。

　　宗教对政治统治具有相当大的影响力。各最高统治家族有权让众人顺服的核心力量，就是他们在宗教上的优势地位。通过操持仪式，他们，也只有他们才能得到不可见力量的青睐。这些力量意欲何为，能够通过占卜来获知。这些信息得到解读后，社群的农业生活就能得到有序安排，因为正是它们规定了播种或丰收的时间。因此，君主的宗教作用得到高度关注，它正是国家的重中之重。周取代商既是军事意义上的，同时也是宗教意义上的，就反映了这一点。当时引入了这样一种观念，即在王朝的先祖神灵之上，还存在一位更具超越性的神，合法统治的权柄天命正是他所授予的。而现在，据称他已经宣布，统治权要转给其他人。这样一种历史循环论的观点，不可避免地会引起人们的思考，到底凭借什么征兆才能辨识出新的统治权柄交到了谁手上。人心向背是一方面，这是一种不言自明的保守判断原则。但周代的文人们还说到了另一个概念，用英语没法非常恰当地翻译，这就是德（virtue）。显然，它的内涵是不太确定的，必然会引起异议和争论。

　　在商代，国家的很多重大决策，还有很多没那么重要的决策，都是通过听取神谕来做出的。具体的做法是，在龟壳或某些动物的肩胛骨上刻字，然后用一根青铜针钻凿，再灼烧，使另一面产生裂纹。细致观察裂纹的走向、长度跟文字之间的关联后，筮人就能对商王解读出神谕。对历史学家们来说，这种活动意义重大，因为这些兽骨上的神谕很多保存下来了，成为历史记录。它们为我们提供了中国语言文字的基石的证据，因为这些甲骨（以及一些青铜器）上的文字，正是中国古典时代的文字。商代大概有 5 000 个这种文字，不过我们并没有全部解读出来。

在千百年里，书写始终是精英阶层的特权，禁忌森严，平民只可远观艳羡。神谕的解读者，即所谓的筮人，其实就是此后士大夫阶层的先声。他们是不可或缺的专家，掌握着书写和解密的技能。他们的垄断地位在之后的岁月里传给了更为庞大的士大夫阶层。而文字就始终成为相对较小的精英群体的交流形式。这种特权不仅体现在独占，而且也体现在他们共同保护文字免遭腐蚀和变异。这种垄断是一股强大的统一和稳定力量，因为中文的书面语成了官方统治和文化传承的语言，超越了方言、宗教和地区的区分。在战国时期，精英对这种书面语的使用，将四分五裂的国家维系在了一起。

公元前 3 世纪，正当这个国家将要踏入一种新的政治组织形式——帝国的门槛之时，未来中国历史的若干决定因素已经大致成形。当时，影响着主要社会体制运转的社会变迁信号越来越明显，变化随之而来。这并不令人惊讶。中国长期以来始终是一个农业国家，变迁往往是由人口增长对资源造成压力而引发的。铁的广泛使用大概始于公元前 500 年，正是这种压力导致的结果。中国很早就开始用铸造工艺来制造工具。目前发现的用于制造镰刀头的铁模具，时间可追溯到公元前 4 或前 5 世纪。因此，中国在处理新金属方面的技术很早就很先进了。中国几乎是在学会如何锻铁的同一时期，就掌握如何铸铁的，可能是通过对青铜冶炼技术的发展，也可能是通过在烧制陶瓷的熔炉中做实验，因为炉中可以产生高温。具体的发现步骤如何并不重要，重要的是，世界其他地方实现铸铁所需的高温环境，还要等上 1 900多年。

这个分裂时期的另一个重要变化是城市的发展。城市往往位于靠近河道的平原上，但最早的城市，可能是在领主将寺庙用作自己领地的行政中心时逐渐成形的。由于人群逐渐向这里聚集，献给大众膜拜的神灵的新寺庙也在这里建起来。后来，在周朝后期，一种新的政府规模开始出现。我们发现了大规模的墙堡和城墙，贵族和宫廷的专有场所，以及巨型建筑物的遗址。至周朝后期，都城成周（靠近今天河南省洛阳市）周围的长方形土墙每边长约 2 英里。

至公元前 300 年，已经出现众多的城市，城市的流行意味着社会越来越多元。许多城市划分为三大区域：贵族住的小区域，有一技之长的手艺人和商人居住的较大区域，以及城墙外用于供养城市的土地。商人阶层的出现是另外一个重要发展。地主也许对他们不屑一顾，但将珍贵的贝壳作为货币来使用，表明了经济生活中新的复杂性和专门从事商业的人的出现。商人和手艺人的住处，与贵族的住处由围绕后者的土墙和墙堡隔开，但前两者也同样处于城墙里面。这表明了对于防御的日益需要。战国时期的城市商业街上，不仅有出售珠宝、古董、食物和服装的商店，而且也有酒店、赌场和妓院。

公元第 1 千纪晚期的特点是，围绕统治权得到承认的标准，意见混淆，怀疑日益增多。争夺中国的诸侯们要想生存，就不得不精心组织更有效的政府和武装力量，因此他们往往欢迎准备抛弃传统的革新者。这同样也适用于各种同儒家思想相竞争的体系，它们也在逐渐演化，以满足中国人的需要。公元前 5 世纪，思想家墨子的学说就是其中之一。墨子倡导的是一种博爱的积极信条，认为人们要像热爱自己的亲属一样热爱他人。墨子的一些门徒强调他学说中的这一面。另一些人则强调一种宗教热情，鼓励人们崇拜神灵，因而对民众更具吸引力。另一位大师老子（虽然他的盛名掩盖了我们实际上对他一无所知的事实），被认为是后来称作道教的哲学体系的主要文献的作者。道教显然是儒学的更大竞争者，因为它主要断然摒弃儒学坚持的许多东西，例如尊重既定秩序、礼制，恪守传统礼仪和仪式。

道教主张归顺中国思想中一种现有的、为孔子所熟悉的观念——"道"。道是一种普遍存在并维系着和谐有序世界的宇宙原则。道教原则的实际结果可能是政治的淡泊和清心寡欲。道教实践者追求的理想是，一个村庄因为早晨听到鸡鸣，知道其他村庄的存在，但不应对他们产生进一步的兴趣，不应同他们经商，不应同他们建立使彼此结合的政治秩序。这样一种朴素而贫困的理想化境界，同儒学所推崇的帝国和繁荣是完全对立的。

中国哲学的所有派别都要重视儒家思想，因为其威望和影响是如此巨大。随后一个圣贤是公元前 4 世纪教导人们寻求人类幸福的孟子。他认为，遵循建立在这项原则基础上的道德准则，将会确保人类的善良本性。进一步而言，如果一个统治者遵循儒家原则，就将统治全中国。最后，儒学同佛教（战国后期还未进入中国）、道教一起，习惯上被称作中国文化基础的"三大学说"。

这些观念的总体影响难以估量，但肯定是巨大的。我们很难说有多少人直接受这些学说的影响。就儒学而言，它影响最大的时期乃是孔子去世后的遥远未来。然而，儒学对于指导中国精英的重要性是巨大的。儒学为中国领导人和统治者制定了标准和理想，直到今天仍难以消除。此外，儒学的一些戒律，例如孝道，通过故事和传统的艺术主题渗透进大众文化。这样，儒学进一步巩固了文明，这种文明的许多显著特征在公元前 3 世纪就已牢牢确立。的确，儒家学说在中国统治者中强调注重过去，导致对中国史学的特别偏爱，它同样可能对科学探索产生了破坏作用。历史证据表明，提供预报月食的天文观测传统在公元前 5 世纪以后逐渐衰退了。一些学者把儒学的影响看作是解释这一现象的部分原因。中国各大伦理学派引人注目之处在于，中国文明几乎所有范畴都和欧洲的传统范畴不同，甚至不同于我们所了解的其他任何文明的范畴。中国文明的唯一性，不仅表现在相对与世隔绝，还表现在它的活力。

两股强大的力量相叠加，缔造出了中国。第一股力量是黄河流域文化的持续向外散播。中国文明最初只是未开化大海中的几个小小岛屿。但到公元前500年时，这个文明已经为几十甚至几百个"邦国"共同拥有。这些国度散布在北方、长江流域以及四川的东部。中国文明还缓慢地开始向中南部地区扩展，也就是今天的湖南省、江西省北部以及浙江省。战国时期的大国之一楚国，就是在中南部地区逐渐壮大起来的。楚国尽管主要归功于周王朝的影响，但具有自己独有的众多语言、文字、艺术和宗教特征。到战国时代终结之时，我们已经来到了这样一个关口，中国历史的舞台即将大大扩展。

在商周两代始终持续的第二个基本过程是，众多将一直持续到近代的标志性体制的建立。其中就包括中国社会的一种基本区分：地主贵族和平民。随着第一批中华帝国的出现，中国的国家形态将发生巨大变化，尽管如此，这种区分还是留存了下来，一同留存的还有大家族模式，这与之后的罗马帝国和中世纪欧洲不无类似。随着秦朝建立，公元前2世纪出现了中国历史上超越巨大政治分裂的"正统"意识形态。此时，意识形态、社会组织和文化因素都已就绪，共同缔造了中国——一个民族，一块地域，以及域内所有人共有的一种归属感。

第 7 章 古代其他地区

到目前为止，本书几乎还没有提及世界其他几大区域。虽然非洲在人类进化历史和传播中居于领先地位，并且人们进入美洲和大洋洲也值得注意，然而但凡提到那些遥远的故事，我们对历史起源的注意力总是集中于其他地区。主导人类文明历史创造性文化的故乡是中东、爱琴海地区、印度和中国。公元前 1 千纪的某些时候，这些地区的文明节奏出现了意味深长的中断。这些中断并没有明显的分界线，但大致是同步的，这使得我们能够合理地划分该地区的历史进程。但就我们还未谈及的其他广大地区而言，这个历史年表并没有完全将历史发展展现出来。

这主要是因为这些地区还没有达到公元前 1000 年地中海和亚洲文明所达到的水平。西欧和美洲当时已取得显著的成就，然而在进行适当性评价时，就复杂性和文献而言，它们同那些有着持续传统的古代文明社会依然存在着质的差距。人们对这些地区古代历史的兴趣并不在于其留下的遗产，而在于其说明了通往文明道路的多样性，通过不同的环境挑战可以得到不同的答复。通过一两个实例，它们可以使我们重新开启有关"文明"构成的争论，但就我们到现在为止所涉及的时期而言，非洲、太平洋地区各民族、南北美洲和西欧的故事还不是历史，依然是史前史。它们的节奏同中东或亚洲很少或者根本不一致，即使在彼此交往的时候也是如此（就像非洲和欧洲的那样，虽然南北美洲的情况不同）。

非洲是一个很好的起始地，因为人类故事最早就是在那儿开始的。非洲史专家喜欢强调非洲在史前的重要作用，对于研究对象的任何轻视或想象中的轻视，都会使他们很敏感。如本书前文所展现的那样，这样做是非常正确的，最早原始人类生命的大多数迹象是非洲人，从这里传播到欧亚大陆和更远的地区，最早的人类随之依次出现。但在旧石器时代晚期和新石器时代，焦点转到了其他地区。非洲继续发生许多事情，但它对世界其他地区最具创造性影响的时期结束了。

非洲的影响力为什么会逐步下降，我们说不上来，但极有可能是因为气候发生了变化。即使在晚近时期，比如大约公元前 3000 年时，撒哈拉还哺育着许多动物，诸如现在那儿消失已久的大象和河马。最值得注意的是，撒哈拉本是放牧牛、绵羊和山羊的牧人的家乡。现在撒哈拉是世界上增长最快的沙漠，而现在的沙漠和干旱峡谷曾经是茂盛的草原，由流向尼日尔河的数条河流和另外一条 750 英里长的通往乍得湖的水系在这里交汇和排灌。住在这些河流源头山上的各族群，在岩石画和雕刻上留下了生活记录，这与欧洲早期石窟艺术有很大不

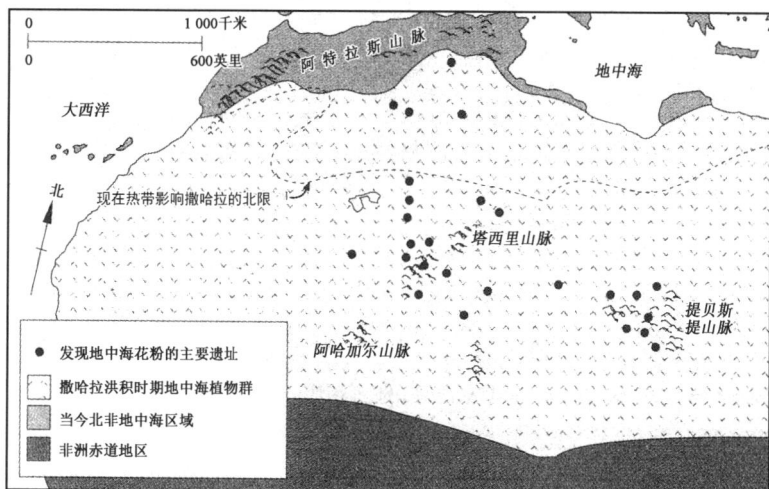

撒哈拉的气候变化

同，后者主要描述动物生活，只是偶尔触及人类。这些记录表明，撒哈拉当时是尼格罗人（Negroid）和一些后来所说的欧罗巴人的聚汇处，欧罗巴人可能是后来柏柏尔人（Berber）和图阿雷格人（Tuareg）的祖先。其中有一个民族似乎是骑马驱车从的黎波里来到这里并征服了当地牧人。不管事实是否如此，他们的出现（就像撒哈拉尼格罗人的出现一样）表明非洲当时的植被同后来大相径庭，因为马是要吃草的。然而当我们进入有史时期，撒哈拉已经变得干燥，一度繁荣民族的旧址遭到遗弃，动物四处离去。

也许非洲其他地区的气候变化使我们重新回到埃及是非洲历史开端的看法。然而，埃及在尼罗河流域以外几乎没有产生什么创造性影响。虽然埃及同其他文化有所交往，但要渗入那些文化谈何容易。埃及记录中的利比亚人大概是撒哈拉石窟绘画所描绘的驱着双轮战车的那种人，但我们并不确凿知道。公元前 5 世纪希腊史学家希罗多德开始撰述非洲时，他感到埃及以外发生的事没有什么可写的。希罗多德笔下的非洲（他称为利比亚）是一片由尼罗河界定的土地，他认为尼罗河大致同红海海岸线平行往南延伸，然后向西延伸。尼罗河以南，在他看来，东面是埃塞俄比亚人，西面是无人居住的沙漠。希罗多德得不到任何有关资料，虽然他提到一个旅行者的故事中讲到一个操巫师职业的矮人民族。

考虑到他所掌握的资料有限，从地形构造学角度看，这种构建绝非没有一定道理的，但希罗多德只了解这个种族三分之一或四分之一的真实情况。埃塞俄比亚人同上埃及的古老民族一样，属含米特族。含米特族是人类学家后来划分的石器时代晚期非洲三个族群中的一个。另外两个分别是大体住在从撒哈拉以南至好望角开阔地带的现代桑人（San）的祖先——桑人曾被贬称为布须曼人（Bushmen），以及最后在中部森林和西非占优势的尼格罗人（关于第四个族群俾格米人

［Pygmies］的起源和特点，存在分歧意见）。根据石器工具判断，同含米特人或原始含米特人相联系的文化似乎是农业到来之前非洲最先进的文化。除埃及以外，这是一个缓慢的进化过程。非洲史前的狩猎—采集文化同农业并存直到近现代。

和其他地区开始大量生产食物从而引起人口模式变化一样，非洲农业发展很快改变了其人口模式。先是使尼罗河流域的密集定居成为可能，这是埃及文明的开始。接着是公元前 2000 至前 1000 年尼格罗人在撒哈拉南部沿着分隔沙漠和赤道森林的草地逐步发展。这似乎表明农业由北向南推广。同样，这表明了一些比尼罗河流域盛产的小麦和大麦更适合赤道环境和其他土壤种植的富有营养的庄稼。这就是热带稀树草原的小米和稻子。森林地区一直没能开发，直到来自东南亚，最后是来自美洲的其他更适合生长的植物的到来。这一切都发生在公元 1 世纪以后。这就构成了非洲历史的一个主要特点，即大陆内文化倾向的差异。

公元 1 世纪前，铁已经进入非洲，并已促成非洲铁矿的首次开采。这发生在我们所了解的埃及之外非洲的第一个独立国家，即尼罗河上游喀土穆（Khartoum）地区的库什王国。这里早先一直是埃及人活动的最边境地区。继吞并努比亚之后，在其南面的这个苏丹公国被埃及人占领。大约在公元前 1000 年，库什作为一个独立王国出现，但显示出很浓的埃及文明特点。库什居民很可能是含米特人，首都就在第四瀑布下游的纳帕塔（Napata）。至公元前 730 年，库什王国强盛，征服了埃及及其 5 个国王。这些国王是史称二十五王朝或"埃塞俄比亚"王朝的法老们。

然而，库什人无法阻止埃及的衰落。当亚述人向埃及袭来时，库什人建立的埃及王朝走向终结。虽然埃及文明继续存在于库什王国中，但在公元前 6 世纪早期，埃及下一个王朝的一位法老入侵了库什。此后，库什人也开始把边界向南推进，这样一来，他们的王国经历了两个重要变化：其一，库什王国更加尼格罗化，其语言和文学反映出的埃及倾向减少。其二，库什王国把领土扩大到既有铁矿又有炼铁所需燃料的新疆域。冶炼技术是从亚述人那儿学到的。库什人在麦罗埃（Meroe）的新首都成为非洲的冶金中心。铁制武器使库什人在邻国中占有过去北方各民族曾在埃及占有的优势，铁制工具扩大了可耕种地区。在此基础上，在晚些时候库什人建立了延续约300年的苏丹繁荣和文明，但这晚于我们目前正在讲述的年代。

很显然，人类在南北美洲的历史比在非洲，甚至比在世界任何地区都短得多。大约2万年前，蒙古人从亚洲进入北美。此后几千年，蒙古人缓缓向南方渗入。秘鲁安第斯山脉穴居者的足迹可以追溯到1.5万年前。南北美洲气候和环境复杂多变，因此，考古证据表明由于那儿的狩猎、食物采集和捕鱼机会不同，生活模式大相径庭，也就不足为怪。他们相互学到些什么可能无法发现，但无可争议的是，其中有些文化达到了不依赖其他古代世界而发明农业的水平。

关于美洲农业发明的确切时期倒可以争论一番。这是因为，矛盾的是，关于早期植物种植我们知道得很多，尽管当时的规模还不足以有理由称作农业。然而，这种变化晚于肥沃新月地带。大约在公元前2700年，墨西哥开始种植玉米。到公元前2000年时，中美洲改良了我们今天所知的玉米。这种变化使建立大的定居群落有了可能。再往南，土豆和木薯（另外一种含淀粉块茎植物）也大约在这一时期开始出现。稍后，有迹象表明玉米从墨西哥向南推广。虽然各地都逐渐发生变化，但要谈到作为突发事件的"农业革命"，南北美洲远不如中东适宜。然而它拥有真正革命性的影响力，不仅仅在时间上，而且超越了美洲自身。墨西哥和中美洲的土产甘薯，在殖民时期被欧洲舰队带到非洲、印度洋和菲律宾群岛之前，已经穿越太平洋传播出去，供养岛上的农业社区数世纪。

公元前第 2 千纪之前，中美洲相继出现了农耕、村庄、织布和陶器。在这 1000 年的末期出现了第一个令人振奋的文化，产生了第一个公认的美洲文明，即东部墨西哥沿海的奥尔梅克文明（Olmecs）。这似乎集中体现在庞大泥制金字塔的重要礼仪遗址上。在这些遗址都发现了巨型纪念雕塑和精美人物玉雕。这些雕塑风格非常独特，主要表现人和美洲豹的形象，有时将两者融合。公元前 800 年后的几个世纪里，这种雕塑似乎盛行于中美洲，向南甚至到现在的萨尔瓦多。这一文明似乎毫无前因和先兆地出现在潮湿的森林覆盖地区，这使人们难以从经济方面作出解释。除了热带地区开放的土地，依靠全年可靠的降雨和适宜的温度，玉米一年四熟。为什么其他地方的文明需要大河流域，而美洲文明居然产生在这种并不肥沃的土地上，我们还没有找到有助于解释这一点的证据。

奥尔梅克文明对后人也有影响，因为后来的阿兹特克人（Aztecs）的众神是奥尔梅克人众神的后裔。也有可能中美洲早期象形文字体系源于奥尔梅克时期，虽然这些语系最早的文字残片仅仅是公元前 400 年奥尔梅克文化消失后大约一个世纪出现的。同样，我们也不知道这一切是为什么以及如何发生的。再往南一些，秘鲁也出现了一个生存时间长于北方的奥尔梅克文明的查文文化（Chavin，得名于一个伟大礼仪遗址）。查文文化同样有着高水平的石头加工技术，并且积极地向外推广，直到神秘消失。

很难看出这些文明的发展会朝着什么方向。不管其对于未来的意义是什么，不管这些文明的起因是什么，它们比其他地区出现文明晚了千年。西班牙人在奥尔梅克文化消失近两千年后登上新大陆，他们发现当地大多数居民仍用石制工具劳动。他们还发现各种复杂的群体（以及其他群体的废墟）已经创造了相当先进的建筑奇迹和组织奇迹，远远胜过如非洲在古代埃及衰亡后所能提供的任何东西。唯一清楚的是，这些事物中并不存在打不破的连续性。

在石头加工方面取得惊人水准的其他地区只有西欧。狂热者由此声称西欧是另一个早期"文明"所在地，仿佛西欧居民是需要恢复历史名誉的贱民阶层。欧洲已经被视为古代中东金属制品的供应商。然而，我们现在发现诸多令人感兴趣的事情都发生于史前，但并没有提供给人深刻印象或惊人的故事。在世界历史上，史前欧洲除了可作为佐证外，几乎无重要性可言。欧洲同中东大河流域文明的兴旺和衰亡大都不相关。欧洲有时受外界影响，但它对历史进程变化的贡献仅仅是边缘的、断断续续的。与之相似的可能是后期的非洲：只对自己的利益感兴趣，而不对给世界历史的积极贡献感兴趣。直到很久以后，人们才能理解到存在过一个与后来欧洲看法相对应的地理统一体，文化统一体的概念就形成得更晚了。对于古代世界，在来自北方土地的蛮族到达色雷斯之前，古代世界与北方土地并无关系（而且他们大多数可能来自更东面的一些地区）。西北内地是唯一重要地区，因为这一地区有时成为亚洲和爱琴海地区所需商品的流通地。

因此，关于史前欧洲可谈的并不多。但为了得出正确认识，有一个问题值得注意：两个欧洲必须加以区分。一个是地中海沿岸及其各民族的欧洲。它的范围大致以橄榄树种植区线为界。这条线以南的地区在进入铁器时代后，迅速出现了文字和城市文明，显然是同先进地区建立了直接联系而出现的。至公元前 800 年，地中海世界的西方已经开始同东方世界有着持续交往的经历。这条线以北和以西的另一个欧洲情况就不同了。在那里，古代从未出现过文字，很晚以后，征服者才将文字强加于它们。那里长期抵制来自南方和东方的文化影响，或至少不乐于接受。两千年来，欧洲的重要性不在于自身，而在于与其他地区的关系。其作用不完全是消极的。当地民族迁移、自然资源和技术都不时对其他地区事件产生一些影响。但到公元前 1000 年——这里只是随意举了一个时期——或甚至在公元纪元开始时，欧洲除矿产外，没有什么自己的东西可以向世界提供，也没有什么能作为文化成就同中东、印度或者中国达到的程度相媲美。欧洲时代还没有到来。欧洲时代将作为最近的伟大文明而出现。

文明并不是因为欧洲大陆没有得天独厚的自然条件而比其他地方晚出现。欧洲不成比例地拥有着世界上天然适合耕作土地中的一块广袤地区。如果这不能有利于早期农业发展，那将是令人吃惊的。考古证据也证实了这一点。欧洲的简单农业比较容易操作，这可能对社会进化产生了消极的作用。在各大河流域，人们要生存就必须集体劳动以控制灌溉和开垦土地；而在欧洲大部分地区，个体家庭就能自食其力，勉强糊口。但此处没有必要对西方个人主义的起源陷入过度的推测，以为能就此识别有些非常独特、也可能非常重要的东西。

现在学界普遍认为，农业和炼铜技术（最早的冶金技术）是从安纳托利亚和中东到达并穿越欧洲继续传播的。色萨利和希腊北部在公元前 7000 年后就出现了农业区。到公元前 5000 年，最西的农业区在法国北部和荷兰也出现了，随后又出现在大不列颠岛，其传播的主要途径是依靠巴尔干半岛及其河谷地区。然而与此同时，地中海的岛屿上也出现了农耕，并且沿着南欧海岸线最西传到了安达卢西亚（Andalucia）。到了公元前 4000 年，铜已经在巴尔干半岛开始使用。因此，我们不能再认为，这两种技术都是在欧洲自然而然出现的；虽然他们很快就模仿了那些给他们带来这些技术的移民。不过，欧洲人要花上数千年的时间才从中东地区获取了主要的谷物。

公元前 3000 年左右，欧洲西北部和西部大多数地区被曾称作西地中海人的民族所占领，这些民族在公元前 3 千纪期间被来自东方的其他民族逐渐排挤出去。大约到公元前 1800 年，由此产生的文化似乎支离破碎，但还足以使我们从中清晰地认出凯尔特人的祖先。他们是史前欧洲最重要的民族，他们是一群武士，而不是商人或勘探者。凯尔特人拥有装着轮子的运输工具。一群有魄力的凯尔特人进入不列颠诸岛。凯尔特人的影响可以追溯多远，对此存在很大分歧，但如果我们想到欧洲大约在公元前 1800 年曾分成三个族群的话，分歧不会影响事实真相。那时，凯尔特人的祖先占据着现代法国、德国、低地国家和奥地利北部大部分地区。他们东面是未来的斯拉夫人，北面（在斯堪的纳维亚）是未来的条顿部落。欧洲以外，在斯堪的纳维亚北方和俄罗斯北方是非印欧语系的芬兰人。

　　除了在巴尔干和色雷斯，这些民族的迁移对古代文明中心的影响范围取决于其资源运送的范围。这首先是矿产和技术问题。随着向中东文明的索取不断增加，欧洲的重要性也相应增加。随着欧洲第一个冶炼中心在巴尔干半岛出现，到公元前 2000 年，冶金技术在西班牙南部、希腊、爱琴海地区和意大利中部地区也相继发展起来。青铜器时代晚期，金属制造发展到了很高的水平，即使在不产矿地区也是如此。出现了最早一批以特别资源为基础的重要经济地区。铜和锡形成了对欧洲以及欧洲沿海和河流航运的渗入，因为这些商品是必需的，但这些商品在中东的供应量很小。欧洲既是古代冶金世界的初级生产地，也是主要制造地。欧洲金属制造在爱琴海时代很久之前就达到了相当高的水平，能够生产精美器具。但一种可能是反对在历史上过分推崇物质因素的论点认为：即使在来自迈锡尼的需求消亡后，金属制造技术与更大的金属供应量结合起来时，也没有使欧洲文化达到完全、复杂的文明程度。

　　当然，古代欧洲还有另外一个给人深刻印象的艺术形式，那就是保存至今的数千座史前巨石遗迹。这些遗迹从马耳他、撒丁岛和科西嘉开始，大致经西班牙和布列塔尼，呈弧线形向不列颠诸岛和斯堪的纳维亚延伸。史前巨石遗迹不是欧洲特有的，但在欧洲存量巨大，而且似乎在欧洲建立的时间大约始于公元前第5千纪，要早于其他大陆。"巨石"一词源自希腊文，意思是"大石头"，建筑所用的许多石头的确巨大。这些遗迹有的是墓穴，顶上和四周排列着大石板；有的是单独或成群矗立的石块；有的是组合成型，穿越田野延绵数英里；其他的就像树丛围绕小块地而立。最完整、最惊人的史前巨石遗迹是英国南部的巨石阵，据推测于公元前2100年建成，花费了900年的时间。这些地方最初是什么模样，现在很难猜测或想象。它们现在质朴、风化的外观很可能令人产生误解，但人类常去造访的圣地在使用过程中不会是这样的。这些大石头很可能曾涂抹过赭石和血，挂上皮革和各种偶像。史前巨石建筑看上去往往像图腾柱，而不是我们今天所看到的庄严、沉闷的形态。除了做墓穴，很难说这些建筑的目的是什么。虽然有人说，有些巨石是巨钟或巨大的太阳观测台，用来校准太阳、月亮和星星在天文年主要转折点上的升起和下降；仔细观测是这些工作的基础，即便它们远不如巴比伦和埃及天文学家的工作那么周到而精确。

史前巨石遗迹体现了劳动力的高度集中，说明社会组织高度发达。圆形石林拥有许多每块重达50吨的巨石，这些石头需运送约18英里到建筑工地再竖立起来。有80余块5吨重的石头来自约150英里外的威尔士山区。建造巨石柱的人们没有轮车的帮助，就像那些建造精心排列的爱尔兰墓穴、布列塔尼成行的巨石、丹麦的石板墓的人一样；他们都能建造同古代埃及规模相近的建筑，只不过不如埃及的精巧。除了这些伟大建筑本身，也没有任何方式记录下他们的建筑目的或意图。这种技术，再加上这些遗迹呈长链状分布在离海较近地区内的事实，表明了解释可能就在于从流动石匠那儿学到的东西。这些石匠来自东方，很可能来自克里特、迈锡尼或基克拉迪群岛，那里装点和处理这些石块的技术是众所周知的。但是，最近年代鉴定的提前再次去除了这一貌似合理的假说。因为巨型石头于公元前 4800 至前 4000 年间就在布列塔尼和伊比利亚（Iberia）西部存在，早于地中海或者中东类似重要建筑的出现；圆形石林可能完成于迈锡尼时期以前；西班牙和布列塔尼的史前巨石墓穴先于金字塔；而马耳他的神秘墓穴，连同硕大的雕刻建筑石块，于公元前 3000 年之前就矗立在那儿。各巨石遗迹同样无需成为某种分布序列或大西洋奇观的组成部分。它们可能都或多或少是独立完成的，由四五个比较小、比较简单、互相联系的农业社会构成的文化分别进行。它们的建筑目的和时机可能极不相同。如同欧洲农业和冶金术一样，史前欧洲的工程和建筑是独立于外部世界兴起的。[①]

　　尽管古代欧洲人取得了相当大的成就，但在最后同先进文明取得经常接触时，似乎异常奇怪的消极和不抵抗。他们的忧郁和不确定性，可能同其他原始人后来遇到先进社会的情况相似，例如 18 世纪的非洲人。但不管怎样，经常接触只在公元前不久才开始。在那以前，欧洲各民族似乎把精力消耗在同自然环境的斗争中。满足适度需要虽然容易做到，但充分开发还有待铁的到来。虽然欧洲人较之在美洲，或非洲尼罗河流域以南地方的同时代人要先进得多，但欧洲从来没有达到城市化阶段。欧洲最大的文化成就是装饰和机械。古代欧洲人为其他文明需要的服务，充其量不过在冶金术方面。除此之外，他们只能为以后接受文明印记提供材料。

　　只有一群西方野蛮人对未来做出了比较积极的贡献。在橄榄树种植区线以南，意大利中部一个铁器时代的民族，已经在公元前 8 世纪同意大利南部的希腊人以及腓尼基建立了商业联系。我们根据其中一

---

　　① 原文如此，似与本书第 181 页的说法相矛盾。——编辑注

个他们居住过的遗址，将其称为维兰诺瓦人（Villanovans）。在以后的 200 年间，他们采用希腊字符来书写自己的语言。在那时，他们都被组织在城邦中，生产高质量的工艺品。这些便是伊特鲁里亚人（Etruscan）。而他们的城邦之一，日后将被称为罗马。

第8章 变　迁

对于印度和中国正在发生的事情及其对未来的重要性，地中海和中东各民族的统治者们知之甚少。他们中一些人通过商人的讲述，可能对蛮族的北欧和西北欧有一种朦胧的感觉，但对撒哈拉以外和南北美洲发生的事则一无所知。然而他们的世界在公元前第1千纪迅速扩张。同样，甚或更加明显的是，随着内部沟通越来越复杂和有效，他们的世界越来越成为一个整体。一个由几个极具特点、几乎独立的文明组成的世界，将让位给另外一个世界，在那里越来越多的地区分享同样的文明成就，如文字、政府、技术、有组织的宗教和城市生活，并在这一切的影响下发生越来越多的变化，因为不同传统之间的相互作用将继续不断地增加。重要的是不要把这一切想得过于抽象、夸大。古代世界不仅留下了艺术和理论思想，而且还留下了更加现实的东西。大大小小的事情都表明了这一点。公元前6世纪，埃及军队的希腊雇佣军在尼罗河上游700英里处的阿布辛拜勒城中雕像的腿上刻字，记录下他们来到如此遥远的地方而产生的由衷豪情，就像2500年后英国郡县兵团将他们的徽号和名字刻在开伯尔山口（Khyber Pass）岩石上一样。

对于这个日益复杂的世界，我们划不出清晰的年代界线。如果曾经有的话，那么在我们进入西方古典时代前夕，这条线已经交叉过好几次了。美索不达米亚人及其继承者们军事、经济上的活动，印欧人的迁移，铁的到来和文字的传播，早在地中海文明（即欧洲的摇篮）出现之前，就已彻底融合成一度清晰的中东模式了。然而，有一种看法认为，早在公元前 1 千纪时代，显然有一条重要的分界线在什么地方交叉。古代中东民族大迁移引发的大动乱当时已经结束。青铜时代晚期在那儿建立起来的模式，仍将随着当地的殖民和征服而修正，但绝不是各民族大融合的另外一个千年。古代留下的政治结构成为世界历史下一个时代从直布罗陀海峡延伸到印度河地区的杠杆。这个地区的文明将越来越成为一种相互影响、仿效并且是四海一家的状况。公元前 1 千纪中叶的政治大变化，为一个新的国家即波斯帝国的兴起以及埃及和巴比伦-亚述传统的最后垮台，提供了框架。

埃及的故事最容易概括，因为除衰退外，它没有留下什么记录。埃及一直被称为"一个不合时宜的青铜器时代国家，身处在与其差距越来越大的世界中"。埃及的命运似乎可以用没有变化的能力或不能适应变化来解释。埃及经受了使用铁器民族的最早进攻，在混乱时代开始时击退了海上各民族，然而这是新王国取得的最后的伟大胜利。此后的特征显然像一台停止运转的机器。在国内，国王和祭司争权夺利；在境外，埃及的宗主权消失殆尽。在一段多个王朝并立相争时期后，埃及重新获得统一，埃及军队再次进入巴勒斯坦，但至公元前 8 世纪末，库什人入侵者建立了自己的王朝；公元前 671 年，亚述人把他们逐出了下埃及。亚述巴尼拔洗劫了底比斯。而随着亚述力量日益衰退，重新出现了埃及历史上梦幻般的"独立"时期。这一次，埃及对新世界作出的并不止是政治让步，这从以下事实可以得到证明：它要为希腊译员办一所学校，并且给在尼罗河三角洲诺克拉底斯（Naucratis）建立的希腊贸易领地提供特权。以后，埃及在公元前 6 世纪第一次败在尼布甲尼撒军队手中（公元前 588 年）；60 年后又败在波斯人手中（公元前 525 年），沦为波斯帝国的一个行省。波斯帝国将要为一个新的综合体设置疆界，同地中海地区出现的新势力争夺世界霸权长达数百年之久。这还不完全是埃及独立的结束，但从公元前 4 世纪到公元 20 世纪，埃及一直受外国人或移民王朝的统治，不再被认为是一个独立国家。埃及最后几次的复苏都没有表现出固有的生命力。这几次复苏表达的是压力的暂时解脱。埃及一直受这些压力的制约。波斯人的威胁是最后一次，也是致命的一次。

迁徙又一次成为起点。在现代伊朗中心的高原上，公元前 5000 年就有了定居点，但"伊朗"一词（直到公元 600 年左右才出现）最古老的含义为"雅利安人的土地"。大约在公元前 1000 年的某个时候，随着北方雅利安部落的入侵，波斯帝国的历史开始了。在伊朗，如同在印度，雅利安人的影响被证明是抹不掉的。雅利安人建立了恒久的传统。雅利安人部落中有两个部落特别强大有力，他们以自己的"圣经"名字流传史册：米底人（Medes）和波斯人。米底人向西和西北进入米底，他们的伟大时代是公元前 6 世纪初推翻了邻国亚述之后。波斯人向南进入海湾地区，在胡齐斯坦（Khuzistan，位于底格里斯河和古埃兰王国的边缘）和古代波斯的法尔斯（Fars）定居。

口头传说保存了一个有关传奇国王们的故事，与其说它揭示了历史，不如说是阐明了后来的波斯人对王权的看法。然而，统一波斯（尽管这个词还不合时宜）的第一个国王就是阿契美尼德波斯王朝的后代。他就是居鲁士，巴比伦的征服者。公元前 549 年，居鲁士迫使米底人最后一个独立王国俯首称臣，征服的边疆由此向外延伸，吞并巴比伦，穿过小亚细亚向海上挺进，逐步深入叙利亚和巴勒斯坦。只是在东方，居鲁士才发现难以使自己的疆界稳固（他最后是在那儿同斯基泰人的战斗中阵亡的），虽然他穿过兴都库什山脉，并在杰赫勒姆河（Jhelum）以北的犍陀罗地区建立了某种霸权。

到那时为止，这是世界上出现过的最大的帝国。这个帝国的风格不同于前辈的风格，亚述人的野蛮习性似乎消失了。至少官方艺术不再称颂野蛮行为。居鲁士小心谨慎地尊重新臣民的风俗习惯，结果建立了一个多样化的帝国，而且是一个强大的帝国，获得了前任国王没能获得的忠诚。当时产生了一些值得注意的宗教征兆。居鲁士为获得巴比伦王位而寻求马尔杜克的保护。在耶路撒冷，居鲁士组织人重建神殿。一个犹太先知从居鲁士的胜利中看到了上帝之手，把他称作救世主，并对宿敌巴比伦的命运幸灾乐祸：

> 现在，让占星家、天文学家、预言家出面，将你从苦难中拯救出来。

(《以赛亚书》17：13)

居鲁士的成功在很大程度上得益于王国的物质资源。波斯王国矿产资源丰富，尤其是铁，并在河谷流域的高山牧场上保留着大量的马和骑兵。然而这也不能抹杀这样一种结论：个人天赋同样起着很大作用。居鲁士是一个有世界影响的历史人物，得到后来几个世纪中努力仿效他并意欲成为征服者的人的承认。居鲁士以行省总督为基础建立政府，行省总督就是后来的波斯总督的前身。居鲁士通常要求各边远隶属行省缴纳黄金，这使波斯国库充盈，还得到其忠顺。

帝国就此开始，虽然挫折重重，但在近200年间为中东提供了一个框架，保护了一个滋生于亚洲和欧洲大陆的伟大文化传统。波斯帝国统治时期，许多地区的和平时期长达数百年之久，而且帝国文明在很多方面都是美丽而高雅的。希腊人已经从希罗多德那儿得知，波斯人爱花，郁金香可以使我们很多事情变得容易，我们为之得感谢它。居鲁士的儿子把埃及也囊括到帝国之中，然而，他没能同觊觎王位者抗衡便去世了；而觊觎者的图谋鼓励了米底人和巴比伦人去寻求恢复自己的独立。恢复居鲁士传统的是一个自称阿契美尼德王朝后裔的年轻人——大流士。

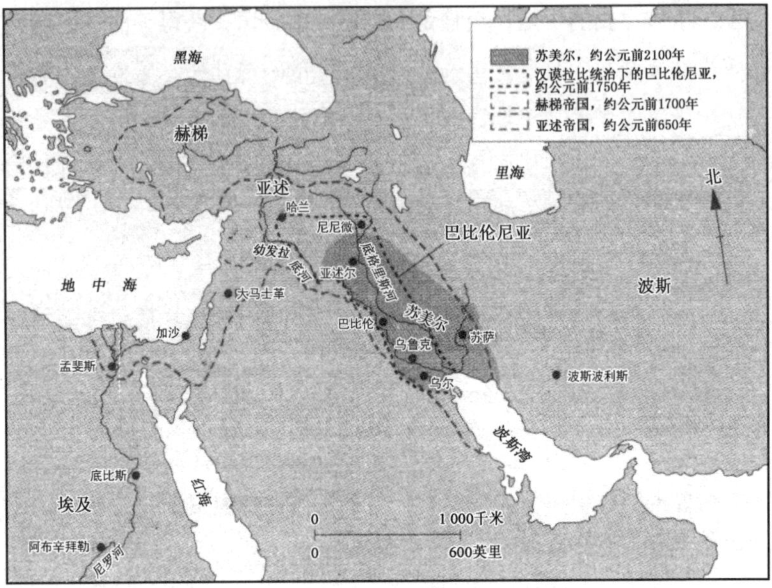
苏美尔，约公元前2100年
汉谟拉比统治下的巴比伦尼亚，约公元前1750年
赫梯帝国，约公元前1700年
亚述帝国，约公元前650年
黑海
赫梯
里海
北
亚述
哈兰
尼尼微
巴比伦尼亚
幼发拉底河
底格里斯河
亚述尔
地中海
大马士革
波斯
苏美尔
巴比伦
苏萨
加沙
乌鲁克
孟斐斯
乌尔
波斯波利斯
波斯湾
底比斯
红海
埃及
0
1 000千米
0
600英里
阿布辛拜勒
尼罗河

中东地区的文明

大流士一世（公元前 522—前 486 年在位）并未一切如愿以偿，然而，他的成就堪与居鲁士相媲美。大流士在自己的墓碑铭文上记录了他平定叛乱的胜利，他所做的一切很能支持他刻下的铭文：“朕，大流士大王，众王之王，波斯王。”他采用了一种古代吟诵的称号来自夸。帝国疆界向东延伸至印度河流域。在西方，进入了马其顿，虽然在那儿受到遏制。在北方，大流士和以前的居鲁士一样，在抵制斯基泰人的战争中取得很大成就。帝国内部则进行了一项值得注意的巩固工作：权力分散。他把帝国分成 20 个行省，每个行省设立一个总督，出任者或是王子或是上等贵族。王室巡视官检查总督们的工作，而总督的管理机制由于设立了一个处理同各行省联络的王室秘书处而变得容易。亚述帝国的通用语阿拉姆语成了行政语言。阿拉姆语很适合事务处理，因为它的书面语不是楔形文字，而是腓尼基字母。官僚

机构依靠的是以往从未有过的良好沟通，因为各行省的贡金大都投在了道路建设上。波斯帝国全盛时期，通过这些道路传送消息一天可达200英里。

标明了波斯帝国所取得伟大成就的一块丰碑，是一个伟大的新首都波斯波利斯（Persepolis），大流士本人就葬于当地悬崖中凿出的石陵中。这里计划建成颂扬国王丰功伟绩的圣地，至今仍给人以深刻印象，即便它看上去未免过于浮华。波斯波利斯最后成为一种集体创造，后来的国王们纷纷在这里建造自己的宫殿，使这里体现了帝国的多样性和世界性。亚述人的巨像、人头牛和狮守护着首都的大门，就像过去守护尼尼微的大门一样。运送贡物的石雕武士像，行进在城门阶梯上；比起早先刻板雕刻的亚述人来，他们稍显得不那么呆板，但也仅是稍稍而已。装饰石柱使人想起埃及，然而这是埃及人设计并通过爱奥尼亚石匠和雕刻家流传下来的。在浮雕和装饰中可以发现希腊风格的细微之处，而在不远处的王室陵墓中也可以发现引起联想的类似混合装饰。其构思使人回想起帝王谷，而十字形入口则说明这是另外的建筑。居鲁士本人的陵墓在帕萨尔加德（Pasargadae），也是由希腊人设计的。一个崭新的世界即将诞生。

这些纪念性建筑恰当地表达了波斯文化的多样性和兼容性。波斯文化始终对外来影响开放，并将继续这样。波斯不仅采用被征服民族的语言，有时还接受他们的思想。吠陀宗教和波斯宗教在犍陀罗融合在一起，但两者都成为雅利安人的宗教。波斯宗教的核心是祭祀，以火为中心。到了大流士时代，波斯宗教的膜拜已经进化到后来所称的琐罗亚斯德教；一种二元宗教，它解释有关善神和恶神斗争中的罪恶问题。对该教的先知琐罗亚斯德，我们所知极少，但似乎他教导门徒以宗教仪式和道德行为坚持光明之神的事业；人死之后是救世主的审判、死者的复活和审判之后的永生。在波斯统治下，这一个宗教信仰很快在西亚传播开来，尽管可能始终只不过是少数人的膜拜。这种信仰将影响构成基督教基础组成部分的犹太教和东方教派；基督教传说的天使和等待邪恶之人的地狱之火的观念，都来自琐罗亚斯德。

现在谈亚洲和欧洲的相互影响还为时过早，但却极少有比标志古代世界结束的各种力量之相互作用，更能说明交流能产生的影响了。我们可以开辟一个新纪元了。在旧世界的各处，波斯突然把各民族推入一种共同的经历。印度人、米底人、巴比伦人、吕底亚人、希腊人、犹太人、腓尼基人和埃及人第一次由一个帝国统辖，这个帝国所奉行的折中主义表明文明已经走得相当远了。文明蕴于不同历史主体之中的独立发展时代在中东结束了。对于人类早期文明的直接继承者来说，他们分享太多、传播太多，已无法各自独立书写世界历史。印度雇佣兵在波斯军中作战，希腊人在埃及军中作战。城市生活和文字在中东各地广泛传播。人们也住在地中海大部分地区的城市中。农业技术和冶金技术甚至超出了这一范围，向更远的其他地区传播开去，就像阿契美尼德人把巴比伦的灌溉技术传到中亚、把印度的水稻带到中东种植一样。当小亚细亚的希腊人开始使用货币时，他们的货币是以巴比伦的六十进制计算法为基础的。未来世界文明的基础正在酝酿之中。

卷三
古典时代

导　论

用年代来衡量的话，这个有关文明的故事到公元前 500 年左右就已经讲完一大半了。与第一批文明化的祖先相比，我们仍然比他们更加接近公元前 500 年左右的人。在这大约 3 000 年的时间里，人类已经走过漫长的道路；然而在此期间人们的日常生活已经缓慢地改变了，苏美尔和阿契美尼德波斯之间在性质上已经发生了巨大的变化。到了公元前 6 世纪，伟大的奠基时代和加速时代已经结束了。从西地中海到中国沿海地区，多元的文化传统已经分别建立起来。各种独特的文明生根发芽于这些地方，其中一些足够坚固并深植于社会中，一直存活到我们生活的时代。其中一些持续存在，甚至在数百年甚至千年之后只有一些细微的表面变化和策略性的变化。由于它们几乎处于隔绝状态，对本区域之外的人类共享生活贡献甚微。但它们在表明人类可以取得怎样宽泛的成就方面，仍然具有重要作用。

在大多数情况下，即使是最伟大的文明中心，在巴比伦陷落之后至少 2 000 年的时间里对其领域之外的事物也是漠不关心的，除非因一场偶尔的入侵而动荡之时。只有一个文明在公元前 6 世纪已经初露端倪，实际上表明它在发源地地中海东部之外传播的潜力。它是这些文明中最年轻的，但将会非常成功，延续一千多年而没有中断。尽管和更早的文明相比，它并没什么特别的，但它却是孕育了塑造我们仍居住的这个世界几乎所有充满活力部分的发源地。

第 1 章　古代世界的重构

地中海东部一个新文明的出现要更多归功于更久远的中东和爱琴海传统。从一开始我们就遇到了由希腊语、闪米特字母、起源于埃及和美索不达米亚的思想，以及迈锡尼往事组成的混合物。这个文明即使在成熟的时候，仍旧显示了起源的多样性。它从来都不是一个简单的、统一的整体，到头来看它确实是非常复杂的。对于所有将它整合在一起并且赋予其统一性的一系列相似文明来说，它一直是很难定义的。这些文明围绕着地中海和爱琴海，边境区域向外延伸至亚洲、非洲、未开化的欧洲和俄罗斯南部。即使地中海文明与它们之间的界限是明确的，其他传统始终演绎着地中海文明并从中吸收很多。

随着时间的推移，这种文明也发生变化。它比以往任何文明都表现出强大的进化力量。即便经历了重大的政治变革，它们的体系仍旧保持根本上的完整。地中海文明展现了一些种类繁多的短暂政治形式和尝试。在宗教和意识形态方面，地中海文明始于一个本土的信仰，结果却以屈服于一个异国的舶来物——将会成为第一个全球性宗教的改良的犹太教——基督教收场。其他传统反而倾向于在没有剧烈变化和突变的情况下发展，因为宗教和文明实际上是相互联系的，两者同生共死。这是一个巨大的变化，它改变了这一文明影响未来的可能性。

在所有促使它成型的力量中，最根本的是自身的环境——地中海盆地。它同时是汇集和发源的地方；来自旧文明大陆的动向很容易传播到这里，并从这个中心容器逆流回各自的发源地，同时向北进入到那些未开化的大陆去。虽然领土广阔，包含着各种不同的民族，这个盆地的一般特征还是定义明确的。它的大部分海岸都是狭窄的平原地带，平原后面很快出现相当陡峭和封闭的山脉，这些山脉又被一些重要的河谷分割开。那些居住在海岸人们的视线往往顺着这些河谷的流向漂洋过海，而不是关注背后的腹地。这与他们享受的气候相结合，使得本就是为富有进取精神的人准备的思想和技术传播到了地中海。

罗马人理智地称地中海为"伟大的海"。这是他们世界中显著的地理现实——古典地图中的中心位置。地中海海面对于那些知道如何利用它的人们来说是一个重要的帮助形成联合的力量。到公元前 500 年，航海技术的长足发展使得这一切都成为可能，但冬季除外。大风和洋流决定了那些只能靠风帆和船桨提供动力的船舶的准确航行路线，但地中海的任何一个地方都可以通过水路到达另一个地方。其结果是沿海文明的诞生，为数不多的几种语言在其中被广泛接受。它有专门的交易中心，海洋贸易使物质交换比较容易。但这里的经济主要依靠种植小麦、大麦、橄榄和葡萄，而且主要供当地消费。经济发展所需要的日益增多的金属也可以从外面带进来。通往南方的沙漠进一步受到来自海岸的牵制，因此我们猜想在数千年之前北非比现在更富裕，拥有更茂盛的森林、更好的灌溉、更肥沃的土地。相同类型的文明因而往往出现在地中海地区。非洲和欧洲之间的如此区别，我们也理所当然地认为是直到公元 500 年之后才存在的。

这种向外寻求发展的沿海文明民族创造了一个新世界。他们征服了那些伟大的河谷文明，但并没有使之成为殖民地。河谷文明的人民内心面对的是满足当地独裁统治者的有限目标。许多后来的社会，甚至在古典世界内部都发生了同样的事情，但从一开始就有一种发展速度和潜力显而易见的变化，希腊人和罗马人最终在俄罗斯种植了谷物，使用来自康沃尔（Cornwall）的锡，修筑开进巴尔干半岛的道路，并享用来自印度的香料和中国的丝绸。

关于这个世界我们之所以能够知道那么多，部分是因为遗留下来大量的考古遗产和碑铭遗产。然而，最重要的是彼时刚刚出现了丰富的文字记载材料。通过这些文字材料，我们进入了一个完全文字化的时代。特别重要的是，我们首次面对了真正的历史著作；大量的犹太人留下的大量本民族的记录——一个民族在漫长岁月中的朝圣之旅，所构建的是庞大的戏剧般的叙述，不过这些并不是严肃的历史。无论如何，这些材料通过古典地中海世界而到达我们手中。如果没有基督教，这些材料的影响将被局限于以色列；而通过基督教，犹太民族所呈现的神话和提供的可能意义将被融入一个有 400 年历史的世界里。我们认为这是一个有历史批评精神的世界，尽管犹太人历史早于这个世界。然而，更加重要的是，古代历史学家的著作仅仅是记录的一小部分。公元前 500 年后不久，我们要第一次面对着那些完整的伟大文学作品，从戏剧到史诗、抒情颂歌、历史和警句，但它们最后剩下的却仅仅是很小的一部分，例如，这其中最伟大悲剧作家的 100 多部作品仅仅保存下来 7 部。尽管如此，它们还是使我们能够了解一个文明的精神，而我们却不能以同样的方式进入先前的那些文明世界。

当然，即使在这种文化的源头希腊，关于其自身的书面记录也是不充分的，更不用说古典世界里其他地区和较偏远的地方了。考古是绝对必要的，但它越发倾向于增进知识，因为书面的原始资料比以往早期能够得到的任何东西都全面。书面提供给我们的记述大多是用希腊文或者拉丁文书写的，地中海文明智力的流通借助了这两种语言。今天最广泛使用的英语，其中有很多单词就是从它们当中流传下来的。对于其后继者来说，这也是这种文明重要性的最充分证明。正是通过用这些语言完成的作品，后来的人们才能了解这个文明；并且人们在这些作品中察觉到了被他们简单定义为"古典世界"的那种文明的特质。

　　这是一个完全正确的表述，但我们需要记住，创造这个表达术语的人们是这个传统的后人，他们是自这个传统内部来审视它并接受了（或许还受困于）它的前提假设。其他传统和文明也有自己的古典时期。这个意思就是说，人们可以在本民族以往历史中找出一段，它为后来的时代订下了标准。许多后来的欧洲人都被古典地中海文明的力量和魅力所折服。一些人虽也认为他们生活在其中的文明和时代是特殊的，但并不是总能找到令人信服的证据。而地中海文明是特别的，充满活力并寻求变化，它为将要建立的广阔未来提供标准和理想、技术和结构。从本质上讲，那些钦慕地中海传统的人们所关注的遗产是精神层面的。

　　不可避免的是，在一些后来的研究成就和对古典思想的运用中，有很多年代出错的伪造，而且也有很多对逝去时代的传奇化描述。然而，尽管这时在它之外还有伟大的亚洲帝国，即使当这些不被重视，当逝去的古典时代经历了学者持怀疑态度的审查时，仍然有很大一部分智力成果的坚固残留以某种方式存在我们的心智之中，尽管伴随着诸如此类的困难和产生误解的可能性，古典时代的思想在某种程度上是我们可以辨认和理解的，而对此前的文明我们却没法做到这一步。有人说得好："这个世界的空气是我们能够呼吸到的。"

　　希腊人在帮助世界发展上的作用是杰出的，因而我们要展开关于他们的故事。他们对世界活力和世界上神秘而鼓舞人心的遗产的贡献比其他任何人群都要多。希腊人对卓越的追求为后世民族界定了何为卓越，他们的成就很难被夸大。这就是早期古典地中海文明的核心进程。

第 2 章 希 腊 人

公元前 8 世纪下半叶,自青铜时代末期起笼罩爱琴海世界,让它变得晦暗不明的乌云已经开始渐渐消退。一些进程,甚至一些事件都变得更加明显。甚至有那么一两个日期,其中一个在文明自我意识的发展过程中具有重要意义:公元前 776 年,根据后来希腊历史学家的记载,举行了第一届奥林匹克运动会。几个世纪之后,希腊人开始从这一年纪年,就像我们从基督的诞生开始纪年一样。

参加奥林匹克运动会以及其后相同性质节日的人们认识到,这样做能够共享相同的文化。这建立在一种普遍的语言之上:多利安人、爱奥尼亚人、伊奥里亚人都说希腊语。而且,这样的情况已经持续了很长一段时间;这种语言现在得以用书写记录的方式获得它的意义。这是一个极其重要的发展,当前的条件也创造了这种可能,例如对传统口头诗歌的记录,据说这曾是荷马的工作。我们发现的第一份保存下来的希腊铭文被刻在一个公元前 750 年的陶罐上,它显示了爱琴海文明的复兴有多少归功于亚洲。这篇铭文记录的是一篇改编的腓尼基剧本;希腊人直到他们的商人把腓尼基字母带回本土才摆脱不识字的状况。它似乎最先是在伯罗奔尼撒半岛、克里特岛和罗德岛上使用的,这些地区可能是在黑暗时代结束之后第一批从与亚洲交流中获益的。这个神秘的过程可能再也无法重现,但无论如何,促进希腊文明成型的因素乃是与东方的接触。

有哪些讲希腊语的民族参加了第一届奥林匹克运动会?虽然借助这个称呼他们及其子孙更能被人知晓,但他们却没被叫作希腊人;这种叫法是几个世纪以后罗马人赋予的。他们当时使用的字母用英语拼写的话就是"Hellenes"。它首先被用来指侵入希腊半岛的外来者，以与当地的早期居民相区别，后来才变成适用于整个爱琴海上讲希腊语的人们。这是自黑暗时代以来出现的新概念和新名称，它具有的意义超出了文字的范畴。它表达了一个群体意识的产生，以及一个仍然在形成中并且准确含义可能一直无法确定的民族。许多希腊演说家在公元前 8 世纪已经在希腊定居了很长时间，他们的来源随着青铜时代侵入时的混乱丢失了。还有一些是比较近期的移民。来到这里的人们都不是希腊人，他们因为生活在这里的爱琴海各地而变成希腊人。语言成为识别和联系他们的新纽带；连同共享的宗教遗产和神话，它是作为希腊人最重要的构成因素，而这个范畴本身总是且首要是指共享文化。

然而，这种联系从未在政治上起作用。他们不可能走向联合，因为希腊历史舞台的规模和形态都不是我们现在所称的希腊；恰恰相反，是整个爱琴海。米诺斯文明和迈锡尼文明在早期文明时期的广泛传播已经预示了这一点，因为爱琴海数量众多的岛屿和接近它们的海滨在一年中的大多数时间是容易航行的。关于希腊文明出现的解释大多把原因归于这种地理情况。过去肯定也有一些有价值的东西，但是米诺斯和迈锡尼留给希腊的比盎格鲁—撒克逊英格兰留给其后大英帝国的东西要少。这个背景比历史记录更重要，因为一些为求便利的经济团体使用共同语言，不仅使得相互间的合作交流更加容易，而且与中东古老文明中心的联系也变得紧密。像古老的河谷一样——除了特殊情况之外——爱琴海的确是适合文明形成的地方。

希腊人定居在爱琴海的大部分地方，是他们在陆地上遇到的机会和限制造成的。只有极少数地方的土地和气候相结合能为农业种植提供机会。在大多数情况下，种植局限于冲积平原的狭窄地带，这种种植无疑是旱作，因为这里多为多石且长满灌木的丘陵。矿物非常稀少，不产锡、铜和铁。一些河谷直接奔腾到海，它们之间的交流通常也比较困难。所有这些使得阿提卡和伯罗奔尼撒的居民倾向于把视线投向海洋，在大海上活动比在陆地上更加容易。毕竟，没有人生活在离大海超过40英里的地方。

这种倾向早在公元前10世纪早期就得到加强，因为人口的增加给可利用的土地带来了巨大压力。这最终导致了伟大殖民时代的到来。殖民热潮结束时的公元前6世纪，希腊世界的延伸已经远远超出了爱琴海，东方从黑海到巴利阿里群岛（Balearics），西至今天法国和西西里岛，南至今天利比亚。但这是多个世纪作用的结果，在此期

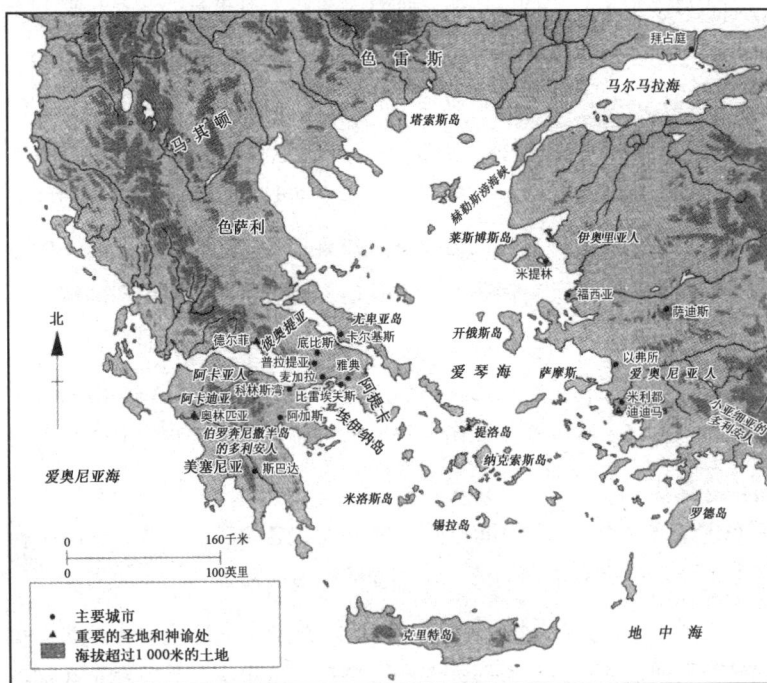

爱琴海的希腊世界

间人口以外的压力也一直在起作用。当色雷斯被寻求土地的农夫开拓为殖民地的时候，其他希腊人为了贸易而定居在黎凡特或南部意大利；无论是它所带来的财富还是它向希腊人提供的所需金属，在希腊都没有。一些黑海的希腊城市之所以存在，是由于它们的贸易；还有一些是因为它们的农业潜力。商人和农民并不是唯一传播希腊文化和帮助希腊人了解外部世界的中介。其他国家的历史记载表明，从公元前6世纪之前开始，希腊就向外提供雇佣兵（他们被埃及雇佣来防备亚述人）。所有这些事实在希腊本土都具有重要的社会和政治影响。

尽管在外国军队中服役，彼此之间也激烈争吵，而且也珍视传统及情感上彼奥提亚人（Boeotian）、多利安人或爱奥尼亚人之间的区分，但希腊人一直都自觉他们不同于其他民族。这可能具有重要的现实意义。例如，希腊战俘在理论上并不是奴隶，不像"蛮族"。"蛮族"这个词表达了希腊文化本质中的自觉意识，但比它在现代语言中使用时更具包容性，更少轻视意味；蛮族是指世界上其他地方那些并不使用清晰明了的希腊语讲话，而"巴巴巴巴"说着希腊人听不懂的声音的人。在希腊一年中重大的宗教节日，来自不同城市的人们聚集到一起，但只有说希腊语的人才被允许参加这种场合。

宗教是希腊身份认同的另一个基础。希腊众神是非常复杂的，由许多群体创造出来的大量神话混合物在不同时期内遍及广大的区域，它们常常是不合逻辑或自相矛盾的。直到后来整理有序，才使思想合理化。一些神话是舶来品，例如关于黄金、白银、青铜和铁器时代的亚洲神话。在这种传说下的本地迷信和信仰是希腊宗教体验的基石。然而这种宗教具有彻底人性化的倾向，这与其他民族的宗教非常不同。希腊的男神和女神，尽管有着超自然的地位和力量，却是非常明显的人类。虽然这些来源于埃及和东方，但希腊神话和艺术常常把自己的神表现得像好人或坏人、男人和女人。这个世界远离亚述和巴比伦的怪物，或远离有许多手臂的湿婆。这是一场宗教革命，它的反面即暗示着人类可以像神一样。这在荷马史诗中表现得很明显；也许他和其他人一样用这种方式来整理希腊的超自然，并没有给流行的宗教更多空间。荷马描写众神在特洛伊战争中站在某一方的姿态太像人类，并且相互竞争；当波塞冬折磨英雄奥德赛的时候，雅典娜取代了他的位置。后来的希腊批评家抱怨荷马将一切在人类看来是可耻的和应当受到谴责的行为归于神的名下：盗窃、通奸和欺骗。那是一个会像现实世界一样运作的世界。

前文已经谈到《伊利亚特》和《奥德赛》，因为它们给史前史带来一线光明；它们同时也是未来的塑造者。对于一个民族的尊严来说，它们乍一看是难以理解的对象。《伊利亚特》描述了大量源自一场传奇的伟大战争的小插曲；《奥德赛》则更像小说，叙述了所有文学作品中最伟大的人物之一奥德修斯的漫游记，即他在参加完同一场战争后回家途中的经历。从表面看来，这就是其全部内容。但后来它们被推崇为圣书。

大量的时间和笔墨被花费在争论它们是如何组成的。现在看来，它最有可能是在略早于公元前700年的爱奥尼亚成形的。希腊人并没有把它们的作者定义为"诗人"（他在他们眼中的地位已经有足够的象征意义），而有些人更是通过这两首史诗中的一些蛛丝马迹判断它们是不同人的作品。从我们的目的考虑，荷马究竟是不是一个作者并不重要，重要的是有人拿着这些4个世纪以来吟游诗人传诵的材料并将其编排成一种已被人们所习惯的稳定形式。从这个意义上讲，这些作品是希腊盛行英雄史诗时代取得的最高成就。虽然它们可能是写在公元前7世纪，但直到公元前6世纪这些诗歌才有能被接受的标准版本；那时它们已经被视为希腊早期历史的权威、道德和模范的来源，以及文学教育的主要内容。因此它们不仅成为希腊自我意识的第一份

文献，同时也是古典文明根本价值观的具体体现。后来它们的价值更
甚于此，和《圣经》一起成为西方文学的源头。

　　尽管荷马史诗中的神很像人类，但希腊世界一样对超自然和神秘
充满了深深的敬意。人们常以预兆和神谕的体现形式来认识它们。德
尔菲（Delphi）的阿波罗神殿或者小亚细亚的迪迪马（Didyma）神殿
都是人们朝圣的地方和想获得神秘意见的尊崇之源。体现神秘性的宗
教仪式，重演了随着季节更替而发芽和生长的伟大自然过程。民间宗
教在书面的资料中并不是非常突出，但它从来没有完全与"值得尊
敬"的宗教分离。重要的是，考虑到稍后的古典时代希腊精英阶层取
得的成就是如此令人印象深刻，如此倚重于理性和逻辑，记住这种非
理性的根基就更显得重要了。这种非理性一直存在，并且在早期，也
就是本章提到的形成时期，作用十分突出。

　　如果凡事不求精确的话，书面记录和公认传说也反映了一些关于
早期希腊社会和（如果这个词是恰当的）政治机构的情况。荷马向我
们展示了一个有国王和贵族的社会，但当他描述之时早已将它变换了
时代。王的头衔有时还会存在。在一个叫斯巴达的地方，那里曾一度
总有两个国王，它暗示着一个模糊的现实——存在过一度曾是有效的
但又是历史现实的权力——这样的权力在几乎所有希腊城邦里都开始
从君主转移到贵族那里。一个军事上的贵族专注于勇气也可以解释在
希腊公共生活中一直存在的自信和独立品质。阿喀琉斯，在荷马的描
述中是一个像中世纪男爵那样易怒的人。直到今天，一个人在他同辈
眼中的地位一直是许多希腊人更在意的事情，而且也往往可以从希腊
的政治活动中反映出来。这也证明了，在古典时代个人主义往往扼杀
了合作行动的可能性。希腊从来没有产生过一个持久的帝国，因为它
只能采取一些较小的从属措施以实现较大的利益，或者依靠大家自愿
接受例行的为公众服务义务。这可能并非坏事，只是意味着拥有希腊

自我意识的希腊人甚至不能团结自己的家园成为一个国家。

　　早期城邦在贵族阶级之下的其他阶层属于一个平静又不太复杂的社会。自由人在自己的土地上劳作，有时候也替其他人工作。财富并不容易迅速易手，直到货币出现才将它变成一种比土地更容易转移的形式。荷马用一头牛的方式来衡量财富，而且似乎设想着黄金和白银只是作为礼物赠送仪式中的因素，而不是作为交换手段。这是后来贸易和低贱工作都被轻视的观念产生的背景；而贵族的态度一直如此。这也有助于解释为什么在雅典（或许其他地方），商业一直长期掌握在外邦人手中，外国定居者并不享受公民特权，提供给希腊城邦公民的服务也并不会提供给这些外邦人。

　　奴隶制当然是理所当然的，尽管围绕这个制度还有许多不确定因素。这显然可以由许多不同的原因来解释。古时候，如果正如荷马史诗中反映的那样大多数奴隶都是妇女，这是胜利的一种奖赏，但后来对于男性俘虏的屠杀也渐渐地转变成奴役。大型种植园中的奴隶制，例如罗马或者现代欧洲殖民地的那种，都是不寻常的。公元前 5 世纪的许多希腊自由民都会拥有一到两个奴隶，并且我们估计在雅典最繁荣时期四分之一的人口都是奴隶。奴隶可以获得自由；一个公元前 4 世纪的奴隶就成了重要的银行家。他们还经常能够得到良好的待遇和偶尔的爱戴。其中一个著名的例子就是伊索。但奴隶并不自由。希腊人认为绝对依赖他人的意愿对于自由民来说是不能容忍的，但他们几乎没有发展出对奴隶制正面批评的体制。如果对此表示惊奇将是不合时宜的。希腊之外的整个世界也是按照奴隶制度会继续下去的原则来组织的。这样一种当时流行的社会制度，即使当各地开始进入基督教时代也没有销声匿迹。它几乎没有引起任何评论，因此，希腊人把它视为理所当然。没有工作也就没有办法维持奴隶制度，因此从农业劳作到教学都有奴隶的存在（我们的词"教员"原来就是指一个陪同出身良好的男孩去上学的奴隶）。

　　当文明在爱琴海重现之后，希腊人仍然通过很多渠道不断地受到中东的影响。奴隶可能是其一，而外国居民则肯定是渠道之一。荷马已经提到工匠（demiourgoi）。外国工匠一定把不只工艺技术还包括其他陆地上的图案和风格带到了希腊的城邦中。晚些时候，我们听闻希腊的工匠定居在巴比伦，并且有许多例子讲述希腊士兵作为雇佣兵服务于外国国王。当波斯在公元前525年侵略埃及的时候，希腊人为双方作战。其中有些人会返回爱琴海，带来新思想和观感。与此同时，始终持续的商业和外交往来也存在于亚洲的希腊殖民城市及其邻居之间。

　　源自希腊各种事业中的日常交易，复杂得使得我们很难区别本土和外国对古风时代希腊文化的贡献。其中一个吸引人的领域是艺术。正如迈锡尼反映了亚洲的模式；在这里，希腊青铜器上装饰的动物图案，或阿弗洛狄忒等女神的姿态，都令人回想起中东艺术。后来，希腊纪念性建筑和雕塑模仿埃及，并且埃及塑造物品风格的古老方式被希腊工匠用在了诺克拉提斯。虽然作为最终产品，古典时期希腊的成熟艺术是独一无二的，但是其根源却远溯到公元前8世纪重建与亚洲关系之时。我们不太可能很快描述出来的是后来文化相互影响的缓慢辐射过程，在公元前6世纪左右这种文化的相互影响一直以两种方式作用着，因为希腊在当时既是学生也是老师。例如吕底亚（Lydia），传说中世界上最富有的克罗伊索斯（Croesus）王，受到依附它的希腊城市的影响而希腊化，采用了来自这些希腊城邦的艺术，并且可能更重要的是，字母也间接经由弗里吉亚获得的。因此，亚洲再次获得了其曾经给予的东西。

　　早在公元前500年，这个文明就是如此复杂以至于很难在一特定的时间里判断事件的精确状况。按照同时代的标准，早期希腊是一个快速变化的社会，并且它的一些变化比其他社会更容易看出来。临近公元前 7 世纪晚期时，一个重大变化似乎是第二次并且更重要的殖民化浪潮的到来，通常始于东部希腊城市。其殖民活动是对本国农业困难和人口压力的一种反应。随后而来的是一股商业浪潮。随着与非希腊语世界之间的贸易变得更容易，新的经济关系出现了。部分证据就是白银流通的增加。吕底亚人是第一个打造新钱币的民族——标准重量和打印了标记的代币。并且到公元前 6 世纪，钱币开始广泛地应用于外国和国内的贸易，只有斯巴达反对引入。专业化成为应对本国土地短缺的可能对策。雅典通过专门从事大量陶器和橄榄油的出口来确保所需粮食的进口。希俄斯岛出口橄榄油和葡萄酒。有的希腊城邦明显变得更依赖于外国的谷物，特别是来自埃及或希腊在黑海殖民地的谷物。

商业扩张不仅意味着土地已经不再是财富唯一的重要来源，而且还意味着更多人可以购买对确立地位如此重要的地产。这开始了军事和政治方面的革命。古代希腊战争的理想形式是单打独斗，这种战斗形式对于每个武士都是贵族的社会是理所当然的。他们骑马或驾战车前往战场对抗他们的对手，装备稍微差一点的下级则为他们而战。新贵族则有能力负担起盔甲和武器来装备一个更好的军事手段"重甲步兵"（hoplites）——装备着重型武器的步兵一直是希腊军队两个世纪以来的骨干，并且是其优势。他们依靠部队纪律的凝聚力取胜，而不是依靠个人蛮勇。

步兵装备着头盔和护甲，并且携带盾牌。他的主要武器是长矛，并不是用来投掷，而是为了在混战中稳定自己有序地跟随在矛兵方阵的后面。这样的战术只能在相对水平的地面上进行，而这样的土地往往是希腊战争中争夺的对象，因为一个希腊城邦赖以生存的农业会因为被夺取了河谷中少有的平原而破坏，城邦中的大部分粮食都种植在这块平原上。在这种地形上，重甲步兵可以集体向前冲，通过他们的冲击力扫除防卫者。他们完全依靠自己的力量作为一个有纪律的整体来行动。这不仅最大化了向前冲的作用，而且使得他们在随后的肉搏战中能够取胜，因为每一个步兵不得不依靠他右边同伴的盾牌来获得保护。共同行动的能力是新战争的重点。虽然现在更多的人参与到战争中，但数量不再是所有因素中最有价值的了，因为3个世纪以来希腊对亚洲军队作战的胜利都证明了这一点。纪律和战术技巧开始变得更为重要，它们多少意味着定期的训练，以及社会中武士阶层的扩大。更多人分享权力，这种权力来自对行使权力手段的近乎垄断。

这些不是当时唯一重要的创新。正是在那时，希腊人发明了政治：通过在公共场合的讨论，合理地选择定义现实中集体关注的概念。他们语言中大篇幅使用的内容我们现在仍然在用，"政治"和"政治的"都是来源于希腊语中描述城邦的术语。这就是希腊生活的框架。它不仅仅是为了经济原因生活在同一个地方的人们单纯的聚合，更多的内容可通过希腊人说话方式的转变来解释：他们没有提到雅典做这个，或底比斯做那个，而是雅典人和底比斯人的行为。尽管有严重的分歧，城邦——或者为了方便可以被称为城市国家——可能通常是指一个团体—— 一个分享利益和共同目标的人类意识的整体。

这样的集体协议是这种城市国家的本质；那些并不喜欢自己所在城市的人们可以到其他地方寻找替代。这有助于产生高度的凝聚力，但也是狭隘的一种。希腊人从来没有超越过对地方自治权（另一个希腊词）的偏爱以及城市国家特有的对外部世界的抵触和不信任。逐渐地，希腊人拥有了自己的保护神、自己的节日礼仪和戏剧，这些戏剧将现存的人们与过去联系起来并且用自己的传统和法律来教育他们。因此，这种有机的生活常常跨越几代人。但它的根源是重甲步兵理想的纪律，以及人们与他的邻居肩并肩的合作行动，依靠他们去支持共同事业。早期公民机构——也就是说构成了政治上有效团体的那些机构——都仅限于重甲步兵，也即那些有能力参与到城市防御队伍中的人们。后来希腊那些担心政治极端主义结果的改革者在寻求稳定时，都会把希望转向步兵集团来解决城邦的基础问题，也就不足为奇了。

城邦的根基还建立在其他事实上：地理、经济、亲属关系。其中许多城邦都成长于非常古老的土地上，建立于迈锡尼文明时代。有些则较新，但几乎总有一个城邦的领地是在可提供足够生活物资的狭窄河谷地带。一些城邦是幸运的，如斯巴达就坐落于一个广阔的山谷中。而有些就明显有缺憾，如阿提卡的土地非常贫瘠，雅典最后只有依靠进口粮食来养活其市民。方言强化了因为山林阻隔而造成的城邦与邻居间的潜在独立意识。这些方言保留了普通意义上的部落起源，依靠公众教派这些部落团结起来。

有史时期开始的时候，这些势力就已经产生出强烈的关于社区和个性的感觉，这就使得希腊人不可能超越城邦：一些希望不大的组织和联合是没有指望了。城市里市民对城市生活的参与是紧密的；我们可能会发现这种参与几乎有些过分了。然而，由于城邦的规模小，就算没有官僚机构也能够运作；市民团体总是比总人数少得多，因而可以总在一个会议地点集合。所以，一个城邦哪怕渴望对各项事物进行一分钟的官僚制管理，也是不可能的；类似于此的事情会超出它的政府机构的能力。如果我们依据雅典的证据作出判断——我们对这个城邦了解如此之多是因为它在碑铭上留下的记录很多——行政机构的区别：审判和法律制定都远非我们所知的那样，因为在中世纪欧洲，一个执法行为可以被视为对法院判决的法律解释；正式来说，法院只不过是市民集会的一个场景。

这个团体的规模和对本团体成员资格的限定，决定了这个国家的宪法性质。或多或少，它依靠的是日常管理当局，不论是地方行政官还是法院。这些和中东部分地区及中国战国时期（更别说汉朝）的官僚制截然不同。的确，笼统地概括这些问题仍旧不妥当。希腊有超过150个城邦，而我们对大多数一无所知；其余的我们也仅仅知道一点。很显然各城邦在处理事务的方式上有重要的差异。但仍可做个概述。随着财富的扩张，那些取代国王的贵族自己也变成了竞争和攻击的对象。新派试图以不那么尊重传统利益的政府来代替贵族，这样就形成了一个被希腊人称作僭主统治的时代。僭主往往非常富有，但他们为自己辩护说他们受到了民众欢迎，许多僭主必须伪装成仁慈的专制君主。在社会斗争有可能因为陆地上压力带来的新危机而增强之后，他们带来了安定。受惠于和平的是经济增长；同样地，僭主也享受彼此间经常保持的良好关系。公元前7世纪是僭主的黄金时期。然而这种制度并没有长期存在，很少有僭主能够持续两代。公元前6世纪，趋势变成几乎所有的地方都倾向于集体政府：寡头政治、宪法政府，甚至开始出现早期的民主政体。

雅典是一个突出例子。很长一段时间里，阿提卡看起来虽然很穷，但却拥有足够的土地帮助雅典避免社会压力，而这种社会压力在其他城邦导致了殖民运动。在其他方面也是如此，其早期经济表现出特别的活力；甚至在公元前8世纪有陶器表明雅典是一些商业和艺术方面的领先者。虽然在公元前6世纪，雅典也因为贫富之间的冲突而饱受折磨。不久，一个传奇的法律制定者，梭伦，禁止富有的债权人奴役债务人（这会让上层阶级变得更加依赖动产，而且债务奴役也没法保证劳动力）。梭伦还鼓励农民专门化。橄榄油和葡萄酒（及其容器）成为雅典主要的出口项目，而粮食则保留在本土。同时，一系列改革（也得益于梭伦）给予旧的地主阶级和新贵之间平等的地位，并且提供了一个新的民众会议去准备所有市民的大会——公民大会（ecclesia）的事情。这种变化并没有马上平定雅典的分歧。僭主时代在公元前 510 年最后一个僭主被驱逐才算结束。然后，其矛盾的产物是希腊最民主政府的体制终于在那里运作，虽然它是一个比其他城邦拥有更多奴隶的地方。

所有政治决定都是采取多票表决的公民大会形式（也选出了重要的法官和军事指挥官）。独创性的布置为公民组织形成一个团体做好了必要的安排，这种公民组织会防止城市居民代表反对农民或者商人的派系斗争。这是一个伟大时代的开始，这是一个繁荣的时代，雅典有意识地在城市以外促进节日和宗教的发展，并且给所有希腊人提供一些东西。这就是可以竞选领导阶层。

雅典和它强大的对手斯巴达之间已经存在多方面的竞争。不同于雅典，斯巴达面对压力不是通过改变政府机构而是抗拒改变。斯巴达用最保守的方法来解决问题，很长时间里都是通过在国内实行严格的社会纪律，及对邻国实行征服计划，这使它能够满足其其他人对土地的需要。一个相当早期的结果是社会结构的僵化。因此传统的约束出现在斯巴达。据称它是传说中的法律制定者，莱库古甚至禁止以书面形式记录下它的法律。我们所理解的它的想法就是，斯巴达人无论年轻人、男孩还是女孩，都要经历严格的训练。

斯巴达没有僭主，其有效政府似乎是由老年人组成的会议和 5 个被叫作"监察官"（ephors）的行政官来分享的，而两个世袭的国王都拥有特别的军事力量。这些寡头是对斯巴达的公民大会（根据希罗多德的记录，公元前 5 世纪的早期大约有 5 000 人）负责的最后手段。因此，斯巴达拥有最大的贵族阶层，古代作家也同意这些贵族是步兵阶层。斯巴达社会保持着农业化，不允许商业阶层的出现。斯巴达甚至未参与殖民运动，仅仅发起了一个类似的事业。这产生了某种被后来的清教徒尊崇的军事化平等主义，以及某种符合老式愿望的强烈暗示性氛围，适合良好的和病态的，还有品格高尚的寄宿学校。尽管时间的推移和国王的姿态稍稍软化了斯巴达的实践，斯巴达人明白财富和舒适之间没有太大的区别。直到进入古典时代，他们都避免衣着不同并且一起吃大锅饭。他们的生活条件用一个词来说就是"简朴"，这反映了理想化的军事美德和严格的纪律。

斯巴达公民公社和其他人之间的划分可能是斯巴达最严重的问题了。这个问题可能使斯巴达政治简化或者失声。住在斯巴达城邦中的大部分居民并不是公民。其中一些是自由民，但大部分都是奴隶、奴隶般的工作者；他们被束缚在土地上，与自由农民一起共同承担供应斯巴达公社食堂的食物生产工作。起初奴隶来自被多利安入侵之后奴役的当地居民，但他们像后来的农奴一样束缚于土地而不是成为个人所有者的动产。当然后来由于征服活动，他们的数量大大增加了，尤其是通过公元前8世纪兼并美塞尼亚平原，这个平原作为一个独立的城邦已经从希腊历史上消失了300多年。结果，一片阴影笼罩了斯巴达的成就，那就是对奴隶反叛的恐惧，这被其他希腊人所评论。这束缚了斯巴达人与其他城邦之间的关系。渐渐地，他们担心国家军队在外，唯恐军队的缺席会引发国内革命。斯巴达始终警惕并且恐惧的敌人就在国内。

斯巴达和雅典在公元前5世纪的冲突是致命的，这导致了它们一直被视为古代希腊政治世界中的两极。当然，它们不是唯一有效的模式，而这正是希腊成功的秘诀之一。是否会借鉴这一丰富的政治经验和资料，远比直到这时在这个世界中看到的任何事情都有用。这种体验提供了对法律、责任和义务这些重大问题首次系统的反思。从那时起，这些问题就已经锻炼了人们的思维，大部分以条款的形式由古典希腊保存下来。在前古典时期，关于这种主题的思考几乎是不存在的；风俗的重要性和本地经验的局限性充分说明了这一点。

城邦共享了希腊的经验和遗产，它们是通过贸易过程中所做的接触才知道了其他类型的政治组织，因为希腊的许多殖民地在这一对比中彻底显现了自己的本性。希腊世界拥有边界区域，在这里冲突很可能发生。在西方，这个世界曾经看起来几乎是在无限地向外扩张，但大约在公元前550年，当伊特鲁里亚和迦太基的力量施加限制的时候，持续了两个世纪的惊人扩张就结束了。

第一个殖民地——再一次位于数个世纪之前米诺斯和迈锡尼有时曾定居的地方——表明，在希腊的社会基础中，贸易和农业一样频繁。他们的主要力量在西西里岛和意大利南部，一个在古典时代晚期被称作"大希腊"的地区。这些殖民地中最富有的是叙拉古，它在西西里拥有最好的港口，于公元前733年由科林斯人建立，并且最终成为称霸西部的希腊城邦。除了这个殖民地区，在科西嘉岛和法国南部（在马西利亚［Massilia］，也就是后来的马赛），当许多希腊人和伊特鲁里亚人、意大利中部的拉丁人生活在一起的时候，定居点也建立了起来。希腊商品在远至瑞典的地区也被发现，并且希腊的风格在公元前6世纪巴伐利亚的防御工事中被发现。更多无形的影响难以确定，但一个罗马研究专家认为，希腊第一个教化野蛮人的例子就是后来的法国人；不仅教他们耕种土地，而且教会他们培植葡萄。如果真是这样，欧洲后代子孙确实多多受益于希腊的贸易。

这种充满活力的发展似乎引起了腓尼基的妒忌和模仿，致使腓尼基人建立了迦太基，以及迦太基人在西西里岛西部的立足。最终，他们阻止了希腊人在西班牙的贸易活动。然而，他们无法将希腊定居者驱逐出西西里岛，就像伊特鲁里亚人不能将他们从意大利赶走一样。在公元前480年的决定性战役中，叙拉古人曾派遣了一支迦太基部队。

对于希腊与亚洲之间的关系来说，这是更重要的一个时期。小亚细亚的希腊城邦经常与亚洲的邻居发生冲突。它们受到最多的是吕底亚的袭击，直到它们向吕底亚国王、拥有传奇般财富的克罗伊索斯王臣服并且进贡。在此之前，希腊已经影响了吕底亚的风尚；一些克罗伊索斯王的继承人向位于德尔菲的神庙奉献贡品。现在，吕底亚的希腊化变得更快。但一个更为强大的对手在更遥远的东方崛起——波斯。

希腊和波斯的战争是希腊早期历史中的高潮部分，并且开创了希腊古典时期。由于希腊更多关注与波斯之间的长期冲突，就很容易忽视与对手之间的很多联系。波斯舰队——以及在较小的程度上来说，波斯军队——发动伯罗奔尼撒战争，至少有数以千计主要来自爱奥尼亚的希腊人为他们服务。居鲁士雇佣了希腊采石工和雕塑家，而大流士聘请了希腊医生。不管希腊人声称他们多么反感一个将国王当作神来对待的国家，事实上也许这场战争不仅是既有敌意的爆发，也制造了很多增加敌意的事情。

战争的根源在于波斯阿契美尼德王族成员领导下的重大扩张行为。大约在公元前540年，波斯人毁灭了吕底亚（这是克罗伊索斯王统治的结束，据说他由于对德尔菲神谕表达内容的轻率理解发起了对波斯的进攻。神谕中说，如果他发起与波斯的战争，那么他将毁灭一个伟大的帝国，虽然并不知道是哪一个）。这使得波斯和希腊直接碰面。在别处，波斯征服的脚步一直在往前推进，当波斯占领埃及时他们损害了希腊在那里的商业利益。接下来，波斯进犯欧洲并且占领了远至马其顿的海岸城市。穿过多瑙河后，他们失败了，并且很快从斯基泰撤退。此后是一段间歇期。接着，在公元前5世纪的第一个十年，或许是受到大流士征服斯基泰人失败的鼓励，亚洲的希腊城市起义反对波斯的宗主权。本土的城邦，或者是其中的一些，决定提供援助。雅典和埃雷特里亚（Eretria）向爱奥尼亚派出了舰队。在接下来的发展中，希腊人烧毁了吕底亚形式上的首都以及波斯帝国在西部的

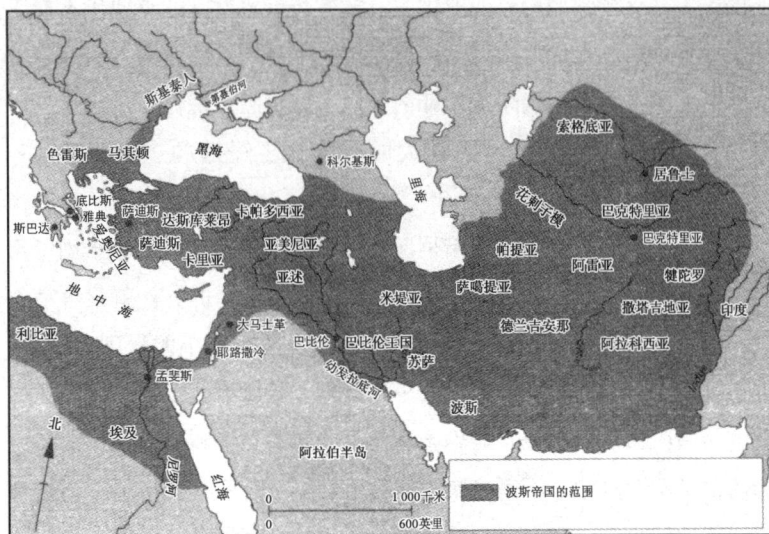

阿契美尼德王朝时代的波斯帝国

总督辖地萨迪斯（Sardis）。但反抗最终失败了，并且使得希腊本土的城市面临着激怒对手的境地。

在古代世界里，事情通常不会发生得很快，并且大规模的远征活动需要很长时间来准备。但爱奥尼亚起义刚被镇压下去，波斯就派出舰队进攻希腊；只是越过阿托斯圣山（Athos）之后舰队就失事了。第二次进攻发生在公元前490年，波斯洗劫了埃雷特里亚，但随后就在雅典人手中遭遇失败。这场战斗的名字已经变成了一个传奇，即马拉松战役。

虽然这是雅典的胜利，但下一阶段与波斯斗争的领导者是斯巴达这个陆地上最强大的城邦。伯罗奔尼撒联盟的目的是通过防止将军队送往国外来确保斯巴达的未来，但它移交给斯巴达的一些重要事务使其好像民族的领导者。当十年之后波斯再次来犯时，几乎所有的希腊城邦都接受了这一点——甚至因舰队力量增强在海上联盟中拥有压倒性力量的雅典也是如此。

希腊人声称，并且毫无疑问地相信，再次来犯的波斯人数以百万计（公元前 480 年，穿过色雷斯）。即使（就现在来看更可能是）事实上来犯的波斯军队还不到 10 万（其中还包括数千名希腊人），这对于希腊城邦的守卫者们来说仍然是具有压倒性不均衡的力量对比。波斯军队缓慢地沿着海岸向伯罗奔尼撒半岛前进，随行的还有一支强大的护卫舰队。然而希腊拥有的重要优势是良好的装备和训练有素的重装步兵，以及使波斯骑兵优势和士气沮丧的地形。

这一次决定性的战役发生在海上。它伴随着另一个传奇性的插曲，斯巴达国王李奥尼达（Leonidas）带领他的三百勇士在温泉关战役中全军覆没，之后希腊人不得不放弃阿提卡，给了波斯。希腊人退到科林斯峡谷，他们的舰队集中在靠近雅典的萨拉米斯（Salamis）海湾。但时机有利于他们。此时正是秋季；而让波斯人措手不及的冬季即将来临，希腊冬季是非常严寒的。波斯国王抛弃数量上的优势，在狭窄的萨拉米斯海湾中进攻希腊舰队。他的舰队被歼灭之后，开始了一场前往赫勒斯滂海峡的漫长撤退。第二年，他留下的军队在普拉提亚（Plataea）被击败；同一天，希腊在爱琴海另一边的米卡尔（Mycale）赢得了另一场伟大的海上战役。这宣告着希波战争的结束。

这是希腊历史上的伟大时刻，也许是最伟大的。斯巴达和雅典荣耀加身。随后，亚洲的希腊城邦获得独立。它开创了希腊人强大自信的时代。希腊向外扩张的动力一直持续到一个半世纪后马其顿帝国的鼎盛时期。希腊人身份认同的感觉达到顶点，当人们回首那些英勇的日子，或许会想，是否当时本来有一些绝好的机会把希腊联合起来成为一个国家，但却被永远地错过了。或许，这还是一件更值得重视的事情，因为希腊自由民击退了亚洲专制君主，从而播下了常常被后来的欧洲人提及的反差的种子；而在公元前 5 世纪它就存在于少数希腊人的脑海中了。神话中包含了未来的事实，数个世纪之后其他人会时空错置地回望马拉松和萨拉米斯，视其为欧洲面对野蛮人并赢得许多胜利的开端。

对抗波斯的胜利开启了希腊历史上的伟大时代。许多人开始议论"希腊奇迹"，因为极高度的古典文明成就开始出现。然而，这些成就的背景是一个如此痛苦和遭受毒害的政治历史时期，因此它结束在庇护希腊文明的机构——城邦消失的时候。尽管它的细节是复杂的，但这个情况还是可以简单地概括出来。

普拉提亚和米卡尔战役之后的 30 年，与波斯的战争仍在断续进行，但它已成为一个更重要主题即雅典和斯巴达之间尖锐竞争的背景。生存得到保证，斯巴达人带着宽慰返回国内，也许此时更加忧虑的是国内的希洛人。这使得雅典成为那些渴望推进波斯统治下其他城市解放的城邦毫无争议的领袖。提洛同盟形成了，这个同盟支持一支对抗波斯的共同舰队，而它的指挥权属于雅典。随着时间的推移，同盟的成员提供的不再是船只而是金钱。一些城邦因为波斯的威胁已经下降，不想再支付这笔费用。雅典的干预确保了违约的城邦不再增加拖欠费用，并且对同盟城邦的要求变得更加苛刻。例如纳克索斯岛（Naxos）试图离开同盟，但因为被围困又返回同盟。这个同盟逐渐纳入了雅典帝国，标志就是总部从提洛岛转移到了雅典，城邦捐助的金钱都被拿来满足雅典的目的；雅典在各城邦强驻官员，重要法律案件都移交给雅典法庭。公元前 449 年与波斯达成和平共识时，这个同盟还在继续，虽然它的借口已经消失了。在同盟的巅峰时期，超过 150 个城邦向雅典支付金钱。

斯巴达欢迎这一过程的第一阶段，它高兴看到其他城邦信守承诺保持在其边界之外。和其他城邦一样，斯巴达仅仅是逐渐意识到形势的变化。而它意识到这一点，与雅典霸权越来越多地影响到希腊城邦的内部政治这个事实有很大关系。它们常常就联盟产生分歧，有钱人、纳税的市民厌恶这种捐贡，但穷人并不反对，因为没有钱来支付捐贡。有时雅典干预之后的城邦会发生国内革命，结果往往是产生了雅典体制的仿制品。雅典自身经历过平稳向民主政治发展的斗争。到公元前460年，雅典国内问题真正解决了，因此它在外交方面的动向很快就有了意识形态的色彩。其他事情也可能增加其他城邦对雅典产生不满的概率。雅典是一个巨大的贸易城邦，另一个大商业城市科林斯觉得自己受到了威胁。彼奥提亚人也是雅典人攻击的对象。这些问题积累起来导致一个反对雅典的联盟，斯巴达通过参加始于公元前460年的反对雅典之战争最终成为联盟领袖。随后15年内，并不坚决的战争带来了一个可疑的和平。不过也仅仅过了15年，公元前431年，一场大规模的内部斗争开始了，将让古典希腊元气大伤，这就是伯罗奔尼撒战争。

这场战争断断续续打了27年，直到公元前404年。本质上这是一场陆地对海洋的战争。一面是斯巴达联盟，包括彼奥提亚、马其顿（不可靠的盟友）和斯巴达最重要的支持者科林斯，掌握着伯罗奔尼撒半岛和将雅典与希腊其他部分隔离的陆上地带。雅典的盟友散落地环绕在爱琴海海岸，爱奥尼亚的城市和岛屿，这片地区从提洛同盟时期起就由雅典掌控。战略取决于有效的手段。斯巴达军队显然最擅长占领雅典的领土，然后强迫其投降。雅典人在陆地上无法同敌人抗衡，但他们拥有更好的海军。这在很大程度上归功于两个伟大的雅典政治家和爱国者狄米斯托克利（Themistocles）和伯里克利（Pericles），两人都相信一支优良的海军可令雅典挫败任何攻击。由于城市中的瘟疫以及公元前429年伯里克利去世之后领导阶层的缺乏，事情没有预期的那样好，但战争的第一个十年里基本不劳神的僵局状况完全是依靠这个战略来维持。它在公元前421年带来了暂时的和平，但并没有持续下去。雅典的挫折感最终找到了出路，即通过一个计划将战争推向远方。

坐落在西西里岛的富有城市叙拉古是科林斯的重要殖民地，同时也是雅典最大的商业竞争对手。占据叙拉古将会重伤敌人，毁灭伯罗奔尼撒一个主要粮食供应商，并带来丰富的战利品。有了这笔财富，雅典就有希望建立和掌控一支更大的舰队，从而实现决定性而又无可置疑的希腊世界之霸权——也许是掌握迦太基的腓尼基城市和西地中海的霸权。其结果是公元前415年到前413年灾难性的西西里远征。它具有决定性意义，但受到致命打击的不是对方，而是雅典的野心。雅典损失了一半的军队和所有的舰队，又在国内遭遇了政治动荡和分裂时期。最终，雅典的战败使对手们的联盟更加巩固。

斯巴达现在寻求并获得了波斯的帮助；作为回报，它秘密许诺，亚洲大陆上的希腊城邦都将再次成为波斯的附庸（就像它们在波斯战争以前一样）。这使它们能够组建起舰队，帮助那些想要摆脱帝国控制的雅典附属城邦。陆军和海军的失败打击了雅典的士气，公元前411年，一次不成功的革命使寡头政治暂时取代了民主政权。然后，随之而来的是更多的灾难，雅典舰队被俘虏，并最终被封锁。这一次失败是由饥馑决定的。公元前404年，雅典提出和解，其防御工事被夷为平地。

此类事件在任何国家的历史上都是悲剧性的。从与波斯作战的辉煌时期，到波斯人差不多不费吹灰之力就收回他们损失的时期，主要是因为希腊的分裂。这是一个必须有丰富想象力才能把握的循环的戏剧性事件。人们对其倾注强烈兴趣的另一个原因是一本不朽著作——修昔底德的《伯罗奔尼撒战争史》。这是当时的第一部历史著作，也是第一部科学的历史作品。但没有发生较大战争的这几年如此吸引我们的根本解释是，因为我们觉得，在战争、阴谋、灾难及荣耀交织的中心仍然潜藏着一个令人着迷的不解难题：米卡尔战役之后真正的机会是否浪费掉了？或者这个长期的下降趋势仅仅是一种幻觉的消散，其现实情况并没那么好，只是看起来充满希望而已？

战争年代也有另一个惊人的方面，在此期间文明方面结出的丰硕成果在世界上未曾出现过。政治和军事活动在某些方面达到一定成就，最终限制和决定了它们将来应该如何继续发展。这就是为什么这个小国家百多年的历史（其中最核心的是那些战争岁月），与千年古代帝国一样值得重视。

首先，我们应该回顾有限的基础是如何支持希腊文明的。虽然，希腊有很多城邦，分散在爱琴海广阔的区域内，但即使把马其顿和克里特岛包括在内，希腊土地面积和不包括威尔士或者苏格兰的英国面积大致相当——并且希腊只有大约五分之一的土地可以耕种。大部分城邦是很小的，一般不会超过 2 万人，最大的可能有 30 万人。城邦之中只有少数精英能参与公民生活并且享受现在被我们认为是希腊文明的成果。

另一件需要一开始就说清楚的是这个文明的本质。希腊人远没有看轻感官的舒适和愉悦，他们留下来的物质遗产确立了两千年来很多艺术品方面的审美标准。然而，最终希腊人是作为诗人和哲学家被后人铭记；他们的思想成就最值得我们关注。这一点在"古典希腊"这一理想概念中得到承认，但这个概念是由后代人创造而不是希腊人自己的。虽然，一些生活在公元前 5 到公元前 4 世纪的希腊人认为他们拥有优于其他民族的文化，但从后人的观点来看，古典典范的力量在于回顾希腊并建立评估它自身的标准。后人最主要认为这些标准存在于公元前 5 世纪与波斯作战取得胜利之后的那段时期里。公元前 5 世纪在客观上是一个统一体，因为即使这个文明与过去的历史有着根深蒂固的联系，并持续深入到未来，波及整个希腊世界，这个时代见证了希腊文明所达到的高度与密度。

　　这种文明仍根植于相对简单的经济模式；在本质上，是先前时代的产物。自从货币引入之后就没有什么伟大的革命来改变它，并且大约300年左右的时间里希腊贸易只有渐进的或细节的变化。一些市场开放了，一些市场关闭了，工艺安排随着时间的流逝慢慢变得更加复杂精细，但仅此而已。国家和城邦之间的贸易是最先进的经济成分，在这个水平之下，希腊经济一点也不像现在想当然的那样复杂。例如，易货交易一直存在于日常用途中，直到铸币时代来临。这种交易也存在于因消费者的有限要求而形成的相对简单的市场中。这种交易的生产规模也很小。据称，雅典最好的陶器厂在巅峰时期也没有超过150名工匠工作。我们面对的不是一个世界性的工厂，很多工匠和贸易商可能只带领少数雇工和奴隶独立作业。即使是庞大的建筑工程，例如雅典的修饰工作，也只是转包给数个小团体的工人去做。唯一的例外可能是在采矿业，尽管其具体的工作安排方式仍然不得而知（只知道矿山属于国家并以某种方式转租给别人），阿提卡的劳里昂（Laurium）银矿有数以千计的奴隶在工作。几乎所有地方的经济核心都是自给自足的农业。尽管有雅典或米利都（在一定程度上享有作为一个羊毛生产商的名声）的专门需求和生产，典型的社会还是依靠小农生产供给国内市场需要的谷物、橄榄、葡萄和木材。

　　这样的人是典型的希腊人。有些人是富有的，但其中大多数用现代的标准来看可能还是穷人，即使现在地中海的风气仍使得相对较低的收入比其他地方更容易接受。任何规模的商业以及其他各类企业的活动，都可能主要集中在外邦人手中。他们可能有重要的社会地位并且常常是富有的人，但未经特别许可他们不能获得土地，比如在雅典，尽管他们也有服兵役的责任（这为我们提供了一些关于他们人数的信息。因为在伯罗奔尼撒战争之初，约有3 000人有能力负担重装步兵的武器和装甲）。城邦里其他不是市民的男性居民要么是自由民，

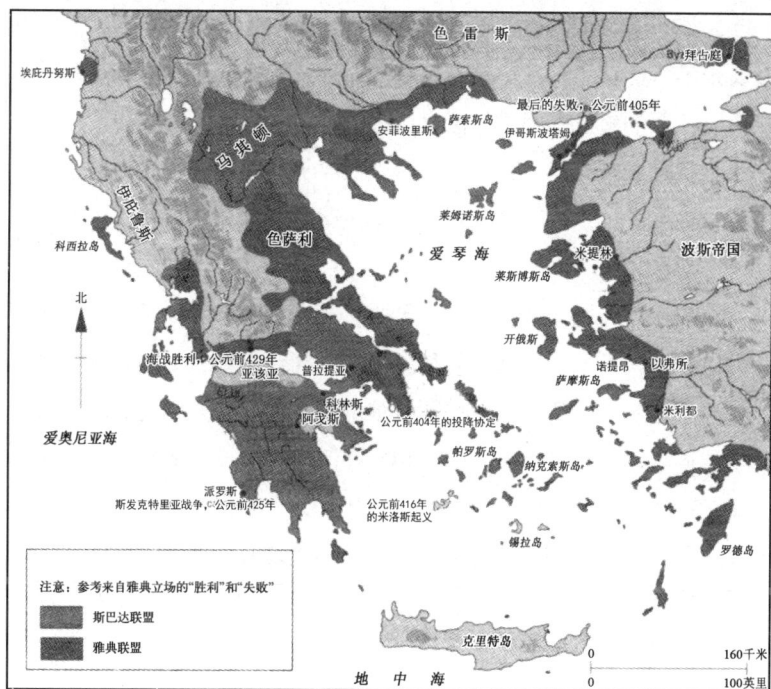

伯罗奔尼撒战争

要么是奴隶。

　　虽然妇女也被排除在公民资格之外，但更深入地总结她们的合法权益是冒险的行为。例如在雅典，她们既不能继承也没有自己的财产。虽然在斯巴达对于女性来说这两种都有可能，但如果牵涉到超过一蒲式耳谷物价值的商业交易，她们都不能进行。离婚时妻子的诉讼，虽然是事实，对雅典妇女来说是有效的，但机会似乎十分稀有，而且与男人相比几乎很难获得，男人看起来相当容易就能摆脱妻子。书面文献表明妻子的生活不同于那些富人；对她们中的大部分来说，都是干苦力的日子。社会制约对所有妇女的行为规范都有十分严格的管理；即使是上层阶级的妇女大部分时间也都在家中隐居。如果她们冒险外出，必须有陪同；出席宴会被认为有损于她们的体面。艺人和妓女是唯一能够正常期待公共生活的女性；她们能够享有一定的知名度，但体面的女性则不能。值得注意的是，古典希腊时代的女孩子被认为不值得受教育。这种态度表明她们成长的社会源自先前的原始氛围中；也就是说，这个社会不同于米诺斯时代的克里特岛，也不同于后来的罗马。

根据文学作品中所揭示的，希腊人的婚姻和亲子关系能够产生深厚的感情，一男一女之间相互信任程度很高，就像我们现在的社会一样。而其中的一个要素，在现在很难准确衡量，就是包容、甚至浪漫化了男同性恋。习俗调整了这一切。在许多希腊城邦，年轻上层男性与年长男子之间的风流韵事是可以被接受的（有意思的是，希腊文学作品中很少有证据表明有年龄相仿的男同性恋）。

在这件事情以及其他所有事情上，我们知道更多的是精英阶层的行为而不是大多数希腊人的行为。公民在实际上必定涉及不同的社会阶层，其范畴太大而不能轻易概括出来。我们可以从存世文献中谈到的人，这类在公共生活中获得一定声望的人，即使在民主的雅典人中，也因此常常是一个土地所有者。他不太可能是一个商人，也不太可能是一个工匠。一个工匠在公民大会中作为所属集团的成员可能是重要的，但是他很难成为领导阶级。商人可能会由于上层社会的希腊人长期根深蒂固的偏见而受到妨碍，他们认为贸易和产业对于一个绅士来说是不太合适的职业，作为一个绅士应该过着一种理想的建立在自己所有土地收益上的有教养的安逸生活。这样一种观点带着重要的影响融入欧洲传统中。

社会史因此模糊地融入政治中。希腊人对政治生活的关注——城邦的生活——及古典时代希腊可清晰地由两个不同时代来框定的事实（即波斯战争时代和一个新的马其顿帝国时代），可以让我们很方便地意识到希腊政治史对于文明的重要性。雅典在这幅画面中居于主要地位，因此从雅典那里主张何为典型的事物是相当冒险的。通常我们认为自己知道最多的东西是最重要的，而且因为公元前 5 世纪很多伟大的希腊人物都是雅典人，并且雅典是伯罗奔尼撒战争伟大故事中的一方，所以学者们对它的历史给予了巨大关注。然而，我们也知道雅典（仅举两个特点）规模大，又是一个商业中心；因此，在很多重要的方面它并不都具有典型意义。

但高估雅典文化重要性的企图并不是十分危险。毕竟，这样的卓越地位在那时就已经被意识到了。尽管一些伟大的希腊人物不是雅典人，并且很多希腊人反感雅典人宣扬自己的优势，但雅典人仍视自己为整个希腊的领导者。伯罗奔尼撒战争前夕伯里克利告诉他的同胞雅典是希腊其他地方的模范时，他虽是刻意在做宣传鼓动，但他说的话也确实不错。雅典的领导地位既基于其观念，也基于其实力。舰队让雅典在爱琴海取得了无可争议的主导地位并且因此在公元前 5 世纪用贡赋充实了国库。雅典的权力和财富在伯罗奔尼撒战争前夕达到顶峰，那些年国内的创造活动和爱国热情也达到了巅峰。帝国扩张带来的荣耀与当时真正为人们所享受的文化成就紧密地联系在一起。

商业、海军、自信和民主思想作为不可分割的、传统的主题交织在公元前 5 世纪的雅典历史中，就像后来 19 世纪英国的情况一样，尽管是以非常不同的方式。那时候人们已经普遍认识到，一个最终需要超过两百名以上舵手才能使其出航的舰队既是帝国力量的工具，也是民主制度的保证。重装步兵在一个海军国家的地位相比其他地方显得不太重要，而且对于一个划船手来说昂贵的护甲也不需要——他们是由联盟的贡赋或取得胜利的战争收益来供养的，正如它被期望的那样，例如西西里岛远征就将证明。帝国主义在那些期望分享远征收益的雅典人之中相当盛行，即便只是间接的和集体的，而且并不需要个人承担它的责任。这就是被评论家们给予大量关注的雅典民主的一个方面。

雅典民主政治的出现是意想不到的，而且在一开始几乎未被注意到。其根源在于公元前6世纪的政制修改，它以地域组织原则取代了亲属关系组织原则；至少在理论和法律上，对地域的忠诚变得比对所属的家族更加重要。这是一个看起来在希腊已经普遍化的发展，并且它把民主建立在从那时起就有的地方化体制之上。其他变化紧随其后。因此到公元前5世纪中叶，所有的成年男性都有权参加公民大会，并通过它参加主要行政官员选举。战神山会议的权力在持续下降，公元前462年之后，就只是个对一定犯罪行为拥有审判权的法庭。同时其他法院也通过向陪审团提供报酬的制度，因而更容易受到民主政治的影响。因为法院也进行大量的行政业务，这意味着在日常生活中有相当数量的民众参与到城市运行中来。刚刚结束了伯罗奔尼撒战争，日子还很艰难，出席公民大会还能得到薪水。最后，雅典人相信抽签选举，将之用于地方行政官选择以反对世袭声望和权力。

这种体制的根源来自根深蒂固的对专业知识和权威的不信任，以及对集体常识的信心。毫无疑问，这导致雅典人表现出对严格法律体系相对缺乏兴趣——雅典法院中的争论充斥着非常多的动机问题、立场问题、实质问题，而不仅仅是法律问题——以及对演讲技能的重视。雅典有影响的政治领导人都是善用其语言煽动市民的人。无论我们称呼他们是煽动者还是演说家都没有关系，他们是一批通过说服力寻求力量的政治家。

公元前5世纪近尾声时，虽然不太常见，还是有一些这样的人不再来自传统意义上的统治阶级家庭。虽然旧政治家庭持续的重要性仍然是民主政治系统的重要限制。这个世纪之初的狄米斯托克利和战争开始时的伯里克利都是旧家庭的成员，出身使得他们即使是在保守派

眼中也是出任领导的恰当人选；因为他们确有资格上位，使得旧统治
阶级发现接受民主政治更容易。雅典民主政治的谴责者和理想化者都
倾向于忽略这一事实，而它在一定程度上解释了其明显的温和性质。
税收不多，并且很少有区别对待的法律来针对有钱人，就如我们现在
将要和民主政治统治相结合的法律；并且正如亚里士多德所说，这将
是穷人统治的必然结果。

　　即使是在雅典民主政治的危急关头，它在外交政策上仍是以冒险
和进取著称的。普遍的要求是支持亚洲的希腊城市起义反对波斯的原
因。稍后，由于可理解的理由，它使得外交政策带着反斯巴达的偏
见。与最高法院的斗争是由狄米斯托克利领导的，他是雅典萨拉米斯
舰队的缔造者，从波斯战争结束之后他就察觉到了来自斯巴达的潜在
威胁。因此，伯罗奔尼撒战争和雅典内讧加剧的责任，以及希腊所有
其他城邦之间的分歧，都摆在了民主制度面前。批评家指出，这不仅
给雅典自身带来灾难，除此之外还导致或者至少唤醒了所有希腊城邦
内讧和社会冲突的苦难。

　　如果雅典民主把妇女排除在外，外邦人和奴隶也一样在这个范围
内，这与民主政治之间的关系非常不和谐。用现代眼光观察，它看起
来既是狭隘的，也是灾难性的失败。然而，我们不应该因此就认为雅
典没资格被后人尊重。人们太容易做一些不合时宜和无效的比较。雅
典不能和两千年之后仍旧没有被完全实现的理想型相比较，而只能和
同时代的国家比较。尽管显贵家庭的影响还存在，尽管在实际操作上
大多数成员能够参加公民大会任何特别会议是不可能的，但雅典人从
事自治活动的人数比其他国家要多。和任何其他制度相比，雅典民主
政治把人从亲属关系的政治约束中解放带来的自由是最多的，这也是
雅典达到的伟大成就之一。即使不是所有的公民都有参政资格，雅典
民主政治也依然是到那时为止最伟大的政治教育机构。

　　不过，虽然希腊民主有利于共同参与，但它也鼓励竞争。希腊人敬慕胜者，认为人们应该努力求胜。人的力量由此得到巨大的释放，但这也带来了危险。有一个他们经常使用的概念，我们不太准确地译为"美德"，这其中的差别就很能说明问题。希腊人的这个概念，除了指我们现代意义上的人们公正、讲原则或有美德，还同等程度地指他们有能力、强壮和机智。荷马笔下的英雄奥德修斯，经常做些混蛋事，但他聪明、勇敢并获得了成功，于是就受到了爱戴。希腊人认为，只要能表现出这些特质就很好，即使社会代价有时会很高也无所谓。希腊人很在意形象，他们所浸润的文化教他们要避免受辱，而不是避免犯罪，他们害怕受辱，并不逊色于害怕被人抓住公认的罪证。希腊政治中存在大量激烈的党派之争，其缘由就在于此。这是他们心甘情愿付出的代价。

　　使得希腊成为欧洲导师的成就实在是太丰富了，即使花费很长时间的近距离研究也很难概括，因此想用大约一页纸来总结是不可能的。但有一个突出的主题在其中出现：对理性的、有意识的探索研究越来越受到重视。如果文明正朝着理性地控制心态和环境的方向演进，那么希腊人在这方面的作为超过了他们的前辈。他们发明的哲学质询法，成为所有时代中一种最伟大传统习俗的重要部分，是能够发现关于事物连贯并符合逻辑的解释，是认为这个世界不会最终取决于神或者恶魔无意义的武断命令。当然，这样的看法不可能会被全部或者大多数希腊人所理解。这是一种不得不在一个充满着无理性和迷信的社会中保持自己的表达方式。不过，它是一种革命性和有益的想法。它期待一个可能的社会发展，在这个社会中这种思想将会得到普及；甚至柏拉图，虽然他认为大多数人分享它是不大可能的，但他也在自己构想的理想国中将理性思考的任务赋予了统治者，以此作为他们享受特权和严于律己的理由。希腊人挑战了非理性因素对社会和智力活动的影响，前所未有地磨炼了他们的力量。虽然，此后人们对这种力量多有夸大和神秘化，但中肯地说，它带来的解放效果在数千年里不断体现出来。这是希腊最伟大的成就。

虽然蒙昧和迷信仍在不少地方残留，但某些形式的理性已经在希腊社会普遍得到推崇。雅典哲学家苏格拉底成为智者的象征要感谢他的学生柏拉图，他曾留下这样的格言："未经审视的生活是毫无价值的。"但当他冒犯了他的国家时，他的同胞谴责他应以死谢罪；他也同样因为质疑已被广为接受的天文学而受到谴责。尽管有此类重要历史遗存，希腊思想仍比以往任何早期文明的思想都更能反映出关注和方式的变化。

这些思想来自其自身的活力，它不屈服于自然与社会，但也不会一直导致与自然和社会较大的斗争；有时候也会遇到死胡同并迷失方向，发展成异国情调和奢侈的幻想。希腊思想并非完全统一的，我们不应该认为它是一个团结所有部分的整体；它是一个跨越了 3 到 4 个世纪的历史延续，在不同的时期有不同的突出因素，而这是很难评价的。

造成这种情况的一个原因是希腊思想范畴——也就是说，这种思想方式在思考事物的独特构成部分前就已经构建出非常详细的知识图谱——并不同于我们的思想范畴，尽管表面上很像。我们使用的一些概念并不存在于希腊人思维中，他们的知识使他们对我们认为理所当然领域中的问题有着截然不同的理解。有时这是显而易见的，没有任何困难。例如，当一个希腊哲学家把户籍管理及其房产（经济学意义上）定位于我们称为政治研究的一部分，我们不会误解他；但在更抽象的主题上，可能会引起麻烦。

我们在希腊科学中发现这样一个例子。对于我们来说，科学被视作理解物理世界的恰当方法，它的技术来源于实验和观察。希腊思想家发现物理世界的性质却是通过抽象思维，透过形而上学、逻辑和数学。有人说希腊理性思维实际上最终妨碍了科学的进步，因为问询服从于逻辑和抽象推演而不是自然观察。在希腊伟大的哲学家之中，只有亚里士多德在收集和分类数据方面表现突出，但他在很大程度上也仅在社会和生物研究中使用这一方法。这也是没有将希腊科学和哲学的历史明显区分的一个原因。它们是一个整体，是若干城市共同取得的成果，其发展跨越了 4 个世纪左右的时间。

这些思想的开端构成了人类思想上的革命，当我们已知的希腊最早一批思想家出现时，它已经发生了。这些思想家在公元前 7 世纪和前 6 世纪时生活在爱奥尼亚的米利都城中。重要的智力活动在那里和其他一些爱奥尼亚城市中继续，直至始于苏格拉底的雅典思想的非凡时代。毫无疑问，在这里，亚洲带来的刺激作为背景是重要的，如同它在许多其他方面让事情启动一样。米利都是个富有的城市，这一点可能也是相当重要的；早期思想家似乎都是有钱人，这样他们才能有足够的时间去思考。然而，当智力活动在整个希腊世界广泛发展时，早期对爱奥尼亚的这种强调就宣告让步了。大希腊和西西里岛的西部殖民在公元前 6—前 5 世纪大部分发展中相当重要，而后来的希腊化时代重点又开始向亚历山大里亚转移。整个希腊世界都促成了希腊思想的成功，甚至在雅典问答方法的伟大时代都不应夸赞雅典在其中的突出地位。

公元前 6 世纪，泰勒斯和阿那克西曼德在米利都发起关于宇宙性质的有意识的思索，这表明神话与科学之间严格的边界已经模糊交叉。埃及人确定了自然界的实践规律，并已在这个学习过程中进行了归纳总结，同时巴比伦人也作出了重要的测量。米利都学派充分利用了这些信息，并且也尽可能从旧文明中采纳更多关于宇宙的基础概念。据说，泰勒斯认为，地球的起源是水。然而，爱奥尼亚哲学家很快就超越了他们所继承的学说，他们建立了一种关于宇宙性质的普遍观点，以客观的解释取代神话。这个过程是值得铭记的，尽管最终事实证明他们提出的这些特别观点都是徒然的。希腊关于物质性质的分析就是一个例子。虽然两千年前原子理论就已经初见雏形，但直到4世纪，它还是被否决掉了；而得到赞成的理论，以早期爱奥尼亚思想家观点为基础，认为物质都是由四种基本元素——空气、水、土、火——按照不同的比例组合而成。后一种理论后来奠定了直到文艺复兴时期西方的科学基础。因为它划定的界限和所开启的可能性，使它具有重要的历史意义。当然，它也是错误的。

但这一点对于这个观点提出的意义来说是次要的。对于爱奥尼亚人和他们所建立的学派而言，重要的是他们提出的"令人震惊的"新观点。在对宇宙性质的理解上，他们将神和魔鬼放在一边。时间湮灭了一些他们曾经做过的事情，这是真的。公元前5世纪末期的雅典，面对失败和危险的暂时恐慌已经不止一次在对亵渎神明的谴责中见到，然而这远不及两个世纪之前爱奥尼亚思想家们的勇气。他们中有人说："如果牛能画画，那它的上帝长得也会像头牛。"数个世纪以后，古典地中海文明已经失去了很多这样的洞察力。它早期的面貌是希腊文明活力最引人注目的标志。

不仅大众迷信淹没了这种想法，其他哲学家的倾向也起了一定作用。这是一个与爱奥尼亚传统共存了很长时间的观念，并且会有更长的寿命和影响力。它的关键是，认为现实是非物质性的。即，如同柏拉图在后来将它用一种最有说服力的方式表达出来那样，我们所体验的生活仅仅是一种纯粹形式和理念的想象，这是现实世界的神圣化身。现实只能通过思想去理解，不仅通过系统的思索，还包括直觉。尽管这种观念强调非物质性，但这种思维方式也能在希腊科学中找到根源；不过不是在爱奥尼亚人关于物质的推断中，而是在数学家的活动中。

　　他们的一些巨大进展是在柏拉图死后很久才作出的。他们将要完善的是希腊思想方面最大的成就，直到 17 世纪的整个西方文明所仰赖的绝大多数算术和几何都是由它整理的。每一个学童都知道毕达哥拉斯的名字，他生活在公元前 6 世纪中叶意大利南部的克罗顿（Crotone），据说他创立了演绎证明法。不知道是幸运还是不幸，他其实做得比这些更多。他通过研究一根震动的弦发现了谐波的数学基础，而且他对数字和几何的关系特别感兴趣。他接触它们的方法有点半神秘的性质。像许多数学家一样，毕达哥拉斯是一个虔信宗教的人，据说他供奉了一头牛来庆祝对著名证明的满意推论。他的学派——有一个秘密的毕达哥拉斯兄弟会——后来认为宇宙的终极性质是数学和数字。据亚里士多德报告，"他们幻想数学原则是万物的原则"。这多少有点不以为然的意味。但他的老师柏拉图却被这种教义和公元前 5 世纪早期毕达哥拉斯学派的巴门尼德（Parmenides）对已知感官世界的怀疑论大大影响了。数字看起来比物质世界更有吸引力，它们拥有完善的定义并且是现实观念的抽象表达。

　　毕达哥拉斯哲学对希腊思想的影响是一个巨大的主题，所幸它不需要进行总结。现在的问题是其对宇宙观点的最终影响。因为宇宙观是建立在数学和演绎原则基础上，而不是通过观察，后者将天文学限定在一条错误的路线上长达两千年之久。从一开始，对宇宙的想象建立了一系列封闭的模型——由运动的太阳、月亮、行星在相对地球的固定位置上组成的循环模式。希腊人注意到，这似乎不是实际上天空运转的方式。但是，简而言之，随着越来越多的对基本组合的改进，这种外观仍旧得到认同，并且拒绝审议从推演中得到的原则。最后的详细阐述，直到公元 2 世纪由一位著名的亚历山大里亚人托勒密最终完成。这些努力相当成功，只有少数持不同意见者表示反对（这表明希腊科学中的其他知识成果也是有可能的）。托勒密系统的所有不足之处从对行星运动的预测可以看到。但在哥伦布时代，它依旧作为海洋航行指南，即使人们依赖的不过是仍旧僵化的宇宙论思想的错误观点。

无论是四要素的理论还是希腊天文学的发展，都表明希腊思想中演绎的偏差，及其典型的弱点——它迫切需要陈述一种貌似可信的理论去解释尽可能广泛的体验，而不是通过实验来验证。这影响了很多现在我们认为属于科学和哲学的思想领域。其成果的一方面是空前严谨和敏锐的观点，另一方面是对感觉材料的最终怀疑。公元前 5 世纪，只有以希波克拉底为代表的希腊医生极为重视经验主义。

至于柏拉图——无论是好的还是坏的，哲学讨论已经被他和他的学生亚里士多德两个人在很大程度上发展了，而不是被任何其他两个人——这种偏见可能会因他对所观察到的一切评价极低而加强。虽出生于雅典贵族，但柏拉图远离了他曾经希望参与其中的现实世界，特别是他的老师苏格拉底被判处死刑的遭遇，使他对政治和雅典民主政治的幻想破灭了。从苏格拉底那里，柏拉图学到的不仅仅是其毕达哥拉斯主义，还有对待伦理问题的唯心主义观点以及哲学论辩术。他认为，美德可以通过询问和直觉发现；这是事实。这是一系列观念中最伟大的部分——真理、美、正义是其他部分——它们不是某种意义上任何人的脑海中能随时形成的观点（就像一个人可能说"我对那件事情有一个想法"），而是真正的实体。在世界上是固定和永恒的一个真实的存在，而这样的观念是主要因素。柏拉图认为，我们的感觉让我们看不到真实不变的世界，这种感觉欺骗了我们、误导了我们；但灵魂容易接近它，通过对理性的应用能够理解它。

这种观点的重要意义已经远远超过了技术哲学。例如，在这（如毕达哥拉斯的教义）其中可以找到类似之后清教主义基本原理的痕迹，人类不可避免地切断了与灵魂的联系；这是神圣的起源，而身体禁锢了它。身体和灵魂不能和解，但其中一个或另一个的胜利必然是结果。这样一个将进入基督教中的观点产生的影响巨大。而更直接的是，柏拉图也相当关注实践，因为他相信人类生活的安排能促进或阻碍关于理想的世界及现实的知识。他通过一系列苏格拉底和前来与他辩论的人们之间的对话来陈述自己的观点。这是关于哲学思想的第一批教科书。而在被我们称为《理想国》的那本书中，人们首次设立了一个关于社会管理的体制，以计划去实现一个道德目标。它描述了一个专制国家（让人联想到斯巴达），在这个国家中婚姻会受到管制以产生最好的遗传结果，家庭和私人财产不会存在，文化和艺术将受到审查，而教育也会被认真监督。统治国家的少数人具有足够的智慧和道德地位，这可以帮助他们通过理解这个理想世界去研究怎样才能够在实践中实现社会的公正。像苏格拉底一样，柏拉图认为智慧就是对现实的理解，他认为洞悉真相应该能使人们按照它来采取行动。不同于他老师的是，他认为对大多数人来说教育和法律应适当限制，因为未经审查的生活是毫无意义的。

《理想国》和它的观点引起了数个世纪的争论和模仿，但这几乎适用于柏拉图所有的作品。正如 20 世纪英国一位哲学家所说的那样，西方后来全部哲学家所做的工作都是对柏拉图的一系列注解。尽管柏拉图反感他考虑的东西并且产生了个人的偏见，但是他几乎预期到了所有哲学上的重大问题，无论是道德、美学、知识的基础，还是数学的性质；并且他在伟大的文学作品中陈述了他的观点，阅读这些作品常会让人感到愉快和兴奋。

柏拉图创办的学园在一定意义上可以称为第一所大学。在这里出现了他的学生亚里士多德，一个更全面和平衡的思想家，他对于事实的可能性很少有怀疑，并且比柏拉图少了一些冒险精神。亚里士多德从来没有完全拒绝他导师的教诲，但在基本方法上却已经背离了他。他是一位伟大的分类者和数据收集者（出于对生物学的特殊兴趣），而且与柏拉图不同，他不排斥感觉经验。事实上，他同时寻找着牢固的知识和经验世界的快乐，拒绝普遍观点的概念，并且主张从事实到一般规律的归纳。亚里士多德是一个多产的思想家，对很多方面都感兴趣，他的历史影响与柏拉图的一样，大得难以清楚界定。两千年来他的作品提供了关于生物学、物理学、数学、逻辑、文学批评、美学、心理学、道德和政治的框架。他提供了这些主题和接近它们的思考方法，这些具有弹性和足够广泛的方法最终被包含进了基督教哲学中。他还创立了直到19世纪晚期才被取代的逻辑学。这是巨大的成就，类别不同但是影响绝不亚于柏拉图。

亚里士多德的政治思想在一定意义上来说与柏拉图一致：城邦是所能想象到的最好社会形态。但他认为需要通过恰当的工作去改革和净化。但除了这一点之外，他和他导师产生了巨大分歧。亚里士多德认识到，城邦的正确运行是指它的每一部分都发挥出利于城邦的适当作用，而这从本质上来说，需要理解是什么给现存的大多数国家带来秩序。在系统阐述答案的过程中，他利用了一个希腊观点让他的学说获得长久生命力，那就是关于"中庸"（Mean）的概念——这个思想的卓越在于对极端的平衡。经验主义的事实似乎证明了这一点，并且看起来亚里士多德以系统方式集合了比任何先辈都要多的类似证据；但在强调社会事实重要性方面，希腊的另一个发明物——历史记录——已经先于他预测到了这一点。

这是另一项重大的成就。在大多数国家，年代记或编年史的意图只是简单地记录下事件的更替。但在希腊，情况却并非如此。希腊历史书写源自诗歌。令人惊讶的是——在其首次出现就达到最高水平——两本书的作者后无来者。其中第一位是希罗多德，他被合乎情理地称为"历史之父"。"历史"（*historie*）一词在他之前就已存在，意味着探寻。希罗多德赋予其另外一种含义，那就是探寻当下事件的意义，并且探寻因果。这部以欧洲语言写就的第一部散文作品幸存下来。激励他的是了解与波斯之间伟大战争这个近乎属于当代事实的愿望。他通过阅读大量可得到的文学作品、询问旅途中遇到的人们并努力记下所阅读和被告知的东西等等一系列方法，来积累关于希波战争的信息。第一次，这些事情成为主题而不是简单的年代记录。结果就体现在他的《历史》中，这是一本关于波斯帝国的卓越论述，其中也谈到了很多有关早期希腊和一系列历史调查的信息，然后是对从波斯战争到米卡尔之战的详细描述。希罗多德于公元前 484 年出生于小亚细亚西南哈里卡纳苏斯的一个多利安小镇，他一生的大部分时间都在旅行。他一度来到雅典作为客民生活了一段时间，作为工作的回报那时他可能会得到公开朗诵的机会。后来他去了意大利南部的一个新殖民地，在那里完成了他的作品，并在稍晚于公元前 430 年的时候去世。因而，他通过对整个希腊世界广泛的体验以及前往埃及和其他地方的旅行而得知很多事情。也因此，这些广泛的体验成就了希罗多德的伟大作品——以亲身经历和目睹（即使他有时多少会轻信它们）为基础的严谨描述。

　　作为希罗多德的伟大继承者，通常认为修昔底德的优势之一就是他用更加严格的方法报告事实，并且他试图用一种严格的方法来把握这些事实。结果是产生了一个令人印象深刻的智慧成果，虽然它高度浓缩，减少了希罗多德式工作的魅力。修昔底德的主题伯罗奔尼撒战争更具有当代性。这个选择反映了他较深入的个人参与和新的概念。修昔底德出身于雅典的名门望族（在因为命令失败的指控令他蒙羞之前，他一直是个将军），他想找出使他的城邦和希腊陷入可怕境地的原因。他与希罗多德有共同的实用动机，因为他的想法是（许多希腊历史学家也打算像他那么做）发现具有实用价值的东西。但他寻求的不是仅仅去描述它，而是去解释它。结果产生了有史以来最引人注目的历史分析著作，并且首次探寻在不同层面上的解释。在这个过程中他提供了一个公正判断未来历史的模板，因为他对雅典的忠诚心很少来干扰他。这本书并没有完成——它的故事仅持续到公元前411年——但全部的概括简洁而又引人注目："在我看来，雅典势力和斯巴达的恐慌增加是迫使他们开战的原因。"

历史的发明，本身就是希腊人所创造的文学知识新领域的明证。这是首次为人们所熟知的完整的知识。犹太知识领域包含广泛，但既没有戏剧，也没有批判的历史，更不用说轻松的题材。希腊文学与《圣经》一起占据着塑造之后整个西方写作方式的重要地位。除了积极的内容，它还对文学作品的主要形式和首批批评主题产生了影响。

从一开始，正如荷马表明的，文学与宗教信仰和道德教育紧密联系在一起。赫西俄德（Hesiod），一名大约生活在公元前8世纪晚期的诗人，通常被认为是后史诗时代的第一位希腊诗人。他自觉专注于正义问题和神性，从而确定了这样一种传统：文学作品不仅为了娱乐和享受，并且为随后4个世纪的希腊文学作品确立了一个伟大的主题。对于希腊人来说，诗人可能一直被看作教师，他的工作弥漫着神秘色彩，即灵感。然而，希腊有许多诗人，也有许多诗歌风格。首先能被分辨出来的是对贵族社会生活体验的个人描述。但当私人资助在僭主时代变得集中以后，诗歌开始缓慢地向集体生活和公民领域渗透。僭主刻意推动公共节日的发展，它将成为希腊文学艺术最伟大样本——悲剧的载体。戏剧在各个地方均源自宗教，在每一个文明中它的要素都会表现出来。崇拜仪式是最初的戏剧，然而希腊成就也促使这个向有意识的表现形式发展；更多的是对观众反应的期望，而不是消极的顺从或着迷的狂欢。说教的意图开始在其中出现。

希腊戏剧的最初形式是酒神赞歌，在狄俄尼索斯节上会被集体唱诵出来，并配有舞蹈和拟剧。我们得知，公元前 535 年泰斯庇斯（Thespis）在它之中增加了单独的表演者，他的台词就是与合唱团的许多种对唱，这是一个重要的革新主题。进一步的革新是添加了更多的表演者，并且在一百年内已经达到了埃斯库罗斯、索福克勒斯和欧里庇德斯的完美成熟的戏剧。他们作品中的 33 场戏剧被保留下来（包括一个完整的三部曲），但我们知道在公元前 5 世纪有超过 300 场的不同悲剧上演。戏剧中宗教色彩依然存在，尽管并不像其所表演的场景那样表现在文字中。伟大的悲剧常常以三部曲的形式在市民们参加的公众节日上演出，这些市民对于将要看到的戏剧已经熟悉了基本故事（通常是神话）。这也表现了一定的教育作用。也许大多数希腊人从没有看过埃斯库罗斯的戏剧；与看了莎士比亚戏剧的现代英国人的人数相比肯定是相当微不足道的。然而，那些在他们农场上不是非常忙碌，或者住得不是特别远的人们，都为戏剧提供了大量观众。

与其他任何古代社会相比，这里有更多人因此能够并被鼓励去详察和反思道德和社会领域的内容。他们期待的是熟悉仪式中展现的意义，以及仪式意义中一种新的提炼。这是伟大戏剧家主要给予仪式的意义，甚至有些超越了这一点，有些甚至在恰当的时刻讽刺社会中的虔诚。当然这不是呈现出来的自然主义描写，而是英雄的、传统的世界法则在起作用，他们的痛苦对个人的影响混杂在作品中。公元前 5 世纪下半叶，欧里庇德斯甚至开始使用传统的悲剧形式作为质疑传统假设的工具；因此他开创了一种被后来西方剧作家们广泛利用的技术，果戈理和易卜生这样风格各异的剧作家均采用了这一技术。不过，他所采用的框架由熟悉的情节构成，并且其核心是对无情的法律和报应重要性的认识。对这种安排的接受可能会被认为，在不得已的情况下，是对希腊思想无理性的证明，而不是它的理性方面。然而，它与东方神殿中群集的供奉者诚惶诚恐或充满希望地目睹一成不变的仪式或献祭过程时所处的思想状态还是有一定距离的。

公元前5世纪，戏剧的范围也以其他形式得到扩大。这就是，雅典喜剧发展成一种独立的类目，并涌现了第一位操纵人物和事件以娱乐大众的大师阿里斯托芬。他的材料通常是政治上的，几乎总是令人高度关注，并且常常是下流的。他的流传和成功是我们掌握的雅典社会宽容和自由的最重要证据。一百年后，我们看到了以奴隶私通和麻烦的风流韵事为内容的表演，这几乎和现代社会没有什么不同。这并不是索福克勒斯的影响，但它仍然能够消遣，并且几乎奇迹般地保持，因为在两百年之前没有什么东西和它类似。希腊文学在史诗时代之后发展迅速，并且它持久生命力的最好证据就是希腊改革力量和我们不能解释却很容易理解的心智发展。

古典时代末期的文学在城邦消失之前还有很长和重要的生命力。它拥有越来越多的观众，因为希腊语既是通用语也是几乎整个中东和大多数地中海地区的官方语言。虽然它再也达不到希腊悲剧的高度，但仍给我们展示了很多杰作。视觉艺术上的衰弱更明显。在这里，尤其是纪念碑建筑和裸体，希腊又再次为后代设定了标准。一开始借鉴亚洲的一种完全原始的建筑风格逐渐演变，古典风格的元素仍然有意识地被引用，甚至严肃的20世纪建筑师也不例外。短短几百年的时间，它遍布了从西西里岛到印度的大部分地区；在这种艺术上，希腊也是文化的出口国。

这在某一点上受惠于地质情况，因为希腊拥有很多优质石材。其坚固性通过今天我们所见到的宏伟遗迹得到了证明。然而，这里还存在一个幻觉。公元前5世纪雅典向我们展示的帕台农神殿的纯净和朴素隐藏了其在雅典人眼中的形象。我们不再拥有当时那些鲜艳夺目的女神塑像，杂乱无章的纪念碑、神殿和石柱的各种涂料和赭石必然充斥着雅典卫城，掩盖了其神庙的朴素。许多伟大的希腊中心的真实情况可能更像现代的罗德斯（Lourdes），比如，很接近德尔菲的阿波罗神庙；当很容易给我们一种商人、杂乱无章的小摊位和迷信活动充斥的混乱小圣地的印象（虽然我们还得考虑到考古学家对此断断续续发掘的贡献）。

尽管如此，这种限制使得时间的侵蚀将一种几乎无与伦比的形式美从肤浅经验中摆脱出来。用基本来源于事物自身的评价标准来降低事物评判的相互影响是不太可能的。通过自身并不太容易解读这些经过漫长岁月在人类脑海中留下深刻和强烈印象的艺术，除非用卓越艺术的证据和它表现出来的惊人技能来解释。

这种特性也存在于希腊雕塑中。在这里，拥有良好石材是一种优势；而且，最初来自东方的影响（常常是来自埃及的样式）很重要。就像瓷器，这种东方模式就曾经被吸收，让雕刻朝着更强的自然主义演变。希腊雕刻家卓越的作品是人体形态，其不再作为一种纪念仪式或者祭祀物品来呈现，而是为了它们自身的理由。此外它们也并不一定就是希腊人当时看到的完整雕像。那时，这些人物雕像常常是镀金的，刷上涂料，或者用象牙和珍贵石头来装饰。一些青铜器经历了劫掠和融化，因此石材本身的优势可能会带来误导。但它们的证据记录了清晰的演变过程。我们从神像或者身份不明的青年男子和妇女开始，简单且对称的呈现方式与那些亚洲的雕像相差不远。公元前 5 世纪的古典人物中，自然主义开始用一种重量的不均匀分布和简单前抛的姿势来呈现，并朝着普拉克西特利斯（Praxiteles）和公元前 4 世纪（此时人体被采用——女性裸体则是第一次被采用）的成熟人体风格演变。

一个伟大文化不仅仅是一个博物馆，没有文明会沦为一本目录。就全部精华内容而言，希腊的全部成就和价值是生活的各个方面，城邦政治、索福克勒斯的悲剧和菲狄亚斯的雕塑也是其一部分。这一直观、恰当地对细微区别的忽略占据后世的思想，但历史知识最终在年代和地点之间制造了这种区别的可能性。这是一个带来很多后果的错误，因为最后希腊被认为像曾经的历史一样对未来具有重要作用。两千多年来，希腊经验的意义被重现和重新解释，古老希腊将要被重新发现和重新考虑，并且以不同的方式再生和再利用。对于采用各种方法现实都达不到后来的理想状态以及自身的所有力量都和过去相联系的情况来说，希腊文明简直就是那个时代为止人类掌握自身命运的最重要的延伸。希腊在 4 个世纪里发明了哲学、政治、大部分的算术和几何学，以及各类西方艺术。即使其不足也有不少，并有一定的影响，但这就足够了。从那时起欧洲就从希腊那里奠定了日后发展的基础，并通过欧洲向世界其他地方传播同样的理念。

第 3 章 希腊化世界

希腊的历史在公元前 5 世纪之后发生了许多耐人寻味的转折，但其中最具震撼性的，是希腊文明何以激发起一个小王国的帝国梦，还为它指明了方向。而这个王国有人说根本不属于希腊。它就是马其顿。就在公元前 4 世纪的下半叶，这个本来在希腊北部的小国家，接收了波斯和所有希腊城邦的"遗赠"，创立了一个前所未有的大帝国。它构筑了一个我们称为"希腊化"的世界，因为其间占优势和具有凝聚力的那种文化，从根源和语言上都属于希腊。正是马其顿人，经由令人惊讶的领土征服将希腊文化带向了世界，而领导其实现这一切的乃是他们公元前 4 世纪的皇帝，亚历山大。

故事开始于波斯政权的衰落。波斯恢复与斯巴达的结盟掩盖了其重要的内在软弱。色诺芬的名著《远征记》记载了其中的一个故事：希腊雇佣军支持一位波斯国王的兄弟争夺王位的尝试失败后，沿底格里斯河长途跋涉，跨越山脉到达黑海。这是波斯衰落的重大故事之中次要的、附属的有趣事件，这也是一个内部分裂危机细节的故事。整个公元前 4 世纪，波斯帝国动乱不断，一个接一个行省（这中间包括埃及早在公元前 404 年就独立了，并维持达 60 年之久）都脱离了帝国的控制。西部总督发动一场大规模起义，使帝国花费了很大精力，才最终恢复帝国统治。当最终重新统治时，波斯的统治时常是虚弱的。

一位统治者被这一衰落所具备的可能性所吸引，这就是马其顿的腓力二世。马其顿是一个并未受到高度关注的北方王朝，其权力掌握在军事贵族手中。它是一个粗暴的、坚强的社会，其统治者在一定程度上像荷马时代的军事首领；权力更加依赖的是个人权势，而不是制度。关于这个国家是不是希腊世界的一部分，人们还存在争论。一些希腊人认为马其顿人是蛮族；另一方面，马其顿国王声称他们是希腊家族的后代（可以追溯到赫拉克勒斯），并且人们通常认可他们的这一说法。腓力本人寻求声望，他希望马其顿人被当作是希腊人。当他于公元前359年成为马其顿的摄政时，他开始以牺牲其他希腊国家为代价来稳步扩张领土。

他的最终目的是军队，到他统治后期，这支军队已成为希腊世界训练最为有素、组织最为有效的军队。马其顿军队传统特别强调重装步兵、盔甲骑兵，这一直是一支重要军队。腓力把这种传统添加到他年轻时在底比斯做人质时所学到的步兵经验之中。腓力从重装步兵战术出发，发展了新武器——深度达16人的方阵长矛手。方阵的长矛手所携带的长矛，其长度是重装备步兵长矛的2倍，他们在更加开阔的编队中运动，长矛可以从第二排、第三排的人之间穿出到前面，呈现出更加密集的武器编队，以抵御对方的进攻。马其顿人的另一个优势是掌握了围城的战争技术，这是其他希腊军队没有掌握的。马其顿人拥有弹弩，能迫使被围城市的防守者无法坚守，同时发挥攻城槌、移动的塔楼和土堆的作用；先前这只能在亚述军队及其亚洲的继承者那里才可以看到。最终，腓力统治着非常富裕的国家。腓力获得潘盖翁山（Pangaeum）金矿之后就积累了更多的财富，不过他花费过多，据说留下来很多债务。

腓力首先使用武力来确保马其顿本身能有效地联合在一起。开始几年，腓力年少，有摄政者。当摄政被废除后，腓力被选为国王。然后腓力就把他的目光转向南部和东北部了。在这些地区的扩张迟早意味着侵犯雅典的利益和势力范围。腓力所建立的同盟把罗德岛、柯斯岛、希俄斯岛和拜占庭都置于马其顿的保护下。另一个城邦福西斯

(Phocis) 在一场战争后也俯首称臣。雅典曾怂恿福西斯进行战争，却没有提供有效的支持。尽管德摩斯提尼——雅典民主时代最后一位伟大的鼓动家——通过告诫他的同胞所面临的危险而使自己名垂青史（人们至今会想到"philippic"［反腓力→激烈抨击］这个单词），但他并没有能拯救他的同胞。当雅典与马其顿之间的战争（公元前355—前346年）最终结束时，腓力不仅赢得了色萨利，而且也在中部希腊建立了自己的统治，并控制了通往温泉关的要道。

腓力所处的有利局势使他可以妥善安排针对色雷斯的计划，这意味着希腊人的注意力返回到波斯。一位雅典作家鼓吹进行一场希腊远征，彻底击败波斯（与德摩斯提尼继续宣称马其顿人是"蛮族"恰恰相反），又再次制订了解放亚洲城市的计划。这是一个有足够吸引力的观念，它最终催生了于公元前337年在不情愿情况下结成的科林斯联盟，其中包括大多数希腊主要城邦国家，除了斯巴达。腓力是这个联盟的首领和将军，这使人们想到先前的提洛同盟；表面上，同盟的成员是独立的，不过这是个幌子，因为这些成员国是马其顿的卫星国。尽管腓力的事业和统治达到了顶峰（次年腓力被刺死），但同盟的真正成立是在公元前338年马其顿再次击败雅典和底比斯人之后。腓力所施加的和平条款并不十分苛刻，但同盟必须同意在马其顿的领导下对波斯发动战争。腓力死后，希腊同盟有了一个更大的发展，因为他的儿子、继承者亚历山大镇压了希腊人的起义，就像他镇压王国境内其他起义一样。底比斯被夷为平地，居民被卖为奴隶（公元前335年）。

这是4个世纪的希腊历史的真正结束。在这期间，希腊城邦创造并繁荣了文明，城邦制度是当时世界上最成功的一种政治形式。但这不是第一次，也不是最后一次，未来似乎属于更大的军队，属于更大的组织。在马其顿统治和占领下，希腊本土的政治从此死水一潭。像

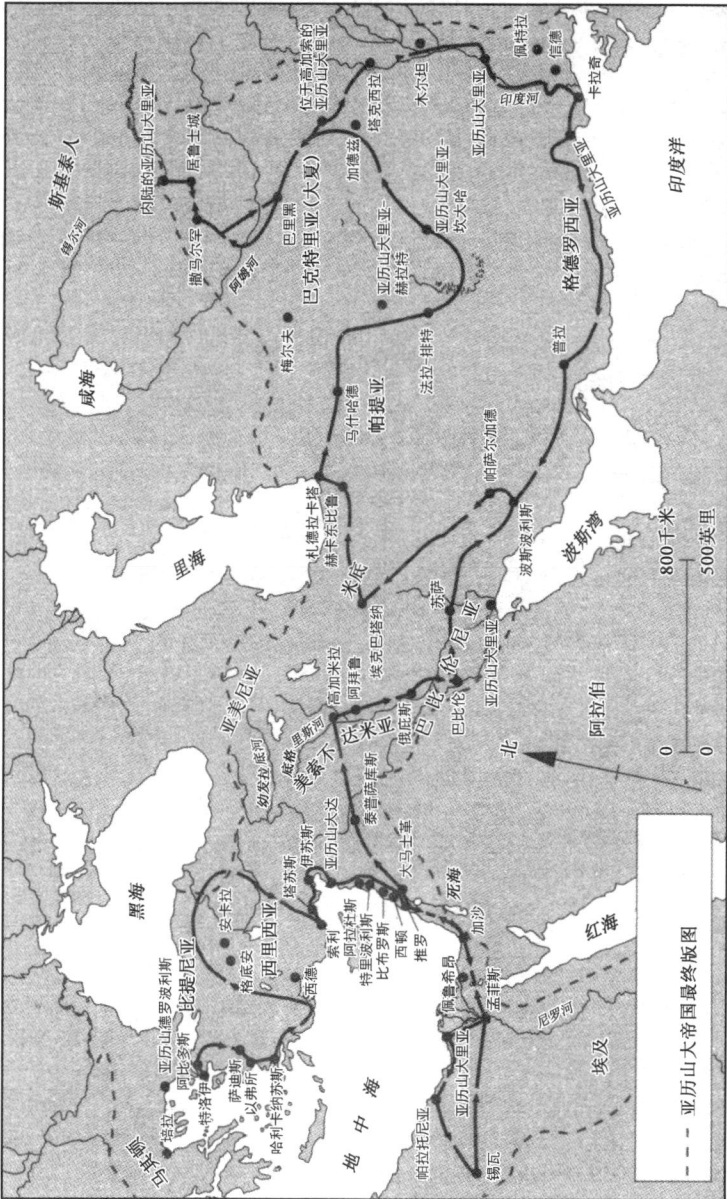

亚历山大东征路线

斯基泰人

锡尔河

药杀水

撒马尔罕

阿姆河

居鲁士城

内陆的亚历山大里亚

位于高加索的亚历山大里亚

佩特拉

信德

卡拉奇

亚历山大里亚

木沃里

塔克索拉

印度河

亚历山大里亚

巴里黑

巴克特里亚（大夏）

加德兹

梅尔夫

亚历山大里亚

赫拉特

咸海

牧大帕

格德罗西亚

普拉

里海

马什哈德

帕提亚

法拉-排特兹

帕萨尔加德

亚美尼亚

札德拉卡塔

赫卡托比鲁

米底

阿拜扬

埃克巴塔纳

波斯波利斯

高加米拉

达米

比比伦尼亚

苏萨

亚历山大里亚

波斯湾

阿拉伯

北

印度洋

底格里斯河

幼发拉底河

蒙苏木

桥

阿尔贝拉

巴比伦

俄底萨

秦普萨库斯

大马士革

死海

加沙

伊苏斯

亚历山大里亚

塔苏斯

安卡拉

黑海

梅底安

西里西亚

西顿

阿拉杜斯

特里波利斯

比布罗斯

推罗

孟菲斯

埃及

尼罗河

红海

亚历山大里亚

佩鲁希昂

马其顿

培拉

阿比多斯

拜占庭

萨迪斯

以弗所

哈利卡纳苏斯

米利都

帕拉托尼亚

锡瓦

亚历山大里亚

地中海

0   800千米
0   500英里

亚历山大大帝国最终版图

- - - - 亚历山大东征路线

他的父亲一样，亚历山大通过给予希腊人大量的内部自治来换取他们对他外交政策的支持，并安抚希腊人。这总是让一些希腊人，特别是那些雅典民主派心有不甘。

人称"大帝"的亚历山大，出生于公元前 356 年。尽管他父王总想让他学习希腊哲学和希腊科学的精华，但从年轻时候起，亚历山大就更喜欢狂欢宴饮，而不爱学术讨论。他还表现出嗜好暴力的倾向——一位历史学家称他为"醉醺醺的年轻暴徒"。但他也梦想能像父亲一样进行伟大的征服。公元前 336 年，亚历山大继承王位，立刻就想出发去打败波斯人，征服世界。

亚历山大统治之初遇到了希腊人的挑战，不过一旦降服了他们，他便把注意力转向波斯。公元前 334 年，亚历山大领军来到亚洲，他麾下有四分之一的兵力从希腊征召。这场战争不仅表现出理想主义；侵略战争或许也要深谋远虑，因为腓力所留下的装备精良的军队也是要花费钱财的。假如没有钱财，这对新国王也是一个威胁，因此征服将能获得钱财。这时的亚历山大年仅 22 岁，他在短暂的生涯中征服了如此广阔的领土，以至于他的名字像神话一般流传到各个时代，这也为希腊文化在最大范围内传播提供了背景。亚历山大把城邦制度带到了更广泛的世界之中。

这段历史可以简单加以概括。传说亚历山大跨越小亚细亚之后就砍断了格底安之结。然后他在伊苏斯战役中打败了波斯人。之后，亚历山大挥兵南下，通过叙利亚，征途中摧毁了推罗，最终到达埃及并在那里建立了一座城市，该城至今仍以他的名字命名。亚历山大本人在每一场战争中都是骁勇善战的士兵，在几次混战中都负了伤。亚历山大行军至沙漠，在锡瓦询问神谕，然后又返回亚洲，在公元前 331年与大流士三世发生第二次冲突，并决定性地击败了他。在洗劫并烧毁了波斯波利斯后，亚历山大宣称自己是波斯王位的继承者；次年，大流士被一位总督杀死。此后亚历山大继续远征，追逐东北部的伊朗人直到阿富汗境内（这里的坎大哈是纪念他的许多城市中的一座），并渗透入印度大约 100 多英里，到达旁遮普。亚历山大此后就撤军了，因为他的军队不愿意再继续远征。虽然已经击败了一支拥有 200 头战象的军队，但人们疲惫了，似乎对进一步远征不感兴趣了；更何况据报道，还有 5 000 人的军队在恒河流域严阵以待。亚历山大返回了巴比伦。公元前 323 年，亚历山大在这里去世，年仅 32 岁，此时距他当年离开马其顿仅 10 年时光。

不管是亚历山大的征服，还是帝国的组织，都深深打下了其个人天才的印记。但在此处，天才这一词语再怎么强调也不为过，因为他取得这种意义的成就绝不仅仅是好运气、有利的历史环境或潜在的决定主义造成的。亚历山大拥有创造性的心灵，拥有一定程度的远见，即使多少有些固执己见、执着地追求他的辉煌。拥有伟大天才的亚历山大有几乎混合着鲁莽的勇气；他认为他母亲的祖先是荷马笔下的阿喀琉斯，并竭力模仿这位英雄。在人们眼中，亚历山大的野心就是要证明自己，或许这也是他那剽悍、让人反感的母亲的野心——赢得新土地。

亚历山大无疑也抱有通过希腊远征反对波斯的观念，但他也因过于以自我为中心而不能成为传播者。尽管他崇拜希腊文化，这得益于他的老师亚里士多德，但他的世界主义也是根植于对现实的认可。亚历山大帝国必须要由波斯人和马其顿人统治。亚历山大本人首先娶了巴克特里亚的公主，后来又娶了波斯的公主，接受了——尽管他的一些朋友认为这是不合时宜的——东方人献给统治者的敬意，即把统治者当作神一样对待。亚历山大有时也处于鲁莽、轻率的状态，是他的士兵最终使他从印度河返回。但马其顿的统治者没有理由陷入战争的泥潭，而不考虑这对君主政权所带来的影响，因为假如亚历山大战死的话，就会没有继承者。更加糟糕的是，亚历山大在一次酒醉狂怒的状态中杀死了他的一位朋友，而且可能是他亲自策划暗杀了自己的父亲。

亚历山大英年早逝，既没有时间来确保他的帝国在未来的统一，也没有时间让他有后代保证帝国长久地维持下来。亚历山大在这时所做到的一切毫无疑问让人印象深刻。他所建立的25座城市自然也是相当重要的一件事情，即使这其中的一些城市仅仅是整齐划一的战略据点，但这些城市均处于亚洲陆路交通的咽喉要道上。亚历山大统治下的东西方之间的融合仍旧非常困难，但是在其统治的十年间，亚历山大一直坚持这一政策。当然，亚历山大的选择余地非常小；没有足够的希腊人、马其顿人来统治和治理这个庞大的帝国。从一开始，亚历山大在征服的土地上就通过波斯官员进行统治。从印度返回后，亚历山大就着手以混合马其顿人和波斯人为军团的方法重组军队。亚历山大还采纳了波斯人的服饰。他也试图强加匍匐礼仪——强迫叩头这样一类礼仪，当中国统治者要求近代来访欧洲人行使这样的礼仪时，许多人认为这是有辱人格的——给他的同胞，并要求波斯人也接受这些礼仪，这引起了他朋友们的反感，因为这些礼仪表明亚历山大喜爱上了东方风俗。因此存在一些阴谋和哗变，不过并没有成功；亚历山大所采取的相对温和的处罚表明局势对于他来说并不是很危险。危机之后，亚历山大采取了一项非常大手笔的文化融合举措。这时亚历山大娶了大流士的女儿为妻（亚历山大的另外一位妻子是巴克特里亚公主罗克珊娜［Roxana］）；然后又举行了盛大的婚礼仪式，由他主持让9000名士兵娶东方妇女为妻子。这就是著名的“东西方联姻”。这一举动与其说是理想主义，不如说是国务所需，是为了让帝国黏合在一起举办的联姻。假如这个帝国要想维持下去的话，就得如此。

这个帝国对文化相互作用究竟起了多大的作用，非常难以评估。

可以肯定的是，希腊人扩散到更加广泛的地理范围了。但这种扩散的结果只在亚历山大去世之后才出现。当帝国瓦解、正式的国家框架形成时，希腊化世界之文化实际情况才开始。事实上，有关亚历山大帝国的生活，我们几乎一无所知。而考虑到帝国存在的时间很短暂、古代政府的局限性、缺乏进行必要改革的意志，因此让希腊化世界里大多数居民认识到，公元前 323 年时，这个世界与他们所知道的十年前的那个世界有很大的不同，也必定是不可能的。

亚历山大对东方世界造成了很大影响。但他并没有统治足够长的时间来影响西部希腊人与迦太基之间的相互作用，虽然这种相互作用是公元前 4 世纪后半期重要的事情。直到亚历山大去世为止，希腊本土都比较平静。在亚洲，亚历山大所统治的地方都是先前希腊人未曾统治过的地方。亚历山大在波斯宣称自己是大王的继承者，因此比提尼亚（Bithynia）、卡帕多西亚（Cappadocia）和亚美尼亚（Armenia）这些北方的总督向他致以敬意。

维系亚历山大帝国的纽带肯定很虚弱，因此当亚历山大去世而没有一位有能力的继承者时，帝国无法承受各种张力。亚历山大的将军们为了争夺他们能够得到或者保住的领土而陷入混战，甚至在亚历山大与罗克珊娜的遗腹子出生之前，帝国就瓦解了。罗克珊娜之前已经杀害了亚历山大的第二位妻子，因此当她和她的儿子在混战中死亡时，任何直接继承者的希望都没有了。经过四十余年的战争，问题终于解决了，但谁也没有能力重建亚历山大帝国。取而代之的是一群大的国家，而且每一个都实行世袭君主制。这些国家是由亚历山大的继承者们（diadochi）建立的。

亚历山大手下最杰出的一位将军托勒密·索特（Ptolemy Soter）在其主人一死就攫取了埃及的大权，他后来还把亚历山大的遗体作为珍贵的东西运回来。托勒密的后代将要统治这个地区近 3 个世纪之久，一直到公元前 30 年埃及艳后克里奥帕特拉去世为止。托勒密埃及是继承者国家中最富裕的，也是存在时间最长的。亚历山大帝国的亚洲部分、印度地区和阿富汗部分的领土都从希腊人手里失落了，被转让给印度统治者，以换取军事支持。帝国的其他部分到公元前 300 年时成为另一个巨大的王国，其面积达 150 万平方英里，人口大约有 300 万，国土从阿富汗延伸到叙利亚，都城是安条克。这个巨大的地域由另外一位马其顿将军——塞琉古（Seleucus）的后代统治。由于遭受来自北欧的凯尔特人（这个民族已经入侵马其顿本土）的攻击，塞琉古王朝在公元前 3 世纪早期就丢失了部分领土，而自那以后该王朝的部分国土形成了帕加马王朝，由名叫阿塔鲁斯（Attalids）的家族统治，这个家族击退凯尔特人，让他们进一步深入小亚细亚内部。塞琉古王朝保住了其余的国土，但在公元前 225 年还将失去巴克特里亚，亚历山大手下士兵的后代在此建立了一个值得关注的希腊王朝。马其顿由另一个王朝安提柯（Antigonids）统治，这个王朝在爱琴海与托勒密的舰队进行斗争，在小亚细亚与塞琉古王朝进行斗争，都是为了竭力维持对希腊本土城邦的控制。大约在公元前 265 年，雅典试图再次获得独立，但失败了。

这些事件是复杂的，但对于我们的目的来说并非特别重要。更加重要的是，自公元前 280 年以后的大约 60 年间，希腊化诸王朝大致处于均势状态，发生在东部地中海世界和亚洲的事件处于主导地位，人们很少关心西部世界发生了什么，只有希腊人和马其顿人关心而已。这为希腊文化向东方世界传播提供了和平的条件，这就是为什么这些国家是非常重要的。这些国家对文明的发展和传播做出了贡献，是这些成就让我们注意到其价值，而不是那些继承者所进行的无谓的战争和龌龊的政治。

希腊语此时成为整个中东地区的官方语言；甚至更加重要的是，

希腊语是城市的语言，而城市又是这个新世界的焦点。在塞琉古王朝统治下，亚历山大曾十分渴望的那种希腊文明和东方文明之间的融合开始成为事实。该王朝急切地争取希腊移民，并在能够发现的地方建立新城市，这就为帝国的稳固提供了坚实的基础，也为希腊化当地人口提供了坚实的基础。这些城市是塞琉古权力的根本基础，因为这些城市之外就是混杂着各个部落、波斯总督辖地和附庸贵族的内陆地区。塞琉古王朝的行政管理仍旧是在总督制度的基础上进行的；王朝诸王就像继承税收制度一样继承了阿契美尼德王朝的专制理论。

城市的发展既反映了经济的增长，也反映出当权者有意的推动。亚历山大及其继承者的战争释放了大量的战利品，其中有大量波斯帝国积累起来的金银。这不仅刺激了整个中东地区的经济生活，也给这个地区带来了通货膨胀和不稳定的危险。无论如何，整个趋势是变得越来越富裕。不管是生产方面还是新的自然资源开发利用方面，都没

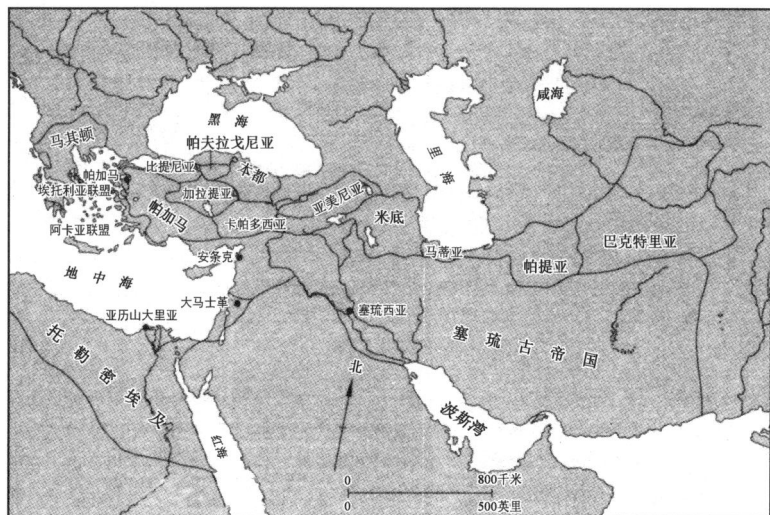

公元前200年后不久的希腊化世界

有新的革新措施。地中海世界经济在很大程度还保持着过去的样子，只是规模扩大了而已。但是希腊化文明比先前的文明更加丰富多彩，人口增加也是其中一个特征。

希腊化世界的财富支撑着政府的富丽堂皇。政府收取大量财富，并以壮观的，有时甚至是值得称赞的方式花费这些钱财。希腊化时代的城市遗址表明，很多花费都用在希腊城市的生活设施方面。剧场、体育场大量存在，这些场地都举办运动会和各种节日。但这大概并没有对生活在乡下的土著人口产生很大影响，这些土著缴纳赋税，其中一些人憎恶我们现在多称为"西方化"的东西。无论如何，这仍旧是一个巨大的成就。中东世界通过这些城市以某种方式希腊化了，在伊斯兰教来临之前这一直是这个地区的特征。不久之后，这些希腊化地区都产生了自己的希腊语文学。

虽然这是一种希腊城市文明，但在精神上还不同于过去的文明，就像一些希腊人酸酸地指出的。马其顿人是生来不知道城邦生活的，因此他们在亚洲的创建活动也缺乏活力。塞琉古王朝建立了大量城市，但却让这些城市保持着古老的专制制度，总督的集权行政管理远非城邦可以想象。官僚制度高度发展，自治政府消失了。具有讽刺意义的是，希腊本土的城市除了要承担往昔深重的灾难外——虽然这里独立自由的传统还依稀存在——这些也属于希腊化世界的城市实际上经历了经济的萧条和人口的衰落。

尽管政治上的活力已经消失，但城市文化作为传播希腊观念的伟大体系仍旧存在。大量的资金用于亚历山大里亚和帕加马城中两座古代世界最伟大图书馆的建设。托勒密一世建立了缪斯宫（Museum）——一种高级研究所。在帕加马，国王捐资设立了教师席位。也就是在帕加马，当托勒密切断纸草供应时，人们完善了羊皮纸（*pergamene* → parchment）的使用。在雅典，柏拉图的学园

（Academy）和亚里士多德的学园（Lyceum）继续存在，希腊的知识活动传统就是使这些资源在希腊化世界各处不断更新。这时的很多学术活动都是学术意义上的。狭义地说，这些活动在本质上都是对往昔成就的注释；不过其中很多也有极高的质量，虽然现在看来似乎分量不够，这只是因为公元前 5 世纪、公元前 4 世纪所取得的成就太巨大了。这个传统足够坚固，可以安全渡过基督教时代，尽管其中大部分内容不可挽回地丢失了。最终，伊斯兰教世界接受了柏拉图和亚里士多德的学说，而这一切又是通过希腊化时代的学者传递的。

希腊化文明在保存希腊科学文明传统方面做得极其成功，亚历山大里亚这座希腊化世界最大的城市表现得尤其突出。欧几里得（Euclid）是伟大的几何学系统组织者，他有关几何的界定一直使用到 19 世纪。阿基米德是欧几里得的学生，他以在西西里制作战争武器的实践成就而著称。另一位亚历山大里亚人埃拉托色尼（Eratosthenes）是第一位测量地球大小的人。另一位希腊化时代的希腊人是萨摩斯的阿里斯塔库斯（Aristarchus of Samos），他的观念很超前，认为地球围绕着太阳旋转，但他的观念被同时代的人和后人所抛弃，因为他的观念与亚里士多德的陈述恰恰相反。虽然阿基米德在流体静力学上取得了重大进步（并且也发明了辘轳），但希腊传统的主要成就总是数学的而非实践的。在希腊化时代，伴随圆锥曲线理论、椭圆理论和三角学的建立，数学的发展达到顶峰。

这些发现是对人类智力宝库的重要贡献。希腊化时代的道德与哲学和先前相比并没有多大不同。这不断诱使人们去寻找从城邦到大的政治单位这一政治变化的原因所在。仍旧是在雅典，这里的哲学时代使雅典成为最伟大的中心。亚里士多德曾希望复兴城邦；他认为假如他能得到适当的帮助，他能够仍旧为优良生活提供指导。但或许是出于让非希腊人感觉印象深刻的需要，或许是受到希腊文化以外世界的吸引，这些新君主越发加强自己与东方崇拜仪式的联系，这些仪式与统治者个人关系密切。仪式的起源可追溯到美索不达米亚和埃及往昔的历史。同时，希腊化国家的真正基础是官僚制度，没有受到公民自由传统的影响——虽然塞琉古在亚洲建立或重建了许多希腊城市，这些塞琉古城市给予能够让希腊人进行回忆的东西。希腊化马其顿雇佣军可以让塞琉古摆脱对土著军队的依赖。尽管这些君主拥有权力、让人敬畏，但在获得他们那些非常混杂臣民的忠诚和感情方面也需要一些小的技巧。

希腊文化的某些胜利具有欺骗性。希腊语还在被使用，只不过具备了不同的意思。比如希腊宗教在希腊人中间有很大的联合作用，但却已走向衰落，同样在消退的还有公元前5世纪的理性主义。这种传统宗教价值观念的衰落是哲学变化的背景。在希腊本土，哲学研究仍旧活跃。即使希腊化世界的哲学发展也表明，人们在关注个人忧虑，从他们不能够影响的社会中退出，从不断遭受打击的命运和日常生活的张力中寻求庇护。这有点似曾相识。例如伊壁鸠鲁，他在必要的个体快乐经验中寻找善。与后人的误解恰恰相反，他的意思是要远离放纵。就伊壁鸠鲁来说，快乐是精神的满足、痛苦的缺失。对于现代人来说，这种快乐观念稍微有点严峻。但就表现的现象来看，伊壁鸠鲁哲学的重要性相当大，因为它揭示了人们对私人和个体关注的转移。

另一种哲学回应倡导的是克己和冷漠的观念。以犬儒著称的那个学派表达的是对传统的蔑视，寻求的是如何解脱对物质世界的依赖。其中一位代表人物是塞浦路斯人芝诺，他生活在雅典，在一个公共场所——有屋顶的柱廊（*stoa Poikile*）传授他的学说。这个地方赋予了他所传授学说的名称——斯多亚（Stoics）。这些哲学家是最有影响的哲学家，因为他们的学说非常适用于日常生活。从本质上说，斯多亚传授的是依据符合理性秩序的方式生活，这些理性要符合宇宙。斯多亚派说，人不能控制他身上会发生些什么，但人能够接受命运给他带来什么，要相信神圣意志的律令。自然，善行也不应该是为可能带来的结果而去行善。这或许不幸或受挫，但它不是因为善行自身的缘故，而是因为其本质的价值。

就斯多亚派而言——这一学派将在希腊化世界里获得极大成功——当城邦或传统的希腊宗教都不能够保持其权威时，该学派会为个体提供伦理道德自信心的依据。斯多亚派有长久存在的潜力，因为它适用于各个人群。它传授给人们的全部是这样的东西：伦理道德大同的种子会逐渐超越希腊人与蛮族人之间那种陈旧的区别，因为这将是任何理性人之间的区别。该学派倡导共同的人性，自然会产生谴责奴隶制度——这种由于强迫劳动而形成的令人惊异的等级——的观念。对于随后两千多年来的思想家而言，这将是个丰富的资源。该学派遵守纪律这一共同的道德认识，不久即在罗马获得极大的成功。

哲学也因此表现出了折衷主义、大同主义的迹象，这几乎在希腊化文化的每一个方面都引人注目。这些迹象最明显的表达或许是东方的纪念碑雕塑采纳希腊雕刻，产生了诸如罗德岛上高达100英尺巨像这样的怪物。折衷主义、大同主义甚至最终出现在各个地方。对斯多亚派的渴望就像渴望异域东方崇拜一样，这些东西取代了希腊神祇。就像科学家埃拉托色尼所说，他视所有品行高尚的人为同胞，这种评论表达出一种新精神；这种新精神就是处于最好状态的希腊化。

希腊化世界的政治框架最终将发生变化，因为变化的力量之源已经成熟，并超越了原先的政治环境。一个早期的先兆是在东方世界出现了新威胁，即帕提亚王朝的出现。公元前3世纪中叶，塞琉古王朝的人口和财富主要集中在王朝的西部，这带来的缺陷是这个王朝越来越关注与其他希腊化王朝之间的关系。其东北部遭到了危险——通常情况就是如此。这种威胁来自大草原地带的游牧民族，但政府却无力应对，因为政府需要金钱和资源去对付与托勒密埃及的纷争。那些让遥远的总督奋起斗争成为军阀的诱惑，是无法抵挡的。学者们批驳细节，但其中的一位总督出现于帕提亚。帕提亚是位于里海东南部一个重要的地区，随着几个世纪时间的推移，变得越发重要。因为这个地区有跨越中亚地区的贸易商路，西方古典世界就是通过这条商路与中国开始保持微弱联系——这就是丝绸之路。

帕提亚人是谁？他们是起源于中亚印欧语系游牧民族的一支，这个民族在伊朗和美索不达米亚高地地区创立，后来又复兴成一个政治统一体。他们成为一种军事技术的代名词，骑马放箭在当时属他们独有。不过，他们能建立一个延续近500年的政治实体，依靠的不仅是这一项技术。他们也继承了亚历山大大帝遗留给塞琉古王朝的行政管理结构（亚历山大则是从波斯人那里获得）。实际上，在大多数情况下帕提亚人似乎都是继承者，而不是创新者。帕提亚人的伟大王朝使用希腊语记录官方文件；他们似乎也没有自己的法律，只是直接接受现存的习惯，不管是巴比伦人的、波斯人的还是希腊化的。

地中海世界，约公元前600年

他们的早期历史在大多数情况下都模糊不清。公元前 3 世纪，帕提亚建立了一个王国，其中心区域至今没有发现，而塞琉古王朝似乎对之并没有作出强烈的反应。公元前 2 世纪，当塞琉古王朝君主在西部世界陷入灾难性的混乱时，有两位兄弟，其中弟弟叫米特里达悌一世（Mithridates Ⅰ），他建立了帕提亚帝国。这个帝国在其去世时的疆域从东部的巴克特里亚（Bactria，是塞琉古所继承领土的另一部分，这部分大约在帕提亚独立的同时也从塞琉古王朝中分离出来）延伸到西部的巴比伦尼亚。就像前人已经做过的，为了有意识地让后人有所回忆，米特里达悌在钱币上称自己为"大王"。他死后，帝国遭遇了一些挫折，但是他的同名者米特里达悌二世成功收复了失地，而且更进一步扩张。塞琉古王朝此时局限于叙利亚。米特里达悌二世王朝在美索不达米亚的边境地区是幼发拉底河，中国人和他也建立了外交关系。米特里达悌二世在制造的钱币上自豪地采用了阿契美尼德王室曾用过的头衔："众王之王"。因此，这种推断是合理的：米特里达悌所属的阿萨西斯王朝（Arsacid dynasty）此时开始有意识地与伟大的波斯世系建立联系。然而，帕提亚国家似乎比波斯帝国更加松散，人们对它的印象与其说是一个官僚国家，不如说是一群封建贵族军阀。

帕提亚在幼发拉底河最终遇到了来自西方世界的一支新力量。与帕提亚相比较，希腊化众王国其实离这股力量更近。因此出现下列情况就更不可思议了：甚至是希腊化世界各个王朝都没有注意到罗马——这颗政治天穹中的新星的兴起。这些希腊化国家还只是自行其是，而没有考虑到西部世界所发生的事情。虽然西部希腊人对此知道得更多一些，但希腊人长久以来关注的是迦太基给他们带来的最大威胁。这是一个神秘的国家，几乎可以说源自与希腊人的竞争。这座城市大约在公元前 800 年由腓尼基人建立，甚至在那时迦太基人就在金属贸易方面与希腊人形成了商业竞争。迦太基发展很快，在财富、权力方面都超越了推罗和西顿。不过，迦太基一直是城市国家，使用联盟和贸易保护措施，而不是进行征服和驻军。迦太基臣民喜欢贸易和农业，而不是战争。不幸的是，迦太基本土的文献都丢失了，所以这座城市被夷为平地后，我们对它的历史就几乎一无所知。

很显然，对于西部世界的希腊人而言，迦太基人是一个可怕的商业竞争对手。公元前 480 年，迦太基人的商业势力范围几乎到达罗讷河谷、意大利，甚至西西里。西西里这座岛屿，尤其是其中的一座城市叙拉古对西部世界的希腊人至关重要。当西西里与塞拉米斯（Salamis）进行战争并失败的时候，是叙拉古第一次从迦太基那得到的帮助保护了西西里。公元前 5 世纪的大多数时间里，迦太基很少骚扰西部世界的希腊人，叙拉古人也能够转而支持意大利境内的希腊人反对伊特鲁里亚人。那时的叙拉古也是雅典命运不佳的西西里远征队的目标（公元前 415—前 413 年），因为叙拉古是西部世界中希腊人最大的国家。迦太基人在这件事结束就返回了，但叙拉古却经受住了打击，不久之后发展到其势力最辉煌的时代，不仅对本岛施加影响，而且还影响着南部意大利和亚德里亚海。在大多数时间里，叙拉古与迦太基都处于战争状态。叙拉古活力无穷，曾有一度几乎攫取了迦太基，另外一次远征则把科基拉（Corcyra，或称科孚岛［Corfu］）纳入其在亚德里亚海的领土。而公元前 300 年后不久，明显的情况是迦太基力量不断发展，而叙拉古则必须面对罗马在意大利本土的威胁。西西里人与一位或许可以拯救他们的人发生了争吵，这个人就是伊庇鲁斯的皮洛士（Pyrrhus of Epirus）。公元前 1 世纪中期，罗马已经成为意大利本土的主人。

现在在西部世界有三个行动者，然而奇怪的是，希腊化东部世界似乎对正在发生的这些事情无动于衷（尽管皮洛士已经意识到）。这或许是由于短视，但罗马此时并没有把自己看作是世界的征服者。罗马因恐惧而采取的措施与因贪婪而与迦太基进行的战争几乎差不多，与迦太基的战争将使罗马获得大批战利品。之后罗马才把视线转向东方世界。公元前1世纪末，希腊化东方的一些希腊人才开始注意到可能要发生的事情。"一块乌云"，这是希腊化东方世界对迦太基和罗马之间争斗的一种看法。无论结果如何，这种争斗注定会给整个地中海世界带来极大的影响。无论如何，东方世界在这些事件上也将证明自己的影响力和抵抗力量。随着罗马后来征服希腊，希腊反过来也捕获了自己的征服者，仍将不断地希腊化更多的蛮族。

第 4 章 罗　马

在地中海西部海岸，跨越广阔的西欧、巴尔干和小亚细亚，从历史遗迹仍然能看出一个伟大的成就，那就是罗马帝国。有些地方——首先是罗马本身——的遗迹非常丰富。要解释为什么它们会伫立在这些地方，那就得追溯一段一千多年的历史。即使我们不再像我们祖先常做的那样去回顾罗马的成就，并在它面前感到自己的渺小，我们仍然会困惑甚至惊讶人类可以做这么多的事情。当然，历史学家越近距离地审视这些宏伟的废墟，并且越加审慎地筛选可以解释罗马思想和罗马实践的文献，我们也就越能认识到罗马人毕竟不是超人。有时候，罗马的庄严宏伟看起来更像是华而不实的，其公众人物宣扬的美德听起来就像我们今天的政党在类似口号中的伪善之言。但是，归根结底，它仍然有令人震惊及底蕴深厚的创造力。最终，罗马重塑了希腊文明的环境。由此，罗马塑造了涵盖西方整体的第一个文明的形态。他们自己也意识到了这项成就。当后来帝国摇摇欲坠之际，罗马人回顾这些的时候，仍然觉得他们就是创造出那些成就的罗马人。罗马人就是如此，即使仅在信念这个层面上。但这很重要。面对它所有令人印象深刻的事物和偶尔的粗劣，对罗马成就解释的核心就是一个构想——关于罗马自身的构想。它呈现和表达的价值，就是此后被我们称作"古罗马精神"（romanitas）的概念。

这有深层根源。罗马人认为，他们的城市是在公元前 753 年由罗穆卢斯（Romulus）建立起来的。对此我们不必太当真。但关于罗穆卢斯和他的双胞胎兄弟勒穆斯（Remus）是被母狼喂养长大的传说，

公元前 509—前 272 年的意大利南部

倒是值得我们思索片刻。这是一个很好的象征，表明早期罗马曾从一个被称为"伊特鲁里亚人"的民族统治的过去受到影响，因为我们已发现，这个民族的宗教可以追溯到对狼的特殊崇拜。

尽管有丰富的考古记录，并有许多碑文和大量专业学者的努力去试图搞清楚，伊特鲁里亚人依然是个神秘的民族。到目前为止，所有描绘出来的确定事情都只是伊特鲁里亚文明的一般性质，很少涉及它的历史或者年表。不同的学者将伊特鲁里亚文明诞生的时间定位在不同的时代，从公元前 10 世纪至公元前 7 世纪的都有，相差很远。对于伊特鲁里亚人来自哪里，至今也没有达成共识。一种假设认为，他们是在赫梯帝国灭亡之后从亚洲迁徙而来；但是也有人支持其他一些可能性。不过所有这些都表明，他们不是最初的意大利人。无论他们何时抵达这个半岛，无论他们来自何方，那时意大利已经是个人口混杂的地方。

不过那时候仍然可能会有一些原住民混居其中，这些原住民的祖先在公元前第 2 千纪就已经接纳了印欧语系的入侵者。在接下来的 1000 年中，这些意大利人发展了先进的文明。大约公元前 1000 年，冶铁技术出现。伊特鲁里亚人可能从之前的那些民族那里借鉴了这一技术，大概来自一个被称作维兰诺瓦的文明（Villanovan，遗址在现代的博洛尼亚［Bologna］附近被发现）。伊特鲁里亚人带来了更高水平的冶金技术，大力开采伊特鲁里亚沿岸厄尔巴（Elba）岛上的铁矿。借助铁制武器，他们似乎已经建立了伊特鲁里亚的霸权；在鼎盛时期，控制了整个半岛中部地区，从波河河谷直到坎帕尼亚（Campania）。其组织方式我们仍不太清楚，不过，伊特鲁里亚可能是一个由国王统治的松散城市联盟。伊特鲁里亚人是有文字的，他们使用一些从希腊文衍生出的字母，可能是从大希腊（Magna Graecia）的殖民城市得到（虽然他们书写的东西还很难理解）。并且他们相对富有。

公元前 6 世纪，伊特鲁里亚人在台伯河南岸建立了一个重要的桥头堡。这是罗马的地盘，是在坎帕尼亚早已存在的拉丁民族众多小城市中的一个。通过这个城市，伊特鲁里亚人的一些东西保留下来，渗透并最终融入欧洲传统。公元前 6 世纪接近尾声时，罗马通过一场拉丁城市反对统治者的革命脱离了伊特鲁里亚人的统治。在此之前，城市被国王统治着。最后一位国王，后来传说在公元前 509 年被放逐了。但不用去管这个确切的日期，这必然是在经历与西部希腊人斗争而过度紧张的伊特鲁里亚权力被拉丁人成功击败的阶段，此后拉丁人走上了自己的道路。不过，罗马仍然保留了很多来自伊特鲁里亚的东西。正是通过伊特鲁里亚，罗马首次接触到了希腊文明；而此后，罗马经由陆地和海洋始终与希腊世界保持着联系。罗马是一个重要的水陆交通汇聚之地，地势高到足够在台伯河上架桥，但却不至于高到海上船只不能到达城市。

来自希腊的巨大影响作用也许是罗马继承的最重要的遗产，但它也保留了很多过去伊特鲁里亚时代的东西，其中之一就是罗马人民为军事目的被组织成"百人团"。比较直观但更加显著的例子是它的角斗游戏、公民凯旋仪式和对占卜术的解读——借助用作供奉的牺牲的内脏来占卜，以洞悉未来的发展。

共和国维持了 450 多年，甚至在那之后，共和国的许多制度仍在名义上存在。罗马人总是喋喋不休地诉说历史的延续性，以及他们对早期共和国优良、古老传统的忠诚（或者谴责对传统的背离）。这不只是历史的虚构，在这样的主张里有一些是真实的。这就好比人们强调英国议会政府的延续性，或美国国父们的睿智——他们通过了一部至今仍在成功起作用的宪法，编造的说法中存在某些真实成分。当然，随着数个世纪的更迭，历史发生了巨大的变化。这些变化侵蚀了社会体制和意识形态的延续性，历史学家至今仍在争论应该如何理解它们。但虽然存在这些变化，罗马制度使地中海成为罗马的内海，并且罗马帝国超越了这一地区而成为欧洲和基督教的发源地。因此，罗马就像希腊（后来许多人想了解它只能通过罗马）一样塑造了现代社会的很多形态。这当然不仅仅是在物质形态意义上说人们仍然生活在其废墟之上。

从广义上说，共和国时代的变化是两个主要进程的征兆和结果。一个是衰变，共和国制度逐步失去效用。这些制度不再包容政治现实和社会现实，最终这些现实也毁灭了这些制度，使其只在名义上幸存下来。另一个就是罗马统治范围首先超出了罗马城，然后又超出了意大利。大约两个世纪以来，这两个进程的发展都相当缓慢。

国内政治源于这样的安排，其目的是使君主制不再出现。宪法理论以座右铭的形式简明地刻在罗马的纪念碑和立柱上，一直保留到了帝国时代。SPQR，这是拉丁字母的缩写，意为"罗马元老院和罗马人民"。从理论上来说，最终的主权始终属于人民，他们通过一系列复杂的公民大会，由全体人民直接出席来行使职权（当然，不是罗马所有的居住者都是人民）。这与许多希腊城邦中持续的情况类似。元老院关注的对象是通常的商业行为；它制定法律，并规范地方行政官的选举工作。罗马历史上最重要的政治问题常常通过元老院和人民关系紧张的形式表现出来。

有点让人惊奇的是，早期共和国内部斗争似乎相对而言并不那么血腥。虽然其影响是复杂的，并且有时候是神秘的，但它们最终的结果都是赋予公民作为一个整体在共和国事务上拥有更大的发言权。集中了政治领导权的元老院，在公元前 300 年左右已经成为由前共和时期的旧贵族与平民（plebs，对其他公民的统称）中富裕成员混合组成的统治阶级的代表。元老院成员构成了一个寡头阶层；虽然常常会有一些人在每次普查中被排除在外（每五年进行一次），但它仍旧保持着自我更新。元老院的核心是一群可能起源于平民的贵族家庭，但他们的祖先是那些成为最高级别行政长官——执政官的人。

公元前 6 世纪末，两名执政官取代了最后的国王。执政官任期一年，他们通过元老院进行统治，是元老院里最重要的官员。他们一定是拥有经验和权力的人，因为若想担任此职，至少要先担任过财务官（quaestors）和裁判官（praetors）这两个更低级别的民选官职。财务官（每年选举 20 个）也可以自动成为元老院的成员。这些安排赋予了罗马统治精英强大的凝聚力和竞争力；通向最高政府机构的过程就是对在就职测试和培训中表现良好的候选人的选择。这个体制长时间内行之有效，这一点毋庸置疑。罗马从来都不缺少有才干的人。但这种制度背后隐藏的是从寡头政治自然蜕变为小派系的倾向，因为无论平民赢得什么样的胜利，这种制度都确保了富人统治，当选官员会在富人中竞争产生。即使是在应该代表全体人民的选举团——百人会议（comitia centuriata）中，其组织机制也赋予了富人与其总人数不成比例的影响力。

在任何情况下，"平民"都是一个容易令人产生误解的术语。这个词在不同时期代表不同的社会实体。征服和解放缓慢地拓宽了公民权的界限。即使在早期，它也远远超出了罗马城及其郊野一带，因为其他城邦已经并入共和国。当时，典型的公民是一个乡下人。罗马社会的基础一直是农业和乡村。重要的是，拉丁语中指代货币的词 pecunia，就是从指代羊群或牛群的词衍生而来的；而罗马土地丈量的单位 iugerum，则是指一天内两头牛犁过的长度。在共和国时代，土地及其支撑的社会在变化方式上相互关联，但它的基础一直是乡村人口。后世人们对罗马帝国形象（伟大的寄生城市）的先入之见，掩盖了这一事实。

因此，早期共和国的人口构成中，大多数自由民其实都是农民，有些人比其他人穷困得多。在法律上他们以复杂的方式被分为不同的群体，这根源于旧日的伊特鲁里亚时代。这种区分在经济上无关紧要，但在以选举为目的的宪政上有着重要意义。与其说这向我们传达了罗马共和国的社会现实，不如说更多地体现了罗马人口普查对人们的区分方式：那些能够在需要的时候用武器和盔甲将自己装备成士兵的人们；那些对国家的贡献仅在于养育子女的人们（proletarii）；以及那些只在计算人头数量时才有用的人，因为他们既不拥有私人财产，也没有家庭。当然，在所有这几类人之下是奴隶。

一种持续的趋势在公元前 3 至前 2 世纪加速发展，那就是许多早期通过拥有自己的土地而保留了一定独立性的平民开始陷入贫困。同时，征服让新贵族获得了新的土地战利品，使其土地占有份额增加。这是一个持续很久的过程，但随着它的进行，社会利益和政治重要性重新得到分配。此外，另一个因素使情况变得更加复杂，那就是把罗马公民权授予罗马同盟者的做法在不断实施。事实上，罗马共和国见证了其公民阶层的逐渐扩大，但其影响事件发展的权力却在实际上缩减了。

这不仅是因为财富对罗马政治影响极大，也是因为一切事务都要在罗马处理。尽管相应的代表制度并未产生，无法有效地反映生活在这座日益膨胀的城市中的罗马公民的愿望，更不必说那些分散在整个意大利的人们。实际情况是，平民们发出威胁，称将拒服兵役或离开罗马城，在其他地方建立一个城邦自立门户，从而得以多少限制点元老院和行政官们的权力。公元前 366 年之后，也出现了两个执政官中必须有一个是平民的呼声。公元前 287 年，公民大会的决定被赋予了凌驾于法律之上的权力。

但针对传统统治者的主要限制是由人们选举出来的 10 个保民官，

他们能够制定或否决立法（一票否决权），并可以夜以继日地为那些感到被行政官员不公道对待的公民服务。当元老院中出现重大的社会情绪或者个人分歧时，保民官具有非常的重要性，他们也因此成为政客拉拢的对象。在共和国早期，而且通常也在这之后，保民官都是统治阶层的成员并且可能是贵族，在很大程度上他们都与执政官和元老院的其他成员合作无间。这个团体的行政才能和经验，及其自身威望，因为其在战争和处理突发事件中的领导能力而得到提高；如果不发生重大到足以导致共和国本身垮台的社会变迁，这一切都几乎不可撼动。

早期共和国的宪政体制尽管非常复杂，但却是有效的。它阻止了暴力革命，允许逐步改良。然而如果它没有统领罗马势力第一阶段的胜利扩张并使之继续成为可能，它对于我们不会比底比斯或叙拉古的体制更重要。共和国制度的历史甚至对于后来时期都是重要的，这是因为共和国本身的成就使然。整个公元前5世纪，罗马开始控制其邻国，并且在这个过程中领土面积增加了一倍。接下来，拉丁联盟的其他城市都向罗马臣服；当它们中的一些在公元前4世纪中叶反抗时，都被迫以苛刻条件重归于罗马的统治。这种情形有一点类似100年前雅典帝国的陆上版本；罗马的政策是让其"同盟"自理，但这些同盟者不得不同意罗马的外交政策并为罗马的军队提供特遣队。此外，罗马的政策意图在其他意大利共同体中扶持统治集团，而罗马贵族集团不断强化与其的私人联系。这些共同体中的公民如果移居到罗马，也能够获准取得公民权利。在意大利中部的伊特鲁里亚政权——意大利半岛上最富裕和最发达的部分——也因此被罗马取代了。

罗马军事力量的增长与从属国数量的增加成正比。共和国军队建立在征兵制度上。每个拥有财产的男性公民如果被征召，都有义务为国家服务，并且相当沉重：步兵需服役16年，骑兵需服役10年。军队是由编制5 000人的军团组成，起初以手持长矛的坚固方阵来作战。它不仅压制住了罗马的邻国，还击退了来自北方的高卢人在公元前4世纪的一系列入侵，尽管有一次高卢人洗劫了罗马城（公元前390年）。这一形成时期的最后战斗发生在公元前4世纪结束时，那时罗马人征服了阿布鲁齐（Abruzzi）的撒莫奈人（Samnite）。当时的罗马人可以有效地从整个意大利中部调动同盟力量。

现在的罗马最后要面对的是西部的希腊城市，叙拉古是最重要的一个。公元前3世纪早期，希腊人向希腊本土伟大的军事首领伊庇鲁斯（Epirus）国王皮洛士寻求援助，他发动了反抗罗马和迦太基的战争（公元前280—前275年），但只取得了代价高昂和后果严重的胜利，后来这种类型的胜利就以他的名字命名。他无力消解罗马对西部希腊城市造成的威胁。短短几年之内，希腊人身不由己地卷入罗马和迦太基之间使得整个西部地中海陷入险境的斗争——布匿战争。

这些战争持续了一个多世纪。战争的名称来自罗马人对腓尼基这个词语的翻译；并且，不幸的是，我们只有罗马方面的版本。一共有三场战斗，但前两次解决了大部分问题。在第一次战争中（公元前264—前241年），罗马首先挑起一场大规模的海上冲突。在新舰队的帮助下，罗马人占领了西西里岛，在撒丁岛和科西嘉岛建立了统治。叙拉古放弃了早期与迦太基的同盟，西西里岛西部和撒丁岛成为罗马的第一批省。这是重大的一步，发生在公元前227年。

这只是第一回合。随着公元前3世纪尾声的来临，最后的结果还不分明。在这种棘手的情况下，到底是哪一方应该为三次战争中最激烈的第二次布匿战争（公元前218年—前201年）的爆发负责任一直有争议。这场战争发生在非常广阔的范围内，因为当它开始的时候，迦太基已经在西班牙立足。那里的一些希腊城邦得到了罗马保护的允诺，当它们中的一个被迦太基将军汉尼拔攻击和洗劫时，战争爆发了。汉尼拔前往意大利远征以及带领一支拥有大象的军队翻越阿尔卑斯山的行动非常著名。这次战争的高潮发生在特拉西美诺湖战役（Trasimene，公元前 217 年）和坎尼战役（Cannae，公元前 216 年）中，迦太基取得了决定性胜利，两倍于汉尼拔军队的罗马军队被摧毁。这时候罗马对意大利的控制被严重动摇，它的部分盟友和附属城邦开始重新尊重迦太基的势力。几乎整个南方都改变了立场，尽管中部意大利仍然保持着忠诚。

罗马现在只能依靠自己。另外，它还拥有一个极大的优势，即汉尼拔缺少足够的兵力包围罗马。在这种情况下罗马坚持下来并拯救了自己。汉尼拔不断在贫穷的乡村作战，这些地方远离他自己的基地。罗马毫不留情地毁灭了与迦太基结盟的反叛城市卡普亚（Capua），而汉尼拔没有赶来帮助它。随后罗马大胆地启动了打击迦太基自身地盘的策略，尤其是在西班牙。公元前 209 年，"新迦太基"（即 Cartagena）被罗马人占领。而汉尼拔弟弟的支援进攻于公元前 207 前被击退。此后，罗马兵锋转向迦太基在非洲的本邦。汉尼拔不得不移兵回救，并于公元前 202 年在扎马（Zama）兵败，战争就此告终。

这一战争所解决的问题远远超过战争本身；它决定了整个地中海西部地区的命运。波河河谷在公元前 2 世纪早期并入后，虽然形式几经变化，但意大利此后一直归属罗马。加诸迦太基的所谓和平是羞辱和残害，罗马一直没有放弃报复汉尼拔，迫使他流亡到塞琉古王国。因为叙拉古在战争期间一度与迦太基结盟，作为对其傲慢的惩罚，它失去了独立性；它是整个岛屿上最后的希腊城邦。整个西西里岛现在都是罗马的；而在西班牙南部，另一个行省建立起来。

人们总是倾向于设想，在第二次布匿战争结束后罗马面临着两个选择。一是就此止步，专心维护在西部地盘的稳固即可；另一种则是在东方扩张，走向帝国主义。然而这是过分简化的事实。东方和西方的问题已经太过于纠缠，不能分离得如此清楚。早在公元前 228 年，罗马就被允许参加希腊的地峡运动会。这是一个认可，即使只是礼节性的，但也表明，对于许多希腊人来说，罗马已经是一支文明的力量，是希腊化世界的一部分。而通过马其顿，这个世界已经直接卷入到意大利的战争，因为马其顿曾和迦太基联盟；罗马也因此站在了希腊城邦这边反对马其顿，从而开始涉足希腊政治。公元前 200 年，接到来自雅典、罗德岛和帕加马的国王对抗马其顿和塞琉古王朝的直接求援时，罗马已经做好了心理准备去开展东方的事业。尽管他们中的任何人都不太可能看到，这将开启使罗马共和国逐渐主导希腊化世界的一系列冒险活动。

罗马人在心态方面还发生了另外一种变化，虽尚未完成，但已经开始产生效果。当与迦太基的战争开始时，许多上流社会的罗马人完全将之看作是防御性的。甚至在扎马战役之后，残缺的敌军撤退了，一些罗马人还继续为此担心。在下个世纪中叶，加图"必须毁灭迦太基"的呼声，作为由恐惧产生而不能安抚的充满敌意之表述，非常著名。然而因战争获得的行省，开始唤起罗马人对其他可能性的想法，

布匿战争的主要事件

并且很快为继续获取行省提供了其他动机。从撒丁岛、西班牙和西西里岛获得的奴隶和黄金，很快使罗马人开了眼界，让他们知道什么是帝国可能得到的回报。这些地区没有受到像意大利本土作为盟友那样的待遇，而是作为资源的来源地被管理和利用。罗马共和国也逐渐形成了将军将一部分战利品分给其部队的传统。

公元前2世纪罗马在东方扩张的过程迂回曲折，很复杂，但主要阶段却很明显。征服并将马其顿变成一个行省的过程经历了一系列战争，于公元前148年宣告结束；方阵已成明日黄花，马其顿将军也失去昔日光彩。希腊城市就这样隶属于罗马，并被迫往罗马遣送人质。一位叙利亚国王的介入致使罗马势力首次伸向小亚细亚；接下来是帕加马王国消失，罗马称霸爱琴海，并于公元前133年在小亚细亚建立了一个新行省。在其他地区，罗马征服了西班牙的剩余地区（除了西北地区），在伊利里亚（Illyria）组织起一个纳贡联盟，并于公元前121年在法国南部建起行省；这意味着从直布罗陀海峡到色萨利海岸线全在罗马的统治之下。最后，公元前149年，敌视迦太基的人们长期以来寻找的机会终于到来，第三次也是最后一次布匿战争开始了。3年以后，这座城市被摧毁，它的土地被一路犁过，一个新的罗马行省覆盖了西部的突尼斯（非洲），迦太基的存在被取而代之。

因此，是共和国造就了帝国。就像所有的其他帝国一样，不过也许比之前的任何一个都更明显，与其说罗马帝国的外在特征是设计出来的，不如说是偶然性造成的。恐惧、理想主义和最终的贪婪，是将罗马军队送往越来越遥远战场的混合动力。军事力量是罗马帝国的根基，通过扩张它一直维持着。在战胜迦太基人的经验和不屈不挠的过程中，数量是决定性的，罗马军队十分庞大。它能够利用从盟友和附属国那里得到的数目巨大的一流人才，共和国的统治为新的人民带来秩序和正常的政府。罗马帝国的基本单位是行省，由设置的地方总督来统治管理，其任期正式来说是一年。此外，还设有一名税务官。

显然，帝国对国内政治有很大的影响。首先，它使得普通民众——即贫穷公民参与政府变得更加困难。持续很久的战争增强了元老院的日常权力和道德权威，我们也必须指出，确实战果辉煌。然而，版图扩张带来更加长远的弊端，这一点在罗马统治扩张至意大利时已经显现出来。严重的和新的问题出现了。一个是由战争和帝国带给将军和地方官员的新机会造成的。造就的机遇，并且是快速造就的机遇，非常巨大；此后，直到西班牙征服者或者英国东印度公司的时代，处于恰当时间和恰当位置的人才有可能再次轻易获得如此丰厚的回报。这其中一部分是合法的；而有些就是单纯的抢劫和盗窃。值得注意的是，公元前 149 年设立了一个特别法庭，由官员来处理非法抢夺。无论这些财物是什么性质，都只能通过参与政治活动来获得，因为新行省的总督是元老院选择的，从富有但没有贵族身份的骑士（equites）阶层选出来的税吏也是元老院任命的。

另一个制度弱点也出现了，因为行政官员每年选举换届的原则在实践中被越来越频繁地忽略。若按政治才能选出执政官，他们可能会无力应对发生在行省中的战争和反叛造成的紧急状况。因此，不可避免的是，地方总督的权力会落入那些能够有效处理紧急情况的人手中，这通常是能力得到证明的将军。认为罗马共和国的指挥官是现代意义上的职业军人，这种想法是错误的；他们是统治阶级的成员，也可能成为公务员、法官、律师、政治家甚至牧师。罗马行政效率高的一个关键是，接受统治者可以非专业化的原则。然而，一个与他的军队一起待了数年的将军，与那些指挥军队参与一场战争后回到罗马政治中的早期共和国地方总督，是不同程度的政治动物。自相矛盾的是，行省长官每年换届成为一个弱点，这诱使官员会趁着还在任时大捞特捞。若说管理机构中因此出现了不负责任的倾向，那么一个相应的趋势就是，成功的将军们会倾向于在战场滞留更长时间，通过带兵打仗把本应效忠共和国的士兵们转而收为自己的拥护者。最后，还会出现一种社会性的腐败，因为所有罗马公民都得益于一个使他们可以免除任何直接税收的帝国；而行省将为本土支付费用。当这些缺陷变成毁灭性时，对这些罪恶的认识导致公元前1世纪出现了很多关于衰落的道德上的说教和谈论。

帝国带来的另一个变化是希腊化的进一步传播。在这里定义是比较困难的。在某种程度上，征服范围越过意大利之前，罗马文明已经希腊化了。共和国有意识地拥护希腊城邦独立于马其顿的起义就是一种征兆。另一个方面，不管罗马已经拥有了什么，只有在与希腊化世界有更多直接接触之后才能赢得更多。更加重要的是，对于许多希腊人来说，罗马看起来只是另一支野蛮的力量，几乎和迦太基一样糟糕。在阿基米德死亡的传说中就有征兆，说当他在沙地上思考几何学问题时，被一个手持刀剑并不知道他是谁的罗马士兵杀死。

伴随着帝国与希腊世界的直接联系，希腊化影响的波浪也变得更加全面、频繁。后世人因为罗马人对洗澡的热爱感到惊奇；这个习惯是他们在希腊化的东方获得的。第一部罗马文学翻译自希腊戏剧，第一部拉丁戏剧也是以希腊模式为样板的。艺术开始通过偷窃和抢劫流向罗马，但希腊风格——首先是它的建筑风格，已经在西方城市相当常见。还有人口的流动。公元前2世纪中叶，从希腊送往罗马的数以千计的人质中有一个叫波里比阿（Polybius），他把修昔底德传统中的科学历史方法首次传授给罗马人。波里比阿书写的有关公元前220年至前146年情况的历史著作是一次有意识针对他认为将标志着一个新时代现象的探索：罗马成功地推翻了迦太基并征服了整个希腊化世界。波里比阿在历史学家中最早认识到罗马重新统一地中海地区，补充完善了亚历山大早前传播文明开化的功绩。他也钦佩罗马人带给帝国政府的公正氛围——这是一种善意的提醒，与罗马人自身对共和国晚期充斥着罪恶的谴责论调正好相反。

罗马的伟大胜利给和平带来了希望。在第二个伟大的希腊化时代里，人们可以毫无妨碍地从地中海的一端航行到另一端。在共和时代，支撑罗马和平结构的本质已经存在，其中最重要的是罗马行政管理刺激出来的世界大同主义；这种大同主义寻找的并不是强加一种统一的生活方式，而仅仅是寻求征税，想通过一种共同的法律来保持和平并调节人们之间的争端。罗马法律体系取得重大成就仍很遥远，但大约公元前450年，早期共和国发布了罗马历史上关于法律定义的"十二铜表法"，在数百年之后有幸能够去学校读书的罗马小男孩仍然能够背诵它。依靠它们，罗马最终建成了一个框架，这个框架保存了很多文明，并有助于一种共同文明的形成。

考虑这样的成功最终证明又是怎样致命的问题之前，完整地叙述共和国的统治是怎样一步步达致其极限的历史，能对我们的思考带来便利。山外高卢（Transalpine Gaul，法国南部）在公元前121年设立行省，但（和意大利北部一样）它仍然由于不时遭到凯尔特人部落入侵而持续动乱不安。波河河谷在公元前89年也设立了行省，名为山南高卢（Cisalpine Gaul）。将近40年之后（公元前51年），高卢的剩余地区（大约包括法国北部和比利时）被征服。鉴于此，来自凯尔特人的危险实际上已经结束。同时东部还存在进一步的征服。帕加马的最后一位国王在公元前133年将他的王国赠予罗马。紧接着在公元前1世纪早期，罗马获得了西里西亚，然后爆发了与黑海沿岸国家本都（Pontus）的国王米特里达梯（Mithridate）之间的一系列战争。其结果是中东的重组，罗马占领了从埃及到黑海的所有海岸，而所有这些地区被划为附属国或行省（其中一个被命名为"亚细亚"）。最后，塞浦路斯于公元前 58 年被吞并。

　　具有讽刺意义的是，与海外持续且显然不可抵挡的成功相对照，国内却是不断升级的冲突。问题症结在于对进入政府部门成为统治阶级成员的限制。选举制度和政治惯例因为两个严重且长期的问题而出现不同的运转局面。第一个问题就是意大利农民逐渐贫困化，而他们曾是共和国初期典型的居民。这是由几个原因造成的，但根源还在于第二次布匿战争中的巨大花销。不仅应征入伍的士兵由于几乎连续不断的战争而常年不在国内，而且意大利南部受到的物质破坏也相当严重。同时，那些足够幸运在帝国事业中积聚财富的人们都将财产投入唯一有效的投资对象——地产中。其长期影响是，财富集中在大型庄园里，通常靠奴隶来运转，而奴隶又由于战争变得很便宜。这样，小农越来越无法立足，他们现在不得不涌入城市并尽自己所能地养活自己；他们只是名义上的罗马公民，其实是形成中的无产阶级。然而作为一个公民小农当然有选举权。对于那些拥有财富和政治野心的人们来说，这些人成了收买或威胁的对象。由于普选奠定了通往回报丰厚的政府道路，共和国政治不可能不反映出越来越多财富实力的影响。这也在意大利产生了深远影响。一旦选票有了价值，罗马最下层的公民就不可能欢迎因向其他意大利人拓宽了公民权利而造成他们自身的不断贬值，即便罗马盟友同样必须应征入伍。

　　第二个问题是军队的变化。在共和国统治下军队已经拥有 400 多年的历史，其演变难以浓缩为一个简单的公式，但如果一定要列出一个的话，也许最好的说法是，军队变得越来越专业化。在布匿战争之后就不太可能再依靠闲时农耕、战时打仗的模式去作战了。征兵负担一直很沉重，而且变得不受欢迎。当战争把人们年复一年送往越来越遥远的战场，而且由于在被征服的行省中驻军有时候长达数十年之久时，即使是罗马人力资源的大水池，也开始出现干涸的迹象。公元前

107 年，一项制度变动确证了所发生的事情：征兵的财产资格限制被取消了。这是一个名叫马略（Marius）的执政官所做的事情，他因此解决了征募新兵的问题，因为在那之后通常会有足够的穷人志愿入伍。兵役仍然仅限于公民，但可征召之人已有很多；而到最后，服役本身就会被赋予公民身份。马略所做的另一个革新是赋予军队"鹰"的象征，它是一个介于偶像和现代军队徽章之间的东西，这对于军队的团队精神是非常重要的标志，这样的改变逐渐使军队变成一支新的政治力量，可以助像马略这样的人一臂之力。马略是一名优秀的将领，经常应召前往各个行省作战。马略实际上迫使他个人掌控下的军队对其宣誓效忠。

随着用帝国征服带来的战利品购置的大庄园（其中以奴隶劳作）取代小农耕作形式，意大利中部的贫富差距日益扩大，而新的可能性向具有政治实力的将领敞开。最后，这被证明对共和国来说是致命的。公元前 2 世纪结束时，保民官格拉古兄弟力图以农业经济体中唯一的途径，即开展土地改革为解决社会问题做些事情，同时减少元老院的权力并赋予骑士阶层在政府中更大的作用。事实上，他们试图更广泛地分配帝国的财富。但他们的努力在他们死后就结束了。这本身就标志着政治利害冲突关系的上升；共和国的派系斗争在最后一个世纪达到顶峰，因为政客们知道他们可能因此丧命。这见证了所谓罗马革命的开始。因为当时的执政官提比略·格拉古（兄长）劝说民众罢免保民官（这位保民官否决了他的土地方案），这相当于宣布，他不会接受让保民官行使否决权这一传统的规避民众意愿的方式；罗马政治传统也因此被置于一旁。

公元前 112 年，北非的一个国王屠杀了数量巨大的罗马商人，一场新的战争因此爆发，并加速了共和国最终陷入混乱的进程。不久，北方一波蛮族入侵浪潮威胁到了罗马在高卢的统治。在这种紧急情况下，成功处理过共和国敌人的执政官马略被邀请主持局面，但却以进一步的宪法体制改革为代价，因为他被选举连任执政官 5 年。事实上，他是控制共和国最后一个世纪的一系列军阀中的首位，因为其他战争接踵而来。向其他拉丁人和意大利地区扩展罗马公民身份的要求不断高涨。最后，这些盟友（socii）于公元前 90 年爆发起义，这场起义在一定程度上被错误地称为"社会战争"。罗马只能作出让步来安抚他们：取消了罗马公民大会是最高权力机构的概念，公民权利扩展到意大利大部分地区。接着又爆发了新的亚洲战争——这暴露了另一个将军苏拉的政治野心。马略再次当选执政官之后去世，国内爆发了内战，苏拉在公元前 82 年返回罗马，发动了无情的"公敌宣告"（公布了这些人名字的告示；并指明，任何人都有权杀死他们）来对付反对他的人，实行专政（得到元老院支持），猛烈攻击宪法的普遍权力，企图恢复元老院昔日拥有的全权。

有一个年轻人曾是苏拉的支持者和门徒，他的名字后来在英语中写作庞培（Pompey）。苏拉对他职业生涯的帮助是，给予他通常只有执政官才能担任的岗位。公元前 70 年，庞培被推选为执政官。3 年以后，他前往东方清除地中海的海盗，并接着在对本都的战争中征服了亚洲的广大地区。庞培青年时期就如此成功、才能出众，让人担心他会成为一个潜在的独裁者。但罗马政治中的角力是复杂的。随着岁月流逝，首都的混乱不断加剧，统治集团内部出现腐败。对独裁的恐惧变得激烈，但令人感到担心的只是众多寡头派系中的一支，威胁到底来自何人，变得越来越不明确。因而，有一个危险人物一直长期被忽视，等到人们警醒，却为时已晚。

公元前 59 年，另一个贵族，马略妻子的侄子当选为执政官。这就是年轻的尤利乌斯·凯撒。他曾和庞培合作过一段时间。执政官职位使他指挥着高卢的军队，并在未来 7 年赢得了一系列辉煌战役，最

罗马扩张

后以彻底征服高卢告终。尽管他密切关注着政治，但这些年里凯撒一直远离被强盗行为、腐败、谋杀损害、元老院名声败坏了公共生活的罗马。这段时期过后，他拥有了巨大的财富和一支忠诚、有着一流经验和自信的军队，他们指望凯撒夺得领导权，这样就能在未来得到酬劳、晋升和成功。凯撒同时也是一个冷静、耐心和无情的人。有一个故事讲到，他和俘虏了他的海盗开玩笑并玩骰子。他当时讲了一个笑话，说当他获得自由后，会把这些海盗钉死在十字架上。海盗们狂笑不已，但后来凯撒确实做到了。

尽管征服高卢已经彻底完成，当这个强人仍希望留在那里指挥他的军队和这个行省直到执政官选举时，一些元老院议员突然变得警觉起来。他的对手试图将他召回指控他在职期间的非法行为。于是凯撒采取了行动，这将开启共和国的终结之路（但当时他和其他人都不知道）。他带领军队越过行省的边界卢比孔河（Rubicon），开始了最终到达罗马的行军。这件事发生在公元前 49 年的 1 月。这是一场叛国行动，尽管他声称是为了维护共和国、打击敌人。

在这种绝境中，元老院吁请庞培来保卫共和国。由于在意大利没有兵力，庞培撤退。越过亚得里亚海招兵买马。执政官和元老院的大多数成员都追随他。内战已不可避免。凯撒快速行军到西班牙，击败了那里忠诚于庞培的 7 支军团。凯撒和善地处理这些士兵，为了赢得尽可能多的士兵。尽管无情甚至残酷凯撒都能够做到，但温和地对待他的政治对手是明智谨慎的；他说他并不希望模仿苏拉。然后他一路追赶庞培，将他驱逐到埃及，在那里庞培被谋杀了。凯撒停留了足够长的时间去干涉埃及内战；几乎是偶然的，他成为传奇般的克里奥帕特拉的情人。然后他回到罗马，几乎是立刻展开了对非洲的行动并击败了那里反对他的一支罗马军队。最后，他再次返回西班牙，摧毁了一支由庞培的儿子纠集起来的武装力量。那时是公元前 45 年，仅仅是在越过卢比孔河之后 4 年。

　　这样的才华不仅仅是赢得战争的问题。尽管凯撒在此期间对罗马的访问相当短暂，但他已经小心地组织起了他的政治支持力量，用他的人塞满了元老院。胜利为他带来了巨大荣誉和真正权力。他被授予终身独裁者的名号，实际上除了称谓他已经完全是一个君主。尽管他在罗马街道上实行规范，并且在政治中承诺逐步结束放债人的权力，他对自己权力的使用并没有过多地考虑到政客们的脆弱感情，也没有展示出暗示他的统治能够在长期内成功的想象力。但有一项改革让未来的欧洲尤其获益良多：是凯撒引进了公历。像我们对罗马的其他想象一样，这来自希腊化的亚历山大里亚，那里有一个天文学家向凯撒建议一年应该有 365 天，每 4 年就会有多出来的一天。这使人们摆脱了传统罗马日历的复杂性。新的日历在公元前 45 年的 1 月 1 日开始实行。

　　15 个月后，凯撒死了。公元前 44 年的 3 月 15 日，他被刺杀在元老院中，此时正值他成功的巅峰时刻。暗杀者的动机复杂。选择此时行动无疑受到他计划在东部开展一场针对帕提亚的大型战役所影响。假如凯撒能再次领导手下的部队出征，他或许会再次凯旋，变得比以往更加强大。不断有人谈论他要称王；一些人也在想象他会实行希腊化的僭王制度。事实上凯撒行事专断独裁，公然冒犯共和传统，这让一些人感到不能苟同。而这种情绪就让凯撒敌人们复杂的动机有了正当性。凯撒对宪政体制的一些轻微不敬行为惹恼了旁人，最终在刺杀他的那些人里，混杂着期望落空的士兵、利益被触动的寡头，以及感到被冒犯的保守派们。

　　凯撒的谋杀者无法解决凯撒还来不及解决的那些问题，而他们的前辈显然也解决不了。他们也无法长期保护自己。虽然宣称恢复了共和国，但凯撒的行为也得到了认可。人民对于那些阴谋者们存在着强

烈的反感情绪，他们很快不得不逃离这座城市。两年之内他们都死
了，而凯撒被宣布是个神。共和国也奄奄一息。在凯撒越过卢比孔河
很久之前就存在的致命损伤，无论如何试图恢复，都无法阻止它的精
华从宪政体制中离去。然而共和国的神话、思想和形式留在了一个罗
马化的意大利。罗马人此时不可能背弃过去的制度传统，并声称自己
已不需要它了。但最终当他们这么做的时候，除了称谓还叫罗马人，
也同样心怀远大抱负，他们已经与共和时期的罗马人再无相似之处。

　　如果说希腊对于文明的贡献本质上是思想和精神上的，那么罗马
就是构建性和实用的；其精髓就是罗马帝国本身。尽管一个人无法成
就一个帝国，甚至伟大的亚历山大也不行，但在一个令人惊讶的程度
上，罗马帝国的特质和政府皆由一位才能卓越者一手创造，他就是尤
利乌斯·凯撒的甥孙兼收养的继承人屋大维。后来他被尊称为奥古斯
都凯撒。一个年代以他的名字命名；而他的名字给了后世一个形容
词。① 某些时候，人们有这样的感觉，那就是罗马帝国几乎所有的特
征都是他发明的，从新禁卫军（永久驻扎在首都的第一支军队）到对
单身汉的课税都是如此。这种感觉产生的一个原因（尽管只是其中之
一）就是，他是一个精通公共关系的专家。很重要的是，和其他罗马
皇帝相比，关于他的描述流传至今的更多些。

　　尽管属于凯撒家族，但屋大维出身于较低等的支系。他在 18 岁
的时候从尤利乌斯那里继承到了贵族关系网、大量财富和军事支持。
有一段时期，他与凯撒的一个亲信马克·安东尼在一系列残忍的放逐
活动中合作，消灭谋杀了伟大凯撒的党派。马克·安东尼离开罗马以
赢得在东方的胜利，结果并没有成功。而他与尤利乌斯·凯撒的情妇

---

① 　奥古斯都原意是一个形容词，意为"高贵的"。但从屋大维开始，历任罗马皇帝都
　　自称奥古斯都，所以说他给了后世一个形容词。——编辑注

克里奥帕特拉不明智的结合，给了屋大维更多机会。屋大维以共和国的名义战斗，反对安东尼以地方总督的身份返回并带回东方君主政体的威胁。阿克兴（Actium，公元前 31 年）的胜利发生在安东尼和克里奥帕特拉传奇式的自杀之后；托勒密王朝的统治结束了，埃及也成为罗马的行省。

这就是内战的最终结果。屋大维回来做了执政官。他审慎地控制、使用手中的每张牌，使对手认识到他的实力。公元前 27 年，他在元老院的支持下开展了一项他称为共和复兴的计划，而元老院中共和国时代的成员已经因内战、剥夺权利而被清洗、削弱。他通过对形式的细心保留，让人们能够平静接受他事实上至高无上的地位。他在对共和政体的虔诚的掩盖下，重建了他舅姥爷（或养父）的权势。他成为统帅（Imperator）凭借的仅仅是他对边疆各省军队的控制权，但这些省恰好正是大部分罗马军团的驻扎地。他以及他舅姥爷军队里的老兵们退役回来后，被适当地安顿在小农场上居住，他们对得到的待遇十分感激。他的执政官任期一再延长，公元前 27 年被授予"奥古斯都"的尊称，这也是他被世人铭记的名字。不过在罗马，人们通常正式称呼他的姓，或者视他为元首（princeps）、第一公民。

随着时间的流逝，奥古斯都的实力仍然在壮大。元老院给予他一项权利，即可以干涉正常统治下的各省事务（也就是那些不必派遣驻守军队的省份）。他通过投票又获得了保民官权力。通过一项新的地位认可措施（或像罗马人所称的 dignitas），他的特殊地位得到了加强及形式化。公元前 23 年，他从执政官职位退下以后，他坐到了两位执政官中间，而且他的事务在元老院的日程上要优先考虑。最后在公元前 12 年，他成了最高祭司（*pontifex maximus*），即官方祭仪首领，就像他的舅姥爷曾经做到的那样。共和国、普选以及元老的选举形式仍然保持着，但谁应该当选却由奥古斯都说了算。

　　被至高无上权力掩饰的政治现实是，那些靠凯撒大帝获得地位的统治阶级上升到垄断地位。但新掌权人士并不被允许像以前一样行事。奥古斯都仁慈的独裁统治让行省管理和军队实现正常化，这是通过让他们处于服从和薪酬的掌控下实现的。有意识地复活共和国传统和节日，也起到了一定作用。奥古斯都的政府对道德复苏表现得十分关心；看起来古罗马的美德也在一定程度上复活了。快乐和爱的诗人奥维德因为牵涉到皇室的性丑闻，被放逐到黑海。官方的这种严谨态度，加上国内在他治下大部分时期都保持了和平，而罗马建筑师、工程师又创造了伟大、光耀的建筑，因此奥古斯都时代获得盛誉就几乎不再令人惊奇了。公元 14 年，奥古斯都去世，他死后被奉为像尤利乌斯·凯撒一样的神明。

　　奥古斯都打算让他的一位家庭成员来继位。尽管奥古斯都尊重共和国形式（且这些形式有极强的生命力），但现在的罗马实际上是一个君主国家。这已经被来自同一个家庭的 5 个继任者证明了。奥古斯都唯一的孩子是女儿；他的直接继承者就是他的养子提比略，也是他女儿三任丈夫中的一位。他的最后一任继承者是尼禄，死于公元 68 年。

　　古典世界的统治者往往生活得并不轻松。一些罗马皇帝在他们宫殿走廊的角落里安装上镜子，为了防止刺客潜伏在周围。提比略可能就不是正常死亡的，他的四任继承者也没有一个是正常死亡的。这一事实表明了奥古斯都遗产中与生俱来的劣势。元老院里仍然有许多值得审视的烦心事，如它在形式上继续任命第一行政长官，也一直是宫廷、皇室耍阴谋诡计的地方。然而元老院已无望再现昔日的权威，因为权力最根本的基础总是来自军队。如果中央混乱且优柔寡断，士兵们就可能自己做主。这就是突然爆发第一次内战中的状况，它动摇了帝国统治。公元 69 年，第四位帝王统治时期，韦斯巴芗（Vespasian）开始崭露头角，他是一个百夫长的后代，远非一个贵族。第一行政长官已经脱离伟大罗马家族的控制了。

公元96年，当韦斯巴芗最年轻的儿子被谋杀时，这个突然崛起的家族也走到了尽头。其继承者是一个上了年纪的议员涅尔瓦（Nerva），他通过打破王朝按血缘自然延续的方式解决继承问题。取而代之，他使收养成为惯例，就像奥古斯都当年干过的那样。这样做的结果是四位皇帝图拉真、哈德良、安东尼·皮乌斯（Antoninus Pius）和马可·奥勒留（Marcus Aurelius）先后继位，为帝国带来了长达一个世纪的贤明治理时期，被命名为（以他们中的第三个命名）安东尼时代。他们所有人都来自行省家族；他们在一定程度上证明了帝国是一个世界性的存在，是西方后希腊化世界的框架，而不只是意大利的产物。收养制度使军队、行省和元老院很容易找到认可的候选人，但这个黄金时期以世袭原则的恢复而告终，那就是马可·奥勒留的儿子康茂德（Commodus）的继位。他于公元192年被谋杀，接着出现了类似公元69年的一幕。在接下来的一年里，再次出现了四位皇帝，他们每一位都获得各自军队的支持。最终，伊利里亚人（Illyrian）的军队获胜，强加给帝国一位非洲将军。其他和后来的君主也都是被士兵们指定的，恶劣时代即将来临。

与此同时，帝王们统治着一个与奥古斯都时代相比更大的区域。北部，尤利乌斯·凯撒已经对不列颠和德意志展开勘察，但在以英吉利海峡和莱茵河为界后就离开了高卢。奥古斯都强行进入德意志，从南面一直攻打到多瑙河畔。多瑙河最终成为帝国边界，但越过莱茵河的入侵很少成功。易北河上的边界也并不如奥古斯都所期待的那样稳定。相反，公元9年，一个重大变故挫伤了罗马人的信心，阿米尼乌斯（Arminius，日后被德国人认为是一个民族英雄）领导的条顿部落击溃了3个罗马军团。此役中丧失的疆土再未收复，这几个罗马军团也再没有重建，因为人们认为其番号会带来厄运，所以它们的名字再也没有出现在军队的名单上。8 个罗马军团仍然驻扎在莱茵河畔，这是帝国边疆防守最坚固的部分，因为危险就在不远的地方。

在其他地方，罗马统治仍然发展着。公元 43 年克劳狄乌斯（Claudius）开始了对不列颠的征战；40 多年后，当横穿北部，作为界标的哈德良长城建造起来时，这场征战达到了它能持续的极限。公元 42 年，毛里塔尼亚（Mauretania）成为一个行省。在东方，公元 105 年，图拉真征服了达契亚（Dacia）——后来的罗马尼亚；但这是在一场始于亚洲，持续了长达一个半世纪多的持久争端之后才实现的。

公元前 92 年，罗马在幼发拉底河第一次面对帕提亚，当时苏拉的军队正在那里战斗。这件事情的重要性，直到 30 年之后罗马军队开始进攻亚美尼亚才体现出来。两个势力范围在那里重叠了，庞培很快就裁定了亚美尼亚和帕提亚的国王之间的领土争端。然后，公元前 54 年，罗马政治家克拉苏越过幼发拉底河开始了对帕提亚的入侵。不到几星期时间，他就战死了，罗马军队也损失了 4 万人。这是罗马历史上最严重的军事灾难之一。显然，亚洲崛起了一个新的强权。此时的帕提亚军队是由许多优秀马上弓箭手组成的。同时，它还拥有无与伦比的重装甲兵、铁甲骑兵、全副武装的骑士，他们用沉重的长矛捍卫着他们的家园。他们拥有的优良马匹甚至引起了遥远中国的羡慕。

在此之后，幼发拉底河东部边界继续保持了一个世纪的安定，但帕提亚与罗马的关系并不亲密。帕提亚涉足罗马内战的政治活动，袭击叙利亚，在巴勒斯坦犹太人中制造事端。马克·安东尼在一场战役中与他们对抗，结果折损了 3.5 万人，不得不狼狈而痛苦地退至亚美尼亚。但帕提亚也同样受着内部分裂之苦。公元前 20 年，奥古斯都得以拿回克拉苏所丢失的罗马军旗，并且谢天谢地，自此可以把为捍卫荣誉而进攻帕提亚的需要驳回。然而冲突发生的可能性仍然存在。有两个原因：一是各方势力都敏感地对亚美尼亚虎视眈眈，另一方面是帕提亚王朝政治的不稳定性。罗马皇帝图拉真征服了帕提亚首都泰西封（Ctesiphon），打通了通往波斯湾的道路，而他的继任者哈德良通过归还大部分的战利品聪明地驯服了帕提亚人。

罗马吹嘘他们的新臣民全部因罗马统治下的和平而受益，因为这种和平解除了野蛮人入侵和国际性冲突的威胁。要想认可这一点，首先必须看到，许多被纳为臣民的民族仍在暴力反抗罗马的统治，以及为了平息反抗而带来的流血牺牲。但这种说法也确实有一定道理。在边界线之内，有着前所未有的秩序和安定。在一些地方，这永久改变了人们定居的状况，如在东方建立起新城市，或者凯撒士兵们的后代以新军事殖民方式在高卢定居。有时甚至产生了更深远的影响。以莱茵河作为边界线的做法深深影响了欧洲历史，其带来的结果是日耳曼民族的分裂。同时，在所有这些地方，随着局势平定，本地权贵逐渐罗马化，他们被鼓励去分享一个共同文明。这个共同的文明沿着为了罗马军团的行动而铺设的道路传播，变得更加容易。比起公元 1 世纪的罗马皇帝们，拿破仑也不能使通讯员更快地从巴黎到达罗马。

这个帝国领土广袤，政府所面临的待解决问题是先前希腊人未曾碰到的，或者是波斯人未曾解决过的。一种复杂的官僚制度出现了，涉及的范围非常广泛。举一个简单的例子，百夫长和之上的所有官员的记录（好比说连长以上的官员）全都集中在罗马。行省公职人员群体是行政支柱，很多地方实际上依赖军队维持着，而这些军队所做的并不仅仅是战斗。官僚制度因采纳相当有限的目的而受到限制。这其中最重要是有关政府财政；假如税收顺利收到，罗马统治者也就不愿用其他的方式去干预当地管理的运作。罗马是宽容的。它想提供这样一种环境，让罗马的文明在其中得到展示，使得蛮夷放弃本来的生活方式。奥古斯都统治下，管理者的改革已经开始了。元老院仍然按年指派很多位置，但皇帝的使者（legati，也就是代替皇帝在行省边疆活动的人）却是按皇帝个人的意志才担任公职的。所有的证据都显示，不管以何种手段完成，在帝国统治下的行政机构，与共和国最后一个世纪时期的贪污腐化相比，经历了翻天覆地的改进。比起波斯总督制度，帝国行政机构更加集权化和整体化。

臣属民族的合作是因为受到了引诱。先是共和国，而后是帝国，批准将公民权放宽，赋予更多臣属民族以罗马公民权。这是一个重要的特权。其他暂且不提，正如"使徒行传"告诉我们的，拥有公民权就表示有权从地方法院直接上诉到罗马皇帝那里。赋予公民权为赢得当地贵族的忠诚打下了根基；几个世纪之后，越来越多的非罗马人出现在元老院和罗马。最终在公元212年，公民权被赋予了帝国所有的自由臣民。

这是一个罗马展现同化能力的显著例子。帝国及其所承载的文明当之无愧可被称为四海一家。行政结构中包含了各种各样惊人的反差和多样性。这些事物能结合在一起，并不是由于罗马上层执行了一种公正的专制或者一种专业的官僚制度，而是由于一种宪政制度能够容纳地方精英，并使之罗马化。从公元1世纪起，元老院本身所包含的意大利人后裔越来越少。就此而言，罗马的宽容已经沁入其他民族了。这个帝国从来不是那种统治集团不接纳非意大利的种族共同体。只有其中的一部分人，也就是犹太人，强烈地感觉到要维持与罗马的差别，而这种差别在于宗教和与此相关的实践方式上。

希腊化文明已经在混合东西方文明方面获得了很大的成功；现在罗马继续将此进程推往更多的地区。在新世界主义中的一个最显著要素就是希腊人，因为罗马人自身从希腊人那里学到了很多，尽管罗马人所熟悉的是希腊化时代的希腊人。所有受过教育的罗马人都精通两种语言，这生动地说明了罗马人所吸收的传统。拉丁文是官方语言，并一直是军队语言；这门语言在西方使用广泛，可以通过军事记录来判断，在军队中这种语言的读写水平也很高。在西方诸省中，希腊语是通用语，所有的官员和商人都熟悉；如果诉讼当事人愿意，在法庭上也可以使用。有教养的罗马人逐渐开始阅读希腊经典著作，并按照自己的标准提炼它。创作出一本可以与之前文学作品相媲美的文学作品，是大多数罗马作者的美好志向。公元前1世纪，罗马人已经非常接近这个水平，维吉尔的作品惊人地展现了文化成果和帝国成就的重合——对史诗传统有意识的复兴者，同时也是拥有帝国使命的诗人。

　　这里大概存在着暗示罗马文化独特要旨的一个线索。也许正是明显且无所不在的希腊背景，深深地压制了创新的气氛。这一特点的重要性又因罗马思想家不变的、保守的关注点而得到加强。这些思想家关注的几乎完全只有两个焦点，那就是共和国留下的道德和政治传统，以及希腊的遗产。而这两者都以一种奇怪和不自然的方式在一种物质主义的环境中存续，显得越来越别扭。例如，几个世纪以来，正式教育在实际操作和内容上几乎都没有变化。罗马著名的历史学家李维在其著述中不断探寻激活共和政体的优点，而不是要去责难和解释它们。即便当罗马文明不可逆地城市化时，独立农民的美德（几乎已经不存在了）依旧被歌颂；而富有的罗马人想要（据说）完全远离所有的现在，去过一种乡村的简单生活。罗马雕塑仅仅再一次证明，希腊人已经做得更出色了。罗马哲学家也是希腊人式的。伊壁鸠鲁学说和斯多亚主义占据了主要地位；新柏拉图派哲学是创新派，但来自东方，正如若干最终给罗马的男男女女带来其文化所无法给予的东西的神秘宗教也同样来自东方一样。

　　仅仅在两个应用性领域，罗马人才算得上是优秀的革新者——法律和工程学。律师们所获得的成就相对较晚。直到公元2世纪和3世纪早期，法学学者才开始对评注进行收集保存；当法典编纂通过他们的努力传到中世纪欧洲，这些评注对后人来说将是一笔十分有价值的遗产。在工程学领域（罗马人没有将此与建筑学区分开来），所获得的成就更加让人印象深刻。这是罗马人的自豪，也是他们肯定能超越希腊人的一小部分成就之一。这一成就建立在廉价劳动力之上。在罗马通常是奴隶，而在附属行省里则是和平时期没有驻守任务的军团，是他们完成了规模巨大的水利工程、桥梁和道路修建工作。但更重要的不仅仅是物质因素。事实上，罗马人在印度西北部地区将城市规划当成一门艺术和管理技巧。此外，还有混凝土的发明和建筑外形上圆拱形房顶的革新。第一次建筑物内部变得不仅是一系列表面的装饰。房屋的空间容量和灯光成了建筑风格创作题材的内容。晚期的长方形基督教堂是对建筑内部空间新概念的最好阐释。

　　罗马技术工艺影响的区域，向东到达黑海，向北延伸到哈德良长城，向南到阿特拉斯山脉。理所当然地，首都保留了最为壮观的遗迹，在那里，帝国的财富表现得淋漓尽致，无处不装饰，而且那样集中。当大理石质地的面板还原封不动地保存着，绘画和水泥模具磨平了巨大的石块之时，早期罗马人应该曾经向巴比伦所拥有的想象力求取过灵感。关于此点，存在一种虚设，也涉及某一种粗俗。而且在此也不难再一次感觉到罗马人和希腊人之间一种不同的才能。罗马文化是粗野的、物质性的，甚至在它最宝贵的遗迹中也不可避免地出现此种特点。

　　在某种程度上说，这是对这个帝国所处社会现实的简单表达。罗马，像所有的古代世界一样，有着尖锐的贫富差距；在首都，这种差距就像一个明显的深渊，而并不是被故意显露出来。被帝国给予的利益，数量众多能够召唤随时服务的奴隶，还有数以百计的维持新富们奢华生活的住所，与罗马底层人们所居住的蜂居公寓房之间形成差异，表明了财富明显的反差。罗马人很自然地接受了这种差距，并将此当成是自然秩序的一部分。关于这一点，在之前很少有文明国家曾经担心过，尽管也很少有其他文明像罗马帝国那样鲜明地表现出这一点。遗憾的是，尽管很容易就意识到这一点，而对于罗马财富的实际

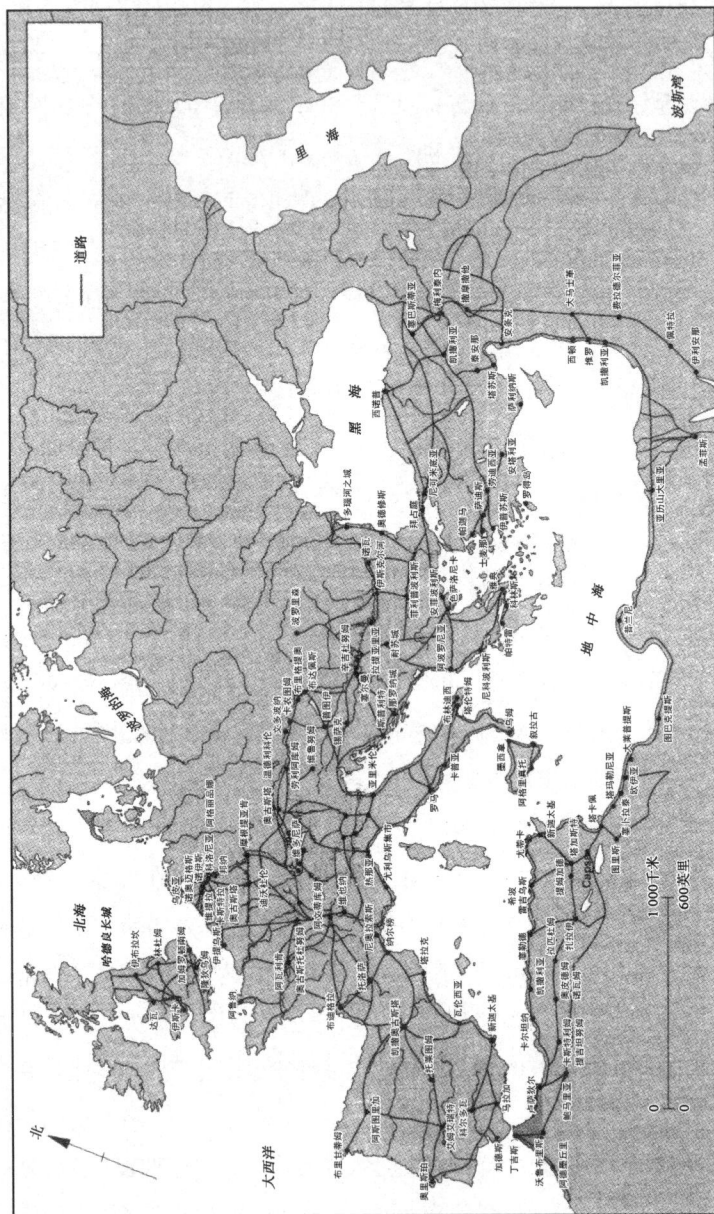

安东尼统治时期帝国主要的道路、城市和要塞

情况历史学家仍然很好奇，但也没有弄清楚。就拿一位元老院议员小
普林尼的财富来说，我们所知的只是细枝末节。

　　罗马的模式在这个帝国的所有大城市中都可以找到踪迹。这一点
对于该文明来说至关重要——是罗马维持了整个帝国。行省城市在隶
属臣民的原始乡村中像希腊岛屿一样分布着。政府津贴成为一种风
气，它折射出一种生活典范的显著一致性，表现了罗马人的优先权。
每个大城市都有一个法庭、数座寺庙、一个剧场、数间澡堂，这些设
施要么增设在旧城，要么作为重建城市基本计划的一部分而建起。以
地面底层为基础采纳规则的网格模式设计测试。至少在图拉真时代之
前，这些城市政府被当地权贵或者城市之父掌控着，在市政事务管理
上享有非常高的自由权，尽管后来一种更加严密的监控强加于他们之
上。这些城市中的一些，比如亚历山大里亚或安条克，又或迦太基
（这个城市后来由罗马重建），逐渐扩大到非常大的规模。所有城市中
最大的是罗马，容纳人口超过 100 万。

　　在此文明中，无所不在的圆形露天竞技场持续显示着它所容纳的
野蛮粗俗行为。重要的是我们不能过分强调这一点，就如同我们不能
从常被道德改革家所引用的作品中就推断出太多关于"衰落"的信
息。让罗马文明的声望吃亏的一个不利条件是，罗马是为数不多我们
可以通过娱乐方式对其大众思想有深刻洞察的、现代以前的文明。因
为击剑比赛和斗兽在某种程度上都强调大众娱乐，在这一点上希腊戏
剧则不同。大众的娱乐形式在任何一个时代都几乎不可能通过感官而
发现益处。而且罗马人通过为表演建立宏伟的中心机构，允许大众娱
乐业被当成一种政治策略来使用，使得它最不吸引人的方面制度化；
这种壮观游戏的筹备是富人通过财富获得政治成就的途径之一。然
而，当所有的前提都已考虑，事实是我们无法得知怎样表述埃及和亚
述的古代民众如何娱乐，我们只知道角斗场面的独一无二性。这是一

种对暴力的开发，较之从前，它在更大的范围内被当成是一种娱乐，在20世纪以前一直无与伦比。罗马文化的城市化使得角斗和从前相比，能获得更多的观众。这种"游戏"最根本的根源来自伊特鲁里亚，但其发展与兴起来自都市集中的新规模和罗马政治的紧急状态。

在罗马社会文化核心中蕴含的残酷性的另一个方面——无处不在的奴隶制——则当然并非独一无二的。如同希腊社会中那样，奴隶制形式多种多样，很难概括为某一类。许多奴隶能赚得工资，一些赎回了他们的自由；而且在罗马，奴隶们享有法律权利。大农场的发展增多确实在公元1世纪左右为一种新奴隶制的强化提供了范例，但难以估计罗马奴隶制是不是比其他古代社会更糟糕。何况质疑这一制度的人在当时也并不是普遍存在的：道德家轻易地与奴隶占有制和解了，就像后来基督徒所做的那样。

我们所知道的关于现代社会之前大众心态的大部分知识，都是通过宗教而获知。罗马宗教是罗马生活中一个重要组成部分，但如果我们用现代的表达方式来思考它，有可能被误导。它与个人救赎无关，而且与个人行为也不大相干。它首先是一项公共事务。它是共和国（res publica）（一系列仪式，遵行则对这个国家有益，疏忽则可能会带来报应）的一部分。独立的祭司阶层并不存在（如果我们把一两个特殊教派寺庙中留存下的古代遗风排除在外），祭司的责任是地方官的工作。地方官发现，祭祀是一个有效的社会和政治杠杆。罗马宗教也没有教义或教条，罗马人所要求的仅仅是受戒服务和典礼应该按习惯的方式来进行。对于无产者来说，除了要求他不应在假日劳作外，宗教对他意义不大。

各地的行政当局都对组织仪式负责，正如其对寺庙的维修负责一样。恰当地遵行仪式有一个非常实用的目的。李维引用一位执政官的名言说，众神"请看看这一丝不苟宗教仪式的惯例，它把我们国家推向了顶峰"。人们由衷地认为奥古斯都的和平是"神的和平"（pax deorum）——作为一种奥古斯都一再主张的对神特有尊重的酬谢。更为激进的是，西塞罗认为社会需要众神去阻止纷争；如果有所不同的话，这也是罗马人对宗教的实用态度的一种表达。但这并不代表他们不虔诚或不笃信神；为了对预兆的理解而求助于预言者，以及预言者对重要政策法案作出的裁决，仅这些举动就足以确证罗马人的虔信。在罗马人的理解中，官方教派并不神秘，很实用。

　　这些内容是希腊神话和节庆以及来源于原始罗马实践中的仪式的综合，因此深深打上了优先关注农事的印记。其中之一至今仍在另一种宗教的象征仪式中延续下来，即我们今天仍在以圣诞节的形式过的12月的农神节。但宗教实践被罗马人拓展得远远超过了官方仪式。罗马对于宗教态度的最显著特点就是它的折衷主义和世界主义。在帝国内，各种各样的信仰仍然有机会生存下来，只要不抵触公众秩序或者禁止遵守官方仪式。在极大程度上，各地农民追求的是对当地自然神崇拜无止境的迷信；市民不时地接纳新时尚；有教养的人则表现出对古典时代希腊众神一定程度的接受，并领导人民遵守官方礼仪。最后，每一个宗族和家庭，在人一生中最重要的时刻，如出生、结婚、病痛和死亡，会用恰当的特别典礼供奉自己的神。每一个家庭都有自己的圣祠，每一个街角也都有自己的崇拜物。

　　奥古斯都统治之下，有一种想要复兴旧信仰的经过深思熟虑的企图，但在一定程度上这种企图被进一步了解的希腊化东方和一些甚至在公元前2世纪就表现出玩世不恭的怀疑者腐蚀了。奥古斯都之后，皇帝总是控制着最高祭司的职位，因此政治和宗教职位集中在同一个人身上。这使得帝国官方信仰仪式变得越来越重要，人们也越来越趋向清晰地界定它。这与罗马人与生俱来的保守主义很切合，他们尊重祖先的方式和习俗。帝国的信仰仪礼将对传统庇护人的尊敬，安抚或召唤熟悉的神明，对重大人物和事件的纪念，与来自东方、亚洲的神圣君王思想联系在一起。而也正是在东方、在亚洲，圣坛起先被建造给罗马或是元老院，不久之后则转而敬献给皇帝。祭仪在整个帝国内传播，尽管直到公元 3 世纪这种做法才在罗马完全受尊敬；因为在罗马本土，拥护共和政体的情绪是那样强烈。但甚至在罗马，帝国所承受的压力也已经有利于官方虔诚行为的复活，而这种复活有益于帝国的祭仪。

来自东方的还不仅包括这些。公元 2 世纪，在帝国范围之内，纯罗马宗教传统与其他传统的界限实质上已经不存在了。罗马诸神同希腊一样，几乎无差别地混入大量界限模糊不清且不固定的信仰和祭祀中，不知不觉地把从不可思议的魔法到被禁欲主义哲学通俗化的一神论的一些经验融合在一起。这个帝国的智识和宗教世界是混杂的、轻信和非理性的。很重要的是，在这里不能过分关注罗马人思想中可见的实用性；讲求实用的人通常是迷信的。希腊的传统也并没有以一种完全理性的方式得到理解；直至公元前 1 世纪，它的哲学家们还被视为受到启示的人、圣人，其著作中被人们最积极研读的是与神秘主义教谕相关的部分；甚至希腊文化也通常基于一个普遍迷信的广泛基础和当地的祭仪惯例。部落诸神的信仰崇拜遍及罗马世界。

所有这一切在很大程度上都归结为对古老罗马方式的实用主义批评。很显然它已经不能满足一种城市文化的需求，无论其所依赖的农民群众如何在数量上占压倒性优势。许多传统节日的起源都是田园和农业的，但甚至他们所祈求的神灵都经常被遗忘了。在一个越来越困惑的世界里，城市居民渐渐发现需要的不仅仅是虔诚。人们绝望地想要抓住一切可以赋予世界意义的东西，以及让人多少能掌控这个世界的东西。旧迷信和新狂热都因此受益了。这种迹象可以在埃及诸神的魅力中窥见。对埃及诸神的崇拜充斥整个帝国，因为其安全性使得旅

行和交流更加简便（他们甚至处于利比亚人塞普蒂米尤斯·塞维鲁
[Septimius Severus] 皇帝的庇护下）。一个相比从前更加复杂和团结
的文明世界，同样也是越来越狂热地求助于宗教和陷入几乎无止境的
好奇中的世界。传扬异教古代遗风的最后伟大导师之一是泰安那的阿
波罗尼乌斯（Apollonius of Tyana），据说他与印度的婆罗门一同生活
和学习。早在公元 1 世纪救世主被发现之前很久，人们就一直在寻找
新的救世主。

东方影响的另一个表现就是，建立在具有特殊交流能力和秘密仪
式开创的权势之上的秘密宗教仪式被大众化。密特拉神（Mithras），
一个较小的索罗亚斯德教的神，尤其被士兵所喜爱，它的献祭仪式是
最著名的仪式之一。几乎所有这些秘教都表现出不愿耐心对待物质世
界的约束条件，对物质世界怀有终极悲观主义，对死亡高度关注（或
许还承诺超越死亡）。通过这些，它们具有了能提供旧日诸神无法再
带给人们的心理满足的力量，而这也是官方祭仪从未完全拥有的。它
们引得人们纷纷皈依，其吸引力有些类似于日后使人们皈依基督教的
那种魅力（但没那么强烈）。而值得注意的是，基督教在最初生发之
时，也往往被人们视为又一种新生的神秘教派。

罗马统治并不是在任何时候都适用于所有罗马人民，这点在意大
利也一样。到公元前 73 年，在共和国晚期的混乱时代，一场大规模
的奴隶叛乱发生，导致了三年战争，结果是 6 000 名奴隶沿着从罗马
到南部的路被钉在十字架上。在许多省份，反叛也很常见，通常可能
是因严厉对待而造成的特殊爆发或者由败坏的政府所引发。发生在不
列颠的著名的博阿迪西亚叛乱（Boadicea），或者更早的奥古斯都统治
下的潘诺尼亚起义，就属于这一类。某些时候，这些麻烦可以追溯到
当地自主性的传统，这在亚历山大里亚频繁发生。一个特殊的实例是
犹太人，其中触及了与后来的民族主义有些相似的情绪。这些壮观的

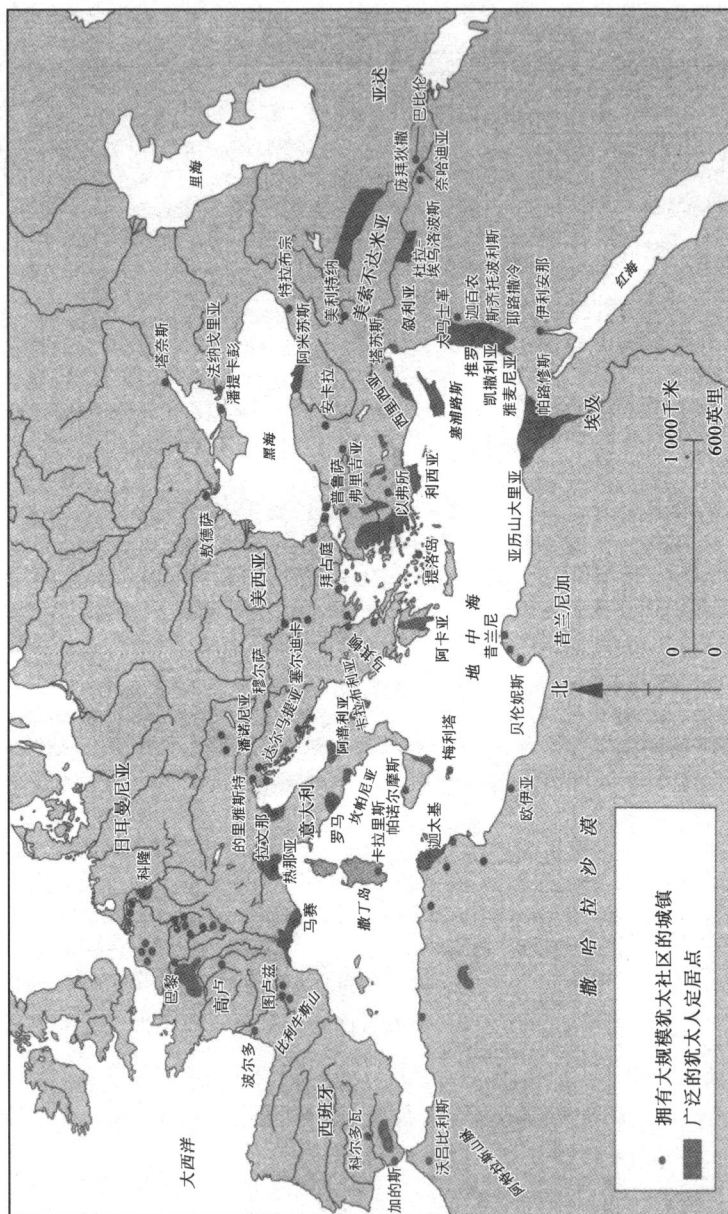

古代犹太教

图例：
- 广泛的犹太人定居点
- 拥有大规模犹太社区的城镇

关于犹太人违抗和反叛的记录，可以追溯到罗马统治之前的公元前170年；当时他们怨恨地反抗希腊王国的"西化"做法，这正是日后罗马所使用政策的先声。帝国的祭仪使事情变得更糟糕。尽管有些犹太人并不在意罗马的税吏们，并且认为凯撒应该受到报应，但却因对他们圣坛献祭的亵渎而与罗马人不共戴天。公元66年发生了一场大规模起义。在图拉真和哈德良统治之下还有其他起义。犹太团体像火药桶；其敏感在一定程度上让我们能够理解，大约在公元30年，当犹太人首领要求判那名被告死刑时，犹大当局为什么不愿坚持充分保护被告的法律权利。

税收使得这个国家顺利运转。尽管在正常时期税收并不重，但当要大量地为管理和治安支付税收时，这就是一种令人憎恨的负担。而且，这种负担在不断加重，有时用实物来征税，即征用和强制招募。很长一段时间，罗马利用了一个繁荣和发展的经济。获得达契亚的黄金矿山并不仅仅是此类幸运要务中的唯一事件。贸易流通的发展和重要的边界营地新市场带来的刺激，同样有益于新工业和供应商的出现。数量惊人的罐装酒被考古学家发现，表明了规模巨大的关于粮食、纺织品和调味料的贸易，虽然只留下了较少的痕迹。然而帝国的经济基础总是农业。以现在的标准来看，并不发达，因为它的技术是原始的；没有一个罗马农民见过风车和水磨，当这个帝国在西方消失时这些也仍然很稀少。如不考虑对罗马帝国理想化的成分，乡村生活是粗糙和艰苦的。因此，就此而言，罗马和平是必要的，这意味着税收可以在较小的生产盈余中找到，而那些土地也不会被破坏。

归根到底，所有的事情似乎都要归结到军队身上，罗马和平必须仰仗于它。然而作为一种工具，军队像罗马自身一样在过去的6个多世纪里已经发生了变化。罗马社会和文化总是军国主义的，然而军国主义的工具发生了变化。从奥古斯都时代开始，军队成为一种常规的服务力量，甚至在形式上都不再依赖全体市民的服务义务。普通军团士兵服务 20 年，4 年预备役。随着时间的推移，越来越多的士兵来自行省。让我们惊奇的是，尽管罗马以军纪严明著称，携带推荐信要参军的志愿者还是非常多，而那些想要成为新兵的人都求助于赞助人。在击败了日耳曼人后，按标准建立起来 28 个罗马军团，沿着边疆驻扎，总计大约有 16 万人。他们是军队的核心。而军中还包括了许多骑兵、附属人员和其他分支，总数大致持平。罗马军团继续被元老院议员们控制着（埃及例外），首都自身的主要政治中心问题仍然是诸如有接近的机会之类的问题。几个世纪以后，罗马军团的营地也就是帝国中心的所在地变得越来越明白，尽管罗马禁卫军有时候也会争夺选择皇帝的权力。然而士兵只是帝国历史中的一部分。从长远来看，相当大的影响是由少数人施加的，这就是犹大行省行政长官处死的那个人的追随者和门徒。

第5章　基督教与西方的转折

　　本书的读者可能很少有人对阿布加尔（Abgar）这个人有所耳闻，他在叙利亚东部的王国奥斯若恩（Osrhoene）更是知者寥寥。然而这个鲜为人知、生平不详的君主，长期以来都被认为是第一位基督教国王。事实上，关于他信仰转变的故事是一个传奇。这个传奇看起来大约是在他的后代阿布加尔八世（或九世，我们的信息是如此模糊）统治期间流传的——奥斯若恩在公元2世纪晚期变成基督教国家。皈依者可能甚至不包括国王本人，但这并不会困扰圣徒传的作者。他们视阿布加尔为漫长而伟大传统的开端，最终它几乎在欧洲君主政体的整个历史中都有体现。从那时起，它蔓延影响到世界上其他地区的统治者。

　　所有这些君主的举止都会与其他君主有些不同，因为他们视自己为基督徒；然而，尽管这个因素很重要，但这只是基督教对历史带来的改变中很小的一部分。实际上，直到工业社会的到来，在塑造我们生存的世界的进程中，它可能是唯一一种内涵、创造力和冲击力堪比伟大史前决定因素的历史现象。基督教在罗马帝国的古典世界里蓬勃发展，最终将自身融入帝国的体系中，并通过它的社会和心理结构传播，成为我们从那个文明继承下来的最重要遗产。虽然常常被掩盖或忽略，但基督教的影响贯穿过去1500年中所有重要的创造性进程；以近乎无心插柳的方式，它定义了欧洲。欧洲和其他大陆之所以是今天这个样子，就是因为少数犹太人看到他们的导师和领袖被钉死在十字架上并相信他会死而复生。

犹太性是基督教中的基本特性，而其核心大概就是救赎（用通俗的话来说）。因为这个东罗马帝国中以一位圣人为中心的教派在历史上幸存下来（更不用说在全世界取得成功）的历程，实在是险阻重重。犹太教在很长一段时间内是基督教基本思想的母体、安全环境和来源。反过来，犹太人的思想和神话通过基督教的推广变成了一种世界信念。犹太人这些观念的核心认为，历史是一个有意义的故事，是天意注定的，是无所不能的上帝为他选择的人类开拓设计的一场宇宙戏剧。通过上帝与子民所订的圣约，以忠诚于圣约为基础，人类可以找到正确的行动指南。如果违反了圣约，就会一直带来惩罚，例如对生活在西奈沙漠以及巴比伦河边的所有人的惩罚。而只要遵从圣约，上帝就会实践诺言，让整个族群获得救赎。这个伟大戏剧是犹太历史学家写作的灵感源泉，而罗马帝国的犹太人从中领悟出了使他们生活更有意义的模式。

那个神话的模式深深植根于犹太人的历史经验中。在所罗门时代的辉煌岁月之后，犹太人经历了重重磨难，造就了他们对外国人的始终不信任和铁一般的生存意志。在这些了不起的人们的生活中，再没有什么比他们始终存活下去这一简单事实更值得注意。始于公元前587年，巴比伦征服者毁坏圣殿之后将许多犹太人驱逐的那次大流放，是在现代之前塑造犹太民族特性最具决定性的经历。它最终使犹太人的历史观成形。流亡者听到以西结（Ezekiel）等预言家向他们承诺，圣约将再次订立。上帝此前已经通过流放和毁坏圣殿惩罚了犹大王国的罪恶，现在上帝将再次转向犹大的人民，让他们再次回到耶路撒冷，把他们从巴比伦解救出来，就如同此前将以色列人从乌尔和埃及救出一样。圣殿将会被重建。或许只有少数被流放的犹太人注意过这种说法，但这群人却非常重要，其中包括了犹大王国的宗教和政治精英们——这是我们依据最后遵循预言、在自己能够做到时返回耶路撒冷的那群获救者的素质判断出来的。

在此发生之前，流亡的经历改变了犹太人的生活，也确定了犹太人的视野。对于更重要的进展是发生在流亡者之中，还是发生在被留在犹大本土悲叹遭遇的犹太人之间，学者们一直存在着意见分歧。无论是以哪种方式，犹太人的宗教生活被深刻地搅动了。最重要的改变是把阅读经典作为犹太教的中心行为引进来。虽然《旧约》在此后的3个或4个世纪中没有确定最终形式，但前五书（或称"摩西五书"）传统上认为是由摩西写的，在他流亡归来不久后就大体上完成。抛去了对圣殿礼拜的专注，犹太人看起来已经转向每周集会去倾听那些神圣文字的诵读和讲解。这包含了一个对未来的承诺和对如何实现的引导：坚持遵循律法，而这些律法如今变得越来越详细和一致。正是由于翻译和抄写人员必须协调并解释这些圣书，所以才在产生其他影响的同时，也渐渐让律法日益细致连贯。结果在这些周末集会中不仅逐渐产生了犹太人集会的制度，还让宗教出现了新的解放趋势，摆脱了地点和礼仪的束缚，尽管长期以来大量的犹太人都一直渴望圣殿的恢复。犹太教最终可能实行的是，无论在哪里犹太人都能够走到一起去阅读经文；他们将成为解读经文的首个民族，而基督教教徒和穆斯林则将步其后尘。这使得对上帝较大的抽象理解和精神普及成为可能。

但也出现了趋向狭隘的发展。虽然犹太人宗教可能会与圣殿崇拜分离，但一些先知却认为必将来到的救赎和涤罪只能通过更严格地履行律法来实现，其所遵行的正是摩西律法。以斯拉（Ezra）将训令从巴比伦带回来，并且将曾经起源于那些游牧民族的仪式严厉地强加于越来越城市化的人民身上。犹太人的自我隔离在城镇中变得更加重要和明显；作为涤罪的一部分，每个娶了非犹太女子的犹太人（这种例子肯定很多）都应该离婚。

这一切都发生在波斯倾覆巴比伦之后。公元前539年，一些犹太人抓住这个天赐良机返回了耶路撒冷。圣殿在接下来的 25 年中被重新建起，犹大王国成为波斯帝国统治下的一个有神权政治的辖地。公元前 5 世纪，当埃及起义对抗波斯统治时，这里成了一个具有战略性的敏感地区，在当地祭司贵族的帮助下它很容易被统治。这提供了犹太人建国的政治衔接，并且一直持续到罗马时代的来临。

随着波斯统治的结束，亚历山大继承者的时代带来了新问题。托勒密王朝统治之后，犹太人最终又转归塞琉古王朝统治。上层社会的行为和思维方式都受到希腊化的影响；由于城里人和乡下人之间财富和各种差距夸张的对比，分歧变得尖锐起来。这也把祭司家族从民众中分离出来，这些家族一直保持着律法和先知的传统，就像在犹太会堂里讲解经文的行为。以反对希腊化叙利亚的塞琉古国王安条克四世统治为目的，伟大的马加比起义（公元前 168—前 164 年）爆发了；文化的"西化"为祭司所赞同，却为民众所怨恨。安条克试图采取更加激进的措施。他不满足于希腊化文明对犹太人岛国心态的稳定侵蚀，对摩擦事件也不满，他曾干预过犹太人的仪式，并谋求以把犹太人圣殿变成奥林匹斯山宙斯神庙的方式来亵渎犹太教。或许他只是想让这个圣殿向所有信徒开放，就像希腊化城市中任何其他神庙一样为所有信徒崇拜。起义被困难地镇压下去之后（之后是长期的游击战争），塞琉古的国王们采取了更多的安抚政策。但大多数犹太人对此并不满意，公元前 142 年他们利用有利环境取得了持续将近 80 年的独立。然后，在公元前 63 年，由于庞培将罗马统治强加于此地，中东地区最后一个独立的犹太人国家消失了将近 2 000 年的时间。

独立并不是一个愉快经历。一系列来自祭司家族的国王都通过改革和高压手段使国家陷入混乱之中。他们和默认其政策的祭司们都遭到了反对。他们的权威遭到一个新学派的挑战。这个学派比狂热的信徒更严格地坚持律法，将之作为犹太教的核心并赋予它崭新而彻底的精确解释。这些人是法利赛人（Pharisees），他们是改革力量的代表，一次又一次地对蔓延在犹太人区的希腊化威胁提出抗议。他们接受改变信仰的非犹太人，教导他们相信死后的转世和神圣的最后审判；在他们关于民族立场和普遍愿望的方面也出现了混合，而且他们扩大了犹太一神论的影响。

这些变化中的大多数都发生在犹大地区，它是曾经伟大的大卫王国的一个微小残余；在奥古斯都统治时期，住在那里的犹太人比住在帝国其他地方的都少。从公元前 7 世纪起，犹太人已经遍布整个文明世界。埃及、亚历山大和塞琉古王朝的军队里都有犹太兵团。有些人在贸易途中就定居了国外。最伟大的犹太人定居地之一是亚历山大里亚，从大约公元前 300 年他们就开始聚居在那里。亚历山大里亚的犹太人都说希腊语，在那里《旧约》首次被翻译成希腊文。当耶稣诞生的时候，那里的犹太人可能比耶路撒冷还多。在罗马，另外有大约 5 万名犹太人。如此密集的人口，增加了传教的机会，也因此增加了团体之间产生摩擦的危险。

犹太人为这个传统崇拜已经衰落的世界奉献的东西太多了。虽然割礼和对饮食的限制都是障碍，但对于大多数改变宗教信仰的人来说，伟大行为准则的法典更具有价值；这是一种并不依靠神庙、圣地或圣职而运作的宗教形式，并且最重要的是它对救赎的保证。一个先知——其信条被归于《旧约圣经》的编辑者以赛亚——他肯定被流放过，他曾宣告将会有一条信息给非犹太人带来光明；并且，早在基督徒——他们将要以一种新观念来发扬它——之前，他们中的许多人已经回应了那个光明。改变信仰的人们可以把自己看成那个激发了犹太人史学著作的伟大故事中的选民，仅仅这一个成就就可以与希腊的科学发明史相媲美，并且它对于世界的灾难也给予了暗示。犹太人在他们的历史中领悟出了一种展开的模式，通过这个模式他们能够在最后审判日的浩劫中得到提炼。犹太教对基督教的一个基本贡献就是它对人类的感觉与众不同，它的视线专注于彼岸世界的事物；基督教将继续发展在这当中潜移默化的思想，致力于拯救世界。两者的神话都深深地植根于犹太人的历史经验，尽管值得注意的简单事实是这个民族的幸存。

犹太人和转变为信仰犹太教的人，这一数量巨大的团体对于罗马官员来说是重要的社会事实。这个问题之所以突出不仅仅因为其规模，还因为其顽强的独立性。犹太教会堂作为特殊和单独的建筑群，其考古证据直到进入基督教纪元之后才出现，但城市里犹太人住处是独特的，以他们自己的犹太教堂和法院为中心而集聚。当犹太教被普遍传播时，甚至一些罗马人都被犹太人的信仰所吸引，因此罗马也有对犹太人普遍反感的早期迹象。亚历山大里亚频繁地发生骚乱，并且很容易扩散到中东其他城镇。这些骚乱导致当局不信任犹太人（至少在罗马），一旦事态出现严重迹象，就会驱散犹太社群。

犹大本身被看作是一个特别动荡和危险的地区，而且对公元前最后一个半世纪的宗教动乱有着巨大影响。公元前 37 年，元老院任命了一个犹太人大希律王（Herod the Great）为犹大国王。他是一个不受欢迎的君主。毫无疑问民众对一个由罗马任命者有着普遍的厌恶，何况这个统治者渴望（虽也情有可原）与罗马保持友好的关系。然而希律王由于其在宫廷中希腊风格的生活方式（尽管他小心地向犹太教展示了他的忠诚）和其提高重税的行为，获得了进一步的反感，尽管税收中的一些也被用于建造宏伟的建筑物。虽然没有屠杀无辜者的传说，并且在基督教魔鬼传说中也没有他的位置，但大希律王在历史上的名声也不怎么样。公元前 4 年，大希律王死后，他的王国被他三个儿子分割，紧接着一个令人不满的安排在公元 6 年到来；那一年，犹大成为罗马叙利亚行省的一部分，受行省治所凯撒利亚（Caesarea）

的统治。公元 26 年，本丢·彼拉多（Pontius Pilate）成为执政官、征税官或事实上的总督，他将维持这个既不舒服又吃力的职位达十年。

在一个动乱之省的历史中，这是一个黑暗时期，预示着近两个世纪以来这些不安因素的高潮即将到来。犹太人与他们的邻居撒马利亚人（Samaritan）不和，并对沿海城市中希腊—叙利亚人明显增多感到厌恶。他们厌恶罗马作为一长串征服者中的最后一个，也厌恶其税收要求；征税官——新约中所称的"税吏"（publican）——不得人心，不仅仅是因为他们拿走的东西，还因为这些税收给了外国人。更糟糕的是，犹太人内部也存在严重分歧。盛大的宗教节日往往伴随着流血事件和暴力冲突。例如，法利赛人就与祭司贵族阶层的代表撒都该派（Sadducees）有很深的敌意。而以上两派也被其他教派所排斥。其中最值得注意的一个派别仅仅是在最近几年通过死海古卷的探索和阅读，才为世人所知。在其中可以看到它对追随者的承诺，早期基督教也有很多那种承诺。它期待着对犹大地区某些人的叛教行为能有个最终的判决，并将通过一个救世主的到来而宣布。犹太人被这样的教义所吸引，并寻找先知们对于这些事情有过预言的作品。一些人寻找到了一个更直接的方法。奋锐党人（Zealots）期待着以民族主义抵抗运动作为前进的道路。

在这种紧张气氛中，耶稣大约于公元前 6 年诞生，来到这个成千上万的子民等待着救世主降临的世界。他将带领他们取得军事上或象征上的胜利，并开创最后和最伟大的耶路撒冷时代。关于耶稣生活事实的证据都包含在他死后写的福音书中，早期教会的主张和传统其实是以那些实际上知道耶稣的人的证词为基础。这些福音书并不是令人十分信服的证据，但不足之处可能被夸大了。毫无疑问，其书写是用来展示耶稣不可思议的权威，并且以他生活中的事件为证据来证明那个很久以前就宣布救世主将要到来的预言。这一圣徒传记的来源很令人感兴趣，并没有要求怀疑所有事实的断言；其中有很多固有的合理性，这正是那个时期人们对一位犹太宗教领袖的期望。我们不必完全将这一来源摒弃，因为那些关于许多棘手问题的更为不充分的证据也经常被使用。以我们可接受的标准更严厉或更苛刻地要求早期基督教的档案是没有道理的，譬如说，比我们对待荷马史诗中阐释古城迈锡尼的证据更严厉。然而，很难在其他档案中找到和福音书中所述相吻合的事实证据。

耶稣在被提供的描写里是一个出身底层的人，虽然他没有赤贫家族背景，而是宣称有王室血统的背景。毫无疑问，这样的宣称如果没有点依据的话会受到对手的反对。加利利，耶稣长大的地方，对犹太人来说有点像边境地区，那里非常容易遭遇与叙利亚-希腊人的接触，这往往会触动宗教敏感。那附近有个叫约翰的传教士——一个在被逮捕和受死刑前经常被人群簇拥的先知。虽然他看起来一直是个隐士、非常独特的人物、一位在先知书籍里塑造自己的教师，学者们试图把约翰与曾遗留下死海古卷的库姆兰（Qumran）民族联系起来。一个福音传道者告诉我们他是耶稣的表兄，这也可能是真实的。但这没有所有福音书中一致赞同的那件事情重要，即约翰曾为耶稣施洗礼，就像他为无数因为担心末日来临而投奔他的人们洗礼一样。他也曾经说过他意识到耶稣是一个像他这样的导师，或者在一些事情上能做得更好："他已经来到，或是我们寻找另一个？"

耶稣认为自己是一位圣人，他的教义和他那神圣身份的证据被视为奇迹，很快就说服众多激动的民众跟随他前往耶路撒冷。他在群众自发性感情的基础上荣耀进入这座城市。人们怀着对救世主到来的希望跟随他，就像跟随其他伟大导师一样。结果耶稣在犹太法庭前面临亵渎神明的指控。而来自彼拉多总督的罗马法信件放宽了对他的惩罚，目的是避免在一个动乱的城市里惹出更多麻烦。但耶稣不是罗马公民，所以对于他来说鞭打之后的极刑是被钉在十字架上。在耶稣被钉死的十字架上有隐秘的铭文写道："拿撒勒的耶稣，犹太人的君主。"这原本是一个罗马总督的政治讽刺，但由于它的重要性不应受到忽略，结果以拉丁文、希腊文和希伯来文公布出来。这可能发生在公元 33 年，也有可能是公元 29 年或公元 30 年。在耶稣死后不久，他的门徒相信他已经死而复生，因为他们曾看到他升入天堂，并且他们在圣灵降临节曾收到耶稣赐予的带有神秘力量的礼物，它将支撑他们和他们的追随者直到最终审判日。他们也相信，那一天会很快到来，并且将带回耶稣，他将是坐在上帝右手边的裁判者。所有这些都是福音书告诉我们的。

　　如果这是首批基督徒见到的基督（Christ，他后来的称谓，源自希腊语中"受涂油礼者"意思的词），在他的教义里其实有其他原理也能胜任广泛的运用。据记载，耶稣的祈祷思想并没有超越习俗；无论是神庙中的犹太仪式还是传统神圣节日的庆祝，或者私下的祷告，都是他所要求的。在这个非常现实的意义上讲，他以一个犹太人的身份度过一生。然而他的道德教义是专注于忏悔并从罪孽中寻求解脱，所有人都能从中得到解脱，并不仅仅针对犹太人。在耶稣教义中报应占据了一定的分量（在这点上法利赛人是同意他的）；引人注目的是，在新约里提到的大部分非常令人恐惧的事情都要归因于他。律法的存在是必要的。然而它不够充分。除了遵行律法，还需在犯错的情况下悔改并作出补偿，甚至是自我牺牲。爱的律法是其特有的行为指南。值得强调的是，耶稣拒绝了作为政治领袖的角色。其政治上清静无为的观点是从后来一条含混不清的格言里领悟出来的含义之一，这条格言是："我的王国不是这个世界。"

　　然而一个能成为政治领袖的救世主是许多人所期待的。其他人要寻求一个领导者来对抗犹太宗教成规，因而，即使他们的目的仅仅是为了进行宗教净化和改革，也会存在潜在的危险。不可避免的是，大卫的后裔耶稣，在当局统治者们眼里变成一个危险人物。而他的门徒之一西门是奋锐党人，这更让人心生警觉，因为这是一个极端教派。耶稣的许多教义鼓励人们从精神上对抗占主导地位的撒都该人和法利赛人，反过来他们又努力从耶稣所说的话里找出每个反抗罗马的暗示。

这些事实提供了耶稣毁灭和民众失望的背景，但却无法解释为什么他的教义能流传下来。耶稣不仅对不满政治现状的人有吸引力，还吸引了那些感到律法不再能够充分引导自己的犹太人，以及那些改变信仰后也能赢得以色列二等公民身份的非犹太人，这些非犹太人渴望更多以保证他们能在审判日被接受。耶稣同样也吸引了穷人和流浪者；他们中的许多人都生活在贫富差距有天壤之别而且又冷酷无情的社会里。这使一些耶稣的呼吁和思想，最终会产生惊人的收获。然而尽管它们在他的一生中很有效，似乎也将伴随他的死亡一起消失。在他死后，他的追随者只是许多犹太宗教派别中很小的一支。但他们相信一个独一无二的事情已经发生了。他们认为耶稣已经死而复生，他们看到了这个事情的发生，并且他提供了一种指引，即那些因他的洗礼而获得拯救的人们获得了一种战胜对死亡的恐惧和对上帝审判之后个人遭遇担心的指引。耶稣死后的半个世纪里，这一消息具有了更普遍的适应性，并在文明世界中被广泛传播。

耶稣门徒的信念使他们继续留在了耶路撒冷，它对于所有中东地区的犹太人来说是一个重要的朝圣中心，因此也是一个新教义萌芽的核心。耶稣的两个门徒，彼得和耶稣的兄弟雅各（James），是等待着耶稣即将重返的小团体的领袖，他们通过赎罪和对神殿中上帝祭拜的方式努力地做准备。他们在犹太教信徒中着重强调：或许只有洗礼仪式能够区别他们。但其他犹太人视他们为危险人物，与来自外界地区说希腊语的犹太人的接触导致了对这些教士权威的进一步质疑。第一个殉道者斯提反（Stephen），是这个团体中的一员，被一群犹太人处以私刑。其中一个目击了这个事件的人，是一个来自便雅悯部落的塔苏斯人保罗。可能作为一个被驱逐的希腊化犹太人，他尤其意识到对纯正信仰的需要。他为自己的信仰而感到自豪。总之，他是继耶稣之后对基督教的形成有着最伟大影响的人。

不知道为什么，保罗经历了思想改变。他原先是基督追随者的迫害者，结果自己也变成了基督的追随者之一。他曾在巴勒斯坦东部的沙漠中逗留过一段时间，专注于冥想和反思，他思想的改变似乎就发生在这一次旅途之后。然后，公元 47 年（或许更早一些，确定保罗的生活和旅途的日期是一件非常不确定的事情），他开始了在整个地中海东部的一系列传教旅行。公元 49 年，在耶路撒冷召开的一次使徒大会做了一项重大决定，将派遣保罗作为针对异教徒的传教士。割礼是服从犹太教信仰最重要的行为，异教徒不需要被执行割礼。目前还不清楚到底是他还是大会，或者双方都对这项决定负责任。小亚细亚已经有一些跟随新教义的犹太人小团体，那里的教义是朝圣者带去的。现在由于保罗的努力，这些事情被极大地巩固。他的特定目标是犹太改信者，他能够用希腊语向外邦人布道，以及通过新约赋予他们完全的犹太人资格。

保罗教导的教义是全新的。他摈弃律法（耶稣从没有这样做过），并努力使耶稣教义核心中基本的犹太思想和希腊语中的概念世界保持一致。他继续强调一切事物都将终结的重要性，但通过基督教提供给所有国家一个了解创造奥秘的机会；以及首先是看得见的事物和无形事物之间的关系、精神和肉体的关系、第一克服第二的关系的机会。在这个过程中，耶稣远远不止是一个战胜了死亡的人类拯救者，耶稣

保罗的传教工作

就是上帝本身。而这打碎了犹太思想的固有模式（信仰从中诞生）。但这种思想在犹太人中并没有持久存在的位置，现在基督教被强迫离开圣殿。随着几个世纪时光的流逝，希腊的知识世界成为它众多新的栖身地之一。一个巨大的理论架构将在这种变化中构建出来。

使徒行传提供了因此类教义而引起骚动，以及当教义不涉及公共秩序时罗马行政机构理智容忍的丰富证据。但它常常会引起混乱。公元59年，保罗被罗马人从耶路撒冷的犹太人那里营救出来。次年，当他受到审判时，他前往罗马向皇帝陈情。显然他获得了允许。但从那以后，他就在历史上消失了；他可能在公元67年被暴君尼禄迫害而死。

第一个时期基督教传教团通过到处扎根的方法渗透文明世界，是在犹太人团体中。当时出现的"教会"在行政上彼此完全独立，尽管位于耶路撒冷的团体拥有可理解的首要地位。因为在那里会发现曾见到耶稣复活的人及其继承人。除了信仰，这些教会之间的唯一联系就是洗礼制度、接受一个新以色列的象征，以及耶稣被逮捕的那晚与门徒在最后晚餐上表演的圣餐礼仪。直到今天，基督教教堂仍然保留着这些重要圣礼。

因此，教会的地方领导人在实际上可以行使独立的权力，但这种权力并不广大。毕竟，除了管理当地的基督教团体事务，没有任何需要他们做决定的事情。与此同时，基督徒期待着耶稣的第二次降临。公元70年之后，罗马洗劫了这个分布很多基督教徒的城市，耶路撒冷的影响力就衰退了；之后基督教在犹大地区就失去了活力。公元2世纪初，巴勒斯坦以外的基督教团体数量很明显地增加了，而且地位上也更重要，已经逐步形成一个人员等级制度以管理事务。这等同于后来教会中形成的三个等级：主教、牧师和执事。虽他们的圣职功能在这个阶段很微小，重要之处在于其行政和政治作用。

罗马当局对一个新教派崛起的反应大体上是可以预见的。其统治原则是，在没有导致冲突的特别原因存在时，新宗教可以被容忍，除非他们对帝国失礼或者不服从帝国。起初存在着一个危险，那就是在一个有力的罗马帝国对犹太民族主义运动的反应中基督徒可能会与其他犹太人混淆。而这种运动因大规模血腥的遭遇战而告终。但基督徒自身政治上的清静无为和其他犹太人已宣布的敌意拯救了他们。加利利地区在公元 6 年卷入了叛乱（或许正是对于它的记忆，影响了彼拉多对拥有一名奋锐党门徒的那名加利利人的处置方式），但犹太民族主义的一个真正特性是在公元 66 年犹太人大起义中出现的。当极端主义分子在犹大地区占据绝对优势并接管耶路撒冷时，这是犹太民族在罗马帝国统治下的整个历史中最重要的时期。

犹太历史学家约瑟夫斯记载了随后的残酷战斗——圣殿最终的攻坚战。作为反抗力量的指挥部，圣殿在罗马胜利以后被烧毁了。在此之前，不幸的居民在求生存的斗争中曾沦落到靠人吃人延续生命。考古学最近发掘的马察达（Masada）离这个城市不远，可能是犹太人公元 73 年败给罗马人前的最后一个据点。

但这并不是犹太人骚乱的终结，而是一个转折点。极端主义分子不会再得到同样的支持，并且必会名声扫地。律法越发成为犹太性的焦点，因为当反抗行动正在进行时，犹太学者和教师（这个时期之后，他们越来越多地被称为"拉比"）不断在不同于耶路撒冷的中心展开它的含义。他们的良好引导可能拯救了那些分散的犹太人。尽管公元 117 年昔兰尼加（Cyrenaica）的犹太人暴动发展成全面战争，并且公元 132 年最后的"救世主"——星之子西门（Simon Bar Kochba）在犹大发动了另一场起义，后来的动乱再也没有和这次伟大革命同样重要的了。但犹太人与他们在律法中呈现的特殊地位依然完好无损。耶路撒冷虽不再由他们占据（哈德良使它成为一个犹太人只能每年进入一次的意大利殖民地），但他们获得了一些宗教特权，获准特设一名可管辖耶路撒冷全境的牧首（patriarch），并被允许免除可能与他们宗教职责相冲突的罗马法义务。悠长的犹太历史结束了。接下来的 1 800 年间，犹太人的历史将是离散的故事，直到一个民族国家再次在另一个帝国废墟——巴勒斯坦建立起来为止。

除了犹太民族主义者，罗马帝国其他地方的犹太人，从那以后在动乱年代的很长一段时期内都有足够的安全。基督徒的状况稍差一些，尽管他们的宗教并没有被当局过多地与犹太教区分；毕竟它只是犹太教一神论的变异体，所宣扬的也让人觉得类同。是犹太人而不是罗马人第一个迫害它，正如十字架苦刑的本身、斯提反的殉难和保罗的冒险所表现的。根据使徒行传的作者所言，一个犹太国王希律王第一个在耶路撒冷迫害这一群体。甚至一些学者也认为这种说法是可信的：尼禄为公元 64 年罗马大火寻找替罪羊时会找上基督徒，应该是由怀有敌意的犹太人指认陷害所致。根据流行的基督教传统说法，在这场迫害中圣彼得和圣保罗双双去世，令人毛骨悚然的血腥场景时有发生，但无论这场迫害因何而起，这看起来似乎是很长时间以来罗马官方对基督徒任何关注的终止。基督徒没有拿起武器加入反抗罗马统治的犹太起义，这必然会缓解官方对他们的敏感。

基督徒成为值得政府关注的对象而出现在行政记录中，是在公元 2 世纪初期。主要是因为公然的不敬。基督徒当时明确拒绝向皇帝和罗马神明供奉。这是他们的与众不同之处。犹太人有权利拒绝，因为他们已经拥有一个罗马人尊重的历史性宗教——罗马始终尊重这些教派，当他们将犹大置于自己统治之下时。现在基督徒是一个很明显被视为不同于其他犹太人的群体，并且是一个近期的产物。然而，罗马的态度是，尽管基督教并不合法，它也不应该成为被迫害的对象。但另一方面，如果违法行为被指控——并且拒绝供奉可能也是其中之

———如果指控是明确的并且在法庭上显示出充分根据，那么当局就会惩罚他们。由于基督徒拒绝了带着好意劝说他们去供奉，或发誓放弃他们的上帝的罗马文职公务员，这导致了很多牺牲者。但罗马当局并没有系统地企图去根除这一教派。

事实上，罗马当局的敌意和基督徒同胞们的危险比起来，要小太多了。2世纪结束以后，针对基督徒有了更多大屠杀和普遍攻击的迹象。因为他们服从一个不合法的宗教信仰，因此他们不再受罗马当局的保护。他们有时候会被当作行政机构的替罪羊或者转移危险的导体。在一个迷信时代，很容易让大众认为是基督徒冒犯神灵的行为导致了饥荒、洪水、瘟疫等自然灾害。在一个没有其他技术能够解释自然灾害的世界里，关于这些事情的其他公正而令人信服的解释相当缺乏。基督徒被指控使用巫术、乱伦，甚至吃人（毫无疑问这是对圣餐作出的一种误导性解释，进而产生这一种观点）。他们还在夜晚秘密会面。更特别和严重的是，虽然我们不能确定这个指控的规模，但基督徒被指通过对成员的控制威胁了定义父母和孩子、丈夫和妻子、主人和奴隶等之间适当关系的习惯性结构。反对者宣称在基督教中既没有团结也没有自由，耶稣的到来不是带来和平而是切开家庭和朋友的一把利剑。这种观点是异教徒对威胁的先见之明。

基督教对后来西方文明最伟大的贡献，可能就是它顽固预言并个人主义地主张，生活应该被一种独立的道德引导控制，不仅独立于政府，也独立于任何人类权威。因此，我们不难理解各行省大城镇里的暴力浪潮，例如，公元165年的士麦那，或者公元177年的里昂（Lyons）。它们是反对基督教浪潮高涨在大众层面上的反映，与此相应的是异教徒作家在智识层面对这种新宗教发起了首轮攻击。

迫害并非早期教会面临的唯一危险。相比之下，它大概还算最轻的威胁。一种更严重的危险是，基督教可能发展成另一种类型的宗教。罗马帝国中有许多例子，最终它们都在古老宗教魔力般的沼泽中被吞没。中东各处都能找到"神秘宗教"的例子，其核心是以一个特殊的神为中心的信仰，对信徒进行关于神秘知识的传授（埃及的伊希斯神是比较普遍的一个，波斯人的密特拉神是另一个）。通常信徒会得到一个自己和牧师参与的、涉及模拟死亡和复活仪式的机会，并且因此战胜了必死的命运。通过令人印象深刻的宗教仪式，这样的教派使许多人获得了渴望的暂时平静和释放。这些信仰非常流行。

真正危险的是，基督教可能会通过公元 2 世纪重要的诺斯替（Gnostics）教派所表现的方式发展。其名字源自希腊单词"真知"（*gnosis*），意为"知识"。基督教诺斯替教派声称，知识是一个秘密——秘传的传统，不会透露给所有的基督徒，而仅仅针对少数人（一个版本说，只透露给传道者及其后裔教派）。他们的一些思想来自琐罗亚斯德教、印度教和佛教，在强调物质和精神冲突的某种意义上它歪曲了犹太教与基督教共有的传统；还有一些来自占星学，甚至来自巫术。这种二元论中一直存在一种诱惑，用罪恶和善行的属性来反对信念和实体，以及对人性本善的物质创造论的否定。

诺斯替教派是世界的憎恶者，他们某些方面的系统论述会导向神秘宗教典型的悲观主义；救赎只可能通过获得开创者嫡传秘密的神秘知识才能实现。一些诺斯替教徒甚至认为基督不是一个订立和恢复圣约的救世主，而是一个被从耶和华的过失中解救出来的人。不管这一想法来自哪里，它都是一个危险的信条，因为它切断了希望的根源，而这正是基督教的核心启示。此时此刻它阻碍了基督徒；自从接受犹太人的上帝创造了世界，而世界是美好的传统以来，从来没有完全绝望的救赎。

公元 2 世纪，通过散居，犹太人团体扩散开来，并且他们的组织基础相当牢固，基督教看起来好像站在了一个岔路口，而其中任何一条路都可以证明是致命的。如果基督教背弃保罗工作的含义和仅仅保持为一个犹太异端，那么它充其量最终被重新吸收进犹太传统中。另一方面，摒弃和背离犹太教，则可能会使基督教驶入神秘宗教的希腊化世界，或者陷入诺斯替教派的绝望中。应感谢一小部分人，他们使它逃脱了两者的厄运而成为一个对个人救赎的承诺。

渡过这些危险事件应归功于教父们的成就，因其所拥有的道德和虔诚超越了所有的智慧。他们受到了所遭遇危险的刺激。爱任纽（Irenaeus）在公元 177 年接任殉道的里昂主教，提出了基督教教义的第一个伟大纲要——圣经教规的信条和定义。所有这些使基督教从犹太教中分离出来。但他的写作也面临着异端邪说背景的挑战。第一次抵制诺斯替派教义的会议在公元 172 年召开。由于抵抗竞争者的压力，基督教教义挤入了当时智识权威的行列。异端和正统是一对双胞胎。这个时期引导正在形成的基督教学说的向导，是既博学多才又温和的亚历山大里亚的克莱门（Clement of Alexandria）。作为一个基督教柏拉图主义者（可能出生在雅典），他使基督教徒了解到希腊化传统可能意味着远离神秘。特别是，他指导基督徒对柏拉图的思考。在他更伟大的学生奥利金看来，克莱门传达着上帝的真理是一个合理真理的观念，而这种信仰能吸引那些受过斯多亚派现实观念教育的人。

早期教父知识的推动和基督教内在的社会感染力，使得它可以利用古典时代和后来罗马世界中固有的渗透和扩展这一巨大可能性。早期教父可以自由走动，可以用希腊语互相交谈和通信。在宗教时代，这是一个不断显现的巨大优势。公元 2 世纪的极其荒谬的轻信遮掩了深层的渴望。它们暗示着古典世界已经耗尽了活力；希腊资源需要补给，并且在新宗教中寻找补给渠道。哲学已经成为一种宗教追求，理性主义或怀疑主义仅仅对一个极小又卑微的少数派有吸引力。然而这种有前途的背景对教会也是一个挑战，早期基督教总是处在具有蓬勃发展之竞争者的环境中。诞生于一个宗教时代，既是一种威胁，也是一种优势。公元3世纪的危机时代，我们将看到基督教如何成功地面对威胁并抓住机遇。那时，古典世界几乎全部崩溃，只有一部分通过巨大甚至是致命的让步才得以幸存。

公元200年以后，很多迹象表明罗马人开始以一种新的方式回顾过去。人们常常谈论过去的黄金时代，沉湎于一种传统的、怀旧的文学。但公元3世纪带来了新东西，这便是有意识地谈论衰退。历史学家们提到一场"危机"，但事实上它最明显的表现是被超越。到公元300年，罗马带来或接受的变化给多数古典地中海文明带来了新生。在确保最终将自身大部分形式传承给未来的过程中，它们甚至可能具有决定性意义。然而它们自身的变化产生了负面影响，因为它们中的一些在本质上破坏了那个文明的精神。重建者常常是无意识的模仿者。公元4世纪开始的某个时候，我们能感觉到平衡已经倾斜至不利于地中海的传统。感觉到这种变化比预见决定性时刻何时到来更容易。变化的迹象是预兆性的革新突然增加：帝国的行政机构以新的原则重建，意识形态被改变，一个曾经模糊的犹太教派变成了牢固的正统教派，更重要的是大片广阔的领土都让给了来自外界的定居者——外来移民。一个世纪以后依然是这样，并且这些变化的结果对政治和文化的瓦解所起的作用非常明显。

帝国权威的起伏在这个过程中事关重大。古典文明在公元2世纪晚期已遍布帝国。帝国笼罩着古罗马精神这一概念——罗马人的处世之道。正因为如此，政府机构的弱点为将会出现的纰漏提供了方便。虽然奥古斯都小心地掩饰，帝国政府其实在很早就已经停止通过元老院和人民的代理人处理事务；现实是帝国有一个专制的君主，他的统治只有通过安抚所依赖的禁卫军这样的实际考虑时才能缓和。随着安东尼王朝最后一位无能皇帝在公元 180 年的登基，一轮内战接踵而至，开启了一个可怕的时代。这个可怜的男人——康茂德，于公元 192 年，在其情妇和宫廷大臣联手策划下，被一名摔跤手掐死。但这并没有解决任何事情。他死后的几个月之内有 4 位"皇帝"的斗争，最后来自非洲的塞维鲁（Septimius Severus）胜出。他娶了一个叙利亚人，并努力使帝国再次建立在世袭继承的基础上。他试图将自己的家族和安东尼王朝的继承权联系起来，因此想解决宪政的一个根本弱点。

事实上我们忽视了他自身成功的事实。像他的竞争对手一样，塞维鲁是一个行省军队的候选人。整个公元 3 世纪，士兵才是真正的帝国缔造者，他们的力量也是造成帝国破碎的根源。然而，士兵并不能被摈弃；事实上，由于一些边界线上同时出现了野蛮人的威胁，军队还必须扩大和纵容。这是下个世纪皇帝们需要面对的困境。塞维鲁的儿子卡拉卡拉（Caracalla）通过大量收买士兵谨慎地开始他的统治，在最后却依然被士兵们所谋杀。

理论上元老院依然能任命皇帝。但事实上，元老院只有很少的有效权力，除非它能够将威信交付给许多角逐候选人中的一位。这样做并不会有多大的作用，但仍然有一些价值，可以使旧的形式保持一些道德影响。尽管这样的安排可能会增强元老院和皇帝之间潜在的对抗，但这不可避免。塞维鲁从骑士阶层抽取更多的权力下放给军官，但在社会地位上他们低于元老院家族。卡拉卡拉推测对元老院的清除将有助于他进一步达到专制独裁统治。越来越多的军事皇帝效仿他；很快出现了首位非元老院成员的皇帝，尽管他来自骑士阶层。更糟糕的事情接着发生。公元 235 年，一个来自莱茵河罗马军团的军官马克西米连（Maximinus）与一位来自非洲的耄耋老人争夺战利品；这位老人背后的支持者是非洲军队，确切地说，其实是元老院。许多皇帝都是被他们的军队谋杀的，有一个是在战斗中被他自己的总司令杀死（胜利者随后由于他另一个军官的背叛而被哥特人杀死）。这是一个可怕的世纪；总之，22位皇帝来了又去，这个数字还不包括那些假冒者（或和波斯图穆斯［Postumus］一样的准皇帝，他在高卢暂时维持自己的势力，预示着后来帝国的分裂）。

尽管塞维鲁的改革在一段时间内改善了事态，但他继任者脆弱的地位加速了行政机构的衰退。卡拉卡拉是最后一位试图将所有自由民变成罗马帝国公民来扩大税收基础的皇帝。这样做容易得到税金，但他没有尝试实行根本的财政改革。考虑到需要面对的紧急情况和能够获得的资源，或许衰落是不可避免的。随着无秩序和贪婪腐败的权力者或政府官员用来保护自己的即兴措施的发展，这反映了另一个问题——公元3世纪帝国表现出来的经济疲软。

我们很难准确地概括出这对于消费者和供应商意味着什么。尽管有一系列规划和组织都围绕着城市网络进行，但帝国的经济生活几乎完全依靠农业。根基是农村地产——农庄（villa）。无论大小，农庄都是生产的基本单位，并且在很多地方也是社会的基本单位。这些地产是所有依靠它们的人们的生活来源（这意味着几乎所有人都是农村人口）。因此，也许在农村的许多人受到经济长期波动带来的影响，比由于帝国停止扩张而造成的土地征用和赋税加重要少得多；但军队如今必须依靠更有限的基础来支撑。有时候，土地也会因为战争而被破坏。农民无论是契约奴或自由民，都生活在贫困生存线上，一直很穷，并将继续如此。随着时代变得更糟糕，一些人设法将自己转变成农奴，这暗示了一种货币使用减少、以实物和劳力形式偿付增加的经济形式。它也可能反映了乱世的另一个影响，例如农民被迫涌进城市或变成土匪；每个地方的人们都在寻求保护。

在许多地方，征兵和更高的税收可能会造成人口减少——尽管公元 4 世纪能提供比公元 3 世纪更多的证据。从这个角度来说，简直是弄巧成拙。无论如何，这都可能是不公平的，因为许多富人被免除了赋税，而且除非是由于他们自己的轻率，地产的业主也不会在通货膨胀时期遭受巨大的痛苦。许多古代拥有庞大地产的家庭的延续性表明，公元 3 世纪的问题对他们财力的影响几乎微不足道。

　　行政机构和军队感受到了很多经济问题带来的影响，特别是这个世纪的主要弊病——通货膨胀。它的根源和程度是复杂的，并且仍然有争议。部分原因是政府令货币贬值，这种情况由于需要以金银块的形式向野蛮人（一直以来被这种手段安抚得很好）进贡而加剧。但野蛮人入侵本身往往会造成供应中断，而这种情况会再次不利于城市，那里的物品价格会上涨。士兵的工资是以货币的实际价值来固定衡量的（当然，这就使他们更容易受到提供大量贿赂的将军的影响）。尽管全部的影响很难估计，它已经表明，这个世纪里货币的价值已经降到最初价值的五十分之一。

　　在城镇和帝国财政的实践中都表现出了这种破坏。从公元 3 世纪开始，许多城镇出现了规模和繁荣程度的萎缩；早期中世纪的继任者只是苍白地反映出这些城市曾经是非常重要的地方。其中一个原因是帝国征税者不断增长的要求。从公元 4 世纪开始的货币贬值导致帝国政府机构以不同方式征税——它们通常被直接用于供应当地的驻防，也用来支付政府的公职人员——这样做不仅使政府变得更加不受欢迎，也使承担提高这些税收任务的元老院成员或市政办公官员变得不受欢迎。公元 300 年时，他们常常被迫就职。这一确切的证据表明，一个曾经被追求的有尊严的地位已经成为一种艰难的义务。许多城镇也遭受了实际上的物质损坏，特别是那些边境地区的城镇。值得注意的是，随着公元 3 世纪的远去，边境的小镇开始重建（或首次建造）城墙以保护自己。而公元 270 年之后不久，罗马再次开始加固自己的防御工事。

　　与此同时，军队稳步增长。如果要阻止野蛮人入侵，军队必须得到支付、供养和装备。如果野蛮人没有被成功阻止，取而代之就将进贡现金给他们。而且并不是只有野蛮人需要抗衡。非洲是唯一能够适度保护自己以对抗罗马邻国的帝国边境（因为那里没有要紧的邻居）。亚洲的情况要严峻得多。从苏拉统治时期开始，一场与帕提亚之间的残酷斗争骤然爆发，随着时间的推移又升级成一场全面的战争。两个因素阻碍了罗马人和帕提亚人之间获得真正的和平稳定。一个是利益圈的重叠。这个问题在亚美尼亚最为显著，这个王朝是两者之间一个半世纪内的交替缓冲区。同时帕提亚人也在犹大的动荡局面中趟了浑水，另一个是帕提亚国内的王朝动乱一次又一次地诱惑罗马。

　　这些事实导致双方在公元2世纪就亚美尼亚展开激烈争夺，但它的细节通常模糊不清。塞维鲁终于长驱直入美索不达米亚，但不得不撤退；美索不达米亚河谷实在太遥远了。罗马人试图做的事情太多，还要面对帝国过分扩张的传统问题。还好他们的对手一样疲惫并处于衰退的低谷。帕提亚的书面记录不完全，但从其智识水平下降、创造力衰退、胡乱借鉴早期希腊化时代设计看，精疲力竭和越来越无竞争力正是这个王国当时经历的。

　　公元3世纪帕提亚消失了，但对于罗马，来自东方的威胁并没有消失。波斯文明古老地区的历史上出现了一个转折点。大约225年的时候，一个叫阿尔达希尔（Ardashir，后来在西方被称为亚达薛西［Artaxerxes］）的国王杀死了帕提亚最后一位国王，并在泰西封加冕。他以一个新王朝——萨珊王朝重建了波斯的阿契美尼德帝国，它将是罗马在400多年里最强健的对手。这里有很多连贯性：萨珊帝国信奉琐罗亚斯德教，就如曾经的帕提亚一样；并且像帕提亚曾做过的一样唤起了阿契美尼德的传统。

几年之内，波斯人入侵叙利亚，并开启了与罗马帝国长达 3 个世纪的交战场面。整个公元 3 世纪几乎没有哪个十年没有战争。波斯人征服了亚美尼亚，囚禁了皇帝瓦勒良（Valerian）。之后在 297 年，他们被赶出亚美尼亚和美索不达米亚。这使罗马在底格里斯河上形成了一个边界，但并没有保持下去。同样，波斯人也没能保住他们的战利品。这样造成的结果是持续很久的反复争斗。公元 4 世纪和 5 世纪，一种平衡在逐渐形成，而且直到 6 世纪才开始被打破。同时，商业上的联系出现了。尽管边界上的贸易被正式限制在 3 个指定的城镇中，波斯商人的重要聚居区却存在于罗马帝国最重要的城市中。此外，波斯打通了通往印度和中国的贸易路线，这对于罗马的出口商和那些想要东方的丝绸、棉花和香料的人一样重要。然而，这些联系并没有抵消掉其他对抗。没有战争的时候，这两个帝国倾向于带着冷淡和谨慎的敌意和平共处；交往因为定居在两国边界的群体和民族而变得复杂；而且一直以来危险的战略平衡关系被打乱，都是因为某个缓冲区国家某方面的改变造成的——例如亚美尼亚。公开对抗的最后回合一直被延期，但最终还是在 6 世纪到来。

眼下这是过于超前的向前跳跃；到那时候罗马帝国将发生重大变化，需要慢慢解释。萨珊王朝明显的活力，只是激励罗马的压力之一。另一个则是来自沿着莱茵河和多瑙河边界的野蛮人。公元 3 世纪及其后推动这些野蛮人前进的民族迁徙运动起源需要在长期的发展中寻找，但这没有它产生的结果重要。这些民族变得更加引人注目，参与更大的团体行动，最终被允许定居在罗马境内。在这里，他们最初作为士兵保护帝国以防备其他野蛮人，后来逐渐开始参与帝国自身的运作。

公元 200 年，这一切仍没有发生；但当时很明确的是，新的压力逐渐形成。相关的最重要的野蛮民族是法兰克人和莱茵河上的阿拉曼人（Alamanni）以及多瑙河下游的哥特人。大约从230年起，帝国就努力地使他们不要接近，但两线作战的成本高昂；而与波斯的复杂情况很快使皇帝向阿拉曼人作出让步。而当皇帝的直接继承人将自己的内讧加诸波斯以造成其负担时，哥特人利用一个有利条件趁机侵入紧邻多瑙河南边的美西亚（Moesia）行省，公元251年顺道在那里杀了一个皇帝。5年之后，法兰克人越过了莱茵河。阿拉曼人紧随其后，一直攻到米兰。哥特人的军队入侵希腊，并从海上袭击亚洲和爱琴海地区。短短几年之内，欧洲各个地方的防御系统似乎都已崩溃。

入侵的规模不太容易确定。或许野蛮人永远不可能让军队的规模超过两万或者三万人。但这个规模对于帝国任何一个地方的军队都太多了。帝国军队的骨干由来自伊利里亚各省的新兵组成；恰巧，正是一系列出自伊利里亚的皇帝扭转了局势。他们所做的大部分事情就是单纯地带好兵和充满智慧地随机应变。他们意识到了事情的优先次

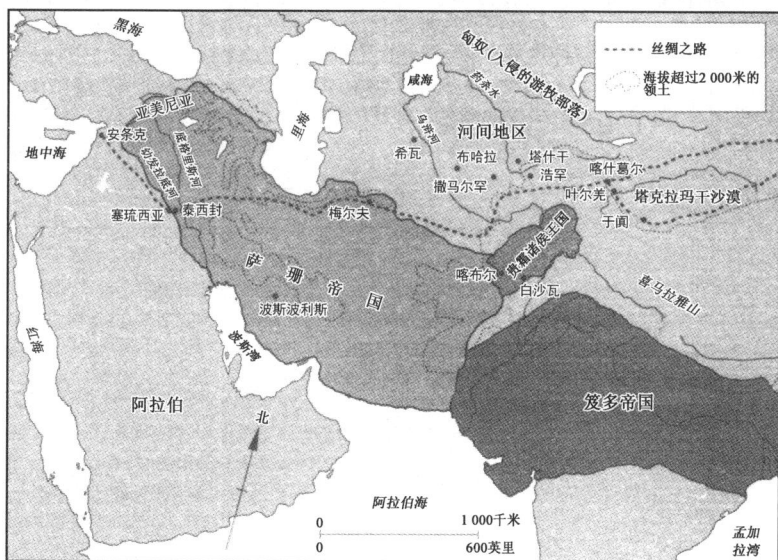

约公元400年时的萨珊帝国

序，潜伏在欧洲的主要危险必须首先处理。与帕米拉（Palmyra）的联盟有助于争取时间对抗波斯。损耗开始被削减。公元270年，处于多瑙河北岸的达契亚行省被放弃。军队被重组以便在每个主要的危险地区提供有效的机动储备。这是奥勒良（Aurelain）的全部工作，他因此被元老院意味深长地称作"罗马帝国的修补者"。但成本是巨大的。如果伊利里亚皇帝们的工作是想求生存，那么更多的基础必须重建，而这正是戴克里先（Diocletian）的目标。他是一个得到证明的勇敢士兵，试图恢复奥古斯都时代的传统，但却以彻底改革帝国而代之。

　　戴克里先有成为一个管理者，而不是一个士兵的天分。除却没有特别的想象力，他对组织和原则有绝佳的掌控能力，热爱规则，在选择和信任能够委以重任的人才方面有伟大的才能。他也是一个精力充沛的人。帝国的随从人员在任何地方都能发现戴克里先的政府所在；它在帝国内四处移动，在这里过一年，在那里过几个月，有时仅仅在同样的地方待上一到两天。自宫廷中出现的改革，核心是对帝国的分割，目的是为了使它摆脱内部纷争（发生在身处遥远省的觊觎王位的人们之间）带来的威胁以及行政机构和军事资源的过分扩展。公元285年，戴克里先任命了一个共同皇帝马克西米安（Maximian），负责多瑙河到达尔马提亚一线以西的帝国疆域。此后，两位奥古斯都之下又分别设了两名凯撒作为共治者；凯撒既是他们的副手，又是继任者，从而保证了权力交接能有条不紊地进行。然而事实上，这种继任制度只有一次如戴克里先打算的那样运转过，就是在他自己和他的共治皇帝退位时。但是行政机构实际分离成两个帝国结构的情况并没有扭转。在那之后，所有的皇帝都必须接受很大程度上的分裂，即使名义上两部分仍是一体的。

　　一个帝国政府的新概念也明确地产生了。"元首"（princeps）的头衔不再被使用；皇帝成为军队而不是元老院的产物，基本等同于东方王朝那种准神圣王权的概念。事实上，他们通过金字塔形的官僚机构行使权力。"大区"（Diocese）通过"区长官"（vicar）直接向皇帝负责，它是几个行省合在一起构成的行政区划，但比原先的区划范围要小，数量相当于原先的两倍。元老院对政府权力的垄断已经一去不复返，元老院的等级实际上仅仅意味着社会地位的差别（富裕地主阶级的成员资格）或者对某个重要官僚岗位的占有。骑士阶层消失了。

四头统治集团的军队规模，比当初奥古斯都制定的规模要大得多（因此也更昂贵）。理论上应具备的机动性却因深陷于长期驻守要塞任务，被罗马军团放弃了。边界的军队被分解为数个单位，其中一些仍然长久地驻守在相同的地方，而其他部分则提供比旧罗马军团规模更小的新的机动力量。募兵制再次被引入。大约 50 万人处于备战状态。对他们的管理完全与曾经融合在一起的行省的市民政府分开。

这个体制的结果似乎没有完全符合戴克里先的设想。虽然包括了相当程度上的军事复苏和稳定，但成本巨大。军队，在一个世纪里人数增加了一倍，必须依靠数量可能已经开始缩减的人民来提供给养。沉重的赋税不仅危及帝国臣民的忠诚，而且助长了腐败行为；它还需要一个紧密控制的社会安排，这样税收的基础才不会被损坏。巨大的行政压力不利于社会的流动性。例如，农民被迫待在人口普查时被记录在案的地方。另一个著名（尽管到目前为止可以看出是完全不成功的）的例子是，试图通过冻结来规范整个帝国的报酬和价格水平。这样的努力就像筹集更多的税收，意味着更大的公务员队伍；并且如果行政管理人员的数量增加，当然，政府的日常开支费用也会增加。

最终戴克里先可能通过开辟对帝国政府自身新观法的道路来实现大部分目的。宗教气氛的产生是对现实问题的回应。在持续篡位和失败的压力下，帝国不再毫无异议地被人民接受了。这不仅是因为对高赋税的反感或对不断增长的秘密警察数量的恐惧。意识形态的基础已经被侵蚀，它再也不能凝聚人民的忠诚。文明的危机与政府的危机并存。古典世界精神的母体被打破；无论是国家还是文明都不再被视为理所当然，这需要一种新的民族精神才可以。

对皇帝独特地位和神圣角色的强调，是对这一需求的早期回应。戴克里先有意识地充当了救世主的形象——一个抑制混乱的类似宙斯神的形象。这其中的一些事情让人回想起那些古典世界晚期的思想家，他们将生命视为善与恶之间的永久斗争。然而这完全不是希腊或罗马的想象，而是东方的想象。将皇帝与神灵联系起来的新观点得到接受，因此有了对官方信仰的新概念，但这对希腊世界传统在实际中奉行的兼容并包态度而言并非好消息。对于崇拜的决断，可能决定着帝国的命运。

这些塑造基督教教会历史的可能性有好有坏。最后，基督教成为罗马的遗产受赠人。许多宗教教派从被迫害的少数派处境中站起来，变成凭自身实力建立的团体。基督教会显得与众不同，是因为它产生在罗马帝国晚期独特的全面结构中，所以它本身既重视又加强了古典文明的命脉，从而不仅对它自己而且对欧洲乃至整个世界都产生了巨大的影响。

公元3世纪初，传教士已经给小亚细亚和非洲北部非犹太民族的人们带去了这种信仰。特别是在非洲北部，基督教获得了在城市里最早的巨大成功；它长期表现为一种主要出现在城市的现象。但它仍然是少数人的重要事情。在整个帝国内古老诸神和当地神灵得到了农民的忠诚。公元300年时，基督教可能只获得了大约占帝国十分之一人口的信徒。但已经有显著的特征表明官方的偏爱甚至承认。已有一个皇帝名义上是基督徒，而另一个已经将耶稣基督置于王室私底下尊敬的众神之列。与宫廷的这种联系表明犹太人与古典文化之间的相互影响，而这是基督教在帝国扎下根基过程的故事里重要的一部分。也许是塔苏斯的保罗——一个以雅典人明白的方式与人交谈的犹太人，开启了这个过程。稍后，在公元 2 世纪早期，殉道者查士丁（Justin）——一个巴勒斯坦的希腊人，一直努力表明基督教来自希腊哲学。

这里头有政治的诉求，古典传统的文化认同有助于反驳对帝国不忠诚的控诉。如果一个基督教徒能够在希腊化世界意识形态的传统中保持立场，那么他也会是一个好公民。查士丁理性的基督教精神（在大约 165 年他甚至因此而受到折磨）设想展示神圣理性的真相。伟大的哲学家和先知共享这种神圣理性，柏拉图也在其列，但只有在基督教中才能实现。其他人追寻相同的路线，尤其是博学的亚历山大里亚的克莱门，他努力将异教徒的学识与基督教整合起来；还有奥利金（尽管由于大部分著作丢失，造成他准确的教义仍旧被争论）。一个非洲北部的基督徒德尔图良，曾经轻蔑地问过什么是学园与基督教有关的东西；而小心利用希腊哲学这一概念宝库的教父们做了回答，提供了保罗从未做过的、将基督教定义为理性信仰的陈述。

当基督教将死后救赎的承诺与基督教生活可以以一种有目的并乐观的方式展开的事实联系起来时，可能会使我们设想基督教徒们在公元 3 世纪对未来充满信心。事实上，早期教会历史上乐观的迹象与显著的宗教迫害活动相比非常不突出。有两次重大的爆发，那是公元 3 世纪中叶表现出的传统社会的精神危机。这不仅表现为困扰帝国的经济压力和军事失败，还有罗马自身成功的辩证的内在本质：帝国非常具有标志性的世界大同主义——不可避免地成为古罗马精神的一种表现手法——日渐失去现实意义，更多地成为一个口号。

皇帝德西乌斯（Decius）似乎确信回归传统罗马美德和价值的古老方法仍然能发挥作用；这意味着侍奉众神活动的复兴，那时众神的善行将能够再次有利于帝国。据德西乌斯所言，基督教徒和其他人一样必须向罗马传统供奉。一些人这样做了，通过分发的凭证判断他们因而可以免遭迫害；而许多人并没有做，最后遇难了。数年之后，皇帝瓦勒良用同样的理由施加迫害，尽管他的地方总督们声称他们针对的是教会的人员和财产——它的建筑和书籍——而不是针对广大的信众。此后，迫害活动消减，教会恢复了在官方关注视野下朦胧的、被容忍的存在。

无论如何，迫害表明，需要巨大的努力和持续很久的决心去消除新的教派；它甚至可能已经超出了罗马政府的能力。早期基督教的排他性和孤立性已经消逝。在亚洲和非洲的行省中，基督教在地方事务中表现出日益增长的突出作用。主教常常是行政官员期待与之往来的公众人物；在信仰（那些罗马、亚历山大里亚和迦太基的教会成为最重要的）中独特传统的发展表明了它根源于当地社会和能够表达当地需求的程度。

帝国之外，也有迹象表明基督教的发展可能将遇到好时光。在波斯统治阴影下的附属国，当地统治者不会忽视任何来自地方支持的资源。广泛的尊重宗教观念至少是谨慎的。在叙利亚、西里西亚和卡帕多西亚，基督教徒的传教活动非常成功，并且在许多城镇构成了一个社会精英阶层。单纯的迷信也有助于说服这些君主；基督教的上帝证明是强大的，想要抗阻其敌意而不遭破坏是很难的。因此，基督教的政治和民众前景得到了改善。

基督徒满意地注意到，他们的迫害者不再成功；哥特人杀了德西乌斯，瓦勒良据说被波斯人活剥了皮（诸如此类）。但戴克里先似乎并没有从中得出什么教训，公元303年他发起了最后一场浩大的罗马迫害基督徒运动。它并不是从一开始就很严酷，主要目标是信奉基督教的官员、神职人员以及书籍和教会建筑。书籍会被交出去烧掉，但在一段时间内并没有教徒因不向官方献祭就施以死刑（更何况许多基督徒还献了祭，罗马主教也在其列）。君士坦提乌斯（Constantius）——西方的凯撒——在公元305年戴克里先退位之后就没有执行过迫害；但他的东方同僚（戴克里先的继任者加列里乌斯［Galerius］）态度强硬，以死亡为惩罚强令普遍献祭。这意味着迫害活动在持续数年之久的埃及和亚洲变得更加严重。但在变得更严重之前，它已经被复杂的导致伟大的君士坦丁大帝出现的政治活动打断。

君士坦提乌斯作为凯撒继任奥古斯都之位才一年，就于公元306年在不列颠去世，君士坦丁正是他的儿子。君士坦丁当时也在那里，虽然他没有做过父亲的凯撒，但他还是在约克被军队推举为皇帝。一个将近20年的动乱时期随之而来。复杂的斗争充分证明了戴克里先对帝国权力和平交接安排的失败。这场斗争在公元324年才结束，那时，君士坦丁将帝国重组于一个统治者之下。

这时他已经着手积极而有效地解决帝国问题，尽管他作为一个士兵比作为一个管理者更成功。依靠招募来的蛮族士兵，他组建了一支有别于边防部队的强大野战军，驻扎在帝国的城市里。这是一个战略上的明智决定，将在接下来两个世纪帝国在东方表现出来的战斗力中得到证明。君士坦丁也解散了禁卫军并且创建了一个新的、由日耳曼人组成的卫队。他恢复了稳定的金币流通，为废止各种类型的税收和恢复货币经济铺平道路。他的财政改革有很多混合的结果，包括试图对税收的负担做一些调整以使富人承担更多的部分。不过，所有这些事情对同时代人的震撼，都抵不上他对待基督教的态度。

君士坦丁赐予了教会官方地位。因此在塑造基督教未来方面他发挥了比任何其他普通教徒都更加重要的作用。他此后将被称为"第十三使徒"。然而他与基督教的个人关系是复杂的。他与许多古典时代晚期有一神论倾向的人们一起理智地成长，最终毫无疑问成了一个虔信的信徒（像他那样直到临死才受洗的基督徒当时很常见）。但是他的信仰是出于恐惧和希望，他信仰的上帝是一个充满力量的神。他起先忠诚的是太阳神。他使用太阳神的标志，而且太阳神的崇拜也已经正式与皇帝相联系。然后在公元 312 年决战的前夕，由于他认为的异象，他命令士兵在盾牌上刻上基督教的字母组合图案。这表明，他具有对任何可能的神表示适当尊重的意愿。他赢得了战斗；从那之后，尽管他持续地以公开名义认可对太阳神的崇拜，他也开始表现出对基督教徒和他们的上帝的重要偏爱。

这方面的一个表现是来年颁布的一项法令，由帝国的另一个竞争者与君士坦丁在米兰达成协议之后签署。这项法令恢复了基督教徒的财产，并授予他们其他宗教能够享有的宽容。这一事实可能反映了君士坦丁自己的想法，正如他希望能够和他的同僚一起找到一个令人满意的和解方案。因为基督教通过"在天上无论什么神性的存在都会被姑息，对于我们和所有处于我们权力之下的人们都是有好处"的愿望来解释其准则。君士坦丁还向教会赠送了相当多的财产作为礼物，他尤其偏爱罗马教会。除了向神职人员提供重要的税收让步，他还赋予教会接收遗赠的无限权利。同时，多年来，他的钱币仍旧保持了对异教神灵的尊敬，特别是"不可征服的太阳神"。

君士坦丁逐渐认识到自己扮演着一个类似僧侣的角色，而这在帝国政府机关进一步演化中有首要的影响。他认为自己对上帝负有给教会带来福祉的责任，对于这一点他越来越公开而明确地坚持。公元 320 年之后，太阳神不再出现在他的铸币上，并且士兵必须出席教会的游行。但他总是很小心对待他异教徒臣民脆弱的感情。尽管后来他建造辉煌的基督教堂时剥夺了神庙的黄金，并通过升迁鼓励以改变信仰，他从没有终止过对旧宗教的宽容。

君士坦丁的许多工作（就像戴克里先的）发展了过去潜在和隐含的事物，是对早期先例的扩展。他对教会事务的干预是事实。早在公

元 272 年，安条克的基督徒就曾呼吁皇帝撤除该城主教；公元 316
年，君士坦丁试图通过任命一个迦太基主教来解决北非的一场争论，
而这一做法有违当地被称作多纳图斯派（Donatists）的宗教组织的意
愿。君士坦丁开始相信皇帝得益于上帝的比其授予教会的自由甚至捐
赠都要多。他对自己角色的设想逐渐演变成教会的担保人；并且如果
需要，作为对基督教持续偏爱的代价，他会成为上帝需要的团结的推
动者。当他反对多纳图斯派并认为是他职责所在时，导致了多纳图斯
派因不满意自己被区别对待而成为第一批被基督教政府迫害的分裂
者。君士坦丁是君主对教会绝对控制权的缔造者，这一信念认为世俗
的统治者对建立宗教信仰和下一个千年欧洲国教的概念有神圣的
权威。

　　君士坦丁在规范宗教方面的伟大法令，是他于公元 324 年正式宣
布自己是一个基督教徒时才开始的（他在这个声明之前才战胜了另一
个帝国的竞争对手；有趣的是，这个对手迫害基督教徒）。这预示着
第一次主教大公会议——尼西亚会议。它在公元 325 年首次召开，将
近 300 个主教出席，君士坦丁主持了大会。它的任务是确定基督教对
新的异端阿里乌斯派（Arianism）的应对。阿里乌斯派的创始人阿里
乌斯认为，圣子不能分享上帝的神圣性。然而，无论从技术上还是神
性上，这次大会的主题都造成巨大的争论。阿里乌斯的对手陈述了重
大的丑闻。君士坦丁试图和解这种分裂；大会主张一个不利于阿里乌
斯派信徒的信条，但在适当声明之后继续的第二次重聚会议上，重新
接纳了阿里乌斯共同商谈。这样的结果不能让所有主教都满意，但比
起君士坦丁主持了这场重大的联合会议并宣布皇帝享受特别权威和责
任，它显得不那么重要。教会披上了帝国王权的外套。

　　这里也有其他重要的含义。令神学家头疼的背后，存在着关于实
践和原则的重要问题：通过官方对基督教的确立给予帝国全新统一意

识形态，基督教传统出现的分歧在哪？哪些是社会和政治、礼仪和神学，还有现实？例如，叙利亚和埃及的教会被希腊化世界的文化和这些地区流行宗教中继承而来的思想和习俗强烈地影响了。这种考虑有助于解释为什么君士坦丁神职政策的实际结果远不及他的预期。会议并没有产生一个缓和方案让带着妥协态度的普遍和解变得更容易。君士坦丁对阿里乌斯派的态度很快宽松下来（最后，他将死之时是一个阿里乌斯派主教为他洗礼），但阿里乌斯的反对者——由令人敬畏的亚历山大里亚的主教亚塔那修（Athanasius）所领导——却残酷无情。当阿里乌斯去世的时候，争论还是没有解决，不久以后君士坦丁也去世了。然而阿里乌斯派在东方并没有繁荣起来。相反，它最后的成功是由前往俄罗斯东南方日耳曼部落的阿里乌斯派传教士取得的。阿里乌斯派由这些野蛮人的国家发扬光大，直到 7 世纪在西方仍然存在着。

思考教会的崛起在多大程度上最终不可避免，这几乎没有意义。可以肯定的是——尽管北非基督教传统视国家为一个毫不相关的事物——一些事情很重要，就如公民权利下基督教几乎不可能永远不被认可。确实，有人着手开始做这件事了。君士坦丁是第一个采取关键性措施将教会和帝国联系起来的人，目的是为了让帝国尽可能长久持续下去。历史地看，他的选择具有决定意义。教会得到的最多，因为它获得了罗马的神授权力。而帝国看起来不太会改变。然而，君士坦丁的儿子们被作为基督教徒抚养长大，虽然新的体制在他公元 337 年死后不久显示出很多脆弱性，他还是作出了一个与古典罗马传统断绝联系的决定。最后，在不经意间，他创立了基督教欧洲，也因此创立了"现代世界"。

他的另一个决定（这个决定在影响力的持久性上仅仅略微逊色）是，他在位于黑海入海口的古代希腊殖民地拜占庭的遗址上创建了一

个可与罗马比肩的城市。"这是应上帝的命令。"他说。在公元 330
年，它被命名为君士坦丁堡。尽管他自己的宫廷仍旧留在尼可米底亚
（Nicomedia），并且在接下来的 50 年没有一个皇帝在那里长久地居住
过，但君士坦丁再次塑造了未来。在一千年中，君士坦丁堡成为基督
教首都，不受异教仪式的"污染"。在那之后的再 500 多年，它将成
为异教徒的都城，并且不断呈现想要成为这一传统继承人的野心。

　　不过，我们又一次向前推进了太多。我们必须回到君士坦丁离
开时的帝国，在罗马人眼中它仍然与文明同义。它的边界很大程度
上还是沿着自然特征的走向，或多或少可以通过独特地理学的划界
或者历史学上的地域来识别。大不列颠的哈德良长城是北方的界
线；在欧洲大陆上则顺着莱茵河和多瑙河。黑海海岸莱茵河河口以
北的部分于公元前 305 年被野蛮人占据，但小亚细亚仍然在帝国的
手中；向东延伸的边界一直到波斯。更远南方的边界线一直抵达红
海，黎凡特海岸和巴勒斯坦都位于这一区域。尼罗河河谷下游仍然
在帝国的掌握之中，北非海岸也是如此；非洲的边界是阿特拉斯山
脉和沙漠。

　　尽管君士坦丁做了种种伟大的工作，这种联合在很大程度上仍
是一种幻觉。正如设立共治皇帝的首次实践所表明的，尽管人们非
常渴望维持可能的统一神话，罗马文明的世界对于一个统一的政治
体制来说太大了。说希腊语的东方和说拉丁语的西方之间不断增长
的文化差异，基督教建立之后小亚细亚、叙利亚和埃及（所有这些
地方都有大的基督教团体）新的重要性，还有与东方亚洲直接联系
的不断刺激，都让这一点不断显现。公元 364 年之后，古老帝国的
两个部分仅再有一次短暂地由同一人统治。制度分歧越来越大。东
方的皇帝既有神的身份，也拥有世俗身份；帝国等同于基督教世界，
皇帝作为神圣意图表达者的身份很清楚。另一方面，西方到公元

400 年的时候，已经可以看到教会和国家的作用明显不同，这将形成欧洲政治中最具创造性的参数之一。这里同样还有经济的对比：东方人口稠密，仍然能够提供巨大的税收；而西方在公元 300 年时，离开非洲和地中海岛屿就已经不能养活自己。现在我们很明显地看到，两种截然不同的文明将要浮现，但要过很久一些身处其中的人才能看出这种区别。

与此相反，他们看到了一些更令人震惊的事情：西方帝国轻而易举地消失了。公元 500 年，东方帝国的边界仍然与君士坦丁统治时期差别不大，并且他的继任者们仍旧独自与波斯对抗着；西方的最后一任皇帝却已经被废黜，他的徽章被一个自称会像东方君主在西方的代表一样统治的蛮族国王送到君士坦丁堡。

这是惊人的：事实上，真正崩溃的是什么？衰退或堕落的是什么？公元 5 世纪的作家如此多地哀叹它，再加上罗马城被洗劫这样戏剧化的插曲为佐证，以至于我们很容易有这样的印象，即整个社会的崩溃。事实并非如此。这是国家机构的崩溃，它的一些职能不再被执行，还有一些则落入了其他人手中。这已经足够解释这种惊慌。有着千年历史的制度竟在半个世纪内倒塌。自那以后人们总是不断追询其原因，也就不足为奇了。

一种解释是，这种状况是蓄积而来的：西方国家机构在公元 4 世纪恢复之后逐渐失灵。对于钳制它发展的人口、财政和经济来说，整体的关注变得太庞大了。提高税收的主要目的是供养军事机构，但要征收足够的税收变得越来越困难。在达契亚带来新的贡品之后，就不再有掠夺。不久被采纳的用以压榨出更多税收的措施，使得富人和穷人以同样的策略来回避它。造成的影响是农业庄园越来越满足于自己的需求，自我供给，而不是为市场需求生产。与此平行产生的是，因为贸易失去活力以及富人退回农村生活，这造成城市政府摇摇欲坠。

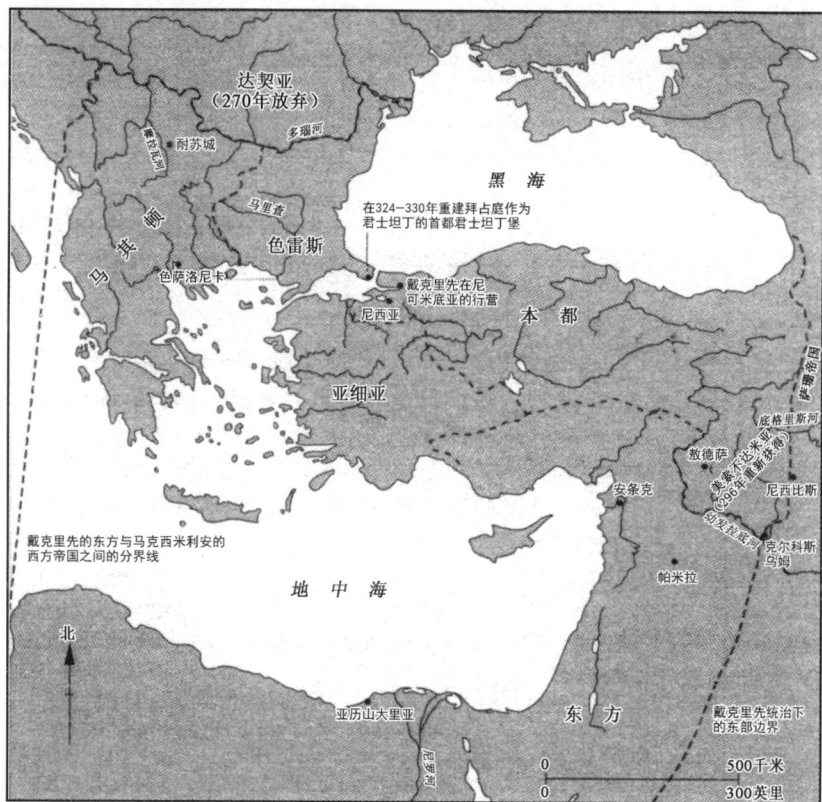

达契亚
（270年放弃）

黑海

在324-330年重建拜占庭作为
君士坦丁的首都君士坦丁堡

多瑙河

耐苏城

萨拉丁

马里查

色雷斯

戴克里先在尼
可米底亚的行营

本都

色萨洛尼卡

尼西亚

亚细亚

萨珊帝国

底格里斯河

幼发拉底河

敖德萨

尼西比斯

安条克

克尔科斯
乌姆

戴克里先的东方与马克西米利安的
西方帝国之间的分界线

地中海

帕米拉

北

亚历山大里亚

东方

戴克里先统治下
的东部边界

0　　　　　　　500千米

0　　　　　　　300英里

东罗马帝国的形成

　　军事上造成的结果是，军队征募越来越困难，因为已无好的薪酬可供支付。甚至将军队划分为机动部队和卫戍部队的改革也有不足之处。因为一直驻扎在帝国的居住地中，他们首先失去了战斗精神，变得习惯于城市工作职位带来的放纵和特权；当第二次进入已确立的殖民地时，他们不愿意去冒险从而危及他们的田产。另一个无休止的螺旋式衰落也随之而来。羸弱的军队使得帝国更多地依靠野蛮人，而本来是要阻挡这些野蛮人的。因为他们是以雇佣兵的名义被招募，需要用宽慰和安抚的政策使他们尝到甜头。这使得罗马要向野蛮人作出更多的让步，即使当日耳曼民族迁移运动的压力到了一个新高潮的时候。移民和向帝国提供服务这样富有吸引力的期望，在野蛮人促成帝国崩溃方面，可能比简单的渴望掠夺关系更加重大。对战利品的期望可能鼓舞了袭击行动，但几乎不能摧毁一个帝国。

公元 4 世纪初期，日耳曼民族沿着从莱茵河到黑海的边界线分布，但那个时候它在势力最集中的南方集合在一起。这些都是哥特民族——东哥特民族和西哥特人，他们在多瑙河的对岸严阵以待。其中有些人已经是基督教徒，尽管是以阿里乌斯派的形式存在。连同汪达尔人、勃艮第人和伦巴底人一起，他们组成了一个东日耳曼团体。北边是西方的日耳曼民族：法兰克人、阿拉曼人、撒克逊人、弗里斯兰人（Frisians）和图林根人。他们加入了公元 4 世纪和 5 世纪时期第二阶段的民族大迁移。

这场危机开始于 4 世纪的最后 25 年。公元 370 年以后，来自匈奴的压力——这是一支亚洲中部强大的游牧民族——在距离蛮族更遥远的西方迅速增强。他们蔓延至整个东哥特王国的领土；被阿兰人（Alans）击败后，转而攻击邻近德涅斯特河的西哥特人。因为没有能力抵挡，西哥特人逃到帝国境内寻求庇护。公元 376 年，他们被允许越过多瑙河在边界线内定居下来。这是一个新的开端。早期蛮族入侵已经被驱除或吸收。罗马人的方式吸引了蛮族统治者和他们的追随者一同加入罗马军队。然而，西哥特人作为一个民族到来，有 4 万人之多，保留着自己的法律和宗教，并且仍然是一个紧密的团体。皇帝瓦伦斯试图解除他们的武装，但并没有实现，取而代之的是战争爆发。公元 378 年的阿德里安堡（Adrianople）战役中，皇帝被杀死，罗马军队被西哥特人的骑兵打败。西哥特人洗劫了色雷斯。

这不仅仅是一个转折点。现在整个部落开始以同盟者（foederati，一个在 406 年首次使用的词）的名义加入，并进入罗马领土，在自己首领领导下与其他蛮族作战。对西哥特人这样的安置办法不能一直采用下去。东罗马帝国无力在君士坦丁堡之外保护它的欧洲领土，尽管5世纪早期西哥特人的军队向北进军意大利的时候，那里仍旧被一位汪达尔将军压制了一段时间。到目前为止，昔日的帝国心脏地带意大利的防御已完全依靠蛮族的辅助部队，并且很快这些也不能够满足需要了；君士坦丁堡可能会支持住，但公元410年哥特人洗劫了罗马。在前往南方的计划失败之后，西哥特人再次向北进军，越过阿尔卑斯山进入高卢，最终于公元419年在图卢兹建立了一个新王国——帝国里的一个哥特国家；哥特贵族在那里与昔日高卢—罗马地主一起分享统治权。

很难追溯这些混乱的事件，但为了解释5世纪欧洲种族和文化地图的重造，我们仍然有另外一个主要民族大迁徙不得不关注。作为让他们在阿奎坦尼亚（Aquitania）殖民的回报，西部皇帝成功地令西哥特人承诺帮助他清洗西班牙土地上的其他蛮族。这些蛮族中最重要的是汪达尔人。公元406年，莱茵河边境因驻防士兵被派去抵御西哥特人以保护意大利而被攻破。这为汪达尔人和阿兰人突然闯入高卢创造了机会。从那里他们开辟出通往南方的道路，一路洗劫并越过比利牛斯山在西班牙建立了一个汪达尔人国家。

20年之后，他们被一个想要得到帮助的怀有异心的罗马总督诱惑前往非洲。西哥特人的攻击力鼓舞着他们离开西班牙。到公元439年，他们已经攻占了迦太基。现在非洲的汪达尔王国有了一个海军基地。他们在那里盘踞了近一个世纪，公元455年他们也跨海洗劫了罗马，并将他们的名字作为无情破坏的代名词留在史册。但如此糟糕的事情也比不上夺取非洲这一行动对于古老西方帝国的致命打击更重要。帝国现在已经失去大部分经济基础。尽管东罗马帝国皇帝在西方仍旧能够作出巨大努力，罗马统治也已经摇摇欲坠。甚至在公元402

年，西罗马皇帝和元老院已经从罗马逃往意大利的拉文纳——帝国的最后一个首都。依靠蛮族抵抗蛮族是个致命的错误。新压力累积的影响使复苏变得不可能。对意大利的防卫意味着把高卢和西班牙放弃给汪达尔人，而他们对非洲的入侵意味着罗马失去了产粮行省。

在这个世纪的第三个 25 年中，欧洲完全崩溃了。这之后是最大的一次匈奴进攻。这些游牧民族在一场佯攻掠夺安纳托利亚和叙利亚的初步行动之后，跟随日耳曼部落进入巴尔干半岛地区和欧洲中部。公元 440 年，匈奴部落在匈奴王阿提拉（Attila）领导下，力量达到了巅峰。从匈牙利，这个亚洲最大草原走廊逐渐消失的地方，他带领一支庞大的联盟军最后一次向西方进攻，但却在公元 451 年被一支西哥特人组成的"罗马"军团——由一个蛮族出身的将领指挥——在特鲁瓦（Troyes）击败。这是匈奴威胁的终结；匈奴王两年之后去世，这时他正计划与西方君主的妹妹通婚，这样或许他自己就能成为君主。翌年，匈牙利的匈奴臣属发动一场大起义，最终破坏了他们的计划，从那以后他们几乎消失了。在亚洲，他们的家乡，新的游牧民族联盟正在形成，在未来会发挥类似的作用，但他们的故事可以稍后再提。

匈奴人给西方带来了几乎致命的一击，一位皇帝派教皇去向匈奴王求情。最后一个西方皇帝被一位日耳曼军事首领奥多亚克（Odoacer）废黜，公元 476 年，正式统治权流传到东方皇帝手中。意大利与先前其余的西方行省一样，从那以后成为一个蛮族王国。尽管意大利人名义上仍视皇帝为他们的最高统治者，但他可能身在君士坦丁堡。西欧其他地方变得越来越像欧亚大陆的中部。从欧亚大陆中部草原上发展起来的部族、习俗和观念，成为新出现的诸王国的基础。这或者是哥特人、阿兰人和匈奴人造成的，或者是经由他们对所接触的日耳曼民族的影响造成的。对居住在这片大陆上的人们来说，他们所面对的是一个崭新的世界。

帝国的结构在这些打击下最终崩溃，帝国的最后几十年间已外强中干。随着时间的流逝，帝国的影响也在逐渐消退；挑选出一个时间作为它的结束点并没有什么特殊意义。公元476年对于同时代的人来说不太可能特别值得注意。蛮族王国只不过是对作为野战军和在边界作为外籍军团驻守的蛮族军队的信赖的一种合理发展。蛮族自己通常想要的并不多，除非是单纯的抢劫。他们并不打算用自己的政权去取代帝国的权威。据传一个哥特人说过，"我希望作为罗马的修补者被载入史册，因为要我成为它的替代者是不可能的"。其他的危险比蛮族的威吓更大也更根本。

在社会和经济上，公元3世纪的故事在公元5世纪重新上演。城市衰败、人口下降。行政部门陷入更深的混乱状态，因为政府官员通过履行自己应有职责要求报酬的行为来保护自己远离通货膨胀。税收下降的行省被放弃了，政府以某种出售官职的方法保持了奢侈开支。但行动的自主性消失了。由于君主权力依赖军队，渐渐衰落的西方最后一位君主通过与他们需要安抚的蛮族首领的平等谈判，成为蛮族的傀儡，被禁闭在最后的帝国首都拉文纳。在这个意义上同时代的人可以正确地将公元410年对罗马的洗劫视为一个时代的结束，因为那时已经显示出帝国不再能维持古罗马精神的核心。

那时，也出现了许多其他将要发生的事情的迹象。君士坦丁家族的最后一位皇帝试图在一个短暂的统治时期（361—363）恢复异教，这为他赢得了历史名声（在基督教的眼中或许是一种恶行）和有启发性的"叛教者"的称号。但他并没有成功。他认为对古老供奉的恢复能确保繁荣的回归，但他没有足够的时间去检验。现在可能更突出且无可争议的臆想就是基督教和公共生活不可分离地纠缠在一起，他的政策建立在这个基础之上，并且这两者的命令普遍一致；这种臆想根源于罗马，而不是基督教。朱利安（Julian）没有威胁到君士坦丁的举措；狄奥多西（Theodosius），统一帝国的最后一位统治者，最后在公元380年禁止公开崇拜古老神灵。

很难说这实际上意味着什么。在埃及，这似乎是征服古老文明进程中最后的里程碑，整个进程花费了大约8个世纪左右的时间。最初由亚历山大里亚哲学家所赢得的希腊思想的胜利，现在则由基督教神职人员加以证明。古老宗教的祭司将受到异教徒般的折磨。在5世纪仍能发现罗马异教直言不讳的辩护者，并且直到5世纪末期，异教的导师才被从雅典和君士坦丁堡的大学中驱逐出去。尽管如此，一个巨大的转折点仍然到来了；大体而言，中世纪时代那种封闭的基督教社会此时已经存在了。

基督教皇帝很快着手朝特定方向发展这一社会。这种方法变得非常熟悉，即通过剥夺犹太人——也就是与这个封闭社会不相容的最容

民族大迁徙

易识别的群体，剥夺他们与其他公民平等的司法权利。这是另一个转折点。长期以来，犹太教在罗马多元化的宗教世界里都是一神教的代表，现在它被自己的衍生物基督教取代了。对传教活动的禁止是一波打击，其他的打击很快就接踵而来。公元 425 年，犹太人能够享受管理自治权的教区被彻底废除。当大屠杀发生的时候，犹太人开始撤退到波斯领土上。他们与帝国之间不断扩大的疏远削弱了帝国，因为他们很快取得了罗马对手们的帮助。从红海通往亚洲的贸易路线上的犹太阿拉伯地区能够对罗马利益造成损害，以支持他们的共同信仰者。苛刻的意识形态付出了高昂的代价。

因为与米兰主教圣安布罗斯（St. Ambrose）的争论，从基督教历史角度看狄奥多西的统治时期也值得注意。公元 390 年，色萨洛尼卡（Thessalonica）的一场暴动之后，狄奥多西无情地屠杀了成千上万的居民。令同时代人吃惊的是，他们很快看到皇帝在米兰教堂前为自己的行为忏悔。安布罗斯拒绝了他的恳谈。迷信思想赢得了将被证明是为了人道和启蒙而进行长期斗争的第一回合。其他人可能会因被逐出教会或受到它的威胁而被驯服，但这是第一次如此运用精神力量，并且发生于西方教会具有重要意义的事件。安布罗斯宣称他比皇帝拥有更高的责任。这开创了西方欧洲历史上的一个宏大主题——精神和世俗要求的紧张。它一次又一次地将教会和国家的冲突拉回到进步的道路上来。

然后，基督教的一个辉煌世纪几近尾声。这是一个基督教化的宏大时代，在此期间传教士们深入到远至埃塞俄比亚的地区传教。这是神学上的一个灿烂时代。更重要的是，这是一个奠基的时代。然而那个时代的基督教也有很多现在看来令人非常讨厌的地方。基督教地位的确立让基督徒可以毫不犹豫地使用权力。"我们眼见同样的星星，头顶同样的天空。"一个异教徒向圣安布罗斯辩解。但西马库斯

（Symmachus）自负地回答道："同一个宇宙包围着我们，最要紧的是，我们每个人用什么方法来获知真相？"无论是东方还是西方，基督教教会的倾向都顽固不化且狂热；如果这两者之间有什么区别的话，就体现在希腊人对一个融合了精神和世俗力量的基督教帝国几乎无限制的权威信念，对整个世俗世界——包括拉丁传统的国家在内——的防备心、可疑的敌意，这个拉丁传统教导基督徒视自己为最后的拯救，被投掷在罪恶和进入基督教诺亚方舟之异教徒的海洋中。然而，为神父们说句公道话，或理解他们的不安和恐惧，一个现代观察者已经识别出整个中世纪晚期世界中迷信和神秘事物引人注目的力量。基督教精神承认并表达了它。魔鬼——基督徒在它们之中走过自己的尘世之路——对于基督徒和异教徒来说都很真实，一个 5 世纪的教皇曾询问预言者以便找出该怎么对待哥特人。

这是对异端因邪说和分裂教会罪而被追击的苦难的部分解释。阿里乌斯派在尼西亚并没有被毁灭，它在蛮族中繁荣起来。基督教阿里乌斯派在意大利、高卢和西班牙的许多地区占据主导地位。天主教会在阿里乌斯派的蛮族王国并没有受到迫害，但被忽视了；当每件事都要依靠统治者和伟大人物的支持时，忽略会变得危险。另一个威胁是非洲多纳图斯派的分裂；它包含社会现实，而且突然在城镇和乡村中出现了暴力冲突。在非洲，诺斯替派的旧威胁在自波斯传到西方的摩尼教中再次复苏；另一个异端——伯拉纠派（Pelagianism）表现为一些来自拉丁化欧洲的基督教徒准备欢迎一个基督教精神的变体，这个变体将神秘主义置于次要地位，而把重视圣餐视为美好的生活目标。

很少有人能比最杰出的教父圣奥古斯丁更适合通过个性或教育对这样的危险进行辨别、分析以及斗争。重要的是他来自非洲——以罗马行省的名字称呼，大概相当于突尼斯和阿尔及利亚东部。公元 354 年他在那里出生。非洲基督教在那里已经存在了超过一个世纪，但那时仍是少数人的事情。非洲教会自从杰出的创始人德尔图良统治以来，就有了自己特别的倾向。它的根源并不是来自东方的希腊化城市，而是在迦太基和努米底亚的宗教土壤中成长，在柏柏尔人的农民中这些宗教一直保留着。奥林匹斯人性化的神灵从未在非洲安过家。当地的传统是遥远的众神居住在山地和高处，以野蛮而狂迷的形式被顶礼膜拜（迦太基人被认为采用儿童祭祀）。

在这种背景下发展起来的非洲基督教的顽固和暴躁特性，都在奥古斯丁的个人品格中完全表现出来。他对相同心理刺激的响应，感到有必要面对潜伏在自身中的邪恶这一事实。一个回答有效且普遍。摩尼教刻板的二元论在非洲有非常广泛的吸引力，奥古斯丁本人做了将近十年的摩尼教徒。有特色的是，之后他以极大的反应反对他的错误。

在成年和加入摩尼教之前，奥古斯丁的教育使他给自己的定位是要在西方帝国谋求一个公职生涯。那种教育基本上都使用拉丁语（奥古斯丁可能只会说这种语言，显然他发现希腊语很困难）而且非常有选择性。其技能是那些修辞学，奥古斯丁正是利用它们赢得第一次奖励。但对于思想来说，这是一片不毛之地。奥古斯丁通过阅读教化自己；他第一次向前迈进的成果是发现西塞罗的作品，或许这是他第一次接触（尽管是间接的）古希腊-罗马的传统。

奥古斯丁的世俗生涯在米兰（他在那里教授修辞学）宣告结束，公元387年圣安布罗斯为他举行了天主教徒的洗礼。那时候圣安布罗斯行使的权力不亚于帝国在它最重要城市中行使的权力。奥古斯丁对宗教和世俗权力之间关系的观察证实，他的观点非常不同于那些希腊教徒，他们欢迎的是君主手中世俗和宗教权力的合一。奥古斯丁随后返回非洲，首先作为一个修士生活在希波，然后很不情愿地当了主教。他在那里一直待到公元430年去世为止，确立了天主教反对多纳图斯派的立场。顺便提一下，由于奥古斯丁留下数量庞大的信件和文学作品，他成为西方教会历史上极其重要的人物。

奥古斯丁一生中最著名的是对多纳图斯派和伯拉纠派的批判。这首先实际上是一个政治问题：两个竞争的教派到底哪一个会统治罗马的非洲？第二个问题上升得更宽泛。对于我们非神学思想的时代来说，它们必然看起来相当遥远，但它们开启了欧洲历史的许多未来。伯拉纠派在本质上鼓吹的是一种斯多亚哲学；虽然用基督教的神学语言精心装扮，但它是古典世界和传统的一部分。这呈现出来的危险——它是一个危险——是基督教教义的特殊性将会丧失，并且教会单纯地变成一种古典地中海文明品质的传播媒介，带着隐含的优势和缺点。奥古斯丁是个不折不扣的超然者和神学家，对他来说人类救赎的唯一可能性在于上帝赐予的恩典，后人深受其著作的影响。人类精神历史中，奥古斯丁应该占有一席之位，因为他比任何前辈都更详细而全面地描述了命运和自由意志、恩典和折磨、信仰和动机这一系列将在欧洲历史上长期探究的伟大议题。顺带一提，他建立了通过圣礼接近恩典的根源这一稳固基督教唯一权力基础的拉丁基督教。

这些都被遗忘了，如今只有专家还知道。圣奥古斯丁（他因此得到的称号）取代了一些名声不良者而成为最强有力和坚持不懈摈弃肉欲的倡导者，他的这种倡导标志着基督教的性态度，并在那之后给整个西方文化烙下了痕迹。以道德纯洁主义之父的身份，他和一群奇异的人并列在了一起，例如柏拉图。但他的思想遗产远远超过了该词所表示的东西。在他的作品中我们仍然能看到很多中世纪政治思想的基础，至于这些思想带有亚里士多德的痕迹还是信守摩西律法并不重要，重要的是这种历史观将和基督自身言论一样，对基督教社会产生重要而长期的影响。

现在被叫作《上帝之城》的书是奥古斯丁对未来最有影响的作

品。这与其说是一个问题的具体意见或学说——想要找出他对中世纪政治思想家的具体影响很困难，或许是因为他说的太模棱两可——倒不如说是一种态度。他在书里展示了一种看待人类历史与政府的方法，一千多年来成为基督教思想不可分割的部分。书的副标题是"反异教徒"。这表明他的目的是驳倒反动分子和异教徒的指控，因为当麻烦聚集在帝国时，他们都会将之归咎于基督教。他受公元410年哥特人对罗马的洗劫刺激而写作；他最重要的目的是表明，对于基督徒来说理解这样令人震惊的事件是可能的，并且事实上只有通过基督教才能明白。但他在篇幅巨大的著作中广泛地回顾过去，从贞洁的重要性到米利都的泰勒斯哲学，并且像上帝对大卫承诺的意图一样小心地详细说明马略和苏拉的内战。这不可能简单地概括成："对于一些人来说太多，而对于其他人来说太少。"奥古斯丁在文章中最后一段曾挖苦地说。这是一个基督徒对整个文明的解释和发展的预测。它最值得注意的特征是它的重要评价：整个尘世间事物的面纱不必要，文化和制度——甚至是伟大帝国自身——都没有最终价值，如果上帝也是这样的意图。

　　奥古斯丁关于两个城市的主要想象暗示了上帝也是如此意图。这两个城市之一是尘世，按照人类较低级的本性创建，并不完善，而且产生于罪恶的双手；但其外观是辉煌的，其中重要的部分可能不时地展示出神性的计划。有时罪恶方面会占据主导地位，并且显然人们必须逃离尘世城市——但巴比伦也会将自己纳入神圣计划中。另一座城市是上帝的乐土，建立在上帝对救赎承诺的确保之上，人类可能通过一场尘世中教会领导和启发的朝圣之行接近这个目标。在教会中，上帝之城的标志和到达它的方法都将被建立。历史已经随着教会的出现而改变：从那个时刻开始，善行和罪恶的斗争在世间已经清晰，人类的救赎依赖于教会的防卫。这样的争论直到现代都能听到。

　　这两个城市也使其他现象出现在奥古斯丁的论证中。他们有时候是两个人类团体，那些被宣告将在来世受到惩罚的人和那些朝觐走向光辉的人。此时此地，在这个标准上城市按照实际的人类种族被区分，像所有那些自亚当起已经经过审判的人们一样。但奥古斯丁并不认为教会的成员能被明确地定义为一个团体，而其余的人类都是另类。或许奥古斯丁洞察力的力量就在于，所有的伟大是由于其模棱两可、争论和建议的悬而不决。国家不仅是尘世的和邪恶的，在神圣计划里它有自己的作用，并且政府因其本质被赋予了庄严。许多后来才被听说；国家被要求保护教会免受肉欲的侵害，以及通过行使权力加强信仰的纯净来服务于教会。然而天堂的授权（另一个文明可能会转移它）可能会撤回，当它发生的时候，即使是洗劫罗马的重大事件也仅仅是对罪恶的审判活动中的一块里程碑。最终上帝之城会占上风。

　　圣奥古斯丁在他最重要著作中避开了简单的定义，但或许在各种意义上他都采取了逃避。还有很多事情要谈到他，不过这里的空间太少了。例如，他是一个仔细而尽责的主教，是对他的民众充满爱心的神父。他也是一个拥有可疑特性的迫害者，他说服帝国政府使用武力反对多纳图斯派。他撰写了一部令人着迷的心灵上的著作，尽管深深地误解了早期生活的事实，但实际上创立了浪漫和内省自传的文学类型。他可能是一个文字艺术家——是拉丁语，而不是希腊语（他必须向圣杰罗姆求助希腊语的翻译）——以及一个获得奖励的学者，但他的艺术的天生激情胜于后天工艺，而且他的拉丁语很差。然而，他沉浸在古罗马的过去。从他对这一传统的掌握高度来说，他用基督徒信仰的眼睛望向这片阴霾、无常并且对于其他人来说恐惧的未来。他或许比分裂时代的任何其他人都更完整地呈现了两种文化。这或许就是为什么，1500 年之后，他仍然引领着他们。

　　日耳曼人入侵奠定了现代欧洲第一批国家的起源，虽然西罗马帝国消失时，蛮族并没有占据那些看上去更像后来国家的地区。他们清晰地分裂成四个主要且各具特色的群体。最北边的撒克逊人、盎格鲁人、朱特人（Jutes）从 4 世纪开始迁入古罗马在不列颠的行省，在这个岛屿被它的常住居民舍弃——最后一位皇帝通过他的士兵宣布公元 407 年将带领他的军队前往高卢——之前，满意地定居在那里。那时的不列颠一直处于连续不断的入侵者和罗马—不列颠居民之间的竞争中。直到 7 世纪初期，出现一组爱尔兰、威尔士和苏格兰组成的凯尔特人世界围绕的七个盎格鲁—撒克逊王国。

　　尽管首批不列颠人仍然成群生活，其生活方式似乎断断续续地持续到 10 世纪，也许更久，但罗马化的不列颠文明比在西方帝国其他任何地方都消失得更彻底。甚至语言也消失了，被一种日耳曼语言几乎完全取代。我们可能会在亚瑟王和他的骑士们的传说中匆匆窥见罗马化不列颠文明最后的遗迹，这可能是对晚期帝国军队骑兵战斗技能的回忆，但也仅此而已。

　　帝国行省和蛮族王国之间在行政管理或文化的连续性上几乎没有痕迹。帝国给未来不列颠带来的遗产纯粹是物质的，表现为毁坏的城镇和别墅、偶尔可见的基督教十字架，或像哈德良长城一样巨大的建筑物。这些困扰着新移民，直到他们终于开始相信这是拥有超人力量的巨人们的作品。这些遗迹中的一些，例如建在巴斯（Bath）温泉之上的复杂浴池，从人们的视线中消失了数百年，直到 18、19 世纪才被考古学家重新发现。虽然道路工程管理会随着时代、气候和掠夺而发生变化，道路仍然存在，数世纪以来有时会作为贸易路线。最后，大自然的移民与罗马人一道来到此地并停留下来。诸如白鼬这样的动物，常常会给不列颠乡村男孩带来初次狩猎的兴奋体验；或者芥末这样的植物用作烤牛肉的调味料。后来的一千多年间，这成为一个较小民族的神话。但罗马人留下的思想方面的事情我们几乎没办法寻找到踪迹。罗马化的不列颠基督教——不管曾经可能是什么样子——现在已经消失了，并且信仰的守护者暂时退隐到被雾笼罩的僻静处所，那里孕育着凯尔特教会的僧侣。这是将要使不列颠民族皈依的另一个罗马，但不是那个帝国的罗马。在此之前，日耳曼传统将在形成阶段的影响上处于垄断地位，而在原属帝国的其他地区并不是这样。

越过英吉利海峡，情况有很大的不同。很多东西都幸存下来。高卢被汪达尔人破坏之后，继续处于阿基坦的西哥特人（Visigoths of Aquitaine）影响下。这些人分担的击退匈奴人的任务，给予他们比以往任何时候都重要的价值。然而，在高卢东北方，那里的日耳曼部落法兰克人终将取代他们的这种优势。和西哥特人不同，法兰克人并没有被阿里乌斯派神职人员改变信仰，这是未来将属于他们的部分原因。法兰克人在塑造欧洲方面比其他任何蛮族的影响都大。

首批法兰克人墓葬展示了一个尚武的社会，按等级制度划分。他们在 4 世纪定居于斯凯尔特河（Scheldt）和默兹（Meuse）之间的现代比利时。比起其他蛮族，他们有更多人愿意定居下来，并在那里成为罗马外籍军团。他们中的一些又前往高卢。其中一支定居在图尔奈（Tournai），形成了随后被称为墨洛温王朝的王室；克洛维是第三位国王（如果这一词语恰当的话）。克洛维将人民团结起来后，在这个国家历史上，法兰西（Francia）第一次成为一个伟大的名字。

公元 481 年，克洛维成为西部法兰克人的统治者。尽管形式上他服从于皇帝，但他很快发动了对高卢最后一位罗马总督的战争，并远征至西部的卢瓦尔河。与此同时，东部法兰克人击败了阿拉曼人。而当克洛维也被推举为他们的国王时，一个横跨莱茵河流域下游地区和法国北部的法兰克王国形成了。这是法兰克王国的中心地带，在欧洲北部最终它将以罗马霸权继承者的身份出现。克洛维与另一日耳曼民族勃艮第人的公主结了婚，勃艮第人迁入罗讷河河谷以及向东南一直延伸到现代日内瓦和贝桑松（Besançon）的那片地区。尽管她的人民信奉阿里乌斯教，这位日耳曼公主是一位天主教徒。他们结婚（习惯上认为是在公元 496 年）后的一段时间，在一次让人回想起君士坦丁当年所做的临战改变信仰之后，克洛维自己接受了天主教。这使他获得了罗马教会（在蛮族土地上，帝国仍然存活下来的重要力量）的支持，支持他进行一场被视为针对高卢其他日耳曼民族的宗教战争。天主教同时也是与从罗马迁往高卢的人民保持友好关系的手段。毫无疑问，这种信仰转变是政治性的，但它也是重要的。一个新的罗马将要在高卢实施统治。

勃艮第人是克洛维的第一批受害者，尽管他们直到他去世之后才被完全征服。征服之后，墨洛温的王公成为统治者，但他们保有了独立的国家。西哥特人是下一个被攻打的对象；他们只保住了东南部的领地，处于比利牛斯山以北（后来的朗格多克、鲁西荣［Roussillon］和普罗旺斯）。克洛维现在在整个高卢地区成为罗马的继承者；皇帝任命他为执政官确认了这个事实。

克洛维将法兰克人的首都迁往巴黎，他被葬于自己在那里建造的教堂里。他是首位不是作为一个蛮族人被安葬的法兰克国王。但这不是巴黎作为首都的连续历史的开端。日耳曼人王国既不是后来认为的那种国家，也不是罗马人知晓的那种国家。这是一个部分由领土、部分由亲属团体组成的继承物。克洛维的遗产分别由他的儿子们继承。法兰克王国直到公元 558 年才再次统一，两三年之后再次分裂，但渐渐分成三个部分安定下来。一个是奥斯特拉西亚（Austrasia），首都在梅茨，并且重心位于莱茵河的东面；一个是纽斯特里亚（Neustria），在西岸，与之旗鼓相当，首都在苏瓦松；还有一个勃艮第王国，由同出一门的统治者统治，但是独立的。三个统治者常常因为接壤地带的领土而发生争执。

在这种结构中，开始出现一个不再是由野蛮的蛮族士兵群集形成的法兰克民族。人们开始归属于一个清晰辨识的、讲一种拉丁方言、并出现新兴的地主阶级贵族的国家。值得注意的是，这里还产生了关于蛮族在历史上作用的基督教解释——图尔主教格雷戈里（Gregory of Tours）写的《法兰克人史》，他自己就是来自罗马高卢的贵族。其他蛮族也将创造出类似作品（最伟大的、或许是可敬的比德写的关于英格兰的作品），力图调和那些认为异教仍旧比基督教强大以及异教对文明的继承的传统。必须指出的是，格雷戈里呈现的英雄克洛维死后法兰克人的图景是悲观的；他认为法兰克统治者举止糟糕，所以他们的国家注定要失败。

墨洛温王朝使其他蛮族离开高卢，并且从东哥特人那里夺走了阿尔卑斯山以北的土地。那里的哥特人最伟大的国王是提奥多里克（Theodoric），他在意大利击退了其他日耳曼民族，其统治权于公元497年得到了皇帝的认可。他很信服罗马当局的权威；他的教父是一个皇帝，18岁以前他一直在君士坦丁堡。"我们的王权是对你们的模仿，是对这个世界上唯一帝国的复制。"他曾经从自己的都城拉文那写信给君士坦丁堡的皇帝。在他的铸币上，刻有此后成为传奇的"罗马不可征服"（Roma invicta）字样；并且当前往罗马时，提奥多里克在圆形广场以旧有风格举行竞技。然而严格来说，他是唯一成为罗马公民的东哥特人，他的个人权威得到了元老院的公认，但他的同胞不过是帝国的雇佣兵。他任命罗马人为市政官员。其中之一是他的朋友和指导老师哲学家波伊乌斯（Boethius），一位可能是将古典世界的遗产传到中世纪欧洲最重要的思想家。

提奥多里克似乎是一个头脑精明的统治者，他与其他蛮族保持良好关系（他娶了克洛维的妹妹），并且享受着在他们之中某种卓越的地位。但他并未信奉本民族的阿里乌斯派信仰，而宗教分裂对于东哥特王国来说终究是不利的。和法兰克人不同,尽管有统治者做榜样,东哥特人也并没有接纳罗马的历史遗赠。在提奥多里克之后,东哥特人被东罗马帝国的将军们驱逐出意大利,也驱除出历史。他们留下了一个满目疮痍的意大利;不久之后,这片土地又将被另一支蛮族伦巴底人入侵。

在西方,克洛维几乎将西哥特人限制在西班牙境内,而他们从那里逐走了汪达尔人。其他日耳曼民族已经在那里定居。他们在这里遇到了相当特别的问题——此后入侵的人群和政府也仍会遇到这种状况。并且西班牙的西哥特人王国无力抗拒比其创建者在高卢经历的更强烈的罗马化压力。在高卢,他们与既存社群的融合程度比法兰克人低得多。在西班牙的西哥特人(他们的人数并不多,最多不超过 10 万人)分群聚集在各自首领麾下,从老卡斯蒂利亚(Old Castile)逐渐散布到各个省;他们那时争吵不断,以至于帝国的统治得以在南方重新恢复花了超过半个世纪。最后,西哥特国王皈依天主教,承认了西班牙主教的权威。公元 587 年,西班牙开始了天主教君主政体的悠久传统。

这些集合起来是什么结果还很难说。对此进行概括有点冒险。只有漫长的时间流逝可以解释一切。在图卢兹王国建立和他们在西班牙支配地位的终结之间,西哥特人经历了 3 个世纪。在这样长的时间里有很多改变。尽管经济生活和技术除了恶化之外几乎没有改变,但精神和制度的形式在所有蛮族王国则经历了根本的(也许是缓慢的)转变。很快,认定它们仅仅是蛮族王国就不完全对了(或许除了伦巴底人)。日耳曼部落成员是少数群体,在外族环境中常常是孤立的,并依靠他们长期生活环境形成的惯例,被迫与被征服者达成某种共识。他们入侵的过程有时候似乎非常接近于一个高潮,但当高潮过去的时候,通常只有很少的、孤立集中的入侵者留下来。他们在这里或那里取代罗马统治者，但通常生活在旧日主人的附近，或与之共同生活。罗马人和蛮族之间的通婚直到 6 世纪才合法，但这并没有造成多大障碍。在高卢，法兰克人接受了拉丁语，并添加了很多法兰克词汇。与动荡的 5 世纪相比，7 世纪的西欧社会已经非常不同。

尽管如此，蛮族的历史依然留下了印记。几乎所有的蛮族王国社会都受到日耳曼习俗长期不可逆转的塑造，比如认可了一种表现在日耳曼人维持公共秩序的典型策略——血仇中的等级制度。男人（还有女人、家畜以及各种财产）拥有纯字面意义上的价值；如果通常的补偿没有得到，那么犯下的错误将由整个氏族或家族来解决。国王越来越多地记录下这些情况，因此在某种意义上这样的习俗都被"出版"了。识字水平如此之低，以至于我们可以想象，诸如巴比伦石碑或希腊城邦颁布在白板上的法令这样的物件毫无意义。抄写员在羊皮卷上做些记录以供日后查证，这已经是能想到的最棒的文字记录了。尽管如此，这样的日耳曼世界奠定了某一天将被携带着越过海洋进入欧洲新生文化的法律制度。开辟此条道路的首个制度就是接受国王或集体的权力，并宣布什么该被记录下来。所有日耳曼王国都开始记录和编纂他们自己的法律。

但凡公共活动的早期形式，如果不是宗教或超自然的，那么通常是司法的。因此，诸如图卢兹的西哥特宫廷求助于罗马法律专家的技巧也就不足为奇了。但这仅仅是各个蛮族贵族群体展示对罗马传统和形式尊重的形式之一。提奥多里克视自己为皇帝的代表；但他的问题并不在于确定自己的角色，而是需要避免惹恼他的追随者，这些追随者可能会被任何无节制的罗马化而激怒。或许同样的考虑在克洛维转变信仰之前也得到了重视，因为改变信仰是一个表明与帝国及教会认同的行为。在比这两位英雄人物稍低的社会阶层中，法兰克和西哥特贵族似乎喜欢通过彼此用拉丁文写信和阅读通俗文学来展示对罗马的继承。他们与罗马人也有利益上的关联；西哥特战士有时候会被雇佣镇压农民起义，因为这些农民会像入侵者一样威胁到罗马—高卢的土地所有者。然而只要阿里乌斯派的信仰还在起作用，这些蛮族的罗马化程度就不会很充分。毕竟，教会才是君士坦丁堡以西的帝国中最至高无上的遗存。

君士坦丁堡的皇帝们并没有漠不关心地看待这些变化。只是他们自己治域内的麻烦使他们无能为力；并且在 5 世纪，他们的蛮族将领也控制了他们。他们忧虑地关注着拉文那傀儡皇帝的最后几年，但承认了废黜最后一任皇帝的奥多亚克（Odoacer）。他们保持着对整个帝国统治的正式声明，包括东方和西方的，但实际上回避了质疑奥多亚克在意大利的独立，直到提奥多里克有效地取而代之并被授予贵族头衔。与此同时，与波斯的战争和巴尔干半岛地区斯拉夫人的新压力需要更多的精力来处理。直到公元 527 年皇帝查士丁尼继位，帝国的政府才似乎有可能切实重振声威。

现在看来，查士丁尼在某种程度上失败了。然而他表现的正如人们认为一个皇帝应该表现的那样；他做了大多数人仍旧期待一个强大的皇帝将会在某一天做的事情。他自夸拉丁语是他的母语；基于对帝国外交关系的全面审视，他仍认为以君士坦丁堡为中心重新联合和恢复旧帝国是合理的，尽管现在也不得不以君士坦丁堡为中心。虽然我们苦恼于无法知晓发生了什么，但他统治了很长时间，并且他同时代的人对他当时的成就印象深刻。他们期待着这是帝国真正恢复的先兆。毕竟，没有人能够设想一个没有帝国的世界。西方的蛮族国王乐意服从君士坦丁堡的统治并接受赐予的头衔；他们并不想攫取皇位。查士丁尼寻求独裁的权力，而他同时代的人认为这个目的可以理解，也切合实际。他对自己角色的设想有某种庄严性；但可惜的是，他不是一个有吸引力的人。

查士丁尼几乎一直处于战争中。他通常都能取得胜利。即使是代价高昂的波斯战争（以及向波斯国王的付款）也取得了有限意义上的胜利，因为这些战役并没有让帝国失去大量的土地。然而这是一个严重的战略障碍。查士丁尼希望腾出资源来实施光复西部的策略，这也正是他与波斯首次议和时想要达到的目的，但却始终没有实现。虽然如此，他最伟大的将军贝利撒留（Belisarius）毁灭了非洲的汪达尔人，为帝国重新获得那个地区（尽管花费了十年时间使它服从管理）。他继续侵入意大利，并开始了最终将东哥特人从罗马逐出的战争。这场战争结束于公元 554 年，实现了再一次使整个意大利归于帝国统治下的统一，尽管此时的意大利已被帝国军队蹂躏得一片凄惨，程度更甚于蛮族的破坏。这是一些伟大的成就，但后续的经营却很糟糕。进一步的征战发生在西班牙南部，在那里，帝国的军队利用西哥特人的内讧，再次在科尔多瓦建立帝国政府。在整个地中海西部，帝国舰队也至高无上；查士丁尼死后的一个世纪，拜占庭的船只可以不受干扰地纵横驰骋。

但这种状况并没有持续下去。到那个世纪末，意大利大部分领土再次失去。这一次是被另一个日耳曼民族伦巴底人夺走，他们成为半岛上帝国权力的最后消灭者。在东欧也是，尽管使用贿赂和传教的强有力的外交手段，但查士丁尼从未成功地处理过与蛮族的关系。也许持久的成功是不可能的。这些移民民族后方的压力太大了，并且他们能够预见前方有巨大的奖励。"蛮族"，当时的一个历史学家写道，"一旦体验到了罗马的财富，永远不会忘记通向它的道路"。到查士丁尼去世，尽管他花重金修建了堡垒，后来保加利亚人的祖先们还是在色雷斯定居下来。侵入的蛮族像楔子一般分离了罗马的东西方。

查士丁尼的征服虽然伟大，但在面对波斯的持续威胁、来自巴尔干地区斯拉夫人的压力增加以及 7 世纪时一个新竞争对手伊斯兰教到来时，他的继任者却无法将其保持。一个可怕的时代即将来临。然而，即便如此，查士丁尼的遗产也会通过他建立起的外交传统运转：建立一个在边界之外的蛮族间发挥影响力的网络，使蛮族间相互争斗，用贡品或头衔贿赂一方的王公，又以成为另一方子女教父的形式拉拢另一方。如果这种外交政策没有被查士丁尼统治时期皈依基督教的高加索地区各王国接受，或者没有达成与克里米亚哥特人的联盟（这个联盟持续了7个世纪），东方帝国的生存几乎不可能。在这个意义上，这段统治时期勾勒出了未来拜占庭疆域的大致轮廓。

帝国内，查士丁尼留下了不可磨灭的痕迹。在他继位之初，君权受到了利用公众支持的持续党派斗争的阻碍。但在公元532年，这导致了一场大规模的暴动，使得打击内讧成为可能。并且，虽然暴乱使都城大部分被烧毁，却终结了对查士丁尼独裁造成威胁的国内因素，此后，他越来越恒定和直接地实行着独裁。

他统治的物质遗迹丰富，其中最伟大的是圣索菲亚教堂本身（532—537），但遍及帝国的公共建筑、教堂、浴场和新城镇标志着主权和东罗马帝国的固有财富。最富裕和最文明的行省在亚洲和埃及；亚历山大里亚、安条克和贝鲁特是其中伟大的城市。查士丁尼统治时期非物质的、制度上的以及纪念碑似的遗产是对罗马法的编纂。千年以来的罗马法律知识编纂为四卷，在几个世纪里产生了深刻影响并促进了国家现代思想的成型。查士丁尼争取行政和组织改革的努力却远没那么成功。要诊断出早在3世纪就被认为是危险的弊病并不难，但考虑到帝国的开销和责任，永久的解决方法很难找到。例如，政府职位的出售，虽然已经知道有害，查士丁尼也加以取缔，但后来再次滋生的时候他却不得不容忍。

针对帝国问题的主要制度回应是对公民们实行逐步组织化。在某种程度上，这符合他所继承的经济调整传统。正如农民与土地紧密联

系一样，手工艺者现在附属于他们世代相传的企业和行会；甚至官僚
机构也趋向世袭制。这种情况导致的僵化，不大可能使帝国的问题变
得容易解决。

　　同样不幸的是，公元 6 世纪初期，一系列相当严重的自然灾害降
临东部：这可以解释为何查士丁尼要留下一个比他建立时情况更好的
帝国很困难。地震、饥荒、瘟疫摧毁了城市，甚至是帝国首都，在那
里人们也会在街道上看到幽灵。古代世界是一个容易产生迷信的地
方，但关于皇帝摘下自己脑袋之后还能安回去，或拥有能够随意从视
野中消失能力的传说表明，在这些压力之下，东罗马帝国精神世界在
古典文明中的根基已经不再牢固。而查士丁尼的宗教观点和政策会让
这种分裂更容易——这是他又一处自相矛盾的地方，这远远背离了他
的期望。在幸存了 800 年之后，雅典学园被他废除；他想成为基督徒
的皇帝，而不是异教徒的统治者，并颁布法令毁坏首都的所有异教雕
像。更糟糕的是，他造成了犹太人在公民地位上的降低，并减少了他
们参与自己宗教的自由。不过在此之前就已发生了很多事情。大屠杀
长期以来一直得到纵容，犹太会堂被毁坏；查士丁尼接着又改变犹太
教历并干扰犹太人礼拜的秩序。他甚至还鼓励蛮族统治者迫害犹太
人。君士坦丁堡很早就建起了犹太"隔都"①，这比西欧城市早了
很多。

　　查士丁尼非常自信地认为，在教会事务中声明帝国的权威非常正
当，因为（就像后来的英格兰詹姆士一世一样）他确实对神学辩论有
一种喜好。但有时影响并不太好，这种态度无助于恢复聂斯托里教派
（Nestorians）和一性论派（Monophysites）对帝国的忠诚。一性论派
作为一个异端教派，拒绝接受公元 451 年卡尔西顿大公会议主张的圣

---

　　①　城市中的犹太人区。在现代也指西方城市中的少数族裔聚集区。——编辑注

父和圣子之间确切关系的定义。这些异端教派在神学上所持的异议，比起他们象征性的信条逐渐成为重要语言学和文化团体所专有，就不显得太重要了。帝国开始创建它的阿尔斯特分裂势力（Ulsters）。在埃及和叙利亚部分地区，对异端教派的迫害激化了分离主义情绪。5世纪后期，埃及的科普特教会开始自行其是，反对正教的道路；叙利亚一性论派也步其后尘，设立了雅各派教会（Jacobite church）。这两个异端教会都得到了两地许多热情修道士的鼓励和维系。其中一些教派和团体，在帝国之外也有重要的社团成员，因此涉及外交政策。聂斯托里派在波斯寻求到庇护。尽管不是异端教徒，但犹太人在国境以外的影响尤其深刻：伊拉克的犹太人支持波斯人对帝国的进攻；并且当帝国对犹太人采取敌视措施时，红海地区的犹太阿拉伯国家阻断了通往印度的贸易航线。

查士丁尼再次统一西方和东方的基督教会的希望尽管十分热切，但还是挫败了。因为它们是在两种不同的文化母体中形成的，这两个教会之间一直存在着潜在的分裂趋势。西方教会从未接受宗教和世俗权力的结合，而这正是东方帝国政治政策的核心。这个帝国也会像其他帝国那样消亡（《圣经》也曾这样描述），只有教会将战胜地狱之门。如今，双方教义的分歧变得十分明显，而由于西部帝国的崩溃，分裂的可能性更是大为增长。一位罗马教皇拜访了查士丁尼，皇帝提出罗马是"神职的源头"。但最终，两大基督教社群从一开始的各行其道，转为激烈地争吵。查士丁尼认为皇帝至高无上，即使在教义这样重要的事务上也一样，但这种观点却成为双方教会不妥协的牺牲品。

这似乎意味着查士丁尼（以及他的许多其他行为）的实际成就并不是那些他寻求和暂时获得的——重新建立帝国的统一，而是完全不同的一个：为新的拜占庭文明的发展开辟道路。在他之后，这种文明

公元 527—565 年间的查士丁尼的帝国

已经存在，尽管还没有被意识到。拜占庭已逐渐远离古典世界，转向一种无疑与其风格相关但又不受其支配的模式。当时东西方文化的发展（此时完全取决于教会发展的新倾向）使之更容易实现。

像后期历史中经常出现的那样，教会及其领导者最初并未意识到或者说欢迎灾难中的一次机会。他们仍认同于正在崩溃的一切，而我们也可以理解他们这样的举动。对他们来说，帝国的崩溃成了文明的崩溃；除了贫困城镇的地方当局，西方教会通常是古罗马精神唯一的幸存者。主教们富有管理经验，至少可能会像其他当地要人一样足够理智地去克服新问题。一个半异教徒群体带着对迷信的敬畏求助于他们，并认为他们拥有近乎魔力的能力。在许多地方主教们是权力残存的最终化身。当帝国军队撤退，控制也崩溃了，主教们成为一个新的无知统治阶级中的文化人，而这个统治阶级渴望得到共享传统遗产的保护。从社会角度来说，主教们通常出身于处于领导地位的地方家族；这就意味着他们有时候是大贵族和资本业主，拥有足够的物质资源来支持其精神角色。自然而然地，新任务就落到他们头上。

这些也并不是全部。古典世界终结时，西方教会中出现了两种新体制，成为一个已崩溃的文明和还未发端的文明之间的危险湍流中的求生索。首先是基督教的隐修制度，这最初出现在东方。大约在公元285 年，一个科普特教徒圣安东尼隐居在埃及沙漠，过着隐士生活。在他之后，又出现了一些其他注视、祈求以及与恶魔斗争或者通过斋戒和更模糊的戒律使肉体受辱的人。他们中有些人群聚在一起，成为一座修道院内的修道士，这种做法很快从东方传播到了西方。

一位意大利的修道士（关于他，除了他的成就和认为他能行神迹外，我们一无所知）发现，隐修制度此时的状况令人震惊。他就是圣本笃，教会历史上最有影响的人之一。公元 529 年，他在意大利南部卡西诺山建立了一所修道院，他对法规（通过对其他可获得文件的过滤和筛选）进行编纂，并为这个修道院建立了新规则。这是西方基督教一份意义重大的文件，并因此在西方文化中占据一席之地。这一规则指导修士将注意力转向团体，而修道院院长拥有完全的权利。团体的目的不只是为教化或者拯救个体灵魂提供温床，还需要作为一个整体来敬奉上帝和生活。在一个井然有序的礼拜、祷告和劳动的框架内，修士们各司其职。从传统隐修制度的个人主义倾向中，一个新人类机构建立起来；并将成为教会武器库中的主要武器之一。

圣本笃并没有树立太高的目标，这也是他成功的秘密之一。这些规则在普通人的能力之内，这些普通人热爱上帝，而且他的修道士不需要伤害身体或是心灵。修道院的迅速蔓延表明他成功预料到了普通人的需求。本笃会的修道院在西方大地上处处可见，成为劝服异教徒的英格兰和德意志皈依的传教士的主要来源。在西方，只有处于边缘地带的凯尔特教会接近于更老的、苦行僧生活的隐士典范。

教会新创立的另一个伟大支柱是教皇。作为圣彼得所辖教区，再加上这里守护着使徒圣骨的传说，一直让罗马在基督教世界各主教辖区中享有特殊的地位。它是西方世界中唯一宣称传承自某位使徒的教区。但在原则上，它没有什么别的可以提供；西部教会是一个低级机构，并从属于宣称与使徒时代有最亲密联系的亚洲诸教会。罗马教廷需要更多的东西才能将自身提升到中世纪时那种被认为理所当然的辉煌的卓越地位。

首先是罗马城本身。长久以来罗马一直被视为世界首都，对于世界上大部分地区来说也确实如此。城市主教是元老院和皇帝的商业合作伙伴，而帝国朝廷搬离此地只会更加凸显出他们的显赫。和蛮族人一样，不讨意大利人喜欢的来自东罗马帝国的行政人员抵达意大利，导致人们把对教廷的全新关注作为对意大利忠诚的焦点。它也是一个富有的教区，拥有与其财产相应的政府设施。它产生出来的行政管理技术，优于任何将在帝国行政机构自身之外发现的。这种区分在蛮族人缺乏这些技术的危难时候凸显得更加清楚。罗马教区拥有完善的文献记录，早在 5 世纪教廷的辩护者就曾利用过。典型的保守的教皇立场已经出现而且完全真实——主张无须寻求新的突破，捍卫旧的立场足矣；教皇并没有视自己为新的意识形态和法律依据的征服者，而是视自己为尽心竭力试图保持教会已经赢得的小据点的人。

这是罗马教廷作为一个伟大历史推动力出现的背景。5 世纪的大利奥（Leo the Great）是罗马主教权力清晰明确情况下的第一任教皇。一位皇帝宣布，教皇的决定具有法律效力，并且大利奥大力宣称教皇是以圣彼得的名义阐释教义。他开始使用被皇帝弃用的最高祭司（pontifex maximus）称号。人们认为他通过拜访匈奴王阿提拉的干预措施，延缓了匈奴对意大利的攻击；而一直反抗罗马大主教要求的西方主教们，在一个被蛮族搞得乱七八糟的世界里，变得更愿意接受了。不过，尽管如此，罗马是帝国国教的一部分，这种宗教被查士丁尼视为首先应是皇帝关心的事。

最清晰反映了中世纪天主教会教皇形象的教皇，同时也是第一个曾经做过修士的教皇。大格里高利（Gregory the Great）的统治时期从公元 590 年至 604 年，在此期间共发生了两次伟大的早期教会制度革新。他是一个具有高度敏感的政治家、一个罗马贵族，对国家忠诚，尊敬皇帝。虽然如此，他是第一个完全接受了统治下的野蛮欧洲的教皇；他的就任最终表明了与古典世界的彻底决裂。他将第一次伟大的传教士运动视为他的职责，他的目标之一是异教英格兰；为达成这一目的，他在公元 596 年派遣坎特伯雷的奥古斯丁前往英格兰。他与信奉阿里乌斯派的异端进行斗争，并为西哥特人皈依天主教而高兴。他关心日耳曼国王们，正如他关心皇帝一样——他声称自己是以皇帝的名义采取行动。但同时他也是伦巴底族人最凶猛的敌人；为了协助对抗他们，他向皇帝并（更引人注目地）向法兰克人求助。然而伦巴底人也使教皇必然地成为一个政治势力。他们不仅仅切断了他与身在拉文那的皇权代表的联系，而且当他们站在罗马城墙前时，他必须同他们协商。就像另外一些继承了民事权力的西方主教，他不得不供养城市并管理它。慢慢地，意大利人把主教看成罗马的继承者，同时也是圣彼得的继承者。

大格里高利将古典罗马传统和基督教结合在一起；他代表了一些新东西，尽管他几乎没有像那样去理解。基督教曾是古典传统的一部分，然而现在正在脱离古典传统，并截然不同。值得注意的是，大格里高利并不说希腊语；也没觉得有必要说。改善教会与蛮族关系的迹象已经出现。在大格里高利控制下，这个故事的焦点最后落在了欧洲，而不是地中海盆地。未来的种子已经播下，尽管不是指不久的将来；因为接下来大约两千年，世界上大多数的人们与欧洲的存在几乎不相干。但一个欧洲至少可以辨别，难以想象的不同，尽管它可能来自那些出现且仅限于欧洲大陆西部的东西。

这与过去截然不同。罗马行省有序的、有文化修养的和稳定的生活被摇摇欲坠的社会所代替，鼓吹战争的贵族阶级和他们的部族成员驻扎在其中，有时候与先前的居民融合在一起，有时候则没有。他们的首领被称为国王，并且肯定不再是仅稍微比其追随者超出一些的首领。与罗马遗留之物纠缠了将近两个世纪的以后，他们也不再只是蛮族。公元550年，一个蛮族国王，或说一个哥特人，第一次将自己描绘在帝国的标志硬币的装饰上。通过用一种更高级的文化遗迹刻画他们想象中的印记，通过罗马自身想法的影响，以及通过教会连续和间断的工作，总之，这些人正在追求自己的文明，他们的艺术遗迹可以证明这一点。

关于正式文化，和古代相比，他们没有带来什么。蛮族对文明思想没有做出什么贡献。然而在这个层面之下，文化的往来并非单向的。就基督教范围来说，或至少就礼拜仪式而言，仍然有不可低估的灵活形式。每个地方的基督教都只能从可利用的渠道发挥影响，而这些都是由异教信仰累积叠加造成的，日耳曼的之下是罗马的，罗马的之下是凯尔特的。像克洛维那样，一个国王信仰的转变，并不意味着他的子民马上就正式投身于基督教。几代之后，其中一些仍然是异教徒，正如他们坟墓上写的那样。但保守主义既是阻碍又是挑战。教会可以利用对民间巫术的信仰，或是出现在一个神圣场所，这个场所可以使圣徒对古老乡村和森林神明怀有敬意。关于神迹的知识，在圣徒生活中孜孜不倦地传播，他们大声向朝圣者、向他们的圣地宣读，这是那个时代有说服力的方式。人类习惯于旧凯尔特神明的魔力调解或者沃登（Woden）神力的显灵。对大多数人来说，正如存在于大部分人类历史中，宗教的作用并不是道德指引或者心灵洞察，而是抚慰不可捉摸的一切力量。只有在血祭上，基督教才划清了过去与异教徒模糊不清的界线；而许多其他异教徒的做法和遗存并未消失，只不过被基督教改造吸纳了。

这个改变方向的过程经常被视为衰落的迹象之一，当然，这么说也是有理有据的。在物质条件上，蛮族欧洲是一个经济上比安东尼统治下的国家还贫穷的地区；如今遍及欧洲的游客仍然目瞪口呆于罗马建设者的遗迹，正如我们蛮族祖先可能做过的那样。然而就在这一团混乱的局面中，一些非常新和难以测量的、比罗马更具有创造性的东西，可能会在适当的时候出现。当时的人不可能看到将会发生的事，他们只懂得启示录所描画的未来。不过有些人却看到了比这更多一点的东西，就像格雷戈里的关注点。

第6章 古典时代的印度

虽然亚历山大大帝身边不乏鸿儒名士，也能得到他们的慧见，但他对印度只有模模糊糊的概念；他似乎觉得印度河是尼罗河的一部分，河的另一侧依然属于埃塞俄比亚。长久以来，希腊人对印度西北部的了解相当丰富——那里是波斯行省犍陀罗的所在地。但更远处的地区都是不为人知的黑暗世界。从政治地缘学的角度来说，这种不为人知的状态一直延续着；亚历山大入侵该地时，恒河流域各国的相互关系及其本身的性质依旧难以捉摸。位于下游的摩揭陀王国对恒河全域拥有某种程度的支配权，在两个世纪或更长的时期中曾是这片次大陆最重要的政治实体，但我们对其体制或历史所知不多。印度文献对亚历山大攻入印度只字未提；而由于这位伟大的征服者从未染指比旁遮普更遥远的地区，在与他同时代的希腊人的记述中，我们也只能了解他推翻西北部若干小王国的经过，而无法一窥印度心脏地带的势力。

塞琉古王朝统治下，关于旁遮普以外区域的情况，有更多可靠的信息流入西方世界。这些新知出现的时段大体上与孔雀帝国这一印度新势力的崛起同步，也是印度历史记载的真正开端。我们的信息部分来自希腊使节麦加斯梯尼（Megasthenes），他在大约公元前300年被塞琉古国王派往印度，并记下了自己的所见所闻，其中有些片段一直流传下来，被后世作者大段引述。他一路行至孟加拉和奥里萨（Orissa），因拥有外交官和学者这两种受人尊敬的身份，从而可以同很多印度人结识和攀谈。一些后世作者觉得他缺乏怀疑和求证的精神，其记录也不甚可靠，因此总是盯着他的某些夸张叙述不放，例如，麦加斯梯尼称有人无需饮食、只靠气味生存，又有人形似独眼巨人，或是脚大如椽、可以拿来遮阳，还有侏儒、无嘴人，等等。

这类记述当然是天方夜谭，但也未必毫无来由。雅利安印度人也许觉得他们的邻人或中亚及缅甸丛林的远亲与自己存在某种身体特征上的差异，而这些夸大很可能是他们充分意识到这些差异的表现。在印度人眼里，他们的有些特征看起来必然非常怪异，而且某些行为也无疑非常古怪。另一些离奇之说可能隐约反映了印度教苦行修炼的状况。这些修行始终让外来人为之称奇，也往往令传闻越来越夸大。此类传闻并不至于使讲述者的可信度受疑，也不代表他所记录的其他事必然为谬。如果它们间接体现了为麦加斯梯尼提供信息的印度人看待外部世界的方式，那甚至还有一定的正面价值。

他描述了一位伟大的印度统治者、孔雀王朝的奠基人旃陀罗笈多（Chandragupta）。其他原始史料中也有关于他的情况。古人相信，他年轻时曾亲眼见到亚历山大大帝征服印度时的英姿，从而燃起了征伐四方的雄心壮志。无论是真是假，旃陀罗笈多于公元前 321 年篡夺摩揭陀的基业，在那个王国的废墟上建起一个国家，其幅员不仅包括印度河与恒河两大流域，而且还涵盖大半个阿富汗和俾路支（Baluchistan）。他定都巴特那（Patna），并住进一座富丽堂皇的木质王宫。对于印度史的这一阶段，考古学依然不能为我们揭示太多情况。从麦加斯梯尼的记述来推断，旃陀罗笈多也许实行某种君主统揽式的统治；但印度史料所揭示的似乎是一种官僚体制，或至少是一个力图建立官僚制的国家。实际情况还难以判明。这个国家建立在更早形成的政治单元之上，其中的很多曾经是共和制或平民制，通过皇帝身边的大人物与他保持联系；有一部分虽然是名义上的属国，但在实际层面往往具有极大的独立性。

关于帝国的臣民，麦加斯梯尼也能滔滔不绝。除了列出一长串各形各色的民族之外，他特别提到两种宗教传统（一为婆罗门教[Brahminism]，另一个显然是佛教），谈及印度人吃米饭和只在仪式时破例的禁酒习俗，长篇累牍地讲述大象的驯化，而且对印度没有奴隶的现象（很让希腊人吃惊）加以评论。最后一条认识是错的，但可以谅解。虽然印度人不买卖人口，也不陷入受绝对奴役的状态，但也有人必须为主人做苦力，而且法律上无法撤销其义务。麦加斯梯尼还称，国王的消遣是在高台上或象背上打猎——与 20 世纪捕杀老虎的方式非常相似。

据说，旃陀罗笈多晚年与耆那教教徒一起隐居，在迈索尔（Mysore）附近的归隐地进行宗教式的绝食，并坚持至死。他在位期间早已显露出扩张的倾向，其子嗣兼继承人将帝国的扩张势头转往南方。孔雀帝国的势力开始深入巴特那以东的茂密雨林，一路向东海岸推进。最终，在第三代传人手中，孔雀帝国征服奥里萨，控制了前往南方的海路和陆路，这片次大陆也达到了两千多年来都未曾企及的高度政治统一。实现这一伟业的征服者是阿育王（Asoka），在他的统治下印度终于有了成文的历史档案记载。

很多阿育王时代的镌文保存下来，上面有向其臣民发布的敕规禁令。这种传播官方思想的手段以及镌文的独特范式，都显露出波斯和希腊化的影响。孔雀帝国时期的印度与西方文明保持接触的持续程度，无疑是史无前例的。阿育王在坎大哈留下了希腊语和阿拉姆语的镌文。

这类证据揭示，该国政府的能力远胜麦加斯梯尼大致描述的情形。一个王族会议团体统治着以种姓制度为基础的社会，有一支王族军队和官僚团体；和别处一样，读写能力使行政和文化都跨入一个新时代。也许还存在大量暗探，或者对内情报机构。除了收税、维护通信和灌溉系统之外，阿育王所统治的国家机器还致力于推广一种官方思想体系。阿育王登基后不久就成为佛教徒。与君士坦丁不同的是，他是在某次战役之后而非之前皈依，这次战斗的血腥和残酷令阿育王大为惊骇。正因如此，他信佛的后果是放弃了之前一直非常明显的、以征服为主的统治模式。或许这是次大陆以外的战场对他没有诱惑力的原因所在——不过，这一限制不是他独有的，大部分印度统治者从未起过统治蛮族的野心；当然，这一野心也只有在征服整个印度之后才可能显现。

阿育王刻在岩石或柱子上的镌文一般被视为他最具价值的佛教思想表达。这些镌文属于他统治的年代（大约公元前 260 年以后），是留给臣民的警言，堪称一种全新的社会哲学。阿育王的箴言统称达摩（*Dhamma*），这是梵语的变体，意指"普天之法"，其内容有耳目一新之感，令 20 世纪的印度政治家大肆赞美其思想的现代性，从而犯了混淆年代的错误。无论如何，阿育王的思想确实引人瞩目。他告诫子民必须尊重所有人的尊严，而且将宗教宽容和摒弃暴力放在最首要的地位。他的箴言很笼统，不太细致，也算不上法律，但中心主题明白无误，旨在提供一套行为准则。由于自身的秉性和思维模式，阿育王深深认同这些思想是毫无疑问的，但字里行间并没有表现出发展佛教的意图（阿育王以其他方式发展了佛教），而更似求同存异的尝试；这很可能是统治成分混杂、宗教多样的巨大帝国的一种手段。阿育王试图让臣民齐心协力，共同建立一种覆盖全印度的政治和社会团结，其基础则是民众的利益以及强制和密探手段。他有一段镌文如是说："人人皆是我的孩子。"

或许这也能用来解释他对所谓的"社会福利"感到的自豪，其表现形式有时与当地气候相得益彰。他宣称："我在道旁栽下榕树，为众生送去荫蔽。"这一措施看似平平无奇，但对那些在广袤的印度平原上跋涉的疲惫旅者来说，其价值一目了然。几乎是无心插柳之下，这些措施也改善了贸易通道，虽然榕树本质上仍是达摩教义的体现，他每隔 9 英里挖掘水井并建起歇脚处也是出于同理。然而达摩经的教诲看来并不成功，据说当时存在宗派斗争，僧人也心怀怨恨。

阿育王在弘扬佛法方面做得更为出色。他在位时推动了佛教的第一次大扩张。此前佛教虽然也很兴旺，但仅限于印度东北地区。他派出传教团体，对缅甸的传教成果斐然；锡兰岛的成绩更为出色，从此以后那里一直以佛教为主。另一些传教士带着更为乐观的期许前往马其顿和埃及。虽然佛教思想给希腊世界的若干哲学家留下了印象，也有部分希腊人皈依，但他们的传教工作不如其他地区成功。

阿育王时代的佛教生机勃勃，或许是婆罗门教有所作为的部分原因。前文已经提到，大致从那时开始，若干密宗团体开始前所未有地盛行，这也许就是婆罗门为应对挑战所刻意采取的措施。特别重要的是，公元前 3 至前 2 世纪，毗湿奴最脍炙人口的两种化身在这些密宗中获得了新的突出地位。一个是化身黑天（Krishna），其传说极有可能赢得崇拜者的心理认同；另一个是家庭神祇罗摩（Rama），是仁慈的君主、好丈夫和好儿子的化身。两部伟大的印度史诗《摩诃婆罗多》（*Mahabharata*）和《罗摩衍那》（*Ramayana*）也在公元前 2 世纪开始定型。后人以前者的某一章为基础进行大段扩写，创作出如今印度文学中最著名的作品和最伟大的诗歌《薄伽梵歌》（*Bhagavad Gita*），即"神之歌"。这是印度教的核心印证，以毗湿奴/黑天为中心人物展开，罗织关于履行责任的道德教义——人的责任来自其所属等级（佛法 [*dharma*]）；并提出，要想度入永恒的悦境，虔诚的事功无论多么值得称赞，都不如黑天的大爱来得有效。

这些都是决定印度教未来的重要因素，但其发展要等到孔雀帝国崩溃后很久才完成。阿育王死后，帝国的崩溃马上就开始了。这一破灭的进程犹如戏剧般夸张——孔雀帝国曾经如此不可一世。虽然我们一心想要找出一些特别的解释，但或许这只是日积月累下所导致的质变。在所有古代帝国，对政府的要求最终会超出技术资源能够满足的极限；而当情况发展到这一地步，帝国就轰然倒塌。

孔雀帝国有过伟大的成就。他们征用劳力，开拓大片荒地，以此养活不断增长的人口，扩大帝国的税收基础。他们建起规模浩大的灌溉工程，从而延续了王朝数百年的基业。北方陶器在公元前3世纪传遍整个印度，如果以此判断，那么孔雀王朝统治下的贸易也十分繁荣。他们维持着一支大军和大量外交人员，其足迹远达伊庇鲁斯（Epirus）。但成本也非常高昂，政府和军队成了寄生虫，靠农业经济供养，而这种经济体的规模存在极限，能够支付的俸饷也有限度。虽然以时隔千年的眼光来看，其官僚体制在理论上依然保持着中央集权，但效力不敢恭维，更谈不上毫无缺陷。由于缺乏能够使其独立于社会的控制和征募系统，这一官僚体系一方面落入宠臣之手，所有其他人都要看他们的脸色；另一方面成了地方权贵的囊中之物，他们知道如何攫取并维持实力。

有一个政治弱点在孔雀帝国之前就深深扎根。当时的印度社会已牢牢系于家族和种姓制度之上。印度人忠诚的对象是社会制度，而不会把忠诚心交给某个王朝或是国家存续的抽象概念，更别提民族了。当某个印度帝国在经济、外部或技术的压迫下出现垮台的征兆，它无法指望依靠民众义不容辞的支持渡过难关。这一目了然地表明，阿育王以信仰来黏合整个帝国的尝试很不成功。不仅如此，结构复杂、精细入微的印度社会体制，尤其是种姓制度，还会提高社会的经济成本。社会职能依靠出身划分且雷打不动，有经济才能的人无处施展，有志之士也找不到出路。印度社会具有一种注定会扼杀经济增长潜力的体系。

孔雀帝国的末代皇帝①被暗杀后，一个有婆罗门教渊源的摩揭陀王朝②取而代之。随后 500 年间，印度历史又一次陷入政治分裂的局面。从公元前 2 世纪起，我们有来自中国的史料可供参考，但在此之前的印度史，学者们尚无定论；就连年表也仍有大量内容纯属推测，只有总体进程可以勾画出来。

而最重要的是外敌从历史意义重大的西北走廊对印度新发起的一系列侵略进程。首先是大夏人，他们是乌浒河上游的亚历山大帝国所留下的希腊人后裔。至公元前 239 年，他们已在印度和波斯塞琉古王朝之间的地带建起一个独立王国。对这片神秘的区域，我们的了解大半来自其铸币，中间有大量断层，但尚能知道大夏人 100 年后已进入印度河流域。他们是将要延续 4 个世纪的入侵大潮中的第一个浪头。一系列复杂的动向接连发生，其原动力匿于亚洲游牧民族的社会深处。继印度—希腊血统的大夏人之后，其他民族也在不同时期接踵而至，在旁遮普一带立足，其中就有帕提亚人和斯基泰人。据传说，某位斯基泰国王将圣托马斯奉为宫廷的座上宾。

一支具有重要地位的民族一路逶迤，从中国边境抵达印度，为印度写下了另一段伟大帝国的篇章，其疆域从山地以外的贝拿勒斯（Benares）③一直延伸到商队往来途经的大草原。他们就是贵霜人（Kushans）。他们是曾住在今天中国新疆一带的印欧族群的后裔。贵霜人（或其统治者）是热忱的佛教徒，他们想将佛教教义传回祖先的土地甚至更远的东方，直至中国和蒙古。而对传扬佛教有利的是，他们的政治关注焦点在中亚，其最伟大的国王也在那里葬身沙场。

---

① 名叫布里哈陀罗（Brhadratha）。——译者注
② 史称巽伽王朝（Sunga）。——译者注
③ 现称瓦拉纳西（Varanasi），印度北方邦的东南部城市，位于恒河左岸，是印度七圣城之一。——译者注

在贵霜人的推动下，佛教首次传入中亚的中、东部区域，还传入中
国，并在汉朝瓦解之后动荡不安的几百年间，成为一股关键的影响
力量。

　　贵霜王朝统治时期再次为印度文化带来了耳目一新的国外影响；
往往来自西方，其雕塑的风格，特别是佛教雕塑，就表现出这一点。
这以另一种方式成为一个时代的标志，因为对佛教加以艺术表现是贵
霜时期的一大创新。他们在此方面绝非浅尝辄止，希腊人物逐渐让位
于我们今日所熟知的佛祖形象。这是佛教朝着复杂化方向发展的表现
之一。该宗教在当时处于普及化和实体化的阶段，佛陀具有了神的地
位。但这只是当时的众多变化之一。千禧年说、更具感情特色的宗教
表达和更高深的哲学体系，全都彼此交织、相互影响，要从中甄别出
印度教或佛教的"正统"多少有些勉强。

　　最终，贵霜王朝向一支更强大的势力屈服。公元 3 世纪早期，阿
尔塔薛西斯（Artaxerxes）夺取大夏和喀布尔河流域。不久之后，萨
珊王朝的另一名国王攻占贵霜首府白沙瓦（Peshawar）① ——此类陈
述，很容易让人对其描述的内容心生厌烦。掩卷沉思，读者很可能与
伏尔泰有同样的感受："乌浒河和药杀水畔的君王交替与我又有何干？"
这就和法兰克各国王或是盎格鲁—撒克逊七王国（Heptarchy）② 时期
的兄弟阋墙一样，只是规模略大而已。从这一王朝的兴衰中确实很难
看出太多意义，但例外的是奠定印度史基调的两大不变主题：西北边
境对于文化吸收的重要作用和印度文明强大的同化力。印度始终展现
着这一同化力，到头来也没有一个入侵民族能够抵挡。新的统治者不
久之后就主宰了印度诸王国（它们的渊源也许能追溯至孔雀帝国之

---

① 巴基斯坦中部城市，位于喀布尔河支流巴拉河以西、开伯尔山口附近。——译者注
② 传说中古代末期和中世纪早期大不列颠的七个王国，后来统一为英格兰王国。——
译者注

前、公元前 5 至前 4 世纪的那些政治实体），也沿袭了印度的治国之道。

入侵者从未向南方过多深入。孔雀帝国崩溃后，德干高原长期处于分裂状态，由当地的达罗毗荼人（Dravidian）自行统治。其文化独特性甚至保留至今。虽然孔雀王朝灭亡后，雅利安文化的影响在那里变得更强，但印度教和佛教从未消失，南部与北部没有再次实现真正的政治统一，直到英属印度时期为止。

在这段纷乱的时期，印度与外部的接触并不总是伴随着暴力。与罗马商人的贸易发展得十分迅速，引来普林尼的（错误）谴责，声称这会让帝国的黄金枯竭。确实，除了有印度使节到西方来洽谈贸易之外，可靠的信息少之又少。但这番评语暗示，印度与西方贸易的一大特征当时已经具备；地中海市场需要的奢侈品只有印度可以供应，而他们能够用来交换的物品只有金条银锭。该模式将一直持续到 19 世纪。关于贸易所引发的跨大陆往来，还有另一些有趣的标志。海洋是各贸易群体之间的文化纽带，泰米尔人（Tamil）描述商品的词汇在希腊语中现身，南方的印度人自希腊时代起就与埃及人通商。后来，罗马商人定居南部港口，那里的泰米尔国王还让罗马人担任扈卫。最后，无论使徒圣托马斯是否曾到过印度人的宫廷，西部的贸易港可能是基督教进入印度的门户，其年代也许早至公元 1 世纪。

就算是北方，也要等上百年后才会再次实现政治统一。恒河流域的新国家——笈多（Gupta）帝国，承载着长达 5 个世纪的纷乱历史。在帝国中心巴特那，笈多列帝奠定了该王朝的基业。王朝创始人叫旃陀罗笈多（Chandragupta），从公元 320 年开始统治，百年之内印度北部一度再次统一，摆脱了外部的压迫和入侵。虽然笈多帝国不如阿育王的帝国那般庞大，但存续了更长的时间。在其统治下有大约 200

年，北印度经历了一段类似安东尼时代①的文化艺术发展期，被后世看作印度的古典时代而加以缅怀。

笈多时期迎来了印度艺术的第一次大发展。孔雀帝国以前的石雕艺术尚不完善，也几乎没有留传下来。石柱是该艺术的主要成就，集当地石工传统之大成。石雕和石质建筑中仍长期保留着木质建筑时代演化出的风格式样的痕迹。尽管人们一度认为希腊才是印度石雕技术的源头，但在希腊化影响到来之前，其技术就已经高度发达。希腊人带来的是西方的新艺术式样和技巧。如果我们以留存下来的艺术品作为判断依据，基督元年以后很久，从佛教雕塑中还能找到这些影响带来的主要特征。但在笈多时期之前，印度雕塑已经打下丰厚的本地传统；只是从此起，印度艺术步入成熟，可以自立门户。笈多时期开始建设大量石质寺庙（不同于挖掘后加以装饰而成的洞穴），为穆斯林时代以前的印度艺术和建筑赋予了伟大的荣耀。

笈多文明的文学成就也很突出，根基同样深厚。梵文语法在孔雀王朝到来前夕实现标准化和系统化，为文学开辟道路，使整片次大陆的精英阶层共享同一种语言。尽管南北方存在文化差异，但梵文是联结两地的纽带。印度的经典史诗以梵文写成（但也被翻译成地方语言），最伟大的诗人和剧作家迦梨陀娑（Kalidasa）也以梵文创作。笈多时代，印度戏剧艺术从难以窥见真容的过去发展起来，其传统一直保持至今，进入 20 世纪的印度大众电影业。

笈多时代的智识成就也堪称伟大。印度数学家在 5 世纪发明了十进制体系，相比印度哲学在同一时期的复兴，这一成果的重要意义也许更容易被非专业人士所理解。哲学复兴不仅限于宗教思想，但根据

---

① 指公元 138 年至 192 年间的罗马帝国，从安东尼·庇护开始，到康茂德为止。——译者注

从中获取的信息来看，关于当时的普遍观念或文化走向，似乎大有争论的余地。《爱经》一类的文学作品可能会令西方读者大为惊讶，其字里行间满是技巧性的介绍，无论用途多么令人起兴，最多也只能占用一个规模微不足道的精英阶层的一小部分时间和精力。也许，一份否定式的结论最站得住脚。无论对传统婆罗门佛法的强调，还是某些印度导师的戒行苦修，抑或坦然接受《爱经》等大量作品所倡导的感官愉悦，都与基督教和伊斯兰教传统中如此强烈而激亢的禁欲主义没有丝毫相同点。印度文明前进的步调与遥远的西方文明截然不同；印度之所以能够抵挡外来文化，其最深层的力量来源和最深刻的解释或许就在于此。

印度文明在笈多时代达到成熟的经典形态。基于政治事件的年表不利于对这一时期的理解；但重要的发展趋势不受任何主观时段分界所限。尽管如此，从笈多文化中，我们可以感受到一个进化完全的印度社会的存在。其与众不同之处在于，一个种姓体系当时已取代吠陀教（Vedic）①的四种姓结构，比原有的体系更为复杂。各种姓将印度人封闭在定义明确的所属阶层之中，决定他们的婚嫁，通常也决定他们的职业，大部分印度人的生活无法远离土地。多数城市是大规模集市或宏伟的朝圣中心。大部分印度人和现在一样是农民，其生活背景是一种在孔雀帝国时代之前就已经奠定基本形态的宗教文化。

这些文化的活力和力量毋庸置疑；经过之前几个世纪的进一步完善，在笈多时代表现为雕刻和雕塑的巨大发展，展现出大众宗教的强大力量，与前笈多时代的印度塔（stupa）和佛像一起，成为印度境内长盛不衰的景观。说来不合常理的是，关于印度这个国家，相较于

① 公元前1500年左右印度各民族信奉的宗教，因其圣典《吠陀经》得名。其四个种姓为：婆罗门（祭司或教师）、刹帝利（统治者）、吠舍（商人）和首陀罗（非雅利安族的奴隶）。——译者注

人们过去的物质生活，我们或许有更多可以了解其精神世界的证据，这很大程度上是由于其宗教艺术的缘故。我们也许对笈多帝国的农民究竟要承受多少赋税知之甚少（虽然可以猜测），但关于神祇和魔鬼无尽的共舞、动物和图腾形成和解体的模式，倒是可以触摸到一个依然鲜活的世界。这些古老的元素在如今的印度村落圣祠和扎格纳特塔（juggernaut）① 中，还是栩栩如生、清晰可辨。印度史的与众不同之处在于，我们有机会获知数以百万计的寻常人的生活，而这类历史本来也应当是本书叙述的对象，但却通常不为我们所知。

笈多时代之后而伊斯兰势力到达之前，是印度文明的最高峰。印度宗教的深厚积淀、印度文化的肥沃土壤，几乎没有经受政治动荡的波折。公元 600 年左右出现的一个重要的新教派是其表象之一，并很快占据宗教舞台的一席之地，此后也从未失去在印度宗教崇拜中的地位，那就是母神提毗（Devi）崇拜。有人认为这体现了印度教和佛教均表现出的强调性别的新趋势。提毗崇拜是沸沸扬扬的印度宗教生活的组成部分，持续了一两个世纪或更久，随后涌现出湿婆和毗湿奴崇拜的新热潮。年代定位对此意义不大；我们必须设想其贯穿几个世纪的持续变化过程与基督教时代早期同步，而古老的婆罗门教进化为印度教是这一过程的最终结果。

一整套习俗和信仰从中产生，一定程度上满足了所有人的需要。这些习俗和信仰源自名为吠檀多（Vedanta）的哲学体系，即一套抽象的精神信条，强调实体和物质的虚幻不真，以及到朴素的乡村神庙去获取真实——梵（brahma）——的真知、从这份虚幻中赢得解脱的渴望。地方神祇在那些神庙中得到膜拜，很容易被纳入湿婆或毗湿奴崇拜团体，因为人们普遍相信这两位主神具有不止一种化身。于

① 供奉毗湿奴化身扎格纳特的寺庙。——译者注

是，宗教激情从互为对立、同时壮大的偶像崇拜和新一轮禁欲主义中找到了发泄的出口。动物牺牲从未停止，保守的宗教习俗更加严厉，使牺牲和另一些行为得到保障。对女性的态度也更为苛刻，使她们的从属地位更为彻底。女性问题在宗教层面表现为童婚现象的急剧增多和名为萨蒂（*suttee*）的习俗，即在丈夫死后火化时妻子一同自焚。

然而，印度文化有丰沃的土壤，就连如此未经雕琢的宗教，也伴随着集吠陀教传统之大成的吠檀多哲学的最强音，以及新发展出的、将佛陀奉为神明的大乘（Mahayana）佛教。后者的渊源可追溯到对佛陀所授的静观、清净和解脱教义的不同理解。这些分支偏向于更具仪式性和普罗大众的宗教主张，也强调对佛陀身份的新阐释。依大乘佛教看来，佛陀不是单纯的导师和典范，而是最伟大的菩萨（*bodhisattvas*）——菩萨即救世者，本有资格涅槃，但自愿留在人世普度众生。

修成菩萨逐渐成为很多佛教徒的目标。贵霜国王迦腻色迦（Kanishka）曾召开一次佛教会议，意图之一是引导佛教两大不断分化的派系重新统一，但没有成功。大乘佛教关注佛陀，将之奉为神化的救世者，信徒可以崇拜和追随。另一派认为天界存在唯一且伟大的佛陀，类似于某种与万物合一的灵魂，隐藏在印度教的一切事物背后。乔达摩（Gautama）[①] 所教诲的苦修和静观教义影响范围逐步受限，只有少数正统佛教徒追随；大乘佛教的信徒从大众中赢得皈依者。公元 1 至 2 世纪，佛陀雕像和画像的数量剧增，是该状况的标志之一；此前这类行为因佛陀禁止偶像崇拜而一直受限。大乘佛教最终取代印度先前的佛教形态，并沿中亚的各条商道传播，途经中亚，抵达中国和日本。更正统的佛教传统在东南亚和印尼获得了更好的

———————————

① 佛陀的本名，指年轻时进行苦修的佛陀。——译者注

发展。

　　可见，印度教和佛教都经历过变迁，也拓宽了各自的受众范围。虽然受地方宗教元素的影响，但印度宗教愈发兴旺；自贵霜时代起，受匈奴掠夺者践踏最为严重的西北地区成为印度的佛教中心。印度教在南方最欣欣向荣。当然，西北和南方两地都是本地文化最容易和地中海古典文化相交融的地区，前者通过陆路，后者经过海路。

　　这些变化俨然带来一种宗教盛世般的景象。伊斯兰教即将进入次大陆时，印度哲学观方才成熟，但仍有足够的时间完成固化，自那以后成为印度的标志，并在与其他观念的竞争中展现出惊人的、不可压倒的坚定性。其核心是相信生命的无尽轮回和灵魂转世，宣称宇宙的历史是循环而非线性的。关于该哲学观对印度人直至今日的实际行为所造成的影响，是一个浩大的主题，几乎不可能参透。按常理假设，该哲学也许会使人消极对待实际行动并怀疑其价值，然而现实状况究竟如何则大可商榷。完全遵循信仰要求生活的基督徒少之又少，同样没有理由设想印度人会更为循规蹈矩。牺牲献祭和求神宽恕的行为在印度寺庙中延续至今。然而决定整个文化走向的，也许是其别具特色、受到强调的思维模式。而且一目了然的是，印度史的决定因素在很大程度上是强调人类行为限度而非潜力的世界观。

第7章 古典时代的中国

中华文明的延续性和独立性堪称奇迹，其原因之一就是地理位置的遥远；外族影响力对中国鞭长莫及，令其他伟大文明动荡颠沛的源头也与中国远隔千山万水。印度和中国都经历了各王朝的兴衰起伏，但伊斯兰统治给印度带来的变化超过了中国的任何一段朝代变迁，而且中国甚至具有更强大的同化外族影响的能力。这也许是因为两国文明传统的基础不同。宗教和与之不可分割的种姓制度是印度稳定力的重要源头；中国则依靠行政精英阶层的士大夫文化，该文化超越各朝各代存续下来，使中国始终走在同一条轨道上。

这批士大夫很早就开始整理和维护书面史料，这是他们应获铭记的贡献之一。得益于他们的工作，中国历史拥有无可比拟的文献记载，往往包含汗牛充栋的可靠事实；但事实的择取由一小部分人的观念决定。这些史籍由信奉孔子儒家学说、怀着实用主义和说教意图的文人编撰；他们意图提供一组范例和数据，以便维护传统方式和价值观。他们所写的历史强调延续性和不同事件的起承转合。鉴于管理如此庞大帝国的需要，这完全可以理解；一致性与规范显然会得到推崇。但这份史籍中也有很多空白。就算在重大历史时期，也很难从字里行间看出对普通大众的关注——而在地中海世界的经典文献中就容易辨识得多。不仅如此，关于中国行政体制一成不变的性质和儒家价值观对社会的渗透，正史很可能给人留下错误的印象。千百年来，中国行政机器背后的主导观念只被少数人持有；哪怕最终得到很多中国人的接纳，这种认同大多也是未经思考和不知不觉中形成的。

主导文化极端崇尚自给自足。始终令人瞩目的是，作用于该文化的外部影响力只有微不足道的效果。其根本原因仍在于地理位置。中国在大部分历史时期，是朝东面，向着大江大河与海岸沿线的最富庶省份发展的。因此，相比孔雀帝国和笈多帝国，中国与古典时代的西方世界的距离更加遥远。尽管直到 7 世纪初，波斯、拜占庭和地中海地区一直经由横跨中亚的伟大贸易商路，依靠中国供应丝绸，也非常推崇中国的瓷器，但中国与西方之间就连间接的往来也非常有限。当然，中国与古典时代的印度之间的交流要密切得多，与中亚诸帝国及民族，与朝鲜和越南就更不用说了。但中国的独特之处，尤其是汉朝时期，正在于其不与任何一个大国接壤，也就不需要与之维护邦交。然而不能轻易断言，中国是孤立的：尽管随着西方文明的重心西移和北移，西方世界正发生的事件相距中国更形遥远，但中国其实身处一个亚洲世界中，在整个古典时代，其间的各种交流互动都非常频繁。

从战国时代到公元 618 年唐朝建立，这段中国历史的主干是记录了各个朝代兴衰的编年纪要。各朝代的起始和终结都有相应年份，但不无人为的痕迹，至少存在过分强调某些元素的可能。一个朝代也许要耗费数十年才能真正掌控整个帝国，而失去这一地位所经历的时间甚至会更久。虽然在参考时应当有所保留，但王朝断代依旧有其价值；我们可以从中了解中国历史主要时段的划分——直至 20 世纪，其名称均取自处于各时段巅峰期的王朝。前两个我们需要关注的朝代，是中国伟大的统一王朝，秦和汉。

秦朝的崛起标志着中国历史上一个巨大的分野：从多国逐鹿，转向一个大国。尽管今天我们视为中国的那片领土，在此后的历史时期中还将多次分裂，但一个统一帝国之观念的形成，应追溯到秦朝及其伟大的皇帝秦始皇。这个观念诞生在变革与流血之中，但其肇始则要回溯到更为早期的中国历史中去。早在秦始皇于公元前 221 年"统一"中国之前的一千年间，文化统一和意识形态统一的观念就已经在发展孕育之中了。要说从公元前 3 世纪开始，中国的自然形态就已经是一个统一的政体，当然是不合史实的——有很多罗马历史学家如此看待罗马帝国，结果一些人眼睁睁以失望告终——但不容否认的是，许多中国人当时已开始从这个角度来看待自身的历史了，对于中国从帝国到现代统一国家的成功转型，这种观念将做出重要贡献。

秦朝终结了战国时代的分裂局面。他们来自某个西方国度，直到公元前 4 世纪还依然被一些人视为蛮族。但秦人逐渐强盛起来，也许部分原因是具备法家思想的秦相在大约公元前 356 年实施了激进的变法；也可能是因为其士兵使用一种新型的长铁剑。吞并楚国后，秦人于公元前 325 年立国。秦国在公元前 221 年打败最后的敌手，首次让中国统一于一个皇帝之下，达到霸业的巅峰。欧洲人对中国的称呼就来自该王朝。

这个名叫嬴政，所有中国人都称为秦始皇（秦朝第一个皇帝）的男子，出生于公元前 259 年，年仅 13 岁就登上了王位。秦国当时已经在日益强盛，但内部还不够团结。年轻的秦王政认为，自己的家人密谋推翻自己，于是监禁了自己的母亲，以五马分尸处死了她传闻中的奸夫。他父亲的宰相也被迫服毒自尽。当嬴政开始派兵征战时，显然并不是个无忧无虑的快乐少年。到前 230 年时，他似乎已经制定出了降服各国的计划，并一步步着手加以实现。他的一些幕僚惊骇地认为他毫无章法，进言劝阻。嬴政置之不理。到前 223 年，他已击败了战国时代最大的国家——位于中国中南部的楚国。两年后，他征服了位于山东的齐国，这是最后一个仍然独立的大国。嬴政宣称自己建立了"新的国家"，为自己（始皇）及文武百官都创立了新的封号。与此同时，他把注意力转向了更南方，那是之前任何一个中原政权都还没成功征服的地域。到前 213 年时，他的帝国已经向南扩张到今天的广东省，帝国军队还进入了越南和东南亚边陲的其他区域。所有中国人都叹服于他的帝业之辉煌，及其所建国家之宏伟。

秦始皇笃信中央集权的帝国体制，认为国家应处于一切的核心位置。他开始了宏大的建设计划，要将整个帝国紧密结合在一起：庞大的运河（比如南方的灵渠，连接了长江和珠江水系），以及能够让军队迅速到达帝国边境的道路网络。与许多公认的伟大领袖人物类似，秦始皇是一个复杂的人物，残暴易怒，但对所在的时代有着深刻的超凡理解。他继承的是一个尚武的国家，他也把这一点发扬光大，让秦帝国成为一个本质上善战且喜好征服的国度。他最基本的工具就是帝国庞大的军队，由农民组成，由经严格挑选的军官指挥。这些军官才能出众，忠于皇帝。早在他开始大规模征服之前，时人就有评论称："秦国本质上是个强权国家。地势险峻。统治严酷。赏罚分明。其民不逊，勇武好战。"这些特征正是秦始皇给公元前 221 年之后的中国留下的印记。

秦朝是一个绝对专制国家，甚至试图管制臣民最日常的生活细节。在秦的征服屠戮浪潮中幸存下来的各国贵族被安置在了都城，受到严密的监控。征服六国之后不久，各种交易体制就得到了统一：度量衡、钱币和税收。秦始皇还特别关注读书人，他认为这些人会制造异见，危及帝国大业。这些人都被迫要么屈从于帝国的意识形态，要么被处死或流放。收藏古代文献的大型藏书机构都由帝国直接控制，只有获得许可的学者才可以进入。在帝国里得到升迁的人大多是因立下功勋——秦始皇非常不信任那些仅因为贵族出身就加官晋爵的人。最后的协同举措是，帝国还通过简化汉字、统一语法而规范了语言，从而创制了全帝国通用的书面语。这一举措的真实意味在于，秦朝的精英阶层都必须修习这种标准书面语（口语倒不一定），这种语言与帝国各地的方言体系大不相同。

　　秦朝疆域广大。虽然它的文化中心还是在黄河流域，超过四分之三的人口也生活在这里，但它向北、向西和向南都扩张到了更广大的地域。不过这些征服并没有立刻就创生出一个统一的国家，而是要到很久以后才实现。当时许多人还是把长江流域视为边远地区，更南和更西的地方则是军事占领下的未开化部族的聚落区。在北方，秦朝的大举征服让帝国直接接触到了亚洲中部的游牧族群。他们是秦及其后续政权想要归化和控制接触的对象，这既出于文化原因，也基于军事原因。但一个统一中国（拥有与现代接近的疆界）的概念，存留到了后世。

　　虽然秦帝国此后仅延续了 15 年，但这项成就依然伟大。也许从此时起，中国可看作具有自我意识的单一文明。此前也曾有过可能孕育出统一文明的征兆。因自身的新石器文化所具有的潜力、文化传播的刺激和从北往南的移民，远在公元前 500 年之前，最早的文明痕迹就在中国若干地区出现了。到战国末期，其中若干文明表现出突出的相似性，从而抵消了彼此之间的差异。秦国经过一个多世纪征服所实现的政治统一，从某种意义而言是合乎逻辑的必然；因为在此之前，文化趋同早已是大势所趋。有人声称，中华民族的概念早于公元前 221 年就已经出现；如果此言不虚，那必然更有利于秦国的征服。秦朝首创一套行政体制，其基本框架被后来取代秦朝的汉朝所沿用。汉朝统治了近 400 年（公元前 206—公元 220 年，其间在公元元年后不久有短暂的间断）。

　　汉朝由刘邦建立。他的崛起经历在那个时代很典型：身为农民领袖，趁着秦始皇死后的乱世揭竿而起，首先攻占了秦朝的都城，之后就着手牢牢掌控整个帝国。虽然汉代的皇帝们延续了前朝创立的中央集权体制，但他们努力对先前的精英阶层更加温和，至少在最初是如此（这可能也正是汉代最终延续下去的原因）。但是，王朝统治的本质还是毋庸置疑的。汉代统治四百年，只有一个主要目标：统一中国，实现中央集权，而王朝与汉代诸帝则位居整个体制的核心位置。皇帝是政府体制的人格化身：所有的荒地都属于他，所有的官职由他任命。他的谕旨就是整个帝国及生活在这里的所有人的金科玉律。

刘邦被称为汉高祖。他想要延续秦朝的功业，但他没有丧失节制——他和时人认为秦朝皇帝的过失就是毫无节制。于是汉高祖想要真正治理天下，他精力旺盛，威仪天下，但又没有疏远自己的盟友及其亲族。他很清楚自己的短处：没受过什么教育，脾气也不好。但正如一位备受高祖信赖的幕僚在解释他为何能击败其主要对手楚霸王时所说："陛下慢而侮人，项羽仁而爱人。然陛下使人攻城略地，所降下者因以予之，与天下同利也。"高祖及其后几位皇帝，直至公元前2世纪中期都一直试图把周朝体制中的一些元素融入帝国治理当中：将东方的一些旧诸侯国仍然保留下来作为封国，但刘姓皇室会将皇族派到那里为王。包括西部的其他地区则由皇帝直接统治。

公元前154年，东部发生了一场反对中央的大叛乱，史称"七国之乱"。汉高祖的孙子汉景帝一度退让，试图与叛军言和。但之后他的将军们进行了有力的反击，几场大战之后，汉景帝击溃了七国联军。这场叛乱仅仅持续了三个月，却将对中国历史产生持久的影响。汉景帝和他儿子汉武帝开始着手创建一个中央集权的帝国，皇帝的个人权力将不受限制。汉武帝统治了53年（前140—前87年），他推行了一项制度，强调中央直接任命的官员拥有高于地方贵族或皇族成员的影响力。在中华帝国的稳定时期，这项制度将持续将近2 000年，成为中国历史不可或缺的一部分。

汉武帝是前汉时期（又称西汉，延续到公元9年）的关键角色。早在他年仅15岁登上帝位时，他就清晰地意识到，中国需要中央集权的政府和集中化的意识形态，否则帝国就将四分五裂。他的领土扩张计划是随着时间的推移而不断演变的——新的帝国将是什么样子，并没有经典成例可循，但他对行政管理和核心理念的想法在其漫长的统治期当中相当一致。汉武帝想要创立一个这样的帝国：它的核心就基于皇帝个人作为军事和民政主宰的地位。正如帝国在理论上是广阔无垠的——普天之下莫非王土——皇帝的权力也不受限制。他高于所有宗教、所有信条和所有贵族宗派。只要他治理有方，遵循儒家教诲，就没有人或神可以挑战他的权威。当然，正如罗马帝国的例子所展示的，要把如此巨大的权力集中在一个人身上，结果是好是坏，完全取决于这个人是什么样的。而且这种体制还使得只要有可能，在位的权臣就会提倡让孩童继位，这样他们就能长期保证自身的特权了。

在汉代，中国首次出现了统一的文化精英阶层。汉朝的创立者高祖对学者的影响力是存有疑心的。据一位史学家所言，这位狂妄的造反夺权者有一次曾抢下一位文士的高冠，往里面撒尿。但其后的帝王都能与文士们和谐共处，还在两者间创造了紧密的纽带。文士们忠实于汉代帝王们想要推行的儒家核心教义，为王朝担任教师和幕僚。这在至少一个时期内意味着学术传统变得狭隘，但它也使得一个独特的知识体系得以日益累积起来，并在汉代后半期日益兴盛。它还意味着一种由这个知识体系浸润的体制发展起来：训练文士通过考试入朝做官，并为发布各种通告与命令提供规章。

汉武帝的改革让汉朝达到鼎盛。这个帝国由帝国官僚，而不是由地方贵族管理运作。正如皇帝直接接受了天命，为了依循正道治理国家，帝国官员们也是基于自身的能力和训练，直接（而非通过不可信的、为天命代言的魂灵）由皇帝任命。大量学院建立起来，按照儒家治理之道为帝国训练未来的官员。军事训练也得到加强，从公元前1世纪开始，帝国军队不再由临时征召的农民，而是由职业军人组成，这一举措毫无疑问更加巩固了帝国的根本。汉朝精于收税之道，在很长一段时间里，其国库收益都远远高于世界上其他地方。此外，汉代的税收主要是现金征收，这就让国家对如何规划开支（以及总体财政）有了前所未有的控制力。

汉武帝和他的曾孙汉宣帝（前 74—前 48 年在位）注入教育体系和国家礼仪体系中去的意识形态，是一种经过改良、革新从而能够适应汉室需要的儒学。它强调对皇帝个人，对国家及其阶序，以及对长者和祖先的尊崇。它确立了一系列强调天、地、人相关联的仪式。而最为重要的是，国家确定了教育正典（不都是完全源于儒家），这将为中国的精英阶层确立行为规范，并间接为国家确立应推崇的原则，直至 20 世纪中国的最后一个朝代。这"五经"是《诗经》《尚书》和《周易》，再加上旨在训练官员们的操行和治国能力的《礼记》和《春秋》。据说"五经"是由孔子本人修订，而孔子自己的言论结集《论语》要到很久之后才会被官方列为正典。

随着官方对儒学的推崇，宗教陷入衰退（但迷信活动并不总是这样——汉武帝就很惧怕巫术，还以巫蛊之罪致使长子自杀）。汉代没有推动宗教的发展，而是推动了对历史的系统研究，其根基是对典籍及相关评注的"正确"理解。知识的积累成为国家的事业，并被视作国家巩固和法律法规创制的一个重要因素。汉代伟大的历史学家司马迁撰写的《史记》记录了下迄汉代的整个历史；而在公元 1 世纪的有利时机探索汉代自身成就的班固，则创立了一种深度探索历史之道，居于其核心的，是作为一个统一国家的中国。

西汉还创立了规范帝国民众行为的新律法。其律法中的关键因素，一如此后大多数中国律法一样，是国家要奖罚分明，负起规范臣民道德的责任。关于罪行的等级分类体系很严格：宗族内部的罪行，被认为比针对宗族外人员的更加严重；针对较自己年长者的，比针对更幼者的更加严重。国家依赖众多探子和告密者，以维护正义为己任。各种惩罚手段不一而足，从较轻的罚款开始，到流放、苦役、死刑，直至最厉害的灭族，即处死族内所有男性亲属。一般的死刑是斩首，但叛徒、间谍和弑父者则要被腰斩。帝国对平民的最大奖赏就是赐姓，因为在汉初普通农民是没有姓氏的。今天中国姓王、李和张的人一共占到了总人口的 22％，就说明了这个过程是怎样一步步扩展的。

农业产出是汉帝国的核心事业。如同罗马人（至少是早期的罗马人），汉朝开创了农业仪式，提倡令土地更肥沃、更丰产是让家族和国家兴旺的最大礼物。汉代的儒生们声称，真正的"完人"要事耕作，而皇帝就是最高等的农夫。汉代启动了大型的土地改良和灌溉工程，并开发了新的农业工具，比如大的铁犁。对提高农业产出而言最为重要的，可能是肥料的改进。汉代中国比世界上其他地方都更多地使用了人畜粪和其他形式的有机肥料。结果就是人口的大幅增长，尤其是处于公元后的头两个世纪的后汉或东汉时期。

村庄生活的组织化也有利于农业产出的提高。地方上的领头人要负责向国家官员上交产出，尽管当时常见的农地都很小，即使较大的农庄平均来说也仅有罗马农庄的十分之一左右。但是，虽然均分继承制让每个儿子都有权获得一份地，令大部分农田必然很小，但这也迫使宗族要合作耕种，使得对较大的农田进行分时段耕作更为普遍，还有些人会把自己的小田地卖给别人。有些历史学家认为，中国人倾向于在家庭和个人之间建立广泛、牢固的联系，这始于汉代。虽然后来的时代或许也对这些行为模式做出了同样大贡献，但毫无疑问，与其他家庭联系、沟通的需要，在人际网络中产生的礼物、宴请和地位等要求，都与 2 000 年前如此大规模的人口增长大有关联。

人口的增长以及由此导致的小耕地面积削减，可能是地主庄园经济（以及随之而来的地方势力抬头）在公元前 1 世纪末再次盛行的原因之一。另一个原因可能是，商人和其他富有家庭，包括领受朝廷俸禄而变得富有的人，开始为了规避西汉实施的税收体系而把钱用于投资买地。到汉元帝（公元前33年去世）时期，这些离心力已经大为加强，对汉朝社会体制的批评在朝野上下不断加剧。公元9年，西汉大臣王莽篡权，建立了一个新的朝代，就叫"新朝"。但王莽的改革，包括限制土地规模和对重要商品进行官营，都很快破产。公元23年，在西汉末代皇帝的一位远亲手中，汉朝重建。

重建的汉朝，即东汉（因迁都到东边的洛阳而得名）的主要人物，是光武帝，他的统治时间是公元25年到57年。在领兵击败了王莽和其他一些觊觎帝位者后，光武帝建立了一个革新的汉朝，赋予了各州更大的权力，但也创立了新的机制，如官员轮换，来避免各州挑战中央。他还废除了西汉一些较严苛的律法，并采用刚柔并济的政策来处理与边境的非华夏族群的关系。意识到必须首先恢复帝国内的安定和均势，光武帝允许一些非华夏族群进入帝国边界定居，从而弥补因北方蛮族入侵导致人口自北向南迁徙产生的人口缺失，同时也是为了利用他们来守卫帝国的北部边境。在很长一段时期里，这些内迁的蛮族都很好地履行了捍卫汉朝的使命，但到2世纪末期，他们的实力壮大并日益自立，其首领开始对汉朝的政治产生巨大的影响。

到东汉末期，我们看到王莽和光武帝曾试图处理的问题再次重现，最关键的是，如何让实力迅速壮大的地方领袖忠于帝国。在这一点上，带来麻烦的不仅是内迁的蛮族。汉人当中同样出现了割据的豪强，这些军阀为争夺领土控制权而互相攻伐。此时孱弱的东汉皇帝似乎已无力控制崩坏的局势以及遭遇不公待遇的平民的怒火，平民因为生存环境的恶化，而以新的方式揭竿而起。黄巾军信仰太平道，这个道教的教派提出了"致太平"的理想，承诺要重新分配土地，处死军阀豪强，抗击入侵的蛮族。公元184年，他们差点就推翻了东汉政权，但最终被忠于汉室的官员和地方豪强联手镇压——这两股势力都因为该教派实施的各种巫术和集体迷狂行为而惊惧不已。但东汉王朝也苟延残喘不了多久了。公元 3 世纪初，东汉已经因内战四分五裂，年幼的皇帝在一个个军阀豪强手中流转。公元 220 年，倒霉的汉献帝终于退位，把皇位让给了他的丞相曹操的儿子曹丕。曹魏建立，成为取代东汉的三个独立国家之一。

虽然帝业并非一帆风顺，但汉朝皇帝所展现出的实力可谓前所未有。他们的统治权几乎扩张到现代中国全境，包括东北地区的南部和东南的吴越省份。后汉帝国之庞大堪与同时代的罗马人相比。他们要面对早已有之的来自蒙古地区的威胁，同时也握有向南推进的大好良机。他们以高明的手法处理两者，而且新型弩给他们的军队带来战术上的优势，如虎添翼。该武器的发明时间可能在公元前 200 年后不久，力度和精度都优于蛮族用的弓；后者长期以来都欠缺铸造青铜锁止机件的能力。火药出现以前，这是中国在军事科技领域取得的最后一项重大成就。

汉朝之初，匈奴族生活在蒙古地区；我们已经提过，他们就是欧洲人所称"匈人"（Huns）的先辈。秦朝试图御敌于国境之外，将一些现成的土筑工事连接成一条新的长城，并被后来的朝代进一步修缮扩大。汉朝皇帝采取攻势，将匈奴驱赶到戈壁以北，夺取中亚商道的控制权，还在公元前 1 世纪向西一路打到喀什噶里亚（Kashgaria）地区。他们甚至让称霸帕米尔高原的贵霜人称臣纳贡。在南方，他们占据远及北部湾的沿海地区，安南认可了汉朝的宗主权；自那以后，印度支那（Indo-China）就被中国政治家视为本国的势力范围。东北方向，他们的势力一直深入朝鲜。这一切都是后汉或东汉王朝所取得的成就，其都城位于洛阳。他们在此基础上继续向突厥斯坦汗国推进，并向中亚的绿洲国家征收贡金。公元 97 年，有一位汉朝将领可能抵达里海一带。不过，这些军事成就之后没有伴随殖民。

汉朝与罗马试探性的外交接触表明，扩张使中国大大增加了与外部世界的往来。15世纪以前，这类往来主要依靠陆路进行，除了丝绸贸易让中国和中东保持定期联络之外（从公元前100年左右开始，就有载着丝绸的篷车队从中国前往西方），中国还与毗邻的游牧民族发展出一类更为复杂的交换方式。有时，这种交换在其创设的朝贡框架下实现，即一方收取贡金后回赠礼品；有时则通过官方垄断的买卖实现，一些商族豪门凭此发家。但随穿越荒漠的伟大商路流动的不仅是贸易，还有观念、信仰和艺术灵感，它们也让东汉同伊朗和印度世界有了经常接触。其中介，主要是讲波斯语的粟特人在撒马尔罕和布哈拉一带建立起的各个国家，尤其是贵霜帝国。这个帝国在公元1至2世纪时，从今天的新疆一带一直扩展到印度的中部。中国的主要宗教之一佛教，就是沿着贵霜人打通的道路传入的。

与中亚的接触也许是武威市（位于今日甘肃省，在汉朝首都以西750英里）古墓中发现的青铜马组器①诞生的原因，这件传世珍宝是中国最惊世骇俗的艺术品之一。而汉代青铜工匠所创造的艺术精品远不止这一份，他们显然比汉代陶艺工更敢于打破传统；后者更显出古物爱好者的矜持，对过去的风格也更为尊重。不过，在另一层面上，汉代陶艺对一类艺术进行了最早的探索，即大部分中国人的日常生活这一主题；其表现形态是农户和牲畜的成套微雕。

这一辉煌灿烂的文化是以宫廷为中心，拥有气势恢宏、富丽堂皇的宫阁楼宇，但不幸的是以木质为主，因此就像大多数汉代丝绸画那样都已泯然无踪。不过，汉代的文学作品可以带我们很好地感受这些城市的风貌：东汉的都城洛阳，占地约4平方英里，沿着一条南北向

---

①　指武威雷台出土的东汉青铜器"马超龙雀"。——译者注

中轴线规划，其中心点是两座巨大的宫殿群，由一条宽阔的廊道相连。整个汉代，城市化一直在推进，随之而来的是艺术和精湛工艺的发展。中国精美的丝绸刺绣在穿越沙漠的商队所到之处赢得一片赞叹，尽管那些木制建筑和丝绸今天都已经消失，我们仍能看到他们留下的令人惊叹的青铜雕塑和巧夺天工的玉器随葬品，这些都在证明着他们的工艺成就。

4和5世纪期间，当蛮族再次大军压境，有很多文化遗产失佚或被毁。汉朝皇帝的后继者最终无法凭借自身的人力资源支撑防御，只能退而求其次，尝试另一种策略——将若干对防线造成压力的外来部落吸引到长城以内，并利用他们巩固防线。这又引发了新的问题：新来者与已自视为华夏族群的大多数人之间的关系。在汉朝崩溃之后的内乱时期，中亚诸族群与华夏民族间的权力关系发生了改变，在随后的几个世纪里，在欧洲和东亚之间崛起了一些新的政治中心。对于许多曾经生活在汉朝统治下的人们来说，这是一个充满悲伤和绝望的时代。诗人曹植曾这样描述遭到洗劫的东汉都城：

> 步登北邙阪，遥望洛阳山。
> 洛阳何寂寞，宫室尽烧焚。
> 垣墙皆顿擗，荆棘上参天。①

但从这场危机中，可以第一次看到中国吸收外来文化的惊人力量。蛮夷逐渐被中国社会吞噬，失去自我认同，成为中国的又一个群体。中华文明的威望在中亚各民族间已是如日中天。未开化民族倾向于将中国视为世界的中心、文化的巅峰，有些类似于西方日耳曼人对

---

① 《送应氏二首》其一。——译者注

罗马的看法。在东南亚、朝鲜和日本，汉朝的文字、文学、习俗和国家组织结构都产生了深远的影响，直到公元第 1 千纪的中期。甚至在中亚腹地，到了公元 500 年前后，还有从未来过汉帝国的统治者要求臣民习汉风，着汉服。中国文化已经成为这个地区的焦点，在最后一位东汉皇帝退位后的整个内乱时期仍旧如此。

　　在公元元年前后，有一半的人类处在两个大国——罗马和中国汉帝国的统治之下，我们很难不想把两者加以比较。毫无疑问，考虑到两国之间几乎没有直接接触，因此两个帝国之间表现出的相似之处实在令人惊讶。它们都由近乎神灵的皇帝统治，他们率领文武百官，控制着几乎大小近似的疆域。两个政权都宣称自己统治了整个已知的世界（而两国的精英或许都清楚这种宣称有多虚妄）。它们都继承了伟大的传统，并加以改革纳为己用。它们实施中央集权、货币体制、行政原则的进程，以及它们处理与外部蛮族关系的方式，都有极大的相似之处。延续了相当长的时间之后，两国都因权力开始分散而衰落。当然，两者也有显著的不同：在中国，中央官僚体系的扩张程度远远超过罗马。民法和地方管理原则上也有重要的差别。但最为重要的是，汉帝国的腹心在整个帝国的文化渗透和语言渗透程度，远高于罗马。尽管如此，值得深思的一个事实是，早在 2 000 年前，欧亚大陆的最东端和最西端就已经见证了如此相似的人类世界。

The Penguin History of the WORLD

企鹅全球史

Ⅱ 文明的分化

［英］

J.M. 罗伯茨

O.A. 维斯塔德
———— 著

陈恒　黄公夏等
———— 译

中国出版集团　东方出版中心

目　录

卷四

传统分化的时代

导　　论

　　查士丁尼时代的"罗马人"知道，他们和其他人截然不同，并以此为傲。他们属于一种特别的文明；而且觉得，人类再也设计不出更好的文明了——至少有一部分人这么想。有如此想法的并不只有罗马人。世界别处亦不例外——例如中国。远在基督降生之前，文明之花就开遍除澳大利亚以外的每一片大陆，加深并加快了史前时代人类行为模式的分化进程。人类文化的多样性，在历史最早期就已经十分明显，哪怕最不经意的一瞥也不难发现。当堪称一代经典文明的地中海世界最终走向无法修复的崩坏时——公元 500 年可以作为粗略的界标——世界上已满是彼此间形成鲜明对立的文明。

　　彼时，世界的大部分地表依旧是文明的荒野，只有相对稀少的区域实现高度文明。在每一块文明区域中，都有一些与众不同的强大传统，往往充满自我意识，在很大程度上独立于外界。此后的一千多年，文明之间的差异继续加深。到公元 1500 年左右，人类的多样性和分化可能达到了空前绝后的程度。占统治地位的单一文明依然没有出现。

　　作为结果之一，中国、印度、西欧和伊斯兰文明都独立存续了相当长的时间，足以在我们的世界布局中留下不可磨灭的痕迹。说来矛盾，这些文明能够共存的原因之一，是所有文明在某方面都非常类似。大体而言，都以自给自足型农业为基础，都以风力、水力、畜力或人力为主要的能量来源。没有任何一方能获得压倒性的实力来改变其他文明。在任何地方，传统的力量都十分惊人。当时所有人都要遵守的习规尽管各有不同，但全都不容置疑。在今天看来，那样的生活简直无法忍受。

当然，文化发展的多样性也创造出了不同的技术。千百年之后，欧洲人才像罗马人那样再次大规模地开展工程建设；而中国人早就发明了活字印刷，也知道火药的奥秘。然而，此类技术优势或劣势尚不足以造成重大影响。很大程度上是因为，各传统文明之间的往来殊为不易，只有少数得天独厚的地区除外。但文明之间的绝缘始终不是绝对和彻底的，总有一些身体和精神上的碰撞。虽然那时代的人大多在传统生活模式下怡然自得，无视百里——甚至几十里——之外人的别样的生活方式，但文明之间的障碍更似可以渗透的膜层，而非不可跨越的高墙。

属于文化多样性的伟大时代有极为漫长的时间跨度。有些文明传统必须追溯到公元前3世纪才能讲述。而使它们彼此隔离的壁垒，要到公元1500年以后很久才出现不可修复的裂痕。在那之前，大多数文明都按自己的步调前进，只是偶尔才明显表现出受外界干涉的影响。唯一的例外是，欧亚大陆中部腹地那些伟大的游牧帝国对世界其他地方的影响。尽管为时短暂，但它们是公元1千纪主要的变化预示者。在它们之后，另一股搅动世界的力量出现，逐步影响了从西班牙到印度尼西亚，从尼罗河到中国的人们。伊斯兰教，最后一个诞生的伟大宗教，发源于中东这片生发了最古老的文明传统的土地，而且也在很多方面成为这些传统的后继者。可是，它将以从很多角度来看都是全新的方式改变这个世界。

第 1 章　欧亚大陆中部的交汇地

在一千多年里，从公元前 2 世纪到公元 14 世纪，欧亚大陆中部的区域对人类历史至关重要。理解这种重要地位的最佳方式，就是把这片处于朝鲜边境和东欧平原之间的区域，看作是一条技术、观念以及人群的传送带，主要方式是大规模迁徙，以及时不时崛起但又很快消失的大帝国。从曾在汉代早期挑战汉朝人的匈奴，到在 13 世纪统治了大部分世界的蒙古人，欧亚中部的大草原就像一个巨大的十字路口，把中国、印度、中东和欧洲连接在了一起；有时候是通过战争和征服，但更经常地是通过贸易和宗教交流。对人类总体而言，这一时期是历史上定居民族最后一轮被游牧邻人大肆征服和统治，如果不能了解这产生的影响，就无法理解古典时代如何向近代世界转变了。

这一切发端的地域，我们由于缺乏更好的词，只能称之为欧亚大陆中部。这是一片相当广大的地域，它像一条巨大的走廊，从东向西绵延了 4 000 多英里。它的北面屏障是西伯利亚的大型林带，南面屏障是沙漠、崇山峻岭以及西藏高原和伊朗高原。这里大部分是草原地带，其与沙漠之间的界限一直在变动。而沙漠边缘也孕育了重要的绿洲，它们也是这里经济中独特的组成部分。绿洲中的定居人口过着让游牧民族又妒又恨的生活方式。在希腊人所称的乌浒水（Oxus）和药杀水（Jaxartes）① 这两条大河之间，绿洲区域最常见，也最富庶。那里出现了许多以富庶和精湛工艺而著称的城市——布哈拉、撒马尔

---

① 前者即阿姆河，后者即锡尔河。——编辑注

罕、梅尔夫，以及连通相距遥远的中国和中东乃至欧洲的商路。

第一个影响到了更广大世界的历史的草原民族是匈奴，在公元元年前后的五个世纪里，这个游牧民族居住在今天的蒙古地区和新疆东部。匈奴是汉朝的心腹大患，曾几次侵入到这个新生帝国的腹心。此后由于他们发生内乱，实力削弱，南匈奴归附了汉朝。我们今天所知的关于匈奴的一切（包括他们的名字）都来源于汉语文献，所以很难清楚地知道他们国家的内部结构。可能像他们之后的众多欧亚大陆中部国家一样，他们是由不同族群组成的联盟，遵从在不断交战中产生的共同礼仪和信仰，接受一个精英家族的统治。这个家族靠誓言和血缘联系自视为一体。匈奴人是可怕的战争机器，核心是迅疾轻巧的骑兵，配备着从他们的汉朝对手那里得来的武器和技术，用来捍卫自己对东部草原的霸权。

大概就在最后一个匈奴国家在东方解体的时候，匈人来到了欧亚大陆中部的西部。有时人们会把匈奴与匈人视为同一群体。虽然两者之间或许有关联，但可以肯定的是，来到欧洲的匈人即使同匈奴帝国之间存在过任何关联，也必定早就经过了数次文化和政治上的变迁。但对匈人起源的思考，却能为我们指明时至今日欧亚大陆中部的人们生活的两个重要方面。这个地区并没有天然屏障可以阻挡连接东方和西方草原地带的主要通路。人群、宗教、语言、观念和技术能很轻易地从大草原的这一端到达那一端，除非突然发生的政权更迭或战争造成了阻断。这种连通性，为贸易以及社会变迁打开了巨大的可能性，一整个族群在穿越草原的进程中或许会改变身份认同、信仰，甚至名称。

不过，在这一整片广阔的地域内，人们的生活方式却变化不大。匈奴人和差不多同一时期主宰着西部草原的斯基泰人一样，都是游牧民族，放牧马群、牛群和羊群，在各个牧场之间流转。他们是高超的骑手，尤其善于使用复合弓。这是骑马箭手的利器，由多段木头和角拼合而成，比单纯木头制成的更具威力。他们也能制作出精美繁复的针织品、雕刻和装饰品，但一般很少会自己创建城镇。作为游牧民族，他们经常会参与贸易，甚至是远途贸易。往往是贸易，而不是征服，让这些游牧民族首次接触到了他们周围那些伟大的帝国——中国、波斯和东罗马帝国。可一旦见识过定居民族的富有之后，他们就渴望也能享受这一切，要不就用刀剑，要不就用银钱。

继匈奴之后成为东部草原主人的族群，是阿瓦尔人，对于他们我们知道得稍微多一些。与其所替代的前辈一样，他们是一个混血族群，兼有突厥、伊朗和蒙古的元素。他们由一位称为"可汗"的君王统治着，他想要控制整个欧亚大陆，5世纪时也差点做到了。阿瓦尔人的西侵，很可能就是这一时期各族群从欧亚大陆中部的西端大批涌出的原因之一。他们是被逐出来的，当然同时也是趁着西边的罗马帝国边境防线瓦解，前来寻找更好的牧场。匈人、哥特人和讲伊朗语的阿兰人就是那时从他们在草原上的故乡，迁到了欧洲中部甚至西部，建立起新的国家，在此过程中也同日耳曼部落与斯拉夫部落联结在了一起。

到6世纪晚期，阿瓦尔人已经征服了今天的匈牙利一带，并突进到亚得里亚海沿岸。他们取得军事胜利的一个主要原因就是熟练掌握了骑兵战术。他们最早开始使用马镫，这必定让他们比对手拥有了重要的优势。公元600年前后，阿瓦尔人似乎已经准备要成为欧洲以及亚洲局部的霸主了。626年，他们与波斯萨珊王朝联手围攻君士坦丁堡，但没能征服这座城市。东部的阿瓦尔人（中国文献称之为"柔然"）受到了隋朝的遏制，但始终没有完全臣服，直到7世纪都还在缓慢地进行东扩。①

---

① 原文如此。公元555年突厥击溃西部柔然后，柔然汗国余众就已散落，与隋朝几无交集。另，柔然与阿瓦尔人的关系尚无定论，柔然较早出现于中国史籍，不少学者认为阿瓦尔人是西迁的柔然部众的后裔。——编辑注

　　打破阿瓦尔人霸权的，是整个欧亚大陆上最为引人瞩目的变迁之一，突厥人崛起。突厥人最初臣服于阿瓦尔人，但从 5 世纪中期开始形成独立的部族。他们的神话传说以阿尔泰山为中心，尤其是一个他们称为"于都斤"（Ötükän Yish）山的地方，据信这正是他们的发源地。5 世纪后期，他们从蒙古中北部扩展到其他地方。他们的首领们可能从与匈人和阿瓦尔人结盟征战中学到了作战经验，所以 6 世纪当他们开始挑战阿瓦尔人的统治地位时，已经准备充分，训练有素了。到 7 世纪中期，他们已经主宰了整个欧亚大陆中部地带，从朝鲜直至黑海。

　　突厥人能获得成功，部分原因在于他们愿意接受所有可能的盟友，以及他们似乎具有一种独特的文化吸引力。突厥贵族起初崇拜天神腾格里。但在很早的时候就有些人转而皈依佛教，其他一些人则转信摩尼教或基督教。到突厥人征服咸海沿岸地区时，他们自身就已经是一个由多信仰的多族群组成的联盟了，其间的联系纽带是突厥语和突厥文化。突厥政权只持续了不到两代人的时间，但留下的遗产却堪比亚历山大大帝。他在将近一千年前通过远征，在一片广大的地域中触发了新的文化发展方向。

　　突厥人的影响并不全然来自他们的军事扩张。可能由于突厥人善于经商，而且总体来说文化相当包容，我们能看到整个族群并未被外族军事征服却接受了突厥身份认同的例子。这或许能够说明，为什么后来在亚洲和欧洲的历史上出现了如此多的突厥语族群：阿塞拜疆人、哈萨克人、土库曼人、吉尔吉斯人、回鹘人、巴什基尔人、哈扎尔人、保加尔人、马穆鲁克人、帖木儿人（Timurids）、奥斯曼人，当然，还有现代土耳其人。这只是其中的一部分而已。突厥文化在 7 至 8 世纪的传播表明，对从中国东北到安纳托利亚（今天的土耳其）这一广大地域里的其他群体而言，他们拥有相当大的吸引力。

　　西迁的突厥族群在东欧和中东历史上起了关键作用，牵制了北边波斯人的影响力。但最重要的是，他们与东罗马帝国的结盟，有助于后者延续下来完成向拜占庭帝国的转变，从而能够再延续将近千年。突厥人的诸多继承者中，哈扎尔汗国非常奇特。这个国家在 630 年前后统治着黑海和里海之间的黑海草原。740 年，在布兰可汗时期，哈扎尔王室皈依犹太教，既由于传教的成功，也因为他们需要确立一种既非基督教也非伊斯兰教的独立身份认同。哈扎尔人强盛了几个世纪，直到 10 世纪晚期被扩张的罗斯公国击溃。

　　再往西，另一个突厥族群保加尔人，迁到了黑海西北沿岸地区，与斯拉夫民族混居并逐渐接受了他们的语言。他们将对斯拉夫人的历史产生重大影响。另一个族群塞尔柱人迁至咸海沿岸地区。他们的第一位国王曾为哈扎尔人效力（这也是为什么他的儿子们会叫作穆萨、米凯尔和伊斯拉伊尔），并从那里学到了经商和作战要领。11 世纪，他的继承人马利克沙占领了安纳托利亚部分地区，将其并入逐步扩大的塞尔柱帝国。

　　突厥人遗留的影响力同样涉及亚洲东部。中国的唐朝有一部分突厥渊源，这可能解释了为什么它这么想要控制东部草原。可是虽然在 7 至 8 世纪初唐朝多次击败了东部的突厥族群，他们仍然继续作为独立的势力存活下来，直至 11 世纪蒙古人崛起。在中国的西北边境地带，另一个突厥族群回鹘人，在 8 世纪中期建立了自己的独立汗国。

　　回纥汗国由一个最初信仰摩尼教的王朝统治（直到 15 世纪，大多数回鹘人才皈依伊斯兰教），构成了中国与南亚之间一个重要的地理和历史桥梁。伟大的商业民族粟特人是他们的西邻，生活在撒马尔罕和布哈拉一带，不论欧亚大陆中部的帝国如何起落更迭，他们始终勤恳经商。粟特人教会了回鹘人在丝绸之路上的行事原则，回鹘人也很乐于延续这种传统。但回鹘人也受到一个大帝国（8 世纪时已经消失）的影响，这个帝国在第 1 千纪的前半叶统治着粟特以南的地域（从阿富汗直到印度北部）。它就是贵霜。印欧血统的贵霜统治精英正是起源于日后回鹘人所控制的那片区域。正是在他们的统治期内，佛教首次传到中亚，随后传到了中国。

因此，欧亚大陆中部并不只是一块蛮族自此威胁东方、南方和西方各大文明的边缘地带，而且是贸易和观念的巨大交流所，在很长一段时期内也是一个政治权力中心。到第 1 千纪结束之时，这个时代还没有结束：它最辉煌的阶段还没有到来——蒙古帝国。但到 8 世纪时，政治局势已经发生改变。拜占庭帝国不但活了下来还复兴了。在中国，唐朝恢复了中国在欧亚大陆中部腹地的势力。但最为重要的改变来自南边。多支阿拉伯军队从那里出发，在一种新信仰的鼓舞下开始了远征。751 年 7 月，在怛罗斯（今吉尔吉斯斯坦西北边境的塔拉兹）之役（Battle of Atlakh）中，其中几支阿拉伯军队与一支唐朝军队遭遇。阿拉伯人获胜。中亚的伊斯兰化于是真的开始了，从而开启了这片广大地域历史上的另一个阶段。

第 2 章　伊斯兰教与阿拉伯诸帝国

在公元 500 年以前，伊朗地区诞生了一个又一个伟大的帝国，接连不断地给西方施以重击，一直持续了上千年，其间只有相对短暂的停顿。有时，战争让文明靠得更近，有两个近东的文化传统就因而彼此影响；程度之深，令两者的历史虽犹独特，却已不可分割。阿契美尼德人（Achaemenids）的思想观念和神授王权的统治方式被亚历山大及其继任者传到了罗马；又从罗马传到与萨珊人交战的拜占庭基督帝国，并生根发芽。而究其根源，阿契美尼德人的传统来自古美索不达米亚。波斯和罗马一心想要毁灭对方，到头来也确实做到了这一点；这场毫不妥协的对抗对两者都是致命的，占用了别处急需的精力和资源。最后，双方都垮了。

萨珊帝国的开国者阿尔达希尔（即阿尔塔薛西斯）对于延续波斯传统有强烈的使命感。他着意唤醒人们对帕提亚时代和居鲁士大帝的回忆。继任者也效仿其法，用雕塑和镌文培养传统认知。阿尔达希尔宣称大流士统治过的所有土地都属于萨珊，并亲自征服梅尔夫（Merv）和希瓦（Khiva）的绿洲，入侵旁遮普；征服并彻底平定亚美尼亚又用了 150 年，不过大部分地区最终纳入了波斯支配的版图。公元 6 世纪，该帝国甚至向南扩张到也门一带，这是古伊朗帝国的最后一次版图重构。

由于地理和气候差异，这片巨大的疆土始终面临着解体的威胁，但很长一段时期内，萨珊王朝成功解决了统治的难题。行政方面，有可追溯至亚述时代的官僚传统作为基础；至于统治的正当性，则有王权神授的观念来维护。萨珊的政治史，就是由中央集权势力和大家族利益之间的紧张关系所写成的。这种关系下，国王不时受到掣肘，无力施行自己的主张。有两点可以作为国王权力的试金石。一为是否有能力任命自己的亲信担任要职，不让贵族染指；另一点是能否控制继位的人选。有些波斯国王被废黜；有时虽然已有统治者正式认可的继承人选，却还得由把持朝政的文武官员和教士组成的准选举体系发话，让他们从王室家族中选出一人推上王位。

与王室争权的权贵来自为数不多的大家族，经常是地方行省的统治者，号称自己是帕提亚王朝至高无上的统治家族阿萨息斯（Arsacids）的后裔，坐拥着大片用来维持开销的采邑。但还有两种力量制衡着这股危险的势力。一为雇佣军。大量低级贵族担任军官，从而有了对抗大贵族的一定资本。雇佣军中的精锐是直属于国王的禁卫重骑兵。另一派势力则为教会。

波斯萨珊王朝在宗教和政治两方面都实行大一统。阿尔达希尔将琐罗亚斯德教重新扶持为国教，给予该教祭司——称为贤者（magi）——以极大特权。这些祭司也逐步获得政治权力。他们肯定王权神授的性质，身负司法重责，还监督土地税的征收——这是波斯财政的根基所在。他们传授的教义似乎与琐罗亚斯德名下的严格一神论有不小的差异；他们以创世主阿胡拉·马兹达（Ahura Mazda）为中心，称国王是他在尘世的代理人。萨珊王朝对国教的推崇，与确立自身的统治权威有紧密的关联。

当罗马帝国成为基督教国家，波斯帝国的意识形态基础就显得更为重要了。宗教差异开始承载起更多的意义，宗教不满被视为政治叛离。因与罗马的战争，信基督成为叛国之罪。虽然波斯起初容忍基督徒的存在，但此后迫害行动就顺理成章地开始了，并一直持续到5世纪中后期。受折磨的也不只是基督徒。公元276年，波斯传教士摩尼

(Mani) 被处决，而且是用活剥这种痛苦至极的方式。后来，西方人知道了他的事迹，并以拉丁化的名字"Manichaeus"称之，归入他名下的教义也成了一种基督教的异端。

摩尼教将犹太—基督教信仰和波斯神秘主义相结合，把整个宇宙视为一场宏大的活剧，光与暗的力量在其中争夺主导权。领悟到此真谛的人希望以践行戒忍的方式参与这场对抗，这将为他们开启一条通往完美与和谐的道途，在宇宙中获得超度。摩尼教在善与恶、自然与神灵之间划出决然的界线；这种尖锐的二元论吸引了不少基督徒，他们从中找到了一种合乎保罗教诲的教义。圣奥古斯丁年轻时信奉摩尼教，多年后，中世纪欧洲的各种异端中也能找到摩尼教的痕迹。或

中亚

许，毫不妥协的二元论对秉持特定观念的人总有很强的吸引力。无论如何，称得上非同一般的是，在摩尼教思想广泛传播之前，琐罗亚斯德教君主和基督教国王都迫害过该教教徒。其信徒在中亚和中国找到栖身之所，摩尼教也一直在那里蓬勃发展至 13 世纪。

至于波斯的基督正教徒，虽然 5 世纪的一份文书规定对他们保持容忍，但在与罗马连绵不休的战火中，正教徒可能反戈的危险使文书成了一纸空文。直到该世纪末，一名波斯国王才颁发容忍敕令，而这也仅仅是为了安抚亚美尼亚人。但敕令未能解决问题；基督徒很快被索罗亚斯德狂热教徒咄咄逼人的传教行为所激怒。虽然不止一名波斯国王再度重申对基督教的容忍态度，但这不代表他们真正洞悉问题的本质，也不意味着他们确实为此投入了足够的精力。政治大背景也许无法违背。景教徒是唯一证明法规确实有效的例外，萨珊王朝确实容忍了他们的存在，不过究其原因，仅仅是因为他们受罗马人的迫害罢了，因此，统治者认为他们在政治上应属可靠。

6 世纪霍斯鲁一世（Chosroes Ⅰ）统治时期，萨珊帝国的实力和文明程度都达到了巅峰。这一事实，连同宗教问题一起，都对两大帝国的对抗起到推波助澜的作用，使其规模发展到类似文明竞争的程度。但该世纪重燃的战火却并无太多亮点。这些战争所呈现的，不外乎一段激烈但乏味的叙事史。东西方文明从希波战争开始相互角力，一直延续千年，虽然当时的战争是这场千年大战的最后一轮，但也仅仅是其中无甚特别的一轮而已。这场斗争的高潮出现在 7 世纪伊始，也是古代的最后一场世界大战。其破坏力很可能是摧毁近东地区希腊城邦文明的致命一击。

当时，波斯帝国的统治者是萨珊王朝末代国王霍斯鲁二世。拜占庭已大伤元气，丢了亚平宁，斯拉夫人和阿瓦尔人如潮水般涌入巴尔干，此时一代明君莫里斯（Maurice）又被叛乱者所杀，霍斯鲁的机会似乎来了。霍斯鲁能重登波斯王位，少不了死去的莫里斯的协助，他欠被处决的国王一份人情，这桩罪行成了出兵复仇的借口。其大军浩浩荡荡开入黎凡特，在叙利亚诸城肆虐。公元615年，大军攻陷耶路撒冷，夺走真十字架（True Cross）①的残片，这是该城最著名的珍宝。值得一提的是，犹太人往往欢迎波斯人的入侵，并借机大肆屠杀基督徒，尽管其规模相比较而言不值一提，因为基督徒才是长久以来施暴的一方。次年，波斯大军入侵埃及；又一年后，他们的先锋部队距君士坦丁堡仅有一英里之遥。他们甚至还冲向海洋，劫掠塞浦路斯，将罗德岛从拜占庭帝国手中夺走。此时此刻，大流士帝国的重生仿佛近在眼前，而在地中海的另一端，罗马帝国位于西班牙的最后一片领地正岌岌可危。

在与波斯漫长的斗争中，这是罗马最黑暗的时刻，不过救世主旋即降临。迦太基总督希拉克略（Heraclius）起兵反抗莫里斯的继位者，将这名暴君正法，终结了他的血腥统治。公元610年，他从牧首（Patriarch）手中接过了帝国皇冠。要马上遏制亚洲的灾乱是不可能的，不过希拉克略将以行动证明他是武功最卓越的皇帝之一。公元626年，若非尚有强大的海军，君士坦丁堡可能已经沦陷。波斯人无法输送军力支援正在攻打该城的阿瓦尔盟友。但是，希拉克略于次年攻入亚述和美索不达米亚，该地自古以来就存在争议，也是近东战略必争的心脏地带。波斯军队哗变，霍斯鲁被杀，继任者与罗马媾和。萨珊王朝的辉煌年代就此落幕。真十字架的残片（或人们认为的残片）被送还耶路撒冷。波斯和罗马千年不休的角斗终于有了结果，世界史的焦点也总算可以转向另一场冲突。

萨珊王朝最终落败，是因为他们树敌过多。公元610年，波斯军

① 传说是耶稣受难所用十字架的木块。——译者注

队首度败在阿拉伯人手中，预示了他们未来的厄运。但几个世纪以来，波斯列王对北部边境各路敌手的关注，远远超过南面。他们必须与中亚的游牧民族抗衡。关于这些游牧民族，本书已经做过叙述，但无论是整体还是细节，其历史都难以勾勒。尽管如此，有一桩事实还是历历分明：将近 1500 年来，中亚一直是推动世界史发展的源头之一，虽然其历史存在空白和混乱，但从日耳曼的西侵到中国政权在东亚的复兴，都与他们有因果关联。

其中第一个影响了中东和欧洲的族群是斯基泰人，不过要说清楚他们究竟是何方神圣并不容易。其实，还有人认为斯基泰只是泛称，涵盖了多个民族。在亚洲和俄罗斯的很多地区，以及远至匈牙利的欧洲，考古学家都发现过"斯基泰人"的遗迹。他们似乎曾长期参与近东历史的演进。据记载，其支系曾于公元前 8 世纪骚扰亚述的边境。后来，希罗多德被他们吸引，对这个令希腊人着迷的民族着墨颇多。也许他们从来就不是一个民族，而是相关部落组成的群体。有一部分长期定居俄罗斯南部，开始务农，与希腊人建立起定期往来，用谷物换取黑海沿岸希腊人制作的黄金物件。在斯基泰墓穴中就发现过这类美轮美奂的物品。但希腊人对斯基泰人作为战士的形象最耳熟能详。他们在马背上张弓搭箭，遇见实力占优的敌人就撤，这种作战风格后来成了亚洲游牧民族的典型特征。他们骚扰阿契美尼德王朝及后续朝代达数百年。公元前 100 年临近时，又在帕提亚兴风作浪。

斯基泰人还推进到了俄罗斯南部和印度，但这段故事我们现在可以暂且不提。大约在公元 350 年，匈人开始入侵萨珊帝国，在那里他们被称为匈尼特人（Chionites）。在北方，匈人已经自贝加尔湖西进有一段时日了，一路被更厉害的对手驱赶着，就像他们驱赶着不如自己的对手一样。他们中的一部分在下一个世纪时将出现在伏尔加河西岸，我们已经提到过他们——公元 451 年的特鲁瓦。转而南下的那部分匈人，则在波斯与罗马作战之时，对波斯构成了新麻烦。

620 年，萨珊帝国的疆域从昔兰尼加（利比亚东部）一直延伸到阿富汗，甚至更远。30 年后，这个帝国却不复存在。萨珊帝国消失了，它的末代国王在 651 年被自己的臣子谋杀。东罗马帝国的复兴对它形成了挑战，游牧民族的入侵侵蚀了它，但最终让它灭亡的，是另一场入侵。这场入侵灭亡的还不仅是一个王朝，这个信奉琐罗亚斯德教的帝国既是倒在了阿拉伯军队面前，也是倒在了一种正高歌猛进的新宗教面前。

伊斯兰教所表现出的扩张力和适应力强于基督教之外的任何其他宗教。从尼日利亚到印度尼西亚，这种宗教能感召相隔万里、截然不同的人群；就算是伊斯兰教的心脏地带，即尼罗河与印度之间的阿拉伯文明圈，也逾越了巨大的文化和气候差异。然而，伊斯兰教起步时的原始资源极少，比不上世界历史中任何其他重大构成元素，或许犹太教是例外。伊斯兰教的第一批军队来自野蛮、原始而落后的部落，也许犹太人自身的游牧起源也来自同样类型的部族社会，此中深意值得玩味。这一比较不可避免地导向另一种思考，因为犹太教、基督教和伊斯兰教都是重要的一神论宗教。在最初阶段，除了最痴迷和狂热的信徒外，无人能预料其中任何一种会成为世界历史的动因。

伊斯兰教的历史始于穆罕默德，但不是他的降生，因为他有许多信息不为人知，出生日期也属其一。直到他死后一个世纪或更久，才出现第一位为他立传的阿拉伯作家，可就连这位作家的记述也只在引文中间接保存下来。我们所知道的是，大约在公元 570 年，穆罕默德生于汗志（Hejaz）的一户贫苦人家，并很快失去双亲。他年轻时以向世人布道而得名。他宣称有正义的真主存在，将给所有人带来审判；只要世人奉行教规，匡正个人及社会行为，以此遵从真主的旨意，就能获得真主的拯救。此前的布道者也讲过这位神，因为他就是亚伯拉罕和犹太先知的神，拿撒勒的耶稣是这些先知中的最后一位。穆罕默德并没有自视为创造者，而自认是一种古老的一神教信仰的革新者：他传递的信息是，所有人——犹太人、基督徒和不信者——都应该皈依这种唯一的真理，这是神让他知晓的。

穆罕默德是小氏族出身，属于在贝都因（Bedouin）民族中具有重要地位的古来氏（Quraysh）部落。阿拉伯半岛有600英里宽、超过1000英里长，在这片广袤的地区，此类部落数不胜数。在那里生活的民族必须承受非常严酷的物质条件；大部分地区是沙漠或岩石裸露的山脉，夏季酷热如炙。在很多地方，就连生存都是一种成就。不过，半岛外围有一些小港，早在公元前2000年至前1000年间，很久以前的阿拉伯水手曾以此为家。他们的活动联结了印度河流域与美索不达米亚，取道红海将东非的香料和树胶一直送到埃及。这些海民及内陆人口的起源存在争议，但从可以追溯到《旧约》中的族长们所属时代的语言和传统宗谱分析，他们可能与其他早期的闪米特牧民有关。这些牧民也是犹太人的祖先，不管这一推论在今日的某些人看来有多么别扭。

阿拉伯地区的环境并非一直如此恶劣。公元1世纪及公元前的一小段时期，该地有不少繁荣的王国。这些国家可能直到5世纪才消亡；伊斯兰传统和现代学术研究都认为这与阿拉伯南部灌溉系统的崩溃有关。从南向北的移民潮就此形成，创造出穆罕默德时代的阿拉伯世界。任何大帝国都无法真正长期且深入地进入该半岛，阿拉伯也没能从更高等的文明中获得多少可以提升自我的养料，因而迅速衰落成以游牧生活为基础的部族社会。只要贝都因人不走出大漠，族长制和亲族关系就足以管治各项事务。

6世纪末期出现了一些可以察觉的新变化。有些绿洲的人口不断增长，多余的人口没有去处，对社会传统构成压力。穆罕默德年轻时

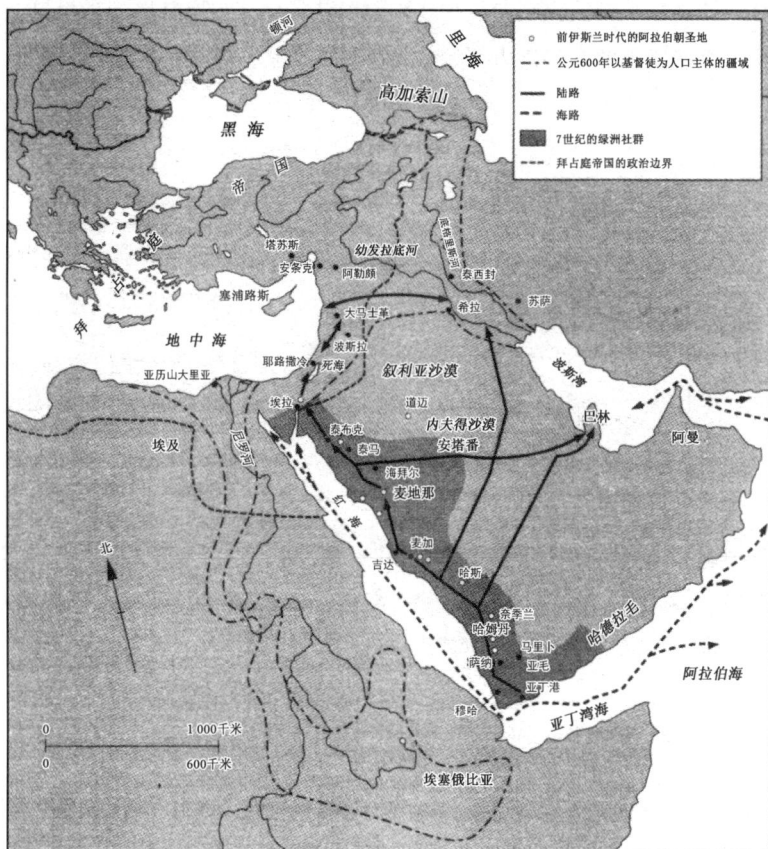

图例：
- ○　前伊斯兰时代的阿拉伯朝圣地
- ----　公元600年以基督徒为人口主体的疆域
- ——　陆路
- － －　海路
- ■　7世纪的绿洲社群
- -·-·-　拜占庭帝国的政治边界

棚河
黑海
无海
高加索山
拜占庭帝国
地中海
塔苏斯
安条克
塞浦路斯
幼发拉底河
阿勒颇
阿港阿里
泰西封
大马士革
希拉
苏萨
波斯拉
死海
耶路撒冷
叙利亚沙漠
道迈
波斯湾
亚历山大里亚
埃及
红海
埃拉
泰布克
泰马
内夫得沙漠
安扎番
巴林
阿曼
海拜尔
麦地那
北
吉达
麦加
哈斯
哈德拉毛
奈季兰
哈姆丹
马里卜
亚丁港
穆哈
亚丁湾海
阿拉伯海
埃塞俄比亚

0　1 000千米
0　600千米

7世纪的阿拉伯半岛

居住过的麦加就是其中之一。作为绿洲和朝圣中心，麦加的地位很重
要，四面八方的阿拉伯人都涌来瞻仰一块名叫克尔白（Kaaba）的黑
色陨石；数百年来，这块石头一直是阿拉伯宗教重要的圣物。但麦加
也是重要的交通枢纽，往返于也门和地中海港口之间的篷车队每每途
经此地。随车队一同前来的还有异国人和异族人。阿拉伯人信奉多神
教，相信自然界的神祇、魔鬼和精灵，但在与外部世界沟通增多后，

犹太和基督教群体也现身该地；阿拉伯基督徒比穆斯林出现得更早。

有些麦加的古来氏人开始从事贸易（在我们所知的寥寥无几的穆罕默德早期生平中，有一条就是他在 20 多岁时娶了一名富有的寡妇，其财富来自商队贸易）。但这种发展造成了进一步的社会紧张，因为过去对部落体制无条件的忠诚，现在被商业价值观所侵蚀。牧民社会的社会关系下，财富过去一直被视为血统高贵者和长者的附属品，现在这种观念已不再完全适用。某些精神上的压力折磨着年轻的穆罕默德，也影响了他人格的成型。他开始沉思真主对待凡人的方式。最后，他构想出一套体系，有助于解决他身处的失衡社会中出现的大量冲突。

他的成就根源于发现犹太人、基督徒（他们所崇拜的神与他的人民所崇拜的安拉颇为类似）和阿拉伯人之间的差别：基督徒和犹太人都有一份汲取慰藉和指引的圣典，而穆罕默德的人民却没有。一天，他在麦加城外的一处洞窟中冥想，一个声音突然传来，让他看清了自己的使命：

> 你奉造化主的尊名念（宣读），他由（一团凝结的）血块造化人。①

22 年间，穆罕默德不断宣讲，造就了人类最伟大的正典之一《古兰经》。哪怕以最狭义的范畴来说，其意义也不可估量。而且就如路德版或钦定版《圣经》一样，《古兰经》是语言的隽永结晶。它是阿拉伯文化至关重要的文献，不仅因内容，也因其以书面形式传播了阿拉伯的语言和思想。但意义还远不止如此：它是一本智慧之书，充满对神

---

① 《古兰经》第 96 章：血块。此处引用仝道章译本。——译者注

的启示坚定不移的激情；生动展现了穆罕默德非凡而活跃的精神世界。虽然在他的有生之年，这些宣读内容并没有结集成册，但被听取宣讲的追随者记录了下来；穆罕默德把自己视为被动的工具、真主的喉舌。"伊斯兰"一词意指服从或归顺。穆罕默德相信，他的使命是向阿拉伯人广传真主的旨意，就如过去的传道者向其他民族传播神谕一样。虽然也有比他更早的先知，犹太人和基督徒都听取了他们的布道（但不无歪曲），但他坚信自己拥有特殊的地位，他才是最后的先知。通过他的宣讲，穆斯林将会相信，这是神最后一次向世人开口。

经文要求全心全意侍奉真主安拉。在传统记载中，穆罕默德曾走进克尔白的圣殿，用手杖敲打所有其他神祇的画像，让信众尽数抹去，只留下圣母和圣婴（他保留了黑石本身）。布道伊始，他就在那个多神论宗教中心毫不妥协地宣讲一神论。随后，他定义了获得拯救和确立社会及个人守则所需的各种教规。这些教规经常与当时的观念相左，例如对信徒个人状况的关注无论男女老幼。不难想见，这种传道不可能一直受人待见。于是该宗教体现出又一种颠覆性和革命性的影响，让皈依者对抗其部落中信仰旧神、必定为此堕入地狱的信徒。这也许不利于朝圣的香火，但最后反倒使香火更旺。因为穆罕默德言之凿凿地强调，到如此神圣的地方来朝圣具有极大的价值。最后，作为一种社会纽带，它让血缘关系让位于信仰，退居第二；信徒之间的手足情谊而非亲族血缘，成为社群团结的源头。

本部落的首领们开始抵制穆罕默德，这也算是意料之内的反应。他的一些追随者迁至埃塞俄比亚这个已经被基督教渗透的一神论国度。留下的反抗者遭到了经济制裁。穆罕默德听闻，在北方大约 250 英里处，有一片名叫耶斯里卜（Yathrib）的绿洲，那里的氛围更加开明，能接受不同思想。以大约 200 名信众为前导，他于公元 622 年离开麦加前往新绿洲，这次逃亡（Hegira，希吉拉）或迁移后来成为穆斯林历法的起点。耶斯里卜也改名为麦地那（Medina），成了"先知之城"。

　　那里同样因经济和社会变迁而动荡不安。不过，与麦加不同，麦地那没有占统治地位的单一部落，而是两个部落争夺的焦点；此外，那里还有信奉犹太教的阿拉伯人。这类派系对立有利于穆罕默德确立领导权。皈依的家庭为这批移民提供了食宿。而这两个团体将成为伊斯兰教的精英，即"先知的首传弟子"。从穆罕默德向他们宣讲的话语中，可以看出他有了新的想法，即组织一个社群。他在麦加的布道强调精神层面，而现在转向实用，详细阐述饮食、婚嫁和战争。于是，伊斯兰教的特征开始成型——一种同时作为文明形态和社群存在的宗教。

　　以麦地那为根据地，他们先后收服了麦加和其他阿拉伯部落。穆罕默德的思想中有一条大一统的原则，即乌玛（umma）——让信徒成为情同手足的社群。这一原则将阿拉伯人（首先还包括犹太人）聚拢为一个社会，大体上保持了传统的部落框架，强调族长式体制——只要不与新的伊斯兰社群理念冲突，甚至保留了麦加作为朝圣地的至高无上的传统地位。除此以外，我们不清楚穆罕默德究竟希望走多远。他试图争取麦地那部落中的犹太人，但他们拒绝接受其主张，从而被逐出该地，只留下一个穆斯林群体。不过这并不意味着穆斯林与犹太教或后续的基督教存在任何长期冲突。虽然穆斯林认为基督徒因三位一体论而陷入多神崇拜的误区，但两者都是一神论，《圣经》和《古兰经》也有很多教义上的关联。穆罕默德和《古兰经》都认为，基督徒和犹太教徒并非不信者——他们也是有信仰的兄弟，但还没有认识到由穆罕默德所传递的神的新信息。

　　穆罕默德死于632年。当时，他所创建的伊斯兰社群正面临分崩离析的严重局面。但还是有两个阿拉伯帝国在此基础上相继建立，以两个不同的中心地区为据点，接连称雄一时。两个帝国中，哈里发一

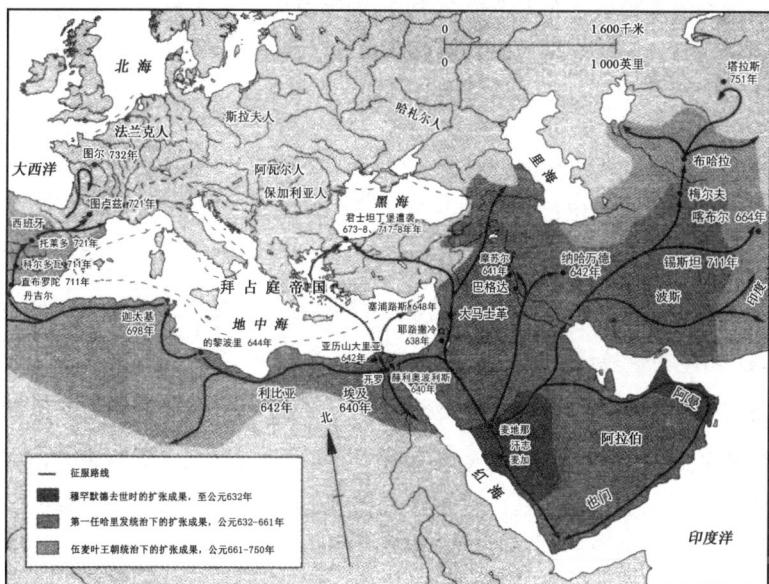

伊斯兰教的早期扩张

职都殊为关键，他们是继承穆罕默德权柄、兼任民众导师和统治者的
领袖人物。从一开始，伊斯兰就没有宗教和世俗权威的对立，没有后
来一千多年中决定基督教政略的"教会和国家"双头体制。穆罕默德
的君士坦丁就是他本人——先知与君主一体，确实如此。继任者们不
会像他那样预言，但长久以来一直受用着他的遗产——政教合一。

　　首批"牧首"哈里发都是古来氏，大多与先知有血缘或姻亲关
系。很快，他们因敛财无度和高高在上的地位遭受指责，被斥为暴君
和剥削者。保守派认为哈里发已从宗教领袖堕落为世俗官僚，发动了
一系列战争进行对抗。公元 661 年，这批哈里发中的最后一人被废黜
并处死。同年，伍麦叶（Umayyad）哈里发王朝统治的时代开始，这
是阿拉伯帝国编年史中的两大主要篇章之一——以叙利亚为中枢，定
都大马士革。但阿拉伯世界的内部纷争没有因此终结。公元 750 年，

该王朝被阿拔斯（Abbasid）哈里发王朝取代。新的哈里发王朝持续得更久。迁往新址巴格达之后，该王朝作为名副其实的强国延续了将近两个世纪（至946年）；而作为傀儡政权则苟活得更久。这两个王朝延续的300年中，阿拉伯民族逐渐崛起为近东的统治者。

这一统治地位最初也最明显的表现是一系列令人瞠目的征服行动，发生在伊斯兰历法的第一个世纪，重构了从直布罗陀到印度河流域的世界版图。事实上，当先知死后，阿拉伯人就立即在第一任哈里发的率领下开始征服。阿布-巴克尔（Abu-Bakr）[1] 着手为伊斯兰教征服南部和东部阿拉伯的未归顺部落，但由此引发的战火一直蔓延到叙利亚和伊朗。于是，在人口过剩的阿拉伯半岛，某种和野蛮人由内而外席卷中亚骚动相类似的进程发生了；而这一次，除了对劫掠的单纯喜好，他们还有一种信仰指引。

伊斯兰教冲出半岛后，第一个受害者是波斯的萨珊王朝。当时，萨珊正受希拉克略王朝的压制。而后，罗马人同样在阿拉伯之鞭的抽打下遭殃。公元633年，阿拉伯军队入侵叙利亚和伊拉克。3年后，拜占庭的势力被逐出叙利亚；公元638年，耶路撒冷落入伊斯兰势力手中。此后数年间，萨珊的美索不达米亚被夺走；大约同一时期，该帝国又失去埃及。此时，阿拉伯人建成一支舰队，开始对北非的吞并。塞浦路斯在7世纪三四十年代屡屡遭袭；该世纪后期，阿拉伯和萨珊将该地分而治之。到世纪末，阿拉伯人还占领了迦太基。此外，萨珊王朝消失之后，阿拉伯人在公元655年征服呼罗珊（Khurasan），公元664年征服喀布尔；8世纪伊始，他们翻越兴都库什山脉入侵信德（Sind），并于公元708年至711年间占领该地。

---

[1] 公元573年至634年，亦称"公正的人"，是穆罕默德的挚友和顾问，哈里发制度的创建者。——译者注

公元711年，一支阿拉伯军队和柏柏尔（Berber）盟友一起穿过直布罗陀海峡（该海峡的命名是为了纪念柏柏尔将领塔里克［Tariq］，直布罗陀的字面含义为塔里克之峰［*Jebel Tariq*］）进入欧洲，最终动摇了西哥特王国的基业。最后，到公元732年，也就是先知的百年忌辰，一支穆斯林军队深入法国，因受到运输补给线过长的困扰，又因冬季临近，遂于普瓦捷（Poitiers）附近折返收兵。他们的对手法兰克人杀死了阿拉伯指挥官并宣称获胜。虽然此后若干年，阿拉伯远征军也侵入法国，还一路杀至罗讷河上游一带，但不管怎么说，当时都是阿拉伯人征服的最高峰。无论是什么原因让阿拉伯人停下征服的脚步（也许只是因为他们对征服欧洲兴趣不大，那里远离地中海沿岸的温暖地带），尽管吉本妙想天开的假想[①]（牛津大学会教授《古兰经》）始终没有哪怕少许成真的可能，伊斯兰教对西方发起的这波猛攻仍是一桩惊天动地的成就。

最后，东进的阿拉伯军队也停下脚步，但此前他们已两度围攻君士坦丁堡，将东罗马帝国压迫得只剩巴尔干和安纳托利亚。据来自东亚的记载，一支阿拉伯武装曾于8世纪早期抵达中国；尽管此说法不无阙疑，但足以证明阿拉伯征服者的威名。可以确信的是，惨败给阿塞拜疆的哈扎尔人，以及公元751年在帕米尔高原的塔拉斯（Talas）河畔击败一支高丽将军指挥的中国军队后，伊斯兰世界的边境就沿高加索山脉和乌浒河一线固定了下来。至8世纪中期，在西欧、中亚、安纳托利亚和高加索的每一条边境，阿拉伯人最终停下了征服的脚步。

这波征服的浪潮并非不曾中断。哈里发伍麦叶掌权之前，阿拉伯

[①] 指吉本在《罗马帝国衰亡史》中的一段评述，他认为如果阿拉伯人赢得普瓦捷之战，则牛津大学可能已经在传授《古兰经》了。——译者注

世界发生过两败俱伤的内斗，他们的扩张曾一度停滞；7世纪的最后20年间，穆斯林也有过激烈的内部冲突。但很长的时期内，局势一直对阿拉伯人有利。拜占庭和波斯是他们最早遇到的强敌，两者在其他战线都有沉重的包袱，而且数百年来一直视对方为你死我活的对手。波斯衰亡后，拜占庭依然得应付西、北两方的威胁，必须一手抵御那些敌人，一手和阿拉伯人角力。能与拜占庭相提并论的敌手，只有远在天边的中国。因此，只有地理极限或令人不屑于征服的恶劣环境才能阻止他们的脚步；有些失败也表明，他们已经超出了自身的扩张临界点。但是，即便遇到强敌，阿拉伯人依然有巨大的军事优势。

其军队征募自食不果腹的战士，因为阿拉伯沙漠的存在，他们没有太多选择；过剩的人口如芒刺在背，逼着他们奋勇向前。先知的教诲使他们深信不疑与异教徒对阵战死沙场就可以被带往天堂，这是巨大的士气优势。而且，他们的兵锋所指之处，当地人民往往已经和统治者离心离德。例如，拜占庭的宗教正统观念就造成埃及人的不满，疏远了那里的少数民族。但是，就算考虑到所有此类因素，阿拉伯人的成功依然令人称奇。要作出根本的解释，就必须设想一个拥有宗教信念、人数惊人的群体会采取何种行动。阿拉伯人认为，他们在执行真主的旨意，于此过程中创建一个崭新的社群；就如后世的革命家，他们有发自内心的激情。而在伊斯兰教震撼世界的故事中，这段征服史只是一个开头。其范围之广、内容之复杂，只有犹太教或基督教可以比肩。伊斯兰教曾一度所向披靡，仿佛不可阻挡。虽然结果并非如此，但在其征服和传教活动的基础上，将建立起一个伟大的传统文明。

公元661年，经过一场成功的叛乱，谋杀（虽然不是亲自动手）了先知的堂弟和女婿哈里发阿里之后，阿拉伯的叙利亚总督穆阿威叶（Mu-Awiyah）自封为哈里发，奠立伍麦叶王朝。一段无政府和分裂时期就此终结。这次篡位令古来氏贵族在阿拉伯各部落中取得了政治优势，而他们却正是曾在麦加反对穆罕默德之人。穆阿威叶定都大马士革，封其子为王储，这一新举措引入了世袭的王朝制度。

这也是伊斯兰教内部分歧的开始。异见团体什叶派（Shi'ites）开始宣称，解读《古兰经》的权力仅属于穆罕默德的后代。他们称遇害的哈里发是真主指定的伊玛目（imam），这一身份应传给其后代，而且生来与罪恶和谬误绝缘。录有先知和第一代伊玛目们教诲的《圣训集》，与《古兰经》一道，构成了什叶派的基本文献。随着时间的流逝，什叶派的主张将在波斯、美索不达米亚和阿塞拜疆产生重要的影响，成为那里的人口主体。但在整个伊斯兰世界中，他们却往往是遭到迫害的少数派。他们的第一位领袖、阿里和穆罕默德之女法蒂玛的儿子侯赛因，于680年战死在卡尔巴拉战役中，成为什叶派一连串殉道者中的第一位。

伍麦叶哈里发也有相应的支持者，称为逊尼派。他们相信，合乎教义的权柄是在穆斯林社群手中，如今交给了哈里发。他们主张，讲述先知生平的《逊奈》，才是与《古兰经》并列的最重要文献。随着常备军的建立，以及支撑军事开支、以非信徒为对象的税收体制的成型，原本完全由部落构成的阿拉伯世界迈出了决定性的一步。伍麦叶王朝都城的选址，以及第一代哈里发个人的品位，都对改变伊斯兰文化风格起到了重要的作用。叙利亚是地中海国家，但大马士革大致位于富庶的肥沃新月地带和贫瘠的大漠之交，也从这两个世界中汲取生命的养分。对阿拉伯的沙漠子民而言，前者一定更使人震撼。叙利亚过去长期受希腊文明熏陶，哈里发的妻子和御医都是基督徒。西方的野蛮人向罗马看齐，阿拉伯人依靠希腊人的遗产形成自己的文化。

伍麦叶王朝首任哈里发很快从抵制新政权的异见者手中重夺东部地区，并将什叶派打压成地下状态。随后到来的是一个辉煌的世纪，鼎盛时期为第六和第七任哈里发统治下的公元685年至705年。不幸的是，我们对伍麦叶时代的历史和制度所知甚少。考古学研究偶尔能揭示总体趋势和阿拉伯对周边地区造成的若干冲击。别国记录和阿拉伯编年史记载了重大的事件。尽管如此，除了一名阿拉伯作家引用的零星文献之外，早期阿拉伯历史没有留下任何档案材料。伊斯兰教也没有负责教会管理的官僚中心。例如，尽管教皇和哈里发有不少相似点，让人兴起类似的期望也很合理，但与教皇档案的规模相比，哈里发档案恐怕连零头都不如。除了能证明朝代连续性的行政档案之外，只有不成系统、几乎完全靠偶然才保存下来的文献，例如大量埃及沙草纸书、少数民族——如犹太人——专门积存的文献，以及钱币和镌文。海量的阿拉伯文学印刷本或手抄本带来了更多详细的信息，但如今，要满怀自信地对哈里发治世的情况进行概述，比对拜占庭进行类似的陈述困难得多。

伍麦叶王朝的缺陷表明，从正统哈里发那里继承来的早期统治模式松散而简单——也许过于松散了。他们的基本方针是征服和获取朝贡而非同化，从而导致一系列对既有体制的妥协。行政和政治方面，早期的哈里发都照搬之前统治者的方式。拜占庭和萨珊的体制被沿用；大马士革采用希腊的语言和政府结构，萨珊旧都泰西封（Ctesiphon）则采用波斯的体制，一直持续到8世纪早期。制度方面，阿拉伯人总体上让被征服地区保持原样，但税收除外。

当然，这并不意味着那些社会能以和过去一样的方式运转。例如，在波斯西北部，贸易的衰落和人口的下降随阿拉伯征服而来。那里有一套错综复杂的排水及灌溉系统，萨珊时代一直得到维护，可此时却陷于瘫痪，很难不把此事同贸易衰落和人口减少联系到一起看待。在其他地方，阿拉伯征服没有如此剧烈的后果。被征服者必须接受伊斯兰教，但没有因此产生敌对情绪，而是默默融入了一个由阿拉伯穆斯林统治的等级体制。统治阶级之下的第二层是朝贡民族中皈依的新穆斯林，然后是吉玛（*dhimmi*）——意为"受保护者"，指信仰一神论的犹太教徒和基督徒。等级中的最底层是未皈依的异教徒或天启教以外的教徒。在早期年月，阿拉伯人不与当地土著民往来，在各个城市作为武人阶层离群索居。他们从当地征收的税金中领取酬劳，被禁止从事贸易或拥有土地。

　　这种方式无法长久，卫戍生活逐渐侵蚀隔离制度以及从沙漠中带来的其他贝都因习俗。渐渐地，阿拉伯人成了地主和耕种者，其营地也改头换面成为兼容并蓄的新都市，例如库法（Kufa）或巴士拉（Basra），后者是与印度往来贸易的重要集散地。越来越多的阿拉伯人融入当地社群，土著精英也开始行政体制和语言的阿拉伯化进程，从而形成一种双向关系。哈里发任命的行省官员数量不断增加，到 8 世纪中期，各地的官方语言几乎都成了阿拉伯语。再加上铸有阿拉伯镌文的通用货币，这些现象可以有力地证明，伍麦叶王朝成功地为一个包罗万象的新文明打下了基础。此类改变在伊拉克生效最快，因为阿拉伯人统治下的和平令贸易复苏，使当地获得繁荣。

　　伍麦叶王朝的哈里发致力于巩固自身的权柄，这也是其麻烦的源头之一。当地显贵要人（尤其在帝国东半部分）憎恨阿拉伯人对其实际独立地位的干涉，原拜占庭领土内的很多贵族纷纷移居君士坦丁堡；可波斯精英办不到，他们无处可去，只能留下，心有不甘地向阿拉伯人低头，但他们在当地的权势和地位大多得到保留。同样对局势有害无益的是，伍麦叶王朝后期的哈里发属庸碌之辈，没有王朝伟人所具备的威信和人望。文明的生活软化了他们。他们想要从自己统治的乏味城市生活中解脱，于是迁往沙漠，但没有再次过起贝都因人的生活，而是建起新城和宫殿纵情享乐；有的宫城偏远奢华，设有热浴池和大片围猎场，以及配有灌溉系统的农场和花园。

不满分子从中发现良机，其中，什叶派表现特别突出。除了原本的政治和宗教主张外，他们越来越侧重于利用非阿拉伯伊斯兰教徒对社会的不满和怨恨情绪，尤其在伊拉克地区。从伍麦叶王朝之初，是否具有阿拉伯部落出生的身份就是区分穆斯林的重要标准，两者的地位截然不同。非阿拉伯部落出生的穆斯林人数急剧增多；阿拉伯人并没有刻意开展改宗工作（在早期，有时甚至试图控制皈依的人数），但占统治地位的信仰具有强大的吸引力，而且信徒有可能获得赋税减免。伊斯兰教在阿拉伯军队驻地周围的非阿拉伯人口中迅速传播，人口规模也不断增长，从而满足了驻军的需要。在管理日常行政的当地精英中，该宗教也发展得非常成功。这些新穆斯林被称作马瓦里（*mawali*），其中有很多人最终成了士兵，但他们愈发感到被纯种阿拉伯贵族社会疏远和排挤。什叶派具有清教主义思想和正统观念，而且因为政治和宗教原因同样与贵族社会疏远，从而对这些新穆斯林产生极大的吸引力。

东部的麻烦逐渐增多，预示了伍麦叶王朝的灭亡。公元749年，阿布·阿拔斯（Abu-al-Abbas）篡位，新任哈里发在伊拉克库法的清真寺接受万众欢呼。这是伍麦叶王朝走向终结的开端。这名篡位者是先知叔父的后代，宣称意图让哈里发一职恢复正统的本来面貌；他赢得反对派的广泛支持，其中包括什叶派。其全名非常贴切，意为"屠夫"。公元750年，他击败伍麦叶王朝末代哈里发并将其处决。他为败北王族的男性成员准备了一场晚宴；第一道菜还没端上，客人就被尽数杀戮，成了主人的盘中餐。完成这番清除后患的工作后，阿拉伯世界进入了将近两个世纪的阿拔斯王朝时代，而最辉煌的时期则属于这位首任哈里发。

阿拔斯王朝迁都至伊拉克的巴格达，由此可见他们在阿拉伯的东部疆域拥有一定支持度。当时的巴格达只是基督徒在底格里斯河上形成的一个小村落。都城所在地的变化产生了很多效应。希腊化影响减弱；拜占庭的主导地位不再无可置疑。波斯化影响获得了新的权重，将在政治和文化两方面拥有极为重要的地位。统治阶级也发生了某种变化，而且其重大程度足以让部分历史学者称之为一场社会革命。从那时起，阿拉伯人（Arabs）泛指所有说阿拉伯语的人，不再限指阿拉伯族人（Arabian）。管理阿拔斯帝国的精英来自遍布中东的诸多民族，依附于由单一宗教和单一语言所构成的社会基石。他们几乎都是穆斯林，但往往是皈依者或皈依家庭的子女。作为兼收并蓄的大都市，巴格达反映了这种新的文化气象。这座巨大的城市堪与君士坦丁堡比肩，居民可能达 50 万，展现了与来自沙漠的首批阿拉伯征服者截然相反的生活方式。一个伟大的帝国再次君临整个中东。不过它没有与过去的意识形态决裂，在其他可选方针上浪费了不少时间后，阿拔斯王朝将逊尼派扶正，称之为正统的继承者。曾帮助阿拔斯家族掌权的什叶派很快为此感到失望和不满。

阿拔斯王朝崇尚暴力，不会拿自己的基业冒险。他们迅速无情地镇压异己，约束可能心生芥蒂的过往盟友。帝国越来越依靠对王朝的忠诚心，而非伊斯兰教徒的手足情分，这体现了古老的波斯传统。不过宗教在很大程度上被打造成阿拔斯王朝的支柱，不归顺伊斯兰教的人遭到迫害。政府的构架变得更为精细。其中的一项重要发展是设立维齐尔（Vizier，一直被某家族垄断，后该家族被传奇人物、哈里发哈伦·拉希德［Harun al-Rashid］消灭）一职。整体结构多少更显官僚特征，土地税带来大量财政收入，得以维持宏伟壮观的君王排场。但是，地方差异性依然实实在在。地方统治权逐渐世袭化，因此，中央权力机构最终被迫转入被动，地方总督在任免和税收方面获得越来越大的权力。要如实看清哈里发的实力并不容易，因为中央所控制的是一个松散的行省联合，各省究竟投靠哪一方，在很大程度上取决于当时的情况。

不过，在阿拔斯王朝富饶和繁荣的鼎盛时期，中央政权的地位没有任何疑问。各省不仅要依靠帝国巨大的人力储备和广阔的土地，在阿拉伯统治的和平下不受骚扰地开展农业，而且还有赖于其为贸易创造的有利环境。流通商品种类之丰、流通地域范围之广，都史无前例。因为这一状况，在从东向西横贯阿拉伯领土的商队路线所经过的地方，各城市的商业开始复兴。这些贸易所带来的繁荣，从哈伦·拉希德时期巴格达的富饶就可见一斑。

阿拉伯土地上的伊斯兰文明在阿拔斯时代达到顶峰。矛盾的是，阿拉伯文明鼎盛的原因之一，是该文明的中心撤离了阿拉伯半岛和黎凡特。伊斯兰教提供了一种政治组织，将巨大的地域捏合起来，孕育出一种天生包容多种元素的文化，把希腊文化、基督文化、犹太文化、索罗亚斯德文化和印度文化的思想混为一体，直到阿拉伯帝国的灭亡。阿拔斯王朝治下的阿拉伯文化与波斯传统靠得更近，并接触到印度文明这一新元素，从中获得崭新的活力和创造力。

阿拔斯文明的贡献之一是带来一个伟大的翻译时代，各语种作品被译成阿拉伯文——中东的新一代交际语。基督徒和犹太学者的翻译工作令阿拉伯读者可以读到柏拉图与亚里士多德、欧几里得和盖伦的著作，将各类希腊思想导入阿拉伯文化。由于伊斯兰教对朝贡者的容忍态度，从叙利亚和埃及被征服的那一刻起，这类工作在原则上就有可能进行，但最重要的翻译作品是在阿拔斯王朝早期完成的。对此，我们可以相当自信地予以肯定。要理解翻译工作的意义则更难一些，因为虽然有了柏拉图的文本，但那是希腊文化晚期的柏拉图，而且经过基督教僧侣和萨珊学者的转译。

这些译本带来的文化影响以文学为主；华美的建筑、漂亮的地毯、精致的陶器，都是阿拉伯伊斯兰文明的产物，但口头和书面文字

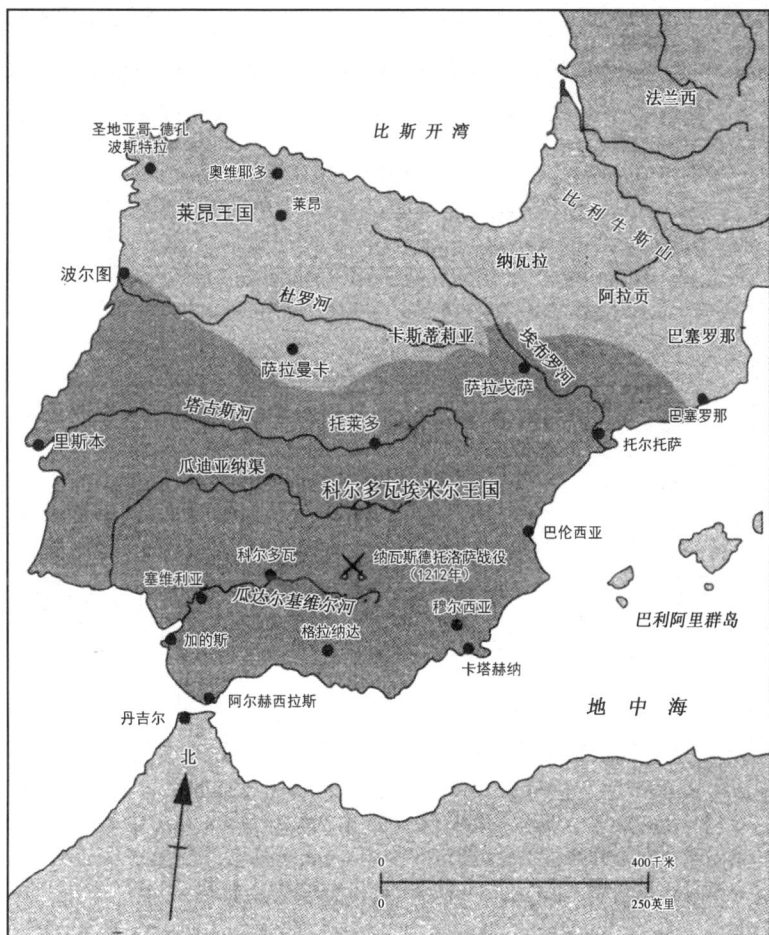

伊比利亚半岛上的伊斯兰势力，约公元 1050 年

才是其媒介，而且是伟大的媒介。就连阿拉伯科学著述也往往是宏纲大旨的散文创作。此类文学数量极多，其中的大部分西方学者甚至还没有读过。此外还有大量从未被人细读的手稿。由于这一种类繁多、除戏剧外一应俱全的文学宝库，伊斯兰文明早期缺乏档案史料的遗憾得到补足，为研究提供了便利。它对伊斯兰社会的影响有多深依然是

未知数，不过显然，受过教育的人应有韵文写作能力，可以用批判的眼光欣赏歌手和吟游诗人的表演。各地兴学施教；相对而言——譬如和中世纪欧洲相比，伊斯兰世界的识字率可能很高。更高级别的教育与宗教关系更紧密，也更难获取，因为这由清真寺或培养宗教导师的特殊学院统一提供。因此，从其他文化中借鉴的观念，对伊斯兰思想和科学界潜在的分化和刺激效应究竟有多大，并不容易判别；有可能的是，从 8 世纪开始，这些观念撒下了很多种子，日后可以培育出一种质疑和自我批判式的文化。但当时种子还没有成熟。

以阿拉伯文明中出现的伟人来判断，它在东方的鼎盛时期是 9、10 世纪，在西班牙为 11、12 世纪。虽然阿拉伯的历史和地理学都非常了不起，但最伟大的成就在于科学和数学；我们至今仍沿用"阿拉伯"数字，它比起罗马计数来令书面计算更为简单，最早的采用者是一名阿拉伯算术家（但由印度人首创）。此种传播性的功用一直是阿拉伯文化的特征，也一直有其重要意义，但切不可隐去真正的源头。花拉子密（al-Khwarizmi）是最伟大的伊斯兰天文学家，其名字表明他有波斯琐罗亚斯德教的出身；阿拉伯文化由多条支流汇聚而成，由此可见一斑。不过，他编制的天文表仍属阿拉伯文明的成果，正是阿拉伯帝国的存在，才使这部综合多种学说的著作成为可能。

将阿拉伯文作品译成拉丁文的工作对基督教世界意义巨大。到 12 世纪末，大部分亚里士多德的著作都有了拉丁版本，很多是从阿拉伯文转译的。阿拉伯著者在基督教学者中享有盛名厚望，这是对翻译工作重要意义的一种肯定。最伟大的阿拉伯哲学家之一金迪（Al-Kindi）流传下来的著述中，拉丁译本比阿拉伯原本更多。但丁（Dante）在《神曲》中表达了对伊本·西拿（Ibn Sina）（欧洲人称为阿维森纳［Avicenna］）和阿维罗伊（Averroes）的赞美；按伟人各自的命运分配其死后所属的疆域时，将他们和十字军时代的阿拉伯英雄萨拉丁（Saladin）一并放入灵泊（limbo），在主之后的人物中只有他们蒙此厚待。波斯医生是阿拉伯医学研究的主导力量，数百年来，他们撰写的著作一直是西方医学教育的标准教材。欧洲各语种至今仍有阿拉伯语的印记，体现了阿拉伯学术在特定领域中的特殊地位，其中包括零（zero）、密码（cipher）、历书（almanac）、代数（algebra）和炼金术（alchemy）。不少贸易专业词汇也留存至今，见证了阿拉伯人突出的商业技能——关税（tariff）、海关（douane）、仓库（magazine）；阿拉伯商人还曾指导基督徒如何记账。有一名英国国王按穆斯林第纳尔的模板铸造金币。

　　令人惊讶的是，这种文化交流几乎完全是单向的。整个中世纪，似乎仅有一份拉丁文本被译成阿拉伯文，而那个时代的阿拉伯学者却对希腊、波斯和印度的文化遗产充满热情和兴趣。一份内含若干日耳曼语词汇以及对应阿拉伯文的残篇，是伊斯兰教统治西班牙的800年间唯一可表明他们对半岛以外的西欧语言感兴趣的证据。在阿拉伯人眼里，北方寒岛上的文明贫瘠而粗放，事实也无疑如此；不过拜占庭使他们另眼相看。

　　阿拉伯视觉艺术在伍麦叶王朝奠定基础，并于阿拔斯时代继续兴盛，但规模不如伊斯兰科学。伊斯兰教禁止在艺术中表现人的形体或脸部；虽然执行起来并非一丝不苟，但使自然主义绘画或雕塑的出现迟来了很久。当然，建筑师的创作不会受此局限。他们的艺术发展到相当的高度，其本源始于7世纪末期，既得益于过去的传统，也具有伊斯兰文化的独特之处。叙利亚的基督教会建筑令阿拉伯人大为震撼，成为建筑艺术发展的催化剂；他们从中学习，但也追求超越，一心认定伊斯兰信徒应该有比基督教堂更好、更华美的礼拜场所。不仅如此，在非伊斯兰世界兴建别具一格的建筑，还可以构成一股视觉上的分化力量，让臣服于第一代阿拉伯征服者的埃及和叙利亚人产生敬畏之情。

阿拉伯人在内部空间设计上借鉴罗马技术和希腊思想，但创造出的结果独具特色。伊斯兰世界最古老的标志性建筑是公元 691 年建于耶路撒冷的岩顶圆顶寺（Dome of the Rock）。其式样堪称建筑史的里程碑，是第一座具备穹顶的伊斯兰建筑。此后 3 个世纪中建成的公理会清真寺也是伟大的建筑，但这座为纪念对犹太教和基督教的胜利而建造的圆顶寺有其特别之处：对犹太人和穆斯林双方而言都最为神圣的场所之一，就在这张穹顶之下得到荣耀和庇护；人们相信，在圆顶所覆盖的山巅，亚伯拉罕曾意图用儿子以撒祭神，而穆罕默德也在同一个地方升入天堂。

伍麦叶王朝的大马士革清真寺于不久之后落成，这是最伟大的古典清真寺，也属于一份新的传统。就如这个新的阿拉伯世界中经常发生的那样，它身上有很多过去的元素：清真寺所在位置原本有一座基督教大教堂（该教堂则取代了之前的一座朱庇特神庙），也装饰有拜占庭镶嵌画。其设计灵感源自先知首创、麦地那家宅中礼拜的方式，这也是该清真寺的创新之处；设计的要点在于米哈拉布（mihrab），即开在墙上、朝向麦加、用于礼拜的壁龛。

与文学一样，建筑和雕塑持续繁荣，汲取从近东和亚洲各地传统中遴选出的种种元素。陶艺致力于达到中国瓷器的款式和上釉工艺，这类陶器是沿丝绸之路传入伊斯兰世界的。表演艺术发展程度较低，对其他传统文化，无论是地中海文化还是印度文化，借鉴似乎很少。当时阿拉伯没有剧场，不过说书人、诗人、歌手和舞者都受人尊重。阿拉伯音乐艺术被诗琴、吉他和列贝克琴这些欧洲语言中的乐器名称所铭记，其成就也一直被视作阿拉伯文化中最伟大的部分之一；但相比造型和视觉艺术，其艺术美感不易赢得西欧人的共鸣。

当阿拉伯帝国的政治框架已然开始腐朽，甚至明显崩溃之际，这一文明中很多最杰出的伟人都在著书立说和传道授业。哈里发身边的精英群体中，阿拉伯人逐步被其他民族取代，但阿拔斯也失去了对帝国的控制力，首先是外围省份，然后轮到伊拉克。作为世界一强，他们的顶峰来得早去得也快；公元782年，阿拉伯军队最后一次出现在君士坦丁堡城下，此后再也未能走得如此之远。哈伦·拉希德也许得到查理曼的尊重和礼遇，但在他的时代就已经出现最初的噩兆，最终将导向不可阻挡的崩溃。

公元756年，一名西班牙的伍麦叶王族不愿接受王室灭亡的命运，自封为科尔多瓦的埃米尔（emir），也称王公。在摩洛哥和突尼斯，也有其他人起而仿效。同时，安达卢斯（al-Andalus）虽然直到10世纪才有自己的哈里发（此前一直由埃米尔统治），但早就处于事实上的独立状态。这并不表示伍麦叶统治的西班牙没有麻烦。伊斯兰教从未征服整个半岛，法兰克人在10世纪收复了东北地区。当时伊比利亚北部地区已有基督教王国，一直乐于在阿拉伯统治的西班牙地区煽风点火，制造不满情绪；尽管那里的政策对基督徒相当容忍，也无法消除叛乱的威胁。

安达卢斯虽不包括整个伊比利亚半岛，但仍是伊斯兰世界繁荣的中心。伍麦叶王朝发展出海上力量后，意图进行帝国扩张，但目标不是北方的基督教世界，而是非洲的穆斯林势力圈，也不顾当时正在和拜占庭商谈结盟事宜。直到11和12世纪，当科尔多瓦的哈里发政权开始衰落，西班牙半岛的伊斯兰文明才达到最辉煌、最成熟的阶段；这是创造力的黄金时代，可以和阿拔斯王朝的巴格达一比高低。此时期为后世留下一座座伟大的建筑，也培养出不少鸿儒和哲学大家。科尔多瓦的大清真寺（Mezquita）是10世纪建成的七百清真寺之一，至今仍可视作天下第一的华美建筑。阿拉伯人统治的西班牙对欧洲极为重要，是欧洲人学习东方科学的门户，也是输送更多实物商品的通道。通过这一门户，基督教世界获得了农业知识和灌溉技术，以及柑橘、柠檬和蔗糖。对于西班牙本身而言，如很多后世的基督教和西班牙学者所指出，阿拉伯文化留下了很深的印记，至今仍可从语言、风俗和艺术中找到痕迹。

阿拉伯世界的另一次重大内部分裂始于法蒂玛（Fatimid）王朝的建立。该王朝源于突尼斯，公元 973 年迁都开罗，臣民属于什叶派。法蒂玛哈里发对埃及的统治一直持续到 12 世纪，后被新一轮的阿拉伯入侵所灭。阿拔斯帝国的其他地区也有此类现象，但不突出；地方总督开始以埃米尔或苏丹自居。哈里发的权力基础以越来越快的速度不断萎缩，也无力扭转这一趋势。哈伦的后代之间爆发内战，失去了宗教导师和信众的支持。官僚腐败和贪污使臣民寒心。当局试图用包税制解决这些弊病，可唯一的后果是产生新的压迫。兵源越来越依靠外国雇佣兵和奴隶；哈伦的继承人去世时，军队本质上已被突厥人把持。于是，野蛮人逐渐控制哈里发的朝政，就如西方蛮族进入罗马帝国的宫廷一样。随着时间的推移，他们俨然有了执事官的气象，对哈里发的干涉逐渐加强。而无论何时，什叶派和其他神秘主义教派都不断利用民众的反抗情绪。同时，昔日的经济繁荣陷入衰退。阿拉伯商人的财富没有如后来中世纪的西方世界那样，给民间生活带来活力。

公元 946 年，一名波斯将领率其手下废黜哈里发，安置了一名傀儡，阿拔斯王朝的统治正式终结。理论上阿拔斯王室依然在延续，但事实上这一变化是革命性的；新成立的白益（Buwayhid）王朝自此统治波斯。阿拉伯的伊斯兰世界已经分崩离析；近东的统一局面再次告终。此后数百年，没有一个帝国能够挡住入侵者的脚步；不过直到公元 1258 年，阿拔斯的末代哈里发才被蒙古人屠戮。在那之前，伊斯兰世界一度为对抗十字军重新团结，但伊斯兰帝国的伟大岁月已一去不返。

伊斯兰文明的独特性质决定了宗教权威无法与政治统治权长久分离；因此，当奥斯曼帝国的土耳其人成为近东历史的缔造者，哈里发的头衔也传到了他们手中。他们将进一步扩大伊斯兰文明的疆域，再次直捣欧洲腹地。但奥斯曼的阿拉伯先人确实取得了令人敬畏的巨大成就，尽管最后毁于一旦。他们摧垮了古罗马在近东的残余和波斯的萨珊帝国，将拜占庭驱赶到安纳托利亚这一边陲之地。不过到最后，西欧人还是因此而奋起，重新打回了黎凡特。从摩洛哥到阿富汗，都被阿拉伯人刻下了不可磨灭的伊斯兰教印记。在很多方面，该宗教都带来革命性的影响。例如，它使女性低人一等，但也给她们合法的财产权，这在很多欧洲国家直到 19 世纪方才实现。就连奴隶也有权利，也是信众群体的一员；信徒不分等级，也没有世袭身份。这一等级革命的根源在于宗教本身——就如犹太教，因为伊斯兰教包容生活的方方面面，两者不分彼此；伊斯兰文明中，没有词语用来表达圣事与世俗、精神与肉身的区别。宗教就是穆斯林的社会，这种凝聚力经过几个世纪的政治分裂仍岿然自若。其凝聚力在于统一的律法和特定观念；伊斯兰教不依赖奇迹的显灵（但也宣称存在奇迹），而着重实践和基于知识的信仰。

除了给基督教世界带来重大的政治、物质和知识冲击外，伊斯兰教还走出阿拉伯统治区，传至千里之外：10 世纪抵达中亚；8 至 11 世纪传到印度；11 世纪间跨过苏丹，到达尼日尔一带。12 至 16 世纪间，还会有更多的非洲人成为穆斯林；直至今日，伊斯兰教仍是那片大陆发展速度最快的信仰。得益于蒙古人 13 世纪的皈依，伊斯兰教也传播到中国。15 和 16 世纪，该教跨过印度洋，抵达马来亚和印度尼西亚。无论是随商队进入非洲，还是乘单桅帆船从波斯湾和红海驶

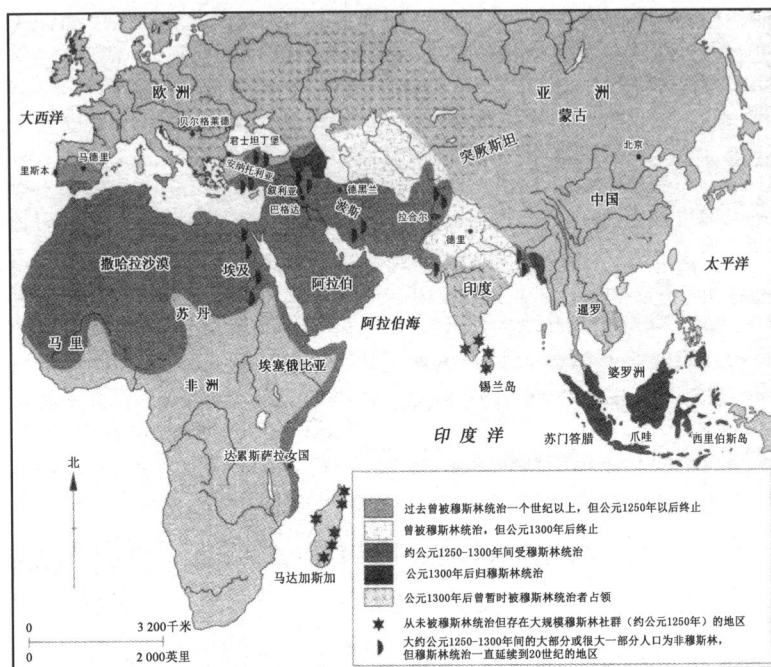

阿拉伯世界以外的伊斯兰势力，公元 1800 年以前

向孟加拉湾，传教士、移民和商人带着这一信仰往来各地，其中阿拉伯人最为突出。16 和 17 世纪，该教甚至还在欧洲东南部经历了最后一次扩张。对一种信仰而言，这是一桩令人叹服的成就，因为最初可以调动的资源不过屈指可数的几个闪米特部落。但尽管有令人仰止的过去，10 世纪后，没有一个阿拉伯国家能再度实现伊斯兰文明的统一。就连阿拉伯世界的统一也只是梦想——一个令很多人神往至今的梦想。

第 3 章　拜占庭及其势力范围

公元 1453 年，距查士丁尼去世大约有 900 年，君士坦丁堡被一支非基督教军队攻陷。"此前、此后，都不会有更可怕的事件"，一名希腊文士如此写道。这确实是惊天动地的大事，出乎所有西方人的意料，整个基督教世界为之震动。灭亡的不只是一个国家，而是罗马帝国本身。地中海古典文明的直系传承最终就此中断。对此，或许鲜有人能像文学痴迷者那样看得如此深刻，把它视为希腊人攻陷特洛伊迟来的报应；但这依然是一份两千年传统的终结。就算排除古希腊和希腊化的非基督教文明时代，长达千年的基督教帝国拜占庭本身也是显赫的存在，其消逝足以产生地震般的冲击。

有某些主题，在开始讲述之前先透露故事的结尾会更好，而拜占庭就是其中之一。即便在衰亡阶段，拜占庭的威名和传统也让外来者震惊，他们能从中感受到一个帝国沉甸甸的过去。直至没落时，其皇帝都自称为奥古斯都（*augusti*），臣民以"罗马人"自居。千百年来，圣索菲亚大教堂一直是最伟大的基督教教堂，而它所供奉的正教信仰让步于宗教多元化的需要也越来越少，因为原本棘手的省份被伊斯兰文明一一吞并。虽然从回溯视角很容易看出该帝国必然走向衰败的趋势，但身处其中的人并不如此看待。无论出于有意还是无意，他们认为这个帝国具有惊人的进化能力。拜占庭是保守传统的伟大成就，熬过多次危如累卵的险境，尽管历经重大变革，其外在几乎到最后一刻都保持着古代的风范。

纵然如此，一千年的时光给东西方都带来了巨大的动荡；历史作用于拜占庭，改变了其传统中的若干元素，压制了另一些元素，还抹去了一些元素。于是，帝国末期与查士丁尼时代差别很大，但始终没有完全脱离原貌。古代和拜占庭之间没有清晰的界线。君士坦丁之前，帝国的重心就开始向东转移；当以他命名的城市成为世界帝国的王座时，拜占庭已俨然继承了罗马帝国的野心和自负。皇帝一职尤其鲜明地表明了进化与保守是如何结为一体的。皇帝是全人类的世俗统治者，这一理论在公元 800 年以前都没有受到正式的挑战。同年，一名西方君主在罗马得到"皇帝"的欢呼；不管东方对这一新政权的确切状况作何感想和言论，拜占庭帝王的独一无二终究遭到了挑战。

但拜占庭依旧怀有统治整个世界的幻想；其帝位代代相传，皇帝威仪万千，使世人畏服。他们理论上仍由元老院、军队和人民选出，但多少具有一定的专制权力。虽然任何一位皇帝实际权力的大小要取决于登基时的现实状况（有时王朝代代还会因外界压力而中断），但他是独裁者（autocrat），拥有西方帝王从未享有的地位。对法律原则和官僚既得利益的尊重也许会限制皇帝的行动意愿，可他在理论上始终至高无上。国家各大部门的首脑唯他一人是瞻。皇帝的莫大权威解释了拜占庭政治高度聚焦于帝国宫廷的原因，因为要对实权者施加影响就必须通过宫廷，而非通过某种团体和代表机构——就如西方慢慢演化出的那种。

独裁有其严苛的一面，帝国内无处不在的密探（curiosi）并非摆设。但皇帝一职也身负重责。皇帝由君士坦丁堡的牧首加冕，具有极大权威，但也要负起上帝在凡间代理人的职责。东罗马帝国中世俗与神圣权力之分始终不太明显；西方则完全不同，政教对立不断制约着权力的扩张。但拜占庭体制下，上帝的摄政代理人一直要承受行止合规的压力，以行动来表现对世人的大爱（philanthropia）。他的独裁权要用来守护人类和人类获取生命之水的通渠——正教与教会。相应地，大部分早期基督教皇帝都获封圣徒——正如非基督帝王都会得到神化。由此可以想见，皇帝一职也受其他非基督教传统的影响。拜占庭皇帝要接受人们以脸伏地的东方传统式跪拜礼，镶嵌画里有他们俯瞰众人的形象，其头顶环有光轮，光轮中描绘了在主之前的最后几名皇帝，这是太阳神膜拜仪式的一部分（若干萨珊统治者的画像也有此光轮）。尽管如此，皇帝的权威首先还是来自基督教统治者的身份。

可见，皇帝一职本身就体现出拜占庭的诸多基督教渊源。在诸多其他层面，这份渊源也使东罗马帝国与西方形成鲜明对照。首先，东罗马教会有其独特之处，并因此得名正教会。例如，在东罗马教士眼里，伊斯兰教就更似异端而非异教。其他差异在于正教会对教士与社会关系的观点：皇帝以下的诸多等级中，神职与非神职群体应合为一体，这一点非常重要。其标志之一是教士结婚后可保留神职。正教的神父，纵然看起来神圣不凡，但从来就没有成为其西方和天主教的同行后来变成的那种方外之人。这从侧面说明，正教会作为社会的黏合剂发挥了极大的作用，并且一直持续到现代。但毕竟，拜占庭不会出现像教皇那样显赫的神职权威。皇帝是权力的中心，其职位和责任都远远凌驾于彼此不分尊卑的主教们之上。当然，只要社会规范依旧奏效，正教就不见得比中世纪西方教会更宽容。灾厄之年总能被解读为皇帝没有履行其基督统治职责的证据，而找一些耳熟能详的替罪羊开刀就是他的职责之一，例如犹太人、异端和同性恋。

拜占庭与西方世界的差别有一部分来自政治史，因为罗马帝国分裂后，两边的沟通逐渐减少；还有一部分来自原生的独特风格。虽然起初的差异很不起眼，但天主教和正教传统自早期就分道扬镳。在某个很早的年月，希腊人不得不向叙利亚和埃及的宗教习俗让步，多少疏远了同拉丁基督教会的关系。但此类让步也在一定程度上保住了基督教世界的多中心型布局。当东方的另三个关键的牧首区耶路撒冷、

拜占庭帝国，公元 1265 年

约公元 1354 年

安条克和亚历山大里亚落入阿拉伯人之手，罗马和君士坦丁堡的两极地位变得更为突出。基督教世界的双语体系逐渐走向终点，开始分化为拉丁化的西方与希腊化的东方。

军队和司法部门抵制希腊文的时间最长，但到 7 世纪初，拉丁文也终于在这两处失去了官方语言的地位。官僚机构使用希腊语的意义至关重大。当东方教会在伊斯兰世界的传教工作遭到失败，他们开辟了一片新的传教区，并争取到很多北方的异教徒。最终，得益于君士坦丁堡的存在，欧洲东南部和俄罗斯也得到福音的泽被。从拜占庭的宗教导师那里，斯拉夫民族不仅从希腊经文中学到一种书面语，而且还学到了很多最基础的政治理念。除此之外，这一传教工作还带来了很多其他结果。由于信奉天主教，西方与斯拉夫世界时而互有敌意，因此，斯拉夫民族逐渐对基督教世界的西半部产生深深的戒心。这对未来造成了深远的影响，但也超出了我们目前需要探讨的范围。

东方基督教传统的独特性质可以从很多方面加以展现。例如，与等级意识更为森严的罗马教廷相比，东方的修道院制度一直更接近初始形态，圣人也始终具有更重要的地位。此外，希腊文化似乎比拉丁文化更热衷于争论；早期教会的希腊文化背景一直鼓励思考，东方教会对东方的潮流和传统始终报以开放和接纳的姿态。但这无法避免解决宗教争端时的教条主义立场。

从现在的眼光来看，某些争议话题十分琐碎，甚至毫无意义。在如今这样的世俗时代，我们不可避免地感到，就算是其中最了不得的话题也很无稽，但这仅仅是因为我们缺乏他们对精神世界的那份感悟。要理解他们的心态，就要努力回想神学家的精妙定义和逻辑诡辩背后有着骇人的意义；其重要性不亚于从堕入地狱的危机中拯救世人。另一道理解障碍来自截然相反的原因，东方基督教会的神学差异和相关争论背后，其实质往往是政治和社会问题、民族和文化群体与当权者的关系问题。这些问题的意义比粗看起来要更多，对世界史的影响很大，堪比军队乃至民族的活动轨迹。两大基督教传统缓慢走向不同方向的趋势具有极为重大的意义；起初这也许在任何意义上都不是神学分歧所造成的，但神学异见令两份道不同的宗教传统进一步不相为谋。环境受其影响，反过来又使得事态越来越必然地朝着这一方向发展。

有一段插曲是非常突出的例子，即关于基督一性论（Monophysitism）的争辩。该学说出现于5世纪中期左右，令基督教神学产生分化。对于我们这些后宗教时代的人来说，乍一看，这一神学话题并不显得多重要。此学说主张基督在人间的属性是唯一的、完全的神性，而非早期教会普遍宣扬的双性（即同时具备神性和人性）。该观点所引发的绵长辩论以及其中趣味盎然的微言大义，也许只能令人遗憾地在此略过。不过只需指出这场神学骚动的参与者包括基督肉身不朽论者（Aphthartodocetists）、基督肉身腐朽论者（Corrupticolists）和神亲自受苦论者（Theopaschitists）（仅举若干参与争论的派别），而背后有重要的非神学背景，也就应当足够了。背景元素之一是，3个一性论教会从东方正教会和罗马天主教会脱离并缓慢定型的现实。它们分别是埃及和埃塞俄比亚科普特教会、叙利亚雅各派和亚美尼亚教会，并在某种意义上成为各自国家的国教。面对波斯和阿拉伯的先后威胁，为了竭力与此类团体达成一致以巩固帝国的统一，多位皇帝被拖入这场神学辩论。可以说，与君士坦丁主持尼西亚会议、首次肩负这一特殊职责时相比，这一次皇帝肩头的责任更重。例如，希拉克略皇帝尽其所能，在7世纪初达成一项妥协方案，让基督一性论的各异见派系实现和解。其形式是一份不久后被称为基督一志论（Monothelitism）的新神学定义。各方似乎一度就此达成了共识，不过到头来还是被斥为另一种新瓶装旧酒的基督一性论异端。

与此同时，该争论让东西方在实践中进一步疏远。尽管最后于公元 681 年①得出统一的神学结论，但讽刺的是，基督一性论从 5 世纪末就开始造成拉丁教会和希腊教会的分裂，并且长达 40 年。裂痕最终愈合，但希拉克略治下随即又出现了新的麻烦。帝国不得不任凭阿拉伯人在意大利予取予求，可教皇和皇帝都急于表明携手同心的立场。这部分解释了教皇批准基督一志论的原因（希拉克略特意征求教皇的看法，以平息耶路撒冷牧首对该神学问题的忧虑）。圣格利高利一世（Gregory the Great）的继任者、教皇洪诺留（Honorius）支持希拉克略，从而激怒了基督一性论的反对派，并因此在将近半个世纪后得到了罕见的待遇（对教皇而言颇不寻常），即在基督教大公会议②中遭到谴责，就连西方代表也支持这项决定。在这个危机重重的关键时刻，洪诺留的做法造成了很大的伤害；7 世纪早期，很多东方基督教士因他有欠考虑的行动而与罗马进一步疏远。

　　拜占庭继承的遗产不仅来自帝国和基督教，也来自亚洲。这不单包括与异族文明的直接接触——其代表是沿丝绸之路到来的中国商人，而且还涉及继承希腊化东方文明的复杂过程。自然，拜占庭人怀有偏见，分不清"野蛮人"和不会说希腊语的人之间的差别，很多知识界领袖自认为拜占庭是希腊（Hellas）传统的所在地。但他们所说的希腊语早就与世隔绝，唯一与外界相连的渠道就是希腊化的东方。当我们将目光投向那片文化区域，会感到，希腊文明在那里到底扎根有多深，以及该文明从亚细亚汲取的养分有多少，都难以估量。例如，小亚细亚地区使用希腊语的主要是为数不多的城市居民。另一个标志来自帝国重臣和名门望族。随着时间推移，其中出现了越来越多的亚洲名讳。帝国于 5 和 7 世纪遭受领土损失，空间不断被挤压，欧洲大陆部分仅

---

　　①　第六次合一会议，将基督一性论定为异端。——译者注
　　②　公元 680 年君士坦丁四世召开的第三届君士坦丁堡会议。——译者注

剩首都周围的逼仄之地，所以必然要把亚洲放到更重要的位置。此时，阿拉伯人又将拜占庭挤压到小亚细亚，南以高加索为界，北至托罗斯（Taurus）山脉。沿着这些山脊，划出了一条伊斯兰文化始终可以渗透的边界。那里的居民自然是生活在某种边境世界当中，有时也会表现出更深刻的外部影响痕迹，比拜占庭受到的影响还要显著。其中最沸沸扬扬的是拜占庭教会针对圣像破坏主义（iconoclasm）的争论，与几乎同一时期在伊斯兰文明内部发生的争论平行发展。

这一错综复杂的继承关系中，最具标志性的特征确立于7、8世纪，例如政府的贵族传统、罗马神话、东方基督教的护卫屏障地位及其实际上局限于东方世界的局面。发祥自罗马帝国晚期、在查士丁尼时代确立雏形的中世纪国家从那时开始涌现。但我们对这两个至关重要的世纪知之甚少。有人认为，鉴于史料如此贫乏，目前的考古学成果又如此肤浅，充分阐述那一时期的拜占庭史根本办不到。不过，在这段充满动荡的时期伊始，该帝国所握有的牌面还是足够明了：外交和官僚技巧的深厚底蕴、军事传统和巨大的声望。一旦能合理减轻负担，其潜在的税收资源和人力储备都相当可观。小亚细亚是一片征兵场，减轻了东方帝国对日耳曼野蛮人的依赖；过去，这些野蛮人在西方曾必不可少。该地具有出众的军事制造技术；有"希腊火"这类秘密武器，曾用来对抗可能入侵首都的舰只，并发挥强大作用。君士坦丁堡本身也具有军事价值，这座城市拥有建于5世纪的伟岸城墙，不太可能获得重武器的野蛮人很难从陆地攻破；而在海上，其舰队可以阻止敌人的登陆。

从长期来看，帝国的社会基础则没有那么牢靠。一直以来，帝国难以维持小农经济的规模，无力防止强大的行省地方地主蚕食土地。法庭始终无法锄强扶弱。皇帝本人也在教会财产的不断扩张下承受着经济压力。以服从兵役为条件赐予小农土地的帝政措施，也无法轻易抵消这些趋势的作用力。但这些问题的广泛影响，只有历经数百年的光阴后才会暴露；而7、8世纪的眼前难题就足以令当时的皇帝操心了。

他们的实力已经捉襟见肘。公元600年，该帝国依旧包括北非沿海、埃及、黎凡特、叙利亚、小亚细亚，以及远至特拉布宗（Trebizond）以外黑海沿岸的大片地区、克里米亚沿岸和从拜占庭城一直延伸到多瑙河河口的地区。在欧洲，它拥有色萨利（Thessaly）、马其顿和亚得里亚海沿岸，穿过意大利中部的一条狭长领土，亚平宁半岛趾部和跟部的几块飞地，以及西西里、科西嘉和撒丁岛。考虑到该帝国的潜在敌人及其资源所处的位置，这种版图布局堪称战略上的噩梦。此后两百年的历史，将由一波又一波的入侵者写就。波斯人、阿瓦尔人、阿拉伯人、保加利亚人和斯拉夫人摧残着帝国的主干部分，同时，查士丁尼的将领所争回的西部领土几乎全都得而复失，很快落入阿拉伯人和伦巴底人手中。最后，西方世界也暴露出弱肉强食的本性；东罗马帝国数百年来承受了大量原本会落到西方的打击，却并没有得到西方的救援。于是，东方的帝国要面对持续不断的战火。在欧洲，战火一直烧到君士坦丁堡城下；在亚洲，他们被小亚细亚边境地带的拉锯战拖得心力交瘁。

面临这一挑战的拜占庭，在7世纪初时就已只能对领土保持松散的控制，其实力在很大程度上依靠影响力、外交、基督教和军事威望的辐射效应。也许可以从多种角度看出其与邻国的关系。在后世眼中，从查士丁尼到巴西尔二世（Basil Ⅱ）的每一位皇帝都被凶神恶煞的野蛮人勒索敲诈；而在罗马传统中，这却是给称臣的盟友和协约部落（*foederati*）① 的慷慨惠赐。帝国内部的民族和宗教分歧被官方

---

① 拉丁语，在罗马共和国早期指受协约（foedus）约束的部落，不是罗马殖民地也不具有罗马公民资格，但有责任在发生危机时提供战力。——译者注

意识形态所掩盖，其希腊化的表象往往流于肤浅。很多叙利亚基督徒欢迎阿拉伯人的到来，就像后来也有很多安纳托利亚人欢迎突厥人那样。他们心甘情愿的态度揭露了事情的真相，这是宗教迫害所得到的报应。

不仅如此，与盟友相比，拜占庭也并非强国。在困难重重的 7、8 世纪，拜占庭最重要的友好势力是哈札尔汗国（Khanate of Khazaria）——一个巨大但松散的邦国，由公元 600 年统治了顿河与伏尔加河流域其他民族的游牧民族所建。他们的国家覆盖高加索山脉两侧，占据这一战略位置突出的地峡，挡住了波斯人和阿拉伯人两个世纪的前进脚步。疆域最辽阔的时候，哈札尔汗国把黑海变成了自己的内海，扩张至德涅斯特河，还将北方的伏尔加河上游和顿河都囊括在内。拜占庭为了赢得哈札尔人的友好态度付出了极大的努力，似乎也尝试过让他们皈依基督教，但均以失败告终。其中的确切情况还是一个谜，不过，哈札尔领导人虽然容忍基督教和若干其他崇拜，却显然在公元 740 年前后皈依了犹太教。这可能是波斯被阿拉伯征服后从那里移民过来的犹太人所导致的，也可能是有意识的外交行为。作为犹太教的一员，他们不太可能纳入一个基督教帝国或哈里发王朝的精神或政治轨道；不过，他们却与双方都保持着外交和贸易往来。

希拉克略是拜占庭生存斗争中涌现出的首位伟大的英雄人物，他采取合纵连横与妥协让步并举的手段，勉力消解欧洲地区的威胁，从而得以腾出手来积极地与波斯人作战。尽管最终获得成功，但波斯人在被赶走之前已对帝国的黎凡特和小亚细亚地区造成可怕的打击。一些学者认为，他们是毁灭希腊世界那些伟大名城的真正元凶；考古学虽未能揭开谜底，但有迹象表明，希拉克略获胜后，那些名城已经沦为废墟，有一些只剩中央的卫城，人口也锐减。

随后，就是在这样一种已经危如累卵的局面下，阿拉伯人大兵压境——而且将持续两个世纪。在希拉克略公元 641 年去世之前，他的军事成就已被彻底归零。一些继承其血统的皇帝是有能之辈，但所能做到的也仅仅是不屈不挠地同压倒一切的历史洪流相抗争。公元 643 年，阿拉伯人攻陷亚历山大里亚，终结了埃及的希腊化统治。数年之内，北非和塞浦路斯也告失守。下一个十年间轮到了亚美尼亚这片古战场。最终，阿拉伯人对君士坦丁堡展开长达 5 年（673—678）的围攻，这标志着他们征服成就的最高点；而在阿拉伯人的舰队面前挽救了这座都城的，可能就是"希腊火"。此前，尽管皇帝亲征意大利，想收复被阿拉伯人和伦巴底人占领的意大利和西西里土地，但毫无进展。7 世纪就这样过去，最后 25 年间还出现了另一波威胁：斯拉夫人南下马其顿和色雷斯；另一个民族保加利亚人——他们将来会被斯拉夫化——则跨过了多瑙河。

　　7 世纪以一场军队叛乱和帝位易主作结。一切症状都暗示东罗马帝国将步西方帝国之后尘，帝位成了武人们待价而沽的商品。一系列野蛮或无能的皇帝在 8 世纪初相继登场，导致保加利亚人兵临君士坦丁堡城下，最终又在公元 717 年引来阿拉伯人的第二次攻城。尽管这不是阿拉伯人最后一次现身博斯普鲁斯海峡（Bosphorus），但却是一次真正的转折点。公元 717 年，有安纳托利亚背景的利奥三世（Leo Ⅲ）已经登基，他是拜占庭最伟大的皇帝之一，曾担任行省官职，在其领地成功挡住阿拉伯人的进攻，后成为防区司令官，并迫使皇帝逊位，随即紫袍加身，获得神职阶层的广泛认可和热忱欢迎。伊索里亚王朝（Isaurian dynasty）就此建立，其名称来自发源地[①]；这一起源，预示了东罗马帝国的精英将逐步转型为拜占庭这一东方式王朝的上层阶级。

---

　　① 指伊索里亚，它位于欧亚交界处的亚洲部分。——译者注

　　8世纪开启了一段恢复期，但也有倒退。利奥本人清除了安纳托利亚的阿拉伯人，而他的儿子将前线推进到叙利亚、美索不达米亚和亚美尼亚边境一带。自此以后，尽管每个交战季节都会发生边境劫掠和袭扰，拜占庭与哈里发帝国的边界比迄今为止都更加稳定。源于这一成就（当然，部分要归因于阿拉伯实力的相对衰退），一段前进和扩张的新时期开始了，并延续到11世纪早期。西方基本无所作为，拉文那沦丧，仅剩意大利和西西里的几处立锥之地。但在东方，帝国再次从其根据地和心脏地带色雷斯、小亚细亚向外扩张。一连串"军区"（theme）①，即行政区块，沿着巴尔干半岛的外沿建立起来。除此之外，帝国在那里没有任何立足点，这种情况延续了两个世纪。10世纪，塞浦路斯、克里特和安条克都被收复。拜占庭武装一度穿过幼发拉底河，叙利亚北部和托罗斯一带的争夺也没有停止。帝国在格鲁吉亚和亚美尼亚的局势得到改善。

　　东欧保加利亚人的威胁在10世纪初发展到顶峰，此后终于得到控制，他们也已皈依基督教。巴西尔二世以"保加利亚屠夫"（Bulgaroctonos）之名载入史册，他在公元1014年的一场大战后摧垮了保加利亚人的实力，随后弄瞎1.5万名俘虏，将他们遣回故土，以震慑其同胞；据说保加利亚统治者被惊吓致死。② 不出数年，拜占庭将保加利亚收为行省，但始终未能成功地加以归化。不久之后，拜占庭完成最后的征服行动，将亚美尼亚纳入统治范围。

　　因此，这几个世纪从整体来看是一段扩张与收复的时期，是拜占庭文化最伟大的时期之一。从政治方面看，总的来说，国家的朝纲得到遵循，因此内务也得到改善。伊索里亚王朝最引人瞩目的人物之一

---

　　① 取代原先的行省制，按部队驻地重新划分的行政区。——译者注
　　② 据传他让其中150人保留一只眼睛，担当引路人。看到这支盲人大军后，保加利亚统治者萨穆埃尔倒地不起，两天后中风而亡。——译者注

是伊琳娜女皇，常被称为雅典的伊琳娜（Irene of Athens）。780 年到
803 年，她先是充当摄政，后是作为女皇单独执掌朝政。她是个非凡
的角色，有时被称为男皇帝，镇压宗教异议，并设法弥合东方教会和
西方教会间的分歧。据说她甚至提议和查理大帝结婚，以便令双方的
政治疆域也实现统一。但是她的继任者难以胜任——伊索里亚王朝在
9 世纪中期很不光彩地终结了。不过它在公元 867 年被马其顿王朝取
代，拜占庭在该王朝治理下达到成功的顶峰。存在少数民族或宗教群
体的地区设有共治皇帝，以保全朝纲的完整性。

　　该时期初始阶段，帝国内部分歧和困难的主要源头之一，就如过
去经常发生的一样，是宗教问题。这又往往与政治和地方问题纠结不
清，在帝国肆虐成患，拖慢了复原的速度。圣像破坏运动是其中突出
的例子，造成了一百多年剑拔弩张的局面。

　　圣徒、圣母和上帝本人的画像及雕塑，已成为正教会潜心崇拜和
布道的重要工具之一。古代晚期，此类画像或圣像在西方也有一席之
地，但当时它们占据了正教教堂的特殊位置，安放在神龛内或画在特
殊的屏布上展示，供信徒瞻仰和冥思。它们的意义远甚于装饰，因为
其安置方式传达了教会的教导，而且如某著者所言，提供了"天堂与
人间的交汇点"，虔诚的信徒身处圣像之间，可以感到被整个不可见
的教堂所包围，被逝者、圣徒和天使，被基督和圣母所包围。圣像创
作要专注于如此炙热的宗教情感，能在绘画或镶嵌画领域创造若干拜
占庭（以及后来的斯拉夫）艺术的最高杰作也就完全不令人惊讶了。

　　6 世纪，圣像已成为东方教堂中显赫的存在。接下来的两个世
纪，人们继续对圣像报以崇敬，在很多地方，向它们祈祷的人越来越
多，但随后其使用遭到质疑。有趣的是，在此之前，哈里发刚发起一
场运动，反对在伊斯兰宗教仪式中使用画像和雕像。但也不能因此推
断圣像破坏运动的理念来自穆斯林。圣像批判者声称它们是偶像，使

本应献给上帝的崇拜误入歧途，被凡人的造物所夺；他们主张破坏或抹除这些圣像，并拿起石灰水、刷子和锤子展开坚决的行动。

利奥三世支持这些人。关于帝国当局成为圣像破坏运动后盾的原因仍有很多不解之处，但利奥的行为是基于各方主教的建议，而且阿拉伯入侵和火山喷发无疑可以作为上帝不满的证据。因此，公元730年颁布了一道敕令，禁止在公共崇拜场所使用画像和雕塑。随后，抵制敕令的人遭到迫害。在君士坦丁堡，执行的效力始终比其他行省要明显。该运动在君士坦丁五世治下达到顶峰，并获得公元754年主教会议的批准。迫害更为猛烈，出现了殉道者，尤其是在修士当中，他们通常比世俗教士更狂热地捍卫圣像。但圣像破坏运动始终要依靠帝室的支持，在下一个世纪也出现了起伏和反复。在利奥四世及其遗孀伊琳娜统治时期，迫害的势头放缓，"爱圣像者"（iconophile）夺回一定空间，不过压迫行动又随之反弹。直到公元843年，大斋期（Lent）① 的第一个周日，圣像最终得到平反，这一天至今仍是东方正教会所庆祝的节日。

这段异常时期包含什么意义？有一种基于实用主义的解释，称基督徒崇拜圣像的行为令促使犹太人和穆斯林改教的工作更为困难。不过这还不能充分解决我们的疑惑。同样，宗教纷争不能脱离宗教以外的因素，但终极原因可能是出于某种宗教审慎意识。考虑到东方帝国发生的神学争议中经常表现出的狂热态度，这场辩论会染上怨恨和敌意也就不难理解了。有关艺术或艺术手法的质疑没有出现：拜占庭不是一个会为此起争执的国家。革命者的感受才是问题的焦点，他们认为希腊文明对圣像的极端崇拜（相对而言是最近发生的）堕入了偶像

---

① 从大斋首日到复活节前夕为期40天的斋戒和忏悔。一般不包括周日，有的教会连周六也不包括。——译者注

崇拜的泥淖，阿拉伯人入侵的灾祸是上帝震怒的第一声轰雷；而此时，如果有一位像《旧约》中的以色列王那样虔诚的国王来打破这些偶像，就还来得及拯救万民于罪恶的深渊。对于一种感到自身陷入绝境的信仰和精神世界而言，事态就更容易朝这一方向发展。值得关注的是，圣像破坏运动在军队中尤其强势。另一个有所启发的事实是，圣像往往以当地圣徒或圣人为原型，而取代他们的圣餐和十字架却是统一的、简单化的象征物，这多少预示了拜占庭宗教和社会从8世纪起将呈现出的同质化新形态。最后，圣像破坏运动的成因也有一部分来自怨气。过去很长一段时期中，舆论一直有利于那些在布道中给予圣像如此显赫地位的修士。因此，圣像破坏运动不仅是为平息上帝怒火而采取的深思熟虑的举措，也是代表中央集权的皇帝和主教对地方教士、独立城镇和修道院、圣人密宗团体的反击。

圣像破坏运动冒犯了很多西方教会人士，但比此前的一切事件都更清晰地表明了正教与拉丁基督教之间的鸿沟已大到何种程度。由于拉丁文化被日耳曼人掌控，西方教会也发生了变化，慢慢远离东方希腊教会的精神。圣像破坏运动者召开主教大会，冒犯了早已谴责过利奥三世支持者的教皇。

皇帝插足关乎信仰的事宜，令罗马教廷戒心顿起。于是，圣像破坏运动进一步加深了基督教世界两部分之间的分歧。文化差异已非常广泛和普遍——这不奇怪，因为从拜占庭走海路前往意大利要两个月，而陆地上则有斯拉夫各民族像楔子一般锁在使用两种语言的文化之间。东西方在官方层面的接触不可能完全断绝。但历史在这方面也创造了新的分歧，特别是公元800年，教皇将一名法兰克国王加冕为"皇帝"。这对主张自己才是罗马传统继承人的拜占庭不啻是一种挑战。君士坦丁堡对于西方世界的多样性不太关心；拜占庭政府察觉到法兰克王国的威胁，于是不加区分地将所有西方人称为"法兰克人"，这种称呼一直流传到中国一带。两国未能携手对抗阿拉伯人，还在敏感问题上互踏雷池。罗马为法兰克国王加冕这一行为本身，也许多少是为了回击伊琳娜登上君士坦丁堡的帝位，她精力旺盛，而且还是女性。

当然，两方不会完全断绝往来。一名10世纪的日耳曼皇帝娶了拜占庭人为妻，10世纪的日耳曼艺术也深受拜占庭主题和技巧的影响。但正是两个文化世界的差异令这类往来结出果实。随着世纪更迭，差异也越来越明显和可触。拜占庭古老的贵族世家逐步被纳入该国的其他家族所取代，他们身上具有安纳托利亚和亚美尼亚血统。最首要的是，帝国首都本身具有独一无二、辉煌壮丽和复杂多样的生活，宗教和世俗世界在那里仿佛完全融为一体。基督教年历与宫廷历法不可分割，两者共同为一番规模浩大、如戏如画的盛景确立了运转的节奏；在这番景象中，教会和国家的仪式典礼向万民展现着帝国的威仪。

世俗艺术不是没有，但众人抬头可见的还是铺天盖地的宗教艺术。哪怕在最不堪的时节，表达上帝伟大和全在的活力也从不停歇，而皇帝就是上帝的摄政代理人。严格的宫廷礼节由仪式教条主义维持着，而那里也是宫廷标志性的邪恶阴谋的滋生之地。就连基督教皇帝的公开亮相都与密宗里的神祇有几分相似；首先要升起数道帷幕，然后才惊艳登场。这是一个惊世文明的巅峰，在可能长达500年的时光中为半个世界展示了真正的帝国应该是什么模样。10世纪，有一队俄罗斯异教使节为考察该地基督教的类别来到拜占庭，也观摩了别的东西，在圣索菲亚（Hagia Sophia）大教堂的所见所闻令他们惊奇不已。在报告中，他们只能如此表述："上帝与凡人同居于此。"

而另一方面，帝国基层究竟发生了什么则不易说清。人口在7、8世纪有所减少的迹象十分明显；这与战争和瘟疫的打击可能都有关联。同时，行省城市中鲜有新造建筑，铸币的流通量也变小了。这一切都暗示着经济的疲敝，以及国家对经济越来越多的干预。为了确保满足基本的民生需要，帝国官员采取直接征用生产劳动、设置特别机构来供给城市、把工匠和商人组织成官僚体制的行会和商行等措施。

只有一座城市从头至尾保留了经济上的重要地位，那就是帝都本身；有着拜占庭帝国最登峰造极的辉煌盛景。帝国的贸易从未彻底枯竭，直到 12 世纪仍是亚洲和西方之间重要的奢侈品贸易中转站；其地理位置本身就可确保拜占庭占有重大的商业地位，并刺激手工业发展，为西方提供更多的奢侈享受。最后，这段时期中的每一部分都有证据表明，大地主的实力和财富都在不断增长，农民越来越不得翻身；在帝国晚期，还出现了以大量占有土地为基础、具有重要地位的地方经济实体，以及其他类似现象。

这种经济能够撑起拜占庭文明巅峰时期的宏伟壮丽，也能支撑 9 世纪诸皇帝收复领土的征伐用兵。两个世纪后，一系列不利因素的结合再次让帝国不堪重负，开启了一段漫长的衰亡时期。其开端是一些新爆出的内部和个人问题。两名女皇帝和若干短命的昏君弱化了中央的控制力。拜占庭统治阶级内部的两个重要集团之间的对抗开始失去控制；一个以地方行省为根基的宫廷贵族党派卷入斗争，与级别更高的终身制官僚展开角力。这场对抗也部分反映了军方同知识界精英的斗争关系。不幸的是，作为斗争的结果，陆海军陷入嗷嗷待哺的境地，所需资金被文官剥夺，从而无力应付新涌现的问题。

在帝国的一端，问题是由西方最后一波野蛮人移民潮所导致的；这些信基督教的诺曼人正朝意大利和西西里南下。在小亚细亚，问题来自突厥人的压力。11 世纪，帝国领土内部已建起一个名叫鲁姆（Rum）的突厥苏丹王朝（这也是其名称的由来，因为 Rum 就指 Rome①），而阿拔

---

① "Rum"在阿拉伯语中意为罗马帝国。——译者注

黑 海

高浦洛斯 1489～1540/1571年

卡尔帕索斯 1300～1538年

卡索斯

斯皮纳降加 1209～1718年

克里特 1204～1669年

格拉姆武萨 1204～1691年

1 札拉 1202～1358年
2 斯普利特 1327～1358年
3 普韦韦札 1499～1530年
4 勒班陀 1407～1499年
5 帕特雷 1408～1413，1417～1419年
6 沃斯蒂扎 1470年
7 阿尔戈斯 1388～1463年
8 纳夫普利亚 1388～1540年
9 埃伊纳岛 1451～1537年
10 莫奈姆瓦夏（玛瓦希亚）1464～1540年
11 纳克索斯 1437～1500年
12 阿莫尔戈斯 1370～1446年
13 米科诺斯 1390～1537年
14 蒂诺斯 1390～1715年
15 安德罗斯 1437～1440年
16 斯波拉泽斯 1453～1538年
17 利姆诺斯 1464～1479年
18 伊姆布罗斯 1466～1479年
19 萨索斯 1464～1479年
20 萨莫色雷斯 1464～1479年
21 普泰莱奥 1323～1470年
22 内格罗庞特 1208～1470年

公元1500年以前丧得面复失失的土地

公元1500年左右依旧控制的土地

马尔马拉海

君士坦丁堡 1204年

帝 国

特内多斯 1375～63年

塞萨尼亚 1394～1402年

嘉基 1394～1402年

塞尔特 1425～1470年

布特林 386～797年

舶内加 1401～797年

科孚 1206～1214，1386～797年

圣毛拉 1502～1503年

伊萨卡和凯法洛尼亚 1483～1485年

桑特 1481～1797年

扎金索斯 1200～1500年

基西拉 1363～797年

马里纳 1467～479年

奥 斯 曼

斯 拉 夫

亚得里亚海

贝尔格莱德

拉古萨 205～1388年

蒙特罗 1494～1797年

的里雅斯特（伊特拉）

达尔马提亚 周边岛屿 1420～1797年

圣马力诺

达尔马提亚 周边岛屿

黑米亚札

威尼斯 1405～1509/1516年

费拉拉

意大利

西西里

北

地 中 海

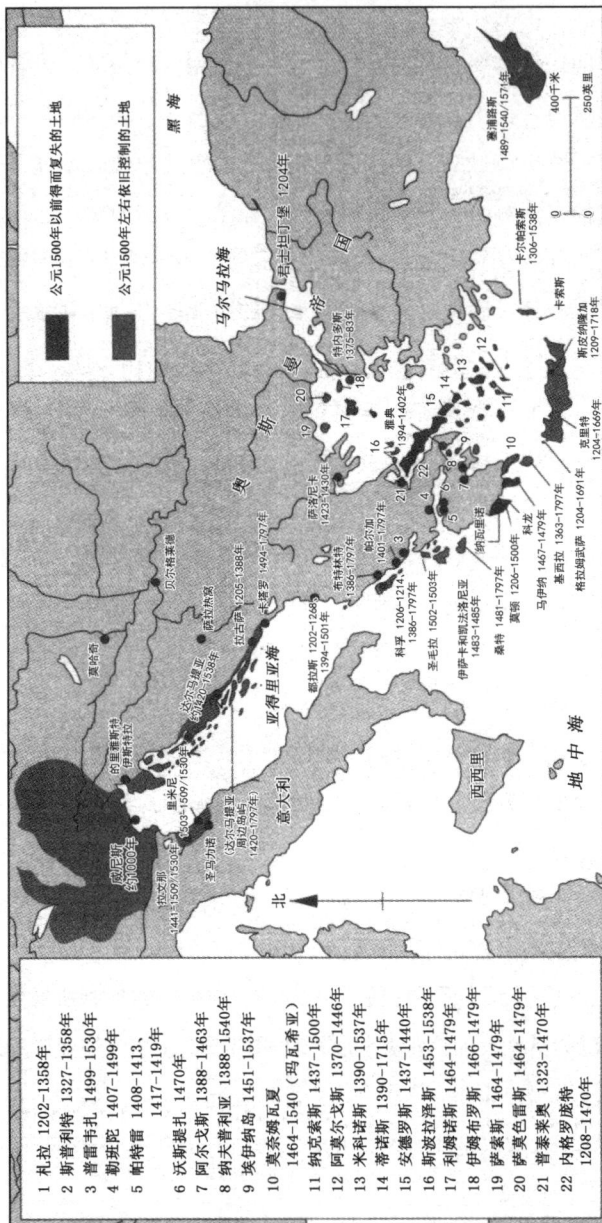

威尼斯崛起为地中海大强势力

400千米

250英里

斯帝国的控制权已经落入地方酋长之手。公元 1071 年，拜占庭在曼齐克尔特（Manzikert）败给突厥人，帝国根基为之动摇，随后实质上失去了小亚细亚，财力和人力资源也受到可怕的打击。皇帝们不得不习惯与之共存，但此后又出现了更凶狠的敌手。11 和 12 世纪中，帝国内部发生了一连串保加利亚人的叛乱，中世纪最强大的正教异见运动鲍格米勒（Bogomil）异端①也在该省广泛流传。这一盛行的运动利用了人们对希腊高级教士及其拜占庭习气的憎恨。

一个新王朝——科穆宁（Comneni）——再度重整帝国，并又将边境线稳定了一个世纪（1081—1185）。他们驱逐了希腊的诺曼人，打退了来自南俄罗斯游牧民族佩切涅格人的新威胁，但无法击溃保加利亚人或夺回小亚细亚。而且，为了完成这些工作不得不作出重大让步。有些特许条款给了国内的门阀巨头；有些给了盟友——但后来他们还是成了帝国的威胁。

这些日后成患的盟友之一是威尼斯共和国，原本只是拜占庭的卫星城。授予该城特权的后果尤其险恶，因为其唯一目的就是在地中海东部进行扩张。威尼斯是欧洲与东方贸易往来的主要受益者，很早就赢得了得天独厚的地位。作为 11 世纪协助拜占庭对抗诺曼人的回报，威尼斯人获得了在帝国内自由贸易的权利，被视作皇帝的臣民而非异国人。

威尼斯的独特之处及其成功，同样也建基于它的社会和国家形态。威尼斯是由欧洲大陆上来的难民建立的，他们在亚得里亚海岸一处潟湖中的一串小岛上建立了这个国家，并渐渐用桥梁和运河把这些小岛连通起来。从一开始，威尼斯就是一个军事共和国，其政府形态

---

①　糅合新摩尼教二元教义的基督教异端，盛行于 10 至 15 世纪的巴尔干地区，源自保加利亚。——译者注

和商业利益都体现出贪婪。国家元首名为总督，从一批全因贸易发家的望族中选出，任期终身。威尼斯人的信条（同样也是热那亚的，后者是之后在意大利西海岸崛起的类似国家）是，他们的贸易权在任何他们想要去的地方都不应受阻，他们还建立起一支强大的海军来捍卫这条原则。威尼斯的海外商站开始逐渐在达尔马提亚沿海出现，并延伸向希腊群岛。科孚岛、克里特岛和塞浦路斯岛都成为威尼斯的殖民地，贸易自此可以进一步扩张，尤其是与中东乃至更远的亚洲其他地区。

　　威尼斯的海上力量急速增长，而由于拜占庭舰队落入颓势，更是愈发不可一世。公元 1123 年，威尼斯人歼灭埃及舰队，自此，宗主国再无力对其加以控制。他们与拜占庭也发生过冲突，但支持帝国对抗诺曼人、从十字军身上搜刮战利品，对威尼斯人而言更有利可图。这些成功带来了贸易特权和领土扩张，而前者最为重要。称威尼斯建立在帝国的衰亡之上，此言或许不假；在经济体系中，它是整个亚得里亚海地区的宿主，拥有巨大潜力——12 世纪中期，据说有 1 万名威尼斯人在君士坦丁堡生活，他们的贸易活动对该城极为重要。到公元 1204 年，基克拉迪群岛、爱琴海上很多其他岛屿和黑海大部分沿岸地区都属于威尼斯。此后的 3 个世纪中，还有数百个地方群体加入，成为威尼斯共和国的成员。自古雅典以来的首个贸易和海上帝国已经成型。

　　威尼斯的崛起和宿敌的存在足以令拜占庭诸皇帝难堪。更何况，他们还要面对国内的新麻烦。12 世纪，叛乱变得稀松平常。西方世界发起十字军东征，这场伟大而又千头万绪的运动搅乱了东方的局势，使叛乱的危险成倍放大。我们无需在此为西方人对十字军东征的看法大费笔墨；从拜占庭的观点来看，这些贸然闯入的西方人越来越像又一波入侵的野蛮人。12 世纪期间，他们在黎凡特留下 4 个十字军国家，在该地原来的主人拜占庭人的心头打下烙印——近东舞台上又有了一名新的对手。12世纪末，当穆斯林武装云集于萨拉丁的旗下，保加利亚人又为独立揭竿而起，拜占庭帝国的伟大时代终于落下帷幕。

公元1204年，君士坦丁堡沦陷，帝国遭受致命打击。但破城者是基督徒，而非频繁威胁该城的异教徒。他们是第四次十字军东征中的一支基督教军队，原本要与东方的异教徒作战，后来在威尼斯人的唆使下掉头攻向拜占庭。这支军队在君士坦丁堡烧杀抢掠，使该城陷入恐慌（竞技场中的青铜群马就是在那时被劫走，最后安置于威尼斯圣马可大教堂前），还让一个妓女占据圣索菲亚大教堂的牧首宝座。东西方就以这种残酷至极的方式决裂。这次洗劫也遭到教皇的谴责，而在正教徒们的记忆里永远是一桩令人发指的丑行。这些希腊人眼中的"法兰克人"不把拜占庭视为自身文明世界一分子的心态，可谓昭然若揭；或许，他们也没有被视作基督教世界的一部分，因为宗教分裂局面实质上延续了一个半世纪。尽管他们后来放弃了君士坦丁堡，皇帝也于公元1261年归位，但直到新的征服者——奥斯曼帝国的土耳其人出现，旧拜占庭领土上的法兰克人才被肃清。虽然拜占庭还要存续两个世纪之久，但这个帝国已成了一具行尸走肉。直接的受益者是威尼斯人和热那亚人，他们吞并了拜占庭的财富和贸易，以此写下自己的历史篇章。

而另一方面，尽管东罗马帝国也许并不会为此产生太多自信或自豪，拜占庭的遗产（或者其中很大的一部分）已经不可磨灭，必将流传后世。它为斯拉夫诸民族播下了正教的种子，影响极为深远，我们至今仍身处其中。如果起初没有被转为基督教国家，俄罗斯和其他现代斯拉夫国家就无法并入欧洲，也不会被视为欧洲的一员。

这一历史进程中仍有许多难以定论的疑团，关于基督时代以前的斯拉夫人，我们的认知中值得商榷之处甚至更多。虽然现代斯拉夫民族的总体框架大致和西欧在同一时间确立，但地理特征使他们的历史显得混乱无章。野蛮人社会在西方定型后，由于游牧族的入侵和毗邻亚洲的位置，斯拉夫人所占据的欧洲区域依然变幻无常。欧洲中部和东南部有大片山地，河流在那里纵横交错，成为易货贸易的通衢。另一方面，现代波兰和俄罗斯的欧洲部分则大多为广袤的平原，虽然曾长期被森林覆盖，但该地区的定居点既无天险保护，也没有无法逾越的屏障阻隔，千百年间，各方势力在这片幅员辽阔的大地上博弈、争利。最后，到 13 世纪初，若干斯拉夫民族在东方崛起，并在未来形成其独有的历史，当时定下的格局一直延续到我们所处的时代。

风格鲜明的斯拉夫文明也逐渐成形，但并没有完全包容所有的斯拉夫民族；波兰和现代捷克及斯洛伐克两个共和国与西方的文化关联较之东方更为密切。一个个国家在斯拉夫世界中如走马灯般来而又往，但由波兰和俄罗斯民族逐渐发展起来的两个国家特别坚韧顽强，能够经受历史的考验，以成体制的形态生存下来。他们的生存将经受很大的考验，因为斯拉夫世界不时要承受来自东西两方的强大压力——特别是在 13 世纪和 20 世纪。西方世界的虎视眈眈是斯拉夫人保持强烈自我归属感的另一原因。

斯拉夫人的历史可以一直追溯到至少公元前 700 年，这个族群似乎最早出现在东喀尔巴阡山到克里米亚半岛一带。此后一千多年中，他们的足迹朝西面和北面缓慢延伸，进入现代的俄罗斯地区。5 至 7世纪期间，东西两部的斯拉夫人都开始南下进入巴尔干半岛。与突厥族群类似，斯拉夫人的这次迁徙扩张也许从侧面反映了他们屈从于阿瓦尔帝国。阿瓦尔人这个欧亚大陆中部的族群，当时统治着顿河、第聂伯河和德涅斯特河两岸大片广阔的地带，牢牢控制着远至多瑙河的今日俄罗斯南部地区。阿瓦尔人的强大势力，既指引也迫使着斯拉夫人向西迁徙。

在其整个历史中，斯拉夫人展现出惊人的生存能力。俄罗斯不断遭到斯基泰和哥特人骚扰，波兰一带则有阿瓦尔人和匈人的侵袭，可他们依然牢牢守住了自己的家园，还能扩张疆土；可见他们必然是农耕民族，且拥有坚忍不拔的精神。从早期艺术来看，他们愿意吸收其他民族的文化和技术，也向统治民族学习，且最终比后者生存得更久。7 世纪，他们和如日中天的伊斯兰势力之间隔着哈札尔和保加利亚这两个民族，该屏障具有重要的意义。这两个强悍的民族还对斯拉

基辅罗斯

夫人逐步迁往巴尔干和爱琴海的南下趋势起到推波助澜的作用。随后，斯拉夫人在亚得里亚海岸纵横驰骋，直抵摩拉维亚、中欧、克罗地亚、斯洛文尼亚和塞尔维亚。到 10 世纪，斯拉夫人必定在人数上居整个巴尔干地区之首，尽管现代的 DNA 检测表明，只有一小部分塞尔维亚人和马其顿人才在基因上与早期斯拉夫人相关联。

这一过程中，保加利亚是最早登上历史舞台的斯拉夫国家，但他们并非斯拉夫民族，而是发源于突厥部落。经过通婚和与斯拉夫人的接触，位于西部的保加利亚人逐渐被斯拉夫化，于 7 世纪在多瑙河一带建起国家。他们与斯拉夫民族联手，对拜占庭发起一系列大规模袭击；公元 559 年曾击破君士坦丁堡的周边防御，在城郊扎营。他们和盟友一样属于异教徒。拜占庭利用了保加利亚各部落之间的矛盾，还使其中一名统治者在君士坦丁堡受洗，拜皇帝希拉克略为教父。这名统治者借拜占庭盟友之手将阿瓦尔人赶走，夺回了原先属于保加利亚人的土地。保加利亚人的纯正性逐渐被斯拉夫人的血统和影响所稀释。7 世纪末期，当保加利亚人的国家最终出现，我们可以视之为斯拉夫国家。公元 716 年，拜占庭承认该国独立；长久以来一直毫无争议的帝国领土上，非我族类出现了。虽然两国存在同盟关系，但保加利亚人依旧令拜占庭芒刺在背，也绊住了他们收复西境的脚步。9 世纪伊始，保加利亚人在战斗中毙杀一名皇帝（还用其头骨为自己的国王打造了一樽酒杯）；自公元 378 年以来，还从未有拜占庭皇帝在战场上死于野蛮人之手。

保加利亚人皈依基督教是一个转折点——但非冲突的终结。有一小段时期，他们与罗马教廷虚与委蛇，试图利用教廷对抗君士坦丁堡；此后，另一名保加利亚国王在公元 865 年受洗，遭到了臣民的反对，但从此以后，保加利亚就是基督教国家的一员了。无论拜占庭政治家希望借此获得什么样的外交成果，施洗都远远不能解决保加利亚所带来的难题。尽管如此，保加利亚的皈依仍然意义重大，是斯拉夫民族基督化这一伟大进程中的里程碑。此事件也昭示了该进程实现的方式：自上而下通过统治者的皈依完成。

　　基督化进程的成败与否至关重大，决定了未来斯拉夫文明的本质。两名伟人在该文明成型初期发挥了主导作用，即圣西里尔（St. Cyril）和圣美多迪乌斯（St. Methodius）兄弟，他们至今仍受到正教群体的敬仰。西里尔曾随使节团出访哈札尔人并从事布道，要评价他们的工作必须考虑到当时拜占庭外交观念的大背景：正教传教士与拜占庭外交使节的身份总是有所重叠，这些教士身份的具体定位也很难明辨。但他们做出的贡献远甚于让一个危险的邻居改信基督教。西里尔发明的西里尔字母令其大名流传至今。该字母在斯拉夫民族中迅速传播，很快抵达俄罗斯，使基督教的扩张和斯拉夫文化的明确表述成为可能。由于拜占庭不是唯一的近邻，斯拉夫文化也对其他影响因素敞开大门，但影响最深刻的到头来还是东方正教。

　　从拜占庭的视角来看，此后还有一次意义更重大的皈依，不过要等一个多世纪才发生。公元 860 年，一支由 200 艘舰只组成的远征军突袭拜占庭。市民惊恐万状，聚集在圣索菲亚大教堂，一边颤抖，一边聆听牧首的祷告："一支异民族自北方掩杀而来……其心凶残不知怜悯，其声咆哮犹如惊涛……野蛮残暴的部落……毁灭一切，寸草不留。"这就好似西方教士祈求神佑，保护他们免受象征厄运的维京海盗船的荼害；这种相似性不难理解，因为这批入侵者跟维京人没有本质区别。拜占庭人把他们称作罗斯人（Rus/Rhos），这次袭击是俄罗斯军事力量的初次登场，与以后的规模相比，只能算是微不足道。

　　当时，这支舰队背后几乎没有任何可以称作国家的东西，俄罗斯依然没有脱离襁褓。其发端融合了多种元素，斯拉夫民族的贡献是其中的基础。数百年间，在各条汇入黑海的河流所构成的上游流域，东斯拉夫人的足迹遍布四处。这可能与他们原始的农耕方式有关，他们以砍伐焚烧来获取耕地，过两三年就会耗尽土壤的肥力，然后迁至别处。到了 8 世纪，这批东斯拉夫人应该已有不少的数量，因为有迹象表明，基辅附近的丘陵上存在相对稠密的居住地，也许可以称作城镇。他们以部落方式群居，经济和社会结构依然存疑，但这就是未来俄罗斯的雏形。其本地统治者的人选不为我们所知，但他们似乎用栅栏环成定居点的防线，并以此形成最早的城镇，从周边村落索取贡品。

此后，北日耳曼人（Norsemen）君临此地，成为斯拉夫部落的主人，或将他们作为奴隶贩卖到南方。这些斯堪的纳维亚人对土地极为渴求，在此激励下染指各种营生，包括贸易、海盗和殖民。他们带来了价值连城的商业技巧、了不起的航海术和战力可畏的海盗船队的管理方法，但似乎没带女性。与亨伯河（Humber）及塞纳河上的维京表亲类似，他们也利用河流深入腹地予取予求，而俄罗斯的河流更长也更深。有些人走得更远；据我们所知，公元 846 年的巴格达出现了一些被称作"瓦朗吉亚人"（Varangians）的北欧民族，他们在黑海四处出击，其中就有公元 860 年袭击君士坦丁堡的那次。他们必须在东部与哈札尔人对抗，也许起初将基辅设为根据地，这是向哈札尔纳贡的属地之一。但俄罗斯的传统历史始于诺夫哥罗德（Novgorod）据点的建立；在北欧传说中，该城称为霍姆格德（Holmgardr）。据说，公元 860 年，留里克（Rurik）国王与其兄弟在此立国。9 世纪末，另一名瓦朗吉亚国王夺取基辅，将新王国的首都迁至此城。

新势力的出现使拜占庭感到惊惶，但也促使帝国展开行动。他们以典型的拜占庭方式应对这一新的外交问题，从意识形态的角度作出对策，试图让部分罗斯人改信基督教。有一名公王也许还服从了。但瓦朗吉亚人依旧保留着北欧异教信仰——他们的神祇是托尔和奥丁；同时，其斯拉夫臣民也有自己信奉的神灵，可能有非常古老的印欧起源。不管怎么样，这些神总是随时光的流逝逐渐混为一谈，最后不分彼此。而瓦朗吉亚人和斯拉夫人的融合也在不断深化。很快，他们又与拜占庭进入敌对状态。10 世纪早期的大公奥列格（Oleg）趁拜占庭舰队离开之际，再次攻打君士坦丁堡。据传说，他将己方的船只搁浅并装上轮子，以绕过被堵死的金角湾（Golden Horn）入口。不管用什么方式，他成功地在公元 911 年迫使拜占庭签订城下之盟，使罗斯人获得非同一般的贸易特权，这也表明贸易对这个新公国的巨大意义。

传奇之王留里克之后，经半个世纪左右，一个沿河而生、类似于联邦的国家已然成型，以基辅为中心，将波罗的海和黑海连接起来。该国本属于异教，但因为易于同拜占庭往来，后者便成了年轻公国的文明和宗教之源，使这个起初在公元 945 年被称作罗斯的民族随着文明和基督教的降临而归化。当时，他们的联邦依然非常松散，因为维京人采纳斯拉夫民族的习规对遗产进行分割，使本就不甚严谨的体制进一步松动。统治罗斯的大公头衔往往在各个中心城市间易手，其中以基辅和诺夫哥罗德两城为主，但基辅家族仍是其中最重要的一支。

10 世纪上半叶，拜占庭和基辅罗斯的关系逐渐走向成熟。在政治和贸易层面以下，国家的定位正发生根本性的转变；基辅与斯堪的纳维亚渐行渐远，而对南方投以越来越多的关注。瓦朗吉亚人的压力看来已经式微，这和西方的北日耳曼人取得的成功似乎不无关系；其中一名统治者罗洛（Rollo）在公元 911 年争得一片土地①，即后来的

---

① 是指他与法国国王"傻子"查理三世签订的《埃普特河畔圣克莱尔条约》。条约规定将纽斯特里亚的部分地区划给他；作为条件，他同意终止海盗活动。——译者注

诺曼底公国。但还要过很久，基辅和拜占庭才会结成更紧密的关系。

拜占庭外交的谨慎态度是障碍之一；就像 10 世纪早期以浑水摸鱼的心态和佩切涅格人的蛮荒部落谈判时所抱有的谨慎那样，他们一边骚扰着罗斯人的领土，一边处心积虑地安抚他们。佩切涅格人已将马札尔部落赶到西边，这些部落原本是罗斯和哈札尔汗国之间的缓冲，所以产生更多麻烦是可以想见的。瓦朗吉亚人的骚扰也没有终止，但罗斯舰队在公元 941 年被“希腊火”击退，可以算作一个不大不小的转折点。随后签署的条约显著削减了他们在 30 年前获得的贸易特权。不过双方的利益一致性也更为明显，哈札尔衰落后，拜占庭意识到基辅可以成为有价值的盟友，共同对抗保加利亚人。双方接触往来的迹象开始增多；瓦朗吉亚人出现在君士坦丁堡的禁卫军中，罗斯商人去那里的次数也更加频繁。因而，其中一部人受洗是可以想见的结果。

虽然基督教会时不时地鄙视商人，却常常跟随他们的脚步。基辅在公元 882 年就已有一座教堂，可能是外国商人所建，但此后似乎没有进一步的动作。直到下个世纪中叶，俄罗斯才出现基督教存在的明证。公元 945 年，基辅大公的寡妇成为摄政，为继承人的儿子代理朝政。此人就是斯维亚托斯拉夫（Sviatoslav）之母奥尔加（Olga），她的儿子是第一个带斯拉夫而非斯堪的纳维亚名讳的基辅大公。公元 957 年，奥尔加在一个合适的时机前往君士坦丁堡进行国事访问。她之前也许已经秘密地受洗为基督徒，不过她是在此次出访的过程中公开正式受洗；皇帝亲自出席了位于圣索菲亚大教堂的受洗仪式。由于其中暗含外交意图，要洞察这一事件并不简单。毕竟，奥尔加也曾派使节拜访西方的一名主教，意图了解罗马教廷能开出什么样的价码。此外，受洗也没有带来立竿见影的实际效果。统治期为公元 962 至 972 年的斯维亚托斯拉夫后来成长为一名尚武的异教国王，与当时其他维京军事贵族没有太大差别；他是北日耳曼神祇的坚定信徒，成功洗劫哈札尔人的土地无疑令他的信仰更为坚定。不过，他与保加利亚人对抗的战绩相形逊色，最后死于佩切涅格人之手。

历史走到了关键时刻。罗斯公国依旧存在，但还是维京人的地盘，被基督教东西两派夹在中间。在这段关键时期，伊斯兰势力的西进脚步被哈札尔人所阻挡，但罗斯国可能已在逐步转向拉丁化的西方。波兰的斯拉夫人已经皈依罗马天主教，日耳曼主教区向东推进至波罗的海沿岸和波希米亚。两大基督教阵营的隔阂乃至敌对已成事实，罗斯则是一份巨大的战利品，将被某个阵营收入囊中。

公元 980 年，经过一系列宫廷斗争，弗拉基米尔（Vladimir）笑到最后，罗斯在他手中成为基督教国家。他可能从小受基督徒式的养育，但起初执拗地坚持异教信仰，并成为维京统帅。而后，他开始对其他宗教感兴趣，传说曾让各类宗教人士在他面前辩论短长；俄罗斯人对一宗他的轶闻津津乐道，称他拒绝伊斯兰教的理由是禁止饮酒。他派出一队使节前去造访各地的基督教会。据使节团报告，保加利亚教堂有股子异味，日耳曼教堂平平无奇，但君士坦丁堡使他们一见倾心。他们的话语经常被后世引用："吾等不知身处天堂抑或凡间，盖因凡间断无如此良辰美景，令吾等无言以表；唯知上帝与凡人同居于此。"于是弗拉基米尔就此定夺。大约在公元 986 至 988 年，他接纳正教，使其成为自己和臣民的信仰。

这是俄罗斯历史和文化的转折点，自那时以来的正教神父们也一直有同样的认识。大约半个世纪之后，某教士如此颂扬弗拉基米尔："于是，偶像崇拜的黑暗开始退却，正教的曙光初升。"不过，无论弗拉基米尔为臣民施洗的热情有多高（必要时还采取强迫手段），影响他的因素却不止宗教热情，也有外交考虑成分。弗拉基米尔过去一直为皇帝提供军事支持，现在还新纳一名拜占庭王女为妻，基辅大公的地位从未得到过如此高规格的认可。皇帝愿意让妹妹出嫁，是因为拜占庭需要罗斯盟友一同对抗保加利亚。当婚约出现波折时，弗拉基米尔占领帝国领地克里米亚，向拜占庭施压，于是婚礼完成。基辅也配得上成为拜占庭的联姻对象，不过弗拉基米尔这一选择的决定性意义远远超过外交本身。200年后，其同胞承认了这一点，将弗拉基米尔封为圣徒。单单他作出的这一个抉择，对俄罗斯未来的影响比任何人的其他任何抉择都更大。

　　10世纪的基辅罗斯文化可能在很多方面都比西欧更丰富。其城镇是重要的贸易中心，货物经此渠道通往近东；俄罗斯皮草和蜂蜡在那里可以卖出好价钱。这一重商主义反映出另一种差异：在西欧，封闭的、自给自足的采邑经济体制正承受着古典经济体系崩溃的重负。另外，如果没有西方的采邑制度，也就不会有西方的封建贵族。这样一来，俄罗斯将要耗费比天主教欧洲更长的时间才能形成手握封疆的贵族阶级；俄罗斯贵族会在一段很长的时期内继续担任军事领袖的跟班和随从。部分俄罗斯贵族反对基督教，异教在北方还存续了几十年。就如保加利亚一样，基辅罗斯皈依基督教是一场政治行动，具有内外两方面的动机和影响。虽然基辅是一个基督教公国的首都，但整个国家尚未完全皈依，该城也算不上是一个基督教国家的中心。大公不得不坚定立场，抵御由贵族和异教组成的保守联盟的反对。在较低的社会阶层、城镇当中，新信仰逐渐生根，这首先要归功于保加利亚教士，他们带来了南斯拉夫教会的礼拜仪式和西里尔字母，使俄语成为一种文学语言。在教会层面，拜占庭具有很强的影响力，基辅大主教通常由君士坦丁堡牧首任命。

　　一座座宏伟的教堂在基辅落成，使该城扬名；这是建筑史上的伟大时代，其风格表现出希腊化的影响。不幸的是，这些建筑均为木制，所以留存至今者寥寥。但追求艺术至上的盛名反映了基辅的富饶。"智者"雅罗斯拉夫（Yaroslav "the Wise"）在位时期，对艺术的追求达到极致；一名西方游客认为基辅堪比君士坦丁堡。当时的俄罗斯就和此前几百年来一样，对外部世界的文化敞开大门。这部分体现了雅罗斯拉夫的军事和外交立场。他与罗马有外交使节往来，诺夫哥罗德也接纳来自日耳曼汉萨同盟（German Hanse）的商人。他本人娶了一名瑞典王女，将家族的女眷许配给波兰、法国和挪威的国王。一名落难的盎格鲁—撒克逊王族曾在他宫中避难。自他以后，基辅再没同西方宫廷形成如此紧密的联系。文化方面，拜占庭在斯拉夫土壤里播下的种子也结出了第一批果实。教育基础和法律体系的创建反映了这些成果。最早的俄罗斯文学巨著之一《往年纪事》强调俄罗斯的斯拉夫传统，为俄罗斯历史提供了一份基督教式的叙述。

　　基辅罗斯的弱点在于一成不变的继承法，几乎注定会在大公死后造成分裂和争斗。虽然 11 世纪的另一名大公得以巩固王权、挡住外敌进犯，但雅罗斯拉夫死后，基辅至高无上的地位还是渐渐消弭。北部公国领主表现出更大的自主权，莫斯科和诺夫哥罗德最终成为其中最重要的两座城市。不过 13 世纪下半叶，弗拉基米尔也形成一个可以和基辅比肩的"大"公国。这一俄罗斯历史重心的转移，可以部分反映来自南方正处于鼎盛时期的佩切涅格人的新威胁。

　　该变化意义重大。在这些北部公国，可以辨识出俄罗斯政府及社会未来趋势的发端。各王公的封赐使原先统帅型国王身边的追随者和密友慢慢转型为封地贵族。就连定居下来的农民也开始获得所有权和继承权。很多在土地上劳作的人是奴隶，但没有那种构成中世纪西方领土社会形态的金字塔形效忠体系。虽然这些变化在当时的文化下才完全成型，但其大方向在俄罗斯历史的基辅时代就已经确定。

　　另一个岿然不倒的国家实体是波兰，与俄罗斯大约在同一时期形成明确的国家结构。其起源为一批 10 世纪首次出现于历史记载当中的斯拉夫部落，当时正与西方日耳曼人的压迫作斗争。所以，波兰首位载入史册的统治者梅什科一世（Mieszko I）选择基督教的决定性因素很可能是政治原因。与俄罗斯不同的是，他并没有选择东方的正教，而是倒向罗马一边。于是，正如俄罗斯将一直和东方联系在一起，波兰的整个历史都将与西方相联。公元 966 年的皈依为这个新国家开启了一段半个世纪的急速巩固期。梅什科精力充沛的继承人开始创建行政体系，扩张疆土，北抵波罗的海，西吞西里西亚、摩拉维亚和克拉科夫（Cracow）。一名德意志皇帝在公元 1000 年认可他的统治权；公元 1025 年，他加冕为波兰国王鲍莱斯瓦夫一世（Boleslav I）。政治阻力和异教反对使他的很多成果流于无形，未来也经历过挣扎的时刻，但波兰从此成为历史中真实的存在。

此外，波兰历史的三大主旋律也已经登场：反抗西方德国的蚕食，与罗马教廷保持利益一致，贵族对抗王室的派性和独立性。前两个主题包含波兰的大量血泪史，令波兰被来自各个方向的力量所撕扯。作为斯拉夫民族，波兰人守护着斯拉夫世界的缓冲地带，筑成抵挡条顿移民潮的防波堤。作为天主教徒，他们又是西方文明与东方正教对峙的前哨站。

在这些混乱的世纪中，斯拉夫民族的其他分支也曾推进到亚得里亚海沿岸，并进入中欧。其中涌现出了其他有着伟大未来的国家。波希米亚和摩拉维亚的斯拉夫人在 9 世纪被西里尔和美多迪乌斯劝服并归入正教，但后来又被德意志人改归拉丁基督教。信仰冲突在克罗地亚和塞尔维亚也有重要意义，另一个脱离东斯拉夫群体的分支在此定居并建立国家，首先是阿瓦尔人，然后是日耳曼人和马札尔人，他们自 9 世纪开始的入侵活动尤为重要，令中欧正教失去了拜占庭的支持。

因此，12 世纪初的欧洲有一个斯拉夫世界。由于宗教、在彼此分隔的区域定居，这个世界确实四分五裂。从南俄罗斯翻越喀尔巴阡山来到此地定居的马札尔人则完全不属于斯拉夫民族。整片斯拉夫地区处于西方不断加大的压力之下，政治因素、十字军的狂热和敛地的渴望，都让这片东方世界对日耳曼人产生不可抑制的诱惑力。最强大的斯拉夫势力是基辅罗斯，但未能发展出全部的潜力；该国自11世纪起被政治分裂拖了后腿，下一个世纪又苦于库曼人的骚扰。到公元1200年，基辅罗斯已失去对黑海上游流域的控制，退向北地，成为莫斯科大公国。一段艰难的时光即将到来。各种灾难如飓风般落在欧洲的斯拉夫民族头顶，也令拜占庭遭殃。公元1204年，十字军攻陷君士坦丁堡，维系正教的世界强权就此陨落。但这还不是苦难的尽头，36年后，基督教城市基辅落入可怕的游牧民族之手，他们就是蒙古人。

第 4 章　新中东与欧洲的形成

对于近东一带悄悄扩张的嗜血民族来说,拜占庭不是唯一的诱惑;实际上,在这些民族的虎视眈眈之下,老对头阿拔斯王朝灭亡得更早。阿拉伯帝国一泻千里、分崩离析,从 10 世纪开始,我们将踏入一段混沌的时代。对于当时发生的事件,任何简短的概述都是徒劳无果的尝试;任何可能形成持续发展的苗头——例如商业繁荣、在统治阶级和军事等级体制之外的富裕阶级的兴起——似乎都只是昙花一现。政府对收益的贪婪和恣意妄为也许能作为基本的解释,但纵使一波波统治者和入侵者来而又往,也没有什么能动摇伊斯兰社会的根基。有史以来第一次,从黎凡特到兴都库什山脉的整片地区完全被一种宗教占据,而且此状况将长期持续。在那片区域中,罗马基督教传统作为一种主要文化推动力的地位只保持到 11 世纪,而且被托罗斯山脉阻断,影响力局限于小亚细亚以内。此后,近东的基督教开始衰亡,成为仅靠伊斯兰教的容忍才能存续的区区社群。

伊斯兰社会和文化机制的稳定及根深蒂固具有极为重要的意义。当伊斯兰世界进入衰亡期,哈里发不复原本至高无上的地位,一个个自行其政的半自治型国家涌现,而社会和文化的稳定性远远压倒了这些国家的缺陷——主要是政治和行政方面的缺陷。关于这些国家我们无需赘言,虽然阿拉伯文化学者会感兴趣,但本文提及它们只为提供便于定位的标示,而非介绍其本身。其中最重要和强大的国家由法蒂玛王朝统治,控制着埃及、叙利亚和黎凡特的绝大部分地区以及红海沿岸。这片领土包括麦加和麦地那的圣地,因此该王朝控制着利润丰厚、事关重大的朝圣贸易。在安纳托利亚和叙利亚北部边界有另一王朝哈姆丹（Hamdanid），处于法蒂玛和拜占庭帝国之间。同时，哈里发帝国的心脏地带，即伊拉克、伊朗西部和阿塞拜疆，则由白益王朝统治。最后，东北省份呼罗珊、锡斯坦（Sijistan）① 和河间地带（Transoxiana）② 已落入萨曼（Samanids）王朝的掌控。仅列出这四个势力远远无法详尽表述 10 世纪阿拉伯世界动荡不安的复杂局势，但可以提供当前行文所需的一切背景，以铺陈两个新帝国在伊斯兰世界崛起的进程：其一以安纳托利亚为依托，另一个位于波斯。

这一进程的脉络可以从前文已经介绍过的中亚民族——突厥——身上找到。萨珊王朝在末期为一部分突厥人提供了家园，以回报他们给予的协助。那些岁月中，突厥"帝国"——如果以此形容他们的部落联邦也未尝不可——横贯亚细亚，这是他们的第一个伟大时代。事实很快证明，这段盛世与其他游牧民族的辉煌一样转瞬即逝。突厥处于内部部落对立和中国实力复兴的内忧外患之下，就是这样一个一盘散沙的民族，遭遇了所向披靡的阿拉伯铁蹄。公元 667 年，阿拉伯人入侵河间地带；下个世纪，他们最终撼动了突厥帝国在西亚所余下的基业。直到 8 世纪，阿拉伯人才被突厥民族的另一分支哈札尔人所阻止。但此前，东突厥联盟已经分崩离析。

尽管最终崩溃，突厥人取得的成就依然有非常重大的意义。这是游牧民族首次形成横贯亚洲、类似于国家政体的组织，并持续了一个多世纪。当时的四大文明古国——中国、印度、拜占庭和波斯，都感到与突厥可汗建立往来的迫切性，这些接触使突厥人受教良多。他们从中习得不少东西，其中就有文字书写的造诣；现存最早的突厥镌文

---

① 今伊朗东部和阿富汗西南部的边境地带。——译者注
② 阿姆河以东、锡尔河以西，大致相当于今乌兹别克斯坦另加土库曼斯坦和哈萨克斯坦的一部分。——译者注

属于 8 世纪早期。尽管如此，突厥历史中有不少长期的断层，我们必须依赖其他民族的记载和档案才能了解；因为似乎没有早于 15 世纪的突厥权威史料，考古资料也零散不全。

这一史料上的欠缺，加之突厥部落的分散状态，令其 10 世纪前的历史难以辨明。随后，中国唐朝走向灭亡，这一至关重要的事件给已经中国化的东方突厥人带来重大的机会。伊斯兰世界在这一刻也显出大量衰退的迹象，某个继承阿拔斯王朝衣钵的国家崛起就是迹象之一。突厥奴隶，又称"马穆鲁克"（Mameluke）①，长久以来一直在哈里发的军中服役；如今，他们被企图填补自身实力真空的各王朝征为雇佣兵。但突厥人本身也在 10 世纪又一次踏上迁移之路。其间，一个新王朝恢复了中国的实力和统一；这可能是决定性的推动力，让中亚各民族争先恐后地调转方向，再一次朝着遥远的他乡进发。无论是何缘由，有一支称作乌古思（Oghuz）的突厥人，随着篷车队一同进入古代哈里发王朝在东北部的旧领地，并在那里建立起自己的国家。其中有一氏族名曰塞尔柱（Seljuk），他们已属于穆斯林，因此十分醒目。公元 960 年，当他们还位于河间地带时，就已经在萨曼传教士孜孜不倦的布道下皈依。

有很多新突厥政权的领导人过去是阿拉伯波斯帝国的奴隶士兵；迦瑟尼（Ghaznavids）王朝就是其中之一，曾一度控制直达印度的巨大区域（这也是阿拔斯王朝后首个推选将领为苏丹——即国家首脑——的政体）。但新的游牧族入侵者出现后，他们也遭到驱逐。抵达该地的乌古思人为数众多，足以令伊朗的民族构成和经济发生重大转变。他们的到来还以另一种方式带来了比以往都更为深刻的变化，

---

① 最早出现于 9 世纪，发起人是阿拔斯王朝的哈里发穆阿台绥姆（al-mutasim），他用掠夺或购买来的奴隶组成穆斯林军队的主干。——译者注

开启了伊斯兰历史中的一个新阶段。由于萨曼人的作为，部分乌古思突厥已是穆斯林，对该地的所见所闻怀有敬意。此后，阿拉伯和波斯的重要学术著作开始被翻译成突厥文，使突厥人前所未有地接触到阿拉伯的文明成果。

11 世纪早期，塞尔柱人也抵达乌浒河的对岸。这一动向将导致第二突厥帝国的诞生，一直延续到公元 1194 年；在安纳托利亚则持续到公元 1243 年。赶走伊朗东部的迦瑟尼王朝后，塞尔柱人把矛头指向白益王朝，攻占伊拉克，从而成为历史上首批打到伊朗高原另一侧的中亚征服者。也许因为他们是逊尼派，而白益王朝信奉什叶派的缘故，该王朝的很多旧臣民似乎很快就对他们报以欢迎。不过，他们此后创下的成就要伟大得多。征服叙利亚和巴勒斯坦后，他们入侵小亚细亚，在公元 1071 年的曼齐克尔特使拜占庭遭受历史上最为惨重的失败之一。塞尔柱人自认为继承了古代罗马帝国的领土，所以给他们在那里设立的苏丹王朝起了鲁姆这一响当当的名称。伊斯兰人在古罗马帝国腹地立足的状况引发了西方十字军东征的狂热，也为突厥人定居小亚细亚开启了大门。

所以，在很多方面，塞尔柱人扮演了极为突出的历史角色。他们不仅开启了小亚细亚从基督教转信伊斯兰教的过程，而且还招来十字军的东征，长期承受着抵御东征的重负，这令他们在其他战线上损失惨重。到 12 世纪中期，伊朗地区的塞尔柱势力已开始削弱。尽管如此，塞尔柱帝国仍延续了足够长的时间，伊斯兰整片核心地带得以凝聚出一种共有的文化和体制；而这一次，突厥人也包括在这种文化和体制之内。

塞尔柱帝国能够延续这么长的时间，其统治方式的创新不无裨益，但更重要的原因是认识到社会层面（在伊斯兰世界就相当于宗教层面）的现实。塞尔柱体制结构的根本是朝贡关系，而非行政活动。

他们的国家是某种部落和地方邦联，对长期压力的承受力不比以往的朝代更强。帝国中枢就是军队和维持军队的能力；地方统治官是伊斯兰宗教领袖和导师，这些要人称作乌里玛（ulema）①，他们使地方权威和社会习俗得以巩固，在哈里发的中央政权垮台后依然能够延续，并将整个中东地区的伊斯兰社会结合在一起。直到 20 世纪国家主义思想出现之前，乌里玛一直掌管着地方事务。乌里玛内部虽然有各种学派分歧，但给地方层级带来了共有的文化和社会体系；不管顶层政体如何更替，哪怕还具有异族起源，也总能得到民众的效忠。该体系提供了能保证当地人满意的政治家，通过他们的支持，新政体得以坐稳江山。

这构成了伊斯兰社会和基督教社会之间最醒目的差异。宗教精英分子是乌里玛的关键组成部分，他们将以宗教为基础的地方社群组织起来，从而无需西方概念中的官僚体系。在哈里发的权力日趋衰亡的年代，在政治上缺乏统一的伊斯兰世界，是这些精英保障了社会的团结。塞尔柱模式扩散到阿拉伯世界，并被后续的帝国所沿用。对奴隶的利用是阿拉伯世界的另一种基本运作机制，有少数奴隶担当行政官，但大部分在军中服役。虽然塞尔柱帝国也向一些军事支持者封赐大片采邑，但给军队带来真正实力的是奴隶——往往是突厥人，而军队是其政体的倚靠。最后，在可以依靠地方王公贵族的情况下，帝国也依靠这些波斯或阿拉伯的门阀来维持统治。

塞尔柱帝国在衰亡阶段暴露出体制上的弱点。该帝国严重依赖那些得到部落忠心支持的有能之士。然而突厥人立足未稳，臣民又以成败论英雄，失败者将失去他们的忠诚心。当第一波进入安纳托利亚的穆斯林移民潮尘埃落定，那片区域的突厥人依然未能扎根，穆斯林城

---

① 教内的博学之士，广义上指一切有学识的穆斯林。——译者注

镇被语言不通的乡野所包围；当地的语言尚未如更南面那样实现阿拉伯化，希腊文明对这片区域的覆盖也进展得非常缓慢。再往东，穆斯林将失去他们的第一片土地，被 12 世纪的异教徒夺走；塞尔柱人的河间地带也被一名游牧族统治者攻占（根据西方脍炙人口的传说，他是祭司王约翰［Prester John］，一名基督教国王，自中亚发兵呼应十字军的东征时攻克该地）。

十字军运动的部分起因是塞尔柱势力的崛起。也许是皈依伊斯兰教较晚的缘故，突厥人没有阿拉伯人的容忍心，开始招惹前往圣地朝圣的基督徒。导致十字军东征的其他原因更属于欧洲史而非伊斯兰史的范畴，可在别的章节讲述；但到公元 1100 年，尽管法兰克人的威胁尚不严重，伊斯兰世界已然觉得处于只能招架的境地。而且，西方人重夺西班牙的战役已经打响，阿拉伯人业已丢失西西里岛。第一次十字军东征（1096—1099）正值穆斯林内部分裂的大好时机，入侵者得以在黎凡特建立 4 个拉丁化国家：耶路撒冷王国及埃德萨（Edessa）、安条克公国和的黎波里 3 片采邑。它们的未来并不长久；但在 12 世纪早期，其存在就是伊斯兰人的心腹大患。十字军的成功激起了穆斯林的反弹，一名塞尔柱将领攻占摩苏尔（Mosul），以此城为中心在美索不达米亚北部和叙利亚建立起一个新的国家。他于公元 1144 年重夺埃德萨；他的儿子觉察到基督徒粗暴对待当地穆斯林、导致人心背离的状况，认为可以加以利用。公元 1171 年在埃及夺权、宣告法蒂玛王朝灭亡的萨拉丁，则是这位国王的侄子。

萨拉丁是库尔德人。他重夺黎凡特，被穆斯林世界奉为英雄。即便缺乏浪漫情怀、好追根究底的学者孜孜不倦地揭露这位萨拉森（Saracen）① 骑士完美形象背后的真实，他也一直是后世津津乐道的

---

① 中世纪基督教用于指所有信奉伊斯兰教的民族。——译者注

对象。他令当时的基督教思想界痴迷不已，这份充满矛盾的感情必然具有切实的教化之力。他是异教徒这一点无可争议，但据说是个言出必践、处事公正的好国王，颇具骑士风度，却身处于不知骑士思想为何物的世界（一些法国人对此极为困惑，甚至不得不相信实际上曾有一名基督教俘虏为他行骑士礼，他临死前还为自己施洗）。让我们暂且回到较为平淡的历史话题，重夺耶路撒冷（公元1187年）是萨拉丁创下的第一份伟业，这引来了新一轮的十字军东征（第三次，1189—1192）。此次东征在他面前一无所获，徒然激化了穆斯林的怒火，开始对基督教表现出前所未有的憎恨和意识形态敌意。基督徒迫害运动随之而来，穆斯林土地上原本庞大的基督教人口开始缓慢但不可逆转的凋零。

萨拉丁建立了阿尤布（Ayyubid）[①]苏丹王朝，统治着黎凡特（在十字军的势力圈之外）、埃及和红海沿岸。该王朝一直持续到被其禁卫军——突厥奴隶马穆鲁克——出身的统治者取代为止。这些奴隶出身的统治者毁灭了十字军征服者在巴勒斯坦的残余。此后，哈里发政权在开罗（该城被赐予阿拔斯王室的一名成员）恢复统治，但其重要性不能与十字军王国的灭亡相提并论。尽管如此，哈里发政权的复兴还是明确了一点，只要伊斯兰文明占有实力优势和文化焦点的地位，埃及就也能显现出强盛和文明的光景。但收复巴格达始终未能实现。

当时，马穆鲁克还创下了另一桩伟大的成就。他们最终阻止了一波威胁远远超过法兰克人、肆虐了半个多世纪的征服浪潮，那就是大杀四方的蒙古人；编年记载和版图划分的研究手段在其历史面前都无能为力。这支游牧民族以惊人的速度席卷中国、印度、近东和欧洲，

———————
　①　原文Abbuyid，误。——译者注

在身后留下不可磨灭的印记。然而，除了统帅扎营用的毛毡帐篷以外，其历史没有任何实物可供凭吊；他们如飓风般扫荡了五六个文明，带来死亡和破坏（只有 20 世纪才发生过规模能与之比拟的劫难），然后消失无踪，几乎和出现时一样突然。他们理应被单独视为最后也最恐怖的游牧族征服者。

要追溯蒙古人的起源，我们需要回到公元第 1 千纪中期的欧亚大陆中部的东边部分。突厥人势力扩张，把其他族群赶到了边缘地带，但其中一些族群并不想屈从，于是南下，就在中国北朝的边境外甚至边境内安顿下来。有一些讲蒙古语系语言的族群，长期以来一直就很受中国朝廷的关注，此时逐渐融入五六世纪中国的乱世政治中。其中一些族群还在新王朝的创立过程中起了关键作用，隋朝和唐朝都有一定的蒙古语族渊源。但另外一些族群却生活在中华帝国域外。公元第 1 千纪众多伟大的游牧联盟，如阿瓦尔人、突厥人或许还有匈人当中，都混有蒙古语族的元素。在 9 世纪后半叶和 10 世纪初，一个叫契丹的族群建立起了自己的国家，并闯入中国北方，创立了辽朝，从 916 年维持至 1125 年。

辽毫无疑问启发了其他生活在中国北方的蒙古族群，他们也开始考虑自己是不是除了做牧民、仆人或工匠外，还能干点别的。但是在 12 世纪早期，辽国在各方敌人的重压下瓦解，所有的蒙古部落都将遭受负面的后果。来自其他族群的压力，又引发了幸存的蒙古部族之间争夺优势地位的激烈斗争，这使得有个年轻的蒙古人产生了极端的恨意和野心。其出生年份尚无定论，不过 12 世纪最后十年间他已成为该部落的可汗。数年后，他一统所有蒙古部落，获得成吉思汗（Chinghis Khan）这一尊贵的称号。由于阿拉伯人的误读，欧洲人称他为 "Genghis Khan"。他征服了中亚的其他民族，公元 1215 年又于中国北部击败女真人建立的金朝。这仅仅是其军事征途的开始。公元

1227 年去世时，他已成为全世界有史以来最伟大的征服者。

他与以前所有的游牧军事统帅都不太一样。成吉思汗发自内心地相信，征服世界是他的使命。他的目标是征服，而非战利品或定居地；而对所征服的一切，他常常立即着手以系统化的手段进行安置。以这一方式所建立的体制，比大部分游牧族政体都配得上"帝国"之名。他相信鬼神，对不同于自身宗教信仰的其他宗教持宽容态度。据一名波斯历史学者所言，他"对于每个部落中受到爱戴和敬仰的贤达修士秉持敬意，认为这么做可以取悦天神"。实际上，他似乎认定自己就肩负着上天的使命。这种宗教折衷主义具有首当其冲的重要意义；此外同样重要的是，与抵达近东时的塞尔柱人不同，他和他的追随者（除了一些加入该阵营的突厥人）都不是穆斯林。这不仅对基督徒和佛教徒意义重大（蒙古人当中既有景教徒也有佛教徒），而且还意味着蒙古的宗教与近东地区的主流格格不入。

公元 1218 年，成吉思汗剑指西方，从河间地带和伊朗北部开始，蒙古人入侵的时代来临了。他从不因一时兴起而采取无谋或欠缺考虑的行动，但其攻势很可能是因某个穆斯林国王的愚蠢行为所招致——他杀掉了成吉思汗派出的使节。自那以后，成吉思汗一路直捣波斯，所到之处生灵涂炭；接着挥师北上，打通高加索，进军俄罗斯南部，然后收兵回师，绕着里海扫荡了整整一圈。

这一切在公元 1223 年就完成了。他在攻陷布哈拉和撒马尔罕后放手屠城，以恐吓有心抵抗的其他民族（与蒙古人作战，投降一直是最安全的选择。此次屠杀后，若干降伏的少数民族所遭受的不幸不过是纳贡和接受一名蒙古执政官的统治而已）。河间地带再也未能恢复它在伊朗的伊斯兰世界中的本来地位。公元 1221 年，格鲁吉亚人败于蒙古人之手。两年后，南俄罗斯的几名王公也步其后尘，令基督教文明领教了蒙古人高超的军事技能。而与之后的事件相比，这些危机也只能算是序曲。

　　成吉思汗死于公元 1227 年，当时身处东方。但其子窝阔台继承其位，在占领中国北部后又重返西方。公元 1236 年，他的大军如潮水般涌入俄罗斯，在成吉思汗之孙拔都和军事战略家速不台的指挥下，他们攻占基辅，并定居伏尔加河下游，在那里设置了一套朝贡制度，将那些尚未征服的俄罗斯公国也纳入帐下。同时，他还对天主教欧洲发动袭扰。条顿骑士、波兰人和匈牙利人都倒在其面前。克拉科夫被付之一炬，摩拉维亚成为焦土。有一支蒙古非主力部队插入奥地利；同时还有一路兵马追击匈牙利国王，穿过克罗地亚，最终抵达阿尔巴尼亚才被召回。

　　1241 年，拔都的主力部队听闻窝阔台去世，便离开欧洲，返回敬拜死去的大汗，并参与选举他的继任者。新任可汗①直到公元 1246 年才选出。一名方济各会修士作为教皇的使节参加了登基仪式；此外还有一名俄罗斯大公、一名塞尔柱苏丹②、埃及阿尤布苏丹③的弟弟、阿拔斯哈里发④的一名使节、亚美尼亚国王的代表和格鲁吉亚基督教王国王位的两名候选人出席。选出新可汗没能解决蒙古人内部分裂的问题，直到贵由的去世结束了其短暂的统治，下一任大汗于 1251 年当选，蒙古人方才整顿好再次出兵的条件。

　　新大汗是成吉思汗的另一个孙子，蒙哥。他将成为蒙古最伟大的汗之一。他的第一波攻势几乎全都指向伊斯兰世界，令基督徒产生毫无根据的乐观情绪。他们还注意到，景教对蒙古金帐的影响力有所提

---

　　①　贵由，公元 1246 至 1248 年在位的蒙古大汗。——译者注
　　②　当年刚刚去世的凯霍斯鲁二世（Kaykhusraw Ⅱ）7 岁的幼子阿拉丁·凯库巴德（'Ala al-Din Kayqubadh）。——译者注
　　③　萨利赫·阿尤布（As-Salih Ayyub），其弟弟是阿勒迪二世（Al-Adil Ⅱ）。——译者注
　　④　穆斯台耳绥木（al-Musta'sim）。——译者注

升。这片地区名义上仍属于哈里发，在成吉思汗的铁蹄过后一直处于无序状态。鲁姆帝国的塞尔柱人于公元 1243 年败北，无力确立权威。在这片真空地带，规模相对较小的地方蒙古武装就足以应付；大量当地统治者中，有不少成为蒙古帝国的附庸，也是蒙古人征伐的主要依靠。

大汗的弟弟①受命指挥这一战役。公元 1256 年元旦，他发兵穿过乌浒河，在顺路消灭恶名远扬的阿萨辛派后挥师巴格达，向哈里发下了招降书。该城遭到猛攻后沦陷，末代阿拔斯哈里发被杀；据说他是被毯子裹起后纵马践踏致死的，因为按当时的迷信思想，让君王的血接触地面是对大地的不敬。这是伊斯兰历史上的黑暗时刻，而基督徒则为之精神一振，期待穆斯林主子被推翻的时刻到来。次年，蒙古人朝叙利亚发起攻势，大马士革降服，城中的穆斯林被迫在街上向十字架俯首，一座清真寺被改建成基督教堂。当大汗去世时，埃及的马穆鲁克正是他要征服的下一个目标。西方的蒙古统帅支持蒙哥的弟弟、当时远在中国的忽必烈继位，但他要为其他事情操心，遂将大部分人马撤回阿塞拜疆以待时机。所以，公元 1260 年 9 月 3 日，当马穆鲁克人攻向拿撒勒附近的歌利亚之泉（Goliath Spring），他们所遭遇的是一支已经被削弱的军队。蒙古将领被杀，蒙古人不可战胜的神话破灭，这是世界历史中的一个转折点。② 蒙古的征服时代告终，从此进入巩固政权的新阶段。

成吉思汗的帝国不复统一。内战后，继承权被 3 名王子划分，名义上的最高统治者是成吉思汗的孙子、中国大汗忽必烈，他也是最后一名大汗。俄罗斯汗国一分为三：从多瑙河到高加索属于金帐汗国，

---

① 旭烈兀，公元 1217 至 1265 年。——译者注
② 史称艾因扎鲁特战役（Battle of Ayn Jalut）。艾因扎鲁特即"歌利亚之泉"。马穆鲁克人以 12 万人对阵怯的不花率领的 1 万蒙古军。——译者注

其东北部是昔班尼（Cheibanid）汗国（以首任可汗之名命名），南部有白帐汗国。波斯汗国包括小亚细亚大半，其领土横跨伊拉克和伊朗，直抵乌浒河。更远处还有突厥斯坦汗国。这些国家之间的纷争令马穆鲁克人可以随意扫荡十字军的飞地，报复那些曾与蒙古人合作、自毁名节的基督徒。

　　回顾历史，要理解蒙古人为何能获得如此长久的成功依然殊为不易。在西方，没有一个强敌——就像曾经的波斯或东罗马帝国——与他们对抗；但在东方，败给他们的中国王朝却是不折不扣的大帝国。他们的敌人彼此不和，这也是有利的因素。基督教统治者想利用蒙古大军对付穆斯林，甚至其他基督教势力，结果玩火自焚；同时，基督教文明和中国朝廷联手对抗蒙古军队又毫无可能，因为蒙古人控制着双方沟通的渠道。除了与伊斯兰教不共戴天，他们一直容忍宗教多元化，这也是蒙古人的优势，令不战而降者无所惧怕。有心抵抗者，有布哈拉和基辅的废墟，或是原先的波斯城池中堆积如山的骷髅作为前车之鉴；蒙古人的成功在很大程度上必然归因于敌人的极度恐惧，使他们未战先败。不过，哪怕上述因素都不能发挥作用，军事技能本身也可以解释他们胜利的原因。蒙古士兵坚韧、强壮、训练有素，将领善于充分利用机动力强大的骑兵能够获得的一切优势。在一定程度上，这种主观能动性是开战前注重侦察和情报工作的结果。他们精通攻城战的要旨（但蒙古人尽量避免攻城），骑兵军纪严明，这使他们比一群游牧族强盗所组成的乌合之众要可怕得多。而且，随着征服的进程，蒙古军队还任用俘虏中的专业人才；到 13 世纪中期，所有族群的人都在蒙古军中效力。当对新征服的土地加以重组，以利于未来动员和征税时，其中最优秀的人才将被委以重任。

　　尽管军队所需不多，成吉思汗的帝国是一个覆盖巨大区域的行政实体，其继承人的国家也只是稍显逊色。成吉思汗的首要创新之举是

减少蒙古语在书面语中的使用，改换突厥文字。这一工作由俘虏完
成。蒙古统治者始终愿意吸纳征服对象的技术。中国文官被用来组织
管理征服领地，以提供财政收入；中国的纸币系统在13世纪被蒙古
人引入波斯经济体系，导致了贸易崩溃的灾难。但瑕不掩瑜，他们在
利用外来技术方面依旧取得了惊人的成就。

　　对一个如此庞大的帝国，通信是成败的关键。沿主干道构成的驿
站网络，为往来飞奔的信使和使节提供照料，同时也有利于贸易，无
论对敢于抵抗的城市多么残酷无情，蒙古人通常会支持重建和商业复
兴，以便从税收中获取财源。亚洲经历了一段所谓蒙古强权下的和平
时期。蒙古人维持治安，使商队免受游牧族盗贼的侵袭；这些原先的
偷猎者摇身一变，成了猎场的看守人。作为最成功的游牧民族，他们
不想让其他游牧族毁掉自己到手的猎物。在蒙古人时代，中国和欧洲
之间的陆上贸易和任何时期一样便利。马可·波罗是13世纪前往远
东的欧洲访客中最著名的一个，他抵达时，蒙古人已统治中国。但他
出生前，其父亲和叔叔就曾长年游历亚洲，他们都是威尼斯商人，生
意很是兴隆，刚返回欧洲就会立即再次动身，并带上了年轻的马可·
波罗。通过波斯湾上的霍尔木兹岛（Ormuz），海路也连接着中国和
欧洲的贸易；但将大部分丝绸和香料送往西方的是通往克里米亚和特
拉布宗的陆路，这条路线也是拜占庭帝国最后几个世纪中主要的贸易
渠道。陆上交通的通畅有赖于各汗国，商人始终是蒙古政权的强力支
持者，这一点意义非凡。

　　在与世界其余势力的关系方面，蒙古人帝国的基本思维模式表现
出受中原影响的痕迹。可汗是天神腾格里（Tängri）在世间的代表，
其至高无上的地位必须获得承认。虽然这并不表示无法容忍其他宗教
的实践活动，但确实意味着西方意义上的外交对蒙古人而言是不可理
喻的。正如他们取而代之的中国皇帝一样，可汗自视为普天之下惟我

独尊的君王，任何来访者都必须拿出觐见上国的姿态。使节就是来纳贡的，而非具有同等地位的势力代表。公元 1246 年，当罗马使节传达教皇对蒙古蹂躏基督教欧洲的抗议，并建议他受洗时，新任大汗的回答非常干脆："如果你们不遵从神的旨意，如果你们无视我的命令，我就与你们为敌。我会让你们明白这一点。"至于受洗一事，教皇反倒被要求去亲自服侍可汗。这类情况不止一次，次年，另一任教皇从波斯的蒙古统治者那里得到了同样的答复："如果你还想保住自己的土地，就必须亲自到我这边来，服侍人世的主宰。否则，我不知道会发生什么。只有上天知道。"

对蒙古统治者及其周围人士造成文化影响的不止是中国。有很多证据表明景教在蒙古金帐中的重要地位，令欧洲人兴起和可汗重修旧好的希望。在觐见过可汗的西方人当中，有一人非常出名，他就是方济各会修士——罗布鲁克的威廉（William of Rubruck）。公元 1254 年元旦刚过，有一名亚美尼亚僧侣告诉他，大汗会在数日后受洗，但此后什么也没有发生。不过，威廉随后在大汗面前与伊斯兰教和佛教代表展开舌战，捍卫了基督教信仰，赢得了这场辩论。实际上，当时的蒙古正在积蓄实力，准备对中国宋朝和伊斯兰这两大势力发动攻势；直到公元 1260 年才在叙利亚被马穆鲁克人阻止。

这场失利也没有让蒙古人终止征服黎凡特的尝试。但他们的出征无一成功。蒙古内部纷争给了马穆鲁克人太长的自由行动时间。旭烈兀是最后一名在数十年间对近东造成实质性威胁的可汗，对于他的死，基督徒自然会感到沮丧。一连串伊儿汗——即"从属的可汗"——在他死后上台，都因为和金帐汗与白帐汗的纷争而无暇他顾。波斯逐步从他们手中收复了该世纪早期在蒙古入侵中失去的土地。就和东方一样，蒙古人通过任用地方行政官进行统治，对基督徒和佛教徒给予宽容，但起初对穆斯林并不客气。当伊儿汗开始向教皇提出联手对抗马穆鲁克人的意向，蒙古与欧洲的相对立场发生改变的事实就昭然若揭了。

忽必烈在公元 1294 年死于中国，令本就寥寥无几、得以维系蒙古帝国整体性的纽带又少了一条。次年，一位名叫合赞（Ghazan）的伊儿汗成为穆斯林，严重颠覆了蒙古的传统。自那时起，波斯的统治者一直都是穆斯林。但此事件没有带来所有希望中的结果，合赞汗英年早逝，很多问题依然未能解决。接纳穆斯林信仰的大胆举措造成了重大反响，但仍然不够。很多蒙古人被激怒，无计可施的合赞汗只能将他的军事长官作为最后的依靠。尽管如此，马穆鲁克人还没有放弃斗争。在一次最终并不成功的军事行动中，合赞汗的军队于公元 1299 年占领阿勒颇（Aleppo）；次年，他在大马士革的伍麦叶清真寺接受了祝祷。蒙古半个世纪前定下了征服近东的计划，而他是最后一名试图将之变为现实的可汗，最后受挫于马穆鲁克人。公元 1303 年，蒙古人对叙利亚的最后一次入侵被他们击败。这名伊儿汗死于次年。

与在中国的情况一样，蒙古对波斯的统治很快就开始动摇，其稳固的地位宛如暖秋一般短暂。合赞是最后一名地位显赫的伊儿汗，其继任者对领土以外地区的影响力微乎其微。蒙古的旧盟友、信仰基督教的亚美尼亚慑于马穆鲁克人的淫威，安纳托利亚成了各突厥王角逐的舞台。欧洲人也指望不上，十字军东征的梦想早已化为泡影。

虽然蒙古实力日衰，但还是出现一名征服者，让西方人最后一次经历过去的恐怖；从表面上看，他甚至能与成吉思汗比肩。公元 1369 年，有跛脚者（Lame）别名的帖木儿成为撒马尔罕的统治者。此后 30 年，伊儿汗国的历史由内战和继承纠纷所书成。帖木儿于公元 1379 年征服波斯，与成吉思汗一较风骚是他的野心（得益于马洛的创作①，

---

① 即《帖木儿大帝》，马洛根据其生平事迹所写的上下两部悲剧。——译者注

他以滕伯兰［Tamberlane］之名成为英语文学中的角色）。就征服地域之广、行为之凶残而言，他确实做到了；甚至连领袖气质或许都同样杰出。然而，他欠缺其前任的政治家素养，创造力也很贫瘠。虽然他肆虐印度、攻克德里（他对基督徒和追随自己的穆斯林一视同仁地严酷）、踏平金帐汗国、击败马穆鲁克和突厥人、吞并美索不达米亚和波斯，但为后世留下的东西很少。他的历史地位几乎无足轻重，只有两点除外。其中之一是令景教和雅各派这两种亚洲基督教形态几乎完全绝迹。这是负面意义上的成就，也与蒙古传统格格不入。但帖木儿的突厥血统丝毫不亚于其蒙古族基因，他对成吉思汗发迹的中亚地区的游牧民族生活方式一无所知，也同样不具备这种生活方式所带来的宗教宽容意识。他唯一具有积极意义的成就是令拜占庭的灭亡延后了一小段时间。而这也是无心插柳，且并不长久。公元 1402 年，他大败安纳托利亚的突厥人，即奥斯曼人，使他们一时无法终结那个东方帝国。

这就是自蒙古人无力压制安纳托利亚的塞尔柱人以来西亚历史的走向。蒙古的军事扩张规模惊人，从阿尔巴尼亚一路延伸到爪哇，直到帖木儿去世都难以感觉到其实力的消退；但此后就很明显了。在那之前，中国的蒙古政权已经被推翻。帖木儿本人打下的基业也分崩离析。尽管其继任者一度维持着对波斯和河间地带的统治，但美索不达米亚最终成为突厥埃米尔的领地，其夺占者名称读来有趣，是黑羊王朝（Kara Koyunlu）。① 到 15 世纪中期，金帐汗国的没落已经一目了然。尽管他们还能震慑俄罗斯，但蒙古对欧洲的威胁早已远去。

① 大约公元 1375 至 1468 年间统治阿塞拜疆和伊拉克的土库曼部落联盟。——译者注

那时的拜占庭已是气若游丝。两个多世纪以来，该帝国一直进行着一场节节败退的生存之战，其对手不仅包括强大的伊斯兰邻邦，而正是西方世界首先令拜占庭丧失大半领土，并攻陷其首都。经历了公元 1204 年的致命伤后，拜占庭成了巴尔干地区的蕞尔小国。一名保加利亚国王把握时机，在当年宣布独立；但和另外几个继承拜占庭领土的新国家一样，最后只是昙花一现。此外，拜占庭的统治地位崩溃后，其废墟上建起了新的西欧海上帝国威尼斯；这个起初靠行贿成为拜占庭盟友的城邦最终鸠占鹊巢。到 14 世纪中期，这个原先的附庸国已接管拜占庭在整个爱琴海岛链上的所有权益，包括罗德岛、克里特岛、科孚岛和希俄斯岛。那一时期，威尼斯还一直与热那亚针锋相对，在商业和政治领域展开激烈竞争。热那亚在公元 1400 年得到克里米亚南部沿海地区的控制权，也一并掌控了该地区同俄罗斯内陆利润丰厚的贸易。

公元 1261 年，在安纳托利亚突厥势力奥斯曼（Osmanlis）的帮助下，拜占庭从法兰克人手中夺回首都。当时，有两个因素也许依然有利于帝国：蒙古扩张的危机时段已经过去（但拜占庭几乎一无所知，蒙古人依旧在发动攻势，而承受其兵锋的也依然是拜占庭和蒙古之间的缓冲地区）；俄罗斯境内有强大的正教势力，可以提供支援和财力。但由于新出现的威胁，局势反而更为险恶。拜占庭 13 世纪晚期的欧洲复兴很快遭到一名觊觎帝国王位的塞尔维亚国王的挑战。他去世时尚未完成攻占君士坦丁堡的大业，但拜占庭只余下首都周边的中心地带和色雷斯的一小片土地。为了对抗塞尔维亚人，帝国再度寻求奥斯曼人的帮助。这些突厥人已经在亚洲一侧的博斯普鲁斯海峡沿岸站稳脚跟，又于公元 1333 年获得加利波利（Gallipoli）作为在欧洲的立足之地。

在这些状况之下，末代王朝帕里奥洛加斯（Palaiologos）的 11 名皇帝纵然竭尽全力，也只能做到且战且退。公元 1326 年，他们在小亚细亚地区余下的领地落入奥斯曼人之手，就此酿成致命的祸端。黑海以东，他们尚有希腊帝国特拉布宗作为盟友——这个强大的贸易国家在拜占庭灭亡后很快步其后尘。但在欧洲，他们没有可以寄托希望的对象。威尼斯人、热那亚人（他们当时甚至垄断了君士坦丁堡的贸易）和那不勒斯国王的野心，使拜占庭毫无喘息之机。有一名皇帝在无计可施之下接受了教皇首席权①，与罗马天主教重归一统；该政策毫无效果，徒然激起本国教士的敌意，而其继任者随即放弃。基督教世界中依然存在宗教分歧。

进入 14 世纪后，拜占庭的孤立感逐年递增。他们觉得自己成了弃儿，基督教世界坐视他们被异教徒宰割。他们试图使用西方的加泰罗尼亚雇佣兵，但没有成效，反而引火烧身，君士坦丁堡遭到这些雇佣兵的攻击，又一个从其国土中分裂出的国家——加泰罗尼亚的雅典公国（Duchy of Athens）于公元 1311 年形成。收复某座岛屿或某个省份的零星胜利无法阻挡这些事件所带来的普遍趋势，也无法弥补偶尔的帝国内乱所损伤的元气。希腊人对传统忠贞不贰，哪怕在如此极端不利的状态下，某些内斗还是因神学争论而起。公元 1347 年的瘟疫又雪上加霜，使帝国余下的人口锐减三分之一。公元 1400 年，当皇帝出访西欧各国宫廷寻求援助（全部的收获只有一点点金钱）时，他的统治地区仅剩下君士坦丁堡、萨洛尼卡和摩里亚（Morea）②。很多西方人对他的称谓发生了重大改变，称他为"希腊人的皇帝"，忘了他依旧是名义上的罗马帝王。

① 主张圣彼得继承者具有统治整个基督教世界的神圣权威，世俗权力应当服从于教会，只有服从教皇的人才能得到拯救。由教皇卜尼法斯八世在公元 1302 年首次提出。——译者注
② 拜占庭皇帝约翰六世在 14 世纪建立的希腊封地。——译者注

突厥人将首都团团包围，也发动过第一波攻势。第二波攻势起于公元 1422 年，约翰八世作出最后的尝试，力图打破牢不可摧的壁障，实现与西方的合作。他于公元 1439 年前往佛罗伦萨参加普世教会大公会议，在会上接受了教皇首席权，同意归入罗马教廷。西方基督教世界一片欢腾；钟声响彻英格兰的每一座教区教堂。但东方正教世界对此怒目相向，大公会议的决议是对其传统的根本性颠覆，阻力无处不在——关于教皇的权威、双方主教的平等地位、仪式和教义。最具影响力的希腊教士拒绝参会；除一人之外①（引人注目的是，他后来被封为圣徒），所有与会的东方主教都在归一决策上署名，但很多人回国后就撤回了原先的决定。某个拜占庭显贵称："宁可看到戴头巾的突厥人在本城得势，也好过让头顶三重冠的拉丁人耀武扬威。"对大部分希腊人来说，归顺教皇是一种背叛行为；被罗马教廷否定的正教才是真正的基督教会，保存着真正的基督教传统。在君士坦丁堡城内，接受会议决策的教士遭到冷遇；皇帝本人忠于决议，但过了整整13 年后，他们才敢于在君士坦丁堡公开宣布宗教归一。向罗马低头换来的唯一好处，是教皇对发动最后一次十字军东征（在公元 1441年以惨败收场）的支持。

最终，东西方还是无法为同一个目标联手。到当时为止，异教徒所撼动的还只是西方世界最外围的防线。法兰西和德意志埋首于自家事务；威尼斯和热那亚从突厥人身上看到的潜在利益共同点丝毫不比对立面来得少。就连受鞑靼人骚扰的俄罗斯也对拜占庭爱莫能助，因为两者直接沟通的渠道被阻断。凭借帝都之外所剩无几的领土，还有纷争未平的内部环境，拜占庭将孤身迎来奥斯曼帝国的致命一击。

后来被欧洲人称作"Osmanlis"的奥斯曼人是一支从崩溃后的

---

① 以弗所的马克（Mark of Ephesus）。——译者注

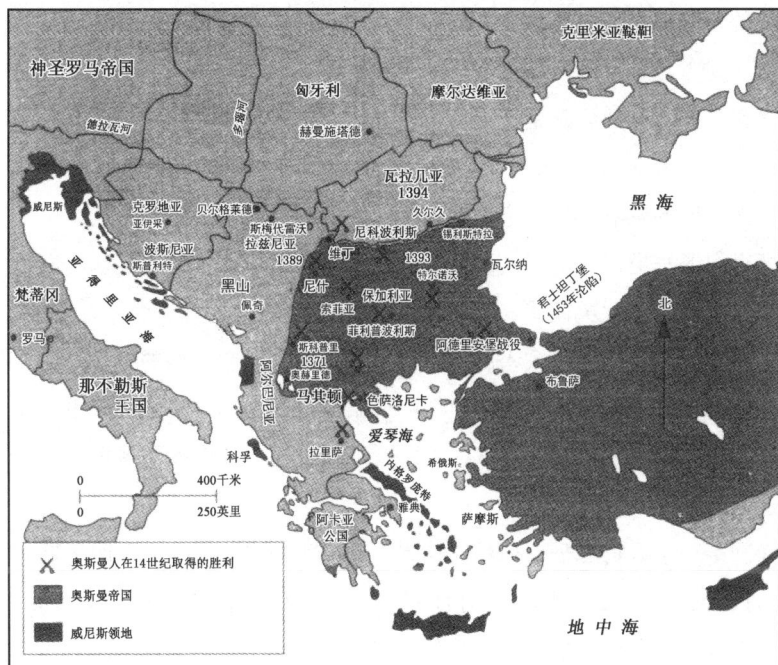

公元 1400 年左右的东南欧

鲁姆苏丹王朝中崛起的突厥民族。当塞尔柱人来到此地，他们发现
业已解体的阿拔斯哈里发王朝和拜占庭帝国之交的边境地带有若干
名为加齐（ghazis）① 的穆斯林地方诸侯所领导的小王国，其中有的
属于突厥族；这些加齐独立且不受约束，最终必然从昔日霸主的衰
落中受益。他们的存在朝不保夕，10 世纪复兴阶段的拜占庭帝国曾
兼并其中若干国家，但难以对他们加以控制。当君士坦丁堡在拉丁
人手中时，蒙古人消灭塞尔柱，使很多熬过塞尔柱统治时代的小国
家得益。

其中有一名叫奥斯曼（Osman）的突厥加齐，也许曾是乌古思的

---

① 是很多奥斯曼国王的名号，意指具有坚定穆斯林信仰的战士。——译者注

一员，展现出的领导力和进取心使人们纷纷前来投效。他的特质可以从"加齐"一词的转变中看出——该词后来代表"捍卫信仰的战士"之意。追随他的人都是狂热的边境开拓者，其特别之处是具有某种精神上的巨大动力（élan）；其中一部分人受到一种特别的伊斯兰神秘主义传统的影响。他们还发展出特有的、特征鲜明的体制结构，其军事组织形式类似中世纪欧洲的行会或宗教团体；西方可能是从奥斯曼人那里学到了此类模式。他们处于两种文化的交界——半是基督徒，半是穆斯林。这种引人入胜的文化形态必然会激起人们的好奇心。无论最初源自何方，他们惊世骇俗的征服史可以与阿拉伯人和蒙古人相提并论。最后，奥斯曼皇帝一人之下的领土比古代东罗马帝国还犹有过之。

第一个取得苏丹头衔的奥斯曼人出现在 14 世纪早期，即奥斯曼的孙子奥尔汗（Orkhan）。对征服领地的殖民工作在他的治下开始，最终成为奥斯曼军事实力的基础。和他为了满足在欧洲作战需要而新组建的步兵团"奥斯曼禁卫军"（Janissaries）一样，这一变化标志着奥斯曼帝国进化过程中的重大阶段，原先的游牧族战士转变成天生的骑兵。奥尔汗还发行了最早的奥斯曼铸币，这是国体趋于稳定的另一个标志。他去世时统治着后塞尔柱时代最强大的亚细亚国家，还占有一些欧洲的土地。拜占庭皇帝曾三度向他求援，并将姊妹许配给他为妻，奥尔汗的重要地位可见一斑。

他的两名继承人稳步蚕食巴尔干，征服了塞尔维亚和保加利亚。公元 1396 年，在击溃另一波针对他们的"十字军"后，乘胜追击并占领希腊。对君士坦丁堡的围攻始于公元 1391 年，并持续 6 年之久。与此同时，他们通过战争和外交手段兼并了安纳托利亚。败给帖木儿是唯一的挫折，导致王位继承危机，几乎令奥斯曼帝国解体。此后他们恢复了前进势头，威尼斯帝国也开始遭殃。但是，这本质上是一场宗教战争，对拜占庭和土耳其①人皆然；其核心是基督教千年圣都君士坦丁堡的归属。

在征服者穆罕默德二世（Mehmet Ⅱ）率领下，土耳其人于公元1453年攻克君士坦丁堡，令西方世界为之胆寒。尽管拜占庭已是强弩之末，这依然是一场伟大的胜利，也是穆罕默德个人的伟业，因为他不屈不挠地克服了一切障碍。当时早已进入火药时代，他让一名匈牙利工程师造出一门极其笨重的巨炮，需要100头牛才能拉动，一天只能开七炮（基督徒曾拒绝这名工程师的开价，而穆罕默德给了他四倍于此的酬劳）。这一巨炮战术并不成功，但穆罕默德凭传统的一贯方式取得了更大的成果；他铁面无情地促喝士兵向前，将畏敌不战者就地正法。最后，他经陆路将70艘战船搬到金角湾内，从背后包抄守湾的帝国禁卫军。

最后的进攻始于公元1453年4月初。近两个月后的5月28日晚，罗马天主教徒和正教徒齐聚圣索菲亚大教堂，两派实现了以往只存在于幻想当中的团聚，举行了最后的游行。君士坦丁十一世——作为伟大的初代君士坦丁之后拥有此名讳的第十八代皇帝，参加过圣餐仪式后冲向战场，以不负其身份的方式慷慨赴死。没过多久，一切都尘埃落定。穆罕默德入城后径直前往圣索菲亚大教堂，设起凯旋者的御座，曾经作为正教核心标志的教堂被改为清真寺。

如此伟大的成就也只是奥斯曼人成功进程中的一步，他们将把胜利的旗帜扬得更高。公元1459年，征服特拉布宗后没多久，他们就侵入塞尔维亚。尽管这样说也许会令当地居民不悦，但假如该地不是希腊文明硕果仅存的残余，那么其灭亡就只配出现在土耳其人征服史

---

① 突厥和土耳其是两个不同概念，一般认为土耳其人是奥斯曼帝国的后代，而奥斯曼可能具有部分突厥血统。所以在本书中，对于"Turk"一词，与奥斯曼帝国有关的译作"土耳其"，其余译作"突厥"。——编辑注

的脚注当中。1461 年，在这个黑海东南沿岸的偏远一隅，亚历山大大帝的征服大业所造就的希腊城邦世界咽下了最后一口气。这标志着一个新的纪元，和君士坦丁堡的陷落一样具有决定性意义，被深受人文主义影响的教皇①哀叹为"荷马和柏拉图的第二次死去"（他并没有光说不做，后担任一支十字军的统帅，但未等军队离开位于安科纳②的据点就撒手人寰）。

土耳其人的铁蹄从特拉布宗踏向四面八方。同年，他们占领伯罗奔尼撒，两年后取下波斯尼亚和黑塞哥维那。阿尔巴尼亚和爱奥尼亚的岛屿在此后的 20 年间相继沦陷。公元 1480 年，他们攻克意大利港口奥特朗托（Otranto），并控制该城将近一年。公元 1517 年，叙利亚和埃及被征服。拔掉威尼斯帝国的余下据点耗去了他们更长的时间，但到 16 世纪之初，土耳其骑兵已离维琴察不远。公元 1521 年，贝尔格莱德落入他们手中，罗德岛也在次年易主。公元 1526 年，土耳其人在莫哈奇（Mohács）一役中扫平匈牙利国王的军队，这次惨败至今仍作为匈牙利历史中黑色的一天而被人铭记。3 年后，他们对威尼斯城发动首次攻击。公元 1571 年，他们夺取塞浦路斯；又在将近一个世纪后拿下克里特。至此，他们已经刺入欧洲腹地。17 世纪，他们再次攻打威尼斯，虽然两度遭受失败，但这标志着土耳其征服的最高潮。而且，晚至公元 1715 年，他们仍然在地中海征服新领地，同时从波斯人手中夺走库尔德斯坦（Kurdistan）；自从该地公元 1501 年出现新王朝以来，双方的纷争就几乎不曾停止。此外土耳其人还向南方派出一支远征军，一直抵达亚丁。

奥斯曼帝国将成为欧洲最举足轻重的势力。这是其东半部和西

---

① 庇护二世。——译者注
② 原文 Ancoma 为谬。——译者注

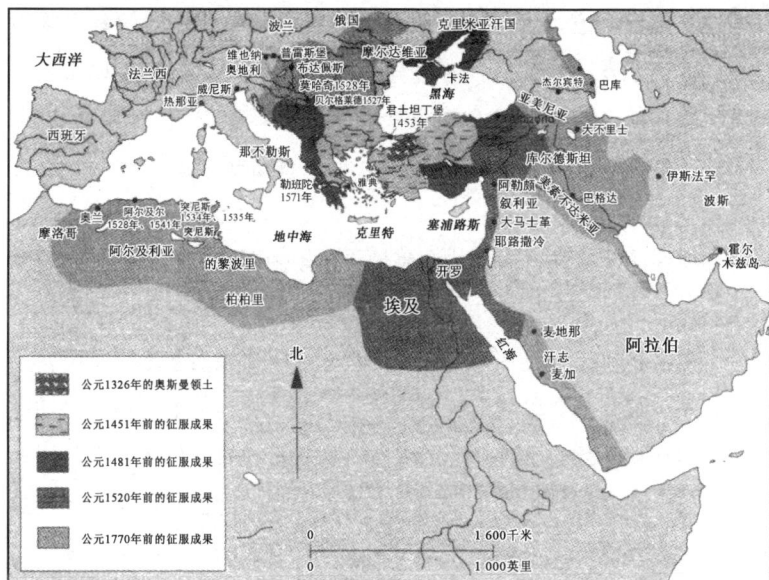

大西洋 法兰西 维也纳 奥地利 普雷斯堡 布达佩斯 波兰 俄国 摩尔达维亚 克里米亚汗国 卡法 黑海 杰尔宾特 巴库 亚美尼亚 威尼斯 热那亚 莫哈奇1526年 贝尔格莱德1521年 君士坦丁堡1453年 大不里士 西班牙 那不勒斯 库尔德斯坦 伊斯法罕 波斯 勒班陀1571年 阿勒颇 巴格达 叙利亚 大马士革 耶路撒冷 奥兰1534年 阿尔及尔1529年 1541年 突尼斯1535年 突尼斯 摩洛哥 阿尔及利亚 地中海 克里特 塞浦路斯 的黎波里 柏柏里 开罗 埃及 尼罗河 麦地那 汗志 麦加 阿拉伯 北

公元1326年的奥斯曼领土
公元1451年前的征服成果
公元1481年前的征服成果
公元1520年前的征服成果
公元1770年前的征服成果

0 ——— 1 600千米
0 ——— 1 000英里

奥斯曼扩张

半部的历史截然不同的巨大差异之一。奥斯曼帝国容忍教会的存续，个中意义十分重大，为其治下斯拉夫臣民保留了拜占庭的遗产（也终结了来自天主教廷或巴尔干地区民族正教团体的、对于君士坦丁堡牧首最高权力的任何威胁）。前帝国境外，重要的正教中心只剩下一个——俄罗斯教会接过了正教传统的旗帜。奥斯曼帝国建立后，一度切断了从欧洲到近东和黑海的路线，因此在很大程度上使欧洲与亚洲的路上交通断绝。欧洲人确实怨不得别人；他们从未（后来也一直没有）有效地联合起来对抗土耳其人。拜占庭被弃之不顾，只能自生自灭。"谁能让英国人喜欢上法国人？谁又能让热那亚人和阿拉贡人联手？"有位教皇绝望地发问。没过多久，某个后继教皇就谈论起利用土耳其人对抗法国人的可能性。但这场危局也激起另一类的反应。早在君士坦丁堡沦陷之前，葡萄牙船只就在南方开辟前往非洲的航道，以寻找获取东方香料的新航线，顺便看看能否结交到非洲盟友，从南部打击土耳其人的侧翼。从 13 世纪以来，人们急于找出绕开伊斯兰壁垒的方法，但长年不见成效。作为历史的嘲弄，他们即将发现新航路之时，也正是奥斯曼帝国如日中天、威胁极盛之际。

一个新的多民族帝国在奥斯曼境内组织起来。穆罕默德虽然喜怒无常，但兼容并蓄，土耳其人后来都很难理解他对异教的宽容。他曾因为行淫被拒就杀害皇帝尚未成年的教子，也会在君士坦丁堡陷落后放一队不肯投降的克里特人扬帆而去，只因钦佩他们的勇敢。创建一个宗教多元化的社会也许是他的希望。他将特拉布宗的希腊人带回君士坦丁堡，并任命新牧首来管理希腊人，最终让他们获得某种程度的自治权。根据史料，土耳其人对犹太人和基督徒的所作所为，要好过西班牙基督徒对犹太人和穆斯林犯下的罪行。君士坦丁堡依然是一座宏伟的世界性大都市（公元 1600 年人口达 70 万，远远超过位于欧洲地区的其他任何城市）。

奥斯曼人在早期也允许外族改变身份认同，这在当时是非常特立独行的。他们公开欢迎其他族群加入奥斯曼帝国，并且——经常是同时——转变为突厥人。更早的诸突厥帝国时代，突厥人的身份认同当中早就融入了混血这个特色。奥斯曼人的这种做法很可能与此大为相关。在某些情况下，他们也会使用武力迫使他人改变认同。但在大多数情况下，这种转变是随着时间的推移自然而然发生的，正如安纳托利亚的大多数居民一开始形成突厥人的身份认同，其后又形成突厥国民的身份认同，而无论他们的祖先是否真是突厥种。对其他一些人而言，成为突厥人就意味着要成为穆斯林和奥斯曼王朝的仆从。阿尔巴尼亚南部城镇卡尼纳的最后一任信奉罗马天主教的市政官乔治，于 1398 年转变身份认同成为突厥人。其结果就是，他的家族一直担任这个职位到 1943 年，在此期间，还为奥斯曼人贡献了其他一批地方官员，另加三名地区总督、四名陆军元帅（两个突厥人，一个埃及人，一个希腊人）和一名大维齐尔。

就这样，奥斯曼人在地中海东部重建起一个强大的势力，16 世纪是伊斯兰帝国历史中的一段伟大时光。但旧帝国的复兴不仅出现在欧洲和非洲，当奥斯曼人再次形成类似拜占庭帝国的规模时，一股波斯崛起的势力也能让人忆起其往昔的峥嵘。公元 1501 至 1736 年间，萨非（Safavid）王朝统治波斯；自阿拉伯入侵者推翻萨珊王朝以来，首次实现所有波斯人的大一统。和过去的王朝统治者一样，萨非人本身不属于波斯。萨珊王朝没落后，各类统治者在此兴衰交替。同时，依托文化和宗教，波斯的历史仍在延续。波斯的定义来自地理、语言和伊斯兰教，而非民族王朝的存续。萨非人原先是类似奥斯曼加齐的突厥人，也和后者一样成功地将潜在敌手抛到身后。他们带给波斯的第一位统治者是伊斯梅尔（Ismail），乃 14 世纪教团首领的后裔；该教团的名号也是这一王朝名称的由来。①

起初，伊斯梅尔只是若干突厥尚武部落中最成功的领导人；就和那些更靠西面的部落一样，通过相似的机遇逐利。帖木儿打下的基业从 15 世纪中期就开始分崩离析。公元 1501 年，伊斯梅尔击败史称白羊王朝的突厥人，进入大不里士（Tabriz），自封为沙（shah）②。不到 20 年，他缔造了一个稳固的国家，也成为奥斯曼人长年的对手。为了对付他们，奥斯曼人甚至还向神圣罗马帝国寻求支持。萨非王朝的崛起在宗教上具有一定影响，因为该王朝信奉什叶派，也将之定为

---

① 指信奉沙斐仪（Shafi'iyah，767—820）学说的萨非教团（Safaviya），其父亲就是创建者和教长。另外原文是"tribe"而非"教团"，可能是误读，因为"shaikh"（教长）一词也指酋长。——译者注

② 伊朗或波斯国王的称号。——译者注

波斯国教。16 世纪早期，奥斯曼人接过哈里发的头衔，从而获得逊尼派穆斯林的领导权，因为该派认为哈里发拥有信仰的正统解释权和管理权。什叶派随即成为反奥斯曼势力。于是，伊斯梅尔在波斯建立的教派给波斯文明带来了新的与众不同之处；历史将证明，他保全这一宗教派别的功绩具有十分重大的意义。

公元 1555 年实现停战之前，他的几名继位者不得不数度击退土耳其人，使波斯领土保持完整，为波斯朝圣者打通前往麦加和麦地那的道路。期间还有国内的麻烦和王位争夺，不过公元 1587 年，最贤能的波斯统治者之一沙阿拔斯大帝（Shah Abbas the Great）君临波斯。萨非王朝在他的统治下达到极盛。他在政治和军事上都非常成功，击败了乌兹别克人和土耳其人，曾削弱其前任实力的古代部落也被他驯服并向他效忠。奥斯曼人还要顾及西方，俄罗斯的潜在实力被内部纷争所局限，印度的莫卧儿王朝已过巅峰期，这一切都给他带来极大的优势。他有足够的智慧，看得到号召欧洲共同对抗土耳其的可行性。但尽管同时具备多种有利的国际因素，他也没有画下征服世界的蓝图。萨非王朝不走萨珊的老路，除收复早期失地以外，他们从不主动进攻土耳其人，也没有取道高加索向北方的俄罗斯推进或越过河间地带的边界。

阿拔斯沙在伊斯法罕（Isfahan）建起新都，该城的美丽和奢华令欧洲游客瞠目结舌。他的统治期间，波斯文化璀璨一时，文学欣欣向荣，惟有宗教问题令人不安。国王一意孤行，要放弃此前一直是萨非王朝特征之一的宗教容忍政策，强迫人们接受什叶派的宗教观。虽然不容异端的体制并没有立即成型，要到以后才出现，但这意味着波斯萨非王朝朝着衰亡和神职人士揽权的方向迈出了重大的一步。

阿拔斯沙于公元 1629 年去世，此后，波斯帝国的形势急转直下。他那配不上王位的继承人对此一筹莫展，宁可躲进后宫纵情享乐、逃

避现实。在富丽堂皇的传统的遮掩之下，萨非王朝开始朽坏。公元
1638 年，土耳其人再夺巴格达。公元 1664 年，哥萨克人开始骚扰高
加索，第一批俄罗斯使节抵达伊斯法罕，新威胁的征兆出现了。西欧
早就习惯和波斯共存。公元 1507 年，霍尔木兹岛出现了一批葡萄牙
人，伊斯梅尔要求他们缴纳贡金。公元 1561 年，一名英国商人取道
俄罗斯的陆路抵达波斯，开通了盎格鲁—波斯贸易。到 17 世纪早期，
阿拔斯沙已建起丰富的人脉，当时还有英国人为他效力。这是阿拔斯
鼓励与西方发展往来所产生的结果，而此政策的动机是赢得支持并用
以对抗土耳其人。

　　对于英国势力的不断坐大，葡萄牙人无法甘之如饴。当东印度公
司开业时，他们向公司代理商发起攻击，但成效甚微。不久之后，英
国人和波斯人联手将葡萄牙人赶出了霍尔木兹岛。此时，其他欧洲国
家也对该地贸易产生兴趣。17 世纪后半叶，法国人、荷兰人和西班
牙人都企图从波斯贸易中分一杯羹。但波斯国王没有利用这一良机挑
拨各国之间的关系。

　　18 世纪初，波斯突然陷入腹背受敌的困境。阿富汗人爆发起义，
建起一个独立的逊尼派国家；宗教对立是这场叛变的重要成因。公元
1719 至 1722 年间，萨非末代国王[①]一直在与阿富汗人交战，他于公
元 1722 年退位，阿富汗人马哈茂德（Mahmud）登基，终结了什叶
派在波斯的统治地位。但这篇故事还要延长一小段，因为俄国人早就
开始有所图谋地关注萨非王朝的衰亡进程。俄国统治者曾在公元
1708 年和 1718 年分别派遣使节前往伊斯法罕。到了公元 1723 年，他
们以干涉王位继承为借口侵占杰尔宾特（Derbent）和巴库（Baku），
从败北的什叶派身上榨取的好处更是多得多。土耳其人决定也要分一

---

　　①　苏丹侯赛因（Sultan Hosein）。——译者注

杯羹，在占领提弗里斯（Tiflis）① 后，于公元 1724 年和俄国达成了瓜分波斯的协议。曾经的一大强国以噩梦般的方式走向末日。在伊斯法罕，一名发疯的波斯国王下令屠杀同情萨非王朝的嫌疑分子。不久之后，在亚细亚最后的伟大征服者纳迪尔·卡利（Nadir Kali）的领导下，波斯还将迎来最后一次复兴。然而，他只能部分复兴波斯帝国。伊朗高原曾是一大霸权的宝座，可以决定远在天外的局势，但那样的时代已经结束，直到 20 世纪才又一次到来，而此时，军队已不再是伊朗人参与博弈的资本。

如果和拜占庭或哈里发的帝国相比，易北河以西的欧洲在罗马崩溃后的几百年间几乎是世界历史长河中一潭无足重轻的死水。其居民只有少数在城市生活，而所谓的城市都建在罗马人遗留的废墟里；没有一个能接近君士坦丁堡、科尔多瓦、巴格达或长安的富丽堂皇。若干欧洲民族的领袖人物觉得自己的臣民都是些走投无路的渣滓，就某种程度来说，此言不虚。伊斯兰势力切断了他们前往非洲或近东的道路。阿拉伯人在南部沿海骚扰，令他们苦不堪言。从 8 世纪开始，我们称作维京人的北日耳曼人表现出无理可循的暴力特质，如连枷般反复抽打北部沿海、河流流域和岛屿。9 世纪，东部边境被马札尔异教徒侵扰。欧洲不得不在一个充满敌意和异教信仰的世界中寻找自我。

新文明只能以野蛮和蒙昧为基础，可以教化和培养的人少之又少。欧洲将长年担当文化引进者的角色。要再过成百上千年，其建筑才能与往昔的古典世界、拜占庭或亚细亚帝国一较高下；而这一艺术上的崛起也借用了意大利的拜占庭风格和阿拉伯人的尖顶式样。在同样长的时期内，西方没有任何能够与亚洲人或西班牙的阿拉伯人比拟的科学和学术成果。西方基督教会也无法促成像东方帝国和哈里发王

————————
① 第比利斯的旧称。——译者注

朝那样有效的政治统一或神权主张。几百年间，哪怕最伟大的欧洲国王也不比蛮族酋长强多少；人们聚集到蛮族酋长身边寻求保护，唯恐落得更悲惨的下场。

倘若新的欧洲文明来自伊斯兰世界，就很有可能产生更好的结果。有些时候，这一设想看起来绝非天方夜谭，因为阿拉伯人不仅在西班牙，也在西西里、科西嘉、撒丁岛和巴利阿里群岛（Balearics）立足；他们也许会更进一步是欧洲人长年以来的恐惧。相比斯堪的纳维亚的野蛮人，阿拉伯人能带来更丰富的东西，但最终还是北欧人在早期移民所建立的各王国留下了更深刻的印记。至于斯拉夫基督教文明和拜占庭，两者同天主教欧洲之间存在不可逾越的文化隔阂，无法为后者提供丝毫贡献。但他们形成一道缓冲带，恰好使欧洲不必承受东方游牧民族和伊斯兰的全部冲击。如果俄罗斯是伊斯兰国家，西方的历史将会截然不同。

笼统地说，公元 1000 年以前的西方基督教文明世界包括半个伊比利亚半岛、现代法国全境、德国易北河以西部分、波希米亚、奥地利、意大利的欧陆部分和英国。在该区域边陲有爱尔兰和苏格兰这两个信仰基督教的蛮族，以及斯堪的纳维亚诸王国。从 10 世纪开始，"欧洲"一词被用来指代这一地区；一部西班牙语编年史甚至将公元 732 年的大捷①宣称为"欧洲人的"胜利。他们占据的土地都是内陆；尽管大西洋畅通无阻，但自从冰岛被挪威人定居后，取道大西洋几无可能；西地中海虽是前往各大文明世界以及建立贸易往来的通衢，却是阿拉伯人的内海。仅有一条狭窄的海路可以和日渐疏远的拜占庭往来，使欧洲这种内向和狭隘的状态稍稍得到缓解。人们习惯在穷困而非良好的环境中成长，他们在战士阶级的统治下聚集成众，也需要该

---

① 指法兰克人击败伍麦叶王朝萨拉森人的普瓦捷之战。——译者注

阶级的保护。

事实上，最坏的时代终于 10 世纪。马札尔人的势头受阻，阿拉伯人开始在海上遭到挑战，北方的野蛮人走上了基督化的道路。公元 1000 年的到来对绝大部分欧洲人并不是什么恶兆；他们对此毫无意识，因为以耶稣诞辰为元年的纪年方式当时还完全不占主导地位。尽管如此，也不管千年之交的那一天在那个时代的意义有多么重要或多么匮乏，那一年还是可以作为一个纪元的界标——只是非常粗略。不仅欧洲所受的压力开始缓和，而且后来那个不断扩张的欧洲的轮廓已经开始定型。其政治和社会的大量基本结构已经成型，基督教文化的大量独特属性也已经具备。11 世纪将开启一个革命与进步的纪元，该纪元发展所需的原始素材来自有时被称作黑暗时代的几个世纪。要理解这一切是如何发生的，从地图开始着手是不错的方式。

早在公元 1000 年以前，三个意义重大的变化就已发生，最后形成我们所知的欧洲版图。文化和心理认同的对象从地中海这一古典文明中心转移到别处是其一。5 至 8 世纪间，欧洲人——如果当时确有所谓欧洲一说——的生活中心迁至莱茵河及其支流流域。伊斯兰势力也施加推力，在 7 至 8 世纪经海路劫掠意大利，同时让拜占庭无暇他顾，从而令西方世界退居到这片未来欧洲的心脏地带。

第二个变化更为积极，是基督教和殖民者在东方的逐步推进。虽然基督教大业在公元 1000 年还远未完成，但基督文明的先遣已抵达旧罗马边境之外很远的地区。第三个变化是蛮族带来的压力减轻。马札尔人的扩张脚步在 10 世纪受阻；最后一波斯堪的纳维亚扩张在 11 世纪初进入末期，随这一扩张而来的北日耳曼人最终将为英国、法国北部、西西里和若干爱琴海国家带来统治者。西欧不再是纯粹的猎物。诚然，甚至到 200 年后，在蒙古人所带来的恐惧之下，都断难感受到这一点。但至少，当公元 1000 年到来之际，欧洲已不再完全任人摆布。

　　西方基督教世界可以分成三个大区。莱茵河流域周边一带属于中央区域，未来的法国和德国将在这里崛起。接着是西地中海沿岸文明区，起初包括加泰罗尼亚、朗格多克（Languedoc）和普罗旺斯。随着时间的推移，当意大利告别野蛮人统治的时代并逐渐恢复元气，这一区域进一步向东方和南方延伸。第三部分是差异化比较明显的西部、西北部和北部边界，其中有起源于西哥特时期西班牙北部最早的一批基督教国家；英格兰及其独立的凯尔特半蛮族邻邦爱尔兰、威尔士和苏格兰；最后是斯堪的纳维亚诸国。对于这一划分，我们切不可过于绝对。有些区域未必能明确地归入某个大区，例如阿基坦（Aquitaine）和加斯科涅（Gascony），有时还包括勃艮第。尽管如此，各大区间的差异还是切切实实的，故而了解这一布局也不无裨益。不同区域之间因历史经历、气候和种族的缘故而存在显著差别，当然，其中生活的大部分人并不知道自己身处哪个区域；相比本区人和邻区人的差别，他们对本村人和邻村人的差别更感兴趣。他们对自己身处基督教世界的事实略知一二，但在这个令人安心的观念之外，那片巨大而狰狞的未知世界中究竟存在什么，哪怕略微接近真实的设想都少之又少。

　　中世纪西方的发源地和心脏地带是法兰克人的领地。其城镇比南方要少，也可有可无；当贸易崩溃，巴黎这类定居点所面临的困难总比像米兰之类的大城市要小。生活围绕土地展开，贵族本是功成名就的战士，后转为地主。以这片地区为根基，法兰克人开始对德意志殖民，保护教会，灌输和强化王国的传统；这份传统源自墨洛温王朝统治者宛如魔法一般的权力。但几百年来，国家体制脆弱不堪，依赖于强有力的国王，治国是一种非常个人化的行为。

　　法兰克人的制度和模式对此状况于事无补。克洛维之后，王朝虽得以延续，但一连串的国王境况不佳、软弱无力，拥地自重的贵族因此更不受管束，靠财富换取实力，彼此乱战不休。一个来自奥斯特拉西亚（Austrasia）① 的家族崛起，令墨洛温王族的统治岌岌可危。铁锤查理（Charles Martel）诞生自该家族，他是公元 732 年在图尔击退阿拉伯人的勇士，也是日耳曼福音传播者圣卜尼法斯（St Boniface）② 的支持者。他的这两桩成就都给欧洲史留下深刻的印记

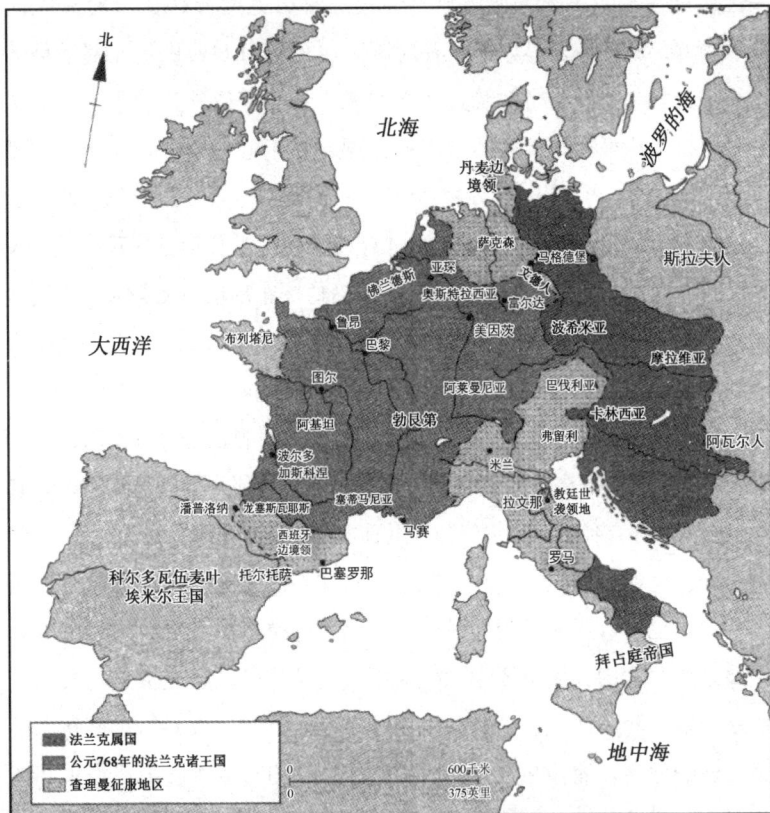

查理曼时期的欧洲

----

① 位于东法兰克的中世纪王国，相当于今法国东北部和德国中部。——译者注
② 公元 675—754 年，中世纪初期的日耳曼大主教，是向日耳曼人传播福音的最重要人物。——译者注

（圣卜尼法斯表示他的成功离不开查理的支持），也确保了查理家族与教会的联盟关系。公元 751 年，他的次子"矮子"丕平被法兰克贵族选为国王。3 年后，教皇前往法国，就像撒母耳为扫罗和大卫涂膏并封他们为国王那样[①]，为他涂膏封王。

教廷需要一个强大的伙伴。君士坦丁堡皇帝自封的权威没有根据，在罗马教廷眼里他已堕入异端，别的姑且不提，接受圣像崇拜是不可容忍的。教皇史蒂芬为丕平授予尊位，这对罗马的无上权威是不折不扣的打击，但伦巴底人正令罗马面临恐慌，教廷只能出此下策，也几乎马上就取得了回报。丕平击败伦巴底人，在公元 756 年把拉文那"献给圣彼得"，由此建立了未来的教皇国。这是教廷长达 1100 年的世俗权力的起点，教皇有了自己的领地，可以像任何统治者那样行使世俗统治权。

罗马—法兰克轴心也就此成立。法兰克教会改革、日耳曼殖民和传教事业的进一步开展（在那里对萨拉森异教徒发动了数场战争）、将阿拉伯人打退到比利牛斯山另一侧、征服塞蒂马尼亚（Septimania）和阿基坦，都是在这一轴心下形成的结果，也让教会得到了巨大的利益。所以，教皇哈德里安一世不再用拜占庭皇帝的帝国历给官方文书标注日期，还以自己的名义铸币，就完全顺理成章了。教廷的独立有了新的基础。在涂膏加冕这种点石成金的新法术面前，国王不是唯一的受益者。虽然这一神奇的手段可以取代或弱化原有的墨洛温神迹，让国王凌驾于常人之上，获取他们自身所不具备的权力，但教皇掌握了授予圣膏的权力，也就以某种微妙的方式获得了幕后的权威。

像所有法兰克国王一样，丕平在死时将土地分给不同的继承人，但到公元 771 年，他的长子再次统一了所有的法兰克领地。他就是公

---

① 出自《旧约·撒母耳记》。——译者注

元 800 年加冕的查理曼。在后世所称的加洛林王朝中，他是最伟大的君主，也很快成为传说描述的对象。但这也增加了考证其生平的难度，何况在中世纪历史中要摸清一个人的生平向来困难重重。查理曼的行为表明他一直特别关注某些问题。很明显，他依然是法兰克传统式的尚武国王，征服和战争就是他的事业。比较新奇的是，在履行国王之职时，他还一丝不苟地追求基督的圣化和恩典。他也严肃对待扶持学术和艺术的职责，希望让宫廷充满基督徒治学的痕迹，以此彰显其华贵和权柄。

查理曼是伟大的领土开拓者，推翻了伦巴底人在意大利的统治，成为他们的国王，也将他们的土地收归法兰克人所有。30 年间，他在萨克森公国东部边境区领地历战无数，凭借武力实现了萨克森异教徒的皈依。他与阿瓦尔人、文德人（Wends）和斯拉夫人作战，赢得卡林西亚（Carinthia）和波希米亚，以及经多瑙河前往拜占庭的通路，后者的重要性也许不亚于前者。为控制丹麦人，他在易北河两岸建立丹麦边境领（Dane Mark，"Mark"是"March"的古拼法）。9 世纪早期，查理曼向西班牙推进，沿比利牛斯山两侧建立西班牙边境领，直抵埃布罗河（Ebro）与加泰罗尼亚沿海一带。但他没有向海洋进军，自西哥特人以来，西欧尚无海上强国。

由此，自罗马以来，他拼起了一块大于西方任何国家的版图。从那时起，关于教皇在公元 800 年的圣诞日为查理曼加冕的真实性以及他荣登皇帝宝座的真正意义，历史学者的争论几乎从未停止。仪式中有"至虔至诚的奥古斯都，缔造和平的伟大帝王，上帝授予他王冠"这段诵词。但当时已有一位皇帝拥有这样的地位，也得到世人认可，他就在君士坦丁堡。出现第二位同样头衔的统治者，是否意味着，就如罗马帝国后期那样，有两名皇帝瓜分基督教世界？显然，大批民众都要臣服于这一权柄。查理曼称，凭此头衔，他已不仅仅是法兰克人的统治者。这一问题的解释也许对意大利关系重大，因为意大利人与帝国过去的纽带是其凝聚力的来源之一，而其他地方或许都不是这样。教廷的感激之情（或权衡利弊后的考虑）也促成了他的加冕，利奥三世刚依靠查理曼的士兵光复其都城。但据说，查理曼曾表示，如果他事先知道教皇意欲何为，就不会进入这座圣彼得的城市①。或许他是嫌恶教皇倚权卖威、隐隐透出傲慢的态度，抑或是预见了君士坦丁堡会对加冕一事不满。他一定心知肚明的是，对于自己的法兰克臣民和很多北方的臣民而言，比起罗马帝国皇帝后继者这一身份，他们更容易接受的是作为传统的日耳曼尚武国王的形象。但不久之后，其帝国玉玺上就有了新罗马帝国的字样，此举是为了刻意重建与往日辉煌的传承和联系。

事实上，查理曼与拜占庭的关系确实不太和睦。不过数年后，他在西方的合法地位获得承认；作为交换，威尼斯、伊斯特拉半岛（Istria）和达尔马提亚被割让给拜占庭。与另一个伟大的国家——阿拔斯哈里发王朝，查理曼建立了比较正式也并无敌意的关系；据说，哈伦·拉西德曾赠他一个杯子，上有霍斯鲁一世的肖像——萨珊王朝实力和文明处于巅峰时的一位国王（对于双方的这些接触，我们的了解来自法兰克人的史料；阿拉伯编年史家似乎觉得这些事件不值得花费笔墨）。西班牙的伍麦叶王朝则有所不同，他们离得太近、足以构成威胁，所以被基督教统治者定性为敌手。捍卫信仰、抵御异教徒的入侵，是基督教君主的部分职责。但教会有赖于他的大力支持和保护，也坚决服从查理曼的权威。

查理曼的手下从拉文那带来各种有形的物件和无形的思想，将亚琛装扮得美轮美奂；与此同时，拜占庭艺术也更自由地向北欧传

---

① 指梵蒂冈。——译者注

统渗透，当地艺术家至今仍受古典范式的影响。但最给查理曼宫廷增辉的还是学者和文士，那里是思想界的中心，向四面八方辐射出被称为"加洛林小草书体"的新书写潮流，各地都以这种式样优雅的革新字体来誊抄文本。该字体是西方文化发展的重要工具之一，而且最终成为一种现代字体。查理曼曾希望用该字体为其领土上的每一座修道院誊抄一份圣本笃会规章的善本，但这一字体为手稿誊抄事业带来的新潜力，还是在《圣经》的抄写工作中首次见到真章。这项工作不仅有宗教目的，因为对《圣经》故事的解读也要给加洛林王朝的统治提供依据。虔诚且被涂圣膏的尚武国王充斥着《旧约》中的犹太史。《圣经》本就是修道院藏书中的主要文本，此时开始在所有法兰克人的土地上批量成册。

查理曼的帝国标志着欧洲的文化重心开始从古典世界向北转移。皇帝本人在这个过程中起了很大的作用。他一直努力要从一个军事豪强转变为一个伟大基督教帝国的统治者，而且取得了令人瞩目的成功。最典型的例子包括，他虽然从来没学过写字，却通过自学能讲还过得去的拉丁语。显然，他的外表让人印象深刻（他可能比自己大多数随从都高），人们从他身上看到了王者的风范，和颜悦色、公正、宽宏大量，以及宫廷诗人和游吟诗人几个世纪以来传颂的英勇的圣骑士形象。他的权威，是自罗马陨落以来西欧最为大气庄重的。在他统治初期，他还没有一处固定的宫廷，一年到头都在各处领地巡视。但在查理曼去世时，他留下了一处宏伟的宫殿，在他长眠之处还埋藏了巨大的财富。他成功地改革了重量和长度标准，让欧洲习惯于将 1 磅银分为 240 便士（denarii），这在英伦群岛更是将沿袭 1 100 年。

查理曼以法兰克人的传统方式对待领土继承问题。他本打算将领地分割后传给子嗣，但其他儿子相继死去，于是帝国在公元 814

年完整地传到幼子"虔诚者"路易（Louis the Pious）手中，连带皇帝头衔（查理曼让给儿子）和政教联盟关系。继位两年后，教皇为路易举行了第二次加冕仪式。但这只能延缓分裂的到来。查理曼的继承人们既没有他的权威也没有他的经验，或许还对控制分裂势力兴致寥寥。各个地方只效忠于本地权贵，一连串的分裂最终导致查理曼的 3 个孙辈在公元 843 年签订《凡尔登条约》，将帝国一分为三。此事具有极为重大的后果。该条约将莱茵河以西的法兰克核心领地交给保有帝号的洛泰尔（Lothair，因此该地史称洛泰尔王国［Lotharingia］），其中包括查理曼的都城亚琛，另外还包括意大利王国。在阿尔卑斯山以北，这片领土覆盖普罗旺斯、勃艮第和洛林，也涵盖须耳德河（Scheldt）与默兹河（Meuse）之间、索恩河与罗讷河之间的土地。第二片领土位于东部，是莱茵河与日耳曼边境区之间的条顿语区；划给了"日耳曼人"路易（Louis the German）。最后，包括加斯科涅、塞蒂马尼亚和阿基坦，另加大致相当于现代法国余下部分的西方大片土地，归两人的异母弟弟"秃头"查理①所有。

这次分割没有带来多久的太平时光，但对于一个重要的大趋势起到了决定性作用——西法兰克和东法兰克边境的确定之日，就是法国和德国形成政治差异的开始之时。第三个政治实体位于两者之间，其语言、民族、地理和经济的统一程度都远远落后。洛泰尔王国出现的部分原因是有三个子嗣需要王权。很久以后的法兰西—日耳曼史，将是一部记述该地如何被环伺觊觎的邻国你争我夺，也因此出现内部分裂和对立的历史。

---

① 但各种史料显示他并不是秃顶，因此这一名号属于戏谑，也有可能是暗讽他起初名下没有土地。——译者注

　　没有哪个王室可以接连不断地养育出贤能的国君，也不能一直靠赐予土地来收买人心。就和以前的朝代一样，加洛林王朝逐渐衰亡。国家解体的征兆频现，独立王国勃艮第出现，人们开始缅怀查理曼的光荣岁月，这是衰败和不满的显著症候。东西法兰克的历史越来越分道扬镳。

　　"秃头"查理之后，西法兰克的加洛林王室血统只持续了一个多世纪。在"秃头"查理的统治期结束时，布列塔尼（Brittany）、佛兰德斯和阿基坦实质上都已经独立。于是，西法兰克君主只能以弱小的姿态迈入10世纪，而且还得应付维京人的入侵。公元911年，查理三世无力驱逐北日耳曼人，便向他们的首领罗洛割地，这片土地就是后来的诺曼底。次年受洗后，罗洛开始构建公国，为此确实对加洛林王朝恭维有加；10世纪末之前，一直有他的斯堪的纳维亚同胞前往那里定居，不过很快在语言和法系上向法国靠拢。此后，西法兰克以更快的速度分崩离析。在继承纷争的乱局中，一名巴黎廷臣之子最终脱颖而出，他以法兰西岛（Île de France）的领地为中心，稳步构筑家族势力。该地区将成为未来法国的心脏地带。当西法兰克的末代加洛林皇帝于公元987年去世，此人的儿子于格·卡佩（Hugh Capet）被选为国王，其家族的统治将延续近400年。余下的西法兰克分成十多块领地，分别由各据一方的独立门阀贵族统治。

　　于格登基的支持者中也包括东法兰克的统治者。在莱茵河对岸，继承者分割领土的事件反复上演，很快对加洛林王朝形成致命打击。公元911年，东法兰克末代加洛林皇帝去世，政治分裂随即甚嚣尘上，成为日耳曼地区的标志性特征，一直延续到19世纪。地方门阀的妄自尊大与比西部更强的部落忠诚心结合，形成了近10个强大的公国领。令人多少有些吃惊的是，其中一名统治者法兰克尼亚大公康拉德（Conrad of Franconia）被其余大公选为国王。他们想要一名强大的领导者，以便共同对抗马扎尔人。由于王朝更迭，新君主的统治被赋予一些特殊的依据是明智的做法，因此各路主教在康拉德的加冕典礼上为其涂膏。他是东法兰克首位获此待遇的君主，也许这可以视作日耳曼国家脱离法兰克加洛林王朝自立门户的开端。

　　但康拉德并没有成功击退马扎尔人；他作战失利，无法夺回洛泰尔王国的领地，还在教会的支持下一味给自己的王室和官僚歌功颂德。各路大公几乎当下开始整顿人马，保护自身的独立地位。对自身独特和独立性最为看重的 4 个群体是萨克森人、巴伐利亚人、士瓦本人（Swabian）和法兰克尼亚人（即当时对东法兰克人的称法）。地区差异、血缘关系和大贵族油然而生的权力诉求，给康拉德统治时期的日耳曼打下深深的印记，定下了长达千年的历史基调：一场中央政权和地方势力之间展开的拉锯战，而且没有像别处那样以中央权力的占优告终；不过 10 世纪有一段时期，中央政权确实显出坐稳江山的迹象。面对大公的叛乱，康拉德指定一名反叛者继位，并获得其他大公的认同。公元 919 年，萨克森大公"捕鸟者"亨利①登基为王，他和他的后代统治东法兰克至公元 1024 年，史称萨克森王朝或奥托王朝（Ottonian）。

　　"捕鸟者"亨利回避了教廷的加冕。他有大片家族领地和萨克森部落的效忠，并展现出军事上的才能，从而赢得门阀的支持。他从西法兰克人手中夺回洛泰尔王国，战胜西斯拉夫人后沿易北河建起新的边境区，将丹麦纳为属国并对该地开展传教工作，而且最终打败了马扎尔人。于是，其子奥托一世（Otto Ⅰ）继承了可观的实力，也对

---

　　①　据说他得知当选国王的消息时正在架设捕鸟的陷阱，因此得名。但该说法没有根据。——译者注

此善加利用。他延续了父亲的做法，对各路大公进行约束。公元955年，他使马札尔人遭受惨败，彻底根除了这一大患。查理曼的东部边境区奥地利被重新殖民化。

但奥托的野心不止于此。公元936年，奥托在查理曼的旧都亚琛加冕为国王。他不仅接受了被其父亲回绝的教会仪式和涂膏礼，而且随即举办加冕宴，日耳曼各大公在宴会上向他称臣。这是古老的加洛林做派。15年后，他入侵意大利，与某个意大利王位争夺者的寡妇成婚，并以此黄袍加身。但教皇拒绝把他加冕为皇帝。10年后的公元962年，应教皇的求助，奥托再次回到意大利，这一次获得了教皇的加冕。

奥托帝国的成就依然巨大。奥托之子、未来的奥托二世娶了拜占庭的王女。他和奥托三世在位时都遇到叛乱的麻烦，但仍成功维护了奥托大帝创立的基业，维持着阿尔卑斯山以南的势力范围。奥托三世立自己的堂兄①为教皇（他是坐上圣彼得宝座的日耳曼第一人），此后还任命了第一位法兰西教皇。他仿佛对罗马着迷，并定居此城，和自己的直接继承人一样以奥古斯都自称；此外，其玉玺上重现了传说中的"新罗马帝国"字样——和基督帝国别无二致。他有一半拜占庭血统，自视为君士坦丁第二。在一本福音书中有一幅大约绘制于10世纪末的折合式双连画②，展现了他治国的形象——头戴王冠，手持权杖，接受4位顶冠女子的致敬：分别象征斯卡尔沃尼亚（Sclavonia，即欧洲的斯拉夫民族）、日耳曼、高卢和罗马。他设想中的欧洲组织结构是各国国王为皇帝效力的等级体制，但这一理念是东方式的，是妄自尊大和发自内心的宗教信念的结合；奥托真正的实力基础是他的日

---

① 卡林西亚的布鲁诺（Bruno of Carinthia），史称格利高利五世。——译者注
② 有两个平面、中间以铰链组合的艺术品。——译者注

耳曼王国，而非令他着迷且拖他后腿的意大利。虽然迷恋意大利，但公元 1002 年去世之后，他的遗体还是按其遗嘱被带回亚琛，葬在查理曼的墓旁。

奥托三世没有留下后代，但萨克森王朝的直系血脉没有断绝；经过一场继位斗争后，"捕鸟者"亨利的曾孙亨利二世当选。他在罗马加冕，但这丝毫不能掩盖事实的真相——从心底里，他是日耳曼统治者，而非西方世界的皇帝。其帝玺镌文为"新法兰克王国"，其关注的焦点是日耳曼东部的平定和皈依。虽然三度出征意大利，但亨利控制该地区的主要方式不是政府体制，而是政治手段，即挑拨各派系自相残杀。在他的治下，奥托帝国的拜占庭格调开始消泯。

与此同时，意大利与阿尔卑斯山以北地区的关系越来越疏远。自

伊斯兰教征服前的基督教文明世界

7世纪开始，其演化进程就与和欧洲北部整合的可能性渐行渐远，走向作为欧洲地中海一国而崛起的旧路。8世纪中期，伦巴底人已征服意大利的大半土地。这些野蛮民族一度在半岛上安家，也学会了意大利的语言，但始终是少数民族，也不改彪悍之风，其社会存在由内而外的张力需要以频繁的征服战争来释放。他们根据自身的需求和体制对天主教加以改造并采纳。尽管东方皇帝理论上依然存有合法的统治权，但在8世纪以前的意大利，唯一有可能制衡这些野蛮人的势力是教廷。在一名积极进取的君主领导下，伦巴底人的各块领地开始统一，教廷也不足以与其抗衡，于是转向与加洛林王朝联手的外交方针。虽然加洛林王朝式微后，教皇必须面对意大利门阀贵族和内部罗马贵族势力的崛起，但自从查理曼消灭伦巴第王国后，教皇国在半岛上再无敌手。当时，西方教会正处于凝聚力和团结的最低谷，奥托王朝对待教廷的方式可以表明其实力有多么微不足道。

　　这一状况导致的另一个结果是意大利的无政府状态。北方是零星的封建小国，只有威尼斯格外成功；200年间，该国一直在亚得里亚海扩张，其统治者刚获得公爵头衔。也许威尼斯更应被看作黎凡特和亚得里亚海势力，而非地中海国家。南部有位于加埃塔（Gaeta）、阿马尔菲（Amalfi）和那不勒斯的共和制城邦国家。教皇国则横贯半岛中部。伊斯兰势力来袭的阴云笼罩北至比萨（Pisa）的整片半岛；9世纪，埃米尔的军队还出现在塔兰托和巴里一带。这些攻势并不持久，但阿拉伯人于公元902年攻克西西里，并持续统治了长达一个半世纪，造成相当深远的影响。

　　阿拉伯人还大致决定了欧洲西部地中海沿岸其他地区命运的走向；他们不仅在西班牙站稳脚跟，甚至在普罗旺斯都有半永久的据点（其中包括圣特罗佩〔St Tropez〕）。地中海沿岸的欧洲居民与阿拉伯人的关系必然相当复杂；后者既是盗匪也是商人，这种多元的角色与从维京后裔身上看到的特征不无相似，但有一点除外，即阿拉伯人不愿在此定居。法兰克人继哥特征服之后来到法兰西南部和加泰罗尼亚，但很多因素使他们与北方的法兰克人产生差异。其中之一是这些地区有地中海农业和为数众多的罗马古迹；另一个与众不同的特征是南部的罗曼语族，其中，加泰罗尼亚语和普罗旺斯语的生命力最为持久。

至公元 1000 年，对欧洲最为重要的某些影响来自北方。从 8 世纪起，斯堪的纳维亚人开始向外移民。和很多其他民族的流动一样，其成因无法判明，但根源可能是人口过剩。他们拥有两种精良的技术装备，一是配备划桨和船帆的海盗船，可以穿越海洋，也能驶入浅河；二是结实的货船，可以容纳大量族人、货品和牲畜，坚持 6 到 7 天的海上航行。凭此利器，他们在 400 年间纵横水路，最终打下一片西起格陵兰、东至基辅的文明版图。

他们各族的追求不尽相同。挪威人以殖民为目的，涌向冰岛、法罗群岛（Faroes）、奥克尼群岛（Orkney）和遥远的西方。瑞典人深入俄罗斯腹地，作为瓦朗吉亚人被载入史册，他们的贸易活动更为频繁。令维京人被世人所铭记的劫掠和海盗行径，大多是丹麦人所为。但斯堪的纳维亚移民的所有活动都互相交织、彼此融汇，没有一支能垄断其中的任何一项。

对偏远岛屿殖民是维京人最杰出的成就。他们完全取代了奥克尼群岛和设得兰群岛（Shetland Isles）上的皮克特人（Picts）[①]，并从那里进一步扩张到法罗群岛（之前无人居住，只有寥寥无几的爱尔兰修士和他们的羊群）和马恩岛。维京人从 9 世纪开始向苏格兰和爱尔兰殖民，而在两岛的近海一带，他们的定居点更持久，影响也更深远。

① 凯尔特人部落联邦，自罗马征服不列颠的时代起生活于苏格兰东部和北部。——译者注

爱尔兰语沿用了北日耳曼的贸易词汇，至今仍见证着他们的重要地位；爱尔兰版图上的都柏林也是标志之一，由维京人建成，并很快成为重要的贸易港。最成功的殖民地是冰岛，那里原本也有隐居的爱尔兰人，直到 9 世纪末维京人才大量抵达。到公元 930 年，大约已有 1 万北日耳曼冰岛人，他们靠农耕和打鱼生活，一部分自给自足，一部分制成咸鱼之类可用来贸易的商品。那一年，冰岛国成立，议庭（Thing，后世某些浪漫主义的古方志学家视其为最早的欧洲"议会"）① 也首次召开。这更像社群中大人物的议事会，而非现代的代表制团体；也以挪威人过去的习俗为准绳，但从中依然可以看出冰岛悠久的历史传统。

随后是 10 世纪殖民格陵兰；那里的北日耳曼人延续了 500 年后消失，可能是被因冰盖扩张不得不往南移动的爱斯基摩人所灭。至于更西部的发现和殖民，我们的所知要少得多。中世纪冰岛英雄史诗沙迦告诉我们，北日耳曼人发现并探索了一块长着野生葡藤的土地——他们称之为"葡藤之地"（Vinland）② ，还有一个孩子在那里出生（其母亲随即返回冰岛，作为朝圣者前往异乡，远达罗马，最后回到故土，带着极为神圣的身份度过晚年）。有相当可靠的证据表明，在纽芬兰发现的一处遗址属于北日耳曼人。但在此，我们无法太过详细地揭示这些哥伦布先驱者的足迹。

西欧传统中，维京人的殖民和贸易活动从一开始就被他们作为强盗的恐怖震慑力所掩盖。他们确有一些非常邪恶的习俗，但大部分野蛮人不外如是。而且，尤其考虑到我们的主要证词来自教会成员的记载，其中必然有一些得到默许的夸大之词。他们既是基督徒也是受害

---

① 原始的自由民大会，在冰岛为全国性质，定期召开。古英语中，"thing"指"集合"，后来才演变成现代的含义。——译者注
② 另一种解释称此为"牧草之地"。——译者注

者，所以对教堂和修道院遭受的蹂躏感到成倍的恐慌；在那些场所，信仰异教的维京人当然看不出成堆的贵金属和食物中有何特殊的神圣之处，而且觉得这些目标尤为诱人。何况，最早将爱尔兰的修道院付之一炬的也不是维京人。

不过，就算将这些因素考虑在内，维京人对基督教世界的北部和西部造成非常巨大和恐怖的冲击依然是无可争议的事实。他们于公元793 年首次侵入英格兰，林赛岛（Lindisfarne）① 修道院成为第一个牺牲品，令教会上下大为震动（但该修道院又存续了 80 年）。爱尔兰在两年后遭袭。9 世纪前半叶，丹麦人开始骚扰弗里西亚（Frisia），并发展成年复一年的例行事件，同一座城镇反复遭受洗劫。法国沿海此时也受到攻击；公元 842 年，南特沦陷，并伴随一场大屠杀。不出数年，法兰克编年史家就开始哀叹"维京人仿佛无穷无尽的洪涛，一浪高过一浪，从不停歇"。巴黎、利摩日（Limoges）、奥尔良、图尔和昂古莱姆（Angoulême），这些远离海岸的内陆城市也遭到攻击。维京人已成为职业海盗。接着马上轮到西班牙，阿拉伯人也吃了苦头。公元 844 年，维京人将塞维利亚（Seville）毁于一旦。公元 859 年，他们甚至入侵尼姆（Nîmes）、洗劫比萨，但在回程中被一支阿拉伯舰队截击，损伤惨重。

一些学者认为，情况最严重的时候，维京人侵几乎毁灭西法兰克的文明；可以肯定的是，西法兰克人必须忍受的痛苦超过他们的东方表亲。维京人对于未来法国和德国差异的形成起到了推波助澜的作用。在西方，他们的破坏行径令地方门阀必须承担起新的责任；同时，中央和王室的控制力逐渐瓦解，人们越来越依赖于地方领主的保

---

① 英国东北部沿海的潮滩，又名圣岛（Holy Island），是一个著名的教区。其名称源自传说，称该岛最早的住民是来自林赛（Lindsey）王国的旅行者。——译者注

护。于格·卡佩登基时，他在很大程度上可以被看作一个大体成型的封建社会中的第一领主（*primus inter pares*）[①]。

与其他社会的交往，无论是否带暴力色彩，也对斯堪的纳维亚人自身产生了影响。到了公元1000年前后，这个地区已经与欧洲其他地方进一步融合，也出现了与其他地方类似的国家形态。基督教的传入（虽然带有强烈的异教色彩）必定推动了这个进程，骑士理念的传入也是如此。其中起了最重要转折作用的人物，是挪威的奥拉夫二世，他以恩威并用的手段实施了王国的基督教化，并在1030年因此丧生。奥拉夫二世年轻的时候是维京海盗，在波罗的海和法兰西沿岸打劫，1009年还领导了一次针对伦敦的进攻。他为推动基督教化而丧生并因此被封圣，教皇在12世纪时封他为圣奥拉夫，称为"永远的挪威国王"（Rex Perpetuus Norvegiae）。人们已经厌倦了战争，这可能也有助于劫掠行动的平息；那些外出的人们极少能够回乡。10世纪时，今日瑞典南部的一对夫妇在一块石碑上刻下了这样的话："纪念班基，他们的儿子。他带着自己的船跟随英格瓦的队伍一起航向东方。愿上帝护佑班基的灵魂。"

英伦诸岛很快成了一大目标，维京人开始前来定居，也做些打家劫舍的勾当。日耳曼人的入侵使那里出现一批为数不多的王国；7世纪，有很多罗马-不列颠后裔与新来的定居者一起生活，其余则已被驱赶到威尔士和苏格兰山岳的另一侧。爱尔兰传教士不断散播基督教思想，他们来自设立于坎特伯雷的罗马教团。基督教与更古老的凯尔特教会竞争，直到具有关键意义的公元664年，一名诺森伯里亚（Northumbria）[②] 国王在位于惠特比（Whitby）召开的教士会议上宣

[①] 该拉丁文短语原意是"同辈或同类中的翘楚"，在本文中是指他本质上也是地方领主，只是比别人更成功。——译者注

[②] 盎格鲁—撒克逊时期英格兰的主要王国之一，位于亨伯河以北。——译者注

布采纳罗马教廷设定的复活节日期。这一抉择具有象征意义，确定了未来的英格兰将秉持罗马而非凯尔特传统。

随着历史的演进，各个英格兰王国的实力此消彼长，某个国家强大到足以对别国施加影响的情况反复出现。但自公元851年起，丹麦人发动如潮的攻势，占领全英格兰三分之二的土地；只有一个王国成功顶住了压力，那就是为英格兰带来首位民族英雄（同时也是著名历史人物）阿尔弗雷德大帝（Alfred the Great）的韦塞克斯（Wessex）王国。

年仅4岁时，阿尔弗雷德被父亲带到罗马，教皇授予他执政官的荣誉地位。韦塞克斯王国与基督教和加洛林王朝治下的欧洲有着解不开的关联；其他英格兰王国在入侵者面前屈服，只有其在异教面前捍卫信仰，也在异族面前保护英国人民。公元871年，阿尔弗雷德使丹麦军队在英格兰首次遭受决定性的失利。数年后，丹麦国王不仅同意撤离韦塞克斯，还改信了基督教。这一事件意义重大，决定了丹麦人会留在英格兰的状况（他们已经定居北部），而且证明其内部也会分裂。阿尔弗雷德很快成为英国所有残存国王的领袖，最终也只有他的王国幸存。伦敦被他收复。公元899年他去世时，丹麦入侵最严重的时期已经结束，他的后代将掌管一个统一的国家。

就连丹麦区（Danelaw）的居住者也接受了其统治；该区域是阿尔弗雷德划定的丹麦人殖民区，至今仍有斯堪的纳维亚地名和口音。阿尔弗雷德的成就还不止如此。他建成一系列要塞（"伯格"[burghs]），打造出以地方税为基础的新国防体系①；它们不仅为继

---

① 这一体系可能是最早的纵深防御范例。据说共建成要塞30座，大多跨河而建，以阻挡维京人的海盗船，而且彼此之间相互呼应；全国任何地区周边20英里内必有一座要塞。但此系统耗资巨大，尤其是卫戍部队的维持费用，所以阿尔弗雷德向地方领主和地主征收高额税金。——译者注

位者提供了进一步削弱丹麦区的活动基地，而且大体上确立了中世纪英格兰城市化的模式；这些要塞上建起的城镇至今仍有人居住。最后，尽管资源十分紧张，阿尔弗雷德还是特意为其臣民开展文化和知识的复兴事业。就像查理曼身边的学者一样，他的宫廷学者从事誊抄和翻译工作——盎格鲁—撒克逊贵族和教士都希望能用本地英语研读比德（Bede）和波伊提乌。

　　阿尔弗雷德的创新是富有创意的行政措施，在欧洲独一无二。这些举措标志着英格兰伟大时代的开端。郡制结构成型，各郡边界确定，这一体系一直持续到公元 1974 年。英国教会很快会经历修道院制度的飞速兴起，丹麦人将在一个联合王国中经历半个世纪的风雨动荡。直到阿尔弗雷德家族血统中的才能枯竭，盎格鲁—撒克逊王国才陷入困境，维京人才发起新的攻势。英国人一直支付巨额的丹麦金，直到一名丹麦国王（如今是基督徒）推翻英格兰国王为止；他随即去世，留下年轻的儿子掌管征服的果实，他就是受人称颂的克努特①（Canute），在他的统治下，英格兰只是伟大的丹麦帝国（1006—1035）的一部分。1066 年，哈罗德·哈德拉达（Harald Hardrada，圣奥拉夫的同母异父兄弟）指挥了挪威对英格兰的最后一次大规模入侵，却在斯坦福德桥之战（battle of Stamford Bridge）中遭到惨败。然而三个星期后，英格兰人就要遭遇罗洛的玄孙，征服者威廉（William the Conqueror）的军队，他刚从诺曼底登陆来到黑斯廷斯（Hastings）。

　　那时，所有斯堪的纳维亚君主都已是基督徒，维京人在他们的基督教形态中融入了自己的文化。在凯尔特和欧陆艺术中，该文化留下很多能证明其独特性和表现力的痕迹。在冰岛和其他岛屿上，其教会

_____

① 即克努特一世，又称克努特大帝。——译者注

体制存续至今。斯堪的纳维亚人的遗产在数百年历史中留下深刻的印记，体现在英国语言和社会模式中，也促成了诺曼底大公领的崛起，而最重要的表现则是沙迦文学。然而，北日耳曼人一旦进入有人定居的土地，就会逐渐融入其余民族。当罗洛及其追随者的后代在 11 世纪调转船头开始征服英格兰，他们已是货真价实的法兰西人；他们在黑斯廷斯战场上所唱的战歌，讲述的也是查理曼和法兰克十二武士的传说。在他们所征服的英格兰，丹麦区的居民当时已经是英格兰人。类似地，基辅罗斯和莫斯科大公国的维京人也丧失了作为民族群体的独特性。

除维京人之外，11 世纪早期唯一值得一谈的西方人是西班牙北部的基督教诸国，因为他们的未来非同一般。地理、气候和穆斯林内部分歧，都有利于基督教在该半岛上存续，也一定程度上限定了基督教的生存范围。直到 8 世纪早期，基督教国王或酋长依旧出没于阿斯图里亚斯（Asturias）和纳瓦尔（Navarre）地区。在巴塞罗那伯爵的统治下，查理曼设立的西班牙边境区获得发展；以此为助力，又趁伊斯兰世界忙于内战和宗教分歧的良机，他们逐渐蚕食了西班牙的伊斯兰势力范围。莱昂王国在阿斯图里亚斯崛起，与纳瓦尔王国比肩而立。然而到了 10 世纪，基督势力相继衰亡，阿拉伯人再一次大举入侵。

最黑暗的时刻属于该世纪末，伟大的阿拉伯征服者艾哈迈德·曼苏尔（al-Mansur）攻占巴塞罗那和莱昂；公元 998 年，圣地亚哥-德孔波斯特拉（Santiago de Compostela）的圣祠也告沦陷，那里据说埋葬着使徒圣詹姆斯的遗骨。这一胜利并不长久，因为历史证明，此地为建立基督教欧洲所打下的基础同样无法抹消。不出几十年，基督教统治下的西班牙走向联合，而伊斯兰人的西班牙领地陷入分裂。伊比利亚半岛和其他地方一样，以这一实力的此消彼长作为序幕的基督教扩张时代属于另一个历史纪元，而与另一种文明几百年来的直面交锋构成了这一时代的基础。对西班牙而言，最为重要的是，经历基督教这座熔炉的锤炼，民族共同体得以诞生。

伊比利亚的例子表明，欧洲版图与宗教版图之间有着多么千丝万缕的联系，但仅仅强调传教的成功和该地区与强大君主的关联会产生误导。早期基督教时代的欧洲和基督徒的生活远远不止如此。西方教会的成功是历史上最伟大的传奇之一，但从古代末期到11或12世纪这段漫长的年月中，其领导者长期处于孤立无援的境地，被异教徒或准异教徒重重围困。与东方正教的芥蒂不断加深，双方最终基本断绝往来。所以西方基督教会发展出一种咄咄逼人的强硬姿态一点也不让人惊讶，这几乎是一种防卫性的本能反应，也是其缺乏安全感的另一种症候。

而且威胁到它的敌人不仅来自外部，在西方基督教世界内部，教会也感到孤掌难鸣、四面楚歌。教会在依然处于半异教状态的人群中勉力挣扎，以保持其教义和实践的完整性；同时尽其所能地为一种不得不与之共存的文化打上基督教的痕迹，锱铢必较地计算究竟能向地方习规或传统让步到何种程度，同时还要保留自身的独特性，避免在原则问题上作出致命的妥协。而必须完成以上所有艰巨使命的是一个教士群体，其中很多人（或许大部分）都没有学养，操练不足，精神境界也堪虞。或许并不令人惊讶的是，教会领袖有时会忽略他们所享有的巨大资本：自从穆斯林被"铁锤"查理赶走之后，他们在西欧不用面对任何精神领域的对手；他们必须对付的只有异端和迷信的残余，而且也懂得如何利用这些元素。同时，世界各地的伟大人物环伺着这个教会世界，有时带来帮助、有时对其怀有希望；对教会必须竭力守护的脱离于社会的独立性，他们始终是潜在的威胁，而且往往会转变为实实在在的压力。

　　教廷史最终无可避免地占据了历史的大幅篇章。教廷是教会的核心，也是史料档案最完整的教会机构。教廷会得到如此多的关注，相关文献丰富是部分原因。具备大量文献的事实自然会引来人们求知欲，想对几百年间的宗教一探究竟。虽然教廷实力兴衰起伏的波动之大令人不安，但古帝国的分裂表明，西方世界的某处还有一名宗教利益的捍卫者，那就是罗马，因为不存在与之对抗的教会体系。继大格利高利（Gregory the Great）之后，维护"一个帝国、一个基督教会"的理论显然行不通，哪怕拉文那有帝国都主教（exarch）① 坐镇。公元 663 年，东罗马皇帝最后一次抵达罗马；公元 710 年，教皇最后一次前往君士坦丁堡。随后发生了圣像破坏运动，使意识形态的分歧进一步加深。当拉文那被再次发难的伦巴底人夺走，教皇斯蒂芬没有去拜占庭，而是前往丕平的王宫。

　　丕平加冕后的两个半世纪中，有过若干非常黑暗的时刻。罗马教廷手中的牌已所剩无几，有时只得寄人篱下，主子换了一个又一个。教皇首席权只是出于对圣彼得遗骨守护者的尊重，以及罗马是西方唯一基督教廷这一无可争辩的事实——只关乎历史，与真正的实力无关。教皇长年无法实行有效的统治，哪怕在他们的世俗领地也是如此；因为既没有足够的武力，也没有民事行政体系。身为堂堂的意大利大领主，他们对掳掠和敲诈毫无招架之力。关于教皇和皇帝的相对立场，若干皇帝以教会保护人的身份向教廷点明了他们的看法，查理曼只是最早的一位，或许也是最高尚的一位。奥托王朝则对教皇人选有着翻手为云覆手为雨的控制力。但教皇们也不是毫无权势的。对一个习惯于各种象征符号的时代来说，这种权势的表达方式也很容易理解：教皇为皇帝涂圣油，从而授予他皇冠和上帝认可的印记。所以，

---

　　① 正教中地位低于牧首、管辖范围大于教区的主教。——译者注

0 320千米
0 200英里

北海

丹麦

波罗的海

英格兰

吕贝克

弗里西亚

普鲁士

波美拉尼亚

不莱梅

萨克森

勃兰登堡

布鲁日
根特

下洛林
亚琛

科隆

波兰

法兰克尼亚

图林根

布拉格

特里尔
美因茨
沃尔姆斯

波希米亚

摩拉维亚

上洛林
图勒

奥地利
维也纳

匈牙利

法兰西王国

弗莱堡

奥格斯堡

巴伐利亚

帕绍

西多

士瓦本

萨尔茨堡

贝桑松

勃艮第阿尔斯王国

施蒂里亚

卡林西亚

卡尼奥拉

伦巴第
米兰
帕维亚

意大利王国

威尼斯

阿维尼翁
阿尔斯
普罗旺斯
马赛

热那亚

卡诺萨

博洛尼亚

比萨
佛罗伦萨
托斯卡纳
阿西西

地中海

北

苏特里
罗马

加埃塔
那不勒斯
阿马尔菲
萨莱诺

亚得里亚海

西西里王国

奥托一世（约公元950年）统治下的
东法兰克（德意志）王国

13世纪（霍亨斯陶芬王朝统治下）的
进一步帝国领土主张

13世纪的教后国

意大利王国和西西里王国之间的边界

中世纪帝国

他这么做也未必是无条件的。就像斯蒂芬加冕丕平，利奥为查理曼加冕可能只是权宜之计，但播下的种子却长成了参天大树。君主无能和继承纠纷经常使法兰克王国陷入混乱，而罗马就能趁机扩张势力。

在9世纪，教廷正被锻造成一种重大的标准化机制。就纯粹权力而言，神权与世俗的实力此消彼长、长年摇摆不定，教皇能有效控制的领地时大时小。直到加洛林王朝又一次经历继承分裂、意大利脱离洛泰尔王朝之后，圣尼古拉一世（Nicholas Ⅰ）在主张教廷权威的事业中取得了最大且意义深远的成果。据说，他给法兰克王位争夺者们的信函读来"仿佛他就是世界的主宰"，提醒他们，他可以任命国王，也有能力废黜国王。他还援引教皇首席权的大义反对东方皇帝、支持君士坦丁堡的牧首。这是教廷觊觎权柄的最高潮，但无法长期维持，因为事实很快就明朗化：虽然教皇号称具有授予帝位的权力，而真正决定帝位归属的还是足以掌控罗马的实力。圣尼古拉的继任者也是首位遭到谋杀的教皇，其中不无深意。尽管如此，虽然随后没有频繁出现同类情形，9世纪还是开创了此类事件的先河。

尤其是当教廷权威在10世纪崩溃，王位成为意大利各派系逐猎的对象，其纷争偶尔因奥托帝国的干涉消停片刻之时，守护基督徒利益的日常工作就只能依赖地方教会的主教了。而他们又不得不尊重各派势力。为了寻求世俗统治者的协作和帮助，他们经常陷入与王室仆从别无二致的境地。他们对世俗统治者惟命是从，就如牧区教士往往唯地方领主马首是瞻，而且不得不奉上一部分教会收入。这一屈辱的依附关系后来将导致教廷对地方教会的若干起极为激烈的干涉事件。

另一场具有创造力的伟大运动是10世纪的改革，部分功劳应归于各主教，但与教廷毫无关系。这是一场修道院运动，获得了若干统治者的支持。其本质是隐修理念的复兴；若干贵族成立了新的修道会，旨在将堕落的修道院制度恢复成本来面貌。其中大部分位于古老的加洛林中央地区，从比利时一直延伸到瑞士，西抵勃艮第、东临法兰克尼亚；改革的原动力就从这片区域发散至四面八方。10世纪末，国王和皇帝也开始给予支持。他们的扶持最终引来恐惧，害怕这些宗教方面的外行随意插手教会事务。但终究这令教廷得以复苏，不再是意大利境内一个全无王朝气象的蕞尔小国。

其中最受人称道的是勃艮第的克吕尼（Cluny）修道院。它创建于公元910年，有将近两个半世纪占据着教会改革的核心地位。其僧侣遵循经过修订的圣本笃规章，并演化出一些颇为新颖的元素——这个宗教团体不单纯依靠千人一面的生活方式，而且还依赖于中央化的组织结构和统一的修行戒律。以往的本笃修道会全都是独立的社会群体，但新成立的克吕尼修道会完全服从修道院长克吕尼本人；他是一支修士大军的统帅，其规模最终达到数千之巨，而成员只有在主会经过一段时间的修行后才能加入各自的分会。在其实力最为鼎盛的12世纪中期，整个西欧有300多家修道院（甚至巴勒斯坦也有若干）遵从克吕尼的指引；他的修道院中有西欧基督教世界第二大的教堂，仅次于罗马圣彼得大教堂。

现在就谈到12世纪有些太早。不过，哪怕早期阶段，克吕尼修道会也在向整个教会传播新的教习和思想。虽然要确定中世纪早期基督教生活的方方面面很不容易，但这能够让我们确实把握教会的体制和法度。宗教史特别容易被官方档案所歪曲，有时要从官僚文献中甄别出精神层面的内容非常困难，但从中可以明显看出，教会独一无二、无可匹敌，渗透到社会的所有肌理之中，有些类似于文化垄断。由于野蛮人的入侵和早期基督教会避世灵修的顽冥态度，古希腊罗马的遗产遭到可怕的打击和削弱。"雅典与耶路撒冷有何关系？"德尔图良（Tertullian）曾如此诘问，不过这种顽固已经慢慢消解。到了10

世纪，往昔古典世界尚且留存的遗产已被教会人士保护起来，其中最首要的保护者就是本笃会的成员和宫廷学院的誊抄员，他们不仅传播《圣经》，还传播关于希腊学术的拉丁文集。通过他们所抄写的普林尼和波伊提乌著述，中世纪早期的欧洲与属于亚里士多德和欧几里得的时代建起了细若游丝的联系。

　　教士与非文盲、文盲与非教士本质上属于同义词。过去的罗马人可以将法律写在铜板上，置于公共场所，对于公民的阅读能力毫不担心；可到了中世纪的中后期，就连国王都普遍不识字。教士实质上垄断了所有此类文书事宜。在一个没有大学的世界，能得到教士的私人辅导只是寥寥个例；除此之外，只有宫廷或教会学校能提供识字的机会。这一局面对艺术和知识领域的所有活动都造成了深远影响——文化不仅与宗教有关，更以压倒一切的宗教前提为唯一的土壤。俗话说"艺术归艺术"，而再没有哪个时代比中世纪早期更能令这句话显得苍白无稽。历史、哲学、神学、彩绘，都为维系圣事文化发挥了自己的作用；但是，无论有多么狭隘，只要不属于犹太文化范畴，它们所传承的遗产就都是古典文化的一部分。

　　如此登峰造极的文化趋同性令人瞠目，不过可资慰藉的是，教会的所作所为之中，与文化事务相比，究竟有哪些在神学和统计学两方面都有重要得多的意义，我们所知极少——事实上，究竟什么最为重要，我们也无从知晓。这些事务包括日复一日的劝诫、教诲、婚嫁、施洗、忏悔和祈祷，包含世俗教士与普通信徒的所有宗教生活；以主要圣礼为核心，也承蒙其泽被。教会在这几百年间运用实力所达成的事迹往往会被信徒误认作魔法。利用这种状况，教会给一个野蛮人的世界带来文明。这是一桩巨大的成就，然而关于其进程，我们几乎没有直接的信息来源，只有最戏剧性的时刻、非同一般的皈依或受洗事件例外。这些事件得到记载本身就能说明其与众不同，让我们知道，非比寻常的历史时刻就在自己眼前。

关于教会的社会和经济现实，我们所知要多得多。教士及其依附者人数众多，教会控制着大量社会财富，还相当于大地主。支持其运转的财力来自土地，一家正典修道院或小教堂也许拥有极大的地产。教会深深扎根于日常经济，首先必须承认，这种现象暗示着某些非常原始的元素。

尽管很难明确衰退的程度，但古代末期的西欧确有大量经济衰退的症候。并非所有人都感受到同样程度的困境，最发达的经济领域也萧条得最为彻底。易货制取代了货币，货币经济的再度复苏也显得步履迟缓。墨洛温王朝开始铸造银币，但长期以来，进入流通的铸币数量一直不多——特别是小额铸币。香料从日常饮食中消失；葡萄酒成为昂贵的奢侈品；大部分人靠面包、麦片粥、啤酒和水来充饥解渴。文书工作改用可以在当地获得的羊皮纸，取代了变得稀缺的纸莎草纸；这也是一次进步，因为羊皮纸上可以写小体字，而纸莎草纸不行，必须用浪费油墨和纸张的粗大笔画。但无论如何，这还是反映了地中海古代经济的内部困境。

虽然萧条局面经常证明独立城堡实行自给自足经济模式的正确性，但它让城镇陷入绝境。贸易体系也屡屡因战争支离破碎。7、8两个世纪，当阿拉伯人占据北非沿岸，虽然与拜占庭和遥远亚洲的往来得以维持，但西地中海的商业活动凋零。后来，同样出自阿拉伯人的手笔，商业活力有所恢复（生意兴隆的奴隶贸易是标志之一，很多奴隶来自东欧的斯拉夫民族，成了各形各色强制苦力的代名词）。北方也有一定规模的商品交换，其对象是斯堪的纳维亚人，他们都是了不起的商人。但这与大部分以农业为生活基础的欧洲人无关。

很长一段时期，生存下来几乎就是他们唯一的指望。把这看作中世纪早期经济的主要追求，可以算作少数几个没有以偏概全之虞的论点之一。长期以来，动物粪肥或开辟更肥沃的新土地就是提高产量的仅有手段，而这些产量以现代标准来看不值一提；只有通过几百年的辛勤耕耘才能改变这一切。本身营养不良、发育不足的动物在贫困交加、坏血病横生的低矮棚户区中与人类混居，较为幸运的农户靠养猪获取油脂，在南方则靠橄榄。直到 10 世纪引入高蛋白作物之后，土壤所产出的能量才开始提高。技术创新也有一些，磨坊的普及和采用更先进的犁是其中的佼佼者，但产量提升大部分还是来自新开垦的耕地。当时还有大片土地尚待开发，法兰西、日耳曼和英格兰大部分地区依然被森林和荒地覆盖。

　　古代末期的经济倒退使城镇繁荣的地区所剩无几。意大利是一大例外，那里始终与外部世界保持着一定程度的贸易往来。其他地区直到公元 1100 年以后才开始较大规模的城镇扩张。即便如此，西欧还要等待漫长的光阴，才会出现能够媲美古典伊斯兰和亚洲世界伟大文明中心的城市。在这个世界中，是否拥有土地、是否能够获取土地，是决定社会等级的最高标准。地主就是领主，在成为贵族的各项要素中，世袭身份的作用逐渐膨胀，而实际作战才能和技艺不再（但理论上长期）具有突出的地位。

　　有些领主的土地是国王或大贵族赐予的。作为回报，他们要在后者需要时提供军事服务。不仅如此，帝国时代终结后，行政必须去中央化；蛮族国王不具备拥有官僚技能和读写技能的人力资源，而这是直接统治广大区域所必需的。所以，授予有利可图的经济物产以换取具体的效忠义务，是非常普遍的做法，这一概念是"封建制度"的核心；后世的法学界人士在回顾中世纪欧洲时，就选择这一概念作为理解"封建制度"的关键。这一现象广泛传播，但并非举世皆然。

　　大量贡品和纳金滚滚而来。罗马和日耳曼习俗都偏好这一概念的复杂性和精巧性。在帝国后期，或者是墨洛温王朝的高卢人陷入困境的时期，这种体制也有所帮助，人们普遍"投身"大领主以寻求保护，并献上专属的忠诚和效劳作为回报。这是一种易于和日耳曼社会惯例同化的做法。加洛林王朝统治下，开始出现"封臣"向国王表忠心的惯例；也就是在别具一格、往往公开举办的仪式上，承认他们身负为国王效劳的特殊责任。国王是他们的领主，他们是国王的手下。野蛮人时代依靠共同出生入死所建立起来的旧式忠诚，开始同封建君臣的概念混合，产生了关于忠诚、可靠和互惠责任的新道德观。封臣之下还有封臣，领主的下属可能又是别人的领主。义务和私人效忠关系环环相扣，理论上可以一路延伸，从国王、权贵及其侍从一直串到最底层的自由民。当然，这会造成复杂和矛盾的命令体系。一名国王的部分土地可能来自另一名国王，所以也就是后者的封臣。奴隶比自由民地位更低下，在南欧的数量可能比北方要多，但无论何处的奴隶都表现出向农奴进化的趋势，虽然速度极为缓慢。农奴没有自由，生来就不能离开其主人的土地，但也不至于丝毫没有任何权利。

　　按后来有些人的说法，仿佛主从关系可以解释中世纪社会的一切。但事实从来不是这样。虽然欧洲的大片土地被划成采邑——"封建主义"（feudalism）一词就来自 *feuda*[①]——即附带条件的地产权、需对某个领主承担责任，但始终有一些重要的地区，尤其是欧洲南部，以日耳曼方式为表、罗马方式为里，"混合"出一种不尽相同的体制。意大利、西班牙和法兰西南部的大片地区不是这一概念上的"封建采邑"。而且，就连"封建"色彩较浓的地区，也总有一些永久性的地产主，形成一个重要的阶级，在某些国家比其他阶级人数更

---

　　① 采邑的拉丁语复数格，原型为"feudum"。——译者注

11世纪的基督教世界

多。他们完全拥有土地，但无需为任何人效劳。

　　"封建体制"可以容纳极为复杂和模棱两可的关系，但中心要素是上下等级之间的责任交换；这种责任交换贯穿整个结构，比其他的一切都更能帮助现代人理解该体系的要旨。领主和下属有彼此扶持的誓约："农奴，你要带着恐惧和战栗服从你世间的主人；领主，你要正义且公平地对待你的农奴。"这句法兰西教士诵读的训令，简洁扼要地概括了该原则在具体情况下的体现。以此为逻辑出发点，一个越来越复杂的社会建立起来，也能够在很长的时期内维系自身的理论和存续。

　　这套体制还使武士阶级榨取农民财产维持自身开销和建筑城堡的

行为获得正当立场，从中产生了欧洲的封建贵族群体。这套体系的军事职能长期处于至高无上的地位，也是贵族统治的依靠。哪怕实际战斗不需要农民参与，而由封臣的麾下士兵（后来转为依靠封臣付钱雇来的士兵）承担，这一职能依然至关重大。但是在无数臣属关系所组成的错综复杂的大网中，国王对封臣的控制力可能还不及封臣对下属的掌控。在当地普通人的生活中，比起远在天边、可能从不得见的国王或亲王，大领主（无论是教会外的封建门阀还是地方主教）必然总是显得更为高大和重要。在 10 和 11 世纪，国王明显受制于地方豪强的例子随处可见。受此问题困扰最小的国家似乎是盎格鲁—撒克逊人的英格兰，那里的君主制传统和民族认同感比其他地方更强。但只要国王够精明，即便他很弱小，地方领主的施压也不总是起效；毕竟，他还有其他封臣，如果够聪明，也不会同时与所有人为敌。另外，国王的身份与众不同，教会的涂膏礼确立了其神圣的克里斯马权威（charismatic authority）①。在大部分人眼里，国王被特别的排场和仪式所包围，因而与众不同；这些排场和仪式在中世纪政府中发挥重要作用，一如我们今日的官样文书。如果国王还拥有大片自有领地，那就很有机会把握主动权。

虽然在技术和法律意义上并不始终如此，但在普遍和日常的意义上，国王和大门阀贵族是中世纪早期社会唯一享有较多自由的人。然而，就连他们的生活也处处受制，欠缺我们习以为常的很多便利和自由；毕竟，除了祈祷、战斗、打猎和管理地产，能做的事实在不多；除了教会职务，男子也没有可以从事的职业，日常生活方式和内容出现创新的可能性很小。女性的选择范围更加有限，处于社会底层的男

---

① 马克斯·韦伯的 3 种权力定义之一，其权力来自人们"对卓尔不凡的圣洁、英雄气质或突出人格"的忠诚。——译者注

性也是如此。只有当经济逐步扩张、贸易和城市生活逐步恢复活力，这一切才会随之改变。显然，人为地给这类过程划分时段几乎没有意义，但公元 1100 年是一个例外，是至关重要的经济发展起步的分水岭；只有此时，我们才能感受到，这片大陆的大片地区脱离了半蒙昧的社会状态，有了自诩为文明的资本。但也仅此而已。

第 5 章 印　　度

从 550 年笈多王朝瓦解到 1526 年莫卧儿帝国建立，印度历史在这千年之中既没有像同时期的中国历史那样明确的方向，也没有像中世纪欧洲历史那样的暴力转折。它所呈现的，是多种传统各自因地制宜发展，是以伟大的学识和大量财富为基础的文化探索，是对优雅的革新和自我完善的集中关注。这段时期的政治历史或许显得非常混乱——这里始终都有好几个王国在争夺霸权，还有多个外部帝国尝试入侵。但除了一次比较重要的例外，印度在这个时期的历史同对外扩张或外族征服无关，主要是印度当地人群之间的角力（有的和平而有的则诉诸战争），这块土地在多数方面比这个星球上的其他地方都更富足也更肥沃。

印度历史这个时期的大转折点出现在 1192 年，来自阿富汗的穆斯林闯入印度北部平原，并最终建立起德里苏丹国。但我们要慎之又慎，不能轻易认定伊斯兰教的进入（这次是以入侵的形式）提供了主导印度此后历史的唯一分界线。相反，南方与北方的关系，沿海地区与内陆地区的关系，各种姓与各社会群体之间的关系此后仍然非常重要，至少同印度教与伊斯兰教之间的相互作用一样重要。宗教是印度历史中的一个重要决定因素，但即使这个维度，也远比简单的伊斯兰教—印度教分野更为丰富和复杂，民族主义史学家曾试图将后者强加于历史。

公元 500 年以前的印度历史主要涉及印度北部，南方更像是一笔带过的附录，我们只能约略瞥见那里发生了什么。对于早期历史，我们的关注点必然是北方的大帝国——孔雀帝国和笈多帝国，以及它们创造的文化和身份认同关系。但在第 1 千纪中期以后，事情发生了改变，不仅因为北方的主导地位经历了衰退，也因为南方逐渐有了自己的国家和交流方式。第一个重要的南方国度是朱罗国，这个王朝将在东南沿海地区延续近一千年。

在重要的地区性王国开始出现之前，仍然有人最后一次尝试建立与笈多帝国统治区域同样广大的帝国。戒日王的统治期从 606 年一直延续到 649 年，在这段漫长的时间里，他建立起了一个从喜马拉雅山脉到奥里萨邦的国度。其中心是首都曲女城。戒日王广纳学士于此，推动了梵文学术研究的发展，无论是印度教的形式，还是佛教的形式。戒日王死后，戒日帝国崩溃，但在此后几个世纪这里始终是印度北部的文化中心。

但即使是戒日王，也没能把印度中南部的德干地区纳入自己的帝国。中国佛教僧侣玄奘曾经在戒日王的宫廷中待过一段时间，他记录下了戒日王因不能征服南部诸王国而感到沮丧。戒日王死后，印度的政治逐渐转入各地方政权争夺影响力的模式，这种状况将一直持续到 12 世纪。9 世纪，这些政权中最为强大的，是以德干为基地的拉什特拉库塔王国。这是第一个想要试图控制整个印度（虽然最终没有成功）的南方王国。争夺战的另外两极，分别是西北（瞿折罗王国）和东部（孟加拉一带的波罗王朝）。虽然各国都想征服他国，但哪一方都没有强大到达成愿望，即使有也非常短暂。

不过这些政治竞争当中最重要的一点，却是这样一种暗示，即一种源自北方的文化，此时已经主宰了整个印度。地区性王国此消彼长，但每一个新王国都越来越多地显示出源自梵文文化的哲学、治国方略和科学。宏伟的神庙城市的建造，从南方的吉登伯勒姆（Chidambaram）到北方的瓦拉纳西，象征着共同的宗教虔诚，尽管多少有些地区差异。差异不在于信奉的是佛教还是印度教，而是崇拜礼仪的不同，以及个人同神灵或圣徒之间的关系模式。

很可能因为佛教为了更接近大众而向印度教妥协，结果其影响力自笈多王朝末期开始逐步减弱。有学者认为，就如印度其他（无论本土的还是外来的）哲学和宗教体系一样，佛教教义融入了盛行的印度教以及印度教神灵的传统当中。但如果是这样的话，印度教改变自身的能力与其传统本身同样重要。从 8 世纪开始，印度教以多种形式直面佛教信徒提出的挑战，提出了印度教自身的答案。伟大的哲学家商羯罗（788—820）——如同这个时期的常见情况，他是南方人，出生在喀拉拉——将不同婆罗门群体的礼仪糅合在一起，主张只有正见才能让灵魂摆脱生死轮回。到 10 世纪时，形势已经很明朗，佛教在印度大陆已经丧失了影响力。

这个时期，社会变迁也产生了重要影响，尤其是在南方。从 7 世纪开始，德干地区各大城市都越来越商业化。两个世纪后，商人们通过大型行会事实上控制了很多城市。这些行会，以及有些商社，简直就是国中之国，拥有军队，以及装备着重型武器的船只。他们在印度各地经商，完全超越了本国国界限制，甚至还做海外贸易，去往波斯、阿拉伯和非洲各个港口。但他们对外贸易的重点越来越集中在东南亚。这种商业接触很可能强化了既存的纽带，使得这个时代——直到 13 世纪——成为东南亚地区的印度时代。

东南亚涵盖着从缅甸到菲律宾的广大地域，从 9 世纪开始，高棉和室利佛逝（在今天的印度尼西亚）等大帝国相继出现，主宰着这片区域，也让这里逐步成为人类文明的核心区域之一。东南亚诸国同中华帝国和印度交往密切，在它们的影响下发展起来，而且在孕育阶段时，印度的宗教和文化影响力尤其强劲。这些接触几乎可以肯定是以商贸为开端的，随后婆罗门以及佛教学者和僧侣来到，与他们（及其学识）在印度南部的传播类似。这些人成为东南亚各国宫廷中的重要幕僚，与西方传教士在之后历史中所起的作用类似，推动了特定形式的精神生活和物质生活的发展。他们的成果颇丰：到东南亚各帝国崛起之时，它们在宗教和文化上已经完全印度化，佛教和印度教是最重要的信仰。

而在印度本土，随着印度文化扩展到东南亚的大部分地域，新的社会体系也发展起来。其中最为重要的是萨曼塔（Samanta，意为"邻人"）体制。它成为印度封建体系的核心。这个词最初是用来指臣服于某位国王或领主的大家族，其后用来指代诸侯。他们的世袭统治权得到中央王权的支持，而作为回报，他们与君王彼此都要承担一些义务。其中就包括在战时互相支援，以及参加能强调既存秩序合法性的仪式。这个封建体系与种姓体系并存，当上萨曼塔也就可能意味着种姓地位的改变，领主将根据自己意愿，为他的萨曼塔确定合适的种姓地位。

到公元第 1 千纪末期，刹帝利阶层中的有些成员开始把自己定位为拉其普特（rajput，意为"国王之子"），以适应新的社会体系（有些历史学家认为拉其普特阶层的成长在某种程度上也是对社会变迁的回应）。9 和 10 世纪，印度地区各国之间你争我斗，此消彼长，拉其普特成功地在相互竞争的各国之间或内部，为自己争得一些封地。到 9 世纪末，这些封地中有些已经壮大为半独立的王国，其都城成长为伟大的文化中心——位于拉贾斯坦邦的贾沙梅尔，就是由拉其普特中的巴蒂一族在 12 世纪早期建立的，他们统治这里长达 800 年，至今还能让人瞥见他们当年的荣光。

在此期间，伊斯兰教已来到印度，最初由抵达西海岸的阿拉伯商人传入该地。公元 712 年或前后，阿拉伯军队征服信德；他们就此止步，逐渐安顿下来，不再骚扰印度人民。随后是一段和平时期。直到

11世纪早期，一名迦瑟尼王朝统治者长驱直入印度腹地，一路大肆破坏，但也没有造成根本性的变化。印度人的宗教生活照着自己的节拍又持续了两个世纪，其间最引人注目的变化是佛教的衰微和坦特罗教（Tantrism）的兴起；后者是一种半魔法和迷信密宗，通过咒语和仪式追求入圣，并凭此类教习赢得发展。以寺庙举办的大众节日为中心，各类密宗十分盛行，当时笈多王朝已不复存在，这些密宗无疑对政治不太关注。接着，一批新的入侵者来到了中亚。

他们是穆斯林，来自成分混杂的突厥部落。他们的行为与早先大杀四方的伊斯兰入侵者不同，不是单纯的劫掠，而是在此定居。11世纪，他们首先在旁遮普占据立足点，随后于12世纪末发起第二波攻势；几十年内，就在德里建起一个突厥苏丹王朝，统治整片恒河流域。他们的帝国并非不可分割的单一整体，其内部依旧有印度王国存续并向突厥统治者纳贡称臣，就如西方的基督教王国作为蒙古属国生存下来一样。或许是在意他们的物质利益，穆斯林统治者并不总是支持同为穆斯林并希望布道传教的乌里玛，也能毫不犹豫地发动迫害（被破坏的印度寺庙表明了这一点）。

恒河流域是印度首个穆斯林帝国的心脏地带。这些入侵者迅速扫平孟加拉，随后在印度西海岸和德干高原建立根据地。他们没有深入更南方，印度社会得以大体不变地存续下来。13世纪以降，伊斯兰教在印度北方的扩张，甚至还很可能强化了南方作为印度传统文化的自觉守护者的角色，尤其是在泰米尔人当中。他们直到最近才被完全吸纳入印度文化圈中。

德里苏丹国建立于1206年，其鼎盛时期延续到了14世纪末。它树立起了一种对印度腹地的伊斯兰教统治模式，这将持续700多年。该国第一批统治者是突厥人，来自阿富汗，他们的帝国囊括了今天的巴基斯坦全境和印度北部，以及阿富汗。这个苏丹国让印度受到了来自西边的影响，而或许更重要的是，将波斯、中东和欧亚大陆中部的部分地区，跟印度以前所未有的紧密形式联系起来。艺术、科学和宗教观念在其间流动。或许，并不让人意外的是，伊斯兰教的神秘主义派别，尤其是苏菲派，在印度扎根，并成为宫廷中的主导信仰。

13 世纪末 14 世纪初，在卡尔吉王朝的三位苏丹治下，德里苏丹国进入鼎盛期。阿拉-乌德-丁自 1296 年起统治了 20 年。他是一位杰出的军事领袖，曾两次在北方击败蒙古大军。在南方，他将伊斯兰教的统治扩展到了德干高原的边缘，引发了印度南部一波极强的伊斯兰文化影响浪潮。与北方的情形不一样，大多数皈依伊斯兰教的南方人，并不是因为被穆斯林征服才选择这种新宗教的。如同世界上的其他地方，有些印度人选择伊斯兰教，是因为它所带有的革新特质：在一个阶层森严的社会，所有人在神面前都是平等的，都能直接与神交流，这样一种讯息是充满巨大吸引力的。

伊斯兰政权在南方出现，是由苏丹军队中的一名塔吉克人将军带来的。他在 1346 年与德里的君主决裂，以今天的马拉哈施特拉邦一带为中心，建立起自己的政权，并向南衍生直至卡纳塔克邦和安得拉邦。这个政权被称为巴赫曼尼苏丹国，其宫廷几乎完全波斯化了。它的统治者们用波斯语写诗，并一直试图同设拉子、伊斯法罕和库姆等波斯大城保持密切的联系。与其伊朗裔的保护者们一道，巴赫曼尼苏丹国渐渐接受了什叶派伊斯兰教，成为印度第一个由什叶派主导的大国。

伊斯兰印度的分裂，让抵御北方来的入侵者变得更为艰难。公元 1398 年，跛脚者帖木儿的大军洗劫了恒河流域。此前大军所到之处尽成焦土，也因此加快了行军的速度；因为据某编年史家所称，蒙古人想躲开他们一路造成的堆积如山的尸体腐烂后散发出的恶臭。在这场灾难后的乱局中，各路军阀和地方豪强拥兵自立，伊斯兰教下的印度再度四分五裂。尽管如此，伊斯兰教还是在这片次大陆立足。对于印度的同化力，这是迄今为止最大的挑战，因为伊斯兰教积极主动、信奉先知和启示的风格，与印度教和佛教截然相反（不过，伊斯兰教也在后者的影响下发生了微妙的变化）。

　　但印度并非全由穆斯林统治着。一个强大的印度教帝国在南方崛起，从14世纪中叶开始，统治了整个德干高原南部以及印度的更南部。这个帝国以其伟大的首都毗奢耶那伽罗（位于今天卡纳塔克邦的高原地带）而得名，崇尚商业，与东南亚保持着密切的联系，并从中获利颇丰。它的军事力量很强，是印度第一个采用外来军事技术的国家，既包括欧洲来的（取道中东），也包括从中国来的（取道东南亚）。但毗奢耶那伽罗王朝最受人推崇的，则是其有效的行政管理体系和宽容折中的宗教政策。数个世纪以来形成的多个印度教流派，在这里得到融合。它象征着印度多元化本质的持续，并指明了这样一种前景：无论是印度教，还是伊斯兰教，都不会一家独大。

第 6 章 中 华 帝 国

汉朝最后一个皇帝在公元 220 年黯然退位，之后的 350 余年间，中国分裂成了多个国家。从更长的时段来看，在从公元前 700 年开始的 13 个世纪里，中国仅仅在帝国形态下统一了 400 年多一点。尽管如此，在公元 4 至 5 世纪，在多国争霸的局势下，何为"中国"的观念仍然留存下来。政治分裂与外部入侵并没有破坏中国文明的根基，就在国家四分五裂之时，文明仍然成长了不少（有人甚至认为发展更胜以往）。

我们应该非常谨慎地对待将第 1 千纪中叶的分裂时期，视为中国历史的断章的观念。尽管这一时期国家和王朝起起落落，但中国的核心区域很少遭到如同欧洲在罗马时代之后所经历的那种外来势力的大规模破坏。非华夏民族并没有入侵。他们有些建立了自己的国家，或在大多数情况下，与汉族一道创建了具有混合文化的国家。这个时代在中国被称为三国两晋南北朝，是一个充满战乱和政治变动的时期，但同时也是文化繁荣和社会变迁的时期。

220 年至 580 年这个时期发生的最为重要的变化，是中原文化和人口扩散到了中国的南方。这造成的影响，不亚于对"何为中国"的一次彻底的地理重构。在东汉时期，中国四分之三的人口都生活在黄河流域，但 500 年后，四分之三的人口生活在长江流域及更南方。这种深刻的变化，是由被北方蛮族入侵驱动的汉民族南迁完成的。他们在南方定居下来，开垦荒地，渐渐融合或吸纳了当地土著。在一个相对而言很短暂的历史时期内，中国的幅员几乎翻了一倍。

这几个世纪里，中国发生的另一个巨大变化，是佛教的传入。我们现在知道，佛教僧侣是在汉代沿着丝绸之路来到中国的。但要等到汉朝崩溃之后，这些涓涓细流才汇聚成了洪流。占据着今天阿富汗、巴基斯坦和印度北部的贵霜帝国，是由月氏人建立的。这是一个印欧民族，原本定居在欧亚大陆中部的腹心，大概就是今天的新疆一带。贵霜帝国的君王们征服了广大的地域，统治着一个印度—希腊—欧亚大陆中部的混血文化体，而其信仰则是佛教，帝国内佛教塑像（具有希腊英雄形态）随处可见。贵霜的僧侣们开始把佛经译成汉文，并到中国（甚至穿越了危险的喀喇昆仑山脉一带）传播大乘佛教。到 500 年时，佛教已经在中国迅速传播开来，并自此又传到朝鲜和日本。这个时期的动乱纷争可能促进了大规模的皈依。正如基督教在欧洲的传播一样，此时的佛教在中国满足了人们在一个动荡时代的心理需求，尤其是在帝国复苏的前夕。

隋朝，以及在隋朝短暂统治基础上建立的唐朝，是中国历史上非常重要的两个里程碑。隋朝的建立在当时是很令人惊讶的。6 世纪后期，中国已经分裂了 350 多年，尽管大多数中国人还是把这个地域看作一个整体，但几乎没人料到其能够再次实现政治统一。隋朝发端于北方一个较小的国家北周，在短短不到 40 年时间里，不仅重新统一了汉朝的大部分疆域，还重建了政体的基本构架，改革了土地所有制，重新设计了中央行政体制，恢复经济，重兴强大的军事力量。对一个如此短暂的政权而言，这样的成就真的不差。但毫不令人意外的是，隋朝在众多中国人的怨恨中灭亡，人们认为其残暴程度仅次于秦始皇。而秦始皇同样缔造了一个在公元前 3 世纪统一国家的短命王朝。

隋朝所脱胎的北周，是汉朝崩溃之后，在北方由非汉族建立的多个国家之一。统治这个国家的蒙古语族鲜卑人，招揽了许多汉族将军，其中最为优秀的就是杨坚。杨坚有个鲜卑姓氏为普六茹，还娶了有权有势的鲜卑裔独孤家的女儿。他的女儿嫁给了皇太子，但这个女婿继位后不久就病故，之后在公元 581 年，杨坚发动宫廷政变夺权。他将自己的王朝定国号为隋，后来谥号为文皇帝——有文化修养的皇帝（可能是要表明他是汉人，而不是蛮族）。他旋即着手赶尽杀绝所有的敌人，无论真实还是想象的，无论新帝国内部还是外部的。

隋朝是一个在战火中铸造的帝国，不过最初的战争多数是中国的内战。隋文帝很精明，成功地采取策略，避免了与东北一带的东突厥汗国（北周曾向东突厥进贡）发生大规模冲突。[①] 这位新任皇帝决定集中力量征服南方。他出色地达成了目标。杨坚将战争和外交手段并用，把南方的一个个掌权者清理出局。到 6 世纪 90 年代初时，当年汉帝国的大部分领土已经归隋所有。中国再次统一，掌握在一位出人意料的皇帝手中。

在军事指挥和行政管理方面，隋文帝实在非常出色，但他却控制不了自己的火暴脾气，之后往往因此深为悔恨。他之所以虔信佛教这种在中国新兴的宗教，可能就与他的人格特质有关联。隋文帝真诚地相信佛教教义，却对中国传统的思想有一些怀疑，其中就包括儒家学说的某些方面。他推崇勤勉，每天晚上都要带大量的文书到自己的寝宫继续批阅。他对宫廷中的声色犬马不感兴趣，而与自己的皇后独孤伽罗拥有长久而幸福的婚姻。他封自己这位鲜卑皇族妻子为皇后，后来谥号文献，字面意思是"隋文帝获得的赠礼"。她是他最重要的幕僚，602 年她去世后，隋文帝的脾气逐渐无人能够控制。

隋文帝深以重构中国为己任。"欲求名，一卷史书足矣。"他这样

---

① 后来隋文帝于 583 年令隋军八路出塞，击破东突厥，并以"远交而近攻，离强而合弱"谋略致东、西突厥正式分裂，并先后归降隋朝。隋炀帝末年，东突厥复振。——编辑注

告诉自己的左膀右臂。他认为自己主要的贡献当在于改革行政体制：帝国只有运转良好，财政根基稳固，才能够长治久安。隋朝统一了币制，扩展了财政税收管理的范围，对多种不同领域征收税费，其中就包括所得税和财产税。隋文帝简朴甚至吝啬，总是想方设法扩大政府的财政收入。到7世纪早期，中国的公共财政体系已经远远优于世界上其他国家，这也是隋唐时代能够延续300多年的一大原因。

隋文帝及其继任者反复研究汉朝灭亡的原因，并试图从中吸取教训。隋文帝认为，任人唯亲是汉朝崩溃的重要原因。他曾下诏书说："割亲爱之情，尽事君之道。"理想的公职人员应该一丝不苟，甚至吹毛求疵。最佳人选由皇帝或者他最信任的官员当廷挑选。官员们在一个职位上只能待四年，随后时常要轮换到国家的其他地方任职。公开考试制度再次复兴，大量考察机构也应运而生。军事和民事职位都向帝国内所有有才学的人开放。大多数与贸易、工程和作战相关的核心岗位，一般都给了汉族以外的人，而关键的文职岗位则主要由汉人出任。

在隋朝皇室看来，他们最重要的任务，就是摆脱导致汉朝崩溃，以及随后中央政府孱弱的主要原因：一种维护地方精英，却招致农民和无地者怨恨的土地所有制。隋文帝强力推动了一场激进的土地改革，将所有土地分为两类：分配的土地，由国家分配给年龄在17至59岁之间的个人耕种，之后仍要归还给政府重新分配；继承的土地，这是为帝国产出战略必需品的土地，或某个家庭的私人园地。曾为帝国建立出力的显赫家族，将获得一份这样的土地，但皇帝可以任意予夺。高级官员能得到与品级相应的田地的部分产出。与在所有帝国的情形一样，这与其说是一种现实的制度，不如说是一种理想概念，但它还是给了国家一种可以用来对抗不平等和腐败的工具。

隋文帝想要建立一个包容多元的帝国，但无论是他的性格，还是他的某些政治策略，都妨碍了这种可能性的实现。他不知道该如何让自己推崇的佛教与儒学相融合。他致力于在帝国推广佛教教义，比如在601年，他就曾仿效印度的阿育王，举行了盛大的仪式，派遣僧侣携带佛骨前往各州治所。而他的举动被人们视为做得有些过了。许多有才能的人在隋朝域内始终没能过得舒服自在，精英阶层规模太小，皇帝的统治又太严酷。隋文帝在604年驾崩，隋炀帝继承父位，他更青睐南方，不太喜欢隋文帝在北方的宫廷和幕僚。到7世纪第二个十年间，隋朝已经弊病丛生。

问题产生的原因之一，是战线拉得太长。7世纪头十年里，与占城发生的冲突没让隋朝得到什么好处。对高句丽的战争也是如此。隋朝显然有点过分动用资源了，国库已空，可资筹划利用的空间越来越小。隋炀帝开始陷入深深的沮丧情绪中，不理朝政。在高句丽、占城和突厥造成的压力之下，在北方的地方将领叛乱的压力之下，就连皇帝的近臣也无法忍受了。618年，隋炀帝在江都宫的寝殿被缢杀。

然而，与公元3世纪分崩离析的汉帝国不同，隋帝国没有分崩离析，反而孕育出了一个或许是中国历史上最辉煌的朝代，即一直持续到公元907年的唐朝。在很多方面，隋朝之于唐朝，如同秦朝之于汉朝。让唐朝得以走向辉煌的最为重要的改革，许多都是由隋文帝先实施的。隋炀帝遇害后，站出来掌控了局势的是李渊，他与隋文帝出自同一支北方势力。事实上，新皇帝的母亲，正是文献皇后的姐姐。但李渊想要的是建立新朝。他改国号为唐，登基为开国皇帝，后称高祖。

唐朝成了中国漫长历史当中最具有里程碑意义的朝代之一。唐人的时代，是中国史上向世界开放程度前所未有的时代，是中国作为东亚中心的地位得到确立的时代。这也是我们今天认为的中国核心区域基本定型的时代，包括了长江以南地区以及西南地区的喜马拉雅山脉一带。唐朝推崇文学艺术，其都城长安是国际性大都市，也是当时有史以来全球最大的城市。唐朝将中国的深层文化影响力扩展到了今天的朝鲜、日本和东南亚，以及中亚，它创造出了大批文学和美学作品，至今仍在中国拥有显赫地位。因此或许并不令人惊讶的是，直至今日，中国南方的人们，及其散播到海外的众多子孙后裔，仍然自视为唐人，沐浴着一个在 1 100 年前就已终结的朝代的荣光。

从唐朝创建之初开始，从族群构成的角度来看，这就是一个比隋朝还要多元融合的朝代。之前数个世纪外来族群进入并融入中国的痕迹，能够很清楚地在唐朝宫廷中看到：帝国皇室家族有一半鲜卑血统，朝中一批主要官员是突厥人、高句丽人和契丹人。行政官员中还有伊朗人、印度人，和东南亚人。唐王朝对海外各地怀有的兴趣，在一定程度上反映了其朝廷的多元性质，但同时也是受到宗教热情和探知异域他乡的好奇心的驱动。唐僧玄奘生活在 7 世纪中期，成为中国流传不息的传奇故事《西游记》的核心人物。他在印度待了 17 年后，带着珍贵的梵文经书和其他更广泛的文化典籍返回唐朝。还有一些旅行者则到了欧亚大陆中部的西端，到了马来世界，到了波斯及更远的地方。

唐代文化折射出来自外部世界的接触和刺激，但该朝代与中亚的接触特别突出，密切程度堪称前所未有。当时的都城是长安，位于西部今陕西省，其名称意为"长久的和平"；波斯人、阿拉伯人和中亚人都来到这座位于丝绸之路终点的城市，使其成为全世界文化最多样的国际大都会。城内有景教教堂、索罗亚斯德教寺庙、穆斯林清真寺。从留存至今的物件来看，可能是当时最富丽堂皇、奢华绝代的名都。很多古物，例如伊朗银器的仿制品，所反映的审美倾向属于中国人而非其所有者。此外，这座贸易中心的风土人情被骑手和载货骆驼的陶塑所保留，揭示了穿行于长安大街小巷的中亚人的生活。这些人物经常饰以唐代陶艺工新发明的彩釉；就连千山万水之外的日本和美索不达米亚人都模仿他们的艺术风格。宫廷的存在和异域商人的造访对于刺激此类手工艺术的发展具有同样重要的作用。宫廷贵族的生活景象可以从墓室壁画中得见：男子悠然自得地打猎，由中亚人担当扈从；女子面无表情，打扮奢华，丫鬟们手持扇子、化妆盒、不求人等各色精巧的闺阁用具。另外，贵妃们也偏爱从下人那里学来的中亚风尚。

正如历史上的常态一般，这个高雅而精妙的国家也是在流血杀戮中诞生的。唐高祖李渊统治到 626 年，之后让位给了其子李世民。他的另两个儿子已经死在李世民手上。冷酷而野心勃勃的李世民后来称为太宗皇帝。事实证明，他是一位非常有才干的领导者，他很能听取自己那些最优秀幕僚们的建议。唐太宗统治了 23 年，被有些人视作中国最伟大的皇帝之一。他不仅击灭了东突厥汗国，让唐朝成为欧亚大陆中部东段的霸主，还稳固了对朝鲜地区和吐蕃的宗主地位，控制了向西和向南的商路。唐太宗为一个长治久安的王朝奠定了基础，其中很重要的原因在于，他以及唐朝早期的其他帝王很准确地抓住了时代的脉动：他们提供了当时大多数中国人想要的一切，无论是实质的，还是想象的。

唐朝所取得的成就中，重要的一项是其法律改革。在过去的很多个世纪里，大多数生活在中国的人们并不确切地知晓法律准则，而早期的几位唐代皇帝却建立起了一个非常完善又符合常识（这两者并不是能轻易结合在一起的）的法律体系。在行政层面，唐朝则可以利用隋朝的革新成果，并加以扩展和巩固。尽管唐朝早期的统治者多数相对倾向佛教，但他们也看到了儒家科举制度的好处，并发展出对待宗教和公共意识形态的折中立场。唐代开启了这样一个延续长达一千多年的时代：大多数皇帝信奉所有宗教，又可以说不信奉任何宗教——

他们敬拜所有圣坛，只要其宗教首领臣服于帝国。

在外交事务方面，唐代帝王们强调他们复兴的中华帝国要与周边地区建立紧密联系，因为他们认识到，中国的"软实力"能够通过文化影响力来实现，也因为他们很看重贸易的价值。他们还需要盟友，来与欧亚大陆中部源源不断出现的、想要自立为王的新势力对抗。朝鲜半岛在这一时期与中国联系密切，无论是政治上还是文化上，因为唐朝与朝鲜半岛南部的新罗结盟，共同对抗占据着今日中国东北东部、朝鲜北部和太平洋北部沿岸部分地区的强大帝国高句丽。668年，高句丽灭亡，新罗主宰朝鲜，但中国的影响力仍然非常强大。

唐朝具有的强大文化影响力，很大程度上是由于帝国内部快速发展的城镇化和贸易。甚至像日本这样此前与中国联系很少的地区，也受到了强烈的影响。周边各地的商人都来到中国的城市里，城中的社群变得越来越多元。城市的发展孕育了一个新的商业世界。650年，中国最早的纸币发行。① 繁荣创生出新的需求，其中就包括不拘泥于经典形态而创新突破的文学样式——唐代诗人李白和杜甫至今仍是中国文学中最耳熟能详的名字。城市生活悄悄地创生了有别于官方文化的文学形态，而由于它诉诸文字，我们也就有了首度了解中国民间社会的机会。庞大的大众需求之所以能够得到满足，是由于两项非常重要的发明：公元前2世纪发明的纸②，以及公元700年发明的印刷术。印刷术脱胎于汉代的石拓工艺。木板印刷出现在唐朝，11世纪时，活字印刷出现。这之后，中国印刷了大量书籍，比世界其他地方早了许多年。而同样是在城市里，外来样式的通俗诗歌和音乐，也逐步与传统经典样式融合。

---

① 原文如此。一般认为中国最早的纸币是北宋早期的交子。唐朝中期曾出现飞钱，但只是用于汇兑，不是真正意义的货币。——编辑注
② 可能指西汉早期的纸。公元2世纪蔡伦对造纸术进行了改良。——编辑注

唐朝的第一次大危机出现在 7 世纪末，中国最了不起的女皇武则天试图建立自己的王朝。655 年，唐高宗中风，当初作为身份卑微的女侍进宫的武则天，年纪轻轻就成了他的主要助手，之后又逐渐开始独立处理政事。尽管中国的史学家们经常说她冷酷无情、诡计多端，但她仍然是一位具有雄才大略且精力充沛的女性，在高宗于 683 年去世后独立执掌政局。690 年她称帝，一直统治到 705 年。她施行的政策引发了争议，比如她将佛教推为国教，但没有人能够质疑她的才能。

武则天之后，唐玄宗试图将唐朝的政治带入更平稳的状态，在他治下，唐朝确实也进入经济和文化意义上的全盛时期。但在他 44 年统治期的最后几年，朝中高级将领之间的权力争斗却结束了和平状态，安禄山的叛乱更是让帝国元气大伤。安禄山有一半突厥血统，一半粟特血统，野心极大。他和他的继承人们，与集结起来讨伐他们并且日益强大的朝廷联军整整争斗了近十年，打得中国大半江山残破不堪，民生凋敝。8 世纪末，帝国总算缓过一点气来，却已辉煌不再。外围领土丧失，经济乏力，城市荒废。可以这样说，是人性的贪婪和争斗毁掉了一个伟大的帝国，结束了可能是中国有史以来最为伟大的文化交流盛世。

但这次与汉朝崩溃后不同，中国在花费了近两代人的时间之后，再次迎来一个统一的帝国。907 年，年仅 17 岁的唐朝最后一位皇帝被迫退位，此后中国似乎又要重蹈汉末的覆辙，经历了历史学家们称为"五代十国"的历史阶段。但唐末与罗马帝国瓦解后的欧洲有一个根本的区别。中国此时已经有了作为统一国家的长期成功经验。10 世纪时，在欧洲人看来，罗马帝国是一去不复返了，但中国人却更能回忆起帝国的荣光。这种积淀对在 960 年忽然黄袍加身、要着手重建统一帝国的将领赵匡胤来说，是十分有利的。

赵匡胤建立了宋朝。他的庙号是宋太祖（字面意思为"伟大的祖先"）。赵匡胤是个不苟言笑的人，他认为统治帝国首先是一项责任。他一直坚称，是手下的兵将们罔顾他的意愿把他推上了皇位。宋太祖的治理方式就是讲究规矩和实干。他从汉代和唐代的经验中摘取自己认为合适的加以运用，并在必要的时候引入新的体制。击溃了其他觊觎皇位者后，宋太祖大赦天下。他还施计让自己的主要将领们放弃兵权，解除内战的隐患。他杯酒释兵权的故事在中国家喻户晓。宋太祖想要把权力都留在中央。因为他知道，等在他和他的继承者们前面的，是艰巨的挑战。

虽然宋太祖解决了身边的那些敌人，但他也深知，自己统治的帝国比汉朝和唐朝小得多。宋朝的北方有强敌辽国。辽由契丹人建立，这是一个深受突厥及汉人影响的蒙古语部族。辽国是一个令人生畏的强敌，很快，人们就看到，宋朝即使在自己的鼎盛时期，也没法将辽军驱逐出境，他们甚至占据了北京以南的地方。相反，到 11 世纪时，宋朝的皇帝一直在向辽进贡，虽然他们自我安慰说这只是为了避免战事，保持和平。在中国所有的大王朝当中，只有宋朝从来没有解除过外来入侵的隐患，即使是在其国内最繁荣时期。

宋朝早期的皇帝们花费了极大的精力来重建行政体系，他们认为，要达到这个目的，就应该重新回溯到儒学之根。朝中和各主要城市里"新儒家"① 思想的兴起，给予了他们很大的支持。与许多伟大的变革运动一样，新儒家最初发端于回归早期更纯净的儒家思想的愿望。但事实上，他们的主张更多是着眼于当下，而非过去，从而孕育出众多伟大的革新。欧阳修的经历就很有代表性。他生活在 11 世纪中期，是这个时代真正的代表。他处于各种观念交织的旋涡中，推动

---

① 指宋明时期的儒家各学派，如程朱理学等。——编辑注

建立了一系列典范和方法，这些将主宰中国直到 19 世纪。欧阳修年少成名，早在 23 岁就通过殿试中了进士，被派往唐朝旧都之一洛阳做官。他在那里写出了改变中国哲学的著作，修了唐史，写了很多诗作，编纂了一部外交策略指南，还撰写了一份关于改革赋税体系的翔实提案。在欧阳修及其同侪们的努力下，宋朝成为中国思想史上最为重要的朝代。

　　另一位改革家王安石，在 1058 年时，以欧阳修的思想为根基，撰写了一份"万言奏折"①。王主张，国家想要重现辉煌，就必须致力于改革，首要的就是重塑一个统一的中央集权帝国。他认为，要达到这个目的，宋朝需要通过平衡公私利益，巩固都城对各地方的控制。他指出，只有成功地做到这一点，宋朝才能凝聚人心，掌握整个帝国。他建立起一个有效的国家采购体系，按照价格和供应量颁发采购合同，而不是依靠个人关系和特权来行事。国家承认行会的地位，并授予重要行业的代表以官方承认的地位，这在中国是破天荒的事情。他的改革还界定了国家贸易和私人贸易；向农民发放贷款；施行保甲法并在中国一直沿用：所有乡村民户，十户编为一保，五保编为一大保，大保又编入更大的都保，保内各户要为维持秩序和服兵役互相负责。这批宋代的改革家们想要重振经济，增强政府掌控力，以义务和责任为基础优化法律法规，他们也成功地将许多想法付诸现实。

　　虽然帝国主导的科举考试在中国历史上早有渊源，但是在宋代才真正体系化地落地，并一直延续到 20 世纪。当时的新儒家学者们还界定了考试内容，它们随着时间的推移逐步成为中国的经典命题文本。也是在这一时期，只有修习这些经典文本的人才有资格获得行政职位。在一千年的时间里，它为中国的统治者们提供了一系列道德准

---

　　① 《上仁宗皇帝言事书》。——译者注

则，和一种靠死记硬背来获取知识的文化形态。这样设置考试的目的，是要考察哪些候选人最好地掌握了这些经典文本中的道德传统，同时也要考察他们坚定贯彻的能力，以及在压力下表现优越的能力。这将形成有史以来最高效且意识形态最统一的官僚阶层之一，并向成功将儒家经典价值观念内化于心的人们提供了丰厚的奖赏。

这个士大夫阶层与社会其他阶层的区别，从原则上讲仅在于他们的教育资历（类似于获得了一个学位认可）。大多数文官都来自地主士绅阶层，但他们又与普通士绅阶层相区别。一旦他们成功通过科举考试，他们就享有了仅次于皇亲国戚的地位，以及巨大的物质利益和社会声望。官员们的职责并不太具体，而是比较宽泛，但他们有两项重要的年度任务：编纂人丁普查和实行土地登记，这是中国税收制度的依据。他们其他的主要任务是审理案件和监管地方事务；因为很大部分的地方事务是由当地士绅阶层处理，受大约2 000名属于正式官员的地方官监督。地方官们住在称为衙门的官府大院里，有自己的文员、听差和杂役。

从宋代开始，竞争原则的运用确保了有才能的人能够不断涌现，而不限于有钱有势的士绅家庭。中国是一个精英主义社会，学习始终能带来一定的社会流动性。当然，时不时会出现腐败和卖官鬻爵的例子，但这种衰败迹象往往出现在王朝末年。大多数情况下，帝国官员是不太依赖于家庭背景的。他们不代表某一个阶级，而是从各个阶级中甄选而出，是招募出来的独立精英群体，并通过竞争来不断实现更新和扩充。他们让国家成为一个真实存在。

因此将中华帝国视作一个贵族政体是不尽合理的。政治权力并不是通过贵族集团内的世袭来传递的，尽管贵族出身还是具有重要社会意义。只有在上层封闭的小圈子里，官职才有可能靠世袭获得，而与其说这种官职涉及权力，不如说更关系到声望、头衔和地位。对那些已经晋升到帝国官员阶序顶层的官员来说，他们唯一值得忌惮的对手是宫中的宦官。宦官往往从皇帝那里获得很大权威，因为理论上他们不能组建家庭。因此他们是唯一能够逃脱士大夫世界的各种制约因素的政治力量。

宋代的成就还体现在伟大的艺术作品方面。北宋时期的代表性艺术品仍然是色彩和式样丰富的传统风格，但南宋的工匠们开始青睐单色、简约风的作品。值得注意的是，他们开始依循另一种传统：从中国早期青铜制作演化出的表现形式。虽然宋瓷也很精美，但宋朝最为人称道的成就还是在中国画上，其主题主要是山水。不过，在中国历史发展各阶段中，宋代更引人瞩目的，还是经济的巨大进步。

这部分是因为技术革新（火药、活字印刷和舵柱都源自宋代），但也因为对长期积累下来的各种技术的挖掘利用。在 10 世纪至 13 世纪之间，技术革新或许既是经济飞速发展的表现，又是其原因，让大多数中国人在人口持续增长的情况下，收入得到切实的提升。经济增长速度似乎长期高于人口增长速度，这在前现代世界里尚属首次。让这种现象变得可能的变化之中，必定包括一个新稻种的发现和采用，它在灌溉良好的土地能够一年两熟，在只能春季灌溉的丘陵地带也能一年一熟。关于另一个经济领域中生产力的大幅增长，一名学者留下的估算数据非常引人瞩目：在黑斯廷斯战役结束后没几年，中国的铁产量已经相当于 600 年后欧洲的总和。纺织业也有长足的发展（特别是通过水力大纺车的使用），甚至可以说，宋代的"工业化"是一种很明显的现象。

为什么会发生这种令人瞩目的爆发式增长，则不容易说明白（相关证据仍然存在争议）。毋庸置疑，对经济的公共投入（也就是政府投入）是切实的，主要是在公共工程，特别是邮政体系上面。长时期免受外侵和内乱必定也有所助益。不过，主要的原因可能是市场的扩大和一种货币经济的兴起，它们与上面提到的各种因素有一定关联，但其根本还在于农业生产力的极大提高。只要生产力的增速快于人口的增长，一切就会运转良好。这样就有可资利用的资本来动员更多的劳动力，来投资新机器，开发新技术。只要没有政治上的麻烦构成阻碍，实际收入就会持续增加。

宋朝在中国历史上广受赞誉，这当然恰如其分。但同时代与它持续互动的北方王朝，却往往被忽略了，毫无疑问这是因为其创建者不是汉人。辽国非常强大，在将东北亚融入中国文化圈方面贡献良多。为了达到这个目的，它实行了一种独特的统治模式，宋朝末年可能也进行了借鉴。辽国的统治原则是，根据各族自己的制度来治理该族，这样就避免了冲突，并推动了对统治王朝的服从。与中国后来出现的同为非汉族统治的元朝和清朝一样，辽建立了一个多文化国家，在其鼎盛时期，拥有当时最为高效的军队。辽国最终陷入困境，并非因为它的民族多元化，而是由于在遥远南方的宋朝都城开封，正在酝酿的一组计划。

为了消灭自己的对手辽国，宋朝与女真部落（其中就包括后来清朝创立者们的祖先）结成联盟。女真部落来自西伯利亚，后来东迁，他们试图灭掉辽国，取而代之。宋朝与女真的联盟作用非凡。到1125年时，辽帝国已经不复存在。然而，正如历史上业已发生的，辽国的疆土并没有填满女真人的胃口。他们侵入宋朝境内，洗劫了开封，掳走了皇帝及其大部分宫廷成员。宋军残部撤到长江以南，重组了国家，拥立了一位新皇帝，是为南宋。这个时代积累的成就在长江以南又延续了150年，但宋朝的疆土已经大为缩水。①

① 原文如此。南宋北方边界大体维持于淮河—大散关一线，始终据有长江以北部分领土。——编辑注

宋朝后来最终覆灭，是由于一支那时所向披靡的力量。蒙古人灭掉北方的女真政权后，对南方发动了费时近 20 年的连番攻击①，直到 1279 年，宋朝的抵抗终于瓦解。宋朝最后一位皇帝——一个八岁大的男孩自杀身亡，与他一道殉难的还有 800 名皇室成员。蒙古人在成吉思汗的孙子——忽必烈汗的统领下建立了元朝。忽必烈统治着整个中国，以及其外更为广阔的领土。在他统治之初，他的势力范围从太平洋一直延展到乌拉尔山脉一带。对中国，以及世界大片地区来说，蒙古人开启了一个全新的时代，一种与过去的断裂，指向一个更加融合的未来。

但蒙古人建立的元朝后来的发展历程，也再次表明了中国对其征服者始终具有的吸引力。中国对蒙古人的改变胜过蒙古人对中国的改变，造就了马可·波罗在目乱神迷下所记载的辉煌胜景。忽必烈摒弃了草原民族不信任文明和文明产物的古老保守倾向，尽管他的属下起初不信赖学者型官僚，后来也慢慢地归服于中华文化。毕竟，他们只是占极少数的统治者，身陷于中华臣民的汪洋大海；他们需要合作者才能生存。虽然忽必烈对中原所知甚少，但他的一生几乎都在此地度过。

然而蒙古人和汉族人的关系长期以来一直比较暧昧（在同化之时也有防范之举）。19 世纪身处印度的英国人设立社会惯例，避免自身被臣民所同化；和他们一样，蒙古人也主动采取禁令措施，以保持和汉族人的距离。汉族人被禁止学习蒙古语或与蒙古族联姻，不得携带武器，能任用外国人的行政职务都尽量不选择汉族人。蒙古帝国位于西方的汗国也同时采用这一措施：马可·波罗曾在可汗宫中任职 3 年，帝国太史院②由一名景教教徒主持，云南由来自河间地带的穆斯

① 1234 年宋蒙联合灭金。次年蒙古攻宋，经三次宋蒙战争，时战时和，至 1279 年元军灭宋，总持续时间达 45 年。——编辑注
② 即天文测量和历法测算部门，在其他朝代称为司天台、司天监、钦天监、太史局等。——译者注

林管理。传统的科举制度也一度中止。这些事实也许可以解释当时汉族人为何对蒙古人抱有无法化解的敌意，特别是在南部。忽必烈去世70年后，蒙古在中国的统治崩溃，此后，中国统治阶级对传统的尊崇甚至犹有过之，也对外来者产生了新的不信任情绪。

蒙古人取得的成就虽然短暂，但非常引人注目。最明显的成就是重建中国的统一和兑现其巨大的军事和外交潜力。征服南宋并不轻松，可一旦达成（1279），忽必烈的资源增加了一倍不止（包括一支意义重大的舰队），并开始重新构筑中国在亚洲的势力范围。只有日本让他遭受了彻底的失败。在南方，他入侵越南（河内三度沦陷）。忽必烈死后，缅甸也一度被攻占。事实证明，这些征服的成果确实无法长久维持，换来的是朝贡关系而非长期占领。在爪哇岛取得的成果也有限；蒙古军队登陆该岛，并于1292年攻克都城，但无法长期据守。与印度、阿拉伯和波斯湾的海上贸易得到进一步的发展，这些贸易始于宋朝。

鉴于蒙古政体未能存续，就无法被视作完全的成功；但也不应过多渲染它的失败，因为它用仅仅一个多世纪就取得了大量积极的成果。国外贸易的繁荣程度史无前例，马可·波罗记载，北京的穷人靠可汗慷慨的赏赐过活，而这座城市的规模很大。以现代人的观念来看，蒙古对待宗教的态度也不无吸引人的亮点。只有穆斯林的传教受到限制；道教和佛教都获得积极的扶持。例如，佛教寺庙能享受税收减免（当然，这意味着其他人的负担更重，在任何支持宗教的国家都无法避免；对宗教开明优待的代价要由农民承担）。

14世纪的自然灾害与蒙古人的盘剥压榨相结合，催生出新一轮的农民起义，这是王朝走向衰落的明显症状。蒙古人向汉族乡绅阶层让步，使情况雪上加霜。给予地主处置农民的更大权利丝毫不能为政权争得民心。秘密结社再次出现，其中之一是赢得乡绅和官僚支持的

"红巾军"。有一名领导人是曾为寺庙沙弥的朱元璋，他于公元1356年夺取南京。12年后，他将蒙古人赶出北京，称洪武帝（字面意思是"洪大的武功"），中国历史从此进入明代。

　　明朝是更加纯粹的汉人文化，并（或许也因此）在意识形态上更关注稳定和均势，这方面不同于与之前的三个伟大朝代唐、宋、元，以及之后的清。正是在明朝时期，很多人开始把中国视为静止的、不变的、永远正确的。对程序、阶序和地位的强调，比中国历史上的许多其他时代都要显著。与中国其他一些革命领袖一样，洪武帝成了传统秩序的倡导者。他建立的王朝，虽然延续了伟大的文化繁荣局面，并成功地维持了中国的政治统一（将从蒙古时代一直持续到20世纪），但在大多数时间治国方式堪称保守，而这个国家曾经从10世纪以来有着活跃的社会和经济发展态势。对于不稳定状态的消极作用，明朝在很多方面做出了过度反应。

　　当然，闭关锁国不可能是绝对的，而且，也是非常缓慢地完成的。明朝永乐皇帝——朱元璋之子，他在一场短暂的内战后于1402年掌权——派遣海军指挥官、信仰伊斯兰教的郑和建立一支庞大的全新舰队，出使海外。郑和的远航名义上是到世界各国收取贡品，事实上成了对异国水域的考察，为政府获得了大量有用信息。郑和乘坐着前所未有的巨大舰船（他的旗舰长达440英尺），先后七次下西洋，远至东非沿岸。他的最后一次航行结束于1433年，正是葡萄牙人首次绕过摩洛哥以南的博哈多尔角的前一年。人们不禁会想象：如果中国人的这些发现之旅持续下去，会发生什么呢？郑和的舰队有250艘船舶，水手和士兵数量超过1万人。而当80年后，巴斯科·达伽马抵达今日肯尼亚的马林迪时，这位葡萄牙人只带了4艘船，170个人。

　　但永乐帝之后的明朝皇帝对海外探险没什么兴趣。他们想要改善帝国内部，巩固帝国的陆地边界。我们今天看到的长城，其主体部分就是明朝时建的。考虑到当时帝国所受威胁的主要方向，或许这也不足为奇。为了牢固控制北方边界，永乐帝将都城北迁到了北京（意为"北方的都城"），自此以后北京的地位一直持续至今。明朝虽然沿袭了元朝的大量法规和行政体系，数量之多令人惊讶，但它也是创新者，发展出了优于历代的中央集权官僚制度。即便如此，它的改革总体而言仍然是保守主义的——明朝后期的皇帝们坚定地认为，他们的使命是要重建一个理想的中国，由于国人的疏失和蛮族的入侵，她才久遭掩埋。

在明朝治下，被集中起来的不仅是官僚体制。大量的财富同样集中在少数宗族或家族手中，而它们大多与地区或中央级别的官员有千丝万缕的联系。由于明朝宗室在朝中的影响力要胜过高级文官或武将①，渐渐地，到王朝末期，才智之士越来越少。

明王朝最终走向衰败。接二连三的皇帝幽居宫内不理朝政，身边围绕着争权夺位的宠臣和皇子，宦官成为朝廷的头面人物，王朝的丧钟敲响了。除了 16 世纪末在朝鲜打败日本人之外，明朝无法维持中华帝国边境一带的统治。印度支那脱离中国版图，西藏或多或少失去控制，蒙古人还于公元 1550 年将北京近郊付之一炬。

明代还出现一批前所未见的欧洲人，他们走海路远道而来，不单纯是为了贸易或发现新世界。公元 1557 年，葡萄牙人在澳门立足。除了白银之外，他们几乎不能为中国提供任何所需；但耶稣会传教士随即而来，出于儒家传统，官府报以容忍态度，他们也成功利用了这一机会。公元 1602 年，作为其中的一名传教士，利玛窦（Matteo Ricci）获得明神宗的厚待，此后，他们对明朝宫廷具有极大的影响

①　原文如此。永乐帝继位后，明朝宗室所受管控日严，政治影响力有限。——编辑注

力。虽然他和其他耶稣会修士因博学而受到若干中国官僚的尊崇，但另一些人开始感到不安。当时，除了用机械玩具和钟表增添帝室的收藏品之外，传教士的科学知识和对宇宙结构的认知也开始引起了中国知识分子的兴趣。一位耶稣会修士修正了中国历法，此事至关重大，因为皇帝必须在准确的日期祭祀，否则就没有意义。中国人从耶稣会修士那里学来的另一种实用技术是重炮铸造法。

在考察中国进行国家建设——不论是多国并存还是帝国独大——的上述千百年后，我们能够做一些概括性的论断了。尽管国家十分重要，但中国文化中最根深蒂固的仍然是家族关系。不论历史时期如何变更，宗族始终保持着重要地位，它由于内含宗教类型甚至有时是经济类型的多种共同机制，从而具备了动员多个相互关联的家庭的能力。由于中国不实行长子继承制，而实行多子析产制，所以家庭影响力的扩散就更是容易，后果就更是深远。不过，在家庭作为重要鱼类的社会海洋中，国家这个巨兽则实施着监管。儒家学者只需要为国家和家庭寻求权威；两者不会遇到其他机制的挑战，因为中国不像欧洲，没有教堂或公社这样会从政府手中有效分权的实体。

国家的基本特征在唐朝已经全部形成。这些特征将一直持续到20世纪，而它们所依据的观念将持续更长时间。在其形成过程中，汉代的巩固事业尤其重要，但皇帝作为天命获得者的地位，甚至在秦朝时期就已获得广泛接受。王朝的兴衰更迭并不会损害皇帝的地位，因为那可以解释为天命的更改和收回。汉代开创了一些只能由皇帝进行的祭祀，这更加强了皇帝的仪式重要性。但是，他的地位也在朝着更加有所作为的方向发展。统治者最开始只是一位大封建权贵，他的权力是其家族或其集团之权力的延伸，但渐渐地，他被君临一个中央集权官僚国家的角色所取代。全国数以百计的郡县，就是其行政单元。

　　这个进程开始得很早。周代就已经开始积极地修建运河用于运输。要做到这一点，必须具备超强的组织能力和庞大的人力资源，而这只有一个强有力的国家才能做到。几个世纪后，秦始皇将各国分开修筑的长城连接成绵延 1 400 英里长的屏障，以阻挡外敌（传说他完成的这项伟绩牺牲了 100 万人的生命，不论真实与否，这个故事都向我们展示了人们如何看待秦帝国）。在他治下，秦朝还统一了度量衡；同时一方面在战场上陈兵百万，另一方面又让很多百姓免于兵役。汉朝将铸币权收归中央，统一了货币。另外，在这两个朝代，获取公职开始通过考试竞争实现；尽管其后经历了中断，直到隋唐才恢复，但这种制度非常重要。领土的扩张要求有更多的行政官员。应运而生的官僚阶层，将经历多个分裂时期维续下来（这足以证明其生命力），并始终是中华帝国最引人瞩目和最典型的机制之一。在王朝崩溃之后，各个地方小政权相互攻伐、导致分裂的时期，一个统一的中国总是能够再次出现，官僚阶层可能正是关键所在。它用意识形态和行政的力量，将中国联结在了一起。这些公职人员受的都是儒家经典学说的教育，并凭此参加选拔考试。学术与政治文化，在中国紧密地嵌在了一起，这是世界上其他地方所没有的。

　　显然，在中国很少有欧洲那种政府与社会截然两分的观念。官员、学者和士绅们通常都是同一批人，将许多角色结合在了一起；而在欧洲，这些角色越来越分化为政府治理专家和民间社会权威这两极。而且，这种结合是在一种意识形态框架内进行的，这种意识形态在社会上的重要程度远远超过了世界上其他地方。儒家思想的存续可不是小事，也绝非嘴上说说就能实现。官僚士大夫们是通过身体力行一种道德表率，延续着这些价值观念，有些类似于神职人员在欧洲的历来做法——而且在中国，并无教会与国家相抗衡。驱动这个体系的观念往往保守；行政管理的首要任务被认为是维护既有秩序；中国朝廷的目标是监管、维持和巩固，偶尔通过开展大型公共工程来做出一些实践层面的创新。官僚阶层的首要使命，是在一个如此庞大和多元的帝国内，规范和维持共同的标准体系——这里的很多地方官员与当地百姓大不相同，甚至连语言也不同。这个官僚阶层非常出色地实现了这些目标，而它所秉承的道德观念，也在历朝历代的重重危机后完好无损地留存了下来。

当然，在士大夫和乡绅们的儒家正统学说之下，还有其他一些非常重要的信仰。甚至有些社会地位很高的人也信奉了道教或佛教。汉朝崩溃后那段时间，佛教取得了极大的成功，分裂动荡的局面给了它在中国传播的机会。大乘佛教比基督教之前的任何一种意识形态力量都更强烈地对中国构成了威胁，因为，与儒家学说不同，它提倡弃绝世俗观念。尽管在唐朝时遭遇了迫害，但它始终没有消亡，因为对它的抨击大多数都是基于财政原因，而不是意识形态原因。与当年迫害基督教的罗马帝国不同，中华帝国更关心的是繁荣昌盛，而不是纠正个体的宗教谬误。迫害佛教力度最大的一位皇帝（据说信奉道教）关停了4 000多所寺庙，强迫50多万僧侣和尼姑还俗。然而，尽管佛教遭受了这样的实质性打击，儒学最终还是与它达成了和解。在20世纪的马克思主义之前，还没有哪种从远方传入的信仰体系影响中国的统治者如此之深。20世纪之前，甚至有些皇帝和皇后本人就是佛教徒。

道教比佛教更早发展成一种神秘主义的信仰崇拜体系（在此过程中它也借鉴了佛教的某些元素）。它不但吸引了那些想要长生不老的人，也吸引了那些想要跳脱纷繁复杂的中国社会生活，寻求隐遁和宁静的人。正因如此，它的影响力始终不衰。道教承认人类思想的自主性，这让它具有了一种人文色彩，今天，其他文化中一些具有更加激进学术立场的人认为这很有吸引力。这些宗教和哲学观念很重要，然而在直接触及农民生活方面，却比儒家学说好不了多少。产生影响力的是更加通俗的版本。在战争和饥荒造成的不安全感面前，农民往往诉诸巫术和迷信活动。农民的生活痕迹几乎不为人知，这表明它时常难以忍受，甚至堪称恐怖。一个重要的表征就是汉代农民起义的呈现方式，这也成为中国历史上一个不断重复的主题，几乎每一次王朝更迭时都会出现。官员代表帝国政府为了对外战争而征税，或是仅为自身富贵而强取豪夺，这些都令不堪压迫的农民求助于秘密社团。这也是一个不断复现的主题。他们的叛乱大多采取宗教运动的形式。革命运动中始终贯穿着太平盛世降临和某种摩尼教的色彩，虽然具体形态有很多，但通常会将世界以善恶、好坏两分。虽然这些运动有时给社会组织带来威胁，但农民极少能长久成功。

中国另一个主导性的历史主题，是人口问题。在汉代崩溃之后的分裂时期，发生了一次人口重心的重要转移，唐朝以后，生活在长江流域的中国人，已经超过黄河流域。南方开辟山林，垦殖荒地，提供了更多粮食来养活这些人口，但新的稻种也作用不小。这些因素加在一起促进了人口的整体增长。在元朝和明朝时期，增长态势进一步加速。有人估计，14 世纪时中国境内大概有 8 000 万人口，在接下来的200 年间这个数字要翻一倍多，于是到 1600 年，帝国大约有 1.6 亿臣民。对比一下同时期世界其他地方的人口数量，这个数字相当庞大。但更加迅猛的增长还在后头。

这个史实的分量非常重。它不仅在世界人口史中意义重大，还使得中华文化和帝国力量——广大的穷苦农民才是其根基，虽说他们对诸如此类毫不关心——的展现方式进一步明朗。这些农民们的生活基本都局限在自己村庄，极少有人能够离开，甚至想都没想过。他们大多数人的梦想，不过是获得自己所能得到的脆弱的，却又是最好的安全保障：拥有一小片土地。但是这也越来越难实现，因为随着人口日增，几乎所有土地都被瓜分殆尽。人们在越来越小的田地上，越来越密集地耕种。要摆脱饥荒的牢笼，只有两条路可走：战斗或是逃亡，亦即叛乱或者移民。当这种事态恶化或是进展到一定程度时，就有可能得到士绅和官员的支持，他们或是出于审时度势，或是源于同情。一旦如此，这个王朝的灭亡就可能不远了。因为儒家学说认为，尽管贤王在位时，人们理当忠顺孝悌、安土重迁，但如果政府激起叛乱又无力控制，那么它就应当被取代，因为这说明它不再合法。

在动乱或饥荒时节，苦难最深重的往往是女性。我们极少听到她们的声音，哪怕是在文学作品中，除了少数悲伤的诗歌和爱情故事。可是她们占到了人口的一半，或者准确说，略少于一半，因为在艰难时期，穷苦家庭会丢弃女婴任其自生自灭。这或许比我们更加熟悉，表面上也更令人震惊的裹脚风俗，更能说明近代以前女性在中国的地位。裹脚开始于 10 世纪，会让脚畸形，甚至可能令一位出生高贵的女士几乎没法步行。尽管中国历史上不时会出现一些强有力的女性领导者，从女皇到宗族领袖，但与欧洲的情况一样，人们还是认为女性应从属于男性。尽管在这个问题上各地区存在很大差异——中国南方女性的社会地位大多高于北方女性，但总体模式在各个时期、各个地方都令人沮丧地近似。

很难说清楚到底为什么，在宋代末年短暂、局部的衰退以及随后的增长恢复之后，曾推动消费的大规模提升的这种经济高速增长，却走到尽头。无论如何，它确实结束了，12 世纪之前那样大规模的高速增长一去不返。不过，如果我们要解释中国为什么没有更进一步，掀起欧洲那种经济和科技革命，宋代以后的经济放缓并不是唯一要考虑的因素。虽然有了印刷术，但大多数中国人直到 12 世纪末都还是文盲。中国的各大城市虽然增长迅速、商业发达，却没有衍生出欧洲那种能够庇护多种人和观点的自由氛围，以及最终革新了欧洲文明的文化和学术生活，还有对既存秩序的有效质疑。

但是我们要小心，不能把这些差别随意扩展到总体经济上去。例如，新的研究已经发现，迟至 18 世纪，中国的农业生产率相比世界其他任何主要地区毫不逊色。同样，中国最发达地区（长江下游地区）的乡村生活水平，也与同时期欧洲最发达地区（英格兰和低地国家）相差无几。虽然经济与人口的增长对有限的资源造成了压力，但中国的生态环境并不比欧洲差（有些地区甚至还好得多，部分是因为高效又廉价的运输方式）。农人与工匠们可以利用的各种技术手段非常先进，能够让农业和手工业都有高水平的产出。尽管直到 21 世纪前，中国没能再次成为全球最有经济活力的经济体，但总体而言，在明朝及以后很长一段时间，其技术和生产力仍足以让这里的人们维持比欧洲更高的整体生活水平。

不过显而易见的是，唐宋时期才是中国历史上特别有活力的一个时期。原因可能在于，后来的中国文明过于成功地追求了另一个目标，即保证延续性以及避免根本改变。无论是官僚阶层还是社会体系都不青睐创新。此外，对儒家传统的自豪，巨大财富带来的自信，以及遥远的地理环境，也让其很难从外界学习。这并不是因为中国人不宽容。犹太人、景教徒、信奉袄教的波斯人和阿拉伯穆斯林，在这里久已享有宗教自由；穆斯林甚至还找到了新的皈依者，一直生息至今。甚至在官方对国外毫无兴趣的时期，比如明朝末年，中国仍然是一个开放的帝国，无论对观念、对技术，还是对人。

17 世纪初，明朝急需他们能够获取的任何新思想，尤其是在军事领域。他们受到居住在中国东北地区的一个族群的威胁。这个族群称为满洲人，但这个名字要到他们征服中国之后才广为人知。17 世纪 40 年代，差点推翻明朝统治的农民起义，让这个族群有了南下的机会。明朝的一名将领要求满洲人相助，满洲人由此入关，却在

1644 年建立起自己的清王朝（后来又顺便将这个将领灭族）。与其他非汉族人一样，满洲人长期以来也被这个受他们威胁的文明所吸引，他们在入关之前就已在文化上汉化。他们熟悉中原的行政体系，曾在自己都城沈阳加以仿效，还认为自己的统治使命是让帝国恢复儒家正道。随着时间流逝，清朝统治下的中国将进入第一段近代岁月，也将拥有比以往更为广大的帝国疆土。

第7章 日 本

曾几何时，英国人喜欢把日本看作太平洋上的大不列颠。两者很多层面上都存在相似性；有一些并不怎么使人信服，但在地理上两者的类似确实是板上钉钉的事实。它们都是岛国，其民族的命运与大海有千丝万缕的联系，也都与毗邻的大陆民族相隔不远，无法不受后者的深远影响。诚然，横亘于朝鲜和日本之间的对马海峡大约有多佛海峡5倍的宽度，而且相对而言日本能够维持与亚洲大陆（terra firma）较彻底的隔绝状态；英国则无法如此彻底地孤立于欧洲，甚至不敢作此设想。尽管如此，依然有充足的理由对两者加以类比。在朝鲜建立强大的势力一直是日本人梦寐以求的目标，这股劲头堪比英国人唯恐低地国家落入敌手的紧张情绪；两者的相似性从中可见一斑。

真正意义上的日本人可能源自公元前300年左右抵达日本岛的朝鲜人。日本最早的史书①问世于8世纪，而此时朝鲜半岛上已有日本人的领地。在那些年月，日本由若干氏族分治，在他们之上有一位统治权不甚明了的天皇，其祖先据说可追溯到天照大神。他们没有占满现代日本的所有土地，主要在南部和中部岛屿上生活。这些地区气候最为温和，也最适合农耕。史前时代，依靠水稻种植和日本海域的渔业潜力，这个多山的国度已经可以养活大得不合比例的人口，但土地压力依然是日本史中反复出现的主题。

----

① 《古事记》和《日本书纪》。——译者注

公元 645 年，占统治地位的氏族因一场政治危机失势，以藤原为姓氏的新家族崛起。该家族将主宰日本文明史中的一段伟大时代，并使天皇成为傀儡。这一改变不仅具有显著的政治意义，也标志着一场有意识的变革，使日本朝着革新的道路前进。其变革的方向只能从日本人所知范围内发展程度最高、可以作为典范的文明和势力中寻求指引，这就是在当时可能无出其右、同时也极具扩张意识的中华帝国。

与中国长期维持而又变化频频的关系是日本史的另一主题。两个民族都属于蒙古人种，不过某些难以考证来历的高加索人也构成日本民族的部分血统（在日本史的开端，这些所谓的阿伊努人［Ainus］主要位于东北部地区）。史前时代的日本文明似乎随着亚洲大陆文明的觉醒而诞生。例如，早在公元前 1 世纪左右，该岛就出现了青铜器。公元前最后 1000 年间的此类创新也许一定程度上得益于在大陆地区向南迁移并最终离开中国的移民。但中国史书首次提及日本时（3 世纪），依旧把它描述为不太受大陆局势影响的国家；在汉朝灭亡之前，中国的影响都不很明显。此后，日本大力涉足朝鲜，开启了更密切的双边接触。后来，佛教徒的活动又进一步促进了双方的交流。儒学、佛教和炼铁技术都从中国传入日本。日本还试图按中国的框架改革行政体制。中国书面文字被引入日本，汉字被用于日语书写体系的意义尤其重大。但文化吸引和依赖并不意味着政治上的归顺。

在中央统治时代的初期，日本中央行政的职能范围和规模就已经高度发达，这些改革主要完成于 7 至 8 世纪。然而，日本最终没有朝中央君主集权的方向演进，而是发展成类似西方封建无政府状态的局面。将近 900 年间，日本历史都难以找出一条清晰的政治脉络。其社会延续性则明显得多。有史以来，甚至一直延续至今，家庭和传统宗教都是日本社会持久力和韧性的关键所在。家族是更大的家庭，民族则是最大的容纳所有人的家庭。天皇对这一民族大家庭实行父权式的统治，与氏族领袖管理氏族、乃至小小的农夫打理家事都没有本质差别。家庭和家族生活的焦点是参与史称神道教（Shinto）的传统宗派。选择合适的时间、在神社或家中拜祭当地或个人的神祇，是这一宗教的基本仪式要求。该宗教传统秉持一定的价值观和宇宙论，但没有固定的教义和正典，甚至没有明确的创立者。所以，6 世纪传入日本的佛教能毫不费力地与这份传统融为一体。

古代日本的体制严密性不如社会统一性突出。天皇是全社会的焦点。然而，从 8 世纪初开始，天皇的权力日渐消弭，尽管偶有励精图治的天皇试图改变，但这种状况一直持续到 19 世纪。皇权的式微部分缘于后来的改革者在 7 世纪的所作所为，其中之一就是大氏族藤原氏的奠基人①。此后 100 多年，其家族经过通婚与皇族建立了牢不可破的关系。由于子女经常在母系家庭中长大成人，该氏族可以在未来的天皇年幼时施加极为关键的影响。9 世纪，藤原氏族长成为天皇摄政——而且天皇是成年人。在平安时代（公元 794—1185 年，其名来自当时的都城，即今日的京都）的大部分时期，该氏族都凭借政治联姻和宫廷职位有效地控制着中央政府，族内领袖以天皇的名义发号施令。藤原氏的势力在一定程度上掩盖了皇族权威的衰落；但事实上，天皇氏族逐步沦落到与其他家族同等的地位，在藤原氏的阴影下生存，各统一方，或多或少具有独立地位的自有领土。

藤原氏中落后，天皇的失势变得更为明显。镰仓时代（公元 1185—1333 年）随即到来，因为掌握权力的氏族在镰仓建立幕府②，故而如此称之，而皇族依旧居于平安城的事实却完全被无视，其地位之衰微更是昭然若揭。镰仓时代早期出现了首批以征夷大将军或幕府

---

① 藤原镰足，原名中臣镰足（公元 614—669 年）。——译者注
② 其创始人是源赖朝（公元 1147—1199 年）。——译者注

将军为头衔的军事独裁者；他们以天皇之名实行统治，但实质上具有很大的独立性。天皇靠自己领地的收入过活，只要顺从幕府将军的意旨，就能以后者的军事实力为靠山，否则将被推翻。

天皇权力日渐衰微，与中国发生的情况截然不同，而中国正是 7 世纪日本改革者所遵循的典范。要对此加以解释并不容易，个中缘由颇为复杂。在这几个世纪间，有一个从挟天子以令诸侯发展到中央权威彻头彻尾消失无踪的进程。无疑，日本社会从根本上具有崇尚氏族忠诚的传统，其地貌也不利于任何中央权力的形成；山高水远的地理环境为大门阀提供了容身之所。但另一些国家成功解决了这些难题：18 世纪英国的汉诺威王朝利用惩罚性的镇压手段和军事公路体系使苏格兰高地驯服。

土地改革是政治变革的关键所在，而 7 世纪的土地改革①被宫廷中如日中天的氏族逐渐压制，从这一过程中可以找到一份更具体的解释。有些氏族以及若干持有土地的宗教机构攫取了特权和豁免，从中产生一类极为常见的、滥用无度的行为，即为了犒劳拥有宫廷职位的贵族而赐予他们免税的领地。藤原氏无意阻止这类做法。于是，等级较低的小领主纷纷投靠强大的氏族，向他们献上领土、支付租金、承担效劳的义务，以此获取稳定的土地保有权。这类情况的发展导致了双重的结果：一方面为地方门阀的势力提供了稳固的基础，另一方面则抽干了支撑中央行政体系的税收来源。税收（其形式是收缴一部分农作物）没有流入天皇的行政机关，而被领地的所有者截走。

与中国不同的是，文职人员完全倒向贵族一边。日本的文官职位并非通过竞争招募，无法给一个利益上可能与代代相传的贵族家族对

---

① 指公元 645—710 年间的大化革新，意在效法隋唐的封建统治思想和制度。——译者注

立的群体提供立足之地。在各个州县，位于最高管理者一人之下的职务往往落入当地贵族之手，只有最需要资历的官职保留给合适的人选。

会发生这一情况并不出于任何人的计划，也没有任何人打算逐步向军事统治转型。转型的源头是对若干边境氏族的军事需要，因为虾夷人依然在兴风作浪。渐渐地，军事氏族的威名使乱世中寻找安全的人都来投效其领导者。而且，当时也确实需要这样的保障。各州县之间的矛盾在 10 世纪开始以冲突的形式频频爆发。11 世纪可以明显看到一个坐拥大片领地的领主阶级的出现。同时他们享有货真价实的土地管理和使用权；这些土地属于他们形式上的主人。他们以效忠关系为基本纽带得到武士家族的忠诚。源氏家族在这一局面下崛起成为统治势力，并于镰仓时代早期重建起中央政权。

就某种意义而言，这些斗争堪称奢侈。日本人可以恣意而为，因为他们生于岛国，除了零星的威胁以外从来没有外敌入侵。因此，本可以压制氏族的国家军队失去了存在的必要，此外也导致了其他后果。虽然 1945 年几成现实，但日本本土从未被成功入侵过；这一事实对该民族心理的成型作用良多。全国领土的统一大多实现于 9 世纪，北方民族也在那时臣服。此后，虽然与其他国家的关系经历了众多变迁，但日本的国土完整性极少面临严峻的外部威胁。

7 世纪，日本人已被逐出朝鲜，此后上千年内都未能重新立足。一段文化上向中国靠拢、同时也无力在大陆上与其对抗的时期就此开始。日本出于开展贸易、建立良好关系和文化沟通的意图，向中国派出遣唐使，最后一批成行于 9 世纪中期临近时。随后，公元 894 年任命的遣唐使拒绝出访，这堪称一个时代的标志；他的理由是中国内部已乱象丛生，日本从中学不到任何东西。两国官方的正式往来直到镰仓时代方才恢复。

　　13世纪的日本有过一些深入大陆的尝试，其官方并不阻止私人大陆走私贸易的扩张，有时其做法和劫匪海盗极为相似。也许，正是这些行为引致蒙古王朝在公元1274和1281年两次入侵日本。两次发兵都以败退告终，第二次还因风暴——这就是日本人所谓的神风（Kamikaze），堪比英国人眼中令无敌舰队土崩瓦解的那场风暴——损失惨重。这一胜利极大强化了日本人的信念，开始对自身的不可战胜和民族的伟大坚信不疑。正史中，元朝出兵的动机是，日本拒绝承认其为中华帝国的继承者，也不愿纳贡称臣。就事实而言，这场冲突再度扼杀了刚刚复苏的中日关系，使其直到明朝才重新建立。而那时，恶名远扬的倭寇已成了日本人的代名词。他们在亚洲海域四处兴风作浪，就像德雷克（Drake）①与同伴横行于西班牙的殖民海域。他们获得很多南方封建领主的支持，哪怕幕府将军为了维持与中国的良好关系而有心加以控制（确实经常有此想法），也几乎不可能做到。

　　公元1333年，镰仓幕府垮台，开启了一段天皇徒劳地试图恢复权力的短暂时期，经与各氏族兵强马壮的现实碰撞后告终。此后，征夷大将军或天皇往往都不能牢牢掌握权力，内战几乎从不间断，一直延续到16世纪末。但这些困难没有阻挡日本文化取得丰硕的成就，在这300多年间一直不断前进，展现出美不胜收的华丽气象，甚至到工业化时代仍然决定着日本人的生活和处世态度。这一成就令人瞩目之处在于，日本向其他文化取经的同时保留自身文化完整性和本质的能力。

　　即使在历史之初，当唐朝艺术如日中天的地位使日本艺术具有非常明显的派生性质时，他们也不仅仅是被动地接受外来范式。早在8

---

　　①　指Francis Drake（公元1540—1596年），是伊丽莎白时代最著名的英国航海家。——译者注

世纪，即日本高雅文化的首个繁荣时期，日本绘画和业已用日语创作的诗歌就明显展示出这一点；不过此后几百年间，日本人依然用汉文撰写学术或艺术著述（有些类似拉丁语在欧洲长期享有的地位）。在那时，宗教建筑以外的日本艺术从根本上讲属于宫廷艺术，其形态取决于宫廷格调和一个相对较小的群体的创作及喜好；到藤原氏族的鼎盛时期，这一趋势变得更为明显。这类艺术以其素材、主题和标准被封印于普通日本人的世界之外。

那时的绝大多数日本人从未见过如今被视为日本文化第一个伟大巅峰时代的作品。农民的艺术是编织麻绳和棉线；其女眷没有机会触摸色泽层次丰满细腻的精美丝绸——其色调与宫廷贵妇的十二单衣所展现出的品味相得益彰；他本人也没有机会探究女官紫式部那部文笔细腻的小说《源氏物语》中复杂的心理背景，这部小说的魅力和长度都堪比普鲁斯特的《追忆似水年华》。这种艺术属于一个生活在深宫大院、与社会绝缘的精英阶层。其特征也不外如是：美丽优雅、精妙细腻、时而拒人千里、脱离实际又烂漫轻浮。但它也确立了质朴、严谨、高雅和热爱自然的气质，对这些气质的强调将成为日本的传统。

平安宫廷的文化招致地方氏族领袖的批判，他们认为这种文化能使人变得软弱而腐朽，令宫廷贵族丧失独立和对自身氏族的忠诚。从镰仓时代起，文学和绘画艺术中都出现了武士这一新的主题。然而，经历几个世纪的变迁后，对传统艺术的敌意转为敬意；在那些命途多舛的年月中，征战不休的门阀们亲力亲为地扶持这些艺术，表明日本文化的核心原则已牢牢确立。岛国的现实乃至因击退蒙古人入侵而产生的文化自傲心态，为这些原则提供了越来越多的保护。

在几个世纪的战争中，这一文化也增添了一种新的尚武元素，部分源自对宫廷圈显而易见的孱弱风气的批判，但此后也与这份传统融为一体。它从忠主和自我牺牲的封建理念、追求戒忍和庄重的武士观念以及由此产生的美学要素中汲取营养。佛教分支禅宗是这一文化独具特色的表现形式。高等贵族的格调与武士（*samurai*）阶级肃穆朴实的道德观逐渐彼此融合，贯穿于日本人的生活之中，直到今日。佛教也以各座寺庙和佛陀本人的巨大雕像在日本留下了有形的印记。总体而言，这段乱世是日本文化最具创造力的时期，因为最杰出的山水画、园林技艺与插花艺术的最高结晶以及能剧都涌现于这一时期。

在某些特定领域，这 300 多年间无法无天的状态造成了严重的社会和经济损失。就和过去千百年来一样，大部分日本人是农民，领主的剥削压迫、盗匪，或是敌对领主的家臣所统帅的军队招摇而过，都可能使他们遭受可怕的磨难。但这类损失从全国范围来看似乎并不严重。16 世纪掀起一波建造城堡的大潮，证明当时具备数量可观的资源。铜币流通的扩张延续了很久，日本出口的商品（特别是铸剑师打造的精美刀具）开始在中国和东南亚的市场上出现。至公元 1600 年，日本人口达到 1 800 万左右。其缓慢的增长（500 年间大约增加了两倍多）和可观的城市人口比例都有赖于农业的稳步改良，从而得以承受国内纷争和无政府状态的代价。这种经济结构是健康的。

欧洲人迟早会来到这个物产如此华美的神秘岛国一探究竟。第一批是葡萄牙人，可能在公元 1543 年乘坐中国船只踏上该岛。此后数年间，其他欧洲人也坐着本国的船只纷至沓来。情况对他们非常有利，日本根本不存在中央政府来规范与异国人的往来，南部的很多割据势力对国外贸易大感兴趣，彼此相互竞争。其中一名贵族在公元 1570 年向新到日本的外国人开放当时的小村庄长崎；他还是虔诚的基督徒，此前已在该地建成一座教堂。公元 1549 年，日本迎来了首名基督教传教士圣方济各·哈维尔（St Francis Xavier）。将近 40 年后，情况发生了很大的转变，葡萄牙传教士遭禁，但禁令没有马上生效。

　　葡萄牙人给日本带来很多东西，其中包括源自美洲的粮食作物——番薯、玉米和甘蔗。他们还带来了滑膛枪，日本人很快学会了使用方法，这种新武器为终结日本"封建时代"的贵族战争模式发挥了重要作用，与中世纪欧洲贵族战争模式走向终点如出一辙，并使一个新的霸主崛起，他就是出类拔萃、出身寒门、靠军旅起家的独裁者丰臣秀吉。继承其位的则是丰臣秀吉曾经的追随者，也是德川家族的一员。公元1603年，德川家康接受幕府将军这一古老的头衔，开创了史称的"江户时代"，一直持续到公元1868年的革命；但革命之前，这一时代本身也带来极大创新，令日本发生翻天覆地的变化。

　　在德川幕府统治的两个半世纪中，天皇进一步退居日本政治的次席，且该地位完全固定下来。宫廷让位于军帐；幕府依靠军事领主权进行统治。幕府将军本身也发生了变化，原本是极为重要的封建领主，现在则具有双重身份：首先是世袭王族；其次是一个等级制社会体系的最高领袖，代表天皇并以他的名义行使总督般的权力。这一政体被称作幕府——即军政府。作为夺取权力的等价交换，德川幕府第一代将军德川家康带来了秩序，也保障了天皇的财政来源。

　　该体制的关键在于德川家族本身的实力。德川家康的出身相当低微，但到17世纪中期，该氏族已控制日本大约四分之一的水稻种植区。封建领主们成为德川氏的得力家臣，通过各种纽带与之建立关系。"中央集权式封建制度"一词就是为这一体系而设的。并非所有领主——又称大名——都以同样的方式与幕府将军建立联系。一些是直接依附关系，成为德川氏的家臣，其家族将代代为德川氏效忠。还有一些通过婚姻、资助或业务建立往来。另一些是关系不太稳固的外围领主，经过长期斗争后方才归服。但所有大名都被密切监视，他们要轮流前往幕府将军的宫廷或领地中生活；返回自己的领地时，家人要作为潜在的人质留居幕府都城江户，即现代的东京。

大名以下是一个严格按律法划分成不同世袭阶级的社会，政体的主要目标就是维护这一体制。大名及其家臣属于高贵的武士阶级，这些勇武的统治者就像中国的士大夫那样主宰社会并决定社会的基调。他们遵循斯巴达式的尚武精神，以随身携带的两把佩刀为象征，而且有权向犯无礼之罪的普通人挥刀。他们信奉武士道，这种教条最强调男子对主上的忠诚。到 17 世纪，家臣与土地最初存在的关系名存实亡，都在所属大名的城池中生活。其他阶级有农民、工匠和商人，商人没有生产力，因此是社会中最低的一级。尽管日本贸易颇具活力，但欧洲商人那种自命不凡的气派在日本是无法想象。由于整个体系的目标在于稳定，所以专注自身职责而不逾其位的思想被着力强化。丰臣秀吉曾亲自主管一场收缴武器的行动，旨在剥夺下层阶级的武装，因为他们无权拥有。无论其立场何在，必然是为了维护秩序。日本追求稳定，其社会也就相应地强调可以确保稳定的元素：对自身地位的自知之明、服从纪律、规范、一丝不苟的工作态度、持之以恒的隐忍。这套体系在最具成效的时候，堪称迄今为止人类社会最突出的成就之一。

该体系有一个和中国同样的弱点，将能够带来变化的外部刺激实实在在地隔离在外。日本长期面临着倒退回乱世局面的危险；17 世纪的日本有大量心怀不满的大名和躁动不安的武士。当时，一份显而易见的外部威胁来自欧洲人。他们已经给日本带来影响深远的舶来品。其中最突出的例子是强大震撼力更胜于实际攻击力的枪械，另外还有基督教。因为可以吸引外来的商人，基督教信仰起初得到容忍乃至欢迎。17 世纪早期，日本人口中的基督徒比例达到了前所未有的高度。据估计，其人数很快就突破 50 万。

不过基督教的快乐时光并不长久。该宗教一直具有强大的潜在颠覆力。一待日本统治者们察觉这一点，一场残酷的迫害就开始了。这场迫害不仅让数千的日本殉道者丧命，往往死状凄惨，而且几乎终结了与欧洲的贸易往来。17世纪20年代，英国人离开日本，西班牙人被驱逐。在经受类似的排斥后，葡萄牙人于公元1640年冒冒失失地派出使团来质询日本政府的做法，其成员几乎尽数被杀。日本人之前就被禁止前往异国，已经外出的则不得返回故乡，建造大船也被明令禁止。只有荷兰人获得许可，在长崎港的一座小岛上保留了贸易站，因为他们发誓不传教，也愿意作出践踏十字架这一象征性的举动，这使日本与欧洲还保持着细弱游丝的联系。

此后，日本内部矛盾被外国人利用的危险就没有真正出现过。但依然存在其他困难。在江户时代的安定局势下，军事技术走向没落。武士阶级作为家臣居住在大名的城堡中无事可做，只是偶尔穿起过时的盔甲，列起仪式性的队伍陪同领主前往江户。当19世纪的欧洲人带着最新式的武器重返日本，日本军力将无法在技术上与之匹敌。

也许这一状况事先很难预见。令国内贸易繁荣的普遍和平局面所带来的其他结果同样无法预料。日本经济变得更依赖于货币。旧有关系因此弱化，新的社会压力出现。现金支付手段迫使领主出售大部分征收来的稻米，以获取出访都城所需的费用。市场也在同一时期实现全国化。商人开始发达，有些人很快成了主子的债主。钱庄逐渐成为武士生活的依靠。除了囊中羞涩之外，由于经济体制的变化和由此造成的社会影响，统治者还因为缺乏应对能力而时时倍感窘迫。如果家臣的报酬以货币支付，那他们的忠诚心也许就更容易动摇。城镇也不断扩大，到公元1700年，大阪和京都的居民数量都超过30万，江户可能有80万人。如此增长势必会带来其他变化。对富商的敌意因城镇中的米价波动而水涨船高。

从中，我们可以发现日本在德川幕府时代的一大矛盾。虽然其统治阶级越来越力不从心，无法将棘手的新事物纳入传统轨道，可这些挑战源自一个不可动摇的基本事实——经济增长。从今日的历史视角来看，这也是那个时代占主导地位的主题。德川幕府统治下的日本得到飞速发展。公元 1600 至 1850 年间的农业产量几乎翻番，而人口增长还不到五成。由于政体本身无力搜刮，这笔新的财富就留在社会之中，被从中发现机遇的人用来投资，或用于改善大量日本人的生活水平。

究竟要如何解释日本经济能够取得这一除欧洲以外独一无二的可持续增长，相关争议依旧没有停息。有一些解释显而易见，前文也已提及：包围日本的大洋提供了被动的优势，使入侵者无法企及——例如生于大草原、一再骚扰亚洲大陆财富创造者的游牧民族。幕府带来了大和平时代，终结封建战乱，这是另一利好。此外，更密集的耕作方式、投资灌溉工程、开发葡萄牙人带来的新作物（源自美洲），也使农业得到改良。

不过这一论证已经提到了一种互惠效应：农业能够进步，是因为生产者有利可图；而能够有利可图，是因为社会和政府形态提供了相应的条件。由于贵族及其家属被迫定居江户，不仅使大米流入市场（因为他们必须以此换取现金），而且在首都创造了规模巨大的城镇集市，吸纳劳动力（因为市场带来就业机会）和商品，使生产活动的利润越来越丰厚。粮食作物的产能差异有利于地方特色产业（例如纺织业）的形成：就如欧洲工业时代早期，大部分日本工业和手工业生产位于农村地区。幕府时代早期，政府曾有组织地发展灌溉体系、制定重量和货币单位标准。这些政府措施也对经济发展起到推动作用。

尽管一心想要规范社会，但幕府最终可能还是偏向于支持经济发展，因为它缺乏控制社会所需的实力。幕府体制并非专制君主制，而类似于某种大名之间的权力制衡体系，只能在没有外敌入侵的情况下维持自身的存续。因此，它无法阻碍经济增长的脚步，也无法将资源从能够有效运用资源的生产者手中夺走。当生产者所得在国民收入中所占比例上升时，经济上处于半寄生状态的武士阶级得到的份额反而有所下降。各类资料显示，公元 1800 年，日本人均收入和预期寿命与同时代的英国人几乎没有差别。

这一切在很大程度上被更流于表面但明显之极的时代特征所掩盖。有一些特征当然重要，但属于不同层面。城镇繁荣兴旺的新气象创造了一批印刷书籍和彩色木版画的消费群体，后来的欧洲艺术家也对日本版画惊艳不已。此外，新兴戏剧歌舞伎的观众群体也从中诞生。然而，尽管其经济就最深层次而言颇为成功（也许并非出于计划），也时常取得杰出的成就，但哪怕没有 19 世纪来自西方的新威胁，也没有明显证据表明德川幕府的体系能够长久存续。该时代临近尾声时，不安的征状开始出现。日本知识阶层开始感到，这种隔绝于世的状态虽然阻挡了欧洲人，但也使他们脱离亚洲之外。这一想法非常正确。日本已经走出一条独一无二的历史发展轨迹，这意味着该民族将以和清朝或莫卧儿帝国治下的人们截然不同的方式迎接欧洲人的到来。

第8章 远方的世界

　　非洲和美洲走向文明的步调与其他地方截然不同。当然，这种说法对美洲完全正确，因为美洲被大洋阻隔，与其他大陆只有短暂而零星的接触；可非洲不尽然如此，非洲人所生活的大陆有大片地区逐渐伊斯兰化，长期以来，至少先后与阿拉伯和欧洲商人保持着浅尝辄止的往来。虽然非洲直到19世纪后期才完全纳入世界史的主流，但这些往来的意义也随着时间的流逝而愈发重要。与世隔绝的状态，加上其大部分传说几乎完全依赖考古发现的状况，使非洲和美洲的历史显得迷雾重重。

　　欧洲商人和探险家到来之前，非洲史大体是一部波澜壮阔的内部关系史，我们对此几乎一无所知，但或许可以假设民族迁移曾发挥很大的作用。关于迁移的传说有很多，所讲述的也总是从北部向南部或西部的迁移。无论哪种传说，学者都必须在具体背景下判断其真伪，要参考埃及文献、旅者记述和考古发现。不过大体趋势依然非常明显。这些传说显示，非洲文化的高度发达首先在北部结出硕果，相隔很久之后才出现于南方。

　　这个趋势中的一个重要部分，是班图人从他们位于几内亚湾底部的故乡（大致在今天喀麦隆与尼日利亚的边界附近）迁徙出来。大约在两三千年前，他们开始向四面八方扩散，原因可能是故乡的剧烈气候变化。他们的优势是已经能够炼铁，并仰仗这一点在其他族群面前获得了各种好处。到大约公元1000年的时候，他们已经来到这片大陆的最南端，而且据我们所知，班图语族群在所有定居的地方都成了主导族群。今天所有非洲人当中，有三分之一说着他们留下的 500 种亲属语言之一。

　　另一个起点是库什（Kush）王国，前文曾提到该国与埃及的联系。到公元前 5 世纪，库什人已失去对埃及的控制，再度退向位于南方的都城麦罗埃（Meroe），但此后还经历过数百年的文化繁荣。他们还带来了一种象形文字和丰富的文化，这是非洲和地中海文化混合的产物，它将进一步流传到东非和中非。他们的政体非常复杂；在其重要时期，宫廷中的主导角色（无论在平时还是战时）是王太后（candace）。其中一位名叫阿玛尼蕾娜丝（Amanirenas），她曾两次击败埃及的罗马军队，还斩获了一尊奥古都斯雕像的头，把它埋在麦罗埃一座神庙的入口处，让库什人每天都能踩踏在一名罗马皇帝的头上。库什是一个贸易王国，与中非和北非贸易，主要出口黄金和奴隶。这个王国无论以哪种标准衡量都很富庶，这种状况一直持续到公元 4 世纪。

　　受铁器传播影响改观最大的可能是农业。使用铁制工具可以砍伐更深处的林地，也能更好地翻耕土壤（也许和公元早期来自亚洲的新作物有关），从而带来新的民族迁移和人口增长。牧民和渔民的到来打破了狩猎和采集区域的布局，早在大约公元 500 年就可以从非洲东部和东南部的大量地区明显辨识出他们的足迹；这片区域相当于现代津巴布韦和德兰士瓦（Transvaal）。但那些非洲人无法耕犁。其原因可能在于埃及以南的非洲大陆几乎找不到一种能够抵御非洲疾病的动物来拉犁。埃塞俄比亚是拥有耕犁的地区之一，那里的动物也能顺利繁衍，他们在历史早期对马匹的使用就表明了这一点。撒哈拉南部也养马，用途是供人骑乘。

　　这再次显示了非洲环境具有的重大局限因素。该大陆的大部分历史是与外来影响互动的过程，例如来自近东、亚洲、印尼和美洲的铁器及新作物，还有来自 19 世纪欧洲的蒸汽机和医药。从中可以逐步把握到非洲的本质面貌。没有这些外来影响时，在地理、气候和疾病施加的巨大压力下，撒哈拉以南的非洲地区几乎看不到任何生气。那里的大部分地区依旧延续着（除若干例外）轮耕农业的实质，没有实现密集耕作。这是困难环境下的积极应对措施，但最多只能维持缓慢的人口增长。非洲南部同样没有发展出轮子，所以在运输、碾磨及陶工领域也落于人后。

赤道以北的情况有所不同。从最严格的意义上讲，库什的大半历史都被尘封，因为重见天日的库什主要城市至今仍寥寥无几。据我们所知，大约公元 300 年，埃塞俄比亚人推翻了库什王国的统治。后来的埃塞俄比亚国王都自称为所罗门的后代，千百年间，他们是埃及以外的北非地区唯一的基督教民族。但当时还没有如此与众不同，直到 4 世纪他们才被科普特人转变成基督徒，也依然保持着与地中海古典世界的往来。但入侵埃及的伊斯兰势力在两者之间形成屏障，数百年间都未能打破；其间，埃塞俄比亚人为了生存与异教徒和穆斯林作战，完全失去了与罗马或拜占庭的联系。他们使用阿姆哈拉（Amharic）语，是唯一具备读写能力的非洲非穆斯林民族。

除此以外，在整个非洲，只有罗马统治的北部地区能够让基督教立足。基督教在那里虽非主流，但一度颇为活跃。教会内部因见解不同发生激烈争执，异端多纳图斯派①，遭到迫害。这里的基督教之所以在阿拉伯入侵所带来的伊斯兰教面前显得软弱无力，也许可以从这里找到解释。除了埃及，基督教在非洲所有的阿拉伯国家中绝迹。另一方面，伊斯兰教在非洲取得了巨大的成功，而且一直延续至今。这一源自阿拉伯入侵的宗教在 11 世纪传播到尼日尔和西非。因此，关于

① 北非基督教的一个支派，兴盛于公元 4 至 5 世纪，其领袖为迦太基主教多纳图斯，故而得名。——译者注

没有掌握文字能力的非洲社群，我们的历史信息主要来自阿拉伯史料。库什王国凋零后，他们的活动区域从苏丹一直延伸到撒哈拉。贸易是他们的常见活动，其体制可以合乎逻辑地推断为城邦制；最有名的一座叫廷巴克图（Timbuctoo），当欧洲人最终抵达时，该城已经萧条，但在 15 世纪依然有重要的地位，据说是一座伊斯兰学府的所在地。就和世界上任何地方一样，政治和经济在非洲也紧密交织在一起。非洲历史早期出现并繁荣的黑人王国位于各条易于积蓄财富的贸易要道的终点，这也不足为奇。商人总是喜欢稳定。

　　另一个非洲国家拥有后来被现代国家沿用的名称——加纳。在阿拉伯人的史料中，该国出现得最早。其起源不可详考，但很有可能与一支在公元前时代晚期获取统治地位的民族有关，他们拥有使用马匹和铁制武器的优势。无论事实究竟如何，在 8 世纪阿拉伯编年史家和地理学家笔下的史料中出现时，加纳已经是一个重要的王国。规模最鼎盛的时候，加纳南北跨越大约 500 英里的距离，南起尼日尔河与塞内加尔河上游流域，北端有撒哈拉沙漠的保护。阿拉伯人将该国称为"黄金之地"；这些黄金来自塞内加尔河上游和阿散蒂（Ashanti）① 地区，经阿拉伯商人之手，沿穿越撒哈拉的商道或通过埃及前往地中海，为欧洲地区的贸易增添活力。以此方式，非洲一度为外部世界带来积极的影响。其他穿越撒哈拉沙漠的商品中，最重要的是盐和奴隶。加纳王国在 12 和 13 世纪灭亡。

　　马里王国取代了加纳的霸主地位，他们的统治者极为富有，在公元 1307 年前往麦加朝圣时引起了轰动。这一国名也被 20 世纪的非洲国家所继承。马里的面积甚至比加纳更大，14 世纪之初曾占据整片塞内加尔河流域，从海岸向内陆延伸上千英里。马里的黄金时

---

　　① 古代的阿散蒂王国所在地，现为加纳南部的行政区。——译者注

代与金块贸易最鼎盛的时期重合，他们对该贸易的开发效力比加纳人要高得多。

据说，马里君主的马厩中养着良驹万匹。该帝国在 14 世纪后期的王朝战争中分崩离析，最终被摩洛哥人击败并臣服。其他非洲国家随后涌现。虽然阿拉伯人的记载中有时会谈到非洲宫廷的博学之辈，但没有可让我们了解这些人士的本地文献。显然，其统治者是伊斯兰世界的一分子，但臣民依然是异教徒。加纳王国的解体也许和是否皈依伊斯兰教的争议有关。从阿拉伯人的记载中可以明显看出，苏丹和撒哈拉地区的统治者都与伊斯兰教派有联系，但依然接纳来自过去异教时代的传统习俗——与欧洲早期基督教接受类似的传统如出一辙。但社会习俗并不总能融入伊斯兰文化：对马里少女在公共场合裸露的行为，阿拉伯作者就表示出震惊和不满。

前殖民地时期的非洲王国一般都缺乏资料记录，但取代了马里的桑海帝国却是一个例外。桑海帝国是个伊斯兰帝国，其疆土从大西洋沿岸一直延伸到尼日利亚北部。与同时代的许多其他非洲国家一样，它也是一个贸易帝国，垄断了食盐贸易和穿越撒哈拉的商路。这让桑海非常富有，得以扩张领土，提升地位。众多商人和艺术家从西非和中非来到它的首都加奥，及其商业中心廷巴图克。桑海帝国在 16 世纪晚期崩溃，但它的艺术影响力却延续得更加久远。

另两个更南边的非洲王国伊费和贝宁，也成为艺术中心。地处今日尼日利亚沿海地带的贝宁王国，一直存续到了 19 世纪。它制造青铜饰板和真人大小的头像，以及铁制和象牙的雕塑。伊费王国由约鲁巴人建立，位于尼日利亚西部，它的艺术传统甚至比贝宁的更加悠久（在 11 世纪达到巅峰），涌现出一批自然主义风格的青铜雕塑、石刻和陶土雕塑大师，以及丰富的口传文化。伊费的音乐到现在还影响着整个地区的风格。

还有一些班图族群使用被阿拉伯人称为"斯瓦西里"（Swahili，阿拉伯语中意为"海岸"）的语言，他们在非洲东海岸建起城镇，可以通往神秘的内陆王国。阿拉伯人从 8 世纪起向这些城镇殖民，将它们改造成港口。所以斯瓦西里人建立城镇的时间要早于 8 世纪。阿拉伯人把这片地区称为桑给（Zanz）大陆（后来的桑给巴尔［Zanzibar］就源于此名），称铁在这里的价格高于黄金。甚至在阿拉伯时期以前，这里的政治实体就可能与亚洲有某种贸易关系；其贸易中间人无法考证，但可能是印度尼西亚人，例如在马达加斯加殖民的那一批。非洲可以供应黄金和铁以满足奢侈品需求，也开始引入亚洲的新作物，其中包括丁香和香蕉。

关于这些国家的运作机制，就算要摸个大概也很难。君主制起初并非他们的主导政体，亲缘关系具有某种重要地位似乎是非洲黑人民族政治中唯一共同的广泛特征。这一组织结构必然反映了特定环境和可用资源条件下的需求。然而君主制后来也开始大行其道，其最早的征兆还是出现在北方，位于尼日利亚和贝宁。非洲东部大湖区①在 15 世纪已有一些王国存在，其中包括我们有所了解的刚果王国，位于刚果河下游。如此规模的非洲国家并不多见，长期以来它们都没有形成官僚行政体制或常备军。国王的权力肯定有所限制，限制因素不仅包括对习俗和传统的尊敬，而且还有资源的匮乏，因为资源可以笼络人心、换取与血缘关系和人格魅力无关的忠诚。毫无疑问，这就是此类"国家"大多如过眼云烟般转瞬即逝的原因。埃塞俄比亚并不是一个典型的非洲国家。

---

① 指东非大裂谷周围环绕非洲维多利亚湖、坦噶尼喀湖和基伍湖等湖泊的周边邻近地区。——译者注

但这些模糊黯淡、半隐半现的王国依旧留下了一些醒目的痕迹。12 世纪前后的东非内陆文化高度发达，表现为采矿、道路、岩绘、运河和城墙的遗迹；这些技术成果属于一个发达的石器时代文明，其创造者被考古学家称为"阿扎尼亚人"（Azanian）。从大约公元元年开始，该地区出现农业，从而为黄金开采活动打下基础；很长一段时期内，金矿在这片今属津巴布韦的地区一直都很容易找到。起初，开采黄金只需要简单的技术，淘一淘地面表层就可收获颇丰。商人被吸引到该地，首先是阿拉伯人，然后是葡萄牙人，但也有其他非洲移民。最容易开采的矿脉枯竭后，淘金活动最终只能转向地层深处。

尽管如此，黄金产量依然足以支撑一个"国家"延续 4 个世纪，而这个"国家"创造了非洲南部唯一的著名石质建筑类型。现代津巴布韦境内有上百处此类遗迹，最有名的一处与该国本身同名（即大津巴布韦，在班图语中意为"石屋"）。从大约公元 1400 年起，这里是王室的都城、国王的长眠之地和朝圣所。该城一直保持着这样的地位，直到公元 1830 年前后才被另一支非洲民族攻陷。葡萄牙人在 16 世纪就提到过一座宏伟的要塞，以不含灰泥的纯石块筑成；但直到 19 世纪，我们才从欧洲人那里获得明确关于此城的记载。这些巨大的城墙和塔楼以悉心整形的石块不加灰泥直接垒成，精确度极高，使欧洲人称奇不已。当时人们不愿意相信非洲人能够建造出如此惊世骇俗的东西，有人提出这些城堡应该归入腓尼基人名下；还有一些浪漫主义者沉溺于自己的遐想，认为津巴布韦城是希巴女王（Queen of Sheba）手下的石工建成的。如今，考虑到欧洲其他石器时代民族和美洲的文明成果，这类假说就显得没有必要了。认为津巴布韦遗迹出自 15 世纪的非洲人之手，应该是合理的推断。

尽管东非文明如此发达，其居民却未能发展出自己的文字；他们和早期欧洲人一样向其他文明借鉴文字体系。其部分原因也许是没有必要对土地或可以储存的粮食详加记录。无论究竟为何原因，缺乏文字对信息的获取和传播、政府权力的巩固就构成了障碍。文化也因此而贫瘠——非洲没有本地的学术传统和博学之辈，也就不会诞生科学和哲学研究。另一方面，津巴布韦的石雕或贝宁的青铜器都令后世的欧洲人痴迷，由此可见，非洲黑人的艺术造诣绝不可等闲视之。

欧洲人抵达美洲时，伊斯兰教已立足非洲将近 800 年（之前还有埃及给非洲邻国带来的影响），但他们发现这片大陆的文明成就远远高于非洲，而且似乎没有依靠任何外来的推动力。有人对此无法理解，认为美洲文明的萌芽来自很久很久以前的跨太平洋航海活动，并花费大量时间就此可能性进行调查和探讨。大部分学者觉得此论点缺乏决定性的证据，即便上古时期确有此类接触，也早就消失无踪。从第一批美洲人穿越白令海峡到维京人登陆美洲的这段时期，不存在任何明白无误的、美洲和其他任何大陆有联系的蛛丝马迹。此后，在 15 世纪末的西班牙人抵达之前，也没有任何往来的痕迹。因此，我们必须假设美洲孤悬于世界之外，甚至比非洲隔绝的程度更深、时间也更久。

他们的隔离状态可以解释，为什么直到 19 世纪北美依旧存在未进入农业社会的民族。欧洲人到来之前，今日美国东部平原一带的印第安人（这是后来欧洲人对他们的叫法）曾从事农业，但更西部的群体当时依旧以狩猎和采集为生。虽然欧洲人先后带来马匹和金属，使他们迎来重大的技术革新，而且枪械随后也成为他们的技术装备之一，但这些土著民没有改变生存之道。在更西部，有从事海产品和鱼类捕捞的西海岸民族，他们的生活方式也一成不变，源自某个无法追忆的久远年代。在北美深处，凭借叹为观止的适应性和专长，爱斯基摩人极有成效地生活在严酷至极的环境下，这一生存模式的本质核心甚至一直保留至今。虽然北美的印第安文化在克服不利环境方面获得了令人肃然起敬的成就，但却称不上是一种文明。为了解美洲土著文明的成就，有必要把目光转向格兰德河（Rio Grande）以南，这里能找到一系列主要文明，其共同点是全都依赖玉米种植和供奉多种多样的自然神，而在其他方面天差地别。

奥尔梅克（Olmec）文化基础对中美洲（Mesoamerica）文明非常重要。历法、圣书体、建造大型宗教仪式建筑的习俗——在后来的宗教中非常普遍——也许最早都源自这一文化；中美洲文明的诸神在奥尔梅克时期也已经为人所知。公元元年到4世纪初，奥尔梅克文明的继承者建起了首座美洲名城特奥蒂瓦坎（Teotihuacan），即今日的墨西哥城。有两到三个世纪，该城是主要的贸易枢纽，可能也具有突出的宗教地位，因为城内有规模巨大的金字塔群和宏伟的公共建筑。该城的灭亡发生在7世纪前后，是一个未解之谜，可能毁于向南迁至墨西哥中部河谷的入侵者之手，这样的入侵浪潮接连出现过好几波。这些迁移活动开启了一个移民和战乱的时代，一直持续到西班牙人抵达，并从中形成若干成就斐然的地区社群。

源自玛雅文化的尤卡坦、危地马拉和北部的洪都拉斯是其中最突出的群体。以如今的状况作为参考，那里的环境非常特殊。所有玛雅大型定居点都位于不折不扣的热带雨林，要利用森林资源开发农业，就必须克服动物、昆虫、气候和疾病所带来的极大困难。但依靠原始的农业技术（他们没有耕犁或金属工具，长期以来都采用焚地轮耕的种植方式，对一片土地耕种几轮后就要迁移），玛雅人不仅在数百年间维持着庞大的人口，而且还建成堪比古埃及的石质建筑。

很多玛雅城市依然隐藏在不见天日的丛林深处，但已发现的数量足以重新勾勒出玛雅历史和社会的轮廓。过去数十年的研究表明，这两者都比曾经设想的要复杂得多。最早的玛雅文明痕迹被归入公元前三四世纪；其鼎盛时期在 6 至 9 世纪期间，最精美的建筑、雕塑和陶器都来自这一时段。该时期的玛雅城市内含规模庞大的仪式用建筑群，是寺庙、金字塔、陵墓和宗教庭苑的结合，上面往往刻着圣书体文字；直到最近数十年，学界才开始对这些文字展开研究。宗教在这一文化中扮演重要的管理职能，通过仪式肯定诸城王朝统治者的地位；在这些仪式中，牺牲和洒血是标志性的组成部分。他们平时还按一定周期行代祷和拜神之事，其日程安排取自按天文观测所制定的历法。很多学者发现，这部历法蕴含着伟大的数学技巧，也是玛雅人唯一堪比其建筑的成就。通过这部历法，我们可以领略玛雅人的大量思想；能够明显看出，该民族的宗教领袖所理解的时间概念远比我们所知的其他任何文明更广袤；他们所计算的古代远在数十万年之前，得出时间没有起点的结论甚至也不无可能。

圣书体石碑和 3 本现存的书籍告诉了我们这部历法的若干内容，也提供了玛雅各朝代的编年纪要。古典时期的玛雅人会每隔 20 年竖起标有日期的纪念碑来记录时间的流逝。其中最后一座的年代可追溯至公元 928 年。

当时，玛雅文明已经达到顶峰。但虽然拥有技巧出众的建筑者和擅长加工翡翠及黑曜石的工匠，该文明也有严重的局限。宏伟庙宇的建造者从未造出拱顶，也无法在工程中使用推车，因为玛雅人一直没有发明轮子；而笼罩在他们头顶的宗教世界充斥着双头龙、美洲豹和笑容阴森的骷髅。至于政治成就，玛雅社会长久以来一直以城邦联盟制为基础，有 2 个以城邦联合方式建立的王朝，纪念碑上的圣书体镌文记载着两者的历史。最大的玛雅城市在规模最鼎盛的时候居民可能多达 4 万，依附于城市的农村人口大约 10 倍于此。如此看来，当时美洲玛雅地区的人口密度远远超过现在。

因此，玛雅文明的成就在某些方面特别突出。和埃及人一样，他们需要为不具备生产力的建筑投入巨大的劳动力，但程度远不及埃及人。也许玛雅文明从早期就开始不堪重负。在该文明诞生后不久，一支来自墨西哥谷地的民族——可能是托尔特克人（Toltec）——就夺取了他们最宏伟的城市奇琴伊察（Chichen Itza）。自那时起，南方丛林中的居住中心开始被逐步荒弃。入侵者带来了金属，还有拿战争俘虏献祭的墨西哥习俗。玛雅城市的雕塑中开始出现他们的神祇。当时的文化似乎发生了倒退，表现为更粗糙的陶器和雕塑，以及圣书体文字水准的下降。11 世纪之初，玛雅的政治秩序已经崩溃，但有几座城市以较低层次的文化和物质水平跌跌撞撞地延续了数百年的光阴。奇琴伊察最终在 13 世纪被废弃，玛雅文化中心转移到另一地区，后来也遭到灭顶之灾，可能是公元 1460 年的农民暴动所致。经过这场浩劫，玛雅人的故事失去了原有的光彩，直到如今才重见天日。尤卡坦在 16 世纪落入西班牙人之手，不过最后的玛雅要塞直到公元 1699年才被他们攻克。

　　西班牙人毁灭玛雅文明的说法只在形式上站得住脚。当他们抵达美洲时，这一文明已经由内向外分崩离析了。根据我们所掌握的信息，要对这一崩溃原因作出解释并不容易，也很难不让人落入隐喻式的泛泛而谈。譬如：玛雅文明是对抗严峻挑战所造就的结晶，但只能成就一时，而且仅建成摇摇欲坠、对外来干涉毫无抵抗之力的政治结构，还必须付出巨大的代价；只能专精于范围狭隘的少量技术，忍受沉重的负担，同时可以获取的资源却十分有限。举例来说，考古学家发现了玛雅灌溉工程的遗迹，甚至在早于外敌入侵的政治分裂发生时这些工程就处于废弃和朽坏的状态。就和美洲别处的所有土著文化一样，他们没有留下任何值得一提的生活方式和技术，以及文学、政治或重要的宗教制度，一切都消失得干干净净。只有玛雅农夫使用的语言为这些往昔的历史保留了些许容身之处。蔚为壮观的废墟就是玛雅人留下的一切，长久以来，令那些试图探究其来龙去脉的后人沉思不已。

当玛雅文明进入衰亡的末期，有一个民族赢得墨西哥谷地的霸权。作为最后抵达该地的民族之一，他们在这里建起的成就，比后来在尤卡坦发现的一切都更令西班牙人着迷。他们就是阿兹特克人，于公元 1350 年左右进入这片盆地，并推翻了统治该地的托尔特克人。他们在特斯科科（Texcoco）湖畔的沼泽地带建起 2 个村庄定居；其一称作特诺奇蒂特兰，后来将成为阿兹特克帝国的首都。该帝国用不到两个世纪的时间就覆盖了整个墨西哥中部。阿兹特克的扩张脚步向南直抵后来的巴拿马共和国地区，但并无意为定居此地耗费精力。阿兹特克是个尚武民族，倾向于以朝贡制度建立帝国：大约 30 个小部落或城邦慑于军威向他们称臣；只要如约缴纳贡金，就基本上不受干涉。这些民族的神祇也在阿兹特克的万神庙中获得一席之地，受人敬拜。

都城特诺奇蒂特兰起初只有村庄的规模，但逐步建设发展起来，成为阿兹特克的文明中心。该城位于特斯科科湖中的岛群上，通过各条堤道与湖岸相连，其中一条堤道达五英里长，可容八匹马并行。激动不已的西班牙人留下了描述该城的文字；某人说，其宏伟壮观甚至超越罗马或君士坦丁堡。16 世纪初，该城可能有 10 万居民，依靠归顺民族的纳贡维持运转。与欧洲城市相比，该地的景象令人瞠目。庙宇比比皆是，巨大的人造金字塔巍峨如山。但这番堂皇的景象似乎并非独创，因为阿兹特克人利用了被征服者的技术。墨西哥文化中所有重要的发明或创新都不能令人信服地归入后托尔特克时期。阿兹特克人控制、发展和利用了他们所找到的文明。

当西班牙人在 16 世纪早期抵达，阿兹特克帝国依然处于扩张阶段。虽然并非所有被征服民族都完全俯首帖耳，但阿兹特克的统治区域已横贯东西海岸。其统治者来自某个王室家族，拥有半神般的地位，但也要经过选举。他控制着一个高度中央化和秩序化的社会，要求社会成员提供繁重的强制劳力和军事服务，但也赐予年俸。这一文明懂得象形文字，农业和黄金加工技术高度发达，但对耕犁、铁器或轮子一无所知。其核心仪式——令西班牙人大受震撼——包括人牲；有不下 2 万人成了献给特诺奇蒂特兰大金字塔的牺牲品。这类大屠杀模仿了占据阿兹特克神话核心地位的创世传说；据说众神被迫成为祭品，用自己的鲜血充当太阳所需的食粮。

欧洲人为这一宗教颠覆性的细节——扯出祭品的心脏、剥皮和斩首仪式——所震惊，但其深刻的政治和社会含义比所伴随的古怪和恐怖更加显著。献祭是一件大事，也就意味着需要源源不断的祭品。由于祭品通常来自战俘，也因为战死疆场是战士升往太阳天堂的途径，从宗教角度来看，和平对阿兹特克帝国就是一场灾难。因此，阿兹特克人对于归顺者不受控制、叛乱频频一事并不在意。他们让臣服的部落保留自己的统治者和政府，以便用微不足道的借口发动惩罚式的袭击。这样一来，帝国必然无法赢得归顺民族的忠诚；当阿兹特克灭亡的时刻到来，他们自然会求之不得。宗教也以其他方式影响他们应对欧洲威胁的能力。特别是阿兹特克人希望抓获俘虏用来献祭，不愿在战场上杀死敌人；而且他们信奉羽蛇神（Quetzalcoatl），在其信仰中，这位大神曾为子民传授艺术，之后前往东方，但终有一天会回来，而此神白肤蓄须，形象与欧洲人类似。

总的来说，虽然有震撼人心的美学造诣和令人敬畏的社会效率，但阿兹特克文明给人的感觉是严酷、残忍和狰狞。在我们所知的文明中，像阿兹特克这般让自己的臣民承受如此重负的十分罕见。这个悲观的文明仿佛永远处于紧张状态，其臣民惴惴不安，知道灭亡永远都近在眼前。

若干其他文化位于墨西哥和尤卡坦以南，其文明程度都足够明显，但都不如最南端的秘鲁安第斯文明来得突出。当时的墨西哥各民族大体上依旧处于石器时代，而安第斯人远远走在了前面，还创建了一个真正的国家。如果说玛雅人以历法计算的精密性在美洲文明中卓尔不群，那么安第斯人在政府体制的复杂性方面把邻族远远抛在身后。秘鲁比墨西哥更令西班牙人浮想联翩，这不单是因为贵金属所蕴藏的一目了然的巨大财富，也因为其卓显公正效率且高度复杂的社会体系。有些欧洲人很快被记述该体系的文字所吸引，因为当地社会要求个人几乎完全服从于集体。

这就是印加人所统治的社会。12世纪，一支来自库斯科（Cuzco）的民族开始扩张，控制了秘鲁早先形成的各文明中心。和阿兹特克人一样，他们起初与文明史更悠久的民族为邻，但这些野蛮人很快夺取了高等文化的技术和成果。15世纪末，印加人统治着从厄瓜多尔到智利中部的广阔疆域，沿海一带是他们最晚征服的地区。从统治和施政的角度看，这是一项惊人的成就，因为有安第斯高原存在，他们必须克服自然界的障碍。大约1万英里长的道路把印加帝国联结为一个整体，在各种气候下皆可通行；信使马不停蹄地穿梭其间，信息或以口传，或以结绳（quipu）为记——即用彩绳扣节表意的代号体系。他们以这种方式进行详尽的记录。

虽然还未发展出书面文字，但安第斯帝国对臣民的生活采取令人生畏的极权主义管理方式。印加人成为帝国的统治阶级，其首领为印加皇帝（Sapa Inca）——意为“印加第一伟人”。他是专制的独裁者，以控制劳力作为统治的基础。帝国人口被组织成一个个单元，最小的单元由10名家长组成。劳役和生产力就从这些单元中榨取。人口受到细致和严密的控制，以保持所需的数量和分布状态；迁出当地社群或者与社群外的异性通婚不被允许。所有产出都是国有财产；通过这一方式，农夫为牧人和手工业者提供食物，也从后者那里获得织物（美洲驼在安第斯文化中用途广泛，提供驼毛、驼奶和驼肉，也作为交通工具使用）。该国没有商业。贵金属和铜矿业为库斯科带来精美绝伦的装饰，使来到此地的西班牙人啧啧称奇。为缓解体系内部的张力，印加人不仅诉诸武力，还让忠诚的属民移居到怀有异心的地区；并对教育系统严加控制，向被征服民族当中的佼佼者灌输正统观念。

和阿兹特克人一样，印加人将所发现的现成的文化成果加以组织和利用，但手段不那么残忍。他们的目标是融合而非灭绝，且容忍被征服民族的宗教崇拜。他们自己的神祇是太阳。由于缺少文字，我们很难看透这一文明的思想；但显而易见的是，虽然方式不同，秘鲁人对死亡的冥思似乎与阿兹特克人相同。气候的造化之功使他们偏好以木乃伊作为死亡概念的仪式性表达，这和埃及人异曲同工。安第斯高原干燥的空气就和沙漠里的沙子一样，具有极好的防腐效果。除此之外，被征服民族的宗教中究竟有哪些部分保留下来，并表现在存续的部落宗教崇拜当中，不太好说。当来自欧洲的挑战浮出水面，可以明显看出，虽然印加帝国的统治极为成功，但还是没能根除其臣民的不满。

所有美洲文明都与亚洲或欧洲文明有着重要、明显且极大的差异。虽然印加人有出色的官僚体制，可以运转复杂的政府构架，玛雅人则记录了复杂详尽的历史资料，但目前看来，他们似乎不具备完整的文字体系。虽然特定技术达到很高的水准，但他们的科技水平不如其他地区的已知文明发达。由此可见，虽然这些文明创造的环境和机制为其强有力（但受到限制）的文化提供了所需的条件，但对世界未来做出贡献的美洲土著民不是他们，而是其他文明。事实上，这些贡献在他们出现以前就已经存在。那是一些未加记载、被历史遗忘的新发现，来自原始时代的耕夫，他们首先找到了对西红柿、玉米、马铃薯和西葫芦的前身加以利用的方法。由此，他们的无心插柳大大扩充了人类的粮食来源，将会改变整个世界的经济。而在此基础上建立的美洲文明，虽然璀璨夺目，却注定要走向湮灭，只能作为美丽悦人的花边占据世界史的一隅，并最终成为历史的绝唱。

第 9 章 欧洲：变革初现

鲜有术语如同"中世纪"那样，具备如此使人误解的弦外之音。这一词组的用法完全以欧洲为中心，对其他文明的历史毫无意义，也体现了人们对那几个世纪的负面评价。除了在时间长河中的相对位置，这段时期提不起人们的任何兴趣。15 和 16 世纪，为了找回失落已久的古典时代，中世纪首次被人单独列出并贴上标签。当时的人们认为，在那段遥远的古典往昔，人类曾创下丰功伟业；而现在，他们感到重生的力量和文明快马加鞭的势头，从而相信在自身的时代能再一次成就伟大的事业。但在这两个充满创造力的时期之间，他们只能看到一片中空的虚无，是为"Medio Evo"，用他们所使用的拉丁文则写作"Media Aetas"，夹在其他时代当中就是它仅有的定义，本身乏善可陈、愚昧野蛮。于是，中世纪（Middle Ages）一词由此演化而来。

不久之后，对于这段 1000 年左右的欧洲历史，人们的了解稍稍多了一些。他们获取认知的途径之一是寻找已知历史的源头。17 世纪的英国人谈到其祖先可能受"诺曼之轭"（Norman Yoke）[①] 的压迫。18 世纪的法国人将法兰克征服视为其贵族的起源，从而为后者戴上理想化的光环。尽管如此，这类思考非常片面；如果将中世纪作为整体来看待，哪怕在 200 年前，人们也往往带着些许轻蔑。随后，

[①] 这一观念认为诺曼征服毁灭了萨克森的黄金时代，英国贵族是这些外来统治者的后裔。——译者注

一场重大的转变突然降临。人们着手对那些失落的世纪加以美化，前人有多么不屑一顾，他们就有多么兴致勃勃。欧洲人开始用历史小说描绘他们心目中的过往图景。这些小说讲述骑士传奇，却以当时的乡村景致为背景，矗立着仿爵式（mock baronial）① 的城堡，城堡里住着纺纱工和牲畜交易商。

　　更重要的是，学术界对这些时期的文献投入巨大精力，这一研究热潮至今仍在继续。这些情绪鼓励了早期学者崇尚一种过于热情和浪漫主义的解析态度。人们逐渐将中世纪基督文明的整体性和生活方式的稳定加以理想化，但如此一来也淡化了其内部的庞杂和多样性。由此可见，我们依然很难确信自己真正理解了欧洲的中世纪时代。不过，这段漫长时代有一个虽然粗略但足够明显的特征：从古代终结到大约公元 1000 年的这段时期，就现在看来非常类似一个奠定文明基础的时代。虽然给社会带来的变化较为缓慢，其持久力至今仍不明朗，但当时的伟人所创建的体制构成了未来文明的雏形。于是，到 11 世纪，人们已经可以感受到社会节奏的变化。新发展如雨后春笋般迅速进入人们的视野。随着时间流逝，这些进化的意义逐渐昭显——为人们开启了一条道路，通向一个有所不同的新世界。欧洲进入一个进取和变革的时代，并一直持续到欧洲史与全球史开篇相融合的那一刻。

　　所以，我们很难说出中世纪"终结"的时刻。直到 18 世纪，当欧洲第一个独立旁支刚刚在大西洋的彼岸立足，中世纪的痕迹在欧洲很多地区依然非常明显。甚至在新成立的美国，也有很多人像数百万欧洲人那样，依然被一种超自然的世界观以及相应的传统宗教观所掌

---

① 一种维多利亚时代典型的苏格兰建筑式样，有模仿城堡的塔楼和城墙，让居住者感觉仿佛是城堡的主人。——译者注

控，与 500 年前的中世纪男女老幼非常相似。当时，很多欧洲人的生活在物质层面上依旧和中世纪的前人没有区别。然而，在同一时期的很多地区，中世纪早已失去任何重要意义。旧体制已经消弭或处于崩溃边缘，曾经毋庸置疑的传统权威也随之一同远去。一些我们可以辨识出的现代生活元素已经开始在各地出现，从现在的视角来看，随着时间的推移，其社会影响力越来越明显，最终不可避免地成为欧洲第二个主要成型阶段，也是欧洲的首个革命时代。

教会是一个不错的切入点。"教会"作为一种实体，在基督徒看来代表整个信仰团体，包括神职和非神职人士。根据这一概念，天主教欧洲的教会在中世纪就是社会的同义词。至公元 1500 年，仅有少数犹太人、游访者和奴隶不属于这一（至少在形式上）共享基督教信仰的巨大群体。欧洲属于基督教。从毗邻大西洋的西班牙沿岸地区到波兰东部边境，明目张胆的异教在这片版图上消失。这一变革从质和量上都堪称伟大。基督教信仰是整个文明最源远流长的活力源泉，经历了千百年的锤炼，尚未遭受内部分裂的严重威胁，也完全没有被其他神话主张取而代之的危险。基督教定义了欧洲的追求，为欧洲人带来一份至高无上的生活目标。因为同样的原因，一部分欧洲人首先意识到自己是一个特殊社群——基督教世界的成员。

如今的非基督徒很可能把"教会"看作别的东西。人们用该词形容神职等级机制，代表维系信徒礼拜生活和教规的正式结构和组织。按照这一定义，公元 1500 年的教会也已获得长足的发展。不管存在多少局限和未明的真相，其成功依然堪称巨大；尽管其缺陷也同样惊人，至少教会内部有很多人自信地坚称，教会有能力（和责任）加以纠正。罗马教廷早在君士坦丁堡陷落之前就是文明世界的焦点，坐拥史无前例的实力和影响力。进入古代晚期后曾陷入一潭死水般的境地，但不仅重新取得独立和重要地位，而且还为 11 世纪以后的基督教生活赋予了新气象。于是，基督教变得更加纪律森严和野心勃勃，也变得更为严厉：很多直到 20 世纪仍主导基督教生活的教条主义和仪式性习俗都有不到千年的历史——换言之，这些习俗设立时，基督元年之后的历史已经过半。

大部分重要变化大致发生于公元 1000 至 1250 年间，并掀起一场革命。其开端是克吕尼改革运动。8 名最早的克吕尼修道院院长中，有 4 人后来被封圣，7 人是杰出的人才。他们是教皇的进言者和使节，也是皇帝的大使；学富五车，通常出身高贵，来自勃艮第和西法兰克最显赫的家族（这有助于拓宽克吕尼会的影响力），凭借自身的力量推动教会的道德和精神革新。利奥九世是教廷改革真正开启之时在位的教皇，他极力提倡克吕尼修道会的思想。在 5 年的教皇生涯中，他只有 6 个月待在罗马，大部分时间都往返于法兰西和德意志各地，参加宗教会议，矫正地方习规，查访非神职门阀贵族对教会的干涉，惩罚教士的不当行为，推行一套新形态的教廷准则。这番努力最早的结果之一是教会内部的习规变得更为标准化，开始显出更大的同质性。

西多修道会的成立是这场改革所导致的另一结果。这一堪比克吕尼会的大修道会以首家修道院所在地西多命名，创建者是对克吕尼不满的修士，渴望重拾本笃会原来的严格规章，尤其是恢复克吕尼会所抛弃的实用手工劳动。西多会修士圣伯纳（St. Bernard）后来成为 12 世纪基督教改革和十字军运动最伟大的领袖和布道者，他的修道会对修道准则和教会等级体制都产生了广泛的影响，也同样促进了教会的统一和规范。

改革的成功也表现在十字军运动的狂热和道德优越感上，这往往是民众宗教情感的真切流露。但新的做法也招致反对，有些反对还来自教会内部。教皇对主教事务的干涉并非一直受到待见，而承袭自过去的旧规也已被当地教友所接纳，牧区教士未必觉得需要加以改变（例如教士结婚）。教廷体制改革最激烈的反对来自一场沸沸扬扬的争论，以主教授职权之争的名称载入史册。后世对这一事件的关注也许略显夸张，有人会觉得存有误导之虞。争论的中心时期仅持续半个世纪左右，但问题丝毫没有得到明确的解决。这场争执的某些方面间接体现了教会和国家之间的极大差异；就如一切属于现代的概念一样，国家概念对中世纪之人依然难以想象。争论的对象是特定行政及法律惯例，其中大多都很快达成协议，很多教士对世俗统治者的忠诚更甚于他们对罗马教皇的忠诚。双方所争夺的目标也非常实际，争执不下的是统治阶级内部分配权力和财富的方式，在神圣罗马帝国的德意志和意大利领地，王族及教廷政府人员都来自这一阶级。但类似的争议也出现在其他国家——11 世纪后期的法国、12 世纪早期的英国——因为有一个至高无上的原则问题始终挥之不去：世俗权力与教会权威之间究竟应为何种关系？

　　公元 1073 年，格利高利七世就任教皇后不久，主教授职权之争中最公开化的对抗就发生了。希尔德布兰德（Hildebrand，这是格利高利当选之前的名字，因此衍生出形容词"希尔德布兰德的"[Hildebrandine]，用来描述他的政策和所属的时代）的人格魅力远远谈不上出众，但他是一位个人和道德两方面都具有非凡勇气的教皇。他曾是利奥九世的顾问之一，穷其一生为赢得教廷在西方基督教世界的独立和主导地位而奋斗。他是意大利人，但并非罗马人，这或许能解释为何他在成为教皇之前的一次教廷选举权转移中扮演了主导角色——这一权力转给了红衣主教团体，且罗马的非神职贵族被排除在外。当宗教改革变得更关乎政治和法律而非道德和行为（正如他 12 年的教皇任期中所面临的情况），希尔德布兰德更愿意引发而非避免冲突。他热衷于决定性的行动，但并不善于考虑可能的后果。

　　这场纷争或许早就不可避免。教会独立是这一改革的核心理念。利奥及其追随者认为，只有免于世俗干涉，教会才能履行自己的使命。教会应脱离国家，教士的生活应当与非神职人士有所差异——他们属于基督教文明，但应该与基督教世界的其他部分截然不同。以该理念为基础，出现了对圣职和圣物买卖的攻讦、反对教士结婚的运动和一场激烈斗争，以抵制世俗权力对教会人事任用和提拔的干涉，这一做法此前从未遭受质疑。这一针对世俗"授职"权力所展开的漫长纷争也因这场抵制而得名：谁有任命主教填补缺席的正当权利——是世俗统治者还是教会？作为该权利的象征，在新任主教正式获得教区管辖权时，授职者可以向其授予权戒和权杖。

　　另一些造成潜在困扰的问题不如授职之争那般激烈。也许，一旦教廷不再需要皇帝协助对抗其他敌人，就迟早会与后者交恶，因为皇帝主张自己继承了来自过去的权威，虽然这份权威有流于形式之嫌，但不失巨大的分量，不可能毫无抗拒地拱手相让。德意志教会按加洛林王朝传统受王室的庇护，这一依附关系与主从关系的界限十分模糊，很容易被后者取代。此外，帝国还要保护意大利的盟友、依附者和利益。从 10 世纪开始，皇帝形式上的权威和对教皇的实际控制力都在走向衰落。新的教皇选举方式只留给皇帝理论上的否决权。双方共事的关系也有所恶化，某些教皇已踏入雷区，从皇帝的封臣中寻求支持。

　　以格利高利七世的秉性，他不可能为这一复杂棘手的局面带来润滑与调和。一俟当选，他不经皇帝首肯便立即就任，只向后者通告既成事实。两年后，他就世俗人士的主教授职权发布敕令。虽然没有保留下来的敕令原文，不免令人欲探究竟，但大致内容是我们所知的：格利高利禁止一切非神职人士向教士授予主教或其他教会等级体制中的职位，并以购买圣职的罪名对若干担负教职的皇帝大臣施加绝罚。

火上浇油的是，格利高利还召唤亨利四世皇帝到教皇宝座前为行为不端的指控进行自我辩护。

亨利首先通过教会本身加以回击；他召开一次德意志宗教会议，宣布废黜格利高利。这一做法使他遭到绝罚。由于德意志有强大的敌手与他作对，现在这些对头还得到教皇的支持，绝罚便造成了更大的效应。亨利最终只能让步。为了避免一场德意志主教在格利高利（他已经动身向德意志进发）主持下对他进行的审判，亨利颜面无光地前往卡诺萨（Canossa），赤脚在雪地里苦候，直到格利高利接受他自我惩罚式的忏悔为止。这是世俗与宗教权威最为戏剧性的对峙场景之一。但格利高利没有获得真正的胜利。卡诺萨事件在当时没有激起多大反响。教皇的立场过于极端；他越过了教会法的底线，推行一份革命性的教义，坚持国王仅仅是一份官职，如果教皇判定他们不合适或不配担当，就可以随时撤换。对于那些道德观由宣誓效忠的神圣性所主导的人来说，这一立场几乎具有不可想象的颠覆性；它预示了后来出现的教皇君主权主张，但对任何国王都势必不可接受。

授职权之争又延续了 50 年。由于亨利的威逼和施压，格利高利失去了他所赢得的支持；直到公元 1122 年，另一位皇帝同意达成一份协定，这被视为教廷的胜利，但只是外交形式上的胜利。但格利高利依然是一位真正的先驱者；他使神职和非神职人员的区别达到前所未有的程度，还对教廷权力的至高无上和突出地位提出史无前例的主张。接下来的两个世纪将传来更多此类呼声。虽然他的继任者们没有作出如此夸张的行为，但确实取得稳步的进展，为教廷赢得有利局面。乌尔班二世（Urban Ⅱ）利用第一次十字军运动的契机成为欧洲世俗君主们的外交领袖；他们寻求指引的对象成了罗马而非皇帝。乌尔班还组建了教会的行政机器；在他的任期内促成库里亚教廷（*curia*）的成立，职能上相当于英国和法国国王的宫廷管理机构，其

名称来自罗马共和国的一种官僚组织。通过这一机构，教皇对教会的
掌控力得到强化。公元1123年是一个颇具历史意义的年份，西方首
次基督教大公会议在那一年召开，教皇以自己的名义颁布了会议通过
的法令。教廷的法学主张和裁判权也不断得势，越来越多的司法争端
从地方教会法庭转至教廷裁判所；这些裁判所不仅包括罗马的，还有
位于当地的。

　　威望、教义、政治手腕、行政压迫、司法实践和掌握越来越多有
俸圣职的事实，都是教皇在教会内重新崛起的支撑力。至公元1100
年，真正的教皇君主权诞生所需的基础工作已经完备。随着主教授职
权之争的硝烟渐渐散去，世俗国王总体上相当偏向于罗马，看起来教
皇没有在任何实质性的问题上被迫让步。英国倒是发生了一场引人注
目的纷争，与教士特权和土地法赦免权有关，这将成为未来的一个话
题；坎特伯雷大主教贝克特（Becket）当即遭到谋杀，后被正式封圣。
但就整体而言，教士阶级享有的大量法律豁免权没有受到多少挑战。

　　英诺森三世在位时，教皇对君主权的主张发展到一个新的理论高
度。英诺森的做法确实没有格利高利那般激进。他没有要求能覆盖整
片西方基督教世界的绝对世俗权力，但声称希腊人手中的帝国能转入
法兰克人之手是借用了教廷的权柄。在教会内部，唯一的权力掣肘是
官僚体系的缺陷，他又必须通过这一体系来运转教会。然而，教皇依
然经常要动用其权力来支持思想变革——这表明尚存大量未竟之功。
教士独身不娶的现象变得更常见，也出现在更多地区。频繁的个人告
解是13世纪加诸教会的若干新习俗之一；在一个被宗教思想所把持、
充满焦虑的社会中，这是一种强有力的控制手段。从13世纪开始流
行的变体（transubstantiation）理论是教义上的创新之一，认为凭借
某种神秘的方式，基督的肉身和鲜血确实出现在圣餐礼使用的面包和
葡萄酒当中。

中世纪中期，欧洲最终完成基督化的洗礼，这段收尾过程呈现了一幅伟大的奇景。知识界孜孜以求，建筑业获得了新财力的支持，两者与修道会改革和教皇专制相结合，造就了继教父时代①以来基督教历史中的第二次巅峰。这一成就最基础的工作可能要从知识界和精神领域的发展中寻找，但最显眼的标志还是石质建筑。我们心目中的"哥特"建筑就是这一时期的创造。这类建筑造就了欧洲的图景。在铁路出现以前，居高临下的教堂塔楼或尖顶一直是小镇中最瞩目或比较醒目的景观。直到12世纪，教会的主要建筑一般是修道院；随后一座座惊为天物的大教堂开始动工，法国北部和英国特别突出，至今依然是欧洲艺术最伟大的荣耀之一，与城堡一起构成中世纪的主要建筑类型。

当时，对这些惊人的人力物力投入似乎存在普遍的巨大热情，但我们难以洞彻这股热情背后的精神世界。20世纪的太空探索热情也许可以作为类比，不过其中缺乏这些宏伟建筑所蕴含的超自然属性。它们既是对上帝的奉献，也是传播福音和教化世人的基本工具之一。这些教堂巨大的中堂和侧廊中陈列着一排排圣者的遗物，挤满前来瞻仰的朝圣者。教堂的窗户上满是《圣经》故事的图像，这些故事是欧洲文化的核心；建筑正面覆盖着教诲式的雕塑形象，表现正义和邪恶将要面临的命运。这些建筑令基督教又一次获得大批公众的关注和支持。要评价这些宏伟的教堂对中世纪欧洲人思想的全部冲击，还有一个必要的前提：我们必须提醒自己，在这些建筑所呈现的恢宏壮丽和中世纪日常生活的现实之间，存在着如今任何人都无法想象的巨大反差。

此外，欧洲还出现了新的宗教修会，使教会组织的实力和渗透力

① 通常指公元四五世纪教会长老著述的黄金时代，也称教会第一时代。教父指圣奥古斯丁、圣杰罗姆等重要的基督教思想家和作家。——译者注

进一步强化。方济各和多明我托钵僧会在其中具有突出地位，他们在英国分别称作灰袍僧会和黑袍僧会，取自其惯常装束的颜色。方济各会是真正的改革派，其创始人阿西西的圣方济各（St. Francis of Assisi）抛弃了家庭，甘于到病人、穷人和麻风患者身边贫苦度日。追随者很快在他身边聚集起来，积极而热切地过起以模仿基督的困苦和谦逊为目标的生活。起先，他们没有正式的组织，方济各也一直未获神职。但英诺森三世精明地把握住机会，没有听任这一可能造成分裂的运动失去控制，而是加以扶持，并命令他们选出一名宗教领导者。由于英诺森三世的支持，梵蒂冈对这个新成立的宗教兄弟会有恩，也得到后者毫不动摇的服从。因为无需教区主教的许可就能布道，他们可以制衡地方上的主教权威。那些更古老的修道会认识到其中的利害并开始抵制方济各会，但这个托钵僧团体还是兴盛起来，其内部对于组织形式的争执也没有阻挡前进的脚步。最后，他们形成一套实实在在、独具特色的管理体制，但始终保持着为贫苦大众传播福音、在传道第一线活跃的本色。

多明我会所追求的目标更为狭隘。其创始人是一位前往朗格多克（Languedoc），对阿尔比派（Albigensian）异端布道的卡斯蒂利亚牧师。人们追随他的事业，逐步成长为一个新的布道团体。到多明我去世的公元1221年，他起初的17门徒已发展到500多人的规模。和方济各修士一样，这些托钵僧立誓坚贫守道，而且也投身于传道工作。但他们的影响主要在知识和学术领域。当时，第一批大学刚刚成型，在这些意义非凡的新机构中，多明我修士形成一股举足轻重的力量。异端裁判所的很多成员也来自该会，这个打击异端的组织始现于13世纪早期。从4世纪开始，打压异端就是教会人士所呼吁的话题，但公元1184年才出现第一例教皇给异端定罪的事件。直到英诺森三世的任期，迫害异端方成为天主教国王的职责所在。

阿尔比派无疑不属于天主教；但有些怀疑更进一步认为他们就连基督教异端都未必算得上。他们的信仰是摩尼教教义的反映，信奉二元论，有些信徒唾弃一切物质创造并视之为邪恶。和很多后世的异端一样，非正统宗教观被视为对社会和道德习俗的违背，至少也是不服从的表现。一名教廷使节在朗格多克遇害之后，英诺森三世决心对阿尔比派发动迫害。公元 1209 年，一场针对他们的十字军运动揭开帷幕。很多教外人士（来自法国北部的尤其多）也被该运动所吸引，因为这是轻松夺占阿尔比派教徒家园和土地的大好机会。但这次迫害也标志着一种意义重大的创新之举：西方基督教世界的国家和教会联手用武力粉碎可能给其中任何一方带来危险的异见团体。它将长期成为一种有效的手段，但始终无法彻底解决问题。

在对中世纪不容异己的理论和实践进行评判时，必须牢记异端在当时看来是一种可怕的严重威胁：社会成员可能因此遭受永世不得救赎的折磨。但迫害没有阻止此后 300 年间新异端的一再出现，因为其表达了民众真正的需求。就某种意义而言，异端暴露了教会所取得惊人成就的华而不实的内在。异端是社会不满活生生的证据，导致一场漫长的斗争，时时涌现出英雄式的人物和事迹。也有其他以正当途径和不同方式表达的批判意见。教皇君主权理论招致针锋相对的学说；思想家们辩称教会活动有明确的界限，不能越出雷池涉足世俗事务。人们的国家群体观念越来越强，对国家权力的要求也越来越尊重，这一反论的说服力随之水涨船高。神秘主义宗教的兴起是另一个始终易于脱离教会等级体制的现象。在有些宗教运动中，非神职人士奉行自己创立的宗教实践和崇拜方式，时而能躲过教会的控制。遵从玄学宗师肯培的托马斯（Thomas à Kempis）① 教导的共同生活兄弟会

---

① 荷兰修士（公元 1379—1471 年），可能是灵修著作《师主篇》的作者。——译者注

(Brethren of the Common Life) 就是一例。

这类运动表现出中世纪教会的一个巨大悖论。教会的实力和财力都已达到顶峰，可以动用巨额地产收入、什一税和教廷税为一个规模宏大的等级体制服务。教会在凡间的伟大折射出上帝的荣耀，其极尽铺张的大教堂、气势恢宏的修道院教堂、堂皇富丽的礼拜仪式、沈博渊深的学术基础和车载斗量的藏书均体现出信徒的虔诚和事功。然而，这个集滔天权势和富贵于一身的组织，布道的核心却是一份荣耀归于贫穷和谦卑而崇高属于尘世之外的信仰。

教会的入世态度招致越来越多的批评。这不仅仅是少数拥有圣职的门阀贵族坐享特权和捐赠、满足自己的享受之需、视教民如无物的问题。教会内部发生了更不易察觉也无法避免的权力腐化。以信仰的成功捍卫者自居，教会越来越展现出作为官僚和审判机构的一面。早在圣伯纳的年代就有人指出这一点，认为神职法律人员数量过多。到13世纪中期，唯法主义已经发展到明目张胆的程度。教廷本身也很快受到批评。英诺森三世去世时，原本为慰藉和圣礼而存在的教会只剩下中央集权化的冰冷一面。争取宗教主张与要求不受任何限制的教会君权混为一谈，而且这一要求还不容置疑。哪怕在精神崇高的人手中，维持教会的正常运转也并非易事；马大赶走了马利亚，① 要开动这台自我意识越来越强的管理机器，行政和法律贿赂已经不可或缺。

公元 1294 年，一位以虔诚著称的隐士当选为教皇塞莱斯廷五世（Celestine V），但由此而燃起的希望很快破灭。不出几周，他就被迫逊位，也无法推行对库里亚的改革设想。他的继任者是卜尼法斯八世

---

① 《圣经》中的一对姐妹，此马利亚并非圣母。传说耶稣造访她们的家，姐姐马大为准备晚餐忙碌不停，马利亚则一心一意听从耶稣的话语。后来耶稣告诫姐姐，不要被太多琐事缠身而忘记了最重要的事情。事见《新约·路加福音 10：38—42》。——译者注

（Boniface Ⅷ），被称作中世纪最后的教皇，以最倨傲、最形同政客的方式展现了教皇这一职务所具备的一切自负。他接受的教育是法学方面的，其秉性则与灵修之人相去甚远。他与英国和法国国王发生激烈争执，在公元 1300 年的大赦年（Jubilee）① 节日中还把两柄剑放在身前，象征自己同时拥有世俗和宗教权力。两年后，他发表教皇权力至上论，强调所有人必须认可这一权力，否则将无法获得拯救。

在卜尼法斯八世的任期中，教廷与国王的漫长战争走向高潮。将近 100 年前，英国曾被教皇褫夺教权。这一可怕的判决禁止施行一切圣礼，国王也得不到净罪和宽恕，人们无法为孩子施洗，自身的罪孽也不能得赦。在一个属于信仰的时代，被剥夺这些权利足以令人惊恐，国王约翰只好被迫屈服。一个世纪后，情况已经有所变化。主教和手下教士常常与罗马疏远，而这也使他们的权威受到削弱。在卜尼法斯治下，教廷的狂妄达到无以复加的程度。这些教士对此心生反感，也对所处国家和当地的民族产生发自内心的归属感。当法国和英国国王对教皇的权威说不时，他们从教士那里得到了支持，而且还有怀恨教廷的意大利贵族为其助阵。公元 1303 年，在部分贵族（由法国出资）的逼迫下，年迈的教皇逃往出生地，并在城中被俘，据说遭受了骇人听闻的屈辱。其手下的镇民后来将卜尼法斯释放，他没有像被他囚禁的塞莱斯廷那样在软禁中结束余生，而是死于数周之后，死因无疑是惊吓过度。

这只是教廷陷入窘境的开端，还有人宣称遭殃的不只是教廷，而是整个教会。后来的 4 个多世纪，教会将面对敌手们一波又一波巨浪般的冲击，虽然往往能英勇相迎，但基督教本身最终受到质疑是不争

① 也称圣年，是每 25 年一次或临时宣布的天主教节日，凡前往罗马朝圣者均可获特别赦罪。——译者注

的事实。刚到卜尼法斯的教皇生涯末期，他要求种种地位一事就已经成了几乎无足轻重的话题；甚至没人为此对他施加报复。宗教精神上的缺陷成了越来越醒目的靶子；此后，教廷受谴责的理由转以阻碍改革为主，而非索取太多国王般的权力。不过，有很长一段时期，宗教批评存在严重的局限。独立自主、公正自明的批评在中世纪是不可想象的：教会人士批评的矛头还是针对教皇履行传统宗教使命方面的失职。

公元1309年，一名法国教皇将教廷库里亚迁到阿维尼翁，该城属于那不勒斯国王，但处于法国国王势力的震慑范围之内，被后者的领地所压迫。教皇将阿维尼翁作为居城期间（持续到公元1377年），法国人也把持了红衣主教的职位。不出多时，英国和德国人相信教皇已成了法国国王的傀儡，便对本国的教会采取行动，剥夺其独立地位，国王当选者宣称他们的王位无需教皇首肯，王权仅来自上帝一人。

阿维尼翁的教皇府邸规模宏大，其建立本身象征教皇决意离开罗马的决心，其奢华则代表教廷日趋入世的态度。宗座廷（papal court）之富丽堂皇在当时和过去都无出其右，由一大批锦衣玉冠的侍从和行政官照管，他们的薪俸来自教廷税和不当所得。不幸的是，14世纪正属于一段经济灾难期；人口锐减不提，还要承受教廷更加高昂（有人称之为挥霍无度）的开支。中央集权继续滋生腐败——滥用教皇任命有俸圣职的权力是一个明显的例子，对圣职圣物买卖和神职兼任的指控愈发所言不虚，高级教士的所作所为偏离使徒教诲的事实愈发昭然若揭。方济各会内部也发生一场危机，部分属于"灵修派"（spirituals）的修士坚决奉行创始人甘于贫穷的会规，而规纪松弛的同僚拒绝放弃修道会所获得的财富。这场争论开始涉及神学主题。很快有方济各修士宣称，阿维尼翁就是《启示录》中一身猩红装束的大娼妓巴比伦，教廷的垮台指日可待；而教皇强调基督本人也尊重财产，谴责"圣徒贫洁"（apostolic poverty）的思想，还动用异端裁判所打压"灵修派"。这些修士因散播反教皇的言论被焚，但死前已赢得了听众。

于是，教皇客居阿维尼翁的经历导致了一场反圣职至上和反教皇至上的普遍运动，这与因教士不服王权管辖而恼怒的国王发动的反教会运动有所差异。很多教士感到，富裕的修道院和入世的主教是教会已经堕落成世俗机构的标志。这对格利高利七世不啻为一种讽刺，也使他的胜利大为失色。批评的声浪越来越高，最终令教皇于公元1377年返回罗马，但唯一的结果是迎来教会史上最大的丑闻——"天主教会大分裂"（Great Schism）。世俗君主开始在自己的领土内设立半国有的教会；为维护自身的财力和地位，大约20名红衣主教联手操控教廷，共同推举出两名教皇，其中一人的上台完全是法国红衣主教们的手笔。此后30年间，罗马教皇和阿维尼翁教皇同时自称为教会之首。8年后，第三个教皇宝座的争夺者也出现了。随着分裂的持续，针对教廷的批评也越来越刻毒。"反基督者"（Antichrist）是当时一个流行到滥用无度的术语，用来形容竞相争夺圣彼得所传教会产业之徒。世俗的敌对势力也卷入其中，使局势更加复杂。阿维尼翁教皇的盟友大致包括法国、苏格兰、阿拉贡和米兰；罗马教皇的支持者有英格兰、德意志诸皇帝、那不勒斯和佛兰德斯。

然而，这场分裂一度为革新和转型带来曙光。教会共举行了4次会议以寻求一个解决方案。最后他们终于找到了，从1420年起，把教皇的人数减到一人，驻跸罗马。但仍有人希望能做更多，他们希望进行改革，但几次教会会议都顾左右而言他。相反，他们把时间都花在讨论异端问题。一旦教廷恢复，对改革的支持之声也就偃旗息鼓。此后400年，教会内部可通过协商达成一致的方式取得另一种权威的理念，被罗马嗤之以鼻。

　　一直隐忍不发的异端在大公会议期间突然爆发出极大的改革热情。英格兰的威克利夫（Wyclif）和波希米亚的胡斯（Hus）是其中的两位杰出人物，将大分裂造成的不满情绪凝聚成一股强大的力量。他们是最早也最重要的教会改革家，不过威克利夫作为导师和思想家的身份更胜于行动力。胡斯成为一场运动的领袖人物，该运动牵涉到民族和教会等级制度两方面；他的布道在布拉格造成了巨大的反响。胡斯被康士坦斯大会判罪，罪名是针对得救预定论①和教会财产的异端见解，并于公元 1415 年遭受火刑。威克利夫和胡斯发出的批判被压制，所掀起的巨大声势也随之式微，但他们为反教廷至上主义的民族精神注入了新的血液；后来的历史证明，这对西方教会的统一具有极大的破坏力。胡斯死后，天主教和胡斯派信徒争夺波希米亚的激烈内战一直持续了 20 年。与此同时，教廷在 15 世纪对非神职君主作出了外交让步。

　　15 世纪，宗教热情无视教会中央组织的趋势越来越明显。玄学著述和新形态的流行宗教不断涌现，成为这一热情的表达渠道。从绘画艺术中可以看出，人们对基督受难的痛苦产生了新的痴迷；新涌现的圣徒崇拜、自我鞭笞的狂热、癫狂舞蹈的大行其道，都显示了这一不断高涨的宗教亢奋。大众传教士能够赢得号召力和势力，多明我会修士萨伏那洛拉（Savonarola）是一个突出的范例；他获得极大成功，成为 15 世纪最后十年间佛罗伦萨说一不二的道德评判者。但宗教热忱往往游离于教会等级体制之外，也缺乏正式组织。14 和 15 世纪的流行宗教极为强调个人和虔诚。而另一个显著特点是缺乏远见和体制结构上的不足，这能够从他们对欧洲以外地区传教工作的忽视中得见

----

　　①　基督教术语，称上帝预先选定了得救者的人选。——译者注

端倪。

15 世纪给我们留下的总体感觉是倒退，是付出将近 200 年的巨大努力后经历的一段缓慢的沉沦。然而，我们不能让这一概念主导对中世纪教会的印象，否则可能产生严重的误解。毕竟，那个社会之所以与今日不同，宗教是其中最大的因素。公元 1453 年以后，欧洲依然属于基督文明，欧洲人的宗教意识甚至还更为强烈。在欧洲范围内，生活的方方面面几乎都由宗教定义。所有的权力最终都来自上帝。对大部分男女老幼来说，教会是人生重要时刻唯一的记录者和见证者——婚嫁、子女的降生和受洗以及死亡。有很多人完全献身于宗教；成为修士和修女的人口比例远远高于现在。但是，这些想要躲进修道院的高墙、远离凶险四伏的尘世之人，所抛下的并非我们身处的那个完全脱离教会之外、与教会毫无牵连的世俗世界。学习、慈善、行政、司法和包罗万象的经济生活，都处于宗教势力的规制之下。

哪怕有人攻击教士，他们也会拿教会曾经教导他们的准则作为攻讦的依据，而且懂得以上帝借其手贯彻旨意的理由为自己申诉。宗教神话不仅是那个文明最深刻的源头，而且依然是所有人的生活所在。它以至高之善的名义定义了人类的生存意义。除了所有信徒组成的教会群体，异教是唯一的存在。魔鬼以某种有血有肉的形态为伪装，坐等那些迷途的羔羊、偏离上帝恩典之道的人落网。如果某些主教甚至教皇本人成了迷途者的一员，那他们会落得更糟的下场。人类固然脆弱，但无损于宗教式的生活观。当神谴之日（Day of Wrath）到来，上帝的正义将得到彰显，他会挑出山羊群中的绵羊，终结世间的一切。

但在中世纪晚期的欧洲，发生变化的不仅是宗教，还有国家。我们今日的大部分人都对国家（state）的概念耳熟能详。人们普遍认同一种非人格化的组织机构瓜分了世界的表面，而运作这些机构的官员以某种特殊方式有别于常人；这类组织为一切既定领域提供具有最终效力的公共权威。国家往往被视为人民或众民族某种意义上的代言人。无论是否具有这种代表性，国家都是我们之中大部分人从政治角度解读现代世界的基本构成单元。

对于公元1000年的欧洲人，这一切都超出了可以理解的范围；500年后，其中的不少内容很可能已为欧洲人所知，但具体要看究竟是哪里的欧洲人。虽然公元1500年时，现代国家兴起的历程还远未走完，但这一过程是历史迈入现代篇章的标志之一。比起理论和思想，现实来得更早。从13世纪起，出于各种原因，很多统治者（通常是国王）都得以强化他们相对于被统治方的实力。这往往是因为他们能保有一支大军，并以最有效的武器武装士兵。铁制加农炮发明于14世纪早期，随后是青铜炮；下个世纪又出现了铸铁打造的重炮。随着这些武器的问世，英杰与枭雄们再也无法依托城堡毫无惧色地向统治者发起挑战。钢质十字弓也给那些能够负担成本的人带来极大优势。至公元1500年，很多统治者都已在自己的领土内基本实现了对武力的垄断。他们也对彼此共享的边境提出更多争议，这不仅仅是测绘技术提高的表现，还标志着政府侧重点的变化——从控制与统治者关系特殊的个人转变为控制特定区域内的居民。个人依附的价值被领土归属所取代。

随着这类领土兼并的过程，凌驾之上的王权越来越依靠官员的直接行使——他们和武器一样，必须由金钱来推动。原先，王国的运作有赖于和国王相识的封臣，而为国王效劳是他们的一大工作，以此换取国王的宠信；并且当国王自有领地不足以支持所需，他们还需要在战场上提供支援。而今，新的体系取而代之，王室政府改由官吏运作，他们的薪俸取自税收（越来越倾向于货币而非实物），而征税是他们最重要的任务之一。从16世纪开始，羊皮纸卷宗和特许状被现代官僚文书最早的点滴雏形所取代。

以本书概要式的篇幅，想清晰地勾勒出这一极其重要和复杂的变化必然力有不逮。这关乎生活的每一方面：关乎宗教和宗教约束力及权威，关乎经济和经济所提供的资源，关乎经济带来和剥夺的社会可能性，关乎思想和思想对依然具有可塑性的体制所造成的压力。但最后的结局毋庸置疑。通过某种方式，欧洲从公元 1500 年开始改变组织结构，与加洛林和奥托时代大异其趣。虽然对大部分欧洲人而言，个人和地方纽带依然是最重要的、压倒一切的关系，而且这种局面还将延续几个世纪，但与过去那个就连部落忠诚都有其价值的时代相比，社会体制还是有所变化。以教皇和皇帝定义不详的权力主张为背景，领主和封臣的关系长期以来似乎代表着政治思想的全部，而此时开始让位于王权统治领土内所有居民的理念。这一理念最极端的表达（例如，英国亨利八世声称，国王只承认上帝是高于自己的权威）确实具有耳目一新的气象。

毋庸赘言，各个地区变化的方式和步调都不尽一致。到公元 1800 年，某些概念在法国和英国已经成型达数百年，而在德意志和意大利依然无人知晓。无论发生于何处，该变化的核心通常是王室家族实力的稳步坐大。国王享有极大的优势，拥有广阔的领土（有时幅员非常辽阔），如果能用心打理国事，就可以获得比领地较小的贵族更为稳固的实力基础。一国之君的地位笼罩着神秘的光环，加冕和涂油礼上庄严肃穆的场景就可反映出这一点。与地方封建领主相比，王室宫廷具有一种表象，仿佛能以更独立的立场伸张正义，而受惠方要花费的钱财也较少。需要法律的意识也出现于 12 世纪，国王居于强势地位，对宫廷中应该实行何种法律握有强大的发言权。因此，这些位于封建体制顶端（或接近顶端）的国王不仅能够依赖该体系的资源，而且还有外部势力为其所用。其中之一是国民意识，并逐步彰显出愈发重要的价值。

　　我们必须留意，不能把这一现代人视为理所当然的概念错误地归入更早的时期。任何中世纪国家政治实体都不是我们所理解的民族国家。尽管如此，到公元 1500 年，哪怕英国和法国国王的臣民们依旧分不清国家和村庄的区别，会将邻村人视为不折不扣的外国人，但他们已经有了同胞和外族是有所差别的概念。甚至再提前 200 年，这类区分就开始在王国内外出生的人之间成型，土生土长的社群概念开始稳步强化。对民族守护圣徒的信仰是表象之一。虽然教会在盎格鲁—撒克逊诸王时代就已敬奉圣乔治，但直到 14 世纪，当圣乔治被视为英格兰正统守护者，他的白底红十字旗才成为英国士兵的统一标志（屠龙历险是 12 世纪才归于他名下的事迹，可能混入了希腊英雄珀尔修斯的传说）。

　　民族国家史著述的兴起（之前已有德意志民族的黑暗时代史著述作为前兆）和民族英雄的树立则是另一表象。12 世纪，一名威尔士人或多或少地杜撰了亚瑟王的神话形象；同一时期，一名爱尔兰编年史家构筑了王中之王布莱恩（High King Brian Boru）和他保卫基督教爱尔兰不受维京人侵略的虚构传说。而最首要的现象是本土语言文学的发展。首先是西班牙人和意大利人，然后是法国人和英国人，他们开始打破拉丁文学创作所设下的壁垒。这些语言的文学前身可以从 12 世纪的浪漫主义作品例如《罗兰之歌》或《熙德之歌》中找到；前者将查理曼败给比利牛斯山民一役改写成他的殿后部队英勇抵御阿拉伯人的光荣之战，后者则是歌颂西班牙民族英雄的史诗。14 世纪为我们带来了但丁、朗格兰（Langland）和乔叟；他们各使用一种语言创作，其文字今天读来也没有多少困难。

　　但我们断然不能夸大该变化立竿见影的效果。此后几百年，家庭、地方社群、宗教或贸易仍是大部分人托付忠诚的对象。我们可以看到上述民族国家体制从这些传统社会单元中不断成长，但对于社会的保守性几乎无能为力；在绝大多数地区，这类体制仅仅和国王的司法与收税有关——就连中世纪后期最具民族国家特质的英国，也有很多人一生从未见过国王的法官或税官。另一方面，中世纪的农村教区和小镇是货真价实的社群，在平常的日子里足以让居民从社会责任的角度思考问题。我们确实需要另一个词来代替"民族（国家）主义"，用以形容某个中世纪男子脑海中偶尔转瞬即逝的、对王国内某个社群的概念，乃至排外骚乱中突然爆发的怒火，无论他是工人还是商贾（当然，中世纪的排犹主义有其他源头）。不过，从此类民族情感的蛛丝马迹中，间或也能看出西欧新政治实体的基石正在缓慢成型。

英国和法国最早形成与现代基本类似的国土范围。公元 1066 年入侵盎格鲁—撒克逊英格兰后，数千诺曼人越过海峡，从法国抵达英伦，形成了一个新的统治阶级。他们的领袖"征服者"威廉给予他们土地，但自己保留得更多（其王室领土比以前的盎格鲁—撒克逊列王更大）；并坚持对其余领主的绝对统治权——他要成为整片岛屿的主宰，直接或间接地控制任何人所拥有的一切。他也继承了古英格兰君主的威望和国家机器，这具有重大意义，使他完全凌驾于其他诺曼武士之上。这些武士中最出类拔萃的人成了威廉的伯爵和男爵，略逊一筹的则被册封为骑士，在遍布全岛的土木城堡中开始对英格兰的统治。

他们所征服的是欧洲文明程度最高的社会之一，在盎格鲁—诺曼国王的统治下展现出非凡的活力。诺曼征服后数年，英格兰政府实施了中世纪最引人注目的行政措施之一，即编撰《末日审判书》（*Domesday Book*）。这是为王室进行的规模浩大的全英普查工程。审查资料取自每个郡和百户（hundred）① 的法庭，细致程度使某个盎格鲁-撒克逊编年史家大为震撼，留下了辛辣的评注："今记之犹感愧，然

---

　① 介于郡和村之间的英国行政单位，相当于 100 户自由农生活所需的土地。——译者注

昔人行而无赦。"威廉的手下连一牛一猪都没放过。下个世纪，王室司法权迅速扩张，甚至达到惊人的程度。虽然那些弱小的国王一次又一次令王权在门阀面前让步，但君权的完整性本质上没有动摇。在英格兰的宪政历史中，王权兴衰的历程占了 500 年的篇幅，这很大程度上归因于将英国与潜在敌人隔开的水域，只有北方除外；外国人难以干涉其内部政治，诺曼人以后，再无成功的不列颠征服者。

不过，有很长一段时期，盎格鲁-诺曼列王不仅仅是一岛之王而已。他们继承了一系列错综复杂的世袭领地和封建依附关系，在最具规模时远至法国西南一带。他们和拥护者一样，依然使用诺曼式法语。12 世纪初，他们丢失了大部分"安茹"（Angevin）世袭领地（其名取自 Anjou），这对法国和英国同样具有决定性的意义。两国彼此间的争斗进一步孕育了双方人民的国民意识。

卡佩王室牢牢把持着法国王位。从 10 世纪到 14 世纪，该家族的国王不间断地延续着世袭统治，也扩大了统治的领土——这是王权实力的基础。卡佩王朝掌握的土地相当肥沃，位于现代法国的心脏地带。巴黎周边的谷类作物生长区称为法兰西岛（Île de France），长久以来是该国唯一保留法兰西故名的地方，用以缅怀该地作为法兰克古王国之一部的历史。因此，与勃艮第等西方加洛林时代的其他王国相比，卡佩王朝初期的领地显得鹤立鸡群。至公元 1300 年，"法兰西"在精力充沛的王室继承人的扩张之下，已将布尔日、图尔、日索尔（Gisors）和亚眠尽数收入囊中。而且，法国国王当时已经获得了本效忠于英王的诺曼底和其他封地。

很有必要加以指出的是，在今日法国地区，14 世纪（及以后）依然有强大的采邑和封建公侯；将卡佩王国视为统一和庞大的整体并不恰当。但卡佩王国确是某种意义上的统一实体，只是很大程度上依赖于个人关系。14 世纪期间，和英格兰的漫长斗争大大强化了这份统一和团结，这场对抗以具有误导之嫌的"百年战争"之名留载史册。实际上，从公元 1337 至 1453 年，英国和法国只是偶有交锋。战争耗资过大，难以为继。英国国王要求获得海峡另一侧的法国领地的所有权和封建继承权，这是双方争夺的焦点；公元 1350 年，爱德华三世将王室纹章的图案一分为四，把原先的英国纹章和法国纹章拼接起来。所以，从那时起，双方就总是有一些似是而非的交战理由，这为英国贵族提供了夺取战利品和赎金的机会，使战争成为其中很多人值得投资的对象。

对英国而言，这些斗争为襁褓期的民族主义传说带来了新的元素（其中大量素材来自克雷西［Crécy］① 和阿让库尔［Agincourt］② 大捷），并形成不信任法国人的长久传统。百年战争对法国的君主专制也颇为重要，因为它对于限制封建割据、打破皮卡第（Picard）③ 和加斯科涅（Gascon）④、诺曼人和法国人之间的隔阂具有一定作用。就长期而言，法国的民族主义传说也从中汲取养分；其最大的收获是圣女贞德这一形象及其传说，虽然当时鲜有法国人知道此人存在，她波澜壮阔的一生与漫长的抗英斗争的转折阶段相重合。

这场战争有两大造成长期影响的后果：一是英格兰人很快挟克雷西之胜的余威征服加莱（Calais），二是英格兰的最终落败。此后 200 年，加莱一直在英格兰人手中，为他们打开通往佛兰德斯的门户。那里有密集的制造业城镇，是消化英格兰羊毛出口和后来织布出口的现

---

① 公元 1346 年 8 月 26 日，英格兰爱德华三世对法国腓力六世的一场大胜。——译者注
② 公元 1415 年 10 月 25 日，英王亨利五世对法王查理一世的胜利，查理一世阵亡。——译者注
③ 今法国北部大区，5 世纪时被萨利安法兰克人占据，其中有一部分地区长期是英格兰人的采邑，直到公元 1477 年才被路易十一世收复。——译者注
④ 法国历史和文化大区，其继承权和公爵称号在 12 世纪被英格兰金雀花王朝所得，百年战争期间一直是英格兰在法国西南部势力的中心地区，直至战争结束才被收复。——译者注

成市场，有助于英格兰人的贸易发展。英格兰的最终落败则意味着与法国的领土关联在公元 1500 年走向实质上的终点（虽然 18 世纪的乔治三世依然拥有"法兰西国王"的头衔）。英格兰再度成为岛国。公元 1453 年后的法国国王可以集中国力开拓疆域，再也没有英格兰国王凭借一星半点的亲缘关系所提出的继承权要求——也是这场战争的起因——使他们分心。他们能够定下心、腾出手，控制叛逆的门阀贵族，确立对后者的宗主权。无论在哪个国家，这场战争从长期来看都强化了君主专制政体。

虽然时而显得散乱和突然，但在西班牙也可以看到为国家统一奠定根基的进程。至公元 1500 年，西班牙已通过对收复失地运动的传说式记载为民族历史打下基础。与伊斯兰势力经年累月的宗教战争，使西班牙的民族国家意识具有一份特殊的形态和气质。有时，这场运动还被当成一次十字军之战加以宣扬。这项事业可以让背景和出身差异极大的人团结起来。有时，基督教国王也同摩尔人联手，伊比利亚半岛上曾出现过几段和平共存的时期，生活在一起的各民族都没有表现出强烈的宗教排外意识。但收复失地运动也是一系列殖民战争，收回并开发了几个世纪前被阿拉伯军队所征服的土地。

因此，在各种因素的推动下，各基督教王国的边界缓缓向前推移。12 世纪中期，托莱多（Toledo）再次成为基督教首都（其最大的清真寺被改成天主教大教堂）。13 世纪，卡斯蒂利亚人占领安达卢西亚，阿拉贡人夺下阿拉伯控制的城市巴伦西亚。公元 1340 年，最后一波阿拉伯人的大攻势被击退，这场胜利对中央统治造成威胁，一批按捺不住的卡斯蒂利亚贵族借机争权夺利。君主与市镇自由民结为同盟。阿拉贡和卡斯蒂利亚的王权在公元 1479 年通过联姻结为一体，形成了更强有力的统治。这对夫妇是阿拉贡的斐迪南（Ferdinand of Aragon）和卡斯蒂利亚的伊莎贝拉（Isabella of Castile），史称"天主教君王伉俪"（Los Reyes Católicos）。尽管两个王国长期保持着形式和法律上的分裂状态，但这一联姻毕竟简化了最终驱逐摩尔人、创建单一国家的进程。在这片半岛上，只有葡萄牙处于新西班牙的体系框架之外，牢牢守着时常被这个强大领邦所威胁的独立地位不放。

德意志未来民族国家的总体布局依然没有显山露水。神圣罗马帝国皇帝的继承权是政治实力潜在的重要基础，适用范围很广。但公元1300年后，他们的皇帝头衔实质上已经得不到任何尊重。公元1328年，一名德意志国王①赶赴罗马，强行要求加冕为皇帝，但未果。这是德意志人最后一次作出如此举动。13世纪各敌对皇帝之间的漫长纷争是造成其失败的原因之一。另一原因是，皇帝们无力在一片片形态各异的领地内巩固君主专制权威。

德意志帝室家族继承的领地通常并不统一而是分散各地。皇帝人选被大门阀操控。当选的皇帝没有一个专有的都城，无法成为新兴的德意志民族可以围绕的中心。政治环境使他们将所拥有的权力不断转交出去。各大城市开始在自身领地内形成地方王权。在传统观念中，一份公元1356年颁布的文件被视为德意志宪政历史的里程碑（虽然只是对既成事实的书面认可），这就是《金玺诏书》——七名选侯在自己领土内获得了几乎所有的帝政权力。例如，他们此后拥有了绝对的司法权，皇帝不受理针对其判决的申诉。帝室实力式微的过程中，对古老传说根深蒂固的怀念始终不曾匮乏，也依然使不乏活力的国王心驰神往。

一个奥地利家族最终成功登上皇帝宝座，那就是哈布斯堡王室。首位哈布斯堡皇帝当选于公元1273年，但此后很久都没有同族步其后尘。该家族将在帝王传记中留下伟大的一笔，因为从马克西米利安

---

① 巴伐利亚的路易四世。——译者注

一世公元 1493 年成为皇帝到公元 1806 年帝国灭亡为止，哈布斯堡几乎毫不间断地垄断了帝位。甚至在那之后，作为另一个大国的统治家族，他们又延续了一个世纪的王朝历史。他们在起步时拥有一大优势：作为德意志王公，他们非常富有。但直到通过联姻最终取得勃艮第公爵领的继承权，他们才获得主要的政治资本；该公爵领是 15 世纪最富饶的欧洲公国，包括尼德兰的大半土地。随后，他们还依靠其他继承和通婚关系将匈牙利和波希米亚收入囊中。自 13 世纪以来，在德意志和中欧实现有效政治统一的可能性首次出现；哈布斯堡家族汲汲于统一分散的王朝领地，现在，皇帝的尊贵地位有了现实意义，可能成为实现统一的工具。

当时，帝国对阿尔卑斯山以南的实质影响力已经消失。竭力维持这份影响力的企图长年影响着意大利的政局：韦尔夫派（Guelph）和威伯林根派（Ghibelline）① 长期结怨，令意大利各城市鸡犬不宁。而两派名称起初的意义——分别为教皇和皇帝的支持者——早已不复存在。14 世纪后，意大利境内没有帝国领土；除了加冕伦巴底王冠（Lombard crown），② 皇帝也几乎从不去意大利。帝室权威由"大区长官"（vicars）代表，他们的辖区拥有和德意志选侯的领地几乎相当的独立地位。这些统治者及其教区被授予头衔，有些持续到 19 世纪；米兰大公是首批爵位获得者之一。但其他意大利国家有不同的起源，除了诺曼人在南部成立的"两西西里王国"③ 之外，还有一些共和

---

① "韦尔夫"派支持教廷，其名源自巴伐利亚的韦尔夫（Welf）大公。"威伯林根"（Wibellingen）支持德意志皇帝，是与韦尔夫敌对的霍亨思陶芬家族拥有的一个城堡的名字。两派源自 12 世纪。——译者注
② 基督教圣物，又称伦巴底铁王冠，传说其材料是一枚把耶稣钉上十字架的钉子。——译者注
③ 诺曼人在 11 世纪将意大利南部和西西里岛统一起来，后被安茹王朝和阿拉贡王朝分治，皆自封为"西西里国王"。公元 1443 年，阿拉贡的阿方索五世重新统一两部，自称"两西西里国王"。——译者注

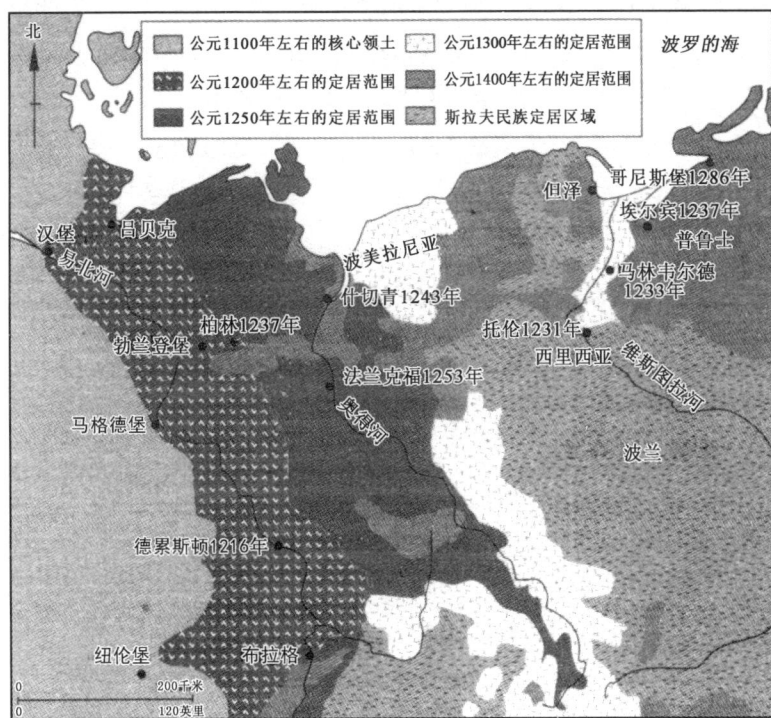

图例：
- 公元1100年左右的核心领土
- 公元1200年左右的定居范围
- 公元1250年左右的定居范围
- 公元1300年左右的定居范围
- 公元1400年左右的定居范围
- 斯拉夫民族定居区域

北

波罗的海

汉堡
吕贝克
易北河
波美拉尼亚
但泽
哥尼斯堡1286年
埃尔宾1237年
普鲁士
马林韦尔德 1233年
什切青1243年
柏林1237年
托伦1231年
勃兰登堡
西里西亚
维斯图拉河
法兰克福1253年
奥得河
马格德堡
波兰
德累斯顿1216年
纽伦堡
布拉格

0   200千米
0   120英里

德意志东部扩张

国，威尼斯、热那亚和佛罗伦萨是其中的佼佼者。

城邦共和国的出现是意大利历史早期间或彼此交织的两大趋势下的结果："社区化"运动和富有商人的崛起。10 至 11 世纪，在意大利北部的很多城镇，全体公民集会已成为一种具有实效的政府形式。成员们有时称之为议会（*parliamenta*），换成我们的表述应为城镇会议。会议的代表是从贸易复兴中获利的地方寡头，自公元 1100 年起人们就能感受到这一复兴的势头。12 世纪，伦巴底诸城在战场上将皇帝击败，因此可以自主管理内政。

这仅仅是意大利黄金时代的开始，之后将一直持续到 14 世纪。

财富的激增是这个时代的标志，基础是制造业（以纺织为主）和商业。但这一时代的荣耀属于百花齐放的文化，当代人见证了古典学术的重生；不仅如此，这份荣耀也表现在本土文学创作、音乐以及所有视觉和雕塑艺术之中。其成果遍布整片半岛，但在佛罗伦萨最为突出；这座名义上的共和制城邦实质上由靠银行业发迹的美第奇家族实行专制统治。

不过，贸易复兴最大的受益者是威尼斯。这座形式上依附于拜占庭的城市具有得天独厚的地理位置，处于若干潟湖浅水区的岛屿上，从而得以长期远离欧洲大陆的麻烦。伦巴底一带的人早就将那里作为逃难的避风港。在提供安全之外，地理位置还决定了其命运；就如其市民后来热衷于缅怀的那样，威尼斯与大海密不可分，在该共和国的某个盛大节日上，有一种象征性的庆祝方式是将指环投入亚得里亚海的波涛中。威尼斯政府禁止市民拥有大陆地产，引导他们将精力投入海外贸易帝国的建设。威尼斯成为西欧首座以贸易为生的城市。在经历一场与热那亚争夺东方世界贸易霸权的漫长斗争并最终取胜之后，威尼斯还成为对东罗马帝国发动攻击和掠夺的势力中最成功的一个。而这样的势力比比皆是——热那亚、比萨和加泰罗尼亚诸港都在地中海—东方的贸易复兴中繁荣起来。

因此，现代欧洲的政治格局在公元1500年已大体成型。葡萄牙、西班牙、法国和英国的边界已具备如今的版图形态。但是，虽然民族国家的定义开始在意大利和德意志本土形成，可民族国家和国家政治实体之间尚无关联可言。国家政治体制也与后来所具备的严密性和坚实性相差甚远。法国国王是诺曼底的大公而非国王。不同的头衔象征着在不同省份拥有不同的法定和实质权力。这类错综复杂的体系在很多地方依旧存续；处处都有宪政思想的残余，使君主专制理念不成气候，还为叛乱提供了借口。都铎王朝第一代国王亨利七世之所以成功，原因之一是通过明智的联姻清除了大家族间残酷斗争所产生的大量余毒——15 世纪玫瑰战争期间的英国王室曾饱受其苦。然而，此后还会有新的封建叛乱发生。

有一种当时已经出现的君权限制因素具备鲜明的现代特征。我们可以在 14 和 15 世纪找到代议制议会团体最早的实例，而这是现代国家政治实体的一大特征。英国议会在其中最为著名，也是公元 1500 年时最成熟的一个。这些议会的起源颇为复杂，也充满争议。德意志传统是其根基之一，在该传统下，统治者有义务听取贤明的建言并切实采纳。教会也是代议理念的早期倡导者，这是为教廷获取税收的多种手段之一。该理念还将城镇和君主结成一体：12 世纪的帝国总议会召集意大利各城市的代表们参加。到 13 世纪末，大部分国家已具备代议制的组织实例，为寻找新的征税手段，国王们召唤这些代表参会，这些会议也具有充分的决定权。

这就是问题的要点所在。现在，新的（开销也更大的）国家政治实体必须榨取出新的资源。一旦召集起会议，国王们发觉代议制团体还有其他好处。它们使来自门阀贵族以外阶层的呼声能够被听取，也提供了地方上的信息，还具有政治宣传价值。而另一方面，欧洲的早期议会（只要别太执着于定义，我们也可以如此称之）成员发现这一制度对他们也有好处。其中有些人产生了这样的思想，认为税制需要议会的首肯，与国家利益休戚相关的不只是贵族，因此，关于应该如何管理国家，那些人也应具有一定的发言权。

从大约公元 1000 年开始，欧洲发生了另一种根本性的变化：变得越来越富有。于是，有更多的人逐步获得了以前几乎不可想象的选择自由，社会开始更加多元化和复杂化。尽管过程缓慢，但这依然是一场革命；社会财富的增长速度终于开始略略凌驾于人口增长之上。这一趋势在各地的明显程度绝非一致，而且于 14 世纪经历了严重倒退。然而这依然是重要的改变，因为它开启了欧洲在经济增长方面赶上中国和亚洲其他地区的机会。

人口增长指数可以表明大体趋势，尽管不够精确，但绝不会构成误导。虽然只能估算出约值，但这些数值的依据比以前任何时期都更可靠，其中的偏差不太可能对总趋势造成过多的歪曲。这些数据显示，公元 1000 年为 4 000 万左右的欧洲人口只用两个世纪就提高到 6 000 万上下。增长势头进一步加速，于公元 1300 年前后达到顶峰，约为 7 300 万，此后有毋庸置疑的证据表明人口数量开始回落。据说总人口在公元 1360 年已跌落到 5 000 万，直到 15 世纪才开始回升。再之后，人口增长一直没有中断，并持续至今。

当然，哪怕在不同的村庄之间，增长速度也不尽相同。地中海和巴尔干地区用了 500 年也未能使人口翻倍，至公元 1450 年已退回到只比公元 1000 年略高的人口水平。同样的情况也发生在俄罗斯、波兰和匈牙利。但法国、英格兰、德意志和斯堪的纳维亚的人口可能不到公元 1300 年就已增加两倍，经过此后 100 年的倒退后，依然比公元 1000 年多出一倍。不同国家之间也存在鲜明的对比，有时相隔极近的两地之间也是如此，但普遍效应无可置疑。总体而言，人口增长堪称史无前例，但并不平均，欧洲北部和西部地区比地中海、巴尔干和东部的幅度更大。

其解释在于粮食供应，因此归根结底在于农业。长期以来，农业一直是获取新财富的唯一主要来源。将更多土地用于耕作和单位耕地生产力的提升，是获得更多粮食的手段。粮食产量从此开始节节增高，再无止步。欧洲有巨大的自然优势（而且延续至今），气候上温度适中、雨量充足，地理上易于开垦，尤其是北部的宽广平原使欧洲一直坐拥大片具备农业生产潜力的土地。公元 1000 年时依然有大片区域被荒野或森林覆盖，这些地方在此后数个世纪成为良田。

中世纪欧洲不缺土地，也有越来越多的人口提供清理和耕种土地的劳力。虽然缓慢，但大地的景象确实发生了变化。村庄开垦的田地向外扩张，巨大的森林随之逐步遭到蚕食。在有些地区，领主和统治者还有意识地建立了新的殖民点。在某个偏远一隅建起的修道院（这样的修道院有很多）往往是一个新的农垦或畜牧业聚集区兴起的开端，而那里原本是几乎了无人烟、由矮树丛和林木组成的荒野。有些新开辟的土地来自填海（或沼泽）造田。在东部，很多土地是德意志民族首波东进运动（*Drang nach Osten*）所赢得的殖民成果。就如后来伊丽莎白时代的英国在北美殖民初期鼓励殖民一样，那里的定居活动得到了有意识的促进和推动。

尽管如此，大部分人依旧过着贫穷凄惨的生活。获益的农民不是没有，但增加的财富通常落入领主手中，大部分收益都归他们所有。大多数人的生活依然贫困而局促，以粗面包和各类谷物制成的粥为主食，用蔬菜调剂口味，肉或鱼吃得很少。计算表明，农民每天摄入2000卡路里（非常接近20世纪后期苏丹人的日均摄入量），而且要靠这些热量支撑非常繁重的工作。如果他们种植小麦，会把面粉卖掉改善生活，只把大麦或黑麦留作食物。农民提高生活水平的余地非常有限。即便领主对包身工的法律约束力有所减弱，但实质上依然垄断着农民耕作所需的磨坊和大车。无论自由农还是佃户都要缴纳"保护税"（Customs），而且无法抗拒。

为了满足日益扩大的市场需求，经济作物的数量开始增多，逐步将自给自足型的采邑转变成以销售为目的的生产单元。这些作物可以在城镇中找到市场，城镇的规模在公元1100至1300年间稳步发展，城市人口的增长速度要高于农村。这一现象的成因颇为复杂。城镇复苏的新气象部分与贸易复苏相辅相成，部分源于人口的增长。孰先孰后就和先有鸡还是先有蛋的问题一样难以判断。有些新城镇以城堡或修道院为中心发展起来，这类城镇有时会形成集市。很多新镇是有意识殖民的成果，在德意志尤为多见。总体上，历史较长的城市发展得更大——公元1340年的巴黎可能有大约8万居民，佛罗伦萨和热那亚的规模也许与之相当。但如此庞大的城市依然很少。

新城市往往独占潜在的经济机遇。有些是位于默兹河与莱茵河等贸易要道上的集市。有些集中于某片以特色产业闻名的地区，例如佛兰德斯，早在12世纪晚期，那里的伊普尔（Ypres）、阿拉斯（Arras）和根特（Ghent）就是著名的织布之乡，另外，托斯卡纳（Tuscany）大区以制衣和服装加工见长。葡萄酒是首批大量用于国际贸易的农产品之一，有力地推动了波尔多地区的早期发展。港口常常成为沿海地区的国际化中心，例如热那亚和布鲁日。

商业竞争在意大利最为明显。该地区及外部世界的贸易能够复苏，最大的推动者是威尼斯。在这座伟大的商业中心，银行业首次从货币交换业务中分离出来。12世纪中期，无论当时的政治局势如何，欧洲人的贸易机会始终不曾中断；贸易对象不仅有拜占庭，还包括地中海的阿拉伯人。不仅这两片地区，更广阔的世界也被牵涉到贸易活动之中。14世纪早期，来自马里的跨撒哈拉黄金贸易缓解了欧洲的金块短缺。当时，意大利商人已经在中亚和中国开展业务多时。他们向非洲和黎凡特的阿拉伯人出售来自德意志和中欧的奴隶，或者买下佛兰德斯和英格兰的服装，带到君士坦丁堡和黑海倒卖。13世纪，欧洲人完成了首次从意大利到布鲁日的航行；从此，人们开始使用这片莱茵河与罗讷河构成的内陆交通网。贯穿阿尔卑斯山的道路建成，贸易利润进一步推动贸易发展，北欧的各类集市令来自东北地区的其他商人趋之若鹜。德意志城镇组成的汉萨同盟控制着波罗的海一带，这些城镇为西方的纺织品和东方的香料提供了新的输出渠道。但陆路运输成本始终相当高昂；从克拉科夫运往威尼斯后，商品价格会飙升至原来的 4 倍。

通过这些方式，欧洲经济版图发生了革命性的变化。在佛兰德斯和低地国家，经济复苏马上开始带来人口的增长，其规模足以刺激出新的农业技术革新。无论在何处，只要能够逃脱具有垄断地位的第一批制造业中心所造成的制约和阻碍，那里的城镇就总能享有突飞猛进的发展势头和面目一新的繁荣景象。建筑业大兴土木是其中可以观察到的景象之一。这不光为新兴城市带来了住宅和行会厅堂，而且还在欧洲教堂建筑中留下了一份光辉灿烂的遗产——不仅限于宏伟的大教堂，更包括英格兰小镇中数十座华美的教区教堂。

中世纪的科学技术主要表现在建筑之中。大教堂的建设带来工程学难题，其复杂程度与罗马人兴建的输水系统不遑多让。在解决问题的过程中，工程师这一职业逐步从中世纪的工匠中独立出来。以现代眼光来看，中世纪的技术没有科学基础，大量成果是通过经验累积和反思实现的。利用其他能源来取代人力也许是最重要的成果，从而令人力的使用更具效率和生产力。绞车、滑轮和轮坡使移动重物更为轻松，但技术对农业所造成的变化最为明显，自 10 世纪开始，金属农具变得越来越普及。铁犁的出现使得土质较为坚硬的山谷也能成为良田；而因为需要牛来牵引，这项革新还引出了更高效的轭具和牵引车辆。马车横木和马颈轭也使马能够承受更大的负重。这类创新并不算多，但足以大大增加耕种者对土地的掌控能力，另外也构成了新的需求。马的使用意味着必须种植更多用作饲料的谷物，使土地轮作出现了新的变化。

磨坊的普及是另一个新气象。最早见载于亚洲的风车磨坊和水力磨坊，早在公元 1000 年就在欧洲得到广泛使用。此后数百年间更成为越来越常用的器械。就如船只的进化使风力取代人力一样，粮食研磨所用的人力和畜力也经常被风力取代。只要条件许可，水力也在其他行业中被用来提供动能。水能驱动锤子给织布缩绒①、用来锻造（曲柄的发明在其中具有最重大的价值），这是欧洲15世纪冶金行业规模大扩张不可或缺的要素，也与上一个世纪的一项技术创新——火炮所带来的需求提升紧密相关。水动锤也被用于造纸。印刷术的发明很快使印刷业获得重要地位，其价值也许超过了德意志和佛兰德斯的金属加工工艺创新。印刷和造纸还为技术发展带来了革命性的潜力，因为在日渐壮大、有能力运用书本知识的工匠和技工群体中，正是书籍令技术的传播更快捷和便利。有些创新直接取自其他文明；纺纱机就是从印度传入中世纪欧洲的（不过在机器中添加踏板、实现以脚驱动，应该是欧洲人在16世纪的创新）。

不管尚存多少局限和不尽之处，可以显见的是，在公元1500年，有一种技术已经成为现实，并在之前的大量投资中得以体现。由于这一技术，为扩大再生产进一步积蓄资本变得比以往更容易。不仅如此，因为出现了简化业务的新技巧，这类资金的数额必然比过去更庞大。意大利人在中世纪发明了现代会计学和用于国际贸易融资的信用票证。汇票问世于13世纪，再加上首批真正意义上的银行家，我们可以称之为现代资本主义的起点。有限责任首见于公元1408年的佛罗伦萨。这一有别于以往的新事物固然具有不可估量的深远含义，但也很容易使人过分夸大而忘记其当时的规模。纵然此城的宫楼廷宇气派不凡，可只要3艘现代巨轮即可轻松容纳中世纪威尼斯一年的船运货品总量。

然而，这一通过漫长而缓慢的改良和增长所赢得的基础随时有可能烟消云散。经济生活在数百年间一直岌岌可危，从未远离崩溃的边缘。尽管取得了如此显著的进步，可中世纪农业的效率之低依然使人揪心。这是一种滥用土地、枯竭土壤肥力的农业。除了粪肥，人们不

---

① 通过缩水、捶打或熨烫增加布料的重量和厚度。——译者注

会有意识地向地里施撒任何东西。人口数量增多、寻找新土地越来越困难，使得家庭自有地逐渐缩小；公元 1300 年的大部分欧洲家庭的耕地可能不足 8 英亩。只有少数地区（波河流域是其中之一）为集体灌溉或土地改良工程大力投资。最大的问题在于农业生产易受气候影响；14 世纪早期，伊普尔的人口因连续两次歉收骤减十分之一。地方上的饥荒很少能通过粮食进口来缓解。罗马时代建成的道路早已年久失修；货车做工粗陋，大部分货品要靠驮马或骡子拉运。水运更便宜快捷，但几乎不能满足需求。政治因素也会给贸易带来困境；奥斯曼人肆虐的铁蹄在 15 世纪令东方的贸易逐渐萧条。需求量小得可怜，哪怕些微的变动就能决定一座座城市的命运；佛兰德斯和伊普尔的纺织品产量曾在 14 世纪猛减三分之二。

要对当时的情况加以概括非常困难，但有一点毫无疑问：欧洲出现了一段日趋严重的大倒退期。公元 1320 年前后，大量地区接连遭遇歉收，周边的死亡人数随之激增，但同样的状况尚未同时发生在所有地区。人口水平开始缓慢跌落，随后在各种传染病的侵袭之下突然恶化成一场灾难。人们常常用公元 1348 至 1350 年间爆发的"黑死病"来统称这波疫病的大流行，这也是其中杀伤力最可怕的、属于腺鼠疫的一种。不过，在黑死病爆发和传播的过程中，无疑还有很多其他置人死地的病症一同横扫欧洲，被当成黑死病而未加记载。斑疹伤寒、流感和天花也夺走欧洲人的性命；这一切都是灾难式人口大锐减的凶手。一些地区可能死了一半或三分之一的人；据计算，全欧洲的人口损失达四分之一。一份教廷调查得出的死亡人数为 4 000 万。公元 1335 年有 3 万人口的图卢兹（Toulouse）在一个世纪后仅余 8 000 活口；阿维尼翁在 3 天之内死了 1 400 人。

虽然疫情没有一贯的模式，但整个欧洲都在其打击下战栗。集体性的疯狂在某些极端情况下爆发。为了寻找替罪羊、找出散播瘟疫的所谓罪人，人们开始屠杀犹太人；另一种表现是给女巫或异端上火刑。中世纪余下的岁月中，欧洲人的灵魂染上了挥之不去的阴霾，绘画、雕刻和文学中充斥着描绘死亡和天罚的景象。安定的秩序一触即溃，彰显出粮食供给和人口间的平衡有多么脆弱不堪。当疾病来袭，毙命者达到一定数量，农业生产就会崩溃；随后，侥幸逃脱瘟疫的城镇居民将死于饥荒。生产力的发展在公元1300年前后可能已经趋于平稳。对技术的利用和新土地的开发都达到极限。甚至有人认为，人口对资源的压力不断逼近极限的征兆在那时就已出现。14世纪的大踏步倒退接踵而至，然后是15世纪的缓慢复苏。

　　既然动荡如此巨大、灾难如此深重，社会暴力冲突成为那个时代的标志就不足为奇了。农民起义的烽火燃遍14和15世纪欧洲的每一寸土地。有两场起义特别突出：一是法国公元1358年爆发的扎克雷起义，导致3万多人丧生；二是公元1381年的英国农民起义，起义军一度攻克伦敦。叛乱的根源在于领主受需求所迫提出了更多的要求，王室征税官也更贪得无厌。再加上饥荒、瘟疫和战争，本就一直凄惨的生活变得不堪忍受。"我们天生与基督是同类，可你们却把我们当作野蛮的兽类对待。"1381年起义的英国农民发出了这样的怒吼。值得关注的是，他们要求得到那个文明下的基督徒应当享有的对待；中世纪农民提出的要求往往有条有理、务求实效，但认为其中含有社会主义萌芽则是一种年代错误。

　　说来矛盾的是，一场规模如此巨大的灾难性人口锐减使某些穷苦人的生活得到了改善。劳动力严重短缺是立竿见影的显著结果之一。在天灾人祸的残酷打击下，终身得不到充分就业的人所构成的劳力储备大大缩水，实际工资随之上升。14世纪的灾难带来的直接冲击渐渐平息之后，穷人的生活标准也许略有提升，因为谷物价格呈下跌走势。因为缺少劳动力，哪怕在乡间，向货币型经济转变的趋势也进一步加快。到 16 世纪，西欧的农奴劳力和被奴役现象都已退居到很不起眼的位置，其中尤以英格兰为甚。

有些领主可以适应变化，例如，他们能从需要大量劳力的农耕产业转为不需太多人手的牧羊业。在西班牙，甚至还有可能兼并更多土地、直接靠土地收成维持生计。摩尔地区的地产则授给了参与收复失地运动的士兵。在别的地方，很多领主干脆任由自己较为贫瘠的土地荒芜下去。

这些状况所导致的结果很难精确定位，但在其刺激下，社会变革必然会更进一步、也更迅速。10 到 16 世纪间，中世纪社会发生了剧烈的变化，方式多种多样，有时显得不同寻常。不过，直到那个时代末，社会面貌依然与今日有几乎不可想象的差距。对地位和血统的执着是当时的标志之一。法定地位是中世纪欧洲人的身份标志；它们并非独立的社会元素，而是一系列坐标所定义的点。有些人的一生取决于出身，贵族观念是这一状况最明显的表现。直到 20 世纪依然是某些地区现实生活一部分的贵族社会，在 13 世纪就已表现出本质特征。武士逐渐转为领主，于是血统具有了重要的价值，因为可以凭此争夺继承权。其表象之一是纹章学和家谱学的兴起。自那时至今，从事这一行总能换来不菲的收入。首个英国公爵封号问世于公元 1337 年，这表现了当时的一种趋势，即设法将胜人一筹的门阀贵族从同僚中单独拔高出来。象征性的高低贵贱之分成为极受关注的焦点；人们真正害怕失去的是社会等级和地位。因而从中产生了对门当户对的恐慌式执着。如果女性下嫁寒门，或者男性被低贱的职业坏了名声，他们就有可能因此丢掉身份。几百年来，欧洲北部的大多数贵族都理所当然地认为，只有从军、加入教会或打理家产才是配得上自己身份的职业。和其他行业相比，贸易与他们绝缘的程度最为彻底，除非通过代理人经手。甚至数百年后，当这一障碍不复存在，对零售贸易的不齿依然是那些保持着贵族作派的人最后才放弃的矜持。一名 16 世纪的法国国王把他的葡萄牙表兄称为"杂货店国王"①，在当时看来，其中的侮辱成分绝不亚于诙谐，也定然令廷臣们捧腹不已。

　　贵族价值观的根基系于军事。经过他们的逐步提炼，慢慢出现了荣誉、忠诚和不杂私心的自我牺牲等概念，将在此后数百年间成为出身高贵的青年男女师从的楷模。骑士精神为这些价值观提供了明确的表达，也使严格的军事条令更易于被人接受。教会为骑士赐福，提供相应的宗教仪式，使骑士获得册封，也使他们接受身为基督徒的职责。英格兰传说中的英雄人物亚瑟王是骑士精神的最高化身，在很多地区得到崇拜。不管实践过程中存在多少局限，这一形象的生命力在绅士和绅士行为的理念中得以延续。

　　当然，骑士制度从未发挥出设想中的全部效力。不过但凡人类创造出的伟大神话几乎莫不如是，封建依附理论也好，民主制度也罢，在实践中都有不尽如人意之处。战争的压力，以及更为根本的经济压力，一直阻碍着社会的团结和国家的统一，也一直使社会责任的定义混淆不清。封建式的君臣关系越来越显得不切实际，这是有利于强化王权的因素之一。货币经济的到来进一步蚕食了封建领地，给仆臣的回报更多地以现金支付。缴租原本是向领主效劳的一种形式，现在变得比效忠关系本身更为重要。有些封建收入的条款一成不变，由于实际价格的波动而变得一文不值。律师们设计出各种手段，以便在愈发脱离实际、千疮百孔的"封建"体制下达成新的目标。

　　中世纪贵族圈长期以来都对新加入者敞开大门，但随着时间流逝，他们通常会变得越来越封闭。某些地方的统治阶层甚至企图永远关闭这扇大门，并付诸实施。但欧洲社会从始至终都不断涌现出掌握

① 约翰三世，其政策是强化葡萄牙在印度的立足点，确保对香料贸易的垄断，所以获得这个绰号。——译者注

新财富乃至实力的新贵，他们无法在既有的等级体制中找到容身之处，便向传统发起挑战。最明显的例子是富有商人的崛起。他们经常购置土地；这不仅是那个土地稀缺的世界里最高级别的经济投资，而且还有可能打通改变社会地位的渠道，在法律和社会观念两方面，拥有土地都是跻身上层社会的必要前提。意大利的贸易和制造业城市中的商人有时可以成为贵族的一员。然而，无论身处何地，他们都构成具有象征意义的挑战；归根结底，那个世界就理论而言没有属于他们的位置。他们很快发展出属于自己的社会形态、行会、传说和团体，使商人的社会身份拥有了新的定义。

商人阶级的兴起几乎完全是城镇发展的结果；商人的出现与这一中世纪欧洲文明中最具活力的元素密不可分。不知不觉中——至少在初期，城镇的高墙内孕育出了欧洲未来的大部分要素。虽然不同城镇间的法定及实际独立状态差异极大，但其他国家也有和意大利商人群体运动相类似的情况。德意志东部城镇的独立地位特别突出，这有助于解释那里为何会出现强大的汉萨同盟，加盟的自由城市达 150 多个。佛兰德斯城镇也享有相当大的自由，法国和英格兰城镇则通常受限较多。但任何地区的领主都寻求城市的支持，以便对抗国王；而国王则争取市民的支持，借助他们的财力以打压势力过大的属臣，并因此向城镇授予特许状和特权。围绕中世纪城市的城墙是其豁免权的象征，同时也是保障。城内不能通行领主的法令，有时其反封建倾向甚至更明目张胆。例如，如果农奴在某些城镇中生活一年零一天，他们就可以获得自由。有一句日耳曼谚语是这么说的："城里的空气使人自由。"城市社区和其中的行会是自由民组成的团体，长期以来一直独立于没有自由的世界之外。所谓的"布尔乔亚"（bourgeois），就是自治市镇的居民，在一个依附关系无处不在的社会中，他们的自力更生显得独一无二。

该群体背后的历史依然难以查明，因为这段历史的大部分都是不起眼的人所写就的。富有的商人成为新形态城镇生活中典型的主导角色，为争取行业团体的特权而斗争。他们是足够醒目的存在，但他们的先驱们的地位更加卑微，通常并不如此张扬。更早期的商人不过是四处叫卖的小贩，出售中世纪采邑无法生产的异国珍奇和奢侈品。长期以来，一般的商品交换基本不需要中间商：工匠出售亲手制作的货品，农人出售自己种出的粮食。但通过某种方式，城镇中出现了担当乡村和城市中介商角色的人物，他们的后继者进一步发展了行业，以预付资金的形式订购整个行业的产出，并拿到市场上出售。

无须感到惊讶的是，不管在实际、法律还是个人意义上，男性的自由程度都远远高于女性（但社会最底层依然存在无论男女都没有法定自由的阶级）。就如女性在有史以来所有文明中所遭受的经历一样，与男性相比较，无论是贵族还是平民血统，中世纪妇女都被剥夺了法律和社会中的重要权利。她们的继承权往往受限。例如，女性可以继承一份采邑，但不能享受领主的权力，必须指定一名男性履行领主的职责。所有阶级的女性都要从事非常艰苦的劳动，只有身份最高的那些贵妇除外。甚至到了 20 世纪，欧洲依然有农家妇女像今日的非洲和亚洲女性那样下地劳作。

女性的从属地位具备一定的理论基础，而教会与这些理论的形成有很大关联。这部分源自基督教对性的传统敌意。除了繁衍种族的作用之外，其教义始终无法给性赋予正当的立场。女性被视为男性堕落的根源，无时无刻不在诱惑人犯淫邪之罪。在男性的社会主导地位背后，有教会施加的强大影响。但以上并非事实的全部。其他社会对女性的隔离和压迫比基督教文明更甚，教会至少为女性提供了另一种人生选择，在现代以前这一直是除了相夫教子之外唯一受人尊敬的职业——宗教女性史中不乏熠熠生辉的人物，拥有学识、精神和管理天赋的杰出女性比比皆是。另外，由于 13 和 14 世纪的骑士行为守则对女性的美化，至少有少数家世良好的女子能得到略好一些的待遇。这一理念将女性视为罗曼蒂克式爱情的象征，有权得到骑士的效劳，是向更高等文明进化的阶段性标志。

至少，任何基督教教会都始终不能像其他某些文化那样彻底地拒绝女性。因此，西方文化是后世所谓的女性"解放"思想最深层的根基所在。在很多地区，这一外来思想都扮演了革命和颠覆性的角色。但此类观念在中世纪的作用微乎其微，哪怕对欧洲女性的生活也几无影响可言。与今日的亚洲相比，中世纪的欧洲女性无论贫富，在有生之年都更为平等；但男性也同样如此。女性寿命似乎较男性更短，她们长期的闭居生活和高死亡率无疑能解释这一差异。和其他医学分支一样，中世纪产科学依然奉亚里士多德和加伦为圭臬；更好的医学体系当时尚未出现。但男子也时常早夭。阿奎那仅仅活到 47 岁。而且现在看来，当时的哲学对人体的理解并不精确。一名中世纪城镇中的 20 岁男性可以指望的寿命就与阿奎那相当——能活到 20 岁已经算得上幸运，至少熬过了朝不保夕的婴儿期。婴儿死亡率将中世纪的平均寿命拉低到大约 43 岁，使死亡率升至现代工业国家的两倍左右。但以我们能够掌握的古代标准来判断，这一寿命水平当然算不上糟糕。

这也提醒了我们，在新事物层出不穷的中世纪还有最后一项创新，使我们对人类生活的了解又稍稍更进一步。那几百年间出现了第一批统计数据集，使我们能够依据这些资料作出合理的推测。公元 1087 年，当"征服者"威廉的官员游走于英格兰各地、询问当地居民、在《末日审判书》中记下社会构成和财富时，他们的无心插柳为一个新的时代指明了方向。此后数百年，其他数据资料集陆续问世，通常以征税为目的。其中的一部分，以及首批列出明细数字的农业和贸易账目，一直留存至今。得益于这些资料，历史学者在谈论中世纪晚期的社会时，可以比谈及较早的年代时多一点点自信。

第10章 新疆界、新天地

在近东，欧洲人被统称为"法兰克人"，这一称呼一直延续到非常接近现代的时期，拜占庭首先使用该词指代西方的基督徒。后来，这一称呼流传到别处；千年之后，从波斯湾到中国的广阔土地上，人们依然在使用它，不过带着各种曲解和误拼。这不仅是一桩历史趣闻，也有助于提醒我们，西欧人起初给欧洲以外民族带来的印象是统一而非分散，有很长一段时期被后者视为一个整体。

甚至在遥远的过去就可以找到这一观念的根基，当时，欧洲东部边境和北部沿海所受到的压力终于开始缓和，于是揭开了欧洲向全世界进军的序幕，从此开启了一段漫长且捷报频频的征服时代。到公元1000年前后，野蛮人的脚步终于受阻止，并开始皈依基督教。不出多时，波兰、匈牙利、丹麦和挪威都成了基督教国王统治的国家。诚然，欧洲还将经历蒙古入侵的大劫难，但在当时属于不可想象的天方夜谭。11世纪的伊斯兰势力也已开始退却。公元1071年，帕勒莫恢复基督教统治。因为8至9世纪阿拔斯哈里发王朝的垮台，伊斯兰世界陷入衰退，对欧洲南部的威胁也不复以往。

和伊斯兰文明的激烈斗争将持续到15世纪。基督教给这场斗争带来团结和热忱，也是欧洲人自我归属感最深刻的源泉。穆斯林也燃起了类似的热情，多次发起圣战（*Jihad*）的号召，但效力似乎不如欧洲人的狂热那般广泛和深远。宗教将后者凝聚在一起，为一场关乎道义和灵魂的伟大事业而奋斗，使他们从中找到归属感。但这场斗争不止具有正面效应，也使主宰非教职社会的军人阶级能够肆无忌惮地满足自己贪婪的胃口。十字军东征的战场成了掠夺和胡作非为的舞台，其规模是基督教世界的内部战争所不能比拟的。他们可以戕害异教徒而毫无罪恶感。一直以来都精通此道的诺曼人是这场运动的急先锋，在公元 1100 年就有力地达成了一项使命，从阿拉伯人手中夺回意大利南部和西西里（几乎不经意间，他们还顺手吞并了拜占庭在西方最后的领地）。收复失地运动是欧洲对抗伊斯兰的另一场伟大斗争，也是西班牙历史中的英雄诗篇。公元 1492 年，这场运动达到高潮，西班牙地区最后一座穆斯林首都格拉纳达被天主教君主的军队攻陷。

西班牙人将收复失地运动看作一项宗教事业，因此，自运动发起的 11 世纪开始，就能吸引全欧洲渴求土地的武士参与。但该运动也利用了西方另一股同样的宗教力量，这股力量正处于复兴和加速壮大的过程中，表现为在叙利亚和巴勒斯坦的一系列伟大历险，被历史铭记为"十字军东征"。从严格意义上讲，比起通常被看作十字军时代的那几个世纪，这一名词涉及的一系列事件所覆盖的年代要长得多，地理范围也广得多。十字军运动的本质在于教皇恩准为参与者"赦罪"，让他们免除死后在炼狱中的折磨，有时还能让为十字军战死的人成为殉道者。晚至 15 世纪，依然有符合这一基本定义的十字军运动被发起，所针对的目标往往与燃起第一场十字军战火的到圣地巴勒斯坦去创建伟业的雄心壮志南辕北辙：对付西班牙的摩尔人、波罗的海周边的斯拉夫异教徒、法国的基督教异端，甚至还有教皇所怨恨的基督教君主。

不过，作为促使欧洲成型的力量，最初的 4 次十字军运动具有无可比拟的重要意义。尽管未能成功达成恢复基督教对圣地的统治的目标，但它们留下了意义深远的遗产。十字军在黎凡特建起了短暂的新殖民社会，使东方的基督教帝国受到严重抑或致命的创伤。而最重要的是，这 4 次运动在西欧人的心理和自我意识中刻写下了难以磨灭的痕迹。最早也最成功的十字军运动发起于公元 1096 年。不到 3 年，十字军重夺耶路撒冷，为庆祝这一标志着和平的福音，他们对包括妇孺在内的俘虏发动了骇人听闻的屠杀。

第二次东征（公元 1147—1149 年）则恰恰相反，以一场大获成功的屠杀（对象是莱茵河流域的犹太人）作为开端；但此后，虽然罗马帝国皇帝和法国国王的参与使这场东征比上一次更具分量，但结果还是灾难性的。引发第二次东征的一大因素是埃泽萨的沦陷，但最后该城未能收复，使东征狂热的倡导者圣伯纳饱受质疑（不过这次东征导致了一个稍具重要性的连带结果：一支英格兰舰队攻占阿拉伯人控制的里斯本，后该城转入葡萄牙国王之手）。此后，萨拉丁于公元 1187 年为伊斯兰世界重夺耶路撒冷，第三次东征（公元 1189—1192 年）随之发起，也是社会反响最突出的一次。德意志皇帝（中途被卷入战局）、英格兰和法国的国王都参与其中。他们发生争执，十字军也未能收复耶路撒冷。英诺森三世号召再发动一次东征，虽然不少渴望得到土地的门阀有所响应，但采取行动的大国国王一个也没有。威尼斯人为远征提供军费，但于公元 1202 年退出；他们的心思立刻转到了别处，插手拜占庭帝国的困局，帮助一名被废黜的皇帝重夺君士坦丁堡，因为这符合威尼斯人的利益。随后发生了君士坦丁堡于公元 1204 年沦陷的可怕浩劫，这也是第四次东征的终点；在该城建立起仅仅存续了半个世纪的"拉丁帝国"就是这次东征的成果。

13 世纪又发起了几次十字军东征，虽然有助于略微延缓拜占庭所面临的危局，但巴勒斯坦最后的基督教要塞阿卡（Acre）还是于公元 1281 年落入穆斯林之手；此后，作为一股独立势力存在的十字军圣地收复运动彻底消亡。宗教冲动依然能驱使人们向前，但前 4 次东征已淋漓尽致地表现出宗教令人反感的贪婪一面。它们是欧洲人向海外推行帝国主义的最早实例，既有高贵和卑劣混杂的特征，也有以失败告终的殖民尝试。欧洲人一方面在德意志的异教边境区和西班牙扩大殖民范围；一方面也在叙利亚和巴勒斯坦尝试给遥远的异国社会移植西方的体制，同时也试图夺取再无法从西方轻易获得的土地和商品。他们的良心没有丝毫不安，因为其对手是靠剑与火占据了基督教文明最神圣圣地的异教徒。"基督徒是对的，异教徒是错的。"《罗兰之歌》中的这句话也许足以充分概括十字军的普通士兵对自己所作所为产生任何疑虑时会有的反应。

第一次十字军东征取得的一时成功很大程度上归因于伊斯兰世界正处于虚弱和混乱的过渡时期。由外力扶持形成的法兰克诸国和君士坦丁堡拉丁帝国孱弱无能，注定不会长久。但也有更持久的后果。基督教和伊斯兰教的关系是最重要的一项，两种信仰之间出现了一道上千年都无法弥合的意识形态鸿沟。某位学者所言极是，对伊斯兰教的看法就如同"误解的洪涛"，而这股洪水早在12世纪就开始席卷西方基督教世界。这份误解终结了两种宗教相安无事的一切可能——双方在西班牙有时能够做到——也勒止了基督教文化通过学习和教育同化该地穆斯林的进程。此外还有其他的后果。但基督教世界也因十字军运动而饱受内部分裂的苦恼；君士坦丁堡沦陷就是十字军的手笔。不仅如此，十字军运动还使西方基督教世界获得了一份新的气质和传统，一种尚武好斗和咄咄逼人的秉性在此后上千年间将频频爆发（那时他们还能利用技术优势）。一种精神气质扎根于十字军的历史之中，当脱离宗教之后，这份精神将成为一股强大的动力，催生出一个属于现代的世界霸权文明。收复失地运动刚刚落幕，西班牙人就把美洲视作又一片十字军征服的战场。

但欧洲并非完全不受伊斯兰文明的影响。在这些斗争过程中，他

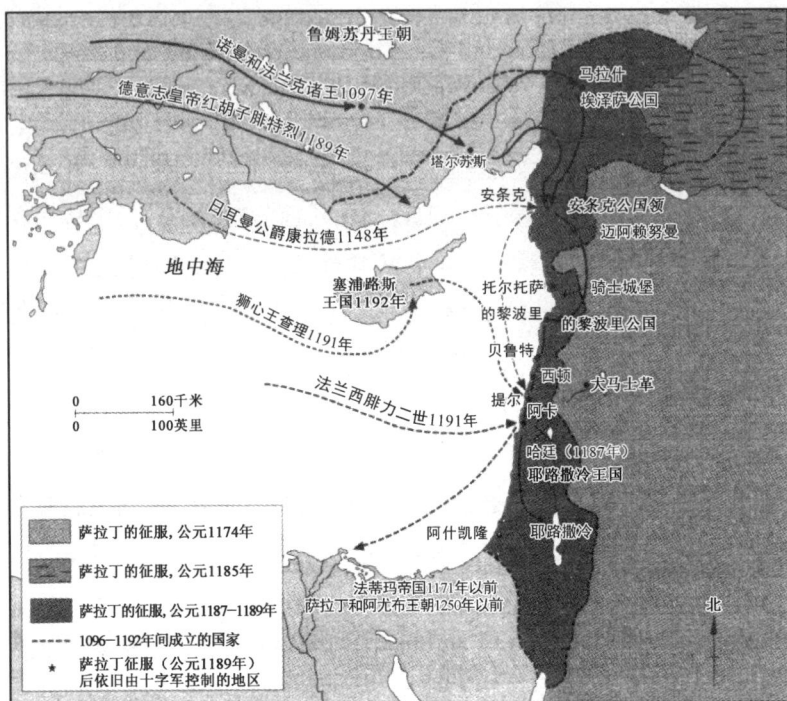

十字军战争

们也引入并创立了新的习俗及体制。无论在何处遭遇伊斯兰文明，不管是十字军征讨之地、西西里或西班牙，西欧人总能找到值得钦佩的东西。有时，他们会把故乡所不具备的奢侈享受纳入自己的生活：丝绸服装、香水和新的美食佳肴。洗澡更勤快是一些十字军战士学到的新习惯之一。不幸的是，因为欧洲人总把浴场和淫乱联想到一起，这一习惯本就不得其待见，而现在更是染上了一层异教色彩。直到后来，清洁与神圣才形成不言自明的关联。

骑士团制度是中世纪全盛时期基督教尚武精神的结晶。这种制度使战士们聚集到一起，他们发誓成为某个宗教团体的一员，接受团规，为信仰而战。某些骑士团变得富可敌国，在众多国度拥有封赐的地产和继承权。耶路撒冷圣约翰骑士团（如今依然存在）此后几百年间一直在前线与伊斯兰势力作战。圣殿骑士团的势力和财力如日中天，后被心生恐惧的法国国王所灭。西班牙的卡拉特拉瓦（Calatrava）骑士团和圣地亚哥（Santiago）骑士团驰骋于收复失地运动的前线战场。

另一个骑士团位于北方，即条顿骑士团。那些武僧是德意志民族向波罗的海和斯拉夫地区进军的矛头。那里的情况同样，传教热情与贪婪和摆脱贫困的动机相结合，改变了整片区域的版图和文化。殖民冲动在近东以失败告终，但在遥远的北部取得了持久的成功。德意志的向东扩张结合了规模浩大的民族迁移；在长达一个世纪的移民潮中，男男女女们清除森林，搭起屋宅和村落，创建城镇，造出保护城镇的要塞和满足宗教需求的教堂。

公元 1100 至 1400 年间的德意志东方大扩张，创造了新的经济、文化和民族版图，但也构筑了另一道阻碍两种基督教文明传统走向统一的壁垒。西方教廷至高无上的地位使中世纪晚期的天主教比过去更不愿与正教妥协或接纳后者。从 12 世纪开始，由于自身的传统和特殊的历史经历，俄罗斯与西欧愈行愈远。蒙古人在公元 1240 年占领基辅，对东方基督教会造成沉重的打击，堪比君士坦丁堡公元 1204 年的陷落在西方的影响；此外还中断了莫斯科大公国的朝代延续性。随着拜占庭的衰落，还有德意志和瑞典如芒刺在背，他们此后数百年都要向蒙古人和后继的鞑靼金帐汗国纳贡。长期受游牧民族统治是另一份将俄罗斯与西方割裂的历史经历。

鞑靼统治对罗斯南部诸公国的影响最为深重，那里是蒙古军队曾经作战的区域。罗斯内部形成了新的势力平衡；基辅衰落后，诺夫哥罗德和莫斯科获得了新的重要地位，但都要以白银、募兵和劳役的形式向鞑靼人纳贡。两城的使节和罗斯的其他国王一样，必须前往鞑靼人的首都——伏尔加河畔的撒莱（Sarai）①，分别与征服者签订协议。在这段时期，罗斯各公国的继承模式极为动荡和混乱。鞑靼的政策和必须为生存苦苦挣扎的局势，都有利于最擅长暴政的专制君主。于是，就和从拜占庭继承的帝国理念一样，被鞑靼统治的经历形成了俄罗斯未来的政治传统。莫斯科逐渐崛起，成为新的中央化趋势下的权力焦点。这一趋势早在亚历山大·涅夫斯基之子统治莫斯科大公国的时期就能得见端倪。他的继任者们支持鞑靼人，发现后者作为收税官很有效率。教会没有任何抵抗，都主教区于 14 世纪从弗拉基米尔迁至莫斯科。

　　同时，正教遭遇了新一轮来自西方的挑战。一个信奉罗马天主教但保留斯拉夫民族特色的国家成立，并占据基辅达 300 年之久。那就是形成于公元 1386 年的中世纪立陶宛公爵领；它通过联姻兼并波兰王国，覆盖现代波兰、普鲁士、乌克兰和摩尔达维亚的大半领土。令罗斯称幸的是，立陶宛也与德意志不合；正是他们在公元 1410 年的坦能堡大破条顿骑士。② 在西方德意志人和立陶宛人的骚扰下，莫斯科大公国利用金帐汗国的内部分歧得以存续。

　　君士坦丁堡的陷落使罗斯发生重大变化；东方正教的中心不再是君士坦丁堡，而是罗斯。罗斯教士很快从这些可怕的事件中感受到冥冥中的天意。他们相信，拜占庭一心想要与佛罗伦萨大公会议妥协的做法背叛了其继承的宗教理念。"君士坦丁堡的沦陷，"莫斯科都主教写道，"是因为它背弃了真正的正教信仰……地上的世界只有一个真正的教会，那就是罗斯教会。"数十年后的 16 世纪初，一名修士可以

---

①　在波斯语中意为"神佑之地"，位于伏尔加河下游地区，在阿斯特拉罕以北约 120 千米处。——译者注
②　公元 1410 年 7 月 15 日的坦能堡战役中，波兰—立陶宛联军大胜条顿骑士团，标志着该骑士团在波罗的海东南沿岸扩张的终止和势力衰弱的开端。——译者注

用相当新鲜的方式向莫斯科统治者写道："已有两个罗马走向灭亡，但第三个依然屹立，此后也不会出现第四个。您是世上唯一的基督教至高权柄，是所有虔诚基督徒的君王。"

其他历史转折随拜占庭的灭亡一同到来，使俄罗斯看到摆脱乱局和鞑靼统治的曙光。15 世纪的金帐汗国因内部不合四分五裂。同一时期，立陶宛也开始分崩离析。公元 1462 年，莫斯科大公国迎来了一位有能力利用这些机会的统治者。他就是伊凡大帝（伊凡三世）。他将俄罗斯缔造成一个货真价实的国家，取得了英国和法国在 12 世纪所赢得的国家地位。有人把他视为俄罗斯民族国家最早的奠基人，统一俄罗斯领土是其成就的基石。莫斯科大公国吞并普斯科夫（Pskov）① 和诺夫哥罗德两共和国后，其控制范围至少在理论上远及乌拉尔山一带。原本统治两国的寡头被驱逐，伊凡的臣下取而代之，并代管这些土地作为效忠的回报。德意志汉萨同盟的商人是这些共和国曾经的贸易主宰者，他们也遭到驱逐。公元 1481 年，伊凡击退了鞑靼人对莫斯科发动的又一次攻势；公元 1503 年二度入侵立陶宛，赢得大片白俄罗斯和小俄罗斯②的土地。他的继任者又于公元 1514 年夺取斯摩棱斯克。

伊凡大帝是首位拥有"沙皇"头衔的俄罗斯君主。这一称号源自"凯撒"（Caesar）一词；以凯撒的继承者自居，有意识地唤起臣民对往昔帝国的回忆。公元 1472 年，伊凡与拜占庭末代希腊皇帝的侄女③成婚；他被称作"蒙上帝恩典的独裁者"；其统治期间采用了双头鹰标志，至公元 1917 年为止一直是俄罗斯君主徽标的一部分。

---

① 今俄罗斯西北部一州。——译者注
② 又称小罗斯，包括现代乌克兰的部分地区，是一个 20 世纪以前使用的地理名词。——译者注
③ 即君士坦丁十一世的侄女索菲亚·帕莱奥洛基娜（Sophia Palaiologina）。该王室的徽章上也有双头鹰。——译者注

俄罗斯的君主制度和历史因此染上了更浓重的拜占庭色彩，与西欧的差异进一步扩大。公元 1500 年，西欧人已经认识到俄罗斯存在一种截然不同的君主体制；伊凡的继任者巴西尔对臣民具有生杀予夺的专制权力，大于任何其他基督教统治者。这一点已得到世人的共识。

以事后诸葛的眼光来看，经历了千百年的国家和民族自我认同和定型的伟大进程后，欧洲的未来似乎在公元 1500 年就已大体确定。欧洲的土地潜力已经挖掘殆尽；统一后的基督教俄罗斯挡住了东进的步伐，伊斯兰的奥斯曼帝国则是巴尔干地区的拦路虎。十字军运动掀起的第一波海外扩张在公元 1250 年左右偃旗息鼓。随着 15 世纪降临的奥斯曼威胁，欧洲再次被迫转入防御，抵挡地中海东部和巴尔干一带的入侵。那些在东方拥有领地、不幸暴露于外敌威胁之下的国家，只好尽其所能地采取对策。威尼斯就是其中的一个。同时，其他国家则对海天之交投以新的目光。西欧和世界其余部分的关系即将进入一个崭新的阶段。

公元 1400 年，将耶路撒冷视为世界的中心依然显得很有道理。尽管维京人穿越了大西洋，人们也知道地球是圆的，但还是觉得世界由欧洲、亚洲和非洲这三块大陆组成，中央是被陆地包围的地中海。一场巨大的革命即将发生，使这些观念永远不复存在，而海洋是这场革命实现的渠道，因为其他进路都被封锁。欧洲第一次与东方直接接触是在陆地而非水上。中亚的商队走廊是他们的主要通道，货品经此流向黑海或黎凡特的港口，随后发往西方。15 世纪以前，各地船只都很少前往比摩洛哥更靠南的海域冒险。随后，声势浩大的航海探险开始成为一道引人注目的风景，世界史的真正篇章由此展开。

其原因之一是新工具和技术的成熟。航海需要能够支撑远距离航行的特别船只和新技术，这些条件从 14 世纪开始得到满足；于是，为探索未知世界投入大量人力物力成为可能，使 15 世纪被称作"地理大发现时代"。船只布局有两项关键变化。其一较为具体，即艉舵的采用。虽然我们不知道确切的出现时间，可有些船只在公元 1300 年就有这一装备。另一种变化更循序渐进和复杂，即索具的改良。船只的尺寸也随着这一过程而增大。更复杂的海上贸易无疑是此类发展的刺激因素。到公元 1500 年，中世纪北欧的"柯克船"（cog）——一种单桅单帆、吃水浅、船身宽大的船型——已经发展为三桅多帆结构。主桅上依然是长方形的横帆，但不止一面；后桅借鉴地中海传统，配一面斜挂大三角帆；前桅可能会附加更多的横帆，但船首斜桅上也会安装新发明的纵向三角帆。再加上后斜挂大三角帆，这些船首帆使船只的操控性能大大提高，能够在航行时显著缩短与风道的距离。

充分吃透这些创新之后，船只设计布局本质上一直没有变化（不过有所改良），直到蒸汽推进技术问世为止。对 19 世纪的快速帆船船长来说，哥伦布的船只虽然又小又笨拙，但构造上完全可以理解，因为这些船上还装备火炮——不过与后来的火炮相比只是小不点——纳尔逊对之也完全不会陌生。

一些至关重要的航海发展到公元 1500 年已经出现。维京人首先展现了漂洋过海的手段，西欧此前所具备的一切船只和航海技术都比他们逊色。一名 10 世纪的爱尔兰天文学家列表计算了北纬不同纬度下正午时太阳在海平面的高度；借助这一工具和北极星，维京人沿着一条纬线笔直穿越了大西洋。随后，有证据表明，13 世纪出现了两项伟大的创新：地中海在那时开始普及罗盘（虽然中国早已有之，也有可能传自中国，但不知是否属实，也不知道传入的具体方式）；公元 1270 年，一艘参加十字军远征的帆船创下了参照航海图的最早实例。接下来的两个世纪中诞生了现代地理学和勘探学。在商业回报、传教热情和外交机遇的激励下，一些国王开始资助探索事业。15 世纪，他们还聘请御用的制图员和水文学家。葡萄牙国王"航海家"亨利是这些王侯中首屈一指的人物，但后世使用英语的学者给他的这一头衔似有不实之嫌，因为他从未实际参与任何航海活动。

葡萄牙人拥有一条绵长的大西洋海岸线，他们通往外部的陆路被西班牙阻隔；在地中海，身经百战的意大利部队守护着该地贸易权利，使葡萄牙人一再受挫。所以，向大西洋挺进是他们几乎不可避免的选择。从亨利国王置办装备、启动一系列海上考察活动开始，他们就逐步熟悉了北方的水域。这一行动具有决定性作用。出于多种动机的混合，他将国民的目光转向南方。当时人们知道撒哈拉可以找到黄金和香料；也许他的葡萄牙臣民能够发现具体的方位。不仅如此，或许还能找到盟友，就如传说中的祭司王约翰（Prester John）① 那样攻击土耳其人的侧翼。在那里，无疑可以为圣十字架赢得皈依者、荣耀和土地。不管亨利做了多少推动欧洲走向伟大扩张的工作，哪怕他改变了全球格局、创造了新的世界，也依然从头到脚都是一名不折不扣的中世纪男子。他小心翼翼地争取赢得教皇对探险事业的授权和批准。他曾携着真十字架的残片在北非参加十字军远征，并参与了公元1415 年葡萄牙人攻克休达（Ceuta）② 的战役，终结了伊斯兰势力对西地中海航道的扼制。他的统治期正值大发现时代之初，政府资助下的系统考察是该时代的核心主题。但骑士和十字军依然是这一时代的

① 根据西方脍炙人口的传说，祭司王约翰是一名基督教国王，自中亚发兵呼应十字军的东征，并攻占塞尔柱人的河间地带。——译者注
② 原文"Centa"为谬。这场战役的领导者是当时的葡萄牙国王约翰一世。——译者注

精神根基所在，也塑造了亨利的思想——他是敢于在未知领域采取行动的杰出典范。

　　葡萄牙人稳步向南推进。起初他们不敢远离非洲海岸，但后来部分勇气可嘉之辈抵达马德拉群岛（Madeiras），而且在 15 世纪 20 年代就已开始在那里殖民。公元 1434 年，一名葡萄牙船长穿过博哈多尔角（Cape Bojador），克服了航海者心理上的一大障碍，也是亨利所取得的首个伟大成果；十年后，他们绕过佛得角，在亚速尔群岛上建起立足点。当时，他们的轻帆船（caravel）技术已经十分完善，这种船使用新型索具，通过直接驶入大西洋、走半圆形路线返航的方式来应对归程中遭遇的逆风和逆流。他们于公元 1445 年抵达塞内加尔。此后很快建起第一座要塞。亨利死于公元 1460 年，但其国民已经为进一步南航做好了准备。他们在公元 1473 年穿过赤道，又于公元 1487 年来到好望角。印度洋就在他们面前，而阿拉伯人长年往来其间从事贸易，可以提供现成的领航员。在那片海域之外有着更加丰富的香料来源。公元 1498 年，瓦斯科·达·伽马终于在印度沿岸下锚。

　　当时，另一位航海家热那亚的哥伦布已为寻找亚洲横渡大西洋；他对托勒密的地理学说深信不疑，相信将很快抵达亚洲大陆。但他没有成功，倒是为西班牙君主发现了美洲。在现代地图上，"西印度群岛"这一名称记下了他毫不动摇的信心，认为其惊世探险取得了发现亚洲附近岛屿的成果。他的探险行动与葡萄牙人谨慎而不失勇敢地向东绕过非洲的过程是如此大相径庭。与葡萄牙人不同，他实际上无意间发现了一整片大陆。不过在公元 1493 年的第二次航海中，尽管装备大为改善，他也只探索了美洲周边的岛屿。而葡萄牙人开辟了一条前往已知大陆的新航线。人们很快开始意识到，他所发现的大陆或许根本不是亚洲（但即便经历了另两次航海，也抵达了美洲主大陆，哥伦布直到弥留之际依然拒不承认这一点）。公元 1494 年，"新世界/新

大陆"这一历史名词首次被用来形容西半球的新发现（但直到公元
1726 年，人们才意识到白令海峡所在区域并没有连通亚洲和美洲的
大陆桥）。

　　在一片越来越广阔的天地中，这两个富于进取精神的大西洋国家
试图就利益划分问题达成谅解。公元 1479 年，西班牙和葡萄牙签署
了第一份关于欧洲以外海域贸易事宜的欧洲协议，将几内亚湾划给葡
萄牙。而现在，他们要进一步划清势力范围的界限。教皇做了一项暂
行的安排，在亚速尔群岛以西 100 里格处画线为界，作为两国瓜分世
界的基本布局；但又被公元 1494 年的《托德西利亚斯协议》推翻，
该协议以佛得角以西 370 里格处的一条经线为界，该线以东的所有陆
地均为葡萄牙的势力范围，西班牙则获得该线以西的所有土地。公元
1500 年，一支葡萄牙船队在前往印度洋途中为躲避逆风驶入大西洋，
惊讶地撞见一片位于协议分界线以东的陆地，而且并不是非洲，这片
陆地就是巴西。从此，葡萄牙的命运不仅与亚洲相连，而且也与大西
洋相连。虽然葡萄牙人的主要精力依然放在东方，但很快有一名为葡
萄牙效力的意大利人向南航行了足够远的距离，证明西方航道上存在
的不仅仅是岛屿，而是一整块位于欧亚之间的新大陆。他就是阿梅里
戈·韦斯普奇（Amerigo Vespucci）。不久之后，该大陆以他的名字命
名为亚美利加。后来，这一属于南部大陆的名称也延伸到北部。

　　公元 1522 年，也就是哥伦布登陆巴哈马 30 年后，一艘为西班牙
效力的船只完成了首次环球航行。葡萄牙人麦哲伦是此次航海的指
挥；他穿越了后来以他名字命名的海峡，远至菲律宾，但在那里遇害
身亡。出发时与他同船的水手中，有 18 人活着重返西班牙。这次航
海的完成，以及所有大洋彼此连通的证明，可以视为欧洲时代序章的
终止符。仅仅百年左右的发现和探索，就已改变了世界的格局和历史
的走向。从那时起，拥有大西洋入海口的国家具备了中欧内陆和地中

海势力所得不到的机会。起初，这样的国家只有西班牙和葡萄牙，但法国、荷兰和英格兰也加入并后来居上，其中尤以英格兰为翘楚。一连串港口以史无前例的规模出现在新开始扩张的世界中心，从各自所处大陆的近腹地都能方便抵达，也位于可以轻易打击此后 200 年间所有欧洲重要航路的距离之内。

　　这些变化离不开探索活动，而探索事业则离不开日益发展的航海技术和地理知识所构成的基础。探险家和航海家是这一运动中新涌现出的标志性人物。其中最早的一批就如哥伦布一样是意大利人。随新人物一同出现的还有新知识，不仅为这些航海活动和成功的技术实践打下铺垫，更使得欧洲人眼界大开，以新的视角看待他们与世界的关系。一言以蔽之，耶路撒冷不再是世界的中心；人们开始绘制的地图尽管十分粗陋，但表现出了地球真实的基本结构。

　　公元 1400 年，一名佛罗伦萨人从君士坦丁堡带回了托勒密的《地理学》一书。其中所包含的世界观，此前已经被人遗忘达千年之久。托勒密在公元 2 世纪所描述的世界已经包括加那利群岛、冰岛和锡兰，这些地名在他的地图上都占有一席之地，此外也有把印度洋标为内海的谬误。其译本（虽有误导之虞）和大量复本首先以手抄本的形式出现，随后是印刷版（从公元 1477 年首次付梓到公元 1500 年间，共有 6 种版本），极大促进了地图绘制的改良。地图集（Atlas）——雕版印刷、编集成册的地图——问世于 16 世纪。与以往相比，更多的人可以买到或参考世界地图。随着投影制图技术的改良，航海也变得更为简单。其中涌现了一名伟大人物荷兰人格哈德·克雷默（Gerhard Kremer），以"麦卡托"（Mercator）[①] 之名被载入史册。他是在地图

---

① 他在公元 1569 年发明了一种地图投影法，常用于制作航海图，史称"麦卡托投影"。——译者注

中标出"美洲"字样的第一人，并发明了一种至今仍最为人熟知的投影法——这种世界地图的构造就仿佛是以欧洲为中心展开的圆柱体。

这一进程最惊人的一点是其累进和系统化的特征。在世界史下一阶段，欧洲人的扩张是有意识、有明确方向的行动，在这一点上堪称史无前例。长久以来，欧洲人一直渴望获取土地和黄金；贪婪是冒险者内心的原动力，这并不新鲜。宗教热情有时激励着他们、有时掩盖了其行为的后果，甚至连行动者本身都浑然不觉，这也不是什么新事物。而以前所不具备的，是日益增长、源自知识和成功的自信心。公元1500年，欧洲人正站在一个时代的门槛上，看起来没有什么能限制他们日益高涨的能量和自信。世界并没有主动走向他们，而是他们走向世界并夺取世界。

这一与往日诀别的趋势所具有的规模，当时并不能立即看出。在地中海和巴尔干地区，欧洲人依然感受到威胁，觉得自己处于守势。航海事业和航海技术依然有很长的路要走，例如，精确度足以避免航海偏差的计时工具直到18世纪才出现。但通往欧洲与世界其余地区以及欧洲各国之间新关系的道路已经打开。发现将带来征服，也将循序渐进地带来欧洲人对数量巨大的海外新资源的开发利用。一场世界革命的大幕正在揭起。延续了上千年的均势正在瓦解。如此后两个世纪所揭示的那样，数千艘船年复一年、日复一日地从里斯本、塞维利亚、伦敦、布里斯托、南特、安特卫普和众多其他欧洲港口扬帆起航，前往其他大陆寻找贸易机会和利润。它们将驶向卡利卡特（Calicut）①、广州、长崎。到了某一时期，从欧洲人的海外殖民地出发的船只也加入其中——从波士顿到费城、从巴达维亚②

---

①　印度喀拉拉邦西部城市，位于马拉巴（Malabar）海岸。——译者注
②　雅加达的旧称。——译者注

到澳门。在此期间，没有一艘阿拉伯单桅帆船找到前往欧洲的航线；而第一艘中国帆船抵达泰晤士河时已是公元 1848 年。[①] 直到 1867 年才有日本船横渡太平洋抵达旧金山，比欧洲人开辟伟大航路要晚数百年之久。

公元 1500 年的欧洲明显具有新文明中心的气象；不久之后，这一文明还将传播到其他土地。其核心依然是宗教。宗教对社会组织的含义前文已经提过，无论其中心体制曾经历多少大起大落，教会始终是规范和管理社会的巨大势力，同时也是文化的守护者和所有人的导师，是文明本身的容器和载体。自 13 世纪开始，托钵僧分担了长久以来一直由修士承担的著书立说和教学重任，但一类新机构——大学发挥了更重大的作用，托钵僧有时也在其中扮演重要角色。博洛尼亚、巴黎和牛津是最早的 3 所大学，到公元 1400 年又增加了 53 所。不过，大学对欧洲未来的重要性在于，当大量非教职人士前来接受教育时，大学的存在可以保证他们也能在受教会控制、充满宗教氛围的机构中得到长期塑造。而且，大学是一股带来团结和包容的巨大文化力量。其课程以拉丁语讲授，这是教会和受过教育的人士所使用的交际语。至今依然能从大学典礼和学位名称中残留的拉丁语中见证该语种往昔的尊荣。

法学、医学、神学和哲学都从这一新的体制中获益。中世纪早期，哲学完全成为神学的一部分。9 世纪的爱尔兰思想家和学者约翰·斯科特斯·埃里杰纳（John Scotus Erigena）是该时期哲学界唯一卓尔不凡的重要人物。然后，学界从 12 世纪开始将希腊作品直译成拉丁文，欧洲学者得以直接阅读经典哲学著作。伊斯兰世界是他们

---

① 清朝时期的"耆英"号，公元 1846 年从香港出发，经好望角及美国东岸到达英国，创下中国帆船航海最远的纪录。——译者注

获取这些文本的来源。译成拉丁文后，亚里士多德和希波克拉底的著述首先遭到了宗教界的怀疑，这一状况持续到 13 世纪中后期；但在古典和基督教世界观之间寻求调和的工作也逐步取得了进展，两位多明我会修士大阿尔伯图斯（Albertus Magnus）和其学生托马斯·阿奎那（Thomas Aquinas）的著述最明白无误地表明了两者的共存与结合确实可能办到。古典遗产从而在西欧重获关注，也再获洗礼。古典学说并没有带着截然不同的面貌和批判的方式走进以神学为中心的基督教文化，而是融入其中。古典世界开始被视作基督教的先驱。数百年间，对于涉及智识领域的宗教问题，人们总是将古典奉为权威。在古典学者中，亚里士多德享有独一无二的盛名。虽然无法为他封圣，教会至少将他视作某种先知般的人物。

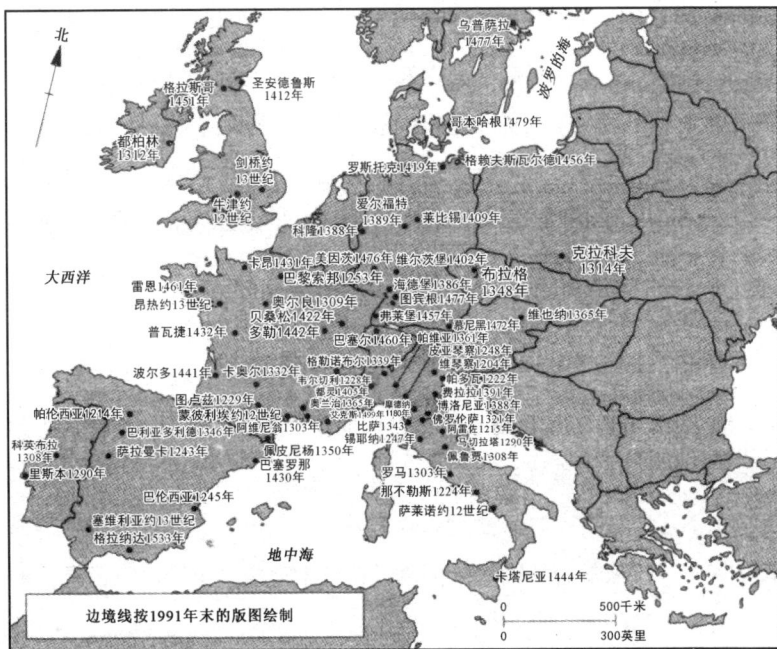

1500 年以前成立的欧洲大学

　　两者可以共存的直接证明，是中世纪经院哲学突出且系统化的唯理主义成果；这一名称用于形容试图洞彻基督教义的思辨活动，其力量在于无所不包的宏大；而没有哪部作品比阿奎那的《神学大全》更耀眼地展现了这份宏大。在后人的评价中，其登峰造极的成就和牵强脆弱的体系形成了截然的反差。此书竭力试图阐述所有的现象，不愿采纳观察和实证手段是其薄弱之处。基督教赋予了中世纪人强大的逻辑思考能力，但只有少数与社会格格不入的异类能够略微窥见打破权威、真正走向实证方法的可能性。

　　尽管如此，从基督教文化成果中可以看到将从中世纪早期封闭世界中解放出来的首个标志。矛盾的是，虽然普罗大众对阿拉伯文明的态度长期以来总是怀着深深的怀疑和恐惧——此外还有对穆斯林的无知（公元 1100 年前的一名中世纪人士指出，没有证据表明北欧曾有哪怕一人听说过穆罕默德的大名）。直到公元 1143 年才出现《可兰经》的拉丁译本。只有少数地区的虔诚者与不信教者（双方都用这样的词汇来互相描述）之间保持着相互容忍和易与的关系——但基督文明却得益于伊斯兰教。两种文明最彼此包容的地区是西西里和西班牙，12 和 13 世纪的伟大译作就是在那里诞生的。腓特烈二世受到了极大的怀疑，因为虽然他迫害异端，但也欢迎犹太人和萨拉森人前往其帕勒莫的宫廷。古西哥特王国的首都托莱多则是另一个特别重要的文化融合中心。在这类地区，文士们誊抄着此后 600 年十分畅销的拉丁文本。欧几里得的著述开始被人反复誊抄和转抄，然后印刷成册；这很可能意味着，此作品的成功最终超越了除《圣经》以外的所有书籍——至少到 20 世纪为止——并成为 19 世纪以前西欧数学教学的基础。以这样的方式，希腊文明再次泽被了西方的思想界。

　　大体而言，伊斯兰世界对古代成就的传播始于占星学、天文学和数学。这三种学科彼此紧密相连。托勒密的天文学理论通过这条渠道传入西方；在 16 世纪以前，作为构建宇宙学和航海学的基础，西方人觉得这套理论足以令人满意。事实上，在中世纪大部分时期，伊斯兰世界的地图学比欧洲更为先进；早在欧洲同行之前，阿拉伯水手就已使用磁石来航海（尽管作出航海大发现的是前者）。星盘是希腊人的发明，但经过阿拉伯人的著述才在西方传播开来。当乔叟撰写有关星盘用法的论文时，他是拿以前阿拉伯人写的一篇文章作为范本。源自阿拉伯的知识中，新的数字体系和小数点的用法（都起源于印度）也许是最重要的；只要尝试一下罗马数字，就很容易体会到阿拉伯数字简化计算的巨大功效。

从伊斯兰世界传入西方的观测类科学中，除天文学以外，最重要的是医学。在亚里士多德、加伦和希波克拉底的医学著作（从希腊文直译的工作直到公元 1100 年才开始）之外，阿拉伯医师积累起来的海量治疗学、解剖学和药理学知识也通过医学资料和导师为欧洲临床实践带来极大帮助。阿拉伯科学和知识负有盛名，使人们更易于接受其略显危险和颠覆性的观念。阿拉伯哲学和神学也开始在西方得到研究。最后，就连欧洲艺术似乎也受伊斯兰文明影响，使绘画改头换面的透视法据说是西班牙的阿拉伯人在 13 世纪的发明。而反过来，阿拉伯人从欧洲获得的技术只有火炮这一种。

伊斯兰文明使中世纪欧洲获益良多，没有其他同时代的文明可以相比。不管其异域风情和夸张的叙述有多么引人入胜，马可·波罗或云游中亚的托钵传教士的游记几乎都没有给西方带来多少改变。甚至到公元 1500 年，欧洲与世界其余地区的货品交换量依然微乎其微。在技术方面，可以肯定欧洲确实受惠于远东的只有丝绸制造艺术（通过东罗马帝国传入）和造纸术。虽然后者是中国在公元 2 世纪的发明，但直到 13 世纪才传到欧洲，传播者还是西班牙的阿拉伯人。也没有什么源自近东的概念进入欧洲，除非是印度数学这类经阿拉伯人进一步提炼后的学科。至于伊斯兰文明的渗透力，其原因更可能单纯是中国和印度离得太远，而不是伊斯兰世界在某种意义上成为欧洲和东方之间的壁垒，将两者隔离开来。毕竟，在公元元年之前的古代，沟通往来并不比中世纪更困难，而东方世界同样几乎无法企及。

古典文明和基督教的重新整合，在时隔千年之后回答了德尔图良的雅典该如何面对耶路撒冷的戏谑之问，虽然这疑问只是在阿奎那等人的著述中得到展现。中世纪最高艺术杰作之一（有人认为可以把"之一"两字去掉）是但丁的《神曲》。在这部作品中，已经能看出让基督教文明世界与其前身重修旧好的重要意义。但丁描述了他在地狱、炼狱和天堂的旅程，这三者构成了基督教信仰中的宇宙。但他的向导却非基督徒，而是异教徒——古典时代的诗人维吉尔。这一角色并非单纯的摆设；维吉尔是通往真理的向导和权威，在基督降临之前预言了他的到来。这位罗马诗人已成为先知式的人物，和《旧约》中的先知们同列。虽然欧洲与古代存在联系的概念从不至于完全消失（例如热衷于此的编年史家将法兰克人或不列颠人称为特洛伊人的后代），可但丁的观点中有某种划时代的成分。基督教文明对古典世界的接纳纵然被陈杂万象的学术元素所包围，却使一种变化成为可能，即 14 至 16 世纪间人文主义文学的复兴。在人们眼中，这一变化通常显得比实际更为激进。拉丁文长期把持着这一复兴运动的主导地位，直到公元 1497 年才出现第一本印刷版的希腊语法书。

鹿特丹的伊拉斯谟（Erasmus of Rotterdam）是那段文化史进程中的代表性标志，在某一时期以修士的身份著称，后来则被视为当时首屈一指的古典学术拥护者。他与大部分最杰出的人文主义学家都有书信往来。但他依然将自己的古典学造诣视为迈入《圣经》研究最高阶段的敲门砖，其最重要的著述是对希腊文《新约》的编订。这一《圣经》善本的付梓成册着实具有革命性的影响，但伊拉斯谟并无意推翻宗教秩序，不管他如何揶揄和讽刺不可一世的教士，也无论他的著述和书信激发了多少独立的思想。其思想根基来自 15 世纪低地国家兴起的密宗虔诚运动，名为现代灵修运动（*devotio moderna*），而非古代的异教信仰。

一些人开始研习古典作家的著述成果，为了明确指代古典异教思想，发明了"中世纪"的概念，以凸显他们给人的耳目一新之感。而他们自身则被后世视为让一份失落的传统得以"重生"的人，是古典思想的"文艺复兴"者。但塑造出这批人的文化基础，是基督教文明自 12 世纪以来的巨大变化所建立的。如果我们谨记使用该词对语境有一定限制，那么采用"文艺复兴"的说法或有帮助，但如果以此指代一场与中世纪基督教文明决裂的文化转型，则是历史之谬误。文艺复兴现在是、过去也是一种子虚乌有但有所裨益的幻想，是那种可以帮助人类明确自我定位从而更有效地行动的概念之一。无论文艺复兴是什么，欧洲历史中不存在将之与中世纪割裂的分明界限——不管我们如何对中世纪加以定义。

但有一种转变几乎随处可见，那就是重视对象的变化。在当代与过去的关系中特别明显。13 世纪的人和 16 世纪时一样，以所处时代的风貌来描绘古代的伟人。亚历山大大帝一度形同中世纪国王；后来，莎士比亚剧中的凯撒穿的是紧身上衣和紧身裤，而非托加袍①。换言之，人们对这两段过往的年代不具备真正的历史观，也没有意识到，不管是人还是物，过去和现在都大有不同。与此相反，提供典范和教化的课堂被视为历史最好的职能。两种态度的差别在于，以中世纪的观念，对古事记详加考察也能找出上帝旨意存在的标志，这些证据能再一次成功地证明教会教导的正当性。这是圣奥古斯丁传给后世

---

① 古罗马男子身穿的宽松罩袍，通常为白色，肩部有红色或紫色饰带。——译者注

的立场，也是但丁所接纳的态度。到了公元 1500 年，人们察觉到往昔的历史中还有另一种东西，其认识同样缺乏历史观念，但令他们感到对所处的时代和困境更有帮助。有人发现一份与基督教完全无关、甚至可能属于异教的古典式启迪，其结果之一是对古典著述产生了新的关注。

文艺复兴的概念与艺术创新的关联尤其突出。曾见证大量此类创新的中世纪欧洲，看起来比 12 世纪以来的任何其他文明传统的伟大中心更具活力和创造力。音乐、戏剧和诗歌领域创造出了新的范式和风格，至今仍能使我们受到触动。但有一点在 15 世纪就已经明朗：这些艺术不可能局限于服侍上帝的用途。艺术逐步走向自主和独立。这一变化的最终完成是文艺复兴的主要美学表现，远远不限于范式上的创新，虽然后者也极具革命性。这再明显不过地表明了基督教大一统和神权对文化的独裁正处于瓦解之中。古典神话和基督教神话的缓慢分化是这一过程的表现之一；其他表现还有浪漫主义和普罗旺斯爱情诗的出现（从阿拉伯影响中受益良多），世俗建筑对哥特式样的采纳——例如新兴城市中蔚为壮观的行会堂所，抑或受过教育的俗士所喜闻乐见的本土文学的兴起——乔叟的《坎特伯雷故事集》也许是其中的最高杰作。

这类变化发生的时期不易确定，因为任何创新总需一段时间方能被人接受。由于长期缺少可读文本，在文学领域有所作为要面临尤其严重的实质局限。直到 16 世纪中后期，《乔叟全集》的第一版才得以付梓出版。那时，人们的思想无疑已处于变革状态。所有的变革趋势都还没有脱离形式的范畴，但也不仅仅是形式变革的简单叠加。而这场革命几乎方方面面都得益于印刷书籍的问世。在大批量印刷成为现实以前，就连《坎特伯雷故事集》这类本土文学作品都无法得到广泛的受众。当这一切发生，书籍所带来的冲击不可谓不巨大。所有类型的书籍如诗歌、历史、哲学、技术都不外如是，而首当其冲的是《圣经》本身。其效应是自人类发明文字书写以来在知识和思想传播领域最深刻的变化，是这千百年间最伟大的文化革新。以回顾历史的眼光来看，这是信息传播不断加速的起点，至今仍没有停止。

虽然纸在中国早就以另一种形式问世多年，但除了非常间接的影响之外，欧洲的这一新技术并非源于来自中国的刺激。欧洲从14世纪开始以破布料制作优质纸张，这是对印刷革命有所贡献的元素之一。其他元素包括印刷术原理的创新（在织物上压印图案的做法出现于12世纪的意大利），使用铸金属而非木头来制作铅字（已经用来印制纸牌、日历和宗教图画），油基墨水和金属活字印刷的问世。其中至关重要的是最后一项发明。虽然细节难以考证，木活字印刷的实验自15世纪初就已经开始，但似乎有理由将此发明归功于美因茨的钻石抛光商约翰内斯·古登堡（Johannes Gutenberg），他的名字和活字印刷联系在一起也已成了传统。公元1450年前后，他和同事们共同完成了现代印刷术种种元素的整合工作。公元1455年，公认的第一本真正的书籍《古登堡圣经》在欧洲付印。

当时，古登堡本人的业务生涯堪称失败，他可能遭遇资金短缺。这一事实预示着一个新的商业时代的到来。囤积设备和铅字的成本十分高昂，有一名提供贷款的同行因债务纠纷将他告上法庭。判决对古登堡不利，他失去了出版社，因此该版《圣经》问世时并不是他名下的财产（可喜的是故事并没有如此作结；最终，美因茨大主教认可古登堡所作出的成就，将他封为贵族）。但他已发起了一场革命。根据计算，至公元1500年，共有大约3.5万种独立版本的书籍——被称作初期刊本（incunabula）——得以发行。这可能意味着1 500万至2 000万的印本数量；当时，全世界的手抄本加起来也很可能已经少于该数目。在下个世纪，初期刊本的数量将达到15万至20万，而印本数量也许有 10 倍之多。如此巨大的量变汇聚成质变；活字印刷所形成的文化与过去的任何文化都有所不同，就如它与视广播电视为理所当然的文化之间的差异一样惊人。近代就是印刷的时代。

欧洲第一本印刷书籍是中世纪文明的核心神圣读本《圣经》，这是一桩有趣但不足为奇的事实。通过印刷出版业，关于《圣经》的知识以前所未有的幅度传播开去，并造成了无法估量的后果。公元 1450 年，拥有一本《圣经》、甚至不难读到《圣经》的教区牧师都非常罕见。一个世纪后，教士拥有《圣经》的可能性很大了。而到公元 1650 年，若是没有一本《圣经》反倒成了奇事。第一批印刷本《圣经》是通俗拉丁文本（Latin Vulgate）①，但本地语言的版本也很快随之出现。德语《圣经》于公元 1466 年成书；加泰罗尼亚、捷克、意大利和法语译本在该世纪结束之前陆续问世，但英国人还得等到公元 1526 年才能拥有英语的印刷本《新约》。在五六十年间，虔诚的世俗信众和教士同样为神圣读本——《圣经》只是其中最重要的一份——的传播倾注了大量资源；甚至连修道院中也设起了出版机构。同时，其他书籍的数量也有所增加，以当时人文主义学者编订的古典作品为首，还有文法和历史著作。另一项源自意大利的创新是更简明清晰的铅字，以佛罗伦萨学者的手抄体为范本，而他们所临摹的则是加洛林小草书体。

这一冲击势不可挡，此后形成了印刷媒体主导欧洲思潮的局面。公元 1501 年，教皇不无先见之明地提醒各主教，控制印刷业或许是保护信仰纯正性的关键所在。尽管这也很重要，但印刷革命所涉及的不仅仅是任何对教义的特定威胁。书籍本身的性质开始改变。书曾经

---

① 圣杰罗姆主持下翻译的经典拉丁文版本，以希伯来文的《旧约》和希腊文的《新约》为原本。——译者注

是稀世的艺术珍品，只有少数人得以窥见其中神秘的知识，如今成了很多人的工具和助力。印刷术将为政府管理提供新的通信方式，也为艺术家带来了新的媒介（因为雕版印刷越来越普及，在 16 世纪，绘画风格和建筑式样的传播比过去任何时候都要迅速），还会给技术传播带来新的助推力。印刷术将激起对文学的巨大需求，以及由此应运而生的教育需求。没有任何一种改变如此清晰地标出了一个时代的终点和另一个时代的开端。

关于欧洲在世界史即将到来的时代中所扮演的角色，很难确切说清这一改变对该角色的全部意义。到公元 1500 年，对于少数愿意思考这一切的欧洲人来说，无疑有很多东西能增添他们的信心。宗教是他们的文明根基，告诉他们，自己在一条时间长河中旅行。他们见到一个稍稍明朗一些的未来；如果回顾曾经走过的灾难，并且意识到一份共同的目标，这份未来或许还略微更显可亲一些。于是，欧洲成为第一个意识到时间并非无尽（虽然有可能是周期性的）的压迫，而是朝一定方向持续变化的进程的文明。毕竟，《圣经》里被选中的人是朝着某处前行的；他们不仅仅是在无法捉摸的神秘现象面前逆来顺受的生灵。人们很快告别单纯地接受变化的态度，迸发出与持续不断的变化共存的意志；而这正是现代人的特别之处。这类世俗化、远远偏离其起源的思想可以产生非常重要的价值；很快就出现了一个例子，那就是科学进步。

在另一层面，基督教传统也具有决定性的地位。因为拜占庭衰亡后，欧洲人相信他们是这份传统唯一的继承者（或者现实中也是唯一，因为普通民众对于何为斯拉夫、聂斯脱利和开普特基督教几乎全无意识）。即便奥斯曼人近在眼前，公元 1500 年的欧洲也不再是黑暗时代混乱的古典废墟了。它正在放眼新疆界和新天地。因此中世纪晚期的欧洲人的成果完全超出了他们自己的预料。但此中深意需要时间才能酝酿成型。直到公元 1500 年还依然见不到未来属于欧洲的迹象，与其他民族的接触丝毫不能表明他们的文明类型具有任何明显的优越性。西非的葡萄牙人或许可以将黑人玩弄于股掌之间、骗走其砂金，将其奴役，但波斯和印度的帝国盛景往往令他们目眩神迷。

在半明半暗的现代曙光下，要了解欧洲文明之初的现实，宗教的分量依然是最好的线索。宗教是文化稳定最强有力的保障，探讨这一文化时，本书几乎完全采用了一种不失重要性、但本质上不属于那个年代的视角——即变化的视角。除非以极短的时段来看，否则 15 世纪的大多数欧洲人还没有意识到变化的存在。对所有人而言，其生活最深刻的决定因素依然是缓慢但不断重复的四季交替，这一节奏设定了忙碌与悠闲、贫穷与富足的模式，确立了家庭、作坊和学院的常规。英国的法官和大学教师至今依然沿用着过去的年度工作安排，以农时的需求划分假期和非假期。

只有在非常特殊和长期的视角下，我们才能正确地指出，这一切在千百年的岁月中是如何不断延续、最终成为"革命性"的变化。某些具有真正革命性的变化，就连最明显的那种，例如城镇的发展、瘟疫的爆发、某个贵族家族被取代、大教堂的兴建或城堡的崩塌，都发生在一成不变的背景之下。公元 1500 年的英格兰农民耕作的田地格局往往依然和被《末日审判书》所记载的前人一样，尽管其间相隔 400 多年。16 世纪 30 年代，当人们前往拉科克（Lacock）① 关闭那里的女修道院，他们惊奇地发现，这些贵族女子彼此间依然以 3 个世纪前的贵族家庭常用的诺曼式法语交流。

我们绝不能忘记如此巨大的惰性。鉴于中世纪大多男女的生活

———————

① 北威尔特郡的村庄，堪称英国最美的村庄之一。当时，亨利八世发起修道院废除运动，关闭了大批英格兰修道院，该村也受波及。——译者注

都颠沛无定，这一保守性就更显出强大的力量，使人更过目难忘。这一社会形如无人翻耕的净土，淤积了一层厚厚的腐殖质，而未来只能从其深处找寻。也许，对于那份未来与过去的关系，可以从作为基督教根本的二元论中找到关键——即活着和死后的世界、人间和天堂的二元对立。事实证明，这一理论是价值极大的刺激因素，经过世俗化，最终成为一种新的批判工具，在现实的和可能的、空想的和实际的之间形成截然的对比。以二元论为源头，基督教分泌出一份精华，被反对派加以利用，最后给独立批判提供了站得住脚的立场；而这些批评者与阿奎那和伊拉斯谟所知的世界完全脱离了关系。不过，独立批判的观念是一步接一步形成的，过程极为缓慢；这可以从公元1300 至 1700 年间大量独立而不尽完善的理论体系中寻得踪迹。它们只能再一次表明，在中世纪和近现代之间划出明确界限只是为了说明的便利，并未体现历史的真实。

The Penguin History of the WORLD

企鹅 全球史

III 大加速时代

［英］

J.M. 罗伯茨

O.A. 维斯塔德

——— 著

陈恒 黄公夏等

——— 译

中国出版集团 东方出版中心

目 录

卷五
欧洲时代的形成

导　论

　　公元 1500 年左右，有很多标志表明世界史正进入一个新的时代。前文已经提到了一部分，其中包括在美洲的新发现和欧洲冒险家在亚洲的初步尝试。从一开始，这些标志就暗示了新时代的两个彼此矛盾的本质——这一时代越来越具备真正的世界史特征；而同时，虽然世上存在大量文明，却独独被一个文明的惊世成功所主宰，那就是欧洲。这两面属于同一进程；所有国家的事件形成了愈发持续和有机的相互关联，但事件的成因大多与欧洲人的所作所为有关。他们最终成为全球的主人，并运用其掌控权（有时是无心插柳）把世界打造成一个整体。趋同性和统一性的不断强化由此成为世界史最近两到三个世纪的主旋律。

　　在一段著名的文字中，英国历史学家麦考利（Macaulay）曾指出，五大湖沿岸的红种人彼此剥下对方的头皮，为一名觊觎其邻国某个省份的欧洲国王的劫掠行径大开方便之门。这就是我们现在必须正视的一段历史中的惊人一面——整个世界逐渐卷入各民族和国家之间一场又一场不断升级的战争中，但政治、帝国构建和军事扩张只是这段历史中的一小部分，全球经济整合是该进程的另一部分；而更重要的是共同的理念和思想的传播。若以我们发明的某个虚伪的短语来表达，其结果是——所谓的"同一个世界"。各文明独立或接近独立的时代已经走到尽头。

　　我们的世界拥有极为丰富的多样性，想到这一点，前文的描述给人的第一印象似有误导和夸大之嫌。民族、文化和种族差异所造成和引发的骇人冲突依然没有消停；公元 1500 年以后数百年的主要历史可以写成一系列战争和暴力斗争史（史书也往往是这般模样），与几个世纪前的祖先相比，生活在不同国家的人们显然不觉得彼此的相似性有多少提高。然而他们确实比前人（例如 10 世纪的）更不分彼此，并有数以百计的方式来表现这一点，从外观服饰到谋生手段和社会组织形式莫不如是。

下文要讲述的历史，主要由这一变化的起源、范围和局限构成。这一结果来自某个在很多地区依然持续着的进程，我们有时称之为现代化。数百年间，现代化逐步磨去了不同文化间的差异，是世界史走向统一趋势最深刻、最根本的表现。另一种描述这一进程的方式是称之为世界的欧洲化，因为与现代化关莫大焉的观念和技术都源自欧洲。不过，"现代化"是否等同于"欧洲化"（或是现在经常使用的"西方化"）可以留待他人探讨；有时这不过是措辞偏好的问题。一目了然的是，从年代学角度来看，世界史的整合是随着欧洲的现代化开始的。一场欧洲的伟大变革是近现代史的起点。

第 1 章　清代中国与莫卧儿印度

要理解是什么让欧洲与众不同，有必要先从中国和印度发生的变化开始。在 16 世纪时，两国仍然是到此时为止人类历史上最为富庶的地区，那里也几乎没有迹象表明两国将要陷入某种危机。相反，16世纪和 17 世纪早期两国都正值大一统时期，并引入了与之前不同的某种"现代性"。但是，这些现代性与西欧此时的经历非常不同。在西欧，历史正沿着一个全新的方向快速发展。18 世纪向印度袭来，以及一个世纪后向中国袭来的，是一种全新的变化力量，一种自我蔓延、无边无际、无休无止的扩张力量，这是此前人类历史上从未出现过的。

正当欧洲发生着这一切时，印度则专注于另一种形式的变化。在16 世纪初，这个国家还分裂为众多自治或半自治的势力。这一次，又是一名外来国王开始了统一的进程。他就是喀布尔的巴布尔（Babur of Kabul）。其父系血缘来自帖木儿，母系族谱可追溯至成吉思汗。他年轻时身边敌意环伺，这给他的成长带来极大好处，也成为其雄心壮志的源泉。他很快发现，为了继承王位就必须战斗，并在14 岁那年攻克了重镇撒马尔罕；这样的君主堪称罕见（尽管该城几乎马上得而复失）。

就算刨去传说和轶闻，哪怕生性残忍狡诈，他依然是一名极引人入胜的伟大君主：慷慨、强悍、勇敢、机智且敏感。他为后世留下一部获评甚高的自传，而其素材是坚持了一辈子的笔记，被他的后代珍藏，作为激励和指引的源泉。自传表明，这位统治者在文化上没有将自己看作蒙古人，而是突厥人；所继承的传统来自长久以来定居在阿拔斯王朝前东部省份的子民。他的品味和文化承袭波斯帖木儿王朝列帝，对园艺和诗歌的爱好来自那个国度，也与伊斯兰统治下的印度相得益彰，其宫廷早已深受波斯模式的影响。巴布尔是一名藏书家，这又是帖木儿王朝君主的特质。据说，当他攻占拉合尔（Lahore）时，所做的第一件事就是去败者的图书馆挑选书籍，作为送给儿子的礼物。他本人也从事创作，包括 40 页篇幅的印度斯坦（Hindustan）征服纪要，其中提到了该地的习俗和种姓制度，甚至还有野生动物和花草等细枝末节。

这位年轻的国王出兵印度是受若干阿富汗酋长的邀请，但他自身也希望继承帖木儿王朝在印度斯坦的权力。这将是印度莫卧儿（Mughal）帝国的开端，"莫卧儿"一词就是波斯语中的"蒙古"，虽然巴布尔并不以蒙古人自居。那些心怀不满的密谋分子请他出兵后，起初他的野心仅限于征服旁遮普，但很快被卷入更大的战场。公元1526 年，他占领德里，让苏丹命丧沙场。没过多久，巴布尔就让引狼入室者称臣，并同时征服那些借机恢复独立的印度异教国家。他去世的公元 1530 年，这一帝国的疆域从喀布尔一直延伸到比哈尔（Bihar）边界。遵照他的嘱咐，巴布尔的遗体在世人的瞩目下被抬往喀布尔，埋在他钟爱的花园内；其坟墓以天作穹，位于他一直视为家园的所在。

巴布尔之子①的治世并不安泰，因为他本人性情不稳、能力不足，而且还有异母兄弟觊觎帖木儿王朝的基业，主张像法兰克人那样由王族后代分割继承。这表明巴布尔王国的安全和统一并非高枕无忧。统治 5 年之后，他被赶出德里，但公元 1555 年重返该城，并于

① 胡马雍（Humayun）。——译者注

同年去世。当时还是孩童的继承人阿克巴（Akbar）随即登上王位，他出生于父亲遭受流放的窘困时期（但星象奇佳，也没有兄弟阋墙之虞）。阿克巴继承的领土起初只占祖父的一小部分，但逐步发展成一个可以媲美阿育王的帝国，赢得欧洲人高山仰止般的敬意，并称之为"莫卧儿大帝"。

阿克巴有很多堪为王者的资质。他勇敢得几近愚蠢（刚愎自用是他最明显的弱点），年幼时就骑着自己的战象嬉戏玩耍，更喜欢打猎遛鹰而非课业（他是巴布尔后代中唯一几乎不识字的）。他曾在一对一的较量中亲手用剑杀死一头老虎，也以神射手的技术自傲（巴布尔已为莫卧儿军队装备枪支火器）。但他和前任一样，也钦佩学识和一切美丽的事物。他是书籍收藏家，还出钱供养一队宫廷画家。在其统治下，莫卧儿建筑和绘画达到巅峰。最重要的是，在处理因臣民之间的宗教差异而起的问题时，他表现出了治国大家的风范。

阿克巴在位至公元 1605 年，将近半个世纪，所以统治时间与同时代的英格兰女王伊丽莎白一世大致重合。他成年后马上就娶了一名拉杰普特（Rajput）① 公主；自然，她是一名印度教教徒。婚姻始终是阿克巴重要的外交和战略手段，这位公主（下任皇帝的母亲）的父亲是最伟大的拉杰普特国王，因此是很好的结婚人选。

尽管如此，从中还是能看出一些政治联姻以外的东西。成婚之前，阿克巴就已准许同样信奉印度教的妇女在家中履行宗教仪式；对于穆斯林统治者而言，这是前所未有的举措。不久之后，他废除了对非穆斯林征收的人头税；他意欲成为所有宗教的皇帝，而非穆斯林宗教狂。阿克巴甚至还听取基督教传道；葡萄牙人现身西海岸后，他邀请他们派精通其信仰的传教士到宫廷来，于是有 3 名耶稣会修士在公

① 印度中北部部落统称。——译者注

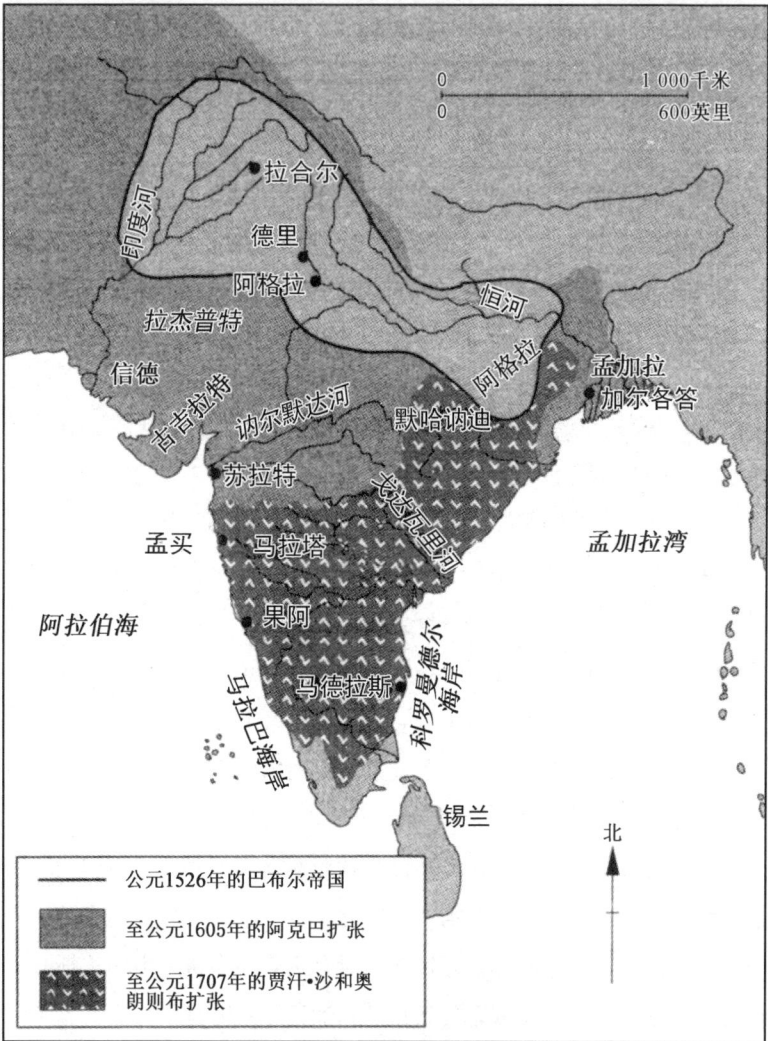

莫卧儿印度帝国

元 1580 年抵达。他们在皇帝面前与穆斯林神职人士激辩，尽管没有实现让他皈依基督教这个长久以来的希望，但赢得了他的不少好感。说实话，他仿佛确有真诚的宗教情怀和兼容并蓄的思想，甚至发展到想自创宗教的地步——一种索罗亚斯德教、伊斯兰教和印度教的大杂烩。不过，除了引来别有用心的谄媚者之外，该宗教毫无成果，还令一些人受到冒犯。

无论怎样理解他的做法，安抚非穆斯林显然能够缓和印度统治中的现实问题。巴布尔的金玉良言犹在他耳畔，也与这一方针相吻合——要与败者和解。阿克巴投身征服大业，将大片新的印度领土并入自己的版图。他重新实现印度北部古吉拉特至孟加拉一带的统一，并着手征服德干高原。虽然阿克巴在施政创新方面不如他所继承的体制的确立者和奠基人，但当时的行政体系管理着整个帝国，其大体框架一直延续到英属印度时代。官员以皇帝的名义且需遵循他的意愿施行统治，主要职能是征募所需的士卒和征收土地税。当时的税制体系由印度财政大臣设计，比以往更为灵活，并在全帝国范围重新估算了税额。这一体系切实提高了生产力，也改善了印度斯坦的生活水平，因此其成功几可称无与伦比。在其他改革中，遏止萨蒂之风算得上实效不足但意图可嘉。

不管怎样，阿克巴稳定了政体。他对子嗣感到失望，与他们发生争执，但王朝的根基在他去世时已然稳固。不过叛乱也曾发生。一部分可能是受穆斯林的鼓动，他们对阿克巴公然偏离信仰的做法感到愤怒。就连"突厥"时代，穆斯林和非穆斯林之间的宗教对立也不再那么尖锐，因为入侵者在新的国家定居，接受了印度人的生活方式。同化的早期标志之一是乌尔都（Urdu）这一新语种的出现，源自军队用语。它是统治者和被统治者双方的交际语，有印地语的语法结构和波斯及突厥语的词汇。

一些征兆很快出现，预示着伊斯兰教甚至有可能被印度教吞噬一切的力量所吸收。14和15世纪，一种抽象的、几近一神教的密宗通过流行赞美诗传播起来，掀起一股新的宗教虔诚；他们崇拜的神祇可能是罗摩或安拉，但会为所有人带来爱、正义和仁慈。与此相应，甚至在阿克巴统治期以前，就有一些穆斯林曾表现出对印度教理念的兴趣和尊重。穆斯林吸纳了一些印度教的仪式习规。没过多久，皈依伊斯兰教的信徒热衷于凭吊圣人陵寝的特征开始明显化，那些地方成了人们常去的朝圣地。这些圣人在一神论的伊斯兰教义下满足了信徒的次要崇拜需求，并承担了过去始终在印度教中占据一席之地的小神和地方神祇的功能。

印度与大西洋沿岸欧洲地区最早的直接往来得以巩固和定型，这是阿克巴统治期结束之前形成的另一个重大发展。随着伊斯兰教的到来，与地中海沿岸欧洲地区互通有无的便利性也许已经略有改善；从黎凡特到德里都信仰同一种宗教，给两地带来虽然遥远但不失连续性的沟通渠道。欧洲旅行者一次又一次前往印度，印度统治者也能够吸引零星到来的技术专家为其效力；不过在奥斯曼征服之后，这类专家变得稀少起来。但即将发生的事件将进一步深入印度，给印度带来永久性的改变。步这些欧洲人的后尘，其他欧洲人也纷至沓来，数量越来越多，而且不再离去。

一名葡萄牙舰队司令在15世纪末抵达马拉巴（Malabar），揭开了这一进程的序幕。数年之内，他的同胞作为商人在此立足——有时也在孟买和古吉拉特沿岸干海盗的勾当。巴布尔死后的那段困难时期，印度统治者试图驱逐他们，但没有成功。到16世纪后半叶，葡萄牙人的活动扩展到周围一带，于孟加拉湾建起新的港口。很长一段时期内，欧洲人开拓印度的进展都要归功于这些葡萄牙人。然而，令纯良的穆斯林产生敌意也要归罪于他们，因为他们随身带着基督、玛丽和圣徒的画像和雕像，散发着圣像崇拜的意味。后来的历史证明，新教教徒抵达此地时，对当地人宗教情感所造成的刺激要少一些。

英属印度时代尚且遥远，但首家英属东印度公司于公元 1600 年 12 月 31 日成立，那是 16 世纪的最后一天；该日期之工整对历史事件而言实属罕见。3 年后，该公司的使者首次来到阿克巴的阿格拉（Agra）宫廷；当时，授予这些商人特许状的伊丽莎白一世刚刚逝世。于是，在两名伟大君主统治期临近尾声时，两个国家进行了首次接触，它们将度过一段命运彼此交织的漫长历史，对双方和世界都造成巨大的影响。但当时没有丝毫迹象可以让人预见到如此的未来，相比印度的贸易，英国人对亚洲其他地区的生意更感兴趣。

两国的落差也令人诧异。阿克巴帝国之强盛在世上屈指可数，其宫廷极尽奢华，他和继任者所统治的文明比笈多王朝之后所有的印度国家都更辉煌壮观；而伊丽莎白女王的王国就算在欧洲也称不上强大，债务缠身，人口还比不上现代的加尔各答。数年后，詹姆斯一世送来礼物，阿克巴的继任者对此不屑一顾。然而印度的未来却与女王的臣民息息相关。

巴布尔的直系后代继续把持莫卧儿帝位，虽然期间不无中断，但一直持续到 19 世纪中期。阿克巴死后，该王朝的威望如日中天，宣称拥有蒙古血统在印度蔚然成风。阿克巴的继任者当中，只有 3 人与本章主题有关，因为该帝国在贾汗季（Jahangir）和沙·贾汗（Shah Jahan）统治的 17 世纪前半叶将版图扩张到极致，又在奥朗则布（Aurungzebe）统治的该世纪后半叶开始衰亡。贾汗季残酷而贪杯，其治世不如父亲那般出类拔萃，但帝国生存了下来，其行政体制经受住了这场严峻的考验；阿克巴确立的宗教容忍政策也得以完整地延续。尽管犯下很多错误，但贾汗季大力扶持艺术，绘画是重中之重。他在位期间出现了不少以欧洲引进的绘画和版画为临摹对象的艺术镶嵌画，从中可以首次见到欧洲文化对亚洲造成的冲击。这类图饰之一是赋予基督教圣徒的光环或光轮，在拜占庭则赋予皇帝。贾汗季以后的所有莫卧儿皇帝画像都顶戴这一图纹。

沙·贾汗开始逐步蚕食德干诸苏丹国[①]，但在西北地区战果寥寥，也未能将波斯人赶出坎大哈。内政方面，宗教宽容的宗旨开始松动，但还不足以让印度教教徒在政府中处于不利地位；行政团体依然是多民族构成。尽管皇帝发布敕令要求推倒所有新建的印度教寺庙，但也资助印度诗人和音乐家。

沙·贾汗在阿格拉宫廷过着穷奢极欲的生活，最著名和受人景仰的伊斯兰建筑泰姬陵（Taj Mahal）也建于该城，是他爱妻的陵寝。也只有泰姬陵可以和科尔多瓦清真寺一较高下，争夺世上最华美建筑的头衔。泰姬在沙·贾汗登基后不久辞世，此后 20 多年，皇帝的工匠一直在建造这一工程。它是拱门和圆顶式样的最高杰作，是印度艺术中最璀璨夺目的伊斯兰文化遗产之一，也是伊斯兰文明在印度留下的最伟大的标志性建筑。伊斯兰入侵令印度具象派雕塑式微，但也带来了补偿。另外，沙·贾汗的宫廷中有琳琅满目的袖珍画作品，将这一发展到化境的艺术传入印度。

宫廷以外，莫卧儿印度的景象就远没有那般引人入胜。地方官员不得不一再提高征收金额，不光要维持沙·贾汗的宫廷和战事开支，而且还得供养社会和军方的精英——他们已成了彻头彻尾的寄生虫，靠剥削生产型经济过活。不顾地方需求或自然灾害，这台贪得无厌的税收机器有时可能会夺走农民高达一半的收入，而且根本没有任何税收被投入生产。农民逃离土地、乡间流寇蜂起，直观体现了横征暴敛

---

① 指德干地区的 5 个穆斯林王国，分别是比贾布尔（Bijapur）、戈尔孔达（Golkonda）、艾哈迈德纳格尔（Ahmadnagar）、比德尔（Bidar）和贝拉尔（Berar）。——译者注

所引发的苦难和反抗。

　　沙·贾汗虽令帝国不堪重负，但所造成的破坏可能还不如其三子奥朗则布的宗教狂热严重。奥朗则布隔离了自己的三个兄弟并囚禁父王，于公元1658年称帝。他集绝对权力、狐疑猜忌和狭隘的宗教观于一身，造成了灾难性的后果。虽然他成功削减了宫廷开支，但也不足以抵消他所带来的损失。反抗莫卧儿统治的叛乱令他征服的新领土毫无意义。据说这些叛乱很大程度上由于奥朗则布试图禁止印度宗教、捣毁其庙宇，并对非穆斯林重开人头税。印度人加官晋爵的可能性越来越渺茫；成为穆斯林是获得成功的必要前提。延续了一个世纪的宗教宽容政策遭到废弃，使他失去大量臣民的忠诚。

　　废弃宗教宽容政策的其他后果之一是最终失去征服德干高原的可能。这片高原犹如帝国体内的溃疡，最终将莫卧儿拖垮。与阿育王时代一样，印度北部和南部无法统一。公元1674年，马拉塔人（Mahrattas）在一名独立领导者的旗帜下团结起来。这些山民是印度反对势力的核心，他们与德干苏丹国的穆斯林残余军队联手对抗莫卧儿大军。从漫长的斗争中涌现出一位英雄人物，在现代印度民族主义者眼中有着类似圣武士的形象。此人就是西瓦吉（Shivagi），他将四分五裂的马拉塔人统合成一个政治实体，也很快就有能力以不亚于莫卧儿人的残酷无情压榨纳税的臣民。奥朗则布接连不断地发兵征讨马拉塔人，直到公元1707年去世。其政体随即出现严重危机，他的三个儿子对继承权展开了争夺。帝国几乎立刻开始解体。而与印度人或地方王侯相比，另一些黄雀在后的得利者具有大得多的威胁，他们就是欧洲人。

　　也许最终让欧洲人在印度坐大要归咎于阿克巴，因为他没有将威胁扼杀在萌芽状态。沙·贾汗摧毁了葡萄牙人在胡格利（Hooghly）河畔的驻地，但后来容忍了基督徒在阿格拉活动。令人诧异的是，莫卧儿帝国似乎从未考虑过建设海军，而奥斯曼人则利用这一武装对地中海欧洲造成沉重打击。帝国在奥朗则布时期就已尝到了苦果，沿海船运乃至前往麦加的朝圣商道都遭到欧洲人的威胁。在陆地上，他们听任欧洲人建立立足点和桥头堡。击败一支葡萄牙部队后，英国人在17 世纪早期首次赢得了西海岸的贸易特许权。随后，到公元 1639年，在孟加拉湾的马德拉斯（Madras），经当地统治者的许可，他们建起圣乔治要塞（Fort St George），这是印度最早的英国殖民地。英国人此后与奥朗则布交恶，并在该世纪结束前更进一步，于孟买和加尔各答设立驻地。他们的船队维护着从葡萄牙人手中夺来的贸易统治权。但 18 世纪将临时，也出现了来自欧洲的新对手。一家法属东印度公司于公元 1664 年成立，并很快建立了自己的殖民点。

此后将有一个世纪的冲突，但不仅仅限于新来者之间。欧洲人有必要作出精明的政治选择，因为莫卧儿帝国不再如以往那样威风八面，不确定性随之而起。他们不仅要与皇帝打交道，还要和莫卧儿的对手建立往来。孟买的英国人就遇到过无计可施的窘境，发现一支马拉塔部队占据港内一岛，而一名莫卧儿舰队司令在毗邻的岛上驻扎。公元 1677 年，一名公司官员向伦敦的雇主发回一条意味深长的警告："诸位需以手中利剑，掌管一切商贸往来，时不我待。"公元 1700 年，英国人非常清楚他们可能失去的赌注有多大。

此刻，我们已进入一个时代，印度越来越身不由己，在无法左右的事件中随波逐流。事实上，这是一个属于世界史的时代。所谓"见微知著"，16 世纪的葡萄牙人给他们带来了美洲的辣椒、土豆和烟草，就能体现印度的被动地位。印度人的饮食和农业已经开始改变。随后，玉米、番木瓜和菠萝也很快传入。一俟与更广阔的世界建立起新的联系，关于印度文明及其统治者的故事也只能告一段落。但莫卧儿帝国的辉煌时代并非因欧洲人的到来而终结，那只是单纯的巧合。不过，这些新来者来得恰是时候，坐收其利，这一点确有重要意义。此前所有的印度帝国都无法长久存续，其主要原因可能在于次大陆的多样性和统治者无法引导土著民的忠诚心。印度当时依旧是这样一片大陆，精英统治阶级剥削他人，而勤劳能干的农民饱受压榨。如果还有所谓的"国家"，那也只不过是将生产者的资源转入寄生虫口袋的机器。

尽管存在许多政治问题，但印度在18世纪之初仍然是一个非常富庶的地方。其农业生产力可能比其他地方都高，这得益于全国范围的温和气候。制造业正在改善，无论在质上还是量上，并在印度之外找到了重要的市场。在古吉拉特西北部的阿赫马达巴等地，棉纺织业成为主要的雇用机会来源；在其他城镇中，市场经济也在扩展。虽然印度正在面对其近代史上最为剧烈的转变，但其现代性的一些关键基石此时已经奠定。相比200年前莫卧儿人开始入侵之时，它已经非常不同。

在中国，变化也正在发生。17世纪中期，一个自称为"清"（意为"清楚"或"洁净"）的新王朝征服了整个国度。清的建立是政治上长期筹划的结果，实现者是由中国东北多个族群结成的联盟。起主导作用的是满洲人，包括了在12世纪曾起过重要历史作用的女真人的后裔。但联盟中还包括蒙古人、朝鲜人和汉人。他们认为明朝已经衰败腐化，上天选中了他们来接受天命，复振中国。他们推崇儒家学说，宣扬古代美德和道德模范。但与自12世纪开始中国接受的儒家思想取向相比，清王朝的意识形态是据说属于孔夫子的观点的通俗化版本，以简单的两分法和行为准则为核心。事实上，清王朝创造的是一种支配与征服的意识形态，自命为中国的所谓拯救者，居于核心地位。

如果不是因为明朝末年弊病丛生，清的政治谋划就无从谈起，也几乎不可能实现。到 1600 年时，明朝在人们眼中已然低效、封闭而腐化，各种迹象都有力地表明，当时平民尤其是农民的生活已经面临着越来越多的问题（可能是气候变化让中国北方比以前更冷也更干燥），但很少证据显示明朝政府曾大力赈济。相反，朝廷变得越来越封闭，主宰朝政的廷臣和太监目光短浅，根本就没有认识到，自己所在的紫禁城之外的广阔世界正发生什么。在京城之外，行政体系其实运转得还可以。但是中央的巨大缺陷，会被政权的敌人加以利用。

结局来得很快。随着明帝国的内部纷争日益激烈，北方一支叛军进军北京。1644 年 4 月，北京城陷落，叛军兵临城下之时，明朝最后一位皇帝在紫禁城后面的煤山上吊自杀。而满洲人在 1636 年就已经建立起自己的清政权，在北方等待着时机。关内大乱之时，清军号称要扫清叛贼、重彰美德，在多尔衮和明朝叛将吴三桂率领下于 1644 年 6 月进入了几乎毫无防备的京城。他们宣布年幼的清顺治帝成为中国全境的统治者，并开始对各地剩余的明朝势力进行异常残酷的清剿。他们的统治很快得到全面巩固，南明最后一位皇帝于 1662 年被从缅甸执回并遭处死。

清政权声称要恢复传统，但事实上他们所建的国家是一种近代产物，与中国之前全然不同。清王朝从建国之初起就是个多民族国家，其统治者要求在政治上要绝对忠于中央及其各机构。中国以这种方式达到了前所未有的中央集权程度。文武百官都在皇帝的监视之下小心行事，帝国处处都安插着皇帝的线人和探子。皇帝在京城举行盛大公共仪式，其中往往糅合了众多宗教的元素——皇帝是各种宗教的领袖，但又不属于任何一个宗教。帝国自视理性、明智而高效，因而包容万象；清政权不完全属于国内任何群体，它还希望驾驭愿意臣服于其声威的任何邦国。

　　声威不够时，就以武力相助。清王朝非常军事化，有历史学家曾称清代中国早期有一种"战争文化"，这种描述恰如其分。清军是职业化的军队，其精锐部队分为八旗，辅以常规的步兵部队。与国家的组成类似，武官也来自各族，但以满洲人和蒙古人占优。军中还有更小的组织单位，通常按照族群划分——清政权对其治下各族的能力有很清晰严格的限定。八旗军装备有当时最为先进的武器，包括越来越多欧洲研发的大炮和火枪。但清政权最重要的武器，还是它拥有致命的精准杀伤力的、迅捷的骑兵。这个新政权把欧亚大陆中部几个世纪积累的骑兵战术加以运用，建立了让敌人闻风丧胆的骑兵队伍。

　　清军一方面用于征战，另一方面也起着威慑作用。清朝很早就对蒙古和西藏的大部分地区建立了直接统治。在进攻南明的过程中，南方省区（今天的广西和云南等）被占领，部分地区由所谓旗人驻防。1683年，台湾被攻占。朝鲜和越南承认了清王朝的宗主权，但并没有成为清帝国的组成部分；其他一些沿海国家，从缅甸到琉球，则向清王朝纳贡（实际上往往掩盖了纯熟的贸易往来）。在欧亚大陆中部的陆地边界方向，清帝国则强硬地用兵推进。其军队还控制了库页岛以南的整个亚洲太平洋沿岸地区。在西部，它进入今天的新疆甚至更远的地方，平定了当地割据势力的反抗。

　　此时，进兵欧亚大陆中部的清帝国，遭遇了正在推行领土扩张的沙俄帝国。清王朝的皇帝们意识到，他们必须要消除这种威胁，才能最终让这片地域西部的土地安稳无虞。从17世纪晚期以降，中国和俄国签订了一系列条约，划分了两国在欧亚大陆中部的边界。曾在过去2000年间强烈影响了人类历史的各草原族群，此后不再作为单独的政治势力存在。得以腾出手来专心对敌后，清朝开始发动一系列针对分布在塔里木盆地至巴尔喀什湖西岸之间的地方割据势力的消耗战。战事的高峰发生在 18 世纪 50 年代，帝国向准噶尔汗国发动了一场毁灭性战役，击败后者，彻底消灭了漠西蒙古在欧亚大陆中部的政治势力。这使得后来这个地区从族群上变成以突厥语系的穆斯林为主体，尽管清王朝也曾试图向这一带移民。

清王朝能取得胜利，部分是由于康熙皇帝（1661 至 1722 年在位）及其孙子乾隆皇帝（1735 至 1796 年在位）的领导能力。在许多方面，康熙符合近代中国人眼中的理想皇帝形象。尽管他接受的教养方式强调武力的价值，但他还是勤奋学习中国文化，并对了解异域风情（甚至包括遥远的欧洲）很感兴趣。他广纳亚洲各地的博学之士到自己的宫廷，宫中还有来自中东的伊斯兰学者和来自欧洲的耶稣会士。康熙养成了定期巡视各省的习惯，在各地当场下令对邮政、行政或军事事项加以改进。他记忆力惊人并且工作勤勉，但有时因为管得太细而事与愿违，这是一种今天所说的"微观管理"倾向——既刚愎自用，又缺乏耐心。康熙不能容忍任何人干扰他对中国的规划，一旦觉得有反对之声，就让人头落地。

康熙根本上是一个军事首领。他镇压了边境各省的多次叛乱，并开始向欧亚大陆中部进兵，这最终由他的孙子完成。康熙认为社会的首要责任就是支持军队，终其一生都致力于军队训练、招募和后勤事宜，建立起一个长期完整沿用的军事体系，直至 19 世纪末被欧洲的攻击压垮。相比同时代欧洲或亚洲的统治者们，他也更相信教育对提升军队准备的关键作用，因此很愿意大手笔投入学术项目，包括文献编纂和字典研究。他下令编纂的百科全书在他去世前完成，篇幅达 5 000 多册①。

康熙的孙子乾隆属于另外一个时代。此时帝国更加稳固，满洲

---

① 指《古今图书集成》，该书正文 10 000 卷，目录 40 卷，共分为 5 020 册。

人也更加汉化，所面临的任务也更加清晰。乾隆没有他祖父那么敏锐的理解力，但他非常勤奋，致力于了解自己治下的广大帝国里人们的行事动机与愿望。除了满语和汉语，他还学会了藏语和蒙古语。他敬拜各种神社，坚信对治下的各个群体应根据其特性来施以统治（尽管他承认有时也很难把各个群体完全区分开，比如他曾在日记中承认，他有时会把蒙古人和藏人搞混）。

乾隆并没有忘记祖先们的浩大武功。在统治的前半段，他成功地镇压了南方的多次叛乱，让帝国继续在欧亚大陆中部发展。他还介入了西藏的地方事宜，让这里更牢固地处于清王朝控制之下，达赖喇嘛则作为中央与藏族人沟通的中介。但他统治后期的军事行动就没那么成功了，这主要是因为它们没有了清晰的政治目标。18 世纪 60 年代在缅甸的军事行动试图消灭当地的独立政治力量。但这次行动遭到缅甸人的顽强抵抗，邻国也对缅甸施以援助。清王朝最终于 60 年代末撤兵，只得到缅甸正式臣服的一句承诺。缅甸国王仍然在位。

越南的情况更糟。乾隆帝于 18 世纪 80 年代出兵越南，想扶持自己青睐的王位争夺者上位。可是虽然清朝大军占领了越南北部，却陷入了与当地顽强的越南叛军的苦战之中。乾隆不准撤兵，等到 1789 年遭到越南人的一次毁灭性进攻后再撤军时，连他们扶持的王位争夺者也被迫撤离。越南人将清军的撤退当作己方的胜利大肆庆祝，但他们很快就像缅甸人一样，一等清军撤离，就向清王朝请求重新进入朝贡体系。但自此以后，在越南的民谣里，1789 年的这次进攻（发生在农历新年前后）将成为其国家独立的一种象征。

随着国外政策受挫，乾隆帝在统治后期逐步开始更加关注内政，关注宫廷内部事务。他热衷于收藏，藏品包括欧洲的钟表。他还爱好写诗作文，他的著作集收录了 4 万多首诗和 1 300 多篇其他文章。

但这个在位多年的皇帝也错误地提拔了一批宠臣，其中包括年轻的满洲人和珅。和珅在掌管国家财政期间，贪污之巨，相当于洗劫了国库。乾隆末年清廷的贪污腐化之风非常严重，很多中国人认为，已经类似于之前众多朝代末年的景象。

17世纪末至18世纪的中国社会，社会财富逐步增长，生活水平稳步改善，到1800年时显然优于世界上其他任何地方。这种普遍繁荣的最佳衡量尺度，是人口的增长。清帝国早期域内居民的数量翻了一番多，到1800年时总人口约为3.8亿（相比之下，英国是1 000万）。人口增长的原因是长期的和平，以及稻作技术的大幅改善，还有新世界作物如玉米和土豆的引进。

社会其他方面也发生了变化。市场显著扩大，私商的作用也大为增长。据估计，1800年后不久，中国农业生产有三分之一的产出都进入了各类市场交易。随着手工业的扩展，城市化发展明显：北京是18世纪时世界上最大的城市，其他城市也在增长，包括南方新兴的众多港口。繁荣的对外贸易正是通过这些港口开展的。茶叶、丝绸和手工制成品从中国流出，白银作为货币流入（主要来自美洲），展示了乾隆治下帝国的经济实力，但也造成了通货膨胀，从而给自给自足的小农们带来了压力。清廷仍然相信自己通过税收、价格管控和国家采购控制着国家的经济，但事实上私人利益的作用变得越来越明显。

与通常所称的相反，其实中国（和印度）在17、18世纪发生了很大的变化。但欧洲的变化更剧烈。在我们转向欧洲的故事之前，来看看有些历史学家所称的1600至1800年的"大分流"是很有意义的。在这个时间段里，欧洲在某些领域的优势变得越来越明显。起初，在军事技术、造船和航海这些对探索世界来说特别关键的领域，欧洲的优势最显著。但到17世纪末，一场从全球角度来说的革命，一场强调科学、技术和资本积累的革命，已经在欧洲的部分地区发生。这场知识革命将逐步引发一场工业革命，虽然后者对全世界的效果要到 19 世纪时才会被充分注意到。

虽然中国、印度和亚洲其他地方在 1600 年后经历了比以往更加剧烈的国内变迁，但相比欧洲的独特事件，这些变迁更加温和，也不涉及那么多方向。在许多领域，增长比较平稳，生活水平也能追上人口（基数业已庞大）的持续增长。但印度和中国都发现，自己所进行的渐进式技术改良的产出正在递减，而好不容易才貌似实现的社会稳定，总是因为自然灾害、内部不和或外部压力就轻易地自下而上瓦解。换句话说，亚洲仍在沿着过去的方向（由直接又各异的路标设定）前行，尽管至少在某些地方看来，它的历史似乎正在加速。唯有在欧洲，随着对自身遗产及周遭世界的遗产的重新解释，一切才正在变得真正截然不同。

乾隆帝在自己漫长统治的末年，仍然确信自己的帝国是地球上最为强盛的，尽管他知道，无论在对外事务还是内政管理方面，它都需要改良。乾隆与他在 19 世纪早期的继位者们一样，想要的是渐进的改良，这既不会危及王朝的权力，又不会影响中国的社会稳定。因此，在他统治末年来到北京的欧洲使团无法取悦他。"若云仰慕天朝，欲其观习教化，"他写信给英国国王乔治三世道，"则天朝自有天朝礼法，与尔国各不相同……亦断不能效法中国，即学会亦属无用。"清代皇帝无法想象一个连成一体的世界。但他的欧洲来访者们却可以。

第 2 章　新型社会：早期近代欧洲

"近（现）代史"是一个耳熟能详的术语，但并非总是指代同一种对象。过去，近代史曾经包括"古代"史以来发生的一切，犹太人、希腊人和罗马人是其研究的主题。以笔者所处的时代为例，这一概念被用来定义牛津大学的课程，其中包括了中世纪。然后，它又脱离"中世纪"史自成一系。现在往往采用进一步的细分，因为史学家们已经开始发掘其内部的区别，"早期近代"史的说法不时出现。通过这一方式，他们真真切切地让我们注意到一段进程的存在，因为"早期近代"是指一个崭新的大西洋世界从传统主导的、农业的、迷信的和局限于西方基督文明的中世纪崛起的时代。这一进程在不同国家的不同时段上演，在英国非常迅速，在西班牙直到公元1800 年还远未完成，而东欧大片地区甚至在一个世纪后依然未受影响。尽管表现出极大的无序性，但该进程显然是真实的，其重要性也确实无疑，因为它打下了欧洲世界霸权的地基。

如欲思考其中所涉及的方方面面，以一个简单和明显的真相作为起点不无裨益：在人类历史的大部分阶段，大多数人的生活方式都受一个残酷现实的深刻影响——对于如何满足自己和家人的遮风避雨和果腹之需，他们几乎没有选择的余地。直到历史近期，世上才有极少数人产生了并非必然如此的念想。而从设想成为数量可观的人生活中的现实，则又不离开欧洲近代早期的经济变迁，这一变化大部分发生于易北河以西。

中世纪欧洲与当时世界上大多数地区一样，依然由某种形态的社会构成，其中，从生产者（农民）手中获取大部分超出消费需求的那部分产出，是通过社会或法律体制，而非市场机制。当我们能够辨识出"近代"欧洲的存在时，这一状况已经改变；榨取和动员那些剩余产能已成为变化无常的"资本主义"（这是我们经常给它贴上的标签）的任务之一，其运作大多通过日趋复杂的市场中的现金交易进行。

由于第一次具备了相当充分且连贯的量化数据，我们可以更好地把握这些变化的轨迹，而这在之前的历史阶段是做不到的。在一个重要的领域，最后四五百年间的历史证据的参考价值大为改观，其统计性大大增强，因此定量分析也更为容易。这些新统计材料往往来源于政府。出于很多理由，政府越来越想要了解他们掌控的资源或潜在资源。但公元1500年后的私人记录也给我们带来大量额外的数据资料，尤其是业务记录。随着纸张和印刷的不断普及，这些资料的复本也大大增多，意味着保存下来的概率极大提高。商业的出现导致了对集合数据资料合集出版物的需求，例如船只动向或价格报告。此外，历史学者也精进了研究技巧，可以从哪怕贫乏或零碎的史料中取得极大突破，这在仅仅数年前都是不可想象的。

这一切都大大提升了我们对早期近代欧洲变化规模和形态的了解水平，但必须保持谨慎，既不能夸大这类史料的精确程度，也不能随意以此得出结论。搜集高质量的统计数据长期以来都十分困难。就连相当基本的问题也很难得到准确的答案，例如某特定地区有哪些居民。这一状况直到历史近期才有所改观。准确列出国内的土地明细——这一工作被他们称为地籍测量（cadastral survey），甚或弄清究竟有多少臣民，都被18世纪推行改革的君主们视为一项了不起的目标。大不列颠直到1801年方才进行第一次人口普查——比《末日审判书》晚了将近八个世纪。法国的首次官方普查到1876年才进行，俄罗斯帝国的唯一一次普查也要等到 1897 年。

如此姗姗来迟其实算不上真正的意外。进行一次普查或调查需要复杂且可靠的行政机器，而且可能招致强烈的反对（政府获取新信息后，新的税收往往随之而来）。使这些困难雪上加霜的是，欧洲在近代史大半时期都有大量的文盲人口。

新的统计资料能够解决很多历史问题，同时也能提出很多新问题。它可以揭示出当时使人困惑不解、也更难加以概括的包罗万象的现象，对于 18 世纪的法国农民，自从研究揭示了隐藏在这一单纯名词背后的多样性以来，想作出任何整体性的论述都变得更加困难。也许根本没有法国农民一说，只有若干各异的阶层。最后，对于那些完全看不出前因后果的事实，统计资料也能揭示出其背后的成因。无论如何，从 1500 年起，我们越来越深入一个测算统计的时代，其总体效应在于，比之较早的年代和其他地区，对于当时的欧洲发生了什么，我们更易于得出可论证的观点。

人口发展史是最明显的例子。15 世纪末，欧洲人口即将迈入一段一直延续至今的增长期。公元 1500 年以后的人口发展史可以粗略地划分为两个阶段。以大约 18 世纪中期为界，此前的人口增长相对平缓而稳定（除了暂时和地区性的波动），是"近代早期"史的特征之一，该时段也与"近代早期"史基本重合。第二阶段的增长速度大大加快，重大的变化随之产生。只有第一阶段是本章所关注的对象，因为它确立了近代欧洲的成型方式。该阶段的普遍事实和趋势也足够明朗。虽然严重依赖于估算，但这些数值的依据比以往的估测要牢靠得多，部分是因为自 17 世纪早期开始，对人口问题的关注就几乎从未间断。这份关注对 17 世纪末统计学科的奠基（当时称为"政治算术"）有所贡献，英格兰是该学科的主要发源地。政治算术确实完成了一些突出的工作，但这就好比是汪洋大海中的一座孤岛，被大量猜测和推导所包围，只有一丁点相对而言比较精确严谨的内容。尽管如此，统计得出的大体布局还是清楚的。公元1500年的欧洲有大约8 000万居民，两个世纪后为1.5亿不到，到1800年达近2亿。公元1750年以前，欧洲的人口增长率相当稳定，一直到1700年前后，其人口在世界总人口中的比例始终保持在五分之一左右，但到了1800年，这一比例已经接近四分之一。

因此，显然有很长一段时期，欧洲和其余地区的人口增长率并不存在后来所出现的惊人差距。从中作出以下推断似乎不无合理之处——相比1800年以后的状况，欧洲和其他地区在人口问题其他方面上的差别也较小。例如，欧洲人的死亡年龄当时依然普遍较低。公元1800年以前的人普遍早夭，因此平均死亡年龄比今日低得多。18世纪法国农民家庭的新生儿有大约22年的预期寿命，只有大约四分之一可以活过婴儿期。这与1950年的印度农民或罗马帝国时期的意大利人相差无几。超过40岁的人屈指可数，因为饮食比不上现代人，他们在同一年龄下比我们更显老，体型可能更小，气色也更差。和中世纪一样，女性的寿命依然比男性短。也就是说，很多男子再婚甚至三婚并非如今日那样因为离异，而是早年丧偶。

欧洲夫妇婚后生活的平均时间相当短暂。以波罗的海到亚得里亚海的连线为大致的分界，西部的婚姻寿命比东部更短，而且西部有晚婚的习俗，往往要到二十好几才首婚，这长期以来都是东西欧人口构成存在差异的成因之一。不过总体而言，家境较好的欧洲人可以供养的家庭规模也较大，穷苦家庭的人口数则较少。以下两点可以通过推论得到强有力的证明，在17世纪，一些地区已经出现了某种限制家庭规模的做法，除了堕胎和杀婴之外，还有其他实现这一限制的手段。要解释这一难以理解的现象，就需要了解更多的文化和经济现实。在一个大多由文盲组成的社会中，有些领域的历史几乎不可能完全搞清，这就是其中之一。关于早期的生育控制状况，我们几乎没有可以确信的资料来源，而至于这一控制手段有没有引发早期近代欧洲人对自身及决定同类生命的做法的反思、又引发了什么样的反思，我们的所知则更少。

就总体而言，人口还反映了农业在经济中的持续主导地位。长期以来，农业产量只比需求略高，只能养活缓慢增长的人口。1500年的欧洲大陆依然以农村为主体，人们的物质生活水平相当低下。以现代眼光来看，当时那片大陆的人丁非常稀少。英格兰和大陆其他地区相比人口密度较高，但在 1800 年也只有大约今日六分之一的人口；东欧的不少统治者用尽一切手段鼓励移民，急于填补那里巨大的人口空缺。尽管欧洲人口也在高速增长，但仍然无法与亚洲相提并论。

不过城镇规模和人口依然得以增长，其中有几座城镇的发展速度显著高于人口总体增长速度。阿姆斯特丹的居民数量在 18 世纪达到 20 万左右，巴黎的城市规模在公元 1500 至 1700 年间可能扩大了一倍，有将近 50 万人口。这两百年间，伦敦人口从 12 万左右增长到接近 70 万，比巴黎更胜一筹；当然，鉴于英国人口总数比法国少得多，这意味着该国的城市化规模也大得多。一个意义重大的英语新词开始被人使用：城郊（suburbs）。但中等及以下规模城镇的情况并不容易概括，大部分都很小，到 1700 年依然不足两万人，人口超过十万的欧洲城市在 1500 年只有九座，而两个世纪后至少有 12座。这几个世纪中，欧洲的城市化进程并不像后来那样傲视群侪，世界上最大的几座城市仍然在亚洲。

城市化和人口增长的分布都不均衡。那些年间，法国依然是西欧最大的国家，1700 年有大约 2 100 万居民，同期的英格兰和威尔士只有 600 万上下。但要进行对比分析并不容易，因为有些区域的人口估算远不如其他区域可靠，边境线的变动时常使人难以确定同一个地名在不同时期究竟指代哪个区域。可以肯定的是，在 17 世纪的一波天灾人祸下，一些地区的人口增长一度受制，也有可能出现负增长。西班牙、意大利和德意志都在 17 世纪 30 年代经受了严重的传染病暴发，还有其他广为人知的地方灾难，例如 1665 年的伦敦大瘟疫。饥荒是另一个偶尔出现的地区性影响因素；17 世纪中期，德意志甚至有人吃人的传闻。

农业歉收有可能导致经济萧条，加上营养不良和由此导致的抵抗力低下，很快会酿成灾祸。如果再碰上战争，就会导致十分可怕的后果。而战争在中欧始终随处可见。饥荒和疾病跟随着军队的脚步，可以迅速使一小片地区尸骨累累。这一状况部分反映了经济生活依然高度地方化的事实，据说未被攻打或沦陷的城镇即便处于会战区也可能毫发无伤，而仅仅几英里外的另一个镇子却被夷为平地。在生产力提高的速度超越人口增长之前，欧洲的人口增长始终极不稳定。

在这方面，就和其他很多方面一样，不同的国家有不同的历史。15 世纪中期，农业有恢复元气、重新扩大规模的迹象。其标志之一是 14 世纪因人口凋零而遭废弃的土地又成为农田。然而在大约公元 1550 年以前，这一进展十分有限，也只有少数地区受益。农业发展的影响力长期局限于这些地区，不过，当时已经有了重大的技术改良，通过对劳动力的妥善运用，也就是集约耕作方式，土地的生产力提高了。在没有受此影响的乡村地区，中世纪的往日气息长期萦绕不散。甚至连货币的出现也不能很快打破某些社群近乎自给自足的状态。农奴制在别处走向消亡的同时，却在东欧扩大了规模。不过到 1800 年，将欧洲作为一个整体来看，农业是进步最为明显的两大经济领域之一（另一个是商业），若干发达国家表现得尤为突出。

总体而言，农业提供了足以维持人口持续增长的产量，起初只能支持极为缓慢的增长，但此后不断加快。

市场针对性的逐步提高和技术创新使农业缓慢地发生了变化。农业和人口相互关联，有大量人口的地区往往会形成集市，从而刺激农业发展。甚至早在15世纪，低地国家的居民就已经在集约耕作的技术方面领先一步。排水系统的改良也出现在佛兰德斯，带来了更好的牧场和更高的畜牧业产量。另一个城镇人口相对较多的地区是意大利北部的波河流域，而那里有从亚洲引入欧洲的新作物。例如，作为欧洲人饮食的一种重要补充，稻米就出现于15世纪的阿尔诺（Arno）河与波河流域。另一方面，并非所有的作物都能立刻获得成功。尽管营养价值明显，还有很多民俗故事吹嘘马铃薯有催情的功效，是治疗肉疣的良药，但直到大约两个世纪后，这种从美洲传入欧洲的作物才成为英格兰、德意志和法国的寻常菜色。

低地国家的农业改良于16世纪传播到英格兰东部，并在那里缓慢地得到进一步完善。17世纪，伦敦成为玉米出口港，下个世纪，大陆本土的欧洲人来到英格兰学习这种作物的种植方法。18世纪还见证了畜牧和养殖业的进步。此类改进使人们对之前不可想象的高产作物和优质家畜习以为常。农村的景致和农民的外表都发生了转变。农业是科学（哪怕只是初级科学）力量最早的展示，表明通过实验、观察、记录和再次实验的方法，能够比习俗的选择作用更迅速地提高人类对环境的控制力。这些改良使得人们青睐于土地重组、形成更大的农场，减少小农数量（只有特别有利于小农式种植的土地例外），采用有偿劳力，为建筑、排水和机械投入高额资金。

但我们绝不能夸大变化的速度。英格兰变化速度的标志之一是"圈地"的进展情况，即传统英式村庄的开阔地和公用土地被兼并作私用的现象。直到18世纪末和19世纪初，才开始频繁而大量地出现授权此类行为的议会法案。农业完全融入市场经济、土地被当作和其他商品别无不同的单纯商品来对待，这一切要等到19世纪才发生，哪怕在大洋彼岸的玉米田投产之前一直领跑全球农业的英格兰也一样。不过，通往前方的道路在18世纪已经浮现端倪。

更高的农业生产力最终消除了物资匮乏的积弊，这种匮乏长久以来都具有毁灭人口发展的力量。16世纪末也许是欧洲人口最后一次表现出对资源的压力、乃至于让14世纪那样的大灾难仿佛近在眼前的时刻。在下个世纪中期的战乱中，英格兰和尼德兰都避免了最糟糕的情况。此后，虽然必须承认，饥荒和物资不足依然能够在欧洲某地或某国造成大规模的人口损失，但谷物进口量的不断增多还是使其逐渐却步。前文提到，歉收令1708至1709年的法国成为"一家大医院"，但当时是战争期间。同一世纪后期，一些地中海国家开始依靠波罗的海地区提供面粉和玉米。不过事实上，进口成为一种可靠的物资来源还要等很久；这一手段往往不能很快奏效，特别是需要走陆地运输的情况下。甚至到19世纪，法国和德国部分地区依然受物资匮乏的折磨，18世纪的法国人口增长速度快于生产，因此当时很多法国人的生活标准实际上有所跌落。不过，对英国农村劳动者而言，有几个世纪堪称后世回忆中的黄金时代，餐桌上总有充足的小麦面包甚至肉类。

16世纪晚期，可以隐约感受到日益扩大的人口规模对增长缓慢的资源所形成的压力，鼓励移民是应对这种压力的手段之一。截至1800年，为了向海外土地输送人力，欧洲人做了大量的工作。1751年，一名北美人认为这片大陆有100万英国血统的人；现代计算得出，17世纪有大约25万英国移民前往新大陆，下个世纪又增加了150万。当时还有大约20万德国人和一些法国人在加拿大生活。我们有理由认为，到1800年，差不多有200万欧洲人抵达美洲格兰德河以北地区，还有大约 10 万西班牙人和葡萄牙人在该河以南。

对家乡粮食不足的恐惧推动了这场大移民潮的形成，反映了农业始终是经济生活中占首位的考虑对象。三个世纪中，欧洲经济所有主要领域的结构和规模都发生了重大改变，但在 1800 年，就连法国和英国也依然被农业所主导，尽管这两个西方最大的国家在商业和制造业领域取得了长足的进步。这一事实，就像 1500 年时一样千真万确。而且，完全脱离农业的工业人口无论在什么地方都少之又少。酿酒工、织布工和印染工都依赖农业，同时，很多耕地务农的人也纺纱、织布或从事市场上的买卖。

除了农业，只有贸易领域向我们展现了决定性的变化。从 15 世纪后半叶以来，该行业的运转节奏开始明显加快。欧洲当时重新获得某种始现于 13 世纪的商业活力，并表现在规模、技术和动向上。而这再一次与城镇的发展有关。城镇需要专业人才，也为他们提供了生计。中世纪的大型展销会和市集延续下来，中世纪高利贷法和行会的限制性措施也一样。然而，一个全新的贸易世界在公元 1800 年以前已经成为现实。

在 16 世纪就已经可以察觉到贸易领域的新气象，当时，世界贸易刚刚步入漫长的扩张阶段，除了短暂的战争时期，实质上这一扩张从未中断，一直持续到 20 世纪 30 年代的世界大战爆发，然后又重新恢复发展。贸易扩张的开端始于经济重心进一步从欧洲南部向西北部、从地中海向大西洋区域转移，这一点前文已有评述。其推动因素之一是政治动荡和战争，例如 16 世纪早期使意大利生灵涂炭的战乱①；其他因素包括小而短暂但起到关键作用的压力，例如同

---

① 1494—1559 年间的数起发生在意大利的战争，统称大意大利战争，又称哈布斯堡—瓦卢瓦王朝战争。——译者注

一时期葡萄牙人对犹太人的迫害，导致大量身怀商业技术的犹太人离开该国前往低地国家。

16世纪的安特卫普写下了一段伟大的商业传奇，不过在数十年后的政治和经济灾难中走向崩溃。阿姆斯特丹和伦敦于17世纪后来居上。贸易对这三座城市的崛起都起到重要的作用，这些贸易依托于人丁兴旺的内陆，提供了使制造业、服务业和银行业实现多样化的利润。佛兰德斯首先取代了中世纪意大利诸城在银行业中的古老统治地位，然后是16世纪的德意志银行家，最后是荷兰和伦敦。阿姆斯特丹银行，甚至直到1694年才成立的英格兰银行，都很快成为国际经济中一股不容小觑的势力。以它们为中心，还聚集起一批从事信贷及金融业务的其他银行和商会。利率开始走低，中世纪问世的汇票获得极大普及，成为国际贸易中的主要金融票据。

从那时开始，纸币逐渐进入流通领域，取代了金银。18世纪出现了欧洲最早的纸质货币，支票也于同一时期问世。股份公司造就了另一种可流转证券，即公司的股票。伦敦证券交易所成立，取代了17世纪提供股票报价的伦敦咖啡馆。到1800年，很多其他国家也有了类似的机构。新的资本筹措和配置项目在伦敦、巴黎和阿姆斯特丹如雨后春笋般涌现。彩票和养老储金会一度风靡；一些风险投机项目也大行其道，其中最臭名昭著的是英国南海"泡沫"①。但世界无时无刻不在朝更商业化的方向发展，更习惯于以财生财的观念，并以现代资本主义武装自己。

这一趋势的效应很快出现在17世纪后期的外交谈判中，各国不仅对贸易问题投入了极大的关注，更不惜为之一战。英国和荷兰在1652年因贸易纠纷开启战端，拉开一个漫长时代的序幕。这两国以

---

① 这一事件的始作俑者是英国南海公司，成立于1711年，从事南美奴隶贸易，后认购英格兰战争国债，从而引发民众对其股票的投机热潮，最终导致18世纪20年代的经济泡沫，使很多人破产。——译者注

及法国和西班牙一再发生摩擦，贸易问题往往是争议的重中之重，至少也具有重要地位。

政府不仅以战争的方式维护商人的利益，而且还以其他方式干涉贸易经济的运作。有时政府本身就是企业和雇主，威尼斯的军火工厂据说在 16 世纪一度是全世界最大的制造企业。政府还以特许状的方式为公司提供垄断特权，这使得后者的利润更有保障，筹集资金也因此更为容易。最后，人们开始觉得特许公司也许并非是确保经济优势的最佳手段，这些公司因而失宠（在 19 世纪末又经历了短暂的回光返照）。无论如何，此类活动得到政府的密切参与，所以商人的利益诉求开始影响政策及法律的成型。

贸易发展和社会的相互作用可以间或揭示出意义极为深远的变化趋势。17 世纪的一名英国金融家首次向公众提供人寿保险就是其中一例。当时，以人身寿命为对象的年金买卖早已有之，而将精算学和"政治算术"所提供的新统计资料应用于该行业是此前所没有的。死亡这一话题，过去总是存在使人望而却步的无常和变数，而现在，用合理的计算取代赌博式的猜测已成为可能。随着该技术的不断完善，人们可以为范围愈加宽泛的天灾人祸提供有偿的保护。这一过程无意中还创造了另一种非常重要的工具，可以用来筹集大额财富，以作进一步投资。但其意义还不仅如此，因为人寿保险问世于一个特别的年代——在初期，它有时被称作"理性时代"。这一事实告诉我们，经济变化的影响力有时确实非常深远。这是一个小小的引证，表明去宗教化的世界正在向我们走来。

从 17 世纪后半叶开始，海外贸易对欧洲商人的重要性突增，这是欧洲商业最显著的结构性发展，也是经济活动从地中海向欧洲北部转移的部分表现，不到公元 1500 年，这一转移已能为人感受得到，也使未来世界的经济初现雏形。不过，直到 1580 年左右，这幅蓝图的绘制者主要还是伊比利亚半岛的人。他们不仅统治了南大西洋和加勒比海的贸易，而且公元 1564 年后，还有"马尼拉大帆船队"定期从阿卡普尔科（Acapulco）① 驶向菲律宾；葡萄牙人自西方远道而来，在中国立足，此后远东的中国也与欧洲人展开了商业接触。全球贸易开始令古老的地中海贸易黯然失色。17 世纪晚期，西班牙、葡萄牙与大洋彼岸的殖民地之间的封闭式贸易依然不失其重要性，但海外贸易被荷兰人和其日趋壮大的对手——英国人所统治。

　　荷兰人的成功源于过去向欧洲市场供应咸鲱鱼的收益，也和拥有特别适合大宗运输的"快速平底船"（flute）有关。凭借这一工具，他们首先主宰了波罗的海的贸易，并进一步成为欧洲船运的掌舵人。虽然到 17 世纪后期经常被英国人取而代之，但他们维持着远达四海的殖民地和贸易枢纽网络，尤其在远东地区，其地位更在葡萄牙人之上。但英国以大西洋为成就霸业的基础。渔业对英国也相当重要；他们在纽芬兰沿海一带捕捞营养丰富的鳕鱼，到岸上晒干腌制，然后到地中海各国贩卖。因为有周五斋戒的习俗，这些国家对鱼类的需求极大。越过海岸旅游区进入内陆后，至今依然可以在那里的葡萄牙和西班牙南部居民的餐桌上看到这道被当地人称作巴卡劳（Bacalao）的鳕鱼菜肴。荷兰人和英国人都逐步拓宽船运范围、增加船运种类，也都亲自参与贸易交换。法国人同样不甘寂寞，在 17 世纪前半叶将海外贸易规模扩大了一倍。

　　人口的增长和一定程度上的运输保障（水路始终比陆路便宜）使国际谷物贸易逐步成型。造船业本身促进了沥青、亚麻、木材、食品等货物的流动，这首先影响到波罗的海的贸易，然后成为北美经济的

---

① 墨西哥南部格雷罗州的港口城市，1531 年被西班牙殖民者发现，1550 年建立居民点。该市是在墨西哥与东方之间往来的西班牙殖民舰队的主要补给点。——译者注

重要组成部分。这不仅涉及欧洲的消费，一切活动的背后还有一个个不断扩张的殖民帝国。到了18世纪，人类已身处于一个海洋经济体和国际贸易社会之中，他们在全球范围从事业务，并为此明争暗斗。在这一经济体中，奴隶扮演着愈发重要的角色。

大部分奴隶是非洲黑人，其中最早的一批1444年被带到欧洲的里斯本出售。奴役现象在欧洲本土已完全消失（不过依然有欧洲人被阿拉伯人和土耳其人捉拿为奴贩卖）。现在，这种现象开始向其他大陆大规模扩张。不到两三年，葡萄牙人已经贩卖了超过1000名黑人，并很快在西非设立永久性的奴隶贸易点。这些数据表明，欧洲人很快就发现这一新的行当有利可图，但并不能揭示此后事态将发展到何等规模。一目了然的是，这一行当残忍野蛮（葡萄牙人很快发觉，只要

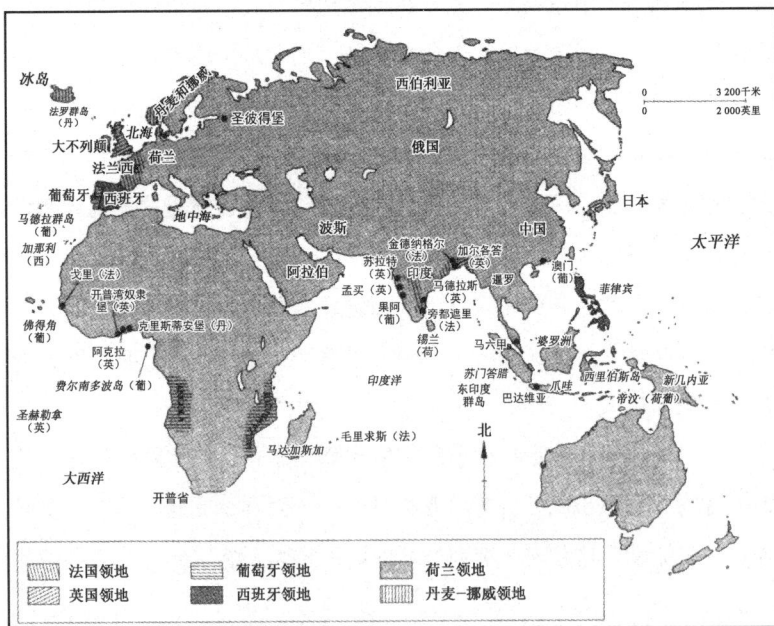

非洲和亚洲的欧属商栈和领地（约1750年）

抓住孩子通常就能让其父母乖乖就范），还有非洲人与他们沆瀣一气，当奴隶贩子深入内陆寻找奴隶时，地方上的统治者会包办一切，囤积黑奴向他们批量出售。

非洲为什么会成为奴隶贸易最大的受害地？种族观念大有干系：一些欧洲人已经认为非洲人勤劳、听话又愚笨。当然，非洲的大多数政治体系都很松散薄弱，很多非洲王公或商人也主动参与奴隶贸易，这些都并非与奴隶贸易集中在非洲毫不相关；但相比之下，上述种族主义观念的影响更大。另外，欧洲列强的商站已经遍布非洲沿海各地，而美洲印第安人和在此布道的基督教传教士都抵制美洲的奴隶贸易，这些情况也导致非洲成了更容易买到奴隶的地方。具有讽刺意味的是，欧洲人的种族主义最终却造成了所有族群的跨大西洋融合。数百万非洲人由此定居在了美洲大陆各地。

有很长一段时期，来自西非的奴隶几乎全部被欧洲和大西洋岛屿上的葡萄牙及西班牙殖民地所吸收。改变随后发生。从 16 世纪中期开始，非洲奴隶乘船横越大西洋，前往巴西、加勒比诸岛和北美大陆。于是，该贸易步入一段长期而惊人的增长阶段，我们的生活中至今仍留有其人口、经济和政治后果的痕迹。非洲黑奴绝非唯一在近代史中占据重要地位的奴隶，欧洲人也不是唯一的奴隶贩子。尽管如此，少数非洲人将同族人作为黑奴卖给葡萄牙人、英国人、荷兰人和法国人，又转手卖给美洲的其他欧洲人，这一现象的影响力比奥斯曼人奴役欧洲人或阿拉伯人奴役非洲人要深远得多。黑奴的人数也较容易估计，虽然只是约值。美洲殖民地群得以建立和发展，其所需的大量劳力来自黑奴，不过由于气候原因，各殖民地的奴隶人口分布存在差异。绝大多数奴隶始终从事农业或担当家仆，在工匠或后来出现的工厂工人中，黑人并不常见。

从商业角度来看，奴隶贸易也非常重要。巨额利润在这一行并不

多见——把这些活人当货物处理的奴隶船拥挤不堪、疾病丛生是导致
这一现象的部分原因。每次航行的奴隶死亡率很少低于 10%，有时
更会达到骇人的程度。正常的资本回报率被严重夸大，这一行当在人
们心目中依然利润丰厚，使人趋之若鹜、竞相争夺。两百年间，一个
又一个国家希望从中分一杯羹或实现垄断，引发了一场又一场外交争
执乃至战争。这印证了贸易在政客心目中的重要地位，无论是否具有
充分的经济价值。

　　人们一度广泛认为，奴隶贸易的利润为欧洲工业化提供了资本，
但这一论调不再令人信服。工业化是一个漫长的过程。公元 1800 年
以前，虽然可以在若干欧洲国家找到工业集中的实例，但制造业和采
掘业依然以小规模作坊生产为主，只存在量变和技术完善，工艺和体
制上均没有翻天覆地的革新。1500 年的欧洲已积聚了巨大的财富，
吸引大批熟练工匠前来，他们对于研究新工艺流程和探索新技术已习
以为常。采矿和冶金业在火炮发明后的两个世纪间发展到顶峰。科学
仪器和机械钟表的出现证明制作精密商品的技术已非常普及。新的科
学观念也开始慢慢渗透到生产领域，形成新的技术。

　　这类优势确定了工业化时代的早期模式，并很快开始扭转欧洲与
亚洲的传统关系。千百年来，东方的能工巧匠一直以其鬼斧神工的技
术和精美的创作令欧洲人大开眼界。亚洲织布和瓷器至高无上的地位
一直保留在我们的日常语言之中：代表中国的 "China" 又指瓷器，
从 "Muslim" 衍生出指平纹细布的 "muslin"，从 "Calicut" 衍生出
指素白棉布的 "calico"，指中国山东的词 "shantung" 又可指柞蚕丝
绸。然而到 14 和 15 世纪，部分手工行业的领先地位已被欧洲取得，
尤其是机械和工程技术。亚洲的统治者们开始向欧洲人寻求指导，学
习如何制造有效的火器，甚至把欧洲市集上随处可见的机械玩具当作
奇珍收藏。欧洲在传统行业的技术积累以及对新技术领域的拓展是扭

转双方角色关系的基础。这一进程通常发生在城镇，工匠们时常随着需求的变化在不同城市间游历。但显而易见的也仅此而已。难以说清究竟是什么想法驱使欧洲工匠不断进步，也激起社会上层的兴趣，令痴迷机械工程成为文艺复兴时代的重要断面，与建筑艺术和金器加工不遑多让。毕竟，这种状况并没有出现在欧洲以外的地区。

早期工业区以逐步外扩的方式发展，不仅在和农业关系密切的欧洲传统制造中心（例如纺织或酿造）周围蔓延，而且也在乡间不断扩大。这一状况延续了很长时间。旧时代的贸易活动创造出了支持产业的聚集区。安特卫普曾是英国纺织品进入欧洲的重要港口，因此，制衣和印染业也在那里扎根，对途经该港的商品作进一步加工。同时，英国乡间的羊毛商人建立了工业增长的早期模式，向纺纱和织布的农民"预售"他们所需的原料。矿石的出现是另一个界定时代的元素；独立于农业之外的工业活动中，采矿和冶金最为重要，分布范围也颇为广泛。

但工业可能停滞不前，有时甚至还会崩溃。意大利似乎就发生过这种情况，其在中世纪的工业领导地位于16世纪消失无踪，而佛兰德斯低地国家和德意志西部及南部地区（古代加洛林王朝的心脏地带）的制造业领导地位又持续了一个世纪左右，直到英国、荷兰和瑞典获得显而易见的领先地位。待到18世纪，俄国也凭借采掘工业跻身工业国之列。到那时，其他因素也开始发挥作用：有组织的科学研究被用于工业技术开发，国家政策开始有意无意地成为工业的指导力量。

对工业扩张和增长的长期图景进行整体描述显然需要大量限定条件。哪怕19世纪也很容易发生大幅波动，歉收能够引发银行提款狂潮以及制造业产品需求的紧缩，其规模之大足以被称作一场萧条。这反映了经济的不断发展和一体化也可以导致新的苦难。例如，公元1500年后不久，人们开始注意到物价以史无前例的速度飞涨。这一趋势在某些地区势头极猛，一年就能翻倍。虽然如此涨幅并不能在所有地区长期维持，但总体效应依然强烈，大体相当于欧洲一个世纪内的物价翻了4倍。

　　与20世纪的通货膨胀相比，这不算很令人震惊，但在当时却颇为新鲜，也带来了巨大和深远的影响。一些业主得益，另一些则因此落魄。部分地主的应对措施是提高租金，尽一切可能利用其封建权力增加产出。而部分地主不得不出售地产。就此意义而言，通胀导致了社会流动，这也是通胀经常导致的后果。穷人受到的影响通常更残酷，因为农产品价格飙升，而薪酬的涨幅则要滞后，实际工资因此下跌。有时，地区因素还会使情况雪上加霜。例如，英格兰高昂的羊毛价格诱使地主圈占公共土地用于牧羊，从而剥夺了其公共用途。可怜的牧人食不果腹，正如当时一句著名的评语所言，这是"羊吃人"的社会。该世纪中期的30年间，民众起义和持续混乱无处不在，揭示了当时局势的严重性和不可理喻。无论何处，受通胀折磨最深的总是社会两极：穷人因此忍饥挨饿，而国王则比任何人开销更大。

　　历史学者们为解释长达一个世纪的物价上涨着实费了大量笔墨。他们不再满足于最早由当代观察家提出的解释，即根本原因是西班牙人开始挖掘新大陆的矿产，带来了新的黄金供应；通胀早在美洲的贵金属输出量达到可观程度之前就已经开始，哪怕后来这些黄金确实加重了通胀的程度。归根结底，也许压力始终来自人口的不断增长，而生产力的飞跃依然没有到来。物价上涨一直持续到17世纪初，随后开始放缓，甚至偶有跌势，至1700年又恢复了缓慢的增长。

　　"大分流"是西欧追上亚洲先进地区并逐步超越它们的过程，这之后，欧洲的经济和社会拥有了独特的发展方向，最终使得这块大陆及其殖民地走上了主导世界之路。其实亚洲和欧洲在16世纪和17世纪早期是处在差不多的起跑线上，如果我们将中国最富庶的地区（比如江苏省）同意大利北部、佛兰德斯或英格兰的先进地区加以比较，就能看出这一点。欧洲这些迅速富起来的小地方或许当时已经有了某些优势：国家很弱，因此对经济发展可能造成的损害更小。一些城市拥有高度自治权，有些甚至已经逐步发展出了人权和产权的观念。这些"软件"也许为搭建欧洲进步所需的舞台做出了一定贡献，不过亚洲城市化程度最高的区域也在其他方面占据优势。

对大分流的形成产生了最大作用的，可能是至少从 18 世纪开始，欧洲部分地区独有的硬件与软件的结合。欧洲有些地方，尤其是英国，很容易就能得到煤，并借此拥有一种便宜又高效的能源。与此同时，凭借武器技术以及将高强度战争作为战略重点，欧洲占据了一批殖民地，得以利用原材料并输出部分过剩的人口。在这一切逐步发展的同时，观念也在改变——最重要的是，当时的为学风气，有助于将科学知识转化成应用于生产的新技术。从 1800 年前后，正是这种生产能力，让欧洲开始形成一种独特的社会形态。

在如今的时代，不用别人提醒，我们都很清楚经济变化可以很快导致社会变化。我们相信，所谓亘古不变的社会形态和体制只是无稽之谈。但在三百年前，很多人相信这些体制形态都是神赐的，于是，虽然通货膨胀后出现了社会变化（必须指出还有很多其他原因），却被顽固的老一套所掩盖和噤声。大致在公元 1500 至 1800 年间，从表面和名义上讲，很多欧洲社会始终没有什么改变。但经济现实基础发生了翻天覆地的变化。表象是具有欺骗性的。

公元 1500 年以前，某些国家的农村已经开始显现出这一点。由于农业变得越来越像生意（但这绝非唯一原因），传统农村社会必须随之作出改变。但生活方式通常得到保留，于是导致了越来越大的不协调。虽然 18 世纪 80 年代的法国依然存在封建领主，但其经济作用已经比社会职能更加突出。这些"显贵"也许从未见过自己的佃户，也许没有高贵的血统，也许领主身份只能给他们带来钱，象征着获取佃户劳力、时间和产出的权力。更往东的地区，封建关系的实际意义保留得更多。这部分反映了统治阶级和贵族之间存在联盟关系，他们利用欧洲西部和南部人口不断增长所形成的新的谷物和木材市场牟利，将农民束缚在土地上，榨取日益沉重的劳役。农奴制在俄国成了社会最根本的基石。

另一方面，早在公元1800年以前的英格兰，就连商业化"封建主义"也已经消失，而在法国尚且保留。除了能应召出席议会（在其他方面，他们的法律地位与乔治三世国王的大部分臣民类似，不具备议会成员的选举权）之外，贵族身份不再提供法定特权。英国贵族数量稀少；即便在苏格兰同侪加入之后，18世纪末的上议院也只有不到两百名世袭成员，他们的法定地位只能传给一名继承人。大不列颠不再有贵族阶级，其他民众和他们享有同样广泛的法律权利，而在欧洲其余地区，这些权利几乎总是贵族的特权。工业革命前夕，法国可能有25万贵族，所有人都具备重要的法律和形式权利；而牛津大学的一间大厅就可以绰绰有余地容纳同级别的英国法定社会等级成员，他们的权利与人数一样逊色许多。

另一方面，英国地主阶级的财富和社会影响力则十分巨大。贵族之下是定义模糊的英国绅士阶级，其最顶层是贵族家族成员，最底层是事业有成、极受尊重但不属于"上流社会"的农场主和商人。阶级之间的可渗透性对于促进社会凝聚力和流动性具有极大的价值。通过财富积累、杰出的职业地位或个人美德都能获得绅士身份。绅士的本质为共同的行为守则，依然反映着贵族式的荣辱观，但涤除了排外和野蛮的不开化属性，也失去了法定权利的支持。17和18世纪的绅士观念是构成英国历史的文化影响因素之一。

事实上，每个国家的统治阶层都不一样。这种反差在欧洲各地都能找到。简明扼要的结论是无法作出的。尽管如此，至 1700 年，依旧看得出社会变化是很多国家的总体趋势，使旧的社会形态陷入挣扎。在进步幅度最大的国家，对于决定身份的因素和认同身份的方式，这一变化带来了新的理念。虽然并不完全，但当时发生了两种转型，一是确定权利和期望的因素从个人纽带转为市场关系，二是看待社会的视角从集体主义转为个人主义。在七省联合王国荷兰——该时期兴起于尼德兰的共和国，这两种转型最为明显。这个国家实质上由商人统治，尤其是阿姆斯特丹的商人，该城位于荷兰省中心，而荷兰省又是该国最富有的省份①。在该国，拥有土地的贵族从未像商人和城市寡头那样位高权重。

在 1789 年，欧洲任何地区的社会变化都不如英国和荷兰那般深远。对传统地位的质疑在其他地方几乎还没有出现。一部 18 世纪法国喜剧中的主角、身为男仆的费加罗讥笑他的贵族主子没有干出任何与其特权身份相称的事来，只有一桩除外——大费周章地降生到世上。这在当时是一种危险和颠覆性的思想，但几乎没有引发任何警惕。欧洲依然充斥着自大狂妄的贵族（这还会持续到公元 1800 年以后许久）。排外的程度不一而足，但贵族和非贵族之间依然存在决定性的分野。虽然怀有戒心的贵族指责国王与平民联手对付自己，但任何国王都不会这么做，哪怕走投无路。按其中一人的说法，国王也是贵族，这是贵族之间的问题。直到法国大革命爆发才使事态发生了重大改变，但在那个世纪末之前，其影响力也仅限于该国。当历史走进 19 世纪，大部分欧洲人似乎依然尊重贵族的血统。有所改变之处，不过是不假思索地认为这种差别应当得到法律保障的人略少了一些。

一些人开始感到，用具有不同法定权利和义务的等级团体来描述

---

① 荷兰的国名因此而来。——译者注

社会已不能反映现实，同样，也有人开始对宗教支撑的特殊社会等级
体系产生怀疑。但哪怕在很多年以后，如下说辞依然有人相信：

> 富者居城郭，
> 贫者栖门前，
> 上帝造化，高低有别，
> 使贵者贵、贱者贱。

不过，这段来自19世纪北爱尔兰阿尔斯特女诗人①的诗句并不完全
表示一成不变的等级秩序是来自上帝的旨意。早在1800年就有人开
始认为，富人自力更生而没有继承父辈的地位，这表现了上帝的智
慧，因此得到上帝的喜爱。"政府是人类智慧所发明的工具，用以满
足人类的需求。"一名保守的18世纪爱尔兰人②如是说。在先进国
家，广义的功利主义成为越来越多的人评判体制和风俗的标准，其中
包括社会体制和风俗。

旧有的正式等级体系遭受的最大压力来自经济变化——流动性增
加、城镇规模扩大、市场经济崛起、新商机出现——的挤压，但也有
压力来自教育普及和社会意识觉醒。总体来说，当时的状况大致可以
分为三种。在东方的俄国，新的社会发展对农业社会的撼动力微乎其
微，所以至18世纪末，传统的社会模式不仅完整无缺，而且几乎毫无
改变，波兰或东普鲁士和匈牙利的情况也大致一样。这些内陆国家远
离欧洲沿海地区的商业发展对既有体制与生俱来的威胁，其传统统治
阶级不仅能保住地位，还往往能切实扩大特权。

---

① 指塞西尔·弗朗西斯·亚历山大（Cecil Frances Alexander），语出其诗作《一切光
明和美好的事物》。——译者注
② 指埃德蒙·伯克，语出其《对法国革命的反思》。——译者注

　　第二类中，经济与社会的碰撞足够激烈，这成为社会现实，并促使既有体制产生改良的需求。当政治环境允许，这些需求会引发要求实现的呼声，但会被抑制一段时间。法国就是喧嚷的一例，但一些德意志国家、比利时和意大利部分地区也显示出同样的张力。第三类相对更为开放，例如英国、荷兰和大洋彼岸的英属北美，在这些地方，身份已经不如财富（甚至才能）来得重要，法定权利广泛普及，人们普遍能感受到经济带来的机遇，对薪金的依赖也非常明显。早在16世纪，英国社会就比大陆国家更具流动性，而北美人更在18世纪自创的新宪法中禁止了授予世袭头衔的行为。在这些地方，个人主义几乎不受法律束缚，不管现实中是否受习俗的限制、是否有得不到的机会。

　　像本书这样的概要式描述，稍不留意就会因分类过度而失当。即便上文采用的三分法也模糊了太多的细节。如果将属于同一类的国家和地区视为同然，那我们就谬之千里，完全忽视了其内部存在的惊人反差。在发展程度更高的第三类中，依然有大量会让我们觉得奇怪乃至陈腐的东西。英国、法国和德国的城镇大多如同小小的巴彻斯特（Barchester）①，在乡土观念和气息的包围下怡然自得，由屈指可数的商人寡头、事业有成的行会成员或大教堂的修士们统治。然而，一方面，沙特尔（Chartres）是一个心满意足地保持中世纪乡村风貌和中世纪生活方式的小镇，18世纪的人口依然和五百年前一样，另一方面，与其同属一个国家的南特或波尔多则是欣欣向荣、喧嚷繁华的港口，而且缔造了法国贸易经济活跃局面的港口城市也不仅仅是这两个。就连19世纪的人也会觉得他们的上一代故步自封；因此，我们远不能断言当时存在成熟的、定义明确的，和今天任何欧洲国家一样

---

①　虚构的城市，出自安东尼·特罗洛普（Anthony Trollope）的系列小说《巴塞特郡纪事》（*Chronicles of Barsetshire*）。——译者注

拥有完全的自我认识的个人主义及资本主义社会。我们姑且可以将"先进"作为这些国家的标签，即比其余世界的大部分地区更快、更进一步地迈向那种状态。

有时，它们因此而赢得未来改革家的钦佩。对现状发起质疑的伟人伏尔泰因一个事实深感震撼：早在18世纪早期，英国的大商人就可以得到与贵族同等的敬仰和尊重。他或许略有夸大，也无疑混淆了一些细枝末节上的重要差异，但依然道出了一个不寻常的事实——也是大不列颠崛起为世界强国的原因之一，换言之，统治18世纪英格兰的政治阶级所依赖的是土地，这也体现出极强的土地取向价值观，然而他们却长期为守护国家的商业利益操心，并接受伦敦中心区议院通过集体智慧施加的领导和指引。虽然"有钱"和"有地"群体之间存在政治分歧始终是人们谈论的话题，尽管政治长期以来都是充满争议的是非之地，有地阶级内部也有钩心斗角的传统，然而在其他国家导致冲突的利益焦点却没有令英国的商人和贵族彼此疏远，反而为双方带来了共同的繁荣。其解释必然相当复杂，有些原因可追溯至上一世纪，例如英国农业的商业化；有些距当时要近得多，例如加大力度促进政府和商业领域私人投资的举措。

伴随经济尤其是商业的成功，荷兰和大不列颠都向着更先进的社会进化，其过程具有惊人的相似性。这与它们的宗教一度大有关联：由于基督教世界的一场大动荡，天主教会在两国都失去了主导地位。18世纪的反教权主义者和20世纪的社会主义者力求探索和挖掘这一相似性背后的机理；有人将新教称作资本主义道德观的源泉，现在看来，这不再具有说服力。反例之一是天主教资本家为数众多，也往往能获得成功。在18世纪，法国和西班牙依然是重要的贸易国家，前者的增长速度可以和大不列颠相提并论，不过随后落了下风。两国都有大西洋入海口，拥有这一条件的国家自16世纪以来往往都有表现出经济增长的倾向。但这一解释的适用范围也不算很广，苏格兰——位于北部、信仰新教、濒临大西洋——就长期保持落后、贫穷和封建状态。欧洲的地中海地区和东部地区与北部及南部的差异，要大于单纯的地理位置不同，能解释现代化速率存在差距的因素也不止一种。例如，促成英国和荷兰农业进步的最大原因可能是两国的耕地相对而言都较为稀少。

欧洲东部依然比较落后。其社会和经济结构基础直到 19 世纪才发生改变。深层次的解释前文已经提过——例如，与西部相比，东部的作物生长季节较短，肥沃的土壤较少，种植业从起步阶段就更为艰难，因此其经济潜力在农业发展至关重要的早期阶段就受到阻碍。那里也存在人为的障碍。东欧定居点长期处于中亚游牧民族的骚扰之下，不仅如此，其南侧的巴尔干地区和与土耳其人接壤的边境地带千百年来都是战火和匪寇肆虐之地。在某些区域（如匈牙利），土耳其统治带来非常恶劣的后果，使国家人口大减。欧洲人夺回该地后又想方设法将农民束缚在土地上。

同一时期，在从莫斯科大公国演变而成的俄国，农奴人口也有所增加，占总人口的比重变得更大。法律更加严酷，使国家强制力成为地主控制农民的依靠。在其他东部国家（普鲁士是其一），地主相对于佃户的权力有所强化。这不仅仅是王室出于安抚和纵容贵族、以免王权遭到对抗的目的而采取的措施，而且也是经济发展的工具之一。经济进步与社会不公相伴相随，这既非空前、亦非绝后；农奴制是一种手段，可以带来让土地发挥生产力所需的资源，正如强制劳役在很多其他国家和时期的作用一样。

有一结果的某些痕迹至今仍能看到：欧洲可大致沿易北河为界划分。河西各国向着更开放的社会形态缓慢进化至 1800 年。河东是掌管着农业社会的极权主义政府，少数地主大权在握，农民背负着沉重枷锁。几百年间，西部城镇往往能走向繁荣，而在东部却较为少见。它们往往成为负税过重、被农村所包围的孤岛，因为农奴制的铁腕，也无法从乡间吸引所需劳力。在波兰和俄国的大片地带，甚至连货币经济都几乎不存在。欧洲史后来的很多篇章都可以从这一东西部差异中窥得一斑。

在非正式层面也能看出这种差异，例如对待女性的方式，不过在这方面，欧洲的地中海地区与北部地区之间又存在区别，并随着时间的流逝映射成拉美和北美之间的不同。在形式和法律意义上，女性受到的对待几个世纪以来几乎都毫无改变，不管哪里都一样；女性的法律地位依然和过去一样，这一状况持续到这一时期接近尾声时才遭质疑。不过，在发达程度更高的国家，真正独立的女性确实比以往更多见，特别在上层社会中。早在15世纪，异邦人就提及英国妇女享有非同一般的自由。它们一直保持着领先地位，但进入18世纪后，别处（至少是法国）也有迹象表明，出身良好的女士能享有充分且真正的独立。

其部分原因是18世纪的上流社会出现了一种新形态的生活方式，在宫廷之外提供了另一种社交聚会的场所，并逐渐独立于宗教和家庭仪式之外。如我们所知，17世纪末的伦敦人会到咖啡店聚首，这成了首批俱乐部的雏形。很快又出现沙龙，即朋友和旧识在女士家中的会客室举办的社交聚会，法国人对此创举贡献尤多；一些18世纪沙龙是知识界的重要中心，表明女性抛头露面、对宗教以外的思想问题表现出兴趣不仅合宜，更被视为时尚。为路易十五的情妇蓬巴杜夫人（Mme de Pompadour）绘制肖像时，她选了一本书作为画中的布景之一——孟德斯鸠的社会学论著《论法的精神》。不过，就算是无心追求文学修养和学识的女性，由于出现了沙龙和独立于宫廷之外的社会，她们也得到一个逃离家庭禁锢的去处，即使有限，但真实存在；

这一社交圈、再加上宗教和职业团体，至当时为止是寻求社会多样性和消遣的唯一寄托，哪怕对男性也是如此。

到 18 世纪末，我们进入一个属于女性艺术家和小说家的时代，这也是接受事实、承认待字闺中并非未婚女子唯一生活方式的时代。要看清这类改变源自何处并不容易。该世纪早期，英国《观察家》（*Spectator*）杂志已经认为，值得将女性读者视为和男性一样的受众群体，这提醒我们应该到过去寻找答案。也许有所助益的是，18 世纪产生了万众瞩目、具有重大政治影响力的女性典范——一名英国女王和四名女皇（奥地利一位，俄国三位）都凭自身的实力统治国家，也常常取得斐然的成就。但我们无法充满自信地加以断言，因为女性解放肇端的历史有很多方面依然有待研究。

最后，哪怕在近代早期欧洲最发达的社会，这一切都没有触及占压倒多数的大众群体的生活。工业岗位尚未大量涌现，后来这将成为第一股强大的力量，打破大部分人牢不可破的传统生活方式，无论是男是女。虽然女性的从属地位和被社会排斥的状态在波兰或西班牙南部——摩尔化影响加剧了这一趋势——的原始村庄中特别明显，但在1800 年的任何其他地区，这也依然是社会主流状况的写照。

第 3 章　欧洲的当权者及其挑战者们

　　1800 年，很多欧洲人依然秉持着四百年前为众人所理解和接受的社会及政治体制理念。就此而言，"中世纪"和众多其他事物一样，并非戛然而止。能合理划归为"中世纪"的、关于社会和政府的看法，在广大区域中作为一种具有实效的观念力量长期保持着生命力，这数百年间，可以找到越来越多的契合这些观念的社会事实。大体而言，被称作"共同体"——人们组成不同的团体，各自以相应的法律特权作为保护成员的手段和定义身份的方式——的社会组织形式依然是 18 世纪欧洲大陆的主导形态。如前文所述，农奴制在欧洲中部和东部大片地区变得更为普遍和牢固。政治体制在很多方面都表现出明显的持续性。1800 年，神圣罗马帝国和 1500 年时一样，依然健在；教皇的世俗权力同然。法国国王依然是卡佩王朝的后裔（不过他与 1500 年的统治家族并非同一分支，而且事实上处于流亡状态）。

　　即便在英格兰，哪怕到了 1820 年，国王乔治四世的加冕宴上，护驾斗士（king's champion）① 依然会穿戴全身盔甲策马进入威斯敏斯特宫，在所有来宾面前守护君主的头衔。政府是供人告解的实体、宗教和社会彼此交织、教会的权威受法律保障，这些观念在大部分国家都被视为理所当然。虽然遭到诸多质疑，在某些国家还经受了严重挫折，但在 1800 年，这些观念以及很多事物依然具有历史积淀下来

---

　　① 英国加冕仪式上的传统职务，代表被加冕的国王，起初其使命是向任何质疑新君主统治权的人提出你死我活的决斗邀请。——译者注

的、极为沉重的分量，而仅仅十年前甚至更为沉重。

这些事实都应当得到承认，但在 1500 至 1800 年的三个世纪间，中世纪政府所特有的旧社会和政治关系的消解或削弱依然是欧洲的总体趋势。权力和权威逐渐脱离"封建"式的私人依附体系，流向国家所缔造的中央集权制（事实上，"封建"这一概念本身是 17 世纪作为法律术语被发明出来的，对"封建"加以定义的需要，恰恰暗示了当时其存在感正在逐渐淡化）。这一时期，基督教世界的概念，尽管在情感上甚至在潜意识中依然重要，但已失去了一切实质上的政治现实意义。在大分裂时代，教廷权威开始受到民族情感的打压，神圣罗马帝国皇帝自 14 世纪以来就是无足轻重的小角色。

新的、可对欧洲加以整合的大义名分也没有出现。奥斯曼威胁是一块试金石，暴露在穆斯林锋芒之下的基督教王公或许会向拥有同样信仰的基督徒求援，教皇或许还会发表宣扬十字军东征的冠冕之辞，但土耳其人对真相心知肚明，基督教国家只会依据自身的利益来行动，如有必要，还会与异教徒结盟。这是功利政治（*Realpolitik*）①的时代，是大义和荣誉屈服于算计和国家利益的时代。有趣的是，在那样一个时代，欧洲人虽然越来越认同巨大的文化差异（这种差异是欧洲的骄傲和价值所在，对此他们毫不怀疑）是使他们与其他文明产生隔阂的主因，可他们却对如何保障自身内部根本性的团结毫不关心。只有难得一现的远见卓识之士倡议构筑某种超国家的体制。

但是究其原因，也许只是对欧洲的文化优越性产生了新的认识而已。欧洲正迈向一个不可一世的扩张时代，无需一个共同的体制来告诉它该怎么做。与此相反，国家的权威在这几百年间逐渐式微，政府的实力也随之弱化。不被外在形式所误导是理解其过程的关键。关于

―――――――――
① 以务实而非理念或道德为首要出发点的政治和外交。——译者注

谁应当行使国家权力，无论争论多么激烈，也不管汗牛充栋的政治学著述提出了多少种权力限制的方法，总体趋势还是朝着接受国家最高权力拥有合法地位的方向发展——换言之，欧洲人开始觉得，只要国家权力在正确的人手中，就不应对其立法权加以限制。

即便考虑到种种局限，人们的思维还是在过去的基础上有了极大的突破。对中世纪的欧洲人来说，某些理念不仅从社会和司法角度来看实属荒诞，更是对神明的亵渎。例如，高于人类范畴的权利和法则也许并不存在，法律豁免权和特许自由权不得被后来的立法者剥夺，基本法应永远得到尊重，或者人类的法律永远不能和上帝的律法相抵触。17世纪的英国法学界人士为究竟该如何制定土地基本法争得焦头烂额，但就某种基本法必然存在这一点，所有人都没有争议。一个世纪后，法国的法学界主流也产生了同样的想法。然而到最后，两国都接受了主权——合法的、不受限制的立法权是国之为国的标志这一理念。

但这一过程耗费了很长时间。早期近代欧洲的大部分时期，近现代主权国家的兴起被一个事实所掩盖，即君主制是广泛占据主导地位的统治形式。统治者的争权夺利构成了这些世纪中欧洲史的主旋律，而且有时难以把他们争夺的焦点看得分明。总体上，王室统治者的主张会遭到两种立场截然不同的挑战：一种质疑所依据的原则是某些君主所要求的权力本质上不可容忍，任何政府都不该获得如此权力（这可以称为中世纪或保守主义的捍卫自由原则），而另一种反对的理由是此类权力可以存在，但落在了错误的人手里（这可以称为近现代或自由主义的捍卫自由原则）。就实际状况而言，两种立场往往相互混淆、不分彼此，但这种混淆本身也是显著的标志，说明人们的思想正在发生转变。

抛开法学原理不论，国家地位的强化表现为君主得偿所愿的能力不断提高。16 和 17 世纪，曾在中世纪晚期的很多国家出现的代议制体系几乎全面衰落，是为上述趋势的表征之一。1789 年的大部分西欧国家（暂且不提东欧和中欧）都由君主统治，且几乎不受代议制团体的掣肘；大不列颠是其中的一大例外，国王们从 16 世纪开始享有的权力会让中世纪的贵族和市民感到吃惊，该现象有时被描述为极权君主制的兴起。如果我们不夸大君主实际上能够按自己意愿行动的可能性（因为其权力要面对很多现实层面的障碍，就如中世纪的豁免权或议会一样难缠），那这种说法是可以接受的。

自 16 世纪起，所有（或者几乎所有）地区的统治者相对于其对手的实力都大大增强。新的财政来源使他们拥有常备军和火炮，可用来对付负担不起这些军力的大贵族。有时，君主能够将缓慢成型的民族国家意识化为己用，共同约束实力过大的割据王侯。在 15 世纪晚期，很多国家都对王室政府产生了新的认同，只要他们能确保秩序与安宁。所有个案基本都有其本身的特定原因，但君主几乎无一例外地凌驾于最强大的贵族之上，用枪炮和税收维持着前所未有的尊贵地位和权威。寡头与高等臣民分享权力，凭身份获得实质上的官僚地位，有时还能得到名义上的头衔，也不再对国王构成沉重的压力。英国都铎时期的枢密院精英云集，有时几乎清一色全是门阀贵族。

在这一局面下，16 和 17 世纪早期出现了有些人所谓的"复兴国家"（Renaissance State）。这一称谓颇为华而不实，臃肿的官僚机构才是背后的真相，充斥着王室雇员，以中央集权化的野心为行动纲领，但如果我们还记得与这种国家相对的中世纪王国——其大量政府职能往往被委托给封建诸侯和私人的依附者或某种团体（教会是其中最大的），则其含义还是足够清楚。当然，这两种政治组织模式在历史中都没有纯粹的模型可循。王室官员中总有出身寒微的"新人"，直到今日，政府依然会向非政府团体委派工作。近代"国家"并不是突然出现的：其转变过程经历了数百年，新体制也往往沿用旧的外在形式。英国都铎王朝沿用既有的王室治安官制度，将地方乡绅融入王室政府的体制之内。这是削弱领主权威的漫长过程中的阶段之一，别处的领主制还将延续几百年的生命力。

但即便在英国，王室长久以来都要小心谨慎地对待贵族，除非与他们成为你死我活的对手。叛乱并不罕见，而是16世纪的政治家长期面对的现实。王室军队也许能最终得胜，但没有君主想陷入不得不依赖武力的境地。如一句著名的箴言所述，枪炮是国王最后的论据。一直延续到17世纪中期的法国贵族兴风作乱的历史，同一时期英国地方与中央的利益冲突，以及哈布斯堡王室打压地方贵族、意图统一领土的企图，都表明了这一点。英国最后一次诸侯叛乱发生于1745年，其他国家还要晚一些。

税收问题也得不到非常充分的解决，因为既要顾忌叛乱的危险，又没有充分的行政能力进行征收，但薪俸和军饷都是必需的开支。解决方式之一是允许官员在需要他们服务的地区征收钱款或享受特权。基于显而易见的理由，这并不能完全解决问题。因此，统治者必须想办法征到更多的税。挖掘王室领地的资源依然可以起到一定效果。但或早或晚，所有的君主都会被迫寻求新的税收来源，能找到充足税源的人则寥寥无几。其中存在直到19世纪甚至更晚才得以解决的技术困难，但在这三个世纪间，君主们为创建新的税收名目展现出极为丰富的想象力。泛泛而言，收税官只能对消费行为（通过关税、消费税或营业税等间接税种，或通过必须付费才能获取贸易许可和授权的形式）或不动产课税。通常，最贫困的底层所承受的税收负担大得不成比例，在他们少得可怜的可支配收入中，用来购买生活必需品的比例比富人更高。要制止领主将其税收负担转嫁给金字塔底层的穷苦大众也从来不是件容易的事。

　　另外，法律豁免权这一中世纪思想的残余对税收的阻碍作用尤其明显。1500年时，人们普遍接受，某些地区、人物和行动受特别条文的保护，不应遭到侵犯。受保护的依据可以是以前王室作出的不可撤销的许诺，例如很多城市的特权，可以是某种协议，例如英国大宪章，可以是源头无法考据的习俗，也可以是某条神律。其中最突出的例子是教会。教廷以外的权威一般不能对其财产课税，教会内部事务由自己的司法体系管辖，王室治安官不能插手，他们还掌控着重要的社会和经济制度——例如婚姻。但通常在司法或税收方面，某个省份、行业或家族也能享有豁免权。王室的地位在各处也不一致。尊贵如法国国王，在布列塔尼也不过是一介大公，其权限会受到影响。诸如此类的事实是"复兴国家"必须面对的现实。即便未来掌控在王室官僚及其同伴手中，这些国家也只能和当时的现状共存。

　　16世纪早期，一场深重的危机令西方基督教世界大为震动。它永久性地破坏了旧有的中世纪信仰统一，加快了王权的整合。这场危机被过分简单地称作新教改革运动，揭开了又一场关于宗教权威的争执，呼吁质疑教皇所掌控的权威——其形式和理论体系曾成功经受住一场又一场挑战。仅此而言，这完全是属于中世纪的现象。但这还不是历史的全部，也远未尽述改革运动的重大政治意义。鉴于这场运动同样点燃了文化改革的火种，我们没有理由去质疑它作为近代史发端的传统地位。

　　要求教会改革的呼声中并没有什么新东西。在1500年，人们有充分的理由认为教皇和库里亚教廷未必关心所有基督徒的福祉。一些城市已经发展到对教义提出异见的程度。15世纪影响深远、规模日益膨胀的宗教崇拜活动，表达了人们想为灵魂问题寻找新答案的诉求，也表明他们愿意到教会权威所设置的界限之外去寻找。异端从未被杜绝，只是受到限制。反教皇至上运动大行其道是一种古老而普遍的现象。长久以来，这种运动都在促进对福音派教士的需求。15世纪的宗教生活中还显现出另一股潮流，其颠覆力也许比异端更为深刻，因为这股势力与异端不同，它包含的力量有可能最终斩断传统宗教观的根基。这场运动拥有学术、人文、理性、思辨式怀疑的特征，在缺乏一个更贴切的术语之时，我们不妨称之为伊拉斯谟运动，其命名源自当时人们认为最清晰地体现了该运动精神的人物，他也是首位在欧洲历史中扮演领导角色的荷兰人。

他对自己的信仰坚贞不贰，明白自己是基督徒，也知道这毫无疑问地表明他是教会的一分子。但他持有一份理念，酝酿着对这个教会实行某种改革的可能性。他希望能简化崇拜方式、净化教士的职能。虽然他没有挑战教会或教皇的权威，但以某种更隐晦的方式挑战了理论的权威性，因为其学术著作蕴含着非常深刻的颠覆力。他与遍及欧洲各地的同仁往来的书信也有同样的论调。这些同仁从他那里学习如何摆脱学术界生搬硬套亚里士多德哲学所创造出的逻辑体系，从而也摆脱了这套逻辑下的信仰说教。在一个希腊研究再度盛行的时期，他所编译的希腊文《新约全书》为教义之争提供了坚实的基础。而且，伊拉斯谟还揭露了怪异而死板的文体所具备的虚伪本质。

但无论是他、还是那些持有同样观点的人，都没有直接攻讦宗教权威，也没有将教会的问题公之于众。他们都是称职的天主教徒。16世纪之初的欧洲孕育着人文主义——譬如异端、对教士行径和王室贪婪的不满——的情怀，等待——就像很多经历了漫长等待的事物一样——某个人物和事件降临，将这股氛围转变为一场宗教革命。除了革命，没有任何其他词汇足以描述那位德意志修士的无心之举所招致的后果。他名叫马丁·路德，在1517年释放出社会中蛰伏的能量，自阿里乌斯派消失以来一直保持完整的基督教统一局面被敲得四分五裂。

与胸怀世界的伊拉斯谟不同，路德的一生基本都在易北河畔的德意志小镇维滕贝格（Wittenberg）度过，那里几乎是一个被世人遗忘的角落。他是一名笃信奥古斯丁学说的僧侣，对神学钻研极深，也因而多少承受着灵魂的苦痛，他后来得出结论，必须用新的论调来布道《圣经》，将上帝阐释为宽恕之神，而非惩戒之神。他在与教皇起争执之前从未怀疑过其正统性，没有必要为这一论点走上革命的道路。但去过罗马之后，他对所见所闻感到不快，因为梵蒂冈城显出种种世俗的迹象，教会统治者的行为也配不上他们的身份。这份感受也没有令他对一名在萨克森地区四处游荡、出售赎罪券的多明我会修士产生好感。修士号称赎罪券是教廷颁发的凭证，并向持有者保证，只要付出一定的金钱，就可以免除他们所犯罪孽的一部分来世惩罚。当时，这笔进账被用来兴建宏伟的罗马圣彼得大教堂。一些听他布道的农夫将此人的言论和他们所购买的赎罪券带到路德面前。

经过研究，一切真相大白，他们所听取的布道不仅具有误导性，更是无耻之极；此人所宣扬的交易俗不可耐，展现了中世纪天主教最令人不悦的面目之一。关于人必须在一生中经过何种转变才能确保获得救赎，路德报以无可复加的严肃和较真，几乎为此食不知味，因此自然会勃然大怒。他撰写九十五条，不仅声讨这一恶行，也无疑针砭教廷的其他做法，以此表达自己毫不动摇的观点。按学术辩论的传统，他于 1517 年 10 月 21 日将用拉丁文写成的辩文张贴在维滕贝格教会城堡的门口，还寄给美因茨大主教暨全德主教长，后者将文书呈交罗马，并提出让路德所属修道院禁止他传播此类思想。当时，路德的论文已有了德文版，而且局势因新的信息技术而发生转变；这些文章被大量印刷，出现在德意志的每个角落。于是路德获得了他想要的辩论舞台。若非路德所在地区的统治者、萨克森大公弗雷德里克给予保护，拒绝交出路德，他的性命可能早已不保。没有及时将异端扼杀

在萌芽状态的后果是致命的。路德被修道院抛弃，但他的大学没有这
么做。教廷很快面临一场席卷全德的大运动，不满的矛头直指罗马，
路德突然意识到自己拥有惊人的文学才能，语言流畅、思如泉涌。作
为挖掘印刷手册载体的巨大潜力的第一人，他使运动得以持续且愈演
愈烈，而当地大公的个人野心也起到一定作用。

　　不到两年，路德开始被人称作胡斯派异端。宗教改革已经与德意
志的政治纠缠到一起。早在中世纪，未来的改革家们就会寻求世俗统
治者的帮助。这未必超出信仰的范畴，伟大的西班牙教士西梅内斯
（Ximenes）① 就曾意图利用天主教国王的权威来解决西班牙教会所面
临的问题。统治者无意保护异端，支持真正的信仰是他们的职责所
在。然而，向教会外的权威寻求帮助可能导致始料未及的后续变化，
而这看起来正是路德所遇到的情况。他的观点十分激进，使他的立场
和追求超出了对实践进行改革的范畴，质疑的矛头先是直指教廷的权
威，后又发展至对教义的怀疑。他初期批判的核心并不涉及神学。尽
管如此，他后来发展到驳斥化质说的地步（用一种甚至更难领会的圣
体论来取代），并宣扬人的称义——也就是成为能获得救赎的一
方——并非单纯来自圣礼的履行（即所谓的"事功"），而是来自信
仰。这显然是极为个人主义的立场，并撼动了传统教习的根基，因为
传统观念认为教会之外没有任何获得救赎的可能（不过，或许值得一
提的是，伊拉斯谟被问及自己的看法时并没有对路德加以谴责；而且
他觉得路德的言论中有不少可取之处）。

　　1520 年，路德被教会绝罚。在围观者好奇的注视下，他用一把
火将绝罚诏书和有关教会法的书籍一起焚烧殆尽。他继续布道和著

---

① 西梅内斯·德西斯内罗斯（1436—1517），1495 年担任托莱多大主教，从此开始着
手整顿西班牙天主教会。——译者注

述，受帝政议会传唤出庭为自己辩护，并拒绝收回自己的观点。德意志内战似乎一触即发。带着一份通行许可证离开议会后，他消失于人们的视野，被某个同情他的王公带走，以确保他的人身安全。1521年，罗马帝国皇帝查理五世对他施以帝禁（Imperial Ban）①，使路德成为流亡之徒。

路德的教义进一步扩展，对忏悔、告解以及教士独身制也发起谴责，这吸引了很多德意志人。其追随者通过布道和分发他翻译的德文版新约来传播这些观念。路德宗也是一股政治力量，同德意志诸王侯与皇帝错综复杂的关系纠缠在一起，再加上皇帝的权威很不明确，从而确保了改革派在政治舞台上的地位。战争接踵而至，人们开始使用"新教徒"一词。到1555年，德意志天主教和新教公国彼此分裂的状况已无法逆转。这一状况得到奥格斯堡议会协议的承认，该协议规定，每个公国的主导教派应为其统治者所信仰的教派，这是欧洲首次确立的宗教多元化体制。对于一名自视为天主教大一统捍卫者的皇帝而言，此等妥协着实令人好奇。但如果他想维持德意志诸王的忠诚心，这么做却是必需的。在一个不同教派彼此竞争的世界中，无论是德意志的天主教公国还是新教公国，宗教都前所未有地仰仗政治权威的支持。

但宗教改革中的任何现象都不单纯；动荡不安的福音派浪潮中也出现了新教的其他变种派别。其中有一部分靠社会动荡维持生命力。路德马上在其教义与农民起义的主张之间划清界限，起义者以他的名义作为对主子发动叛乱的立场。其中有一个名为再洗礼派（Anabaptist）的激进团体，同时遭到天主教和新教君主的迫害。1534年，再洗礼派的领导者

---

① 被施以帝禁的人将失去一切法律权利和保护，任何人均可随意伤害其生命、剥夺其财产而无须承担法律后果。——译者注

在明斯特推行财产共有和多妻制①，这应验了其反对者的恐惧，引发一场残酷的镇压行动。但其他新教派别中，只有加尔文派可以在本书这样笼统的叙述中占有一席之地。虽然其创建者是法国人约翰·加尔文（John Calvin），但该派系是瑞士对宗教改革最重大的贡献。加尔文是一名神学家，在年轻时就构筑了其教义的基本核心：亚当堕落后，人类全然败坏，除少数被上帝预先拣选之人，其余都不可能获得救赎。如果说路德这名奥古斯丁派僧侣以保罗的口吻传教，那么加尔文则援引奥古斯丁的论调。要理解这一悲观主义的派系为何能取得成功并不容易。但不光是日内瓦的历史，就连法国、英格兰、苏格兰、荷兰和英属北美的历史都见证了加尔文派所引发的效应。其教习的关键步骤是确认被拣选的资格。由于其外在标志与上帝的戒律和圣礼的参与一致，要获得这种确认并没有想象中那么困难。

　　由于加尔文的存在，日内瓦注定将成为是非之地。他以神权统治下的国家体制为依靠，这一体制为加尔文派实行高度自治的管理提供了框架。渎神和巫术要受死刑，但当时的人不会对这套规则感到惊讶。通奸在大部分欧洲国家也是犯罪，要接受宗教法庭的判罚。但加尔文所在的日内瓦将这种不正当行为看得更为严重，并以死刑作为惩罚；通奸的女子会被溺死，男子则被斩首（与男性主导的欧洲社会中通常的惩罚方式相比，这显然是一个反例——一般而言，女性被视为精神和智力上更弱的存在，因此更受宽容，所受到的惩罚通常较男性为轻）。异端也会遭到严刑峻法的处置。

　　以日内瓦为根据地——加尔文派的牧师在这里接受训导，这一新宗派在法国打下根基，至 1561 年已有超过 2 000 名同道，并在贵族中赢得皈依者；在荷兰、英格兰和苏格兰也对路德宗形成挑战，这一状

---

　　①　该事件史称闵斯特暴乱，但该地区现在一般译作明斯特。——译者注

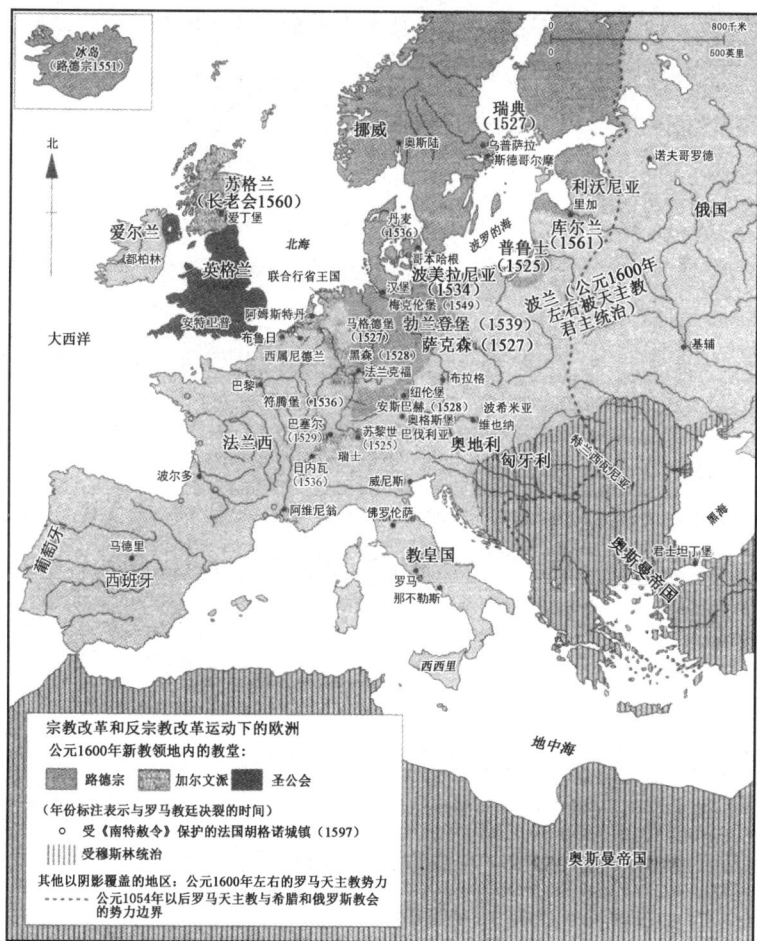

宗教改革和反宗教改革运动下的欧洲

况最后还发展到德意志。该派信仰也传播至波兰、波希米亚和匈牙利。加尔文主义早期的活跃程度超过路德宗，除了斯堪的纳维亚地区和最早接纳其主张的德意志以外，后者从未在其他土地上牢牢扎根。

由于多样化的特征，我们对新教改革同样无法进行概括和简述。这场错综复杂的改革深深扎根于其源头，也深受环境左右，具有丰富、深远而多样的效应和表现。如果当真要把"新教主义"这一名称作为其纷繁无序的表现载体背后的基本定义，那么该定义可以从它的影响及效应中找到：也就是颠覆性。在欧洲和美洲，新教创造出以《圣经》研究和布道为基础的新型教会文化，而且令这份文化具备了有时能够超越圣礼的重要意义。它让千百万人养成一种频繁省视私人行为和良知的新习惯（讽刺的是，这正是罗马天主教长久以来渴望实现的目标），从而改变了他们的生活，同时也令独身教士获得新生。其负面影响是令一切既有的教会机构遭到冷落，至少也受到了质疑，并创造出新的、王族能够为自己的目的加以操纵的教会政治势力——他们往往利用这股势力来对抗教皇，而后者在他们眼中与自己无异，也只是世袭统治者中的一员而已。新教主义被其敌友双方同样恰如其分地视作确定近代欧洲形态的决定性力量，因此也是世界近代史的决定性力量。

　　但首个否认教廷权威的国家的出现与路德宗或加尔文派都没有直接关系。几乎出于偶然，一场独一无二的宗教变局在英格兰展开。15世纪末期，一个源自威尔士的新王朝都铎成为英格兰的主人，其系谱中的第二代国王亨利八世与教廷发生纠纷，因为他希望与首任妻子解除婚姻关系（他前后共有六任妻子）以便再娶并生养一名继承人，这是可以理解的想法。此纠纷导致双方的对立，以及整个16世纪最突出的、世俗权威崛起的事件，对英国的未来造成重大影响。听命于亨利八世的议会通过了他需要的法案①，在其支持下，亨利八世自封为英国教会之首。在教义方面，他没有与过去割裂的想法；毕竟，他曾亲笔撰写驳斥路德的檄文，因此还被教皇封为"信仰守护者"（其后代至今仍拥有这一头衔）。但他坚持王室至高无上的立场，从而开启

　　① 即《至尊法案》。——译者注

了英国教会脱离罗马的进程。既得利益集团也很快形成，修道院和一些教会体制的其他基础机构被解散，其财产被变卖给贵族和乡绅。认同新信仰的教士意图在次任国王的统治期让英国教会大步迈向欧洲大陆的新教主张。大众的反应不一而足。有人视之为维护与罗马道不同不相为谋的古老民族传统而感到满足；也有人憎恶创新的举措。在沸沸扬扬的争议和暗流涌动的政局中，涌现出一部文学巨著——《公祷书》，以及一些殉道者，其中天主教徒和新教徒皆有。在都铎第四任君主"血腥玛丽"统治期间，曾出现重新接受教廷权威的趋势（还将新教异端处以火刑），她得到如此别名实属不公，或许是英格兰历史上最具悲剧色彩的女王。不仅如此，因为欧洲诸国越来越有赖于其宗教立场，当时的宗教问题和国家利益及外交政策已完全不分彼此。

以上并非英国宗教改革值得关注的所有方面，就如德国宗教改革一样，这是国家意识成型的里程碑。《议会法案》提出了这样一个问题，也是宗教解决方案对宪政体制发出的无声疑问：立法权威是否应受任何限制？玛丽的异母妹妹伊丽莎白一世登基后，趋势又倒转过来，但有很长一段时期看不清局势究竟能发展到何等程度。不过伊丽莎白坚持她依然保留其父亲的地位，议会也立法给予支持。英国教会——或按后世那样称作圣公会——坚持天主教教义，但以王室为最高权威。更为重要的是，由于《议会法案》承认了这一至高权威，英国将与西班牙天主教国王维持漫长的战争状态，西班牙国王在他所统治的土地上扫荡异端的坚定决心是世所共知的。于是，另一个民族的历史进程也因新教而奠定。

宗教改革有助于英国议会的存续，而其他中世纪代议制团体则被君主的实力所打压——当然，这远远不是历史的全貌。身处一个自盎格鲁—撒克逊时代统一至今的王国，又没有地方行省议会的对立，使英国议会比其余国家的类似团体更易于成为国家政治的焦点。王室的漫不经心也有所助益；亨利八世曾获得建立君主专制稳固基础的绝好机会，通过解散宗教机构，他曾暂时持有大量地产，大约占整个王国五分之一的土地，可他却坐失良机，将这些土地迅速清偿变现。尽管如此，哪怕把所有此类无法衡量的因素都恰如其分地考虑在内，亨利选择寻求国家代议制团体的支持，以贯彻其建立国家教会的意志，这依旧是议会史上最为关键的决断之一。

伊丽莎白统治时期的天主教殉道者死于叛国的罪名，而非异端——但英国的宗教分化程度远不及德、法。16 世纪的法国在天主教和加尔文派两方的利益纠葛中遭受着折磨和撕扯。两方本质上都是贵族氏族所组成的群体，为争权夺利而战，是为法国的宗教战争。1562 至 1598 年间，可辨识出的战争就有九起。某些时期，两派的斗争令法国君主的地位岌岌可危，法国贵族几乎赢得了对抗中央政府的战争。但最终他们之间的矛盾还是让一名国王从中渔利，令各派互相残杀。境况悲惨的法国民众不得不承受混乱和破坏所带来的大部分代价，直到 1589 年，一名旁支末系的王室家族成员——小公国那瓦尔的国王亨利——在前任遇刺身亡之后登上王位，他成为法国的亨利四世，并开启波旁王朝，其后代至今仍拥有法国国王的名分。他曾是新教徒，但后来改信天主教，因为他认识到大部分法国人信奉该教派，这是他继任王位的有利条件——也是法兰西民族认同感中长盛不衰的特质。新教徒得到特别保障，他们保留着国中之国的状态，占有要塞化的城镇，国王的号令无法通行；这种非常古老的解决方式创造了新的豁免权，从而保护了他们的宗教。于是，亨利及其继任者可以专心着手于重建因暗杀和密谋而摇摇欲坠的君主权威的工作。但法国贵族依然桀骜难驯。

在此之前，宗教对立已因罗马教廷的内部调整进一步激化，这一举措就是我们所称的反宗教改革运动。在能表现这场运动的事件中，最正式的莫过于 1543 年召开的特伦特全体大公会议，共分三期、历时 13 年。来自意大利和西班牙的主教占会议成员的大多数，这对会议的走向不无影响，因为宗教改革对意大利教会的冲击微乎其微，在西班牙则完全不存在。大会决议成为 19 世纪以前正统教义和教规的基石，为天主教君主们提供了党同伐异的基准。主教获得更大权威，教区具有了新的重要地位。会议还不言自明地回答了一个古老的问题，即欧洲天主教领导权的归属；从那时起，这一权力无可争议地属于教皇所有。不过，和宗教改革一样，反宗教改革运动不仅涉及形式和原则问题，还掀起了新的宗教热忱，让教会内外人士一同重燃信仰的狂热。除了将每周参加弥撒确定为义务、对受洗和婚嫁加以更严格的规约、终止"赎罪券贩子"出售赎罪券的行为（正是这一行为导致路德宗运动的爆发）之外，这场运动还力图拯救陷于传统迷信泥沼的农村地区，他们所受忽视极为严重。想在意大利的蒙昧乡野传播福音的传教士将其称作"我们的印度"，意指他们就如新大陆异教徒那样亟需福音的拯救。

　　然而，早在 15 世纪的信徒当中就已经明显表现出来的自发式精神狂热也是反宗教改革运动汲取力量的来源。这一新情绪最强有力的表现之一是某位行伍出身的西班牙人的创举，他就是罗耀拉的圣依纳爵（Ignatius Loyola）。而且，他所创建的机构具有非常持久的生命力。出于某种命运的嘲弄，他曾就读于加尔文在 16 世纪 30 年代求学的巴黎大学，但没有关于两人见面的记载。1534 年，他与若干同道中人一同起誓，将传教事业作为自己的目标，因为受过这方面的训练，他们在罗耀拉领导起了一个新的宗教团体。1540 年，教皇承认其领导地位，并将该团体命名为耶稣会。其成员很快被冠以耶稣会修士之名，在教会史中具有等同于早期的本笃会或 13 世纪的方济各会的重要地位。作为创建人和一名骑士，圣依纳爵将他们视为教会的民间武装，要求高度的组织纪律性以及对教皇权威的完全服从，教皇的命令则由居于罗马的总会长传达。他们改变了天主教的教育方式，是世界每个角落的传教先驱。在欧洲，他们凭借满腹经纶和政治手腕身居各国宫廷的高位。

然而，虽然耶稣会为支持教皇权威提供了新的工具，反宗教改革运动（就如宗教改革一样）也能强化非教职统治者对臣民的权威。宗教对政治权威——也就是有组织的武力——产生了新的依赖，进一步加强了政治机器的控制力。这在西班牙诸王国表现得最为明显。两种势力在该地汇成一股，早在特伦特会议之前就形成了无可动摇的天主教君主统治局面。首先，刚完成不久的收复失地运动是一场十字军式的运动，天主教君主的头衔本身就使一段政治进程拥有了与意识形态斗争相同的定义；其次，西班牙君主面临大量非基督教臣民突然涌入的难题，其中包括穆斯林和犹太人。人们惧怕他们对一个多种族社会的安全构成潜在威胁。

为了对抗这种威胁，一个全新的机制应运而生：由王室控制（而非像其中世纪的前身那样由教士掌控）的异端裁判所。凭借教皇颁布的诏书，西班牙异端裁判所于1478年设立，从1480年起在卡斯蒂利亚开始运作。教皇很快碰上麻烦；加泰罗尼亚的教内、教外权威一同予以抵制，但最终不了了之。到1516年，当首位同时拥有阿拉贡和卡斯蒂利亚王位的统治者查理五世成为国王，由皇家裁判团组成的异端裁判所是西班牙全境内唯一能对所有领地行使司法权的机构——在美洲、西西里和撒丁岛的权限不亚于在卡斯蒂利亚和阿拉贡。其最突出的后果已经显现，即后世所称的"种族清洗"，犹太人被驱逐、摩里斯科人（Morisco，皈依天主教的摩尔人）被严加约束。

这令属于少数的路德派信徒无力打破西班牙的宗教统一，异端裁判所要收拾他们易如反掌。但西班牙最终为此付出沉重的代价。然而，在天主教狂热信徒查理五世的统治下，不管在宗教还是世俗生活中，西班牙都已经在谋求一种新形态的中央化君主专制；这个极为杰出的"复兴国家"，事实上（也是无意间）成为有史以来第一个必须就遍及全球的事件作出决策的行政有机体。该半岛形式上的宪政体制残余几乎对此趋势毫无影响。西班牙是其余反宗教改革运动国家学习的典范。在一处偏僻的修道院隐居、用大半余生侍奉上帝之后，查理于 1558 年去世，此后百年间，通过示范或武力，其体制将被很多欧洲国家采纳。

在所有支持反宗教改革运动、视其为铲除异端之正道的欧洲君主中，无人比西班牙腓力二世更为坚决和偏执。他是查理大帝的儿子暨继任者，也是都铎女王玛丽的鳏夫。他继承了父亲的半壁江山：西班牙、印度群岛、西西里和西属尼德兰（又在 1581 年获得葡萄牙，并将西班牙对该国的占有状态保持到 1640 年）。他在西班牙的宗教清洗政策导致了什么样的结果一直众说纷纭。而该政策在西属尼德兰的效应则无须争议——催生出世界上第一个挣脱君主及贵族领主统治这具古老枷锁的国家。

被某些人称为"尼德兰起义"、荷兰人称作"八十年战争"的战火，和很多其他关乎民族国家起源的事件一样，是神话的重要来源，其中有一些传说系有意为之的创作。但即便是此类传说和神话，也不如另一种假设来得更具误导性：因为这场战争最终令一个近代形态的社会崛起，所以起义本身也是"近代式"的，其主旋律是为宗教容忍和民族独立而斗争的激情——这种观点是彻头彻尾的谬误。尼德兰问题具有极为鲜明的中世纪背景。作为通过联姻转入哈布斯堡王室名下的大公领地，北欧最富饶的一片土地被古勃艮第王朝所继承。西属尼德兰就是这片土地的一部分，由 17 个类型差异巨大的省份组成。南部省份包括欧洲城市化程度最高的地区和安特卫普的佛兰德斯大贸易中心，那里的很多居民都说法语。这些省份长久以来都不安分，15世纪后期，佛兰德斯城镇还一度试图获取独立城邦的地位。北部省份更偏重农业和海事。那里的居民对其土地表现出一种近乎怪异的偏执情感，或许是因为他们一寸一寸地从海洋手中争得这些土地，并从12世纪开始围起一片片圩田的缘故。

南北两部分将分别成为后来的比利时和荷兰，但在1554年还看不出任何端倪，也想象不到两地的宗教会发生分裂。尽管很多新教徒移居北方，令南部的天主教主导地位略有增强，但在未来的国境线两侧，这两种信仰都你中有我。与反宗教改革运动起效之后的情况相比，16世纪早期的欧洲对宗教分歧的容忍力要强得多。

腓力强行实施特伦特会议敕令的决心可以解释后来所发生的部分事态，但麻烦的根源来自很久以前。当西班牙人致力于对中央政府和地方社区的关系进行近代化改造（意味着通过更有效的税收向日渐繁荣的经济索取财政来源），他们采取了更与时俱进的手段，或许也不如勃艮第人那样善于避免矛盾。西班牙王室使节首先与南部行省的贵族发生冲突。就和那个时代的其他贵族一样，南部行省贵族对于保护自己象征性的"自由"——即特权和豁免权——十分敏感，他们感到这名比查理更遥远的君主对这种自由构成了威胁，即便腓力是伟大的查理五世之子——他们觉得查理能够理解他们，也使用与他们相同的语言。他们声称，西班牙元帅阿尔瓦大公干涉了缉捕异端的当地司法事务，进一步侵犯了地方上的特权。新教徒已在佛兰德斯城镇中扎根，害怕自己会被交到西班牙异端裁判所手里。虽然贵族们是天主教徒，但这些城镇的繁荣局面也是其利益所在。此外，他们就和当时的其他贵族一样，对通货膨胀的压力感到不安。

以彻头彻尾的中世纪方式，抵抗西班牙政府的行为在布拉班特地区发端，数年后，由于西班牙军队的暴行和反抗贵族中的一员——奥兰治的威廉（William of Orange）——的领导，贵族们团结起来、共同对抗法定意义上的统治者。和同时代的都铎女王伊丽莎白一样，威廉（别名"沉默者"，因为他得知西班牙统治者决意要把他臣民中的异端赶尽杀绝后，依然强忍住内心的愤怒，并以此扬名）善于为共同的事业赢取认同感。但贵族和加尔文派市民之间始终有着潜在的矛盾，因为市民参与抵抗行动将面临更严重的后果。最终，西班牙总督更高明的政治手腕和西班牙军队的胜利足以迫使这份矛盾浮于表面。贵族偃旗息鼓，于是西班牙军队在无意之中划定了现代比利时的边界。只有北部省份继续斗争（但依然在"沉默者"威廉的政治领导之下，直到他 1584 年遇刺身亡）。

荷兰人（现在我们应该可以如此称之）有太多值得抗争的东西，也不像南部的同派教友那样对贵族的不满情绪并不彻底。但他们自身内部也存在分歧，各省份很少顺利达成一致。另一方面，他们可以利用宗教自由的呼声和广泛的容忍精神来掩盖分歧。而且，他们也因佛兰德斯人的大规模北迁受益，从中收获了大量资金和才俊。其敌人也有难处：西班牙军队虽十分强大，但躲在城墙后的荷兰人并不容易对付，何况他们还会升起堤坝，用一片水泽将西班牙人围困起来。几乎在不经意间，荷兰人将主攻点转到海上，在那里，他们能对西班牙人造成沉重得多的打击，双方的作战条件也更为平等。起义军开始袭扰北海航道后，西班牙与尼德兰地区的联络状况立即恶化。通过途经意大利的漫长陆路来维持一支常驻比利时的大军代价不菲，如果出现其他需要打退的敌人，这笔开支会更难以承受。而这一状况很快就成了现实。反宗教改革运动已经令国际政治染上了一层新的意识形态色彩。出于维持欧洲大陆实力平衡和防止西班牙彻底坐大这两方面的利益诉求，英国首先采用外交手段遏制西班牙，接着转为海陆军事对抗，使荷兰人获得盟友。

　　几乎是出于巧合和偶然，这场战争创造出一个灿然一新的社会——由七个小共和国和一个弱小的中央政府组成的松散联邦，称为联合行省王国。很快，其国民发现了该民族被遗忘的过去（与 20 世纪去殖民化后的非洲人非常相似），并从罗马人对叛乱者只言片语的记述中发掘和赞颂日耳曼部落民的美德和节操；这股热忱的残迹保留在受阿姆斯特丹显贵委托、描绘日耳曼部落攻打罗马营帐场景的画作中（这一时期属于因伦勃朗的画作而被我们铭记的时代）。这个通过刻意创造而形成的民族国家的特殊气质，比此类历史题材的意识形态宣传更饶有趣味。不用再为生存问题担忧的各行省享有宗教容忍、极大的民事自由和行省独立地位；荷兰人不容许加尔文主义在政府中占据上风。

　　后世认为，从伊丽莎白时代的英格兰可以找到相似的宗教和民事自由；考虑到英国体制在下一个世纪的演进方式，这种想法可以理解，但依然是一种谬年代之误的观点。

　　矛盾的是，国家立法权大大增强是这份自由的组成部分之一，使特权受到极大限制，到 17 世纪末已达到令其他欧洲人称奇的地步。在相当长的一段时期中，人们都想象不到这种结果。伊丽莎白一世是一朵无与伦比的王室奇葩。当青春和美貌的神秘光环从身上消退，她已获得了那些熬过摄政时期、最终掌握权柄的人所具有的堂堂仪态。这位女王在 1603 年走到了登基的第 45 个年头，通过都铎王室血统中与生俱来的、将王朝利益与爱国主义紧密结合的本能，借助才华洋溢的诗人的作品，以频繁游访等平凡的方式（她总是在贵族家中客居以减少出行开支）接近民众，凭借应对议会的超凡技巧，她成为整个民族凝聚力的核心。她也不会为宗教原因发动迫害；诚如本人所言，她不想"在人们的灵魂上开窗破洞"。

　　这位"英明女王"的加冕日会成为爱国者反对其继任者治下政府

的节日，也就完全不足为奇了。美中不足的是，伊丽莎白膝下无子，无法传承她赋予君主宝座的光辉与荣耀，而且她还留下一堆债务。和当时其他所有君主一样，她的财政始终捉襟见肘。对于继承其位的苏格兰斯图亚特王室首任国王詹姆斯一世来说，这笔债务有害无益。该王室接连为英国送上四名昏君，直至今日，论及其男性成员的种种缺陷，相关著述依然难以做到心平气和。不过，詹姆斯既不像他儿子那样愚蠢，也不像他孙子那般失节。对其政治生涯伤害最大的，可能是他有欠老练和疏离人心的做法，而非其他更严重的缺陷。

如果要为斯图亚特王朝辩护，那么，他们并不是唯一麻烦缠身的王室，这一点是得到公认的。17世纪，多个国家的当权者大致在同一时期面临危机，而且有意思的是，这场危机与全欧范围的经济危机平行发展。两者也许存在关联，但要确定关联的本质并不容易。同样有趣的是，这些内乱在时间上与反宗教改革运动所开启的宗教战争时期的最后阶段彼此吻合。或许，我们至少可以假设，正常的政治生活在多个地区同时崩溃，而且在英伦三岛、法国和西班牙特别明显，这可部分归结为三国政府被迫参与宗教战争的需要。

在英格兰，这场危机一路升级，从内战、弑君发展到英国历史上唯一一个共和国的成立。关于这场查理一世与议会之间的争斗，其争执的核心是什么、无可挽回地发展成一场武装冲突的临界点又在哪里，史学界依然存在争议。他陷入与部分臣民兵戈相见的境地（因为他是英格兰及苏格兰两地的国王），不得不在1640年向议会寻求帮助。若没有新的税收来源，英格兰就将失守。这是局势发展的关键转折点。但当时有部分议员确信，王室密谋利用议会通过的法案推翻教会、重新确立罗马的权威。议会对国王的臣仆发起攻讦，还将两名最可疑的人送上绞架。1642年，查理下定决心，认为武力是解决问题的唯一手段，于是内战爆发。查理败北后，议会心中忐忑，很多英国人也一样，因为如果连国王、领主和平民所组成的古老体制都被推翻，无人知晓最终会如何收场。但查理向外来入侵者寻求支持（苏格兰人这一回将为他而战），从而断送了自己的优势。这超出了多数议员的底线，查理被审判和处决——当时看来是令人震惊的结果，其子沦为流亡者。

此后，英格兰进入一段无王时期，全英最杰出的人物之一奥利弗·克伦威尔一直是该国的掌舵人，直到 1658 年去世。他是一名乡绅，后凭借其作战才能在支持议会的地方政府中崭露头角。这给了他巨大的优势——凭借身边的军队，他完全不用依靠那些政客——但也给他设下了限制，因为他不能冒失去军队支持的风险。为了寻找一种通过议会管理国家、同时避免英格兰全盘新教化的手段，克伦威尔打造了一个英国共和政体，在新宪政体制下，这一史称大英联邦的政体成果斐然。

某些议员不能容忍其他教派，这种立场是英国（以及美国）的新教存在多方面张力的表现之一，这种原则被称为清教主义。自从伊丽莎白一世时代起，这一定义模糊的势力就在英国人的生活中日趋强大。其代言人起初只追求用一种高度封闭和清苦的方式来实践宗教教义及仪式。大部分早期清教徒是圣公会成员，但对抱残守缺于大量天主教旧习的教会失去耐心；随着时间流逝，这种不耐烦越来越成为定义清教徒的标志之一。到 17 世纪，作为标志性名词，除了严格的教义和不赞同宗教仪式的态度之外，"新教徒"还暗示着某人具有改革社会行为规范的倾向，而且带有强烈的加尔文主义色彩。在共和时期，很多内战中的议会支持者开始显现出利用这场胜利、通过法律来强制推行清教教义和道德观的意愿，不仅要针对保守派和忠王派的圣公会教徒，而且也针对少数派宗教异见群体——公理会、浸信会、一位论派——这些群体在共和政体中都有一定发言权。清教在政治和宗教两方面都毫无民主可言。那些被拣选者或许可以自由选择该地的长老，作为一个社群实行自我管理，但对于圈外人来说，这批自封的被拯救者仿佛（也确实）以上帝旨意的唯一代言人自居，从而更令人无法接受。他们是一些非典型的少数派，而不是新教体系中的主体，对共和时代的伟大辩论贡献良多的民主和制衡理念被他们弃之不顾。

内战与联邦时期，共出版了超过两万本以政治和宗教为主题的书籍和小册子（pamphlet，17世纪50年代开始使用的英语词），这一事实本身就足以使该时期成为英国政治教育的伟大时代。不幸的是，一俟克伦威尔撒手人寰，共和国的体制缺陷就暴露得一清二楚。英国人无法通过任何新宪法，因为达成一致意见的人数总是不够。到头来，其中大部分人还能够接受原先的君主制。于是，英联邦伴随着1660年斯图亚特王朝的复辟告终。英格兰以心照不宣的条件迎回了自己的国王：作为最后的选择，查理二世重返王位，因为议会如此要求，也相信他会守护英国圣公会。天主教反宗教改革运动给英国人带来的恐惧不亚于激进的清教主义。国王与议会的斗争并未结束，但英格兰不会再有极权君主；从此以后，国王将陷于守势和被动。

历史学者已连篇累牍地论述过所谓的"英国革命"究竟表达了什么。显然，宗教在其中占了很大的比重。新教极端分子获得一次后无来者的、影响整个国家的机会，招致圣公会教徒深切的厌恶，令英格兰政界产生延续数百年的反教士情结。一位研究这场纷争的英国古典历史学者以"清教革命"论之，这并非没有根据。但宗教并不比立宪之争更全面地表现出这段岁月的意义。另一些人在这场内战中发现一份古典式斗争的痕迹。很多内战参与者的利益动机不难判明，但不存在任何清晰的普遍模式。还有人视其为不断膨胀的"中央"与"地方"之间的斗争，前者是官僚、廷臣和政客所织成的政府网络，都通过财政依附关系与整个系统相连；后者是为中央体系提供财力的地方名流。但各地方团体之间往往存在分歧：内战所酿成的悲剧之一是亲人之间也会彼此反目。英国革命的结果比其起源和意义更容易看清。

大部分欧陆国家因查理一世被审判和处决而惊恐万分，但各国都有自己的麻烦，也不乏血腥。红衣主教黎塞留引导法国进入一段有意识地强化王权的时期，不仅削弱了胡格诺派（即法国加尔文主义者）的特权，而且在各省安插名为总督的王室官员，作为王权的直接代表。17世纪三四十年代的行政改革使法国民众几乎毫无喘息之机的苦难生活雪上加霜。在经济依然以农业为压倒性主体的法国，黎塞留的措施必然会对穷人造成最严重的伤害。不出几年，农民的赋税就翻了倍，有时甚至达到三倍。而这种做法的结果是引发一场声势浩大、遭到残酷镇压的叛乱。法国部分地区更是因波旁与哈布斯堡王室之间的冲突而饱受战火荼毒。这场冲突是波及德意志和中欧的三十年战争的最后阶段。法国的洛林、勃艮第和大片东部地区沦为废墟，部分区域的人口减少了四分之一至三分之一。针对法国国王意图征收新税（且有人称其不合宪章）的控诉最终在黎塞留继任者当政时期引爆政治危机。特殊利益集团承担起捍卫传统宪章的任务，特别是巴黎大理院（*parlement*）①，律师团体坐镇，可向法兰西第一法院提出申诉。1648年，他们领导了一次巴黎暴动（不久后得名投石党暴动［*Fronde*］）。经过一段人心惶惶的过渡期后，又发生了第二场由大贵族领导的投石党暴动，此后双方达成了妥协方案。虽然巴黎大理院无法长期维持内部的统一阵线，但就如地方叛乱所昭示的那样，这些人可以成为地方行省贵族反中央集权意识的凝聚核心。然而国王依然保住了王位（总督们也保住了官位）。1660年，法国的君主极权制在本质上依然完好无缺。

---

① 法国旧体制下的最高法院，其前身是卡佩王朝时期的御前会议。——译者注

　　税收问题也令西班牙陷入麻烦。一名大臣试图压制西班牙联邦体制形式所固有的地方主义风气，导致葡萄牙爆发起义（以承诺尊重当地自由为条件，葡萄牙在腓力二世治下被西班牙兼并），巴斯克人和加泰罗尼亚人也发起叛乱。加泰罗尼亚的叛乱耗时 12 年方得平定。1647 年，西班牙那不勒斯王国也发生了动乱。

　　以上所有内乱都是金钱压榨所引发的抵抗。因此，从财政角度而言，西班牙这个"复兴国家"远远算不上成功。17 世纪，常备军在大部分国家出现，这一方面标志着一场军事革新，因为战争将开始吞噬巨额的税金。然而法国人承受的税额似乎远远大于英国人，为何这场"危机"给法国君主带来的折磨反而更小呢？而另一方面，英格兰经历了内战，一度推翻了一国之君，却没有遭受外敌入侵所造成的那种破坏。该国偶尔发生的、抗议物价过高的暴动，也无法与 17 世纪法国恐怖血腥的农民起义相比。而且，英格兰当权者还面临源自宗教分歧的特殊难题。而宗教分歧在西班牙不存在，在法国早已得到控制。胡格诺派的确是一个既得利益团体；他们视君主为庇护者，所以在投石党暴乱中站在君主的一边。地方主义对西班牙影响很大，对法国较小，对英格兰的作用似乎微乎其微，但为保守团体保护自身利益、抵御政府创新举措的威胁提供了立足点。

　　随着年轻的路易十四完全掌控法国大权、查理二世返回英格兰，1660 年可以称得上是某种转折点。法国的无政府状态直到 1789 年才复萌，且在此后半个世纪中展现出惊人的军事和外交实力。尽管英格兰依然面临不少宪政难题，但将再也不会发生内战，也不再有国王被废黜。1660 年以后，英国将拥有常备军，并经历最后一次动乱，由一名实力不足的谋反者和数千被蛊惑的乡民于 1685 年发起，对国家不构成丝毫威胁。以回顾历史的视角来看，这一切令一桩事实显得更加突出——人们总是不愿承认最高权力的真实性质。英国人郑重其事地订立一系列保护个人自由的《权利法案》，但直到 1689 年，一名国王在议会中下的决定无法被另一名国王撤销的惯例依然无法动摇。在法国，人人都同意国王的权力是绝对的，但法学家却声称他不具备从事某些行为的合法权力。

至少有一位思想家认识到了社会前进的方式，他就是英国最伟大的政治哲学家托马斯·霍布斯（Thomas Hobbes）。其著述——特别是 1651 年出版的《利维坦》——中表达了这一观点。霍布斯主张，让一个人拥有法律定义的最终决定权可能导致该权力落入暴君之手的危险，而不允许某人独揽大权虽然会造成一些不便和不确定性，但显然是权衡利弊后的更好选择。他为那个时代的困惑感慨良多，深感亟须找到权威的确切来源。虽然混乱没有持续发生，但始终有爆发的可能：诚如霍布斯所言（大意），不必成天在瓢泼大雨中生活，你也能说天气少晴多雨。无限的立法权——最高权力——属于且仅属于国家政府，不能被豁免权、习俗、神律或其他任何一切限制，否则就有陷入无政府状态的危险，认识到这一点，就是霍布斯对政治理论的贡献所在，但他并未因此获得多少赞誉，而且直到 19 世纪才获得应有的评价。对他的攻击几乎铺天盖地，然而人们的行为却往往成为其观点的注脚。

采取立宪制的英格兰事实上是首批按霍布斯的原理运转的国家之一。18 世纪早期，英国人（尽管苏格兰人在《1707 年联合法案》生效后加入了威斯敏斯特的议会，但他们的想法不如英格兰人坚定）原则上接纳了，也在实践上对这样一个原则加以某种程度的贯彻——除非出于务实考虑，否则法律的效力应不受任何限制。甚至晚至维多利亚时代，这一原则也会受到公然的挑战，但 1688 年的英格兰无人公开反对，是时，议会最终放弃斯图亚特王室的直系男性继承人，将詹姆斯二世赶下王位、有条件地把他的女儿及王夫扶植上台，过去的一个多世纪间，议会越来越成为国王必须应对的存在，这已经显示出议会力量强化的趋势；随着契约型君主制的确立，英格兰最终告别其旧制度，开始以宪政国家的方式运转。中央权力被有效地分立；主要权力属于下议院，代表社会主导群体——即地主阶级——的利益。国王依然享有重要的特权，但事实很快表明，他的提议必须获得下议院的信赖方可实施。最高立法权属于"议会之君"（Crown in Parliament）①，国王可通过法律手段采取一切行动。但依然为欧陆国家的特权阶级充当保护伞的豁免权或有望与议会对抗的实体都不复存在。对于权力如此集中所构成的危险，英国人的应对方法是确保——如有必要，哪怕采用革命手段也在所不惜——权力机关只能依照社会最重要的组成部分的意愿行动。

　　1688 年，英格兰迎来一位荷兰国王：玛丽女王的丈夫威廉三世，对他而言，同年爆发的"光荣革命"最主要的意义在于可以让英格兰动员起来对抗法国，因为法国正在威胁尼德兰七省联合王国的独立地位。虽然后世单纯从宪政或意识形态角度解读英法战争，但其中有太多错综复杂的利益纠葛。不仅如此，由于神圣罗马帝国、西班牙和德意志诸王国的存在，此后二十多年间，抗法联盟经历了种种变迁，令所有在两个阵营间寻找清晰的政治原则对立面的尝试变得毫无意义。不过，那个时代确有一些人发现这场战争背后掩藏着某种意识形态元素，而且他们的想法并没有错。英格兰与荷兰社会比路易十四统治下的法国更为开放。前两国允许并保护不同的宗教实践活动，不对媒体进行审查，而是用保护个人及国家不受诽谤的法律加以规范。两国由寡头统治，这些寡头代表着切实掌握社会及经济力量的群体。而法国

---

① 联邦制国家的专用术语，指国王作为立法者的身份，他须在议会或立法机关的建议和咨询下行使其权力。——译者注

则截然相反。

在路易十四统治下，政府的极权达到了法国历史上登峰造极的地步。要把他的抱负准确划入某个世所熟知的范畴并不容易；因为他个人、所属王朝和法兰西民族的伟大是几乎不可分割的整体。也许正因如此，他才成为所有欧洲君主中的典范。政治被切实限制到行政范畴；王室议会、代表王室的各省总督和军事将领都充分顾及贵族和地方豁免权这类社会现实的存在，但他的统治对法国至该阶段所形成的、真正独立的政治势力还是造成了极大的打击。这是一个在全法境内确立王权的时代，也被部分后世之人视为革命的时代；该世纪后半叶，黎塞留所打造出的框架终于不再空洞，行政实践使其有了实质性的内容。路易十四用全欧洲最富丽堂皇的宫殿让贵族顺服；基于本人的社会等级和尊卑意识，他乐于用荣誉和俸禄来安抚贵族，但从未忘记投石党暴乱，像黎塞留一样始终对贵族加以控制。路易的亲属被排除在宫廷之外，宫中还有非贵族出身的大臣，让他有可以放心依靠的对象。大理院的职能被限制在司法范围；法国教会独立于罗马的地位获得保障，但结果是更无法离开基督教陛下（Most Christian King，这是路易的某个头衔）的羽翼。对于胡格诺派，路易的立场十分坚定，无论付出多少代价，他也不想成为异端的国王；没有逃离法国的胡格诺派信徒遭到严酷迫害，以强迫他们皈依正统。

尽管法国在路易十四统治的时代取得了伟大的文化成果，但这似乎依然难以让法国人认同其中残酷的一面。他所君临的社会等级森严，强调集体主义和神权统治，即便统治手段是与时俱进的，可目标却是陈腐过时的。路易甚至觊觎神圣罗马帝国的皇帝宝座。他禁止在法国为哲学家和宗教捍卫者笛卡儿举办宗教式的葬礼，因为其思想具有危害性。然而在相当长的时期中，他所打造的政府似乎是大部分法国人所向往的那种。高效政府的行事风格可能显得残忍，例如让士兵暂住在胡格诺派信徒家中强迫他们改信，或让骑兵部队每隔一个月左右去威吓不愿交税的农民，这些都是已知的史实。然而，除了若干不寻常的灾年，民生还是比数十年前有所改善。归根结底，这段统治期是一个混乱时代的终结，而非另一个乱世的开端。法国大体上免于外敌入侵，土地投资的预期回报有所下跌，并持续到 18 世纪中后期。正是这些有据可循的现实，折射出了这个被后人称为盛世的时代的闪耀光芒。

路易在欧洲的地位大多靠战争赢得（不过统治末年经历了严重倒退），但也不纯靠军队和外交。作为完美的集权制君主，他树立了君主的典范，从而令法国的威望达到巅峰，并能长久保持。规模浩大的凡尔赛宫的落成是路德维希①所取得成就的实体化身。无论是作为建筑还是其居住者，都鲜有如此被人尊崇和模仿的范例。18 世纪的欧洲到处充斥着微缩仿制版的法国宫廷，建于数十年的承平时期，由未来的"伟大君主"们兴建，以其臣民的痛苦为代价。经过路易时期大规模战争的动荡之后，这种稳定与持续的局面几乎出现在所有地区。

1715 至 1740 年间没有任何可以引发各国内部变革的重大国际紧张局面，也没有 17 世纪的那类严重的理念分歧、抑或急速的经济和社会发展以及相应的张力。因此，经历了百年左右的乱世之后，政府不再变化、社会也安定下来的局面几乎成为全欧洲的普遍景象也就不足为奇了。除了大不列颠、联合行省王国、瑞士各州和活化石一般的意大利诸共和国，君主极权制是 18 世纪大部分时期最盛行的国家制度，有时会采取后来被称作"启蒙专制"的形式，这一名词现在没有、过去也从未具备过比今日的"权利"或"左派"之流更为清晰的

① 原文 Ludovican，即 Ludovic 的形容词态，而 Ludovic 同 Ludwig——即 Louis 的德语拼法。——译者注

含义。所谓"启蒙专制"是指始于 1750 年左右的一种趋势，若干可能受当时先进思潮影响的君主意欲在实践层面推行改革，从而走向创新之路。此类创新即便有效，也多少受极权制下君主绝对权力的影响。虽然有时显出人道主义色彩，但"启蒙专制"的政策在政治上未必自由。另一方面，这些措施往往具有近代属性，因为削弱了传统的社会及宗教权威，打破了既有的社会等级或法权观念，有助于集中国家的立法权，确保国家对臣民的权威不受挑战，这些臣民越来越被当成个体的集合来对待，而非等级群体中的成员。

　　毫不令人惊讶的是，能完美契合这一概述的实例几乎不可能找到，就如不可能找出百分之百"民主"的现代国家，也不可能在 20 世纪 30 年代找到完全满足"法西斯"定义的国家，这一观念放之四海皆准。例如，在地中海和南欧国家中，那不勒斯、西班牙、葡萄牙及其他一些意大利王国（有时就连梵蒂冈也不例外）都有大臣试图推行经济改革。其中有些人是受新兴事物的刺激；另一些人——如葡萄牙和西班牙廷臣——将启蒙专制视为一种手段，意图恢复所失去的强国地位。他们的部分做法侵蚀了教会的实力。这些大臣所侍奉的君主几乎都与波旁家族沾亲带故。帕尔马——参与这股潮流的最小的国家之一——与教廷发生争执，导致以上所有国家都被卷入一场针对教廷反宗教改革运动的左膀右臂——耶稣会——的全面攻击。1773 年，教皇被迫解散耶稣会，这场失败具有重大的象征意义，不仅确有实效，也展示了进步的反教士主义思想哪怕在天主教欧洲也拥有强大的力量。

　　这些国家中，除了陷入衰退的西班牙，没有任何国家怀有一丝一毫的称霸企图。另一方面，在走上启蒙专制道路的四个东欧国家中，有三个无疑抱着如此野心。不属于此列的是摇摇欲坠、步履蹒跚的老迈王国波兰，沿"启蒙"路线进行的改革在既有体制面前如以卵击石；波兰确实存在启蒙思想，但没有能够有效对其加以运用的专制政体。普鲁士、哈布斯堡帝国和俄罗斯则更为成功，均在打开启蒙局面的同时强化了国力。变革的线索又一次可以从战争中找到，其代价远远超过建造哪怕最奢华的凡尔赛宫复制品。

俄罗斯的近代化可追溯至该世纪初，当时，彼得大帝力图通过技术和体制革新确保该国未来的大国地位。该世纪后半叶的女皇叶卡捷琳娜二世成为这一举措极大的受益者。她还广泛宣扬自己对文学和人文事业的扶持，用最时髦的思想为其治世镀金。这一套非常肤浅，传统的社会秩序毫无变化。俄罗斯还是保守的专制国家，其政治在很大程度上等同于贵族派系和家族间的斗争。启蒙思想也没有令普鲁士发生多少改变，高效节俭的中央化行政风格在该国有着良好的传统，体现出很多别国的改革者所追求的特质。普鲁士已经实现宗教容忍，霍亨索伦王朝的君主统治着一个传统意识浓郁的社会，在 18 世纪根本没有发生变化。普鲁士国王必须（也愿意）认识到，贵族的默许是其权力的基础，因而悉心守护他们的法律和社会特权。腓特烈二世一直深信只有贵族可以获得高级军官头衔，而且在其统治末期，普鲁士领土内的农奴数量比他登基时更多。

与普鲁士的竞争是哈布斯堡王朝改革的决定性推动力。改革之路存在巨大的阻碍，该王朝领地内的民族、语言和体制构成都非常多样化；皇帝身背无数头衔，匈牙利国王、米兰公爵和奥地利大公只是其中寥寥数例。如果这一成分复杂的帝国要在欧洲事务中发挥相当的影响力，中央化和更高的行政统一度必不可少。另一个问题是，罗马天主教在哈布斯堡帝国占压倒性的主导地位，这与波旁王朝统治的国家类似，与俄罗斯或普鲁士不同。教会势力在该国各处深深扎根；哈布斯堡领土涵盖西班牙周边大半地区，那里的反宗教改革运动最为成功。教会还拥有巨额资产，无不受传统、教会法和教廷政策的保护，此外也垄断了教育。最后，哈布斯堡家族成员在这数百年间几乎毫不间断地占据着神圣罗马帝国的王位。因此，他们对德意志负有一份特殊的责任。

　　这一背景本身已有可能为哈布斯堡帝国境内的近代化进程抹上"启蒙"的色彩。改革实践无处不与社会中根深蒂固的教会势力发生冲突。玛丽亚·特蕾西娅（Maria Theresa）女皇本人对于具有反教会倾向的改革并无好感，但谏言者可以凭一项具有说服力的事实让她支持改革主张：从18世纪40年代起，哈布斯堡将与普鲁士争霸的局势开始明朗化。财政改革和后续的行政改革一旦开启，最终必然会导致教会和政府之间的冲突。这场冲突在玛丽亚·特蕾西娅的儿子和继任者约瑟夫二世（Joseph Ⅱ）统治期达到高潮。他没有继承母亲的宗教虔诚，且被人称作观念先进的开明派。他的改革与去宗教化举措的关联尤为紧密。修道院失去土地，宗教职务的任命遭到干涉，庇护权被废除，教士对教育的垄断被剥夺。改革的进程引发了种种愤怒和反对的声浪，但后果都不如1790年的事件来得严重——约瑟夫的过激行动导致布拉班特、匈牙利和波希米亚贵族的公开抗命。在约瑟夫统治末期，强大的地方机构——庄园和议会——使其大片领地内的政府陷于瘫痪，那些地区可以通过这些机构来反对他的政策。

　　采纳启蒙专制的环境、主导这些国家的先入观念、专制取得了多少成果、是否体现"启蒙"思想、体现到何种程度，这些方面的差异均表明，认为存在某种"典型"的启蒙专制范例是多么具有误导性的观点。

　　显然，受改革政策和抱负影响的法国政府进一步表明了这一点。矛盾的是，路易十四死后，变革的阻力反而有所增强。其继位者治下（统治初期受摄政者掣肘，只得到少数人的支持），特权阶级的实际影响力有所增强，在最高法院，对侵犯特殊利益和传统特权的法律大加鞭挞的趋势也日渐滋长。认为一国之君拥有至高无上且不受限制的立法权的观点遭到了新的抵制，且这种舆论日趋见长。随着 18 世纪的进程，法国在国际舞台上的角色令其财政负担越来越沉重，改革的话题逐渐归结为寻找新的税收来源的问题——一种注定要招致反对的做法。对法国君主制实行改革的提议大多都以此为目标。

矛盾的是，1789 年的法国是一个与批判性和先进性思想的构筑和传播关联最为密切的国家，同时却也是最难以将这些思想付诸实践的国家之一。但这是一个在 18 世纪末期波及欧洲所有传统君主制国家的话题。无论为改革和近代化付出多少努力，传统既得利益集团和社会结构的妨害依旧成为前进道路上的障碍。无论在哪个国家，把专制君主作为最后的倚靠也不可能解决这一问题。他们无法太过咄咄逼人地质疑传统权威，因为那正是君主本人的依靠。不受限的最高立法权在 18 世纪似乎依然会让很多事物的存在受到威胁。如果传统权利被侵犯，那财产岂不是会同样不保？这是合情合理的担忧，不过作为欧洲最成功的统治阶级，英国统治者似乎接受了法律权限无所不包、改革对象没有例外的原则，并不惧怕如此革命性的思想可能被以其人之道还治其人之身。

不过，加上这条重要的限定条件后，启蒙专制也体现了那个已然确立的主题——在长达三百年、波及大量国家的政治演进过程中，作为这一错综复杂的故事的核心，政府实力的提升是一个持续的过程。试图逆历史进程而动且取得成功的人寥寥无几，也总是昙花一现。诚然，即便最坚定的改革者和最能干的政治家也不得不与一台落后的国家机器打交道，任何现代官僚都会觉得这台机器破旧得无可救药。虽然 18 世纪的政府可以动员的资源比过去多得多，但只能在没有革命性技术创新的条件下加以利用。18 世纪的通信手段最终还是依靠风力、畜力和人力，和三百年前没有分别；该世纪最后十年投入使用的"电报"只是一套旗语系统，以拉绳为工作方式。军队的机动力只比三百年前略好一点，虽然武器有所改善，但并没有改头换面。如今的警察机构没有在任何国家出现，所得税依然属于将来时。但政府实力已出现可以察觉的变化，这并非源于技术，而是来自理念的改变，是因为早已有之的体制发挥出了更高的效率。1789 年前，没有一个大国敢于奢望所有臣民都掌握政府的官方语言，而且，也许除了大不列颠和联合行省王国以外，没有一个国家能够赢得臣民足够的认同感，从而不必担心政府和民众的对立、可以专注于保护国民不受外侮。大西洋东岸也没有任何拥有主权的势力展现出充分的近代国家面貌。

第 4 章　列强争霸的新世界

在那些 15 和 16 世纪就确定了基本形式且保持至今的制度当中，就包括常驻代表制。君主们彼此递送长文、相互协商，也还有很多其他方式能进行这项工作，让各方理解事态的进展。例如，中国人把其皇帝设想为九五至尊、普天之王，所有远道而来的使节本质上都是来请愿或纳贡的。中世纪国王彼此间派遣使者或不定期的使节团，从中发展出一套特别的礼节和仪式，使者还能获得特殊规约的保护。公元 1500 年后，永久性的常驻大使制度慢慢成为和平时期所实行的惯例，也是我们沿用至今的标准手段，这些使官至少能初步处理一切常规事宜，并负有向其君主通报所在国情况的使命。

威尼斯大使是其中第一批值得关注的范例。作为一个如此依赖贸易和正常外交关系的共和国，出现首批堪称典范的职业外交官毫不令人惊讶。更多的变化接踵而至。早期使者所要面对的种种危险逐渐成为被人遗忘的往事，外交官获得了特殊地位，受特权及豁免权的保护。协定和其他外交范式的性质也变得更精确和规范，外交流程向更为标准化的方向演进。所有这些变化都是缓慢发生的，且以人们相信作出改变确有益处为前提。绝大部分情况下，公元 1800 年确实还没有出现现代意义上的职业外交官，当时的使节通常还不是领取薪水的文职公务员，而是可以负担维持代表地位所需开支的贵族。尽管如此，外交职业化的进程已经开始。另一个标志是，公元 1500 年后，一个由主权国家之间的关系所组成的新世界取代了封建式的个人裙带关系和教皇及罗马帝国皇帝说不清道不明的所谓至高地位所构成的旧世界。

这一新体系最突出的特质是，它表明人们开始认为世界由主权国家组成。该观念的成型经历了不少时间，16 世纪欧洲在当时人们眼中绝非一系列由只属于该地的统治者管理的独立区域的集合。除了少数例外，其组成部分更不会被视为任何类型的、可称作"民族国家"的实体。如此状况的成因不仅仅是存在像神圣罗马帝国那样堪称古代习规之大全一般的存在，而且还因为王朝统治是早期近代欧洲的外交主导原则。

在 16 和 17 世纪，欧洲的政治单元更似一份份领地而非一个个国家。这些领地以兼并、婚嫁和继承为手段，通过或长或短的积累成形，也就是说，具有与构建任何私人家族地产相同的流程和推动力。其结果可从地图上见到，这块或那块世袭领地在两名统治者之间易手，令各份领地的边界处于持续变化状态。这种转让就像农田易主，领地继承人和农民一样对此无能为力。王朝统治模式就是各国君主全神贯注于可能影响联姻的谈判及协定、悉心安排和确保王位传承事宜的原因所在。

除了王朝的利益，君主们还为宗教事宜发生争执乃至开战，而贸易或财富也越来越成为争夺的焦点。部分王朝获得了海外殖民地，也使问题更为复杂化。封建主从关系这一陈旧的原则偶尔还会被各国援引。在上述模式之外也始终存在其他令版图发生变化的推动力，例如对新土地的殖民或民族情感的觉醒。不过，总体而言，16 和 17 世纪的大多数统治者都以继承权和家族利益的守护者自居，且必须将这些资本传递给下一代。由此，他们的行为可以想见，就像一面镜子，反射出各自社会中的其他人和其他家族的立场。不只是中世纪沉浸于家世和血统不可自拔，16 和 17 世纪也是属于谱系学的伟大时代。

公元 1500 年的欧洲王朝版图将会经历一次重大的变迁。此后的两个世纪，两个伟大的王族将在欧洲大片土地上你争我夺，而且当时已经在意大利展开角力。他们是哈布斯堡王室和法国的统治家族——起先为瓦卢瓦王朝，1589年亨利四世登基后改为波旁家族。前者将成为奥地利的统治家族，后者始终以法国为活动中心。但很多其他国家的君主、亲王或王后均出自这两个家族。16世纪伊始，双方争议的核心是勃艮第继承权的归属问题。当时，任何一方在欧洲的影响力都远远谈不上深远。实际上，与当时的其他王朝相比，它们并不具备鹤立鸡群的实力——虽然过去相当强大，例如，威尔士都铎王朝的初代君主亨利七世曾在1485年登上英格兰王位。

除了英格兰和法国——或许还包括西班牙和葡萄牙，在其他国家看不到丝毫能够维系政治团结的、真正的民族凝聚力和情感。虽是一个相对而言不算重要的国家，英格兰却是相当成熟的范例。1492年后，凭借岛国的地理位置免遭大陆司空见惯的入侵和劫掠，只有加莱海港（直到1558年方才失陷）除外，这令英格兰政府的中央化程度非同一般。经历以"玫瑰战争"为标志的漫长而无序的混乱时期后，都铎王朝急于确保王国的统一，有意识地将国家利益和王室利益结为一体。莎士比亚对爱国主义语言的运用显得驾轻就熟（另外值得一提的是，他对宗教分歧着墨极少）。法国在建设国家凝聚力的道路上也取得一定进展。不过，瓦卢瓦—波旁王朝的麻烦比都铎王朝大得多，其领土内有一片片受豁免权和特权保护的飞地，君主无法完全行使作为法国国王应有的最高权力，部分臣民甚至不说法语。尽管如此，法国的民族国家建设还是成果斐然。

虽然两个西班牙王国的王位直到天主教王室——哈布斯堡的查理之孙在1516年登基为查理一世、并与其疯癫的母亲共同执政后才得以统一，但西班牙也走上了同样的道路。查理一世依然留心确保卡斯蒂利亚人与阿拉贡人的权利存在明显的差别，但西班牙民族意识在其统治期变得更为清晰，因为虽然起初广受欢迎，但查理将西班牙纳入更广大的哈布斯堡帝国，从而模糊了该国的民族存在感，而且还为达成哈布斯堡王朝的目标和胜利牺牲西班牙的利益。他于 1519 年当选为神圣罗马帝国皇帝查理五世，这是该世纪前半叶的一桩重大外交事件。他的祖父马克西米利安是前任皇帝，也大力促成了他的当选，当时，处心积虑的联姻已使他成为世上有史以来领土最广阔的帝王，神圣罗马帝国的皇冠可谓适得其所。

他从母亲那里继承了西班牙各王国，因此同时将阿拉贡人在西西里岛的权益和卡斯蒂利亚人在新发现的美洲大陆的权益收入囊中。他从父亲（也就是马克西米利安之子）那里继承了属于勃艮第公爵领地一部分的尼德兰，又从祖父手中获得哈布斯堡王室在奥地利和蒂罗尔（Tyrol）的领地，以及弗朗什孔泰（Franche-Comté）、阿尔萨斯和意大利境内大片地区的继承权。这是那个时代累积领土最广阔的王朝，而且查理的弟弟斐迪南拥有波希米亚和匈牙利的王冠，后来还继承了兄长的神圣罗马帝国皇帝宝座。16 世纪的大部分时期，哈布斯堡王朝的崇高地位是欧洲政治的基本事实。查理登上皇帝宝座时的头衔充分展现了该王朝标榜的各种真真假假的统治权："罗马之王，获选皇帝，永远的奥古斯都，西班牙、西西里、耶路撒冷、巴利阿里群岛、加那利群岛、印度和大西洋彼岸国王，奥地利、布拉班特、施蒂里亚、卡林西亚、卡尼奥拉（Carniola）、卢森堡、林堡、雅典和帕特雷（Patras）大公，哈布斯堡、佛兰德斯和蒂罗尔伯爵，勃艮第、埃诺（Hainault）、佩弗特（Pfirt）和鲁西荣（Roussillon）大法官，士瓦本（Swabia）伯爵，亚洲与非洲领主。"

无论这一大堆头衔代表着什么，都与民族国家的定义无关。为方便起见，可将上述地区分为两大区块：一是西班牙世袭领地，包括尼德兰和金块供应量与日俱增的美洲，因此颇为富有；二是哈布斯堡旧领地，要维持在该地区主导地位，哈布斯堡王室需要在德意志发挥积极的作用。但在位居皇帝宝座的查理眼中，其家族的权力范围还远远不止如此。他素好以"上帝代言人"自居，如同古时的基督教圣武士那样与非洲和地中海全境的土耳其人对抗，从这一点就可以看出不少东西。在他自己眼中，他依然是一名中世纪的罗马帝国皇帝，远比其他君主崇高；他是基督教世界的领袖，只对上帝一人负责。或许在他看来，他比都铎王朝的亨利八世更有资格称为"信仰守护者"，后者是他的对手，也觊觎帝国皇帝的宝座。为了实现他自诩的抱负，德意志、西班牙和哈布斯堡王朝的利益都受到不同程度的牺牲。但他的追求是不可能达成的。统治如此庞大的帝国只是一种梦想，考虑到宗教改革的压力和 16 世纪贫瘠的交通及行政手段，这超出了任何人的能力范围。可查理的野心还不仅如此，甚至竭力坚持以一己之力实行统治，还为实现这一虚妄的目标马不停蹄地四处巡游，或许正因如此，他倒是让帝国的任何部分（尼德兰可能除外）都无法产生对王室的归属感。其志向是中世纪生命力依然在延续的表现，但也揭露了他陈腐过时的思想。

当然，神圣罗马帝国显然不是哈布斯堡家族的领地。它也体现了中世纪的往昔，但体现出的是中世纪最腐朽和虚无的一面。帝国的大半领地位于德意志，该国名义上受皇帝及手下领主的统一领导，实际上乱象丛生，这些领主所组成的机构即帝国总议会。《金玺诏书》发布以来，前后共七名选侯对各自领地拥有实质性的统治权。另有上百名王侯和 50 多座帝镇具备独立地位。再加上 300 来个小王国和帝国封臣，即构成神圣罗马帝国版图的全貌，也是那个中世纪早期的大帝国所残留的一切。16 世纪初始，试图改变这一混乱局面、赋予德意志某种形式的民族统一的尝试遭到失败，最后只形成了若干新的行政机构；这一结局甚合小国和城邦的心意。查理于 1519 年当选为皇帝绝非预料之中的必然；被哈布斯堡王朝这个庞然大物吞并后，德意志的利益可能被放到次要地位或彻底忽视的恐惧心理自然会油然而生。为了凌驾于法国国王（唯一构成严重威胁的候选人，因为亨利八世虽然也是候选人之一，但没人相信他的钱袋够充裕）之上，他必须重金贿赂选侯。于是，直到 1806 年神圣罗马帝国解体之前，哈布斯堡王朝的利益一直是该国唯一有效的凝聚力源头。

作为地理统一程度最突出的欧洲地区之一，意大利却仍分裂成多个独立王国，大部分由专制王侯统治，还有一些依附于外部势力。教皇是各教会国家的世俗君主。一名出自阿拉贡王族的那不勒斯国王统治着这一国家。他的西班牙亲族则握有西西里岛。威尼斯、热那亚和卢卡都采取共和体制。斯福尔扎（Sforza）家族统治着占据波河大片流域的米兰公爵领地。佛罗伦萨理论上是共和国，但从 1509 年起被前银行世家美第奇家族掌控，实际上成为君主制国家。在意大利北部，萨伏伊公爵坐镇阿尔卑斯山另一侧的古代世袭领地，统治着皮埃蒙特一带。分裂状态使这片半岛成为诱人的猎物，以剪不清理还乱的亲缘关系为借口，法国和西班牙统治者都插手该地的事务。哈布斯堡和波旁王朝的明争暗斗构成了 16 世纪前半叶欧洲外交史的主旋律，其中尤以意大利为焦点。

以意大利为舞台的哈布斯堡—瓦卢瓦战争始于 1494 年的法国入侵——这让人回想起中世纪的军事冒险和劫掠（披着十字军的外衣）——持续到 1559 年为止。其间总共发生六场史称的"意大利"战争，其重要性更甚于初期的表象。这段历史在欧洲国家体系的演化过程中具有特殊地位。查理五世的登基和弗朗西斯的竞选失利令两王朝争雄的趋势进一步凸显。对于身为帝国皇帝的查理而言，这场竞争使得德意志的路德宗问题得不到充分关注，从而导致致命的后果；对于身为西班牙国王的查理而言，这场竞争则是耗尽国力的灭亡之路的开端。对法国人而言，这场竞争带来了贫穷和外敌入侵，给他们的国王带来了沮丧和挫折，因为西班牙势力最终还是占据意大利的统治地位。对意大利民众，这场战争带来了各种灾难。自野蛮人入侵以来，罗马城首度告破（在 1527 年被一支哗变的帝国军攻占），西班牙的霸权最终使城市共和国的伟大时代落下帷幕。意大利海岸一度被法国和土耳其舰只轮番洗劫；法国国王与苏丹正式结盟，揭露了基督教世界的所谓团结有名无实的本质。

　　也许只有奥斯曼人把这段时期看作好时光。往往要独立对抗土耳其人的威尼斯眼睁睁地看着自己的东地中海帝国分崩离析。西班牙沉迷于主宰意大利的迷梦不可自拔，已经放弃了早先在摩洛哥取得的征服成果，而美洲仿佛能供应无穷无尽的宝藏，更是令这份幻想日益膨胀。查理五世和其子的帝国大业都在非洲遭受挫折，1571 年于勒班陀（Lepanto）打败土耳其人也只是短暂的成功，三年后，土耳其人就从西班牙人手中夺回突尼斯。即便以西班牙的财力，在对抗奥斯曼的同时支撑哈布斯堡王室在意大利的基业也已超出了能够承担的极限。查理五世的统治末期因债务而举步维艰。

　　1556 年，在奥格斯堡会议达成德意志宗教争端的第一次解决方案后不久，查理将罗马帝国皇帝宝座让予其弟，后者取得奥地利的继承权，西班牙则由其子腓力二世统治，腓力二世是土生土长的西班牙人。查理生于尼德兰，这位大帝统治时期的落幕仪式也在该国的金羊毛宫举办；离开仪式现场后，他靠在年轻贵族"奥兰治的威廉"肩头失声而泣。哈布斯堡王室继承权在 16 世纪 50 年代的分裂是欧洲历史进程的分水岭。

　　此后，欧洲历史走入一段数百年来最为黑暗的时期。经历起初的片刻安宁之后，欧洲各国君主及其臣民一同陷入 17 世纪仇恨、偏执、屠杀、残害和野蛮的狂潮，在 20 世纪以前都无出其右者。这段时期至关重要的事实包括：西班牙拥有军事上的优越地位，反宗教改革运动开启了意识形态冲突，宗教内斗令德意志瘫痪、使法国有很长一段时期动弹不得，英格兰、荷兰和瑞典崛起成为新的权力中心，两场海外殖民地冲突发生，预示了此后两个世纪的走向。直到该时期末尾，西班牙势力凋零、欧陆霸权地位被法国取代的局面才显山露水。

从尼德兰的叛乱开始说起是最好的选择。与 1936 至 1939 年的西班牙内战类似（但漫长得多），这场叛乱集合了意识形态、政治、战略和经济争端，使局外人无从把握。西班牙军队可能从西班牙、意大利和佛兰德斯的任何一处入侵，法国无法安之若素。英格兰的插手干涉导致了其他问题。英国属于新教阵营，但也仅此而已，腓力试图避免与伊丽莎白一世完全断绝往来。他曾与都铎王朝的玛丽联姻，在英格兰取得一定权益，长期以来都不愿放弃重新攫取这些利益的机会，而再娶一位英国女王、保住这些利益是他最初的盘算。不仅如此，与奥斯曼人的战争早就将他的注意力转到别处。但西班牙对英国海盗的处置方式使英格兰的民族和宗教情感爆发成一场熊熊大火，对西班牙帝国造成不利；英西关系在 16 世纪七八十年代急速恶化。伊丽莎白不希望尼德兰垮台，在公开和私下场合都给予支持，但无甚热情可言；作为一国之君，她并不喜欢叛乱分子。最终，西班牙挟教皇授命，在 1588 年发动大举入侵，要废黜被定为异端的伊丽莎白女王。"上帝之风将他们驱散"是一块英国纪念章上的文字；恶劣的天气完成了西班牙的计划或英国人的操船术和火炮都未竟的奇功，使无敌舰队大难临头（尽管双方实际上没有一艘船被火炮击沉）。在舰队残余跌跌撞撞地驶回西班牙港口后，英国与西班牙的战争还持续了很久，但一场大危机已经过去。而且，几乎在无意之间，极具重要性的英国航海传统就此诞生。

一俟和平重现，詹姆斯一世力排其臣民的反西班牙成见，明智地

竭力避免再起战端，也取得了成功。20 年休战期之后，尼德兰叛乱
再起，并成为一场规模更大的斗争的组成部分——即三十年战争。这
回，英格兰没有被欧陆冲突拖下泥潭。这场战争的核心是哈布斯堡王
室企图以反宗教改革的胜利为资本，在德意志重建帝国权威。这令
《奥格斯堡和约》和宗教多元化在德意志的存续岌岌可危。此外，这
份和约也被视为限制哈布斯堡王室野心过度膨胀的手段。就如 16 世
纪与瓦卢瓦王室逐鹿意大利，哈布斯堡王室在 18 世纪又与波旁王朝
就德意志展开争夺。错综复杂的利益纠葛再一次给意识形态冲突抹上
了混乱的色彩。王朝利益将法国卷入战场，与同为天主教信仰的哈布
斯堡王室对阵。在一名红衣主教的领导下，以"教会的长女"著称的
法国与尼德兰加尔文主义者和丹麦及瑞典的路德派联手，以确保德意
志王侯的权利。同时，大量不幸的中欧民众不得不时常忍受半独立武
装领主朝三暮四、贪得无厌的秉性。拒敌于莱茵河之外的对外政策使
法国获益一个多世纪，红衣主教黎塞留比任何人都更有资格被称作这
一政策的创始人。如果还有人怀疑这点，需记得他见证了功利政治和
唯目的论（raison d'état）的出现，这标志着无视原则、单纯追求国
家主权利益的时代已不折不扣地到来。

　　1648 年终结三十年战争的《威斯特伐利亚和约》从几方面来看
都是变革的标志，然而也显现出日渐消逝的往日所残留的痕迹，这令
它成为一个很好的切入点。该和约是欧洲宗教战争时代的终结，欧洲
政客们最后一次共同将其人民未来宗教的普遍解决方案作为一项要务
加以考量和商榷。它还标志着西班牙军事统治地位的终结和查理五世
重建帝国梦想的破灭，也为哈布斯堡王朝史中的一个时代拉下帷幕。
在德意志，一股新势力兴起于勃兰登堡选侯领，后与哈布斯堡王室展
开竞争，但后者在德意志遭受的挫折是瑞典和佛兰德斯的外来势力所
导致的。这里有真正揭示未来走向的征兆：在易北河以西，欧洲进入

一段被法国所主宰的时期。以更长远的眼光来看，该和约开启了一个时代，其间，欧洲外交的焦点是包括欧洲东西方在内的各国实力平衡、奥斯曼帝国的命运，以及全球势力的划分。

尽管当时距哥伦布发现新大陆已有一个半世纪，西班牙、葡萄牙、英格兰、法国和荷兰都已建立起海外的殖民大帝国，但 1648 年和约的起草者显然对这一状况不感兴趣。英格兰甚至没有成为任何一次谈判的核心国之一；战争第一阶段结束后，各国在各项事务中都没有考虑到她的存在。英格兰因内部纷争和苏格兰近邻带来的麻烦无暇他顾，相比欧洲内部，其外交政策更针对欧洲以外的目标——不过，正是这些目标导致该国与荷兰开启战端（1652—1654）。虽然克伦威尔很快恢复了和平，并告诉荷兰人这个世界能为双方提供足够的贸易空间，但英国和荷兰的外交已经比其他国家更清晰地显现出商业和殖民利益的影响。

法国在欧陆的崛起以坚实的自然优势为基础。法国是西欧人口最多的国家，在 19 世纪以前，单凭这一点就为其军事实力提供了保障；想要遏制法国，始终需要集合强大的国际力量。不管民众的生活在现代人看来有多么贫苦，法国还是拥有巨大的经济资源，能够维持路易十四在位时的盛世之貌，展现出登峰造极的实力和威望。就形式而言，他的统治期始于 1643 年，但实际上是 1661 年，当时，年方 22 岁的路易宣称意欲接管属于自己的事务。他掌管最高权力一事在世界和法国的历史中都具有重大意义；路易是当时有史以来为君之道最完美的典范。其外交政策与统治的方方面面不可分割，只为行文之便才单独列出。例如，兴建凡尔赛宫不仅为满足他个人的品味，也是为其外交打造一份必不可少的威仪。与此类似，他的对外和对内政策虽然可以彼此区别看待，但相互紧密交织，也与其理念结为一体。路易想要改善法国西北边境的战略布局，但也鄙夷荷兰人的商贩习气，认为他们算不上共和者，还厌恶他们的新教信仰（但他还是会每年从荷兰购买上百万朵郁金香来装饰凡尔赛宫）。反宗教改革的好斗精神在他身上得到了鲜活的体现，但这还不是全部。路易尊重法律（国王必须如此），如果他的所作所为能获得足够的法律立场和权限，会令他更加安心。这就是当时法国实行对外扩张政策的复杂背景。虽然到头来令国家付出了沉重的代价，但这让法国一时如日中天，经历了18世纪半数年月才慢慢搁浅，创造了一段法国人至今仍深情缅怀的传奇。

路易希望改善边境的状况，也就会同依然控制着西属尼德兰和弗朗什孔泰的西班牙发生冲突。西班牙的败北开启了法国与荷兰的战争。荷兰人寸步不让，但1678年终结战事的和平协议被普遍视为路易外交成就的巅峰之作。此时，他将目光转向德意志。除了征服领土以外，他还意图染指帝国皇冠，并愿意为此与土耳其人结盟。1688年，荷兰的执政王（Stadtholder）"奥兰治的威廉"偕妻子玛丽·斯图亚特前往英格兰，取代其父亲登上英国王位，是为历史的转折点之一。从此，海峡另一端出现一名与路易对抗的新敌手，和委曲求全的斯图亚特国王们不同，他们相当执拗。荷兰人威廉可以动用英国这一新教领袖国家的资源，自克伦威尔时代以来，英格兰第一次向欧洲大陆派出军队，支持由欧洲国家组成的同盟（就连教皇也秘密加入），共同对抗路易。国王威廉之战（也称奥格斯堡同盟战争）让西班牙、奥地利以及欧洲的新教国家走到一起，共同限制法国国王过于膨胀的野心。在终结这场战争的和平协议中，路易不得不破天荒地作出让步。

1700年，西班牙查理二世去世，且膝下无子。这是全欧洲期盼已久的时刻，因为他的意志力和体魄都弱不禁风。由于其去世必然带来巨大的危险和机遇，各方为此投入了极大的精力，进行外交准备工作。一个庞大的王朝走到了生死存亡的关头。以过去的联姻为依据，哈布斯堡皇帝和路易十四（他已将这方面的权利传给孙子）将有权力对继承权提出要求。但其实所有人都对此事抱有兴趣。英国人想知道西班牙的美洲贸易会变得如何，荷兰人则关心西属尼德兰的命运。波旁或哈布斯堡王室中的任何一方取得完整继承权的可能使所有人感到警惕，查理五世帝国的幽灵再度浮现。各方随后达成了领土分割协议，但查理二世的遗嘱将西班牙的完整继承权都授予路易的孙子。路易接受遗嘱，将已经签署的协议弃之不顾。他还冒犯了英国人，承认流亡中的斯图亚特僭王为英格兰詹姆斯三世。一个由神圣罗马帝国皇帝、联合行省王国和英国组成的伟大同盟旋即成立，由此揭开了西班牙王位继承战争的序幕，延续 20 年的战火最终迫使路易妥协。1713 至 1714 年间签订的条约（《乌得勒支和约》）将西班牙和法国王室置于永远不得统一的立场。不过首位波旁王朝的国王登上了西班牙的王位，连带获得印度群岛，但西属尼德兰归属神圣罗马帝国皇帝，作为对后者的补偿，并让皇帝担当荷兰人抵御法国今后入侵的第一道警戒。奥地利也在意大利获得利益。法国在海外利益的划分中向大不列颠作出让步（此时，英格兰和苏格兰已于 1707 年统一）。斯图亚特僭王被逐出法国，路易也承认了新教统治英格兰的合法地位。

这些重要的事实保障了西欧大陆的稳定局面，一直延续到 75 年后的法国大革命才被动摇。并非所有人都为之欣喜（皇帝拒不承认他已无权要求获得西班牙的王位），但很大程度上，阿尔卑斯山以北的西欧地区在 1714 年的主要格局至今仍没有变动。比利时当然尚不存在，但奥属尼德兰占有该国如今的大片地区，联合行省王国辖地就相当于现代的荷兰。法国将保留弗朗什孔泰（除 1871 至 1918 年间），路易十四为该国赢得的阿尔萨斯和洛林地区也一直没有易主。1714 年后，西班牙和葡萄牙将在各自边境内保持独立国家的状态；两者依然是庞大的殖民帝国，但再也调不出潜能，只能安于做二线强国。大

《威斯特伐利亚条约》（1648 年）签署时的欧洲

不列颠成为西方的新兴强国；1707 年起，英格兰不用再为苏格兰人的威胁忧心，但通过个人关系再次与欧洲大陆形成关联，因为该国 1714 年后的统治者还兼任汉诺威选侯。在阿尔卑斯山以南，格局尚未尘埃落定。依然四分五裂的意大利又经历了三十多年不安定的时光，欧洲各王室中的小人物在其中的不同国家间往来穿梭，试图将松散的势力拧成一股，攫取王朝争霸时代遗留下的好处。1748 年以后，该半岛只余下一个重要的本土王朝，即统治着阿尔卑斯山南侧的皮埃蒙特和撒丁岛的萨伏伊王朝。从 15 世纪起，梵蒂冈教皇国确实可以视作一个意大利君主制国家，但只能偶尔显现出被称为王朝的资格，日渐腐朽的威尼斯、热那亚和卢卡共和国依旧支撑着摇摇欲坠的意大利式独立模式，半岛其他国家的王位都被外来统治者占据。

西方地缘政治格局就此长久奠定。经过这场战争，所有政治家都感到有必要尽力避免再次发生如此大规模的冲突，这是该格局形成的一大原因。1713 年协议是有史以来首份以通过势力均衡来确保和平为签字国公开目标的协议。如此务实的目标是政治思想中的一项重大创新。这种现实主义乃是源于：战争代价之高昂前所未见，就连大不列颠和法国也精疲力竭，且它们是 18 世纪唯一两个能够维持与其他列强的战事而无需外援的国家。但西班牙王位继承战争的终结还为现实问题带来了有效的解决方案。一个新时代正在开启。意大利以外，20 世纪西欧政治版图的轮廓已经十分明显。王朝统治模式开始退居二线，成为外交政策考量中的次要原则。国家政治的时代已经开始，至少对部分国王而言，他们感到再不能将其王室的利益与民族的利益割裂开来。

莱茵河以东（易北河以东更不用提）的情况则完全不是如此。那里已经发生了巨变，1800 年前夕还会有更大的变革。但变化的起源必须追溯到很久以前，早至 16 世纪伊始。当时，欧洲的东部边境由哈布斯堡名下的奥地利和幅员辽阔的波兰—立陶宛王国守护，后者由源于 14 世纪联姻的亚盖沃（Jagiellons）王朝统治。他们与海上帝国威尼斯共同承担抵抗奥斯曼势力的负担，而奥斯曼是当时决定东欧政治局势的第一大元素。

"东部问题"这一短语当时尚未发明；假使出现，其含义将是欧洲抵挡伊斯兰势力的防御问题。土耳其人接连获胜，直到 18 世纪依然在攻城略地，不过最后一次大举入侵已成往事。但在君士坦丁堡陷落后的两个多世纪间，他们依然决定着东欧外交和战略的基调。该城沦陷后，海上战争和土耳其人的扩张持续了一个多世纪，其主要受害者是威尼斯。与其他意大利国家相比，威尼斯在很长一段时期内还算富裕，但与过去相比还是有所衰退，首先在军事领域，随后商业实力也受波及。军力萧条是与土耳其人长期作战且不断败北的结果，这又导致了贸易的式微。土耳其人在 1479 年占据爱奥尼亚群岛，并对黑海贸易征收年贡。虽然威尼斯在两年后占得塞浦路斯，并将其建成主要基地，但该地也于 1571 年失陷。

到 1600 年，尽管该国依然算得上富庶（得益于其创建者），却不再是与联合行省王国乃至英格兰同一级别的贸易强国了，其地位被安特卫普和阿姆斯特丹先后超越。土耳其人的成功势头在 17 世纪早期一度中断，后又重新恢复；1669 年，威尼斯人不得不承认失去克里特岛的现实。与此同时，匈牙利在 1664 年成为土耳其人所征服的最后一个欧洲王国，但不是最后的征服对象。乌克兰人也很快承认土耳其的宗主权，波兰人被迫放弃了波多利亚（Podolia）①。1683 年，土耳其人第二次围攻维也纳（第一次发生在一个半世纪之前），欧洲仿佛面临着两百多年来最大的危机，但事实并非如此。这是维也纳最后

---

① 历史地名，相当于今乌克兰西南部地区。——译者注

一次被兵临城下，因为奥斯曼帝国的伟大年月走到了尽头。

实际上，征服匈牙利的攻势是一个痼疾缠身的强权所挥出的最后一击。其军队不再配备最先进的军事技术：他们缺乏已成为 17 世纪战场决定性武器的野战炮。在海上，土耳其人拘泥于古老的大战船接舷战法，与大西洋各国将舰船作为浮动炮台使用的战术对抗，胜算变得越来越小（威尼斯人同样保守，这对土耳其人来说并非幸事）。不管怎么说，土耳其人的势力范围都扩张得太大，严重超出了自身实力的限度。他们拯救了德意志、匈牙利和特兰西瓦尼亚的新教运动，但由于 1639 年从波斯人手中夺得伊拉克，几乎整个阿拉伯伊斯兰世界都归入奥斯曼人的统治之下，其亚洲版图大大扩张，也处处受到掣肘，在非洲和欧洲亦然。对于一种难免出现昏庸无能的统治者的体制来说，如此巨大的压力实在太过沉重。该世纪中期，一名大维齐尔（vizier）整顿局面，使奥斯曼的最后一次攻势成为可能。但有些积弊他也无法矫正，因为那是帝国本身的性质所决定的。

奥斯曼帝国以持续扩张和攫取新的税收及人力资源为统治方针，其军事占领的优先目标是掠夺而非政治统一。而且，该帝国依赖于无法赢得其忠诚的臣民，这点相当危险。奥斯曼人通常会对非穆斯林群体的习俗和体制报以尊重，采取米利特（millet）体系、通过这些社群内部的权威人物进行统治。其中最重要的是各有一套管理方式的希腊正教、亚美尼亚和犹太群体；例如，希腊基督徒必须支付一笔特殊的人头税，君士坦丁堡的希腊牧首是他们的最高领导。在较低层级，看起来最好的管理方式是与地方社群的领导人合作，为这台掠夺机器提供支持。最后，奥斯曼人的这套体系培养出了过于强大的臣民，各自为政和效率低下的局面令帕夏们羽翼渐丰、自成一统。苏丹的子民没有为此认同他的统治，倒是与之更为疏远。

所以，1683 年不失为一个很好的象征性年份，标志着欧洲最后

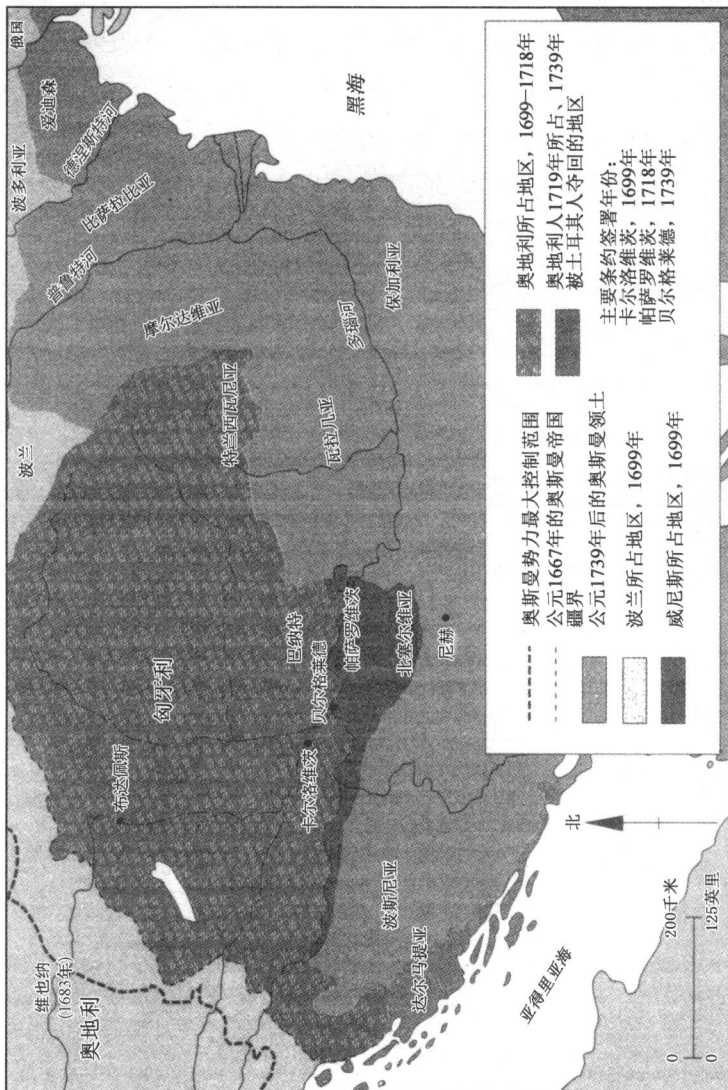

奥斯曼势力退出欧洲的开端

图例：

- - - - 奥斯曼势力最大控制范围
- - - - 公元1667年的奥斯曼帝国疆界
公元1739年后占地区的奥斯曼领土
波兰所占地区，1699年
威尼斯所占地区，1699年

奥地利所占地区，1699~1718年
奥地利人1719年所占、1739年
被土耳其人夺回的地区

主要条约签署年份：
卡尔洛维茨，1699年
帕萨罗维茨，1718年
贝尔格莱德，1739年

维也纳
(1683年)
奥地利
布达佩斯
匈牙利
卡尔洛维茨
贝尔格莱德
帕萨罗维茨
波斯尼亚
达尔马提亚

北西罗马尼亚
瓦拉几亚
特兰西瓦尼亚
摩尔达维亚
波多利亚
波兰
俄国
罗迪森
比萨拉比亚
普鲁特河
德涅斯特河
黑海
保加利亚
多瑙河
塞尔维亚
尼什
亚得里亚海

北

0   200千米
0   125英里

一次以防御者的姿态面对伊斯兰世界，此后它将转入反攻，但当时并没有表面上看来那般危险。随后，土耳其人掀起的波涛开始几乎马不停蹄地消退，直到1918年再次缩回君士坦丁堡周边一隅及安纳托利亚这片古代奥斯曼的核心地带。匈牙利在经历了一个半世纪的奥斯曼统治后获得解放，此后，波兰国王约翰·索别斯基（John Sobieski）解除了维也纳的危机。1687年，一名成事不足的苏丹被赶下王位，他成为阶下囚一事证明了土耳其人的衰弱已经无可挽救。1699年，匈牙利正式成为哈布斯堡领地的一部分，经过起初的和平阶段，奥斯曼与哈布斯堡开战，最终以败者的身份签约罢战。在下个世纪，特兰西瓦尼亚、布科维纳（Bukovina）和黑海沿岸大部分地区也将脱离奥斯曼的控制。到1800年，俄罗斯已承诺为奥斯曼的基督教臣民提供特殊保护，且开始尝试煽动他们造反。18世纪，奥斯曼在亚非的统治也出现衰退；到该世纪末，虽然可能仍然保留着形式上的地位，但帝国哈里发的状况与阿拔斯王朝衰亡时期的君主多少有些类似。摩洛哥、阿尔及利亚、突尼斯、埃及、叙利亚、美索不达米亚和阿拉伯都取得不同程度的独立或半独立地位。

东欧的传统守护者波兰—立陶宛联邦和哈布斯堡王朝并非奥斯曼帝国遗产的接收者，也不是帝国崩溃时施以最大惩罚的打击者。事实上，波兰人作为独立民族的历史已接近终点。立陶宛和波兰因王室私人关系实现的统一并没有及时转化为两个国家的真正统一。1572年，当亚盖沃王朝的末代国王无嗣而终，其王位不仅在理论上而且在事实上成为可以自由争夺的对象，其巨大的国土成为竞相瓜分的目标。他的继任者是法国人，下个世纪间，波兰门阀贵族和外国君主在每次挑选继承人时都会发生争执，而国家承受着土耳其人、俄罗斯人和瑞典人不间断的沉重压力。只有当敌手在别处遇到麻烦时，波兰才能占得一些优势。瑞典人在三十年战争期间扩张到波兰北部领土，于1660

年夺走波兰最后一处入海口。波兰内部分歧也更加恶化；反宗教改革运动对波兰新教徒发起迫害，乌克兰地区出现哥萨克叛乱，农奴暴动也持续不断。英雄人物约翰·索别斯基是最后一位并非由外国君主操纵选出的波兰国王。他赢得重大战役的胜利，并成功驾驭了波兰奇特而高度分权化的政体。国王能够用来制衡领主的合法权力微乎其微。他们没有常备军，当地主或门阀派系为达成目的不惜发动武装叛乱的时候，无法只依靠私人军队加以平定。在总议会——即王国的中央议院团体中，全体一致原则阻碍了任何改革的实现。然而，如果一个地理上定义不明、宗教上四分五裂、由自私狭隘的地主集团所统治的波兰想要生存下去，改革却迫在眉睫。波兰是一个身处近代化世界的中世纪国家。

约翰·索别斯基对此无能为力，什么也改变不了。波兰的社会结构对改革有很强的抵抗力。贵族或地主们实际上是若干财富惊人的大家族的门客。其中的拉齐维尔（Radziwills）家族拥有相当于半个爱尔兰面积的地产，其宫廷让华沙皇宫也黯然失色；波托茨基（Potocki）家族的地产占地 6 500 平方英里（大约等于半个荷兰共和国）。在这类大门阀贵族面前，小地主根本不堪一击，他们在 1700 年只占有波兰不到十分之一的土地。法定意义上组成波兰"民族"的百万乡绅大多生活贫穷，受大门阀掌控，大门阀不愿放弃彼此拉帮结派或操纵总议会的权力。农民处于社会底层，是全欧洲境况最凄惨的群体之一，在 1700 年承受着无穷无尽的封建压迫，地主依然拥有对他们生杀予夺的大权。城镇势单力孤。其总人口只有乡绅阶层的一半规模，而且被 17 世纪的战火摧残得满目疮痍。

然而同样依靠农业和封建基础体制的普鲁士及俄罗斯却能生存下来。波兰是东方三国中唯一彻底没落的国家。由于波兰的王位继承人选原则，该国无法出现属于自己的都铎或波旁王室、将王朝与国家自我壮大的本能相结合。一名外族的萨克森选侯于 1697 年当选为约翰·索别斯基的继承人，成为波兰国王，统治该国进入 18 世纪，但登基后很快被瑞典人废黜，又被俄罗斯人再次推上王位。

俄国是东方新崛起的超级大国。该民族的同一性在 1500 年还几乎无法辨识。两百年后，大部分西方政客对其潜力的认识依然很粗浅，不过波兰和瑞典已经对此有所关注。要认识到后来成为世界两极之一的俄罗斯是多么迅速且惊人地崛起为一股举足轻重的势力，我们需要花一点功夫。在欧洲时代之初，俄罗斯的未来只能从伊凡大帝画出的蓝图中寻找，在此后很长一段时期，都没有人可以设想到那样的结局。正式拥有"沙皇"头衔的第一人是其孙、1547 年登基的伊凡四世；在他的加冕典礼上授予该头衔意味着莫斯科大公国的大公已成为统治着诸多民族的帝王。尽管有着野兽般的精力，使他获得"雷帝"（the Terrible）的别名，但他对欧洲局势没有造成很大的影响。俄国是如此不为人知，甚至到下个世纪，一名法国国王还会给已经去世的沙皇写信，浑然不知此人已死了十年之久。未来俄国的成型是一个缓慢的过程，几乎没有被西方所察觉。即使到伊凡大帝死后，俄罗斯的领土划界依然混乱，且暴露在外敌面前。土耳其人已推进到欧洲东南部。乌克兰隔在他们和莫斯科大公国之间，这片土地属于拼死捍卫独立的哥萨克人，在强大的邻国出现以前，他们可以轻易守住独立地位。俄国东面的乌拉尔山只是一条理论上的边境，几乎没有实际意义。在四周充满敌意的空间中，俄罗斯统治者总是很容易产生孤立感。几乎出于本能，他们在边境寻求天险的庇护，或安置其他民族以提供保护性的缓冲地带。

俄国最为紧迫的要务必然是巩固伊凡大帝的征服成果，这一过程构筑起俄国的核心地带。随后是向北部荒原扩张。伊凡雷帝登基时，俄国拥有黑海的小片海岸和一直延伸到白海的广袤领土，虽然住民稀少且处于原始状态，但提供了前往西方的通道；1584 年，阿尔汗格尔斯克（Archangel）港落成。伊凡在波罗的海边境无可作为，但对鞑靼人的战事取得了成功，鞑靼人曾于 1571 年第二次焚毁莫斯科，据说连带屠杀了 15 万人。他将鞑靼人逐出喀山和阿斯特拉罕（Astrakhan），并控制伏尔加河流域全线，将莫斯科大公国的势力扩展至里海一带。

他在统治期间还发起了另一波大推进，越过了乌拉尔山脉，深入西伯利亚，其殖民意义更甚于征服。直至今日，俄罗斯共和国的大部分领土依然位于亚洲，这一世界强国有将近两个世纪被沙皇及其继任者统治。而迈向此结局的第一阶段却展示了一份具有讽刺意味的前景，将成为后世西伯利亚边境开拓者中常见的景象：乌拉尔山外的第一批俄罗斯殖民者是逃离诺夫哥罗德的政治难民。随后加入殖民大军的是其他逃跑的农奴（西伯利亚没有农奴）和对现状感到不满的哥萨克人。到 1600 年，俄罗斯殖民点已深入乌拉尔山外 600 英里处，一批能干的官僚对他们进行严密监管，确保国家能以毛皮的形式收缴贡物。河流是该地区的关键，甚至比美洲拓荒者眼中的河流更加重要。不出 50 年的工夫，人们已经可以独自携带货品从乌拉尔以东 300 英里的托博尔斯克（Tobolsk）出发，仅经三次陆运就抵达三千英里之遥的鄂霍茨克港（Okhotsk）。从那里再走 400 英里海路就能抵达日本岛链最北端的萨哈林——大约与地角（Land's End）① 到安特卫普的海路等长。1700 年，乌拉尔山以东已有 20 万殖民者：到了这一步，他们才有可能与中国签订《尼布楚条约》，也有可能像一些俄罗斯人所谈论的那样，对中国发动侵略。

伊凡死后的"混乱时期"带来了骚乱和危险，使西方波罗的海

___
① 英格兰西南部康沃尔郡靠近最西端的海岬地区。——译者注

的一些前哨殖民地一度丢失，甚至连莫斯科和诺夫哥罗德也被立陶宛人或波兰人占领，但并没有对俄国向东扩张的势头造成太大影响。俄国在 17 世纪早期依然算不上是一支重要的欧洲势力。当时瑞典人风头正劲，对俄国施加了强大的压力，直到 1654 至 1667 年的一场大战后，沙皇才终于夺回斯摩棱斯克和小俄罗斯，并一直固守到 1812 年（当时两地经历了短暂的沦陷）。地图和条约开始绘制出俄国在西方的版图，并具有一定的现实意义。到 1700 年，俄国已获取第一座黑海要塞亚速，同时西南边境延伸到第聂伯河大部分流域的西岸，历史名城基辅和居于第聂伯河东岸的哥萨克人都在其势力范围之内。他们向沙皇寻求保护以便不受波兰人的侵犯，并获得特殊的准自治待遇，这一管理形态一直延续到苏联时期。俄国所占得的大部分土地都来自波兰，后者长期为抵挡土耳其和瑞典人而无暇他顾。但 1687 年，俄国和波兰军队为对抗奥斯曼联手；这也是一个历史性的时刻：正统意义上的东部问题——究竟是否该对俄罗斯帝国蚕食奥斯曼欧洲部分的行为加以限制、其限制应达到何种程度——就此发端。欧洲政客一直为此烦恼，直到 1918 年，他们发现问题最终随奥斯曼帝国一同消失。

俄国的缔造是彻头彻尾的政治行为，君主制是其核心和动力所在。该国欠缺能够明确其存在感的种族同一性，也鲜有可划定国土范围的地理坐标。将正教视为统一的黏合剂也欠说服力，因为斯拉夫人同样是正教信徒。沙皇个人权限和实力的增长是其国家建设的关键所在。伊凡雷帝是一名行政改革家。在其统治下，贵族以军事效忠换取领地的做法开始实行，其前身是莫斯科大公为募集与鞑靼人作战的兵力所采用的体系。俄国获得了组建军队的能力，波兰国王为此向英国女王伊丽莎白一世发出警告，如果俄国人获得西方科技，他们将不可战胜；他所预见的危险虽然遥远，但不失先见之明。

图例：

- 莫斯科大公国
- 留里克王朝的征服，公元1462—1605年
- 得而复失的土地用白框圈出
- 公元1643至1793年间的扩张
- 彼得大帝统治时期的扩张
- 公元1772年的波兰疆界
- 在第一次瓜分（1772）和第二次瓜分（1793）中被俄罗斯夺走的波兰领土
- 公元1795年的三强边界
- 头两次瓜分（公元1772和1793年）中被普鲁士和奥地利夺走的波兰领土
- 波兰在第三次瓜分（1795）中丧失的领土

北

瑞典帝国

尼斯塔德

卡累利阿

圣彼得堡

英格里亚

爱沙尼亚

诺夫哥罗德

利沃尼亚

里加

莫斯科

波罗的海

哥尼斯堡

普鲁士

维尔纳

斯摩棱斯克

俄国

波兰

华沙

基辅

小俄罗斯

乌克兰

波尔塔瓦

克拉科夫

加利西亚

聂伯河

克里米亚汗国

维也纳

布达佩斯

奥地利帝国

德涅斯特河

普鲁特河

赫尔松

塞瓦斯托波尔

多瑙河

凯纳甲湖

黑海

奥斯曼帝国

400千米

250英里

君士坦丁堡

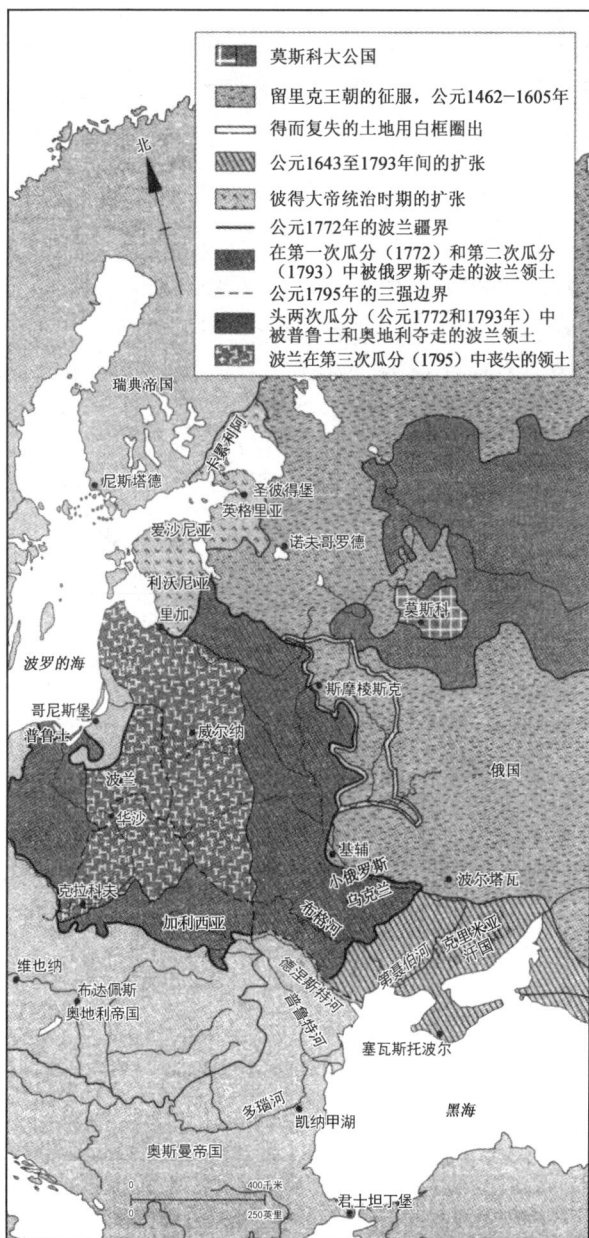

俄国扩张（1500—1800）

俄国的发展过程经历了一次又一次倒退，但以回顾历史的眼光来看，其国家的存续倒并无大碍。留里克家族的末代沙皇死于 1598 年。篡位阴谋、贵族与波兰干涉者的王位争夺战持续到 1613 年，直到新王朝的初代沙皇米哈伊尔·罗曼诺夫（Michael Romanov）脱颖而出。虽然这位软弱的君主生活在父亲主宰一切的阴影之下，但他建立了一个统治俄国达三百年之久的王朝，该王朝终结之日也是沙皇制的崩溃之时。他的直接继承人击败了敌对贵族，打压了波维尔（boyar）[①] 大贵族，后者企图恢复被伊凡雷帝所遏制的权势。除这批人之外，教会是国内唯一潜在的敌人。教会在 17 世纪因大分裂弱化，1667 年，牧首又与沙皇发生争执，被剥夺地位，使俄罗斯的历史迈出了重大的一步。俄国没有发生主教授权之争。牧首被废黜后，俄国教会在体制和法律上都服从于一名世俗官员。大量信徒自发地对当时的正教教义和道德观产生敌视，开启了一场生命力顽强且极具文化重要性的宗教异见地下运动，称为裂教（raskol），并最终成为孕育政治对立的温床。但是，正如俄国从不知宗教改革的刺激为何物，它也从不知政教冲突为何物，而政教冲突在西欧创造了很多新事物，是一股重要的推动力。

这一切最终导致了俄国长久以来的政府形态——沙皇专制的进化。沙皇专制有着如下特征：半神圣的、不可侵犯的权威在统治者身上的人格化体现，不受法律的明确限制；强调所有臣民都有为沙皇效力的义务；领地持有权与这一义务间存在关联；除教会之外，国家所有机构都源于沙皇的权威，自身不具备任何独立地位；权力缺乏明确定义和界限；庞大的官僚体系；军事为第一要务。就如列出上述特征的学者所指出，这些特征并非从一开始就全部出现，也并非在所有时

---

① 沙俄贵族阶级成员，地位仅次于王公。——译者注

期都同样起效和明显。但它们清楚地标明了沙皇制与西方基督教世界的君主制之间的差异，早在中世纪，西方城镇、领地、行会和很多其他团体就确立起特权和自由地位，后世将以此为基础构筑宪政理念。在古代莫斯科大公国，最高官员的头衔中有"奴隶"或"仆人"的含义，而同一时期，在毗邻的波兰—立陶宛联邦，其同级别的官僚却是获得委任的"市民"。就连相信神授之权并向往无上权力的路易十四，也始终认为该权力受地位身份、宗教和神圣律法的明确限制。尽管其臣民知道他是专制君主，但依然肯定他不是暴君。英格兰则发展出了差异更惊人的、受制于议会的君主制度。尽管英法的君主制实践或许走上了不同的道路，但都接受了对沙皇制而言不可想象的实践和理论限制，带有俄国前所未闻的西方传统烙印。就整体而言，沙俄独裁政体在西方人眼中就是专制暴政的同义词。

然而这套体制适合俄国。不仅如此，该体制背后的观念在某种程度上同样适合俄国。18 世纪的社会学者普遍认同，幅员辽阔的平原国家有利于专制体制的成型。该结论过于简单，像俄国这般覆盖多种自然区域和不同民族的庞大国家总是潜伏着某种分裂主义倾向，直至今日，这份多样性依然能从各种事件中得到体现。俄国始终需要一股来自中央的强大聚合力，才能避免接壤的敌国利用其内部的差异性。

当波维尔们风光不再后，统治家族独占着高高在上的地位。基于贵族地位来自为君主效力的理由，俄国贵族逐渐沦为国家的依附者。17 世纪确实常常用土地犒劳效忠的贵族，后改为赐予农奴。按 1722 年官阶表（Table of Ranks）① 的规定，一切土地持有权都要以效忠专制君主为条件。这一做法有效地将所有类别的贵族整合为单一阶级。

---

① 彼得大帝制定，以个人才能和表现确定陆海军及文职人员的官职，共分 14 级，8 级以上都成为世袭贵族，一直沿用到 1917 年。——译者注

该体制让贵族承担了极大的责任，往往会延续一辈子，但在18世纪逐步减少，最终彻底废除。不过，为君主效力依然是自动取得贵族身份的途径，俄国贵族从未获得像其他国家贵族那样独立于君主的地位。他们被赋予新的特权，但没有从中出现封闭的社会等级。恰恰相反，新加入者和自然繁衍的结果令贵族数量大增。部分成员非常贫穷，因为俄国没有长子或长女继承制，家族财产经三四代之后会分割得非常厉害。临近18世纪末时，大部分贵族所拥有的农奴都不超过100人。

在所有俄国沙皇中，彼得大帝对专制权力的运用最为后世所铭记，也给这份权力赋予了最深刻的特征。他登基时只是10岁的孩子，而去世时已为俄国留下了永远不可磨灭的印记。他在某种程度上类似于20世纪的伟人，毫不留情地鞭策一个传统社会走向现代化，但他也充满了那个时代的君主所具有的特征：赢得战争的胜利是他关注的焦点。在彼得大帝统治期间，俄罗斯只享受了一年的和平——而西方化和现代化是他为了实现这一胜利目标所选择的道路。他要为俄国赢下波罗的海的入海口，这份野心成为其改革背后的动力，而改革也将为他打开通往目标的道路。他有心走上这条道路的根源可能与其童年有关，他在莫斯科的"日耳曼"区长大，那里居住着外国的商人和随从。1697至1698年，他派出一支宗教大使团考察西欧，此举广受好评，表明他对科学技术的兴趣确实不假。也许在他自己的想法中，让其国民走向现代化的迫切需求，与让他们永远告别对邻邦的恐惧的迫切需求是结为一体的。无论其动机究竟为何，他的改革一直是后世所推崇的理想典范；一代又一代的俄罗斯人带着敬畏和沉思回顾他所做的一切，以及这些行为对俄罗斯的意义所在。正如其中一人在19世纪所写的那样："彼得大帝不仅翻开了俄罗斯历史新的一页……他还在这张白纸上写下了'欧洲'与'西方'两词。"

　　他的领土扩张成就是最容易评价的。他派兵出征堪察加和布哈拉的绿洲，且不再为前任的软弱向鞑靼人纳贡，但他的野心不止如此，获得西方的入海口才是最终的目标。他建立黑海舰队并兼并亚速（但后来因别处的麻烦不得不放弃此地，这些麻烦来自波兰人和瑞典人，尤以后者为甚）。与瑞典人争夺波罗的海入海口的战争事关生死存亡。当时的人将其中最后一场称为北方战争，始于 1700 年，一直持续到 1721 年。1709 年，当世无出其右的瑞典国王麾下军队在远离国土的波尔塔瓦遭受惨败，全世界都意识到发生了某种决定性的事态。波尔塔瓦位于乌克兰中部，瑞典国王意图在乌克兰的哥萨克人当中寻找盟友。彼得在余下统治期内完成了自己的目标，达成和平协议后，俄国已牢牢占据波罗的海沿岸的利沃尼亚（Livonia）、爱沙尼亚和卡累利阿（Karelian）地峡。瑞典的强盛时代就此终结，成了一个新兴强国的首个牺牲品。

　　波尔塔瓦战役爆发的数年前，法国的《王室年鉴》（*Almanach Royale*）首度将罗曼诺夫王朝列为欧洲统治家族之一。胜利进一步打开了与西方沟通的渠道，而且彼得 1703 年初就预料到和平的降临，在从瑞典人手中夺得的领土上，圣彼得堡这座美丽的新城将成为此后两个世纪的俄国首都。于是，俄国的政治和文化中心从孤悬东方的莫斯科转至最靠近西方发达社会的边境地带。此后，俄罗斯的西方化进程将更加轻松。这一迁都是有意与过去诀别的举措。

　　当然，就算莫斯科也从未完全孤立于欧洲之外。一名教皇协助安排了伊凡大帝的婚事，希望他能皈依西方教会。俄罗斯人一直与周边地区信奉罗马天主教的波兰人有往来，伊丽莎白一世时期的英国商人也曾一路辗转抵达莫斯科，克里姆林宫内陈列着光彩夺目的英国银器藏品，使他们的努力至今仍得到人们的纪念。贸易活动络绎不绝，偶尔也有专业人才从西方来到俄国。17 世纪，欧洲君主们在俄罗斯设立了第一批永久性的使团。但俄罗斯人的反应中总有试探和怀疑的成分；就和未来的情形一样，隔离外国居民的行为时有发生。

彼得摈弃了这份传统。他需要专业人才——船工、铸炮师、教师、文员、士兵——并相应给予他们特权。在行政方面，他打破了官位世袭的旧有陈规，尝试创立一套任人唯贤的官僚体制。他设立学校传授技术知识，还成立科学院并将科学观念引入俄国，而此前该国的一切学术都是文科范畴的。与很多其他伟大的改革家一样，他还为一些或显肤浅的领域投入大量精力。侍从需穿着欧式服装，旧式的长须被剪断，女性在公众场合被要求以德式装扮示人。在一个如此落后的国家，此类心理层面的震撼不可或缺。在摸索前行的道路上，彼得完全是孤家寡人，他所实现的目标最终要依靠强制，他的专制权力是这些改革唯一的依靠。由波维尔组成的旧杜马（Duma）被废弃，他任命的人选所组成的新议院取而代之。彼得着手打破土地所有权和国家权力、统治权和财产之间的关联，致力于将俄罗斯打造成一个崭新的多民族帝国。反对者被无情地消灭，但要涤除俄罗斯人的保守天性更加困难；他能够动用的行政机器和通信手段缺陷多多，对任何现代政府而言都相当不便。

俄国崭新的军事力量是其现代化取得成功最惊人的标志，另一个突出标志是教会彻底沦为国家的附属部门。更复杂的考验则更难通过。彼得的教育改革没有惠及绝大多数俄罗斯人，仅有技术人员和上层阶级中的少数人明显受到影响。这缔造了一批西方化程度较高的高等贵族，在圣彼得堡尤其多见；到 1800 年，其成员大多使用法语，也时而能接触到西欧兴起的最新思潮。但他们往往遭到地方士绅的憎恨，在一个落后的国家形成了一座文化孤岛。在很长一段时期内，大部分贵族并没有从新的学校和学术体系中获益。社会下层的俄罗斯大众依然普遍目不识丁；会读写的人大多师从乡村教士，只达到初级水平，且往往仅有本人脱离文盲状态，并不会传到下一代。俄罗斯民族的教育普及必须等到20世纪才能实现。

其社会结构也越来越显示出俄国式的标志特征。她是欧洲最后一个废除农奴制的国家；在基督教国家中，只有埃塞俄比亚、巴西和美国落于其后。18世纪，农奴制几乎在其他任何地区都显出颓势，而在俄国却反而有所抬头。这很大程度上是因为劳力始终比土地稀缺；作为一个突出的例证，俄罗斯人通常以依附于土地的"人头"——也就是农奴——的数量来评估地产价值，而非其面积。农奴数量在17世纪开始上扬，沙皇发觉用赐予土地的方式来满足贵族是可取之道时，部分贵族已经有现成的农奴可以用来安置了。受债务束缚，农民无法摆脱领主，还有很多人被奴役，以劳动作为抵偿。

同时，法律对农奴施加了越来越多的限制，使国家的结构越来越扎根于经济。限制农奴人身自由和捕获逃跑农奴的法律权力稳步增加，彼得让领主负责征收人头税和征兵，于是这类权力还给他们带来了特殊的利益。因此，俄国经济和行政的结合比任何西方国家都更彻底。俄国贵族往往会成为政府官员，为沙皇效力。

到18世纪末，除了处死以外，主子可以名正言顺地对他名下的农奴为所欲为。如果不想承担沉重的义务劳役，农奴就要缴纳金钱，数额几乎全凭领主独断。农奴的逃跑率很高，他们前往西伯利亚，甚至志愿担任划桨手。1800年，大约半数俄罗斯人受领主束缚，其余还有很大一部分为王室承担几乎同样的劳役，也始终面临被赐给某个贵族的危险。

新的土地被兼并后，那里的人口也沦为农奴，即便他们此前对这种制度一无所知。这使俄国积重难返，也严重加深了社会的紧张局面。到该世纪末，俄国此后百年间最大的问题已经出现：当经济和政治两方面的需求都使得农奴制越来越不堪容忍，但庞大的人口规模又给改革出了巨大的难题，究竟该如何处置这一过于庞大的人口？就好比骑大象的人，前进时无甚大碍，要下来就不那么容易了。

奴役劳力已成为经济的支柱。除了著名的黑土区，俄罗斯的土地无论如何都算不上肥沃，而且这一区域直到 18 世纪才开始开垦，此外，就算在最好的耕地上，耕作水平也相当低下。虽然有周期性的饥荒和传染病作为自然的制衡人口的手段，但在 20 世纪以前，农产量的增长看起来始终不可能跟上人口增长的脚步。俄国的人口在 18 世纪几近翻倍，达到 3 600 万左右，其中，城镇人口只占 4% 左右，有大约 700 万来自新占领土，其余是自然增长的结果。这一速度比任何其他欧洲国家都快。可俄国的经济依然在该世纪取得惊人的发展，在利用农奴制实现工业化方面堪称独一无二，这也许可以看作彼得无与伦比的成就之一。尽管俄罗斯工业化的发端始于罗曼诺夫最初两任沙皇时期，但明确指引方向的人是他。

诚然，工业化的效果并非立竿见影。俄国的起步水平非常低，18 世纪的欧洲经济体都不能迅速增长。虽然俄国在 18 世纪提高了谷物的产量并开始出口（后来成为俄罗斯对外贸易的一大支柱），但这一切是依靠古老的手段实现的，即增加耕地面积，此外，领主和税官对富余产量加以更成功的利用或许也不无关系。农民的自身消费有所减少，这一情况贯穿俄罗斯帝国时代的大部分时期，有时负担大得使人崩溃：据估计，彼得大帝时期的税收占农民收获的六成。提高生产力的技术尚不具备，体制却愈发严酷，对农民构成越来越严密的桎梏。甚至到 19 世纪后半叶，在为领主劳作之余，俄国农民还要徒劳地花费所剩无几的时间，在构成其全部家当的些微土地上劳作。这些农民往往没有农具，只能依靠表层土壤仅有的肥力种出庄稼。

尽管如此，这一农业基础依然以某种方式支撑起令俄国崛起为强国的军事活动，以及工业化的第一阶段。到 1800 年，俄国的生铁产量和铁矿石出口额都高于世界上任何其他国家。而彼得对这一切的贡献比任何人都更大，他意识到矿产资源对俄国的重要性，并建立行政机关对此加以利用。他发起勘测活动，引进国外矿工进行开采。为了敲山震虎，那些隐瞒领地内的矿藏或企图阻止开采的领主被处以死刑。为开采这些资源，交通手段得到发展，俄国的工业中心逐渐转移至乌拉尔山一带。河流的作用至关重要。彼得去世后仅仅数年，波罗的海就通过水路与里海连通。

制造业以采矿和伐木行业为核心成长起来，使俄国在整整一个世纪间都能保障有利的贸易差额。工厂在彼得治下不到百座，至 1800 年则已达三千有余。1754 年后，俄国废除了内部关税障碍，一举成为世界上最大的自由贸易区。

通过这一举措，以及提供农奴劳力和垄断权，国家政府继续控制着俄国的经济；俄国的工业并非源自自由企业制度，而是调控的产物，也不得不如此，因为工业化与俄国社会现实背道而驰。内部关税障碍也许是不复存在了，但远距离内部贸易并不多见。1800 年，大部分俄罗斯人的生活与 1700 年时无异，他们局限在自给自足的地方社群中，依靠当地工匠提供少量制造类产品，货币经济依然没有成型。当时的所谓"工厂"有时仅仅是工匠的集合而已。土地租赁以劳力而非租金为支付形式，在极为广阔的区域都是如此。国外商人依然是对外贸易的主要操控者。而且，虽然政府授予资源开采权和提供农奴的做法鼓励了矿产主的生产活动，但此类促进手段的存在，本身就表明了俄国缺乏在其他地区能够有效维持增长的刺激推力。

不管怎么说，彼得去世后，国家的创新力明显迟滞。推动力难以为继；受过教育的人数量不足，在他离去后无法让官僚体系保持向前的动力。彼得没有指定继任者（亲生儿子被他折磨至死）。他的人格力量和震慑力随之消失后，大贵族家族重新对其追随者表现出敌意。

1730 年，彼得的孙子死去，其家族直系血脉断绝。然而王室可以利用派系间的斗争，其侄女安娜取得帝位，使王室获得了某种程度上的恢复。虽然是由控制其前任的贵族扶植上台的，但这些贵族很快就被她击垮。具有象征意义的是，彼得死后迁至莫斯科的王宫也回到了圣彼得堡（这是保守派所喜闻乐见的）。安娜向外裔大臣寻求帮助，直到她 1740 年去世，这一手段都相当有效。其继任者、尚处幼年的姨侄不出一年就被废黜（遭囚禁二十多年后被谋杀），彼得大帝的女儿伊丽莎白取而代之，她依靠的是近卫军的支持和俄罗斯对外族人的反感。1762 年，伊丽莎白的侄子继承帝位，仅在位六个月后被迫下台。他的妻子是强权人物的情妇①，随后谋害了被废黜的沙皇，这位德意志公爵之女史称叶卡捷琳娜二世，也像彼得那样获得了"大帝"的称谓。

　　叶卡捷琳娜随后加诸身的光环遮掩了大量黑幕，也蒙蔽了很多当时的人。几乎始终被隐瞒的事实包括她登上帝位的血腥和不当手段。但也许不假的是，若非先下手为强，受害者可能就会是她。不管怎样，她和其若干前任登基时的状况表明，彼得死后，独裁制的根基有所弱化。女王统治的初期阶段荆棘遍布；强大的利益集团随时准备利用她犯下的错误，而且不管如何强调自己是这个新国家的一员（还放弃路德宗信仰改投正教），她始终是一名外国人。她曾言："不成王则待毙。"她也确实成了女皇，并造成深远的效应。

　　虽然叶卡捷琳娜的统治比彼得大帝更令人侧目，但创新力更小。她也兴办学校、扶持艺术和科学。差别在于，彼得关注的是实际效果；叶卡捷琳娜则用启蒙思想家的威望来粉饰其宫廷和法律。这些做

---

①　据称叶卡捷琳娜的情夫不止一位，都对她夺取帝位有很大的贡献。分别是波兰贵族波尼亚陶斯基、近卫军军官奥洛夫和为她粉饰太平的波将金。——译者注

法往往具有放眼未来的外表和阻碍进步的实质。冠冕堂皇的法律条文欺骗不了局内人；年轻的拉季谢夫（Radischev）遭流放一事表明了事实的真相，他敢于批评政体，被视为俄罗斯第一位异见知识分子。可以想见，随着叶卡捷琳娜统治的延续，当她被国外事务占据心神，此类促进改革的动机便开始逐渐弱化。

通过她不愿侵犯贵族势力和特权的态度，可以充分看出其根本的不安所在。她是众领主的女皇，给予他们更大的地方司法权，并剥夺了农奴请愿申诉其主人的权利。在叶卡捷琳娜34年的统治期中，政府只有20次采取行动，限制领主对名下的农奴滥用权力。意义最重大的是，为君主效劳的义务在1762年被废止，此后她还向贵族颁发了一份权利宪章，使彼得对贵族的政策就此废弃达半个世纪之久。上层阶级被免于个人税务、体罚和安置士兵住宿的义务，只有同等地位的人可以对他们进行审判（和剥夺他们的身份），且独享设立工厂和矿场的权利。在某种意义上，领主和专制君主达成了一种合作关系。

从长期来看，这是一种恶性状态。叶卡捷琳娜治下，当其他国家开始放松社会结构的桎梏，俄国却把这件束腰越勒越紧。这将使俄国越来越无法应对此后半个世纪的挑战和变革。困局的标志之一是农奴起义的规模。这一现象始于17世纪，但最可怕和危险的危机来自1773年的普加乔夫（Pugachev）暴乱，这场最为严重的大型地方起义使19世纪以前的俄罗斯农业止步不前。此后的政策虽有所改善，意味着起义通常限于地方且规模可控，但一直持续了几乎整个帝国时代。

起义的一再发生并不使人惊讶。叶卡捷琳娜统治期间，黑土区农民所承受的劳役负担直线上升。文化阶层中很快出现批评之声，农民的境况成为他们偏爱的话题之一，从而提前展现此后两个世纪间在很多发展中国家都很显见的矛盾。人们开始明白，现代化不仅仅是技术问题；如果借鉴西方的观念，这些观念所产生的效果是无法限制的。对正教和专制的第一声批判即将出现，保存和固化社会体系的需求最终将使变革真真切切地停滞下来，而俄国需要变革才能保住大胆和不择手段的领导方式及仿佛取之不竭的军事人力赋予该国的地位。

到 1796 年叶卡捷琳娜去世时，该国的地位着实相当突出。军队和外交是其国威最坚实的基础。她给俄国带来了 700 万新臣民。她说她承蒙俄国的厚待，初来时是个"只有三四件衣裳的可怜姑娘"，但已经用亚速、克里米亚和乌克兰偿还了这份恩情。她与其前任走的是同一条道路。彼得的统治所带来的巨大惯性，使俄国在君主权力弱化的时期依旧延续了沿两条传统路线——波兰和土耳其——对外扩张的政策。对俄国有利的是，其可能的对手在 18 世纪大部分时期都遇到越来越大的麻烦。瑞典出局后，只有普鲁士或哈布斯堡帝国可以成为旗鼓相当的对手，由于双方经常彼此冲突，俄国通常可以对积弱的波兰和处于崩溃边缘的奥斯曼帝国为所欲为。

1701 年，勃兰登堡选侯在皇帝的首肯下成为国王；他的王国普鲁士最终存续到 1918 年。自 1415 年起，霍亨索伦王室成员接连出任选侯，使他们祖先的领地稳步扩张，在波兰国王逐走统治普鲁士的条顿骑士后，这块原本的公爵领地于 16 世纪被勃兰登堡统一。一名选侯在 1613 年改信加尔文派，而其臣民依然是路德宗的信徒，此后宗教容忍一度是霍亨索伦王朝的政策。该王朝所面临的难题之一是其领地的广阔和多样化，这片土地从东普鲁士一直延伸到莱茵河西岸。17 世纪后半叶，瑞典人填补了这片人丁稀少的土地，但就连"伟大选侯"腓特烈·威廉也为此遇到过麻烦，他是普鲁士常备军的缔造者，打赢过瑞典人，为一段欧洲近代史中最持久的军事传承打下了基础。

军队和外交继续把他的继任者推向他所渴求的王冠，也让他们参与到对抗路易十四的伟大同盟之中。仅此一项事实，普鲁士就显然算得上是一方强国。参战的代价十分高昂，但经休养生息之后，到腓特烈二世上台的 1740 年，普鲁士已再次建立起一支精兵和富裕程度在欧洲数一数二的国库。

他对这些资源的运用使他获得了"大王"的称谓，哈布斯堡和波兰王国是主要的牺牲品，但他自己的臣民也付出了代价，被课以重税，还要遭受外敌的入侵。把他和他所憎恨的、残忍的父亲相比，很难判断究竟谁比较可亲一些。他无疑是个凶残暴戾、睚眦必报、完全不知顾忌为何物的人物，但也富有才智和文化，会吹奏长笛和谱曲，喜欢与智者交谈。他和父亲一样，对王朝利益有着无以复加的执着，在他看来，领土扩张和如日中天的威望就是这份利益的体现。

腓特烈放弃了一些过于偏远、无法真正纳入国家体系的地盘，但为普鲁士增添了更多有价值的领地。神圣罗马皇帝于 1740 年去世，虽设法确保其女儿继位，但她的前景不甚明了，这为腓特烈提供了征服西里西亚的机会。这位新任女帝就是玛丽亚·特蕾西娅。在腓特烈的对手当中，她一直是对普鲁士国王最愤恨难平的一位，直到 1780 年去世为止；而腓特烈个人对她的厌恶也完全不遑多让。一场波及全欧的奥地利王位继承战争使普鲁士夺取西里西亚，也没有在此后的战争中得而复失，到统治期末年，腓特烈组织起德意志王公联盟，遏制玛丽亚·特蕾西娅之子和继承人约瑟夫二世的企图——他打算通过协商获取巴伐利亚，作为对哈布斯堡世袭领地的补充。

这段插曲对欧洲史的整体影响比人们想象中更大，虽然表面上看只是对德意志诸王领导权和一个行省的争夺，无论该省有多么富庶。初看之下，此事提醒人们，王朝利益纠葛在 18 世纪依然相当活跃，但更重要的意义在于，它还开启了一段长达一世纪的新篇章，并对欧洲造成重大影响。腓特烈发起一场哈布斯堡和霍亨索伦王朝逐鹿德意志的斗争，直到 1866 年才尘埃落定。虽然这么说也许超出了如今通常的观点，但这场斗争为霍亨索伦王朝利用德意志反帝爱国主义情感提供了背景，因为皇帝的很多根本利益与德意志无关。在始于 1740年的漫长斗争中，双方也经历过关系良好的时期，但奥地利始终有一个巨大的不利因素：该国既非完全的德意志国家，又不仅仅是一个单纯的德意志国家。

其利益诉求过于分散的不利因素在玛丽亚·特蕾西娅统治期间表现得淋漓尽致。奥属尼德兰给行政带来的麻烦更甚于战略上的优势，但使该国无暇顾及德意志问题的最大麻烦来自东方，而且在该世纪后半叶形成越来越沉重的压力：为决定奥斯曼帝国的命运与俄罗斯长期不断地交锋的可能性越来越明显。有大约三十年左右，俄国与土耳其人的关系一度缓和，只是偶然发生因建筑要塞或克里米亚鞑靼人的劫掠所导致的小冲突，这些鞑靼人源于金帐汗国的一支，当时视奥斯曼为宗主国。在随后的 1768 年至 1774 年间，叶卡捷琳娜完成了她最成功的战役。她与奥斯曼人在籍籍无名的保加利亚村庄库楚科—卡纳吉（Kutchuk Kainarji）所签署的和约，是整个世纪中最重要的协议之一。奥斯曼人放弃了对克里米亚鞑靼人的宗主权（造成物质和精神两方面的重大损失，前者是因为失去了他们的军事人力，后者是因为奥斯曼帝国此前从未放弃过对任何信奉伊斯兰教民族的统治权），俄罗斯获得了布格河和第聂伯河之间的领土、一份赔款，以及黑海和两大海峡间的自由通行权。在某些意义上，所蕴藏的未来机遇最多的条款是，规定俄罗斯有权与奥斯曼分享"将来在君士坦丁堡建立的教会及其教众"的利益。这意味着俄罗斯政府将被视为苏丹的希腊臣民——也就是基督徒——所获得的新权利的担保者和保护者。历史证明，这就是一张让俄罗斯能够随意干涉奥斯曼事务的空白支票。

这只是开始，而非结束。1783 年，叶卡捷琳娜吞并克里米亚。经过对土耳其人的又一场战争，她将边境推进到德涅斯特河一线。下一处明显可作为边境的地理坐标是距黑海百来英里处、与多瑙河交汇的普鲁特河（Pruth）。俄罗斯在多瑙河口立足的可能性将成为奥地利人挥之不去的梦魇，但在此噩梦成真之前，俄国吞并波兰，已然构成了来自东方的威胁。由于瑞典国道中落，俄国可以有效地控制华沙政府。叶卡捷琳娜安置了一名听话的波兰国王，确保了在波兰的利益。贵族门阀的派系分裂和斗争阻碍了波兰的改革之路，而没有改革，波兰就不可能对俄国进行有效的抵抗，独立也只能是空想。当微小的改革契机一度出现，俄罗斯人手法老练地利用宗教分歧制造对立，并很快使波兰陷入内战，从而扼杀了改革的萌芽。

1768 年，奥斯曼以意欲捍卫波兰自由的借口对俄国宣战，开启了波兰历史中最后一段独立篇章。四年后的 1772 年，波兰第一次遭受"瓜分"，俄国、普鲁士和奥地利分享了波兰大约三分之一的领土和半数居民。曾经人为地在某种程度上保全波兰的古老国际体系已经消失。又经过两次瓜分之后，俄国尽其所能地扩张了版图，兼并了大约 18 万平方英里的土地（但下个世纪的情况表明，吸纳这批心怀不满的波兰人口绝非只赚不赔的买卖），普鲁士也获利不少，凭借战争所得提升了国力，在他们分得的土地中，斯拉夫臣民比德意志人更多。始于 1500 年的东欧转型就此完成，进入 19 世纪的舞台已经设好，再无余留的战利品让奥地利和俄国从争夺奥斯曼遗产的问题中分心。同时，作为独立国家的波兰消失了将近 130 年。

叶卡捷琳娜声称自己为俄国贡献良多，这确实不假，但她只是利用了该国早就显而易见的强大实力。早在 18 世纪 30 年代，就有一支俄国军队西进至内卡河（Neckar）；1760 年，又有一支军队开进柏林。18 世纪 70 年代，一支俄罗斯舰队曾在地中海活动。数年后，一支俄罗斯军队进入瑞士作战，20 年后，另一支军队开抵巴黎。此类展现其强大的证据有一个矛盾的内核，即这份军事力量的基础是一套落后的社会和经济体制。也许，这是彼得的所作所为必然导致的结果。俄国的国家体制依赖于一个本质上与政体无法兼容的社会，后来的俄罗斯危机将一再重演这一主题。

当然，这并不意味着可以把时钟回拨。奥斯曼帝国将永远失去争夺霸权的资格，较之俄国不遑多让的普鲁士崛起宣告一个新时代的到来。16 世纪初的人想象不到联合行省王国和瑞典将成为国际上的强大势力，但到了 1800 年，两国的地位同样逝者如斯，尽管依然是重要的国家，却已沦为二流。法国在那个民族国家时代还是一等强国，和 16 世纪王朝争霸的年月中一样；实际上，其相对实力变得更强，而且将迎来主宰西欧的鼎盛时期。但法国也遭遇新的挑战，这名对手过去就曾使她尝到失败的滋味。在欧陆海岸之外的岛屿上，英格兰从 1500 年那个不起眼的小王国成长起来，在一个突然发迹的王朝统治下崛起，成为世界大国大不列颠。

这一转变几乎和俄国的崛起同样突然和令人吃惊，使欧洲外交的古老格局重新洗牌。在部分历史学者称为"大西洋群岛"的诸岛屿和王国中，在都铎和斯图亚特王室君主断断续续、方式和局限程度都不一而足的统治之下，一个新兴的海上霸主跃然而生。除了新实现的统一之外，该国还享有独特的体制和经济优势，有助于施加世界范围的影响力。三百年间，欧洲冲突和争议的主要区域从意大利古战场、莱茵河流域和尼德兰迁至德意志中部和东部、多瑙河流域、波兰和喀尔巴阡山脉以及波罗的海，但也转到每一片海洋——而这是最为巨大的变化。一个新时代确已开始，其标志不仅是东欧的重组，还有路易十四的战争，这是近代史上最早的世界大战，规模之大不仅关系到帝国的兴废，而且从陆地一直打到海洋。

第 5 章　欧洲人涌向世界

　　1500 年后，世界历史发生了前所未见的惊人变化。此前从未出现过一种能覆盖全球的文明。即便在史前，文化传播也总是朝着差异化的方向发展，现在这种状况开始改变。早至 18 世纪末，未来局势的基本要素就已经明朗。当时，包括俄罗斯在内的欧洲国家宣称拥有的领土已覆盖世界一半以上的陆地。他们实际控制（或号称控制）着的领地大约为其中的三分之一。如此巨大的领土被一批共享某种特定文明的国家占据，且只为他们自身的利益服务，这一状况是史无前例的。

　　不仅如此，其后果也已经开始在不可逆转的变革中展现出来。欧洲人早就在从事农作物移栽和动物迁移养殖，开启了有史以来最伟大的生态重构进程。他们向西半球输送人口，早在 1800 年就形成了新的文明中心，配有欧式政府、宗教和教育制度。一个新的国家从原先由英国人统治的北美地区兴起，南美有两个业已成熟的文明被西班牙人毁灭，也被西班牙自身的文明所取代。

　　东方发生的故事有所不同，但同样令人震撼。在 1800 年，如果一名英国人乘坐东印度公司的特许商船（East Indiaman）越过好望角（有大约二万荷兰人居住在那里），他靠岸的地方不会是如同美洲殖民地那样的欧洲殖民社区，除非漂洋过海，抵达刚刚开始接纳定居者的澳大利亚。但在东非、波斯、印度和印度尼西亚，他可以找到前来开展业务的欧洲人，他们计划或早或晚返回家乡，去享用所赚得的利润。甚至在广东也能看到这类人的身影，封闭的岛国日本也有，不过数量极少。只有非洲内陆依然被疾病和气候隔绝，看起来无法企及。

于是，这场引人瞩目的巨变开始是单向的，但很快就变为交流融合的过程。媒介是海洋及周边的海岸，方法是贸易和移民。欧洲人是最大的移民群体，但他们创建的帝国网络也让非洲人（大多数是作为奴隶，虽然不是全部）到达新世界，中国人去往东南亚，而印度人几乎遍布全球。从旅行、知识和人口分布的角度看，世界正在焕然一新。

这是一场国际关系的重大转型，也是欧洲人缔造的结果。探索、事业活动、技术优势和政府扶持构成了其层层叠叠的基础。到 18 世纪末，该趋势看起来已不可逆转，即便在某种意义上——也被后来的历史所证明，欧洲人直接统治导致的瓦解将比其建立更迅速。没有任何文明取得过更迅速和更急剧的成功，扩张的步伐如此轻松，除了一时和偶然的挫折没有遇到任何困难。

欧洲人拥有的一项优势是非成功不可的强烈动机。文艺复兴时代背后的主要推动力来自他们想要更靠近东方、与远东取得更直接的接触这一愿望，那里有欧洲急需的东西，而当时远东对欧洲实际上一无所求，没有什么交换的基础。当瓦斯科·达伽马将他所带去的东西呈给国王，卡利卡特的居民报以嗤笑；他没有任何拿得出手的东西，可以和阿拉伯商人早已从亚洲其他地区带往印度的商品相比。正是因为东方如此众多的文明享有此等传奇般的优越地位，才促使欧洲人试图建立一种更常规和有保障的交通方式，而非马可·波罗式的零星游访。巧合的是，中国、印度和日本在 16 和 17 世纪都处于某种文化巅峰状态。由于土耳其人在东欧形成的陆上屏障，这些文明古国对欧洲人的吸引力比过去更为强烈。那里有巨大的利润，所以值得巨大的付出。

如果有所回报的期望是提升士气的良方，那么成功的期望也一样有效。到 1500 年，探索工作已经做得足够充分，欧洲人开始自信满满地向新的事业发起冲击；这一过程有良性循环的因素，每次成功的出航既能增加了解，又能使他们对取得更大成果的前景多一份确信。随着时间的推移，资助未来的扩张活动也将变得有利可图。此外还有基督教提供的精神财产。海外定居点建立后，很快为传教事业提供了新的舞台，但宗教传播始终以文化为载体，在与传教对象的初次接触中，欧洲人确信了自身的优越地位。

此后四百年间，这一认知往往带来灾难性的后果。欧洲人自信拥有真正的宗教，欠缺耐心，看不起他们所惊扰的民族和文明所创下的成就和价值。其结果往往令人不快，也往往沾满血腥。同样不假的是，宗教狂热能够轻而易举地使高尚和可鄙的动机之间的界限变得模糊。如西班牙最伟大的美洲征服史学家在描述为何自己和同胞要前往印度时所言，他们觉得是去"为上帝和他的权柄效劳，将光明带给那些黑暗中的人们，也是为了获得财富，这是所有人类的渴望"。

贪婪很快导致实力的滥用，导致用武力实现统治和剥削。最后，这一切发展为罄竹难书的罪行——虽然往往是无意中犯下的。有时整个社会因此毁灭，但这只是欧洲人在其事业开端打算主宰一切所导致的最坏的一面。首批抵达印度海岸的探险家很快开始袭击亚洲商船，折磨并屠杀其船员和乘客，掠夺货物，将毁坏的船体付之一炬。科技优势使数量极少的欧洲人实力大增，最终通常可以强夺他们所需的一切，使那些文明经历史沉淀所形成的庞大人口在几个世纪的力量对比中处于劣势。

继达伽马之后，下一个来到那里的葡萄牙船长炮轰卡利卡特，为这一状况提供了应景的诠释。不久之后的 1517 年，葡萄牙人抵达广州，他们鸣响礼炮以表示友好和敬意，但火炮的噪音吓坏了中国人（起先称他们为佛朗机［*folangki*］——对"法兰克人"谬之千里的误读）。这些武器比中国人手里的任何装备都强大许多。枪炮在亚洲早已存在，中国人发明火药比欧洲要早数百年，但火炮技术却一直裹足不前。欧洲在15世纪实现工艺和冶金技术的巨大飞跃，制造出了远比世界其他地区优越的武器。此后还有更惊人的改良，使欧洲人的相对优势进一步加大，并延续到20世纪中期。

这一进程此前是、此后也将和其他领域平行前进，其中比较突出的是造船业和驾船技术的发展，这方面前文已有提及。这些进步彼此结合，形成了一种强大的武器——载有火炮的帆船，被欧洲人用来打开世界的大门。同样，这一发明在1517年远未达到完善的境地，但葡萄牙人已经能够击退奥斯曼舰队，让他们无法染指印度洋。（土耳其人在红海更为成功，那里水域狭窄，划桨驱动、接舷作战的平底大船更有发挥的余地。但即便在红海，葡萄牙人也能够往北一直推进到苏伊士地峡。）中国人的战船不比平底划桨船更有用。放弃划桨驱动方式、在侧舷安装大量火炮，使欧洲单薄的人力所发挥的效用获得几何级数式的增长。

当时的欧洲人非常清楚这一优势。早在1481年，教皇就禁止向非洲人出售枪支。17世纪的荷兰人极其谨慎地保护着枪炮制造的秘密，不让这些技术落入亚洲人之手。但他们还是泄露了出去。15世纪，有土耳其人在印度担任炮兵，这些技术流传到中国之前，葡萄牙人还为波斯人提供加农炮，并指导他们如何铸炮，以此制压奥斯曼人。17世纪，枪炮设计和制造技术的吸引力是耶稣会神父得到中国当权者厚待的原因之一。

但即便如荷兰人所害怕的那样，最先进的铸炮知识流传到了东方社会，欧洲人的优势也无法被抹消。尽管接受了耶稣会的操练，中国的炮兵部队依然相当落后。欧洲与世界的技术差异不仅仅来自知识技能。在属于欧洲的时代刚刚开启之际，欧洲所享有的财富不只是新知，而且还有与其他文明不同的、对待知识的态度。欧洲人有意识地利用知识来解决实际问题，具备一种使科技发挥效用的本能。而这其中又蕴含着欧洲精英在后来启蒙运动中的心理特征的基础：他们对于自身改变世界的力量越来越充满自信。

　　非洲和亚洲首先成为欧洲人运用这些优势的目标。在这两片大陆，葡萄牙人的殖民事业保持了一个多世纪的领先地位。他们成为显赫的存在，在开辟东方航路的探险中取得极大的成功，使其国王获得受教皇认可的如下头衔："印度、埃塞俄比亚、阿拉伯和波斯的征服者、航海和贸易之王"，这足以彰显葡萄牙霸业的规模之大和对东方世界的倚重，但埃塞俄比亚之王的头衔略有误导之嫌，因为葡萄牙与该地的接触规模很小。非洲拒人千里，只有极少的区域可以进入，而且也不无风险。葡萄牙人觉得，是上帝用神秘而歹毒的疾病（19世纪末之前一直让欧洲人无法进入）在非洲内陆周围特意圈起了一道障碍。即便西非的沿海基地也谈不上卫生，只是因为对奴隶买卖和远途贸易的重要支撑作用才被堪堪忍受下来。位于东非的基地更缺乏健康保障，但因为是阿拉伯人创建的商贸网的组成部分——而非作为进入内陆的跳板——所以也利益攸关，葡萄牙人蓄意袭扰这些基地，使沿红海和中东运到东地中海威尼斯商人手中的香料成本大增。

　　葡萄牙的后继殖民者们对非洲内陆未加干涉，也别无选择，在远离文明世界的森林和大草原深处，那片大陆此后两个世纪的历史大体上依然沿着自身的节奏发展，其居民仅受到欧洲及其边陲世界的慢性蚕食和偶尔的刺激。但同样不假的是，在亚洲开启的欧洲时代表明，任何强权势力起初都没有兴趣对大片土地进行征服或殖民。至18世纪中期为止，这一阶段的标志是商栈的大量涌现、港口设施的出让、沿海要塞和基地的兴建，因为这些事物本身可以确保早期帝国主义在亚洲所追寻的唯一目标，即安全且有利可图的贸易。

　　葡萄牙人在16世纪主宰了这一贸易；他们用坚船利炮横扫一切阻碍，迅速建起一连串基地和商栈。瓦斯科·达伽马抵达卡利卡特的12年之后，葡萄牙人在距离印度西海岸大约300英里的果阿（Goa）建立起主要的印度洋贸易中心。那里将成为传教和贸易两方面的中心；在该地站稳脚跟后，葡萄牙帝国大力支持传播信仰的工作，方济各会于其中发挥了很大的作用。1513年，第一艘葡萄牙船只抵达传说中的香料之岛摩鹿加（Moluccas），揭开了欧洲势力席卷印尼、东南亚和太平洋诸岛的序幕，其势力圈的最南端远至帝汶。四年后，第一艘葡萄牙船只来到中国，打通了欧洲与该帝国的直线贸易航路。十年后，他们取得澳门的使用权；1557年又获得该地的永久定居权。查理五世将西班牙凭借对摩鹿加岛的探索所主张的权益弃让给葡萄牙人，只保留菲律宾作为远东的势力范围，并宣布放弃印度洋海域的任何利益，使葡萄牙人在此后半个世纪垄断了这片东方帝国。后来他们会将它与自己在巴西和非洲的属地连接起来，并将这些海外据点视为一个海洋贸易帝国的停泊处。

　　这种垄断是贸易层面的，但不仅是远东与欧洲的贸易；船队往来亚洲各国之间时也有很多可以从事的业务。波斯地毯传到印度，摩鹿加的丁香、日本的铜和银运至中国，印度的布料进入暹罗，都通过欧洲船只运输。葡萄牙人和后继者们发现这是利润丰厚的收入来源，可以部分补偿欧洲与亚洲的贸易逆差，因为除了银之外，后者的居民长期以来对欧洲所需甚少。海上唯一的有力竞争者是阿拉伯人，在东非一带活动的葡萄牙舰队能够有效地限制他们，葡萄牙舰队基地包括1507年建立、位于红海海口的索科特拉岛（Socotra），波斯湾入口北部沿岸的荷姆兹岛以及果阿。葡萄牙人以这些基地为出发点，逐步扩张贸易范围，最终使贸易活动远抵红海深处的马萨瓦（Massawa）和波斯湾另一头，在巴士拉（Basra）办起工厂。他们还确保了在缅甸及暹罗的特权地位，并于 16 世纪 40 年代成为首批登陆日本的欧洲人。这一贸易网络得到与地方统治者所签署协议的外交支持，也以葡萄牙海上的优势火力为后盾。因为缺少人力，即便他们有意向内陆发展势力也无法如愿，所以这一商业帝国不仅具有经济合理性，也是当时条件下所能够达成的极限。

印度洋的霸权地位掩盖了葡萄牙人根深蒂固的弱点：缺乏人力、财政基础薄弱。其主宰地位仅持续到该世纪末，然后被荷兰取代，后者将商业帝国的管理技巧和制度发展到无以复加的程度。荷兰人是极为杰出的贸易帝国主义者，但最后也在印尼定居并发展种植业。1580 年，葡萄牙被西班牙统一。这一变化激起了荷兰航海家的野心，也给他们创造了机会。他们当时被排除在从里斯本向北欧倒卖商品这一利润丰厚的再输出贸易之外，而过去曾是该业务的主要掌控者。荷兰和西班牙的八十年战争这一背景带来了额外的动机，使他们更愿意进入这些区域，把自己的获利建立在伊比利亚人的损失之上。荷兰和葡萄牙一样人口寥寥，不过区区 200 万，其生存基础相当狭隘；因此贸易财富对他们至关重要。他们的优势在于丰富的海事人力资源、船只、财富和通过北部海域的捕鱼及船运所积累的经验，同时，由于国内的商业水平高度发达，为新的经营活动募集资源毫无困难。阿拉伯人在同一时期恢复元气，趁西班牙统一令葡萄牙实力式微的机会夺回桑给巴尔以北的东非根据地，这也使荷兰人从中受益。

因此，葡萄牙人的东方帝国在 17 世纪开头的数十年大范围解体，并被荷兰取而代之。而且，荷兰人还一度在葡萄牙控制的巴西蔗糖产区伯南布哥（Pernambuco）立足，但未能长期保持。荷兰人的主要目标是摩鹿加。私人航海（七年间共 65 次，一些船队绕过了麦哲伦海峡，还有一些绕过了非洲）的短暂阶段于 1602 年结束，是年，荷属东印度公司在总议会（States General）——联合行省王国政府——

的发起之下成立，历史证明，该组织将成为助荷兰取得东方商业霸权的决定性机构。

　　和他们之前的葡萄牙人一样，该公司通过与当地统治者勾结的手段排除竞争者，通过一套商栈体系运转业务。1623 年，10 名英国人在安波那（Amboyna）① 遇害，终结了英国人直接插手香料贸易的任何企图，此事可以表明荷兰人对竞争对手有多么厌恶。安波那是葡萄牙利益遭到迅速侵占的过程中首批被夺走的葡萄牙基地之一，但直到 1609 年，荷兰向东方派遣一名常驻总督之后，葡萄牙的大型要塞才开始陷落。荷兰人在爪哇岛的雅加达（改名为巴达维亚）设立总部，作为这些战役的指挥中心，并一直控制该地，直到荷兰殖民统治结束。该地成为一片殖民地区的核心，周围的荷兰种植业主可以依赖东印度公司的支持，对其劳力实行残酷无情的控制。荷兰殖民地的早期历史色调阴郁，充斥着暴动、驱逐、奴役和屠杀。当地船运贸易以及中国的商船活动被蓄意破坏，好让荷兰人独占一切利润来源。

　　对欧洲的香料贸易是荷兰人关注的核心，也是巨大的利益焦点所在。在该世纪大部分时期，香料的价值占运回阿姆斯特丹所有货品的三分之二。但荷兰人还着手取代了葡萄牙人在颇具价值的东亚贸易中的地位。他们虽然派出远征军，可无法将葡萄牙人逐出澳门，但在台湾成功立足，从那里与中国大陆开展间接的贸易往来。1638 年，葡萄牙人被赶出日本，荷兰人继承了他们的位置。此后 20 年间，锡兰岛的葡萄牙人也被荷兰人挤走。另一方面，荷兰人通过协议所取得的暹罗贸易垄断权则被另一强国——法国夺走。法国与该地区的关联始于 1660 年的一场偶然事件，有三名法国传教士出于机缘巧合来到暹罗的首都。得益于他们所建立的传教中心以及一名希腊顾问在暹罗宫

────────────

　　①　摩鹿加岛上城市安汶的旧称。——译者注

廷中的影响力，一支法国外交和军事使团于 1685 年随后抵达。但这一前景光明的开端最终导致一场内战，并以法国的失败作结，暹罗再度脱离欧洲势力的影响范围，该状况延续了两个世纪之久。

于是，18 世纪早期的荷兰既在印度洋和印尼享有霸权，也在中国海拥有重大利益。除了果阿和澳门等依然残存的葡萄牙根据地，这一格局与此前的葡萄牙势力分布有着惊人的相似度。荷兰远东势力以马六甲海峡为核心，从那里通过马来西亚和印尼辐射至台湾，连接起通往中国及日本的贸易纽带，并往东南方向延伸到至关重要的摩鹿加。当时，该区域享有繁荣的内部贸易，开始财政自主，作为硬通货的金银锭更多来自日本和中国，而非早前的欧洲。再往西看，荷兰人也在卡利卡特、锡兰和好望角立足，并于波斯设立工厂。巴达维亚是一座大城市，荷兰人也在此经营种植园、栽培所需的作物，但这里依然是沿海或岛屿式的商业帝国，而非大陆中的封闭领地。海上实力是荷兰人最后的依靠，他们的海军地位被人超越后，其保障力有所缩水，但不至于消失。

显然，这种超越在 17 世纪后半叶已现端倪。印度洋霸权的挑战者是英格兰，一个意想不到的对手。英国早先曾试图染指香料贸易。詹姆斯一世时期曾有一家东印度公司存在，但无论是试图与荷兰人合作还是与他们对抗，其经营者都碰得头破血流。这一状况导致的结果是，到 1700 年，英国人实际上将马六甲海峡以东视为其利益的必争之地。和 1580 年的荷兰人一样，他们面临改变航道的需要，并加以实行，于是引发了新教改革之后、工业化启动之前英国历史中最重大的事件——他们主宰了印度。

英国人在印度的主要对手不是荷兰或葡萄牙人，而是法国人。这场竞争所涉及的利害在很长时期都没有显山露水。英国势力在印度的崛起是非常缓慢的过程。在马德拉斯建立圣乔治堡、从葡萄牙人那里接手孟买，作为查理二世的王后带来的一部分嫁妆之后，英国人在该世纪中没有进一步扩大在印度的势力范围。以早期根据地为出发点（孟买是他们唯一拥有全部主权的领地），英国人从事着咖啡和纺织品贸易，不如荷兰人的香料贸易那般风光，但价值和重要性与日俱增。这项业务还改变了他们的民族习性，从而也改变了社会，伦敦出现的咖啡店就可以展现这一点。很快就有船只从印度出发，被派往中国求购茶叶；到 1700 年，英国人已获得一种新的国民饮品，时隔不久，一位诗人对此作评，称茶是"令人愉悦而不上瘾的杯中物"[1]。

正如东印度公司武装在 1689 年遭受的失败所显示的，靠军事力量夺取印度霸权并非易事。不仅如此，对抗也未必会带来繁荣。因此，该公司对于冲突总是能免则免。虽然在该世纪末，公司获准占用其过去兴建于加尔各答的威廉堡，从而完成了一次里程碑式的势力扩张，但公司董事以不切实际为由，于 1700 年放弃了在印度获取新领地或种植园殖民地的想法。不过，1707 年奥朗则布去世后，莫卧儿帝国陷于崩溃，令英国人的侧重点发生变化。其后果虽然来得缓慢，但累积起来的效应还是使印度解体为一系列自治国家，没有一方能够坐大。

1707 年以前，马拉塔人就给莫卧儿帝国造成了麻烦。帝国内部的分裂趋势总是对纳瓦布（nawab，即行省统治者）有利，这些统治者彼此瓜分势力，马拉塔人在其中的地位越来越突出。锡克教形成了第三股势力。该教派起源于 16 世纪的一支印度的秘密教派，后与莫卧儿统治者反目，但也远离正统印度佛教，实质上成为印度教和伊斯兰教之外的第三种宗教。锡克教采取一种军事化的兄弟会组织形式，没有种姓之分，所有教徒都能在这段分裂时期掌控自己的权益。一个

---

[1]   引自威廉·柯柏 1785 年发表的无韵长诗《任务》（*The Task*）。——译者注

锡克帝国最终在印度西北部形成，并延续到 1849 年。同时，印度教和穆斯林日趋对立的迹象也在 18 世纪出现。印度教进一步融入社群，加强宗教仪式方面的实践，以此在公开场合凸显自身的存在。穆斯林也采取同样的手段，双方互不相让。保守和反动的莫卧儿军事及民事行政体制管理着这个分歧日渐深化的帝国。波斯人还在 18 世纪 30 年代发动入侵，夺走了该国的部分领土。

　　这一局面对外部干涉势力构成了极大的诱惑。令人意外的是，以回顾历史的眼光来看，英国和法国都花了相当长的时间才坐收其利；甚至到 18 世纪 40 年代，英属东印度公司的财力和实力依然比不上荷属东印度公司。其进展之慢证明贸易依然是他们的主要目标，也是他们关注的重点。当英国人确实开始插手干涉——主要是出于对法国人的敌意以及害怕落于其后的心态，他们拥有若干重要的优势。加尔各答的根据地使他们控制了孟加拉及恒河下游流域的门户位置，而这一部分是印度最有潜力孕育财富的地区。得益于英国的海军力量，他们已确保和欧洲的海上交通线，而且伦敦的大臣听取东印度公司商人的意见，而凡尔赛宫的大臣却没有这份雅量。法国人是最危险的潜在竞争者，但他们的政府总是动不动就为欧洲大陆的其他目标分心。最后一点在于，英国人对传教并不热心；从狭义角度来讲，新教在亚洲传教的兴趣确实比天主教来得更晚。而且，在更普遍的意义上，他们无意干涉当地习俗或体制，只是希望提供一种中立的权力结构——有些类似莫卧儿人，让印度人在该体制下按自己的意愿生活，同时希望东印度公司能够在和平的局面下从商业活动中获利并兴旺发达。他们的帝国是基于商业机会，而非其他。

　　印度政局是通往未来帝国之路的关键。支持彼此敌对的印度王公是法国和英国之间最早的间接对抗形式。1744 年，这种对抗引发了首次英法武装冲突，发生于东南沿海地区的卡纳蒂克（Carnatic）。印度身不由己地陷入这场英法之间的全球性对抗。这场具有决定性作用的冲突史称七年战争（1756—1763）。即便英法两国在 1748 年后正式缔结和约，战争爆发之前，印度实际上就已难免一战。在杰出的卡纳蒂克总督杜布雷（Dupleix）的经营下，法国的事业蒸蒸日上，他通过武力和外交在当地王侯中扩张势力，使英国人产生极大的危机感。但他被召回法国，而且法属印度公司无法得到首都政府全心全意的支持，可他们需要这份支持才能崛起为新的龙头老大。当战火于 1756 年再度点燃，孟加拉纳瓦布攻击并占领了加尔各答。他处置英国俘虏的手段十分残忍，有很多人在不久后成为传说的"黑洞"① 事件中窒息而死。这令英国人又添了一层怒气。东印度公司军队在公司成员罗伯特·克莱夫（Robert Clive）的率领下夺回城市，占领位于金德纳格尔（Chandernagore）的法国据点，并于 1757 年 6 月 22 日击败纳瓦布的一支规模大得多的军队，战场位于胡格利河上游方向的普拉西（Plassey），距加尔各答大约 100 英里。

战斗并不十分血腥（纳瓦布的军队被英军收买），但这是世界历史上最具决定意义的战役之一。它为英国打通了控制孟加拉和该国财政的道路。这一切以卡纳蒂克法国势力的毁灭为基础；法国人的失败又为英国进一步扩张势力铺平了道路，从而不可阻挡地导向英国垄断印度的未来局面。任何人事先都没有这样的计划。英国政府的确开始意识到兹事体大，其贸易受到迫在眉睫的威胁，并派出一个营的正规军为公司助战；这一举动在两方面都具有启发性，首先表明政府认识到此事关乎国家利益，但也说明这场军事行动的规模甚小。配备欧式野战炮的极少数欧洲军队就可发挥决定性的作用。印度的命运取决于

---

① 孟加拉纳瓦布占领加尔各答的次日，英国殖民军官收复该地，发现英国俘虏被关押在只有一扇小窗的房间内，其中大部分人因窒息死亡。该牢房后来被称为黑洞。——译者注

该公司寥寥无几的欧洲人和欧洲训练出的士兵，以及其当地代理人的外交技巧和精明手段。依靠这薄弱的基础和四分五裂的印度对统一政府的需要，英属印度帝国（British Raj）就此成立。

1764年，东印度公司正式成为孟加拉的统治者。这完全不是公司董事事先设下的计划，他们只想从事贸易而无意统治。然而，如果孟加拉可以为政府买单，那承担管理的责任也未尝不可。法国的基地如今稀稀落落，所剩无几；1763年的和平协议给他们保留了五个贸易中转站，前提是不得建筑防御设施。1769年，法属印度公司解体。不久之后，英国从荷兰人手中夺取锡兰，供一种独一无二的帝国主义实例登场的舞台已然就绪。

这将是一条漫长的道路，东印度公司长期以来也并不情愿走这条路，但由于财务问题和邻近领区本地行政的无序状况，它逐渐被动地扩大了政府的职能范围。公司的贸易职能日趋边缘化，这对业务并非好事，但其成员也从中获得了更大的自立门户的机会。这引起了英国政客的关注，他们首先削弱公司董事的权力，然后将公司牢牢置于王室的控制之下，于1784年在印度设立一套"双重控制"体系，并持续到1858年。建立该体系的法案中还包括反对进一步干涉地方事务的条款；英政府和公司一样热切地希望避免以帝国主义势力的身份在印度陷得更深。但此后半个世纪，这一状况还是发生了，公司此后兼并的土地越来越多。由此开启的道路最终导致19世纪英属印度的启蒙专制局面。印度与欧洲国家此前控制的任何附属国都大不一样，因为有千百万臣民要加入帝国，只有少数具有远见的有识之士到很久以后才意识到信仰归化或同化的必要性，这在当时是任何人都无法想象的概念。大英帝国的体制特征将因此发生深刻的转型，并最终使英国的战略、外交、对外贸易模式乃至样貌都发生改变。

除了印度和荷属印尼，这几百年间，欧洲人从东方获得的任何一片领地就面积而言都无法与在美洲占据的巨大地盘相比。哥伦布登上新大陆后，他们对"西印度"群岛中的主要岛屿进行了相当迅速和彻底的跟进探索。格拉纳达陷落、西班牙主大陆的收复失地运动完成后不久，他们从摩尔人手里夺下北非，事实很快表明，征服美洲的土地比这更加容易，因此成为一个诱人的目标。殖民地迅速扩张，尤其在伊斯帕尼奥拉（Hispaniola）和古巴。作为美洲殖民的里程碑之一，第一座天主教大教堂落成于 1523 年；如西班牙人的城市建设所表明的那样，他们是来长期定居的。他们的第一所大学（与大教堂在同一座城市：圣多明戈）成立于 1538 年，第一家印刷社同年在墨西哥成立。

西班牙殖民者的目标是土地和黄金，前者是农民的需要，后者是投机者的向往。他们没有竞争对手，确切地说，在 16 世纪末以前，除了巴西以外，中美和南美地区完全是西班牙人的后院。首批登上这些岛屿的西班牙人往往是卡斯蒂利亚乡绅，虽然贫穷，但能吃苦耐劳，且雄心勃勃。进入美洲大陆后，他们四处掠夺战利品，但也传扬十字架的福音和卡斯蒂利亚王室的光辉形象。1499 年，他们在委内瑞拉完成了对大陆的初次渗透。然后是 1513 年，巴尔沃亚（Balboa）穿过巴拿马地峡，成为首个见到太平洋的欧洲人。他的探险队建起屋宅、播下种子；征服者（*conquistadores*）的时代就此开启。有一位征服者的冒险经历使后人遐想联翩，他就是埃尔南·科尔特斯（Hernán Cortés）。1518 年，他带领数百名追随者离开古巴。他存心藐视总督的权威，并以献给王室的战利品为自己的行动正名。1519年 2 月在韦拉克鲁斯（Vera Cruz）上岸后，他焚毁船只，让手下拿出无路可退的觉悟，接着向墨西哥中部的高原挺进，这将成为帝国主义历史中最戏剧化的传奇故事之一。抵达墨西哥城之际，所发现的文明令他们大受震撼。该城不仅有遍地的黄金和宝石，而且所坐落的土

对美洲的探险

地也适合采用卡斯蒂利亚人在故乡所熟悉的方式耕作。

　　虽然科尔特斯的人手极少，要征服统治中部高原的阿兹特克帝国需要英雄般的勇气，但他们拥有巨大的优势和非凡的好运。他们所面对的民族的科技十分原始，易被征服者携带的枪炮、钢铁和马匹所震慑。阿兹特克人以为科尔特斯也许是神祇的化身，传说该神明终有一天会回来，这份不安使他们无法放开手脚进行抵抗。而且他们对殖民者带来的外来疾病抵抗力极差。不仅如此，阿兹特克人本身也是残忍的征服民族；其印第安臣民乐于迎接新的征服者，将他们视为解放者，再不济也可以换波新主人。因此局势对西班牙人有利。尽管如此，决定性的因素最终还是他们本身的坚韧、勇气和残酷无情。

1531 年，皮萨罗对秘鲁发动一场类似的征服行动。这一成就甚至比征服墨西哥更为突出，而且以更可怕的方式展示了征服者的贪婪和残忍。新帝国的殖民始于 16 世纪 40 年代，一开始就在波托西（Potosi）发现一座银矿山，这是史上最重要的矿藏发现之一，将成为此后三百年间欧洲银块的主要来源。

截至 1700 年，西班牙美洲帝国名义上覆盖着从今日新墨西哥城一直延伸到拉普拉塔河（River Plate）的巨大区域。通过经巴拿马和阿卡普尔科的航线，该地与菲律宾的西班牙人建立了海上联系。然而地图上的巨大面积具有误导性，格兰德河以北的加利福尼亚、得克萨斯和新墨西哥地区人口非常稀少；除了几座孤堡和商栈及数量略多的传教点以外，所谓的占领几乎没有任何实际意义。相当于今日智利的南部地区也一样，殖民开发相当欠缺。最重要且人口最密集的区域有三块：很快成为西班牙美洲帝国最发达地区的新西班牙（即墨西哥的旧称）；因矿产获得重要地位、土地占用率极高的秘鲁；以及若干面积较大、殖民时期较长的加勒比岛屿。不适合西班牙人定居的区域被统治当局长年弃之不顾。

墨西哥和利马总督辖区成为卡斯蒂利亚和阿拉贡王国的姊妹国，依附于卡斯蒂利亚王室，其总督对印第安人行使统治权。他们设有自己的王室议会，国王通过该议会直接行使权力。这一模式理论上的中央化程度很高；但实际上，地理位置和格局使此类自欺欺人变得毫无意义。以当时具备的通信手段，在西班牙对新西班牙或秘鲁实行严密的控制是不可能的。王室名下的总督和都督在日常事务中享有实质上的独立地位。但马德里可以通过殖民地经营获取财政收益，事实上，西班牙和葡萄牙不仅不用负担占领美洲的成本，还能从中获取一份净利，在一个多世纪间，西半球没有其他殖民国家可以做到这点。究其原因，贵金属输入占了很大一部分。1540 年后，源源不断的银块抵达大西洋彼岸，但对西班牙人而言不幸的是，查理五世和腓力二世的战争吞噬了这笔财富。截至 1650 年，共有 1.6 万吨银流入欧洲，这还不包括 180 吨的金器。

究竟西班牙有没有从中获得其他经济收益则更难断言。该国与其他殖民势力共处一个时代，相信贸易流通额有其上限，从而认为所属殖民地的贸易应该留作己用，并以法规和武力作为保障。此外，西班牙还支持另一种老生常谈的早期殖民经济理论，该观点认为殖民地不得发展工业，否则将对母国规模有限的市场形成冲击。不走运的是，西班牙通过这一措施所取得的效果并不如其他国家。虽然除了农作物加工业、矿产业和手工业之外，美洲殖民地其他工业的发展都受到限制，但西班牙当局越来越无力排除在本国殖民地领土从事其他贸易的外国商人（后来被称作闯入者）。西班牙种植业很快就产生了母国无法供应的需求——尤其是奴隶。各岛屿和新西班牙经济的依靠除矿业之外就是农业。这些岛屿很快就对奴隶产生依赖；而西班牙设在美洲大陆殖民地的政府不愿支持奴役被征服人口的做法，于是，其他确保劳力供应的手段应运而生。第一种方法始于各座岛屿，后蔓延至墨西哥，与封建领主制有些类似：西班牙人得到委托监护地（encomienda），为一群村民提供保护，并换取他们的部分劳力作为回报。其总体状况与农奴制乃至奴隶制的差异并非始终泾渭分明，奴隶将很快成为非洲黑奴的同义词。

殖民初期是否有大量亲殖民者的土著人口对劳力供应的影响很大，正如占领势力的性质对殖民主义在中南美洲和北美洲所表现出的差异也有很大影响。西班牙人和葡萄牙人曾统治摩尔地区达数百年，因此对多种族社会的生活并不陌生。拉美很快就出现了一批混血人口。在葡萄牙经三十年对抗、最终从荷兰人手里夺来并牢牢占据的巴西，混血现象非常普遍，欧洲人和土著及黑奴都会生育后代，这些黑奴最早于 16 世纪作为甘蔗园的劳力引入，后来人数不断增多。非洲的葡萄牙人也不介意种族混血，不存在肤色壁垒曾被视为葡萄牙帝国主义的一个突出特征。

虽然在一片广大的区域建立起多种族混合社会是西班牙和葡萄牙帝国留下的遗产之一，而且其生命力经久不衰，但种族差异依然是这些社会的等级划分依据。统治阶级始终是伊比利亚半岛人和克里奥尔人（creole），即出生于殖民地的欧裔。随时间推移，后者觉得受前者——称为半岛人（peninsulare）——排挤，无缘关键职位，遂萌生敌意。克里奥尔人以下的等级界限较不分明，其地位按血统渐次降低，直到最困苦、最受压迫的纯印第安人和黑奴。虽然印第安语得以留存——经常要归功于西班牙传教士的努力，征服者的语言当然还是成了这片大陆的主流通行语。

这种语言上的改变是决定大陆文化统一形态的最主要因素，不过罗马天主教也具有相当的重要性。教会在西班牙（和葡萄牙）美洲殖民地的开创过程中扮演了极为突出的角色。其先驱是殖民时代最初期来自正规修会（特别是方济各会）的传教士，但此后三个世纪间，他们的后继者在远离欧洲的美洲土著文明世界中布道。他们带着印第安人离开所属部落和村庄，教授基督教和拉丁语（早期托钵僧经常不让他们接触西班牙语，以防止受殖民者的腐化），改变他们赤身裸体的习惯，然后送他们回去，在同胞之间撒播光明。开拓者建立的传教站点为数百年后才出现的国家确立了版图的形状。传教者鲜遇阻力。例如，墨西哥人热情地接受了圣母玛利亚崇拜，将她等同于本土神话中的大地母神（Tonantzui）。

无论其是非功过，教会从一开始就自视为卡斯蒂利亚王室的印第安臣民的保护者。数百年后，当罗马天主教群体的人口分布发生重大改变，才能感受到其最终的效应，但大量蛛丝马迹很早就显山露水了。1511 年，一位多明我会传教士在圣多明戈发表了第一篇反对西班牙人对待新臣民手段的布道辞。以此为契机，国王宣布了在新大陆的道义和基督教使命。保护印第安人的法律获得通过，人们向教士寻求建议，研究土著的权利和保障权利的方式。1550 年发生了一桩不寻常的事件，王室政府发起一场神学和哲学探讨，争论的焦点是统治新大陆民族应采取何种原则。但美洲远隔重洋，法律难以执行。土著人口数量又发生灾难性的锐减，造成劳动力短缺，也使保护工作更难以开展。早期殖民者将天花传播到加勒比海一带（其源头似乎在非洲），科尔特斯的一名手下又将病毒带到大陆；这可能是西班牙美洲帝国史的第一个世纪中发生人口灾难的主因。

同时，教会几乎马不停蹄地开展工作，争取土著的皈依（在赫奇米尔科 [Xocomilcho]，两名方济各会修士一天之内就让 1.5 万名印第安人受洗），并以传教活动和教区为他们提供保护。其他人也没有停止向王室进言的工作。多明我会修士巴托洛梅·德拉斯卡萨斯（Bartolome de Las Casas）是其中不容忽略的一位。他起初是殖民者中的一员，后成为美洲第一位获得正式任命的神父，此后，作为神学家和主教，他毕其一生于对查理五世的政府施加影响，也不无成果。他坚持一条原则，如果告解者对待印第安人的方式使他感到不满，他就拒绝为其赦罪，哪怕临终仪式时也不例外，并以彻头彻尾的中世纪理论在反对者面前为自己辩护。他认同亚里士多德的观点，有些人确实是"天生的"奴隶（他自己也有黑奴），但认为其中并不包括印第安人。他后来作为殖民主义最早的批判者之一被载入史册，主要是因为两百年后的一名启蒙运动宣传家利用他的著述来宣扬自己的观点。但这是一种年代错误式的观点。

数百年间，教会的布道和仪式是美洲印第安农民接触欧洲文化的唯一途径，天主教的部分特质也赢得了他们的认同和理解。仅有少数人能获得欧式教育；17世纪以前的墨西哥主教都不是当地人，除了教士进修，农民所接受的教育比教义问答好不了多少。事实上，虽然很多教士为当地事务鞠躬尽瘁，但教会依然希望保持一种外来的、殖民式的地位。讽刺的是，教士保护当地基督徒的尝试反而孤立了他们（例如不教授他们西班牙语），使他们脱离于本地人和社会当权者融合的进程之外。

这也许是不可避免的。西班牙和葡萄牙美洲殖民地的天主教垄断地位必然在很大程度上使教会和政治体制彼此融合：这对覆盖广阔地区的薄弱行政机制是重要的补充，令西班牙人热衷于布道的也不仅仅是十字军式的狂热。新西班牙设立了异端裁判所，是支持反宗教改革运动的教会确定了格兰德河以南的美洲天主教的形态。多年以后，这一局面带来了重要的后果；虽然有些教士在南美改革和独立运动中扮演重要角色，虽然18世纪的耶稣会为保护土著不惜招致葡萄牙殖民者和巴西当局的怒火，但作为一个整体，教会从未找到采纳进步立场的轻松途径。这意味着，许许多多年后，拉美政治独立和自由主义运动将与天主教欧洲的反教皇至上势力携手。这一切都与同一时期在英属北美地区扎根的宗教多元化社会形成鲜明对比。

尽管大陆殖民地输出了数量惊人的金银，在早期近代史的大部分时期，对欧洲最具经济价值的还是加勒比诸岛。其重要性依赖于农产品，尤以甘蔗为首，该作物首先由阿拉伯人传入欧洲的西西里和西班牙，然后被欧洲人带到马德拉群岛（Madeira）和加那利群岛，接着传入新大陆。加勒比和巴西的经济都因此作物而转型。中世纪的人用蜂蜜给食品增加甜味；到1700年，蔗糖虽昂贵如昔，但已是欧洲人的生活必需品。甘蔗与烟草、硬材和咖啡共同构成加勒比群岛的主要产品，也是熙熙攘攘的非洲奴隶贸易的根源。这些出口品使种植园主在母国的国内事务中占据重要的一席之地。

西班牙殖民者开启了加勒比群岛大规模农业活动的序幕，上岛之后，他们马上开始种植从欧洲带来的水果并饲养牲畜。引入稻米和甘蔗后，农产品产量长期受限于劳力短缺，岛上的土著人口饱受欧洲人的虐待和疾病之苦。后期抵达的寄生产业——海盗和走私奠定了经济发展的下一阶段。西班牙人占领了加勒比海域较大的岛屿——大安的列斯群岛，仍有数百座较小的岛屿属无主之地，其中大部分位于大西洋的边缘。这些小岛引来了英国、法国和荷兰船长的关注，他们发现可以将那里作为基地，捕猎从新西班牙回国的伊比利亚船只，或是和需要其物资的西班牙殖民者进行非法贸易。委内瑞拉沿海一带也有欧洲定居点，那里的居民需要盐来腌制保存肉类。个人行动起了头之后，以英国王室特许状和荷属西印度公司为形式的政府行为也在 17 世纪紧随其后。

此时，为了在新大陆寻找适合建立当时所谓“种植园”（即殖民定居点）的地点，英国已花去数十年的时间。他们首先在北美大陆进行了尝试。到 17 世纪 20 年代，他们成功建立起最早的两个西印度群岛殖民地，分别位于巴巴多斯和背风群岛（Leeward Isles）的圣克里斯托弗。两个殖民地都繁荣起来；到 1630 年，圣克里斯托弗已有大约 3 000 居民，巴巴多斯有 2 000 左右。这一成功的基础是烟草，连同梅毒（据说 1493 年已出现在欧洲的加的斯）和后来的廉价汽车，被一些人视为新大陆对旧世界暴行的报复。这些烟草殖民地迅速成为对英格兰举足轻重的存在，不仅因为其带来的关税收入，而且因为加勒比地区新的人口增长刺激了出口需求，为插足西班牙帝国的贸易提供了崭新的机会。法国人马上加入这份有利可图的行当，他们占据了向风群岛（Windward Isles），而背风群岛的余下岛屿归英国人所有。17 世纪 40

年代，西印度群岛有大约 7 000 名法国人和 5 万多英国人。

此后，英国前往新大陆的移民潮有一部分流向北美，西印度群岛的白人定居数量将不复此前规模。甘蔗成为烟草之外的又一主要作物是另一部分原因。少量种植烟草也可实现经济效益，因此适合在大量小片田地上分散种植、养活大规模的白人移民。甘蔗只有大规模种植才有经济效益，适合拥有大量劳力的大种植园，鉴于 16 世纪当地人口的减少，这些劳力很可能来自黑奴。荷兰人是这些奴隶的供应者，他们孜孜以求于在西半球实现和远东逐步取得的地位相类似的商业垄断，并在哈德孙河口建立新阿姆斯特丹作为基地。这是加勒比地区发生重大人口构成变化的开端。1643 年，巴巴多斯有 3.7 万名白人居民，非洲黑奴仅有 6 000；到 1660 年，后者的数量已超过 5 万。

随着甘蔗种植业的兴起，法国殖民地瓜德卢普（Guadeloupe）和马提尼克（Martinique）取得了之前所不具备的重要地位，也对奴隶产生需求。一段复杂的发展进程正在进行之中。加勒比地区对奴隶和欧洲进口商品的市场需求十分巨大且与日俱增，进一步扩大了西班牙人已经建立的市场规模，而西班牙帝国原本就越来越无力保护其经济垄断地位，这确定了下一个世纪西印度群岛在与列强关系中所处的地位。加勒比地区将长期陷于混乱和无序，各殖民地边境犬牙交错，治安糟糕，又不乏获取暴利的机会（某年，一名荷兰船长俘获一整支西班牙珍宝船队 [flota]，载有从印第安运往西班牙的一年份的财宝）。毫不令人吃惊的是，加勒比海域成为经典乃至传奇般的海盗狩猎场，17 世纪最后二三十年间是其鼎盛时期。列强逐渐争出个头绪，最终达成可以接受的协议，但这要耗费很长时间。在此期间的 18 世纪，西印度群岛和巴西为奴隶贸易提供了巨大的市场，是该贸易得以持续的主要原因。随时间推移，该地还被纳入除欧洲、非洲和新西班牙以外的另一个经济体：一个全新的北美洲。

　　长期以来，不管标准的经典殖民理论怎么说，北美殖民地总是一片贫瘠之地，不如拉美或加勒比来得诱人。那里没有发现贵金属，虽然北部地区有毛皮，但除此之外，似乎没有什么欧洲人想要的物产。但由于西班牙垄断了南美，也没有其他地方可去，所以很多国家在北美进行了尝试。我们无须关注西班牙人在格兰德河以北地区的扩张，因为这仅仅是传教行为，完全算不上占领，西属佛罗里达则具有战略层面的重要地位，因为该地俯瞰加勒比海北部出口，为西班牙与欧洲的交通提供了一定的保障。而其他欧洲人感兴趣的区域是大西洋沿岸的定居地。那里甚至短暂地存在过一个新瑞典，与新尼德兰、新英格兰和新法兰西毗邻。

　　殖民北美的动机与其他殖民地区往往相同，但十字军式的、收复失地运动者所具有的那种传教狂热在接近北端的地区几乎完全绝迹。对北美潜在机遇的探索开展得最频繁的是英国人，16世纪的大部分时期，他们认为那里或许存在能够与西属印第安矿藏相匹敌的矿脉。其他人相信人口压力会带来移民需求，日积月累的知识揭示，这是一片地大物博、气候温和的大陆，而且与墨西哥不同，土著民数量极少。在北美西北部寻找前往亚洲的通道也始终令人神往。

　　在这些因素的推动下，至1600年，大量探索工作出现，但只有一次（不成功的）殖民尝试，位于佛罗里达以北的弗吉尼亚州洛亚诺克（Roanoke）。英国人力量太弱，法国人太三心二意，都不足以获得更大的成果。17世纪，英国崛起为强大的海上帝国，出现了一系列支持移民的政策变化，并以更大的精力、更好的组织和财力投入海外殖民事业，还发现了若干可能在北美大陆种植的主要作物。在两个世纪间的这段时期，这些事实为大西洋沿岸带来了革命性的转型。1600年只有少数印第安人居住的荒凉之地在百年之后成为一处重要的文明中心。很多地区的殖民者向内陆推进极远，直到被阿利根尼（Allegheny）山

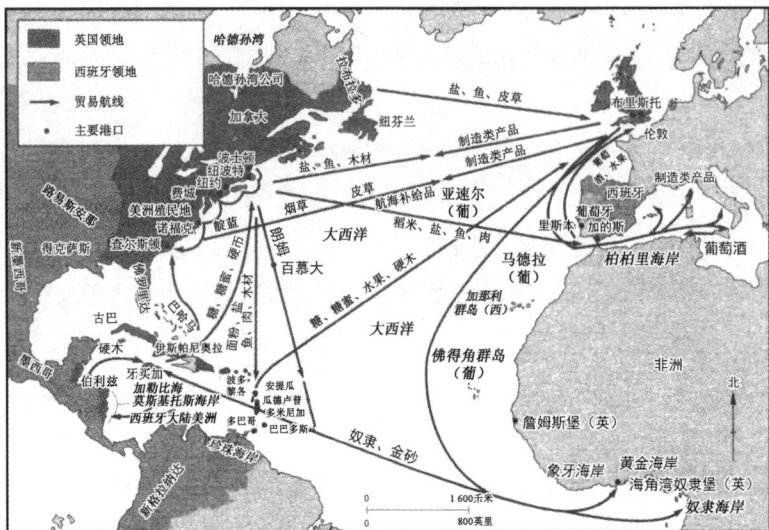

18 世纪 70 年代的英国大西洋贸易

脉阻挡为止。同时，法国人沿圣劳伦斯河流域和五大湖沿岸设起一连串交通站。大约 50 万白人在这片呈三角形的广阔殖民地上生活，以英国和法国裔为主。

西班牙宣称对北美全境拥有统治权，但英国人早就以"宣而不占，有名无实"的理由予以驳斥。伊丽莎白时代的冒险家对沿海一带进行了大量探索，并将北纬三度以北的所有领地命名为弗吉尼亚，以彰显女王的荣耀①。1606 年，詹姆斯一世向一家弗吉尼亚公司颁发建立殖民地的特许状。这一开端只是形式上的；该公司开展的很多项目都没有利润，其业务状况很快使体制调整成为必需，但英国第一处美洲殖民地于 1607 年建立，并一直存续到现代，那就是弗吉尼亚州的詹姆斯敦。虽然刚刚通过初期的考验，但到了 1620 年，"大饥荒"②

---

① 伊丽莎白一世终身未嫁，故又称"贞洁女王"（The Virgin Queen）。——译者注
② 发生于 1609—1610 年间。——译者注

早已成为往事，该镇开始走向繁荣。

詹姆斯敦落成的次年，即 1608 年，法国探险家萨米埃尔·德尚普兰（Samuel de Champlain）在魁北克建立了一座小型要塞。法国殖民地在紧随其后的一段时期内岌岌可危，不得不由法国本土供应粮食，但这为加拿大殖民揭开了序幕。最后，到了 1609 年，荷兰派英国探险家亨利·哈德孙（Henry Hudson）出发找寻通往亚洲的东北航道。这一使命彻底失败后，他把航向掉转一百八十度，穿越大西洋去寻找西南方向的航路。他最终发现了以其名字命名的河流，并以此迈出了荷兰争取北美统治权的第一步。不出数年，哈德孙河畔的曼哈顿和长岛都出现了荷兰人的定居点。

英国人从头至尾一直是北美殖民的领头羊。他们的成功缘于此前所不具备的两点事实。其一是技术，英国人是最早也最成功的倡导者，并用这些技术手段将一个社群的男女老幼运往大洋彼岸。这些人建起农业殖民地，亲手开垦和耕作，很快实现自给自足，能够独立于母国存续。第二点是发现了后来成为主要作物的烟草，首先在弗吉尼亚种植，然后传播到 1634 年开始殖民的马里兰。更靠北的区域具备可以按欧洲方式进行耕作的土地，从而确保了殖民地的生存；虽然起初对该地区的兴趣源自皮毛贸易和捕鱼业的前景，但那里的谷物产量很快就有了少量富余，可以用作出口。这对土地稀缺的英国人很有吸引力，人们普遍认为 17 世纪的英国是人口过多的国家。17 世纪 30 年代，有大约 2 万人前往"新英格兰"。

新英格兰殖民地与宗教异见群体和加尔文派新教活动的关联是其另一个与众不同的特征。如果没有宗教改革，这些殖民地将会是另一番光景。虽然常见的经济动机也在殖民地起效，但 17 世纪 30 年代前往马萨诸塞州的移民由一批与英国新教中的清教团体有关的人士领导，他们创造了一个殖民地群落，其体制从神权寡头到民主不一而足。虽然有时由英国绅士领导，但北方殖民地的居民比南方更迅速地摆脱了英国社会和政治习俗，而这种变化发生的原因不仅是生存环境所迫，也包括他们的宗教小众立场。该世纪中期，当英国宪政陷入困局，新英格兰殖民地甚至有全体脱离王室控制的迹象，但这一状况没有发生。

尼德兰殖民地——即后来的纽约——被英国人吞并后，从佛罗里达北部至肯纳贝克（Kennebec）河一带的北美沿海地区在 1700 年共有 12 个殖民地（第 13 个殖民地出现于 1732 年，即佐治亚），生活着大约 40 万白人，黑奴的数量是其十分之一。稍北处是归属权依然未决的领土，更北部则是无可争议的法国领地。那里的殖民者分布比英格兰殖民地更为稀疏。北美的法国人或许共有 1.5 万，他们不能像英国殖民地那样享受大量移民所带来的好处。很多人是捕猎者、传教士和探险家，他们沿圣劳伦斯河一线落户，也在五大湖区域乃至更偏远的地区零星散布。新法兰西在地图上面积巨大，但在圣劳伦斯河流域和魁北克以外只有零星的要塞和商栈，仅具战略及商业价值。

居住密度也不是法国和英国殖民区域的唯一差别。新法兰西受到国内的严密监管；1663 年后，公司体制被王室直接控制所取代，加拿大由法国总督在王室监察官（*intendant*）的监督下进行统治，与法国本土省份非常类似。那里没有宗教自由；教会在加拿大一家独大，开展传教工作。其历史写满了关于勇气和殉教的光辉范例，也不乏坚贞不屈所换来的苦痛。殖民区域的农田被分割成条地（*seigneuries*）①，这一体系对分散下放行政权责具有一定价值。因此，该地社会形态与旧大陆的相似性远超过英国殖民地，王室甚至还设了一名带加拿大头

---

① 沿圣劳伦斯河流域的土地被划分成条块，属于法国国王，由条地主（seigneur）管理。——译者注

衔的贵族。

英国殖民地非常多样化。这些殖民地的散布区域几乎覆盖整个大西洋沿岸，气候、经济和水土环境包罗万象。它们的起源折射了类别广泛的动机，建立方式也大相径庭。1688 年后，数量可观的苏格兰、爱尔兰、德意志、瑞士和胡格诺派移民开始抵达，很快造成一定程度的族裔混合性，但很长时期内，英语的主导地位和非英语移民相对稀少的数量还将维持盎格鲁—撒克逊文化的压倒性优势。英属殖民地不乏宗教多样性，而且到 1700 年已具备相当有效的宗教容忍措施，若干殖民地与特殊宗教派别往来甚密的现实也无法改变这一点。这一切都增加了各殖民地彼此视同己出的难度。英格兰在美洲没有中心；王室和母国是殖民者生活的共同焦点，因为他们的文化背景依然是英国式的。尽管如此，英属北美殖民地显然为个人提供了出人头地的机遇，而这在规范更严格、监控更紧密的加拿大社会或欧洲故土都不具备。

到 1700 年，部分殖民地已经表现出一种趋势：不会放过任何脱离王室控制、获得自由的机会。独立精神在后世所盛行的传统中发挥了重大的作用，因此，回顾久远的历史、寻找这份精神存在的证明难免使人心动。事实上，以这种眼光来看待美国建国以前的历史将是一种谬误。直到 18 世纪末，1620 年登陆科德角的"朝圣者之父"才重新被人提及，或在国民神话中占据突出的位置。但他们确实想要创造一个新英格兰。早在独立理念出现以前许久，就可以看到一些醒目的事实，有助于更好理解独立和统一这些未来的概念。

其一是代表制传统在殖民之初的第一个世纪间得到缓慢强化。无论起初彼此间的差异有多大，18 世纪早期的每片殖民地都通过某种形式的代议制团体开展工作，这些团体与伦敦任命的王室官员沟通，是当地居民的代言人。早期的一些殖民地需要为抵抗印第安人彼此协

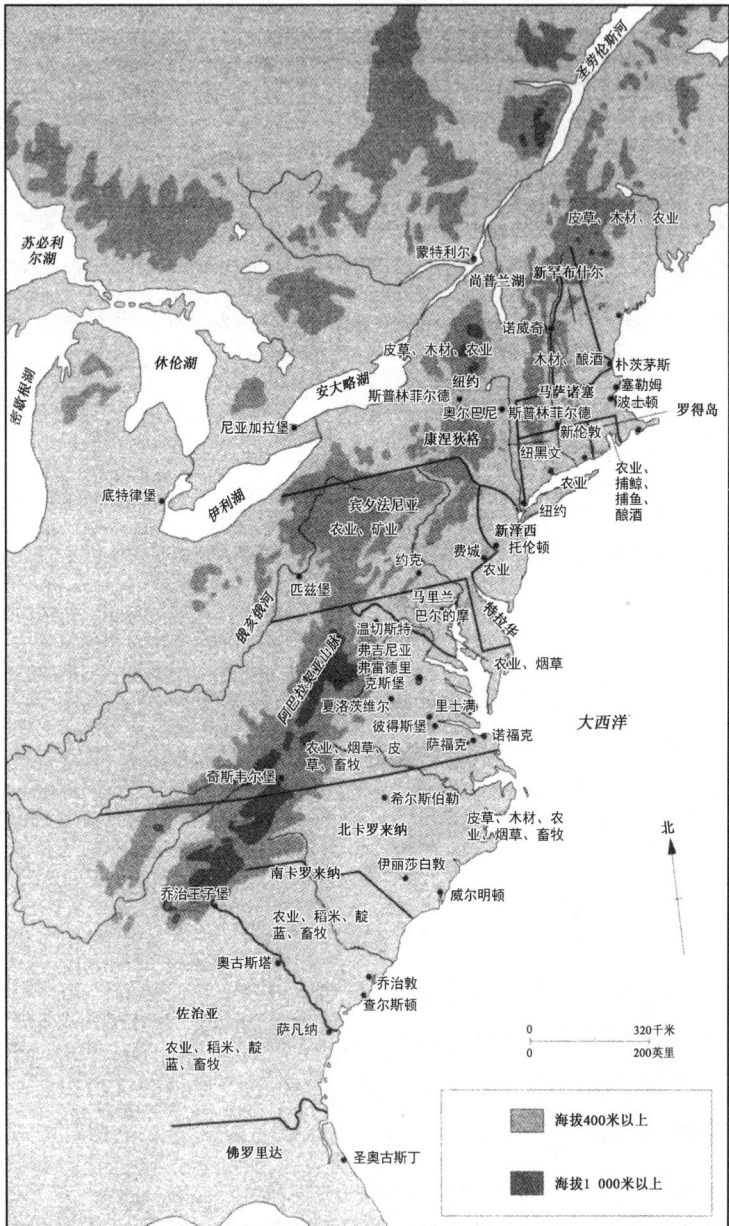

圣劳伦斯河

苏必利尔湖

休伦湖

皮草、木材、农业

蒙特利尔

尚普兰湖

新罕布什尔

诺威奇

奇威根湖

皮草、木材、农业

木材、酿酒

朴茨茅斯

塞勒姆

波士顿

罗得岛

安大略湖

纽约

斯普林菲尔德

奥尔巴尼

马萨诸塞

尼亚加拉堡

斯普林菲尔德

伊利湖

康涅狄格

新伦敦

底特律堡

纽黑文

农业、捕鲸、酿酒

宾夕法尼亚
农业、矿业

纽约

约克

新泽西

托伦顿

费城

农业

俄亥俄河

匹兹堡

马里兰
巴尔的摩

特拉华

温切斯特

弗吉尼亚
弗雷德里
克斯堡

农业、烟草

阿巴拉契亚山脉

夏洛茨维尔

彼得斯堡

里士满

大西洋

奇斯韦尔堡

农业、烟草、皮
草、畜牧

萨福克

诺福克

希尔斯伯勒

北卡罗来纳

皮草、木材、农
业、烟草、畜牧

北

南卡罗来纳

伊丽莎白敦

威尔明顿

乔治王子堡

农业、稻米、靛
蓝、畜牧

奥古斯塔

乔治敦

查尔斯顿

0　　　　320千米

0　　　200英里

佐治亚
农业、稻米、靛
蓝、畜牧

萨凡纳

佛罗里达

圣奥古斯丁

海拔400米以上

海拔1 000米以上

18世纪英属美洲殖民地的经济资源

作，对法战争使合作变得更为重要。为对抗英国殖民者，法国人与休伦人（Huron）结盟，这有助于各独立殖民地感受到共同利益的存在（也促使英国人将休伦人的世仇易洛魁人［Iroquois］拉到自己的一边）。

经济的多样性也催生出一种使各殖民地经济彼此相连的手段。中部和南部殖民地出产稻米、烟草、靛蓝和木材等种植园作物，新英格兰建造船只，提炼、蒸馏糖浆和谷类烈酒，种植玉米和捕鱼。有一种感受与日俱增，其逻辑性也显而易见：如果是为自身而非母国的利益，美洲人或许可以把当地事业——包括西印度的殖民地经营得更好。经济增长也改变了人们的态度。就整体而言，大陆北部的新英格兰殖民地受母国轻视乃至厌恶。该地参与造船业竞争，也从事非法的加勒比海贸易；与种植型殖民地不同，该地没有任何母国所需的物产。此外，该地还遍布宗教异见分子。

18 世纪，英属美洲地区的财富和文明程度都取得极大发展。总殖民人口持续增长，在该世纪刚过半时已远超 100 万。18 世纪 60 年代，有人指出，大陆殖民地对大不列颠的价值将远远超过往日的西印度群岛。到 1763 年，费城的时尚和文明程度已经可以和很多欧洲城市媲美。一份巨大的不确定性也在 1763 年烟消云散，因为加拿大已被征服，同年的一份和平协议确保了那片地区继续归英国所有。这改变了很多美洲人对两个问题的看法，一是帝国政府给予的保护究竟有多少价值，二是要不要进一步向西部扩张。占满沿海平原后，农业殖民者向西推进，翻过山脉的屏障，到达另一侧的河流流域，最终来到俄亥俄和大西北。

与法国人发生冲突的危险就此解除，但 1763 年以后的英国政府在处理这一动向时还要考虑其他方面的问题。印第安人的权利和可能作出的反应不能忽视，与他们发生冲突将招致危险，但若要止住殖民者的脚步、避免印第安战争，就必须由英国军队对边境进行管治。结果，伦敦政府决定实施一条限制扩张的西部土地政策，并从殖民地征税作为防卫武装的军费，约束商业体系，打消人们向外开拓业务的念头。不幸的是，在殖民地政策制定者依然不加怀疑地认同关于殖民地经济依附的过时理论、接受殖民地与母国关系的陈旧观念的最后一段年月中，这一切都将造成麻烦。

至此，欧洲定居新大陆已有大约两个半世纪的历史。在美洲的扩张已经给欧洲历史带来了巨大的总体效应，但要评估这份影响力则远远称不上简单。显然，所有殖民国家到18世纪最终都从殖民地取得了一定的经济利益，但方式各不相同。流入西班牙的银块最显而易见，也当然对欧洲乃至亚洲的整体经济有所影响。殖民地人口的增长也有助于刺激欧洲出口和制造业。在这一方面，英国殖民地的重要性最为突出，预示了来自欧洲的移民潮日渐扩大的趋势，这一趋势最终在19世纪和20世纪早期的大移民中达到高潮。殖民扩张也必须和欧洲船运和造船业的巨大发展联系起来看待。无论是从事奴隶交易、走私、母国与殖民地之间的合法进出口贸易、捕鱼或为新的消费市场供货，造船业者、船东和船长都从中获利。这产生了日积月累、无法估量的效果。因此很难计算出帝国主义初期阶段占领美洲殖民地对帝国主义列强造成的总体效应。

从长远角度来看，我们可以更确信地指出这一事实在文化和政治上的重要意义：西半球将属于欧洲文化圈。西班牙人、葡萄牙人和英国人固然差异很大，但依然是同一种文明的不同演绎。他们的身上都具备某些欧洲文明的精华。政治上，这意味着覆盖从火地岛（Tierra del Fuego）到哈德孙湾的巨大幅员的两片大陆最终将按欧洲的立法和行政原则加以组织，即便脱离殖民国家取得独立后也是如此。整个半球将归入基督教；虽然印度教和伊斯兰教最终也会出现，但只能获得少数信众，无法成为基督教文化的对手。

其影响当然巨大。在美洲，一如之后在大洋洲和西伯利亚，欧洲人不仅征服，而且灭绝了当地的文化和族群，然后自己取而代之。地球上最后一块人口稀少的地域（至少在它们的近代形成阶段内是如此），将被来自欧洲的人们填满。如果以长时段的视角来看待人类历史，这种进程是非常令人惊讶的，因此时至今日也值得深思。欧洲人扩展的时机如此特殊，这让之前更古老的文化无法移民新世界，或至少留下自己的印记。在亚洲民族主义兴起的 20 世纪，这将被视作欧洲人贪得无厌的真实标志，是欧洲强权们在国际事务中制造不平等的开端。

欧洲殖民扩展的生态影响同样巨大。成千上万个物种灭绝，因为它们无法抵御新涌来的人群，或他们携带来的病毒。但动植物同样也循着殖民路线进入旧世界。三种对日后的人口爆炸至关重要的植物源自美洲：马铃薯、红薯和玉米。驯养的动物反方向进入新世界：猪、羊和鸡。这种"哥伦布大交换"或许比政治或社会层面的任何事件都更深刻地影响到了人类历史。

在这些概述的基础上更进一步，北美和南美洲差异的持续扩大具有重大的政治意义。诚然，从文化角度讲，北美土著民族为人类创造的成就不如中南美洲文明那般突出。但殖民主义也是一种能够改变现状的客观因素，回顾古代的同类范例进行类比并非是不切实际的联想。古希腊人的祖先所建立的城邦殖民地是基本独立的社群，在某种意义上类似于英国的北美沿海殖民地。一旦建立，发展出自我归属意识是合乎必然的演化趋势。西班牙帝国则展示了一种规范化的中央和帝国体制模式，就如罗马帝国的行省制度。

要经过一段时间，人们才会意识到，已经赋予英属北美地区的基本演化模式将形成未来世界霸权的核心。因此，事实将证明，这一演化决定了世界以及美国历史的走向。在北美洲未来的主线得以确定之前，两大转型因素还将继续发挥作用：涌入大陆北部的西进浪潮所面临的环境差异，以及规模大得多的非盎格鲁—撒克逊移民潮。这些移民势力涌入后，英国后代所确立的社会模式渐成孤岛，但将在未来的美国社会中留下印记，就如拜占庭在俄罗斯所留下的遗产。国家和民族不会摆脱起源，只会学着以不同的视角来看待。有时，旁观者看得最清。一名德国政治家在 19 世纪末将至时评价道，大不列颠和美国使用同一种语言的事实在国际事务中意义最为重大。

第6章　世界史新篇章

1776年，美洲开始出现第一波殖民地暴动，并一直延续了数十年。除了为美洲大陆的历史开创了一段新纪元之外，这些动乱还提供了一个有利的平台，便于将欧洲霸权的第一阶段作为一个整体来考察。世界其他地区也出现了历史节奏开始发生某种变化的标志，例如法国人不再对印度的英国人构成严重威胁，以及澳大利亚这片最后被发现的宜居型大陆开始接纳殖民者。18世纪末蔓延着一份新旧时代交替的沧桑感；若要评价之前三个世纪对全球历史带来的影响，这是一个很好的时间点。

三百年来，赤裸裸的征服和占领是欧洲霸权的主要形态。凭借征服所得财富，欧洲可以进一步扩大对其他文明的优势，他们还设立政治体制，以其他方式传播欧洲的影响力。完成这些工作的是寥寥几个欧洲国家，也是第一批地理势力范围覆盖全世界的强国——即便实力还够不上世界强国的标准：大发现时代为大西洋国家带来了与其他欧洲国家截然不同的机遇和历史使命。

首先抓住机遇的是16世纪仅有的殖民大国西班牙和葡萄牙。当终结七年战争的巴黎和约于1763年签署时，两国早已告别鼎盛时代。把该条约看作新世界秩序的奠基石只是为方便起见，西班牙和葡萄牙所主导的世界格局此前早已被颠覆。该条约还见证了大不列颠在海外事务中对法国人的胜利，英国人为这场胜利投入了将近八十年的心力。对决还没有结束，法国人依然有收复失地的希望，但大不列颠还是将成为未来的强大帝国。这两个国家已经使荷兰相形见绌，后者的帝国与英法一样建立于17世纪，即葡萄牙和西班牙势力衰落的时代。但西班牙、葡萄牙和联合行省王国都依然握有重要的殖民领地，也在世界地图上留下了难以磨灭的痕迹。

到18世纪，由于其海洋史，这五国都与中欧内陆国家和过去如此重要的地中海国家形成了差异。由于殖民地和海外贸易的特殊利益，五国外交官有了新的竞争理由和舞台。大部分其他国家都更晚才认识到欧洲以外的事务有多么重要，而且就连五国中的某几国也有些后知后觉。西班牙一直征战不休（首先为哈布斯堡王朝争夺意大利，然后对抗奥斯曼人，最后是决定欧洲霸权的三十年战争），浪费了从西印度群岛取得的财富。在同英国的漫长对决中，法国人总是比对手更容易分心他顾、把资源转移到欧陆事务上去。

毕竟，外交界起初几乎没人意识到，欧洲内外事务在本质上也许密不可分。西班牙人和葡萄牙人达成彼此满意的利益划分方案时，其他欧洲国家对此漠不关心。佛罗里达的法国胡格诺派殖民地的命运，或是像洛亚诺克的英国殖民者那样对西班牙毫无根据的领土主张不当回事的行为，都不会让欧洲外交官操心，更不可能影响他们的谈判。当英国海盗和冒险家在伊丽莎白一世的支持下对西班牙殖民地和舰队造成实质性的伤害，这一状况开始改变。荷兰人很快加入他们的行列，此后一个世纪的一份重大外交话题从此刻开始浮出水面；如一名路易十四时期的法官大臣所写，"贸易是欧洲各国争斗的永恒主题，无论在战时还是和平年代"。以上就是两百年来所发生的变化。

当然，统治者总是关心财富和增加财富的机会。威尼斯曾长期通过外交手段保护商业利益，英国人经常用条约来保障对佛兰德斯的纺织出口。各国曾普遍认为，贸易周转利润存在限度，因此一国的收益必然以其他国家的损失为前提。把欧洲以外地区的财富追逐列入外交必须考虑范围的年代还要很久以后才到来，甚至还出现过将两者彼此分离的尝试；1559 年，法国和西班牙同意，双方船长在"界外"（当时指亚速海以西、北回归线以南）对另一国船只的所作所为不能成为这两个欧洲国家相互敌视的理由[①]。

外交模式的彻底翻新——倘若可以如此表述——始于同西班牙帝国展开的贸易冲突。当时的人理所当然地认为，在殖民地关系中，母国的利益始终是至高无上的。只要那些利益属于经济范畴，殖民地就会被要求尽可能实现自给自足，并为母国提供净利润——无论是通过开发矿产和自然资源，还是通过相对母国的贸易逆差，同时，其贸易基地可供母国主宰特定区域的国际事务。到 1600 年，国家势力范围取决于海上力量的现实已显而易见，由于无敌舰队的溃灭，西班牙海军不再享有过去令人敬畏的地位。

本质上，腓力陷于两难的处境：其力量无法兼顾欧洲和西印度群岛的利益，在欧洲对抗瓦卢瓦王朝和伊丽莎白、镇压尼德兰起义、开展反宗教改革运动都需要投入资源，而西印度群岛的安全离不开海上力量，也离不开可满足殖民者需求的有效供给。他选择继续维持帝国的存续，但要利用殖民所得推行欧洲政策，这低估了在 16 世纪的官僚和通讯体系下控制如此庞大的帝国所要面临的难度。不管怎么样，为独占西印度群岛的财富，西班牙建立起一个巨大而复杂的体系，包括设立定期船队制度、将殖民地贸易集中到若干授权港口、由海岸卫戍舰队保障治安等措施。

首先挑明立场、为争得一份好处不惜一战的是荷兰人，于是，外交官们首次被迫关注欧洲以外事务，也不得不拿出手段来平息事端。对荷兰人来说，贸易主导权是最优先的目标。至于实现该目标的方法，从 17 世纪初就可一目了然，在东印第安、加勒比和巴西这些世

---

① 即《卡托-康布雷齐条约》。——译者注

界主要甘蔗产区，尼德兰人投入大规模舰队，与西班牙和葡萄牙设下的防卫力量开战。他们在巴西遭遇了唯一的严重失败，1654年，葡萄牙人逐走荷兰驻军，恢复对该地的控制，也没有受到进一步的挑战。

寻求商业财富与17世纪英国政府的新教立场充满矛盾；上个世纪，英国曾是荷兰反叛者的盟友，对克伦威尔来说，能领导一个对抗天主教西班牙的新教联盟是再好不过。可事实上，他却不得不经历最初的三场英荷战争。第一场（1652—1654）是不折不扣的贸易战争。其导火索是英国的一项决定①，规定进口该国的商品只能由英国船只或商品生产国的船只运输。该决定的意图非常明显，希望促进英国船运业的发展、缩短乃至消除和荷兰的差距。这损害了荷兰的核心利益：欧洲船运贸易，尤其是波罗的海船运贸易。英联邦依靠一支优秀的海军赢得了战争。第二回合始于1665年，英国人夺占新阿姆斯特丹的行为又一次触怒了荷兰人。这场战争中，荷兰人有法国和丹麦人助阵，也有当时最强大的海上力量。因此，他们得以在和约中迫使英国人放松进口限制，但也将新阿姆斯特丹让给英国人，以此换取从巴巴多斯扩张后占领的苏里南。使这一切成为白纸黑字的是《布列达条约》（1667年），也是第一份涉及欧洲以外事务的程度不亚于欧洲本身的欧洲多边和约。根据该条约，法国向英格兰割让了西印度群岛，作为交换，无人居住、条件恶劣但具有战略重要性的阿卡迪亚（Acadia）被承认为法国领地。英国人所获颇丰；从西班牙人手中夺得牙买加使其成为英联邦的传统成员国之后，又在加勒比地区有了新的进项。这是英格兰首次凭借征服手段在大洋彼岸有所斩获。

克伦威尔的政策被视为英国有意识地走向帝国主义道路的决定性

① 1651年10月通过的《航海法案》。——译者注

转折点。这种观点也许过多地将历史的走向归于他个人的远见。复辟后的斯图亚特王朝倒也大体上保留了保护船运和殖民贸易的"航运"体系，牢牢占据牙买加，也没有忽略西印度群岛新体现出的重要价值。查理二世向一家以哈德孙湾命名的新公司颁发特许状，与法国人争夺北部和西部地区的皮毛贸易。他和他的继任者詹姆斯二世至少保住了英国的海上实力（虽然不无退化），使英国海军成为奥兰治的威廉与路易十四开战时可以倚仗的力量。而詹姆斯二世在其他方面则达不到国王的标准。

　　详细记述下个世纪的种种变化将显得冗长无趣，其间，英格兰和大英帝国新的外交侧重点先后明朗化。为时不长的第三次英荷战争（没有任何实质性的重要后果）并不真正属于这一时期，英格兰和法国的漫长斗争才是该时代的主旋律。奥格斯堡联盟战争（在美洲称作威廉王战争）在殖民地也打得如火如荼，但没有使殖民地发生太大的变化。西班牙王位继承战争则大不相同，这是近代史上的第一场世界大战，关乎西班牙帝国的命运和法兰西的地位。战争结束时，英国不仅赢得阿卡迪亚（也就赢得了新斯科舍［Nova Scotia］[①]）和其他取自法国人之手的西半球领地，而且还获得向西班牙殖民地供应奴隶和每年载一船商品前去交易的权利。

　　此后，海外事务在大英帝国对外政策中的权重越来越大。尽管1714年发生王朝更迭，汉诺威选侯[②]成为大不列颠的首任国王，但欧洲问题的受重视程度还是降低了。英国人始终坚持这一政策，尽管也有为难的时刻，但最终都会重新回到促进、维持和扩张英国贸易的轨道上来。维系普遍和平往往是实现这一目标最好的方式，有时通过外

———————

①　北美洲东部沿海的加拿大省份。——译者注
②　格奥尔格·路德维希一世。——译者注

交施压（例如哈布斯堡王室曾被说服，放弃了让奥斯坦德公司参与亚洲贸易的计划）、有时通过争夺并维持特权或战略优势实现。

战争的重要性变得越来越明显。有史以来第一场交战双方为欧洲国家却又完全与欧洲本土事务无关的战争始于 1739 年，当时，英国政府开始与西班牙交恶，争端的根本焦点是西班牙人在加勒比地区的搜查权——或按西班牙人的说法，是他们为保障帝国利益、防止英国人滥用 1713 年获得的贸易特权所采取的适当措施。这就是史书中记载的"詹金斯之耳战争"——耳朵的主人在下院中展示了腌制的器官，怀有敏感的爱国之心的议员们听了他的一面之词，相信西班牙海岸守卫队就是割耳的元凶，顿时义愤填膺。冲突爆发后不久，奥地利王位继承战争也来火上浇油，于是演变为一场英法之间的对抗。1748 年的和约并没有令交战双方各自的领土范围发生太多变化，也没有终结北美的纷争，法国似乎将靠一连串北美要塞令英国殖民者永远无法踏足美洲西部。为应对这一危机，英国政府首次派遣常备军踏足美洲，但并不成功；直到七年战争时期，一名英国大臣才意识到，给这场漫长的对决画下终止符的机会是存在的，因为法国不能抛弃欧洲盟友奥地利。按这一方针调整资源分配后，英国立即在北美和印度连连告捷，加勒比地区的胜利也接踵而至，其中不乏西班牙人所吞下的苦酒。一支英国武装甚至夺取了菲律宾。这是一场波及全球的战争。

1763 年的和约对法国和西班牙的限制事实上没有达到英国人所希望的程度，但切实消除了法国在北美和印度的竞争行为。要从加拿大和瓜德罗普——一座出产甘蔗的岛屿——中二选其一时，一份支持保留加拿大的观点认为，已经服膺于大不列颠旗帜下的加勒比种植业者会害怕帝国内部甘蔗生产的竞争加剧。结果就形成了新不列颠帝国的巨大版图。到 1763 年，整个北美东部和往西延伸至密西西比河口的湾岸地带都属于英国。法属加拿大不复存在，法国人的威胁也烟消云散——从法国人的角度来看，烟消云散的是法国在密西西比河流域建立帝国的希望，这份由伟大的 17 世纪法国探险家所打造的基业覆盖着从圣劳伦斯河到新奥尔良的区域。海岸以外的巴哈马是一条岛链的最北端，该岛链贯通小安的列斯群岛，往东南方向一直延伸到多巴哥，几乎将加勒比海完全围绕。岛链内的牙买加、洪都拉斯和伯利兹（Belize）都属于英国。1713 年的和约中，英国人迫使西班牙给予其帝国境内的有限奴隶贸易权，并立刻得寸进尺、越界千里。英国的非洲贸易站位于黄金海岸，数量寥寥无几，但为巨额非洲奴隶贸易提供了基地。在亚洲，对孟加拉的直接管理将为英国在印度的领土扩张阶段拉开序幕。

英帝国的霸权以海上实力为基础。其真正的起源可追溯到亨利八世所造船只，属于当时吨位最大的一类（例如配有 186 门火炮的"亨利蒙主恩典"号［Harry Grâce à Dieu］），但起步虽早，却没有延续下去，直到伊丽莎白一世统治期才恢复发展。虽然王室或商业投资者提供的资金寥寥无几，但她麾下的船长们还是依靠对西班牙作战所取得的利润延续了海上作战传统、升级了船只。到斯图亚特王朝早期，海军获得的关注和投入再一次缩减。皇家行政机关无法负担造船成本（事实上，出钱造新船就是能让皇家税务议会怒不可遏的原因之一）。讽刺的是，直到英联邦时期，对海上力量的持续和大力关注才真正开始，这份关注将成为皇家海军未来得以存续的保障。当时，荷兰商业船运的优势和强大的海军实力之间的关联已经深入人心，结果导致英国《航海法案》的出炉，引发第一次英荷战争。强大的海运行业是水兵的摇篮，也能带来贸易和相应的关税收入，为正规战舰的保养提供资金。而海运业的发展只能依赖于为其他国家运送商品，因此，海运竞争十分重要，必要时可以动用武力；打入那些不容外人染指的区域也很重要——例如西班牙美洲贸易。

　　从 15 至 19 世纪，这场竞争所使用的战斗机器不断得到改良和专门化，但没有革命性的改变。一旦横帆和侧舷射击战术被采纳，船只的基本外形就确定了下来，不过个别设计依然能大大提升航海性能，在 18 世纪的英法对决中，法国人造出的船往往比英国人更胜一筹。16 世纪，在英国人的影响下，船只的长度和宽度都与日俱增。与此同时，船首楼和船尾楼相对甲板的高度也一直在逐渐减少。早在 17 世纪早期，青铜炮铸造技术就已发展到很高的水平，因此火炮的变化主要来自设计、准度和注射量的改良。18 世纪有两项重要的创新，一是铁铸短程大口径重型臼炮，就连小船的火力也因此大大提升；二是装有燧石发火装置的射击构件，使更精确的火炮控制成为可能。

　　17 世纪中期，战舰和商船的功能和设计彼此区别化的方针得以采纳，但由于老旧船型和私掠船的存在，其界限还不是很分明。私掠船是构筑海上力量的廉价方案。战时，政府授权私掠船长或其雇主打劫敌方船只，从中牟利。这是一种正规化的海盗行为，英国、荷兰和法国私掠船在各个时期都展开行动，对别国贸易造成极为成功的打击。第一场大规模私掠战争是法国国王威廉对英国和荷兰发起的，但结果并不成功。

　　17 世纪的其他航海创新属于战术和行政范畴。旗语信号逐渐正式化，第一本战斗指导手册向皇家海军发放。征募工作的重要性开始凸显；英格兰还出现强征行为（法国人在从事航海业的省份为海军征兵）。大型舰队以这种方式获得了人力，而且，考虑到各方不相上下的技术和有限的杀伤力——哪怕重炮也强不到哪去——战争的胜败很可能最终取决于人数。

　　17 世纪的初期发展对后世有很大的影响，一名海上霸主在这一阶段崛起并维持了两百多年的统治，在世界范围缔造了不列颠统治下的和平。荷兰共和国要在陆地上抵御法国人、捍卫其自由，所以海上竞争力逐渐丧失。英国的海上强敌是法国，不难看出，国王威廉的统治期结束时，法国已经历一个决定性的转折点。当时，法国在陆地和海洋的两难抉择中作出决定，打算将帝国事业的重心放到陆上。从那以后，虽然法国造船业者和船长们依然能凭借技术和勇气赢得胜利，但法国海军再无笑傲天下之日。英国人则更加专心地经营海上力量；他们只需让欧陆盟友维持战力，而无须自己供养大批军队。

但除了单纯的资源集中度以外，两国还有些许其他的差异。英国海上战略的进化方式与其他海上强国截然不同。说到这一点，路易十四对法国海军失去兴趣一事与此不无关联，因为英国人在 1692 年令法国海军蒙受惨败，从而使法国海军将领失宠。历史上有许许多多场胜利表明，海上实力最终的意义在于掌握制海权，供友军船只安全通行并阻止敌方船只通行。而英国人在 1692 年的胜利是最早的一次。达到这一期望目标的关键在于消灭敌方舰队。只要敌舰队不除，危险就始终存在。因此，在此后的一个世纪中，英国海军将领的最高目标就是尽早与敌舰队决战并取胜，这一战略给皇家海军带来几乎毫无间断的制海权和勇往直前的攻势传统。

海军战略对帝国大业同时起到直接和间接的促进作用，因为这份战略需要不断获取更多的基地，作为舰队活动的依托。这一点对大英帝国的构建尤其重要。18 世纪后期，该帝国还将失去大片定居领地，这进一步阐明了欧洲霸权的性质所在，直到 1800 年，除新大陆以外，这份霸权依然依托于商栈、岛屿种植园和基地，依然取决于对贸易的控制而非对广大区域的占领。

通过不到三百年的时间，即便是这种有限的帝国主义形式也使世界经济发生了革命性的变化。1500 年前，世界上有数百个一定程度上自给自足的经济体，其中部分存在贸易往来。欧洲对美洲和非洲几乎一无所知，更是完全不知道澳大利亚的存在，与其广阔的面积相比，这三个大洲与欧洲的联系少得可怜，只有少量从亚洲到欧洲的奢侈品贸易。到1800年，一张遍及全球的交换网络已经成型。就连日本也是其中的一员，虽然非洲中部依然是神秘的未知地区，但也通过奴隶贸易和阿拉伯人与整个体系连为一体。两个引人注目的现象首先预兆了该体系的出现，一是部分亚欧贸易转走葡萄牙所控制的海路，二是美洲向欧洲输入了大量贵金属。没有这些以银块为主的货币供应就不可能有什么亚欧贸易，因为欧洲人几乎不能生产任何亚洲需要的商品。这也许是来自美洲的贵金属最重要的价值所在，其输出量在16世纪末和下一世纪初达到顶峰。

虽然新获得的贵金属来源是欧洲与亚洲和美洲建立往来所取得的最早也最夸张的经济效果，但其重要性不如贸易的总体增长，其中包括来自非洲、供应加勒比及巴西地区的奴隶贸易。奴隶船通常会载着美洲殖民地出产的物资返回欧洲，而且这些物资对欧洲的必要性与日俱增。在欧洲，阿姆斯特丹和伦敦先后超越了安特卫普作为国际港口的地位，这很大程度上是因为殖民地商品再出口贸易的巨额增长，此类商品都由荷兰和英国船只运输。以这些贸易为主干，各种衍生和次级贸易大量涌现，带来了进一步的专门化和市场细分。造船、纺织和随后出现的保险业等金融服务共同走向繁荣，在经济总量的巨额扩张中分享利润。18世纪后半叶，东方贸易占荷兰对外贸易总量的四分之一，该世纪期间，从伦敦驶出的东印度公司船只数量翻了三倍。而且，这些船只的性能比过去更强，设计更好、载运量更大，所需人手也更少。

在这场欧洲与世界的新交互所导致的后果当中，物质层面的结果，相比关于世界的新知与欧洲人的思想所发生的互动，要容易辨识得多。早在16世纪，有关东西方大发现与航海的书籍就大量涌现，这表明人们的观念正在发生变化。作为一门科学，对东方世界的研究始于 17 世纪是一种可以接受的说法，不过，直到该世纪末，欧洲人身上才开始体现出关于其他民族的人类学知识所带来的冲击。由于这一切发生在印刷时代，其传播效应就更为猛烈，也使我们难以评估这份对欧洲以外世界前所未有的兴趣究竟有多大。不过，到 18 世纪早期，有迹象表明知识界受到了意义重大的深层次冲击。没有基督教护持的野蛮人过着道德高尚的生活，这种田园般的光景令欧洲人深思；英国哲学家约翰·洛克（John Locke）用其他大陆的证据表明，人类没有任何上帝赐予的、先天的共同观念。尤其是对中国的理想化和带有感情色彩的描绘，为社会体制的相对性提供了思考的对象，同时，中国文学的传播（耶稣会的研究对此贡献良多）揭示了该文明的历史流程，其源头之久远，使得将《圣经》所描述的大洪水视为人类第二次开端的传统观点显得离奇无稽。

随着其产品的不断普及，中国还在 18 世纪的欧洲引发了对东方式样的家具、瓷器和服饰的狂热。其影响力涉及艺术和知识界，因此总是更为显眼，但意识到别处也有不同的文明、奉行不同的标准，这使欧洲人能用更深层次的视角来观察自身的生活状况。虽然此类对比可能含有一些令人惶恐的要素——表明与中国人对待其他宗教的态度相比，欧洲人或许该无地自容，但仍然有其他让欧洲人继续保持优越感的素材——例如西班牙征服者的英勇事迹。

世界对欧洲的冲击很难用几种简单的公式来概括，反之亦然，但欧洲人所带来的影响有时极为夸张和明显，至少某些表象是如此。一份令人惊诧的事实是，几乎没有任何一个非欧国家从欧洲扩张的第一阶段中获得实质性的好处；恰恰相反，很多国家遭受了可怕的磨难。但欧洲人并不应总是为此受谴责——除非欧洲人进入那些国家本身就应受谴责。在那个时代，除了最初步的了解以外，人们对传染病一无所知，无法预知从欧洲带到美洲的天花或其他疾病会造成毁灭性的打击。但后果是灾难性的。据估算，16世纪的墨西哥人口减少了四分之三，一些加勒比岛屿的居民彻底死绝。

而另一方面，对幸存者的残酷剥削则是另一回事——由于人口锐减，他们的劳力变得价值连城。臣服与统治的主旨几乎贯穿欧洲影响世界其余地区的所有早期实例。各殖民地环境和欧洲各国传统的差异使压迫和剥削的程度存在极少但微妙的不同。并非所有殖民社会都基于同样极端的残忍和恐怖，但都染上了些许残忍和恐怖的色彩。联合行省王国的财富及17世纪的璀璨文明从血腥的土壤里汲取养分，至少印尼和出产香料的岛屿是血淋淋的实例。早在北美殖民地扩张到阿利根尼山以西之前，弗吉尼亚首批英国殖民者和美洲原住民短暂的友好关系就已经变味，种族灭绝和驱逐开始上演。

虽然西班牙美洲殖民地的住民得到政府某种程度的保护，免于在委托监护制下受到最可怕的虐待，但也基本上沦为劳工，而且其文化被蓄意灭绝（这是来自最高层的旨意）。南非霍屯都人（Hottentot）的命运、澳大利亚原住民（Aborigine）的命运，都一再重复了同一种教训：欧洲文明可以毁灭一切与之接触的对象，除非像印度和中国那样有古老和发达的文明守护。就连这两个伟大的国度也遭受极大伤害，而且也无法抵抗决意投入充分武力的欧洲人。但殖民地最清晰地展现了欧洲统治的模式。

很多殖民地的繁荣长期依赖非洲奴隶贸易，前文已经提及这个行当对经济的重要意义。自18世纪起，批评家就对此难以释怀，他们看到了人与人之间最惨无人道的行径，无论是白人对黑人、欧洲人对非欧民族还是资本家对劳工。在关于欧洲扩张和美洲文明的历史学研究中，这一主题不失恰当地占据了主导地位，因为确实是两片大陆的首要事实。但较为不妥的是，由于奴隶制对新大陆的成型是如此重要，对此问题的关注使人们忽略了其他时期、其他形态的奴役行为——甚至忽略了奴隶会遭受的其他命运，例如有意或无意的、也会降临到其他民族头上的屠杀。

新大陆殖民地市场主宰了奴隶贸易的走向，直到19世纪该贸易被废除为止。奴隶商人最可靠的主顾依次位于加勒比岛屿、美洲大陆北部和南部。最初统治该贸易的葡萄牙人很快被先后到来的荷兰人和伊丽莎白一世的"海狗"① 赶出加勒比地区，但葡萄牙船长在16世纪余下的时期转而向巴西输送奴隶。17世纪早期，荷兰人成立西印度公司，以确保对西印度群岛的定期奴隶供应，但到1700年，法国和英国的奴隶贩子已在非洲"奴隶海岸"建起商栈，取代了他们的领头地位。这些国家总共将900万至1000万黑奴运往西半球，其中八成贸易发生在1700年以后。奴隶贸易在18世纪达到鼎盛，其间有600万奴隶漂洋过海。布里斯托和南特等欧洲港口凭借奴隶贸易所获财富建立了一个新时代。由于黑奴贡献的劳力，新土地得以开垦。新作物的大规模种植又使欧洲的需求、制造和贸易模式发生重大改变。我们的生活中依然有奴隶贸易所留下的痕迹，种族分布也不例外。

而已经不留痕迹但永远无法估量的是人类在其中所遭受的苦难，不仅是身体上的摧残（哪怕一名黑人在骇人听闻的船运环境中幸免于难，他到西印度种植园后或许也只有几年可活），也包括这批数量惊人的移民在心理和情感方面所经历的无数悲剧。奴隶制的残忍无法估量。一方面，我们有脚镣和鞭刑台为证；另一方面，这些东西在欧洲人的生活中也很常见，而且按逻辑推论，种植园主出于个人利益的考虑也会照管好自己的资产。奴隶起义表明事实并不总是如此。不过除

---

① 受女王之命骚扰西班牙舰队、在新大陆获取立足点的船长，其中不乏大名鼎鼎的人物和臭名昭著的恶徒。——译者注

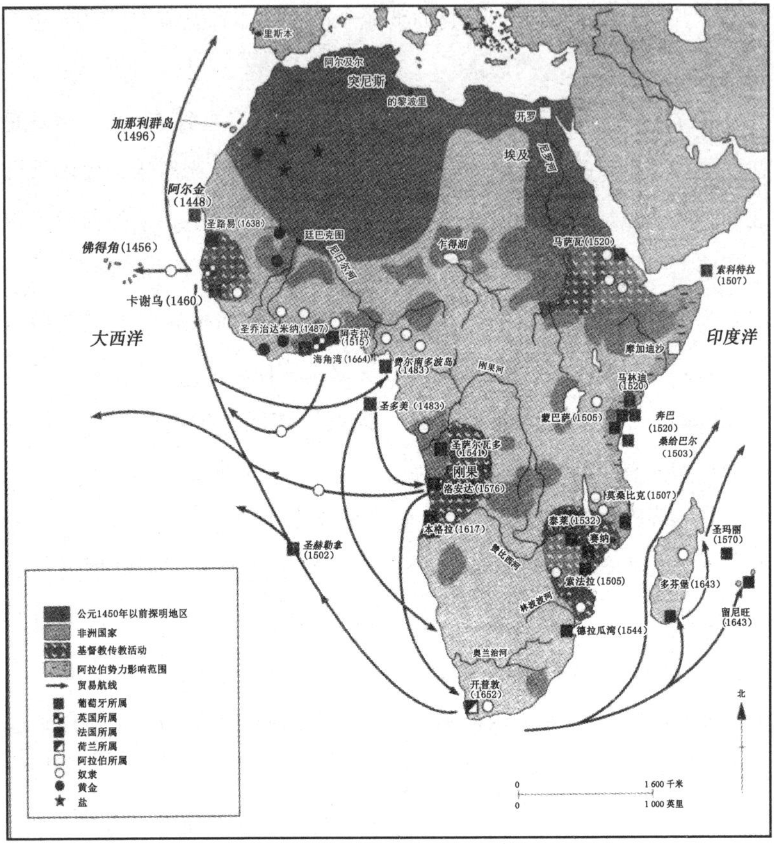
里斯本
阿尔及尔
突尼斯
的黎波里
开罗
加那利群岛
(1496)
埃及
尼罗河
阿尔金
(1448)
圣路易(1638)
廷巴克图
尼日尔河
乍得湖
马萨瓦(1520)
索科特拉
(1507)
佛得角(1456)
卡谢乌(1460)
大西洋
圣乔治达米纳(1487)
阿克拉
(1515)
海角湾(1664)
印度洋
摩加迪沙
费尔南多波岛
(1483)
刚果河
马林迪
(1520)
圣多美(1483)
蒙巴萨(1505)
奔巴
(1520)
桑给巴尔
(1503)
圣萨尔瓦多
(1541)
刚果
洛安达(1576)
莫桑比克(1507)
本格拉(1617)
泰莱(1532)
塞纳
圣玛丽
(1570)
圣赫勒拿
(1502)
赞比西河
索法拉(1505)
多芬堡(1643)
林波波河
留尼旺
(1643)
德拉瓜湾(1544)
奥兰治河
开普敦
(1652)
公元1450年以前探明地区
非洲国家
基督教传教活动
阿拉伯势力影响范围
贸易航线
葡萄牙所属
英国所属
法国所属
荷兰所属
阿拉伯所属
奴隶
黄金
盐
北
0
1 600 千米
0
1 000 英里

近代早期的非洲

巴西之外，起义并不多见，这一事实也值得加以思考。随着种植园在美洲建立，奴隶制进入了与之前完全不同量级的新时期，一个人类剥削的新阶段，使得压迫者和受难者的各自角色无法被逾越。从这个意义上说，新世界是在压迫和奴役中诞生的。

对于非洲所遭受的、史料中几乎只字未提的损失，要估计出结果甚至更难，因为证据更依赖于推测。新近的研究显示，奴隶贸易很可能对非洲主要的受害区域产生了直接且持久的经济和社会影响。人口突然急剧减少，生命和生活状况变得不可预测，以及对与外来人群接触产生了持久的恐惧心理，这一切导致了社会灾难。一些经济学家提出，长期的不安全感导致非洲这些地区直至20世纪仍生产力低下。非洲如今的问题与奴隶制度的关系，可能比我们最严重的估计还要大，虽然它并非这片大陆的发展相对滞后的唯一原因。

值得一提的是，长期以来，非洲奴隶贸易没有引发任何像西班牙教士保护美洲印第安人时所表现出来的那种疑虑，而且部分基督徒实际上还抵制对此贸易的任何限制，这份血腥的生意对欧洲人依然充满诱惑力。直到18世纪，以法国和英国为主，责任感和罪恶感才开始蔓延滋生。这份感受在英国人对1787年获得的属国塞拉利昂的使用方式中得到表现，博爱主义者使该国成为在英格兰获得自由的非洲奴隶的庇护所。在有利的政治和经济环境的双重作用下，人道主义思想所培育的公众情感将在下个世纪摧毁奴隶贸易，并在欧洲范围内消灭奴隶制度。但这是另一段历史要讲述的内容。在欧洲势力向世界蔓延的过程中，奴隶制是一份触目惊心的社会和经济现实，也将成为一段宏伟的传奇，以最苛烈无情的方式象征着暴力压倒一切的现实和人类的贪婪。悲哀的是，它不过是比较突出地体现了发达社会用武力统治弱小社会的普遍现实。

有些欧洲人意识到这一点，但依然相信他们给其余世界带去的东西足以弥补一切罪恶，其中最具分量的就是基督教。召开特伦特大公会议的教皇保罗三世发布诏书宣称："印第安人是真正的人……不仅能够理解天主教信仰，而且依我们所知，他们极其渴望接纳这份信仰。"此类乐观情绪仅仅反映了反宗教改革运动的精神，因为从西班牙和葡萄牙人占领殖民地之初，天主教就不乏在那里传教的动力。耶稣会传教工作始于1542年的果阿，从那里辐射到整片印度洋和东南亚，甚至波及日本。和其他天主教国家一样，法国也重视传教工作，甚至在没有经济或政治参与的地区也同样热心。

　　尽管已经不乏关注，在16和17世纪，人们又为传教事业投入了一份新的热情，并也许给反宗教改革运动增添了一定的活力。至少在形式上，罗马天主教在16世纪获得的信徒和领地比之前任何世纪都要多。要评价其真正的意义更为困难，但罗马天主教会为美洲土著提供了后者所仅有的一丁点保护，其神学主张维系着唯一的、针对早期帝国主义理论下的被臣服民族的托管理念，尽管这一理念有时显得弱不禁风。

　　新教对殖民地土著的关注远远滞后于天主教，其传教工作也一样。荷兰人几乎无所作为，英国的美洲殖民者不仅没有赢得信徒，而且还奴役了一部分邻近的美洲土著（值得称赞的是，宾夕法尼亚的教友会教徒是个例外）。直到17世纪末，声势浩大的盎格鲁—撒克逊海外传教运动才现出端倪。不仅如此，即便是作为礼物送给世界的福音，到达受众手中时已存在悲剧性的歧义。而且，这份欧洲人输出的思想对传统体制和观念极具潜在侵蚀力、挑战性和破坏力，威胁了社会权威、律法、道德机制和家庭及婚姻模式。传教士经常身不由己地成为统治和臣服其他民族的工具，这一过程贯穿欧洲与世界其余地区往来的整段历史。

　　也许，欧洲人带给他们的一切最终都将成为威胁，或至少是一柄双刃剑。葡萄牙人16世纪从美洲带到非洲的粮食作物——木薯、红薯和玉米也许改善了非洲人的饮食，但有观点称，这也许同样造成了人口增长，进而导致社会动荡和骚乱。另一方面，落户美洲的种植园创造出新的产业，促成了对奴隶的需求；咖啡和甘蔗就是这类产品。更北部的英国殖民者种植小麦，因此不需要奴隶，但对土地的需求日益增加，这份压力驱使他们闯入印第安人自古以来的狩猎地，并无情地将后者赶出家园。

　　这类鸠占鹊巢的行为将决定当时尚未出生的子孙后代的生活方式，若要了解其意义所在，比 1800 年的人更长远的视角会有所助益。毕竟，小麦最终使西半球成为欧洲城市的谷仓；在 20 世纪，就连俄罗斯和亚洲国家也要靠这些粮食过活。葡萄酒产业早在 16 世纪就被西班牙人引入马德拉群岛和美洲，至今繁荣依旧。香蕉、咖啡和茶叶分别在牙买加、爪哇和锡兰落户后，未来的政治格局就已大体确定。而且，这一切改变都发生在因需求多样化而充满复杂性的 19 世纪，工业化进程增加了对棉花等旧时主要作物的需求（英格兰在 1760 年进口了 250 万磅棉花，到 1837 年，这一数字增至 3.6 亿），还创造了一些新的需求；橡胶从南美成功引入马来西亚和印度支那也是这一局面所导致的结果，并对未来具有极为重要的战略意义。

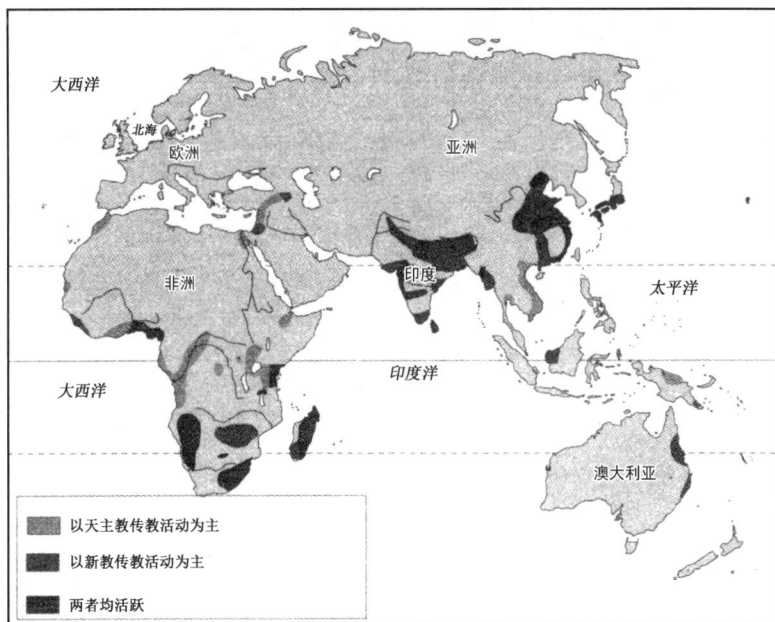

19 世纪基督教在亚非的传教活动

　　欧洲霸权时代早期的这些状况对未来究竟有多大的意义，将在随后的历史进程中得到充分的展现。在此，唯一的重点是指出该模式所具有的、往往反复出现的又一特征，即无计划性和随意性。这是很多个人决策的无序混合，而且决策者的数量相对极少。即便是最无心插柳的念头也会导致惊天动地的后果。值得一提的是，1859 年被带到澳大利亚的几十只兔子不出数十年的工夫就繁衍至数百万，使澳大利亚大片乡村沦为荒地。英国蟾蜍肆虐百慕大的事件与此类似，但规模较小。

　　但有意识的动物引进具有更重大的意义（对澳大利亚兔灾最早的应对措施是引入英国短尾鼬和黄鼠狼；而更好的手段还要等到兔瘟的发现）。到 1800 年，几乎所有欧洲家畜都已在美洲定居，其中最重要的是牛和马。在 1800 年前的这段时期，这些家畜使草原印第安人的生活发生了翻天覆地的变化；待冷藏运输船出现后，它们将使南美洲成为巨大的肉类出口基地，大洋洲同样在英国人引入绵羊后转变为肉类产地，而英国人引进绵羊的源头则是西班牙。而且，欧洲人当然还带去了人类的血统。就像美洲的英国人一样，荷兰人对种族通婚长期秉持保守的态度。但在拉美、果阿和葡萄牙控制的非洲地区，混血造成了深远的影响。在英属北美，种族问题也以完全不同和相反的方式留下了深刻印记。由于通婚现象并不显著，有色人种几乎可以和法定仆从画上等号，这给未来留下了极大的政治、经济、社会和文化问题。

　　大量殖民人口的出现形成了未来的版图，也给管理提出了难题。英国殖民地几乎一直具有某种形式的代议制机构，体现了议会制的传统和实践，而法国、葡萄牙和西班牙都沿袭纯粹的极权和君主政体。所有殖民地都没有期望任何形式的独立地位，也没有考虑任何保障其利益不受母国侵犯的需要，不管他们将母国的利益看得至高

无上、还是将双方看作互惠互补的存在。麻烦将最终因此而起，到
1763 年，至少在英属北美殖民地，能让人回想起 17 世纪英格兰王
室和议会之争的迹象开始出现。当殖民者与其他国家对立时，即便
其政府没有向该国正式开战，他们也总是表现出对切身利益的积极
关注。甚至当荷兰与英国正式联手对抗法国，两国的水手和商人依
旧在"界外"（beyond the line）① 争战不休。

　　不过，18 世纪帝国统治的问题主要出在西半球。那里是殖民者
前往的目标。1800 年，在世界其余地区，贸易依然比占领更为重
要，就连印度也是如此，很多重要区域依然没有完全受到欧洲的冲
击。到 1789 年，当年驶向广州的东印度公司船只也只有 21 艘；荷
兰人只被获准每年派两艘船前往日本。当时的中亚依然只能通过成
吉思汗时代的长途陆路抵达，俄罗斯人对欧亚内陆施加的影响力依
然远远称不上有效。非洲被气候和疾病阻隔。在能够称霸非洲以前，
欧洲人还要进行不少探索和发现工作，才能绘制出这片大陆的完整
地图。

　　在太平洋和"南洋"，历史进程则显得更为迅速。萨默塞特人
（Somerset）丹皮尔（Dampier）在 1699 年的航海开启了未知大陆大
洋洲融入已知世界版图的进程，但尚需一个世纪才最终完成。在北
方，白令海峡于 1730 年被人发现。布甘维尔（Bougainville）和库克
在 18 世纪六七十年代所完成的航海将大溪地、萨摩亚、澳大利亚东
部、夏威夷和新西兰加入世界地图，也终于使新大陆完整地呈现在人
们眼前。库克甚至进入了南极圈。1788 年，共计 717 人的第一船流
放犯在新南威尔士上岸。因为美洲殖民地已无法用来收容英国社会的

---

　　① 引自威廉姆森的名言"界外无和平"，这里的边界是指《卡托-康布雷齐条约》划出
　　　　的休战区。——译者注

弃子，英国法官便用这片新的放逐地作为补充，于是无意中创造了一个新的国家。数年后抵达该大陆的第一头羊甚至具有更重大的意义，牧羊产业随之形成，从而确保了该国的未来。随动物、冒险家和失意者一同来到南太平洋的还有福音。1797 年，首批传教士登上大溪地。伴随他们的脚步，或许可以认为，欧洲文明的惠赐（至少是萌芽形态）终于遍及世界所有可居住的地区。

第 7 章　新 旧 理 念

　　欧洲向全球输出的文明以理念为本质。他们所施加的限制及带来的可能性界定了文明运作的手段、文明的样貌和看待自我的方式。不仅如此，虽然其他文明在 20 世纪受到极大破坏，但欧洲人从 1500 至 1800 年间显露端倪的领先理念依然为我们提供了大部分指明方向的路标。那一时期，欧洲文化打下了去宗教化的基础；也是在那一时期，欧洲人意识到历史发展是一段向上的、运动的进程，并觉得自己正位于其顶峰。最后，那一时期还产生了一份自信，即实用主义指导下的科学知识可以带来无限的进步可能。概言之，在具有思想的人看来，中世纪文明最终走到了终点。

　　由于历史进程很少显得清楚明了，所以鲜有欧洲人在 1800 年意识到这一变化。几个世纪以来，大部分人所理解和遵循的模式还是一如往昔。在那个年头，君主制、世袭制社会和宗教的传统机制依然控制着千百万人的生活。在 1800 年，世俗婚姻依然是欧洲极为罕见的现象，仅仅一百年前，更是哪里都找不到这样的例子。18 世纪 80 年代，最后一场针对异端的火刑在波兰上演，甚至在英格兰，一名 18 世纪君主还是像中世纪国王那样用触摸来治疗臣民的"国王之恶"①。事实上，在某些方面，17 世纪甚至表现出倒退的迹象。欧洲和北美都兴起了猎巫热潮，其波及范围远远超过中世纪的任何一次（查理曼

---

①　即淋巴结核。中世纪的英国人和法国人认为王室成员的触摸可以治疗这种病症。——译者注

曾把给女巫上火刑的人处死，教会法禁止人们将夜晚幽灵和其他女巫的所谓鬼把戏当作一种异端信仰）。

但迷信也没有就此终结。进入 18 世纪后许久，英国最后一名男巫被邻居一直骚扰到死，1782 年，一名瑞士新教徒因行巫术的罪名被同胞按法律程序处决。到法国大革命时代，那不勒斯的圣雅纳略（St. Januarius）崇拜依然具有重要的政治地位，因为人们相信这位圣徒之血是否能顺利液化象征着神明对政府行为的喜怒之情。刑罚依然惨无人道；在人们看来，有些罪行实在穷凶极恶，理当遭受格外残暴的惩罚。刺杀法国国王亨利四世者和谋杀路易十五未遂的犯人都经历了令人发指的酷刑，弑父者也会得到同样的下场。行刺路易十五者在 1757 年死于酷刑，只比有史以来最具影响力的监狱改革提案的发表早了几年。我们很容易被 18 世纪的近代文明之光所蒙蔽；在那些创造出精美艺术、塑造出骑士精神和荣誉感的杰出典范的社会，大众娱乐的焦点却是逗熊戏、斗鸡或拽鹅头①。

如果说流行文化往往最容易显露出往日气息、不足以为凭，那么这三个世纪临近尾声的时候，过去挑大梁的正式体制机构在欧洲大部分地区也依然基本保持原样。以现代眼光来看，最惊人的例证是 18 世纪的宗教组织在几乎任何地区都具有至高无上的地位。在每个国家，无论是天主教、新教还是正教，就连教会体制改革家也理所当然地认为，宗教应当得到法律及政府强制手段的支持和保护。只有极少数领先时代的思想家对此表示质疑。当时的欧洲依然几乎不存在容忍意见分歧的环境，只有各家教会的不同观念可以并存。法国国王的加冕宣誓会使他担负扫除异端的责任，直到 1787 年，非天主教法国人

---

① 17 至 19 世纪在尼德兰、英国和北美流行的血腥娱乐，方式将活鹅倒挂在横木上，游戏者骑马从下方全速通过，并尝试拽下鹅头。——译者注

的民事身份才获得承认，从而具备了相应的合法婚姻权，可以让子女获得合法地位。在天主教国家，审查制度虽然经常远远算不上有效，但依然理论上担负着制止不利于基督教信仰和教会权威的异端邪说的责任，有时还努力付诸行动。尽管反宗教改革运动的精神已经消退，耶稣会也已解体，但禁书目录和最早编制该目录的异端裁判所依然存在。各处的大学都由教士掌管；哪怕在英格兰，牛津和剑桥的大门也对不信奉英国国教的异见者和罗马天主教徒紧闭。宗教还很大程度上决定了大学教学内容和追求的研究方向。

不过，社会体制结构也确实表现出新气象来临的征候。几个世纪以来，大学失去了过去的重要地位，其原因之一是它们不再垄断欧洲的知识文化圈。从 17 世纪中期以来，各种学院和学术团体在很多国家相继出现，往往得到最高层的扶持，例如 1662 年获得特许证的英国皇家学会，或是四年后成立的法国科学院。18 世纪，此类学会的数量大大增加，向规模较小的城镇渗透，而且有些新成立学会的目标更特殊、更有针对性，例如促进农业。一场大规模的、自发的社团化运动已经浮出水面；虽然在英格兰和法国最为明显，但几乎传遍了西欧所有的国家。

过去的社会体制已不足以释放出那个时代全部的潜能，于是出现了堪称时代特征的、各形各色的俱乐部和学会，这些团体有时还引来政府的关注。一些团体没有将文学、科学或农业活动作为其标榜的追求，只是提供了一处聚会的场所，就一般观点进行探讨、争论或单纯的清谈，并以这种方式促进了新理念的传播。在此类协会中，最值得一提的是共济会这一遍及全球的结社组织。该组织源于英格兰，在 18 世纪 20 年代进入欧洲大陆，不到半个世纪就获得极大发展；到 1789 年，其会员可能已超过 25 万。他们后来遭到大量污蔑中伤，号称该组织长期从事革命和颠覆活动的传言不胫而走。虽然对一些会员个人也许不假，但这并不是该组织整体的真实写照。不过，不难相信的是，共济会社不仅和其他团体一样有助于新理念的传播和探讨，而且也有助于打破传统和习俗的坚冰。

当然，理念和信息传播速度加快的主要依靠并非这类聚会，而是印刷业对书籍的普及作用。识字率的提高是欧洲在 1500 年后经历的至关重要的转型；有人将之概括为一种文化从关注图像到关注文字的转变。阅读和书写（尤其是前者）能力虽然没有完全普及，但至少被广泛掌握，在某些地区已经稀松平常。这些知识不再是少数精英的特权和秘密，也不再因与宗教仪式具有密切和特殊的关联而充满神秘气息。

在评估这一变化时，我们可以暂时离开无法考证的混沌领域，进入数据构成的定量世界，数据表明，虽然 1800 年依然存在大量文盲，但通过某种途径，欧洲当时已经是一个与 1500 年不同的、知书达理的社会。当然，这一陈述就本身而言并无太大帮助。不同地区、不同群体的阅读和写作能力存在很大差别，不能一概而论。尽管如此，不管我们如何使用限定词，欧洲及其附属国在 1800 年可能拥有世界上大部分识字人口。因此，欧洲文明的识字比例比其他文明更高。这是一次决定性的历史变迁。当时，欧洲早已进入印刷普及的时代，印刷品最终取代口头表达和图像，成为大部分受过教育的人最重要的指导和说明手段，并延续到 20 世纪，直到广播、电影和电视让口语和视觉元素重占主导地位。

19 世纪中期以前（当时，似乎有半数左右的欧洲人依然没有读写能力），可用来估算识字率的资料始终不够充分，但那些资料都表明，情况从 1500 年起一直在不断改善，只是分布不太平均。在不同国家、同一国的不同时期、不同的镇和区、不同性别、不同职业之间都存在重大的差异。这一切至今依然是现状的真实写照，只是差异程度更小，也极大简化了作出一般性陈述的难题：对不远的过去进行最含糊其辞的概括就是极限了。但具体的事实对体现趋势依然不无帮助。

有迹象表明，提高识字率的教育工作在印刷术发明以前就已展开。这些工作应属于12至13世纪间城市生活重现活力的又一组成部分，这一复兴的重要性前文已经提及。关于学校教员的委派和教学场所的提供，其最早的证据来自意大利城市，当时，那些城市是欧洲文明的先驱。那些地区很快形成一份新的认同，即具备文书能力是担当若干职务的必要资格。例如，当时存在法官必须具备阅读能力的任职条件，这份历史早期事实颇具引人入胜的弦外之音。

到17世纪，意大利城市的领先地位被英格兰和荷兰城市取代（两国都具有在当时而言颇高的城市化水平）。两者被视为1700年欧洲文盲率最低的国家；领先地位的易手表明识字率提高的历史进程在地理分布上并不平均。但法语将成为18世纪出版业的国际通用语，维持该状况的公众基础也必然出现在法国。就算英格兰和荷兰的识字率更高也不会令人惊讶，但法国的总人口要大得多，因此识字人口的绝对数量很有可能更多。

印刷业的传播状况必然可以作为反映教育发展总体趋势的绝好标志。到17世纪，印刷业已真正实现大众化，体现为童话故事、具有真实蓝本的单恋爱情传说、年鉴、占星术书籍和圣徒传记。这些书籍的存在证明了需求的存在。印刷业也使得欧洲的读写水平达到一个新的高度，因为手抄本相对而言难以获取，要研读就必然耗时费力。以印刷本为载体，技术知识可以非常迅速地传播，专业人士可以从中获益，在相关领域与时俱进。

新教改革是另一股普及文化的推动力量。改革者几乎无一例外地强调教会信徒识字的重要性；到19世纪，德意志和斯堪的纳维亚地区的识字率比很多天主教国家要高，这并非偶然。宗教改革使阅读《圣经》具有了重要的意义，而且通俗版《圣经》也迅速普及，从而通过印刷技术加强和规范了神圣文本的传播和标准化。尽管充斥着显然不太美妙的表征，但书籍崇拜现象依然是推动启蒙运动的伟大力量；既提高了阅读的乐趣，也是知识分子活动的焦点所在。在英格兰和德意志，这一崇拜对缔造共同文化的重要性怎么说也不为过，并孕育出两份堪称杰作的《圣经》译本。

如宗教改革者的例证所示，权威往往乐于见到文化的普及，而且这一趋势不仅限于新教国家。18 世纪新式君主制国家的立法者尤其突出，经常致力于推广教育——其中初级教育占了很大比重。奥地利和普鲁士在这方面是显著的范例。在大西洋彼岸，由于新教传统的存在，新英格兰殖民社区从成立之初就把提供教学条件视为一种责任。在其他国家（当然也包括英格兰），教育属于非正式和不规范的私人及慈善事业，或留给教会打理。教育事业受宗教法令特殊关照（例如法国）的伟大时代始于 16 世纪。

期刊的兴起与识字率提高互为因果。到 18 世纪，起初的印刷传单和偶尔发行的快报已经进化成为定期出版刊物，满足了多种多样的需求。报纸问世于 17 世纪的德意志，1702 年的伦敦出现了第一份日报，至该世纪中期，该国已有一家重要的地方媒体，每年付印的报纸达数百万份。英格兰的首批杂志和周刊出现于 18 世纪前半叶，其中最重要的是《旁观者》（Spectator），它通过有意识地打造品位和确立工作规范为新闻业树立典范，其中不乏一些新气象。只有联合行省王国的新闻业堪比英格兰；这可能是因为所有其他欧洲国家都设有效力不一而足的审查制度，文化普及水平也不一样。具备知识和文化水平的新闻业者队伍逐渐扩大，但政治报道和评论依然罕见。即便在 18 世纪的法国，著者们也通常只能用手稿来传播承载先进思想的作品；

在这个堪称批判思想堡垒的国度，审查制度虽有些主观和无常，且到该世纪后期的运作效力也不如从前，但至少依然存在。

也许是逐渐意识到易于被大众获取的新闻媒体所具有的潜在颠覆力，官方对教育的态度发生了转变。教育和文化知识也许有危险的一面、不能过分普及的看法到 18 世纪成了非常普遍的认知。虽然正式审查制度的存在表明权威一直意识到文化知识的潜在威胁，但主要还是担心其宗教方面的颠覆性；异端裁判所的职责之一就是让禁书目录不至于成为一纸空文。以回顾历史的视角来看，比起宗教颠覆力而言，文化普及和印刷术更重大的效果在于给普遍意义上的批判和质疑权威的精神带来更大的机会。但这也不是两者唯一的重要之处，技术知识的传播还加速了其他类型的社会转变。如果没有识字率的提高，工业革命就不可能发生；17 世纪史称"科学革命"的历史进程也必须部分归功于更迅捷、更广泛的信息传播所带来的单纯的累积效应。

但这场"革命"的根本源头属于更深层次，来自知识界观念的转变。对人类与自然的关系产生了不同的看法是这场观念转变的核心。越来越多的人不再单纯地带着赞叹和敬畏之情将自然界视为上帝神能的证明，开始迈出重大的一步，有意识地寻找操控自然的手段。尽管中世纪科学家的工作绝非人们一度普遍信之凿凿的那般原始和欠缺创造性，但受制于两大关键局限。一是这些工作所形成的实用知识极少，从而难以获得关注；二是中世纪存在理论不足的问题，其概念和技术水平必将被后世所超越。尽管得益于阿拉伯科学思想的润泽，部分学科分支也具备强调定义和判断的良好风气，但中世纪科学依赖于未经证实的假设，部分是因为缺乏实证手段、部分是因为缺乏实证意愿。例如，中世纪科学家墨守成规，断言一切事物由火、气、土、水四大元素构成，也没有用实验证实这一理论。虽然炼金术和方术传统中采用了某种类型的实验手段，经帕拉塞尔苏斯（Paracelsus）发展后，也不仅限于寻找合成黄金的方法，但依然以神秘主义的、先验的概念为指导方针。

这一局面普遍保持到 17 世纪。文艺复兴展现了一定程度的科学精神，但通常表现为描述性研究（一份杰出的范例是维萨里 1543 年发表的人体解剖学研究成果）、艺术领域实际问题的解决方法（例如透视法）和机械工艺。这类描述和分类定义研究工作的一个分支尤其突出，使得由航海发现和宇宙学研究所揭示的新地理知识具备条理性和可读性。一名 16 世纪早期的法国医生说到，在地理学及"天文学相关领域，柏拉图、亚里士多德和古代哲学家推动了学科的进步，托勒密则在此基础上贡献良多。但如果其中的任何一位来到今天，他会发现地理学已面目全非"。而面目全非的地理学中就有一份促成新的自然界认知手段的因素。

这一因素的见效并不算快。但固然不假的是，早在 1600 年，极少数有识之士就难以接受以综合亚里士多德学说和《圣经》的中世纪宏大理论为基础的、老一套的世界观。因为眼中的世界不再协调一致，突然失去思想的凭靠、一切都无法确定的紧张感使其中有些人感到不安。但对于大部分有心考虑这一问题的人来说，旧有的世界观依然是正确的，整个宇宙依然以地球为中心，也以地球唯一拥有理性的居民——人类——的生活为中心。下个世纪最伟大的知识界成果就是令受过教育的人再不可能以这种方式进行思考。这一变化是如此重要，从而被视为中世纪与近现代的根本差别。

17 世纪早期，科学界已经出现了一些新东西。这些随后广为人知的变化意味着认知领域的一道障碍被跨越，文明的本质将发生永久性的改变。欧洲出现了一种具有深刻功利主义色彩的新观念，鼓励人们投入时间、精力和资源，通过系统性的实验掌控自然规律。当后世回顾这段历史，人们从弗朗西斯·培根身上找到了这一先驱理念的杰出范例。他曾出任为英格兰大法官，是一位知性超凡、具备诸多难以想象的个人特质的男子，一些后世的仰慕者热心支持他才是莎士比亚部分剧作真实著者的主张。他的著作在当时的影响力似乎很小，乃至根本为零，但以其摒弃过往权威的前瞻性论点引起了后世的关注。

　　培根提倡以观察和归纳为基础、以人类的实际需求为目的对自然进行研究。"科学合乎理法的真正目标，"他写道，"是通过新发现和新力量使人类的生活更丰足。"通过这些手段，可以"使（大部分）主宰权和力量回到人类手中……这是人类在创世之初就与生俱来的地位和能力"。这一抱负着实远大，完全不亚于为亚当堕落之后的人类送去救赎，但培根确信，如果对科学研究进行有效的组织，这是可以办到的；就此而言，他再一次扮演了预言者的角色，是后世科学界和体制的先驱。

　　培根的现代性被后世所夸大，一些其他人（比较突出的是同时代的开普勒和伽利略）在推动科学进步方面的重要性更值得大书特书。后世科学家也没有充分贯彻以务实的态度寻找"改善人类生活的新艺术、财富和商品"（也就是以技术为主导的科学）这一他所提倡的原则，至少没有达到他希望的程度。尽管如此，他依然配得上头上那顶颇具神化色彩的光环，因为他点出了科学的核心，提倡观察和实验，而非依赖逻辑推论。与这一地位相称的是，据说他甚至还为科学殉道，为了观察低温对肉体组织的影响，在某个寒冷的三月天用积雪填塞禽鸟，从而感染风寒病逝。40 年后，他的核心理念成了科学界的常规。"世界这部伟大机器的构造和机理"，一名英国科学家在 17 世纪 60 年代言道，"只能通过实验和机械论的哲学加以解释"。其中有培根领悟并赞同的理念，也是我们依然身处的世界的核心。自 17 世纪起，以实验手段寻找问题的解答就一直是科学家的特质之一，经过漫长的岁月，这一理念还引发了新的尝试——通过构筑体系来理解实验所揭示的内容。

该理念首先带来的后果是对物理现象的集中攻克，以当时的技术，这类研究可获得最佳的观测和测量结果。欧洲工人在数百年间的缓慢工艺积累带来了各种技术创新；在当时，这些技术可以用来解决问题，并进而克服其他知识领域的难题。对数和微积分的发明与其他元素共同构成了一套应用理论工具，创造出更好的计时和光学设备。作为时钟的控制部件，17世纪出现的钟摆使时钟制造工艺取得长足进步，进而使精确计时乃至天文研究变得更为容易。随着天文望远镜的问世，人们可以更深入地细观天象；哈维通过实验进行理论探索，进而发现了血液的循环，但只有等到显微镜出现、可以看清血液通过微细血管的过程，人类才能理解循环的机理。望远镜和显微镜下的观察不仅是科学革命式发现的核心工具，而且令非专业人士得以窥见某些预示着新世界到来的新奇事物。

科学与哲学的界线如今也可以划出，这是过去长久以来都无法实现的目标。已经应运而生的不仅是科学家所组成的新天地，而且还有一个真正的、国际范围的科学界。在此，我们要又一次提及印刷术。新知识的迅速传播具有非常重要的意义。科学书籍的出版不是知识传播的唯一形态；英国皇家学会创办了《哲学学报》（*Philosophical Transactions*），其他学术团体的论文集和学会纪要也相继出现，数量不断增长。不仅如此，科学家们还保留了相互之间卷帙浩繁的私人书信，其中的大量素材为揭示科学革命发生的真实过程提供了部分最有价值的证据。有些书信已获出版；比起今日顶尖科学家之间的书信往来，这些文字具有更强的可读性，也更易于理解。

在现代人眼中，科学革命的突出特征之一是业余人士和爱好者发挥了很大的作用。有人提出，能够解释为何科学在欧洲取得进步，而在曾经成就斐然的中国却一潭死水的最重要的事实之一，就是欧洲的业余爱好者和绅士可以凭借科学研究赢得社会声望。该世纪中期开始广泛出现的会员制学术团体充斥着玩票的绅士，无论往哪个方向延伸想象力，都无法称之为专业的科学家，但无论是否除下手套躬亲实验工作，他们凭借自身的名望和地位，为学术团体带来了无法定义却意义重大的存在感。

到 1700 年，主要科学分支的专门化已经完成，尽管完全没有达到以后的重要程度。那时的科学研究也不需要无止境地投入时间，但撰写神学著述、担任行政职务都不会影响科学家通过研究做出重大的贡献。这揭示了 17 世纪科学革命的若干局限；而既有技术的局限也是无法逾越的，虽然若干领域能不受影响、实现了重大进展，但其他领域难免因此受到冷遇。例如，化学所取得的进展相对较小（但 16世纪统治思想界的亚里士多德四元素物质构成说已鲜有人接纳），而物理和宇宙学发展日新月异，且确实达到某种巩固成果的稳定状态，迎来不那么激动人心但稳步前进的阶段，一直延续到 19 世纪中后期被新的理论重新激活为止。

总体来说，17 世纪取得了巨大的科学成就。最重大的成果是推翻了将自然现象视为往往无法预期的、神力直接作用的结果的宇宙观，并以机械论取代，认为其中的一切变化都是规律的，服从统一和普适的运动法则。这一新观念依然与上帝的信仰相当合拍。万能的主也许没有用直接干预的方式展现大能，而是创造了一台伟大的机械；在那个最著名的类比中，上帝被形容成一名伟大的钟表匠。17 世纪典型的科学爱好者和科学世界观都不反对宗教，也不反对以上帝为中心的宇宙观。新的天文学观念将人类赶下宇宙中心的神坛，从而间接质疑了人的独一无二性（一本 1686 年出版的书籍主张可能存在另一个拥有生命的世界），这一事实固然具有不容置疑的重要意义，但并非宇宙观革命的缔造者所在意的对象。对他们而言，太阳围绕地球运行的观点有损于教会的权威只不过是碰巧罢了。他们所提出的新见解仅仅突出了上帝行事之道的伟大和神秘，理所当然地认为这些新知会融入基督教的教义，就如亚里士多德学说曾在中世纪被纳入基督教范畴一样。

　　早在德国哲学家康德于 18 世纪末提炼出"哥白尼式革命"一词之前，新宇宙观的一系列缔造者就已经获得世人的承认，而波兰教士哥白尼（Cópernicus）是其中的第一人，他的著作《天体运行论》于 1543 年出版。维萨里的解剖学巨著于同一年出版（而且有趣的是，阿基米德文集的第一版也出版于这一年）。相比于科学家，哥白尼更像是文艺复兴时代的人文主义学者——鉴于其生活的时代，这并不令人称奇。部分出于哲学和美学理由，他选择了行星围绕太阳运转的宇宙观，以均轮和本轮构成的体系来解释它们的运动。这在当时（可以说）是了不起的猜想，因为他没有证实这一假设的手段，而且大部分常识证据都与此相反。

　　支持日心说的最早的、真正的科学数据实际上来自一位不接受该学说的人士：达内·第谷·布拉赫（Dane Tycho Brahe）。除了拥有一只颇显与众不同的假鼻子之外，布拉赫的出众之处是对行星运动轨迹的记录，他首先使用简陋的仪器，后来得益于一位慷慨的国王，得以使用当时设备最好的天文台。其观测结果构成了以亚历山大里亚时代为起点的西方天文史上最早的系统化天文数据集合。第一位伟大的新教科学家、受布拉赫之邀担任助手的约翰内斯·开普勒（Johannes Kepler），进一步开展了更加细致的观察，使理论获得第二次飞跃。他的观测表明，如果行星轨道为椭圆，且运行速度不定，那么就可以用某种规律来解释行星的运动。愈发站不住脚的托勒密宇宙体系最终被开普勒打破，20 世纪以前的行星学说均以他的理论为基础。随后登场的是对望远镜爱不释手的伽莱里奥·伽利略（Galileo Galilei），这种仪器出现于 1600 年左右，可能是一项无心插柳式的发明。伽利略是帕多瓦的学者和教授，从事两项早期科学史中具有典型关联的研究：物理和军事工程学。他运用望远镜所取得的成果最终撼动了亚里士多德学说的根基；哥白尼的天文理论获得了眼见为实的证明，此后两个世纪，行星的已知属性也将被套用到恒星的头上。

但伽利略的主要工作并非观测，而是理论与技术实践的结合。他为天体运动设立了一套数学模型，从而首先为哥白尼宇宙学说提供了站得住脚的物理学描述。凭借他的工作，力学脱离了工匠手艺的范畴，进入科学的殿堂。不仅如此，伽利略通过系统性的实验得出了一份结论，其基础是被他称为"两种新科学"的静力学和动力学。这些成果在 1632 年出版成册，是为《关于两大世界体系的对话》（指托勒密和哥白尼的），被视为科学思想最早的革命性陈述。不如其内容那般突出但同样有意思的是，这本书并非以拉丁文写就，而使用通俗的意大利文，并题献给教皇；伽利略无疑是个忠诚的天主教徒。但此书引发了一场骚动，这也恰如其分，因为它是基督教—亚里士多德世界观的墓志铭，而这份世界观是中世纪教会所取得的伟大的文化胜利。伽利略随即遭到审判。他被判有罪，并声明放弃异端观点，但这无损于其著作的影响力。哥白尼的主张和日心说就此成为科学界的主导思想。

伽利略去世的那年，伊萨克·牛顿呱呱坠地。他的成就是为哥白尼宇宙学说提供物理解释；他证明同样的力学法则能够同时解释开普勒和伽利略的发现，并最终将有关地上的知识和有关天上的知识结为一体。他采用了所谓"流数法"的新数学方法，即后世术语中的无穷小量微积分。牛顿不是该算法的发明者，但用它来研究物理现象。该算法提供了一种计算物体运动中位置的方法。他在一本著作探讨行星运动的章节中归纳了自己的结论，此书展示了万有引力定律维系物理宇宙的方式，经历史证明，这是自欧几里得以来最重要和最具影响力的科学著作。《原理》是该书拉丁原名的简称，译成英语后的全称为《自然哲学的数学原理》。这一发现的普遍文化效应堪比科学影响力，我们不具备合适的度量标准，但也许前者的分量还更大。通过观察和计算得出的单单一条法则可以解释如此之多的现象，这一惊世骇俗的事实昭示了新的科学思想具有多么强大的力量。蒲柏的诗句已经被引用得太多，但这番隽永之辞依然最精当地概括了牛顿的成果对欧洲人思想的冲击：

　　　　　　自然之法，久藏玄冥，
　　　　　　神赐牛顿，万物生明。

于是，继弗朗西斯·培根之后，牛顿逐渐成为第二位世所公认的现代科学圣人。与培根不同的是，这一名头对牛顿来说可谓实至名归。他对科学的兴趣几乎无所不包，但也正如字面意思所言，对于不热衷的东西则基本不闻不问。但非科学工作者必然无法充分领会牛顿许多工作的重要意义。其举世瞩目的成就是完成哥白尼所开创的革命。宇宙处于动态的概念取代了静态宇宙观。他的成就十分伟大，足以为此后两百年的物理学奠定基础，并给所有其他学科提供一份新的宇宙观。

　　牛顿及其前人所没有料到的是，这一发现预示着科学与宗教之间不可调和的矛盾。实际上，发现万有引力定律无法充分支持宇宙是一个自治体系、创世后即可独立运转的观点之后，牛顿甚至感到欣喜；如果宇宙不只是单纯的钟表，其创造者在设计、制造和上紧发条之后，就不会完全退居一旁。他乐于见到其中的逻辑漏洞，以便用假想中的上帝之手来填补，因为他是新教信仰的忠实捍卫者。

尽管如此，教士尤其是天主教教士，还是觉得新科学难以接受。中世纪教士为科学做出过重大的贡献，但从 17 至 19 世纪中期，绝大多数顶尖科学成果都与教士无关。毫无疑问，反宗教改革得势的几个世纪，上述情况比其他时期更确凿无疑。体制化宗教与科学的分歧始于 17 世纪，尽管为弥合裂痕进行了一次又一次的努力尝试，但此后欧洲知识界始终摆脱不了这一阴霾。由那不勒斯人布鲁诺（Bruno）引发的危机是这一分歧的象征之一。他并非科学家，而是一位思想家，曾经为多明我会修士，后脱离修道院，周游欧洲各地，发表引起争议的作品，倒腾一种据说源自古埃及、类似魔法的"秘术科学"。最后，异端裁判所将他抓获，拘押八年后，于罗马以异端罪名处以火刑。在后世人心目当中，这把火成了"自由思想"发展史和反宗教进步斗争史中的神话之一。

17 世纪的科学家和哲学家对这一斗争的感受还不强烈。牛顿有大量以《圣经》和神学为主题的著述，并相信他对先知书的研究就和《原理》一样完美无瑕，他认为摩西知道日心说理论，并建议其读者"小心哲学、虚伪的妄言和假冒科学之名的反科学"——而这段话借用了《旧约》中的桥段[1]。对数的发明者纳皮尔乐于用这一方法来计算《启示录》用神秘的语气所提到的野兽数目[2]。法国哲学家笛卡儿推导出宗教信仰和基督教真实性的哲学辩护，并为此满足，而其推导手段和所要证明的主题同样不无阙疑。他（或是以他命名的哲学运动：笛卡儿主义［Cartesianism］）也没有因此停止对教会敌对派的攻击。宗教信仰的传统捍卫者正确地认识到，人们所得出的结论固然重要，但得出结论的方法同样要紧。对于宣扬真理出自权威之口的教

---

[1] 见《歌罗西书》：2，8 及《提摩太前书》：6，20。——译者注
[2] 见《启示录》13：8："在这里应有智慧：凡有明悟的，就让他计算一下那兽的数字，因为是人的数字，它的数字是六百六十六。"——译者注

会而言，基于理性思辨接纳宗教信仰的立场是糟糕的盟友，其起点是普遍怀疑原则，其结论完全可以被合理地推翻。教会相当理智，没有将笛卡儿个人的虔诚和基督教原则混为一谈，也恰如其分地（以教会的观点）把他的著作统统列入禁书目录。

17世纪晚期的法国新教教士皮埃尔·贝尔（Pierre Bayle）接过这一"诉诸权威"的问题，指出了令人不安的缺陷：能定义权威的权威又是什么？这最终似乎还是取决于立场。他认为，如果不遵循自然理性，传统基督教的每条教义都可能被推翻。伴随这一理念，欧洲思想史进入了史称启蒙运动的新篇章。

这一词语或类似变体在18世纪的大部分欧洲语言中出现，用以描述那个时代的知识界在人们心目中的与众不同，并将其与过去的时代相区分。启蒙运动给人留下的关键印象是让光明照亮黑暗，但德国哲学家康德在一篇著名论文中提出"什么是启蒙？"的问题时，他给出了不同的答案：告别作茧自缚、获得自由。其核心是对权威的质疑。启蒙运动留下的伟大遗产是批判精神的普及化。最终，一切事物都要接受细致全面的考察。有些人感到一切都失去了神圣的光环，但多少有些误导，直到很久以后这才成为现实。启蒙运动也有自己的权威和教条；批判立场本身就长期未遭质疑。而且，启蒙既是大量观点的杂烩，又是一系列理念的集合，使得接纳其思想的难度又平添一层。多种思潮汇入其中，但绝非都朝着同一方向。启蒙运动的根源蒙着一层迷雾；其发展总是更像一场无尽的争端——有时是内战，而且敌对各方还持有大量相同的见解——远甚于齐心协力的启蒙者所组成的军队向前迈进的历程。

笛卡儿提出，系统性的怀疑是获取可靠知识的起点。50年后，英国哲学家约翰·洛克提出一套知识的心理学理论，将知识的主要构成来源归结为感官传递给头脑的印象；而非笛卡儿所认为的人类与生俱来的天赋观念。头脑中所包含的只有感觉和信息，以及头脑在两者之间所建立的关联。当然，这暗示了人类没有关于对错的固定观念；洛克主张，道德价值观来自头脑对痛苦和愉悦的体验。这一理念将在未来得到极大的发展，从中产生了教育理论、规范物质条件的社会责任理论以及大量其他教育环境论的衍生理论。这一理念也有庞大的历史背景：笛卡儿和洛克在区分躯体与思想、物质与精神时所表现出的二元论思想以柏拉图和基督教形而上学为源头。然而在这方面上最惊人的事实也许是洛克依然能将他的理念与基督教信仰的传统框架联系到一起。

这种不协调性贯穿启蒙运动始终，但其总体趋势还是明朗的。科学所取得的新的影响力似乎也肯定了来自感官的观察确实是获取知识的途径，而且这份知识已经证明本身所具有的实用主义价值。它可以让人类所生活的世界更美好，其技术可以解开自然的秘密，以物理和化学定律揭示这些秘密背后的逻辑和理性基础。

这一切构成了一份长期保持的乐观信仰（法语中的"*optimiste*"一词就是 17 世纪诞生的）：世界正在好转，也将不断变得更好。而公元 1600 年的情况曾截然不同。当时，对古典时代的文艺复兴式崇拜、战乱，以及始终潜伏在宗教人士心中的末世将临的感受结合在一起，形成了一种悲观的氛围和世界正在腐朽、昔日的伟大正在远去的论调。在一场关于古代成就是否超越现代的文学大辩论中，17 世纪以后的作者们用启蒙运动中兴起的进步观来提炼自己的结论。

这也是一份属于非专业人士的信仰。在 18 世纪，一名受过教育的男子依然有可能掌握多种不同研究领域的逻辑和方法，至少达到他自己所满意的程度。伏尔泰是著名的诗人和剧作家，但在历史方面也著述颇多（他一度是法国皇家史料编纂人），还为同胞详解牛顿物理学。在推出震惊世界、堪称现代经济学开山之作的《国富论》之前，亚当·斯密以道德哲学家的身份闻名。

这种折衷主义也给宗教留下了位置，但如吉本所言，"在现代，即便是最虔诚的灵魂底下也有一份暗藏的、甚至是无意识的怀疑"。"启蒙"思想留给神明和神学的空间并不大。不再觉得地狱的血盆大口悬于头顶的不仅是受过教育的欧洲人。整个世界的神秘色彩都在消退；也使人坚信并非过去想象的那么悲观。人们发现有越来越多的困难并非必然，而是人为的结果。固然，地震之类的可怕自然灾害依然会带来艰难困苦，但如果大部分疾病的痛苦可以得到缓解，如果像一位思想家指出的那样，"追求快乐、远离不幸是人类的正当事业"，那么拯救和罪罚的教义与此又有何干？上帝依然会被哲学家以漫不经心的方式纳入对宇宙的描述，例如启动万物的第一推动力和定义宇宙运行法则的大机械论，但主是否拥有对其运转施加后续干涉的任何地位，不管是化身后的直接干涉，还是通过教会及圣礼的间接干涉？启蒙运动无可避免地导致了针对教会这一知识和道德最高权威的革命。

其中存在一种根本性的冲突。17和18世纪思想界摒弃权威的意识仅仅初步形成，他们依然在科学和理性的教诲中寻求新的权威，并对此深信不疑。但往日的权威遭到越来越坚定和彻底的放弃。正如对古代和现代文化的自由思辨削弱了欧洲传统文化两大支柱之一——经典学说的权威性，新教改革同样推翻了其另一支柱——天主教会的权威性。在新教改革家用新派神父（或《旧约》）取代老派牧师的同时，他们已经不可逆转地开启了削弱宗教权威的道路，后来的启蒙运动者将在这条道路上走得很远。

无论教士马上产生何种顾虑，也不管这些顾虑是否很快得到证实，此类效应需要一些时间才能显露端倪。18世纪先进思想的特征往往表现在颇为务实和日常的建议中，这在某种程度上掩盖了其倾向性。若要概括这些特征，最好的方式也许是援引同为其支撑和源头的根本信仰。对思想的力量产生的新的自信是其特征之一，也是所有其他特征的基础；这是启蒙者如此敬仰培根的原因之一，因为他们都秉持着这份信心，而就连文艺复兴时期创造力非凡的天才，也无法像18世纪那样让欧洲人如此确信头脑和知识的力量。以此为基础，人们确信改善世界的可能性几乎是无穷的。当时有很多思想家乐观地视那个时代为历史的顶峰。他们自信地认为，通过对自然的操纵，以及真理逐渐被理性揭示的过程，人类的未来会变得美好。从正门蜂拥而出的天赋观念又从后楼梯悄悄返回。仅仅意识到存在可以克服的重大实际障碍就足以确定乐观主义基调。第一个障碍是单纯的无知。或许终极意义上的知识是不可能获取的（揭示出自然愈发深奥的秘密后，科学无疑表明了这一点），但启蒙者所担忧的无知并不是这一类。他们所在意的是更趋于日常水平的知识经验，并自信这类无知可以破除。

启蒙运动最伟大的文学成果分毫不差地以此为目标。这就是狄德罗和达朗贝尔（D'Alembert）的巨著《百科全书》，一部长达21卷、卷帙浩繁的信息和理念宣传集成，出版于1751至1765年间。如其中部分条目所揭示的，启蒙运动的另一大障碍是缺乏容忍——尤其是对出版和论辩自由的干涉。其作者之一称，《百科全书》是一部"战争机器"，旨在改变思想、用信息武装思想。地方观念是人类走向美好未来的又一个障碍。在人们心目当中，启蒙运动的价值观是所有文明社会价值观的综合，是一种普遍的价值观。欧洲知识界精英从未如此兼容并蓄，也从未如此享有共同的语言，也许只有中世纪是例外。启蒙运动对其他社会展现出非同一般的兴趣，这些了解强化了其普遍的包容性。这部分是因为发自内心的好奇；游记和发现向公众呈现了陌生的理念和体制，从而激发了人们对社会和伦理相对性的兴趣。这些新知为批判思想提供了新的土壤。18世纪欧洲人心目中那个人道和开化的中国尤其令他们浮想联翩，或许这一事实也能表明他们对中国现实的了解有多么肤浅。

人们设想，一旦无知、不容忍和地方观念得以破除，由理性所发现的、不可阻挡的自然规律将推动社会改革，除了那些因蒙昧或享有站不住脚的特权而深陷往日泥潭的人以外，这场改革会符合所有人的利益。法国作家孟德斯鸠的《波斯人信札》开启了一份传统：通过与自然规律作对比，就可改善既有社会的体制——对他而言是法国法律。在宣扬这一方案时，启蒙运动者自视为新社会秩序的布道人。他们将自己想象成批判和改革的化身，从中首度涌现出一份陪伴我们至今的社会理念，即知识分子式的理念。道德学家、哲学家、学者和科学家早已有之；他们的本质特征是某种专业特长。而启蒙运动所创造的是一般意义上的批判性知识分子的概念。独立、理性、持续和全方位的批判主义精神获得了前所未有的系统化发展，其结果是现代意义上的"知识分子"的诞生。

18世纪并没有使用"知识分子"这一术语。这类人已经出现，但被单纯地称为"哲学家"。这是对熟悉的词汇加以活用的有趣范例；其所指并非哲学研究这一特殊的精神追求，而是对未来的共同展望和一致的批判立场。这一词汇具有道德和评判色彩，被用来赞扬同伴，也被用来抨击对手，而且还形容通过批判性思维向不具备专业知识的广大公众宣扬真理的热忱。其原型是一群法国作家，虽然各有差异，但还是很快聚集到一起，并被冠以启蒙哲人（*philosophes*）之称。他们的人数和名望都恰如其分地表现了法国在启蒙运动中期的重要地位。其他国家没有那么多属于知识分子传统的风云人物，为数不多的几位也得不到名望和地位。

不过，启蒙运动早期的正神还是英国人牛顿和洛克；将哲学家边沁（Bentham）称为把启蒙思想和手段发展到极致的人物也不无道理，最伟大的史学史里程碑则是吉本的著作。在更北方，苏格兰经历了 18 世纪伟大的文化全盛时期，产生了休谟和亚当·斯密这两位伟大人物，前者是启蒙运动中对科学技术哲学研究最深入也最敏锐的哲学家之一，将极端怀疑精神和良好的自然与社会保守主义观点结合在一起；后者创作了近现代史上最具原创性和才华的著述之一。拉丁国家中，尽管罗马天主教在意大利占据主导地位，但该国是法国以外对启蒙运动贡献最多的国家。哪怕仅凭贝卡利亚（Beccaria）一人，意大利启蒙运动也绝不会被历史遗忘，他的一本著述奠定了监狱改革和刑罚批判的基础，并使一句名留青史的口号广为人知："最大多数人的最大幸福。"德国的启蒙运动开展较晚，赢得普遍推崇的人物也较少（可能和语言因素有关），但诞生了康德这位思想巨人，虽然他有意超越启蒙主义，但其道德倡议依然高度体现了启蒙运动的立场。比较籍籍无名的似乎只有西班牙。哪怕把若干受启蒙思想影响的政治家的作品算上，这份评价也不失公允；18 世纪的西班牙大学依然拒不接受牛顿的学说。

虽然其他民族的成果对文明史也相当重要，但法国人的成就对当时的冲击最为强烈。这有很多原因，其一单纯在于国力的强盛；路易十四治下的法兰西拥有一份长盛不衰的威望。另一原因是法国文化有一份冠冕堂皇的传播工具，也就是法语。它是 18 世纪欧洲知识界和时尚人士的交际语；玛丽亚·特蕾西娅和其子女的家书都使用法语，腓特烈二世也用法语作韵诗（但写得很糟）。任何法语书籍都能在欧洲找到读者，而该语种的成功有可能实际上阻碍了德语文化的发展。

通用的语言令理念宣传、探讨和批判性评论成为可能，但短期内能够通过实际改革实现多少成果终究有赖于政治环境。一些政治家试图对"启蒙"理念进行实践，因为国家的利益和哲学家的目标存在某种一致性。当"启蒙专制"与既得利益和保守主义发生冲突，这种对政治环境的依赖就显得尤其明显。哈布斯堡领地内触及教会利益的教育改革的实施，或是伏尔泰在一封写给一名王室大臣的简函中对阻挠财政革新的巴黎最高法院的攻讦，都明显带有这种冲突色彩。一些统治者像叶卡捷琳娜大帝那样，大张旗鼓地展示启蒙思想对其立法的影响。也许，除了被用来反对教会的实用主义改革理念之外，最重要、最具影响力的理念冲击始终与教育和经济领域有关。在法国，启蒙思想家的经济建议至少对行政产生了影响。

宗教问题拥有吸引启蒙哲人关注的独特力量。当时，宗教和宗教教诲与欧洲生活的方方面面当然还是密不可分。这并不仅仅因为教会掌握了巨大的权威，还因为教会实体无处不在，社会和经济两方面的教会组织利益也无处不在；宗教以某种方式渗透到社会的各种层面，而这些层面是改革者可能会感兴趣的。无论是神圣权力或教士特权的滥用阻碍了司法改革、教会土地保有权（mortmain）拖了经济的后腿、教会对教育的垄断局限了行政人才的培养，还是忠心有为的臣民因教义无法得到公正的待遇，罗马天主教会似乎总是社会进步的一大障碍。

但这不是宗教引来启蒙哲人非难的全部理由。他们认为，宗教还会导致罪行。宗教迫害时代末期有一桩激起民众愤慨的重大事件，即1762年在图卢兹将一名新教徒判处死刑，罪名为强迫天主教徒改信异端邪说。他为此被折磨、审判和处死①。伏尔泰为此案申诉，并激起轩然大波。他的努力没有改变法律，但在天主教和新教对立感依旧强烈的法国南部——也有可能是整个法国，使得此类判决再也无法重

_____

① 即马克·安东尼·卡拉谋杀案。被处死的人是他的父亲约翰·卡拉，他们一家为胡格诺派新教徒，马克·安东尼系自杀，但坊间传言他打算改信天主教才被父亲谋害。——译者注

现。不过，法国法律对新教徒一直毫不姑息，直到 1787 年才有所改观，而犹太人依然不被接纳。那时，约瑟夫二世已在其天主教领地内推行宗教容忍政策。

这表明启蒙运动的实际成果受到一个重要因素的限制。不管有多么强大的革命力量，它必须在局限性依然极大的旧时代社会政治体制和道德框架内运行。启蒙与专制的关系比较模糊：启蒙者也许会反抗神权君主强加的审查或宗教偏执行为，但也可能依赖专制权力实施改革。必须牢记的是，启蒙思想并非社会进步的唯一动力。伏尔泰所赞赏的英国体制并非源自启蒙运动，18 世纪英格兰的大量变化更多得益于宗教，而非"启蒙哲学"。

启蒙运动最伟大的政治意义在于给未来留下的遗产。它明确并发展了后世所称的"自由主义"所要求的很多关键主张，不过这份传统在此处也不乏歧义，因为启蒙运动者并非追求自由本身，而是追求自由所能带来的结果。人类能够在尘世间享受幸福生活的设想是 18 世纪形成的伟大见解；可以说，那个时代不仅将世间的幸福视为一种可行的目标，而且还发展出幸福可度量（边沁撰写过一套"幸福计算"［felicific calculus］理论）、可以运用理性增进人类福祉的观念。最重要的是，启蒙运动传播了一份理念：就社会倾向性而言，知识的本质是良性和进步的，因此值得信赖。以上这些理念都具有深远的政治影响。

除此以外，那个时代以一种更具体和偏否定的形式对欧洲未来的自由主义传统做出了最为人熟知的贡献；启蒙运动创造了经典的反教皇至上主义。对罗马教会所作所为的批判形成了支持政府攻击教会组织和权威的舆论。除启蒙哲学之外，政教之争还有很多其他根源，但总能表现为启蒙与理性对抗迷信与偏执这一长期战争的组成部分。教皇尤其容易引来批判或蔑视；伏尔泰一度相信，这一职位在该世纪末以前就会消失。在敌人和很多支持者眼中，启蒙哲人最伟大的成功是促成 1773 年教廷解散耶稣会。

若干启蒙哲人对教会的攻击超出了体制范畴，矛头直指宗教本身。18 世纪首次出现了彻头彻尾的无神论（结合唯物主义决定论）的严肃表述，但这种哲学观尚不普遍。启蒙运动时期思索这些问题的人大多可能会怀疑教会的教义，但依然是模棱两可的有神论者。他们也无疑相信宗教是一股重要的社会力量。如伏尔泰所言，"为了人民，你必须有所信仰"。不管怎么说，他和牛顿一样，毕其一生强调上帝的存在，去世时也与教会相安无事。

这暗示着人性中知识及理性以外部分的重要性，总是面临被启蒙运动忽视的危险。该世纪，日内瓦人卢梭是这方面最具预言色彩的人物，他也与很多"启蒙者"和启蒙哲人发生激烈的争执。他热忱呼吁感性和道德应获得应有的重视，从而在思想史中占据重要地位。感受和道德在理性面前都有黯然失色的危险，因此他认为，那个时代的人是被蒙蔽的生灵，是不完全和堕落的存在，被一个暗无天日的理性社会所扭曲。

卢梭的远见给欧洲文化打下了深深的烙印，有时这种影响是有害的。他在每个人的灵魂中撒下了（诚哉斯言）新的苦种。他的著述中可以找出各种新观念和思想，例如一种赋予宗教新生的态度、一份后来充斥艺术和文学领域的针对个体的心理痴迷、一种理解自然和自然之美的感性手段、现代民族主义学说的兴起、重新转向以儿童为中心的教育理论、去宗教化的禁欲主义（基于古代斯巴达的神秘观念），还有很多很多。这一切都有正反两面的后果；概言之，卢梭是创造浪漫主义的关键人物。他在很多方面都是创新者，也往往能跻身天才之列。他与别人共通的思想同样不少。例如，他唾弃启蒙运动对社群的侵蚀，觉得人人都是兄弟姐妹，是同一个社会、同一个道德整体的成员，这些想法恰恰表达了爱尔兰作家埃德蒙·伯克（Edmund Burke）的观点，只不过后者从中得出的结论与卢梭大相径庭。卢梭发出的言论在某种程度上被其他人视为启蒙运动已过巅峰的表现。然而他在浪漫主义中的特殊地位和中心作用是无可怀疑的。

　　浪漫主义是一个被大量使用和误用的词语，可以用来形容看起来全然相反的事物。例如，1800 年后不久，有人开始对过去的一切价值观说不，试图以和启蒙时代同样暴力的手段推翻遗留的传统，与此同时，也有人寸步不让地守护着重要的历史体系。双方都可以（也都曾被）称作浪漫主义者，因为道德激情对双方的作用都胜过理智分析。此类对立事物之间最清晰的共通点在于强调感受、本能和自然，这是浪漫主义欧洲的新气象，其中尤以自然为重。表现形式纷繁多样的浪漫主义几乎总是从反对部分启蒙思想开始，不管是怀疑科学能解答一切，还是对以理性为外衣的利己主义深恶痛绝。但其肯定意义上的根源比此更深，源自用来取代多种传统价值观的宗教改革最高价值观——真诚；一些天主教批评家将浪漫主义看作新教主义的去宗教化形态，这不无道理，因为其首要的追求是真实、自我实现、诚实和道德昂扬感。不幸的是，浪漫主义者为了这些追求总是不惜代价。他们的伟大事业将唱响整个 19 世纪，且往往带来痛苦的结果，进入 20 世纪后，还将作为欧洲文化活力最后的表现之一，给世界上大量地区带来影响。

卷六

大加速时代

导　论

18世纪中期，世上大多数人（可能欧洲大部分人也一样）依然相信历史会按部就班地延续下去。极为沉重的历史枷锁无处不在，而且往往无法挪动分毫：部分欧洲人展开了挣脱桎梏的尝试，但在欧洲以外的任何地区，别说尝试，就连可能性也不存在。尽管与欧洲的接触开启了很多地区改革生活方式的进程，但大部分地方未受影响，也在很大程度上保留着纯粹的传统。

在这个进程中，只有欧洲——或者应该说欧洲的很小一部分地区——是与其他地方截然不同的，了解这一点非常重要。此时世界上其他地方都没有会引发大变化的危机，只有当欧洲人在创新、贪婪、宗教狂热或本土资源稀缺的驱使下开始征服世界时，变化才降临。但即便在18世纪，有思想的欧洲人也开始广泛认识到历史变革的来临。后一个半世纪，迅速而深刻的改变几乎无处不在，要忽视这一事实就算有可能也极为困难。到1900年，欧洲和欧洲世界显然已同过去的大量传统分道扬镳。一种根本上更为进步的历史观被更多的人所接受。即使进步的神话从未完全摆脱质疑，但也使历史事件有了越来越多的意义。

同样重要的是，源自北欧和大西洋国家的推动力也往外辐射，改变了欧洲与其余世界的关系，也改变了许许多多欧洲人赖以生活的基础，尽管有很多人对此感到抵触和沮丧。到19世纪末（但这只是大略和权宜的界标），一度被传统所约束的世界走上了一条新的轨道。持续和加速转型是世界新的宿命，而后一个形容词与前者同样重要。

一个 1800 年生的人，如果能有诗篇作者所称的七十年寿命①，就可以用一生见证世界经历了比之前一千年更大的变化。历史正在加速前行。

　　欧洲霸权的巩固是这些变化的核心，也是变化背后的巨大推动力之一。到 1900 年，欧洲文明已证明自己是有史以来物质上最成功的文明形态。至于其中最重要的意义所在，他们的看法也许并不总是达成一致，但鲜有欧洲人否认，这份文明创造了规模空前的财富、以武力和影响力主宰了世界其余地区，此前从未有任何文明能做到这种地步。欧洲人（或他们的后代）掌握了世界。其主宰地位在很大程度上属于政治范畴，是直接的统治。大片地区被拥有欧洲血统的人所占据。形式上和政治上依然独立于欧洲之外的非欧裔国家中，大部分实际上遵从着欧洲人的意愿、允许欧洲人干涉其事务。能够抵抗的原住民屈指可数，就算他们做得到，欧洲人也往往会成为真正的胜利者，因为抵抗运动需要借鉴欧洲人的行事方式才能成功，也就成为另一种形式的欧洲化进程。

---

① 这一用法源自《圣经·诗篇》90 章 10 节："我们的寿数，不外七十春秋，若是强壮，也不过八十寒暑；但多半还是充满劳苦与空虚，因转眼即逝，我们也如飞而去。"——译者注

第 1 章　长 期 变 化

1798 年，英国牧师托马斯·马尔萨斯（Thomas Malthus）发表了《人口原理》一书，经历史证明，该书将成为该学科有史以来最具影响力的作品。他描述了人口增长的法则，但此书的重要性超越了这一明显具有局限性的科学范畴。例如，它对经济理论和生物学的冲击与对人口学研究的贡献同样重大。不过与此相比更为重要的是，此书标志着人口学思想的变迁。一言以蔽之，有大约两个世纪，欧洲政治家和经济学家都认为人口增长是繁荣的标志。国王们设法提高臣民的数量，因为人们不仅认为这可以提供更多的纳税人和士兵，而且还认为人口的增多与经济运行速度的加快互为因果。显然，更大的人口数量表明维持其生计的经济规模也扩大了。亚当·斯密为此观点的核心内容提供了最权威的支持，其影响力巨大的著述《国富论》早在 1776 年就认同了人口增长大致等同于经济繁荣的论调。

但马尔萨斯又狠狠泼了一盆冷水。他得出结论，不管社会整体将如何发展，日渐膨胀的人口迟早会释放灾难，给其中最大的阶层——穷人带去苦难。在一段著名的阐述中，他提出，地球的产出有其限量，取决于可用的耕地面积，进而为人口施加了上限。然而人口始终存在爆发性增长的趋势。生存压力会随人口的增加与日俱增，产量增长的速度会越来越滞后于人口增长。当产量无法多过需求时，饥荒必然随之降临。然后人口开始减少，直到现有粮食产量可以供养的程度。只有节育（以及有助于鼓励人们晚婚的克制和审慎）手段，或是灾难或战争等恐怖的自然因素才能阻止这一机制的运转。

关于这份阴沉的理论有多么复杂和精妙，还有很多可以大书特书。它激起了轩然的争议和驳斥，无论是否正确，如此引人关注的理论必然能告诉我们那个时代的很多信息。不管出于何种原因，人们已经对人口增长感到忧虑，即便是马尔萨斯那般不得待见的理论也取得了极大的成功。人们对人口增长产生了之前所没有的认识，而这仅仅是因为增长的速度比过去更快。在 19 世纪，无视于马尔萨斯的言论，部分人类世界的人口数量急剧增长，其速度对当时或以前的人类而言是无法想象的。

这类变化最适合用长期视角来解读；纠结于精确的日期有害无益，其总体趋势一直延续到 20 世纪中后期。如果把俄罗斯（其人口数据直至本作诞生之时依然非常欠缺统计学依据）包括在内，那么欧洲人口在 1800 年为 1.9 亿左右，一个世纪后增加到 4.2 亿上下。世界其余地区的增长速度则慢得多，使得欧洲人口在世界人口中的比例从大约五分之一提高到四分之一；有一小段时间，欧洲缩小了对亚细亚文明中心的人口劣势，但继续享有技术和心理上的优越地位。

不仅如此，在同一时期，欧洲还经历了规模巨大的对外移民。19 世纪 30 年代，欧洲海外移民人数首次超过一年 10 万；1913 年达到 150 万以上。以更长远的视角来看，1840 至 1930 年间，也许有 5 000 万人离开欧洲前往海外，其中大部分都抵达西半球。这些人和他们的后代都应被计入总量，才能理解这些年来欧洲人口增长的规模。

该增长在欧洲内部并不平均，也对大国的地位造成重大影响。军事人力通常被视为强国实力的体现，1871 年，德国取代法国，成为俄罗斯以西单一政府下人口最多的国家，这是一个关键性的转折点。看待此类变化的另一种方式是比较欧洲军事大国在不同时期中占欧洲总人口的相对比例。例如，1800 至 1900 年间，俄罗斯从 21％ 提升到24％，德国从 13％ 升到 14％，而法国从 15％ 跌至 10％，奥地利跌幅略少，从 15% 降至 12%。但没有国家像英国那样取得了如此惊人的增长，从马尔萨斯著书立说时的 800 万左右升至 1850 年的 2 200 万（还将在 1914 年达到 3 600 万）。

然而人口增长无处不在，只是速度和时间段不同。例如，最贫困的东欧农业型地区直到 20 世纪二三十年代才迎来人口增长的顶峰。这是因为死亡率的下降是该时期人口增长背后的基本机制，且无处不然。在过去一百年间，死亡率的下跌幅度是史上空前的，并首次出现于 19 世纪的欧洲发达国家。笼统而言，1850 年以前，大部分欧洲国家的出生率略高于死亡率，而且两个数值在所有国家都基本相等。换言之，该状况表明，在那个时代、在依然以农业为压倒性主体的社会，人类生活的基本决定因素所受到的冲击很小。1880 年后，这一切迅速发生变化。欧洲发达国家的死亡率呈相当稳定的下跌趋势，从每年 35‰ 降至 1900 年的 28‰，五十年后还会进一步减少到 18‰。略欠发达的国家在 1850 至 1900 年间依然保持着 38‰ 的死亡率，到 1950 年才降至 32‰。

这造成了欧洲内部惊人的不平等，较富裕部分的预期寿命要高得多。大体而言，除死亡率高且贫穷的西班牙之外，欧洲发达国家都位于西部，因此死亡率的不平等再次加剧了旧有的东西欧差异，给波罗的海至亚得里亚海的那条假想的边界添上了新的浓墨重彩。

死亡率降低以外的其他因素也不无贡献。随着经济状况的改善，早婚和出生率提高在人口扩张的第一阶段就显露端倪，但现在两者发挥的作用要大得多，因为从 19 世纪开始，得益于更充分的人道主义关怀、更廉价的食物、更好的公共卫生条件以及医疗和工程学的进步，早婚儿童的存活率大大提高。

影响人口发展趋势的因素中，医学和医疗条件是最晚发挥作用的。直到 1870 年左右，医生才开始掌握重大绝症的治疗方法。这些疾病都是儿童杀手：白喉、猩红热、百日咳、伤寒。婴儿死亡率因而急速下降，新生儿的预期寿命则显著提高。但更早之前，通过给日渐扩大的城市建设改良的排水系统、设计更好的清洁卫生手段，社会改革者和工程师已经为降低这些和其他疾病的发病率（虽然不包括其死亡率）做了大量工作。到 1900 年，曾于 19 世纪三四十年代肆虐伦敦和巴黎的霍乱在工业化国家已经绝迹。1899 年后，西欧再无一国爆发大型疫病。这类变化影响到越来越多的国家，在各地都产生了提高平均寿命的普遍趋势，也造成了惊人的长期效果。当 20 世纪过去四分之一的时候，北美、英国、斯堪的纳维亚和欧洲工业化地区的男女可以期待的寿命比中世纪祖先要多一至两倍。这一情况所带来的后果是极为惊人的。

正如人口增长加速首先降临到经济上最发达的国家，下一个可以感知的人口发展趋势——增长减缓也最早出现于那些国家。这是出生率降低所导致的，不过由于死亡率降低的速度更快，这一原因长期被掩盖。在每个社会，该趋势最早显现在富裕阶层当中；直至今日，生育率与收入成反比依然是大体说得通的规律（尽管富裕的美国政界世家提供了不少名声响亮的反例）。在某些社会（而且在西欧比东欧更明显），这是由于晚婚的趋势缩短了妇女婚后的生育时期；在某些社会，这是由于夫妻选择少生——得益于有效的节育技术，他们具备之前所没有的可靠手段。也许部分欧洲国家之前就对此类技术有一定了解；但至少可以肯定，这些技术在 19 世纪取得了改良（有些改进离不开科学和技术进步，从而制造出了必需的设备），也获得了使其广为人知的宣传效果。一场社会变化带来的影响力就像无数根触手所织成的巨网，这种情况再一次重现，因为很难不把这类知识的传播与特定因素——如识字率的提高——和生活期望的提高联系起来。尽管人们开始获得比祖先更多的财富，但也一直在调整所谓过得去的生活标准的概念——从而调整了可以接受的家庭规模的概念。至于他们据此概念所采取的行动是推迟结婚年龄（如法国和爱尔兰农民所为）还是采用节育技术（似乎是英国和法国中产阶级的做法），则取决于其他文化因素。

人们在家中生老病死的方式发生了改变，进而使社会结构出现转型。一方面，在19和20世纪的西方国家，青年的绝对数量比过去更多，有一段时期，其相对比例也比以往更多。19世纪欧洲的外向、喧哗和活力在很大程度上归因于此。另一方面，发达社会逐渐面临前所未有的老龄人口比例。过往世纪中供养老者和无工作能力者的社会机制越来越不堪重负；工业社会下的就业竞争日趋激烈，使这一问题雪上加霜。到1914年，几乎所有欧洲和北美国家都为解决贫困和无法自立者的供养问题绞尽脑汁，无论这项工作的规模和成果在各国有多大差别。

此类趋势直到1918年才见于东欧，而在西方发达国家，其普遍模式早已确立。死亡率的跌幅长期高于出生率，即便在发达国家也一样，因此直至今日，欧洲和欧洲世界的人口始终处于增长状态。这是该时代最重要的主题之一，几乎与方方面面都有联系。其物质方面的影响可见诸史无前例的城市化进程和规模巨大的消费市场的崛起，后者为制造业提供了发展的温床。其社会影响包括体制变化下的冲突和动荡，也包括体制变化下的投机行为。政客将人口数据列入考虑，决定可以（以及不得不）承担何种风险。人们对人口过密的警惕性越来越高，这些趋势都造成了国际上的反响。19世纪的英国担心无数穷人和失业者的福祉，从而产生了鼓励移民的措施，并进而塑造了臣民的帝国式思想及感受。稍晚些时候，德国人因为害怕损失军事潜力而不提倡移民，法国和比利时人则出于同样的理由成为发放儿童补贴的先驱。

其中部分措施恰当无误地表明，马尔萨斯的悲观预言将随着岁月的流逝被人遗忘，令他恐惧的灾难并没有发生。19 世纪的欧洲依然不乏人口灾难；爱尔兰和俄罗斯都遭遇大饥荒，濒临断粮的状况在很多地方出现，但此类灾祸越来越罕见。发达国家杜绝饥荒和物资短缺之后，也使得疾病的人口杀伤力不复从前。同时，巴尔干以北的欧洲地区享有两段为时较长的完全和平时期，即 1815 至 1848 年、1871 至 1914 年；作为马尔萨斯人口理论中的另一个阻碍因素，战争似乎也算不上称职的灾星。最后，如平均寿命所示，人口伴随生活水准的提高而增长，似乎否定了他的判断。悲观主义者能作出的唯一合理的反驳就是：马尔萨斯的疑问并没有获得解答，所发生的一切只能证明人类可以获取的食物比过去的假设要多得多，人们所害怕的饥荒没有出现。但无法从中得出供给无限的结论。

事实上，当时还发生了另一场伟大的历史变革，属于屈指可数的、真正改变人类基本生活条件的变革之一，称之为粮食生产革命并不为过。其开端前文已有涉及。18 世纪的欧洲农业已经能够获得中世纪两倍半的产出。而当时，更了不起的农业进步即将成为现实，产量会提升到更叹为观止的水平。据计算，从 1800 年前后开始，欧洲农业生产以每年 1％ 左右的速度增长，使之前所有的进步都相形见绌。更为重要的是，随着时间推移，欧洲工商业将使其有能力利用世界其余地区的巨大粮食储备。

两场变革都属于生产力投资不断加快的同一进程，到 1870 年，这一进程已使欧洲和北美成为毫无争议的全球财富最集中的地区。农业是财富集中的本质基础。人们曾谈论一场“农业革命”，假如不考虑其中的急速改变之意，这是一个可以接受的术语；毕竟，如果用过于内敛的词汇，就无法形容 1750 至 1870 年间实现的世界农业产出的巨大飞跃（后来甚至更上一层楼）。但这一进程充满复杂性，其推动力来自众多不同的源头，也与经济的其他层面具有不可或缺的关联。它只是一场世界范围的经济变革的一面，最终卷入其中的不仅是欧洲大陆，还有美洲和大洋洲。

一旦这些重要的性质开始定型，就可以对此加以专门的详述。1750 年的英格兰拥有全球最好的农产业。英国的农业采用最先进的技术，并与贸易市场经济充分融为一体，其领先地位将持续到大约一个世纪以后。欧洲农夫到那里观摩学习、购买牲畜和机械并寻求建议。同时，得益于国内的和平（1650 年后，英国本土没有大规模或持续的军事行动，对经济的好处是无法估量的）和人口增长所带来的购买力提升，英国农夫赚得了进一步改良所需的资金。他们愿意采取这种投资方式，就短期而言是对贸易前景乐观的表现，但也揭示了英国社会某些更深层次的东西。在英格兰，农业进步的好处属于个人，他们拥有土地，或作为承租者、以基于市场现实的条款安心使用土地。英国农业是资本主义市场经济体的一部分，早在 18 世纪，土地就几乎被视作和其他任何商品没有区别的存在。从亨利八世剥夺教会财产以来，欧洲其他各国常见的土地使用限制在英国就处于不断加速消亡的状态。1750 年后，这一过程的最后一大阶段随着世纪之交的大批《圈地法案》的出炉（与谷物高价时期存在醒目的重合）而到来，此类法案剥夺了英国农民放牧、砍柴或其他传统的经济权益，将土地集中起来供私人牟利。19 世纪早期英国和欧洲农业最惊人的反差之一是，传统意义上的农民在英格兰几乎完全消失。英格兰有雇佣劳力和小农，但没有那种在欧洲规模巨大的农业人口。那些欧洲农民个人拥有一些（尽管微不足道）法律权利，通过集体使用权和大量极小规模的所有权建立与土地的关系。

在经济繁荣和英国社会体制所构成的大环境下，技术不断向前迈进。技术发展长期处于成败参半的状况。良种牲畜的早期饲养者之所以成功，并非缘于尚处褓褓的化学知识，亦非凭借还不存在的遗传学知识，而是紧紧依靠长久以来积累的实践经验。即便如此，其成果也相当不俗。这片土地上栖居的牲畜改头换面；中世纪瘦弱的绵羊——其背影的某些部分与收养它们的修道院的哥特式拱顶有几分相似——让位于今日所熟悉的那些肥嘟嘟、圆滚滚、看起来怡然自得的动物。"对称、茂实"是一句18世纪农夫的祝酒词。灌溉和围篱技术取得进步，大型、开放式的中世纪田地——由狭窄的条块组成，每块由一名农夫耕种——被英国乡野上一块块方格状补丁的封闭式轮作农田取代，这些都使农村的外观发生了改变。在某些田野上，甚至1750年就有机械投入生产。18世纪期间，机械的使用和改良获得大量的精力投入，但起初似乎并没有带来产量上的太多贡献，直到进入19世纪，当越来越多的大型农田出现，机械也变得更加具有生产成本效益。不久之后，蒸汽打谷机在英国农田现身，开启了一条通往20世纪农业的道路，最终机械将基本上彻底取代人力。

这类改良和变化传播到欧洲大陆，带着一定的滞后性，也根据欧陆的情况作了因地制宜的变通。进步并不总是那么迅速，除非与过往世纪的半停滞状态相比。在卡拉布里亚或安达卢西亚，也许一个多世纪都感受不到进步的步伐。尽管如此，变化还是降临到欧洲农村，而且通过很多途径。与食品供应储备不足的状况所进行的斗争最终取得了成功，但这是数百桩胜利的综合结果，克服的对象包括一成不变的轮作制度、过时的财政安排、低下的翻耕水平和彻头彻尾的愚昧无知。这些胜利换来了更好的牲畜、更有效的动植物疾病控制、全新作物的引入和很多其他收获。

这类变化涉及如此广泛的基础，还往往不得不克服社会和政治的阻力。法国于1789年正式废除农奴制；这也许并没有多大意义，因为当时法国境内的农奴已经相当少见。同年，"封建体系"废除的意义则大得多。这一含混的术语代表着阻碍个人开拓土地、将土地视为通常投资对象的传统惯例和法律权利，如今这些障碍被大范围破除。几乎在第一时间，很多农民发现，他们想要的变化真正成为现实后并不完全令人称心；他们对封建制的态度是有所偏颇的。废除交给采邑领主的例行赋税是一桩乐事，但失去对公共土地的例行权利则使他们无法接受。基于贫困现象在同一时期大规模重演的事实，这一改变就整体而言更使人难以琢磨和评价。不出数年，大量之前属于教会的土地被出售给个人，由此导致土地持有者数量的激增和平均财产规模的扩大。按英国的前例判断，这应该为法国带来一个农业大发展的时代，但事实并非如此。农业进步非常缓慢，类似英国模式的财产兼并也极少发生。

这恰如其分地表明，对那段历史时期的步调和共性加以概括是需要审慎和限定的。尽管德国人在19世纪40年代周游各地、展示农业机械，表现出极大的热情，但德国毕竟是一个面积巨大的国家，也是某位伟大的经济史学家给出如下评价的两国（另一个是法国）之一："概言之，在铁路时代以前，农民的生活没有发生有史可查的、普遍而彻底的改善。"然而在阻挡农业进步的中世纪体制解体后，两国确实在稳步向前，也为铁路时代的发展铺平了道路。某些地区的加速发展缘于拿破仑时期的法国占领军，他们以及后来的其他势力引入了法国的法律，因此到1850年，农民被土地束缚和强制劳役的现象在大部分欧洲地区已经消失。

当然，这并不意味着旧制度下的观念在该体制消失后不再阴魂不散。无论是好事还是坏事，即使不再有合法性的支持，普鲁士、匈牙利和波兰地主在采邑中似乎依然保持着大量原有的寡头权力，而且到1914年依然如此。这些地区以较之西欧强烈而集中得多的方式来确保保守贵族价值观的延续，这一事实具有重要的意义。容克贵族常常在规划和管理名下地产时考虑市场因素，但在管理自身与佃户的关系时并不会考虑。

对农业传统法定模式的变革抵制得最为长久的是俄罗斯。该国的农奴制一直延续到 1861 年废除为止。此法案没有一举将俄罗斯农业整体转入个体经营和市场经济体制之下，但给欧洲历史中的一个时代画上了句号。从乌拉尔到拉科鲁尼亚的整片地区，再没有合法的、以农奴制为基础的大规模土地劳动，也不再有农民依附于地主不得脱身。这是一个体系的终结，该体系从古代传承自蛮族入侵时代的西方基督教世界，也曾经是欧洲文明上千年间的基础。1861 年后，欧洲所有农村的普罗大众都为工钱或食宿工作；这一伴随 14 世纪的农业危机首先在英格兰和法国传播的模式如今已遍及全欧。

中世纪的契约劳工形式在部分属于欧洲世界的美洲国家延续得最久。作为最绝对和彻底的强制劳动形式，奴隶制在美国部分地区直到 1865 年内战结束才失去合法地位，当年，废奴法案在整个共和国生效（不过胜利方的政府在两年前就开始宣传和推广了）。该国原本十分迅速的发展势头在一定程度上被这场实现废奴运动主张的战争所拖慢，战后又得以恢复，并使美国成为对欧洲至关重要的存在。即便在战前，作为奴隶制争论所围绕的核心，棉花种植业已经表现出新大陆能够为欧洲农业提供极大规模补充的势头，具有几乎不可或缺的作用。战后，为欧洲供应其他产品的通道得以开启，不仅是棉花等欧洲不易种植的作物，还包括粮食。

美国（还有加拿大、澳大利亚和新西兰、阿根廷和乌拉圭）很快表明它们能够供应比欧洲廉价得多的粮食。有两点使这一状况成为可能。一是这些面积巨大的新土地现已成为欧洲的资源。美国的平原、一望无际的南美无树大草原和气候适中的大洋洲均为种植谷物和饲养牲畜提供了广袤的田地。第二点是运输革命，使这些资源首度唾手可得。从 19 世纪 60 年代起，越来越多的蒸汽机车和轮船被投入使用。运输成本迅速降低，低价格促进需求增长，又使成本下降的速度更快，于是产生了更多的利润，并作为资本投向新大陆的山脉和平原。同样的现象也在欧洲内部以较小的规模发生。19 世纪 70 年代起，波兰和俄罗斯西部建成的铁路以及从黑海沿岸港口出发的蒸汽轮船，都能将俄罗斯的谷物以低得多的成本运到东欧和德国日渐发达的城市，使两地农夫面临竞争。到 1900 年，不管本人是否意识到这一点，欧洲农夫的竞争舞台已经是整个世界；智利鸟粪或新西兰羊羔的价格都可以确定欧洲农民本地市场的走势。

哪怕是这样一本概要式的历史书，农业爆发式增长的历程也值得大书特书；农业首先创造出文明，随后在数千年间限定文明的发展，接着突然又成了文明的推进器，用大约百来年不到的时间向世人展示，农业可以养活的人口比过去要多得多。不断扩张的城市的需求、铁路的问世、资本的出现，都与 1750 至 1870 年间日益壮大的越洋经济体有着形影不离的相互关系。不管具有多么至关重要的年代地位、在聚合投资资本方面发挥了多么巨大的作用，把农业在该时期的历程剥离于整体增长之外进行叙述也只是为了方便起见，这一整体增长最明显和突出的表现是一个基于大规模工业化的新社会的完全成型。

这是另一个浩大无垠的主题，甚至要看清这一主题究竟有多庞大都不容易。工业化创造了自蛮族入侵以来欧洲历史上最惊人的变化，但在人们心目中的地位甚至更高，被视为农业、铁器或轮子问世以来人类历史上最大的变革。在相当短的时期（一个半世纪左右）内，社会的构成元素从农民和工匠转变为工人和文书。讽刺的是，这一转变源自农业大发展，却又终结了农业在古代至高无上的地位。和若干其他重要事件一起，工业化将上千年的文化演进所产生的差异化人类体验转变为一种共同经历，此后，人类还将进一步走向文化融合。

即便只对工业化下个定义也绝不容易，不过若干核心进程显而易见，就在我们身边。其一是用其他能源驱动的机械取代人力或畜力，并且逐步向矿物能发展。另一进展是用大得多的单元来组织生产。还有一点是制造专业化程度的提高。但这一切都具有间接和多元的影响，很快就使我们的目光远远超越其本身。虽然工业化是无数企业家和客户作出的不计其数的有意识决策的体现，但也仿佛是一种盲目的力量，以转型之力横扫社会生活的一切，一名哲学家认为这类转型力量是革命性变化的"无情执行者"之一，而这类"执行者"可以占据工业革命史的半数篇幅。工业化意味着新型的城镇，需要新的学校和新形态的高等教育，也很快形成日常和共同生活的新模式。

使此类变化得以发生的根源要回溯到近代早期。投资资本伴随着数百年的农业和商业创新过程缓慢积累，知识也不断丰富。工业化启动后，运河提供了最早的大宗运输交通网络，从 18 世纪起，欧洲开始以前所未有的规模开凿运河（当然，中国的运河史是另一番光景）。但就连查理曼的手下也知道开凿的方法。即便最惊世骇俗的技术创新也深深扎根于过去。"工业革命"（19 世纪早期的法国人以此来为这个动荡而伟大的时代命名）时的人类站在无数前工业时代能工巧匠的肩膀上，是他们缓慢地发展出未来所需的技巧和经验。

例如，14 世纪的莱茵兰人（Rhinelander）学会了铸铁；到 1600 年，鼓风炉的逐步普及开始移除此前的高成本给铁制品使用带来的限制，18 世纪的一些发明使得部分加工流程可以采用煤炭取代木材作为燃料。即便以后世的标准来看创新并不算多，但廉价的铁器还是引发了研究新用途的实验热潮，并带来进一步的变化。新的需求意味着铁矿石丰产区将具有重要的地位。通过新的冶炼技术，矿物燃料取代了植物燃料，以煤矿和铁矿出产地为中心，未来的欧洲和北美工业布局开始成型。北半球拥有一条蕴藏世上大量已知煤矿储备的大环带，从顿河流域开始，途经西里西亚、洛林、英格兰北部和威尔士，直到宾夕法尼亚和西弗吉尼亚。是这种结合先让英国，继而让其他地区有了千载难逢的机会，跃入新的生产方式。

伴随着蒸汽机这一新发明的动力源，更好的金属和更丰富的煤炭为早期工业化做出了决定性的贡献。其源头依然非常深远。希腊时代的亚历山大里亚就有人知晓用蒸汽能驱动物体的知识。即使如某些人相信的那样，当时存在开发这一知识的技术，但限于经济条件的压力也不会是值得投入的尝试。18世纪迎来了一系列非常重要、堪称翻天覆地的技术改进，而且当时不乏可用作投资的金钱。两相结合，创造出一种动力源，并迅速在世人心目中占据革命性的重要地位。蒸汽机不仅是煤和铁的产物，也同样消耗二者，其直接消耗方式是作为蒸汽机的燃料和制造原料。以间接的方式，蒸汽机刺激生产，使其他加工工艺成为现实，从而导致了煤铁需求的上扬。铁路建设是最显著的范例。铁轨和机车需要海量的铁——后来改为钢，但也使货物运输的成本大大降低。这些新火车所运载的很可能还是煤或铁矿，从而让远离矿产区的地方也能以低廉的价格使用这些物料。新的工业区在铁路沿线成长起来，铁路又可以将它们的产品运送到远方的市场。

铁路不是蒸汽带给运输交通的唯一变化。第一艘蒸汽机轮于1809年入海。到1870年，虽然帆船依然很多，海军也还在建造配备满帆的战舰，但采用"汽船"进行常规海运已是稀松平常。其经济效果十分夸张，海运在1900年的真实成本相当于一百年前的七十分之一。蒸汽机轮和铁路大幅缩减成本、运输时间和空间，推翻了传统观念中可能与不可能的概念。自从驯服马匹、发明车轮以来，货品和人员的运送速度无疑要取决于道路状况，但只要距离不是太短，每小时一至五英里大概就是极限。走水路可以跑得更快，上千年来，伴随舰船设计和技术的大量改进，其速度可能提高了不少。但是，当人们可以在有生之年见证马背上的旅行与能够长时间保持 40 甚至 50 英里时速的火车旅行之间的差异，与此相比，过去那些缓慢的进步都显得不值一提。

如今，我们不再能享受工业时代最怡人的景观之一：高速运行中的机车用烟囱喷出长长的、绒絮般的蒸汽，在绿意盎然的田野所组成的布景上悬停数秒，然后消散无踪。初见此景，人们总是大为震撼，工业化转型的其他视觉表现也同样惊人，只是不那么美妙。最可怕的景象之一是黑烟弥漫的工业城镇，工厂的烟囱是镇上最醒目的标志，一如教堂尖顶曾是前工业时代最突出的城内建筑。工厂是如此新奇和令人叹为观止，使得人们往往未曾注意到它们是工业化早期阶段非比寻常的存在，而非什么典型的事物。直到 19 世纪中期，大部分英国产业工人依然在雇佣人数不足 50 的制造型企业内工作。长期以来，只有纺织业出现了劳动力的大规模集中；巨型棉纺厂使兰开夏郡首先形成与早期制造业城镇截然不同的视觉和城市特征，这些工厂看起来如此震撼，因为它们在当时独一无二。但到了 1850 年，显然有越来越多的制造业加工程序朝着集中化方向发展、聚集在同一屋檐之下，这一趋势的吸引力在于降低运输成本、提高工序专门化程度、使用更强力的机械和建立有效的劳动纪律。

到 19 世纪中期，这些变化（上述的那些是其中最惊人的）只在一个国家创造出成熟的工业化社会：大不列颠。其背后有长期而无意识的准备工作作为铺垫。和平的国内环境、野心较欧陆国家更为保守的政府，都有助于投资信心的滋长。农产品盈余的进一步增加首先在英格兰实现。以两三代人所完成的重大发明为基础，凭借丰富的矿产资源，英国人可以充分开发新的技术工具。不断扩张的海外贸易带来更多可用来投资的利润，投资所需的基础金融和银行业体制在工业化之前已经就位。社会看起来已经为变革做好心理上的准备；观察者发现，18 世纪的英国人对金钱和商机格外敏感。最后，人口的增加开始同时带来劳动力和制造业商品需求的提升。以上所有推动力汇聚到一起，造就了空前和持续的工业增长，19 世纪三四十年代，一些全新的、不可抗拒的现象成为这一增长最初的明显见证。

到 1870 年，德国、法国、瑞士、比利时和美国都紧随其后，展现出强势和自持续性的经济增长，但英国的工厂规模和历史地位依然排在首位。对喜欢以"世界工厂"自居的英国人而言，计算那些表明工业化为他们带来多少财富和实力的数据是一桩乐事。1850 年，英国拥有的远洋船只和铁路都占到世界总量的一半。在那些铁路上，列车运行定期准点，其速度甚至到一百年后都不算太落后。规范列车运行的"时刻表"是最早的同类实例（英语也最早使用这一词汇），电报是其准确运转的依靠。乘坐列车的男女老幼在数年前还只坐过马车或货车。在 1851 年，即一场大型国际博览会于伦敦举行并向全世界昭告其新贵地位的年份，大不列颠冶炼出 250 万吨生铁。这听起来不算很多，但相当于美国的五倍和德国的十倍。那一刻，全英国的蒸汽机能够产生 120 万匹以上的马力，比欧洲总和的一半还多。

到 1870 年，各国的相对地位已经开始发生变化。大不列颠在大部分领域依然独占鳌头，但其优势并非不可企及，维持领先地位的时日也不会长久。该国依然拥有多于任何欧洲国家的蒸汽马力，但美国（1850 年就超过了英国）已经后来居上，德国也在迎头赶上。19 世纪50 年代，德法两国都完成了英国已经实现的重要转型，炼铁所用燃料的主体从木炭转为矿物燃料。英国依然保持着制铁行业的领先地位，生铁产量一度节节上升，但当时只相当于美国产量的 3.5 倍和德国产量的 4 倍。不过这依然是巨大的优势，英国统治下的工业时代还没有完结。

与未来的形态相比，这些以大不列颠为首的工业国家尚未发育完全。到 19 世纪中期，其中只有英国和比利时的城市人口达到较高比例。1851 年的人口普查表明，英国各行各业中，农业的雇佣劳动者依然最多（只有家政行业有得一比）。但这些国家有越来越多的人参与到制造业当中，新涌现的经济财富集中现象和达到新高的城市化规模都一目了然地显示了正在向前迈进的变化过程。

随着工人的涌入，整片整片地区的生活面貌发生改变；在约克郡西区、鲁尔和西里西亚，以及无数新城镇，工厂拔地而起、烟囱高耸入云，连外观都变了样。19 世纪，这些工业区以惊人的速度发展，尤其是该世纪后半叶，涌现出一个个大型城市中心，将成为后世所特指的"大都市圈"的核心。有史以来第一次，欧洲部分城市的增长不再依赖于农村的移民。要找出体现城市化程度的标志并不容易，很大程度上是因为不同国家的城市区域有不同的定义，但这一进程的大方向依然是清晰的。1800 年，伦敦、巴黎和柏林各有大约 90 万、60 万和 17 万居民。1900 年，这三个数值分别为 470 万、360 万和 270 万。同年，格拉斯哥、莫斯科、圣彼得堡和维也纳的人口也都超过了百万。1800 年，全球 10 大城市有 7 座在亚洲。到了 1900 年，只剩下 1 座，即东京，还在榜上了。

这些大城市，以及虽然略小一些但比曾经让它们失色的古代名城依然大很多的城市，还在吸引大量来自农村的移民，尤其是在大不列颠和德国。这表明城市化趋势只在相对较少的国家显得突出，而那些国家正是最早开始工业化的国家，因为将工人吸引过去的是工业化带来的财富和就业机会。这个城市化和移民的过程，将成为现代化的一大核心因素。工业化把人们连根拔起，迫使他们离开自己的村庄，离开自己的国家，离开自己的文化，去往一种全新的城市环境，结果发现，这种体验令人恐惧，但又令人兴奋。

人们对城市的观念经历了很多转变。18 世纪结束之际，某种向往乡村生活的情感正大行其道。这与工业化的第一阶段相重合，对城市生活之转变的审美和道德评价始于19世纪之初，这一转变确实展现出往往令人反感的新面貌。城市化被很多人视为不愉快乃至不健康的变化，这种舆论是一股演进力量正在发挥效力的标志。保守主义者不信任城市、惧怕城市。虽然欧洲政府展示了可以轻易控制城市骚动的能力，但此后很久，人们依然对城市投以不信任的目光，视其为可能滋生革命的巢穴。这一点也不令人吃惊，很多新兴大都市往往面貌可憎，城内穷人的境况十分可怖。如果深入伦敦东区的贫民窟，任何人都能找出贫穷、肮脏、疾病和死亡的骇人证据。一名年轻的德国商人——弗里德里希·恩格斯在1844年写下该世纪最具影响力的著作之一《英国工人阶级状况》，揭露了曼彻斯特穷人可怕的生活状况，不过很多其他英国作家也被相似的主题所吸引。在法国，"危险阶级"（巴黎穷人的称谓）现象是该世纪前半叶政府所操心的话题，社会的悲惨状况引燃了1789至1871年间的一系列革命暴动。显然，惧怕城市发展会滋生对社会统治者和既得利益者的怨恨并非毫无道理，这也是一股潜在的革命势力。

　　预言城市将引发理念颠覆同样合乎情理。在19世纪，城市极大破坏了欧洲传统行为模式，也是新社会形态和理念诞生的熔炉，这是一片易于隐姓埋名的巨大丛林，任何人都能轻易躲开教士、地主和邻居刨根究底的眼神——这曾是农村社会约束力的来源。从中（尤其是当文化知识普及到中下层以后）产生的新思想开始挑战长久未受质疑的假说。19世纪欧洲上流阶级对于城市生活倾向无神论和无信仰的表征尤其感到震惊，而普遍的应对手段之一就是兴建更多的教堂。他们觉得危在旦夕的不仅仅是宗教真理和教义的完整性（对此，上流阶级本身倒是容忍异见多年，也没有感到不适）。宗教是道德和社会既有秩序的支柱。革命作家卡尔·马克思轻蔑地称宗教为"人民的鸦片"；统治阶级当然不会采纳如此称谓，但他们也承认宗教对于社会凝聚力的重要价值。

所导致的结果之一是一系列长期延续的企图，既发生在天主教国家，也发生在新教国家，其目的是找出让基督教重新占领城镇的方法。这一尝试至少在某个方面存在误解：自以为教会确实还有在城市立足的资本。实际上这些缺乏宗教氛围的城区不断蔓延滋长，就连传统教区和古村老镇的宗教机构都岌岌可危。但这些措施的表现形式多种多样，从城郊工业区建起的新教堂到结合福音传道与社会服务的传教活动不一而足，使教士从中了解到现代城市生活的实际情况。到该世纪末，宗教界人士至少充分意识到了前人所没有意识到的挑战。一名伟大的英国福音传教士经过精心的推敲之后，在一本著作的标题中选用了两个词语：最黑暗的英国（*Darkest England*）[1]，以此凸显传教工作的状况形同海外异教大陆。他给出的解答是创建一种全新的宗教宣传机构，尤其以吸引新一类的居民、对抗城市社会的弊端为己任，这就是救世军。

在这方面，工业革命的冲击再一次远远超出了物质生活的范畴。我们所知范围内最早的现代文明——其核心并不是某种正式的宗教信仰体制——是如何诞生的，这是一个极难判明的复杂问题。也许，我们不能将城市打破传统宗教习规的作用与科学、哲学观念颠覆知识阶层信仰的作用彼此分割。但1870年的欧洲工业人口已经可以望见一个崭新的未来，其中的很多人掌握了文化知识，也疏远了传统权威，具有去宗教化的思想，并开始拥有自我存在意识。他们所构成的文明基础和以往的一切都有所不同。

---

[1]　卜维廉《最黑暗的英国及其出路》（*In Darkest England and the Way Out*），这一书名呼应了斯坦利对非洲内陆的评价——"最黑暗的非洲"，本书作者的弦外之意也是如此。——译者注

　　虽然他们对未来的想法只是一份期待，但不无合理之处，这又一次体现了工业化给人类生活的方方面面带来了何等迅猛与深刻的冲击。就连生活的节奏也发生了变化。此前的全部历史中，人类大部分行为根本上受制于自然的节拍。在农业或畜牧经济下，自然条件决定了一年的步调和模式，人们必须做些什么、能够做些什么都取决于此。白天与黑夜、好天气和坏天气又把季节设定的框架划分得更细。佃农与农具、牲畜和田地形影不离，从中赢得一份口粮。即便是相对较少的城镇居民，在很大程度上，他们的生活也取决于自然的力量；1850 年以后很久，一次歉收依然可以令大不列颠和法国的经济整体萎靡。但工业化以后，决定很多人生活节奏的因素已经发生了相当大的改变。最首要的因素是生产方式及其需求——需要低成本高效率地运用机器，需要或拮据或豪爽的投资资本，需要劳力的供应。工厂是这一因素的象征，而工厂的机器则确立了离不开准确计时的工作模式。由于工业化的工作，人们开始以一种截然不同的方式思考时间。

　　除了建立新的社会节奏之外，工业主义还将劳动者与新的工作方式联系起来。我们要避免因伤怀往日而影响对这一新工作方式的评价，虽然不容易做到，但很重要。乍看之下，工厂工人的处境使人沉痛：千篇一律的作息、非人性化的管理和为他人创造利润的宿命，都给种种反工业主义言论提供了立场，不管其形式是为手工艺人的世界已经消亡而懊丧，还是对工人与产品脱离的状况加以分析。但是，中世纪农民的生活也很单调，同样花费大量时间为他人创造利润。他们死板的工作日程并不比工人好过或舒坦，因为日出日落和雇主同样无法违抗，干旱或暴雨同商业萧条或繁荣一样变化无常。不过，无论我们将工业生产与过去相比时会作出何种评价，在这些新的严格制度之下，无数男女获得生计的方式发生了颠覆性的转型。

　　一个鲜明的例子就是很快便臭名昭著、成为早期工业时代痼疾之一的滥用童工现象。有整整一代英国人的道德意识因废奴和随之而来的激昂感而被拔高，他们也是极度重视宗教教育的一代——因此同样重视年轻人接触宗教的一切可能障碍，又是对孩子的情感超乎前人的一代。这一切都滋长了对童工问题（最早针对英国国内）的关切，并有可能使人们忽略一个事实，即工厂残酷剥削儿童的现象只是雇佣模式全面转型的冰山一角，至于将儿童作为劳力本身则毫不新鲜。成百上千年来，欧洲的儿童一直都从事养猪、养鸟、拾穗、万用杂役、清道夫、雏妓和偶尔的苦力（大部分非欧社会也是如此）。雨果的小说名著《悲惨世界》（1862）中大量无依无靠的儿童所组成的骇人场景，就是他们在前工业化社会的写照。工业主义带来的差异在于对儿童的剥削加以规范化，并有工厂制度这一全新的压榨工具。由于力气较小，农业社会中的儿童能够承担的工作必然有别于成人，然而机器操控领域却存在一应俱全的、儿童的劳力能够直接和成人竞争的岗位。在通常供大于求的劳动力市场，这意味着父母面临无法抵抗的压力，必须将孩子送入工厂，尽早挣得一份家计，有时从五至六岁就开始了。其后果不仅往往给受害者带来可怕的经历，还使儿童与社会的关系发生革命性的变化，也令家庭结构出现残缺。这是历史发展最面目可憎的"无情的执行者"之一。

　　这股力量所导致的问题相当突出，社会不可能不加关注，并很快着手遏制工业主义最显著的罪恶。到1850年，英格兰法律已经开始施加保护性干涉，对象包括矿场和工厂的妇女儿童；而当时，在经历了农业基础型经济长达千年的历史后，即便是大西洋诸国也依然不可能杜绝奴隶现象。鉴于史无前例的转型规模和速度，而且病灶初期只能堪堪窥见轮廓，对早期工业化欧洲应对不够及时的指责是应当加上限定范围和条件的。哪怕在付出代价或许最为沉重的英国工业社会早期阶段，人们也难以摒弃一份信念，即不受法律干涉的经济自由是创造规模巨大的新财富不可或缺的前提，而且这一创造过程正在进行当中。

诚然，工业时代早期几乎找不到一名提倡绝对不干涉经济的经济理论学家和政治评论家。但确实存在一种广泛而持续的思潮，支持政府放任市场经济自由运转能带来极大的好处。人们往往用一个术语来概括推行此道的某种学术流派：自由放任主义（*laissez-faire*）。这一名词因一群法国人而出名。概言之，亚当·斯密以后的经济学家越来越一致地认为，由于财富生产将加快步伐，如果遵从市场的"自然"要求来使用经济资源，人类的福祉就能得到普遍的提升。个人主义是另一个不断强化的趋势，体现为两方面，一是个人能够为自己做主、谋求自身最大利益的观点，二是社会的组织形式越来越以个人的权利和利益为中心。

工业主义和自由主义长久以来的关联就是如此产生的；保守主义者对此哀叹不已，怀念过去等级分明的农业社会体制，以及该体制背后那份责任共担的、静如止水的理念和宗教价值观。但单纯的消极和自私绝非欢迎新时代的自由主义者的写照。对"曼彻斯特学派"（此名缘于该城市对英国工商业发展的重要象征意义）的领袖来说，该学派的信念绝不仅仅是知识和修养上的自我充实。一场在 19 世纪早期引起英国人关注的政治大争斗明显地揭示了这一点。其焦点是废除"谷物法"，该法案是一套关税体系，意图在更为廉价的进口谷物所带来的竞争中保护英国农夫的利益。自由贸易论者逐渐取得了胜利，但他们大多还不至于像"废法派"的领袖理查德·科布登（Richard Cobden）那般极端，他坚信自由贸易是神圣意志的体现（但英国驻广州领事的言论更出格，他曾公开宣称"耶稣即自由贸易，自由贸易即耶稣"）。

大不列颠围绕自由贸易所展开的是非曲直（其中谷物法是争议的

焦点）远非一篇简短的概述可以尽言。其含义越是明朗，以下事实就越是显然：工业主义包含创造性和建设性的意识形态，也意味着对过去的知识、社会和政治权威构成挑战。正因如此，这不是单纯的道德判断问题，虽然当时的保守和自由派都认为这就是道德判断问题。对保护工人、禁止工时过长的立法加以抵制的人，也许同时是一位模范雇主，积极支持教育和政治改革，与败坏公共利益的特权阶级斗争。他的对手也许是一名竭力保护工厂童工的好心地主，对佃户相当仁慈，但又愤然抵制除正规教会成员以外的人士获得选举权，或反对地主阶级的政治影响力受丝毫削减。一切都极为混沌。就谷物法这一特定主题而言，结果也充满矛盾，因为一名保守派的首相最终被"废法派"所说服。1846 年，趁着不致过于明显地打断政策连贯性的机会，他说服议会作出改变。永远都没有被同党派某些成员原谅的罗伯特·皮尔勋爵（Sir Robert Peel）凭此行为成就了自己政治生涯的巅峰，但很快就迫于保守派内部的压力辞职，却也赢得自由派对立人士的尊敬。

只有在英国，围绕该话题展开的争议才如此直截了当，其结果才如此历历分明。有违常理的是，其他国家的保护主义者最终得偿所愿。直到该世纪中期，各国经历一段扩张与繁荣的阶段——尤其是英国经济体，自由贸易思想才在英国以外地区获得大力支持，英国的繁荣被自由贸易的信仰者视为其观点正确性的明证，甚至平息了其对手的情绪；自由贸易成为英国不容触动的政治信条，直到 20 世纪中后期才发生改变。英国经济如日中天的领导地位，帮助这一思想在其他国家也短暂地盛行了一段时间。事实上，与自由贸易理念的胜利相比，其他因素对这一时期的繁荣同样大有贡献，但放任主义者的信念助长了他们的乐观情绪。他们的学说是对人类潜力的认识不断进步的结果，其根源在于启蒙运动思想。

　　这一乐观主义的坚实土壤如今很容易被人忽视。评价工业化的影响时，我们没有正视工业时代以前的污秽和凄惨。不管有多少穷人和棚屋（当时最最糟糕的局面已经过去），1900 年的大城市居民比祖辈消费得更多，也活得更久。当然，这不表示那种悲惨的生活令人满足，或者以后世的标准来看可以容忍。但他们的生活往往（也很可能在绝大部分情况下）比祖辈更好，比欧洲以外的同代人更好。虽然看似荒唐，可他们是人类当中少数的幸运儿，更长的寿命就是最好的证明。

第 2 章　革命时代的政治变迁

18 世纪，"革命"一词展现出新的含义。传统中，它只代表政府构成的变化，未必具有暴力色彩（不过英国人学会相信，1688 年英国"光荣革命"之所以光荣，是因为其非暴力的特性）。某朝大臣被人取代就可以称作一场"革命"。1789 年后，这一状况发生了变化。这一年被人们视为某种新形态革命的起点，这是一场与过去的真正决裂，也许具有暴力特征，但也为社会、政治和经济的剧烈变化带来无限的可能。人们还开始想到，这一新气象可能超越国界，体现出某种无处不在的普遍色彩。即便是那些对此类革命极为反感的人也不得不承认，这一新形态的革命是那个时代政治舞台上的一大现象。

希望用"革命"为标题来涵盖该时期的所有政治变迁确有误导之嫌。但基于两个其他原因，"革命时代"则是一个体用相宜的称谓。原因之一是这百来年间确实发生了大量政治动荡，以最极端的定义来看也属于革命，虽然其中有很多功败垂成，还有不少所带来结果与人们心中的期望大相径庭，但数量上超过了过往历史的总和。第二点在于，如果我们多赋予该词一点点弹性，允许它涵盖大大加速的基本政治变化——而这些变化无疑超出了政府更迭的范畴，那么这些年来还发生了大量戏剧性的政治变化、然则后果俨然与革命无异的政治变迁。最早也最明显的实例是大英帝国的解体，其核心篇章则是后世所谓的美国独立战争。

1763 年，大英帝国在北美的势力正处于顶峰。他们已经从法国人手中夺走加拿大；法国人用要塞构成一环密西西比河沿岸的封锁圈，包围 13 块殖民地的恐惧已烟消云散。这似乎打消了一切对未来感到不安的理由，然而甚至在法国人败北之前，部分征兆就已出现，预示着法国势力的根除不仅不会强化英国对北美的控制，反而有所削弱。毕竟，英国殖民地的人数已经超过不少欧洲国家的国民人口。其中很多人既非英国后代，也不以英语为母语。他们的经济利益未必与英帝国一致。并且单凭伦敦和殖民地之间的距离，英国政府对他们的控制就必然会松动。一旦法国人（以及他们所煽动的印第安人）的威胁被解除，英帝国和北美殖民地之间的纽带更形弛懈也许是不可避免的结果。

难题很快出现。西部如何安置？西部与现有殖民地应为何种关系？新加入的加拿大臣民应获得何种待遇？1763 年，由于殖民者视西部为理所当然的定居和贸易领地，俄亥俄河流域的印第安人在此压力下爆发叛乱，使这些问题变得更加十万火急。帝国政府立即宣布阿利根尼山以西为禁止定居地区。以此为开端，很多希望去那片地区拓荒的殖民者开始感到不满，随后又被英国行政当局的行为进一步激化——英国当局与印第安人达成协议，划出一条派兵驻守的边界，以确保殖民者和印第安人彼此相安无事。

此后十年，美洲独立运动的潜能在蛰伏中不断酝酿，走向成熟和发端。怨言首先转化为抵制，然后是叛乱。殖民地政客反复利用令人不快的英国立法在美洲政坛煽风点火，让殖民者相信他们实际享有的自由已面临危机。而决定整个过程走向的还是英国方面主动采取的行动。矛盾的是，当时掌管大不列颠的连续几任首相都急于推行殖民地事务改革；他们的良好动机成了打破经历实践证明的既有现状的助推力。于是乎，这成了某种现象最早的实例之一，将在此后数十年频繁上演：出于良好意愿但缺乏政治判断力的行为将既得利益群体逼上梁山。

伦敦政府奉行不贰的一项原则是美洲应当提供一份相称的税收，为自身的防务和帝国整体的福祉做贡献。有两次为贯彻这一原则所采取的行动比较突出。第一次在1764至1765年，包括对殖民地进口食糖征税①，以及一份对各类法律文件课税以增加财收的《印花税法》。这两份法案的重要意义不在于意图征收的税额，甚至也不在于开殖民地内部交易税的先河（这一点也备受争论），而在于（英国政客和美国纳税人都看在眼里）英帝国议会的单边立法行为。此前，处理殖民地事务和开征税种的普遍方式是与殖民地议会讨价还价。而如今被打上问号的，是一个过去根本无人提及的问题：英国议会无可争议的最高立法权是否同样适用于其殖民地？暴动、抵制英货公约②和愤怒的抗议接踵而至。执行印花税法的倒霉官员一度日如年。九个殖民地的代表出席印花税法案大会发表抗议，显示出不祥的预兆。该法案随即被废除。

于是伦敦政府改弦易辙。其第二个财政动作是对颜料、纸张、玻璃和茶叶课税。这些属于外贸税，帝国政府也一直在管制贸易，所以看起来更有可行性。但事实证明这只不过是幻想而已。当时，激进的政客已经告诉美洲人，英国议会中没有他们的席位，所以根本无权对他们征收任何税收。如乔治三世所见，受到攻击的是议会而非王室。更多骚乱和抵制随之而起，其中有一场事件，在影响深远、为去殖民化历史染上浓墨重彩的冲突中属于最早的一批，那就是1770年的"波士顿屠杀"，在这场被神化的骚乱中，可能有五名抗议者身亡。

英国政府再次让步。三种税收被废除，只有茶叶税保留下来。不幸的是，情况已经失控，超出了税收问题的范畴，在英国政府看来，

① 即1764年通过的《食糖法》，旨在取缔糖和糖浆走私贸易，通过规范食糖贸易获取更多税收。——译者注
② 殖民地自由之子社和辉格党商人所组织的各类抵制英国商品的协议。——译者注

已成为帝国议会是否有能力在殖民地贯彻法律的问题了。如乔治三世在不久后的评价所言："若不能彻底制服，就只能完全放手。"殖民地处处都展现这一趋势，但有一个地方成为焦点。1773 年，在激进派（波士顿茶党）销毁一船茶叶后，英政府面临着一个生死攸关的问题：能否控制马萨诸塞殖民地的局势？

乔治三世、其大臣和下议院多数成员都同意已经无路可退。他们通过一系列强制性法案，旨在让波士顿俯首就范。有一项强制法案一石激起千层浪，使其他殖民地在这一关键时刻对新英格兰①激进派报以更大的同情，那就是 1774 年的《魁北克法》，其本身是合理且人道的，也满足了加拿大未来的需要。有的人对该法赋予罗马天主教特殊地位（其本意是让改换门庭的法国裔加拿大人尽可能不受干扰，保持原来的生活）感到不满，也有人认为将加拿大边界向南扩张至俄亥俄是另一种阻碍西进的手段。同年 9 月，各殖民地代表在费城召开大陆会议，使美洲与英国的贸易关系进一步恶化，并主张废除包括《魁北克法》在内的大量现有法律。至此，诉诸武力的结局也许已无法避免。激进的殖民地政客已经在公开谈论现实意义上的独立，且很多美洲殖民者都感同身受。但要让任何 18 世纪的帝国政府理解这一状况都属于天方夜谭。事实上，在混乱难以收拾、遵纪守法的温和派殖民者广泛遭到恐吓之前，英国政府始终不愿痛下单纯依赖武力的决心。到了这一刻，殖民者显然已不会心甘情愿地服膺于主权原则之下。

马萨诸塞殖民地开始囤积武器。1775 年，一队英军前往列克星敦收缴其中的部分武装，从而打响了美国独立战争的第一枪。而战争的序章并未就此完结。经过一年多的时间，殖民地领导者们才坚信，只有以完全摆脱大不列颠争取独立的姿态才能号召起有效的抵抗，于

---

　　①　马萨诸塞即新英格兰的一部分。——译者注

是就诞生了 1776 年 7 月的《独立宣言》，辩论的舞台也转移到了战场。

英国输掉了此后发生的战争，因为距离过远、水土不服，因为殖民地将领成功地避免在劣势兵力下作战，将主力保存到 1777 年的萨拉托加战役，因为法国人此役过后马上加入战局，自 1763 年七年战争败北后扳回一城，也因为西班牙人随即跟进，扭转了海上的实力对比。英国人本身也有顾虑，恐吓美洲民众、迫使他们宁愿让英国人维持统治，从而切断华盛顿将军的部队所享有的补给和行动自由——采用这种作战方式是有机会赢得军事胜利的，但他们不敢尝试。因为他们必须保留调解和谈的余地，让殖民者再一次心甘情愿地接受英国人的统治是他们最首要的目标。在如此情况下，殖民者与波旁王朝的联盟使胜负再无悬念。

军事上的决定性战役发生于 1781 年，一支英军被陆上的美洲殖民军和海上的法国舰队围困于约克城（Yorktown）。这支部队最终缴械投降，虽然只有 7 000 余人，但英军从未遭受如此奇耻大辱，也标志了帝国统治时代的终结。双方很快开始和谈，并于两年后的巴黎签署和约，大不列颠承认了美国的独立，并在领土划分中退让到密西西比河一线。这一决定对一个新国家的形成至关重要；曾经展望于重夺密西西比河沿岸的法国人则大失所望。从形式上看，只有西班牙和英国从起义者手中分得大陆北部的部分地盘。

尽管尚有千头万绪需要理清，还有若干边境争议数十年拖延不决，但西半球毕竟出现了一个资源潜力极大的新国家，无论以什么标准来衡量，这都是不折不扣的革命性变化。如果说国外观察家起初往往低估美国的存在意义，那是因为这个襁褓中的国家当时所显示的弱小一面比其潜力更加醒目。实际上，美国还远远没有一个国家应有的模样；各殖民地自行其是，很多人等着看它们陷入争执、四分五裂。

但他们有无法估量的巨大优势，即地理位置的偏远。他们可以在丝毫没有外来干涉的情况下解决自身的问题，这份天赐之福对以后的历史走向起到了关键的作用。

打赢战争之后的六年是至关重要的时期，若干美国政治家在此期间作出的决定将给世界未来的格局造成重大的影响。就和所有内战及独立战争一样，这场战争造成了新的分歧，凸显出国家政治基础的羸弱。其中，忠王派和起义派的分歧虽然写满辛酸，但也许是最无关紧要的。这一问题不难解决，只是手段残酷——败者被赶出了家园；有大约 8 万名忠王派离开了起义殖民地。他们的动机不一而足，有的不喜欢恐吓，有的单纯不愿放弃对王室的忠诚心。其他分歧则更有可能对未来造成困扰。农夫、商人和种植园主因阶级和经济利益各成一派。以殖民地为前身新成立的各州之间、这个迅速发展的国家内部的不同区域和行业之间，都存在重大的差异性；其中之一源自黑奴对南方各州的重要经济意义，将到几十年后才得到解决。另一方面，在着手开始国家建设之际，美国人也享有巨大的优势。在很多其他国家，民主体系的演进被大量文盲和落后的农村人口拖了后腿，而美国的未来之路上不用背着这种包袱。另外，即便只计算当时占据的区域，他们也拥有广袤的领土和巨大的经济资源。最后，他们还有欧洲文明作为寄托和依靠，只需稍作改动，就能将这些文化遗产移植到一片处女地（或接近处女地）般的新大陆。

对英作战带来了一定的纪律性。前殖民地之间达成了一系列联邦条例，并于 1781 年生效。条例中出现了这一新国家的名称，即美利坚合众国。和平降临后，人们愈发感到体制上存在未竟之处，尤其有两方面特别引起关注。其一从根源上人们就工业革命对国内事务应有何意义存在分歧。很多美国人觉得中央政府过于弱势，远远不足以应对不满和无序。另一个关注点来自战后的萧条经济，这尤其影响对外贸易，也和个别州的独立所导致的货币问题挂钩。要处理这些难题，中央政府也显得捉襟见肘。人们对政府发起非难，指责他们在与别国往来时罔顾美国的经济利益。无论是否属实，人们广泛地相信这一点。于是，各州代表在1787年的费城召开立宪大会。经过四个月的会务工作，他们签署了一份宪法草案，并提交给各州批准。获得九个州的认可后，该宪法于1788年夏生效。1789年4月，抗英作战中的前美国武装部队指挥官乔治·华盛顿，宣誓就任新共和国的首任总统，就此翻开了延续至今、从未间断的美国历任总统年表。

简明的体制和意图明确的原则是立宪时反复强调的要素，但新宪法在问世两百年后依然能表现出自我进化的潜力。尽管起草者下定决心，要创造一份毫无歧义、绝不可能以其他方式来解读的文件，但他们并未成功，而且这算得上是幸运的失败。美国宪法经过历史的考验，跨越了整整一个时代，该国也从以农业为主的松散社会转变为世界工业强国和巨头。这部分源于刻意为之的宪法修正案和补充，但更大的原因是以与时俱进的方式来解读宪法所体现的精神。不过，保持原样的内容也很多，尽管往往是形式上的守成，但这些一成不变的部分是宪法非常重要的特征。此外还有一些基本原则确实传承至今，哪怕其含义大有探讨的余地。

首先从最明显的事实讲起：这部宪法属于共和制。在18世纪，这绝非理所当然，也并不正常。有些美国人把共和主义看得重如泰山又危如累卵，因为觉得如其中一人所言，有"滑向君主制巢窠"的倾向（特别是手握执行大权的总统一职）而不认同这部宪法。受过古典教育的欧洲人都熟悉那些古代共和国，知道它们有传说般伟岸的道德，也知道它们走向衰败和分裂的命运。意大利诸共和国的历史也不能给人以信心，远远不如雅典和罗马来得光彩。18世纪欧洲的共和制国家寥寥无几，也显然欠缺活力。共和制似乎只能在小国存续，不

图例:

- 十三块殖民地
- 1783年从英国获得的领土
- 路易斯安那, 1803年从法国购得的领土
- 1818和1842年从英国获得的领土
- 1819年从西班牙购得的领土
- 1783年"合众国"独立
- 1845年得克萨斯作为一个州并入
- 俄勒冈地区, 通过1846年的条约并入
- 墨西哥1848年的条约割让的领土
- 1853年从墨西哥获得的加兹登购买地
- 1819年西班牙条约划定的边界

华盛顿, 1889年
俄勒冈, 1859年
蒙大拿, 1889年
北达科他, 1889年
明尼苏达, 1858年
威斯康星, 1848年
密歇根, 1837年
缅因, 1820年
佛蒙特
新罕布什尔
波士顿
马萨诸塞
罗得岛
康涅狄格
纽约
爱达荷, 1890年
南达科他, 1889年
艾奥瓦, 1846年
伊利诺伊, 1818年
印第安纳, 1816年
俄亥俄, 1803年
宾夕法尼亚
华盛顿特区
新泽西
特拉华
马里兰
内华达, 1864年
怀俄明, 1890年
内布拉斯加, 1867年
密苏里, 1821年
肯塔基, 1792年
西弗吉尼亚
弗吉尼亚
旧金山
犹他, 1896年
科罗拉多, 1876年
堪萨斯, 1861年
田纳西, 1796年
北卡罗莱纳
南卡罗来纳
加利福尼亚, 1850年
亚利桑那, 1912年
新墨西哥, 1912年
俄克拉荷马, 1907年
阿肯色, 1836年
阿拉巴马, 1819年
佐治亚
密西西比, 1817年
大西洋
太平洋
得克萨斯, 1845年
路易斯安那, 1812年
新奥尔良
佛罗里达, 1845年
墨西哥湾

北

＊＊西弗吉尼亚原先为弗吉尼亚州的一部分
马萨诸塞州此时也包括缅因淮州地区
佛蒙特直到1791年才建州
1889年开始作为一个联邦国家施政

0　　　800 千米
0　　　500 英里

美国的崛起和版图定局

过观察家也承认, 美国或许能凭借其偏远的位置守住这一在其他地区
必然导致大国崩溃的政体, 但他们对这个新生国家依然不抱乐观。因
此, 美国后来所取得的成功为扭转人们对共和主义的看法起到了不可
估量的重要作用。须臾之间, 其生存力、低成本, 以及自由主义——
被错误地归为共和主义不可或缺的要素, 引得整个文明世界的传统政
府批判者都投来关注的目光。欧洲的政治变革倡导者马上向美洲寻求
启迪; 共和主义范例的影响力也很快从北美传播到南美。

　　新宪法的第二个重要基本特征是非常倚重英国的政治经验。这一
新生国家的司法体系引入了英国的习惯法原则, 此外, 政府的实际编

制也以英国为模板。开国元老们都在英属殖民地体系中长大，为了地方公众的利益，经选举产生的地方议会要和君主派来的总督针锋相对。他们按照英国模式设立了两院制立法机关（但排除了议员构成中的世袭要素），以制衡总统的权力。而设立总统这一政府执行机构的首脑也是对拥立君主这一英国宪政理论的遵循。就另一种意义而言，英国只有一名推选出的国王，总统制并非18世纪英国宪政的实际运作方式，但也相当接近其表象。

事实上，开国元勋们采纳了他们所知的最好的宪政体制，去其糟粕（凡是他们所看到的），并加以适合美洲政治和社会环境的适当改动。而他们并没有效法当时欧洲的另一种政体——君主专制，哪怕是启蒙专制也未采纳。美国人写就了一部属于自由民的宪法，因为他们相信英国人就是自由的人民，英国宪法也是自由的宪法。他们认为英国宪法的失败之处仅仅在于其腐坏和滥用，还被用来剥夺美国人理应在该宪法下行使的权利。因此，有朝一日，与英国相同的政府原则（但其形式大为进化）将在这片源于盎格鲁—撒克逊文明、但与其文化划清界限的土地上发扬光大。

美国与当时大部分国家截然不同，并且有意和英国宪政体制分道扬镳的特色之一，是对联邦制的坚持。联邦制确实是美国的基石，因为只有向各州的独立作出重大让步，新的统一才有可能成为现实。原先的各殖民地无意成立中央政府，免得又造出一个会像英王乔治的政府一样颐指气使的机构。联邦机构给出了这一问题的解答——合众为一。也在很大程度上决定了此后80年间美国政治的形式和内容。一个又一个属于经济、社会或意识形态范畴的问题都将汇入一条奔流不息的辩论大潮：中央政府和各州的关系怎样才算合适。这场辩论最终几乎使合众国灭亡。联邦主义还促成了宪政体制内的一项重大修正，即最高法院这一司法审查机构的崛起。在19世纪，有很多国家从美国身上看到了联邦制的可取之处，对他们所实现的成就产生了深刻的印象。联邦制被欧洲自由主义者视为调和统一与自由的关键手段，也被英国政府看作处理殖民地问题的绝佳备选方案。

最后，任何概括美国宪法的重要历史意义的文本，无论多么简短，都会提及其开场白："我们人民"（尽管当时写就这两词可能完全是无意识的行为）。有几个州在 1789 年的实际政治局面完全谈不上民主，但人民主权论的原则从一开始就掷地有声。不管任何特定历史阶段的时代神话如何遮掩，这一人民意志将始终是美国政坛的最高仲裁法则。这与英国宪政实践存在根本性的不同，而与 17 世纪殖民者为自己制定的某些宪法有某种程度的渊源。英国宪政是约定俗成的产物；国王在议会中享有最高权力不是因为人民的决定，而是因为属于既成事实，也未受质疑。如伟大的英国宪政历史学家梅特兰（Maitland）所言，英国人将王室权威主义作为一种治国的替代理论方案。美国新宪法与此方针以及所有其他权威主义理论分道扬镳。（但没有脱离英国政治思想，因为洛克曾在 17 世纪 80 年代说过，政府所拥有的权力是托管性质的，如果滥用托管权，人民就可以推翻政府，而这也是英国人认同光荣革命的理由之一。）

如《独立宣言》的陈述，一切政府的正当权力都来自被管理者的认可，这一美国所接纳的民主理论具有划时代的意义。但这无法一劳永逸地解决政治权威的归属问题。很多美国人对民主心怀畏惧，从一开始就意图限制政治体系中的民粹元素。另一个问题体现在 1789 年末的宪法前十条修正案[①]所设立的基本人权之中。可以设想，在人民主权的控制下，宪法的其他部分同样有可能发生变化。这就是未来争议的一大源头：美国人总是很容易困惑（对其他国家

---

① 即《权利法案》。——译者注

的事务尤甚，有时对本国内政也不例外），无法肯定民主原则是该遵循大多数人的意志、还是该维护某种基本人权。尽管如此，这部1787年宪法事实上接纳了民主原则，意义极为重大，也不愧为人们心目中的世界史里程碑。新成立的美国将成为此后全球世世代代的自由追求者所向往的焦点——如一名美国人留下的传世名言，这是"世上最后的希望，也是最好的希望"①。即使到了今天、即使美国人本身都往往显得保守而内敛，他们长久以来所守护和标榜的民主理念依然在很多国家发扬光大，该理念所滋养和灌溉的机构和体制也依然在保持运转。

欧洲社会和政治话题的谈论中心是巴黎。一些法国士兵在帮助年轻的美利坚合众国成立后回到这座城市。因此不足为奇的是，尽管大多数欧洲国家都对大西洋彼岸的革命作出了某种程度的反应，法国人的关注表现得尤为突出。有一波滔天巨浪，经历两百多年的时光和无数前仆后继的效仿之后，被称作"唯一的法国大革命"。对此，美国所树立的典范和扬起的希望不无贡献，尽管是辅助性的。不幸的是，这一耳熟能详的简单术语并不利于理解。关于这场革命的本质，政客和学者们提出了大量不同的解读，对于革命延续了多久、结果如何，甚至何时开始，各方都有不同的见解。除了一致认为1789年发生的一切极为重要以外，能达成共识的地方很少。尽管其中放眼未来的成分远不如效法过去来得多，但它毕竟在极短的时间内彻底颠覆了革命一词的概念。法国社会一时翻江倒海，保守和创新元素五味杂陈，与17世纪40年代的英格兰非常相似，同样的，各种方针和追求也在有意无意间彼此纠缠，你中有我。

这一混乱是法国的物质条件和政府方针存在严重错乱及失调的症

---

① 引自亚伯拉罕·林肯的国会演说。——译者注

状。作为欧洲最强大的势力，其统治者既不愿也不能放弃国际地位和影响力。美国独立战争对法国的影响首先在于提供了复仇的机会；约克城一役解了七年战争败北之痒，让英国人失去 13 个殖民地则多少抚慰了法国失去印度和加拿大的创伤，然而成功的代价十分高昂。这就是美国独立战争的第二个重大后果：除了羞辱对手之外，法国没有得到任何像样的利益，反而使自 17 世纪 30 年代以来为建立和维护欧洲霸权而陆续背上的巨大债务又多了一笔。

路易十六治下的好几任大臣都试图清偿这笔债务，让君主摆脱其沉重的拖累（1783 年以后，法国在外交中的实际独立地位显然因此大受制肘），这位 1774 年登基的年轻国王略显驽钝，不过坚持原则，也有着良好的意愿。但就连遏制赤字的增长都没有人能办到，更遑论削减规模了。更糟的是，削减债务的尝试反而将法国的颓势广而告之。赤字额可以计算，数据也会被公布，这在路易十四时期是完全不能想象的。如果说有一种恐惧在 18 世纪 80 年代的法国阴魂不散，那并不是革命，而是破产。法国的整个社会和政治结构都不利于让富裕阶层成为财政来源，而这正是必然能走出财务困境的唯一道路。路易十四时代以来的历史证明，要想对富裕阶级征取与其财富相称的税额，不诉诸武力是不可能的，因为法国的法律和社会习俗、大量特权、特殊豁免以及受此保护的约定俗成的权利都是前方的拦路虎。18 世纪欧洲政府面临的困局在法国最为明显；理论上拥有绝对权力的君主无法侵犯本质上属于中世纪的国家宪章中所包含的自由和权利主体，否则就会动摇其自身的根基。君主制本身也是约定俗成的产物。

越来越多的法国人认为，为了摆脱困境，法国需要对政府和宪政结构加以改革。但某些人走得更远。在他们看来，政府无法让各阶层平等负担财政的无能，从根本上体现了无所不在的权力滥用，必须对此进行改革。这种无能以两极化的形式表现得愈发夸张，例如理智和迷信、自由和奴役、人道和贪婪。最受关注的象征和焦点是法定特权问题。贵族阶级成为这一话题下的众矢之的，该群体极为多元、规模庞大（1789 年的法国可能有 20 万至 25 万男性贵族），在文化、经济或社会层面都无法一言以蔽之，但全体成员都享有某种法定身份，该身份以法律形式赋予了他们一定程度的特权。

迫于财务上的极端窘境，政府与特权阶级的冲突越来越无法避免，但很多王室阁僚本身就是贵族，自然不愿出此下策，国王本人也务求通过协商解决问题。经历一系列失败后，政府在 1788 年接受了冲突无可避免的现实，但依然希望将冲突限制在法律渠道以内，并像 1640 年的英国人那样向历史前例寻求解答。他们没有现成的议会可以依靠，便从法国宪政的故纸堆中翻出了最类似于民主议会的国家代议制团体，即三级会议。该团体由贵族、教士和平民代表组成①，1614 年以后就再没有召集过。法国人希望它能以德服人，从享有财政特权的阶级手中榨出更高的税金。这一宪政举措无可指责，但作为一种解决方案，其缺陷在于所受期望过高，而合法权限却定义不明。就此给出的答案不止一种。有些人已经开始呼吁让三级会议为国家制定法律，即便这意味着未受质疑的传统特权要接受拷问。

这场千头万绪的政治危机到来时，法国正处于一段困难时期的末尾，还面临着其他压力。其一是人口增长。自 18 世纪二三十年代以来，法国的人口增长率虽然以后世的标准来看算不得快，但还是超出了粮食产量的增幅。这造成了食品价格的长期上涨，而穷人（大部分是没有或几乎没有土地的农民）最深受其苦。加上政府又同时面临财政压力，长期通过举债或直接间接的征税来避免财政危机，穷人的纳税负担又最重；为了在通胀期间保护自身利益，地主们压低薪酬、提

---

①　这是原文的词序，但一至三级依次是教士、贵族和平民。——译者注

高租金和缴费,使得穷人本就凄惨的生活在该世纪的大部分时期每况愈下。在普遍贫困之外,特定区域或阶级还反复遭遇特殊的困难,不幸的是,18 世纪 80 年代后半段恰好是这些天灾人祸的高发期。歉收、畜瘟和萧条都令 18 世纪 80 年代羸弱的法国经济更加恶化,经济的衰退对织布纺纱补贴家用的农民家庭造成了严重的打击。在上述情况的综合效果下,1789 年的三级会议成员选举是在一种充满激亢和怨愤的气氛下进行的。数百万法国人绝望地寻找逃离困境的道路,急于找出替罪羊来加以鞭挞,对他们所信赖的好国王有着相当不切实际的过高期待。

于是乎,在政府无能、社会不公、经济困难和改革热情的复杂互动之下,法国大革命拉开了帷幕。但是,在此后的政治斗争和简单化的标语占据人们的视线、令这种复杂性淡出视野之前,有必要强调的是,几乎没有人预估到或希望会产生那样的结果。法国社会确实充满不公,但也不比 18 世纪其他欧洲国家更多,而别的国家都能与这种不公共存。各种对特定改革的期待和倡议你方唱罢我登场,有的想废除审查制度,有的则企图查禁不道德和蔑视宗教的文学,但人人都坚信国王能轻易实现这些改变,只要他听到了人民的呼声、知道他们的愿望和需要。而革命党以及作为抗争对象的反动党却并不存在。

三级会议召开于 1789 年 5 月 5 日(在乔治·华盛顿宣誓就任总统后一星期),这是世界史上重要的一天,因为法国的政党直到那天才问世,也因为那天是一个时代的开端,对法国革命是支持还是反对?这将成为大部分欧陆国家的核心政治问题之一,甚至连大不列颠和美国这两个迥然不同的政治实体也同样沾染了革命的气息。法国所发生的一切终将影响到其他地区,最单纯的原因在于法国是欧洲最强盛的势力,三级会议的效果只能二选其一:要么令国家瘫痪(也是很多别国外交官的希望),要么使其摆脱困境,再次占据强者的地位。

此外，法国也引领着欧洲的文化界。由于法语的通行地位，他国人士马上就可以了解该国文人和政客的一言一行，也必然不会等闲视之，因为各界都惯常于向巴黎寻求思想智识上的指引。

1789年夏，三级会议自我转型为国民议会，宣称拥有最高权力。与该会议代表着中世纪社会大分裂的设想相左，其大部分成员都声称一视同仁地担任所有法国人的代表。能够迈出这革命性的一步，是因为法国的动荡局面使政府和反对变革的议员都感到惧怕。农村暴动和巴黎骚乱都是一种警示，使大臣们不再确信军队是可以依靠的对象。国王首先为此抛弃了特权阶级，然后在很多其他事项上勉为其难地作出让步，以满足新成立的国民议会的政客们所提出的要求。同时，这些事件在大革命支持者和反对者的阵营之间划出明显的界限；在传遍全球的言论中，他们很快被称为左派和右派（基于双方在国民议会中的座席所处的位置）。

该代议制团体为自己设立的主要使命是立宪，但在此过程中改变了法国的整个体制结构。到1791年散会时，国民议会已经将教会的土地收归国有、废除了议会所定义的"封建体系"、终结审查制度、创立了一套中央代表制政府体系，废除了旧的行省和地方区块划分，并代之以法国人至今仍在沿用的"省"制，确立了法律面前人人平等的原则，还将执行权和立法权分开。作为整部世界史中最突出的议会团体之一，以上只是国民议会最突出的事迹。但这些巨大的成就难免被其败笔所掩盖，而本来是不应该发生的。概言之，他们为法国的现代化移除了法律和体制障碍。此后，人民主权、行政集权和法律平等将成为法国体制生活中一再援引和回顾的坐标。

很多法国人不能完全接受这场革命，有些人一点也不喜欢。到1791年，国王本人也明显表现出忧虑的迹象，他在革命早期所获得的支持和善意已经散去，如今背上了反革命的嫌疑。部分贵族对发生的一切极为不满，愤然移居别国；国王的两名兄弟是其中的带头人，这对王室的形象无法带来任何改善。但最重大的发展是，由于教廷的策略，国民议会对教会事务的决议引起了争议，很多法国人开始反对革命。为数众多的法国人对决议的大部分内容深表赞同，其中不乏教士，但教皇拒绝接受，于是引发了关于权威归属的终极质问。法国天主教徒们不得不决定何者为尊：是教皇的权威，还是法国的宪法。这形成了最重大的分歧，也给革命政策造成了困难。

1792 年初，英国首相自信地宣称，此后 15 年将为和平时期是合乎理性的预期。可 4 月份，法国就与奥地利开战，并很快和普鲁士交火。个中缘由错综复杂，但很多法国人相信，这是境外干涉势力意图消灭革命、复辟 1788 年旧制度的行动。到了夏季，随着局势的恶化、国内物资的短缺和种种怀疑的出现，国王失去了人心。一场巴黎起义推翻了君主制，召集起新一届的议会，以共和主义原则起草新的宪法。

直到 1796 年为止，以国民公会之名载入史册的这一团体是法国政府的核心。它顶住了国内外的战争和意识形态危机，成功保住了革命的火种。大部分成员在政治观念上并不比前人高明多少。他们相信个人权利，相信财产的神圣不可侵犯性（任何提议立法引入土地共产制度的倡导者都被他们判处死刑），相信贫穷是无法摆脱的现象，但也允许部分穷人获得一点话语权，支持让所有成年男性获得直选投票权。国民公会有别于前人的地方在于，到了危急关头，他们比以往的法国议会更敢于越向雷池（尤其是面临失败的可能而感到恐惧的时候）；此外，他们身处于巴黎这座被极端派政客长期操控的首都，因此往往身不由己地采取了本来不愿动用的激进手段，说出了非常民主化的言论。因此，与上一届议会相比，他们给欧洲带来的恐惧要大得多。

1793 年 1 月，国民公会表决通过对国王的处决令，是与过去决裂的象征。此前，以法律手段弑君一直是英国人专属的越轨行为；而今，就连英国人也和其他欧洲人一样感到震惊。而且英国也向法国开战，因为害怕法国在尼德兰对奥地利人所取得的胜利会造成对战略和贸易方面的不利后果。但这场战争越来越像是意识形态斗争，为了赢得胜利，法国政府对国内异己愈发嗜血成性。作为一种人道的新处决工具，断头台（革命以前的启蒙运动下的标志性产物，处决过程迅速而致命，是高效率的技术和仁慈相结合的产物）成为一段时期的象征，在这段马上被冠以恐怖统治之名的时期，国民公会拼命恐吓国内敌手，以保障革命的存续。

但这一符号有很大的误导性。所谓的恐怖统治不乏夸张成分，政客们试图保持一种狂热的氛围，以振奋精神、威吓对手。这些恐怖的实质往往是爱国主义、务实需求、杂乱的理想主义、私心和琐碎的复仇心所搅成的一锅粥，是以共和之名对旧账的清算。当然，很多人为此丧命——也许超过 3.5 万人，还有很多流亡国外避难，然则受害者大多没有死于首都的断头台之下，而是毙命于各地各省的内乱，有的人死时并非手无寸铁。在 18 个月左右的时间内，被当时的人视为野兽的法国人所杀掉的同胞大致相当于 1871 年巴黎的街斗和纵火中十天的死亡人数。用另一种同样具有启发性的方式来衡量，当时全年的死亡人数大约为 1916 年索姆河战役第一天英军阵亡人数的两倍。这些流血事件在法国人之间造成了深刻的分歧，但也不应夸大其程度。也许所有贵族都在大革命中遭受了损失，但只有一小部分觉得有必要逃亡。坦率地讲，教士的损失也许比贵族更大，流亡海外的神父也很多。然而这一数量比不上 1783 年以后逃离美洲殖民地的教士人数。美国独立之后，因为对革命感到恐惧或厌恶而非离开家园不可的美国人所占的比例，要比恐怖统治下无法继续在国内生活的法国人大得多。

国民公会取得胜利，镇压了国内的暴动。外战方面，到1797年，只有英国尚未与法国媾和，恐怖统治已成为过去，法兰西共和国转向更类似议会制的政体，以一部1796年生效、令国民公会成为历史的宪法为准绳。尽管革命的果实前所未有地安全，当时看起来并非如此。国外的忠王派为复辟竭力寻找盟友，也和法国内部的不满分子密谋。但鲜有法国人会欢迎旧制度的复归。另一方面，有人提出民主的逻辑应进一步大行其道，认为富人和穷人之间依然存在巨大的鸿沟，就和过去特权阶级与非特权阶级的差距一样恶劣，而且巴黎的激进派应当获得更大的话语权。对于那些从革命中得益，或是单纯希望避免更多流血的人而言，这种趋势所带来的警惕和恐惧几乎不亚于一场复辟。于是，在左右两派的挤压下，督政府（新政体的称法）以某种方式站稳了脚跟，但也因其中庸之道而树敌，那些反对者无法接受督政府所遵循的、多少显得曲折迂回的路线。最终，一群政客与士兵密谋，在1799年发动政变，从内部瓦解了督政府，并建立起新的政体。

在那一刻，距三级会议召开已有十年，至少一点是大部分观察家都确信无疑的：法兰西已永远与中世纪的过去一刀两断。这一切的法律工作完成得非常迅速。至少在理论上，几乎所有重大改革的立法工作都完成于1789年。正式废除封建制、合法特权和神权专制，以个人主义和去宗教意识为基础组织社会，就是"1789年原则"的核心。随后，从这些原则中提炼出了作为1791年宪法序言的《法国人权宣言》。法律平等、个人权利受法律保护、政教分离和宗教容忍则是这些原则的体现。人民主权所派生出的权威由一个统一的国民议会行使，任何地方或团体的特权都不能对抗议会的立法，这是支撑其权威的法理学基础。新政体表明，自己可以经受住远比旧时代的君主无法克服的财政困难严重得多的金融风暴（其中包括国家破产和货币崩溃），也可以推行启蒙专制下只存在于梦想中的行政改革。看着这台强大的立法引擎被用来推翻和重建法国各个级别的体制，其他欧洲国家惊恐万状，至少也吃惊不小。如启蒙专制君主所知，立法至上原则是绝佳的改革工具。严刑逼供成为历史，有名无实的贵族、司法不公和旧式的法国工人行会也不复存在。通过禁止工人或雇主为共同经济利益联手的立法，刚刚冒头的贸易联合主义被遏止在萌芽状态。以后世的眼光来看，市场化社会的标志已经相当明显。甚至货币体系也推陈出新，以 1：20：12（里弗尔［*livres*］、索尔［*sous*］和便士［*deniers*］）的兑换率为基础的加洛林体系被法郎（*francs*）和分（*centimes*）组成的十进制体系取代。混乱的旧式度量衡同样（在理论上）让位于后来几乎通行全球的公制体系。

　　如此巨大的变化必然会导致分歧，更何况改变思想比改变法律更花时间。废除封建赋役令农民欢欣鼓舞，但取消使他们从中获益的土地集体使用权却换来不少微词，而这也是"封建"秩序的一部分。解读宗教事务中的此类保守主义尤其困难，但又非常重要。存放在兰斯（Rheims）的圣器被恐怖统治当局公开销毁，中世纪以来的历代法国国王所涂的圣油就来自其中，一座理性圣坛取代了巴黎圣母院中的基督圣坛，很多教士个人也遭到严酷的迫害。很明显，作出这一切的法国人不再是传统意义上的基督徒，大部分人都没有为神权君主的去世表示悼念。然而，教会所受对待引发了前所未有的普遍反革命情绪，部分革命者推广的一些半神半俗的宗派，例如理性（Reason）崇拜和至高存在（Supreme Being）崇拜，遭到了彻底失败，很多法国人（也许占了女性中的大多数）都乐见于天主教正式重返法国人的生活，也确实等到了那一天。那时，教徒们早就开始自发前往教区教堂，天主教皇教生活实质上已经恢复了很久。

　　就和 1789 年体现的原则一样，法国革命所造成的分歧也无法被国界所限制。起初这些理念在别国备受景仰，遭到的公开谴责或怀疑并不多见，但变化立即随之而来，尤其是当法国政府开始以政治宣传和战争的手段输出意识形态以后。法国的变化迅速在别国引发了应该何去何从的争论。此类辩论必然会反映出其兴起时所处的环境和语境。法国以这种方式向欧洲输出了自己的政治，这也是大革命十年间的第二个重大事实。现代欧洲政治从那时开始，右派和左派这两个术语也从那时起一直与我们相伴。法国大革命为政治立场的判定提供了试金石或酸碱试纸，使自由派和保守派（但还需十来年才被人们当作术语使用）成为一种现实的政治存在。一边是共和主义，支持普选权、个人权利、言论和出版自由；另一边看重秩序和纪律，强调责任更甚权利，认同等级制度的社会功能性，并希望用道德来约束市场的力量。

　　一些法国人始终相信法国大革命具有普遍的重要意义。以启蒙思想为语言，他们倡议其他国家借鉴法国人治疗自身病症的药方。这并不全然是自大的表现。工业化以前的传统欧洲社会依然有很多共同点；所有国家都能从法国身上学些东西。以此方式，有意识的政治宣传和传教工作使法国影响力的传播得到更强有力的推动。这是法国的历史事件进入世界史篇章的另一条渠道。

　　不单只是仰慕者和支持者认为法国大革命具有普遍的、史无前例的重要性，这一观念也是欧洲保守主义的根基和自我认识的力量源泉。早在 1789 年前，现代保守主义思想中的很多宪政元素就已经在某些现象当中涌现，例如刺激启蒙专制采取改革措施的因素、教士对特权阶级的愤慨和"先进"思想的影响，还有蔚然成风的、自觉的理性群体基于情感的反应——这一群体是浪漫主义运动的核心。这类元素在德国尤其盛行，但第一份且在很多方面也是最伟大的一份保守主义反革命宣言来自英国。这就是埃德蒙·伯克于 1790 年出版的《对法国大革命的反思》。他此前曾捍卫美国殖民者的权利，因此不难推断，这本书远非不假思索的特权辩护词。在此书中，保守主义立场摆脱了为体制进行法律辩护的窠臼，表现为某种社会理论的捍卫者，该理论下的社会不仅是意志和理性的创造物，也不仅是道德的体现。相比之下，他所谴责的大革命却体现出知识的狂妄自大、理性的贫瘠不毛，还有最致命的原罪——自傲。

大革命给欧洲政治带来了新的两极阵营格局，这一局面又催生出关于革命本身的新观念，而且具有重大的后果。原本的概念中，政治革命只是本质上不间断的政治进程中偶尔和权宜的中断，而今，新的概念视其为一场激进的、全方位的骚乱，没有什么无法革命的体制，革命的信条也不存在限制，甚至可以颠覆家庭和财产之类最基本的社会构成。根据人们对此景象的态度是欢欣鼓舞还是惶惶不可终日，就决定了当革命作为一种普遍现象登场时他们会认同还是唾弃。19 世纪之人甚至将法国大革命称为一股普遍而永恒的力量，这一观念是一种至今仍未消亡的政治意识形态的极端表达。依然有人在总体上认为，无论具体情况如何，所有起义和颠覆运动从原则上讲应获得认同或遭到谴责。这种二元论神话造成了很多悲剧，但起初是欧洲、随后是被欧洲所转变的世界，都不得不与那些对革命感情用事的人共存，正如先人不得不与愚蠢的宗教分歧共存一样。其存续以一种不幸的方式证明了法国大革命的影响依然延续至今。

有很多日子都可以选作法国大革命的"起点"；而一定要找出一天作为其"终点"则没有意义。但 1799 年仍然是革命进程中具有标志性的重要年。推翻督政府的雾月政变使一人掌握大权，他迅速成为独裁者，在位至 1814 年，将欧洲秩序搅了个天翻地覆。他就是拿破仑·波拿巴，曾担任共和国将领，现在是新政体的第一执政，并很快成为法兰西第一任皇帝。和那个时代的大部分风云人物一样，他掌权时依然年轻。在军旅生涯中，他就已经展现出非凡的才华和冷酷。其胜利与敏锐的政治嗅觉和敢于以下克上的行事风格相结合，为他赢得了辉煌的声誉；在很多方面，他都是 18 世纪"冒险家"中最伟大的范例。在 1799 年，他的声威和人望已经如日中天。除了被他排挤失势的政客以外，无人对他的掌权有多少怨言。他立刻以打败奥地利人（他们又一次加入一场反法战争）的功绩给自己的权力正名，为法国赢得一份胜利者的和平（也是他的第二次）。革命所受到的威胁就此解除；没有人怀疑波拿巴对革命的坚定信念。巩固革命成果是他最具有建设性的成就。

虽然拿破仑（这是他 1804 年称帝后的正式称谓）在法国复辟君主制，但这绝非任何意义上的倒行逆施。他还处心积虑地大肆羞辱流亡中的波旁家族，公开消除了双方和解的一切可能。他举行全民公投，寻求民众对帝制的认可，并得偿所愿。这一君主政体是法国人投票选择的；其基础是人民主权，也就是大革命的成果。执政府时期就已经开始的革命在拿破仑的帝政下得到了巩固。18 世纪 90 年代所有重大体制改革都获得肯定，至少也保持原样；教会财产充公后的土地出售依然按部就班地进行，遗老遗少没有死灰复燃，法律平等原则也没有被质疑。部分举措甚至还更进一步，比较突出的是每个省都配属一名省长，担任行政首脑，其权限有些类似于恐怖统治时期的临时特使（很多过去的革命家都成为省长）。此类对行政结构进一步中央集权化的举措当然也会得到启蒙专制君主的认同。在政府的实际工作中，革命的信条往往受到侵犯是不争的事实。和所有 1793 年以后的前任掌权者一样，拿破仑以一套惩罚性的审查制度控制媒体，不经审判就把人投入大牢，总体上对人权中的公民自由漠不关心。执政府和帝制下都有代议制团体存在，但没有得到多少关注。然而法国人似乎恰恰想要这种体制，也需要拿破仑对现实的敏锐洞察力，例如，他与教皇签订政教协定，向法国教会已然存在的现实授予法律认可，从而实现天主教与政体的和解。

归根到底，这一切极大地巩固了革命的成果，并通过坚实有力的政府和强大的军事外交控制了国内外的局势。但拿破仑巨大的军事投入最终将使两者都化为乌有。这些军事付出一度令法国成为欧洲的主宰；其军队往东一路打到莫斯科、往西一直杀到葡萄牙，从拉科鲁尼亚到什切青（Stettin）的大西洋和北海沿岸地带都有法军的营帐。然而其代价过于高昂；即便残酷压榨被占领国也不足以无限期无止境地支撑法国的霸权，并对抗欧洲所有其他国家因拿破仑狂妄的野心而结成的联盟。1812年入侵俄国的法军在拿破仑指挥过的军队中规模空前，当他带领这支大军在冬季的风雪中走向溃败，就已经无法躲过灭亡的命运，除非对手们分崩离析。而这一次他们没有失去团结。拿破仑本人将失败归咎于英国，1792年开始，英法几乎一直处于交战状态（在他之前，英国也和革命政府开战），只有一次短暂的中断。他的看法并非毫无道理；这是双方在百年之争中最后的、最重要的一个回合，也是君主立宪制和军事独裁制的对决。是英国皇家海军在1798年的尼罗河战役及1805年的特拉法尔加（Trafalgar）战役中将拿破仑封锁于欧洲境内，是英国的财政援助帮助做好进军准备的盟友不至于捉襟见肘，是一支英军从1809年起在伊比利亚半岛坚持作战①，消耗了法国的资源，也给其他欧洲国家送去希望。

到1814年初，拿破仑能守住的只剩下法国本土。尽管他使出浑身解数，但所拥有的资源不足以抵挡东线的俄国、普鲁士和奥地利联军，以及西南方向的英军进击势头。最后，将军和大臣们将他废黜并

①　指1809至1814年间由惠灵顿指挥的伊比利亚半岛战役。——译者注

签下和约，波旁王朝就此复辟，但并没有引发普遍的抗议。而且在当时，1789 年前任何具有重大意义的事物都没有重现。拿破仑和教皇签订的《教务专约》依旧有效，省制被保留，法律面前依然人人平等，代议制体系没有废除，事实上，大革命已经成了法国既有秩序的一部分。是拿破仑提供了巩固革命所需的时间、社会和平与制度。与大革命有关的一切当中，只有他认可的部分存续下来。

这使得他截然不同于传统类型的君主，甚至可能是最具现代色彩的一位。但是事实上，他的政策中也往往有非常保守的一面，对创新持怀疑态度。归根结底，他是一位民主专制君主，从形式和更广泛的意义上讲，其权威都源自人民，前者包括全民公投，后者是指他需要（也赢得了）民心才能驱使军队作战。因此，他的统治风格更类似 20 世纪的统治者而非路易十四。然而他与这位前任国王也有共同点，都将法兰西的国际地位提升到前所未有的高度，并以此功绩成为国民长久仰慕的对象。但其中有一份双重的重大差异：拿破仑不但取得了路易十四从未实现的欧洲主宰权，而且由于出现在大革命之后，他的霸权不仅仅表明了法兰西民族的优越性，当然，我们不应对这一点过于感情用事。拿破仑作为解放者和欧洲伟人的形象是后世创造的传说。1800 至 1814 年间，他给欧洲带来的最明显的冲击是遍及大陆每个角落的流血和混乱，而且往往是他个人狂妄自大的产物。但也有一些意义重大的无心插柳，有些波及海外、有些没有。这一切综合起来，进一步强化了法国大革命理念的传播和效力。

从地图上能最明显地看出这些影响。在拿破仑掌权之前，如布满补丁的棉被般的欧洲版图就已经经历过革命性的修订，到 1789 年，法军又在意大利、瑞士和联合行省王国创建了新的卫星共和国。但法国扶持势力撤走后，这些国家都无力存续，直到法国霸权在执政府时期重新确立，才出现一种新的、对欧洲部分地区产生长远影响的体系。

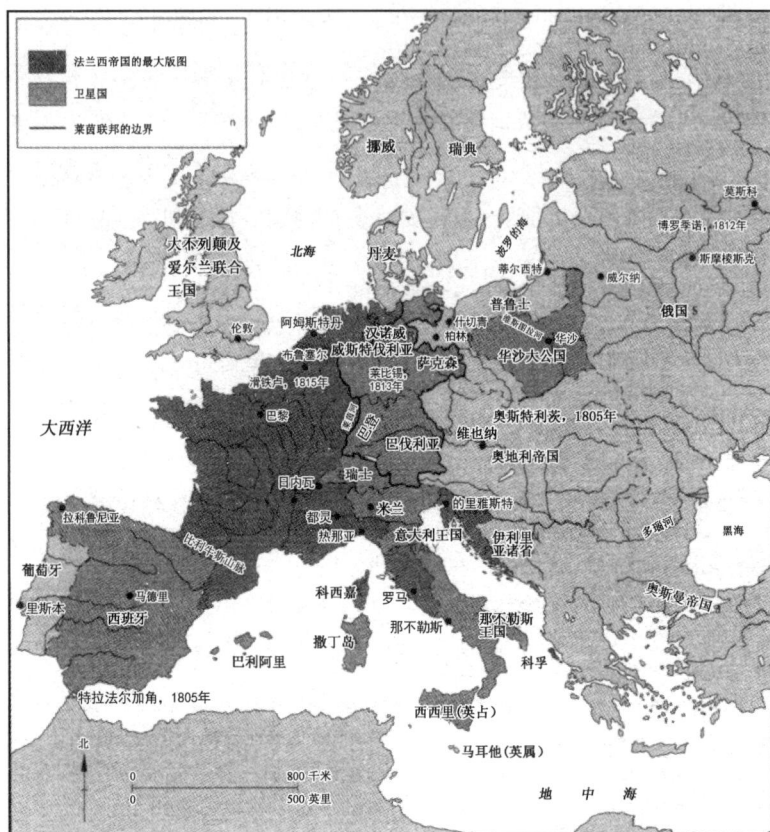

拿破仑时期的欧洲

　　受影响最大的是德意志西部地区，其政治结构天翻地覆，中世纪基础被一扫而空。1801 至 1814 年间，莱茵河以东的德意志领土被法国吞并，就此开启了该国传统政治构架的崩坏进程。在河的另一侧，法国拿出一套重组计划，对政教合一的国家实行去宗教化、撤除几乎所有的自由城邦、将额外的领土划分给普鲁士、汉诺威和巴伐利亚以补偿三地的其他损失，还废除了古老的独立帝国贵族制。其实际效应是消除了天主教和哈布斯堡王室在德意志的影响力，同时强化了几个较大的君主国家（尤其是普鲁士）的势力。神圣罗马帝国的体制也根据这些变化进行了相应的修正。改头换面后的神圣罗马帝国仅存续到1806年，奥地利的又一场失败在德意志引发了更大的变动，也导致帝国的消亡。

于是，一套尽管存在缺陷、但也自奥斯曼时代以来为德意志带来政治凝聚力的体制结构就此终结。莱茵邦联①在那时成立，成为与普鲁士和奥地利三足鼎立、制造均势的第三股势力。通过一番声势浩大的破立，法兰西以胜利者的姿态确保了本民族的利益。莱茵河成为法国的边界、对岸的德意志分裂成彼此掣肘的不同利益集团，如此光景必然会让黎塞留和路易十四陶醉不已。但从另一方面看，旧制度毕竟也是德意志统一的阻碍。后来的任何重组都从未考虑过要复辟旧制。最终，当反法联盟为后拿破仑时代的欧洲重新布局时，他们也设立起一个德意志邦联，与拿破仑组建的邦联有所区别，普鲁士和奥地利也是其中的成员，至少其领土是德意志的一部分，但德意志没有在统一的道路上开倒车。到1815年，1789年的三百多个不同政体的政治单元已减少为38个国家。

意大利的版图重构不如德意志来得激烈，效果也没那么具有颠覆性。拿破仑在半岛南北各建立起一个基本独立的大型政治实体，同时有大片地区（包括梵蒂冈）被法国正式兼并，成为省级体制的一部分。这一切到1815年都不复存在，但旧制度也没完全恢复。比较突出的是，最早被督政府打入坟墓的热那亚和威尼斯这两个古代共和国并没有还魂重生。它们分别被撒丁王国和奥地利这两个更大的国家吞并。在欧洲各地，当拿破仑处于权势的顶峰，法兰西吞并和直接统

①　是拿破仑一世主持下、由普鲁士和奥地利以外的所有德意志各邦组成的联合体。——译者注

治的领土十分广大，其北部海岸线从比利牛斯山一直延伸到丹麦，南部海岸线几乎毫无中断地从加泰罗尼亚延伸至罗马和那不勒斯的边境。还有一大片领土孤悬在外，即后来的南斯拉夫。实际独立程度各异的卫星国和附庸国瓜分了意大利其余部分、瑞士和易北河以西的德意志领土，其中的一些国家由拿破仑家族成员统治。东方还有一个脱离主要领区的卫星国，即在过去属于俄国的领土上建立的华沙"大公国"。

　　这些国家大多采纳类似的行政实践和体制，在很大程度上创造了一份共同的经历。这份经历中的体制和理念部分自然是大革命信条的体现。除了在波兰进行的短暂试验以外，易北河以东几乎没有受到影响，于是法国革命成了又一种反复出现的、令东欧和西欧走上不同道路的伟大成型力量。在法兰西帝国境内，德意志人、意大利人、伊利里亚人、比利时人和荷兰人都受拿破仑法典的管辖；这一切能成为现实是依靠拿破仑本人的发起和坚持，但本质上还是那些革命立法家所追寻的、无法在内忧外患的18世纪90年代成为现实的、无数法国人在1789年就希望成真的法律。这部法典所涉及的家庭、财产、个人、公共权力等概念就此遍传欧洲各地。对于混乱的地方、习俗、罗马和教会法律而言，这部法典有时能取而代之、有时能作为补充。与此类似，帝国的省级体制带来了统一的行政实践，在法军服役的经历带来了一致的纪律性和军事规范，以十进制为基础的法国度量衡取代了很多地方上的标准。此类新事物的影响力超出了法国统治本身的实际范畴，为其他国家的现代化推进者提供了范例和启迪。而且法国官员和技术人员在很多卫星国工作，也有不少法兰西以外民族的人士为拿破仑效力，使这些范例更易于被各国所吸纳。

　　此类变化需要时间才能产生充分的效果，但具有深刻性和革命性。这与自由绝无必然联系；即使人权随着法国军队的三色旗堂皇登场，拿破仑的秘密警察、军需官和税官也一样紧随其后。一场更难以言传的革命源自拿破仑的所作所为引发的反作用和抵抗。法国人传播的革命理念往往被以其人之道还治其人之身。人民主权论是大革命的核心，也与国家主义紧密关联。根据法国革命的信念，人民应当自我统治，而国家是开展自我统治的适当实体：以此为理由，革命者宣称他们的共和国是"唯一而不可分割的"。一些国外的革命仰慕者将这一原则引入本国；显然，意大利和德国并非民族国家，但或许两国人民应该在民族国家中生活。

但这只是硬币的一面。法国人统治的欧洲为法兰西的利益服务，从而不允许其他欧洲民族获取民族权利。各国人民眼睁睁看着本国的农商业为法国经济政策牺牲，不得不进入法军服役，或者是任由拿破仑的法国（或当地）统治者及总督摆布。当那些欢迎革命的人都开始怨声载道，从不待见革命的人也开始考虑民族抵抗运动就毫不令人惊讶了。即便政府持怀疑态度、不敢放心大胆地利用民族主义，拿破仑时代终究给欧洲的民族主义打了一针强心剂。德国人不再把自己看作单纯的威斯特伐利亚人和巴伐利亚人，意大利人开始相信自己不仅是罗马人或米兰人，因为他们从反抗法国的事业中找到了共同利益。在西班牙和俄国，爱国主义抵抗运动与反对大革命的抵抗运动已经成为事实上的同义词。

可见，虽然拿破仑希望开创的王朝和所建立的帝国到头来都朝不保夕，但其所作所为意义重大。正如大革命释放出法国的能量，他也释放出其他国家被禁锢的能量，此后这些力量再也不会被完全压制。他确保了大革命遗产的效果最大化，而这就是他最伟大的成就，无论是否合乎他的向往。

他在1814年的无条件逊位还不是故事的结局。仅仅一年之后，这名皇帝从给他养老的流放地厄尔巴岛返回法兰西，令复辟的波旁王朝一触即溃。但反法同盟决意要推翻他，因为他曾经带来太多的恐惧。拿破仑意图在敌人聚集起压倒性优势兵力之前赢得胜利，但于1815年6月18日的滑铁卢战役中功败垂成，英比联军和普鲁士军队就此消除了法兰西帝国复兴的威胁。这一次，他被胜利者放逐到数千英里之外、位于南大西洋的圣赫勒拿岛，直到1821年去世。他带给敌人的恐慌坚定了他们的决心，要缔造一份和平，避免任何可能重现欧洲在法国大革命的惊雷中所经历的将近三十年几无宁日的战乱的危险。就这样，拿破仑又一次影响了欧洲的版图，以前是凭借他所开创的变化，现在则是凭借法国在他领导下所带来的恐惧。

第 3 章　政治变革：　新欧洲

无论保守派政客在 1815 年抱有多大的希望，一个令人不安的动荡时代才刚刚开始。其最明显的标志是欧洲地图在此后 60 年中的变化。到 1871 年，当一个刚刚统一的新德国跻身强国之列，亚得里亚海到波罗的海一线以西的大部分欧洲国家都以民族自决原则为基础构建，依然反对的少数派也无力阻止这一切发生。甚至该分界线以东也已经出现了一些货真价实的民族国家。到 1914 年，民族自治还会取得更大的胜利，大部分巴尔干国家也将组建为民族国家。

作为新型政治的一方面，民族主义起源于很久以前，可以从大不列颠和一些欧洲小国在过去所设立的范式中寻找。然而其辉煌的胜利发生在 1815 年以后，也是新政治的表现之一。其核心是接纳一种新的思想框架，承认公共利益的存在，这份利益要大于统治者或特权阶级的私利。民族主义还认为，界定及捍卫这份利益的竞争是合法合理的。此类竞争愈发需要专门的舞台和机制；要解决当下的政治问题，古老的司法或宫廷模式已经显得力不从心。

令公共生活发生这类转型的体制框架在部分国家出现得较早，在某些国家则较晚。即使在最为先进的国家，也找不出该转型唯一的实践套路。不过，它始终倾向于对特定原则的认可和推广。民族主义是其中之一，也属于对旧有理念（例如王朝统治主张）反对最激烈的原则之一。随着 19 世纪的进程，有一种主张在欧洲政治演说中变得越来越常见，即某些公认的"具有重要历史意义"的民族利益应得到政府的保护和促进。当然，这份主张从头到尾充斥着刻薄冗长的争议，争议的对象是哪些民族具有重要的历史意义、如何界定他们的利益、这些利益在政治家的决策中能够且应当占据多大的权重。

除民族主义之外，也有其他原则在发挥作用。民主和自由主义之类的术语并不利于充分理解其内涵，但也只能将就，因为没有更好的名称，何况当时的人就是如此称呼的。在大多数国家，接纳代议制是一种普遍趋势，代议制成为让越来越多的人（哪怕只是形式上）参政的手段。自由主义者和民主人士几乎总是要求让更多的人获得选举权，要求改善选举代表制。同样，个人主义也越来越成为经济发达国家的政治和社会组织的基础。个体在社区、宗教、职业和家庭团体中的成员身份变得远远不如其个人权利来得重要。虽然这在某些方面带来了更大的自由，但有时也使人更不自由。19世纪，国家相对于人民的司法力量比过去大大增强，执行机关的技术效率逐渐提高，从而能够更有效地实施强制力。

法国大革命是此类变革的发起者，因此具有极其重大的意义，但作为范例和传奇之源，其持续的影响力也具有同样的价值。革命在1815年落下帷幕时，不管之前带来了多少希望和恐惧，它对整个欧洲的全部冲击力依然没有完全释放。在很多其他国家，已经在法国被扫清的体制招致批评和毁灭。由于经济和社会变革也在发挥效力，这类体制变得更加难以招架。革命思想和传统从中获得了新的机会。有一种感受传播甚广，认为无论是好事抑或坏事，全欧洲都面临着一场潜在的革命。受此鼓舞，革命支持者和既有秩序的未来破坏者都锐化政治话题，将它们嵌入1789年诸原则的框架：民族主义和自由主义。总的来说，这些理念主导欧洲史至1870年左右，也为欧洲政治提供了内在动力。其倡导者所希望的目标并没有完全实现。各种理念在实际中的运用存在很多限制和前提，彼此之间频频发生阻碍和冲突，而且也面临大量敌对因素。但它们依然是可以因循的脉络，有助于理解厚重而动荡的 19 世纪欧洲史，这片大陆已经成为一座试验场，其实验、爆发和发现正在改变世界其余地区的历史。

1815 年的《维也纳条约》终结了法国战争时代，在这份构成 19 世纪国际秩序格局基础的协议中，已经可以看出上述影响的作用。条约的核心目标是防止此类战争的重演。调解者力求压制法国、避免革命，他们使用正统原则这一欧洲保守主义的核心理念以及若干务实的领土安置手段来限制法国未来的扩张。于是，普鲁士在莱茵河一带获得大片土地，一个由荷兰国王统治、涵盖比利时和荷兰的北方新国出现，撒丁王国获得热那亚，奥地利不仅恢复了过去在意大利的领地，还保住了威尼斯，而且能不受干涉地控制意大利其他诸国。在上述安置方案中，正统原则常常让位于权宜的考量；混乱时期被夺走的东西并没有全部物归原主。但列强们依然把正统性挂在嘴边，也凭借完成后的安置方案取得了一些成果。将近 40 年间，维也纳会议安排的框架提供了一个不用战争就能解决争议的途径。40 年后，1815 年设立的政权大多依然存在，尽管有一些开始动摇。

这一局面很大程度上有赖于革命所带来的恐惧。在这段复辟时代（1815 年以后时段的称谓），所有主要大陆国家都成了警察和密谋分子一同大显身手的舞台。秘密结社如雨后春笋，在一次又一次的失败面前毫不气馁。然而，这段历史时期的档案表明，没有什么颠覆威胁是不能轻松解决的。奥地利军队镇压了皮埃蒙特和那不勒斯的未遂政变，法国士兵扫清了一场自由派宪政运动的阻碍，将一名反动的西班牙国王推回王位，俄罗斯帝国度过了一场军事政变和一场波兰起义。奥地利人在德意志的主宰地位完全不受任何威胁，以后世的角度来看，在 1848 年以前，哈布斯堡王朝的任何领地都没有出现任何非常具有真实性的威胁。俄国和奥地利的实力是维也纳体系所依赖的两大支柱，前者有惊人的动员力，后者是 1815 至 1848 年间控制中欧和意大利的主要势力。

人们通常认为自由主义和民族主义是不可分割的；后世的经验表明，这是非常可怕的错误，但如果仅针对 1848 年以前确实想通过革命来改变欧洲面貌的少数人而言，那他们大体上的确打算通过推广法国革命的政治原则——代议制政府、人民主权、个人和出版自由——和民族主义的原则来达成目标。很多人把两者混为一谈；年轻的意大利人马志尼是其中最知名也最受景仰的一位。他提倡大部分同胞都不感兴趣的意大利统一主张，并为此投身于以失败告终的地下活动，从而为此后百年间每片大陆上的民族主义者和民主人士带来典范和启迪，也是以同情激进派为时尚的时髦分子所推崇的第一批偶像人物之一。但他所代表的理念属于另一个时代，当时还没有到来。

因为神圣同盟（用来描述三个保守国家俄国、奥地利、普鲁士组成的集团）的法令在莱茵河以西无法通行，那里的情况就有所不同，正统原则并没有延续很久。1814 年波旁王朝的复辟本身就是正统原则的妥协。被囚禁在一座法国监狱中的路易十七在 1795 年死后，路易十八本来是应该像所有法国国王那样行使统治权的。而正统主义者试图隐瞒却人尽皆知的事实：他是坐在打败了拿破仑的同盟军的行李车上返回法国的。他也只能在拿破仑时期的法国政界和军方精英所认同的条件下行使统治，而且可以设想，这些条件不能超出法国民众的容忍限度。复辟的政体受一部宪章约束，从而确立君主立宪体制，但选举权有所限制。个人权利得到保障，革命时期的充公和出售所形成的土地安置格局未受质疑；一切都没有回到 1789 年的状况。

尽管如此，人们对未来仍有一些疑虑；右派和左派之争从针对宪章本身的辩论开始——这是国王和人民之间的契约，抑或单纯是王室大发慈悲的产物，有多容易赐予，就有多容易撤回？——并发展为全方位的辩论，对革命的原则问题提出质疑（或者这些争论看起来像是质疑），这一原则关系到革命为自由和有产阶级赢得的果实。

大革命的果实面临潜在的威胁。作为描述这种威胁的方式，可以说那些在旧制度下拼命想要在法兰西统治阶级中获得话语权的人已经赢了；他们有时被称为"名流显贵"，其政治地位得到保障，现在成了法兰西真正的统治者——无论是过去的法国贵族、革命时期的发迹者、拿破仑的马屁精，或是单纯的大地主和大商人。另一种变化是法国体制中国家元素的成型；现在没有任何人或团体可以公然脱离于法国国家政府的管辖领域之外。最后也是关键的一点，大革命改变了政治思想。法国人就国内公共事务进行探讨和争论的语境已经发生变化。当然这只是政治思想改变的表现之一。无论右派和左派、保守派和自由派之间的界线在哪里，如今的政治斗争必须以这条分界线为中心展开，而非围绕向神授权利的君主进言的特权展开。这恰恰是波旁王朝的末代国王查理十世未能看清的一点。他愚蠢地企图打破宪政的限制，从而构成了实质上的政变行为。人民群起反抗，在 1830 年的巴黎爆发"七月革命"，自由派政客赶紧以领导者的姿态出面，并安排一名新国王取代查理，从而令共和派懊丧不已。

新国王路易·菲利普（Louis Philippe）是法国王室中级别较低的分支奥尔良家族的一员，但在很多保守派眼中堪称大革命的化身。其父亲曾投票支持处决路易十六（而后自己也很快上了绞架），他本人则曾在共和主义者的军队中担任军官。他甚至一度加入臭名昭著的雅各宾俱乐部，人们普遍相信该团体涉及一场内幕极深的密谋，也无疑是若干最著名的革命领导人成长的温室。自由主义者对菲利普的好感很大程度上源自同样的理由；他让大革命与君主制下的稳定局面共存，但左翼人士对此感到失望。他统治的 18 年间，政体的宪政属性无可怀疑，政治自由从根本上得以保留，但上层阶级的利益也获得保护。该政体积极镇压城市动乱（19 世纪 30 年代的穷人发起过不少），从而与左派交恶。有一名显赫的政客叫同胞们想办法致富——这一建议饱受嘲笑和误解，而他的本意不过是告诉国民高收入乃获得投票权的一种途径（在 1830 年，拥有国家代表选举权的法国人只有英国人的三分之一左右，而法国人口大致是英国的两倍）。无论如何，就理论而言，七月王朝的基础是人民主权，也就是 1789 年的革命原则。

这使得法国在欧洲的意识形态分歧下获得一种特殊的国际地位。19 世纪 30 年代的欧洲存在一条鲜明的界线，一边是宪政国家——英格兰、法兰西、西班牙和葡萄牙——另一边是东方的正教王朝国家及其意大利和德意志卫星国。保守国家的政府并不喜欢七月革命。1830 年比利时人反抗荷兰国王的叛乱也给他们敲了警钟，但他们无法支援国王，因为英法都支持比利时人，俄国则忙于对付波兰人的起义。比利时直到 1839 年才确定独立地位，这是 1848 年以前在维也纳方案所创造的国家体系中唯一重要的变化，不过西班牙和葡萄牙的内乱掀起了一些波澜，令欧洲外交界感到棘手。

在欧洲东南部，变革的步子迈得更快。当西欧革命迈向高潮之际，一个新的革命时代正在欧洲东南部开启。1804 年，一名家境富裕的猪肉商贩领导塞尔维亚同胞在贝尔格莱德发动起义，反抗军纪废弛的土耳其守卫队。彼时，奥斯曼政权愿意容许他的所作所为，以便遏制哗变的士兵、镇压开始屠杀城内穆斯林的基督教农民。但帝国最终所承受的代价是，1817 年独立的塞尔维亚君主国成立。当时，土耳其人还把比萨拉比亚（Bessarabia）① 割让给俄国，不得不承认他们对希腊和阿尔巴尼亚大片地区的占领不过是形式上的，真正的控制权在当地帕夏手中。

---

① 顿涅茨河和普鲁特河之间的区域。——译者注

虽然当时几乎看不出来，但这是 19 世纪东方问题的开端：奥斯曼帝国分崩离析后的残骸应由谁、或由什么体制来继承？该问题困扰欧洲一百多年；在巴尔干和帝国的亚洲省份，奥斯曼继承战争至今仍在持续。种族、宗教、意识形态和外交问题从一开始就纠缠在一起。在奥斯曼的广大领土上，各类民族和社群的分布散乱无章，《维也纳条约》没有将这些地区纳入由列强保障的战后体系。当 1821 年反抗奥斯曼统治的"希腊人"（即苏丹统治下的正教基督徒，有很多是土匪和海盗）"革命"爆发时，俄国抛弃了保守主义立场，决定支持叛军。宗教因素和欧洲东南部自古以来对俄国的战略吸引力使神圣同盟不可能像支持其他君主一样地支持伊斯兰统治者，俄国人最后甚至还与苏丹开战。由外人划定国界的希腊王国于 1832 年成立，必然会让其他巴尔干民族产生效仿之念，而且在似是而非的民族主义呼声的鼓动下，19 世纪的东方问题显然将比 18 世纪更加复杂。前景相当不妙，因为希腊独立战争从一开始就引发了君士坦丁堡和士麦那的土耳其人对希腊人的屠杀，希腊人也迅速以牙还牙，屠杀伯罗奔尼撒地区的土耳其人。这类后来被称作"种族清洗"的实例使延续两个多世纪的巴尔干问题从源头开始就遭到败坏。

革命事业在 1848 年迎来了新的爆发。简言之，1815 年体系似乎面临着全方位的危机。很多地区在 19 世纪 40 年代面临经济不振、粮食短缺和各种困境，尤其是 1846 年发生大饥荒的爱尔兰，中欧和法国于 1847 年步其后尘，有很多城市因贸易不景气而饿殍枕藉。失业现象比比皆是。暴力由此滋长，使各地激进运动获得了新的尖牙利爪。骚乱具有传染性，会在别处引来效仿，削弱了国际安全体系应对更多突发状况的能力。其标志性的开端始于 2 月的巴黎，发现中产阶级不再支持他继续反对扩大选举权的立场之后，路易·菲利普宣布退位。到了年中，除了伦敦和圣彼得堡之外，所有欧洲大国首都的政府都被推翻或疲于招架。二月革命后，法国成立共和国，令欧洲所有革命者和政治流亡者欢欣鼓舞。密谋者 30 年来的梦想仿佛触手可及。伟大民族再一次行动起来，大革命的军队也许将重新进发，向世界传播革命理念。然而真正的事实却截然不同。法国作出的外交让步导致自由主义传统关注和同情的对象波兰成为牺牲品，而第二共和国唯一的军事行动是为了保护教皇，为保守主义事业而战的立场确凿无疑。

这是 1848 年革命大潮特征的体现，各地的革命有着大相径庭的背景和各不相同的目标，所遵循的路线也莫衷一是、杂乱无章。在意大利和中欧大部分地区，革命者觉得缺乏自由，从而认定政府具压迫性质并发动起义；制定保障根本自由的宪法是那片地区最具代表性的要求。就连维也纳都爆发一场如此性质的革命，1815 年保守秩序的缔造者、外交大臣梅特涅（Metternich）被迫逃亡英国。革命在维也纳所取得的成功意味着整个中欧的瘫痪，从而导致该地区的解体。德意志人终于可以放手革命，无须害怕奥地利的干涉行动给小国的旧制度提供支持。奥地利领地内的其他民族同样获得了行动自由；意大利人（由一名不乏野心但谨小慎微的撒丁保守派国王领导）在伦巴第和威尼斯向奥地利军队开战，匈牙利人在布达佩斯起义，布拉格的捷克人发起暴动。这使得局面大大复杂化。很多革命者希望获得民族独立更甚于宪政，不过宪政是王朝专制的敌人，所以一度被视为独立的手段。

如果自由主义者成功地在所有中欧国家首都建立起宪政政府，那么就会诞生一批此前本身从未具备国家结构、至少具备时间不长的民族国家。如果斯拉夫人获得民族解放，那么原本被视为德意志领土的大片土地将被他们夺走，特别是波兰和波希米亚。人们经过一段时间才完全领悟到这一点。德意志自由主义者在 1848 年突然意识到这一问题，并迅速得出结论，选择了民族自治的道路（一个世纪后的南蒂

罗尔争端①中，意大利人依然在这一两难面前举棋不定）。德意志的
1848 年革命遭到了根本性的失败，因为德意志自由主义者认定，要
实现德意志民族的自治就需要保留东方的德意志领土。因此，为了德
意志民族的未来，他们需要一个强大的普鲁士，也必须接受普鲁士的
条件。还有其他迹象表明大趋势在 1848 年末尾将临之际逆转。例如，
意大利人已经被奥地利军队控制。巴黎在 6 月份爆发一场起义，意图
使革命朝民主的方向更进一步，但在遭到极为血腥的镇压后失败。毕
竟，第二共和国是一个保守主义政体。革命在 1849 年走向末路。奥
地利人击溃撒丁王国的军队，这是唯一能守护意大利革命的力量，亚
平宁半岛各地的君主纷纷开始收回失去奥地利庇护时向宪政作出的妥
协。在普鲁士的带头之下，德意志的统治者们也如法炮制。克罗地亚
人和匈牙利人保持着对哈布斯堡王室的压力，但要面对前来为盟友助
阵的俄国军队。

　　自由派视 1848 年为"民族国家的春天"。即便此言不虚，其间绽
放的花朵也很快就纷纷凋零。到 1849 年底，尽管部分国家发生了重
大变化，但欧洲在很大程度上又回到 1847 年时的正式体制。民族主
义无疑是 1848 年广受欢迎的事业，但既没有强大到足以维持革命政
府，也没有明显的启蒙作用。其失败表明，指责 1815 年时的政治家
"忽视"民族主义、没有给予应有的关注是错误的；没有任何民族国
家在 1848 年诞生，因为没有任何民族为此做好准备。其基本原因在
于，虽然民族主义者或许存在，但在欧洲大部分地区，民族主义对大
众而言依然是抽象的概念；只有相对较少的博学之士或至少受过一定
教育的人才会在意。在社会问题也能体现出民族差异的地方，那些因

____

① 南蒂罗尔本属于奥地利，一战后划归意大利，此后墨索里尼上台，在该地推行意大
利化运动，并与德国产生一些争议，后因二战爆发暂时搁置。——译者注

语言、传统或宗教而产生某种归属感的人有时会作出有效的行动，但没有导致新民族国家的成立。例如，1847年，在获得哈布斯堡政府同意后，加利西亚的罗塞尼亚（Ruthene）农民欢天喜地地处死了他们的波兰地主，于是得到满足，1848年间一直忠于哈布斯堡王室。

1848年也爆发了若干起真正具有民众基础的起义。在意大利，它们通常是城市叛乱而非农民暴动；伦巴第农民还对去而复返的奥地利军队表示欢迎，因为领导革命的贵族是他们的地主，他们看不出能从这种革命中得到什么好处。在德意志部分地区——其中大部分都保留传统的土地农业社会结构，农民们采取了和1789年的法国前辈一样的行动，将地主的屋宅付之一炬，这不只是出于个人私怨，也是为了毁掉令他们又恨又怕的租金、赋税和劳役记录。城内的自由主义者因此类突发事件所受到的惊吓，不亚于法国中产阶级因巴黎六月起义的走投无路者和失业者引起的暴动所受的惊吓。因为自从1789年以来，农民一直（大体上）属于保守主义阵营，政府确信能够获得外省的支持，碾碎为激进主义带来短暂成功的巴黎穷人。但革命运动内部也能找到保守主义痕迹。德意志工人阶级的骚动令上层阶级心生不安，但究其原因，在于德意志工人领导者虽然把"社会主义"挂在嘴边，实际上却希望恢复旧制。他们一心向往行会和学徒制下的安定世界，害怕工厂里的机器、让船夫失业的莱茵河汽船和不受限制的贸易——一言以蔽之，害怕一切一目了然的、市场经济社会兴起时所具有的标志。1848年的大众革命几乎总能表现出自由主义对大众缺乏吸引力的事实。

总的来说，1848年在社会层面的重要意义和其政治内容一样复杂，也同样难加以概括。革命中，社会变化最大的地区可能是位于东欧和中欧的农村。在那里，自由主义思想和对大规模暴动的恐惧相结合，使地主作出改变。俄国以外地区所有残存的制度性农民劳役和土地束缚都因 1848 年的革命而废除，始于 60 年前的法国的那场农村社会革命在中欧和东欧的大部分地区完成收尾。以个人主义和市场原则重建德意志和多瑙河流域农业生活方式的道路已经开启。虽然很多封建做法和思维习惯依然残留，但整个欧洲的封建体制都切实走到了尽头。不过，法国革命原则中的政治元素还需更长的时间才能崭露头角。

而民族主义元素的显山露水则不用等待太久。1854 年，一场针对俄国中东势力所爆发的争端终结了列强之间始于 1815 年的和平状态。英法两国作为奥斯曼苏丹的盟友共同对抗俄国人，克里米亚战争就此打响，这一战在很多方面都非常引人注目。战场位于俄国南部的波罗的海和克里米亚，后者是大部分关注的焦点。四国盟军①所设定的目标是占领塞瓦斯托波尔（Sebastopol），这一海上基地是俄国黑海势力的关键依托。战争的部分结果令人惊讶。英军和盟友及敌人一样作战英勇，但行政安排能力与其他国家相比尤其相形见绌；由此引发的丑闻掀起了国内激进改革的风浪，其意义十分重大。战争还无意间促成了一种受人尊敬的女性职业，那就是护士，因为英国医疗体系的崩溃特别使人震惊。弗洛伦斯·南丁格尔（Florence Nightingale）的工作为体面的女性开创了一条自黑暗时代创建的女性宗教团体以来最醒目的职业道路。另一方面，这场战争也因其现代化特征而引人注目：这是第一次动用蒸汽船和铁路的列强之战，还将电报线铺设到了伊斯坦布尔。

其中不乏一些不祥的预兆。但就短期而言，它们对国际关系的影响不如战争本身来得重要。俄国最终战败，一时失去了对土耳其长期具备的威慑力。再建立一个新基督教国家——罗马尼亚的设想最终于

---

① 后来撒丁王国也加入战局。——译者注

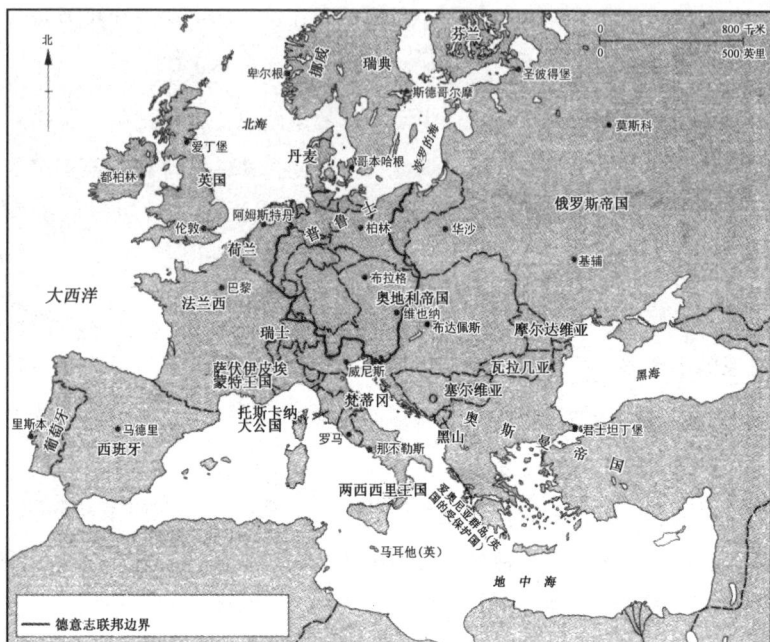

1815 年的欧洲

1862 年成为现实。民族自决原则又一次在前奥斯曼帝国的土地上扬起胜利的旗帜。但战争的关键后果在于神圣同盟的破裂。奥斯曼帝国倒台后如何瓜分巴尔干地区是奥地利和俄罗斯在 18 世纪的老矛盾，如今再度浮出水面，奥地利一边警告俄国不得在战时占领多瑙河诸公国（这是对未来罗马尼亚的称法），一边自己把它占为己有。当时，距俄国粉碎匈牙利人的起义、扶持哈布斯堡王室归位只有五年。这是两大强国友好关系的终点。下一次，当奥地利再度面对威胁，将无法得到作为欧洲保守派警察的俄罗斯人的帮助。

　　双方于 1856 年达成和约，没有多少人料到战争会结束得如此之快。不出十年，奥地利吃到了两场短促而刻骨铭心的败仗，输掉了在意大利和德意志的霸权，新的民族国家开始在两地组建。民族自决原则确实成了胜利者，哈布斯堡王室则是它的垫脚石，这场胜利兑现了1848年革命者的预言，但实现的方式完全出乎意料。并非革命，而是撒丁和普鲁士这两个传统的扩张型君主国的野心，引导两国以奥地利为垫脚石走向振兴之路，后者当时处于完全孤立的状态。奥地利的问题不仅是失去俄国这位盟友，而且1852年后，法国迎来了第二个以拿破仑为名的皇帝（是拿破仑一世的侄子）。当选为第二共和国总统后，他发动政变废宪，从而登上皇位。

单单拿破仑的名字就足以使人胆战心惊，这预示了一场国际范围的重组——或革命。拿破仑三世（作为拿破仑一世之子，二世有名无实，从未行使统治）号召法国人打破1815年设立的反法体制，也就必然要打破在意大利和德意志扶持该体制的奥地利强权。他发表的民族主义言论比大部分统治者都更彻底，看起来确实对此深信不疑。他凭借军队和外交推进了分别是撒丁和普鲁士首相的加富尔和俾斯麦这两位伟大外交大师的工作。

1859年，撒丁王国和法国向奥地利开战；经过短暂的交锋，奥地利人在意大利的地盘就只剩下威尼斯了。加富尔着手将其他意大利邦国纳入撒丁王国版图，但代价之一是要把萨伏依割让给法国。加富尔死于1861年，虽然至今依然存在争议，不能确定他究竟想让国家扩张到什么地步，但到了1871年，他的后继者已经打造出一个统一的意大利，由前撒丁国王统治，聊作对他失去王室祖传公爵领地萨伏依的补偿。德意志也在同一年完成统一。统一进程的起点是1864年的普鲁士—丹麦战争，俾斯麦又一次煽动德意志民族的自由主义情感为普鲁士的利益服务，发动了这场小规模的血腥战争。两年后，普鲁士在波希米亚的一场闪电战中击败奥地利，最终为腓特烈二世在1740年开启的、霍亨索伦—哈布斯堡两王室争夺德意志霸权的对决画上句点。普鲁士的胜利更似对既成事实的确认，而非战争本身的成功，因为与其争夺德意志的奥地利自 1848 年以来已经大大弱化。同样在 1871 年，德意志自由派将王冠授予普鲁士国王，而非奥地利哈布斯堡王朝的皇帝。

不过有一些国家仍然向维也纳寻求领导和依靠，现在也只能独力面对普鲁士盛气凌人的锋芒。哈布斯堡帝国只剩下多瑙河流域的领地，其外交的侧重点也转到了欧洲东南部及巴尔干地区。1815 年，哈布斯堡王室放弃了尼德兰，1866 年，威尼斯被普鲁士人强行划归意大利，德意志也脱离帝国自立门户。双方议和后，匈牙利人立即借此良机，在匈牙利王室所属土地上——相当于哈布斯堡的半壁江山，获得实质性的自治地位，在王室的伤口上又撒了一把盐。于是，该帝国在 1867 年成为奥地利—匈牙利双头君主国家，这种双头关系无章可循，仅余王朝本身和共同的外交作为联结的纽带。

德意志要实现统一，还需在此基础上更进一步。法国人逐渐认识到，普鲁士势力向莱茵河另一侧的扩张对他们不利；如今他们面对的不再是四分五裂的德意志，而是一个举足轻重的军事强权统治下的德意志。黎塞留时代已在不知不觉间化为过眼云烟。俾斯麦利用这份心态，以及拿破仑三世在国内的软弱和在国际上的孤立，挑衅法国于 1870 年作出宣战的愚行。此战的胜利成为德意志新落成的民族主义丰碑的封顶石，因为普鲁士是"抵御"法兰西侵犯德意志的中流砥柱——而且当时，依然有活着的德意志人记得上一位拿破仑率领的法军在自己家园中的所作所为。普鲁士军队摧毁法兰西第二帝国（也是该国末代君主政体），并创立了帝国，史称德意志第二帝国，以便和中世纪的德意志帝国相区别。虽然实质上是披着封建外衣的普鲁士大一统国家，但其德意志民族国家的形态满足了德国自由派运动的要求。1871 年，以戏剧化而又情理之中的方式，普鲁士国王在路易十四的凡尔赛宫从同侪君主们手中接过了统一的德意志帝国王冠（其前任曾在 1848 年拒绝自由主义者奉上的帝位)。

于是，国际格局在不到 50 年的时间内发生了革命性的变化，将对世界以及欧洲的历史产生重大影响。恰如 17 世纪的法国取代西班牙一样，德国取代法国，成为欧洲大陆上的霸主。这一事实将成为笼罩欧洲国际关系的阴霾，直到这些关系不再取决于欧洲内部局势为止。严格意义上的、狭义的政治革命对这场变化的贡献很小。19 世纪的自发自觉的革命者所取得的成就无一能够和加富尔、俾斯麦和半属身不由己的拿破仑三世相比。考虑到革命在这段时期所点燃的希望和引发的恐惧，这一点很不寻常。大革命的成果几乎仅限于欧洲边陲，而且还显出式微的征兆。回顾 1848 年，革命事件层出不穷，还有各类密谋、策划及名不副实的宣言①来凑热闹。这一切到 1848 年后就极少见了。又一场波兰革命爆发于 1863 年，但除此之外，1871 年以前各大国均没有发生值得关注的动乱。

可见，当时的革命势头出现衰退是可以理解的。革命在法国以外成果寥寥，给法国则带来了幻灭和独裁。而有人却以其他途径实现了革命的部分目标。加富尔及其同僚打造了一个统一的意大利，但并不是革命党能够认同的意大利，也令马志尼大受打击，俾斯麦则把 1848 年德意志自由主义者的很多希望变成现实，令德国成为无可争议的列强之一。另一些革命目标是通过经济发展达成的；不管有多么可怕和贫穷，19 世纪欧洲毕竟在不断走向富裕，其人民分享到的份额也越来越多。其中还有相当短期的因素发挥作用。1848 年后不久，加利福尼亚发现了大量金矿，输出大量金元，刺激了 19 世纪五六十年代世界经济的发展；这几十年间的信心增长和失业减少都有利于社

---

① *pronunciamientos* 也常译作"起义"，是由某个团体签字提出的书面抗议或请愿，明述一系列不满或要求，如政府不予理会，抗议或请愿团体就可能起兵叛乱。——译者注

会的和谐。

为何革命日渐稀少？究其根本，或许是因为发动革命的困难增加了。政府发现镇压革命变得愈发轻松起来，其中科技因素占了很大的比重。现代警察诞生于 19 世纪。铁路和电报提供了更好的通信手段，使中央政府在应付偏远地区的叛乱时如虎添翼。而最重要的是，军队相对于起义军的技术优势不断拉大。早在 1795 年，当时的法国政府就以行动表明，一旦掌握并敢于使用正规军，就可以牢牢控制巴黎的局势。在 1815 至 1848 年的漫长和平时期，很多欧洲军队变得更似维稳的工具而非国际竞争的手段，其枪口的潜在目标是本国人民而非外敌。若非武装力量的重要部门存在漏洞，巴黎 1830 年和 1848 年革命的成功决计难以成功；一旦政府掌握了如此实力，像 1848 年六月起义（某位观察家称之为历史上最伟大的奴隶战争）一般的暴动就注定会以失败收场。自那一年起，只要政府对军队的控制力没有被战争或颠覆活动所动摇，且有诉诸武力的决心，人民革命就无法在任何欧洲国家的大城市取得一场胜利。

这一点在 1871 年得到鲜明而血腥的写照，法国政府仅用一个星期出头的时间便粉碎了一场巴黎暴动，死于暴动者和 1793—1794 年间恐怖统治时期处决的人数相当。当时，一个吸纳了各类激进派和改革派的人民政权在首都自立为巴黎 "公社"，此名称使人回忆起早至中世纪的市政独立传统，更具分量的前例则是 1793 年公社（或市政议会），一度成为革命热情所向往的中心。1871 年公社之所以能够夺取政权，是因为刚在德国人手中吃了败仗的法国政府为了顶住一波对巴黎的围攻而武装了这座城市，但又无法解除武装，同时也因为这场败仗令很多巴黎人怒火中烧，认定政府是失败的罪魁祸首。昙花一现的公社（政府为反扑做了几周的准备工作，所以有一段时期相安无事）几乎没有任何实绩，但孕育出大量左翼辞令，并很快被视为社会革命的化身。镇压行动因此而平添一份狠劲。政府利用遣返战俘组织武力，攻克巴黎，使城市短暂地沦为血腥的街垒战场。正规军再一次压倒工人和店主，碾碎了他们把守的、仓促搭成的街垒。

假如有什么可以打破革命的神话、消除革命带来的恐惧和鼓舞的神秘力量，那这定非巴黎公社的失败莫属。然而事实恰恰与此相反，保守派视其为很好的教训，时刻将巴黎公社铭记在心，关注着始终在社会内部暗流涌动、伺机爆发的危机。革命者则得以为英雄主义和牺牲精神书写下新的篇章，使 1789 至 1848 年间的革命烈士所铸造的传统进一步延续。而且，因为一个已经使左右两派都受到冲击的新要素出现，公社还为革命神话注入了新的活力，那就是社会主义。

该词（如同其派生词"社会主义者"）从诞生伊始就包容了大量不同的概念。两词都首先流行于 1830 年前后的法国，用来形容反对基于市场原则运转社会、反对基于自由放任主义运作经济的理论或人士，他们认为富人是这种社会和经济的主要获益者。经济和社会平等是社会主义理念的基础，大部分社会主义者都能在这一点上达成共识。他们通常相信，一个良好的社会中不应存在利用财富占有来获取优势地位的压迫阶级。此外，所有社会主义者都同意，财产权是社会不公的支柱，毫无神圣性可言；有一部分以完全废除财产权为诉求，也就是共产主义者。"财产即盗窃"[①] 这句口号曾获得极大的成功。

这类思想也许令布尔乔亚毛骨悚然，但并不十分新鲜。纵观历史，平等主义思想一直是人类为之神往的主题，欧洲基督教统治者曾毫不费力地通过一种宗教实践让一个财富分配反差巨大的社会达成安定，其最响亮的赞歌是颂扬上帝为穷者带来拯救、向富人关闭天堂的

---

① 来自法国社会主义者、经济学家和无政府主义创始人皮埃尔-约瑟夫·普鲁东的主张。——译者注

大门。19 世纪早期的不同之处在于此类思想突然变得更加危险，其新形态与革命理念彼此相连，也传播得更为广泛。其他历史发展也催生出对新思想的需求。其中之一是自由主义政治改革的成功，表明仅仅法律平等是不够的，这种平等会由于对经济强势者的依附而徒有其表，或是由于贫穷及相伴的愚昧而改变初衷。另一种是 18 世纪若干思想家早已有之的思想，他们将财富视为与世界极不兼容的非理性存在，因为他们认为应该且能够对社会加以规范、实现大多数人的最大福祉。法国大革命中的部分思想家和煽动者就已经提出了在后世看来属于社会主义思想范畴的激进主张。不过，只有当平等主义思想与新时代的经济社会变革所带来的问题发生冲突——首先的是工业化带来的问题，这份理念才会演变为现代意义上的社会主义。

这往往需要极为敏锐的洞察力，因为这些变化对英国和比利时（唯一一个工业化程度与英国相当的国家）以外地区的冲击来得非常缓慢。但或许是因为两国与传统社会的反差过于彻底，就连资本主义早期的金融和制造业的小规模集中也得到了人们的关注。这类集中化现象对社会组织具有极为重大的潜在意义，而法国贵族克洛德·圣西门（Claude Saint-Simon）是最早领悟到这一点的人之一。他考虑了技术和科技进步对于社会的影响，这对社会主义思想具有开创性的贡献。圣西门认为，这些进步不仅令计划经济成为必然，而且还预示着（更确切地说是强迫）传统统治阶级、贵族和地主被代表新型经济和知识势力的精英所取代。此类观点影响了很多在 19 世纪 30 年代提倡发扬平等主义的思想家（大部分是法国人）；他们意图表明，基于理性和道德的双重立场，这些变化是值得期许的。在 1848 年，他们的主张造成了重大的反响，其思想流传甚广，足以令法国有产阶级恐慌，把六月起义看作一场"社会主义"革命。社会主义者大体上将自己定位为法国大革命传统的一部分，把实现革命理想视为下一阶段的目标，因此有产阶级的误判是可以理解的。

在决定历史进程走向的 1848 年出现了一本小册子，是社会主义历史上最重要的文献。这就是《共产党宣言》（但出版时用了其他的标题）。本宣言大部分出自犹太血统（但本人曾受洗）的德国青年卡尔·马克思之手，以此为分水岭，社会主义的历史正式开启。马克思宣称要与他的前人，也就是他所谓的"乌托邦式社会主义"彻底决裂。乌托邦式社会主义者攻讦产业资本主义的理由是认为其中存在非正义，而马克思觉得这一点无关紧要。按他的观点，通过长篇大论使人们认同变革在道义上值得向往是绝无任何希望的。一切都取决于历史前进的方向，在这一方向下，工业社会将切实而不可避免地创造出一个崭新的工人阶级、在新的工业城市中形成无依无凭的雇佣劳动者，他将这类人统称为工业无产阶级。马克思认为，这一阶级必然会走向革命的道路。在历史的作用下，他们将产生革命的能力和意志。在历史所赋予的条件下，革命将成为唯一合乎逻辑的结果，而且必然能够成功。关键不在于资本主义在道德上站不住脚，而是它已然落后于时代，也就注定了灭亡的命运。马克思断言，任何社会都有某种特定的财产权和阶级关系体系，这些体系又形成了其特定的政治格局。政治必然是经济力量的反映。当社会组织在经济发展的影响下发生变化，政治也将随之而变，因此，就如资本主义彻底扫清封建主义一样，革命迟早会把资本主义社会及其形态横扫一空。

马克思的思想远不止如此，但上述言论所造成的震撼和启迪已经足以令他主导此后 20 年间兴起的国际社会主义运动。坚信历史站在他们一边对革命者是很大的鼓舞。不管投身革命的动机是匡扶正义还是出于嫉妒，革命者都能从注定胜利的前景中得到宽慰。不管作为一种分析理论存在多少学术上的可能性，马克思主义首先还是一份大众传奇。基于一种历史观，主张人类受必然性的束缚，因为其社会体制取决于生产方式的演变，也基于一份信仰，坚信工人阶级是天选之民，将以胜利的凯旋结束在这个罪恶世界的朝圣苦旅，建立一个公正的社会，让必然性的铁则就此失效。社会革命者可以从其严谨而无法推翻的论证中获得信心，相信属于社会主义的新千年必将不可阻挡地到来，但与此同时，虽然此种理论似乎让积极开展革命变得并不必要了，他们仍然坚持积极地革命。马克思本人对于自己的理论采取了更为谨慎的态度，只用它来描述宽泛的、横扫一切的、个人无法阻挡的历史变革，而非历史展开的细节。也许并不算意外的是，就和很多开山鼻祖一样，他并不认同所有的门徒，后来还拒不承认自己是马克思主义者。

这种新信仰对工人阶级组织是一份鼓舞。在某些国家已经存在工会和合作社的基础上，第一个国际工人组织——国际工人协会成立于1863 年。虽然组织内有很多不支持马克思观点的人（无政府主义者是其中之一），但他的影响力还是无可匹敌，并担任协会秘书。协会的名称吓坏了保守派，其中有些人将巴黎公社的诞生归咎于它。无论理由是否充分，他们的直觉是正确的。1848 年后的数年间，自由主义的革命传统被社会主义所吸收，一份对工人阶级的历史使命的信念油然而生，而且这份在英格兰以外地区依然几乎不见端倪的信仰还与革命总体上必然正确的传统信念结合到一起。于是，法国大革命所孕育的政治思想形态嫁接到了其他社会，而事实证明这些思想与后者的兼容性将越来越差。马克思将巴黎公社波澜壮阔的进程和神话般的号召力嫁接到社会主义身上。他写了一本笔力千钧的小册子，将巴黎公社的一切并入自己的理论，然而事实上，这场革命是很多错综复杂、各不相同的势力相互作用的结果，表达的平等主义元素极少，更别提"科学的"社会主义。而且，爆发革命的城市虽然巨大，却并非他所预言的、能使无产阶级革命走向成熟的大型制造中心。恰恰相反，这些社会主义要素一直执拗地没有出现。事实上，公社是革命及巴黎激进主义传统最后也最伟大的实例。这是一场伟大的失败（社会主义也因其引发的镇压遭受挫折），然而马克思却让它成了社会主义神话的核心。

俄国似乎对困扰其他欧陆强国（只有波兰地区除外）的动荡免疫。法国大革命，就和封建主义、文艺复兴或宗教改革等经历一样，对西欧的成型起到决定性的作用，然而却忽略了俄国的存在。尽管亚历山大一世这位1812年拿破仑入侵时的俄国沙皇曾沉迷于自由主义思想，甚至考虑过立宪，但这些事实并没有结出任何果实。俄国体制的解放直到19世纪60年代才正式开始，而且其源头也并不是革命带来的影响。诚然，在此之前，俄国也并不完全是自由主义和革命意识形态的处女地。亚历山大的统治起到了宛如开启潘多拉魔盒的效果，释放出各种观点，形成一小群视西欧为典范的政体批判者。随追击拿破仑的军队前往巴黎后，部分俄国军官的所见所闻使他们对祖国感到失望；这是俄国政治反对派的起源。

在一个专制国家，反对必然意味着密谋。有的人参加秘密结社组织，企图利用1825年亚历山大死后局势未定的时期发动政变，史称"十二月党人"运动。虽然这场运动很快被粉碎，但至少令尼古拉一世惊出一身冷汗，这名沙皇对俄国的历史走向起到了决定性的负面影响，在一个至关重要的时刻无情地打压政治自由主义，一心想要置其于死地。部分考虑到是他令政治失去了活力，尼古拉一世的统治对俄国未来的影响超过了自彼得大帝以来的任何人。作为专制统治全心全意的信仰者，他巩固了俄国的威权主义官僚传统、对文化生活的管制和秘密警察制度，而其他保守阵营的大国无论多不情愿，当时都在向着相反的方向前进。当然，在已然令俄国专制统治有别于西欧君主制的历史传承的基础上，要改变现状确实需进行大量的工作。但面临当时的巨大挑战，尼古拉在统治期间毅然决然地采取单纯而古老的暴力专制手段作为应对措施。

俄罗斯帝国的民族、语言和地理差异性早就开始提出难题，这远远超出了莫斯科大公国时代继承下来的传统可以应付的难度。帝国人口本身在 1770 年后的 40 年间增加了不止一倍。这个社会始终朝着多样化的方向发展，但依旧极端落后；城市寥寥无几，在规模巨大的农村扩张中几乎可以忽略不计，且往往显得无足轻重、朝不保夕，更像是临时的大规模营区，而非长久的文明中心。规模最大的扩张位于南部和东南部；那里的新贵们必须融入帝国体制，而强调正教的宗教纽带是最简单的融入途径之一。与拿破仑的冲突打破了法兰西光环在过去所享有的威望，使人们对该国所象征的启蒙思想产生了怀疑，在此基础上、在尼古拉统治下的俄罗斯帝国新的意识形态基础的演化进程中，宗教获得了一份新的重视。所谓的"正统理念"[1] 以亲斯拉夫和宗教至上为基本信念、以官僚主义为形式，力求为俄罗斯恢复自从跨出作为历史中心的莫斯科大公国后就一直缺失的意识形态上的统一。

从此以后，正统意识形态的重要性将成为俄罗斯和西欧的重大差别之一。直到 20 世纪最后十年，俄国政府才放弃了意识形态能有力地巩固统一的信念。但这并不意味着俄国在该世纪中期的日常生活（无论是开化阶级还是大批蒙昧民众的），与欧洲东部和中部的其他国家有很大的差别。俄国知识界则为俄国究竟是不是欧洲国家而争论不休，这也不足为奇；俄国有着与更靠西面的国家不一样的根。此外，尼古拉还导致了决定性的转折，在其统治初期的 19 世纪前半叶，其他王朝国家至少开始感受到变革的可能性，而在俄罗斯则被完全扼

---

[1]　即尼古拉一世大力推广的三位一体意识形态："信仰正教、忠于专制、民族团结"（Orthodoxy，Autocracy and Nationality）。——译者注

杀。那是一片特别擅长审查和维稳的土地。就长期而言，这必然会使一些现代化目标无法实现（但扎根于俄罗斯社会的其他障碍也同样重要），不过短期内维稳取得了极大的成功。整个 19 世纪期间，俄国未曾经历一场革命；1830—1831 年和 1863—1864 年间的俄属波兰起义遭到无情镇压，由于波兰和俄国人彼此深恶痛绝对方的传统，镇压者更可以毫无顾忌地采取残酷的手段。

硬币的另一面是在一个野蛮而原始的农业社会，发生几乎毫无消停的暴力和骚乱，以及愈发嚣张和暴力的阴谋传统，这一切或许进一步摧残了俄罗斯的常规政治实践，以及这种实践所需要的共同思维。尼古拉的统治期获得了各种恶评，被形容为冰河时代、瘟疫区和监狱，但在国内维持严酷执拗的专制统治与保持强大的国际地位并没有发生冲突，而且这不是俄罗斯历史上最后一次证明这一点。其基础是俄国巨大的军事优势。当军队只能装备前装枪炮、不存在至关重要的武器差距时，俄军庞大的人数具有决定性的意义。如 1849 年所示，俄国军事实力是国际反革命保障体系的依靠。但俄国外交政策也取得了其他方面的成功，对中亚诸可汗国和中国保持着持续的压力。黑龙江左岸成为俄国领土，海参崴于 1860 年建立。俄国迫使波斯作出巨大让步，并在 19 世纪期间吞并格鲁吉亚和亚美尼亚的一部分。他们甚至还一度决心向北美扩张并付诸行动，曾在阿拉斯加设立要塞，并于加利福尼亚北部建起一些定居点，这些设施一直保留到 19 世纪 40 年代。

不过，俄国外交的侧重点还是西南方，针对奥斯曼的欧洲部分。通过 1806—1812 年和 1828 年的两场战争，俄国边境越过比萨拉比亚，推进到普鲁特河与多瑙河河口一带。当时的局势已经一目了然，就如 18 世纪的波兰问题一样，瓜分奥斯曼帝国是 19 世纪欧洲外交的核心问题，但两者有一个重要的差异：奥斯曼问题牵扯到更多强国的利益，帝国臣民的民族情感也是一个令问题复杂化的因素，所以各方达成共识要困难得多。如后世所见，奥斯曼帝国苟延残喘的时段比人们预想的要长得多，东方问题依旧让政客们头疼不已。

　　其中有一些导致问题复杂化的因素引发了克里米亚战争，其开端是俄国对多瑙河下游一带奥斯曼省份的占领。这场战争对俄国内政的重要性超过了其他国家。因此战昭然若揭的事实是，这位 1815 年复活的军事巨人不再享有无可置疑的优势。在自己的领土上吃了败仗后，俄国被迫签订城下之盟，其后果之一是在可以预见的未来放弃了对称霸黑海地区这一传统目标的追求。幸运的是，尼古拉一世在战争期间驾崩，为继位者免去了不少麻烦。失败就意味着必须作出改变，如果俄国想再一次获得与其巨大潜力相称的实力，那么一些体制上的现代化措施是不可避免的，这些潜力在传统制度下已不可能兑现。当克里米亚战争爆发时，俄罗斯依旧没有在莫斯科以南铺设任何铁路。俄国曾经为欧洲工业生产做出过重大贡献，但自 1800 年以来在这方面已显出颓势，此时远远落后于其他国家。其农业生产力依然处于全球最低下的区间，然而人口一直在稳步增长，对资源造成更加严峻的压力。正是在这样的环境之下，俄国最终走上激进变革的道路。虽然其过程不如欧洲其他国家的很多骚乱来得戏剧化，但事实上其革命性要胜过很多冠有革命之名的运动，因为这场变革最终动摇了俄国人生活中最根本的基础，即农奴制。

　　农奴制的延续是 17 世纪以后的俄国社会史显著的特征。就连尼古拉也承认农奴制是俄国社会罪恶的核心。在他统治期间，农奴起义、袭击地主、焚烧庄稼和摧残牲畜的事件变得越来越频繁。拒不履行劳役几乎是民众抵抗农奴制的方式中最无关痛痒的一种。然而这种体制已经陷入骑虎难下的极端窘境。农奴占俄国人口的绝大多数，不可能单凭几道法令就一夜之间把他们转变成雇佣劳动者或小农，如果放弃采邑体系所发挥的功能，又没有可以取而代之的东西，国家也无法承担突如其来的行政重负。尼古拉不敢迈出这一步，而亚历山大二世做到了。对各种废除方式可能的优劣和相关证据进行几年的研究之后，这名沙皇于1861年颁发敕令，标志着俄国历史一个时代的开端，也为他赢得了"解放者沙皇"的名号。无可置疑的专制权威是俄国政府可以打出的一张牌，这一次也被用到了好的方面。

敕令授予农奴人身自由，终结了包身工制度，也为他们定量配给土地。但这一切都需要赎金，好让地主们接受变革。为了确保赎金的收取、抵消突然引入自由劳动市场所造成的风险，农民依旧在很大程度上从属于当地乡村的社区当局，由后者负责按家庭来分配土地配额。

没过多久，这一方案的缺陷就大受诟病。然而个中情形并非三言两语可以尽言，何况以回顾历史的眼光来看，这不啻是一桩巨大的成就。几年后，美国也将解放其黑奴。美国黑奴的数量远远少于俄国农奴，而且他们所在国家能提供的经济机会也大得多，然而直至一个多世纪后的今日，将这些黑奴抛给劳动力市场、让他们暴露在纯粹的放任主义之下所造成的影响及其最终的后果，依然是美国要努力克服的困难。在俄国，这一有史以来最大规模的社会改造项目没有造成与其规模相当的混乱，而且为地球上潜力最强大的国家之一打开了现代化的通道。要让农民走出农庄、寻找工业社会的就业机会，这是不可或缺的第一步。

农奴解放更直接的影响是开启了一个改革的时代；其他措施接踵而至，至1870年使俄国具备了地方政府组成的代议制体系，司法也得到改革。1871年，俄国人借普法战争之机摆脱了1856年加诸其身的限制，恢复了在黑海地区的行动自由，这一行动给欧洲带来的警示几乎有图腾般的意味。解决了最大的难题、进入体制现代化的进程之后，俄国再一次向世人宣告——它终究还是能处理好自己的家务事。进入现代史篇章后，俄国恢复其长期坚持追求的扩张政策只是一个时间问题。

第 4 章 政治变革：盎格鲁—撒克逊世界

至 19 世纪末，英国已在欧洲文明圈内创建起一个特色鲜明的小圈子，有着与欧洲大陆不同的历史走向。这个盎格鲁—撒克逊世界包括在加拿大、澳大利亚、新西兰和南非蓬勃发展的英国人群体（加拿大和南非也包含其他重要的民族群体），其核心是两个伟大的大西洋国家，它们分别称霸 19 世纪和 20 世纪。太多的人乐于不断指出两国的差别，从中所获颇丰，所以很容易忽视年轻的英国和美国在 19 世纪大部分时期有着多么丰富的相同点。尽管一个为君主制、另一个采取共和制，但两国都先后躲过了欧洲大陆出现的专制主义和革命浪潮。当然，盎格鲁—撒克逊世界在 19 世纪的政治变革与其他任何国家都同样激进。但它们既没有被改变了欧陆国家的政治力量所改变，也没有以和后者同样的方式改变。

不管彼此差别有多大，两国的共同点比它们通常所承认的更多，这是其相似性的部分来源。美国人依然可以称英格兰为母国而不觉荒唐，从中可见其微妙关系之一斑。英国文化和语言的遗产长期以来在美国占据至高无上的地位；来自欧洲其他国家的移民直到 19 世纪后半叶才开始铺天盖地地涌入北美。虽然到该世纪中期，很多美国人（也许是大多数）的身上已经流淌着其他欧洲民族的血脉，但社会基调依然长期由英国血统的人设定。直到 1837 年，美国才有了第一位不带英格兰、苏格兰或爱尔兰姓氏的总统（而下一名符合此标准的总统要到 1901 年才出现，迄今为止也只有四位）。

后殖民问题造成情感困扰，有时导致暴力，并始终令英美关系保持复杂的状态，这种状况一直维持到很久以后，但其意义还远不止如此。例如，这些问题与两国经济关系密不可分。分立后，两国的贸易往来不仅没有萎缩，反而节节高升。即便美国有些州政府曾拒不清偿债券，多次给他们留下了不愉快的经历，英国资本家依然觉得美国是投资的好去处。英国资本大量投入美国的铁路、银行和保险业。同时，两国统治层的精英既彼此神往，又相互排斥。一些英国人刻薄地评价美国式生活的低俗和粗鲁，但另一些人仿佛本能地从其活力、乐天和遍地的机遇中感到愉悦；美国人觉得君主制和世袭头衔难以认同，但又孜孜不倦地探究这些制度和头衔背后的英国文化和社会的奥妙和神奇。

从欧洲大陆的视角来看，英美两国的共性之多，比双方的巨大差异更令人震惊。归根结底，双方都成功实现了自由和民主政治，获取了令人侧目的财富和实力。虽然实现的环境大相径庭，但至少在孤立的状况这一点上是相同的：大不列颠与欧洲有海峡相隔，美国则有大西洋作为屏障。长期以来，地理上的偏远蒙蔽了欧洲人的双眼，使他们看不到这个年轻共和国的潜力和它在西部所面临的巨大机遇，对西部的开拓将成为美国民族主义最伟大的成就。1783 年的和约中，英国的划境方案保护了美国的利益，使美国必然迎来一段开拓扩张时期；当时不甚明了的只是这次扩张能走得多远，会牵涉到哪些其他势力。这部分缘于地理上的无知，没有人能肯定北美西部究竟有些什么。数十年间，仅东部山脉另一侧、紧挨山脉的巨大空间就可以为扩张提供足够的土地。在 1800 年，人们心目中的美国依然是个限于俄亥俄河流域的大西洋沿岸国家，其实际状况也基本吻合。

起初，由于政治意义上的边界定义不明，美国被迫与法国、西班牙和英国发生外交往来。尽管如此，假如边境争端可以达成解决方案，那么美国就能获得实质上的孤立状态，因为除了贸易、保护海外同胞和外部事件对美国内政的影响之外，不存在任何能让美国人卷入别国事务的利益点。法国大革命在短期内成了外部事件影响美国内政的实例写照，导致一番争论，但在共和国的青年时代，美国外交的侧重点几乎一直是边境和贸易问题。而且，两者都能在国内政坛引发强大的声势，往往造成分歧或潜在的分歧局面。

　　美国人想要置身于外部世界之外的心思在1793年就已昭然若揭，当时，法国革命战争的乱局导致《中立宣言》的诞生，声明如果美国公民参与英法战争，无论支持哪一方都将被绳之以法。这份宣言所体现出的美国政策倾向性在1796年获得了经典的定型。在华盛顿的第二届总统任期行将结束、向"友人和公民同胞"发表的告别演说中，他选择了评述成功的共和国外交政策应采取何种目标和方法这一主题，其言辞对以后的美国政治家和民族心理均造成了深刻的影响。回顾历史，现在看来尤为惊人的是华盛顿的思想中压倒性的负面和悲观论调。"我们对其他国家和民族的行为，"以此为开场白，他说，"应遵循一条伟大的法则，即拓展双方的贸易关系，同时尽可能避免建立任何政治关联。""欧洲有欧洲的根本利益，"他继续道，"但与我们的关系非常遥远或根本没有……我们的地理位置偏远而与世隔绝，这使我们有机会和能力去追求一条不同的道路……与外部世界保持距离，不作任何永久性的结盟，这就是我们真正的政策所在。"不仅如此，华盛顿还警告同胞，不要妄想美国与其他任何国家或民族存在永恒或特别的敌对或友谊关系。从中丝毫看不出美国会成为世界强国的未来命运（华盛顿甚至都没有考虑与欧洲以外地区的关系问题；美国未来在亚太地区的地位在1796年是想都想不到的）。

　　总体上，华盛顿之后的各位总统确实为这个年轻的共和国采取了一种务实的、具体问题具体分析的外交政策。他们只与其他强国进行了一场战争，即1812年的英美战争。除了助长这一年轻共和国的民族主义情感之外，这场斗争还催生出山姆大叔这一卡通代表形象，以及后来成为美国国歌的"星条旗永不落"的谱写。更重要的是，此战是两国关系演变过程中的重大阶段性标志。战争正式的起因是英国为了对抗拿破仑的封锁而干涉对美贸易，但部分美国人希望能随着战争的进程征服加拿大。此目标具有更重要的意义，但最终没有达成，军事扩张的失败对于后来作出与英国和平协商边境问题的决定起到很大作用。虽然战争的爆发让恐英主义在美国再次抬头，但战斗的进程（双方都有蒙羞之处）却让这种情绪烟消云散。在未来的边境争端中，英美双方达成心照不宣的谅解，除非遇到极端的挑衅，否则都不愿考虑动用战争手段。在这种背景下，美国北部边界的划定工作进展飞快，很快西至"石山"（落基山脉当时的名字），1845 年进一步抵达西海岸，关于缅因州边界的争议当时也已达成共识。

美国领土格局最重大的变化来自对路易斯安那的购买。"路易斯安那"大致相当于密西西比河与落基山脉之间的区域。1803 年，该地区多少有些有名无实地属于法国，是西班牙人在 1800 年割让给他们的。这一变动引起了美国人的关注；如果拿破仑的法兰西有意复兴法属美洲帝国，那么路易斯安那境内的新奥尔良就至关重要，因为该地控制着密西西比河河口，而该河则是美国贸易的命脉。美国开启协商的初衷是为了购买密西西比河的自由通行权，但最终买下了一整块比共和国原有面积更大的区域。在现代地图上，它包括路易斯安那州、阿肯色州、艾奥瓦州、内布拉斯加州、达科他州和明尼苏达州位于密西西比河以西部分、堪萨斯州大部分地区、俄克拉荷马州、蒙大拿州、怀俄明州和科罗拉多州的一大片区域。其购价为 1125 万美元。

这是人类历史上最大规模的土地收购，也具有和规模相当的巨大影响，改变了美国历史的走向。向密西西比河对岸的西部地区进发的道路开启后，人口构成和政治平衡格局发生了变动，对年轻共和国的政治产生了事关宏旨的革命性影响。在 19 世纪 20 年代，这一变化已经显出端倪，阿利根尼山以西的常住人口增加了一倍不止。向西班牙购得佛罗里达、完成所有收购后，1819 年的美国对以如下地理坐标为边界的领土拥有主权：大西洋至墨西哥湾岸连线、缅因河至萨宾河连线、雷德河至阿肯色河连线、北美大陆分水岭和与英国协商划定的北纬 49°平行线。

美国当时已经成为美洲最重要的国家。虽然欧洲人还控制着一些地盘，但就如英国人在战争中发现的那样，他们必须投入巨大的努力才能挑战这一现状。尽管如此，欧洲干涉拉美的可能性以及俄国在太平洋西北部的活动所引发的警惕心，令美国表明了该共和国要主宰这片西半球栖息地的决心。这就是 1823 年发表的"门罗主义"，声称今后不接受欧洲在西半球的一切殖民，欧洲势力对美国事务的干涉将被视为不友好的举动。由于符合英国的利益，门罗主义的推行没有遇到多少困难。英国皇家海军以心照不宣的方式为门罗主义提供保障，如果要和英国海军为敌，任何欧洲势力都无法明目张胆地在美洲采取行动。

门罗主义作为美国西半球外交政策基石的地位一直延续至今。其后果之一是，其他美洲国家在美国面前捍卫自身独立时无法指望来自欧洲的支持。1860 年前，这一状况最大的受害者是墨西哥。其境内的美国定居者发动叛乱，建起一个独立的得克萨斯共和国，后被美国吞并。墨西哥在随之而来的战争中一败涂地。因此，在 1848 年签订的和约中，墨西哥失去了大片土地，相当于未来的亚利桑那州大半、犹他州、内华达州和加利福尼亚州。经过这次兼并，再加上 1853 年从墨西哥购得的少量其他土地，现代美国的版图最终定型。

在《巴黎和约》签署的 70 年后，通过征服、购买和殖民，这个共和国占据了北美大陆的半壁江山。1790 年时不足 400 万的人口，

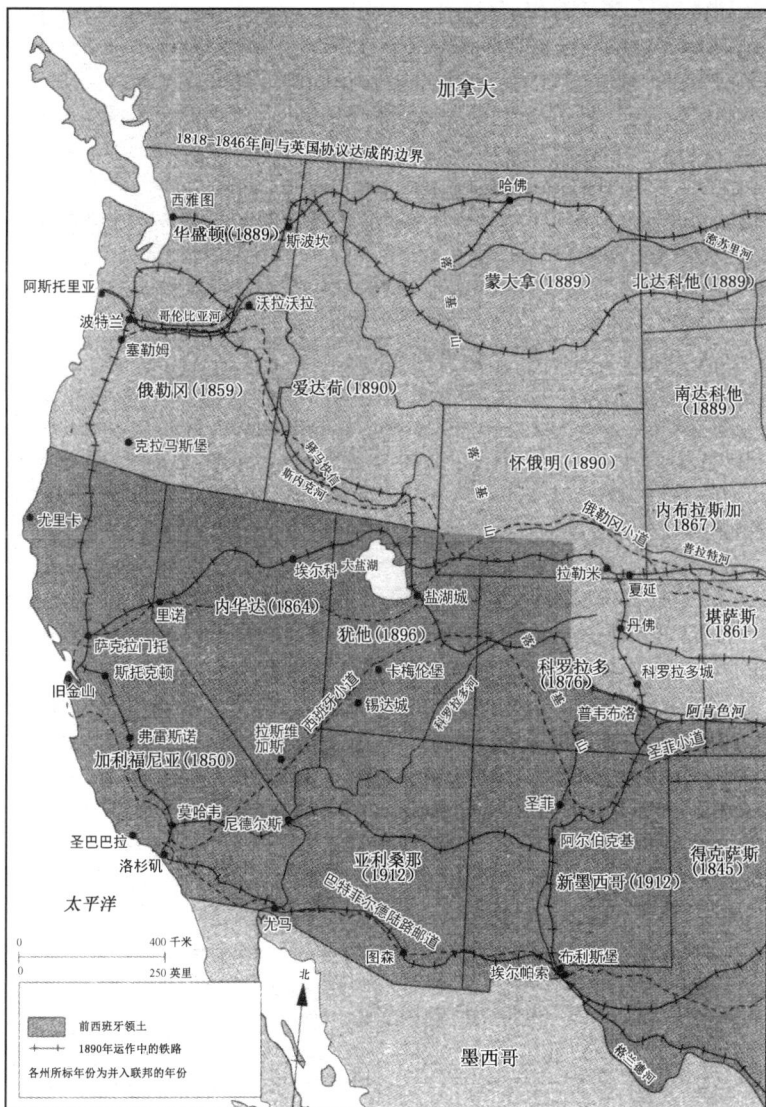

太平洋

加拿大

1818-1846年间与英国协议达成的边界

西雅图

华盛顿(1889)　斯波坎

阿斯托里亚

波特兰　哥伦比亚河　沃拉沃拉

塞勒姆

俄勒冈(1859)　爱达荷(1890)

克拉马斯堡

尤里卡

里诺

萨克拉门托

斯托克顿

旧金山

弗雷斯诺

加利福尼亚(1850)

莫哈韦

圣巴巴拉

洛杉矶

尤马

哈佛

蒙大拿(1889)　北达科他(1889)

南达科他
(1889)

怀俄明(1890)

内布拉斯加
(1867)

俄勒冈小道　普拉特河

拉勒米　夏延

内华达(1864)　埃尔科　大盐湖

盐湖城

犹他(1896)

卡梅伦堡

锡达城

丹佛

堪萨斯
(1861)

科罗拉多
(1876)　科罗拉多城

阿肯色河

普韦布洛

圣菲小道

拉斯维加斯

尼德尔斯

亚利桑那
(1912)

巴特菲尔德陆路邮道

图森

圣菲

阿尔伯克基

新墨西哥(1912)

得克萨斯
(1845)

布利斯堡

埃尔帕索

格兰德河

墨西哥

0　　　　400 千米
0　　　　250 英里

北

前西班牙领土
1890年运作中的铁路
各州所标年份为并入联邦的年份

在西部赢得的土地

到 1850 年已增加到将近 2 400 万。诚然，其中大部分依然生活在密西西比河以东，也只有大西洋三大港口城市波士顿、纽约和费城的人口超过 10 万，然而，国家的重心正在向西部转移。在很长一段时期，东部沿海地区的政治、商业和文化精英将继续主导美国社会。但自从俄亥俄河流域出现定居点的那一刻，对西部的兴趣就一直存在；西部的重要性早在华盛顿的告别演说中就得到了承认。此后 70 年间，西部问题对美国政治的影响力越来越大，最终演变为一场美国历史上的最大危机，并决定了它成为世界强国的命运。

领土和经济两方面的扩张对美国历史所造成的深远影响，不亚于其政治体制的民主偏向性。而且这些扩张对政治体制本身的影响力也十分巨大，有时达到万众瞩目、令体制发生转型的程度。奴隶问题是一个突出的例子。华盛顿开始总统任期时，合众国领土上共有 70 万不到的黑奴。这是个不小的数目，但宪政体制的奠基人没有给予特别关注，除非涉及各州之间的政治平衡问题。最后，各方决定，在计算各州在国会中的代表人数时，一名奴隶应算作五分之三个自由民。

接下来的半个世纪中发生了三起令状况发生革命性变化的事件。第一是世界棉花消费飞速增长的驱动（英国的棉纺厂是最大的消费源）令奴隶制的规模极大扩张，导致美国农产量在 19 世纪 20 年代翻倍，此后十年间再次翻番：到 1860 年，美国出口总额的三分之二来自棉花。这一巨大增幅很大程度上来自开垦新地，而新的种植园则意味着更多的劳力需求。1820 年的奴隶数量已达到 100 万，1860 年更增至 400 万左右。在南方各州，奴隶制已成为经济体系的基础。南方社会因此而更加特立独行，有别于更具商贾气息、更城市化的北方诸州，人们也一直意识到这一点，但当时，那套"独有的制度"（奴隶制的别称）开始被南方人视为当地独特文化不可或缺的核心。到 1860 年，有很多南方人以一国自居，过着一种被自己所理想化的生活，并相信这份生活正面临被外来暴政横加干涉的威胁。在他们眼里，国会对奴隶制日渐高涨的敌意就是干涉的表现和象征。

第二起改变美国人生活的事件是奴隶制成为一个政治话题。这是一场全方位政治演进的组成部分，也可以在其他方面找到明显例证。共和国早期政治反映出被后人称为"局部"利益的特征，华盛顿的告别演说本身也给人留下如此印象。概言之，这些局部利益产生了两类政治派别，一方反映商人和商业利益，希望建立强有力的联邦政府，进行保护主义立法；另一方反映农民和消费者利益，希望保障各州权利、提倡高发行低利率的货币政策。

在当时那个阶段，奴隶制还算不上是政治话题，尽管随时间推移，政客们不时称之为必须遏制的罪恶（但没人清楚该怎么做）。这种默许状态逐渐发生改变，部分是美国制度内在趋向的结果，部分是社会变化的结果。司法解释极力突出宪法的国家和联邦属性。同时，由于国会获得了新的潜在立法权，法律制定者愈发成为美国民主的代言人；安德鲁·杰克逊的总统任期被公认为这一发展的关键时期。政治民主的成长是其他变化的反映；美国不受因失去土地而流落街头的城市无产阶级的困扰，因为自给自足的梦想在西部长期都有机会实现；作为一种社会理想，自给自足的小农生活可以维持美国传统的核心地位。购买路易斯安那为美国人打开了前往西部腹地的道路，这对决定美国政治形态的财富和人口分配具有革命性的意义，对于北方的工商业发展也同样重要。

而第三点最为关键：西进道路的开启使奴隶问题发生了转变。关于新领土并入合众国应遵循何种条款，存在极大范围的争议。通过路易斯安那收购和墨西哥战争先后获得领土后，由于必须决定这些地区的组织形式，一个不光彩的问题就必然会摆上台面：新领土内是否允许奴隶制的存在？北方发起一场轰轰烈烈的反奴隶制运动，坚持不懈地提升奴隶问题在美国政治议程中的地位，直到一切其他事项都变得次要。这场运动以终结奴隶贸易、最终解放奴隶为纲领，其根源在很大程度上和 18 世纪末追求同一目标的其他国家的动因是一致的。但美国废奴运动也有重大的区别。首先，它所面对的奴隶制处于发展壮大之中，而在欧化世界的其余地区，这一制度却正走向消亡，所以美国即便不至于倒行逆施，至少也阻碍了历史潮流所向。其次，其中牵涉一系列错综复杂的宪政问题，因为究竟能对私有财产干涉到何种程度尚存争议，不管是在有地方法律为干涉行为撑腰的各州，还是在尚未建州的领土内。不仅如此，废奴派政治家还提出一个关乎宪法灵魂、事实上关乎所有欧洲国家政治生活核心的问题：谁握有最终话语权？人民是主权的主体，这点毋庸置疑，但"人民"究竟是国会代表中的大多数，还是通过州立法采取行动、甚至违抗国会、宣称自身权利不可剥夺的各州州民？于是，该世纪中期涌现的奴隶问题，几乎与美国政治提出的所有问题都交织在了一起。

在南北实力基本旗鼓相当的情况下，这些争端还能得到遏制。虽然北方人口略占优势，但至关重要的议院实力对比还是保持均势（不论人口或面积，每个州都有两个议员席位）。至 1819 年，合众国以蓄奴州和自由州交替的方式接纳新的州加入，当时两派各有 11 个州。第一场危机随之出现，事关密苏里州的准入事宜。在收购路易斯安那之前，法国和西班牙法律允许该地实行奴隶制，州民希望此政策能得到延续。但一名北方的国会议员提出在这个新州的宪法中限制奴隶制的议案，令该州民众和南方各州的代表一齐愤慨。公众为之哗然，就地方特权问题展开激辩；有一些南方人的情绪十分激烈，甚至扬言退出联邦。但其中的道德争议最终偃旗息鼓。双方仍然可以通过"密苏里妥协"对一个政治问题作出政治解答，允许该州保留奴隶制，同时也让缅因地区作为自由州加入联邦，以保持席位的平衡，并禁止奴隶

美国的奴隶问题

制在北纬 36°30′线以北的美国领土内进一步扩张。该方案确认了一条
原则，即国会有权选择是否允许奴隶制进入新并入的领土，但当时没
有理由相信此类问题会在短期内重新出现。这一预期也得到了一代人
的证实。但有些人已经预见到了未来：起草《独立宣言》的前总统托
马斯·杰弗逊写道，他"立即意识到这敲响了合众国的丧钟"，还有
一名未来的总统在日记中写道，密苏里问题"仅仅是序章——是一部
宏大悲剧的扉页"。

　　但这场悲剧又过了 40 年才拉开帷幕。部分原因是，美国人有很
多其他问题要考虑——首先是领土扩张，部分原因是 19 世纪 40 年代
以前没有适合种植棉花、从而需要奴隶劳力的新领土要并入，也就不
存在此类问题。但是能够煽起民意的力量很快出现，只要公众愿意聆

听，就将现出威力。1831 年，波士顿创办了一份报纸，提倡无条件解放黑人奴隶。这就是"废奴主义"运动的开端，其宣传的愤怒情绪不断升级，在北方造成越来越大的竞选压力，鼓动人们为逃跑的奴隶提供协助，即使法庭要求他们把奴隶交还给主人也拒不执行。在废奴运动的大背景之下，一场对抗于 19 世纪 40 年代爆发，其焦点是应以什么条件将墨西哥战争中赢得的领土并入联邦。1850 年的一份新协定终结了争端，但效力并不长久。从那时起，遭到迫害和牺牲的感受在南方领导层当中日益滋长，他们捍卫本州人民生活方式的姿态也越来越强硬，政局因此走向紧张局面。全国性政党的支持率已经受到奴隶问题的影响，民主党就把达成 1850 年协定作为政绩宣扬。

此后十年，局势每况愈下，最终演变为一场灾难。在堪萨斯地区建州的需求打破了双方在 1850 年协定下和平共存的局面，废奴主义者一心想以威吓手段迫使亲蓄奴派的堪萨斯州接受他们的观点，从而导致了第一起流血事件。有人提出，堪萨斯是采取蓄奴制还是自由制，应由该地区的居民决定，共和党就诞生于反对这一提案的过程：因为堪萨斯位于 36°30′ 以北。法律对奴隶主的任何支持都会引来废奴主义者更高涨的怒火——最高法院在 1857 年作出的一次著名判决（"德雷德·史考特案"）、最终将一名奴隶交还给其主人就是一例。而另一方面，在南方，此类呼吁被视为对黑人的离间和煽动，也是决心利用选举制度侵犯南方人自由的表现——这一观点当然不无道理，因为废奴主义者至少并不是愿意妥协的人，尽管他们得不到共和党的支持。在 1860 年的总统竞选活动中，仅就奴隶问题的范畴而言，共和党候选人宣扬的未来目标只有一个，那就是从美国所有领土上完全消灭奴隶制。

这已经远远超出了一些南方人能承受的底线。虽然民主党内部存在分化，但 1860 年的全国投票结果与地方主义立场的分布情况丝毫不差；在北方各州及太平洋沿岸的两个州的支持下，共和党候选人亚伯拉罕·林肯当选总统，历史将证明他是美国最伟大的总统。对很多南方人而言，这不啻是末日临头。南卡罗来纳州正式退出联邦，以抗议本次选举。1861 年 2 月，另外六个州步其后尘，并成立美利坚邦联，其临时政府和总统的就位比林肯于华盛顿宣誓就职还早了一个月。

　　双方均谴责对方的革命企图和行为，也很难驳斥其中的任何一方。如林肯所见，北方的核心立场是民主至高无上，这一诉求无疑具有无限的潜在革命可能。到最后，北方也确实在南方实现了一场社会革命。另一方面，南方在 1861 年（战争第一枪打响后又有三个州加入其阵营）所坚持的，是他们有权按自己的方式生活，这份主张和欧洲的波兰或意大利革命者一脉相承。一个不幸的真相是，民族主义主张和自由主义体制之间的一致性从不彻底、很少到位，甚至大多算不上接近，但捍卫奴隶制确实可以和捍卫自决权画上等号。同时，尽管这类重大的原则问题无疑面临挑战，但它们的表现是具体的、个人的和地方的，因此，要在这场由共和国历史和自我认同的重大危机所导致的分裂中，清晰精准地划出各派之间的界线非常困难。这些界线割裂了家族、城镇、乡村、宗教，同时也把不同肤色的人团结到一起。如此内战，也就必然会有如此悲剧。

　　一旦打响，战争本身就具有革命的潜在力量。在这场双方分别称为"叛乱"和"联邦与邦联两国之战"的战争中，所造成的冲击超出了斗争所必需的范畴。联邦耗时四年才打败邦联，在此期间，林肯的目标发生了重大变化。战争之初，他只谈及恢复正当秩序：他告诉民众，南方各州发生了一些状况，"事态过大，无法通过一般司法程序平息"，需要采取军事手段。维护联邦统一和完整的理念是这一立场升级为战争的本质，并得到不断重申；林肯的作战目标是将组成联邦

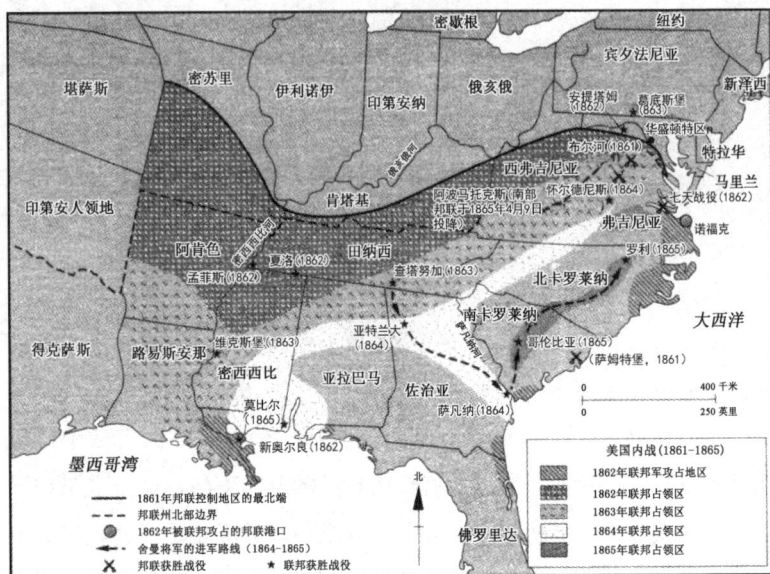

美国内战（1861—1865）

的各州重新捏合到一起。有很长一段时期，这意味着他并没有满足那些希望通过战争来废除奴隶制的人，但他最终还是改变了主意。在1862年的一封公开信中，他依然表达了无所谓废奴与否的论调："如果不用解放一名奴隶就能拯救合众国，我就会这么做；如果解放所有的奴隶可以拯救合众国，我也会这么做；如果只解放部分奴隶才能拯救合众国，我还是会这么做。"但在那一刻，他已经下定决心要向叛乱各州发表解放奴隶宣言。1863年元旦，他把这一决心付诸行动；南方政治家的噩梦终于成真，尽管他们发起的战争才是噩梦的源头。虽然一开始并不非常明显，但这使斗争的性质发生了改变。1865年，一项在美国全境禁止奴隶制的宪法修正案得以通过，迈出了废奴运动的最后一步。此时，邦联已经战败，林肯遇刺身亡，他以不朽名言"民有、民治、民享"所概括的事业已经获得保障。

　　在战胜之后的余波中，绝非所有美国人都认为这项事业明显具备高贵或正义的秉性，但其胜利不仅为美国、也为人类孕育出重大的意义。这是该世纪唯一的、意义之深远不亚于工业革命的政治事件。这场战争确定了大陆的未来：一个超级大国将继续主宰美洲，开拓这片人类已知的、资源最丰富的未开发领地。这一事实随着历史的进程决定了两场世界大战的最终结果，从而决定了世界历史的走向。联邦军的胜利还使民主体制主宰美国政治成为定局；虽然或许和林肯所指的民主并不总是完全一致，但从根本上保证多数人统治的政治体制此后确实没有遇到直接的挑战。此外还有无心插柳的效果，使美国人总是将民主和物质福利紧密联想到一起；后来，当美国工业资本主义遭遇批评，这份坚定的信念成了重要的力量源泉。

　　这场胜利还在美国国内造成了其他影响，最明显的一例是形成新的种族问题。就某种意义而言，奴隶制存在时，种族问题并不存在。仆役的身份是横亘在绝大多数黑人（其中总有少数自由民）与白人之间的屏障，并得到法律的认可。解放运动肃清了法定的尊卑体系，代之以民主化的平等体制——或神话，而当时做好了准备、能够接受这一神话变成社会现实的美国人寥寥无几。南方的数百万黑人突然获得自由。而且其中大多数人都未受过教育，除了下地的劳工之外，大部分没有受过培训，也缺乏本民族的领导者。有一小段时间，南方各州的黑人学会通过支持联邦占领军获得好处；可当这些靠山被撤走，他们也从南方各州的立法和公共职位上消失，能够觊觎这些职务的短暂时光也戛然而止。在某些地区，投票点也不再有黑人出现。

　　法律地位的缺失被社会和人身强制力所取代，有时比过去的奴隶制更加残酷。奴隶至少是一份投资，对主人尚有价值，就像其他财产那样得到保护，通常能获得最低限度的保障和生计。当南方大片地区的经济处于荒芜状态、穷困的白人也为生活而挣扎，自由劳动力市场的竞争对黑人而言就是一场灾难。不过尽管始终面临着白人施加的社会压迫和经济剥夺压力，大多数黑人还是为获得自由而鼓舞，并设法找到维持生存的方式，不断寻求社会和教育状况的改进，虽然南方实现真正的平等还要再等上百年。

美国保留两党制是战争造成的另一结果。直至今日，总统职位一直被共和党或民主党把持，甚少遇到第三党派的威胁。这种局面在1861年前没有任何实现基础，在那之前有很多党派兴起又消亡，反映着美国社会的各种趋势。战争使民主党和南方的事业牢牢绑在一起，而且起初令该党大受拖累，让它背上了不忠的污名（1885年以前的总统都不是民主党成员）。相应地，战争为共和党赢得了北方诸州的忠诚和激进主义者的寄托，他们将共和党视为合众国和民主的救世主、视为奴隶的解放者。在这种模式化定义的缺陷大白天下之前，两党已在相应阵营的各州深深扎根，占据不可动摇的地位，生存更是不在话下。20世纪的美国政治将随着两大政党内部转型的进程而展开，这一进程长期反映着双方最初的起源。

1865年的共和党可谓一时间予取予求。如果林肯还在世，或许他们能找出一条与南方和解的途径。然而木已成舟，他们对吞下败局、满目疮痍的南方所采取的政策令"重建"时期成为一段苦涩的年月。很多共和党人怀着诚意运用手中的权力竭力保障黑人的民主权利，从而也保障了民主党未来在南方的主导权。可是到19世纪70年代时，北方的共和党支持者们大多已经放弃"重建"的政治目标。他们仅仅希望能恢复稳定，强调国家经济发展，尽管这意味着要忽视南方非裔美国人的民权问题。

这场拓荒运动已经持续了70年，也已经取得了令人惊叹的成果。其最惊人的表现最初在领土方面，但即将转向经济。令美国人均收入成为世界第一的发展阶段始于19世纪70年代。在信心和期望空前高涨的乐观氛围下，所有政治问题仿佛都得到了一时的解决。在共和党的执政下，美国人开始确信，美国应该办的正事不是政治辩论，而是生意。而这种思维转变并非最后一次发生。南方依然大体上游离于新兴的繁荣局面之外，与北方的差距进一步拉大；在一项令民主党能够从其他地区赢得支持的议题出现以前，南方没有任何政治上的有力手段。

而北方和西部则可以满怀自信地回顾过去 70 年间的惊人变化，相信更好的日子就在前方。别国人士也能感受到这一点；因此前往美国的外国人越来越多——仅 19 世纪 50 年代就达 50 万。这些变化养活了数量激增的人口——从 1800 年的 520 多万增长到 1870 年的 4000 万。其中大约半数生活在阿利根尼山以西，而且绝大多数是农村人口。铁路建设为此前尚未展开的大平原定居和拓荒打通道路。1869年，标志着第一条大陆铁路完工的金道钉①被打入铁轨。在新开辟的西部，美国实现了其历史上最伟大的农业扩张；得益于战争年代经历的劳动力短缺，已经有不少机械投入使用，使美国向新形态的规模化农业发展，通向世界农业革命的新阶段，将令北美成为欧洲的谷仓（未来还将成为亚洲的谷仓）。战争结束时，仅使用中的收割机就有20 多万台。工业也将迎来一段辉煌的岁月；美国当时尚非能和大不列颠相提并论的工业国（1870 年，受雇于制造业的美国人依然不足200 万），但其基础工作已经完成。依托规模庞大、日渐富裕的国内市场，美国的工业前景一片光明。

历史上最昂首挺胸的成功时代近在眼前，美国人并没有对败者抱以伪善的关注。可以理解，在美国体系运转良好的普遍心态下，他们

---

① 是 1869 年 5 月 10 日完工、连接中央太平洋铁路和联合太平洋铁路的第一条大陆铁路上的最后一枚道钉。——译者注

发觉这不难做到。南方的黑人和穷苦白人如今成了两个半世纪以来一直处于失败者地位的印第安人的同类，成为被遗忘的失败者。在横向对比之下，日渐扩大的北方城市中新出现的穷人也许不能算作失败者，他们的生活至少不比安达卢西亚或那不勒斯的穷人糟糕，可能还更好。后两座城市的穷人愿意前往美国，这表明美国已经具备了强大的吸引力。而且这股吸引力也不仅仅是物质上的。除了"不幸的渣滓"，那里还有"渴望呼吸自由的芸芸众生"①。1870 年的美国依然是其他地区的政治激进主义者精神力量的源泉，不过其政治实践和形式对大不列颠的影响也许要大于对欧洲大陆的影响——英国人把民主和英国政治的"美国化"联系在一起，支持者和反对者皆然。

这类跨大西洋的影响和联系是两个盎格鲁—撒克逊国家之间的关系在某些层面的表现，这份令人好奇不已的关系时淡时浓，但始终不曾割裂。双方都经历了革命性的变化，但方式完全不同。然而，大不列颠在 19 世纪早期的成就或许比美国转型的成功更了不起。在一场史无前例的、具有潜在颠覆力的社会骚乱中，大不列颠用不到一代人的时间转型为第一个现代工业化和城市化社会，同时却得以保持惊人的宪政和政治延续性。此外，英国具有美国尚未染指的世界及欧洲强国的地位，统治着一个伟大的帝国。在此背景下，英国人可以在进行体制民主化的同时保留个人自由的大部分保障。

就白人而言，1870 年的英国远不如美国来得民主。英国社会依靠一整套上下尊卑制度分级（地位来自身世和地产，若不然，也往往能来自金钱）；英国统治阶级那种仿佛为统治而生般理所当然的自信令每一位观察者感到震惊。英国没有像美国西部那样的地区，可以用

---

① 这两句都引自埃玛·拉扎勒斯的诗作《新的巨像》（*The New Colossus*），现刻在一块青铜牌匾上，陈列于自由女神像底座内部的博物馆内。——译者注

边境式民主的新风来淡化深入人心的、遵从传统的氛围；加拿大和澳大利亚吸引了不安分的移民者，但如此一来也消除了他们改变英国社会基调的可能性。另一方面，政治民主的发展比社会民主更快，尽管美国早就实现的男性普选权直到 1918 年才在英国出现，但英国政治的民主化进程在 1870 年就已经无法回头。

这场宏伟的变化是在数十年内发生的。虽然在制度上有深刻的自由主义痕迹——法律平等、卓有实效的个人自由、代议制体系——但 1800 年的英国宪政并不以民主原则为基础。其基础是特定个人和历史继承地位在社会中的代表权以及国王在议会中的最高地位。利用这些元素，过去的偶然性创造出一个以当时欧洲标准来看算是大规模的选民团体，但晚至 1832 年，"民主"一词还是贬义的，很少有人觉得那是值得向往的目标。大部分英国人觉得民主就相当于法国大革命和军事暴政。

不过，在那个世纪的英国政治史中，朝着民主所迈出的最重要一步发生于 1832 年，这就是《改革法案》的通过。事实上，法案本身并不民主，而且很多支持者希望它能成为民主的障碍。法案对代议制体系大加修正，消除了体制中的异象（例如实质上被资助者控制的微型选区），让选区分布更好地契合这个工业化城市日益壮大的国家的需要，而最重要的作用是让投票制度更加有序。原本，选举权的分配方式杂乱无章，在不同地区各不相同；现在，选民的主体一目了然，一是农村的自由农，二是拥有或租用地产的城市中产阶级。

设想中的标准选民是与国家有一份共同利益的人；但关于获得选举权的确切标准依然有一些未能争出头绪的死角。其直接产物是大约 65 万人的选民团体和一个与其前身没有太大不同的下议院。然而，纵使下议院依然被贵族把持，这还是标志着英国政治在此后近百年彻底走向民主化的开端，因为一旦宪政朝此方向改变，那么同样的改变就可以再度发生，下议院也会获得越来越多的权利，发出他们应当发出的呼声。1867 年，另一项法案使选民人数达到 200 万左右，随后，1872 年又达成了投票应采取不记名方式的决定，这是伟大的一步。

这一进程要到 20 世纪才大功告成，但很快就使英国政治的本质产生了其他变化。传统政治阶级开始缓慢且不乏怨恨地着手应付组建政党的需要，其组织依据不仅仅是裙带关系，也不仅仅是议会中的朋党派系。一个相当庞大的选民团体在 1867 年出现后，这一点表现得尤为明显。但在此之前，人们就领会到了其中的意义——公众舆论比有地阶级更有讨好的价值。19 世纪所有最伟大的英国议院领袖人物的成功都离不开一项基本能力：不仅聆听下议院的呼声，也能捕捉议院以外的、部分重要社会领域的诉求。最早或许也最显赫的例子是英国保守主义之父罗伯特·皮尔爵士。他接纳公众舆论的决定，从而赋予保守派一定的弹性，正是这种弹性，总能避免保守主义陷入死不妥协的泥淖，而很多欧洲国家的右派都误入此途。

关于是否废止《谷物法》的政治大争论就体现了这一点。问题的焦点不仅是经济政策，也关乎谁才是国家的统治者，而且在某种意义上，也与 1832 年以前争取议院改革的斗争彼此呼应。19 世纪 30 年代中期，保守派已在皮尔的带领下接受了 1832 年法案的结果，到 1846 年，他堪堪得以让其成员接受保护主义的《谷物法》被废除的事实，法案的撤销表明有地阶级不再享有最终话语权。出于愤怒，其党派旋即与皮尔反目并将他开除。这个由乡绅阶层所组成的强大团体视农业利益为英格兰的化身，也自视为农业利益的守护者。他们正确地预见到，皮尔的政策就整体倾向性而言会导致自由贸易主义的胜利，在他们看来，自由贸易是制造业中产阶级的追求。由于他们的决定，该党发生分裂，陷入长达 20 年的瘫痪状态，但事实上，皮尔为他们清除了一个可怕的魔魇。他让恢复统一后的保守党得以放下包袱，不必仅仅捍卫一个经济团体的利益，从而在争取选民支持的竞争中获得更大的自由。

在该世纪中段的三十余年间，英国政治朝着改革和自由化的方向进行了全面调整，关税和财务政策向自由贸易倾斜的重新定位只是这一过程的一个方面，但在某种程度上是最显著的一面。在此期间，地方政府改革迈出了第一步（在城镇尤其明显，但乡村的主宰者依然是有地利益群体），一部《济贫法》及其他工厂和矿业法案得以通过，也开始得到有效的监督和贯彻，司法体系经历重建，不信新教者、罗马天主教徒和犹太人的合法权利得到恢复，自盎格鲁—撒克逊时代的教会体制对婚姻法的垄断走到了尽头，一套邮政体系建立起来，并成为其他国家所效仿的模型，英国甚至还开始着手处理过去被严重忽视的公共教育问题。

与这一切相伴的是史无前例的财富增长，其自信心的标志是1851 年万国博览会召开，在伦敦展示了来自全球的奇珍异宝，由女王本人出资、王夫亲自督办。如果说英国人有着如维多利亚中期所表现出的那种自大倾向，那么也可以说他们有自大的资本。看起来，英国的体制和经济都从未比那时更蓬勃向上。

但并非人人都感到高兴。一些人哀叹经济特权的丧失：事实上，英国依然表现出极端的贫富差距，不亚于任何其他国家。对中央化大行其道的恐惧如今也多少有了更多的实质性理由。议院的最高立法权令官僚主义侵入越来越多过去在实践中不受政府干涉的领域。19 世纪英格兰政府机构的中央集权力远远没有达到如今在所有国家司空见惯的程度。然而有些人担心国家会走上法兰西的道路，成为行政体制高度中央化的国家，而这种中央化被视为法国在实现平等的同时未能建立自由体制的充分原因。为了遏制这一趋势，维多利亚地方政府改革的作用至关重要，其中部分措施直到该世纪最后 20 年才执行，但推动政府朝着民主的方向更进一步。

有些外国人为之仰慕，大部分人则感到惊讶——工业城镇的环境如此面目可憎，英国怎么还能控制住大众骚乱的激流？其他国家的经历证明，这股乱流对有序的政府是致命的威胁。当革命的危险在别国历历在目，英国有意识地对体制进行大规模重建，并实现了安全崛起，不仅国力和财富大增，自由主义在政治舞台上甚至还变得更加醒目。英国政治家和历史学者用一句名言一再自豪地强调，国家生活的本质是自由："每一个先例都是对前一个先例的拓宽。"① 英国人狂热地相信此道，但没有从自由走向放纵。该国没有美国所享受的偏远位置和几乎无限的土地所带来的地理优势——可就连美国也经历过一场包含革命元素的、人类历史上最血腥的战争。那么，大不列颠是如何做到这一点的呢？

这是一个具有诱导性的问题，但也是历史学者们不时提出的问题——他们没有考虑到，此问题本身就暗示着革命的发生需要某些条件，而当时的英国社会也满足这些条件。也许，我们无需认同任何此类观点。也许，这一急速变化的社会从未存在任何潜在的革命威胁。毕竟，法国大革命带给欧洲的很多基础变化在大不列颠已经存在了几百年。无论覆盖着多少斑斑锈迹或带来麻烦的历史沉积物，英国的基本体制具有很大的可能性。哪怕在尚未改革的年代，下议院和上议院也不是很多欧洲国家司空见惯的那种封闭的团体机构。不到1832年，两院就表现出满足新需求的能力，哪怕显得缓慢且姗姗来迟；第一部《工厂法案》（其效果诚然不算很好）早在1801年就得以通过。1832年过后，人们更是有理由相信，只要受到足够的外部压力，议院就会

---

① 这句话原本是描述普通法中可援引为先例的判决，这里是指自由只能拓宽、不能逆转。——译者注

执行所需要的一切改革。议院的此类能力不受任何法律限制。就连被
压迫阶级和愤愤不平者似乎也看到了这一点。19世纪三四十年代
（这对穷人是尤其艰难的时期）发生了很多起走投无路者的暴力事件
和革命运动，但当时最引人注目也最重要的人民运动是聚集了各形各
色抗议者的"宪章运动"，其纲领《人民宪章》中提出的要求不是议
院的废除，而是让议院对公众需求负起更大的责任。

　　然而，议院不太可能在人们的呼吁下就采取改革措施，除非受到
了其他因素的作用。也许不无重要意义的亮点在于，维多利亚时代，
英格兰的重大改革对中产阶级和大众同样有利，但针对工厂的立法可
能除外。英国中产阶级比欧洲大陆的同类阶级更早分享到政治权力，
因此能够运用这份力量促成改变；他们没有被诱惑成为革命——走投
无路的绝望之徒最后的手段——的盟友。但不管怎么看，英国大众本
身也不算非常革命。总而言之，他们未能采取革命行动，这使得后世
的左翼历史学者大感沮丧。究竟是因为大众的苦难太深抑或不够深，
还是因为工人阶级不同组成部分之间存在太多差异？这一直是饱受争
论的话题。但不管是对我们还是对当时的国外人士而言，至少值得一
提的是，英格兰传统行为模式不会轻易消亡；这套模式长期令英国人
保持尊敬上等社会和人士的习惯，对外国人造成了强烈的震撼——尤
其是美国人。

　　更何况，英国还有工人阶级组织，革命并非唯一的选择。这些组
织往往具有"维多利亚式"特色，强调自救、审慎、克己、得体等值
得敬佩的美德。在伟大的英国工人运动的构成元素中，只有冠以工运
之名的政党是1840年以后才出现的；其余元素到19世纪60年代已经
相当成熟。为不幸者提供保障的"友谊协会"、互助组织以及作用最突
出的工会，都为个人参与改善工人阶级生活的事业提供了有效的渠道，
虽然一开始数量不多，见效也较慢。这一早熟凸显了英国社会主义的

内在矛盾性，因为它后来依靠的是一场非常保守和欠缺革命意识的、有很长一段时期在世界上规模无出其右的工会运动。

19世纪40年代刚刚结束，经济趋势就朝着有利于缓和不满的方向发展了。不管怎么说，工人阶级的领袖们经常谈及此事，其心态几乎算得上遗憾；他们至少也认为，生活条件的改善不利于英格兰的革命势头。随着国际经济在19世纪50年代的升温，英国这座世界工厂的工业化城市及商人、银行家和保险业者都迎来了好时光。随着就业好转和工资上涨，宪章运动所聚起的人气逐渐消散，很快就成了一段回忆中的往事。

如此之多的变化包容在一个不变的形式之中，其象征则是王国的中央体制：议院和国王。威斯敏斯特宫被大火烧毁后，人们在重建时选择了仿中世纪的式样，以突出这座后来被称为"议院之母"的建筑的古典气息。于是，英国历史中最具革命色彩的时代所带来的剧烈变迁依然有一层习俗和传统的外衣笼罩。毕竟，君主制依然在延续。早在维多利亚登基的1837年，论历史之悠久，英国国王就已是仅次于教皇的欧洲政治存在；但纵然如此，其现实面依然发生了很大的变化。作为最昏聩的英国国王，乔治三世的继位者使君主在公众心目中的地位一落千丈，其继承人也没有带来很大改观。维多利亚和王夫则令君主权威的消弭成为无可置疑的事实，只有极少数共和主义者不那么认为。这并不完全符合女王的本意；当王室淡出政治斗争舞台，她没有装出一副对政治中立甘之如饴的态度，尽管这种中立适合立宪君主的身份。尽管如此，在世人眼中，王室是在她的在位期间远离政治的。她还使王室变得更平易近人；自年轻的乔治三世以来，"王室家族"第一次成了活生生的、可以眼见为实的真实存在。这是她的德国夫君阿尔伯特（Albert）亲王给予她帮助的诸多方面之一，虽然不领情的英国公众几乎没有为此表示丝毫的谢意。

只有爱尔兰人能够带来富于想象力的、总是令不列颠人始料未及的变化，使他们面临一场货真价实的革命威胁，不得不镇压该地1798年的一场叛乱。局势到19世纪五六十年代又平静下来，但缓和的原因在很大程度上是一场骇人的灾难。于19世纪40年代中期在爱尔兰爆发的马铃薯疫病，导致饥荒和疾病的蔓延，从而以残忍的马尔萨斯所预言的方式解决了爱尔兰的人口过剩问题。当时，要求废除1801年将爱尔兰并入大不列颠王国的《合并法案》的呼声已经噤默，以天主教为主的爱尔兰人对拥护新教的外来者的厌恶感一时蛰伏。这个对远方的、盘剥佃农和劳力的英国地主（或是位于本地但同样贪婪且数量更多的爱尔兰地主）毫无忠诚感的农村社会，也没有发生严重的骚乱。然而问题依然存在，1868年上台的自由派政府开始着手处理其中的一部分；这导致的唯一严重后果是一场新的爱尔兰民族主义运动的兴起。该运动以信奉罗马天主教的农民为基础，提出"家园自治"的要求。关于这一主张可能带来什么——更别提应该带来什么，政客们争论不休，成为英国政坛挥之不去的阴云，阻碍了各党派的联合，使解决爱尔兰问题的尝试遭受了一个多世纪的挫折。就短期而言，它促进了分别位于南北两地的爱尔兰革命运动，也与自由主义在英国的凋零不无关系。于是，时隔千年之后，爱尔兰又一次成为世界史中显眼的标志，当然，该民族已经在同一世纪早期通过向美国输出大量移民，印下了另一条略微黯淡的足迹。

第 5 章　欧洲称霸世界

到 1900 年，欧洲人和海外的欧洲后裔已成为全世界的主宰。他们获取主宰权的方式有很多，一些直截了当，一些手法含蓄，不过事实存在比定性更重要。世界上大部分地区都对欧洲亦步亦趋，朝着欧洲化的方向不断前进。这是世界史中一段独一无二的时期。有史以来第一次，一个文明使自己成为世界的领导者。作为其微不足道的后果之一，本书余下部分将越来越关注于一份单一的、全球的历史；实际上，世界在 1914 年已经达到了后世所称的"全球化"的第一次高潮。重点在于，不能仅仅考虑欧洲（有人更倾向于用"西方"一词，但如此挑剔并不必要——美洲和大洋洲及周边岛屿的主导文化源自欧洲而非亚洲或非洲；何况"西方"也容易误导，因为该词如今有着狭义的政治内涵）国家对世界上大部分土地的直接正式统治，此外还要考虑其经济和文化霸权。而且欧洲的支配地位不光表现为公然的控制力，也经常表现为影响力。

欧洲文化霸权引人瞩目的一个方面，就其他族群是多么迅速地对它做出了回应，创造了糅合自身文化和舶来文化的混合体。早在 19 世纪晚期，亚洲就已经能够找到处于最初阶段的这类糅杂社会。日本当然是最明显的例子，但中国、东南亚、印度、波斯和中东的部分地区也相差无几。其中有些例子是基于我们所说的"防御型现代化"（defensive modernization）：获取欧洲的武器和组织方式，来至少在某些方面捍卫独立和主权。但更为重要的是，在数以百万计的例子中，当地的人们从殖民势力或主导势力那里学取自己所欣赏的方面，然后逐渐纳为己有（虽然并不总是以欧洲人认得出的方式）。在一个又一个港口城市，从丹吉尔到开罗、伊斯坦布尔、孟买、新加坡和上海，非欧洲裔的年轻人过上了与他们的父辈天差地别的生活，这对政治和价值体系造成巨大的压力，最终将导致革命发生，而这些革命的影响力将主导 21 世纪的世界。

把 1900 年的欧洲世界想象成一系列同心圆是理解其格局的方法之一。最内层是古老的欧洲本身，得益于先后掌控自身及世界的资源，已经延续了三个世纪的财富和人口增长。欧洲人获取和消费的商品在全世界商品中所占份额不断增加，也在掌控环境的过程中表现出相当的能量和技巧，从而在其他文明面前愈发显得鹤立鸡群。欧洲在 19 世纪就已经是一个富饶的文明体，并且一直在变得更加富庶。工业化确保了他们开发和创造新资源的自给能力，不仅如此，凭借新的财富所带来的实力，他们还能染指世界其余地区的财富。刚果的橡胶、缅甸的柚木或波斯的石油所产生的利润将长期再投入其产出国。欧美的穷人从原材料的低价中获益，死亡率的下降说明工业文明有可能给民众带来更富足的生活。就连欧洲农民也能买到工业化生产的廉价衣物和工具，而同一时代的非洲及印度农民依然生活在石器时代。

作为欧洲霸权世界的第二层，移植到海外的欧洲文明得以分享这笔财富。美国是最显著的例子；加拿大、澳大利亚、新西兰、南非和南美国家也位居其中。这些地区对旧世界的立场并非全都一致，但有时会和欧洲一并被称为"西方世界"，这种表述对理解没什么帮助，因为它们分散于全球各地。然而它意图表达一个重要的事实：类似的思想和制度是这些地区共同的源头。当然，这不是构成其面貌的全部因素。各地区都有其独特的边境区，都遭遇过特殊的环境挑战和独一无二的历史条件，但他们以同样的方式来应对这些挑战。不同的边境开拓区以不同的方式重组，但采用的体制是相同的。他们在形式上都是基督徒——在 20 世纪以前，没有一名殖民者怀着无神论思想前往新大陆——他们都用欧洲法律体系规范自己的事务，都可以获取欧洲的伟大文化，也共享同样的语言。

1900 年的世界有时被称为"开化世界"。采用这种称呼是因为那个世界有共同的标准；使用这一短语的人自信满满，无法轻易看出世上还有很多其他事物也配得上文明的头衔。当他们放眼世界，眼里只有异教的、落后的、未开化的民族或若干努力想要加入文明世界的民族。这是欧洲人取得如此成功的原因之一；那些被视为欧洲思想和价值观内在优越性证明的事物给他们带来勇气，鼓舞他们向世界发起一波又一波新的攻击，占据一片又一片新的土地。18 世纪的进步价值观提供了证明其优越性的新论据，强化了那些原本来自宗教的优越感。

到 1800 年，欧洲人过去对其他文明所秉持的敬意已经消磨大半。他们自身的社会实践似乎明显优于在世界别处发现的、不可理喻的野蛮人。个人权利、出版自由、全民选举权、保护妇孺儿童（甚至还有动物）免受压迫，欧美人在其他大陆对这些观念的推崇和追求一直延续至今，往往完全没有意识到可能水土不服。博爱主义者和进步人士长期保持自信，哪怕一边谴责其他方面的欧洲优越论，也一边相信欧洲文明的价值观应该像其医学和卫生习惯那样普遍推行。科学在他们眼中也往往指向同一方向，可以打破迷信、通过合理开发资源造福大众、提供正规教育、制约愚昧落后的社会风俗。当时有一种几乎通行无阻的看法，认为欧洲文明的价值观要好于本土文明（显然，事实往往确实如此），对于欧洲价值观的一切颠覆性效果则基本上视而不见。

欧洲人以为，对于那些"阴沉的黑暗依然笼罩"（引自一首维多利亚赞美诗）的土地上的人民而言，在 1900 年往往能直接受欧洲人或欧洲后裔的统治是一桩幸事：这些臣民构成了第三层同心圆，也使欧洲文明进一步向外辐射。在很多殖民地，具有启蒙思想的行政官为了建设铁路、开展西式教育、设立医院、确立法律和秩序辛勤工作，造福那些显然无法从自身体制中获得福祉的民众（他们在更优越的文明所带来的挑战和竞争面前无力抵抗的事实被视为其自身体制存在缺陷的证明）。哪怕本地体制获得保护、得以存续，保护者也是站在殖民势力的文化具有优越性的立场之上。

此类优越感如今不再得到人们的赞赏或认可，即便是私下的想法。然而，在某一方面，这份优越感终结了一种罪恶，哪怕是批判殖民主义最彻底的人、哪怕怀疑其背后的动机，也依然认为这是一件好事。这份被终结的罪恶就是欧洲世界的奴隶制，他们甚至还动用武力和外交手段在不受其控制的地区与奴隶制斗争。废奴运动在 1807 年和 1834 年迈出了关键的两步，首先是英国议院废除奴隶贸易，然后是奴隶制度本身在英帝国范围内销声匿迹。这一行动投入了大量海军、帝国和贸易力量，具有决定性的效力；其他欧洲国家很快实行了类似的措施，美国也于 1865 年终结了奴隶制。1888 年巴西奴隶的解放也许可以视作这一进程的终点，当时，殖民政府和皇家海军对非洲大陆和印度洋上的阿拉伯奴隶贩子施加了很大的压力。知识界、宗教界、经济界和政治界的很多势力参与了这项自我纠正。欧洲人从奴隶制中获益最多，但也主动废除了它。这种明显的荒诞也反映出欧洲与世界其他地区关系中的许多悖论。

在这三层领土以外，其余地区都不受欧洲人的直接控制。但其人民的塑造也受欧洲的影响。有时，他们的道德观和体制因双方的接触而受侵蚀——例如中国和奥斯曼帝国的情形——这也许会导致间接的欧洲政治干涉，或是本地传统权威的弱化。有时，他们受此类接触的刺激并加以利用，只有一个具有重要地位的民族在这方面取得了成功，那就是日本。而与欧洲绝缘则是完全办不到的事情。单凭忙忙碌碌、熙熙攘攘的欧洲商人，就足以让这一点得到保证。事实上，正是这些不被欧洲人直接统治的地区成了欧洲霸权最有力的注脚。抱负和妒忌心是一对强有力的翅膀，载着欧洲价值观乘风破浪。地理位置的偏远几乎是唯一能抵御他们的屏障（但就连中国西藏也在 1904 年被英国人入侵）。埃塞俄比亚是偏安一隅、保持独立的成功范例，没有在英国人和意大利人 19 世纪的入侵中沦陷，当然，他们自称为基督教国家的道义立场对生存相当有利，只是该国不属于西方世界，这一千四百多年来对基督教的信仰也是时断时续。

不管是谁开启了这扇大门，整个文明都有可能沿着其脚步鱼贯而入，但在将欧洲文明传往世界各地的媒介中，基督教始终是最重要的之一，因为它对人类行为的所有层面都抱有无止境的兴趣。有组织的教会势力范围扩张和正式教徒数量的增长使 19 世纪成为自使徒时代以来基督教最辉煌的扩张时期。这在很大程度上是新兴传教浪潮的结果；天主教会办起新的修道会，新教国家则涌现出支持海外传教事业的社团和学会。然而这一状况导致了有悖于初衷的结果，本应不分种族、类别和条件地属于全人类的信仰却附上了越来越浓郁的欧洲气息。在大部分被动接受基督教的国家，基督教长期以来仅仅被视为欧洲文明的一部分，而非也能用本地方言来表述的灵魂启迪。一个琐碎但有趣的例子就是传教士往往很在意穿着。17 世纪前往中国的耶稣会教士出于审慎的考虑在服装上入乡随俗，而他们 19 世纪的后辈则狂热地将欧洲服装硬套在班图和所罗门群岛的居民身上，不顾这些服饰与当地人往往很不相宜的事实。这是基督教传教士传递宗教以外信息的方式之一。此外，他们常常带去重要的物质和技术福利：饥荒时期的粮食、农业技术、医院和学校，有一些还具备颠覆当地社会的力量。欧洲作为一个进步文明会产生何种心态，从中不难想象。

哪怕退一万步，欧洲人观念上的自信还有一份最后的依靠，不管是传教士还是其余人等，他们都知道别国无法阻挡他们的脚步，即便

没有被殖民的国家也一样。只要有意，欧洲人仿佛可以凭借武力成为
世界任何地区的主人。19世纪的武器发展给欧洲人带来比葡萄牙人
的舰炮在卡利卡特首次轰响时更大的相对优势。即使其他民族也拥有
先进的装备，他们也很少能有效加以运用。1898年，在苏丹的恩图
曼（Omdurman）之战中，一支英军用当时英国部队标准列装的弹匣
式步枪向2000码外的敌人开火。没过多久，榴霰弹和机关枪弹也倾
泻而出，将马赫迪派武装撕成碎片，英军的阵线没有受到丝毫冲击。
战斗结束后，英埃军队只损失48名士兵，而马赫迪派有一万人阵亡。
不过，这并非如某位英国人所说的那样，单纯由于

> 不管发生什么，我们有
> 马克沁机枪，而他们没有

因为哈里发的军火库中也有机枪。他还能使用电报装置与部队联络，
也有可以炸翻尼罗河上的英国炮艇的电发水雷。但这一切都没有得到
恰当的运用，非欧文明若想师夷长技以制夷，不仅需要技术转型，也
需要转变思维方式。

此外，在另一种更仁慈和温和的意义上，欧洲文明也离不开武
力。因为不列颠统治下的和平延续整个19世纪，使欧洲各国无法为
争夺非欧世界的主导权而大打出手。尽管现代最大规模的直接殖民统
治扩张就此上演，但19世纪毕竟没有重演17至18世纪的殖民战争。
所有国家的商人都能在海上畅行无碍。英国海上霸权是欧洲文明非正
式扩张的先决条件。

这份霸权的首要作用是保障了1900年那个以欧洲为中心的国际
贸易体系。从17世纪起，古代那种少数商人和敢想敢做的船长在边
境地带从事交易的模式逐步被整体性的相互依存关系所取代，这种关

系的基础是工业国和非工业国之间广泛的职能差异；成为原料生产国是后者的大势所趋，用来满足前者城市化程度越来越高的人口的需求。但这种粗放的区分方式还需要大量细化。有很多国家不符合该定义；例如美国，在 1914 年既是原料出产大国，又是世界领先的制造业国家，出口值相当于英法德三国的总和。这一区别也不是欧洲和非欧文明之间严格意义上的分水岭。在 1914 年，日本和俄国的工业化速度都快于中国或印度，但俄国尽管是一个信奉基督教的欧洲帝国主义国家，却无疑不能算作发达国家；而大部分日本人（就像大部分俄罗斯人一样）依然是农民。欧洲的巴尔干地区也没有任何发达的经济体。唯一可以肯定的是，1914 年存在一个由发达国家组成的核心，其社会和经济结构与传统社会差异很大，围绕这一核心的是一个不断向世界主要生产者和消费者的角色迈进的大西洋国家群体。

世界经济的焦点高度集中于伦敦，这里是维持国际贸易流动性的金融服务的中心。全球贸易中的巨大份额是通过英镑汇票完成交易的；而英镑的基础又是国际金本位体系，通过确保主要货币之间维持高度稳定的汇率关系来保持人们的信心。所有大国都有金币，只要持有一袋亨利七世金币、五美元金币、金法郎或任何其他大国发行的交易媒介，就可以通行世界任何地区，不用担心金币的通用性。

在另一层意义上，伦敦也是世界经济的中心，因为尽管到了 1914 年，英国若干重要领域的总产值已被美国和德国超越，但它依然是最大贸易国。世界船运贸易大多被英国掌控。作为主要进出口大国，英国也是唯一一个向非欧国家出口工业产品多于欧洲国家的国家。大不列颠还是最大的资本输出国，通过海外投资赢得巨额收入，特别是在美国和南美。以其特殊地位为轴心，国际交换体系大致可以视为三边模式。英国一方面用自身的工业制成品、现金及海外所得作为支付手段，从欧洲购入制成或非制成商品；另一方面，它向世界其余地区出口制成品、资本和服务，收取粮食、原材料和现金作为回报。这一复杂体系表明欧洲和世界其余地区完全不是单纯的制成品和原材料交换关系。当然，美国这个独特的个例一直存在，该国几乎不从事出口，但在国内制成品市场的份额逐步加大，不过依然是一个资本输入国。

1914 年时，大部分英国经济学家都相信，这一体系的繁荣和所带来的财富增长展现了自由贸易主义的正确性。在该思想的鼎盛时期，英国的繁荣局面也发展得最为迅猛。亚当·斯密曾预言，如果抛弃封闭的、将贸易保留给母国的帝国主义体系，一帆风顺的经济状况就将持续下去，而在美国的例子中，这一理论很快得到证实，因为1783 年缔结和平后不过数年，英美贸易马上迎来大爆发式的增长。至 1800 年，英国的大部分出口已经走出欧洲，而且在印度和东亚的最大规模的贸易扩张远未到来。英国的帝国主义政策更针对打开贸易封闭地区的大门，而非可能骑虎难下的占领新殖民地，因为贸易才是国家兴盛的源头。1839 至 1842 年间的鸦片战争是其中丑陋的一例。战争的结果是五个中国口岸对欧洲开放贸易，以及香港被租让给大不列颠，作为贸易管理所不可或缺的司法实践基地。

19 世纪中期的二十来年间，自由贸易思想声势浩大，愿意以此为基础采取行动的政府数量超过了古往今来的任何时期。在此阶段，关税壁垒被废除，英国的相对优势——首先在贸易国当中，然后在工业制造国当中——得以延续。但这一自由贸易的大好时代在 19 世纪七八十年代走向终点。一场世界范围的经济萧条和价格走跌使得1900 年除大不列颠以外的所有大国再次祭出关税保护的手段，甚至在英国，由于来自德国的竞争日趋激烈，人们也感到不安，历史悠久的自由贸易铁则也开始遭受质疑。

不过，以回顾历史的视角来看，1914 年的经济世界依然展现出惊人的经济自由和信心。欧洲漫长的和平提供了让贸易关系得以成熟的土壤。货币的稳定性使全球价格体系的极大灵活性得到保障；外汇管制完全不存在，俄国和中国也已和其他国家一样完全融入了这一市场。货运和保险费用不断走低，粮食价格呈长期下跌走势，工资则长时间保持上涨。利率和税率都不高。资本主义天堂仿佛并非可望而不可即。

随着这一体系的不断壮大，亚非也被涵盖在内，于是该体系也成了一种传播源自欧洲的思想和技术的工具，但这些思想和技术很快就适应了新的土壤。通过侵略和模仿，合资企业、银行、商品和证券交易传遍世界，开始取代传统的贸易结构。在部分地区，堪称世界贸易基础设施的码头和铁路建设以及工业雇佣兴起，开始将农民转变为工人。有时，这对地方经济的效果是负面的；例如，当德国和英国制造出合成染料，印度的靛蓝种植业多多少少遭受到了毁灭性的打击。英国人引入的橡胶树改变了东南亚的经济史和战略价值，也在无意之中毁掉了巴西的橡胶种植业。世界各地孤立的状态首先被探险家、传教士和士兵动摇，接着被电报和铁路的问世打破；到20世纪还将被汽车进一步征服。转变也发生在更深的层次；1869年苏伊士运河的开通不仅决定了英国贸易和战略态势，还赋予地中海过去所不具备的重要地位——不再是某个特定文明世界的中心，而是一条文明的通道。

经济一体化和体制变化与文化接触密不可分。正式的传教机构、教育机构和政府政策只占其中微不足道的篇幅。例如，欧洲官方语言将欧洲理念一同带到非欧国家，使那些地区受过教育的精英群体得以接触到欧洲文化的宝贵财富，不仅包括基督教文明，也包括去宗教化和"启蒙化"的欧洲文明。传教士所传播的不单是教义或医疗及教育服务，也唤起针对殖民政体本身的批判精神，因为其所作所为和其文化所标榜的内容之间存在落差。

从 21 世纪的视角回顾，在欧洲对世界造成的冲击中，最持久也最重要的部分大多可以从这类无意造成的、一言难尽的影响中寻得踪迹。毕竟，模仿这种单纯的冲动始终是存在的，无论是表现为生搬欧洲服饰这种荒唐的做法，或是很多力求抵制欧洲霸权的人所得出的结论——为了达成目的就需要借鉴欧洲的模式，而后者的意义当然重要得多。提倡欧化的激进派和改革家几乎无处不在。1776 年、1789 年和 1848 年革命的思想至今仍对亚非具有实际影响力，关于世界未来走向的辩论也依然在以欧化的术语进行。

这一非同一般的结果频频遭人忽视。在该进程逐渐明朗化的过程中，1900 年只是一个制高点，而非故事的终点。日本是一个具有天赋的民族，继承了精妙的艺术传统，然而他们不仅借鉴了西方工业化主张（这完全可以理解），还采纳了西方艺术范式，更让西方服饰获得比本民族服装更流行的地位。现在，日本人觉得威士忌和干红都属于时尚。马克思是中国正式尊崇的伟人，而这位德国哲学家所构造出的思想体系以 19 世纪德国唯心论和英国社会及经济事实为根源，他甚少谈及亚洲，一辈子都没有去过普鲁士以东。这说明了另一个发人深思的事实：文化影响力的资产负债表上显出压倒性的一面倒态势。世界偶尔能回馈给欧洲一些时尚元素，但给不了可以在效果上与欧洲给予世界的那些相提并论的思想或体制。马克思的学说在整个 20 世纪一直有力地影响着亚洲；而最后一名在欧洲具有同等程度的话语权威性的非欧人士却是耶稣。

文化在实体层面传输的实现途径之一是欧洲人向其他大洲的移民。除美国以外，最大的两个海外欧洲社群是（如今依然如故）在南美和前英国殖民地定居的白人，虽然在 19 世纪大部分时期名义上隶属伦敦当局的直接统治，但他们事实上早就成为一批特殊的混血民族，所在地区也不算真正的殖民地。像美国一样，两个群体都在 19

世纪得到大批散居各地的欧洲人的补充，其数量十分惊人，也印证了后来从人口学角度赋予这一时期的名称：大迁移。

1800年以前，除了英伦三岛之外，欧洲很少有移民前往海外。此后，大约6000万欧洲人远渡重洋，移民潮从19世纪30年代高涨起来。19世纪的大部分移民都去了北美，其次是拉美（尤以阿根廷和巴西为多）、澳大利亚和南非。同一时期还有一波涌入俄罗斯帝国的欧洲移民暗流，这个帝国占据全世界六分之一的土地，拥有西伯利亚这片吸引移民的广袤空间。欧洲海外移民潮在第一次世界大战前夕达到高峰，1913年有150多万人离开欧洲，其中意大利人占三分之一以上，还有将近40万英国人和20万西班牙人。而回到50年前，意大利人只占一小部分，德意志和斯堪的纳维亚人才是移民的主力。在任何时期，英伦三岛都贡献了稳定的移民人数；1880至1910年间，有850万英国本土居民前往海外，而同一时期的意大利移民只有600万出头。

前往美国的英国移民占总量的比重最大（1815至1900年间占到65%左右），但也有很多人前往自治殖民地；两者的比率自1900年开始发生变化，到1914年，后者已经成为主流。意大利和西班牙人也大批前往南美，意大利人还会到美国寻求机会。美国始终是所有其他国家民众最大的收容地，从1820到1950年总共吸纳了超过3300万欧洲人，并且从中获益。

要给如此惊人的人口变迁找出解释并不困难。有时政治起了推波助澜的作用，例如1848年以后的情况。欧洲人口的膨胀始终对经济构成压力，"失业"现象的产生就表明了这一点。同样的，19世纪后期的几十年是移民人数增长最快的时期，也是欧洲农民受海外竞争压力最大的时期。归根结底，移民的关键动力在于，人类历史上第一次可以在其他大陆找到显而易见的机会、找到劳力的需求，而且前往其他大陆的交通也一下子便利和廉价起来。蒸汽船和铁路使人口构成史发生翻天覆地的变化，两者最大的效力都产生于 1880 年后。地方流动性因此而提升，于是劳动力的临时迁移和大陆内部交通都方便了许多。大不列颠输出爱尔兰农民、威尔士矿工和铁匠以及英国农夫；反过来也在 19 世纪末期吸纳了一批东欧的犹太群体，他们此后一直是英国社会中的醒目元素。

在一直堪称边境地区（如法国南部）特色的季节性劳动力迁移之外，如今又增加了长期的人口运动，波兰人前往法国的煤矿打工，意大利招待和冰激凌小贩成了英国的百姓。当政局变迁，北非海岸不再无法触及，该地也被来自欧洲的短途移民所改变；意大利人、西班牙人和法国人被吸引到北非的沿海城市定居或从事贸易，从而创造出新的社会，不管是和移民者的母国社会相比、还是和新社群附近的当地社会相比，都存在引人入胜的差异性。

出行方式的简化不光给欧洲移民带来便利。北美洲太平洋沿岸的中国人和日本人定居点到 1900 年时已形成气候。中国移民还进入东南亚，日本人则前往拉美；澳大利亚人对移民如潮的场面感到恐慌，遂以种族为标准限制移民，力图保留一个"白种人的澳大利亚"。英帝国提供了一个尺度巨大的框架，印度人群体在此框架下分布于世界各地。这些变动固然意义重大，但也不如欧洲各民族的最后一场大迁移来得显著，就和过去的蛮族入侵一样，这波 19 世纪的移民潮对未来具有决定性的影响。

在吸引的移民以意大利和西班牙裔为主的"拉丁美洲"（该术语是 19 世纪中期发明的），南欧人可以找到很多熟悉的景象。那里有天主教所打造的文化和社会生活格局，也有拉丁语种和社会风俗。其政治和法律框架也透射出往日帝国的余韵，在 19 世纪初那段彻底终结西班牙和葡萄牙人对拉美大陆殖民统治的政治动荡时期，部分机构一直屹立不倒。这场动乱的爆发是缘于欧洲事态所导致的危机，令旧帝国的弱点放大为死穴。

这倒并不是因为缺乏努力，至少西班牙人并非不作为。与北部的英国人相反，西班牙本土的政府曾在18世纪试图推行全面彻底的改革。1701年，西班牙哈布斯堡王朝绝嗣，被波旁王朝所取代，西班牙帝国发展的新时代由此开启，不过要等数十年后才明朗化。变革首先带来重组，然后是"启蒙"改革。1700年的双总督辖区制改为四个，另外两个位于新格拉纳达及拉普拉塔，前者覆盖巴拿马和厄瓜多尔、哥伦比亚及委内瑞拉所在区域，后者从横贯大陆的拉普拉塔河入口一直延伸到秘鲁边境。完成使体制更合理化的结构重组后，西班牙对封闭的贸易体系进行松绑，起初是不情不愿的让步，尔后是推动繁荣发展的有意识措施。这些举措刺激了殖民地的经济，也打破了之前被塞维利亚港独享的殖民地贸易垄断，从而使西班牙其他地区（尤其是地中海沿岸）得益。

与北方发生的情况有些类似的是，西班牙的改革尝试可能对一个已然不太灵光的体系施加了进一步的压力。殖民地的精英们感到自己越来越与母国疏离。对西班牙来说很不幸的是，在殖民地涌现的领袖通常都是第一代移民，甚至还有一些西班牙委派的官员——他们在新世界发现了能够释放自己追求自由的冲动的机会，而这一切在母国是无法付诸实践的。接二连三的暴动揭露了根深蒂固的流弊。巴拉圭（1721—1735）、哥伦比亚（1781）和秘鲁（1780）的暴动都对殖民政府构成货真价实的威胁，尤以秘鲁最为严重，只有投入大量军力才能控制。由于这些威胁及其他原因的存在，征募殖民地本地武装成为一种需要，这是一柄双刃剑，因为获得军事训练的克里奥尔人（Creoles）有可能会对西班牙人反戈一击。西班牙殖民社会最深刻的隔阂在印第安人和西班牙裔殖民者之间，但克里奥尔人和半岛人（peninsulares）

萨尔瓦多，1838年

洪都拉斯，1838年
尼加拉瓜，1838年

莫斯基托海岸(1860
年归属尼加拉瓜)

加勒比海

哥斯达黎加，1838年

巴拿马

加拉加斯

英属

荷属

法属

巴拿马，1903年

波哥大

委内瑞拉，1830年

乔治敦

帕拉马里博

卡宴

哥伦比亚，1831年
(1861年采用此名)

圭亚那

基多

厄瓜多尔，
1830年

亚马逊河

巴西，1822年(1889年
以前为巴西帝国)

利马

秘鲁，1821年

巴西利亚

拉巴斯

玻利维亚，1825年

太平洋

里约热内卢

圣保罗

巴拉圭，1811年

亚松森

阿根廷，1810年
(1853年以前为
阿根廷联邦)

乌拉圭，1828年

布宜诺斯
艾利斯

蒙得维的亚

大西洋

北

圣地亚哥

智利，
1818年

拉普拉塔河

19世纪存在争议和在战争中易主的
大块土地

欧洲领地

秘鲁和玻利维亚在1836-1839年间结成联邦

福克兰群岛(1833年
归属英国)

0 _____ 1 600 千米

0 _____ 1 000 英里

独立后的南美

之间的分歧带来了更直接和迅速的政治效应。随着时间的流逝，双方的分歧不断扩大。由于被禁止担任高等职务，克里奥尔人心怀不满，并注意到北美的英国殖民者成功地动摇了帝国的统治。法国大革命起初也引发了他们的遐想，而非带来警示。

随着事态的发展，西班牙当局又在其他方面遇到了麻烦。1790年，一场与英国的角力最终令西班牙放弃了由来已久的号称对南北美洲全境拥有的帝国统治权，在北美大陆禁止别国贸易或殖民的权利被废除，仅限在一处西班牙殖民地方圆 30 英里的范围内继续保留。战争接踵而至，首先对法国，随后对英国（两次），最后又与拿破仑入侵时期的法国开战。这些战争不仅令西班牙失去圣多明戈、特立尼达和路易斯安那，而且还终结了西班牙当时的王朝，国王本人于 1808年在拿破仑的强迫之下逊位。而西班牙的海上霸权地位在特拉法尔加海战中就已经终结。当西班牙本土最终也被法国入侵吞并，帝国政府陷入混乱和疲弱的状况时，克里奥尔人决定打破桎梏。1810 年，新格拉纳达、拉普拉塔和新西班牙的起义点燃了拉美独立战争的烽火。

他们起初并不成功，墨西哥的革命者发现，当前紧张的种族关系给与西班牙的斗争蒙上了阴影。印第安人与梅斯蒂索人（mestizo，即混血儿）发生冲突，两者又都与欧洲人冲突。但西班牙政府既无力战而胜之，也无力聚集足够的实力粉碎进一步的叛乱势头。在英国海军实力的威慑下，欧洲保守势力无法介入协助西班牙，从而令门罗主义得到贯彻。到 1821 年，西班牙正在丧失越来越多的军事威慑力，整片南美大陆似乎都已开始反叛。

南美抗争西班牙统治的解放运动的领军人物是西蒙·玻利瓦尔（Simon Bolivar）。1783 年他出生在加拉加斯一个富裕的家庭，其祖先于 16 世纪定居在美洲。玻利瓦尔性格变化莫测，颇有军事天分，最终对整片大陆的解放战争都产生了深刻的影响，但他所希望建立的以自由政治为纲领的拉丁美洲联合体，最终却没能实现。七年不到，他对西班牙屡战屡胜，迫使殖民势力退出了他们已经统治超过 300 年的大陆，创造了一个全新的国家体系。

1817 年玻利瓦尔带着一小队人马离开海地，登陆委内瑞拉海岸。从那里开始，他一路聚合当地反对西班牙统治的势力，发动多次进攻，最终将殖民军队赶出了整个南美。玻利瓦尔自己也成为智利以北所有西班牙语地区的解放者。可是，当地精英们没有选择玻利瓦尔设想的大联盟，而是在他帮助解放的各个地区建立起各自为政的共和国（其中一个在殖民时代称为"上秘鲁"，甚至还以伟大的解放者本人名字命名）。玻利瓦尔试图强行统一大陆，但没能成功，1830 年，他在流亡欧洲的途中痛苦而失望地去世。而那些他所缔造的共和国却仍然存在着——哥伦比亚、委内瑞拉和秘鲁。在南方，智利和阿根廷在 1820 年前就已经在事实上独立，而在北方，墨西哥于 1821 年宣布独立。

在葡萄牙统治的巴西，事态的走向有所不同，虽然法国 1807 年入侵葡萄牙引发了一场新的分裂运动，但这与西班牙帝国的分崩离析并不一样。葡萄牙摄政王本人从里斯本迁到里约热内卢，使该地成为葡萄牙帝国实质上的首都。虽然他于 1820 年以国王的身份重返葡萄牙，但将儿子留在了巴西，后者领导了一场抵抗运动，反对葡萄牙政府重获巴西支配权的企图，并且相对轻松地在 1822 年成为独立后的巴西帝国的皇帝。

拉丁美洲为什么没能实现大联合，这让众多历史学家苦苦思索。主要原因或许是文化差异再加上富人各自抱团：每个地区的精英们都觉得能够自行统治，而且也不愿意让其他人进入自己所控制的地域。军事因素也非常重要：没人愿意把自己的武装力量合并到一支自己无法控制的更加庞大的军队中去。这个事实也妨碍了 19 世纪（及其后）

所有通过武力实现再统一的尝试。这些新国家没有哪个有足够的力量征服其他国家。

北美洲的情况却不一样。虽然十三个英国殖民地之间存在种种棘手的差异性，但在打败英国人之后，各地区的海上交通相对而言还是比较便利，也没有无法逾越的陆路障碍。而且，早在帝国统治时期，各殖民地就有一定的合作经验，也具备了自我治理的手段。纵然拥有这些优势，各地的分歧依然严重，使宪法赋予联邦政府的权力非常有限。

拉丁美洲各个共和国从一开始就是国际贸易和商业导向的，因此，它们大多与当时世界上的商业翘楚英国建立了密切联系，也就非常自然了。新成立的各南美共和国需要资本来发展经济，参与国际贸易。它们还需要获得保护，对抗欧洲列强想要剥夺其独立地位的尝试，之后，还需要英国的力量来制衡北方的美国日益增长的影响力。从英国的角度来看，伦敦方面想要获取南美的原材料，还要避免其他欧洲强国取得决定性影响力。因此，在几乎整个 19 世纪，南美的国际事务都与欧洲的局势息息相关。

南美内部的情况则更加混乱。民族问题和由此导致的社会不平等状况并没有因为独立而消失。关于这些问题，各个国家的情况并非完全一致。例如，阿根廷的印第安人相对较少，几乎被军队灭绝殆尽。在 19 世纪末，该国还因欧洲血统在其人口中的主导地位堪比欧洲本土而获得赞誉。作为另一个极端，黑人是巴西人口的主体，有很多在独立时依然是奴隶。异族结合是当地的一种传统，因此，在当今世界，那里也许是种族混血带来麻烦最少的地方。

在大量问题面前，新成立的拉美国家没有任何可以依赖的传统自我管治手段，因为殖民地行政属于专制式，没有建立代议制机构。为了寻找能够适用的政治原则，共和国的领袖们主要以法国大革命为借鉴对象，但这些思想过于先进，而在那些国家中，就连规模极小的精英集团内部都无法就接纳何种实践达成共识；他们无法构建相互容忍共存的体制框架。更糟的是，革命思潮很快把教会卷入政治，鉴于教会作为地主和民意引导者的巨大力量，这一结局从长远来看也许无法避免，但不幸的是，反宗教至上运动对当时的这片大陆而言是雪上加霜。在这些状况之下，该世纪大部分时期，每个共和国都很容易受考迪罗（caudillos）的摆布是毫不为奇的，在更强大的对手出现以前，这些军事冒险家连同其党羽所控制的武装力量足以呼风唤雨。

新成立的国家彼此开战，也爆发内战——有几场非常血腥——形成了 1900 年至今仍没有多大变化的版图。前西班牙殖民地中最靠北的墨西哥将北方的大片土地割给了美国。四个共和国在美洲大陆中部成立，还有多米尼加共和国及海地这两个岛国问世。古巴的独立已近在眼前。南方是南美十国，全都采取共和制，其中巴西在 1889 年放弃了君主制。虽然所有国家都经历过严重的国内动荡，但稳定程度和宪政性质都差别很大。一名印第安人于 19 世纪 50 年代当选墨西哥总统，造成了很大的反响，但印第安人、梅斯蒂索人和欧裔（1870 年后因移民潮爆发而声势大增）之间的社会分歧依然无处不在。拉美各国在 1800 年共有大约 1900 万人口；一个世纪后达 6300 万。

这在一定程度上解释了财富增长的原因。大部分拉美国家都拥有一种或多种重要的自然资源，有时为此你争我夺，因为随着欧洲和美国工业化程度的提高，这类优势的价值也水涨船高。阿根廷拥有广阔的空间和若干全球最优良的牧地，19 世纪 80 年代问世的冷藏船令该国成为英格兰的肉类供应商，随后又成为英国的谷物供应商。在 19 世纪末，该国在拉美各国中的富庶程度首屈一指。智利拥有硝石矿（通过 1879 至 1883 年的"南美太平洋战争"从玻利瓦尔和秘鲁手中夺得），委内瑞拉有石油；这两种资源的重要性都在 20 世纪有所提高。墨西哥也有石油。巴西实际上什么都不缺（石油除外），最丰产咖啡和蔗糖。这份列表还能继续延长，但也只是进一步确认上文所表明的状况，即拉美财富增长的首要推动力来自初级产品。开发资源的资本来自欧洲和美国，从而在这些欧洲海外国家和欧洲自身之间结成了新的纽带。

不过，这种财富增长方式带来了两方面的副作用。其一是无助于降低这些国家的贫富差距，甚至可能有所增加。因此，社会与种族的紧张局面依然得不到充分的缓解。一个明显欧洲化的城市精英群体过着一种完全脱离印第安和梅斯蒂索大众的生活。拉美对海外资本的依赖性使这一矛盾更加尖锐。海外投资者希望有一个稳定的投资环境，这也合情合理。他们绝非始终能够如愿，但会在这种倾向性的引导下支持既有的社会和政治当局，从而使后者更加富得流油。仅仅进入 20 世纪后数年，这些状况所导致的局面就使得墨西哥发生社会革命。

因这些混乱而无法收回债款的海外投资人在气愤和失望的双重作用下引发一些外交冲突，有时甚至导致武装干涉。在该世纪期间，欧洲各国政府多次发出强硬的声明并用武力兑现，但追债一事至少没有被看成是殖民主义的复辟。1902 年，英德意共同发起对委内瑞拉的海上封锁，意图为在委内瑞拉革命中受到损失的本国国民收回债款，美国对此作出了比门罗主义更进一步的回应。

从得州共和国时代起，美国与邻邦的关系就一直紧张，至今仍不安逸。使问题复杂化的因素实在太多。门罗主义表达了美国的根本利益，即避免欧洲干涉西半球。美国在 1889 年组织的第一届泛美国家大会是朝着这一方向迈出的另一步。但这再也无法阻止欧洲与西半球经济关系的强化，正如独立战争无法割裂美国与英国的往来（南美各国的投资人中也不乏北美人士，他们很快向政府提出了自身的特殊诉求）。况且，当世纪末来临，作为门罗主义背景的战略局势显然已发生变化。由于蒸汽船的问世和美国在远东及太平洋地区利益份额的提升，美国变得大为敏感，尤其关注中美洲和加勒比海一带的局势发展，因为当地开凿巴拿马运河的可能性越来越高。

20世纪早期，美国对邻邦的政策因此而变得更为拙劣乃至傲慢。经过一场与西班牙的短促战争后，美国帮助古巴赢得独立（还从西班牙人手中夺走波多黎各），在新建立的古巴宪政中设立了专门的限制措施，以确保古巴维持美国卫星国的地位。通过干涉哥伦比亚内政，美国又得到了巴拿马运河一带的领土。委内瑞拉债务风波之后，美国以更强硬的方式表达了自己的决心和实力——即所谓的门罗主义"推论"。这份声明表示（也几乎马上就用行动在古巴和多米尼加共和国兑现），如果任何西半球国家的内政处于混乱局面、可能引发欧洲的介入，美国将有权对其进行干涉。随后，一名美国总统以此为依据于1912年向尼加拉瓜派遣海军陆战队，另一任总统在1914年占领墨西哥港口韦拉克鲁斯，以此逼迫墨西哥政府就范。1915年，美国与海地签署协议成为其保护国，协议效力将延续40年。

这并非美国与邻邦的不和睦关系史的全部，但对本书来讲已经完全足够。不管怎么说，这些历史是拉美各国与欧洲关系定义模糊所造成的症候，因此才显得重要。这些国家的文化以欧洲为根、经济与欧洲相连，然而却在政治上受限，无法与欧洲互通有无。当然，在欧洲文化圈内外的差异和界线越来越分明的情况下，这并不意味着拉美各国不属于白人的阵营，至少欧洲人是这样认为的。当欧洲人脑海中浮现出"拉美"一词，他们想到的是欧洲人的后裔、是少数受过教育的城市特权精英阶层，而非广大印第安人和黑人。

十三个殖民地反叛后不久，西班牙帝国即告垮台，这使很多人预期英帝国的其他殖民地也会很快挣脱伦敦的统治。这一结果确实发生

了，但方式与预想中完全不同。19 世纪末，英国杂志《笨拙》
（*Punch*）① 刊印了一张爱国漫画，象征英国的狮子在图中心满意足地
审视着一列荷枪实弹、制服披身、代表海外殖民地的狮崽。这幅图景
相当合宜，因为当时英国在南非有一场至关重要的战争，而打仗的士
兵是来自帝国各地的志愿从军者。一个世纪前，没有人敢预言宗主国
能够从殖民地得到哪怕一个士兵。1783 年所发生的一切在英国政治
家的脑海中打下了深深的烙印。他们从中吸取教训，认为殖民地是棘
手的东西，耗费财力、得益寥寥，让宗主国卷入与别国和土著民的毫
无意义的争斗，到头来往往还被受施舍的对象反咬一口。

此类观点产生了对投身殖民事业的怀疑态度，推动英帝国在 18
世纪末将利益着眼点转向亚洲贸易的可行性。远东没有欧洲殖民地，
也就没有相应的复杂局面，而且东方的海域无需代价不菲的武力来保
障，这是皇家海军无法轻易满足的要求。总的来说，这将是英国官方
在整个 19 世纪的主流态度。在这一方针的指导下，他们处理任何一
块殖民地的复杂局面时总以经济利益和避免麻烦为首要追求。在幅员
辽阔的加拿大和澳大利亚，这种方针疾风骤雨般地导致了各殖民地最
终的统一，在联邦结构下享有各自独立的政府权责。1867 年，加拿
大自治领成立，随后澳大利亚联邦于 1901 年问世。在两个国家统一
之前，土著殖民地都建立了责任制政府，也都遇到过一些特有的
困难。

加拿大的突出问题之一是魁北克省的法国社群，澳大利亚的一大
问题是殖民者和流放犯人之间的利益冲突，其中最后一批犯人抵达于
1867 年。此外，两国都面积巨大而人口稀薄，只能通过逐步的推动

---

① 创办于 1841 年的幽默讽刺杂志，杂志名是指传统木偶戏《庞奇和朱迪》中的驼背
　丑角。——译者注

和聚合才能形成国家意识。两国的统一进程都相当缓慢：直到 1885 年，加拿大首条横跨大陆的铁路——加拿大太平洋铁路才打下最后一根道钉，澳大利亚的越洲铁路则因各州标准轨距不同而延误了很长的工期。到头来，对潜在外部威胁——来自美国的经济实力和亚洲移民——的关注度的提升，当然还有与英国的摩擦促成国家意识的成型。

新西兰也建立了责任制政府，但中央化程度更高，与其较小的面积相得益彰。欧洲人从 18 世纪 90 年代开始涉足该地，这些来客接触到当地的毛利土著民，并开始败坏他们发达而复杂的文化。传教士随后抵达，尽全力阻止殖民者和商人上岛，但收效甚微。当一名法国产业家将新西兰纳入法国利益圈的可能性凸显，英政府终于勉强让步于传教士和部分殖民者的压力，于 1840 年宣布对该岛拥有主权。1856 年，该殖民地被赋予责任制政府，与毛利人作战是英军撤离推迟到 1870 年的唯一原因。此后，旧省份马上失去了其残余的立法权。该世纪余下的岁月中，新西兰政府展现了出众的独立性，为追求高社会福利政策投入大量精力，并在 1907 年实现完全的自我管理。

一年前在伦敦召开的殖民大会决定把"自治领"这一称谓授予将来所有实行自治的属地，实际上，自治属地就等同于白人定居的殖民地。1914 年以前，还有一片地区会取得这一地位，即 1910 年成立的南非联邦。这是一段漫长而不幸的篇章的终点——英帝国历史上最不幸的一章，而且这一章的终结仅仅换来非洲历史中的另一段不幸篇章的开始，有那么几十年比上一章显得更为凄惨。

1814 年，大不列颠出于战略考虑，保留了位于好望角的前荷兰殖民地，从此，英国殖民者才开始在南非定居。这片地区被称作"开普殖民地"，很快来了大约几千英国人定居，虽然人数上不及荷兰人，但该地引入了英国的法律和行事方式，所以他们能得到英国政府的支持。此后一段时期，布尔人的特权逐步被蚕食——所谓布尔人就是荷兰农民的叫法。特别是，一旦随心所欲地处置非洲土著的自由受到任何限制，他们就尤其感到不满和激动。当英帝国在所有领土全面废除奴隶制时，大约3.5万名属于布尔人名下的黑人获得自由，据说赔偿并不够数，从而引发一场别样的民愤。确信英国不会放弃这项偏袒非洲土著的政策后——鉴于英政府受到的压力，这是合乎逻辑的见解——布尔人于1835年大批离去。这场从北向南穿越奥兰治河的"大迁移"从根本上确立了南非白人的自我归属意识。一段漫长的时期就此开始，盎格鲁—撒克逊人和布尔人在争斗中时分时合，始终心存芥蒂，在此过程中，他们的决断也将第三方卷入这场关乎非洲黑人未来命运的对立。

英国很快把一个位于纳塔尔①（Natal）的布尔共和国纳为殖民地，用来保护非洲人免受压迫，防止一座荷兰港口的落成，以免将来某一天被敌对势力利用、威胁到英国与远东往来的航线。布尔人随即再次出走，这次远至瓦尔（Vaal）河以北。这是英国在南非的第一次领土扩张，该模式将来还会被重复使用。虽然英国政府和当地的英国殖民者有人道主义的一面，但由于必须和非洲人建立良好关系，他们也感到恼火。否则（就如祖鲁族对待布尔人的方式所表明）非洲土著会成为挥之不去的安全隐患，与印第安人在上个世纪对美洲殖民地的威胁不无相似之处。该世纪中期，北方存在两个布尔人的共和国（奥兰治自由邦和德兰士瓦），开普殖民地和纳塔尔处于英国治下，拥有选举产生的议会，少数达到经济要求的黑人可以参与投票。此外还有受英国保护的土著邦国。在其中一个名叫巴苏陀兰（Basutoland）②

----

① 南非东南部旧省，1497年得名。——译者注
② 莱索托的旧称。——译者注

的国家，布尔人还得受黑人的司法管辖，这种受制于人的状况使他们尤为不快。

如此状况之下，双方不太可能保持融洽的关系，而且不管怎样，英国政府常常与开普的殖民者意见相左，后者自1872年开始也有了自己的责任制政府。此外还有新的因素出现。钻石的发现使英国又吞并了一块领土，由于该地与奥兰治自治领的北部接壤，故而惹怒了布尔人。英国人向败给布尔人的巴苏陀兰人提供支持，使他们的怒气有增无减。开普殖民地政府又吞并德兰士瓦，这一愚行成了最后一根稻草。在布尔人发动一场成功的起义、英军遭遇一场惨败之后，英国政府识时务地选择放弃，于1881年恢复了共和国的独立，但从此以后，布尔人对英国南非政策的不信任感也许再也无法抹除。

不到20年，这份不信任感就导致了战争，其主要原因是两起出人意料的变化和发展。一是德兰士瓦发生了一场小规模工业革命。该国于1886年发现金矿，从而导致海量矿工和投机者涌入，并吸引外部金融利益集团涉足南非，给这个南非白人国家提供了有可能摆脱英国宗主控制的财政资源，而这种从属地位他们原本就不愿接受。约翰内斯堡是此后事态发展的指标，在数年之内，该城就发展为赞比西河以南唯一人口达到10万的非洲城市。第二场变化是非洲其他地区在19世纪八九十年代被其他欧洲国家吞并，英国政府以更强硬的姿态和决心作为应对，确保其开普势力范围绝不动摇，他们认为该地是控制东方航路必不可少的要冲，并愈发依赖从往来德兰士瓦的贸易中得到的收入。总的来说，这一立场的结果就是英国政府容不得德兰士瓦获得印度洋独立入海口，哪怕一点可能性都不行。于是，英政府成了一个组合怪异的群体口诛笔伐的对象，其中有不切实际的帝国主义者、开普的政客、英国的煽动家和用心不良的金融家。在他们的鼓动下，布尔人于1899年发难，最终，德兰士瓦总统保罗·克鲁格（Paul

Kruger）发布最后通牒，布尔战争就此爆发。克鲁格童年时曾亲身经历前往北方的大迁移，对英国人的厌恶根深蒂固。

维多利亚时代众所周知的英军传统在这场女王统治期的最后之战中依然显露无遗，不管是若干高级指挥官和行政官僚的无能和拙劣，还是步兵团官兵面对勇敢且武装精良的敌人、在所受训练不足以战而胜之的情况下所表现出的英勇气概。但战争的结果毫无疑问；女王本人也以比若干臣子更高明的战略眼光评价道，失败的可能并不存在。南非战场被英国海上力量封锁，布尔人无法得到任何其他欧洲国家的帮助，被占压倒性优势的人数和资源拖垮只是时间问题。英国人付出的代价十分高昂——超过25万士兵被送往南非，国内政坛频频发生尖锐的争执；而且在别国心目中的形象也算不得十分光彩。布尔人被视为受压迫民族；话虽不假，但19世纪自由派思想对民族主义的迷恋蒙蔽了观察者的双眼，就和其他事件中的情形一样，使他们看不到民族主义掩盖下的真相。所幸英国政府充分恢复理智，拿出英明决断，在1902年以条款优厚的和约同已经败北的布尔人停战。

布尔共和国就此消失。但英国方面迅速作出让步；1906年，德兰士瓦已拥有自己的责任制政府，虽然矿业给当地带来大量非布尔人口，但布尔人还是通过次年的选举胜利控制了政府。甫一掌权，布尔人几乎马不停蹄地着手立法限制亚洲移民，尤以印度人为主（当时只有年轻的印度律师莫汉迪斯·甘地打入南非政界，担当同胞们的守护者）。1909年，为南非联盟起草的宪章得到各方认同，宪章的首要意义是为政府提供了经选举产生的议会，所依据的选举条例由各省敲定，此外也确定了荷兰语和英语的平等地位。在布尔人的省份，选举权仅限白人享有。

这一安置方案在当时引来大量评议。那时人们所谈论的南非"种族问题"是指英国人和布尔人的关系问题，让双方达成和解看起来是最为迫切的需求。此方案的缺陷要经过一段时间才显山露水。问题之所以最终暴露，不仅是因为南非白人的历史观不像人们希望的那样容易变通，而且也因为始于兰德（Rand）① 工业化的南非社会转型无法停止，将给非洲黑人问题带来不可阻挡的冲力。

在这一方面，南非的未来，就像所有其他英国白人属地的未来一样，已经受到世界经济整体趋势的决定性影响。和美国一样，在平原上建成铁路之后，加拿大已成为欧洲的一大谷仓。澳大利亚和新西兰首先利用辽阔的牧场资源生产羊毛，越来越多的欧洲工厂成为其买家；随后，他们又在冷藏技术发明后将其用于肉类，新西兰还将之用于奶制品。以这种方式，这些新兴国家找到了维持经济的支柱产业，与17世纪种植园的烟草和靛蓝相比，这些产品能够支撑起的经济规模要大得多。

南非的情形有所不同，因为其矿产国的形象是逐步显露出来的（和很久以后的澳大利亚一样）。钻石产业是其开端，但令矿产业突飞猛进的是19世纪80年代发现的兰德金矿。该金矿的开采活动吸引到资金和专业人才，为最终开发其他矿产打下了基础。南非给予的回报不仅是欧洲公司和股东所获得的利润，还有全球黄金供应量的扩大，这与1849年加利福尼亚金矿的发现一样大大刺激了欧洲的贸易活动。

由于英国人道主义和传教意识的增强，以及帝国殖民局怀疑殖民者要求这一由来已久的传统，英国人比在大平原上扫荡印第安人的美国人更难以无视白人统治区的土著民。然而在若干英国殖民地，受现代化冲击的不仅是古代文明——类似印度和南美的那些，而且还包括土著社会——若干土著群落文明程度极低，只达到旧石器或新时期时

---

① 威特沃特斯兰德（Witwatersrand）的简称，又译作金山，于1886年发现丰富的金矿，随后引来大批移民。——译者注

代的水平，也相应地非常脆弱。加拿大的印第安人和爱斯基摩人数量
相对稀少，对西部和西北部的开拓所造成的阻碍不像为保护狩猎场而
抗争的大平原印第安人那般严重。澳大利亚的历程则血腥得多。殖民
活动惊扰了采集狩猎型社会中的原住民，无法理解当地部落的澳大利
亚白人引发了这些部落的对抗和暴力行为，新型外来疾病又令他们人
数锐减。每个澳大利亚殖民地的早期历史都染上了被屠杀原住民的鲜
血；此后的历史也因对幸存者的无视、欺凌和压榨而恶名昭著。

　　首批抵达新西兰的白人给毛利人带来枪炮，他们起先用这些武器
彼此交战，对自身社会造成了颠覆性的后果。后来，毛利人和殖民政
府多次开战，战争的根本起因在于殖民者要将他们驱逐出属于毛利人
的土地。硝烟散尽后，政府采取措施保护部落领地以免再遭剥夺，但
英国个人所有制观念的引入令部落财产分崩瓦解，到该世纪末已使他们
的土地受到实质上的损失。毛利人的数量也有所减少，但不像澳大利亚
原住民那样剧烈和不可逆转。如今的毛利人比 1900 年时多得多，其人口
增长也快于欧裔的新西兰人。

　　南非的情况则存在两面性。在英国的保护下，部分土著民得以在
祖先的土地上存续到 20 世纪，生活方式的变化相当缓慢。另一些民
族则被驱逐或灭绝。但无论何种情况下，南非与任何地区同然，问题
的症结在于土著居民从来都不能掌握自己的命运。他们的生存取决于
政府的利益和慈悲心肠、殖民者的需要和传统、经济机遇和危机在当
地角力的结果。虽然从短期来看，他们有时会构成严峻的军事威胁
（例如塞奇瓦约［Cetewayo］①率领的祖鲁人或毛利人的游击战），但
最终还是无法依靠自身的资源找到比阿兹特克人对付科尔特斯更有效

---

　　① 祖鲁族末代国王，1872—1879 年在位，有一支纪律严明的军队，被视为英国殖民统
　　　治的威胁。——译者注

的抵抗方式。非欧民族想要抵抗欧洲人入侵，就不得不接受欧化。在海外建立新欧洲国家的代价始终要由土著居民承担，还往往高到他们几乎不能承受的地步。

但我们的讲述不应就此为止，因为还有一个谜团未解：欧洲人亲眼见证这一切发生而没有加以阻止，他们该如何为此辩白？以他们都是贪婪的恶徒作为解释太过简单化（不管怎么说，其中也有作出不少善举的人道主义者，所以这一最黑暗的判断是站不住脚的）。答案一定隐藏在欧洲人的心理状态之中。有一部分原因是见识的浅薄或单纯的无知。有很多欧洲人能够意识到原住民受了伤害——哪怕白人与他们的接触是出于善意。但我们无法指望他们能理解欧洲文化对既有体制的侵蚀作用，这需要对人类学的了解和深刻领悟，而欧洲人尚未达到这一层次。令问题雪上加霜的是，很多土著文明看起来显然只是蛮族，欧洲人又有强烈的宗教自信。他们认定自己属于进步和改良的阵营，也很有可能相信上帝站在自己的一边。这份自信遍布欧洲扩张的方方面面，无论是在白人定居的殖民地、欧洲直接统治地区，还是在与依附国和"被保护"社会达成的安置方案之中。这份隶属于更高等文明的自信成了一把尚方宝剑，不仅令欧洲人养成与过去的基督徒相似的劫掠习气，也让他们油然而生一股在很多情况下和十字军相似的无耻豪情。正是由于认定给当地居民带去某些改良的心态一再蒙蔽了欧洲人，让他们无视于确凿发生的真实后果，看不到他们的所作所为不过是让个人产权替代部落权益，将一无身外之物的猎人和采集者转变为雇佣劳力或是士兵。

第 6 章　帝国主义和帝国统治

　　欧洲对异族人民和土地的统治是他们掌握世界最突出的证明。对于帝国主义过去和现在的定义，争论一直都没有停止，但姑且用"直接且正式的最高统治权"这一简单的概念作为开篇应不无可取之处，尽管这一定义模糊了非欧世界可能存在的其他欧洲权力形式之间的界线。关于人们投注了大量时间和精力进行著述和思考的帝国主义成因或动机，该定义既没有提出问题，也没有解答问题。从一开始，就有各种不断变化的成因在发挥作用，而且并非所有的动机都是见不得人或自欺欺人的。帝国主义所展现的不仅仅是一个时代，因为它纵贯历史的始终；帝国主义也不仅仅局限于欧洲和非欧世界的关系，因为这种统治形式遍布大洲大洋，欧洲国家也曾被其他欧洲或非欧国家所统治。

　　然而，在 19 和 20 世纪，这一术语特指欧洲扩张及欧洲人对世界其余地区的直接主宰，当时，这一趋势比以往都要明显得多。虽然美国独立战争暗示着此前三个世纪中建立起来的欧洲帝国正在走向衰亡，但接下来的一百年间，欧洲帝国主义还将大踏步前进，取得前所未有的成功。其过程可以分为两个泾渭分明的阶段，第一阶段显然是到 1870 年左右为止。当时，部分古老的帝国主义势力依然在大张旗鼓地扩张；例如俄国、法国和大不列颠。另一些帝国止步不前或今不如昔；荷兰、西班牙和葡萄牙属于这一集团。

　　乍看之下，俄罗斯的扩张与美国蚕食北美大陆、压倒弱小邻邦以及英国在印度的经历都有些相似之处，但它实际上属于相当特别的个例。俄国的西面是成熟且站稳脚跟的欧洲各国，从那里夺取土地的希望十分渺茫。对多瑙河流域的土耳其领地进行扩张的前景也好不了多少，因为其他国家始终有可能因涉及自身利益而介入，最终阻止俄国的脚步。该国在南部和东部的行动则要自由得多，并在19世纪的头七十多年取得巨大收获。打赢波斯人（1826—1828）令俄国人建立起里海的海上力量，也获得了亚美尼亚的领土。他们在中亚的扩张脚步几乎一刻不停，深入突厥斯坦、杀向亚洲中部的布哈拉和希瓦，并以1881年吞并整个外里海（Transcaspia）作为收尾。在塞尔维亚地区进行咄咄逼人的扩张之后，俄国又从中国手中攫取南抵海岸线的黑龙江左岸土地，在1860年建立远东首府海参崴。很快，俄国人将阿拉斯加卖给美国以甩掉在美洲的包袱，这或许表明他们有意称雄亚太，但无意染指美洲。

作为这一时期另两个活跃的帝国主义国家，英法在海外进行扩张。但英国的很多获利以法国的损失为代价，就此而言，历史表明，大革命和拿破仑战争是英法之间这场始于18世纪的旷世殖民对抗的最终回合。就与1714年和1763年的情形一样，英国通过1815年的城下之盟所取得的大量权益以强化其海上实力为意图。它保留马耳他、圣卢西亚、爱奥尼亚群岛、好望角、毛里求斯和亭可马里的所有权都是出于这一理由。不久之后，蒸汽船开始在皇家海军中服役，煤炭供应成为基地网络组建所必须考虑的问题，于是导致了新的占领行动。1839年，英国人借奥斯曼帝国内乱之机夺取亚丁这座在印度航线中具有重要战略价值的基地，其他兼并也随之而来。特拉法尔加战役之后，没有一个国家有成功对抗此类行动的能力。究其原因，并非是别国没有足够的资源——如果能动员起来，也可以夺走大不列颠的海上霸权。但这需要很大的投入。其他国家拥有的船只和海港都不够多，并不值得为此挑战这位海上巨人。对其他国家而言，有世界上最大的商业国负责海上治安是一个皆大欢喜的局面。

在制海权的保护下，英国各殖民地参与到当时飞速发展的贸易体系之中。美国独立战争之前，英国的政策就比西班牙或法国更鼓励商业冒险活动。所以，殖民地在早期就积累了财富和成功，使后来的自治领从中得益。另一方面，美国独立战争以后，伦敦当局对定居型殖民丧失兴趣，主要将它们视为麻烦和开支的源头。然而大不列颠却是19世纪早期唯一向既有殖民地遣送新居民的欧洲国家，那些殖民地有时还吸引母国进一步扩大对异国的领土统治。

在部分新领土（尤其是南非），人们对于亚非两地的交通和战略状况产生了一种新的不安。建立帝国是一桩复杂的工作。美国独立和门罗主义无疑减少了西半球对帝国扩张的吸引力，但英国利益关注点向东转移的源头始见于1783年以前，即南太平洋航路打通和亚洲贸易见长的时候。与当时依附于法国的荷兰所发生的战争又使英国获得了马来亚和印尼的新基业。最重要的是，英国在印度的活动一直处于持续深化状态。到1800年，印度贸易的重要性已经成为英国贸易和殖民思维中不言自明的核心。1850年已有人力陈，帝国大片领土的取得完全要归功于来自印度的战略推动力。当时，英国对印度次大陆本身也已经实现完全的控制。该地区将一直是英帝国的核心部分。

这完全不是期望的产物，甚至难以预见。1784年设立"双头控制"体系的同时，英政府还决定制止印度领土的扩大化；美洲叛乱的经历强化了他们要避免背上新包袱的观念。然而有一个问题挥之不去，因为东印度公司的收益管理活动使该公司不可避免地卷入当地的行政和政治事务之中。于是，避免公司成员私自作出越界之举——例如那些过去的私人贸易时代可以容忍的行为——变得更加重要；议会逐步达成共识，认为控制印度政府符合英国利益，不仅因为这可以带来很多生意，也因为伦敦政府有责任为印度人提供良好的政府管治。

所以，印度问题的背景是不断变化的。经过两个世纪，第一批抵达印度次大陆的商人对莫卧儿王朝的敬畏和惊奇迅速被鄙夷所取代，因为他们近距离观察和熟悉之后所看到的是落后、迷信和拙劣。但另一种变化的迹象已经出现。普拉西之战的胜利者克莱夫一生从未把任何印度方言学到流利的程度，而首任印度总督瓦伦·黑斯廷斯（Warren Hastings）却竭力说服牛津大学设立一个波斯文化教授职位，促成第一家印刷媒体落户印度，并制作了第一套通俗语（孟加拉语）活字。印度文化的复杂性和多样性获得了更多的欣赏。1789 年，第一份东方研究学刊《亚洲研究》（*Asiatick Researches*）在加尔各答出版。同时，在更务实的政府层面，东印度公司的法官已受命在涉及穆斯林的家族案例中遵循伊斯兰律法，马德拉斯财政当局也对印度教庙宇和节日进行规范和资助。1806 年起，东印度公司的黑利伯里（Haileybury）学院开始教授印度语。

因此，东印度公司特许状的定期更新以英印关系的影响和前提不断变化的局面为背景。同时，政府责任亦有所增加。1813 年，伦敦当局进一步强化管控，废除该公司对印度贸易的垄断。当时，英国已经随着对法战争的进程将势力扩张到印度南部，其手段是吞并和与当地统治者达成的条约——旨在控制这些地方统治者的外交政策。当公司特许状于 1833 年再度更新时，只有西北部的地区不受公司直接或间接统治，成为领土上唯一的显著空白。随后，旁遮普和信德于 19 世纪 40 年代并入帝国版图，加上已在克什米尔确立的最高裁断权，英国人实质上控制了整片次大陆。

当时，东印度公司已经不再是商业机构，而是一家政府。1833 年特许状取消了公司的贸易功能（不光是与印度的贸易，还包括对中国贸易的垄断权），将其职能限定在行政范畴之内；亚洲贸易从此实现自由化，这也切合当时的思想潮流。一条道路由此开启，使印度终于在众多现实和象征性的层面彻底告别过去，也让次大陆最终融入世界、融入现代化进程。作为一种象征，莫卧儿皇帝的名讳从钱币上消失，而档案及司法工作不再将波斯语作为正式法律语种使用则不仅仅具有象征性的意义。该举措不仅标志着英语一跃成为印度的官方语言（英语教育也随之成为官方教育语种），而且还搅乱了印度各社群之间的势力平衡。事实证明，英化的印度人将比进取心较弱的穆斯林过得更好。在一片如此多元、多元化方式又如此纷杂的次大陆，把英语设为行政语种的规定还伴随着一个重要的决策，即初级教育原则上应使用英语讲课，尽管接受教育的印度人寥寥无几。

同一时期，接连几任总督实施的启蒙专制开始为印度带来物质和体制改善。公路和运河纷纷建成，随后第一条铁路也在 1853 年问世。各类法典开始生效。为公司效力的英国官员开始到为此目的而设立的学院接受专门培训。印度最早的三所大学成立于 1857 年。另外也有其他教育机构；早在 1791 年，一名苏格兰人就于贝拿勒斯兴办了一所梵文学院，令该地成为印度教徒心目中的卢尔德（Lourdes）①。在印度逐步经历的转型当中，有很多并非直接来自政府的工作，而是来自越来越大的自由，让上述及其他机构得以放手发挥。传教士从1813 年开始进入印度（此前一直被东印度公司禁止踏足），并逐步在英国国内培养出另一批与印度事态存在利益关系的支持者——其立场往往令印度官方为难。在实际层面，有两种教会哲学为控制政府行动而展开积极竞争。一是实用主义，意在促进民众福祉；二是福音主义，旨在让人们得到灵魂的拯救。双方都自大地认定他们知道对印度

---

① 位于法国西南部、比利牛斯山中部的城镇。1858 年，一名少女宣称在城镇附近洞穴中多次幻见圣母马利亚，1862 年教皇宣布此事可信，从而使该地成为天主教圣地。——译者注

最好的选择是什么。随着时光推移，两者都潜移默化地改变了英国人对印度的态度。

蒸汽船的出现也有其影响，令印度与英国靠得更近。更多的英国人和苏格兰人开始前往印度生活和开展职业生涯，使英国本身的面貌逐渐转变。18世纪东印度公司数量相对较少的官员满足于流放海外的生活，通过商业机会寻求回报，在用来放松身心的社会生活中，他们有时与印度人关系十分密切。他们的生活往往与印度绅士极为相似，有的改吃印度食物、改穿印度服装，有的还娶了印度妻妾。而具有改革精神、旨在根除落后野蛮的当地习俗——就杀女婴和萨蒂（*suttee*）这类习俗而言，他们的想法很有道理——的官员，传播某种教义、对印度教或穆斯林社会的完整体系造成破坏的传教士，还有跟随在印度工作的丈夫前来安家的英国妇女——尤以她们最为突出，往往并不认同约翰勋爵[①]时代的公司成员那老一套的行事方式。他们改变了英国群体的脾性，与当地人愈发疏远，对自身的道德优越性愈发确信，由此认定有资格去统治文化和道德水准都较为低下的印度人。

统治者有意识地与被统治者拉开距离。其中一人赞许有加地称自己的同胞为"好斗文明"的代表，将他们的使命定义为"把欧洲文明的精华带给一个人口稠密的国家，这些人极度无知，堕入偶像崇拜式迷信的深渊，慵懒无为、相信宿命，对大部分我们视为邪恶的生活场景视而不见，宁愿向这些罪恶屈服，也不愿去承受正视和消除罪恶的负担"。这份坚定的信念显得比上个世纪的英国人更有抱负，那些前辈在印度只顾一心一意地赚钱，没有任何其他想法。现在，虽然新的法律引起地方利益群体的强烈反对，英国人与印度人的社会接触却越

---

① 17世纪的大商人和东印度公司总督约翰·班克斯勋爵，这里是指英国人充分融入印度社会的时代。——译者注

来越少；他们逐步将受过教育的印度人所能担当的行政职位限制在较低级别，自己则隐入一个封闭的世界，过着充满特权的生活。早期的征服者或多或少地被印度社会所同化；而维多利亚时代的英国人得益于现代科技，能够不断保持与祖国的联系，也保持智力和宗教上的优越感，不仅不受印度化的影响，而且还愈发高高在上，这是任何过去的征服者都无法做到的。英语中很多来自印度殖民时代的遗产，英式早茶和餐桌至今仍能证明，他们并不能完全超脱于印度社会之外，但创造了一种并非纯英式的文明，而且能够直面印度、视之为一种挑战；"英印"一词在 19 世纪不仅适用于混血儿，也适用于在印度工作的英国人，还蕴含一种独特的文化和社会气息。

1857 年一场被称为印度军队哗变（Indian Mutiny）的骚乱对英国人的信心造成严重打击，从而令英印社会与印度社会形成彻头彻尾的隔绝状态。本质上，这是一系列暴动的连锁反应，导火索是一群印度士兵害怕一种要采用动物油脂上油的新型子弹会玷污他们的信仰，于是发动哗变。骚乱的细节能说明很多问题。大部分叛乱行为是传统社会对创新和现代化的自发反应，是反对进步的。当地统治者的怨气也是强化叛乱的因素，其中既有穆斯林也有印度教势力，他们对丧失的特权无法释怀，认为恢复独立的机会或许已经到来；毕竟英国人的数量极为稀少。而那些寥寥无几的英国人以迅速而无情的方式作出了回应。他们在忠于自己的印度士兵的帮助下粉碎了叛乱，尽管英国俘虏还是遭到了几次屠杀，一支英军曾在叛军控制区内的勒克瑙（Lucknow）被围困了数月。

这场叛乱以及镇压行动对英属印度来说是灾难性的，但还不算是彻底的灾难。莫卧儿帝国被英国人正式终结的最后结果没有受到太大影响（德里的叛军曾将其末代皇帝推为领袖）。这也并不像后来的印度民族主义者所提出的那样是一场被彻底粉碎、其结局对印度而言堪称悲剧的民族解放运动。就像各民族史话中的很多重要篇章一样，这场叛变将作为一篇神话和启迪人心的传说而具备重大的意义；它在后世心目中的面貌比其真实面貌——蜂拥而上、本质上反动的抗议行为——要来得重要。其真正灾难性的重要影响是对英国人的善意和自信所造成的创伤。无论英国政策表现出何种意图，从那时起，在印英国人的心态就将被这段回忆所折磨，因为印度人的背信几乎造成致命的后果。这场叛变的意义犹如传说一般在印度英裔和本地人当中随着岁月流逝而滋长。叛乱者实际犯下的暴行确实相当令人发指，但还有一些实际上未曾发生的罪名也被按在他们头上，作为实行压迫和排挤政策的依据。印度叛变也立即成为一个时代的体制性标志，因为它终结了东印度公司的统治。公司总督成了女王的总督，对一名英国内阁大臣负责。作为英属印度的体制框架，这一格局延续了90年。

　　这场叛乱由此改变了印度的历史，但只是推动它更坚定地朝着已经设好的方向前进。另一桩对印度具有同等革命效力的事实则是逐步发挥作用的。那就是与大不列颠的经济关系在19世纪的兴旺发展。贸易是英国次大陆势力的根基，也一如既往地决定着该国的命运。印度成为对华贸易不可或缺的基地是英印经济关系中的第一个重大发展。其最大的规模扩张发生在19世纪三四十年代，当时由于一系列原因，进入中国变得容易了很多。大约同一时期，英国对印度的出口经历了第一次急速增长，尤其是纺织业，因此，叛乱发生之时，印度关系到重大的商业利益，相比过去的东印度公司，牵涉其中的英国人和英国商行要多得多。

　　此时，英印贸易的历程已与英国制造业霸权及世界贸易的整体扩张紧密契合在一起。苏伊士运河的开通使前往亚洲的货运成本得到巨额削减。到该世纪末，英印贸易额已翻了四倍不止，两国都能感受到贸易扩大化的效应，但对印度的影响是决定性的，因为倘若没有英国竞争所构成的障碍，他们的工业化进程也许会走得更为迅猛。因此颇为矛盾的是，贸易的增长反而拖延了印度现代化和告别过去的进程。但也有其他因素在推动印度的现代化。至该世纪末，在英属印度帝国所提供的体制框架和因此而得以实现的文化影响力的促进之下，现代化已成为印度存续不可或缺的条件。

19世纪早期，没有任何其他国家像英国那样将自己的帝国扩张得如此庞大，但法国人也在1815年余下的帝国基业的基础上收获颇丰。此后半个世纪，法国在其他地区的权益（例如西非和南太平洋）依然值得一提，但法兰西帝国复兴的首个明显标志出现在阿尔及利亚。奥斯曼苏丹在该地统治力的衰微令整个北非对欧洲帝国主义侵略者的扩张都不设防。在地中海东南沿岸一带，有人还提出了把土耳其人的国家解体的可能性。法国在该地区的利益点其来有自，可追溯至该国18世纪在黎凡特的大规模贸易扩张。但更精确的界标应该是1798年在波拿巴率领下对埃及的远征，这是奥斯曼欧洲以外领土继承问题的开端。

1830年可以视为征服阿尔及利亚的起点，但并不确凿。此后发生了一连串的战争，直到1870年该国大体屈服为止，法国的敌人既有土著民，也有摩洛哥的苏丹。而这事实上开启了新一轮的扩张，因为突尼斯于1881年承认为法国的受保护国，从而成了法国人关注的目标。从此，欧洲移民开始涌入这些时而依附于奥斯曼的地区，规模一直相当稳定，他们不仅来自法国，也来自意大利，后来还包括西班牙移民。这些移民在若干城市形成了数目可观的定居人口，使得法国统治的史话更为复杂和曲折。非洲裔阿尔及利亚人可能像阿兹特克人、美洲印第安人或澳大利亚原住民那样被灭绝或濒临灭绝的时代已经过去。不管怎么说，其社会更具韧性，经受过那个一度与基督教世界棋逢对手的伊斯兰文明的熔炼。但法国统治依然使他们承受苦痛，

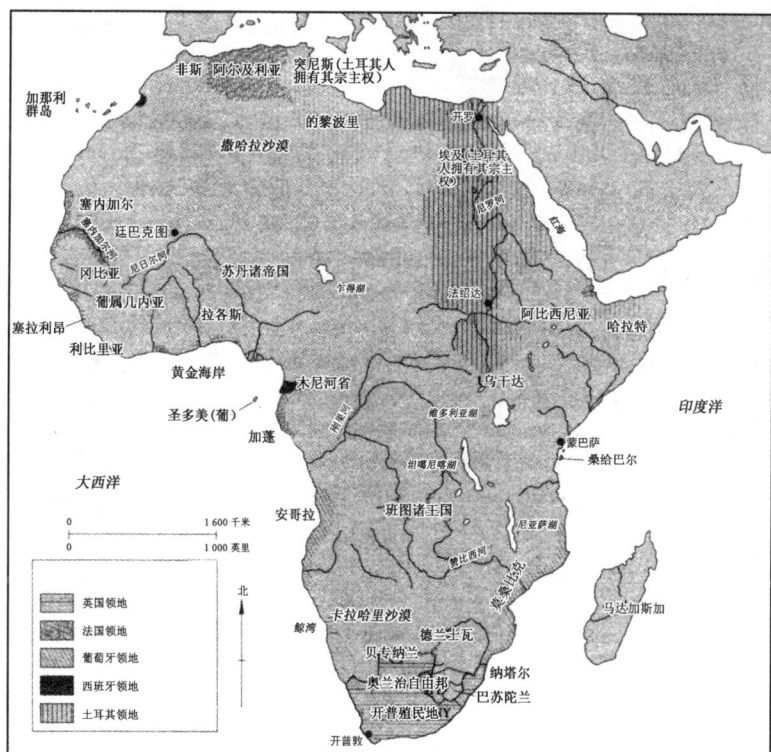

1880 年的非洲

特别是新土地法的引入打破了传统的土地使用方式，将农民完全暴露在市场经济的威力之下，从而变得更加贫苦。

　　在非洲最东面的沿海一带，首位不属于欧洲世界的现代民族主义领袖和伟人从埃及的民族觉醒中诞生，他就是埃及帕夏穆罕默德·阿里（Muhammad Ali）。他仰慕欧洲，力图借鉴欧洲的观念和技术，同时确保苏丹的独立地位。当他被苏丹召去为平定希腊人的叛乱出力时，穆罕默德·阿里萌生了夺占叙利亚的想法。这一举动构成对奥斯曼帝国的威胁，在 19 世纪 30 年代引发一场国际危机，法国则站在穆罕默德的一边。他们的企图并不成功，但在黎凡特和叙利亚地区追求利益的政策被法国沿用下来，并最终于 20 世纪换得了昙花一现的成果，表现为法国在该地区短暂的存在。

　　眼看英法两国趁着 19 世纪初期的大好机会收获颇丰，无疑是其他国家在 1870 年以后试图如法炮制的原因之一。但嫉妒心的刺激并不能完全解释各国在 19 世纪晚期的所谓"帝国主义浪潮"中表现出的非同一般的突然性和活力。到 1914 年，除南极圈和北极圈以外，全世界只有不到五分之一的土地没有服膺于欧洲或欧洲殖民国家的旗帜之下；在这些为数不多的地区中，只有日本、埃塞俄比亚和暹罗（泰国）享有真正的自主地位。世人对其原因进行了大量的争论。纯粹的实力积累显然是欧洲帝国主义的一方面。欧洲霸权以自身的实力为基础，因此越来越难以抗拒。帝国主义理论和意识形态只不过是欧洲世界对自身拥有的巨大力量突然醒悟的产物，是合乎逻辑的结果。

　　欧洲的政治局势当然影响到了对新殖民地的争夺。随着两个新的欧洲强国德国和意大利加入竞争，欧洲列强之间的对抗升级。尽管这些国家的政府大都认识到兼并某些新土地，比如中非，实际上并不能带来收益，但当时的国际氛围却让它们都只会以类似达尔文进化论的观念思考，认为对土地的竞争就是为未来展开的竞赛：政府如果现在不行动，就会在生存竞争中被抛得越来越远。随着科技发展和组织程度方面的竞争日益升级，握有多少殖民地也成为检验现代化程度的准绳，成为一个扩展中的文化充满活力的明证。

　　科技也具有现实的优势。当医学界能够控制热带传染病、蒸汽船提供了更迅捷的交通，在非洲建立永久据点并深入内陆就变得更容易了；这片黑暗大陆长久以来一直是欧洲人感兴趣的对象，但探索活动直到 19 世纪 70 年代才开始具有可行性。由于这类技术发展，扩张能够促进和保护贸易投资的欧洲统治范围成为可能和诱人的事业。因为这类可能性而燃起的希望往往缺乏依据，结果也通常令人失望。不管非洲的"未开发地产"（一名英国政客出于想象的误导之辞）或是千百万一文不名的中国大众所构成的假想中的巨大消费品市场看起来多么诱人，各工业国最好的顾客和贸易伙伴依然是其他工业国家。曾经的或尚存的殖民地能比新占到的领土吸引到更多的海外投资。在当时，英国资本大多流向美国和南美，法国投资者对俄国的喜好大于非洲，德国资本多流向土耳其。

另一方面，有很多人为经济前景感到激动。因为他们的缘故，帝国扩张总是存在一份随机因素，从而难以概括。不管是有心还是无意，探险者、商人和冒险家的行动多次导致政府获取更多地盘。他们往往是受人欢迎的英雄，因为这段欧洲帝国主义最活跃的时期也恰好是民众参与公共事务的程度提高最显著的时期。通过购买报纸、投票或在街头欢呼等形式，大众的政治参与度越来越高，而政治则把帝国主义竞争视为一种重要的民族竞争手段。新生的廉价媒体常常投其所好，给探险和殖民战争抹上戏剧化的色彩。有人还考虑，让国旗在更多新领土上空飘扬的遐想能够缓和社会不满，尽管相关人士明知这么做除了增加开支以外将一无所获。

但消极主义和利益驱动同样不是当时帝国主义的全貌。激励着部分帝国主义者的理想主义精神无疑使很多人的良心得到安慰。如果认为自己拥有真正的文明，就必然会觉得为了其他民族的福祉而实行统治是一份责任。吉卜林（Kipling）① 就曾用一首著名的诗篇敦促美国人挑起白人的责任而非战利品。

因此，以 1870 年以后不断变化的国际关系为背景，有多种各不相同的元素彼此交融，以自身的逻辑对殖民事务施加影响。其细节无

---

① 获得诺贝尔文学奖的英国小说家和诗人，此诗名为《白人的责任》（*The White Man's Burden*）。——译者注

需赘述，但有两个长期存在的突出主题。一是大不列颠——作为唯一货真价实的全球帝国，领地无处不在——与其他国家针对殖民问题所发生的争执是最多的。印度越来越上升为英国的关注焦点；他们为确保开普海角的航路和夺取新开通的苏伊士运河的控制权而占据非洲领地，而且频频对印度西北部和西部开阔地所面临的威胁感到紧张，这都表明了英国人对印度的关注。1870 至 1914 年间，除了俄国涉足阿富汗以及法国试图在尼罗河上游立足之外，没有任何可能令大不列颠与其他列强开战的危机是属于欧洲以外地区的。此外，英国官方也非常关注法国在西非和印度支那的扩张以及俄国在波斯地区的影响力。

这些事实点明了第二个延续不间断的主题。虽然欧洲各国为海外局势彼此争吵了四十多年、虽然美国与其中之一（西班牙）开启战端，但列强对非欧世界的瓜分是在令人吃惊的和平态势下完成的。1914 年伟大战争爆发时，三个彼此为帝国霸业争斗得最激烈的国家大不列颠、俄国和法国都站在同一阵营，海外殖民地争夺并不是冲突的起因。1900 年后，唯一一场由于两个欧洲大国对非欧地区的领土争议而导致的战争危机发生在摩洛哥，这也并非货真价实的殖民地争端，而是德国能否威慑住法国、是否惧怕后者得到别国支持的问题。1914 年以前，对非欧问题的争议实际上或许是好事，让欧洲人无暇顾及更为危险的欧洲本土对抗，反倒有利于维护欧洲的和平。

帝国主义对立有源于其自身的动力。当一个强国占得新的领土或殖民地，这几乎总会刺激别国去寻找更好的猎物。帝国主义浪潮以这种方式产生自激力。到 1914 年，其最令人震惊的结果可以在非洲看到。19 世纪早期，探险家、传教士和反奴隶制倡议者的活动已经培育出一种信念，认为欧洲人的统治向"黑暗大陆"的扩张应带来启蒙精神和人道主义的传播——也就是文明的福音。非洲沿海数百年的贸易历史已经表明，其内陆存在让欧洲人感兴趣的产品。开普殖民地的白人已经在朝内陆深处推进（他们往往是憎恨英国统治的布尔人）。
这类事实构成了一种暗流汹涌的混沌状态，并在 1881 年爆发，一支
英军被遣到埃及，以确保该国政府能够镇压一场民族主义革命，（英
国人害怕）革命的成功可能威胁到苏伊士运河的安全。于是，欧洲文
化的侵蚀力量——因为这是埃及民族主义的理念源泉——不仅让奥斯
曼帝国的衰亡以轰轰烈烈的方式迈入下一阶段（当时埃及还是该帝国
的一部分），而且还开启了所谓"掠夺非洲"的进程。

　　英国人原本希望能马上把士兵撤出埃及，可到 1914 年他们还陷
在那里。当时，埃及行政实质上由英国官员控制，英埃两国的统治范
围已经向南深入到苏丹一带。同时，位于利比亚和的黎波里的土耳其
西部省份已被意大利人占取（突尼斯为法属领地，他们无法染指那片
地区，并为此耿耿于怀），法国人则拥有阿尔及利亚，还能在摩洛哥
予取予求，只有西班牙人立足的地方例外。摩洛哥以南至好望角一带
的沿海地区几乎完全被英、法、德、西、葡、比所瓜分，只有孤零零
的黑人共和国利比里亚是唯一的例外。空无一人的撒哈拉沙漠、塞内
加尔盆地和刚果以北大片土地都属于法国。刚果余下地区被比利时人
占领，并很快勘探出非洲最丰产的几片矿区。再东面是英国领地，从
开普往北一直延伸到罗得西亚和刚果边境。在东海岸，英国人的入海
口被德属坦噶尼喀和葡属东非所阻断。一条带状的英国领地从肯尼亚
港口蒙巴萨开始一路往北，穿过乌干达，直抵苏丹边境和尼罗河上
游。被索马里和厄立特里亚（英、意、法三国统治）包围的是除利比
里亚之外唯一依然保持独立的非洲国家埃塞俄比亚。他们的皇帝领导
着这个信奉基督教的古老国家于 1896 年在阿杜瓦歼灭一支意大利军
队，成为 19 世纪唯一一位能够凭借军事上的胜利避免殖民威胁的非
欧洲统治者。其他非洲国家则无力抵挡，无论是法国人镇压阿尔及利
亚人 1871 年的起义、葡萄牙人（不无困难地）平定安哥拉在 1902 年

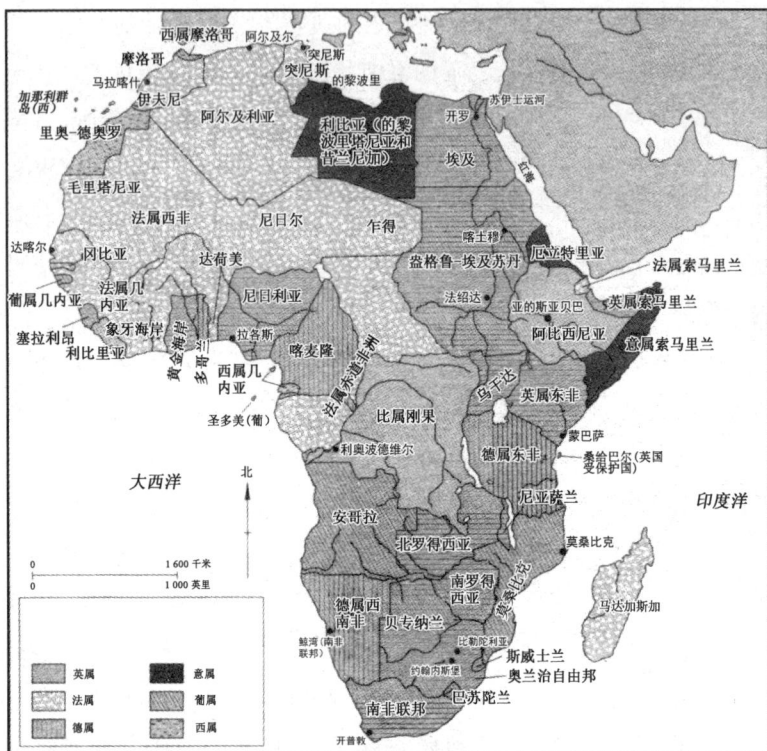

瓜分非洲：1914 年的欧洲统治区域（在埃及成为英国受保护国之后）

和 1907 年两度爆发的叛乱，还是最令人发指的、德国人 1907 年在非洲西南部的埃雷罗角的屠杀行径，都无不表明了这一点。

这场欧洲势力的巨大扩张主要发生在 1881 年以后，非洲历史由此转型。这是自伊斯兰教进入该大陆后最为重大的改变。欧洲使者的讨价还价、意外的发现和便利的殖民管理最终决定了现代化降临到非洲的方式。由于平息了部落间的战争，以及采用了哪怕只是初级的医护手段，部分地区的人口增长潜力得到释放。就如数百年前的美洲，新农作物的引入得以养活更多的非洲人口。然而，不同殖民体制造成了不同的文化和经济影响。殖民者离去后许久，各国——例如法国行政或英国司法实践已然扎根的国家——之间依然存在巨大的差异。整片大陆上的非洲人都找到了获取生计的新模式，通过殖民体制下的欧洲学校或福利学到了一些欧洲人的行事方式，他们的生活开始被白人的那一套所左右，并从中见识到可敬或可恨的别样事物。即使殖民者开始大加重视通过当地机构实行统治的方针之后——例如某些英国领地——这些影响力在新的背景下依然发挥着作用。部落和地方团体坚持自我，并成为非洲独立后的宝贵精神遗产，但它们要面对越来越大的、来自殖民主义下新体制的阻力。基督教的一夫一妻制、进取精神、新知识（在各种文化移植中，欧洲语言的移植最为重要，并开辟了非洲获取新知的渠道），都有助于新的自我认同意识和更显著的个人主义精神的最终成型。20世纪的新一代非洲精英就是在这类环境下崛起的。帝国主义对非洲的影响超过了对其他大陆。

相比之下，欧洲人几乎没有因在非洲的冒险事业而发生丝毫变化。欧洲人能够染指更易于掠夺的财富，这点诚然重要，但因为从非洲所得到的资源而使国家的未来发生改变的，也许只有比利时一例。有时，对非洲的剥削也会引发欧洲国家之间的政治对立；其影响力是19世纪后期某些征服者和冒险家的所作所为无法比拟的。比利时国王利奥波德对刚果的统治手段，以及葡萄牙属非洲的强制劳役都是声名狼藉的范例，但除此之外，欧洲人还借帝国权威之利疯狂剥削及掠夺其他非洲地区的丰富自然资源——包括人和物两方面，这种行径很快导致一场反殖民主义运动的爆发。部分国家征募非洲士兵，但没有送到欧洲服役，只有法国人例外，因为他们需要抵消德国人数量上的优势。部分国家希望利用非洲吸纳移民以缓解社会问题，但非洲为欧洲人提供的定居环境非常复杂。南部有两片大型白人聚居区，英国人后来又打开肯尼亚和罗得西亚的国门，两地都适合白人农民生息。除此之外，法属北非的城市中有欧洲人，安哥拉的葡萄牙种植园主也形成一个不断壮大的社群。而另一方面，意大利人将非洲作为移民安置地的希望遭到破灭，德国移民数量也微乎其微，而且几乎都属于暂居性质。部分欧洲国家——俄国、奥地利、匈牙利和斯堪的纳维亚诸国——则根本没有一人前往非洲定居。

当然，除了非洲之外，19世纪帝国主义史话中还有大量其他元素。太平洋的瓜分过程更平淡一些，但最终没有给这片大洋上的岛民留下一个独立的政治实体。英法俄三国在亚洲的地盘也大大扩张。法国人控制印度支那，英国人则为了印度的安全及交通而占据马来亚和缅甸。英法两强认为双方的领地之间应该有所缓冲，因此暹罗依然保持独立。基于确保印度安全的类似考虑，英国还远征中国西藏，凸显自身的霸权。其中大部分区域，就像俄国人的大片陆上扩张区一样，之前都承认中国的统治权或宗主权。两国的这段经历是中华帝国衰亡史的一部分，与奥斯曼、摩洛哥和波斯等其他帝国的式微平行发展，都与欧洲的影响有关，但中国的没落对世界史有着更重大的意义。"掠夺非洲"的局面一度仿佛将要重演，使该国也遭受被瓜分的命运。这段历史更适合放在别处讨论。眼下不妨一提的是，因为美国的参与，中国及太平洋一带的帝国主义浪潮也和非洲有着重大的差异。

在美洲这片美国人长期认为是上帝赐予他们的大陆之外，他们对帝国主义冒险始终怀有不安和不信任的态度。即便在该国最为倨傲狂妄的时期，帝国主义思想也不得不采取在欧洲不必要的遮遮掩掩、欲露还藏的表达方式。美国本身的立国就是对帝国主义强国叛乱成功后的产物。其宪法不包括任何统治殖民领地的条款，也始终很难想见有任何领土可以被该宪法所接纳，除非以设立一个具有充分权限的州为最终目标，更不用提让非美国人受美国人的统治。而另一方面，美国19世纪的领土扩张有大量与帝国主义几乎别无二致的元素，尽管当时美国人也许不会承认这点，而将其笼统地定义为"昭彰天命"①。1812 年的英美战争和该世纪中期的美墨战争是其中最明目张胆的例证。但他们抢夺印第安人家园的行径和门罗主义的称霸姿态也不能忽视。

美国的陆地扩张完成于 19 世纪最后十年。政府宣布过去一直存在的边境居住区已成为历史。此时，由于经济的不断增长，商业利益对美国政府具有重大的影响力，有时表现为经济民族主义和高关税保护政策。一些商业利益将美国公众的注意力导向海外，特别是亚洲。有些人认为美国面临着被欧洲各国排除在贸易之外的风险。美国与东方有着为时不短的渊源（第一支美国远东船队始发于 19 世纪 20 年代），如今这份联系正面临断绝的危险，一个新时代已经开启，随着加利福尼亚州人口的急速增长，对太平洋地区的关注也与日俱增。人们对于一条横贯南北美洲之间的运河津津乐道了半个世纪，这一设想于该世纪末得以实现，也引起了部分战略家的兴趣，他们秉持这样一种主张，认为美国可能需要建立海上缓冲带才能贯彻门罗主义的方针。

这一切趋势汇成一股对外扩张的洪流，至今依然是美国对外帝国主义扩张史中独一无二的范例，因为它一度抛弃了对于获取海外新领土的传统限制。其开端是 19 世纪五六十年代中日两国对美国贸易的日益开放，以及美英德三国对萨摩亚的共管（美国在 1878 年建立了海军基地并一直保有控制权）。随后的 20 年间，美国对夏威夷王国的干涉不断升级，始于 19 世纪 40 年代的保护权限日益扩大。大量美国商人和传教士在那里扎根。于是，到 19 世纪最后十年，原本保护夏

---

① 　Manifest Destiny，19 世纪时流行美国的政治警句，后来成为一个历史名词，指美国有神授天命，必然要对外扩张、散播民主自由的信念。——译者注

威夷人的善意被策划吞并该国的阴谋所取代。当时华盛顿已经在把珍珠港当作海军基地使用，但一场叛乱进一步导致海军陆战队的登岛。政府最终只能让步于美国岛民所掀起的声势，于 1898 年将短命的夏威夷共和国兼并为美国领土。

同年的哈瓦那港，一场神秘的爆炸案使美国巡洋舰缅因号沉毁，成了美国与西班牙开战的口实。这场战争有两方面的背景，一是西班牙长期无法平定古巴的叛乱，而美国人在那里拥有显著的商业利益，于是群情激愤；二是他们越来越意识到控制加勒比入海口的重要性，因为将来那里会有一条连通地峡的运河。在亚洲，美国人则协助菲律宾的另一场反抗西班牙人的起义。当美国取代西班牙、成为马尼拉的统治者，叛军把枪口转向过去的盟友，一场游击战就此爆发。这是美国摆脱其第一个亚洲殖民地的漫长而艰难的历程中的第一阶段。当时，鉴于中华帝国存在覆亡的可能，坚守不退看起来是华盛顿当局最好的选择。在加勒比海，西班牙美洲帝国的漫长历史终于走向终点。波多黎各转入美国之手，古巴以接受美国的控制为代价取得独立。1906 至 1909 年间以及 1917 年，美方势力两度以此条款为依据占领该岛。

这是美国帝国主义扩张的最后一波大潮的序曲。人们从 19 世纪中期就产生了兴建地峡运河的向往，苏伊士运河的完工更是增添了他们的信心。美国利用外交手段排除了英国人可能插手的障碍，一切看起来都顺风顺水，但 1903 年出了岔子，哥伦比亚人拒绝了一份为了获取运河区而向他们开出的协议。在将要成为运河通行区的巴拿马，一场革命正在酝酿。由于美国人的阻挠，哥伦比亚政府未能平息叛乱，全新的巴拿马共和国就此诞生，并投桃报李地向美国赠予他们需要的领地以及维持巴拿马秩序的干涉权。于是，运河的挖掘工作得以从 1914 年开始。能够迅速在两大洋之间调配船只的便利给美国的战略带来极大的不同。此外，这也是罗斯福总统提出的门罗主义"推论"所依赖的背景；当运河区成为西半球海上防御的关键，确保其政府稳定性和美国在加勒比海的主导权变得前所未有地重要。美国也很快就明显加大了对这些地区干涉的力度。

尽管动机和手法存在差异——例如，美国的新领土上根本没有永久性的美国定居点——但美国的行为可以被视为欧洲民族最后一波领土占领大潮中的组成部分。除了南美，几乎所有欧洲或欧裔国家都参与其中，就连昆士兰也曾试图吞并新几内亚。到1914年，英俄两国的国旗插满了世界三分之一的土地和海洋（当然，究竟有多少俄国领土可算作殖民地并没有定论）。把俄国排除在外的话，1914年的英国在本国领土以外统治着4亿臣民，法国有5 000多万，德国和意大利各有1 400万左右；这种正式对外统治的规模是史无前例的。

不过，当时已经出现迹象，表明帝国主义在海外已成无源之水。虽然德国和大不列颠讨论过瓜分看似要步西班牙后尘的葡萄牙殖民帝国的可能性，但结果表明中国的现实状况令人失望，也没什么值得掠夺的对象。最有可能供欧洲帝国主义势力进一步扩张的对象是摇摇欲坠的奥斯曼帝国，1912年，意大利人夺取的黎波里，次年，为反土而结成的巴尔干同盟又占领了该帝国几乎所有余下的欧洲部分，其灭亡看来已近在眼前。瓜分非洲没有引发大国之间的冲突，但奥斯曼问题的前景看来并不会如此风平浪静；毕竟对他们来说，此事牵扯到的重大利益问题要多得多。

第 7 章　亚洲的变形记

在很长一段时间里，大多数亚洲人都认为，欧洲人的出现只是短期现象而已，就像之前曾在这里匆匆来去的其他帝国一样。但到 19 世纪时，这种观点已经改变。导致观点改变的首要原因，是这些外国人对各国国内的技术、行政以及商品所产生的影响。另一个原因是，有一个国家——日本——通过重塑自身成了一个西式国家。这些变化叠加在一起，让这样一个事实日益显著：即使最顽固的保守派，要想回到欧洲人的影响力全面弥漫之前的社会状态，即便并非不可能，也难于上青天了。

19 世纪期间，亚洲一些城市中心所发生的心态变化具有重大的历史意义。年轻人开始用从欧洲舶来的观念看待自身以及自己的祖国，并把这些观念与本土文化元素融为一体。结果就是一出"变形记"，它对历史的巨大影响力一直延续至今。有些亚洲年轻人开始把自己的祖国视为有权决定自身未来的民族国家，视自己为公民（至少是潜在的公民），拥有个体的权利，负有对国家的义务。尽管这些观念要很久之后才成为主流，但民族主义与政治激进主义的结合还是衍生出了众多新的行动立场，它们将在下一个世纪终结殖民帝国，缔造一个新亚洲。

有些变化最先是在中国被感知到的，尽管这些变化非常缓慢。19 世纪初，清代中国仍然是东亚的主导力量，虽然国内已经有众多批评者感觉到帝国急需改革。清王朝在一些不必要的战争当中虚掷了很多金钱，以及自身的威望。1799 年乾隆皇帝死后，接下来的两个不走运的皇帝让帝国的衰退之感更为加剧。朝廷的权威在迅速瓦解。1803年，乾隆的继任者嘉庆帝居然在北京的皇宫里遭到袭击；而嘉庆帝的继任者试图根除基督教和其他教派的努力，以及禁绝鸦片的旨意基本完全落空。不过，虽然存在种种问题，无论中国人还是其他东亚人，似乎都相信清王朝会摆脱难题，像满洲人以前那样，重新强大起来。

可是这一次，清王朝所处的国际环境正在发生改变。欧洲列强从世纪之交的相互攻伐中恢复过来之后，开始把注意力转向中国。他们（尤其是伦敦）的想法是，如果能强迫清王朝开放国门，接受自由贸易，那么欧洲的商品就将获得一个巨大的新市场。英国人声称，在广东的贸易已经表明中欧贸易的潜力。到19世纪30年代时，他们似乎终于找到了一种在中国有需求的商品。唯一的问题是，这种商品是一种毒品，在中国是非法的，有害健康。但英国东印度公司大量生产了这种商品。这就是鸦片。

英国在中国大量出售鸦片之前，中国人就知道它。但欧洲人的大举走私使得鸦片能够大量获得，价格也便宜很多。随着鸦片消费的蔓延，中国政府决定要禁止鸦片进口。1839年，帝国派遣林则徐前往广东，带着皇帝的手谕前往禁绝所有鸦片走私。林则徐也决心不辱使命。在警告鸦片走私贩及其中国帮凶们无效之后，他派兵直捣外国走私仓库和船只，销毁所有找到的鸦片，将残渣倒入海中。林则徐还要求所有外国商人签署保证书，不再向中国走私鸦片。拒绝签署者后来逃到了珠江口之外一个乱石丛生的小岛上，他们给它取名香港。

伦敦政府把林则徐在广东的禁烟行动视为对自由贸易的攻击，是在羞辱英国。于是他们派出一支由45艘军舰组成的舰队，从已成为英国殖民地的新加坡驶往中国南方沿海。历史证明，其后发生的战争对中华帝国来说是灾难性的。虽然清朝的精锐部队在陆地上较好地抗击了英国军队的进攻，但英国舰队却对中国的沿海城镇及要塞造成极大破坏，之后开始沿各大河流继续进发。当这些敌人把战火带到中国北部沿海地带时，清廷决定停战求和。北京觉得，用与异邦野蛮人签署的一份屈辱条约，来换取王朝的存续与帝国的安宁，是值得的。

在19世纪剩下的时间里，英国——还有其他欧洲国家、俄国和美国——一直在持续地以武力勒索中国，只要清廷不满足他们不断增加的要求，就扬言要诉诸军事行动。由于中国此时在军事实力上已经远远落后于欧洲，策略于是屡屡奏效。在1900年之前，清政府就已同意设立外国通商租界。在中国城市里这些专为外国人划定的区域，欧洲人拥有完全的政治控制和司法权。位于长江入海口的上海，成为欧洲人在苏伊士运河以东最大的定居点，也成为向中国其他地方展示欧化成就的示范地。虽然中国作为一个国家从未沦为殖民地，但这些租界定居点仍然意味着某种形式的殖民统治。据说上海一处江边公园挂着"华人与狗不得入内"的牌子，这到底是不是真的还说不准，但许多城镇中的中国人却肯定感觉到，他们在自己的祖国却被当作二等公民对待。

外国人到中国来不都是想发财。也有一些人来这里"拯救灵魂"。外来传教士的数量在19世纪晚期迅速增长，他们没有成功让多少人皈依，反倒与当地人发生了许多冲突，尤其是在乡下，这些外国人及其追随者被怀疑做出了各种恶行。不过，基督教传教士做的事情远多于制造争端。他们有些人设法改良欧洲传统以适应中国的情况，翻译科学、地理和历史文献，还创建学校甚至大学，教授"西方知识"。当时中国在借鉴外国技术方面的迅速进展，往往要归功于传教士们；其中一个传教士还是中国第一家欧式兵工厂的主要翻译者（他为此将129种科技类图书译成中文）。

但西方传教士对中国产生的最大影响，却是谁也始料未及的，当它出现时，欧洲人惊骇不已。1843年，一名年轻人在科举考试中失败，踟蹰走出广州的考场。一名美国浸礼会传教士刚好路过，给了他一份宣传册。年轻人回到家乡的小村庄后，怀着极大的热情开始研读其中的《新约》教义。几个月后，洪秀全向他信任的亲友们宣布，他是上帝之子，耶稣的弟弟，下到凡尘是为了恢复正道，斩妖除魔。起初亲友们听了很生气，认为他在胡言乱语，把他赶了出去；因为他出生的这个又脏又穷的小村子需要的是打理庄稼的好手，而不是一个自封的先知。但坚持一段时间后，他开始有了一些追随者，他小小的"拜上帝会"设法存活了下来。

洪秀全的组织能够存活下来，是因为对中国南方沿海地区来说，19世纪中叶并不是一个正常的年代。与英国的战争让清廷威名扫地，行政管理体系一片混乱，更别提税收和供应系统了。在有些地方，盗匪和秘密帮会开始横行，恃强凌弱。洪秀全及其族人属于当地的少数群体客家人，往往沦为受害者。到19世纪40年代末，洪秀全已组织起一支武装力量来保护自己的聚落。50年代初，洪秀全所领导下的客家人自卫行动，转变成了一场针对清王朝的真正起义。这位上帝之子，随之成为要给尘世带来永恒和平的新天国的天王。这就是太平天国运动。

太平天国运动成为19世纪中期席卷中国的一场大动荡，它与各地的其他起义一道，差点就推翻了清王朝。太平军在宗教热情鼓舞下，最终占领了中国长江以南大部分地区，并定都南京，在那里一直统治到1864年。洪秀全一直在积极地修订《圣经》，编订自己的教义，这为一个建立在宗教原则之上、宣扬盛世降临的国度奠定了基础：均分田地，诛戮恶敌。太平天国有时候似乎更关注将自己的理念付诸实践，而不是进一步扩张领土，1856年之后它就已经转入守势。不过，它还是颁布了重要的社会变革方案，虽然不清楚这些变革的有效程度乃至受欢迎程度，但它们的确产生了能够震动社会的意识形态力量。

太平天国秉持的社会理念的基础，不是私人财产所有制，而是针对一般需求的公共分配。土地按照质量等级划分成不同大小，公平地分配下去耕作。更具有革命性的，是赋予妇女在社会和教育领域的平等地位。禁止裹小脚，还实施了一定程度的禁欲措施（尽管天王洪秀全本人并不如此）。这一切都反映出宗教和社会的混合，植根于太平天国信仰的深层，这对传统秩序构成了威胁。如果不是地方精英们的反抗，以及西方势力对清廷的勉强支持（相比之下他们更愿意要一个可资利用的皇帝，而不是威胁到他们商业利益的疯狂救世主），清帝国可能就已覆灭了。但在19世纪60年代中期，北京终于集结起了足够的力量，洪秀全又恰在此时过世，于是太平天国运动被镇压下去。

19世纪中期发生在中国的叛乱造成了大规模的破坏，死伤人数超过了第一次世界大战中的欧洲，中国很多重要地区沦为废墟。但它们也带来了变革。此后的清王朝已经不复以往，虽然得以苟延残喘，但只能接受地方实力派和外国庇护者支配。而这两股势力都清楚地提出了继续支持清政府的条件（在清政府忙于镇压太平天国保命时，英法两国甚至也小规模地与之开战，在所犯下的诸多罪行之中，包括了火烧清帝的圆明园）。随着中国内战接近尾声，国外势力也就开始变本加厉地向清廷要求（并且也得到了）更多特权。

在这个世纪的剩余时间里，中国丧失了更多的领土。中国似乎正在被形形色色的所谓"西方"（包括源自欧洲的美国和俄国）任意欺凌。俄国人夺取了中国坚称拥有主权的黑龙江以东区域，这里成为俄国的沿海省份，海参崴则是其最重要城市。19世纪80年代，法国人在越南设立了保护领。中国虽然松散但自古拥有的宗主权地位被扫荡一空；法国人开始蚕食整个印度支那，英国人则在1886年吞并缅甸。19世纪末，英国、法国和德国都在中国攫取了若干港口的长期租借权。甚至连意大利人也来分了一杯羹，不过他们要到 1901 年后才有实质的收获。而其他国家在这之前很久就已经通过勒索敲定了大量的特权、借款和协议，用以保护并强化自己的经济利益。因此，当 19 世纪末一名英国首相谈及"欣欣向荣和苟延残喘"这两类国家时，他将中国视为第二类的绝佳例子，也就不足为奇了。政客们正在忙着设计如何瓜分中国。

可是，如果说太平天国的领导者们是一类全新的中国人，那么，打败他们的人也是。这些人大多来自中国中部省份，在太平天国战乱之后，他们纷纷要求获得更多的地方自治权，并凭此开始试行教育和基础设施改革。尽管他们仍然表示效忠帝国，但他们认为全国层面最急需的改革，只可能首先从各省发起。他们都是具有现代意识的人，深知要让国家存续，就必须效法西方开展行政和教育体系改革，而且这一切都迫在眉睫。

由于各省取得的这些进展，在 19 世纪 70 和 80 年代，有人说中国出现了类似于日本发生过的那种"维新"。这场"自强运动"由击败太平天国的功臣之一李鸿章领导，强调学习国外的技术来保卫中国，赶上西方。但李鸿章坚信，国家的根本仍然要是儒学。"中学为体，西学为用"的观念，甚至在中国第一代改革家中的激进派那里也非常普遍。

改革的第一阶段取得了许多成就。中国有了第一批现代军械库，一支海军，以及第一批同时教授中西知识的学堂。外事部门成立，外交使节被派往国外，一批年轻人也被送至欧洲和美国学习。尽管朝中的反对派势力始终强劲，但这一切仍然开展起来。可是，到 19 世纪 80 年代后期，保守派终于通过诉诸慈禧太后的保守本能，占据了上风。慈禧太后经由娴熟操纵在 19 世纪后期先后继位的两个小皇帝，在太平天国运动期间就已主导了朝政。到 1890 年，自强改良运动在中央层面已经停滞，虽然在某些省份仍然继续进展。

　　1894 至 1895 年间，清廷对改革不情不愿的后果开始显现：清王朝在一场与日本争夺对朝鲜的影响力的战争中落败。帝国在与西夷的对抗中妥协，清廷尚可解释成由于面对未知的敌人，所以暂处劣势。但输给已经与中国为邻许多个世纪的东夷，就很难找借口了。帝国及其统治者清廷遭受了羞辱，改革呼声陡然增强，年轻的光绪皇帝反抗慈禧，在 1898 年开启了一段短暂但密集的法律和行政改革。尽管慈禧在一百天后就夺回权力，将变法领袖们杀的杀，流放的流放，还囚禁了光绪皇帝，但这段插曲却表明，清王朝的凝聚力——自 17 世纪早期以来牢牢维系全国的力量——已经开始消解，即使在其权力核心也是如此。

　　两年后，形势进一步恶化。慈禧——可能部分是为了报复维新派和基督徒，及其背后的西方势力——秘密支持了一场由不满的农民发起的底层运动。这些农民相信自己凭借武术和巫术，可以让中国摆脱外国势力的欺凌。西方人称这些人为"义和拳"（Boxer），他们除了杀死一些西方传教士及其中国皈依者外，并没有取得什么实质成果，但他们给予了欧洲人和日本人大举干预的口实，最后北京城被占，紫禁城也在 1900 年 8 月被夺取并遭洗劫。慈禧仓皇出逃，到 1902 年 1 月才返回北京，此时的清帝国已经完全任凭外国列强摆布。可以这么说，列强之所以还青睐清廷，只是因为他们觉得它暂时尚有利用价值。另外清廷还能在一定程度上维持帝国稳定，随着外国投资和借款不断流入中国，这越来越重要。虽然中国从未正式沦为殖民地，但此时已经多少在滑向殖民化的深渊了。

　　可是，列强们并没有发现，中国社会正在涌动起暗流。义和团运动之后，清廷绝望地试图实施新的改革和现代化计划，但这也让它在国内树敌更多。民族主义者痛恨清廷，因为它卖国给外国列强以求取它们的帮助。保守主义者控诉清廷抛弃了儒家信条。激进派哀叹民主无路。地方督抚则认为清廷正准备剥夺他们新的自治权利。1911 年，一场起义失败之后，许多省份由于担忧帝国会倒退回老路，纷纷宣布独立。

到 1912 年初，大多数省份和军队都已经公开反叛，很明显，清室已经接近末日。最后一个皇帝（当时才六岁）的母亲宣布皇帝退位以保住他的性命，并在诏书中承认中华民国的建立。孙中山当时正在美国西部向华人们筹款，错过了这场革命，他闻讯后匆匆从丹佛赶回国内，并被推选为新共和国的临时大总统。尽管各省都宣布效忠新共和国，但孙中山的政府还是没能维持很久。军阀和地方督抚很快就篡夺了权力，在头十五年间，中华民国都形同虚设。

然而，1911 至 1912 年仍然是中国历史上一个非常伟大的分水岭。整整 2 000 年以来，中国第一次不再是帝国，取而代之的是一个按照明确的欧洲观念（核心是民主、民族主义和现代化）来界定自身的国家。更为重要的是，政治上的变化标志着中国社会的重要变化。在迅速发展的都市里，资本主义市场已经建立，中国和外国人都参与其中。中国的部分地区正在经由贸易、货币和旅行，与一个不断全球化的经济体日益紧密相连，新的产品、观念和行为模式开始在全国传播。有些中国人不喜欢这种变化，另一些人则表示欢迎并从中获益。20 世纪期间，中国与西方相遇所产生的复合模式将带来新的动力，尤其在经济方面，同时也将造成不平等、怨恨和冲突，从而引向现代中国史乃至现代世界史上某些至为不幸的时刻。

对于一名眼力不深的观察者而言，面对来自西方的挑战，19 世纪初的日本不比中国更有成功的把握。该国所显示出的一切都带有根深蒂固的保守痕迹。然而，自从幕府成立以来，很多状况都发生了改变，而且更深刻、更迅速的变化即将来临的征兆也已经出现。矛盾的是，德川幕府本身所取得的成功是造成变化的一部分原因。这一时代为日本带来了和平，其明显后果之一是令日本的军事体制变得过时而低效。武士们显然属于寄生阶级；作为战士，他们只能无所事事地聚集在所属大名的城堡内，空事消费而不事生产，造成社会和经济上的难题。漫长的和平时期还导致生产力的激增，对德川幕府时代造成了极为深远的影响。日本当时已经是具有一定发展水平的多样型社会，具备货币经济，其农业萌发了对旧有封建关系造成冲击的准资本主义体制萌芽，而且城市人口也在增长之中。幕府末年，日本最繁华的商业中心大阪有三四十万居民，东京人口可能已突破100万。自17世纪以来，金融和贸易格局的规模和复杂程度都获得极大增长，为这些大型消费中心提供了存在的保障。这些地方欣欣向荣的景象对商贩低人一等的陈旧观念发出了无声的嘲笑。甚至连他们的营销技巧也是现代式的；早在18世纪，三井家族（两个世纪后依然是日本资本主义经济的一大支柱）就向因下雨困在店内的顾客赠送饰有自家商标的雨伞。

　　有很多此类变化为新财富的创造奠定契机，而幕府并没有从中获益，很大程度上是因为其需求的增长依然保持着原有的步调，无法从改变中获得好处。幕府的主要财政收入来自各大名上缴的米税，其税率一直固定不变，按17世纪的生产水平估算制定。因此，耕种和土地开垦水平的提升带来了新的财富，但增加的财富没有表现为税率的提升，而是保留在富农和村长手里，从而加大了农村的贫富差距。贫农经常被迫进入城镇的劳力市场，这是封建社会解体的又一个标志。幕府大量铸币，令城市的通货膨胀更加严重，只有商人能活得滋润。最后一次经济改革的尝试在19世纪40年代遭受失败。大名的财力日渐窘迫，使手下失去信心；德川幕府末期，部分武士开始涉足他们所不擅长的贸易领域。大名的税收所得依然和17世纪的前辈一样，一文不名、对时局不满的浪人随处可见——还有一些名门家道中落，只能回忆往昔与德川家族平起平坐的时光。

　　由于对西方思想的封闭早已不是铁板一块，可能引发社会动荡的暗流变得更为凶险。一些书籍通过对荷兰开放的一小片通商口岸进入日本，使若干博学之士产生兴趣。在技术的接受能力上，日本与中国有着很大的差别。"日本人才思敏锐，对所见到的一切都能迅速加以学习。"一名 16 世纪的荷兰人如是说。他们很快掌握并利用欧洲火器的优势——而中国人从未这么做，并开始自行大批量生产。他们仿制欧洲钟表，而中国人则视之为玩具。他们渴求来自欧洲的知识，没有被自己的传统所局限，而中国人却深陷其中不能自拔。大名的采邑内设有显赫的学府或"荷兰学术"研究中心。幕府本身也批准翻译外文书籍，对于日本这个文化普及率如此之高的社会，这是意义重大的举措，因为幕府时代的教育实在太过成功：就连年轻武士也开始探求西方的思想。这个岛国相对较小，交通状况也不错，便于新思想的流传。所以，当突然面对前所未有的、来自西方的新挑战时，日本的境况就不像中国那般糟糕。

　　西方与日本接触的第一阶段终于 17 世纪，只有少数荷兰人被允许在长崎岛上从事贸易。欧洲人还无法对这一结果发起挑战。19 世纪 40 年代，中国的命运表明这种状况不会一直持续下去，部分日本统治者看在眼里，危机感不断提升。欧洲和北美人都对打开亚洲贸易的大门产生了新的兴趣，也具备了无法抵抗的新力量。荷兰国王警告幕府将军，闭关锁国的政策将不再现实。但关于抵抗和妥协究竟何为上策，日本大名之间并没有达成一致意见。最后，美国总统在 1851 年派海军准将佩里去打开日本的国门。第一支驶入日本海域的外国船队在他的率领下于 1853 年抵达江户湾。次年，佩里再次来袭，并让幕府破天荒地与外国列强签下一系列条约。

　　以儒家的眼光来看，佩里的到来是幕府末日将临的征兆。毫无疑问，有些日本人也是这么看待的。但幕府并没有马上灭亡，面对入侵者的威胁，他们在若干年内的反应显得混乱而不统一。日本统治者没有直截了当地推行彻头彻尾的妥协政策（也没有驱逐国外势力的进一步尝试），这个岛国未来的方向直到 19 世纪 60 年代中后期才确定。不过，在数年之内，西方还是取得了以一系列所谓"不平等条约"为体现和象征的成果。贸易特权、西方居住者的治外法权、常驻外交代表和限制日本鸦片出口是美、英、法、俄和尼德兰从日本赢得的主要让步。此后，幕府很快走到了穷途末路；无力抵抗蛮夷是促成其倒台的因素之一，另一因素是两大封建势力的严重扩张威胁，他们借鉴西方军事技术，力图用一套亲手控制、更有效和中央化的体制来取代德川幕府。德川幕府和敌对派之间爆发冲突，但随之而来的并不是向混乱和无政府状态的倒退，而是天皇权力的复归和新政体的建立，即始于 1868 年的明治维新。

　　天皇在当了数百年有名无实的装饰品之后重掌实权，随后，民众广泛接受改革自新的革命主张，其中最大的动力来自一批最有学识的日本学者，他们热切地渴望逃离相对西方"可耻的低人一等"的状态，这种状态可能令他们落入与中国和印度相同的命运。19 世纪 60 年代，幕府和若干藩属已经向欧洲派出好几批使节。攘夷的骚动平息下来，以便向西方学习其强大的秘密。其中存在一种悖论，就和一些欧洲国家的情况一样，根植于保守主义社会观的民族主义将会为捍卫传统而发展自我，到头来却使传统大量消亡。

　　皇宫迁至江户，作为开启明治"维新"和日本重生的象征；而废除封建制是第一步，也是不可或缺的第一阶段。四大藩自愿归顺天皇、交出领地，令这一原本困难而血腥的工作得以轻易完成，并在一篇交给天皇的呈文中表明了自己的动机。呈文中说，他们是将本就属于天皇的东西交还，"以利政行一统，方可与举世之国同侪"。这是一种爱国道德观的朴素体现，正是这份道德观激励着此后半个世纪的日本政府，也在这个文化高度普及的国家广为传播，使地方政府可以让民众对举国目标的接受程度达到别国不可能达到的高度。诚然，这类表现在其他国家也并不罕见。日本所特有的，是看到中国的命运所带来的紧迫感、日本社会与道德传统对该理念感情上的支持，以及天皇本人可以成为现有体制合乎道义的、不仅仅执着于守成的权威这一事实。这些条件促成了一场日本式的光荣革命：由保守派发起的革命开启了激进变革的道路。

日本以极快的速度借鉴了西方政府和社会的大量体制元素。县级行政结构、邮政、日报、教育部、征兵制、第一条铁路、宗教宽容和改换阳历都在明治维新的前五年实现。地方政府的代议制体系在1879年设立，十年后，一个两院制的帝国议会在新宪法下成立（并已为上议院的组织准备了一批贵族）。事实上，鉴于宪法行文中强烈的权力主义倾向，这套体制并不如表面上看来那般革命。大约同一时期，创新的激情也开始显露端倪；对西方事物的狂热期已过，这种热情直到20世纪后半期才在日本重现。1890年，帝国政府发布《教育敕语》，被日本辉煌时代的几代学子所诵读，向他们注入了传统儒家式的忠孝意识、服从精神和必要时为国家牺牲自我的觉悟。

旧日本的大部分元素——也许是最重要的部分——都在明治维新中保留了下来，而且仍然有非常明显的存在感；这是现代日本成功的秘密之一。不复存在的部分也很多。尽管政府以公债的形式为大名提供了慷慨的补偿，但封建制度再也无法复辟。该国走上新道路的另一个突出表现是旧阶级体系的废除。可以看出，明治政府为取消武士特权下了不少功夫，部分武士可以从他们所获得的新机遇中得到补偿，例如新的官僚体制、从事生意——不再是下贱的行当——以及现代陆军和海军。在创建这些机构时，日本借鉴了国外的制度，因为他们希望使用经实践证明的优秀体制。普法战争后，他们逐渐抛弃法国的军事顾问，开始沿袭德制；英国人则为他们的海军出谋划策。日本青年被派往海外求学，了解西方的卓越和咄咄逼人的强大背后的其他秘密。在这批青年及其长辈中，有很多人展现出了令人难以不为之动容的热忱，他们的成就也使人无法不为之侧目，远远超越了日本当时的水平。部分最具热情和决心的改革活动家被称为维新志士，并激励了印度、中国等亚洲各地的后世民族主义领导人。直到 20 世纪 30 年代，他们的精神依然鼓舞着当时的日本年轻军官，掀起最后的、最具破坏力的帝国主义侵略浪潮。

作为衡量改革家成果的指标，经济成就是最粗略的一种，但确实非常震撼。他们比在幕府时代的和平所造就的经济基础上有进一步提高。这不光包括借鉴西方科技和经验、确保日本释放出一波没有任何其他非西方国家能成就的增长高潮。该国还幸运地拥有大量将利益动机视为天经地义的企业家，也无疑比中国等其他亚洲国家更富裕。另外，抑制通货膨胀、解除令日本难以发挥全部潜力的封建桎梏也是实现这一伟大迈进的部分原因。农业生产力的进一步提升是变化来临的第一个标志，不过从中获益的农民少之又少，他们在 1868 年占总人口的五分之四。通过扩大水稻用耕地和提高土地的耕作密集度，日本得以养活了 19 世纪不断增加的人口。

虽然其他财政来源所占份额的提升令政府对土地税的依赖有所降低，但农民依旧是这个重获新生的国家中负担最重的那部分人。直到 1941 年，日本农民依然没有从现代化中得到多少收获。他们落后于其他阶级，仅仅一个世纪前，其祖先在预期寿命和收入上还与英国农民大体持平，但才到 1900 年，这种描述就远远不能反映事实了。日本的非农业资源很少。节节升高的土地税成为国家产业投资的来源。

消费水平一直不高，虽然还没到斯大林时代的苏联工业化时期那般痛苦的地步。较高的储蓄率（1900 年为 12％）令日本不用依赖外国贷款，但同样抑制了消费。扩张政策的好处一目了然：到 1914 年，日本已具备现代化的基础设施、国产化的军工、在外国投资者眼中通常较高的信用等级，并完成棉纺及其他纺织业的大幅扩张。但上文也表现出了该政策不利的一面。

到头来，日本不得不为这些成果付出沉重的精神代价。他们甚至在学习西方的同时也依然保持排外。儒家学说的"外来"宗教影响，乃至最早的佛教都遭到日本国教神道教教徒的攻击，早在幕府时期，他们就开始强调天皇作为神祇化身的地位。忠于天皇成为大和民族关注的焦点，取代了新宪法所体现的原则主张，如果不是那样的文化背景，日本宪政原本是可能朝着自由主义的方向发展的。该政体的特征更多表现为帝国警察的镇压行动，而非自由化的制度。然而，鉴于明治维新时代的政治家所面临的两项重大使命，事实上很难找出不倚重权力主义的办法。经济现代化并不是指现代意义上的经济规划，而是政府的强力措施和严厉的财政政策。另一个问题是秩序。曾因无力抵抗来自边境的威胁而一度失势的皇室现在又遇到了新的危机，因为并非所有保守派都能说服自己接受新的国家模式。麻烦的源头之一是心怀不满的浪人——即没有主人可依附的武士。另一源头是农民的悲惨境地；明治时代头十年发生的农民起义达将近两百起①。在 1877 年的萨摩藩叛乱中，政府的新式征兵制军队展现出了高出保守派一筹的实力。这是最后几场反维新叛乱之一，也是保守派的最后一次大规模反扑。

---

① 原文意为"好几打"，不合中文语境，经查证为 190 余起，故如此改动。——译者注

　　武士中的不满分子逐渐把精力投入到新政府的工作当中，但这对日本来说只能算是喜忧参半。他们在特定领域的国民生活中强化了刚硬的民族主义精神，最终使日本走上对外侵略的道路。在第一时间，这份精神不仅倾向于表现为对西方的憎恨，也会表现为直接针对毗邻亚洲大陆的侵略野心。明治维新之后，日本国内的现代化进程和对外的军事冒险往往彼此掣肘，但从长期来看，两者的方向是一致的，即帝国主义。群众和民主运动尤其能感受到帝国主义的压制。

　　中国最终成为日本帝国主义侵略的受害者，相比于西方各国所施加的苦痛，其亚洲同胞带来的折磨要严重得多。起初，日本只构成间接的威胁。欧洲人动摇了中国对周边藩属国的统治地位，势力范围覆盖缅甸、印度支那等，日本也采取了同样的行动，进犯长久以来一直向北京纳贡的古国朝鲜，从那里对中国本土发起威胁。日本对该地的利益诉求由来已久。其部分理由属于战略层面；在对马海峡，日本到亚洲大陆的距离是最短的。但日本也对俄国可能存在的远东扩张野心有所顾虑，尤其是中国东北一带，并担心中国无力抵挡。

　　他们于 1876 年对朝鲜公然采取行动；在陆海军联合进逼（就像欧洲对中国、佩里对日本所发动的行动一样）的威胁之下，朝鲜同意对日本开放三个港口并互派外交代表。这是对中国的挑衅，日本对待朝鲜的方式与对待独立国家无二，并直接与其谈判，将宣称对朝鲜握有主权的清廷视为无物。有些日本人甚至想得到更多。他们还记得日本过去对朝鲜的入侵和在沿海成功开展海盗活动的历史，并觊觎该国的矿产和自然资源。维新政治家没有立刻屈服于这种压力，但在某种意义上，他们只能延缓而不能终止这股势头。19 世纪最后十年间，日本更进一步，以中国为对手发动了明治维新以来的第一场大规模战争。他们赢得了完全的胜利，但随之而来的却是一场国耻，1895 年，西方列强集团强迫日本接受一份和约，其条款对日本而言远远不如中

国已被迫接受的那份（其中包括公开承认朝鲜的独立地位）来得
优厚。

　　事态发展到这一步，日本对西方的憎恨与侵占亚洲的扩张野心融
合到了一起。过去的"不平等条约"就已经令民众的不满情绪甚嚣尘
上，1895 年调停结果所带来的失望更是使民意沸腾到顶点。日本政
府本就打着自己的算盘支持中国的革命运动，现在更为后者打出一条
"亚人治亚"的口号。另外，西方列强也开始看清，与日本打交道和
欺凌中国完全是两回事。日本逐步被认可为"开化"国家，不会受到
和其他非欧国家同样的对待。变化来临的象征之一是治外法权的废
除，1899 年，这个代表欧洲强权的屈辱标志终于不复存在。随后是
1902 年的英日同盟，日本以十分明确的方式被接纳为西方的一员。
按当时的说法，日本成了欧洲的同伴。

　　当时，俄国是远东最强大的欧洲势力。该国在 1895 年的远东拥
有举足轻重的地位；此后的势力推进更让日本人看清，如果不抓紧行
动，觊觎已久的朝鲜就可能成为别人的盘中餐。中国东北的铁路建
设、海参崴的开发、俄国人在朝鲜——亲俄派和亲日派的斗争就是该
国政治的全部——的商业活动都使他们产生警觉。最严峻的威胁在
于，俄罗斯人已经从孱弱的中国政府手中拿到了旅顺港的租用权。
1904 年，日本向俄国的远东势力开战，双方在中国东北交战一年，
以俄国遭受屈辱性的失败作结。沙皇对朝鲜和"南满洲"的野心就此
灰飞烟灭，日本的影响力开始占据主导地位，其他地区也被日本所控
制，并持续到 1945 年。但这场战争的意义不仅仅是日本的获胜，这
是自中世纪以来，非欧洲势力第一次在一场大型战争中打败欧洲强
国，其反响和震荡十分巨大。

　　1910 年，日本正式吞并朝鲜，次年，中国革命爆发，清朝统治
灭亡，从现在来看，这两起事件可以看作一个里程碑、也是一个转折

点，是亚洲回应西方挑战的第一阶段的收尾。亚洲各民族的反应有着很大的差异。作为该世纪后半叶将成为亚洲强国的两个国家之一，日本通过接种现代化的病毒使自己免疫于西方的威胁。而另一个国家中国则长期竭力避免现代化的戕害。

不论对哪一方，西方都提供了直接或间接的刺激，导致两国的混乱，不过只有一个国家成功地控制住乱局。而且，不论是哪个国家，决定这两个亚洲未来强国命运的都不仅仅是其各自的回应方式，还有西方列强之间的关系。他们争先恐后地瓜分中国，对日本造成了莫大的警示和诱惑。在英日同盟的保障下，日本可以安心攻击其大敌俄国，不必担心后者得到援手。若干年后，日中都成为一战参战国，在形式上与其他列强平等。

同时，日本为其他亚洲国家树立了典范，战胜俄国更是无与伦比的激励，是各国开始思索被欧洲统治的命运是否必然的最大缘由。1905 年的美国学者已然会把日本称为"西方人的同道"；而他们所做到的一切——用欧洲的技术和思想来对抗欧洲，难道其他亚洲民族就做不到吗？

亚洲各地的欧洲代理人无不推行或协助变革，而这些变化却加速了欧洲政治霸权的衰退。他们带来了民族主义和人道主义的理念，通过基督教传教活动颠覆了当地社会习俗和信仰，开辟出一片不被传统见容的新天地；这一切都有助于点燃政治、经济和社会变革的火种。印度军队哗变或义和团运动等近乎盲目的本能反应是这些影响最早、最明显的结果，但此后还有其他意义重要得多的发展，而这句话尤其准确地描述了最大也最举足轻重的殖民地印度的情况。

1877 年，议会授予维多利亚女王"印度女皇"的头衔，嘲笑的英国人有之，失望的英国人有之，但认为此事意义重大的英国人并不多。大部分人理所当然地认为英国的霸权地位是永久或近乎永久性

的，所以并不十分在意名号。他们会认同某位同胞的言论"我们不是
为了取悦自己才来到印度"①，并相信只有强硬而坚定的政府才能保
证避免又一场叛乱。还有一些英国人则会同意英国驻印度总督②在 20
世纪初的宣言"只要统治着印度，我们就是世上最强大的国家。如果
失去印度，我们就会径直沦为三流"。有两大事实是这番论断的依据。
其一，印度纳税人为英帝国提供了大量防卫开支；从马耳他到中国，
卫戍帝国领土的士兵中都有印度人的身影，而且次大陆本身始终是一
个战略储备区。第二点在于印度的关税政策受英国控制，服从其贸易
和工业的实际需求。

　　这都是严酷无情的事实，其分量也越来越难以忽视，但并没有囊
括英属印度的全貌。这个统治着全人类五分之一人口的政府不仅仅是
恐惧、贪婪、怀疑或权力欲的化身。如果没有某种神话作为凭依，就
难以让人们保持一致的追求；在印度的英国人也一样。有的人受古典
式教育的熏陶，尊崇罗马人，并自视为以斯多亚式的坚韧忍受着异乡
离土的孤寂生活、为战乱之地带去和平、为无法可靠的人民送去法律
的罗马人后裔。还有的人把基督教看作一份弥足珍贵的礼物，决心以
此为武器捣毁偶像、涤净邪恶的习俗。另一些人从未形成如此明确的
观念，只是单纯地相信他们所带来的比他们所见到的更好，因此其所
作所为属于善举。

　　这一切观念的基础是一份对自身优越性的确信，而这也不足为
奇；如此自信总是一些帝国主义者动力的源泉。但到了 19 世纪后期，
当时蔚为风尚的种族主义观念，以及物竞天择、适者生存的生物学理
论所带来的纷纷扰扰的思想尤其强化了这份自信。此类观念成了另一

---

① 引自爱德华·摩根·福斯特（Edward Morgan Forster）的《印度之旅》。——译
　者注
② 寇松（Curzon）勋爵。——译者注

种理性依据，在印度叛变的震荡之后，让英国人与当地印度人的社会隔阂大大增加。尽管不乏少数印度地主和当地领导人通过引荐进入政府的立法部门，但直到该世纪临近尾声，才有印度人通过选举获得同样的位置。不仅如此，虽然印度人可以竞争公职岗位，但在现实层面上，他们通往决策层的仕途却存在重重障碍。军队里，印度人也被排除在高级军官的行列之外。

为了确保叛乱不再发生，英国在印度的驻军始终是规模最大的，忠诚可靠，也是印度地区唯一配备火炮的武装力量，而且印度步兵团都由欧洲人担任军官。不管怎么说，铁路、电报和更先进的武器的问世都有利于印度政府，就像任何欧洲国家的情况一样。但英国人对其统治地位的自信不能用武力来解释，正如不能用种族优越感来解释一样。按1901年普查报告的记载，印度人口已将近3亿。他们的管理者是900来个担任公职的白人。通常情况下，英国士兵对印度人的比例是1：4000。正如一名英国人绘声绘色的描述，如果所有印度人同时吐口水，其当地同胞就会被统统淹死。

英国对印度的统治也有赖于细致谨慎的行政政策。叛变事件之后，英国人认为印度社会所受干涉应越少越好，这是推行慎重政策的依据之一。杀害女婴属于谋杀行为，因此被禁止，但英政府没有任何禁止一夫多妻制或童婚现象的尝试（不过1891年后，法律禁止与12岁以下的妻子行房）。法律不插足印度教所认可的行为。这种保守主义还体现在对待印度当地统治者的新态度上。叛乱事件表明他们普遍是忠诚的；反抗政府的那部分是出于国土被英国吞并的仇恨。因此，叛乱平息后，他们的权利得到了无微不至的关照；国王们独立统治着自己的王国，实际上不对英国政府承担任何责任，只有对客居其宫廷的英国政治家的敬畏才能使他们有所忌惮。这些土著国家有全印度五分之一的人口。在这些放任无为的政策之余，英国人也与本地贵族和地主结交。这是寻求印度关键势力团体支持的尝试之一，但常常使英国人倒向那些统治权力被社会变革所削弱的派系。然而，让英国人付出代价但有利于农民的启蒙专制（就像该世纪早期那样）已经不复存在。这些都是印度叛变事件所导致的不良后果。

然而，论及永久性地防止变革的门道，英属印度帝国并不比任何其他帝国政府更为擅长。其本身的成功就不利于避免变化的形成。和平有利于人口增长——其后果之一是更为频繁的饥荒。但是，由于印度在通往工业化的道路中面临障碍，创造农业以外的谋生手段（这是有可能缓解农村人口过剩问题的）存在很大的困难。很大程度上，其原因是以英国制造业利益为根本的关税政策。因此，缓步崛起的印度实业阶级对政府并无好感、敌意愈盛。越来越多的印度人接受英式教育，从而对印度英国社群的实际行为与书本中的理念之间的差异感到愤怒，因此也对政府产生疏离感。还有一些人到英国的牛津、剑桥或律师学院求学，他们对所见到的反差尤其义愤填膺：19 世纪晚期，英国的印度人甚至能加入议会，而与此同时，毕业于本国的印度人则要忍受英国大兵的轻侮。19 世纪 80 年代，有位总督希望消除一种"使人深恶痛绝的区别对待"，即不让欧洲人接受印度法官的审理，这在印度的英国居民当中掀起了轩然大波。也有一些人就着导师开出的阅读书目沉思起来；于是，约翰·斯图亚特·米尔和马志尼在印度形成巨大的影响力，并通过该国的领袖人物传播到亚洲其他地区。

作为印度首都加尔各答所在地，孟加拉邦是英国势力的传统中心，那里的印度人对殖民者的恨意特别突出。1905 年，该邦被一分为二。这次分治给英属印度带来了严重的冲突，以及某种 1857 年以前所不存在的元素，即一场印度的民族主义运动。

民族主义情感的成长是缓慢、不连贯和缺乏整体性的。这是印度现代政治成型的一系列复杂进程中的组成部分，但在不同地区和众多层面都不是最重要的部分。不仅如此，在其成长的每一阶段，民族主义情感本身都受到非印度势力的强烈影响。英国的东方学者在 19 世纪初重新发掘出印度古典文化的价值，这对印度民族主义的自尊和克服次大陆内部的巨大多样性都是不可或缺的。在欧洲人的指导下，印度学者开始解读被遗忘的梵语镌文，使其中的文化和宗教内容重见天日；他们通过这些工作所描绘出的印度教，与普遍流行的那种内容丰富、天马行空但充满迷信色彩的印度教大相径庭。到 19 世纪末，这一关于雅利安与吠陀文明的发现成果——伊斯兰控制下的印度被彻底忽视——已经发展到足以让印度人自信地直面基督教传教士的指责，并从文化角度加以反击的程度；1893 年，一位前往芝加哥参与"世界宗教议会"的印度教使节以个人表现赢得了莫大的尊敬，他的宣言——印度教是一种能够为其他文化的精神生活注入新生的伟大宗教——也得到严肃的对待，不仅如此，他还成功地赢得了人们的皈依。

　　有很长一段时期，只有少数印度人拥有民族意识，也只有少数印度人从事被这份意识所强化的政治活动。他们提出让印地语成为印度的官方语言，这非常不切实际，在被数百种语言和方言割裂得支离破碎的印度社会中，印地语只会对少数力图强化次大陆向心力的精英产生吸引力。精英身份的定义取决于教育更胜于财富：其主干是那些满腹经纶，却无法获得管理印度的应有机会，对此尤其感到失望的印度人，他们往往来自孟加拉地区；到 1887 年，只有十来个印度人通过选拔性考核进入印度公职部门。英属印度政府似乎铁了心要维持欧洲人的种族统治地位、以王公贵族和地主等保守势力为依靠，从而将巴布（babu）——即受过教育的印度城市中产阶级——排除在外，甚至没有给予尊重，而不尊重造成的后果可能也更为严重。

　　印度人形成了一份源于文化的新自尊，因受到藐视、得不到应得的回报所产生的不满情绪也不断滋长，这构成印度国民大会党建党的背景。让法庭平等对待印度人和欧洲人的政府提案遭到失败，引来民众一片哗然，成为该党诞生前夕的序曲。在失望情绪的推引下，一名曾担任公职的英国人采取行动，促成了 1885 年 12 月印度国民大会党第一次会议在孟买的召开。对此，总督府的举措也发挥了一定的作用。该党管理层长期被欧洲人把持，他们在伦敦的保护和建议下为该党提供支持的时间则要更久。部分印度代表身穿欧式服装出席会议，虽然不太可能穿戴在本国环境下特别乖张而格格不入的晨礼服和高帽，但至少穿着属于其统治者的正装。关于欧洲人对印度的深刻影响所具备的复杂性，这是一个恰到好处的象征。

国民大会党很快发布纲领，宣称将致力于民族团结和重生：就和日本已经实现的、中国和诸多其他国家将要实现的那样，这是欧洲思想冲击下的经典产物。但起先这一纲领并没有以自治为目标。该党的追求更偏向于提供一种向总督府传达印度人想法的途径，并公开表达了对英王"毫不动摇的忠诚"。直到 20 年后，当大大极端化的民族主义观点赢得部分印度人的追随后，该党才考虑国家独立的可能性。这段时期内，英国居民宣称国民大会党不具备代表资格，并批评政府偏向于采用传统和保守的社会势力开展工作，成了印度民族主义观念的守护者。如此抨击使该党的态度逐步乖戾和强硬起来，极端主义者更加一意孤行。1904 年，日本战胜俄国的消息鼓舞了整个亚洲。于是，1905 年的孟加拉分治事件便成了冲突的导火索。

分治孟加拉的目的是双重的：一方面，分治后的行政工作会更为便利；另一方面，制造一个以印度人为主体的西孟加拉和一个以穆斯林为主体的东孟加拉可以削弱该地区的民族主义势头。长期紧张局势下积蓄已久的压力被此事件引爆，造成轩然大波。国大党内部旋即发生一场权力斗争。起初，以独立自治（*swaraj*）为目标的共识避免了党派内部的分裂，这一术语在实践中意味着白人辖区所享有的那种独立自治权，这些白人辖区是颇具启发性的范例。反对分治孟加拉的暴动使极端主义者大受鼓舞。印度人向英国祭出了商品抵制这一新武器，并希望能扩展为其他非暴力不合作的抵抗形式，例如拒绝缴税和士兵抗命。到1908年，极端主义者被国大党排除在外。此时，分治事件的第二个后果也已经浮出水面：极端主义正在滋生恐怖主义。对此，国外的榜样又一次发挥了重要作用。俄国的恐怖主义革命理论如今有了新的同伴——马志尼的著述和意大利独立运动英雄人物、游击队领袖加里波第的自传，两者共同影响了印度建国的形态。极端主义者主张，政治谋杀并不是普通的谋杀。因为暗杀和炸弹袭击会遭到有针对性的镇压。

　　分治的第三个后果或许是最严重的。穆斯林和印度教徒由此走向公开的分裂。印度叛变事件之前，阿拉伯瓦哈比（Wahhabi）教派[1]发动的伊斯兰改革运动对印度的穆斯林社群进行了净化，由于这一原因，在这一百年间，印度的穆斯林越来越感受到自己与印度教徒的不同。1857年，该教派试图复辟莫卧儿帝国，从而失去英国人的信赖，因此其教徒很少担任政府官员或法官。对于英属印度政府提供的教育机会，印度教徒表现得比穆斯林更为渴求；他们在商界的地位比穆斯林更高，对政府的影响力也更大。但穆斯林也得到英国人的帮助，成立了一所新的穆斯林学府，提供与印度教徒竞争所需的英语教育，并建立起穆斯林的政治组织。部分英国官员抓住这一潜在的机会，试图制衡印度人对英属印度政府所造成的压力。印度教徒相应加大了宗教活动的力度，例如护牛运动，但除了加深两个群体的隔阂之外不太可能取得任何成果。

---

　　① 18世纪创立的伊斯兰教派一支，主张恪守《古兰经》和圣训。——译者注

不过，直到 1905 年，这条裂痕才成为次大陆政治的根本问题并一直延续下去。反分治派发起活动，声嘶力竭地打出印度教的象征和标语。东孟加拉的英国省长支持穆斯林反对印度教，努力使他们成为新省份的既得利益群体。他随后被解职，但种子已经种下，孟加拉的穆斯林为他的离去而愤愤不平。盎格鲁和穆斯林看起来正在达成某种相互谅解，这进一步激怒了印度恐怖分子。火上浇油的是，这一切都发生在 1906 至 1910 年间，而这五年是印度叛变之后物价上涨最快的时期。

一场意义重大的政治改革在 1909 年宣告失败，除了略微改变政坛的运作形式之外毫无成果，这一形式此后一直主导着印度历史，直到将近 40 年后英国对印度的统治结束为止。印度人第一次跻身议会，能够向对印度负责的英国大臣提出建议，而且更重要的是，立法会为印度人提供了更多可通过选举进入的席位。但选举必须以社区为基础进行，也就是说，印度的印度教徒和穆斯林之间的分裂被体制化了。

1911 年，当时的英国国王造访印度，此事堪称空前绝后。一场盛大的加冕礼（durbar）① 在过去的莫卧儿统治中心德里举行，同时，英属印度首府也从加尔各答迁至此地。各路印度王储前来朝觐；国大党对君主的责任心也没有动摇。是年，乔治五世的登基还带来了种种实质及象征意义上的好处，其中最令人瞩目、政治意义最为重大的就是孟加拉的重新整合。如果英属印度曾有过最辉煌的顶峰，那就是这一时刻。

但印度的局势还远未平复，恐怖主义和颠覆煽动依然在持续。偏

---

① 源自莫卧儿帝国所用的波斯语，意指国王的宫廷，后成为英国国王或女王在印度加冕的仪式的称法，在德里的加冕公园举行，历史上一共举行过三次，分别是 1877 年、1903 年和 1911 年。——译者注

祖穆斯林的政策令印度教徒更加愤恨，而穆斯林则开始觉得政府收回了之前与他们达成的谅解、打算放弃分治孟加拉的方案。他们害怕卷土重来的印度教将控制该省。另一方面，印度教徒将此让步看作抵抗行动生效的证明，开始进一步施压，要求废除按社区划分选区这一穆斯林所看重的制度。于是，英国人一方面使穆斯林大为疏远，另一方面导致了新一轮的压力。本来支持与英国人合作的印度穆斯林精英所遭受的压力与日俱增，这些压力来自穆斯林中产阶级，其中越来越多的人被这场泛伊斯兰教运动所表现出的暴力气息感染。到1914年，英国人的注意力越来越转向欧洲。与此同时，决定印度政局的势力从两股变成三股：英国、印度教和穆斯林。这是次大陆经历空前绝后的全面政治统一之后走向未来分裂的起源，就和统一本身一样，分裂也是印度和非印度势力共同作用下的结果。

印度是亚洲最大的由欧洲人统治的非欧洲人口及领土聚集体，但在属于印度文化圈的东南亚和印尼还有一片英帝国的领地。1900年时，这片有近1亿居民的地区，除了暹罗还维持着摇摇欲坠的独立外，都已被殖民：缅甸在1886年被英国占领，行政上作为英属印度的一个省接受管辖。马来半岛和婆罗洲的某些地方组成了接受英国宗主权的土邦，而其商业中心则是英国的殖民地新加坡。马来世界的其他部分——更南边以爪哇岛为中心的13 000个岛屿，从17世纪早期开始逐渐被荷兰东印度公司殖民，到1800年时则形成了一块被荷兰国有化的殖民地，被称为荷属东印度。在东边，法国占领了越南（在1862至1884年间）、柬埔寨（1867年），从1893年开始又逐步吞并老挝。

这个地区长期以来始终一边独立发展着自己风格鲜明的文化，一边保持着同印度和中国的交流。但欧洲的殖民改写了这里的规则。19世纪初，清王朝仍然相信能够保持自己与东南亚各国的朝贡关系，但到这个世纪中叶情况正飞速变化，尽管中国的影响力仍然经由这个地区重要的华人少数族群而有所保留。差不多就与这些国家被欧洲列强殖民同时，这个地区的某些地方（就如远在北方的朝鲜），民族和民族国家的观念开始在一些精英群体中孕育。跟非洲某些地方的情况不同，大多数东南亚国家都在殖民过程后仍留存了强大的精英群体，并至少一定程度上接受了民族主义思想。越南就是典型的代表，当地民族主义者与外来殖民者之间的冲突，将引发持续近五十年的战争。

人口最多、文化也最为复杂的，是位于东南亚海域的马来群岛。从 14 世纪开始，伊斯兰教取代了之前的印度教王国或佛教王国，掌控了这里。中国对这里的直接影响比对北边要小，在此存在的是一系列苏丹国，以爪哇和苏门答腊为中心，其中只有巴厘岛依然保留着印度教至今。爪哇岛上的马打蓝苏丹国在 16 世纪末和 17 世纪是这里的主宰，但它必须要开始同一股新的势力竞争了：荷兰东印度公司正逐步扩张自己在岛上的贸易据点。与英属东印度公司不同，它为了保证利润丰厚的香料贸易的安全，开始殖民岛上的部分地区。1619 年，它兴建了巴达维亚（今天的雅加达），到 1800 年时，这个公司的"都城"已经成长为一个兴盛的城市，居民大多数是华人以及荷兰商人和行政官员，马来人极少。

18 世纪末的革命时代沉重打击了荷兰东印度公司。拿破仑战争期间，公司破产，荷兰官方在 1816 年接管了其资产。新殖民地进一步扩张，囊括了今天印度尼西亚的大部分，经济导向也发生了变化，转为欧洲人运营、当地人劳作的种植园经济，作物包括茶叶、橡胶、烟草和香料，供给欧洲和北美市场，并供亚洲内陆贸易。遭遇了一连串起义，尤其是发生在爪哇的起义之后，荷兰人在 1870 年后尝试推行一种更为"自由主义"的帝国主义，强调对当地人的教育和有限的政治改革。但这片殖民地其实还是它最初被设计成的样子：荷兰经济的聚宝盆，即使当地人反对也要紧抓不放。而当地人的反对形式，到20世纪初已经日益发展成欧洲模式的民族主义呼声。

印度尼西亚的第一批民族主义者中，有一部分是受到印度的启发，他们认为荷兰的新方案是一种父权主义、包办主义，因此对它的反对力度不亚于反对之前的赤裸剥削。1908年，他们组建了一个旨在推广国民教育的组织。三年后，一个伊斯兰教协会成立，其最初的活动既针对华商，也针对荷兰人。到1916年，它的行动更加激进，想在与荷兰保持联盟关系的同时要求自治。不过在此之前，一个真正要求独立的党派已经在1912年成立。它以出生在印度尼西亚的各族群的名义，反对荷兰的统治。其三位创始人中有一名荷兰人，其他荷兰拥趸也不在少数。1916年，荷兰授权组建一个拥有有限权力的印度尼西亚议会，迈出了回应这些组织的呼声的第一步。

大陆上的马来人处在英国的殖民统治之下。英国人在这里建立了类似的种植园经济，而且似乎比群岛上更为兴盛。英国拥有的一大优势，是新加坡作为港口和贸易中心的效力，它在19世纪时就已在日益为整个地区服务。从政治上看，马来地区北部仍然是小苏丹国林立的状态，它们都与英国王室有某种政治联系。海峡殖民地成为英国王室直属殖民地，经由这里还有新加坡，大量华人和印度劳工被带到欧洲人拥有的种植园和矿场工作。20世纪初期，这里——以及英国控制的婆罗洲北部地区——开始了一个缓慢的集权化进程，但由于到1920年为止这里的一半人口是华裔或印度裔，这个进程变得更加复杂。

在印度支那，外来影响力的浪潮也在改变。超过一千年里，柬埔寨和老挝受到印度宗教和艺术的深刻影响，但有一个印度支那国家在文化上和中国的联系要密切得多，那就是越南。该国分为三部分：北部的东京（Tonkin）、中部的安南（Annam）和南部的科钦

(Cochin)。越南有着长期的民族意识传统，也有一部所谓对抗外来统治的民族斗争史。因此，该国对欧洲化的抵抗最为突出也就不足为奇了。

欧洲与印度支那的联系始于17世纪的法国基督教传教士（其中一员设计了第一套越南语的罗马化方案），19世纪50年代，法国以基督徒遭到迫害为借口发动远征（得到西班牙军队的短暂协助），与中国的外交冲突随之而来，因为中国宣称是越南的宗主国。1863年，安南皇帝被迫将科钦的部分地区割让给法国，柬埔寨也接受了成为法国保护领地的命运。此后，法国的进一步扩张激起了印度支那各国的抵抗。法国人于19世纪70年代占领红河三角洲，又旋即与当地最强大的势力中国发生了另一些摩擦，从而开启战端，后者最终承认了法国对印度支那的控制权。1887年，法国人建立印度支那联盟，其背后的实质是保护领体系下的中央集权化政体。虽然土著（安南皇帝、柬埔寨国王和老挝国王）统治者因此得以保留，但同化始终是法国殖民政策的目标所在。新的法国臣民将被灌输法国文化，其中的精英将被高卢化，这被视为促进现代化和开化的最佳手段。

法国当局的中央集权化倾向很快表明当地自治只是徒有其表。无意之中，法国人使当地行政体制成为空壳，又没有用其他能赢得民心的机构取而代之。这是一种危险的趋势。法国人的出现也带来了其他重大的副作用，例如减缓当地工业化进程的法国关税政策。印支一带的商人最终像印度同行那样开始怀疑，他们的国家究竟为谁的利益服务。更甚于此的是，印度支那属于法国、该地居民的身份要转换为法国臣民的构想也造成了麻烦。法国当局陷入一种左右为难的境地，因为向当地人灌输法国教育就必然会让他们思考第三共和国政府建筑和文件上的座右铭："自由、平等、友爱"。法国的法律和财产观念最终打破乡村土地所有结构，让放贷人和地主阶级得势。随着稻米种植区人口的不断增长，这将给未来的革命性变化打下潜在的基础。

暹罗（1939 年之后改称泰国）是唯一得以保持独立的东南亚国家。其原因部分源于泰国王室的实力，部分源于英国和法国的角力，使得双方都认为在各自殖民势力范围之间保持一块"中立"地带是有益的。即便如此，暹罗还是被迫放弃了多块领土：西部（给英属缅甸）、南部（给英属马来亚）和东部（给法属印度支那），以避免与欧洲人发生冲突。割让土地也为这个国家争取到时间，实施了若干本土改革，以欧洲的方式培养年轻人，引进武器装备训练一支军队。将泰国人团结在一起的佛教信仰，也有利于凝聚人心，共同度过东南亚被欧洲人殖民的时期。

东南亚最奇怪的殖民主义案例出现在菲律宾。自诩反对殖民主义的美国，在 1898 年击败西班牙后就统治着这个国家。美国人的部分理由是所谓的"现代帝国主义"，即声称菲律宾人没法自治，美国有责任帮扶他们，好让他们达到足以自治的文明程度。令人们享受到现代发展的好处就是所谓责任之一（这也是为什么今天有些菲律宾抱怨说，他们祖国的殖民史包括在修道院的 500 年，和在迪士尼乐园的 50 年）。问题是，很多菲律宾人觉得自己早已准备好独立了，结果美国人通过一场到 1913 年才告结束的血腥殖民战争，才控制了这个国家。美国国内对这种殖民行为也存在高度争议，即使在向菲律宾人承诺充分自治之后也是如此。很多人问，一个民主共和国，怎么可以成为统治他人的强权呢？这个问题将在 20 世纪的美国历史上不断反复出现。

历史证明，19 世纪可以说是欧洲的世纪。虽说毫无疑问，早在 17 世纪中期前后，有些欧洲社会已经与它们之前以及世界其他地方的社会截然不同，但是现代性概念大多数是工业革命的结果，而不是其原因。19 世纪期间，机械化以及新的能源生产方式引发了新的实践方式，改变了人们的心智，消费模式变了，全球市场也在飞速演变。正如一位德国历史学家所说的，交流和互动正在改变整个世界。这些进程中最为核心的，是观念的交流，而其中一个核心观念对于接下来这个世纪至为重要，就是民族主义。

即使在 19 世纪初期，政治主权的观念还一般只和王公们联系在一起，而与平民无关，比如——说瑞士的纳沙泰尔州属于普鲁士，极少有人会觉得有什么不妥。但经过这个世纪之后，主权最终属于某个国家的民众，这种观念已经传播开来；同样散播开来的还有国界明确的民族国家的观念，就如同一个家庭总是有一所房子一样。这种观念力量非凡，不仅是在它最初出现的欧洲，在亚洲也很快变得如此。

20 世纪早期，虽然欧洲的民族主义思想几乎在所有亚洲国家生根发芽，但根据各地所蕴藏的不同可能性，该思想也表现为不同的形式。各地殖民当局的表现不一而足。英国人对缅甸的民族主义运动持鼓励态度；美国人在菲律宾坚持不懈地奉行基于善意的家长式统治方针，但此前也镇压过起初针对其前任——西班牙的暴动。这同一批西班牙人，就像亚洲其他地方的葡萄牙人一样，曾积极推进基督教传教事业，而英属印度政府则对干涉本地宗教持非常慎重的态度。不过，是这样一种观念，塑造了各种形式的亚洲民族主义：亚洲人凭借将亚洲同欧洲的政治、社会和经济模式相融合，就能够像欧洲人一样出色地治理、生产和从事贸易。包括信奉共产主义的反殖民主义者，他们接受了从外部传入的国家观念，同样认可在被欧洲主导数代之后留存下来的传统观念和传统实践。

因此，欧洲时代在时间上是非常短暂的。欧洲的独特性在 1800 年前或许很重要，但那时世界大部分地方还没有与之接触。中国、非洲和伊斯兰世界的大部分地方，都不怎么受到欧洲在 19 世纪上半叶所发生的一切的影响；而通常以新民族主义形式出现的亚洲复兴，在 20 世纪初期就可被视为已经萌芽。不过迟至 1941 年，都很难预见到欧洲对亚洲的主导会如此之快地走向终结。尽管亚洲的民族主义浪潮高涨，在一些欧洲国家里反对殖民主义的呼声也日益增强，尤其是在由工业革命引发的新劳工运动当中，但当时各殖民帝国看起来似乎都还运转良好。人们很难预见到，两场灾难性的世界大战会如何榨干欧洲人的信心和实力，亚洲的民族主义者们又是如何利用本国民众对欧洲内部混战的震惊情绪，何其迅速地动员和集结起来。欧洲人的到来的确曾开启了亚洲的现代变形记。但 20 世纪将表明，欧洲人的主导是何其昙花一现，又是何其轻易地走向自我毁灭。

The Penguin History of the WORLD

企鹅全球史

IV 新纪元

［英］

J.M. 罗伯茨

O.A. 维斯塔德
———— 著

欧阳敏　黎海波等
———— 译

中国出版集团　东方出版中心

目　录

卷七

欧洲时代的终结

导　论

在 1900 年，当欧洲人回顾欧洲近两三百年惊人的增长时，大多数人都会说，这种增长是为了追求更好的发展，即一种进步。从中世纪开始，他们的历史看起来就像是一个不断前进的历程，其目标明显是值得奋斗且很少受到质疑的。无论评判的标准是从知识的、科学的角度，或是从物质的、经济的角度（甚至是从道德和美学角度，有人说，进步的就是有说服力的），对过去的回顾使欧洲人相信，他们开启的是进步的历程，这也意味着整个世界都在进步，因为欧洲的文明已经传遍全世界。还有，他们相信未来的进步空间无限大。1900 年的欧洲人在面对他们不断取得成功的文化时所表现出来的那种自信，和中国的士大夫在一个世纪以前对中国文化表现出来的自信是一样的。对于过去，欧洲人是肯定的，过去的辉煌也证明他们是正确的。

尽管如此，也有一部分人对此并不自信。这些人认为，从这些史实同样也可能得出悲观的结论。虽然悲观者的数量远远少于乐观者，但他们中的不少人颇有声望和非凡才智。他们中的有些人认为，现在人类所处的文明已经开始展示出自我毁灭的潜能，而且自我毁灭的时代离现在并不遥远。一些人则看到，现在的文明越来越脱离宗教和道德绝对准则的约束，伴随着物质主义和野蛮，可能走向大的灾难。

结果表明，乐观主义者和悲观主义者都不完全正确，可能是因为他们的目光都太过胶着在他们所以为的欧洲文明的各项特点上，太过关注欧洲这个场所。他们探究其内在的力量、趋势和弱点，以此寻找对未来的指引。欧洲的观念在世界上确立了自身的优势地位，但它们是怎样改变这个世界的呢？对此他们中没有多少人留心过。极少有人关注欧洲以外的世界，以及大洋彼岸的"欧洲"。19 世纪的贸易、帝国和思想在全球的扩张到底如何改变了整个世界？他们完全没概念。一些心智不平衡的狂人对所谓东方的"黄祸"大惊小怪，其实是已隐约感觉到更深层的变化正在发生。

回首 20 世纪，我们当然会倾向于说，回头再看，悲观主义的主张是最有力的。这很可能是对的。但是事后觉悟有时也是历史学家的一个弱点，就这个例子而言，它令人很难看清乐观主义者当时何以对自己观点如此肯定。所以我们必须努力做到这样：首先，认识到乐观主义者当中有一些人是具有远见和洞察力的；另外，乐观主义长期以来对解决 20 世纪的某些问题都是一种障碍，以至于它完全有资格被理解为一种历史的力量。但悲观主义者的很多说法也是错误的。20 世纪发生的种种灾难令人震惊，但是它们所降临的社会已经更为坚韧——之前的社会或许只因更小的灾难就土崩瓦解——它们与一个世纪之前所畏惧的灾难也不尽相同。1900 年，乐观主义者们和悲观主义者们都一样，必须和资料打交道，资料可以以多种方式解读。他们发现准确地对未来作出判断是如此困难，这不是在抱怨，只是觉得有点悲痛而已。而我们尽管有了更多的信息资源，仍然不能成功地对不久的将来作出预测，因此我们也没有资格去谴责他们。

第 1 章 体系内的压力

20 世纪发端时，一个明显的历史趋势是欧洲世界的人口不断增长。1900 年，欧洲本身大约有 4 亿居民，四分之一是俄罗斯人，美国人口大约有 7 600 万，其中英国侨民有 150 万左右。这使占主导地位的欧洲文明在世界人口中保持高比例。另一方面，在 20 世纪的前十年，一些国家的增长速度也开始降下来。这种现象在那些处于西欧中心的发达国家中表现得尤其明显，这些国家人口的增长越来越依赖死亡率的下降。在这些国家里面，出现了这样一种现象：维持小的家庭规模现在已经成为一种向社会底层蔓延的习俗。传统的节育知识早就在社会推广，但 19 世纪已经产生了更好、更有效的技术。社会越广泛地采用这些技术（很快就有迹象表明确实如此），对欧洲人口结构的影响就越大。

另外，在东欧和地中海地区，节育技术对人口结构产生的影响很小。在那里，快速的人口增长只不过刚开始制造严重的压力。19 世纪时越来越多的出路出现，移民使克服人口问题成为可能，但一旦这些出路不畅，麻烦就又来了。若是考虑到致力于降低死亡率的相关机构开始从欧洲扩展到亚洲和非洲，将产生何种后果时，更多悲观的反应将被激发出来。在 19 世纪所创造出来的世界文明中，这是无法避免的。这样的话，欧洲的成功扩张将会导致它新近在技术主导之外取得的人口数量方面的优势最终丧失。更糟的是，马尔萨斯人口危机论曾经所担心的恐慌（没有出现是因为 19 世纪的经济奇迹转移了人们对人口过剩的恐慌）可能最后会变成现实。

　　把马尔萨斯的警告搁在一旁之所以可能，是因为19世纪产生了世界上前所未有的最大的财富创造浪潮。在1900年，各种资源集中在处于工业化进程中的欧洲，潜藏于经济快速增长背后的技术更是取之不竭的。一个世纪以前，这里就已经出现一个广阔的但相对规模较小的商品快速流通的市场，但所有类型的商品都已经出现了。石油和电已经同煤、木材、风能和水能一起，成为能源。化学工业出现了，在1800年这是不可想象的。人类不断提高的能力和财富被用于开发看似取之不竭的自然资源，不只在农业和矿业领域——也不只是欧洲这样。对原材料的需求改变了其他大陆的经济。新的电力产业的需求给巴西带来了短暂的橡胶业繁荣，但永远改变了马来西亚和中南半岛的历史。

　　成千上万人的日常生活也改变了，铁路、有轨电车、蒸汽轮船、汽车和自行车使每一个人能够支配他们所处的自然环境，他们能快速地到处旅游，这也是人类自几千年以前开始用动物拉车后首次对陆地交通工具的速度实现的大变革。这些改变产生的结果是，在很多国家人口增长轻易地带动了更快的财富增长。比如，从1870年到1900年，德国的生铁产量增长了六倍，但它的人口大约只增长了三分之一。从消费的角度，或是从人们所能得到的服务，或是从健康状况等角度看，发达国家的民众在1900年的生活是远远好于100年前他们的前辈的。但俄国人或安达卢西亚农民并没赶上这样的好日子（尽管评估他们生活条件的标准很难制订）。然而，对他们来说前面的道路看来依然是光明的，因为如何走向繁荣的答案已经被找到了，并且可以在所有国家实现。

　　即使面对这令人欣欣的场景，疑惑还是可能产生。即使忽略未来可能出现的情况，对新财富的成本的预算和对社会正义分布的疑惑都能带来麻烦。大部分人还是相当贫困，无论他们是否居住在富裕的国

斯塔的维纳亚人到美国

英国人到加拿大和美国

爱尔兰人到美国

英国人到美国

南非、澳大利亚和新西兰

德国人到美国

欧洲人到殖民地

葡萄牙人到巴西

意大利人到美国和美洲

法国人到阿尔及利亚

意大利人到突尼斯

波兰/俄国的犹太人群

挪威

奥斯陆

斯德哥尔摩

瑞典

日本哈根

丹麦

苏格兰

格拉斯哥

爱丁堡

贝尔法斯特

英格兰

都柏林

利物浦

爱尔兰

伦敦

阿姆斯特丹

布鲁塞尔

科隆

柏林

波兰人

莱比锡

犹太民族

布拉格

克拉科夫

德国

慕尼黑

奥地利

维也纳

犹太民族

巴黎

法国

瑞士

米兰

威尼斯

波尔多

意大利

罗马

马德里

巴塞罗那

西班牙

葡萄牙

阿尔及尔

突尼斯

地中海

500千米

300英里

北

19世纪欧洲的移民

海外移民

欧洲内陆移民

部分世界人口迁徙

美国

加拿大

南美洲

欧洲

俄国

中国

非洲

印度

澳大利亚

19世纪来自欧洲的移民

家里，现在，这些国家这种贫富差距的不协调状况比早些时期更加严重。当社会表现出更明显的创造新财富的力量时，贫困就更加地折磨人。这是一种具有可以预想的革命性意义的变化的开端。人们思考自身处境的方式的另一种变化，其焦点是人们获取谋生手段的能力。人会无所事事不是什么新鲜事。新的情况是，经济景气的无规律起伏波动导致数以百万计没有工作的人聚集在大城镇。

这就是"失业"，这种新的现象使我们需要这个新的单词。一些经济学家认为失业是资本主义的伴随物，是不可避免的。有些邪恶的事物曾使工业化社会最初的观察者们大为吃惊，但城市至今也没能摆脱它们。到了 1900 年，大部分的西欧人是城镇居民。到 1914 年，有 140 多个城市的居民超过 10 万。其中数以百万计的人缺少自由活动的空间和居所，缺少学校和清新的空气，除了街头娱乐外没有什么消遣，而这些在社会催生的富人眼中是司空见惯的。"贫民窟"是 19 世纪发明的另一个新词。细想这些现象，我们可以得出两个密不可分的结论。第一个结论是恐惧，很多头脑清醒的政治家在 19 世纪末仍然对城市充满戒备，认为其是发生革命危险、犯罪和邪恶的中心。另一种结论是充满希望，城市的状况使有些人坚信：反对不公正社会和经济秩序的革命是不可避免的。这两种反应都忽视了不断积累的经验证据：西欧爆发革命的可能性事实上是越来越小了。

社会骚乱加深了人们对革命的恐惧，尽管革命的本质被曲解并被夸大。俄国和世界上其他国家比较，它很明显是欧洲的一部分，但它没有沿着经济和社会进步的主线向前快速地发展，改革还没有走多远就激起了一场持续的革命运动。革命在恐怖行为中爆发——一位沙皇是其中的一个牺牲者，自发的土地运动连续地爆发助长了革命的火焰。农民对地主和管家的袭击在 20 世纪初期达到了顶点。当俄国人确定他们已经在战争中败给日本人，刹那间动摇了对国家体制的信心，结果就是 1905 年革命爆发。

　　俄国无疑是一个特殊的例子，但是意大利也是，有一些迹象让一位观察家认为在 1898 年和 1914 年包含着革命因素，而西班牙的一个伟大城市——巴塞罗那在 1909 年爆发了血腥的巷战。罢工和示威游行在没有革命传统的工业化国家里也能变成暴力活动，1890 年的美国充分表现了这一点。甚至在英国，很多时候也因此而出现了伤亡。这种局面和偶发的无政府主义者的活动结合在一起的时候，自然让警察和"正派"的市民保持警觉。无政府主义者们尤其擅长让自己成为公众的关注点。他们在 1890 年的恐怖主义行为和暗杀行动获得广泛的公众注意，这些行为的重要性已经超越了成功或失败本身，因为媒体的发展已经意味着一个手榴弹或是一把刺人的匕首都能提取出巨大的公众关注价值。在采用这些方法的时候，并不是所有的无政府组织者都会有共同的目标。但他们是那个时代的产物，他们抗议的不止是国家的政府层面，也反对整个社会里面他们认为不公正的一切。无政府主义者们有利于让人们保持对革命一贯的恐惧感，哪怕他们的鼓动性也许没有他们的对手——马克思主义者强。

　　到了 1900 年，几乎各地的社会主义都意味着是马克思主义。只有在英格兰，才存在着可选择的信仰，那里很多工会运动早就取得发展，通过建立政党进行斗争是可能实现的，这使得他们青睐一种非革命性的激进主义。在欧洲大陆社会主义学派中，马克思主义至高无上的地位在 1896 年得到正式宣示。那时，第二国际，一个在七年前为了协调各个国家的社会主义活动而建立起来的国际工人阶级运动组织，驱逐了在此之前属于它的无政府主义者。四年后，第二国际在布鲁塞尔设了一个固定办公室。在这些社会主义活动里，德国社会民主党凭借人数上的优势、经费和理论的贡献占据了优势地位。尽管受到政治迫害，但由于德国快速的工业化进程，这个政党还是快速成长起来。到 1900 年，这个党的存在已经成为德国政治生活里的既成事实，它是德国第一个真正的群众政党。仅仅是人数和经费本身就让德国社会民主党的官方信条——马克思主义有可能成为国际社会主义运动的信条，但是马克思主义也有自身理论和情感上的吸引力。这种吸引力尤其存在于世界正朝着社会主义者所期望的方向发展的形势中，以及参加阶级斗争所带来的情感满足中，而马克思主义者坚信阶级斗争必将在暴力革命中终结。

尽管马克思主义使人们强烈地对现存秩序感到担忧，一些马克思主义学者已经意识到，1880 年以后的社会状况已不能完全支撑这个理论了。明显地，大批人已经能够在资本主义制度下获得更高的生活水平。马克思曾经预测的两个阶级的尖锐斗争不能囊括资本主义体制所展示出来的复杂性。另外，资本主义政治制度也已经能够服务于工人阶级，这一点是非常重要的。在德国，同样也在英格兰，社会主义者抓住议会制这一机遇已经取得重要的优势。选票可以成为武器，就算在等待革命，人们也没有忘记拉选票。这些情况的出现使得一些社会主义者试图去重新表述正统的马克思主义，以便能够符合这些趋势，这些人被称为"修正主义者"，他们宣扬的是通过和平的方式促使社会转变为社会主义社会。如果人们喜欢称这种转型为革命，那就只涉及革命这个词的用法争议了。在这个主张及其激发的冲突内部，有一个现实问题在 19 世纪末开始凸显出来了：在资本主义社会的政府里，社会主义者该不该成为内阁成员。

由这个问题引起的争论恐怕需要好些年的时间才能解决。后来就出现了对第二国际的修正主义毫不隐讳的批判，而各国的工人党，特别是德国社会民主党继续执行修正主义路线，按照适合他们的方式处理与现存体制的关系。但是一些正统的马克思主义者仍然坚持革命道路。很多社会主义者甚至认为如果政府强迫征募士兵作战的话，只要拒绝应征，就可能让革命变成现实。其中一个社会主义派别，主要是俄国的，继续猛烈地指责修正主义并且宣扬暴力革命，这反映了俄国独特的社会状况，那就是在俄国借助议会制政治进行革命是没有可能的，另外俄国也具有深厚的革命和武装斗争传统。这个派别被称为布尔什维克，在俄语中的意思是多数派。

社会主义者宣称他们为广大群众说话。他们是否真的这么做了呢？到了 1900 年，很多保守人士开始担心，除非使用暴力，19 世纪由自由主义和民主取得的进步将是不可阻挡的潮流。他们中的少部分人仍然生活在 19 世纪前的精神世界里，而不是 20 世纪前的精神世界里。在东欧，很多准家长制关系和传统的地主所有制仍然没有被触动。这样的社会将继续制造贵族阶层的保守者，这些人不仅反对侵犯他们的物质特权，而且反对一切"市场社会"的价值观和设想。但这条线也越来越模糊了，因为大部分保守主义的思想倾向于保护资本，这种观点早在半个世纪前就在很多地方因为个人主义者的提倡而被看作是极端的自由。资本家的、工业化的和保守的欧洲越来越反对国家对个人财富的干涉，而这种干涉随着国家在社会生活中扮演的越来越大的管理者角色而稳步增强。1911 年，这个问题在英国引发了一场危机，结果导致了对 1688 年宪章的革命性改变，英国上议院约束民选的下议院的权力遭到削弱。有大量事项与此相关联，其中包括让富人为社会服务缴纳较高的税额。即使在法国，到了 1914 年，人们也接受了个人所得税的原则。

这些变化显示了发达国家政治民主化的逻辑。到 1914 年，法国、德国和一些较小的欧洲国家的普通成年男子都有选举权；英国和意大利也有数量足够多的选民，大体接近民主的标准。这也产生了另一个令人困扰的问题：如果男人在国家政治中有了选举权，那么妇女不应该也有这样的权利吗？这个问题已经在英国的政治中引起了不满。但在欧洲，只有芬兰和挪威到 1914 年让妇女成为议会选举的选民；尽管如此，新西兰、澳大利亚的两个州、美国的一些州也随后给妇女以选举权。在随后 30 年里很多国家都开放了妇女的选举权。

在一个歧视妇女的社会里，政治权利是妇女权利这个大问题的一个重要组成部分，以前的文明都倾向维护男子利益和价值观。欧洲讨论妇女在社会中的作用始于 18 世纪，不久，长期围绕这一问题的一系列假设的结构便显露出裂痕。妇女的受教育权利、就业权、对自己财产的支配权、道德独立，甚至穿更舒服服装的要求，在 19 世纪引起热烈的讨论。易卜生的剧作《玩偶之家》就被理解为对妇女解放的高声呼吁，而不仅仅是如作者期望的呼吁个人解放。这些议题的提出意味着一种真正的革命。在欧洲和北美，妇女要求各种合法权利的主张威胁着几百年至近千年的制度化的假设和态度。这些主张激起了复杂的情感，因为它们和根深蒂固的家庭观念和性别观念相联系。她们的觉醒困扰了一些人，因此产生的影响比社会革命和政治民主对这些人的威胁更深刻。人们这样看待这个问题，那就对了。在早期，欧洲女权运动就像是一粒种子一样，当它作为西方价值观的一部分冲击其他文明的时候，就发展为更具有爆炸性的内容了。

妇女参与政治，抨击让妇女备受压迫的法律和制度结构，也许这并不能给妇女带来什么。但以下三个方面的变化，将在削弱传统方面产生缓慢增进的，但最终十分重大的影响。第一种是发达资本主义经济的发展。到 1914 年时，在一些国家，妇女已经可以从事很多新职业，比如打字员、文秘、电话通讯员、工人、销售员和教师。而这些在一个世纪前是不存在的。这种变化给妇女带来了实际的经济权：如果她们能靠自己的劳动谋生，就意味着她们已经开始走在一条最终改变家庭结构的道路上。很快地，在工业社会里对社会福利的需求会加速这种进步，因为对劳动力的需求为她们打开了更广阔的就业范围。同时，到1900年时，越来越多的女孩能在工业行业和商业行业中工作，这意味着她们有机会逃离父母的控制和不幸的婚姻。直到1914年，仍有大部分妇女没有得到这种好处，但是这个进程在加速发展，因为这些进步也会激发他们的其他需求，比如教育培训和职业培训。

第二种大变革的动力到1914年更加展现了它改变妇女生活的巨大潜力，那就是避孕技术。避孕技术已经对人口产生决定性的影响。接下来妇女将在权力和社会地位方面进行革命，因为她们接受了这样一个观念，她们能控制生育和养育，生育和养育贯穿人类历史，且直到现在仍然是女性生活的最主要内容。除此还将有另外一个更深刻的改变在1914年也开始明晰起来，那就是女性意识到，她们可以在不必结婚接受终身束缚的情况下追求性满足。

第三种把女性悄悄但不可抗拒地从旧生活中解放出来的动力，也许很难用一个单一的名称表述，但如果这种动力有一种支配性原理，那就是科技。科技是由不计其数的创新组成的，其中一些发明创造在1900年的前几十年就已经开始积累起来，所有这些都开始打断原先女性从事家庭琐事的固定的时间表，尽管这些刚开始看来并不重要。自来水、可用于取暖和照明的煤气的出现都是当时的例子；电能具有清洁和灵活的特点，所以后来对人民的日常生活产生了更明显的影响。大商店是零售领域大变革的前线，大商店不只告诉了人们什么是奢华，而且更便利了家庭的物品需求得到满足。随着食品加工技术和保存技术的发展，进口食品也慢慢改变了人民的饮食习惯，人们不再需要像以前，以及通常仍旧如此的印度人和非洲人一样，一天去一两趟市场。1900年时世界上还没出现洗涤剂和容易清洗的人工纤维，但和一个世纪前相比，已经可以很容易就买到肥皂和洗涤碱，价格也很便宜。而第一批家用机器——煤气炉、真空吸尘器、洗衣机也在 20 世纪早期开始出现在富人的家里。

那些在以前很快认识到采用马镫和车床对促进当时社会进步重要性的历史学家们，却没有发现这些普通的商品和器具对社会进步也具有与马镫和车床一样的重要性。因为它们意味着这个社会的另一半——女性世界的革命。这就不难理解在 20 世纪初期，为何傻里傻气的"妇女参政权论者"（suffragettes）——英格兰人对争取选举权的妇女的称呼——对这些普通的东西比一般人更关注。自由和政治制度的民主化很快加速了女权运动。这就是女权运动兴起的背景。理论上，跨越性别界线一起追求民主是有理由的，因为这意味着全体选民的人数会翻倍。

但是正式合法的政治结构并不足以完全表达民众想要的具有"大众"性质的政治倾向。大众必须组织起来。到 1900 年，现代政党的出现满足了这个要求。政党简化了议题从而作为清晰的选项呈现在人们面前，并且传播政治意识和发展特殊利益。政党从欧洲、美国传遍全世界。思想守旧的政治家们强烈反对这种新团体模式，因为这是大众社会到来的另一个标志，意味着腐败现象可以被大众讨论，传统的政治精英必须根据大众的要求调整其政治观点。

在 19 世纪早期的英格兰，公众意见的重要性已经被政府意识到。在民众对《谷物法》展开的斗争中，民意被视为具有决定性意义。到 1870 年，法国的皇帝也意识到他无法抵抗民众对他所害怕并且将会输掉的那场战争的呼声。俾斯麦，一个典型的保守政治家，很快意识到他必须向民意妥协，拓展德国的殖民利益。对民意的掌控，很快也将成为可能（至少很多报纸老板和政治家都这样认为）。扩大文化教育具有两面性。一方面，人们曾认为，为了让群众正确行使他们的投票权，得让民众文明开化，因而对民众教育进行投资是必需的。但民众文化程度提高的结果是廉价的报纸有了市场，报纸经常迎合读者的情绪和感觉，卖报者和广告设计者也有了市场，这也是 19 世纪的另一项发明。

民族主义仍然是一个不容置疑并最具大众吸引力的政治原则。而且，它总能保持革命的潜力。这种现象在一些地方很明显，在奥斯曼帝国的欧洲部分，从克里米亚战争开始，民族主义者成功反抗奥斯曼帝国的统治并建立新国家的浪潮几乎没有停息。塞尔维亚、希腊和罗马尼亚也在 1870 年前牢固地建立起来。到 19 世纪末保加利亚和黑山也成立了。1913 年，在欧洲冲突完全掩盖土耳其问题之前，爆发了巴尔干同盟对抗土耳其的最后一次战争，阿尔巴尼亚在这时成立了，接着出现了一个由希腊人管理的自治的克里特岛。这些民族主义活动很多次把较大的国家拉进泥潭，它们是和平的潜在威胁。但在俄罗斯帝国境内的民族主义者，他们却不完全是这样的，尽管在那里，波兰人、犹太人、乌克兰人、立陶宛人都觉得他们深受俄罗斯人的压迫。在奥匈帝国，战争看似是关系紧张的必然结果，在帝国的匈牙利部分出现了真正的革命苗头。为反抗匈牙利人的压迫，匈牙利的大部分斯拉夫人跨越国界到塞尔维亚去求助。在奥匈帝国的其他地方，比如在波希米亚和斯洛文尼亚，民族情绪没有这么高涨，但民族主义仍然是主要问题。

英国的民族问题没有像这些国家那么严重，但它在爱尔兰也有民族问题。实际上，它面临两个民族问题。信奉天主教的爱尔兰人在 19 世纪的大部分时间里都是英国一个明显的民族问题。英国政府作出让步并答应进行改革，但爱尔兰人还是没能实行英国自由党所承诺的地方自治。然而到 1900 年，农业改革和经济状况的好转大大降低了爱尔兰问题对英国的危害性，尽管很快又被新出现的另一个爱尔兰民族主义问题困扰，即占阿尔斯特省（北爱尔兰）人口绝大部分的新教徒威胁说，如果英国政府给信奉罗马天主教的民族主义者们以地方自治的权利，他们就要起来革命，这是个令英国政府非常头疼的问题。在 1914 年，当英国的民主体制最终通过地方自治的法令时，一些国外的观察家误以为英国的这一政策肯定会被因为干预欧洲事务而引发的国内革命阻止。

所有支持民族主义言论的人都认为自己这么做多少是有正当理由的，是为了被压迫的人们。但列强的民族主义同时也是一股分裂的力量。阿尔萨斯和洛林在 1871 年被割让给德国后，法国和德国心理上的裂痕更深了。法国的政治家迎合法国人民的心理，积极培养人民的复仇情绪。法国的民族主义给其带来不少苦果，引起诸多政治争吵，因为他们把问题上升到对国家制度的忠诚层面。就连最冷静严肃的英国人也会不时被民族主义情绪鼓动，他们对帝国主义和保持英国海军至高无上的地位都很狂热。德国充满旺盛活力的经济越来越威胁到英国世界商业中心的地位。尽管这两个国家是彼此最好的伙伴，但更重要的是在很多方面它们的利益开始发生冲突了。在德国第三位皇帝威廉二世的统治下，德国的民族主义具有了另一种新特色。威廉注意到了民族主义所蕴藏的巨大力量，他想让这种民族主义不仅得到真正的表达，还要具有象征性的体现。首先他想建立一支强大的海军，这一点尤其让英国恼火，英国人无法接受这一点，认为建海军是针对英国的。人们开始发现在欧洲事务上德国人越来越盛气凌人，不管是有理还是没理。民族的模式化观念很难用一个词表达，但是因为它们参与对公众的反应进行可怕的简化，因此成为 20 世纪初民族主义情绪的破坏性力量的一部分。

对当时的历史感到乐观的人指出，在 19 世纪，国际暴力减少了，自从 1876 年（俄国和土耳其打起来）后欧洲几个强国之间就没有战争，但不幸的是，欧洲的士兵和政治家们并没有理解美国南北战争已透露的征兆，在这场战争中，由于铁路和电报机的出现，一个指挥官第一次能控制超过 100 万的人，也第一次向人类展示了大量生产的现代武器能够带来巨大的伤亡。然而这些危害性的事实都被忽略了，1899 年和 1907 年召集了代表大会以阻止欧洲出现的军备竞赛，尽管失败了，但这种努力是积极的。越来越多的国家接受国际仲裁惯例和对野蛮战争的一些限制。当德国皇帝派遣军队参加八国联军镇压中国义和团运动时，他说了一句意味深长的话。威廉被中国人反抗欧洲人的暴动的报道所激怒，告诉他的士兵们要像匈奴人一样凶残。这句话深刻地印在人们的记忆中。很多人都觉得他这样说太过分，尽管在那时他认为这种指示是有必要的。根本没人会对 17 世纪的军队说要像匈奴人一样凶残，因为不用说他们自然就会这么做。到 1900 年，没有人再期望欧洲军队这样做了，因此要指令他们这么做。战争的人道化开始了。"文明的战争"是一个 19 世纪的概念，不仅仅是一个矛盾的术语。1899 年，各国都同意禁止使用毒气、达姆弹，甚至禁止从空中向下扔手榴弹，即使这种禁止只是暂时的。

　　除了抵制革命的共识外，伴随着基督教世界观念的崩溃，欧洲统治者因意识到彼此息息相关而受到的约束很久前就瓦解了。19 世纪的宗教在国际关系中是一种缓和矛盾的次要的非直接的动力，也有利于加强人道主义与和平主义。基督教已经证明了其在控制暴力上的力量是微弱的，正如社会主义者的希望——全世界的工人为了社会主义目标不要互相斗争一样是不可能的。这是不是有组织的教会全面失势的结果，这一点还不太清楚。到 1900 年时，宗教对人们行为的控制力在不断下降，这使人更加担忧。这并不是因为一种新的宗教形式挑战了基督教教义，而是因为出现了一种趋势，这种趋势从 18 世纪开始就可观察到，自法国大革命后就越趋明显了。几乎所有的基督教教派都越来越受到社会进步和人文精神冲击，它们也没有能力利用新工具来改变这种状况，比如在 19 世纪晚期大量发行的报纸也许本来可以帮助它们。当然，它们中的一些教派，尤其是罗马天主教，极其怀疑这些进步。

尽管所有的教派都感觉到了时代产生的这种对它们不利的潮流，但罗马天主教是最明显的牺牲者，教皇的权力和威望已经被严重削弱。罗马天主教也公开声明它对进步、理性和自由的敌视，这些声明也成为宗教教条、教义的一部分。从政治上来说，早在 18 世纪 90 年代，当法国大革命的军队把革命的精神带到意大利，改变了意大利的领土，入侵教皇的领地时，罗马天主教的世俗权力就开始被削减。随后，对教皇权力的侵犯从时代的主导理念——民主、自由、民族主义来看也被证明是有理的。最终，在 1870 年，梵蒂冈外的老教皇国的最后一块领土也被意大利的新国王收回来，教皇就此几乎完全成为纯粹的教会精神领袖。可追溯至墨洛温王朝时期的教皇享有世俗权力的时代结束了，有一些人认为这是一件可耻的事，因为这种宗教习俗一直都是欧洲文明和历史的中心。

事实上，这被历史证明是一种福祉。然而，在那时，对教会权力的强夺强化了教皇对该世纪几种力量的敌意，也强化了进步思想家所持有的嘲笑态度。1870 年教皇谈到信仰和道德方面的最高权威，认为自己是这方面的绝对权威，这成为教会教条的一部分。这时双方的对立达到新的高度。在接下来的 20 年里，在德国、法国、意大利和西班牙的政治生活里，反教权主义和攻击神父变得比以前更重要。在很多信奉罗马天主教的国家里（除了波兰），民族情绪被调动起来反对教会。政府在反教皇运动中占据优势地位，这有利于政府对教会行使其合法权力，政府把权力扩展到教会原先最重视的教育领域，首先是初级教育和中等教育。

"迫害"催生了政治上的不妥协。矛盾的是，出现了这样的情况，无论人们对罗马天主教教义的地位持怎样的观点，天主教在忠实的信徒中依然能获得大量的支持。还有，由于天主教在海外的传播，很多人皈依了天主教，信徒的人数很快大量增长了。尽管在欧洲新出现的众多城市居民中，有组织的宗教并没有取得多大的发展，基督教不合时代的教条没有打动他们，这些人原先生活的世俗文化环境也让他们成为不信教的人，但作为一股政治和社会力量，天主教还有很大的发展空间，更别说它会消亡了。事实上，把教皇从世俗角色中解放出来，使罗马天主教徒更觉得应该对他绝对忠诚。

罗马天主教是对教徒要求最多的基督教教派之一，处于那个时代教权和政权斗争的最前线，但上帝的启示录和教士、牧师的权威到处受到质疑。这是 19 世纪最明显的特征之一，很多欧洲人和美国人仍然相信他们教派教义中简单的和字面的信条，还记得《圣经》中所说的故事。当这些信条被威胁到时，他们感到极为不安，但这些信条在越来越多的国家里受到了挑战。传统的宗教信条最初只是在知识分子中受到质疑批判，知识分子从启蒙运动中吸取很多新思想："伏尔泰式的"是 19 世纪一个最受欢迎的形容词，用来表明反宗教和怀疑精神的观点。随着 19 世纪的推进，这些思想被另外两股知识潮流加强了，这两股潮流刚开始都只是知识分子关注的，但随着大众教育和廉价报纸的推广而产生了广泛的社会影响。

一个挑战来自研究《圣经》的学者们，他们中最重要的是德国人，他们从 1840 年开始不仅仅推翻了很多把《圣经》当作历史证据的假设，起更根本作用的是，使人们对《圣经》的态度从心理上改变了。其实这使以后简单地把《圣经》当作客观的历史材料的行为都会受到人们的批判。法国学者欧内斯特·勒南在 1863 年出版的一部非常成功的且引发一些人愤怒的书《耶稣传》，把这种看法带给了更多的人。《圣经》自从在"黑暗时代"出现以来一直是欧洲文明的核心文献，但此后再也未能恢复到这种地位。

　　破坏了传统基督教信仰，从而破坏了长久以来基督教假设中固有的道德观、政治观、经济观的第二种思想源泉，是自然科学。攻击宗教学说中不合逻辑的种种说法，对民众进行启发已经变得很急迫了，这时科学开始提供经验性的证据来证明《圣经》所说的大部分都不符合观察到的现实。起点就是地质学，自 18 世纪末期开始，有关地质学的知识自苏格兰科学家查尔斯·赖尔的《地质学原理》一书在 1830 年出版后就得到广泛关注。这本书从自然力的角度解释地壳变化的原因，认为地壳运动和地表变化不是由于一次性的创世，而是由于风、雨等仍在运行的自然力的作用。赖尔还指出，如果这个理论是正确的，那么在不同的地质层存在的不同生命体的化石意味着在每一个地质时代，总是不断出现新物种。如果这个理论也是正确的，那《圣经》所说的神造万物的说法就陷入困境了。

　　从另一种渠道让解决这些问题变得非常急迫的是生物学。英国科学家查尔斯·达尔文在 1859 年出版了一本对现代文明影响深远的书，简称《物种起源》，这本书也许过于简单，但大体上没歪曲事实。他的书很快就出版并在全国范围内几乎引起骚乱，公众从某种程度上来说，也做好了准备，对宗教主导一切（比如教育）的合理性的质疑传开了。公众对"进化"这个词很快熟悉起来，但达尔文一直试图避免用这个词，直到《物种起源》出到第十五版，也就是第一版出版的十年后。

　　然而，这本书对进化假设的论述是独一无二的，也就是，生物是从简单的物种经过长期的演变才变成它们现在的样子的。当然，这也包括人，他在另一本书——1871 年的《人类的由来》中有详细的解释。这种进化是怎样发生的，在这个问题上有不同的看法。达尔文受到了马尔萨斯的人类为了食物存在残忍竞争的观点的影响，认为生物界体现了这些原则，在残酷的环境下，生物之间优胜劣汰，这是"自然选择"的结果。这个观点在"适者生存"这句话被用作口号时就变得通俗化了（还被严重曲解）。但是，尽管这部著作的很多观点激发了新思想的产生，但更重要的是达尔文沉重打击了广为流传的《圣经》中的神造论（也打击了认为人类独一无二的说法）。达尔文的书把对《圣经》的评判和地质学结合起来，使任何严谨和有思想的人都难以再认为《圣经》是完全正确的——但是在1800年的时候这是可能的。

科学影响人们已经形成的信仰的最有效方法，是削弱《圣经》的权威。另一点也很重要，就是科学开始在范围空前广大的公众当中，拥有一种新的含糊的但是不断壮大的威望。这是因为科学获得了控制自然的最强大工具的新地位，自然被认为日益无力抵抗科学的强大力量。这就是科学开始创造神话的开始。事实上，关键在于17世纪科学的伟大进步并没有经常引发普通百姓生活的改变，而19世纪的科学进步越来越表现出这一点。人们尽管不明白率先在外科手术中使用防腐剂（或者防腐技术）的约瑟夫·李斯特的理论，或者在发明发电机方面做出最大贡献的迈克尔·法拉第的理论，但依然知道1900年的医学不同于他们祖父那个时候，并且经常在工作中和家里看到电力使用。到1914年，无线电信息的发送可以跨越大西洋，不依赖由低于空气密度的袋装气体支撑的飞机也变得寻常了，阿司匹林也很容易买到，美国的制造厂开始出售第一批大规模生产的廉价汽车。这些并不能充分展现出科学的无穷力量和不断拓展的领域，但是这些类型的物质进步使普通老百姓印象深刻，也让人们开始崇拜科学这个新的圣地。

科学体现于技术，因为在很长一段时间内，科学对大多数人的生活产生积极影响就是通过技术的发明革新体现出来的。大机器和各种产品带给人们生活的改变越来越多，人们对此感到很满意，即使科学现在已经通过多种方式去改变人类社会了，但通过工业生产还是它最明显的一种方式。不过虽然科学的发展以此跟社会和世界主导文明深深地缠绕交织在一起，科学的发展不仅仅意味着纯粹力量的增强。在1914年后的时间里，科学的发展已经为20世纪下半叶的明显特征打好了基础，科学成为世界主导文化发展的主要原因。科学进步是如此之快以至于人类生活的每一部分都受到它的影响，同时人们仍然试图去抓住科学最基本的哲学含意。

对这种改变最不费力的（最容易当作起点的）观察是把科学本身当作一种社会和物质现象。在17世纪，当物理学实现第一个伟大的进步时，科学已经成为一种社会现实。一些研究机构很快被建立起来，在那里，研究人员集中起来用一种后来被认为是科学的方法去研究自然界，甚至有时统治者还雇请科学家，利用他们的专长解决相关的特殊问题。很明显，在一些有用的技能——它们经常被称作技能而不是科学——比如航海和农业当中，由那些本身不是从事这个职业的技术人员所做的实验，也能产生有用的贡献。有一个专门的名词来帮助人们正确地把那个时代和19世纪及此后的时代划分开来，在那个时候科学家被称为"自然哲学家"。"科学家"这个词直到19世纪走过三分之一的时候才被发明，当时人们觉得有必要把对自然界的研究区分为建立在严密的实验和观察上的研究，和通过未经检验的理由对自然界进行猜测的研究。然而那时，在大部分人的头脑里，人们认为进行臆测研究的人和进行应用研究的科学家或技术专家没多大区别，技术专家在那个大机器、煤矿和制造业都获得前所未有的大发展的时代更能明显地代表科学。

正是在19世纪，科学第一次被理所当然地视为由受过高等教育的人所从事的专业研究，这些研究者都有专业的身份。科学在教育中获得更高的地位，在已有的大学里面开设新的系。在一些国家，特别是法国和德国，成立了一些特殊的科学和技术的研究机构，科学在社会上的地位更加突出了。专业研究也包含了更大的科学成分。科学在教育领域的发展加快了对社会和经济生活的影响，效果越来越明显。科学产生的总的效果使早已形成的社会发展趋势更进一步深化。大约从 1700 年开始，全世界的科学家人数经历着稳定的指数式的增长：科学家的数量大概每 15 年就增加一倍（这说明了一个惊人的事实，从那以后，在任何时候，活着的科学家都比去世的多）。对于 19 世纪科学的发展还可以使用其他衡量方法（比如，天文台的建立），它们也都呈现出指数曲线。

科学的进步是人类能够不断增强对生存环境的控制力和改善生活的真正原因，外行人也能抓住这一发展机遇改善生活。就是这些原因让 19 世纪成为第一个让科学真正变成信仰的对象——也许是崇拜对象的世纪。到 1914 年，受过良好教育的欧洲人和美国人都把麻醉剂、汽车、蒸汽涡轮机、坚硬的特制钢材、飞机、电话、无线电，还有其他很多在一个世纪前还不存在的奇迹看作理所当然，但这些东西对社会产生的影响已经非常巨大了。或许最广泛和显而易见的影响是由于使用廉价电能所产生的影响，郊区的居民能乘坐火车和有轨电车，工厂里劳动的工人使用电动机，电灯出现在人们的日常生活里，电能的使用塑造着新的城市生活。就连动物的数量也深受影响，1900 年的时候，在英国有 3.6 万匹马在拉车，到 1914 年，只有 900 匹马在拉车了。

当然，科学的实际应用已经不是新鲜事了。自 17 世纪之后每一个时期都受到科学活动附带的技术产品的影响，尽管起初的科学活动很大程度上只被局限在弹道学、航海术和地图制作、农业和一些基本的工业加工等领域。但只有在 19 世纪，科学才在维持生命和改变社会上扮演真正重要的角色，而不是仅仅取得一些令人惊叹的和新奇的成就。比如，染色化学就是在 19 世纪的科学研究推动下产生的包罗万象的新领域，这种技术被很多行业采用，比如药物、炸药、抗菌剂生产等。这些都对人、社会和经济产生了很大作用。新兴的迅速发展的染色工艺影响了成千上万的人们，印度靛蓝原料种植者们悲伤地发现他们破产了，西方的工人阶级发现他们可以购买色彩稍微丰富一些的衣服，就这样，随着衣服大规模的工业生产和人造纤维的迅速发展，不同阶级的人的衣服原先明显的差别开始慢慢消失了。

这些变化已经让我们跨越维持生活的界线，开始去改变生活。基础学科将继续改变我们的社会，尽管在 1914 年以前，一些学科就已经开始改变社会了，比如物理学，这最好留到晚点再讨论。另一个影响比较容易测量的学科是医学。到 1914 年，医学领域已经取得巨大的进步。在一个世纪的时间里，它由一种技能发展成了一个学科。理论发展和控制感染成为医学的桥头堡，抗菌剂在数十年后被认为是理所当然，但在 19 世纪 60 年代仅被赖斯特介绍过；赖斯特和他的朋友巴斯德·路易斯（法国最伟大、最著名的化学家）一起打下了细菌学的基础。维多利亚女王是宣传新医学方法的先锋，在生王子和公主的时候采用抗菌剂，这对促进人们早日接受这种在 1840 年刚刚起步的技术是非常重要的。1909 年洒尔佛散的发明（它标志着选择性处理感染的发展），验明疟疾携带者的技术发明，或者 X 射线的发现，或许只有少数人才认识到这些成就的重要性。然而这些进步尽管很重要，但在接下来的 50 年里都被其他的发明给远远超越了，顺便提一下，医疗的费用也大大提高了。

甚至在 1914 年之前，科学就已经对世界产生了巨大的影响，以至于科学创造出了属于它自己的神话。在这句话的语境里，"神话"含有不是虚构或想象出来的意思。这个词仅仅是方便了把大家的注意力集中到这个事实，即科学，以及被实验证实所以"正确"的科学结论，也在开始改变人们看待世界的方式，就像宗教在以前影响着人们看世界一样。也就是说，这已经比它为人类提供开发和控制自然的方法更加重要了。在处理超自然的问题上，科学给人类提供指导，科学也告诉人们该去追求什么样的目标，该用什么样的标准约束人类的行为。尤其在塑造公众态度上它的影响是无处不在的。当然，所有这些和作为科学家的职志的科学，是没有内在和必然的联系的。但从最长远观点来看，结果就是现代文明里的精英人物没有主导的宗教信仰或超然的理想。这个文明的核心，无论是否被清楚地表达出来，就存在于对下列希望的信念里，即人类可以通过控制自然做些什么。理论上，人们认为只要有充足的智力资源和财富，没有什么问题是不可以解决的；人们也给还没弄清楚的领域留下继续发现的空间，但并不承认本质神秘的事物。如今，很多科学家在这个结论上已经开始退缩了。自然界包含的很多现象还难以被理解。但是现在的主导世界观就是基于这个假设上的，它的基本要素在 1914 年以前就已经形成。

对科学的极端信心已经被称为"科学至上主义"，但也许很少人完全明确并无限制地支持"科学至上"，即使在它最为流行的 19 世纪晚期。科学方法的声望的另一个合适的证明，是知识分子希望把科学方法拓展到自然科学以外的领域。寻找"社会科学"的心愿最早的一个例子，我们可以从英国改革家和知识分子杰里米·边沁的功利主义的追随者那里找到。边沁希望把社会管理建立在人对痛苦和快乐的反应原理的适当应用的基础上，而快乐应该最大化，痛苦应该最小化，人的各种感受和感受的激烈程度都应该被考虑进来。19 世纪，法国哲学家奥古斯特·孔德给关于社会的学科取名为——社会学；马克思在自己的葬礼上被描述为社会学领域的"达尔文"。这些人（还有其他很多人）力图效仿自然科学探寻普遍的类似机械的规律；在那时自然科学已正在放弃探寻这种规律，这在此无关紧要，探寻本身仍在证明科学模式的声望。

反常的是，到了 1914 年，科学给欧洲文明造成了一种莫名的压力，这在关于传统宗教的问题上表现得尤其明显，在其他问题上有时比较微妙。通过各种决定论（不少是演绎自达尔文的学说），或者通过从人类学或者对人的思想的研究中得到启发的某种相对论，科学本身就已经逐步削弱了人们对客观性和合理性的信心，而从 18 世纪开始客观性和合理性对于科学就非常重要。到了 1914 年，有征兆表明，自由、理性、开明的欧洲，正像传统、宗教化、保守的欧洲一样面临压力。

怀疑不应过度放大。最明显的事实是，在 20 世纪早期的欧洲，尽管一些欧洲人对欧洲的未来感到怀疑和担忧，但从不怀疑欧洲将继续是世界事务的中心，是全球政治权力最集中的地方，是世界命运的真正主宰者。从外交上和政治上来说，欧洲的政治家经常忽略世界其他地方，除了在西半球，那儿的一个起源于欧洲的国家美国举足轻重；而在远东地区，日本变得越来越重要，而美国在此的利益也需要其他国家的尊重。这就是在 1900 年让欧洲政治家极感兴趣的国家间关系；对大部分欧洲的政治家而言，这时没有什么其他重要的事务能让他们费心。

第 2 章 第一次世界大战时期

自 1870 年起，欧洲就成功避免了大的战争。但与这一明确的事实相反，国际上的一些现象表明，在 1900 年之前欧洲依然存在越来越明显的不稳定因素。例如，一些大国国内存在严重的问题，这些问题可能暗指外部势力的影响。这些国家之间也存在明显的不同，比如，德意志帝国和意大利王国是新兴国家，40 年前它们还不存在，这使得它们的统治者对内部的分裂势力尤其敏感，结果是宁愿讨好国民的沙文主义情绪。一些意大利领袖参加了灾难性的殖民地冒险，对奥匈帝国（是意大利正式的盟友，但意大利人认为奥匈帝国的统治者是"未被救赎的"）始终满腹怀疑和敌意，并最终在 1911 年把意大利推入与土耳其的战争中。德国有工业优势和成功的经济来支持自己，但在谨慎的俾斯麦退休后，正如一些德国人所总结的，执行他的外交政策的人越来越着眼于赢得尊敬和声望的战利品——"阳光下的地盘"。德国也要面对工业化的影响。德国新产生的众多经济势力、社会势力逐渐和德国制度的保守特征难以协调，这种保守特征使半封建的土地贵族在帝国政府中拥有了太多的权力。

不仅新国家存在国内关系紧张的情况。俄国和奥匈帝国这两个庞大的帝国都面临严重的国内问题；它们比其他任何国家更适合神圣同盟时代的设想，政府本质上是国民的对手。尽管它们的政体有明显的连续性，但这两个国家都经历了巨大的改变。哈布斯堡皇室君主政体以新的、两国共主的形式出现，这是马扎尔人①自己的民族主义的成

---

① Magyars，匈牙利主体民族。——译者注

功产物。在 20 世纪的早些年，有迹象表明，想要在不激怒国内其他民族的情况下永久使二元君主制发挥作用越来越难。工业化的进行（在波希米亚和奥地利）给旧社会制度带来新的紧张因素。俄国，正像被指出的那样，在 1905 年爆发政治革命，现在俄国社会的变化更加深刻。独裁政治和恐怖主义破坏了亚历山大二世进行自由主义改革的希望，但是直到那个世纪末并没有阻止快速发展的工业化的进行。这是经济革命的开始，在此之前，伟大的农奴解放运动是最基本的准备工作。政府设计政策从农民那里获取粮食，为出口提供商品，从而还清对外借款。

在 20 世纪，俄国开始表现出惊人的经济发展速度。它的生产规模仍然较小——1910 年，俄国的生铁产量不足英国的三分之一，钢产量只有德国的四分之一。但是这种产量是以非常快的增长速度实现的。更重要的是，有迹象显示，到 1914 年，俄国的农业生产已经转危为安，而且有能力实现农作物的生产速度比人口增长的速度更快。一位大臣做了一个决定性的努力，就是去除之前的废除农奴制条款加给个人主义的最后限制，以期让俄国拥有一个富足独立的农民阶级，其收益与提高生产力联系在一起。但是仍有很多落后的因素要去克服。在 1914 年，俄国只有不足 10％的人口居住在城镇，而且超过 1.5 亿的总人口中只有大约 300 万的人从事工业生产。债权国仍然对俄国的进步感到不太乐观。它可能是一个具有潜力的巨人，但也是一个严重的残疾人。专制体制下的俄国管理糟糕，不情愿进行改革，而且反对所有的改变（虽然被迫在 1905 年对立宪作出让步）。文化总体水平落后，且前景暗淡；工业化要求更充分的教育，而那会引起新的紧张。自由主义的传统很弱，而恐怖分子势力和独裁的传统却很强。俄国仍然依赖外国给它提供所需的资金。

资金大部分来自它的盟友法国。和英国、意大利一起，第三共和国在欧洲强国中代表了自由主义和合乎宪法的原则。尽管法国思想有活力、不安分且有自知之明，但它的社会是保守的。一方面，法国表面的不安定是政客之间激烈讨价还价的结果；另一方面，是因为有人想努力保存革命的传统。然而工人阶级的活动基础薄弱。法国只是在慢慢走向工业化，事实上，第三共和国这时或许像欧洲的其他政权一样稳定，但是工业发展的缓慢意味着法国人非常清楚的另一个缺陷，就是他们的军事劣势。1870 年的德法战争已经表明，法国人无法凭他们自己的军队打败德国军队。从那之后，这两个国家的差距越来越大。在人力资源方面，法国远远落后于德国，在经济上的情况也一样；和它的邻居相比，法国显得相形见绌了。就在 1914 年之前，法国仅能生产大约相当于德国六分之一的煤，不到德国三分之一的生铁

公元 1914 年的欧洲

和四分之一的钢。要想为 1870 年复仇，法国人知道他们需要盟友。

在 1900 年，法国人不会考虑跨越海峡找盟友。这主要是因为殖民地问题。法国（正如俄国）在全球许多地方和英国在当地的利益发生冲突。在很长的一段时间内，英国都可置身欧洲大陆的乱局之外；这是一个优势，但是它在国内也有麻烦。作为第一个工业化国家，英国是工人阶级暴动问题最严重的国家之一，其相对力量优势的丧失更是加剧了困境。到 1900 年，一些英国商人很清楚德国是他们的主要对手；在技术和方法上，德国工业明显优于英国。以前很有把握的事现在也开始退却了；自由贸易被质疑。在北爱尔兰人和妇女参政论者的暴力活动中，在与上议院决定保卫财富利益的社会立法进行的残酷斗争中，甚至有迹象显示，议会制可能受到威胁。在维多利亚王朝中期的政治中，不再有维持共识的意识。然而英国的制度和政治习惯令人很放心。议会制君主立宪制已经证明了在自 1832 年以来英国发生的巨大变化中，它能控制自如，而且大部分人都相信它能继续这样下去。

那时的英国人不愿承认的一种前景，揭示了在此前半个世纪左右，英国在国际上的地位已经发生了根本变化。这点可以从日本或者美国这两个欧洲以外的大国的视角看到。日本的预兆在这两者中更容易辨别，也许，因为它在和俄国的战争中取得了军事胜利。然而明眼人会发现有迹象显示，美国不久后会成为令欧洲相形见绌的强国，成为世界上最强大的国家。美国 19 世纪的扩张已经达到高潮，它在西半球凭借自己无可置疑的实力建立了至高无上的地位。建设巴拿马运河以及与西班牙作战已经圆满结束了。19 世纪中期的大危机被美国克服了，美国的国内环境、社会环境和经济环境决定了美国的政治制度能很快处理它面临的这些问题。

在这些问题当中，最严重的一些是由工业化造成的。只要经济实力强大到足以把其他国家打得无还手之力，就万事大吉，这种自信在19世纪末第一次遭到质疑。但是在一部超大规模的工业机器成熟之后，这成了现实。成熟的超大规模的工业机器成为未来美国力量的坚实基础。到1914年，美国生产的生铁和钢是英国和德国两国总产量的两倍多；美国挖掘的煤的数量也超过它们，而且制造的汽车比世界的其他国家制造的总和都多。同时，美国公民的生活质量对移民来说仍然充满了吸引力；丰富的自然资源和源源不断的、被高度激励的廉价劳动力是美国经济实力的两个来源。另一个原因就是外来投资。它是最大的债务国。

到1914年，除了英国或者俄国外，虽然美国的政治制度比任何主要欧洲国家都古老，但是新移民的到来赋予了美国一个新国家的心理和特征。整合新国民的需要时常引发强烈的民族主义的宣泄。但是因为地理位置的原因和排斥欧洲的传统，以及美国政府和商业被盎格鲁—撒克逊传统的精英持续主导，美国不会参与西半球外的暴力活动。美国在1914年仍然是有待展翼的年轻的巨头，只有当欧洲需要美国介入它们之间的争吵时，美国的重要性才会完全体现出来。

在那年有一场战争是由于那些争吵开始的。虽然它不是最血腥的也不是历史上最长的战争，也不是严格意义的"第一次"世界战争，但它是到那时为止最激烈、波及地理范围最广的战争。来自每个大陆的国家都参加了。它也比任何较早的战争花费都多，而且对资源的要求是前所未有的。整个社会都被动员起来打仗，部分是因为它是第一次由机器发挥最重要功能的战争；战争第一次被科学改变。最适合形容这场战争的名字，还是那些参战者取的那个简单的名字：大战。这充分表现了它对人类造成的前所未有的心理影响。

它也是两场以遏制德国强权为中心的战争的第一场。这两场战争的结果，就是结束了欧洲政治、经济和军事上的至高权威。两次冲突都是根源于欧洲问题，而且战争总是有明显的欧洲特征。正如被德国引爆的下一场战争，它也把其他矛盾吸引进来，把很多矛盾掺杂在一起。但欧洲是这些事务的中心，最终的大战对欧洲本身造成的巨大破坏使它丢失了世界霸权。欧洲的霸权直到 1918 年才丧失，当大战结束时（无法弥补的损失在那时已经造成），遭到严重打击的欧洲直到 1945 年第二次世界大战结束的时候还没有完全恢复。这也使 1914 年前欧洲的结构消失了。因而一些历史学家说从 1914 至 1945 年的这个时期，是欧洲人的内战期——这是一个不错的比喻。欧洲从没有远离战争太久，欧洲大陆内部的混乱首先源于将其作为一个国家的基本假设，但欧洲从没统一过，因此没有所谓的国内战争。但它是欧洲共同文明的发源地。欧洲人认为他们间的共性超过了他们与黑皮肤、褐皮肤或黄皮肤的人的共性。此外，欧洲是一个权力体系——在 1914 年它是经济统一体而且刚刚维持了自己最长时间的内部和平。这些现象在 1945 年之前都消失了，这使内战的比喻更加生动和合理，它表现了欧洲文明自我毁灭的疯狂。

欧洲内部的均势保持大国间和平超过了 40 年。但到了 1914 年，这种和平被严重扰乱了。很多人开始觉得战争带来的机会可能比继续维持和平更多，尤其是在德国、奥匈帝国和俄国的统治范围内。当他们开始注意到这点时，国与国之间的关系开始变得复杂，国家之间的义务和利益使矛盾一旦产生就不可能限制在两个或少数国家的范围内。另外一个造成欧洲不稳定的因素是那些和大国拥有特别关系的小国，其中一些能够从那些随之不得不参加大战的国家手中获得实际决策的权力。

1914 年以前当权的政治家从心理上把这种原本就微妙的情况变得更危险了。这是一个大众情绪容易被激起的年代，尤其是在民族主义和爱国主义的煽动下。他们都忽略了战争的危险性，因为没有人

（除极少数人外）能预见这场战争和 1870 年的战争是很不相同的，他们记得那年的法国，却忘记了早几年在美国弗吉尼亚州和田纳西州，现代化战争如何展现它长期杀戮和劳民伤财的面目（在内战中牺牲的美国人比在美国参加过的其他所有战争中牺牲的美国人都多，甚至到今天也没被突破）。大家当然都知道战争是具有毁灭性和暴力性的，但是也相信在 20 世纪它们会很快地结束。巨大的军火开支使文明国家觉得维持同拿破仑时期的法国作战那样的长期战争是不可想象的。复杂的世界经济和纳税人都将无法支撑。这也许减少了对危险的担忧。

甚至有迹象显示，许多能说会道的欧洲人厌倦了 1914 年的生活，把战争看作清除他们堕落感和枯燥感的一种情感的发泄。由于考虑到国际冲突可能带来的机遇，所以革命者对国际上出现紧张局势是欢迎的。最后，值得我们记取的教训是，外交官在重大危机的谈判中长期成功地化解了战争，这是很危险的。协调欧洲国家间关系的机制奏效了许多次，以致当它遇到 1914 年 7 月那种非同寻常的难题时，就一时约束不了这些当事国了。在冲突的前夕，很多政治家还不明白，为什么召开另一个大使会议或甚至召开欧洲大会都不能让他们从这些问题中解脱。

在 1914 年爆发的冲突之一，其根源可以追溯到很久以前。在东南欧，奥匈帝国和俄国进行着长期的争斗。它们敌对的根源深植在 18 世纪，但自克里米亚战争后奥斯曼帝国的加速崩溃主导着争斗的最后阶段。根据这个理由，第一次世界大战从另一个角度上看是奥斯曼战争的延续。1878 年柏林会议后，欧洲已经渡过危险的时刻，哈布斯堡王朝和罗曼诺夫王朝的政策使得到 19 世纪 90 年代时，它们之间的关系平静下来，还达成了一定的谅解。这种关系一直持续，直到日本阻止了俄国在远东地区的野心后，俄国把目光重新移到多瑙河流域。在那个时候，哈布斯堡和土耳其帝国之外的事件也正在使得奥匈帝国的政策有了一种新的挑衅性。

这种情况的根源是革命的民族主义。一场看似要把奥斯曼帝国重新整合起来的改革运动激使巴尔干国家想要打破由强国建立起来的边界现状，奥地利人也想在这动荡的国际形势中追求他们的利益。在1909年，他们在吞并奥斯曼的波斯尼亚省时处置不当，冒犯了俄国人。俄国人也没有得到相应的回报。合并波斯尼亚的另一个结果就是二元君主制之下有了更多的斯拉夫臣民。奥匈帝国已有一些臣民对国家不满了，特别是生活在匈牙利人统治下的斯拉夫人。在越来越强烈的匈牙利人利益的压力之下，维也纳政府十分敌视塞尔维亚共和国，奥匈帝国的斯拉夫人可能会寻求塞尔维亚的支持。他们中的一些人视塞尔维亚共和国为支持建立包含所有南部斯拉夫人的国家的核心，塞尔维亚的统治者似乎无力（也许不愿意）制止南部斯拉夫人的革命者以贝尔格莱德作为在波斯尼亚进行恐怖和颠覆活动的基地。

历史的教训通常是不幸的，维也纳政府仅仅愿意得出这样的结论：塞尔维亚共和国可能在多瑙河谷发挥与撒丁王国在意大利统一中相同的作用。帝国的许多公职人员感到，除非阴谋被阻止，哈布斯堡领土将会丢掉另一块领土。曾经被普鲁士排除在德意志之外的历史和被撒丁王国排除在意大利之外的历史，使一些哈布斯堡的顾问将一个潜在的新生的南部斯拉夫人国家（一个更大的塞尔维亚或其他国家），看成将帝国排除在多瑙河谷低地区域之外的威胁。这将意味着奥匈帝国不再是一个大国，马扎尔人在匈牙利不再拥有至高无上的地位，因为南部斯拉夫人坚持认为，留在匈牙利境内的斯拉夫人应得到更公正的对待。于是土耳其帝国的持续衰弱只有利于俄国。俄国支持塞尔维亚共和国，决心不让1909年时的情况再次发生。

其他国家在利益、选择、情绪和正式同盟的推动下卷入了这种复杂的局势。在这些因素当中，正式同盟也许没有以前认为的那么重要。俾斯麦在19世纪七八十年代的努力确保了法国的被孤立和德国的至高地位，产生了和平时期一个独特的同盟体系。这些同盟的共同特点是盟约规定了盟国应在何种条件下参战支援彼此，这似乎会阻碍外交发挥作用。但是最后它们没有依照计划运行。这不意味着它们没有成为推动战争来临的因素，但是只有当人们想要这些正式安排有效时，它们才可能有效，是其他因素决定了它们在1914年产生了效力。

同盟体系的根源是1871年德国从法国手中获得阿尔萨斯和洛林，和随之发生的法国为报仇而产生的躁动。为了防止法国复仇，俾斯麦基于抵制王朝面临的革命和被颠覆危险的共同基础，首次将俄国、德国和奥匈帝国纠集在一起。法国是大国中唯一的共和制国家，被认为是这种威胁的典型；出生于1789年前并在1871年仍活着的人和许多其他人会记得大革命期间人们的言论，而巴黎公社的动荡，又重新引起从前对国际范围内的社会秩序颠覆的所有恐惧感。1880年代这个保守同盟终究解体了，从根本上说是因为俾斯麦觉得如果俄国和德国之间的矛盾是不可避免的，他最后必须求助于奥匈帝国。很快意大利就加入德国和奥匈帝国的行列，于是，1882年，三国同盟成立。但俾斯麦仍然维持着和俄国的单独的"再保险"条约，尽管他已经对俄国和奥匈帝国之间用这种方式保持和平的前景感到不安。

然而它们之间的矛盾直到1909年以后才爆发出来。到那时，俾斯麦的继任者早已任由他和俄国的再保险条约失效，俄国在1892年成为法国的盟友。从那一天起，德国就越来越偏离俾斯麦的欧洲大陆政策。俾斯麦的欧洲政策以德国为中心，保持德国和其他所有国家之间的平衡，而现在欧洲划分成两个阵营。德国的政策使分裂的情况更严重。在一系列的危机中，德国想通过表现出不快来吓唬其他国家，从而使大家感觉到它的尊严。特别是在 1905 年和 1911 年，德国的愤怒直接指向法国，它把商业问题和殖民问题作为军事演习的借口，以表达它对法国忽略德国的意愿而去和俄国结盟的强烈不满。到 1900 年，德国的军事计划就已经承认了在必要时进行两线作战的需求，其方案是当俄国的各种资源还在被缓慢动员起来时，首先迅速击败法国。

进入 20 世纪，如果奥匈帝国和俄国之间爆发战争，那么德国和法国极有可能会加入。另外，在短短几年里，由于德国开始庇护土耳其，这种趋势更加明显。德国的这些行为比先前的行为更加引起俄国的警惕，因为从俄国的黑海港口出口的粮食快速增长，它们都必须经过土耳其海峡。俄国人也开始提高他们的战斗力，为此一个最根本的措施就是建成一个可以快速动员和运送俄国庞大的军队到东欧战场的铁路交通网络。

这些国家之间的行为，对英国来说，没必要引起它的担忧，因为德国的政策并不是非要与它为敌不可。在 19 世纪末期，和英国有矛盾的国家主要是法国和俄国。当这些帝国的野心在非洲、中亚和东南亚地区互相冲突时，斗争就产生了。英德关系比较容易解决，偶尔才比较棘手。进入新世纪的英国仍然专注于维护它庞大的殖民帝国，而不是专注于欧洲。自从 18 世纪以来它在和平时期的第一个盟友就是日本，目的是维护它在远东的利益。1904 年，它和法国之间的一个长期纠纷也得到解决。这其实是一个关于非洲的协议，英国同意法国在摩洛哥放手大干，作为回报，法国同意英国得到埃及——这是解决另一部分奥斯曼帝国继承权问题的方式，但也把世界其他地方的殖民争端一并涉及了，其中一些争端可远溯至 1713 年的《乌得勒支和约》。几年后，英国和俄国签订了一个相似的协议（尽管没那么成功），这个协议和它们各自在波斯的利益范围有关。但是英法和解的结果远远不只是清除了产生纠纷的原因，它还变成了一种协约国关系

（entente），或者说一种特殊的关系。

这是德国促成的。德国被英法协议激怒了，德国政府决定让法国人知道在摩洛哥问题上它还是有发言权的。德国采取行动了，这迫使法国加强协约国关系，这时，英国在几十年里第一次意识到自己必须关心大陆均势政策了。如果不这么做，德国很快就会成为主宰者。德国随之又抛弃了取得英国公众舆论支持的机会，加紧推进建立一支强大海军的计划。德国的这一举措只可能是针对英国而非其他任何强国，这毫无疑问。接下来的结果就是英德之间的海军竞赛，大部分英国人下决心要赢（如果不能结束这场竞赛），因此公众的情绪更加激动了。1911 年是两国舰队实力最为接近的时期，在英国国内，大部分人觉得德国的外交政策激起了另一场摩洛哥危机。这一次，一个英国大臣的公开表态像是在宣布英国会为了保护法国而参加战争。

战争真的到来了，但爆发在南部斯拉夫人的土地上。塞尔维亚在1912 至 1913 年的"巴尔干战争"中取得胜利，在这场战争中，新的巴尔干国家首先掠夺奥斯曼帝国遗留在欧洲的领土，接着又为瓜分战利品而陷入争吵。但塞尔维亚得到的战利品是比较多的，而奥地利对此没有抗议。在塞尔维亚的身后，有俄国给它撑腰，俄国发起了一项重建和扩充军队的计划，但还需要三至四年才能取得成效。按奥地利人的想法，要想在南部斯拉夫人得不到俄国人支持的情况下对塞尔维亚加以羞辱，那么越早做越好。鉴于德国是奥匈帝国的支持者，那么，德国不太可能会在它仍然觉得还有把握取胜的条件下去寻求避免与俄国作战。

1914 年 6 月，奥地利王储在萨拉热窝被一个波斯尼亚恐怖分子刺杀，危机爆发了。奥地利人认为塞尔维亚是幕后指使者。他们认为是时候教训塞尔维亚了，顺便扼杀它的泛斯拉夫主义煽动活动。德国人支持奥地利这么做。6 月 28 日，奥地利向塞尔维亚宣战。一周之后，所有的大国都卷入战争（很有讽刺性的是，此时奥匈帝国和俄国之间还保持和平，到8月6日，奥匈帝国才向它的老对手俄国宣战）。德国已经制订好军事行动的时间表。早在几年前，德国就决定先对付法国，再对付俄国。德国的军事计划想突袭法国，这就得经过比利时。比利时是个中立国，它的中立身份已经得到英国和其他国家的保证。因此一连串事件几乎是自动发生的。当俄国总动员，为了保护塞尔维亚而向奥匈帝国施加压力时，德国向俄国宣战。做完这个后，德国必须进攻法国，于是找了个借口正式向法国宣战。当时，法国和俄国的联盟事实上还没真正运转。当德国入侵中立国比利时时，英国政府对德国将袭击法国感到不安，但又找不到明确的正当借口来干涉并阻止德国的行为，但它却找到了号召国内团结的理由，并在8月4日加入战争反对德国。

战争持续的时间和强烈程度超出人们的想象，它蔓延的地理范围也出人意料地广阔。爆发后不久，日本和奥斯曼帝国也加入战争。日本是站在协约国（包括法国、英国和俄国）这一边，而土耳其加入同盟国（德国和奥匈帝国）这一边。意大利在1915年的时候加入协约国，协约国承诺胜利后给它奥地利的领土作为回报。两边还做出将在胜利后兑现的其他承诺，以此来吸引新的支持者加入阵营。保加利亚在1915年9月加入同盟国，而罗马尼亚在1916年加入协约国。希腊在1917年也加入协约国的行列。葡萄牙政府在1914年就想加入战争，但由于国内的麻烦而没办法参战，最终，在1916年德国还是向葡萄牙宣战。这样，到1916年年底，原先欧洲大陆上的法德问题和俄奥问题已经完全与其他斗争混杂在一起。巴尔干国家此时也正在进行第三次巴尔干战争（围绕继承奥斯曼在欧洲的领土展开），英国正在打对抗德国海军和商业权力的战争，意大利在进行复兴运动的最后一场战争。在欧洲以外，英国、俄国和阿拉伯国家正在开始一场分割奥斯曼领土的战争，而日本走了一步成本低、回报高的棋，确立了它在远东的霸权地位。

在1915年和1916年，参战国都在寻求同盟者，原因在于战争陷入了无人曾预料到的僵局中。战争的残酷状况已经让每一个人都感到震惊。这场战争随着德军横扫法国北部而开始。德国对法国的袭击没有达到它闪电式胜利的目标，但是它占有了比利时的绝大部分领土和法国的一些领土。在东线，俄国的进攻被德国和奥地利阻止了。在那之后，尽管西线战场比东线更引人注目，但战争很快进入前所未有的阵地战时期。这有两方面的原因。第一个是现代武器的巨大杀伤力。带弹匣的步枪、机关枪和带刺铁丝网可以阻止任何步兵的袭击，如果他们没有事先进行粉碎性轰炸的话。以下这些数据都证明了现代武器的巨大杀伤力。到1915年底，法国军队就有30万士兵阵亡，这已经够糟了，但在1916年，围绕凡尔登要塞的一场持续七个月的战役又让31.5万法国士兵阵亡。也是在这一场战役中，28万德国士兵阵亡。差不多也是在这个时候，在法国北部的另一场战事索姆河战役中，英国有42万的人员伤亡，德军伤亡人数也差不多。索姆河战役的第一天——7月1日，是英军历史上最黑暗的日子，那一天它有6万人伤亡，其中超过三分之一的人阵亡。

人们原本以为现代战争的巨大成本一定会把战争尽量缩短，这些数字让这种自信的预测变得毫无意义。这就反映了第二个让人惊讶的地方：工业社会有极大的作战能力。到1916年年末，战争已经让很多人都疲惫不堪了，但这时参战国却展现出超乎人们想象的组织能力，前所未有地动员人民为战争进行史无前例的大规模物资生产，并招募新兵补充军力。整个社会都被动员起来对抗他们的敌人，无论工人阶级的国际团结，还是统治阶级抵制颠覆的国际利益，都在战争面前不堪一击，被忘得一干二净。

　　战场上交战双方的势均力敌，促进了战争的战略扩张和技术发展。这就是外交官寻求新的盟友和不断开辟新战场的原因。1915年，协约国在达达尼尔对土耳其发动袭击，本想把土耳其踢出战争并且通过黑海和俄国联系，但未能如愿。不久，为打破法国战场的僵局，又在希腊的萨洛尼卡（Salonika）开辟了一个新巴尔干战场。这个新战场取代了在塞尔维亚被占领后崩溃的巴尔干战场。殖民地的存在，从一开始就注定全球范围内的殖民地都会发生战争，哪怕只是小规模战争。德国的殖民地大都轻易就被夺走，这有赖于英国对海洋的控制权，尽管非洲的一些殖民地仍出现了长期的斗争。最重要和相当多的欧洲之外的行动，发生在土耳其帝国的东部和南部。一支英国和印度军队进入美索不达米亚，另一支军队从苏伊士运河出发向巴勒斯坦前进。在阿拉伯沙漠，阿拉伯人起义反对土耳其的统治，这为缓解残酷卑劣的工业国家之间的战争提供了一段浪漫的小插曲。

　　战争在技术上的扩展，在其产业效应，并在行为标准的倒退中体现得最显著。半个世纪以前的美国南北战争就已经预示了这一点，也揭示了民主时代的大规模战争的经济需求。欧洲的工厂、煤矿、熔炉现在都以前所未有的活力运转着。美国和日本国内的工业部门也是这样不断地日夜工作着。得益于英国的制海权，物资从这些国家不断运往协约国，而不是同盟国。庞大的部队不仅需要武器和军火，同样需要大量食物、衣服、药品和机器。尽管这场战争需要数以万计的动物，但它也是第一场使用内燃发动机的战争，货车、牵引机像马、骡子吃饲料那样贪婪地吞咽汽油。很多数据都表明了这场战争的规模，但这个数据一定足够证明这一点：1914年，整个大英帝国的医院只有1.8万个床位，四年后，有63万个床位。

　　由战争引起的需求大增席卷了整个社会，导致各国政府采用不同的手段去控制经济，征募劳动者入伍，改革女性的雇佣制，引进健康和福利服务。战争的影响也波及欧洲以外。美国不再是一个债务国，协约国清算了它们的投资来购买它们需要的物资，协约国现在反过来成为债务国了。印度的工业获得了长久以来就急需的推动力。经济繁荣影响到了阿根廷的农民和工人以及英国的白人自治领。后者需要承担军事任务，运送士兵到欧洲及其殖民地上和德国人战斗。

技术扩展也让战争变得更加恐怖。这不只因为机关枪和烈性炸药使杀戮变得很血腥恐怖，也不仅因为毒气、火焰喷射器、坦克等新武器的出现有利于打破战场的僵局，扭转局势。它还因为整个社会都被卷入战争，从而使所有人都成为交战中敌方的攻击目标。对平民工人和选民的士气、健康以及生产能力进行破坏成为一种可取的策略。当这些破坏受到谴责时，谴责本身就有了反击效果，变成一种宣传。大众文化程度提升和近来电影产业的兴起相互补充，超越了在过去的宣传战中神职人员和学校发挥的作用。英国控诉德国用飞艇在伦敦开展原始的轰炸，并称它是"婴儿杀手"，德国反驳说帮助英国维持封锁的那些船员也是婴儿杀手，德国婴儿死亡率的攀升就是证据。

部分因为英国的海上封锁政策虽然见效慢，但成效却势不可挡，也因为德国不愿意冒险使用它的舰队（建造这支舰队曾严重破坏了两国的战前关系），德国最高统帅部以新的方式投入使用了一种武器，它的威力在1914年时被大家低估了。这就是潜水艇。它对协约国的船只、中立国供给协约国的船只发动袭击，攻击之前通常没有任何警告，还针对没有武装的船只。潜水艇的攻击早在1915年的时候就有了，尽管当时只有少数潜水艇，它们没造成多大的损害。1915年，一艘英国客轮遭到鱼雷攻击，1 200人遇难，其中许多是美国人，接着德国取消了无限制潜艇战。直到1917年再次恢复。

那时候，很明显如果德国不能先掐断英国的补给，那么它就会由于英国的封锁而窒息。那一年冬天，巴尔干国家发生饥荒，维也纳郊区的人民都在挨饿。法国那个时候已遭受 335 万伤亡，而英国的伤亡人数也超过 100 万，德国则损失近 250 万人，而且仍然在两线作战。农作物价格疯长，工人罢工也越来越频繁。婴儿的死亡率比 1915 年上升了 50％。没有理由认为分成东西两线作战的德军更有可能击败英国和法国，它无论如何只能打防御战。在这样的情况下，德国总参谋部选择恢复无限制潜艇战，这导致了战争在 1917 年迎来第一个大转折——美国参战。德国人知道会有这样的结果，但想赌一把，在美国的势力发挥决定性作用之前让英国屈服，接着让法国屈服。

1914 年，美国的看法绝不偏向任何一方，并且从 1914 年起一直坚持这样。协约国的宣传和购买美国战争物资对推动美国参战有帮助，德国的第一个潜水艇战役也起了重要的推动作用。当协约国政府开始讨论战争目标时，它们谈及在维护各民族国家利益的基础上重建欧洲，这对于"归化的"美国人来说很有吸引力。无限制潜艇战策略的恢复对此有决定性作用，这个策略直接威胁到美国的利益和它的国民的安全。当美国政府知道德国希望和墨西哥、日本谈判结盟反对美国时，由潜水艇引起的美国人的敌意又被挑起来。不久，一艘美国轮船在没有收到警告的情况下就被击沉了，该事件之后美国很快就对德宣战。

除了全面参战，其他方式是不可能打破欧洲僵局的，于是美国卷入旧大陆的混战中，这几乎违背了美国的本意。协约国非常高兴，因为胜利现在有保证了，尽管不久它们就将面临对它们来说黑暗的一年。1917 年对英国和法国来说甚至比 1916 年更加令人失望。协约国不仅需要数月时间来控制潜艇带来的问题，而且在法国境内进行的一系列恐怖的战斗（通常被称为帕斯尚尔［Passchendaele］战役）给英国的民族意识带来不能消除的伤疤：为了几英里的土地，40 万英国士兵阵亡。1916 年，士兵的英勇斗志已经耗尽，法国军队接连发生叛乱。对协约国来说最糟的是，俄罗斯帝国瓦解了，到同一年年底，俄国在可见的将来都不再是一个强国。

俄国是被战争摧毁的。这也是中欧和东欧发生革命性大变化的开始。引起俄国于1917年2月发生"革命"的是德国的军队。由于交通运输系统被德军破坏，再加上俄国政府的无能腐败，统治阶级像畏惧战败一样畏惧自由主义和立宪，德军使得许多城市陷入了饥荒，最终长期坚持抗争的俄国士兵的斗志也被德军击垮了。从1917年开始，保卫安全的部队已经不可靠了。粮食骚乱不久紧接着就是兵变，专制政权似乎一下子就变得虚弱无力。自由主义者和社会主义者组成临时政府，沙皇退位。但是新政府很快就解体了，主要原因就是它想继续参加战争，但是布尔什维克的领导人，比如列宁，想要的是和平和面包。

他决心从温和的临时政府手中夺取领导权，是临时政府很快失败的第二个原因。临时政府主持着一个混乱的国家、政府和军队，面对着城市中尚未解决的匮乏问题。在又一次政变，即"十月革命"中，临时政府被推翻了。十月革命连同美国参战被视为欧洲两个时代的分界点。以前欧洲独立处理事务，然而现在看来，美国注定要在很大程度上影响欧洲的未来。而在俄国则出现了一个新国家，它遵循着其创始人的信念，决心要破坏整个旧欧洲的秩序，成为世界政治的一个真正的、自觉的革命中心。

俄罗斯现在被称为苏俄，革命后成立的工人士兵代表苏维埃则是其基本政治权力机关，苏俄建立的直接和显而易见的结果是形成了新的战略态势。布尔什维克通过废除旧的全民选举产生的代表机构（布尔什维克从未控制它），通过承诺和平与土地以确保农民的拥护巩固了统治。这是生存所必需的，布尔什维克政党正在努力控制全俄，该党的主体是俄国少数城市中规模很小的工人阶级。只有和平才能提供安全稳定的基础。起初德国人的条约要求苛刻，以至于俄国人终止了谈判，随后他们不得不接受了更为严重的惩罚，这就是 1918 年 3 月签署的《布列斯特和约》。苏俄损失了大量领土，但换来了自己急需的和平与时间来处理国内问题。

协约国很不高兴，它们把布尔什维克党的行为看作是奸诈的背叛，针对苏俄向其民众宣传的不可调和的革命主张，它们对这个新政权的态度更加强硬。苏俄领导人期待发达资本主义国家的工人阶级进行革命，这给想介入俄国事务的协约国发动一系列的军事干预制造了借口，它们最初的目的是战略性的，希望阻止德国利用结束东部战线带来的优势。但是它们的行为很快被认为是反共产主义的运动，遭到了其国内许多人和所有布尔什维克的反对。更为糟糕的是，它们陷入了看似要摧毁新生的苏维埃政权的内战中。

即使没有马克思主义理论指导列宁及其同志们的世界观，这些干涉事件也会在相当长的一段时间内恶化苏俄和其他资本主义国家的关系。一旦转化为马克思主义术语，这些事件看起来就是根本的、无法改变的敌意的证明。这段历史的记忆影响了此后 50 年的苏联领导人。

俄国共产党相信革命必定在中西欧发生，在某种意义上这是正确的，但在现实中却事与愿违。战争的最后一年，潜在的革命因素的确变得很明朗，不过是以民族而非阶级的形式出现。协约国改变了它们的策略。1917 年底的战争形势不容乐观，没有了俄国的牵制，在 1918 年春协约国必将面临德国在法国发起的进攻，而大批的美国军队到达法国战场支援它们需要很长时间。但它们采用了革命的策略。它们可以鼓动奥匈帝国统治下的各个民族，而自身不必遵守与沙皇俄国的条约。没有了沙皇制度的束缚，以美国的立场看来，强调协约国事业的意识形态纯粹性有额外的好处。

于是，1918 年，颠覆性的宣传指向奥匈帝国军队，流亡异乡的

捷克人、南斯拉夫人大受鼓动。德国投降之前,奥匈帝国双元君主立
宪制在被再次唤醒的民族情感,和协约国最终开始在巴尔干战场取胜
的共同作用下,已经走向解体。这是旧欧洲遭受的第二次打击。以乌
拉尔、波罗的海到多瑙河为界的整个地区,旧有的政治体制受到几个
世纪以来未曾遭遇的质疑。一支波兰军队再次建立,波兰曾经是德国
反对俄国的武器,当时美国总统宣布一个独立的波兰是协约国缔造和
平的核心之一。上个世纪的一切确定性似乎都烟消云散。

　　在日益增长的革命形势下,关键战斗持续进行。夏季,协约国已
经成功击败德国的最后进攻,胜利在望,但还没有取得完全的胜利。
协约国军队转入反攻时,德国领导人也看到了战争的最后结局,国内
革命迹象明显。当德皇宣告退位时,第三个君主制帝国瓦解了;哈布
斯堡王朝已经倒下,霍亨索伦王朝只比其老对头多维持一点时间。新
的德国政府请求停战,战争结束了。

　　战争损失无法计算,下列数字充分显示了损失的规模:大约
1 000 万人直接战死。但仅在巴尔干,伤寒就夺取了 100 万人的生命。
这些可怕的数字还不能反映出无数人伤残、失明,或许多家庭失去了
儿子、丈夫和父亲这些有形的损失,以及对理想、自信、善意产生的
精神上的巨大破坏。欧洲人望着巨大的墓地,一想到他们做过的事情
就不寒而栗。经济损失也是巨大的。大批欧洲人死于饥饿。战后一
年,工业产量仍比 1914 年低四分之一,苏俄仅为战前的 20%。一些
国家的交通处于瘫痪状态。此外,整个复杂、精巧的国际汇兑机制遭
到破坏,其中一部分是不能取代的。曾经是欧洲经济发动机的德国满
目疮痍、筋疲力尽。年轻的英国经济学家凯恩斯(J. M. Keynes)在
一次和平会议上说:"我们处于自己财富的萧条时节,超越我们自身
物质满足的急切问题之上的感受能力和关怀能力,都暂时消失了……
我们长久被折腾,现在需要休养生息。当人的灵魂燃烧殆尽,生存从

未具有现在这样的普遍意义。"

　　1918 年底，参加和会的代表汇聚巴黎。人们曾经一度流行强调他们的过错，然而鉴于他们肩负的重任，还是应当对他们的工作给予一定的敬意。这是 1815 年以来最重要的协议，它必须调和难以撼动的事实与巨大的期待。作出关键决定的国家受到高度关注：英国首相、法国总理和美国总统主导了这次谈判，这是胜利者之间的谈判，战败的德国只有接受条约的份。法国和英美在欧洲安全的中心问题上存在利益分歧：法国存在再次遭到德国入侵的危险，而英美不存在这种危险。但是欧洲安全的中心问题被外围的其他问题淹没了。这是一份世界和平协议。它不仅是一次重新划分欧洲外领土的协议，正如以前重要的协议那样，而且在协议制定过程中，许多欧洲以外的国家发表了意见。有 27 个国家的代表签署了主要条款，17 个国家是欧洲以外的国家，占大多数，美国是其中最大的国家。它同日本、英国、法国、意大利组成了这次会议的战胜国大国集团。对于一个世界性协议来说，领土横跨欧亚的俄国却没有参加，这是不祥的。

　　技术上，《凡尔赛和约》包含一系列不同的条约，涉及德国、保加利亚、土耳其以及由奥匈帝国分裂而成的多个国家。在这些国家当中，一个得到恢复的波兰，一个得到扩大的塞尔维亚共和国（也被称作"塞尔维亚人、克罗地亚人和斯洛文尼亚人的王国"，后来被称为"南斯拉夫"）和一个全新的捷克作为盟国出席会议，而力量被大幅削减的匈牙利和昔日奥地利的日耳曼民族中心区被当作败战的敌人。所有这些造成了复杂的问题。但巴黎和会的主要关切是与德国的条约，这体现为 1919 年 6 月签署的《凡尔赛和约》。

　　这是一个惩罚性的条约，而且明确地规定了德国人需要为战争的爆发负责。但是大部分最严厉的条款不是为惩罚这种道德罪责，而是出于法国的希望：如果有任何可能，尽量束缚德国使任何第三次德国入侵法国的战争变得不可想象。这是经济赔款的目的，同时也是整个条约最令人不满意的部分。它们激怒了德国人，让接受失败变得更难了。而且在经济上它们也是无意义的。同时这一处罚并未辅以相应的安排，以防止德国有一天凭借军事力量推翻《凡尔赛和约》，这又激怒了法国人。德国的土地损失，显而易见，包括阿尔萨斯和洛林，但是在东部损失最大，大都划给了波兰。在西部，法国人仅得到莱茵河的德国河岸应该被"非军事化"的保证。

和平的第二个主要特性是它尽可能地遵循自决和民族原则。在许多地方，这只意味着承认现有的事实：波兰和捷克在和平会议之前已经存在，而且南斯拉夫以原塞尔维亚共和国为核心已经建立起来。因此，到1918年年底，这些原则已经在原奥匈帝国的许多区域推行（而且在前俄属波罗的海地区也很快如此）。在古老的神圣罗马帝国之后得以维持下来的哈布斯堡王朝终于也消失了，在它曾经统治的地方出现了新的国家，虽然出现了反复，但在这个世纪的大部分余下时间内这些国家都幸存下来。自决原则也得到遵循，特定边界地域的命运由本地区公民投票决定。

不幸的是，民族原则没有一直被遵守。地理、历史、文化以及经济的现实性影响着它。当民族原则凌驾于这些因素之上时，会产生负面的结果，正如多瑙河经济一体化的瓦解；当民族原则不被遵循时，也会产生同样坏的结果，有些民族会感到愤愤不平。中东欧地区有许多少数民族对所在民族国家没有忠诚感。三分之一波兰人口不说波兰语；超过三分之一的捷克人口由波兰人、俄罗斯人、德意志人、匈牙利人和鲁塞尼亚人（Ruthenes）等少数民族组成；一个被扩大的罗马尼亚现在包含超过百万的匈牙利人。在一些地方，民族原则遭到的侵犯明显不公正。德国人对"波兰走廊"的存在愤愤不平，它跨过德国土地，使波兰与波罗的海相连；协约国在需要意大利帮助时提出的亚得里亚海战利品未兑现，意大利人对此十分失望；而且最终爱尔兰人仍然没有得到地方自治。

最明显的非欧洲问题与对德国殖民地的处置有关。在这里有一种重要的创新。美国不能接受对殖民地毫不掩饰的贪欲；取而代之的是，从前处于德国或上耳其统治之下的非欧洲民族，对它们的保护将由托管机构提供。当这些地方准备好了自治的时候，战胜国被国际联盟授权（虽然美国婉拒了这些权力）来管理这些领土。尽管它是掩饰欧洲帝国主义最后一次重大殖民扩张的遮羞布，它仍是《凡尔赛和约》中最具有想象力的主张。

国际联盟的成立很大程度归功于美国总统伍德罗·威尔逊的热情，他保证了国联盟约的首要地位，即作为《凡尔赛和约》的第一部分。这是和约超越了民族主义观念的例证（大英帝国成员作为一个个单独的主体出现，印度是其中一个重要主体），它也超越了欧洲观念，它是新时代的又一个信号：联盟的 42 个创始会员国中有 26 个是欧洲以外的国家。不幸的是，因为威尔逊没有考虑到国内政治因素，最终美国没有参加国联。这是让国联不可能实现它最初设想的最致命的弱点。考虑到世界政治力量的现实状况，也许这些期待大都不可能实现。尽管如此，国联还是成功地处理了一些问题，没有国联的干预，这些问题会变得危险。假如人们怀有极大希望，愿它能做得更多，这也并不意味着它不是一个可行的并且重大的和具有想象力的主张。

苏俄没加入国际联盟，正如它缺席巴黎和会一样。或许后者影响更深远。塑造欧洲历史下一个阶段的政治安排在没有与苏俄商议下就进行了，尽管在欧洲东部这涉及任何政府必定都十分感兴趣的边界划分。的确，布尔什维克领袖给其他签署国提供了把他们排除在外的大量借口。他们通过革命的宣传损害了与主要大国的关系，因为他们相信资本主义国家下定决心推翻他们。英国首相劳合·乔治（Lloyd

George）和威尔逊相比他们大部分的同僚和选民，在处理俄国问题方面事实上更灵活——甚至有同情心。另一方面他们的法国同僚克莱蒙梭（Clemenceau）强烈反对布尔什维克，而且获得了多数法国退伍军人和投资者的支持；《凡尔赛和约》是由掌权者制定的第一个重大的欧洲和平条约，他们对失望选民的危险有清醒认识。但是无论责任如何划分，结果是俄国这个曾经在欧洲大陆说话最有分量的国家，被排除在塑造新欧洲的过程之外。虽然一段时间里俄国确实没有采取行动，它最终必定会加入希望修订或者推翻该条约的国家行列。加剧事态的是，它的统治者憎恨这种它理当去保护的社会制度。

人们对和约抱有极大希望。这些希望时常是不切实际的，然而尽管和约有明显缺陷，它仍然受到了过分的谴责，因为它也有许多好的方面。它的失败原因，大部分超出了其缔造者的控制。首先，在狭义的政治层面，欧洲掌握世界霸权的日子已经结束了。1919年的和平条约对保证未来欧洲的安全没有太大作用。旧"帝国警察"现在一些太弱了而无法在欧洲发挥他们的作用，更不用说在外面了；其中一些则完全消失。最后，需要美国确保德国的战败国地位，但是现在美国陷入了一个人为的孤立时期。苏俄也不希望卷入维持大陆稳定的事务中。

美国的孤立主义和俄国的意识形态立场使欧洲力不从心了。当欧洲没有革命爆发时，苏俄转向国内事务；当威尔逊给了美国人一个机会涉入欧洲的和平维护时，他们拒绝了它。两者的决定是可理解的，但是它们共同的效果是维续了欧洲自治的幻想——不再是现实而且不再是处理它的问题的适当架构。最后，体系最严重也最近在眼前的弱点，存在于作为先决条件的新结构的经济脆弱性上。这方面的条款更容易陷入争论：自决在经济学上经常毫无意义。但是可以根据什么理由来搁置自决，很难看清楚。1922年自由独立的爱尔兰国家出现100

来年后，爱尔兰的问题到最近才开始平息。

因为在欧洲有许多幻想依然存在，并且还有新的幻想产生，所以形势可能更加不稳定。协约国的胜利和创造和平的说辞使许多人认为这是自由主义和民主政治的伟大胜利。毕竟，四个独裁的、反对民族主义的、限制自由的帝国已经倒塌，和约至今仍是历史上唯一一个全部由民主政治国家制定的条约。自由主义的乐观主义也从战争期间威尔逊浮华的立场中汲取力量。他尽可能标榜美国的参战和其他盟友在本质上不同：美国受到高尚的理想和信念支配。他反复地说：如果其他国家放弃它们的坏的旧方法，民主可能给世界带来安全。一些人认为他已经被证明是对的，新成立的国家，最重要的是新德国，采用了自由、议会制的政体，往往是共和制政体。最后，是对于国联的幻想，一个并非帝国的新的国际权威似乎成了现实。

然而这些完全根植于谬见和错误的前提中。和平缔造者除了推崇自由主义的原则外，还有更多的事要做——他们也要支付债务，保护既有利益，考虑难对付的事实，于是在实践中那些原则变得模糊了。最重要的是，他们遗留了许多对德国不满的民族主义，而且在德国滋生了新的、凶猛的民族主义怨恨。也许这难成气候，但是它成为非自由主义思潮成长的土壤。此外，新生国家的民主制度——老牌民主国家就此而言也是如此——是建立在经济结构严重毁坏的世界中的。满目的贫穷、艰难和失业加剧了政治上的斗争，在许多地方，由于国家主权问题而产生的特殊的混乱使局势更加恶化。在战争中旧的经济交换模式的崩溃也使得更难以处理像农民贫穷和失业这样的问题；俄国曾经是西欧许多国家的谷仓，现在经济上已自给自足。这是革命者可以利用的背景。共产主义者积极地准备着革命，因为他们相信历史赋予了他们这一角色。

共产主义以两种方式威胁着新欧洲。每个国家内部很快都成立了一个革命的共产党。它们的影响不大，但是引起了很大的警觉。它们也制约了其他强大的进步政党的出现，这是它们的诞生环境所致。1919年3月，苏俄创建"共产国际"（Comintern）或"第三国际"来指导国际社会主义运动，以免其落入那些旧的领导者手中，后者缺乏革命热忱，未能利用战争的机会。对列宁来说，检验社会主义运动的标准就是是否忠于共产国际，他认为一个真正的革命政党必须符合坚定、守纪、坚决等原则。几乎在每一个国家，这些原则都把社会主义者分成两派。一派忠诚于共产国际并称呼自己为共产主义者，另一派尽管仍自称是马克思主义者，但仍从属于小的民族性政党和运动。这两派极力争取工人阶级的支持并且相互斗争。

左派的新的革命威胁使很多欧洲人提心吊胆，因为这里有太多可供共产主义者利用的革命可能。最引人注目的是在匈牙利成立了布尔什维克政府，但更令人震惊的是德国的共产主义夺权尝试，其中一些还一度取得成功。德国的情形特别具有讽刺意味，因为一战战败后成立的新共和国政府现在被社会主义者控制着，为了防止革命，新共和国政府被迫依靠保守势力——特别是旧军队的职业军人。甚至在共产国际成立之前，这些事情就发生了，这令德国左派的不同派别痛苦不已。但是共产党人在各国的政策都让团结抵抗保守主义变得困难，革命的豪言壮语和阴谋把中间人士都吓跑了。

在东欧，社会主义威胁通常也被看作是苏俄的威胁。共产国际作为苏俄外交政策的工具被布尔什维克的领导人控制着，他们为此给出的正当理由是，苏俄是第一个社会主义国家，是世界工人阶级的堡垒，世界革命的未来取决于能否把苏俄保卫好。在国内战争的前几年，俄国的布尔什维克势力在慢慢得到巩固后，这个信念导致很多国家都煽起对本国政府的不满情绪，以便夺取资本主义的政权。但在东欧和中欧，人民的不满表现得更激烈，因为在《凡尔赛和约》之后很

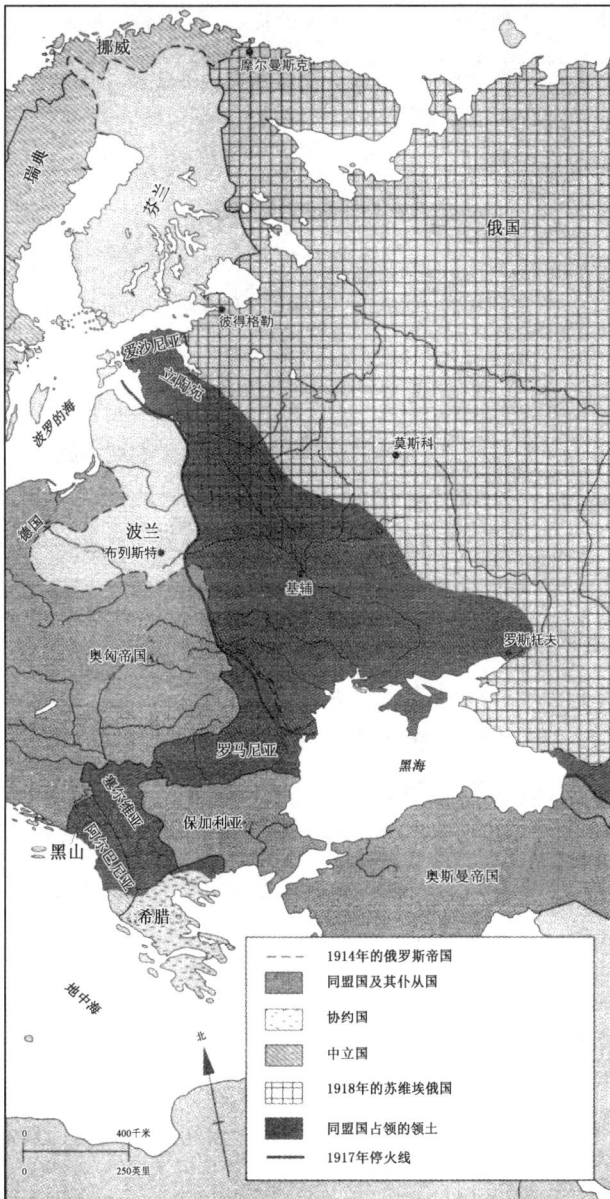

挪威

摩尔曼斯克

瑞典

苏川

俄国

彼得格勒

爱沙尼亚

立陶宛

波罗的海

莫斯科

德国

波兰

布列斯特

基辅

奥匈帝国

罗斯托夫

罗马尼亚

黑海

塞尔维亚

保加利亚

阿尔巴尼亚

黑山

希腊

奥斯曼帝国

地中海

北

400千米

250英里

- - - 1914年的俄罗斯帝国
- 同盟国及其仆从国
- 协约国
- 中立国
- 1918年的苏维埃俄国
- 同盟国占领的领土
— 1917年停火线

1918 年的俄国

长时间里，那个地方的领土纠纷问题仍没得到解决。直到 1921 年 3 月，苏俄和波兰共和国签订了和平协议，确定了持续到 1939 年的边境线后，第一次世界大战在那里才结束。波兰历来最具反俄国的传统，那里的宗教最反布尔什维克，波兰也是最大最有野心的新生国家。这些地区的国家都感受到俄国复兴的威胁，特别是现在它和社会主义革命联系紧密。这些联系使很多国家在 1939 年之前都转向支持独裁和有武装力量的政府，这样至少可以提供一条强大的反共产主义防线。

在东欧和中欧，对共产主义革命的恐惧在战后的前几年里最明显，因为当时经济崩溃，苏俄和波兰战争（曾一度威胁到华沙）的结果也未确定。1921 年，和平最终实现，苏俄和英国象征性地建立了官方关系，两国的关系明显缓和。两国关系的改善和当时苏俄政府在国内战争中感觉到的严重威胁有关。在外交礼仪方面改善不多，革命宣传和对资本主义国家的公开谴责没有停止，但是现在布尔什维克政府可以把精力放在重建国家上面了。1921 年，生铁产量大约是 1913 年的五分之一，煤的产量大概是 1913 年的 3％，而在铁路上运行的火车数量还不到一战刚开始时的一半。牲口数量下降超过四分之一，谷物输送量还不到 1916 年的五分之二。1921 年，让贫困的经济雪上加霜的是，苏俄南部发生了干旱，超过 200 万人死于饥荒，据说甚至还发生了吃人肉这样的事。

经济的放宽扭转了这种局面。到 1927 年，农业和工业产量都差不多恢复到战前水平。新政权在这几年里的统治经历了很多变数，这在 1924 年列宁去世前就已经表现得很明显了，但这位在布尔什维克内具有强大威望并能维持各方势力平衡的领导者的逝去，使布尔什维克在领导权问题上开始分化，发生争议。争论不是针对 1917 年革命中建立的政权的集权性质，因为没有一个领导人认为政治自由是可行的，没一个领导人认为面对周围敌对的资本主义国家，可以不要秘密警察和一党专政。但他们在经济政策和策略上看法不同，个人的竞争有时加剧了分歧。

　　宽泛地说，当时有两种观点。第一种观点强调革命取决于新近成立的苏联的群众，特别是农民的好感；虽然农民最先分到土地，但由于农民的劳动成果要无条件先供养城市，这使农民和城市敌对起来，接下来又有了经济自由化再次对他们进行安抚，就是我们所知的"新经济政策"，这是列宁以前提出的权宜之计。实行新经济政策后，农民就可以有自己的收益了，他们开始种植越来越多的粮食作物然后卖到城市里。另一种观点从更长远的角度考量了同样的事实。让农民满意会降低工业化的速度，而苏联需要实现工业化以便能在这个充满敌意的世界里存活。持这个观点的人认为，党的合适路线应该是依靠城市的革命激进分子，为了这些人的利益去剥夺那些还没布尔什维克化的农民，同时加快工业化速度并促进国外的布尔什维克革命。共产主义革命的领导者托洛茨基（Trotsky）就持这种观点。

　　当时发生的事情大致是托洛茨基被排挤了，但他的观点占了上风。从党内错综复杂的政治斗争中最终获胜的是约瑟夫·斯大林，一个在思想魅力上远不及列宁或托洛茨基的人。他同样强硬，并且有着更为重要的历史意义。斯大林逐渐掌握了权力。布尔什维克夺权为斯大林开展真正的革命铺好了道路，他聚拢了新的国家中坚从而为新俄国打好了根基。对于斯大林来说，工业化是最重要的。工业化的出路在于让农民买单，也就是让农民供应那部分如果没有好收益就宁愿自己吃掉的农产品。苏联从 1928 年开始实行两个"五年计划"，以农业集体化为基础，开始工业化的计划。这是共产党第一次赢得农村。在这场新的国内战争中，成千上万的农民死亡或者被流放，征粮导致了再度饥荒。但是城镇维持了温饱，尽管警察机关把消费水平控制到了最低。工资水平也下降了。但到了1937年，80％的苏联工业产量都来自1928年起建立的工厂。昔日的俄国再次成为一个主要强国，仅仅凭借这个成就的巨大影响，就能保证斯大林在历史上的地位。

但是工业化的代价也很大。

在其他国家，对自由资本主义社会的批判经常以苏联为例，批判者们把苏联想得非常美好，认为它在实现进步以及文化和道德生活复兴的方式方面是个典范。但对于那些对西方文明感到失望的人来说，这种模式不是唯一的。1920年，意大利出现了一个叫法西斯的运动。法西斯的名字将被其他国家的一些彼此仅有松散联系的激进右翼组织沿用，这些组织都反对自由主义并强烈反对马克思主义。

世界大战让意大利的立宪制度变得岌岌可危。尽管意大利在1914年只能被称为次等强国，可是在战争中它却承担了和它的国力不相称的重担，而且经常失败，很多场战争还都发生在意大利的领土内。战争还在进行的时候，不平等就加剧了社会分裂。此外，通货膨胀来得比和平还快。农业资本家和工业资本家，还有那些因为劳力短缺而可以要高一些报酬的人，他们受到的影响要小于中产阶级和那些依靠投资和固定收入生活的人群。然而这些人总体上都是1870年意大利统一的忠实支持者。当保守的罗马天主教徒和革命的社会主义者长期以来都在反对这个立宪的自由的国家时，他们却一直都支持着。他们把意大利在1915年参加战争看作是意大利复兴运动的延伸，该运动是19世纪旨在统一意大利的斗争，它试图把奥地利从它统治的最后一块居住着意大利血统或说意大利语的人的土地上赶出去。像其他民族主义一样，这是个混杂且不科学的主张，但它力量很强。

战后和平带给意大利人的是幻想的破灭和失望，很多民族主义者的梦想都无法实现了。另外，随着战后经济危机的迅速加剧，国会里面的社会主义势力迅速壮大，并由于俄国社会主义革命政权的存在而更令民族主义者恐慌。失望、恐惧，并且厌倦社会主义者的反民族主义的很多意大利人，开始抛弃自由主义的代议制民主，重新寻找一条不让意大利失望的发展道路。很多意大利人都同情在海外进行的不妥协的民族主义斗争（比如，民族主义分子冒险夺取了巴黎和会没有给意大利的亚得里亚海港口阜姆），和国内暴力的反马克思主义运动。后者注定对这个信奉罗马天主教的国家很有吸引力，但反对马克思主义的新的领导阶层不仅仅来自历来保守的教会。

墨索里尼是一个记者，也是一个退役的军人，在一战前他曾是一个极端社会主义者。1919 年，他成立了一个名为"fascio di combattimento"的组织，大概能把它译为"战斗的法西斯"。这个组织利用一切手段去获取权力，他们中有一群年轻的暴徒经常使用暴力，他们的目标是首先对付社会主义者和工人阶级组织，其次对付选举出来的政府官员。这个运动发展迅速，意大利的立宪派政治家既不能控制它也不能用合作来驯服它。很快地，法西斯分子（他们开始被这样称呼）能够常常得到官方和半官方机构的支持，也受到地方政府和警察部门的保护。暴徒的犯罪行为已经半制度化了。到 1922 年，他们不但在选举上获得重要的成功，还在一些地方通过恐吓他们的政治敌人，特别是共产主义者或社会主义者而令政府的有序管理无从谈起。在那个时期，其他的政客都已经无法应对法西斯的挑战，国王召见墨索里尼让他组成一个新政府。以政党联合为基础，墨索里尼组建了新政府，暴力活动停止了。这在接下来的法西斯神话中被称为"向罗马进军"，但这还不是意大利宪政制度的终结。墨索里尼慢慢地走向独裁。1926 年，独裁政府逐渐开始形成，选举被废止。那时已经不存在多少反对的声音了。

这个新政权是以大量恐怖主义为基础的，它也明确指责自由主义思想，然而墨索里尼的统治还远没达到极权主义的程度。无疑，他有志要在意大利进行彻底革命，而且他的许多追随者进行革命的愿望更强烈，但是革命在实践中基本停留在宣传层面。这既是由于墨索里尼改造这个让他觉得受排斥的社会的愿望变化无常，也由于这个运动中真实的激进压力。意大利的法西斯主义在实践上和理论上很少达成一致，相反，它越来越反映出意大利的现实权力状况。它在国内事务上的最重要措施就是和教皇达成外交协议，相应地，教皇不再坚持教会在意大利人生活中的权威地位（那天之前一直如此），并首次正式承认了意大利国家政权。1929 年的《拉特兰条约》(the Lateran treaties)包含这一协议，虽然其中充斥着法西斯主义的革命修辞，其实该条约是对意大利最大保守势力的一个妥协。"我们已经把上帝还给意大利，也把意大利还给上帝了。"教皇说。法西斯对自由企业的批评也同样缺少革命性。个人利益从属于国家的观念，引发了国家剥夺工会保护工会成员利益的权力。因为很少对雇主的自由进行抑制，所以法西斯的经济计划没多少价值。只有农业生产明显改善了。

在其他地方发生的所谓法西斯运动中，其类型和抱负以及它的结果之间存在同样明显的差异。尽管这些运动确实反映了某种新观念和后自由主义色彩——除了作为大众社会的表述外，它们难以捉摸——这些运动在现实中经常对保守势力作出妥协。这让我们难以完全准确地讨论这种"法西斯"现象。在很多国家出现的政权都是专制的，甚至希望实现极权，都带有强烈的民族主义色彩和反马克思主义倾向。但法西斯并不是这些思想的唯一来源。比如，出现在葡萄牙和西班牙的政府，它们利用传统和保守势力，而不是利用从大众政治这种新现象中产生的力量。在这些人中，真正的法西斯激进分子经常对为维护现有社会秩序而作出的妥协感到不满。只有在德国，一个也被称为"法西斯"的运动，最终在一场压倒了过去的保守主义势力的革命中胜出。

对于 1918 年后的二十年，或许最好是仅仅区分两种可以区分的现象。第一个现象是出现了一类思想家和活动家（甚至在像英国和法国这样稳定的民主国家），他们谈论一种新的激进政治，强调理想主义、意志力和牺牲，盼望能按不顾既得利益也不向物质主义妥协的新方针重建社会和国家。这种现象尽管影响广泛，但只在两个国家取得胜利，这就是意大利和德国。经济崩溃、激烈的民族主义和反马克思主义，是该现象在这两个国家成功的原因，尽管它在德国到 1933 年才实现。如果想用一个词来表达这种现象，那可能是法西斯。

在其他国家，经常是在那些经济落后的国家，特别是东欧，说它们的政权是专制政权，可能比说法西斯政权更恰当。在这些国家，庞大的农业人口引发了不少问题，边界问题的和平解决反而加剧了这些问题。有时候同样也分布在外国的少数民族似乎威胁到这些国家。这些新国家有很多只是移植了自由主义制度的表皮，传统保守社会势力和宗教势力仍然很强大。就如在拉丁美洲国家，那里的经济基础和这些国家很相似，它们表面的立宪制度似乎迟早会让路给政治强人和军人的统治。在 1939 年之前，波罗的海的新国家中，波兰和所有从奥匈帝国中分解出来的国家就是例证，捷克斯洛伐克是中欧地区和巴尔干地区真正实行民主政治的例外。这些国家对这种独裁政权的依赖，表明了 1918 年列强对它们政治成熟度的希望多么不切实际，以及新增的对马克思主义的恐惧，在与俄国毗邻的国家这种恐惧特别强烈。在西班牙和葡萄牙，也存在着这样的压力，尽管没有这么严重，两国的传统保守势力甚至更强大，天主教思想比法西斯更加强大。

两战间隔期中民主制度的失败，并非一路向下。20 世纪 20 年代开始时，世界的经济形势都不好，随后除了苏俄外，欧洲大部分国家的经济逐渐复苏。从 1925 年到 1929 年，欧洲国家的经济总体向好。这就使这些国家对未来的新民主政治感到乐观。20 年代头五年里欧洲国家出现了骇人的通货膨胀，之后货币又再次稳定。很多国家重新使用金本位制，似乎表明它们相信 1914 年前那种好日子回来了。1925 年，欧洲的食品生产和原材料生产第一次超过 1913 年的数量，制造业也在恢复。在已成为资本输出地的美国的巨额投资和逐步恢复的世界贸易的帮助下，到 1929 年时欧洲的贸易水平达到新高，直到 1954 年才被打破。

　　然而接下来经济又崩溃了。之前经济恢复的基础并不稳固，所以一旦面临突发的危机，这种新的繁荣就又一下子瓦解了。现在不仅欧洲发生经济危机，而且整个世界都发生了经济危机，这是在一战和二战之间发生的最重要的事件。

　　1914 年的那种复杂而相当高效的经济系统事实上已经被毁坏得无法挽救了。战后新成立的国家为了保护它们脆弱的经济，纷纷采取关税壁垒和控制汇率的措施，老牌的强国也纷纷努力修复衰微的经济，这些限制措施严重阻碍了国际贸易的发展。《凡尔赛和约》使国际情况变得更糟，因为它要求德国这个欧洲最重要的工业国，以实物和现金的方式偿还对战胜国的赔款，这给德国造成一个无止境的负担。这不仅使德国的经济不能正常运转，而且至少让它的复苏推后好几年，还让它的经济丧失发展的动力。东边的苏俄是德国最大的潜在市场，这时已经用一条任何贸易也渗透不进去的经济防线，把自己与外部隔离开来。多瑙河流域和巴尔干地区原本是德国企业的另一块领地，现在也被隔开了，而且现在这里变得贫穷了。这些困难暂时在得到美国的资金后逐步克服，而美国也乐意提供这些资金（尽管它不会买欧洲的商品，而在关税壁垒后自守）。但这会让欧洲对美国的持续繁荣产生严重的依赖。

　　1920 年代，美国生产了全世界 40％的煤，以及占世界一半的工业品。战争对物资的需求使美国的财富急剧增长，美国人的生活也改变了，美国人是世界上最先大量拥有私家车的国民。不幸的是，美国国内经济的繁荣支撑着整个世界。由于很多国家的经济都依赖它，这让美国很自信，这种自信使美国对外大量输出资金。也由于这一点，商业循环中美国经济的一个摇晃就会给世界经济带来灾难。1928年，在美国开始很难得到短期资金。还有一些迹象表明，随着商品价格开始下跌，长期的繁荣快接近尾声了。这两个因素导致美国人向欧洲借款，很快欧洲一些借钱的国家就陷入困境。同时，美国国内的需求也降低了，因为美国人开始认为一次严重的经济萧条快来了。这一次，联邦储备银行通过提高利率并持续这一政策来对付这场经济危机。令人意想不到的是，1929年10月股票市场突然一下子就崩溃了。在这之后尽管有短暂的回升而且各大银行都买入股票来重建信心，但这对经济复苏没多大效果。这是美国海外投资和商业自信的终结。在1930年最后一次短暂回升后，美国用于海外投资的资金都枯竭了。世界经济萧条开始了。

投资的崩溃使经济增长走向末路，但另一个因素的作用很快就加速灾难的扩大。负债国开始整顿它们的账目，削减进口量。这些举措导致了世界商品价格的下跌，以致那些主要商品生产国都买不起国外的东西。同时，更重要的是，美国和欧洲也陷入金融危机，各国都尽了一切努力，但还是无法成功稳定它们国家的货币和黄金的关系（即一种国际承认的兑换方法——金本位制），它们试图采取通货紧缩的政策去平衡账目，所以它们再次削减需求。政府的介入使经济萧条变为一场灾难。到1933年，所有主要的货币（除了法郎）都和黄金脱钩。这就是这场悲剧的标志性表现，自由经济的旧偶像被抛弃了。这场悲剧的现实就是，在工业化的世界里，失业人数可能达到3 000万。1932年（对工业国来说形势最严峻的一年），美国和德国的工业生产指数分别都只有本国1929年时的一半。

经济危机的影响以可怕且难以抵抗的威力席卷了其他领域。1920年代所增加的社会财富，当时使很多人的生活水平都提高了，但现在几乎到处都化为乌有。所有国家都对失业束手无策，尽管美国和德国的情况是最糟的，但失业还以隐秘的方式波及全世界的农村和主要的农业生产者。在 1929 年和 1932 年间，美国的国内生产降了 38％，这是制造业商品价格下跌的准确数据，但与此同时，原材料价格下降56％，食品价格下降 48％。因此，世界各地的穷国和成熟经济体的较贫穷部门并未受到同等的冲击。也许它们受到的影响并不会那么严重，因为它们没多少下滑余地。一个东欧人或者一个阿根廷农民的生活情况也许并没变差多少，因为他们的生活本来就已经够差了，而一个失业的德国文员或者工人的生活肯定就很明显变差了，他们对经济危机的体会也很深刻。

在下一次世界大战到来之前，全球性经济恢复都没有到来。各国都在用关税壁垒（1930 年的美国进口税平均提高了 59％）把自己保护起来，各国政府纷纷通过加强对经济生活的控制来实现经济的自足。有一些国家做得相对成功，有一些却一败涂地。这场经济大灾难像是为共产主义和法西斯之间的斗争设置好的舞台，它们都期望或支持资本文明的垮台，而且现在开始充满期望地在其衰弱的躯体周围寻找良机。金本位制和不干预经济的信念的结束标志着世界经济秩序的崩溃，正如极权主义和民族主义的兴起对政治的破坏已达极致。自由主义文明已经失去控制事态的力量。很多欧洲人仍然很难接受这一点，他们继续梦想着能够恢复到他们的文明不会被质疑并且至高无上的时代。他们忘记他们的文明是取决于政治和经济的霸权，虽然这种霸权在很长一段时间里都能引人注目地呼风唤雨，但是现在，却已经在全世界范围开始衰退。

第 3 章　新亚洲的形成

　　欧洲的困境不可能局限在欧洲大陆上。欧洲的强国很快必定会凭自身的实力去主导世界其他地方的事务，这种现象最早出现在亚洲。从世界历史的角度看，欧洲在亚洲的殖民力量，只在短时期内不可挑战也未受到挑战。但到 1914 年，欧洲的强国英国为维护其在远东地区的利益和日本结盟，而不再只依靠自己了。另外，在日俄战争中被日本打败后，俄国不得不停止 20 年来对黄海的觊觎，把眼光转回欧洲。义和团的反抗给侵略者们致命的震撼后，西方列强对中国长达一个世纪的欺凌正在走向尽头。从那以后，中国未再割让土地给欧洲的帝国主义者。

　　不像印度和非洲，中国设法维持住了独立和大多数领土，直到欧洲殖民势力在亚洲消退。随着欧洲局势的紧张，压制日本的侵略野心也越来越困难，欧洲的政治家开始意识到争夺新港口和分割"东亚病夫"的时代结束了。由美国提出，但事实上英国向来奉行的"门户开放"政策能让所有国家都寻求到自己的商业优势。这种优势，远没有充满希望的 1890 年代那样显而易见了，但它是各国在远东地区维持相安无事状态的另一个原因。

　　到 1914 年，欧洲进攻亚洲的高潮过去了，而且殖民主义、文化互动和经济力量给亚洲带来了变革，这已经使亚洲产生了值得列强严肃对待的防御的本能反应。早在 1881 年，夏威夷的一个国王就向明治天皇提议成立亚洲国家和元首的联盟及协会；这只是一个苗头而已，但这种反应现在在日本已经表现得很明显。这些反应起到了促进现代化的间接作用，帮助了日本这个地方性的亚洲力量，主导了东西方百年战争的下一个阶段。在 20 世纪的前 40 年里，日本的活力主导了亚洲的历史，中国的革命则没有这么大的影响，直到 1945 年后，中国才连同外部的新变革力量，再一次超越日本成为亚洲事务的更重要塑造者。这将结束亚洲的欧洲时代。

日本的劲头表现在经济的增长和领土的扩张上。在很长的时间里，经济增长更明显。这些都是日本整个"西化"过程中的一部分，"西化"使日本在 20 世纪 20 年代保持着自由主义的希望，这一点也掩饰了日本的帝国主义性质。1925 年日本实行了普遍选举，尽管欧洲的很多事实都证明普选跟自由主义或自我节制没有必然的联系，但它似乎又一次推进了一种在 19 世纪就开始的立宪进程。

由于日本工业的快速发展，外国人和日本人都对日本充满信心，特别是一战唤醒了日本人不断膨胀的乐观情绪，他们认为战争给日本带来了很多机遇：日本原来面临来自西方的激烈竞争的市场（特别是在亚洲的市场），被丢给了日本，因为那些从前的剥削者发现他们无法满足国内在战争期间对物资的需求。协约国政府向日本工厂订购了大量的军需品，世界船运短缺使日本建起很多新的船坞来满足它。在战争期间日本的国民生产总值上升了 40％。尽管日本的扩张活动在 1920 年时中断了，但在 20 年代的随后时期又重新开始。到了 1929 年日本的工业（尽管从事工业生产的人口仍不到日本总人口的五分之一）在此前 20 年里的增速为，钢产量增长到原来的近 10 倍，纺织品生产增长到 3 倍，煤产量增长到 2 倍。日本的制造部门也开始影响到亚洲其他国家：它从中国和马来亚进口铁矿石，从中国进口煤。尽管和欧洲列强相比，日本的制造业还是规模不大，尽管它的工业体系里长期存在小规模的工匠部门，但在 1920 年代日本的新工业力量已经开始影响国内的政治和外交关系，特别是影响了日本和亚洲大陆的关系。

和日本开始受尊崇、充满活力的形象相比，中国就黯然失色了，尽管它可能成为亚洲和世界的头号强国。1911 年的辛亥革命对中国很重要，但无法阻止中国的没落。理论上，辛亥革命从根本上比法国大革命和俄国革命更能标志着一个新时代的到来：它结束了中国两千多年的由儒家政治维系的大一统，结束了儒家思想对中国社会和中国文化两千多年的统治。儒家学说曾和法律秩序不可分离地交织在一起，被统治者结合起来利用。1911 年的辛亥革命正式宣布中国传统的原有基准的终结。

另外，辛亥革命也有局限性，表现在两方面。第一方面，它是破坏性的而不是建设性的。君主制度在此之前把一个辽阔的国家聚合起来，事实上几乎聚合了一块大陆，涵括了广阔的不同区域。君主制的崩溃意味着中国历史上常出现的地方割据现象将再次猖獗。很多革命者因为对北京中央政府的不信任和忌恨，而更受激励去从事革命事业。各种秘密社团、上层人士和军队指挥官都时刻准备着采取行动以控制他们辖区内的一切事务。这些割据倾向在袁世凯当政时期还不太明显，但不久就爆发了。

革命者分裂为两派，一派是以孙中山为首的中国国民党，而另一派则支持原本基于议会制的北京中央政府。孙中山的支持者主要是广东的商人和一些南方的士兵。在当时那个时代背景下，军阀非常猖獗。这些军阀的首领以前都是军队里的士兵，趁中央政府衰落，夺取军队实权，成为割据一方的军阀。1912 至 1928 年之间，中国有 1 000 多个大小军阀，往往控制着重要地区。他们中有一些在控制区内实行改革；有一些纯粹就是土匪；有一些实力相当强也有很高的威望，所以觊觎中央政府的权力。这个时候的中国有点像罗马帝国晚期，尽管这种军阀割据的状况不久后就结束了，没有拖延得像罗马帝国那么久。当没人取代士大夫们管理国家时，军人会迅速填补这个空缺。袁世凯本人就是这方面的典型代表。

这也反映了 1911 年辛亥革命的第二个局限性：革命派没有为革命后的进一步发展达成协议。孙中山曾经说过解决民族问题比解决社会问题更重要，但他们也没有就该怎样塑造民族未来达成一致意见。在推翻王朝统治这个共同的敌人后，革命派内部的矛盾开始凸显出来。尽管中国的知识分子还是富有创造力的，但他们在这时的困惑表明，在辛亥革命后不到十年里，革命者们已经严重分裂了，这也预示着承担改变中国这个艰巨任务的是未来的革新者。

从 1916 年开始，一群文化革新者开始聚集到北京大学。1915 年，这些新文化倡导者中的一员——陈独秀，创办了一本叫《新青年》的杂志，这本杂志成为新旧文化辩论的阵地。陈独秀向中国的青年传播新思想，他认为中国革命的命运掌握在年轻人手里，必须完全否定旧中国的传统文化。像其他的知识分子一样，陈独秀也谈到了赫胥黎、杜威，他把易卜生的著作介绍给他困惑的同胞，这时的陈独秀仍然认为解救中国命运的钥匙还是在西方，在达尔文主义的斗争意识中，在个人主义和实用主义中，西方似乎依然指明了前进的道路。

虽然这些新文化运动的领导者很重要，他们的支持者也都富有激情，但是强调对中国进行欧洲文化再教育已经显得先天不足了。不仅很多受过教育并爱国的中国人的思想都受中国传统文化的影响，而且欧洲思想仅在中国社会最不典型的阶层中受到欢迎，即居住在沿海城市的商人和他们大都留学海外的后代。广大的中国群众并不理解欧洲的这些思想，也不受欧洲文化吸引，这就是必须进行白话文改革的原因之一。

被民族情绪所感染，中国人原本有可能会反对西方，反对在欧洲发源的资本主义。资本主义对他们中大部分人来说就意味着增加了一种剥削方式，资本主义是西方文明最明显的组成部分，一些要实现中国现代化的改革者敦促人民接受这种文明。但中国大部分农民在1911年后对革命更没热情了，他们对国内的大事都很冷漠，也不会被已经西化的年轻人激昂的鼓动所触动。要概括中国农民的经济状况不是一件容易的事：中国太大、太复杂了。而且中国社会一个很明显的现象是随着人口的稳步增长，关乎农民生存的土地问题却一点也没得到改善；负债和无地的人越来越多了，他们悲惨的生活由于频繁的战争变得更加令人无法忍受，无论是战争的直接破坏，还是伴随战争的饥荒和疾病，都让人民生活痛苦不堪。中国的革命能否真正胜利取决于革命能否触动这些人。20世纪早期的革新者不愿意考虑中国革命必需的实际政治步骤，他们对文化的强调时常掩盖了这一点。

中国的孱弱对日本来说就是机遇。一场世界性战争是助长日本19世纪的野心的一个偶然因素。日本利用了欧洲各国互相打斗给它带来的有利时机。日本的盟友不会反对它去占领德国在中国的港口，就算日本真的这么做了，他们也不能怎么样，因为这时他们需要日本的船只和工业制品。日本的欧洲盟友还在希望日本能派遣部队到欧洲去参加战争，尽管这看起来是不可能的。日本巧妙地利用了协约国担心日本单独与德国媾和的心理，加紧对中国的侵略步伐。1915年刚开始的时候，日本政府就向中国政府递交了包括二十一条要求的文件，并发出最后通牒。事实上，这意味着计划让日本成为中国的保护国。

英国和美国尽一切外交努力去减少日本对中国的野心，但是最终，日本还是得到了它想要的利益，还进一步确定了它在中国东北的特殊商业权和租借权。中国的爱国者们被日本的侵略行为激怒了，但此时他们却做不了什么，因为这时中国国内的政治一片混乱。他们很困惑，确实，这时孙中山自己也在向日本寻求支持。1916年，日本再次干预中国的政治，当时日本对英国施加压力，不让英国同意袁世凯通过称帝来恢复国内稳定的企图。下一年，中国又和日本签了另一个条约，承认日本的特殊利益拓展到内蒙古地区。

1917年8月，中国政府和德国开战了，中国参战的原因部分是为了赢得协约国的好感和支持，以便在战后和平时期能保证中国的独立地位。但是仅仅几个月以后美国就正式承认日本在中国的特殊利益，日本则以赞同美国的"门户开放"政策和同意维持中国的完整和独立作为回报。中国从协约国集团得到的只有结束德国和奥地利的治外法权，和推迟还清庚子赔款的期限。另外，日本紧握着在1917年和1918年从与中国签订的密约中取得的特权和利益不放。

然而，当和平到来的时候，它让中国人和日本人都感到很失望。日本现在毋庸置疑是世界强国之一，在1918年时它的海军实力已经在世界排名第三。确实，日本在和约中获得的利益是牢固的：它继承了德国在山东的势力范围（1917年英国和法国承诺给予的），并被授权接管德国在太平洋的岛屿，成为国际联盟中的常任理事国之一。日本得到的这些承认和荣誉使日本脸上有光，但从亚洲人的角度看，日本脸上的光彩被抵消了，因为它提议把种族平等写进国联的盟约却遭到拒绝。在种族平等这一点上（巴黎和会上唯一让中国和日本一致的地方），伍德罗·威尔逊拒绝靠多数票表决，坚持必须全体意见一致才生效，再加上英国、澳大利亚和新西兰也反对，这个提议很快就被大家抛诸脑后。巴黎和会上中国人感到很愤愤不平，因为尽管各国（特别是美国）都普遍因为日本强加的"二十一条"同情中国，但还是不能扭转关于山东的决定。由于对美国未能给予外交支持感到失望，以及中国代表团里面代表北京政府的成员和代表广东国民党的成员之间的分歧，中国代表团拒绝在和约上签字。

巴黎和会上的失败导致的直接后果就是整个中国陷入大动乱，一些评论家认为这场动乱和 1911 年辛亥革命一样重要，一样伟大。这就是 1919 年的五四运动。五四运动起源于北京学生反对巴黎和会的示威游行，原本这场游行定在 5 月 7 日举行，以抗议中国在 1915 年接受日本"二十一条"的这一国耻，但中国代表在巴黎和会上的失败让示威游行提前了。尽管刚开始只引发了小骚乱和大学校长辞职，五四运动此后不断升级。这场运动不久就发展为全国性的学生运动（这是 1911 年之后由中国的新学院、大学发起的第一次得到广泛支持的政治反思运动）。这场运动也扩展到学生以外的其他领域，工人罢工、商人罢市，人民开始抵制日货。一场原本由知识分子和学生开始的运动，扩展到其他城市居民，尤其是工人和从一战中发家的新资本家这些人群中。这也表明了亚洲对欧洲不断上升的抗拒情绪。

这是一个工业化的中国第一次登上历史的舞台。像日本一样，中国在战争时期经济迅速发展。尽管中国进口欧洲的商品减少了，大部分转由美国进口和日本进口，但在港口的中国企业家还是发现在国内市场投资商品生产有利可图。中国东北以外第一个重要的工业区开始出现了。这些工业区属于进步的中国民族资本家，他们支持革命的思想，特别是当战后西方商品强有力的竞争力重现，而他们又发现在外国人的指导下中国无法实现解放时。工人对外国产品的涌入也感到愤恨：他们的工作岗位受到威胁。很多工人都是第一代的城镇居民，提供工作的保证使他们从农村涌进了新兴的工业区。把中国的农民从土地上分离出来甚至比改革古老的欧洲制度更重要。在中国，家族和农村的联系更牢固。迁徙到城镇去，就脱离了家长制的控制以及独立生产单位的相互义务，脱离了传统的大家庭：这更大程度上削弱了中国古老的统治根基，这种传统经过革命的洗礼仍然幸存下来，仍然把中国和过去连接起来。新的物质基础的形成促进了新意识形态的传播。

五四运动第一次向人们显示中国的革命可以联合各阶级，形成广泛的社会基础。进步的欧洲自由主义已经不足以拯救中国，文化革新者对五四运动只取得不明显成果感到失望。中国政府在日本强权面前的无助，已经揭穿了欧洲资本主义民主的本质。现在，中国政府在处理国内事务时面临另一个尴尬：对日货的抵制和示威游行迫使政府释放被捕的学生和辞退亲日官员。但这一点不是五四运动唯一的重要成果。对于新文化倡导者来说，他们自身的力量对政治的影响力是有限的，但有了学生的参与，他们第一次把革新活动变成一场全社会的行动。这给人民以很大的鼓舞，也前所未有地唤醒了人民的政治意识。这是一个恰当的例子，可以说明中国现代史开始于 1919 年而不是1911 年。

　　然而最终，由于日本的侵略野心，战争还是爆发了。日本这股外来势力对中国来说并不陌生，早在 1919 年以前它就开始肆虐在文化传统正在迅速消融的中国大地上。科举制的废除，流亡海外的欧化知识分子的回归，新旧文化文学在战争时期的大辩论，这些都推动了中国不断前进，中国已经不再是那个封闭落后的国家了。军阀未能树立和正统观念一样的新权威。现在不仅儒家思想，连其劲敌欧洲的自由主义也受到攻击，因为它和外国剥削者有很大的关联。欧洲的自由主义对中国广大的人民群众并没有吸引力；现在它对中国知识分子的吸引力也遭到另一种来自西方的意识形态的威胁，马克思主义登上了中国的历史舞台。俄国的布尔什维克革命给了马克思主义一个家园，其来自世界各地的拥护者能在这个家园里得到鼓舞、指导、领导甚至物质支持，这个新的因素就这样被引进那个即将消逝的历史时代，它必将加速旧时代的灭亡。

　　1917 年俄国二月革命和布尔什维克革命的胜利，使《新青年》的创立者之一李大钊感到欢欣鼓舞。他于 1918 年开始任北大图书馆馆长。李大钊很快就领悟到了马克思主义世界革命理论的原动力和发动中国农民起来革命的方法。从那个时候开始，李大钊就不再对西方模式抱有幻想，俄国模式在中国学生中很受欢迎。似乎沙皇的后继者们已经驱除了心中热爱扩张的魔鬼，苏俄政府成立后最先做的事情之一，就是正式声明放弃沙皇俄国以前所得到的治外法权和司法权。在民族主义者的眼中，苏俄因此是清白的。

　　此外，俄国的革命，一场爆发在农民人口占大多数的社会里的革命，宣称它的胜利是建立在马克思理论的指导上，这一学说看起来对在一战中开始工业化的中国也有很大的适用性。1918 年，北京大学出现了一个研究马克思主义的社团，它的一些成员成了五四运动中的风云人物。其中一位是北大图书馆的一名管理员——毛泽东。到1920 年，马克思主义原著的译文开始出现在学生杂志中，也是在这一年，《共产党宣言》的第一个完整中译版出版了。接下来，对马克思主义、列宁主义的第一个运用就是尝试组织工人罢工以支持五四运动。

　　然而，由于对马克思主义认识的不同，这些新文化运动领导者产生了分歧。陈独秀把马克思主义当作 20 世纪 20 年代解决中国问题的办法。他投入大量的精力去帮忙组织信奉马克思主义的中国左翼力量。自由主义者开始被抛在后面。共产国际注意到中国国内的革命新动向，在 1919 年派了第一个代表到中国来帮助陈独秀和李大钊。但结果并不是完全令人满意的，他们之间存在争议。然而，在前途仍然不明朗的情况下，1921 年，中国共产党在上海（我们也不清楚确切的地点和日期）成立了，与会代表们来自全国各地（其中包括毛泽东）。

　　中国革命的一个新阶段就这样开始了，它令一直贯穿于欧洲和亚洲之间关系的不可思议的辩证逻辑又有了新的变化。马克思主义，一种来自欧洲的外来学说，诞生和形成于与传统的东方完全不同的社会里，它的思想来源扎根于犹太—基督教文化，但被亚洲人民采纳并根据他们的实际得到应用了。它希望实现苏联那种明确的现代化、效率和工业化目标。它的力量来自一个核心预设（苏联已被视为付诸实践的代表）：即便是一个已被边缘化的社会，也可以实现技术的现代化和社会的公正，从而重现辉煌。

共产主义在中国取得成功，很大程度上归因于资本主义在这里经常被认为与外国剥削和侵略联系在一起。1920 年，中国的分裂使它在国际事务中无足轻重，尽管九个在亚洲有利益的国家都保证中国的领土完整，日本也同意交回它在一战中夺得的德国在中国的殖民范围。这只是华盛顿会议上达成的复杂协议的一部分，华盛顿会议的核心问题是对各国海军力量进行限制（由于对军费的担忧）；这些最后都让日本相对变得更强了。四个主要的强国之间互相承认在战争中取得的权益，这体面地葬送了英日同盟。英日同盟的结束是美国一直都希望的。但给予中国的保证，每个人都知道，不值得美国为了支持它而去打仗，条约已经迫使英国不能在香港建立海军基地。同时，外国人继续支配着一个"独立自主"的中国的海关和税收，这些收入是北洋政府赖以生存的经济来源，在很多时候外国机构和外国商人直接同军阀打交道就可以了。虽然美国的政策进一步削弱了欧洲在亚洲的地位，但这在中国却表现得不明显。

列强对中国明显而持续的控制，使得马克思主义对知识分子的吸引力远远超出中国共产党的成员范围。孙中山强调他的学说和马克思主义不一致，但他采用了马克思主义中有利于国民党脱离传统自由主义学说的理论，并朝着马克思主义的方向努力。在他看来，俄国、德国和亚洲作为被剥削者在反对压迫者和敌人——四个帝国主义国家（德国在 1921 年保证在完全平等的基础上和中国建立关系后，得到了好评）的问题上有共同的利益。他创造了一个新词"次殖民地"

（hypo-colony）用来描述这样一种状况：中国从未成为任何国家的附属国，也就是在和其他国家没有正式的从属关系的条件下被其他国家剥削。他的结论是集体主义：自由"万不可再用到个人身上去，要用到国家身上去"。这是对否定个人自由的新的公开赞同，这种赞同经常出现在中国古典观念和传统中。家庭、宗族和国家的诉求是最重要的，所以孙中山设想在一个时期内实行一党专政，以便进行大众灌输使人民重新认可对家庭、宗族和国家的态度，而这种态度已处于被西方思想腐蚀的危险之中。

中国共产党和国民党的合作没有多大障碍。外国列强和军阀是它们共同的敌人，苏联政府也大力推动国共合作。中国和这个与它有着最长边境线的反帝国主义强国进行合作是有先见之明的，这对中国是有利的。对于共产国际来说，支持与国民党的合作可以维护苏联在蒙古的利益，也是拖延日本的一个措施。苏联已经被排除在华盛顿会议之外，尽管华盛顿会议上的国家没有一个在亚洲有比它更大的领土利益。对于苏联来说，和中国最有可能获胜的一方合作是必须做的一个环节，就算他们的政策和马克思主义不完全相符。在苏联的帮助下，从1924年开始中国共产党就和国民党进行合作，尽管一些中国的共产主义者们对此感到怀疑。共产党员获准以个人身份加入国民党。孙中山把他身边年轻能干的蒋介石送去苏联访问学习，然后在中国建立军事学校，为革命战士提供军事教学和思想教育。

1925年孙中山逝世后，他的追随者继续和共产党合作，统一战线仍然存在。孙中山的遗嘱中写道：革命尚未成功（中国孩子都会背诵）。而共产党在一些省份开展的革命运动取得重大进展，赢得了农民的支持，有理想的年轻军官带领的革命新军也在和军阀的北伐战争中取得重大成果。到1927年在国民党的领导下，中国已经恢复了表面上的团结。反帝国主义情绪使人们成功地抵制英货，这让英国政府开始警惕苏联对中国的强大影响力，英国宣布放弃在汉口和九江取得的特权。在此之前英国已经承诺把威海卫交还给中国，而美国也宣布放弃庚子赔款中美国的部分。这些成就都表明中国终于行动了。

这场革命有一个方面长期未被注意到。马克思主义理论强调无产阶级是必不可少的革命角色。中国共产党使城市工人的政治觉悟大大提高并参与政治活动，这一点已取得较大进步，这也是中国共产党引以为豪的，但是中国的群众大部分都是农民。中国的情况也走不出马尔萨斯人口论的困局：人口激增和土地短缺，以及中国一个世纪以来所遭受的苦难，在军阀统治和中央权威瓦解的情况下加剧了。一些中国的共产主义者已经看到了农民身上蕴藏的巨大革命潜能，他们认为尽管这一点不符合当时的正统（共产国际的主流意见），但它依然体现了中国社会的实际情况。毛泽东以及那些同意他观点的革命者开始相信，一些农民可以与城市无产阶级联合起来，支持革命。他们开始在毛泽东的家乡，位于中国中南部的湖南省尝试鼓动和组织农民。

接下来取得了重大的进步。毛泽东写道："孙中山先生致力国民革命凡四十年，所要做而没有做到的事，农民在几个月内做到了。"有组织的农民现在可以把困扰他们多年的难题解决了。地主没有被撵走，但是地租大大减少了。高利贷的利率也降低到合理的水平。农村革命避免了以前的中国革命活动所犯的错误——毛泽东认为没有发动农民起来革命是辛亥革命最重要的缺陷；这次共产党能成功达到他们的目标就在于他们发现并激发了农民身上巨大的革命潜能。这对未来的革命来说有重大的意义，因为它预示着整个亚洲的历史发展进程将有重大突破。毛泽东深深地领会了这一点。他写道，如果给民主革命打十分，那么城市居民和部队的成绩只占三分，而剩下的七分都应归功于农民的农村革命。在《湖南农民运动考察报告》里面，毛泽东两次把农民比作强大的动力，认为其攻击的形势，简直是急风暴雨，顺之者存，违之者灭。这个比喻意义重大，中国社会的历史传统确实根深蒂固，长期存在反对地主和土豪劣绅的斗争。如果共产党试图通过破除迷信和摧毁家长制来抛开传统做法，他们仍然也能借鉴这一点。

农村革命根据地是共产党在孙中山逝世后国共关系恶化情况下仍能生存的关键因素。孙中山的离去使国民党内部开始分裂为"右翼"和"左翼"。年轻的蒋介石，曾经被视为进步分子，现在以右翼军队代表的身份登场。他鼓吹民族凝聚和国家建设，以及在军事上击败军阀和北洋政府的迫切需要。蒋介石担任了"北伐"的指挥官，从1926年开始向北方城市进发，并取得了巨大胜利。共产党人积极支持北伐，在国民革命军抵达前就在产业工人中组织起义。然而这个战略越是成功，国民党右翼对共产党人的猜忌就越大。

蒋介石控制军队后，在城市里全力摧毁左派人士和共产党的组织，至此国民党内部在战略问题上的分歧才得到解决。1927年在上海和南京，当着被派到中国维护其在华权益的美国士兵和欧洲代表团的面，这一幕血腥收场。共产党正式宣布国共合作结束，但事实上国共合作还没真正结束，在全国的一些地方，国共合作还继续了几个月，因为苏联还不想在这个时候和蒋介石关系破裂。这使得城市里的共产党员更加容易受到蒋介石的迫害；共产国际在中国，像在其他地方一样，短视地追求它所认为的对苏联有利的利益，这表现为马克思主义的教条化。维护斯大林的利益是首要的，在外部事务上，斯大林希望中国能有人站起来反抗英国这个最强大的帝国主义国家，而国民党是最合适的人选。这些选择符合马克思主义的理论，根据正统马克思主义理论，资产阶级革命先于无产阶级革命。在国民党铲除异己即将胜利的时候，苏联调回了派往中共的苏联顾问，中国共产党最后只能放弃公开的政治活动，转为地下组织，进行地下活动。

事实上，没有苏联的帮助，中国的民族革命也开展得很好。然而，国民党面临着一大堆问题。那时战争的主动权还掌握在国民党手中，如果革命想要继续下去，它就必须满足广大群众的要求。在北伐进程中，国共的分裂造成倒退，这使得彻底消灭军阀变得不可能，更严重的是，它削弱了反抗外国侵略的统一战线。在日本交还胶州湾后，中日之间的关系得到短暂的缓和，但在 20 世纪 20 年代，中国又面临来自日本的压力。

日本的国内情况已经发生重大的变化。1920 年，日本在一战时期快速发展的经济势头开始停下来，随之而来的是经济困难和越来越紧张的社会矛盾，甚至在世界经济危机还没开始之前，日本国内的情况就已经不乐观了。到 1931 年，日本一半的工厂已经停工；欧洲殖民地市场的消失，关税壁垒筑起的鸿沟，都给日本的商品出口造成毁灭性的打击，日本的商品出口下降了三分之二。亚洲市场对于日本的出口至关重要，任何威胁到日本的市场的行为都会激起它的强烈恼怒。在日本国内，农民的状况日益恶化，成千上万的人破产了，为了生存他们把自己的女儿卖去当妓女。重大的政治后果也很快显现出来，日本爆发了强烈的极端民族主义情绪，这比当时的阶级矛盾更加激烈。促使这种极端民族主义产生的动力就来自长期以来日本热衷于反对"不平等条约"的斗争。日本需要为国内市场寻找新的出路，在经济大萧条时期工业资本主义采取了残酷的措施，这为他们的反欧洲情绪提供了新动力。

当时的环境对日本进一步侵略亚洲是有利的。欧洲殖民势力现在如果不是全面撤退，很明显也是处于守势。1920 年代，荷兰面临爪哇人民和苏门答腊岛人民的反抗，1930 年，越南人开始反抗法国人。在这两个地方，都有共产主义者帮助当地的民族主义造反者。在印度，英国没遇到这么大的挑战。不过，虽然英国人当时还不赞同印度自治，但这已是他们宣布的政策目标。在中国，1920 年代英国就已经表明他们只想和难以估计的民族主义运动平静和解，只要不让英国太没面子就好。在经济崩溃后，英国的远东政策看起来更虚弱无力了，它把美国到手的肥肉敲出来给了美国的对手——日本。最后，苏联一直试图影响中国的国内事务，现在似乎影响力开始消退了。相反，中国的民族主义获得了明显的成功，不但没有一点退却的迹象，而且已经开始威胁到日本在中国东北的存在。这些因素都反映到了日本政治家在经济恶化时作出的预测中。

中国东北是个非常重要的地域。日本人从 1905 年就开始经营那里，并进行大量的投资。刚开始中国人被迫同意，但到了 1920 年代中国政府在苏联的支持下开始提出非议，苏联已经预见到日本把影响力推进到内蒙古会带给它的威胁。事实上，1929 年，当时中国和苏联在经过中国东北直达符拉迪沃斯托克的铁路控制权问题上已经出现矛盾，这些使日本人对中国的新力量印象深刻，而国民党再次申明中国的领土和清朝的国土一样大。在 1928 年的时候日本和国民党就发生过军事冲突，当时日本试图阻止国民党军队对付它扶植的北方军阀。此外，日本政府不能有效控制当地的事态。在中国东北，实际的控制权掌握在驻扎在那里的日本军队指挥官手里，1931 年，他们在奉天附近制造了一起事件，并以此为借口夺取了整个地区。一些东京官员并不希望他们这么做，但力不从心。

接下来日本在中国东北建立了傀儡政权伪满洲国（由清朝末代皇帝溥仪统治），国际联盟公开反对日本的侵略行为，军国主义分子在东京制造了多起暗杀事件，深受军国主义影响的政府上台了，日本和中国的矛盾进一步激化。1932 年，针对中国人抵制日货，日本派军队登陆上海作为回应。接下来几年里，日本的侵略势力南下进入长城内的中国部分地区，在那里进行实际控制，并多次密谋把中国北方从中国分离出去，但都没取得成功。直到 1937 年，日本在那里一直不断地制造事端。

国民党政府在反抗帝国主义侵略上表现得无能为力。然而，从它的新首都南京，国民政府实行着有效的统治，除了一些边境地区无法控制外。国民政府逐步摆脱了条约中的劣势地位，西方国家也开始重新调整他们和国民政府的关系，因为他们想依靠国民党的力量来对抗共产主义在亚洲的扩展。尽管国民党的执政在外交上还是取得了一定的成绩，但这不能掩盖它存在的缺陷，这些缺陷拖累了它在国内的成就。在某些地区，中央政府的政令形同空文，因此必须与地方豪强达成交易。部分出于这个原因，政府很难经由税收筹集必要的收入。但它最大的失败，可能是在农村改革中乏善可陈，而仅仅致力于争得该国精英的支持。依靠国民党建立强大新中国的希望看起来是渺茫的。它将面临强大的竞争对手。

中国共产党领导层的一些人仍对城市起义抱有希望。但在一些省份，个别的共产党领导人仍在沿着毛泽东在湖南提出的革命路线奋斗着。这些共产党人没收逃跑地主的土地，组织地方苏维埃，他们都非常精明，看到并重视传统农民斗争的价值。到了 1930 年，共产党在这方面做得更好更娴熟了，他们在江西组织了一支军队，中华苏维埃共和国在那里统治着 500 多万人口。1932 年，中共的领导放弃上海来到江西和毛泽东会合。此时国民党的精力转向了剿灭共产党军队，但经常以失败告终。这意味着在日本对中国造成最大压力的时候，中国国内还在另一条战线上进行争斗。国民党的最后一次围剿，迫使共产党从根据地转移，在 1934 年的时候开始长征前往陕西。长征是中国革命史上的一大壮举，也前所未有地鼓舞了共产党人。在陕西，7 000 多名幸存者得到当地共产党的支持，但他们仍不安全，不过，人民抗日的呼声使国民党减少了对他们的围剿。

由于对外部威胁的担忧，1930 年下半年，中国国内出现了试探国共再次合作抗日的文章。这也得归功于共产国际政策的改变；现在是"人民阵线"的时代，这使得共产党和其他党派都联合起来。国民党也不得不弱化了其排外立场，这也使国民党得到英国，特别是美国的某种廉价同情。当日本在1937年向中国发动进攻的时候，无论是和共产党的合作还是西方自由主义者的同情，都有助于民族主义力量兴起以抵御入侵。

日本人所谓的"中国事变"花了中国人八年的时间去战斗，给中国带来巨大的社会和物质伤害。抗日战争也被认为拉开了第二次世界大战的序幕。1937年年底，为了安全着想，南京政府迁至西部的重庆，当时日本已经占领北方和沿海的重要地区。国际联盟对日本的谴责和苏联派出的飞机都不能阻止日本的猛烈进攻。在战争黑暗的第一年里，唯一可喜的事就是中国的爱国统一战线得到前所未有的发展，共产党、国民党和民主党派同样看到中国的民族革命危在旦夕。日本人也觉得中国的民族革命快到尽头了。值得注意的是，在日本的占领区内，日本人鼓励重建儒家思想的统治地位，令伪政府支持所谓"大东亚共荣圈"（当然是在日本操控下）。

列强对此感到无奈，但又没法介入，唯有苏联在战争初期对国民党提供了军事援助，从而略有不同。西方国家的抗议，即便是在他们的国民受到威胁和虐待时发出的抗议，日本人也不放在眼里。到1939年，日本就明确宣布，如果它关于建立亚洲新秩序的主张不被承认，日本将开始封锁外国侨民的居住区。英国和法国的软弱很容易解释清楚：它们到处都有麻烦。美国人在这时的无所作为是有深层原因的：这时美国又恢复到以前长期实行的孤立主义状态，尽管美国仍会讨论亚洲大陆的问题，但不会为了它去打仗。甚至，当日本炸沉美国停在南京的炮舰时，美国国会气得咬牙切齿，但最终还是咽下这口气，接受了日本所谓的解释。现在美国人的态度已经和四十年前在哈瓦那发生"缅因号"事件那时不同了，尽管他们仍以非官方渠道给蒋介石提供了物资支援。

到 1941 年，中国的抗日战争和外面的世界是分隔开的，虽然救援就要到来。这一年年底它才终于和世界的反法西斯战争联合到一起，这是蒋介石在其最清醒时刻曾预见到的。然而这时中国已损失惨重。在日本和它亚洲潜在对手的长期斗争中，日本这时看起来是赢家。一方面，日本必须考虑到它的军队在侵华战争中的经济开支和日益增大的难度。另一方面，它的国际地位空前提高，这通过羞辱在中国的西方人，如 1940 年迫使英国关闭运送援助物资到中国的滇缅公路，迫使法国同意日军入侵中南半岛等嚣张行为体现出来。日本强大的野心诱使它进一步冒险，由于日本军国主义的声威和在政府中的影响力达到了 1930 年代中期以来的顶峰，这使日本的侵略野心丝毫不减。

但这对日本也有副作用。侵略战争使日本必须加紧掠夺东南亚和印度尼西亚的资源。另外，美国人也慢慢做好了用武力维护自身利益的心理准备。很明显到 1941 年时，美国必须尽快决定它是否想最终成为亚洲的一支力量，如果想，那又意味着什么。当时的背景下，这一点是很重要的。对于侵略中国的行为，日本打着粉饰的"亚洲人的亚洲"的旗号进一步向西方在亚洲不断衰退的势力发起进攻。就像 1905 年打败俄国标志着亚洲和欧洲的心理关系进入一个新时代，日本在 1938 至 1941 年这个时期的独立性和能力也是如此。接下来欧洲的殖民统治的瓦解，使其标志着非殖民化时代的开始。

第 4 章　奥斯曼帝国的遗产和
西方的伊斯兰地区

19世纪期间，奥斯曼帝国几乎在欧洲和非洲消失，造成这一结果的基本原因是相同的：民族主义带来的分裂性影响和欧洲列强的掠夺活动。1804年的塞尔维亚起义和穆罕默德·阿里在1805年亲自担任埃及总督，共同标志着土耳其进入了衰落的最后时期，尽管这个时期旷日持久。欧洲下一个里程碑意义的事件是希腊起义。从那时起，奥斯曼帝国的故事便告终结，在欧洲开始了新的民族国家传奇，到1914年，土耳其的欧洲部分就仅仅指东色雷斯了。在伊斯兰非洲，奥斯曼帝国力量的衰落更加迅速和剧烈，到19世纪，非洲北部的大部分国家事实上已经摆脱了苏丹的统治。

结果之一是，在伊斯兰非洲出现民族主义的时候，它更多针对的是欧洲而不是奥斯曼帝国。它也与文化革新有关。这个故事还得从穆罕默德·阿里讲起。尽管他从来没有去过出生地鲁梅利亚的卡瓦拉以西更远的地方，但他羡慕欧洲文明并且相信埃及能够从中学到东西。他引进技术顾问，雇用外国人员指导健康和卫生方面的措施，翻译、印刷欧洲技术领域的书籍和文章，同时派幼童去法国和英国留学。然而事与愿违，尽管他打开了欧洲，尤其是法国对埃及影响的大门，但实际取得的成绩让他失望。欧洲的影响通过教育和技术机构渗透进来，并且反映了法国在奥斯曼帝国贸易和事务方面的传统利益。法语很快就成为受教育的埃及人的第二语言，同时在亚历山大里亚出现了一大批法国人居住地。这座城市是地中海地区的大都市之一。

　　非欧洲世界里具有现代意识的政治家，很难将学习西方局限于技术知识领域。不久，年轻的埃及人也开始学习西方的政治理念，而这在法国有大量现成的可学对象。一个混合物开始慢慢地形成，它在最后将帮助改变欧洲跟埃及的关系。埃及人就像印度人、日本人、中国人一样吸取了同样的教训：患上欧洲病是为了生出必要的抗体以抵抗它。所以现代化和民族主义无法摆脱地纠缠在一起。这也是中东地区民族主义的长期弱点的来源。先进精英阶层的理念长期以来使他们与社会脱离，社会中的大众仍生活在未受到西方思想"腐蚀"的伊斯兰文明中。矛盾的是，民族主义者通常是埃及、叙利亚和黎巴嫩社会中最欧化的成员，直到20世纪仍然是这样。然而他们的观点获得了更多的共鸣。在叙利亚信仰基督教的阿拉伯人中，最早出现了泛阿拉伯主义和阿拉伯民族主义（相对于埃及、叙利亚或者其他民族主义），其主张所有的阿拉伯人，无论他们在哪里，都应该组建成一个国家。泛阿拉伯主义是区别于穆斯林兄弟会的一种概念，后者不仅包含了很多非阿拉伯人，同时也排除了很多不信仰伊斯兰教的阿拉伯人。这种实际上想在实践中尝试建立一个阿拉伯国家的想法，就像其他泛阿拉伯主义思想一样存在弱点，其潜在问题直到20世纪才暴露出来。

　　奥斯曼帝国领土上另外一个具有历史性意义的事件是1869年苏伊士运河的修建。在很长一个时期里（尽管是间接性的），它与任何其他单独的事件相比，给埃及带来了更多的国外干涉的厄运。然而运河并不是19世纪欧洲人开始干涉埃及政府的直接原因。其发生的原因是由于伊斯梅尔（他是从苏丹那里得到埃及总督头衔的第一位统治者）的作为。伊斯梅尔接受了法国教育，他喜欢法国人和现代化的想法，同时多次游历欧洲。他非常奢侈。当他在1863年成为执政者时，埃及的主要出口项目棉花的价格非常高，这一方面是因为美国爆发独立战争，另一方面出于伊斯梅尔的经济保护措施，因此形势看起来非常好。不幸的是，他的财政管理措施少了些规范性，结果导致埃及的国债增加：在伊斯梅尔就职时国债是 700 万英镑，13 年后几乎达到了一亿英镑。埃及一年的利息费用总计 500 万英镑，在那个年代这些数额非同小可。

1876 年埃及政府破产，同时停止支付债务，所以外国管理者开始被派遣进来。两个管理者一个是英国人，一个是法国人，他们被授权以确保伊斯梅尔的儿子能管理埃及，并保障收入且优先考虑清付债务。很快他们就受到了民族主义者的批评，因为巨大的税收负担导致埃及陷入贫困，而这些收益是用于支付债务利息。批评还针对经济状况，例如削减政府工资。在民族主义者的眼里，那些以埃及总督名义而工作的欧洲官员，仅仅是国外帝国主义的代理人。许多在埃及的外国人具有合法的特权地位并且有自己特殊的法庭，对此越来越多的人感到不满。

这些怨恨导致民族主义者密谋策划并且最终进行了革命。欧化过程中的排外和其他因素促进了伊斯兰的改革，即穆斯林世界的统一和适应现代化生活的泛伊斯兰主义运动。有些人则仅仅因为埃及总督的随从以土耳其人为主而恼怒。但是这种区别在 1882 年英国人对一场革命进行了令人沮丧的干预之后变得无关紧要了。这并不是出于财政原因而进行的干涉，而是因为英国的政策。当时的英国首相是一个自由主义者，尽管他同情奥斯曼帝国其他部分的民族主义，但他不能接受这种危险：一个不友好的开罗政府会对从英国到印度的运河通道安全产生危害。这在当时是难以想象的，但受这种战略信条所累，英国军队一直到 1956 年才最终离开埃及。

因此，1882 年以后，英国人成了埃及民族主义者首要的攻击对象。英国人说一旦建立起一个稳定的政府，他们就马上撤离，但是他们不可能这样做，因为没有一个埃及人被他们所接受，相反，英国行政官员接管了埃及政府越来越多的权力。英国人带来的也不全是悲惨，他们减少了债务，并且建好了灌溉系统，这使得供养增长的人口成为可能。在 1880 至 1914 年间，人口增长了两倍，达到1 200 万。但英国人引起了埃及人的反感，因为他们不让埃及人担任政府公职，对他们课以重税，或是与他们格格不入。1900 年以后，发生了更多的动乱和暴力行为，英国人和他们的埃及傀儡政权，开始坚决地打击煽动活动，同时试图通过改革找寻出路。首先是行政方面的改革，这导致 1913 年出现了一部新的宪法，提供了更多的代表选举，形成了一个更强有力的立法机构。不幸的是，立法议会只维持了几个月，就因战争的爆发而被迫中止。埃及政府被拉进了与土耳其的战争中，一个埃及总督因为被怀疑密谋反对英国而被撤换。在这一年末，英国宣告埃及为受保护国，埃及总督从此被称为苏丹。

　　那时，奥斯曼政府已经将的黎波里塔尼亚（Tripolitania）割给了于 1911 年入侵进来的意大利，部分原因是另一场主张改革的民族主义运动，这次运动发生在土耳其本土。1907 年，"青年土耳其运动"领导了一次成功的叛乱。这个组织的历史很复杂，但是目的却简单。像一个土耳其青年说的那样，"我们沿着欧洲描绘的道路走下去……尽管我们拒绝接受外国干涉"。这句话的前半部分意味着他们希望结束阿卜杜勒·哈米德的专制统治，并且废除 1876 年以后的宪法，重建 1876 年颁布的自由宪法。但是他们期望的目的比宪法本身更多，因为他们认为宪法可以改革、复兴整个帝国，做到尽可能的现代化，同时还可以阻止王朝衰落。无论是这个计划还是土耳其青年运动理论都要归功于欧洲。比如说，他们利用共济会地方分会作为蓝本，组织秘密社团，而这些在神圣同盟时期的欧洲自由主义者中间已经十分兴盛了。但是，他们怨恨欧洲人不断增加的对奥斯曼内部事务的干涉，这明显表现在对财政的管理上，例如，在埃及，为国内发展而进行的货币借贷利息的担保是以损害国家独立为代价的。他们认为欧洲人对他们的欺侮已经导致奥斯曼政府从多瑙河流域和巴尔干半岛长期的、屈辱的后退。

在一系列哗变和反叛之后，1908 年苏丹向宪法作出了让步。海外的自由主义者赞许立宪的土耳其；看起来，暴政走向了末路。但是一个未遂的反革命活动导致了土耳其青年运动的政变，他们废黜了阿卜杜勒·哈米德，同时建立了一个实质上的专制政府。从 1909 至 1914 年随着革命者的统治越来越独裁，专制主义从君主立宪制外表背后显现出来。不祥的是，其中一个革命者宣称"从此不再有保加利亚人、希腊人、罗马人、犹太人和穆斯林，我们自豪地成为土耳其人"，这种论调非常新颖。这是宣告了老旧的多民族政权的终结。

事后看来，青年土耳其运动的所作所为比在当时更容易理解。他们面对着许多非欧洲国家在现代化过程中遇到的类似问题，同时他们也受现实的需要或臆想的需要的刺激而采用了暴力方法。他们醉心于对政府各部门的改革（引进了很多欧洲顾问）。例如，寻求促进对女孩的教育在一个伊斯兰国家是一个重大的姿态。但他们是在一个尽显落后的帝国掌权，而且遭遇了一连串外交耻辱的打击，他们的吸引力受到削弱，并且开始依赖武力。这些外交耻辱是：在哈布斯堡王室兼并了波斯尼亚后，保加利亚的执政者赢得了对其独立地位的认可；克里特岛人宣称他们与希腊人组成联盟。短暂的喘息之后，又是意大利攻击的黎波里，是巴尔干战争和进一步的军事失败。

在这样的压力下，自由主义者所期待的改革后各民族和睦相处的景象很明显不过是一个妄想。宗教、语言、社会习俗和民族性仍然还很牢固，这些都是帝国的遗物，青年土耳其越来越倒退到单一的土耳其民族主义，当然，这也导致了其他民族怨恨。结果就是君士坦丁堡古老的统治手段——屠杀、暴政和暗杀再次出现。从 1913 年开始直

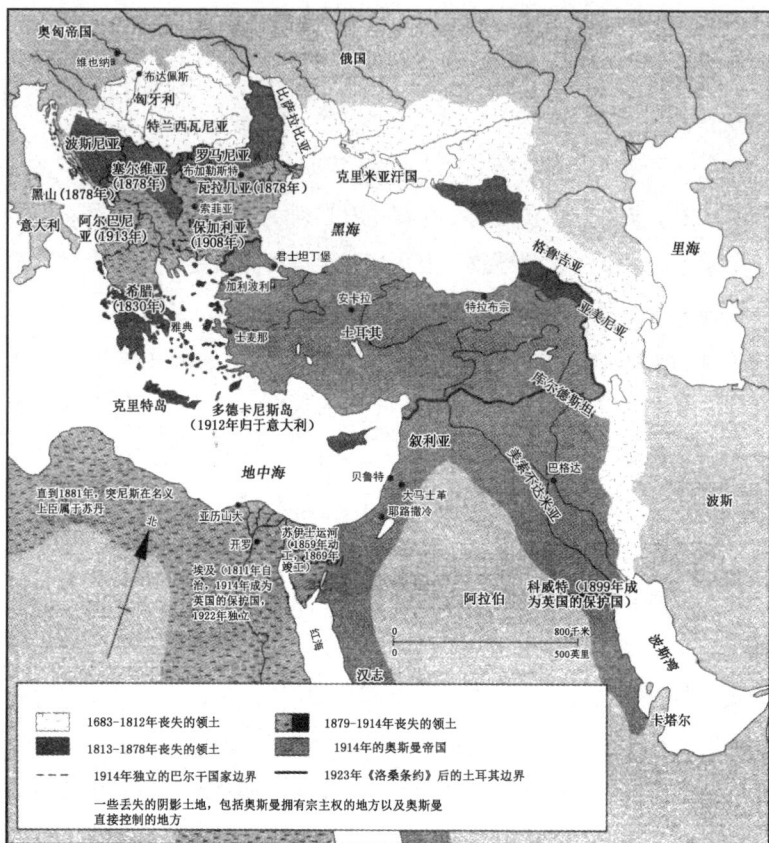

1683—1923 年奥斯曼的衰落和现代土耳其的出现

到一战爆发，青年土耳其党的"三雄"寡头政权使用这些统治手段实行集体专制。

　　尽管他们让很多崇拜者失望，但他们这一派还是有前途的。他们代表了有朝一日可以再造奥斯曼帝国的遗产的思想：民族主义和现代化。为了向这个目标迈进，他们甚至不顾一切地放弃奥斯曼帝国在欧洲留下的微不足道的遗产，不过这也使他们从重负中解脱出来。但是在 1914 年，他们手上的遗产仍然带来许多困扰。在他们面前，没有其他选项比民族主义更适合作为改革手段。泛伊斯兰主义的影响有多么微不足道，1914 年以后奥斯曼保留下来的最大一块领土（基本是亚洲的穆斯林省份）上发生的事情将此体现出来。

在 1914 年，这些省份覆盖了一个巨大并且在战略上非常重要的区域，从高加索地区与波斯的边界延伸到巴士拉附近的海湾——底格里斯河河口。在海湾的南岸，奥斯曼帝国的统治范围延至科威特（有一个独立的阿拉伯酋长，置于英国保护下），然后回转到海岸向南延伸到卡塔尔。从此处的阿拉伯半岛海岸到红海的入海口地区以这样或那样的方式受到英国的影响，但是整个内陆地区和红海海岸都是属于奥斯曼帝国的。在英国的压力下，西奈地区已经于几年前屈服于埃及，但是巴勒斯坦、叙利亚、美索不达米亚平原这些古老土地仍然属于土耳其，这些都是历史上伊斯兰的核心区域，同时苏丹仍然是他们的精神领袖——哈里发（caliph）。

这份遗产在世界大战的战略和政治的作用下日趋衰落。即使在伊斯兰的历史核心区内，1914 年前已有迹象表明，新的政治力量在活动。它们部分源于早已存在的欧洲文化的影响，这种影响在叙利亚和黎巴嫩表现得比埃及更加强烈。随着美国传教士不断努力，以及接收阿拉伯世界的穆斯林和基督徒男孩的学校和学院建立起来，法国的影响已经进入这些国家了。黎凡特地区的文化先进，人们有文化。在一战前夕，数百种阿拉伯报纸都是在除埃及外的奥斯曼帝国出版的。

伴随着青年土耳其党的胜利和他们奥斯曼化的趋势，产生了一个重要的结果，不同政见者的秘密社团和公开组织在流亡的阿拉伯人中形成了，特别是在巴黎和开罗。在这种背景中有另外一个不确定的因素：阿拉伯半岛的地方执政者对苏丹的忠诚已经动摇了。他们中最重要的人是麦加的侯赛因，到 1914 年土耳其政府已对他失去信心。一年之前在波斯召开的探讨伊拉克独立问题的阿拉伯大会上，就已经有了不祥的征兆。面对这种局面，土耳其人只是希望阿拉伯人中不同利益集团间的分歧可以维持住现状。

最后，尽管没有马上构成威胁，犹太人成了最后一个转向地域民族主义文化的民族。在 1897 年，犹太人历史发生了新的转折，这一年他们召开了一个犹太人复国运动大会，目标是获得一个民族家园。因此，在犹太人漫长的历史中，民族融入（法国大革命的解放时代后，许多欧洲国家依然未能实现）在当时被民族主义理想所取代。建立家园的满意地点一时间还定不下来；人们在不同的时间曾建议选择阿根廷和乌拉圭，但是，在这个世纪末，犹太复国主义者最终确定在巴勒斯坦建立家园。犹太人开始向那里移民，尽管规模不是很大。战争的爆发将改变这种移民的意义。

1914 年，奥斯曼帝国和哈布斯堡王朝出现了有趣的相似之处。双方都在寻求战争，将战争看作解决自身问题的手段。然而，两个王朝都必定在战争中受损，因为国内外太多的民族都将战争看作获得优势的机会。结果，两个帝国都被战争摧毁。甚至自土耳其加入战争伊始，其历史上的敌人——俄国就看到有利可图，因为这令英法不再如历史上那般反对在君士坦丁堡建立沙皇权力。就法国来说，法国在中东地区有自己的事要做，英法协约的签订以及法国在摩洛哥拥有了全权，稍微平息了法国对英国在埃及的存在的愤怒，但法国一直以来在黎凡特拥有特殊的地位。一些狂热者鼓吹唤醒圣路易斯和十字军，不过这并没有被认真考虑。但不可否认的是，法国政府 100 年来一直宣称要对奥斯曼帝国的天主教徒发挥特殊的保护作用（尤其是对叙利亚的），拿破仑三世曾经在 19 世纪 60 年代向这里派出一支法国军队。法国在这里也有文化优势，在黎凡特受教育者中法语的广泛普及就表明了这一点，同时法国的大部分资金也投资于此，这些力量都不能被忽略。

　　然而在 1914 年，土耳其在欧洲外最主要的军事对手很可能是高加索地区的俄国和在苏伊士的英国。对运河的保护是英国在这一地区战略思考的基础，但是不久形势清楚表明运河安全没有遭遇大的威胁。接着发生的事情揭示了使中东最终陷入混乱的新因素。1914 年末，一支英印军队在巴士拉登陆，以保护波斯的石油供给不受影响。这是该区域历史命运中石油与政治相互作用的开端，尽管在奥斯曼帝国退出历史舞台前并没有完全地表现出来。另一方面，埃及的英国总督于 1914 年 10 月用一种方法使侯赛因·伊本·阿里快速地尝到甜头。这是第一次运用阿拉伯民族主义这一武器的尝试。

　　当欧洲的战斗在血腥而绵延地进行时，对德国的盟国发动一次打击的吸引力变得更大了。1915 年，英法曾经尝试通过海军和陆军联合行动出兵达达尼尔海峡，以占领君士坦丁堡，结果陷入困境。那时欧洲国家间的混战已经开始培养出有朝一日将反对它们的力量。但能为阿拉伯盟友提供的东西非常有限。直到 1916 年初，才与侯赛因达成一致。他要求北纬 37 度以南的阿拉伯世界获得独立，这条线大约是从阿勒颇到摩苏尔以北大概 80 千米，事实上包括土耳其和库尔德斯坦以外的所有奥斯曼帝国地区。这大大超过了英国可以同意的范围，因为法国在叙利亚具有特殊的利益，所以也征询了法国的意见。当英法之间对于分割奥斯曼帝国后彼此的势力范围达成协议时，仍然为未来留下了很多问题，其中包括伊拉克的地位，但是一个阿拉伯民族主义者的政治计划看起来好像正在变成现实。

　　这种事业的未来很快就遭到质疑。阿拉伯的反抗开始于 1916 年 6 月，他们对驻守在麦地那的土耳其安全部队发动进攻，叛乱始终不过是大战主战场之外的小打小闹，但是起义逐渐壮大，最后成了一个传奇。不久英国人感到他们必须更加认真地对待阿拉伯人，侯赛因被承认是汉志的国王。英军于 1917 年大举推进到巴勒斯坦，占领了耶路撒冷。在 1918 年，他们与阿拉伯人共同进入大马士革。不过在这之前，另外两件事已经让情况进一步变得更加复杂，一件是美国参加战争；在一份对战争目标的陈述中，威尔逊总统说，他赞成为奥斯曼帝国内的非土耳其人提供一个完全不受干预的发展机会。另一件事是布尔什维克发布了沙俄政府的秘密外交文件，其中揭示出了英法对划分中东势力范围的提议。这项协议中的一部分规定了巴勒斯坦应该被国际共管。除此之外，另外一个刺激因素是英国宣称其政策是赞成犹太人在巴勒斯坦建立一个民族家园。"贝尔福宣言"可以算得上是那个时代犹太复国运动最大的成功。这绝对与他们曾经跟阿拉伯人说的不一致。威尔逊总统也加入其中，他宣称自己保护犹太人，但是根本无法想象这可以不受挑战地得到执行，尤其是英法随后在 1918 年进一步对阿拉伯人的强烈愿望表达美好意愿。在土耳其人失败的前夜，未来的前景完全是模糊不清的。

　　大英帝国在那时认为侯赛因是阿拉伯人的国王，但是这对侯赛因无甚用处。不是阿拉伯的民族主义者，而是英国和法国在国联的帮助下，设计出现代阿拉伯世界的地图。在这混乱的 20 年里，英国和法国跟阿拉伯人卷在一起，他们变戏法般地使阿拉伯人登上了世界政治的舞台，而阿拉伯的领导人之间还存在分歧。伊斯兰联合的幻景再一次破灭，但是幸运的是，一同消失的还有俄国的威胁（即便只是暂时而言），中东地区只留下了两个大国。它们互不信任，但是可以达成大致共识，基本上来说，如果英国在伊拉克自主行事，法国也可以在叙利亚自行其是。国际联盟合法地将阿拉伯的土地奖励给了英法进行托管。巴勒斯坦、外约旦和伊拉克归英国；叙利亚交给了法国，法国从一开始就实行高压统治，在国民议会要求独立或者英美托管后，法国依靠武力确立了自己的统治。他们驱逐了阿拉伯人选出的国王——侯赛因的儿子，随后又不得不面对大规模的起义。在 20 世纪 30 年代，法国仍然继续依靠武力维护他们所占有的一切，尽管那时已经有迹象表明：他们不得不向民族主义者让渡一些权力。不幸的是，叙利亚的情况很快显现出了民族主义造成的内部分裂力量：叙利亚北部的库尔德人起义谋求从一个阿拉伯人的国家里分裂出来，这产生了西方外交官至今都需要面对的另一个中东问题。

同时，阿拉伯半岛被侯赛因与另外一个国王之间的争斗弄得疲惫不堪，这个国王与英国已经达成了协议（他的追随者是一个特别极端的伊斯兰教派，这让事情变得更加复杂，在王朝与部落纷争之外又增加了宗教纷争）。侯赛因被取代了，1932 年沙特阿拉伯这个新的王国出现在汉志。紧随其后又出现了其他问题，因为侯赛因的儿子这时已经成为伊拉克和外约旦的国王。激烈的斗争显示出未来的难题，此后英国人以最快的速度结束了伊拉克的委托统治，寻求仅仅通过保留一定陆军和空军力量以保护英国的战略利益。于是在 1932 年，伊拉克作为一个独立的、拥有完整主权的国家进入国联。在之前的 1928 年，英国已经承认外约旦为独立国家，并也在该国保留了英国的军事和经济力量。

巴勒斯坦地区的情况更加复杂。1921 年爆发了阿拉伯人反对犹太人的暴动，阿拉伯人对犹太人移民和犹太人获取阿拉伯土地颇为担忧，从此那个不幸的地区就再也没有长久的和平。不仅仅是宗教或民族情感，还有更多的因素造成了危机。犹太人的移民意味着新的欧化和现代化力量的入侵，这种新力量的活动将改变经济关系并且会让一个传统社会产生新的需求。英国的托管机构左右为难，一面是如果它不限制犹太人的移民，就会遭到阿拉伯人的公开反对，另一面是如果它这样做，就会遭到犹太人的反对。当时阿拉伯人的政府也认为，他们占据的土地在经济和战略上都对英国安全有重大作用。世界其他地方也参与进来。1933 年上台的德国法西斯迫害犹太人，并且剥夺他们自法国大革命以来得到的法律和社会权益，使问题变得更加棘手。到1937年，犹太人和阿拉伯人在巴勒斯坦地区出现了多次激烈冲突。不久，一支英国军队设法压制了一场阿拉伯人暴动。

在过去，阿拉伯土地上最高权力的崩溃常会立刻带来一个混乱时期。这次是否像以前一样，混乱之后随即建立一个帝国的霸权，局势仍不清楚。英国不想做这个角色，在短暂地陶醉于帝国胜利的果实后，他们只渴望保证他们在这一地区的基本利益：保护苏伊士运河以及来自伊拉克和伊朗的日益扩大的石油运输。在1918和1934年间兴建了一条巨大的石油管道，从伊拉克北部穿过外约旦和巴勒斯坦到达海法，它给这些地区的未来带来了另一个新的转折。欧洲的石油消费需求还没大到会对它产生依赖，在20世纪50年代也没有什么大发现可以再次改变这里的政治地位。但是人们感受到新的因素正在产生，英国皇家海军已经开始认真考虑用船运输石油。

英国人认为保护苏伊士运河的最好办法就是把军队驻扎在埃及，但这也引发了越来越多的麻烦。战争已经加剧了埃及人的不满和愤恨。侵略军从来都不会受欢迎。当战争导致物价上涨时，外国人更是备受指责。1919年，埃及的民族主义领导者就尝试把他们的要求提交到巴黎和会上，但被阻止了，接下来国内兴起了反对英国的浪潮，很快也被平息了。但英国也开始从埃及撤退。1922年，为了在民族主义情绪爆发之前抽身，英国结束了作为埃及保护国的身份。然而埃及这个新王国的选举制度选出的总是一个又一个民族主义多数派，这就使得埃及政府难以达成能让任何一届英国政府接受的保护英国利益的协议。结果，埃及陷入长时间的立宪危机和断断续续的社会混乱之中，直到1936年英国同意接受一定年限内在运河区的驻扎权为止。外国人的审判特权也被宣布取消了。

这是大英帝国的撤退迹象的一部分，1918年后在别处也可以发现这种现象。这反映了英国权力和资源的力不从心，因为英国的外交政策已经开始穷于应付其他的挑战。中东地区之外的世界关系的变化有利于影响后奥斯曼土耳其时代伊斯兰地区的发展。另一个新的要素是马克思主义。在两次世界大战之间，苏联对阿拉伯国家的无线广播支持着第一批阿拉伯共产主义者。但虽然引起了关注，共产主义却没表现出可以取代那个地区最强烈的革命思潮的迹象，也无法取代阿拉伯民族主义的影响。到1938年，阿拉伯民族主义的焦点转向了巴勒斯坦。在那一年叙利亚召开了一个代表大会以支持巴勒斯坦阿拉伯人的事业。阿拉伯世界对法国在叙利亚的野蛮行径的愤恨已经越来越明显，埃及民族主义者对英国的抗议也唤起阿拉伯国家的不满和愤怒。在泛阿拉伯的民族情绪里存在着一种力量，有人认为这种力量最终可能会压倒哈希姆王国的分裂倾向。

协约国在战争期间的协议也让奥斯曼的本土土耳其（很快就会改叫这个名字）的历史复杂化了，英国、法国、希腊和意大利都满意自己所分得的战利品；战争唯一简化的，是俄国不再企图据有君士坦丁堡和两大海峡地区。面对法国、希腊和意大利的入侵，苏丹被迫签署了一个耻辱的和约。希腊获得了重大的让步，亚美尼亚将成为独立的国家，而土耳其剩余的领土被划分为英国、法国和意大利的势力范围。这是最露骨的帝国主义，所签的协议也比在凡尔赛宫上强加给德国的不平等条约苛刻得多。简而言之，欧洲人的财政控制权得到了重建。

接下来是第一次成功修订和平协议。这主要都是一个人的功劳。此人以前是青年土耳其党党员，也是土耳其唯一的常胜将军，他就是穆斯塔法·凯末尔（Mustafa Kemal）。他在吓跑意大利人后，接着先后赶跑了法国人和希腊人。在布尔什维克的帮助下，他制服了亚美尼亚人。英国决定谈判，所以在1923年英国和土耳其签订了第二个条约。这是民族主义对巴黎和会的决定的胜利，也是这一系列和平协议里面唯一一个在双方平等的基础上签订的，而不是强加给战败方的协议。它还是唯一一个有苏联的谈判代表参加，并且比其他的和平条约维持更久的协议。一系列不平等条款和外国的财政控制都废除了。土耳其放弃它对阿拉伯的土地要求，以及对爱琴海、塞浦路斯、罗德岛和多德卡尼斯群岛的要求。接下来希腊和土耳其间出现大规模的人口流动（38万穆斯林离开希腊来到土耳其，130万多东正教徒离开土耳其去到希腊），因此，这些人彼此之间的仇恨进一步加深了。然而，鉴于随后发生的事件，这个结果可以被认为是在这个区域的种族清洗措施中较为成功的之一。现在的状况已经没先前那么危险了。就这样，奥斯曼帝国六个世纪的统治终于结束了。1923年，一个新共和国以一个民族国家的身份诞生了。在1924年，哈里发也跟随着奥斯曼帝国退出历史舞台。这是奥斯曼时代的终结，而土耳其的历史则刚刚开始。安纳托利亚的土耳其人如今在这五六个世纪里第一次成为他们国家的人口中人数最多的民族。具有象征性意义的是，土耳其的首都也从伊斯坦布尔移到安卡拉。

凯末尔——他喜欢这样称自己（名字的意思是"完美"）——有点像彼得大帝（但在成功修订不平等的条约后凯末尔不喜欢领土扩张），又有点像一个更开明的专制君主。他也是土耳其20世纪最有影响力的现代化改革家之一。土耳其的法律实现了世俗化（以拿破仑法典为楷模），伊斯兰律法被废除。1928年，宪法开始修订，把关于土耳其是一个伊斯兰国家的表述去掉。到今天，它仍然是中东唯一以穆斯林人口为主但采用世俗化原则的国家。多妻制也结束了。1935年每周一次的休息日，从以前的星期五（伊斯兰的神圣日）变成星期日；一个新的词汇进入土耳其的语言，即vikend（从星期六下午1点开始到星期日的午夜这段时间）；学校停止宗教教学；土耳其毡帽被禁止，尽管这种帽子来自欧洲。凯末尔意识到他想要达到的现代化必须是彻底的，所以这些象征性的东西对他来说也是重要的。它们是标志，但事物的标志很重要，因为它们表明欧式社会代替了传统的伊斯兰社会。一个伊斯兰的思想家敦促跟随他的土耳其人要"首先属于土耳其国家，其次属于伊斯兰教，最后属于欧洲文明"，而且不认为同时做到这些有多难。字母表被拉丁化，这对教育是很重要的，从那以后，小学就是义务教育。在学生的教科书里，这个国家的过去也被重写了，教科书里说亚当也曾是土耳其人。

在土耳其的国民大会上，凯末尔被授予"阿塔图尔克"（Atatürk）的称号，意思是"土耳其之父"，这是一件有重大意义的事情。也许他就是穆罕默德·阿里想要成为的那种人——伊斯兰国家第一个现代化的改革家。直到 1938 年他去世，他一直都是一个很有趣的人，他似乎下决心不让他的改革停滞，结果他造就了一个新国家，而且使其某些层面属于世界最先进之列。在土耳其，比在欧洲还远为重大的一项对过去的突破，就是给予妇女新的社会角色，在1934 年，土耳其妇女获得了选举权。女性也被鼓励从事专业工作。

在 1914 年前，既没有被欧洲宗主国直接统治，也没有被奥斯曼帝国统治过的最重要的伊斯兰国家就是波斯。1907 年，在英国和俄国同意划分势力范围后，这两个国家就开始干预波斯的内政，但随着俄国国内发生布尔什维克革命，俄国的势力很快就消退了。英国势力继续在波斯的国土内经营，直到一战末期才结束。当波斯代表团向巴黎和会陈述他们的要求却不被允许时，波斯人对英国的愤恨迅速蔓延。有一段时间英国很困惑，当时它在努力寻找在军队撤出波斯以后能持续抵抗布尔什维克的方法。继续在波斯驻扎军队是不可能的，这对于英国的国力来说负担过重。很偶然地，一个英国将军发现有一个人可以做到这一点，尽管他是以一种难以预见的方式去行事。

　　这个人就是礼萨汗（Reza Khan）。他是一个军官，他在 1921 年时发动政变，并且迅速利用布尔什维克对英国的忧惧，和俄国签订了条约，使俄国出让其在波斯的权益和资产，并且从波斯撤军。礼萨汗接下来打败了英国支持下的分裂分子。1925 年，国民大会授予他独裁的权力，几个月以后，他被称为"伊朗的王中之王"。他统治波斯直到 1941 年（那时苏联人和英国人联合把他从王位上撵下来），他就像是伊朗的凯末尔。对面纱和宗教学校的废除，表明他对国家进行世俗化改革的决心，尽管他的改革没有取得像土耳其那么彻底的成效。1928 年，波斯签订的一系列不平等条约都被废除，这是一个重要的标志性举措。同时，波斯的工业化和交通快速发展。波斯和土耳其的密切关系也逐步培养起来。最后，这位波斯的政治强人在 1933 年的时候第一次在一门新技艺——石油外交中取得引人注目的成功，当时英波石油公司所拥有的特权被礼萨汗取消。当英国政府把这个事情反映到国际联盟时，礼萨汗得到了对他有利的另一个更大让步。这是礼萨汗最伟大的胜利，也是波斯独立自主最好的证据。波斯进入了一个新的时代，标志性事件是 1935 年官方更改了国家的名字：波斯改为伊朗。两年后，礼萨汗的妻子第一次没戴面纱出现在公众场合。

第 5 章 第二次世界大战

第二次世界大战表明了欧洲时代的终结。像第一次世界大战一样，开始于 1939 年的二战从欧洲国家间的争斗演变为世界大战。它提出了在程度上远远超过以往任何战争的前所未有的要求；其巨大规模使得没有什么未被触及，没有什么未被动员，没有什么未被打乱。二战可以真正称为"全面"战争。

到 1939 年，已有许多明显的迹象表明一个历史时代正在结束。尽管 1919 年的战后安排导致殖民国家控制的领地出现了少许最后一轮扩张，但是最大的殖民国家——大英帝国的行为表明，帝国主义如果不是已经处于撤退，就是处于防御。日本的势头意味着欧洲不再是国际权力体系的唯一焦点；早在 1921 年，当中国再次运用其影响力的可能性还不十分明显时，一位南非的政治家就预言，国际政治舞台已从欧洲转向了远东和太平洋地区。现在来看这个预言愈发正确。在此预言之后的十年，比起所依赖的政治基础，西方优势地位所依赖的经济基础甚至还要不牢固；美国作为最大的工业国家，尚有 1 000 万人失业。尽管当时没有一个欧洲工业国家陷入这样的困境，但对本国经济体系根基稳固所怀有的那种理所当然的自信，已永远地消失了。很大程度上归因于重整军备的刺激，一些国家的工业得到了恢复，但是，1933 年世界经济会议的失败，表明通过国际合作寻求经济复苏的国际努力失败了。此后，各国各行其是；甚至英国最终也放弃了自由贸易原则。即使人们还在谈论自由放任主义，但它已走向末路。到 1939 年，西方各国政府都在有计划地干预经济，采取了自重商主义极盛以来政府都未采取的措施。

　　如果 19 世纪的政治假设和经济假设已经失灵，那么其他很多东西也如此。阐明智力和精神的趋势比把握政治和经济的趋势要难得多，但是，尽管很多人仍固守旧的信条，对引领思想和舆论的精英人物而言旧根基已不再牢固。很多人仍参加宗教服务活动——尽管只占少数，甚至是在罗马天主教国家情况也如此——但是工业城市的群众已生活在一个后基督教世界里，宗教机构和标志的清除并不会给他们的日常生活带来多大的不同。知识分子也如此，他们可能会面临一个比丧失宗教信仰更大的问题，因为许多帮助基督教徒从 18 世纪解脱出来的自由思想，现在也开始被取代了。在 20 世纪二三十年代，个体的自主权、客观的道德标准、合理性、父母的权威以及一个可解释的机械世界，所有这些自由主义的确定性似乎都和自由贸易的信条相伴随。

　　改变最明显的是艺术。自人文主义时代以来的三四百年里，欧洲人认为，艺术以易于理解的方式向普通人表达愿望、感悟和乐趣，即使它们在得到创作时可能会被提升到一个特别精致的程度，或者以集中的形式表现出来，以至于并非所有人都喜欢。无论如何，对那整个时代而言，这种想法是可能的：给予时间和研究，有教养的人能判别所处那个时代的艺术的感受，因为它们用共同的标准表达共同的文化。这一想法在 19 世纪有所削弱，当时人们仿效浪漫主义运动，将艺术家理想化为天才——贝多芬是最初的例子之一——并且系统阐述先锋派的观点。

　　不过，到了 20 世纪的头十年，即使是训练有素的眼睛和耳朵也难以辨别很多当代艺术家在作品中表达的东西。这方面最生动的例子是绘画上的形象错位。在这方面，表现派的飞跃仍然与传统保持着微妙的关系，正如立体派后期表现的那样。但随后它已不再清晰地展示给普通的、"有教养的人"——如果他还存在的话。艺术家龟缩到一种越来越难以理解的个人视角的混乱状态中，其焦点已放在达达主义和超现实主义的世界里。在1918年之后的几年，最有趣的是艺术的解体达到顶点：在超现实主义里甚至连客体的概念也消失了，只留下单独的描绘。正如一位超现实主义者所言，这种趋势意味着"在摆脱了理性施加的所有控制，并超越所有美学的或道德的成见的情况下，所表达的思想"。超现实主义者通过偶然性、象征手法、冲击、联想以及疯狂行为，寻求远离意识本身。通过这样做，他们只是在探索许多作家和音乐家当时竭力在做的事情。

这种现象为自由主义文化的衰退提供了众多不同形式的证据，而自由主义文化是欧洲鼎盛时代的高度文明的最终结果。重要的是，时常是这种认识，即认为传统文化太局限于排斥存在于无意识中的情感资源和经验资源，推动了这种解体运动。或许赞同这一点的艺术家实际上也很少读过那个人的作品，此人比其他任何人更有力地给了20世纪用于探索无意识领域的一种语言和大量隐喻，以及对那里正是生命奥秘所在的信心。

这个人就是弗洛伊德——精神分析学的创始人。他认为自己在文化史上足以与哥白尼或达尔文齐肩，因为他改变了受过教育的人思考自我的方式。弗洛伊德进行了刻意的对比，将无意识的思想描述成继日心说和进化论之后对人类自恋的第三次"侮辱"。他让若干新观念进入日常用语：我们赋予"情结"（complex）和"强迫症"（obsession）的特殊含义，以及熟悉的术语"弗洛伊德式失语"（Freudian slip）和"里比多"（libido）的出现，成为其学说力量的永久典范。他的影响力迅速蔓延到文学、人际关系、教育、政治领域。与许多预言家的话一样，他提供的信息常常被曲解。人们认为他所说的话比他在具体临床研究方面的科学贡献更重要。与牛顿和达尔文相比，弗洛伊德的重要性几乎不与自然科学沾边——他在这方面的影响要比他们小得多——但他提供了一个新的神话。他的理论将被证明具有很强的破坏性。

人们从弗洛伊德得到的讯息显示：无意识是大部分重要行为的真实源泉；道德观念和态度是塑造无意识的影响因素的投影，因而责任心的理念充其量不过是个神话，而且可能是危险的神话；或许理性本身就是一个幻觉。假如这是真实的，弗洛伊德自己的主张也就没了意义，但人们可不管这个。这就是过去许多人相信由他所证明的东西——现在仍有很多人相信。这些观点质疑自由主义文明本身的根基、理性的观念、责任心以及自觉的有动机的个体，这是其主要的重要性之所在。

弗洛伊德的学说并不是导致确定性丧失和人们没有坚实立足点这一认识的唯一知识力量。但它在两战间歇期间的知识生活中最为突显。面对弗洛伊德的学说，或面对艺术领域的混乱，或面对科学世界的晦涩难懂（似乎牛顿和拉普拉斯突然间被遗弃了），人们忧心忡忡地投身探索新的神话和准则，以便为自己指明方向。政治上，这导致诸如法西斯主义、极端民族主义的出现，过去认为必然之事中更加不理性的地方也显露出来。人们不会因宽容、民主和天赋的个人自由而备受鼓舞或者兴奋不已。

这种影响使得应对逐渐加深的不确定性，以及消除笼罩着 20 世纪 30 年代的国际关系的阴霾难上加难。其中心在欧洲，在于德国问题，它比日本预示着更大范围的动荡。德国在 1918 年没有被摧毁，因而，有朝一日它将再次企图获得它应有的权势，这是一个符合逻辑的结果。地理、人口和工业能力都意味着，以这种或那种方式统一后的德国必定在欧洲中部占主导地位，而且令法国黯然失色。根本的问题是能否做到无须面对战争。只有少数人认为或许再次肢解 1871 年统一成的那个德国能够解决问题。

德国很快开始要求修订《凡尔赛和约》。尽管在 20 世纪 20 年代它是以一种充满希望的心态来处理的，这一要求最终变得难以应付。德国实际负担的赔款逐渐削减，《洛迦诺公约》被视为重大的里程碑，因为通过它，德国同意《凡尔赛和约》对西部领土的处理。但它遗留下了修改东部版图的问题，而且在此背后还隐藏着一个更大的问题：考虑到德国特殊的历史和文化经历，一个潜在实力像德国这样强大的国家，怎样才能以一种平衡与和平的方式跟它的邻居维持关系。

大部分人希望一个民主的德意志共和国的产生可以解决这一问题，它的制度将温和而友善地重建德国的社会和文明。魏玛共和国的宪法（因宪法大会召开的地点而得名）是相当自由的，但太多德国人自一开始并不认同它。当经济大危机粉碎德意志共和国狭小的栖息地，释放毁灭性的民族主义以及由它掩盖的社会力量时，魏玛已解决了德国问题这个看法显然是一个幻觉。

当这发生时，遏制德国再次成为一个国际问题。但是由于诸多原因，20 世纪 30 年代是一个无望轻易实施遏制的十年。一开始，在中东欧几个经济实力相对弱小、农业经济主导的新独立的国家里，人们能感受到世界经济危机带来的影响最严重。法国一直在中东欧寻找遏制德国复兴的盟友，但是现在这些盟友被经济危机严重削弱了。由于这些盟友的特殊位置，在遏制德国时必然牵扯到又一个无可争议（有些神秘）的大国——苏联，这使问题变得加倍困难。意识形态上的差异已经足以阻挡苏联与英国、法国的合作，更不要说苏联与英法在战略上的巨大差异。如果不穿越一个或几个东欧国家，苏联军队不可能抵达中欧，而新成立的东欧国家中弥漫着对俄罗斯和共产主义的恐惧。毕竟，罗马尼亚、波兰和波罗的海国家跟苏联存在许多纠葛，其中有一些国家就建立在前沙俄帝国的领土上。

美国人也不会提供任何帮助。自从威尔逊未能使美国加入国联以来，美国政策的总体趋势已退回到只关心自己的孤立状态之中，这符合美国的传统政策理念。曾赴欧洲参战的美国人不愿意再重复这样的经历。美国经济在 20 年代的繁荣证实了孤立政策的合理性，而 30 年代经济的衰退从反面促使美国人坚信孤立政策。美国人毫不犹豫地指责欧洲人制造的麻烦——战争债务问题，它带来了巨大心理影响，因为它被认为与国际金融困难密切相关（确实有一定关系，但没有美国人想的那样密切）。美国人对在此时进一步卷入欧洲事务深表怀疑。无论如何，经济大萧条使美国人有足够的理由只关心本国事务。随着民主党在总统大选中的胜利，美国开启了一个发生重大变革的时代。这种变革将最终消除孤立主义的氛围，但在当时没人能预见到这一点。

紧接着这一阶段的美国历史由民主党人领导，他们连续把持了五个总统任期，前四个任期是由同一个人——富兰克林·罗斯福竞选赢得的。连续四次赢得总统选举胜利，这几乎是不可超越且令人吃惊的。（只有社会主义者尤金·德布斯连续四次参加总统选举，但都失败了。）罗斯福每一次都赢得了绝对多数选民的支持，看起来像一场革命。早期的民主党总统候选人从美国内战以来没人赢得过这样的胜利，而后来的民主党总统候选人在 1964 年前也没人如此。并且，罗斯福是一位富有的、贵族化的人物。因此，更让人吃惊的是，他会成为 20 世纪前期世界上最伟大的领袖之一。在一次基本上是希望与失望对决的总统选举中，罗斯福做到了这一点。他给人们带来了采取行动摆脱经济萧条不良影响的自信和希望。伴随着选举的胜利，罗斯福进行政治改革，构建了民主党在国内政治中的支配权，它是以南方人、穷人、农场主、黑人、进步自由知识分子这些不可忽视的支持者组成的联合体为基础的。当这个联合体似乎在取得成果时，它又赢得了更多的支持。

美国人对改革存在一定程度的错觉。罗斯福政府进行的"新政"到 1939 年仍未圆满地解决经济问题。尽管如此,"新政"改变了美国资本主义的运作重心及其与政府的关系。一项庞大的失业救济保险计划开始启动,数百万人投入到公共工程,新的金融体系被采用,一项重大的公有产权实验在田纳西河流域的水电项目中开展。资本主义被赋予了新的生机和新的政府机构。新政导致了和平时期美国联邦政府对美国社会和各州最重要且不可逆转的权力扩张。因此,美国的政治反映了走向集体主义的相同压力,集体主义在 20 世纪影响着其他一些国家。从这个意义上讲,罗斯福时代在历史上是具有决定性的。它改变了自内战以来未曾变动的美国的宪法历史和政治历史的进程,并且顺便为世界提供了一种所谓"民主"选项,即一种政府大规模干预经济的自由主义版本。这个成就更加令人印象深刻,因为它几乎完全依赖于忠于民主过程的政治家的有关选择,而不是依赖于经济学家的主张。有些经济学家已经在宣扬对资本主义国家经济进行更大规模的中央管理。这有力地证明了美国政治体系有能力实现人们觉得他们想要的东西。

当然,这个体系也能将大多数美国人的民意转化为外交政策。罗斯福比他的大多数同胞更加清醒地知道将美国孤立于欧洲事务之外的危险。但是他只能逐渐地展示自己的主张。

如果德国恢复元气,只有西欧的大国继续对抗德国,而无法得到苏联和美国的帮助。英国和法国不幸地将自己置于欧洲警察的位置。历史上,即使当俄国与它们站在一边时,英法应对德国仍困难重重。何况自 1918 年后,英法之间矛盾重重。在军事上,两国也十分脆弱。为了应对德国重新武装的可能和自己在人力上的缺陷,法国沉迷于战略防御方案,修建了壮观的要塞,但是它极大销蚀了军队的进攻性。英国皇家海军的优势地位受到了挑战,也不能再像 1914 年那样,放

心地将兵力集中在欧洲海域。在全球安全承诺对其军队造成日益增长
的压力之时，英国政府一直在谋求削减军备开支。经济危机加重了这
种趋势；人们担心重整军备的开支将会导致通货膨胀，严重破坏经济
的复苏。许多英国选民也相信德国的不满是合理的，出于尊重德国民
族主义和民族自决，他们倾向于作出妥协，甚至主张归还德国的殖民
地。英国和法国都被欧洲国家中的巨大变数——意大利所困扰。英法
希望墨索里尼领导的意大利加入反德阵营的愿望到 1938 年破灭了。

　　这归因于意大利姗姗来迟的对非洲的争夺，1935 年它的军队入
侵了埃塞俄比亚。意大利的行为产生了一个问题，国联应该作何应
对？国联的一个成员国侵犯另一个成员国，这是对国联盟约的公然挑
衅。法国和英国的处境非常尴尬。作为大国、地中海国家和非洲殖民
宗主国，它们理应在国联带头反对意大利。但是英法的反对如此软弱
无力和半心半意，因为它们不愿意疏远意大利，而希望意大利和它们
一起对抗德国。最坏的结果出现了。国联未能制止侵略并且意大利被
疏远了。埃塞俄比亚丧失了独立地位，尽管只持续了 6 年。

　　事后看来，这是几个犯了致命错误的时刻之一。但是，不可能在
事后追溯事态在什么阶段发展至如此不可收拾的情形。可以肯定的
是，一个更加激进、穷凶极恶的机会主义体制在德国出现，是事态发
展的重大转折点。但是大萧条的影响更大，并且使事态的发展成为可
能。经济的崩溃也产生了另一个重大影响。它使得对 30 年代的事件
加以意识形态解释听起来很合理，由此进一步增加了人们的怨愤。由
于经济危机带来的阶级冲突的加剧，相关政治家时常把国际关系解释
为法西斯主义与共产主义、左翼与右翼或者民主与专制的斗争。墨索
里尼被英法在意大利入侵埃塞俄比亚事件中的行为所激怒，逐渐与德
国结盟，并且主张进行一场反对共产主义的圣战。此后，国际关系的
意识形态化解释更加盛行了。30 年代所有的对国际事务的意识形态

式的解释，都易于模糊德国问题的核心本质，由此也易于使德国问题的解决更加困难。

苏联的宣传也产生了重要的影响。30年代苏联国内局势很不稳定。工业化运动带来了国内局势的严重紧张和大量的牺牲。苏联的集权体制控制住了这些困难——尽管困难可能也被夸大了——这不仅表现在集体化过程中对农民的斗争，还表现为从1934年以来针对体制内同志的恐怖措施。5年内，数以百万计的苏联人被处死、投入监狱或者被放逐，最常施行的处罚是强制劳动。当看到一批批被告在苏联法庭上俯首帖耳地用滑稽可笑的供词承认自己的罪行时，整个世界为之震惊。在这些年中，一个新的精英集团代替了旧的集团；到1939年，曾出席过1934年党代会的超过一半的代表被捕了。局外人很难确定苏联国内正在发生什么，但可以肯定的是，苏联绝不是一个非常强大的潜在盟友。

由于与此相随的宣传，上述情况更直接影响了国际局势。许多宣传是由苏联内部的被包围心态的蓄意刺激引起的。苏联通常用"我们"和"他们"对立的习惯性思维来看待世界，它来源于马克思主义的信念和1918至1922年的外国干涉。在30年代，这种习惯性思维不仅没有被削弱，反而进一步强化。对外宣扬国际阶级斗争的共产国际也持有这种想法。这种观念在国际上的相互影响是意料之中的。世界各地保守主义者的担心加剧了。对左翼甚至温和进步力量的任何妥协都很容易被人们想象为布尔什维克的胜利。右翼力量态度的这种强化，恰好为共产主义者所宣扬的"阶级斗争和革命是不可避免"的论断提供了新的证据。

但是当时并未发生成功的左翼革命。革命的危险在一战结束后不久就被迅速地平息了。在20世纪20年代，工党曾一度平和地执掌英国政权，并未采取激进的措施。1931年随着金融体系的崩溃，第二次执政的工党被保守党联盟取代。保守党联盟赢得了压倒性的选民支持，并且坚持传统的执政理念：进步的、逐步的社会和行政体系改革。这些改革表明英国进入了"福利国家"行列。这个方向被斯堪的纳维亚国家进一步推进了。这些国家经常作为榜样被提出，受到其他国家的钦佩，因为它们将资本主义政治民主和实用的社会主义结合起来，明显不同于共产主义。即使在法国存在着一个庞大而又活跃的共产党，也没有迹象表明在大萧条后法国共产党的目标得到了大多数选民的支持。在德国，1933 年前共产党还能获得较多的选票，但是从未能取代社会民主党控制劳工阶级的运动。在其他不太发达的国家，共产主义革命成功的可能性更加渺茫。在西班牙，共产党面临着社会党和无政府主义派别的竞争。西班牙的保守派确实害怕共产党，并且可能有理由担心在共和国体制下（1931 年建立），西班牙存在滑向社会革命的危险，但实际上，共产主义对他们几乎没有威胁。

然而意识形态化的解释具有强大的吸引力，甚至对非共产主义者来说也是如此。随着阿道夫·希特勒成为德国新的统治者，这种情况进一步加剧。尽管他所追求的目标很难使人认为他是完全理智的，但希特勒的成功使人们很难否认他是一个政治天才。在 20 世纪 20 年代初，他只是一个落魄的鼓动者，曾企图推翻巴伐利亚政府但遭到失败。在他具有催眠功效的演讲中和他不成形的长篇半自传中（很少人读过该书），充斥着他所热衷的民族主义和反犹太主义。凭借他领导的德意志民族社会主义工人党（简称"纳粹"）在选举中的强劲表现，1933 年希特勒被任命为德意志共和国总理。从政治上来讲，这可能是 20 世纪最重大的一个决定性时刻，因为这意味着德国的根本性变革，它转向了对外发动侵略战争。这场战争以摧毁旧的欧洲和德国而结束，也意味着一个新世界的出现。

虽然希特勒的思想的要点很简单，但他的要求却很庞杂。他鼓吹德国的困境有明确的根源：《凡尔赛和约》、国际资本家，还有马克思主义者和犹太人所谓的反国家活动。他还表示，纠正德国政治的错误必须结合德国社会和文化的革新；这是一个通过切除非雅利安人的组成部分，以净化德国人生物种群的问题。

这种言论在1922年影响很小，却在1930年使希特勒领导的纳粹赢得了议会107个席位，超过了共产党人的77个席位。纳粹是已经崩溃的德国经济的受益者，同时德国经济将变得更糟。纳粹在政治上的成功有几个原因，但最重要的原因之一是德国共产党人花费了相当多的精力把社会民主党人当作对手进行斗争。在整个20世纪20年代，这严重阻碍了左翼力量在德国的发展。另一个原因是，民主共和国的反犹太主义情绪已有所增长。随着经济的崩溃，这种情绪进一步加剧。像民族主义一样，反犹太主义的影响力在于可以跨越阶级，用来作为对德国困境的解释，而不像某些马克思主义者同样简单的阶级斗争解释虽然吸引了一个阶级，却也激怒了另一个阶级。

到1930年，纳粹党成为德国的一支政治力量。纳粹获得了更多的支持，和不同种类的支持者：有些人将纳粹在街头的暴动视为反对共产党人的保障，而支持纳粹；力图重新武装德国和修改《凡尔赛和约》的民族主义者支持纳粹；保守的政治家将希特勒视为他们政治游戏中有价值的角色而支持纳粹。经过一系列的纵横捭阖，1932年纳粹尽管还未取得国会多数席位，但已成为德国国会中最大的政党。1933年1月，根据宪法程序，希特勒被德国总统召见。在接下来的选举中，尽管得到了政府垄断的电台的支持并使用了恐吓手段，纳粹仍未获得国会多数席位。尽管如此，在得到一些右翼议员的支持后，纳粹获得了国会多数席位，这些右翼议员投票支持给予政府特别有利的权力。最重要的权力是《紧急法案》赋予的管理权。这一事件宣告了这一届国会会期的结束，也宣告了国会最高权威的终结。凭借这些特别权力，纳粹开始彻底地破坏民主体制。到 1939 年，德国社会没有一个部分未被纳粹控制或胁持。保守派也大失所望。他们很快发现纳粹对传统权威的独立性的干涉很可能没有止境。

纳粹体制在很大程度上是建立在对敌人毫不留情地使用恐怖手段上。德国很快就爆发了针对犹太人的恐怖手段，惊讶的欧洲人发现，自己正在目睹中世纪欧洲或沙皇俄国的种族迫害在欧洲最先进的社会之一复活了。这确实让人如此震惊以至于德国以外的人们很难相信它正在发生。对纳粹本质的困惑使应对德国变得更加困难。有些人认为希特勒仅仅是一个民族主义领导人，像凯末尔一样，倾向于复兴自己国家和坚持其应有的索赔。其他人将其看作反对布尔什维克的十字军斗士。即使当人们只是认为希特勒也许可以充当抵制布尔什维克的"栅栏"时，这也导致了一种可能：在左翼人士看来，希特勒是资本主义国家反苏的工具。但是没有一个简单的方法可以描绘希特勒或他的目的，并且人们对此的认识还存在巨大分歧。一种可能合理的接近事实真相的一点是，人们只是认识到：希特勒以最消极和破坏性的形式表达了德国社会的怨恨和愤怒，并且以一种可怕的形式体现出来。经济灾难、政治犬儒主义和有利的国际力量格局，给他的个性施展提供了机会，这时他可能会释放这些负面特质。所有欧洲人，包括他自己的同胞，都要为此付出长期的代价。

1939 年德国再次走向战争的方式是复杂的。有种观点认为，当时存在避免走向战争的可能性。显然墨索里尼（他以前对德国在欧洲中部的野心保持警惕）成为希特勒的盟友是一个重要的时刻。由于对埃塞俄比亚的冒险，意大利与英法疏远了。此后，一批西班牙将军发动兵变企图颠覆左翼共和国，西班牙内战爆发。希特勒和墨索里尼都派出特遣队支持那里的反政府武装领导人佛朗哥将军。这个事实最为显著地令欧洲的分裂产生了一种意识形态色彩。希特勒、墨索里尼和佛朗哥都被确定为"法西斯主义者"。苏联开始调整外交政策，指示西方国家的共产党人放弃对本国其他左翼政党的攻击，并鼓励他们建立"统一战线"，并与西方国家统一协调支持西班牙。于是，西班牙被认为是最纯粹的右派和左派之间的冲突。这里存在误解，但它促使人们去思考这个事实——欧洲分为了两大阵营。

英国和法国政府深知在这个时候应对德国的困难。希特勒在1935年已经宣布德国开始重整军备，这是被《凡尔赛和约》所禁止的。直到英法自己也完成重整军备，它们始终非常软弱。由此导致的第一个后果就是，德国军队违反《凡尔赛和约》的规定再次进入莱茵兰非军事区。英法未采取任何举动抵制德国的这次行动。西班牙内战使英国和法国国内舆论陷入进一步的混乱，于是希特勒趁机吞并了奥地利。《凡尔赛和约》条款禁止德国和奥地利的合并，这点似乎很难坚持；在法国和英国选民看来，这是一个在法律层面受到不公正对待的民族主义问题。奥地利共和国长期以来被内部问题困扰。1938年3月，两国正式合并。到了秋天，德国把下一个侵略的目标指向了捷克斯洛伐克领土的一部分。这次的理由又是貌似有理的民族自决的要求。这次涉及的地域是如此重要，它们的丧失会削弱捷克斯洛伐克未来自卫的前景，但这些地区居住着许多德意志人。第二年，基于同样理由，梅梅尔（Memel）被德国吞并。希特勒一步一步实现了在普鲁士击败奥地利后德意志人丢失的旧梦——一个统一的大德国，涵盖所有德意志人居住的土地。

捷克斯洛伐克的肢解是一个具有转折意义的事件。它是通过1938年9月慕尼黑会议达成的一系列协议完成的。英国和德国在会议上发挥了主要作用。这是英国外交政策试图满足希特勒的最后一个重大倡议。这位英国首相对于是否扩充军备抵制德国仍然犹豫不决，还幻想着，随着最后一批被外国人统治的德意志人回归德国统治，希

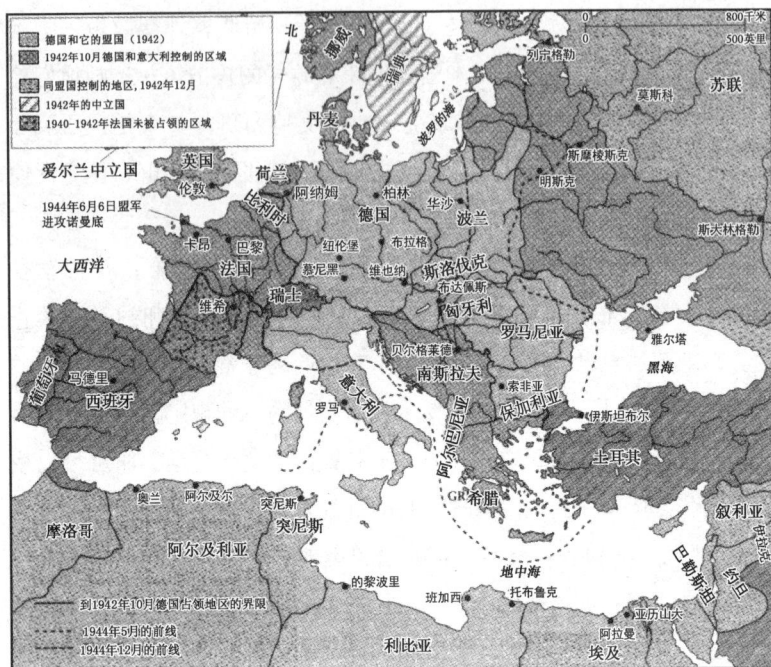

1939—1945 年战争期间的欧洲

特勒进一步修改《凡尔赛和约》（无论从哪个角度来看，《凡尔赛和约》已千疮百孔了）的动机就会消失。

英国首相错了，因为希特勒把扩张的计划扩大到入侵斯拉夫人的土地。他的第一步就是在 1939 年 3 月吞并了捷克斯洛伐克剩余的领土。这导致了对 1919 年波兰问题协议的质疑。希特勒憎恨"波兰走廊"，它将东普鲁士和德国本土隔开，它还包含但泽市，一个古老的德国城市，在 1919 年被规定为处于国际保护之下。在这一点上，虽然犹犹豫豫，但是英国政府改变了方针，并向波兰、罗马尼亚、希腊和土耳其提供了反对侵略战争的保证。它也开始与苏联进行谨慎的谈判。

苏联的政策依然难以琢磨。看起来，只要西班牙内战能吸引德国的注意力，斯大林仍然会支持共和国政府，但同时也在寻找其他拖延时间的办法以防止苏联遭到来自西边的攻击，这是他一直担忧的。在他看来，英国和法国可能会怂恿德国进攻苏联，并乐见自己长期面对的危险被引向这个工人阶级国家。毫无疑问，英法可能会这样做。与英国或者法国合作反对德国的可能性几乎没有，即使它们愿意这样做，这也是不可能的。因为如果不穿过波兰，苏联军队不可能接近德国，而波兰人是不可能同意的。因此，当一位苏联外交官听说《慕尼黑协定》后对法国同行说，这没什么，因为捷克斯洛伐克只是波兰面积的四分之一。1939年夏，苏联和德国进行谈判。双方曾相互进行了激烈而不愉快的抨击，诸如布尔什维克—斯拉夫式的野蛮和法西斯资本主义的剥削，但之后德国和苏联在8月就两国瓜分波兰签订协议。在这个条约的保证下，希特勒发动了对波兰的进攻。两天后，英国和法国履行其对波兰的保证，对德国宣战。

英法政府十分不情愿这样做，因为很明显它们不能给波兰提供什么帮助。这个不幸的国家再次灭亡，战争爆发后一个月它被德国和苏联瓜分了。但不干预就意味着默许德国对欧洲的统治，因为其他国家将认为拥有英国或法国的支持没有价值。所以，欧洲仅有的两个宪政大国发现自己面临着一个极权主义政权的威胁时，没有了1914年一战爆发时的兴奋，而是充满了不安。无论是它们的人民，还是政府都没有热情承担这个角色；并且自1918年以来自由和民主力量的衰落，使它们处在一个远逊色于1914年协约国所处的位置，但对希特勒的一系列侵略、出尔反尔的恼怒使它们很难看到缔结什么样的和平会让自己安心。如1914年一样，战争爆发的基本原因是德意志的民族主义，但是那时德国走向战争是因为它感到了威胁，现在英国和法国正面临德国扩张所带来的危险。这次英国和法国也感到了威胁。

进攻波兰的战役很快就结束了，战争的前六个月几乎是平淡无奇的。这使许多观察家感到吃惊，也使另外一些观察家感到宽慰。机械化部队和空中力量将比一战时期发挥重要得多的作用，这很快就一目了然。第一次世界大战索姆河和凡尔登战场的"大绞杀"给英法太深的记忆，以致它们只计划进行经济的攻势，它们希望封锁的武器将是有效的。希特勒不愿意去打扰它们，因为他十分希望英法保持这种和平。当英国谋求加强对斯堪的纳维亚海域的封锁之时，僵局打破了。值得注意的是，这正好与德国进攻（继而占领）挪威和丹麦以确保矿石供应同时发生。进攻发生在1940年4月9日，由此也开始了一个令人吃惊的战争阶段。仅仅一个月后，德国发动了一次绝妙的入侵，首先进攻低地国家，然后进攻法国。通过阿登地区，德国一次强大的装甲攻击打开了分割英法联军和占领巴黎的通道。6月22日法国与德国签署了停战协定。到了6月底，整个欧洲海岸，从比利牛斯山到北角都在德国人的控制中。在法国投降十天前，意大利加入了德国阵营。由于担心法国军舰可能落入德国人的手里，英国夺取或炸沉了它们，此后新的法国政府——维希政府（Vichy）断绝了与英国的关系。随着贝当元帅（第一次世界大战期间的英雄）就任维希政府的首脑，法国第三共和国实际上走到了尽头。随着大陆上的盟友尽数覆灭，英国面临着一个远比对抗拿破仑时期还要糟糕的战略态势。

但战争的性质发生了巨大变化，英国不再孤独。英国所有的自治领以及来自敌占区的海外流亡政府跟英国站在一起，加入了战争。其中一些指挥自己的部队和挪威人、丹麦人、荷兰人、比利时人、捷克人和波兰人一起英勇斗争，在未来的岁月往往具有决定性的作用。最重要的流亡团体是法国代表团，但在那个阶段，他们仅是法国的一个派系，而不是它的合法政府。戴高乐将军是这个团体的领导人，他在法国签订停战协定前已离开，并被缺席判处死刑。英国仅仅承认他是

"自由法国"的领导人，但戴高乐把自己看作第三共和国合法的遗产继承人，法国利益和荣誉的保管人。他很快就开始显示出自主性，这最终使他成为自克里蒙梭以来法国最伟大的"公仆"。

对英国来说戴高乐很快变得非常重要，因为谁也不能确定法兰西帝国的其他地区到底会发生什么，而戴高乐希望从这些地方招募支持者来与自己共同战斗下去。这正是战争如今在地缘上扩大的一种方式。意大利参战也是原因之一，因为它的非洲殖民地和地中海航路现在也成了作战区域。最后，德国人获得大西洋和斯堪的纳维亚的港口意味着：后来所称的"大西洋战役"（由潜艇、水面和空中攻击构成的战斗，目的是为了断绝或拖垮英国的海上交通）势必更加激烈。

随即，英伦三岛面临着直接攻击。危急时刻人们已经找到了支撑国家应对如此挑战的那个人。在挪威战役失败的时候，温斯顿·丘吉尔（他之前已经历一个漫长而多变的政治生涯）成为英国首相，因为没有其他人能在下议院赢得所有各方的支持。他立即组建了联合政府，并进行强有力的领导，这是英国此前深感缺乏的。更为重要的是，他通过广播发表讲话，呼吁他的人民重拾自身那些被遗忘的品质。在遭到直接攻击后，人们很快明白，只有战胜敌人才能使英国脱离战争。

依靠英国雷达技术和皇家空军的英勇作战，英国赢得了 8 至 9 月在英格兰南部的大空战的胜利。此后，人们更加坚信这一点了。这时，英国人才理解了马拉松战役胜利后希腊人的骄傲和轻松。丘吉尔在演讲中经常引用一句话："在人类战争历史中，从来没有过以如此之少的兵力取得这么大的胜利。"这是真实的。这一胜利使德国从海上入侵英国的计划成为泡影（虽然海上入侵总是不可能一次成功）。它还使德国人认识到仅仅依靠空中轰炸击败大不列颠是不可能的。大不列颠的前景依然黯淡，但这场胜利改变了战争的方向，因为它是战争新时期的开始。在这个阶段，诸多因素影响使德国的注意力转向其他地方。1940 年 12 月德国开始计划入侵苏联。

　　那年冬天，苏联进一步向西扩张，显然是为了获得一个缓冲区以防备德国未来的攻击。对芬兰的战争使苏联获得了一块重要的战略区域。波罗的海沿岸的拉脱维亚、立陶宛和爱沙尼亚这三个共和国在 1940 年被苏联吞并。罗马尼亚在 1918 年从俄国得到的比萨拉比亚（Bessarabia）连同布科维纳（Bukovina）北部地区现在被苏联收回。对于布科维纳北部地区，沙皇都未曾占领，而斯大林做到了。德国决定攻击苏联的部分原因是苏德在苏联扩张的未来发展方向上存在分歧：德国力图使苏联远离巴尔干地区和黑海海峡。德国也是为了证明，通过迅速打败苏联，英国人的继续抵抗是毫无意义的。同时，在德国发动对苏战争的决策中，也有强烈的个人性格因素的影响。希特勒一直强烈和狂热地厌恶布尔什维主义，并且一直认为作为一个低劣种族的斯拉夫人应该在欧洲东部为德国人提供生存空间和原材料。历史上，日耳曼人一直都力图将西方文明强加给东方的斯拉夫民族。这种论调是对这种古老斗争的极端和变态的演化，且得到了很多德国人的响应，并以此证明比早期任何斗争更骇人听闻的暴行的合理性。

　　在短暂的春季战役中，德国占领南斯拉夫和希腊（自 1940 年 10 月以来，这是意大利军队第二次被迫参与战斗），这是即将到来的大国间冲突的序曲。英国军队再次被赶出欧洲大陆。克里特岛在一次大规模的德国空降突击中被占领。现在，所有的准备都是为了大规模攻击苏联，即"巴巴罗萨计划"，这一计划以中世纪神圣罗马帝国皇帝腓特烈一世[①]的绰号命名。

　　1941 年 6 月 22 日，德国向苏联发动了进攻，并在早期取得了巨大胜利。苏联军队大量被俘，后撤数百英里。德国先头部队进攻到离

---

　　① 曾领导第三次十字军东征，结果在途中溺水而死。——译者注

莫斯科几英里的地方。但这个距离是很难跨越的，在圣诞节前，苏联第一次成功的反击宣布德国事实上被牵制住了。德国已经失去了战略主动权。如果英国和苏联坚持抵抗，如果它们能保持同盟关系，即使没有发明威力巨大的新式武器进而导致战争技术的彻底调整，美国的援助也必定将增加它们的实力。当然这不意味着它们必定会击败德国，仅仅意味着它们可能迫使德国进行谈判。

自 1940 年以来，美国总统认为，为了美国利益，英国应该获得超越美国公众允许和"中立法案"规定的支持。事实上，他有时巧妙地突破这两个方面的限制。到 1941 年的夏天，希特勒知道美国实际上是一个未公开的敌人。一个关键步骤是当年 3 月美国通过《租借法案》，根据该法案，英国在美国的资产被清算后，美国将向盟国提供产品和服务，而盟国不用支付现款。不久，美国政府将海上巡逻和护航进一步向东扩展到大西洋。德国入侵苏联后，丘吉尔和罗斯福进行了会晤，结果产生了一份包含共同原则的声明，即《大西洋宪章》。两国领导人共同讨论了"在最终摧毁纳粹暴政"后的战后世界的需要。从孤立主义到《大西洋宪章》，美国经历了一个漫长的转变过程。这也是希特勒在 1941 年 12 月 11 日（也就是在日本进攻英国和进攻美国领土的四天后）对美国宣战的背景。对美国宣战是早些时候希特勒对日本的承诺，这是他在 1941 年的第二个致命且愚蠢的决定。于是，这场战争演变为全球性的。英国和美国对日本的宣战，可能会导致这两场分别进行的战争迅速蔓延，而当时只有英国同时参与这两个战场的战事。希特勒的这个行动使他失去了让美国的力量远离欧洲，只在太平洋发挥作用的机会。很少有这种如此明确地标志着一个时代的结束的行动，因为它宣布了欧洲事务在国际舞台上的重要性的丧失。现在欧洲的未来不是由它自己的努力能决定的，而是由处在它侧翼的两个大国，即美国和苏联来决定。

日本的决定也是草率的，尽管长期以来日本的政策逻辑是以与美国的斗争为指向的。虽然日本跟德国和意大利的关系对双方有一些宣传价值，但在实际上并没有多少作用。关于挑战美国（这必将导致战争）是否危险的争论结果，决定了日本政策的时机选择。问题的症结在于日本要想成功地结束在中国的战争和获取石油，需要美国默许其灭亡中国。这是美国政府不能答应的。相反，在 1941 年 10 月，美国政府加强了对日本的全面贸易禁运。

20 世纪 30 年代反动和好战势力在日本的崛起，推动了对美国战争的进程。随后就是这个进程的最后阶段。此时，这对于日本军事策划人员而言已成为纯粹的战略和技术问题；既然他们必须通过武力从东南亚夺取他们所需的资源，唯一要确定的就是对美国战争的类型和时机。这样的决定根本就是非理性的，因为最终成功的机会非常小。国家荣誉的主张占据了上风，不过，关于最佳攻击点和时机的最终方案是经过认真考虑的。日本决定从一开始就尽可能猛烈打击美国的海军力量，以便获得在太平洋和中国南海的最大行动自由。结果，日本在 12 月 7 日发动偷袭，其核心是空袭珍珠港的美国舰队。它是战争史上构思最巧妙和执行最杰出的行动之一。然而它并没有取得圆满的成功，因为它并没有摧毁美国海军的空中力量，虽然它使日本在两个月里享受了梦寐以求的战略自由。在珍珠港胜利后，日本面临一场注定要失败的长期战争。日本人使美国人团结了起来。12 月 8 日后，孤立主义实际上被美国抛弃了。罗斯福获得了整个国家的支持，而威尔逊从未获得过这样的支持。

随着少数日本炸弹甚至落到美洲大陆，很明显，与第一次世界大战相比，二战更是真正意义上的世界战争。当日本偷袭珍珠港时，德国军队在巴尔干地区的行动令当时欧洲大陆仅剩下四个中立国：西班牙、葡萄牙、瑞典、瑞士。北非的战争肆虐在利比亚和埃及之间。随着一个德国代表团的到来，战争延伸到叙利亚。由德国空军支持的伊拉克国民政府被英国部队解散了。伊朗已由英国和苏联军队在1941年占领。在非洲，埃塞俄比亚获得解放，意大利的殖民帝国倒塌了。

随着东亚战事的展开，日本也摧毁了该地区的殖民帝国。在几个月里，他们占领了印度尼西亚、中南半岛、马来亚、菲律宾群岛。他们穿过缅甸推进到印度边界，并很快从新几内亚轰炸了澳大利亚北部的达尔文港。与此同时，德国的潜艇部队、飞机和海上突击舰参加的海战遍布大西洋、北冰洋、地中海和印度洋。只有极少数国家未卷入这场战争。二战的需求是巨大的，对全社会的动员程度比一战又推进了一步。美国发挥了决定性的作用，它巨大的制造能力为"联合国家"（1942年初开始，与德意日作战的国家联盟的称谓）提供了无可争议的物质优势。

尽管如此，前进的道路依然艰难。1942年上半年对联合国家来说是一个非常黯淡的阶段。依靠四场不同的重大战役，反法西斯战争迎来了转折。在6月，攻击中途岛的日本舰队受到美国作战飞机的重创。日本航空母舰和机组人员损失严重，以至于日本舰队从此失去了战略主动。而美国在太平洋的长期反击开始了。随后，11月初，在埃及的英国军队决定性地击败了德国和意大利，开始向西挺进，力图最终将所有敌人驱逐出北非。在英美军队于法属非洲殖民地登陆的同时，阿拉曼战役打响了。随后他们向东进军，到1943年5月，德国和意大利在非洲大陆的抵抗停止了。在此六个月前，即1942年底，苏联在伏尔加河流域的斯大林格勒包围了因希特勒之令而陷入险境的德国军队。1943年2月，进攻斯大林格勒的残余德军投降，这是德国在苏联所遭受的最打击士气的失败，但这只是具有重大意义的三个月冬季攻势的一部分。冬季攻势的胜利是大战的东部战线的转折点。

盟军还有一个伟大胜利，虽然没有具体的日期，但同样重要。这就是大西洋战役。1942年盟军的商船损失达到高峰，在年底有近800万吨商船被德国的87艘U型潜艇击沉。在1943年这组数字分别为325万吨和237艘U型潜艇。在春季几个月的战斗中盟军取得了胜利。仅5月份，就有47艘U型潜艇被击沉了。对联合国家而言，这是最关键的战斗，因为这决定了联合国家能否顺利得到美国的援助。

拥有制海权使盟军重新进入欧洲成为可能。罗斯福同意优先击败德国，但在法国登陆开辟第二战场以减轻苏军压力的准备工作不可能在1944年前完成，这令斯大林很生气。1944年6月，英美军队在法国北部的登陆是历史上最大的海上远征。那时墨索里尼政权已被意大利人推翻，盟军已经从南部攻入意大利。当时，德国要在三个战线上作战。在英美诺曼底登陆后不久，苏联进入波兰。苏联推进的速度比他们的盟友快，但要到次年4月苏军才能到达柏林。在西线，盟军打败了意大利进入中欧，并从低地国家进入德国北部。顺便说一下，大规模的空中进攻给德国城市造成了可怕的破坏。它一直持续到战争的最后几个月，但并没有产生决定性的战略作用。当4月30日希特勒在柏林废墟中的一个掩体里点燃了大火自杀时，旧时代的欧洲，无论是实际上还是比喻意义上，都处在一片废墟中。

在远东的战争持续时间稍长些。1945年8月初，日本政府知道它必定被打败。许多被日本占领的地方已被收复，日本城市被美军的轰炸所摧毁；从入侵以来，日本联络和安全所依赖的海上力量也被摧毁了。同时，美国投下了两枚破坏力至今还未消除的核武器，给两个日本城市造成了可怕的影响。在两次核武器爆炸之间，苏联对日宣战。9月2日，日本政府放弃了最后一搏的自杀式计划，并签署了投降书。第二次世界大战结束了。

二战巨大的影响带来的直接后果是难以衡量的。只有一个明确和毫不含糊的好处是显而易见的，即推翻了纳粹政权。当盟军进入欧洲，随着集中营的打开和对集中营中暴行的持续揭露，纳粹政权的恐怖和酷刑制度的最深重罪恶被揭露出来。这时人们才突然发现丘吉尔并未夸大其词。丘吉尔曾告诉他的同胞："如果我们失败了，那么全世界，包括美国在内，包括我们知道的和关心的国家，将陷入一个更加邪恶，也许更加漫长的新黑暗时代的深渊。"

这种威胁的现实，可首先在贝尔森（Belsen）和布痕瓦尔德（Buchenwald）集中营看到。区分政治犯、来自其他国家的苦役及战俘所受暴行的程度，这几乎没有意义。德国人系统地消灭欧洲犹太人的尝试，即所谓的"最终解决方案"，极大地改变了欧洲人口版图：波兰的犹太人几乎灭迹，荷兰的犹太人也大大减少。这远远超出了人们的想象。虽然永远不可能得到完整的确切数字，但大约有 500 万到 600 万的犹太人被杀害，他们在东欧和东南欧的死亡营的毒气室以及火葬场被枪杀和灭绝，或因过度劳累和饥饿而死。

众多人口和国家投入这场战争，不是因为他们将这次战争看成反对这种邪恶的斗争。但是毋庸置疑的是，当这场战争被赋予了道德意义时，他们中许多人感到了振奋。这要归因于战争的宣传。当英国还是欧洲唯一坚持为生存而战的国家时，英国社会曾试图这样看待这场战争：斗争的积极意义超越了求存和摧毁纳粹主义。对新世界（包含大国间合作以及经济社会重建）的愿望，体现在《大西洋宪章》和联合国家中。人们为结盟的美好愿望以及利益和社会观念差异的突然消弭感到鼓舞，其实这些差异很快就会重现。随着和平的到来，许多战时的虚华辞藻被打回原形，美好理想也幻灭了。然而尽管如此，1939 至 1945 年的欧洲战争在一定形式上仍然是一场道德斗争，或许，这种形式是其他大国之间的战争中不曾有过的。记住这点很重要，因为关于盟军胜利的令人遗憾的结果，人们听的太多；人们常常很容易遗忘这场战争曾粉碎了对自由文明最严重的挑战。

一些有远见的人，在此可以看出一个深刻的讽刺。在许多方面，德国曾是欧洲最先进的国家之一；这往往体现在其文明的精华部分。德国集体紊乱产生的恶劣影响，表明德国文明源头的某些成分存在错误。纳粹主义的罪行不在于进行了忘乎所以的野蛮的征服，而在于其以系统的、科学的、有控制的、官僚系统（虽然往往效率不高）的方式进行征服；这种方式除了其可怕的企图外没有什么是非理性的。在这方面，亚洲的战争明显不同。一段时间里，日本帝国主义取代了旧的西方帝国主义，但是许多被统治民族对这种取代本身并不十分遗憾。战争期间的宣传力图使"日本法西斯"这个概念得到认同，但这个概念并不符合极其传统的日本社会特性。德国统治下欧洲国家所面临的那类可怕后果不一定会发生在日本统治的地区。

战争的第二个明显结果是其无与伦比的破坏性。这在德国和日本被摧毁的城市中体现得最为明显。在这些地方，大规模的空中轰炸（第二次世界大战的重大创新之一），比西班牙内战中对城市的轰炸，更能证实战争带来了更加惨重的生命和建筑物损失。即使是那些早期报道也足以让许多观察家相信单靠空中轰炸就可以使一个国家求饶。事实上，虽然大规模战略轰炸与其他战斗形式的结合往往是非常有价值的，英国皇家空军从 1940 年开始对德国进行战略轰炸，起初规模很小，从 1942 年得到美国的稳步配合后规模逐渐扩大，以至联合作战部队可以对目标进行了昼夜不停的轰炸；但是直到战争的最后几个月，所取得成果还非常微小。对日本城市的猛烈轰炸，在战略上也并不像消灭其海上力量那样重要。

不仅城市被摧毁，中欧的经济生活和通信也遭到了极其严重的破坏。1945 年，数以百万计的难民徘徊在中欧，试图返回家园。由于食品供应困难，这里存在着严重饥荒和流行病的危险。1918 年的巨大问题再次降临欧洲，而这次面临问题的国家由于被打败和被占领而士气低落；只有中立国和大不列颠逃脱了这些灾难。大量的武器掌握在私人手中，有些人害怕会发生革命。在亚洲也可以发现这些情况，但这里的物资破坏没那么严重，复苏的前景更好。

　　战争带来的巨大政治影响十分明显。1914年前欧洲的权力结构在两次世界大战间得以勉强地延续，在1941年瓦解了。两个外围的大国在政治上主导了欧洲，并在军事上于欧洲中心地区确立了主导地位。在1945年2月盟国领导人的雅尔塔会议上，罗斯福秘密与斯大林就苏联参加对日战争的条款达成一致，这是最明显的表现。雅尔塔会议还为三个大国达成一项共识奠定了基础。它是欧洲几十年来所取得的最接近正式和平协议的共识。其结果是旧的中欧消失了。欧洲将被分为东西两半。的里雅斯特-波罗的海分界线再次变成了现实，但这时在旧的分界线上又添加了新的差异。在1945年年底，除希腊外，欧洲东部国家都建立了共产党政府或者共产党与其他派别共同执政的政府。占领了这些国家的苏联军队，证明他们本身是比革命更加有力的国际共产主义的输出工具。战前就存在的波罗的海共和国未能从苏联分离出来，当然，这时苏联也占有了战前波兰和罗马尼亚的部分领土。

　　德国作为老欧洲权力结构的中心，确确实实不复存在了。它主导欧洲历史的阶段结束了，俾斯麦缔造的德国被苏联人、美国人、英国人和法国分区占领了。西欧其他主要政治力量在被占领和失败后进行过重组，但十分弱小；在墨索里尼被推翻后，意大利加入了盟国，像法国一样，意大利国内存在一个力量大大加强和规模大大扩大的共产党，仍然致力于推翻资本主义的革命。只有英国保持了1939年时在世界的声望，甚至在1940和1941年暂时提高了，并且它在一段时间里获得了公认的跟苏联及美国平等的地位（形式上，中国和法国也是大国，但被人们相对忽视了）。然而，英国的时代已经过去。通过巨大努力动员超常的国家资源和社会力量，英国才没有倒下。但它仅仅靠着德国攻击苏联才摆脱了战略僵局，并且仅仅靠着美国的租借才维持了下去。这种援助不是没有代价的：美国人坚持英国出售海外资产，以满足即将通过的租借法案。此外，英镑区已经无法正常运转了。美国现在大规模地将资本投向英国的自治领。鉴于自身新的战时实力，以及它们必须依靠母国保卫自己的弱点，这些自治领吸取了经验教训。从1945年开始，它们越来越完全并正式地独立行事。

只用了几年时间，最大的老牌帝国主义的位置所发生的巨大变化就清晰起来。具有象征意义的是，当1944年英国在欧洲进行最后一次重大的军事行动时，这次行动是由一位美国将军指挥的。虽然英国军队在此后的几个月里在欧洲可以和美国人匹敌，但到战争结束时，他们在数量上已被美军超过了。在远东也是一样，尽管英国重新征服缅甸，但打败日本的是美国海军和空军。尽管丘吉尔作出种种努力，罗斯福在战争谈判结束前，还是越过丘吉尔，与斯大林商谈，尤其是他还建议拆散大英帝国。尽管英国在1940年独自胜利地抵抗了德国攻击并且赢得了崇高的道德威信，但它没有逃脱战争对欧洲政治结构造成的惊天动地的影响。事实上，在某些方面，英国和德国一道最好地说明了这一点。

因此，欧洲霸权地位的丧失不仅体现在欧洲，在欧洲之外也很显著。英国政府最后一次成功地短暂挫败美国政策的努力是，英国军队确保会及时将荷兰和法国在亚洲的领地交还给两国，并且防止反殖民制度的力量夺取权力。但是，与反叛者的战斗几乎立即开始，而且很明显，帝国主义国家面临着一个困难的未来。战争也给这些帝国主义国家带来了大变革。权力的万花筒已微妙、突然地发生转移；当战争宣告结束时，它仍然在转移中。因此，1945年不是一个令人愉快的停顿点；当时，现实仍然有些被表象所掩盖。很多欧洲人稍晚才痛苦地发现，欧洲的帝国时代已经结束。

第 6 章 非殖民化与冷战

一战后，仍可能存在一种错觉，那就是旧秩序会被恢复。但到了1945年，没有一个当权者还相信这种事。对 20 世纪重新安排国际生活秩序的两次重大努力的环境进行比较是有益的。当然，这两次重大努力都没有展开自由规划的基础。各种事件已关闭了许多可供选择的途径，并且关于战后该如何做的重大决定已被提出，一些是通过协议，而另一些则不是。建立一个新的国际性组织来维持国际和平，成为二战期间最重要的事务之一。各大国从不同的角度来看待这个组织，美国人将其作为通过法律来规范国际生活的开端，俄国人将其作为维持大国联盟的工具，但是各大国仍然继续向前推进。所以，1945年联合国组织在旧金山成立。

关于国联为何未能发挥应有作用，人们很自然地做了许多思考。1945 年，国联的缺陷之一被避免了：美国和苏联从一开始就属于这个新组织。除此之外，联合国的基本结构大体类似于国联。其两个主要的机构是小规模的理事会和大规模的全体大会。所有成员国常驻代表都将出席联合国大会。起初安全理事会只有 11 个成员，其中 5 个是永久性的，分别是美国、苏联、英国、法国（在丘吉尔的坚持下进入）和中国（在罗斯福的坚持下进入）。安理会被赋予了比旧的联盟理事会更大的权力，这很大程度上是苏联人努力的结果。苏联人相信他们几乎不可能在起初只有 51 个国家代表出席的联合国大会上获得多数票，因为美国不仅能获得盟国的投票支持，而且还可以获得其在美洲的卫星国的赞成票。当然，不是所有小国都喜欢这样。他们对这个机构感到不安：在这个机构里小国任何时候都不可能获得有最后表决权的席位，而大国在其中发挥着主要作用。然而，大国所希望的组织结构被采纳了，因为事实上要想让任何组织能够起作用就必须这样。

另外一件引起严重的宪章争议的重大事件是，否决权被给予了安理会常任理事国。如果要让大国接受这个组织，这是必要的，尽管否决权最后会受到一些限制，即常任理事国不能阻止特别是影响到自身的事务的调查和讨论，除非这些事务有可能导致不利于其利益的行动。

理论上，安理会拥有非常大的权力，但是，常任理事国的行动必定是对政治现实的反映。在最初的十年里，联合国的重要性不在于依赖它的权力采取行动，而是在于它提供了讨论的公共场所。历史上第一次，世界公众通过广播、电影和后来的电视联系在一起，耳闻目睹联大讨论主权国家间的事务。这是非常新鲜的事情。联合国立刻给予国际政治新的内容，但它需要长得多的时间为解决问题提供有效的新方案。当争论中出现日益激烈和不妥协的观点，又无人退让时，国际争论的新闻报道有时会给人以枯燥贫乏的感觉。但是这产生了教育意义。联大很快作出把永久性会址设在纽约的决定，这也是非常重要的。这吸引了美国人对它的关注，有助于抵消孤立主义的历史性影响。

尽管如此，1946年在伦敦，联合国召开了第一次全体大会。更加激烈的争论立刻开始了，苏联士兵在伊朗的阿塞拜疆人聚居区持续驻扎（他们在大战期间占领了那里）的行为遭到谴责。但是，苏联人迅速地作了反击，攻击英国在希腊保持兵力。几天之内，苏联代表团投下了第一次否决票。此后有更多的否决票投下。否决权被美国人和英国人视为用来保护特别利益的非常手段，同时也成为苏联一种常见的外交技巧。1946 年，联合国已经成为苏联与西方国家集团争论的舞台。这个集团还处于初期阶段，它的政策有待进一步巩固。

尽管美国与苏联冲突的起源常常能追溯到很远，但是在战争的后期，英国政府越来越感觉到美国人做了许多让步，并且对苏联过于友好。当然，一种基本的意识形态分歧总会有的；如果苏联人不总是对资本主义社会的行为根源有一种成见，他们当然也会在 1945 年后对他们的战时同盟有不同的作为。一些美国人从来不信赖苏联，并且将它看作是革命性的威胁，这也是真实的。但是这不意味着他们能对美国政策制定能起到多大的影响。在 1945 年，当战争结束的时候，美国人对苏联人意图的不信任比后来要少得多。这两个国家中苏联要更多疑和谨慎。

在那个时候，再没有其他真正的大国了。战争已促使一个世纪前托克维尔的直觉成为现实，那就是有朝一日美国和俄国会主导这个世界。关于安理会构成的所有说辞只不过是一种合法的虚构，英国严重衰落了，法国还没能从生不如死的占领和国内分裂势力（一个巨大的、威胁它稳定的共产党势力）的困扰中崛起，而意大利的加入使得旧的纠纷更加复杂。德国成为一片废墟并被占领。日本被占领，军事上软弱无力，而中国还未成为现代强国。因此，美国人和俄国人拥有胜过所有可能对手的巨大优势。他们也是仅有的真正的胜利者，因为只有他们从战争中获得了显而易见的收获。所有其他战胜国最多赢得的是幸存或复苏。对于美国和苏联而言，战争带来了新的帝国。

尽管苏联帝国是以巨大代价赢得的，但是它现在比沙俄统治时更强大。苏联军队统治了一个巨大的欧洲区域，其中许多地方是苏联领土；剩下的区域在 1948 年被组成了一个个国家，实际上就是卫星国，其中之一是东德（一个重要的工业实体）。在这片区域之外，还存在南斯拉夫和阿尔巴尼亚两个国家，它们是自战争以来仅有的没有在苏联军队帮助下获得解放的共产主义国家；在 1945 年，它们似乎是莫斯科可靠的盟国。苏联的有利地位是通过红军战士浴血奋斗赢得的，同时这在很大程度上也归功于西方政府和它们在欧洲的统帅（当进入战争最后阶段，他抵制了在俄国人之前到达布拉格和柏林的压力）所实施的决定。由此产生的苏联在中欧的战略优势更具威胁性，因为俄国在 1914 年时进入中欧的传统障碍，即奥匈帝国和德意志帝国，现在不存在了。如果美国不参与欧洲事务，很难指望元气大伤的英国和缓慢复苏的法国足以抵抗红军，也很难想象出大陆上还有谁能与之抗衡。

1945 年，苏联军队也在共产主义正在兴起的土耳其和希腊边境驻军，并占领了伊朗北部地区。在远东，他们控制了蒙古、北朝鲜的大部分地区和中国海军基地旅顺港，还占领了中国东北剩下的地区，尽管他们实际从日本夺来的唯一领土是萨哈林岛的南半部分和千岛群岛。他们其他的收获在很大程度上是以中国为代价的。然而在中国，在战争结束时，人们已经能够看到共产党已重振旗鼓。斯大林可能仍然不相信中国共产党人能完全胜利，他认为中国太落后了，还搞不了共产主义。另一方面，除了从苏联，中国共产党也无法指望从其他任何人那里寻求道义和物质帮助。因此，苏联在亚洲的影响力也在上升。

与苏联相比，新的世界强国美国很少依赖领土的占领。在战争结束时，它在欧洲中心也有驻军，但在 1945 年，美国选民想尽可能撤军。环绕欧亚大陆许多地方的美国海军和空军基地是另一回事。尽管苏联已成为一个远比任何时候都强大的霸主，但日本海军力量的消失，岛屿飞机场的获得和令后勤船队成为可能的技术革新，共同使太平洋变成了美国的内湖。此外，广岛和长崎已经证实了美国独家拥有的数量稀少的新武器——原子弹的威力。

但是美帝国最牢固的根基在于它的经济实力。美国势不可挡的工业力量以及苏联红军成为盟国胜利的决定性因素。再者，与盟国相比，美国胜利的代价很小。美国伤亡人员比它们少，即使英联邦的人员伤亡也比美国惨重，苏联的伤亡人数则更是庞大。美国本土基地没有受到敌军的重大攻击和破坏，它的固定资产完好无损，它的资源也比任何时候都庞大。它的公民认为他们在战时的生活标准实际上提高了，军备计划使罗斯福新政都未能克服的经济大危机消失了。美国是一个债权大国，其资本能在世界范围内进行海外投资，而其他国家无法做到。最后，它以前的商业和政治对手正在缓慢复苏。因为资源的缺乏，它们的经济逐渐被纳入美国的范围。结果导致美国力量在世界范围的间接崛起，这在战争结束前就已初现端倪。

在欧洲的战斗停止以前，人们依稀看到未来大国两极化的趋势。比如很清楚，苏联人不被允许参与占领意大利或瓜分其殖民帝国，英国人和美国人则不得不接受斯大林想要的波兰解决方案。尽管美国人在他们自己的半球劣迹斑斑，但他们不太乐于接受限制明确的势力范围，而苏联人更愿意将它们作为活动基地。当这两个大国之间的冲突被推定是由其中一方从一开始就挑起时，没有必要追溯关于这种差异的假设，尽管这种假设在战后一些年很流行。

一些表象是不真实的。因为在 1945 年，美国几乎没有利用自己庞大力量的政治意愿；胜利后美国军方头等重要的事就是尽可能快地裁军。就在日本投降前，美国国会 1941 年通过的与盟国的《租借法案》被终止了。这进一步降低了美国间接的国际影响力；它也削弱了很快就会需要帮助的盟友，而这些盟友现在正面临着重大的复苏问题。它们无法提供一个新的安全体系来替代美国势力。除了在不得已的情况下，原子弹是不能被使用的，因为它们的杀伤力太强大了。

　　很难确定苏联国内的情况。它的人民很明显遭受到了可怕的战争苦难，可能比德国人遭受的还要严重。没有人能够提供准确数据，但是似乎有超过 2 000 万苏联公民死亡。战争结束时，斯大林也许也意识到了苏联的虚弱，而不是苏联的强大。确实，他的统治方式缓解了裁撤赋予他欧洲霸权地位的庞大陆军的需要（比如面对西方国家）。但是苏联既没有原子弹，也没有一支可观的战略轰炸机部队，斯大林发展核武器的决定进一步加重了当时苏联经济的压力，那时国民经济重建是非常必要的。战后初期，如同 20 世纪 30 年代的工业化时期那样严酷。然而 1949 年 9 月，一颗原子弹成功爆炸了。在第二年的 3 月，苏联官方宣布拥有了原子武器。到那时，形势完全改观了。

　　逐渐，两个世界主要大国之间的关系严重恶化了。这大体是欧洲当时事态的结果，1945 年这片区域最需要的是进行富有想象力和合作的重建。战争破坏的代价从未得到过精确的测算。除去苏联人，大约有 1 425 万欧洲人死去。最贫困国家的那些幸存者居住在一片废墟中。有人估计，在德国和苏联大约有 750 万套住宅被毁坏。工厂和交通设施都被摧毁。没有什么可以用来偿付欧洲所需的进口物资，于是金融体系崩溃了；盟国占领军发现，香烟和牛肉罐头是比金钱更好的交换手段。文明社会不仅在纳粹战争的恐怖下让步，而且因为纳粹的占领把说谎、欺诈、欺骗和偷窃变成了善行；它们不仅是生存的必要，同时它们可以被美化为“抵抗”行为。反对德国占领军的斗争孕育了新的分歧；随着盟军的进军，国家被解放了，行刑队开始行动起来报仇雪恨。据说，法国解放过程中的“清洗”造成的死亡，比 1793 年大恐怖时期还要多。

　　欧洲经济结构的瓦解比 1918 年更彻底。工业化的德国曾经是欧洲经济生活中的飞轮。但是，即使那里有恢复机器运转的通信和生产能力，盟国一开始也坚决压制德国的工业生产，以防止它的复苏。其次，德国被一分为二。从一开始，苏联人就已经并且将来还会剥夺德国的固定设备，将它们作为恢复遭受蹂躏的国土的"赔偿"；德国仅在从俄罗斯的撤退中就摧毁了那里 39 000 英里的铁路轨道。苏联可能失去了其总固定设备的四分之一。

东欧和西欧之间的政治分化在战争结束前日趋明显。尤其是英国对波兰所发生的事情感到警惕。这似乎表明，苏联将只能容忍屈从的东欧政府。这并非美国人的设想，即东欧人自由选择自己的统治者，但是直到战争结束，无论是美国政府还是美国公众都不太关注或者怀疑他们能与苏联达成合理协议。从广义上讲，罗斯福一直相信美国可以与苏联友好相处；他们的共同点在于抵抗德国势力的复兴和瓦解旧的殖民帝国。但是既然罗斯福已在 1945 年 4 月去世，很难说当欧洲战事结束几个月后，斯大林就加快巩固苏联在东欧的势力，罗斯福会如何应对。

副总统杜鲁门（悲哀的是，他接任罗斯福时并不具备政治家的才能）以及他的顾问大体是由于他们在波兰和德国的经历而改变了美国的政策。俄国人一丝不苟地履行着达成的协议，允许英国和美国（以及后来的法国）的军队进入柏林，并且分享被他们征服的这个城市的管理权。种种迹象表明，他们希望德国作为一个统一国家接受统治（就像 1945 年 7 月战胜国在波茨坦的设想），因为这会让他们参与掌控鲁尔，一个潜在的赔偿宝库。

然而，德国经济很快就孕育出东西方之间的摩擦。苏联控制自己占领区的努力，导致其与其他三个占领国逐渐地实际分离。苏联最初打算为一个统一的德国提供一个坚实可靠的核心（即共产主义），但是它最终导致了德国问题的分区解决，这是任何人都没有想象到的。首先，西方占领区因为经济原因成为一个整体，排除了东方占领区。同时苏联的占领政策引起了越来越多的不信任。共产主义在东德的牢固确立似乎重复着在其他地方看到的模式。1945 年，只有保加利亚和南斯拉夫拥有共产党多数派，其他东欧国家的共产党只能分享联合政府的权力。然而，情况越来越像是，这些政府实际上只能成为苏联的傀儡。1946 年某种阵营已经在东欧出现。

斯大林显然很担心德国在可能遭到西方控制的情况下重新统一；当他表示反对未来德国的复仇主义时，他真正担心的是美国在此时此地的力量。苏联逐渐意识到，战后世界不会由两个西方大国，美国和英国的对立所主导（斯大林一度如此预测）。因此苏联努力避免与此时毫无疑问的头号大国，美国的力量直接冲突。为了免于出现一个针对苏联的全球联盟，此时，苏联的政策表现出了更多的灵活性。苏联虽然急切地在欧洲大陆上逐渐出现的苏联集团一边组建了东德，但在中国，苏联仍然正式支持国民党。另一方面，在伊朗，苏军很明显不愿意履行早已达成的撤军协议。即使当他们最终离开，他们也在阿塞拜疆人聚居区留下了一个听从苏联的共产主义共和国——后来被伊朗人倾覆，因为 1947 年美国人给予了伊朗军事援助。在安理会，苏联的否决票越来越习惯于阻挠以前的盟友，很明显，西欧的共产党被苏联的利益所左右。然而，斯大林的盘算依然难以确定，也许他在等待、期待甚至在依赖资本主义世界的经济瓦解。

曾经的盟友依然对苏联怀有善意。1946 年，温斯顿·丘吉尔发表了"铁幕演说"让世人注意欧洲的日益分裂，但这并不是说给他的同胞，也不是说给美国的观众听；一些人谴责了他。然而，尽管 1945 年当选的英国工党政府首先希望进行"左派与左派的对话"，但这很快就遭到了质疑。当英国在希腊的干预实际上使得自由选举成为可能，而美国官员对苏联政策的倾向更有经验，英国和美国的政策在 1946 年开始趋同。杜鲁门总统也不存在对苏联的任何偏爱。此外，如今英国已经很明显要离开印度，这符合美国的官方观点。

1947 年 2 月，英国政府发给杜鲁门的信息，也许比其他任何形式更加承认了一个长期以来不愿承认的事实，那就是英国不再是一个世界强国。由于战争期间巨大的消耗，英国经济已经被严重破坏，迫切需要国内投资。非殖民化的第一阶段也是代价高昂的。一个结果就是，到 1947 年，只有从希腊撤军，英国才能维持财政收支平衡。

杜鲁门总统立刻决定美国必须填补这个空白。这是一个重大的决定。给予希腊和土耳其财政援助，是为了让两国能够在苏联的压力下生存下来。他特意让世人注意这样做的含义，而远远不限于支持这两个国家。尽管只有土耳其和希腊将接受援助，但是他有意提议美国领导世界上所有"自由人民"在美国的支持下抵制"少数派武装或者外来压力所施行的征服企图"。希腊和土耳其人民在各自政府统治下并非特别"自由"，但这个事实并没有此事对于未来美国外交政策的巨大影响来得重要。美国没有退出欧洲，相反，华盛顿现在决心要留在那里"遏制"苏联力量。这可能是美国外交史上最重要的决定。这是由此前一年半里苏联的行为和斯大林政策所带来的日益增长的恐惧所导致的，也是由英国的虚弱导致的。最终，这将导致对美国实力有效边界的不切实际的评估，并且由于政策被扩大到欧洲之外，批评者将提及一个新的美帝国主义，但是这在当时无法看清楚。

几个月以后，"杜鲁门主义"形成了，它是由另一个更加缜密的步骤完成的，那就是提议美国提供经济援助给欧洲国家，使它们能够联合起来谋划经济的复兴。这就是马歇尔计划，以宣布这项计划的美国国务卿名字命名。它的援助是以非军事、非攻击性的方式来阻止共产主义的扩张。这让每个人都很惊讶。英国的外交大臣欧内斯特·贝文（Ernest Bevin）是第一个领会其含义的欧洲政治家。他和法国迫切要求西欧接受这个提议。当然，所有的欧洲国家都接受了。但是俄国人不会参与，也不允许它的卫星国这样做。相反，他们猛烈地攻击这个计划。当捷克斯洛伐克联合政府也拒绝接受时，整个国家（东欧唯一一个政府不全由共产党人控制，也不被认为是苏联卫星国的国家）显然很沮丧地不得不站在了苏联一边。1948 年 2 月共产党人发起的政变取代了政府，这使对捷克斯洛伐克独立自主的任何残留信念都被消灭了。苏联不妥协的另一个标志是一种旧的战前宣传机构，即共产国际，在 1947 年 9 月作为共产党和工人党情报局（Cominform）复活了。它随即开始谴责马歇尔计划是一个赤裸裸地掠夺和扩张的过程……这是为了美帝国主义建立世界霸权。最后，当西欧建立起一个欧洲经济合作组织来施行马歇尔计划时，苏联人通过组织东欧国家建立经济互助委员会来回应，这是苏联实现东欧指令性经济一体化的门面。

冷战（后来被如此命名）开始了。欧洲战后历史的第一阶段已经结束。全球历史的下一个阶段将持续到 20 世纪 60 年代。在这个阶段，苏联和美国领导的两个国家集团，通过利用除了主要竞争者之间的战争外的一切办法，努力度过一系列的危机，来保证自己的安全。双方的大量表态都是使用意识形态术语。在一些后来加入西方集团的国家，冷战也以内战或准战争的形式出现，或者以关于价值的道德争论的形式出现，诸如自由、社会正义、个人价值观。冷战的一些斗争是在边缘地区进行宣传或颠覆，或是通过由两大国支持的游击活动。幸运的是，它们总会在使用核武器这个临界点上停止斗争，因为威力日益增强的核武器使得获得胜利的想法越来越不切实际。冷战也是一种通过对卫星国和中间国家提供示范或援助的方式进行的经济竞争。无法避免的是，在这个过程中许多机会主义和教条主义混在了一起。可能某种形式的对立是不可避免的，但冷战所采取的形式使之成为一种几乎波及全球的祸害，和一种持续了几乎 50 年、不断渗透的犯罪、腐败和苦难之源。

　　现在回想起来，尽管冷战的语言十分粗暴，但它现在看上去有些像 16 至 17 世纪欧洲的复杂宗教斗争，此时虽然意识形态能够引发暴力、狂热，有时甚至能够鼓动信念，但是永远无法完全涵盖当时复杂的局势和不同的观念。尤其是，它无法包含关系到国家利益和族群利益的东西。就像过去的宗教斗争，很快每一个迹象都会表明，尽管特定的争吵也许会逐渐平息，灾难会被避免，但是它的言辞和神话在它们停止反映现实后还会长期存在。

　　跨越冷战的第一个重要的复杂因素，是越来越多新兴国家的出现，它们并没有对冷战任何一方表示坚定的承诺。许多新兴国家诞生于 1945 年后的十年里，它们是非殖民化的结果。在世界一些地区，这引起了许多比冷战本身更多的动荡。联合国大会作为一个平台，比起冷战宣传，它更关注反殖民宣传（尽管这两者经常被混淆）。虽然短命的欧洲帝国已成为世界历史的一种现象，但是它的消逝是一种极为复杂的现象。虽然相关的修辞很笼统，其实每一个殖民地和每一个殖民大国都是一个特例。

　　在某些地方——尤其是在撒哈拉以南非洲地区——一体化和现代化的进程刚刚开始，而殖民主义没有留下什么积极的建设基础。在另外一些地方——法国的北非地区是一个典型的例子——殖民地政府（事实上，从行政上说阿尔及利亚根本不是一个殖民地，而是作为宗主国法国的一部分被管辖）不能忽视长期定居的白人居民。相反，在印度，英国人的存在对于掌控实现独立的进程没有多大重要意义。

　　独立进程在不同地区也有很大区别；到 1954 年，欧洲在亚洲的统治基本上都消失了，而非洲在下一个十年内才刚刚摆脱殖民主义，葡萄牙的殖民统治甚至持续到 20 世纪 70 年代。但是，在南部非洲，安哥拉和莫桑比克在其他方面也是例外；就像阿尔及利亚和中南半岛，它们是殖民地政权和土著居民之间艰苦斗争的区域，而在其他非洲殖民地，权力相对和平地移交给了继任的精英（他们在数量上各不相同，对于管理国家的任务的胜任程度也不同）。在一些国家——印度和中南半岛是典型的，虽然也不同的例子——在帝国统治者（英国不像法国，它已经对此作出了重要让步）离开之前就已存在真正的民族主义情绪和组织，而在非洲大部分地区，民族主义是新生事物和独立的结果，而不是起因。

尽管情况有所不同，早在 1945 年以前，亚洲殖民地的人民就已确信自己将取得最终的胜利。这不仅是出于 1939 年以前的让步，而很大程度上是战败的结果；1940 至 1941 年欧洲帝国主义被日本夷为平地。它不仅仅是一个在特定的殖民地帝国的权力交替问题。1942 年，在新加坡有六万多英国、印度和自治领士兵投降，这表明欧洲在亚洲的帝国已经瓦解了。对于英国，这比在约克镇同样不可避免的投降更糟糕。在这样的背景下，日本人虽然有时在他们新的征服中表现恶劣，也没有让形势逆转。甚至他们最恶劣的暴行也没有疏远占领区的所有人，而是找到了许多通敌者，其中包括民族主义政治家。盟军给那些他们认为可能抗日的力量投送武器，这带来的可能仅仅是这些武器被用来抵抗他们的重返。此外，与欧洲因轰炸、征兵、饥饿、战斗和疾病带来的动荡相比较，亚洲的许多村庄以及大片农村，生活仍在继续。到 1945 年，亚洲发生变化的潜能十分巨大。

帝国主义注定要失败，因为两个主要的世界强国都反对它，起码反对其他民族的帝国。由于截然不同的原因，美国和苏联均致力于瓦解殖民主义。1939 年以前很久，莫斯科就为民族解放运动提供了庇护和支持。美国人以一种十分特殊的方式来理解《大西洋宪章》中宣称的各国有权利选择自己政府的意义；它被签署仅仅几个月以后，美国副国务卿宣布说"帝国主义时代结束了"。苏联和美国的代表发现，共同签署《联合国宪章》以肯定殖民地独立的最终目标并不困难。然而，大国的关系没有保持不变的。虽然在 1948 年美、苏十分清晰地界定了彼此关系并保持了 40 年不变，但是远东的外交格局在长得多的时间内都很成疑问，部分是由于出现了新的大国，部分是因为帝国统治消失导致的不确定性。

有些人一直认为，印度一旦自治后，将成为占主导地位的亚洲强国。1939 年之前，当一般性地讨论英国统治的时间表和替代问题时，许多英国人赞成印度独立，他们希望一个新的印度保持与英联邦国家（这是 1926 年帝国会议后给定的帝国正式名称）的联系。那次会议还第一次提出了"自治领"的官方定义，它是效忠英国君主的英联邦的独立组织，能够完全独立掌控内部和外部事务。尽管许多人认为，对于印度来说这是一个可以想象的目标，但是直到 1940 年没有一个英国政府承认这是一个急切目标。尽管过程很曲折，但在此之前还是取得了一些进展，这在一定程度上解释了为什么印度没有产生中国那样彻底的对西方的反感。

第一次世界大战后，印度政客们已经深感失望。他们曾基本上忠实地支持英国君主；印度在人力和金钱方面对帝国的战争努力做出了巨大的贡献，后来被看作印度民族之父的甘地也曾为此效力并认为这会带来应有的回报。1917 年，英国政府宣布，它赞成在帝国内稳步建立印度责任政府的政策——即所谓的地方自治——尽管这满足不了一些印度人正开始寻求的目标。虽然 1918 年推行的改革依然令人失望，但是这使得一些温和派感到满意，而即使这些有限的成功也很快消退。作为国际贸易条件的经济越来越糟糕。在 20 世纪 20 年代，印度殖民政府已经顺从印度人的要求，终止有利于英国的商业和财务安排，并很快坚持要帝国政府对印度在帝国国防中的实际贡献支付费用。很明显，一旦进入世界不景气，印度人不可能允许伦敦调整印度的关税政策以适应英国工业的要求。在 1914 年，印度纺织制造只满足了全国四分之一的需求，而这一数字在1930年已上升为一半。

那时依然阻碍事态发展的一个因素，是在印度的英国侨民团体的持续隔离状态。他们坚信印度的民族主义是少数野心勃勃的知识分子的问题，要求殖民当局对阴谋采取强硬措施。这对面临布尔什维克革命后果的一些官员是有吸引力的（虽然直到1923年印度共产党才成立）。结果是对嫌疑犯的正常法律保障被暂停，这违背了立法会所有印度成员的愿望。这激起了甘地领导的第一次罢工与非暴力和平反抗运动。尽管他努力避免暴力，但还是有暴动发生。1919年在阿姆利则，一些英国人被杀、被袭击后，一个将军愚蠢地决定以武力驱散人群，以此显示英国人的决心。射击停止后，近400印度人死亡，逾千人受伤。当居住在印度的英国人和一些议员对这个罪行大声叫好之时，英国的信誉遭受了愈加不可弥补的打击。

随后印度经历了一个抵制和内乱的时期，其间甘地的计划被印度国大党采纳。虽然甘地本人强调，他倡导的运动是非暴力的，不过仍然有很多骚乱，1922年他第一次被捕并关押（因为他可能会有在监狱中死亡的危险，所以很快就被释放）。接下来几年里印度未再发生重大动荡。1927年，英国的政策又开始缓缓向前推进了。一个委员会被派往印度研究修改宪法的最后一系列工作（虽然这造成更多的麻烦，因为委员会中没有印度人）。曾经维持民族主义者之间团结的大部分热情到现在已经消失，并且有分裂的危险，全靠甘地的努力和威望才将那些坚持完全独立要求的人和那些致力于自治领地位的人联系在一起。在任何情况下，印度国大党并非像其言论所示的那样结构坚固。与其说它是一个有着深厚群众根基的政党，还不如说它是一个当地头面人物和利益集团的联盟。最后，印度教徒和穆斯林之间仍然存在着不断深化的严重分歧。在20世纪20年代还发生过教派骚乱和流血事件。到了1930年，穆斯林政治联盟的主席建议，印度未来的宪法发展应包括在西北部建立一个独立的穆斯林国家政权。

这是充满暴力的一年。英国总督曾宣布，召开会议以实现自治领地位，但这一承诺因为英国的反对而毫无意义。因此，甘地不会参加。当危难随着世界经济大萧条而加深时，非暴力不合作运动得以恢复并且更激烈。现在农村群众更容易被民族主义诉求动员起来；由于国大党转而考虑群众利益，这使得甘地成为第一位能够号召全印度范围内的追随者的政治家。

在吸取辩论和 1927 年委员会的教训之后，印度当局如今开始转变方向。1935 年出现了真正的权力和任命权的下放，只留下诸如国防和外交事务等由总督单独控制，当年《印度政府法案》获得通过，进一步推动了代议制和责任政府的建立。这是英国人立法的顶点，尽管法案中关于国家权力的转移并未完全实施。那时他们已经为一个国家的政治搭建了框架。愈发明显的是，在所有层面上，印度人之间的决定性斗争将在国大党中展开。1935 年的法案进一步确认了不同派别代表的原则，它的实施几乎立刻挑起印度教徒和穆斯林之间更深的敌意。国大党至今实际上是一个印度教组织（尽管它拒绝承认穆斯林联盟因此应是穆斯林的唯一代表）。但是，国大党也有它内部的问题。一些成员仍希望向独立迈进，而另一些人则开始对日本的侵略警觉起来，愿意与帝国政府合作使新的机构运作起来。英国下放权力的实际行动势必会造成分裂，不同的利益团体开始努力确保自身在不确定的未来里的利益。

因此，到了 1941 年，这一浪潮汹涌澎湃。近二十年来，在地方政府中设立代表机构以及高级公务员的逐步印度化，已创建了一个必须取得其精英的实质性同意才能进行管理的国家，而且这个国家已在自治方面，即使不是民主方面，接受了相当的预备性教育。尽管战争的逼近令英国人越来越意识到他们需要印度的军队，但他们已经放弃让印度为战争买单的企图，而且直到 1941 年他们还承担着印度现代化的费用。随后，日本的进攻束缚了英国政府的手脚。英国向印度的民族主义者承诺战后实行自治以及赋予其从英联邦脱离的权利，但为时已晚；现在他们要求立刻获得独立。他们的领导人遭到逮捕，印度继续着英国的统治。1942 年的叛乱比近一个世纪以前的兵变更迅速地被镇压下去，但是如果英国想平静地离开已经没有时间了。一个新的因素便是来自美国的压力。罗斯福总统秘密地与斯大林讨论为印度的独立（以及亚洲的其他部分，包括法属印度支那的独立）做准备的必要；美国的介入暗示其他民族的事务会发生革命性的变化，就像 1917 年那样。

1945 年，长期将印度和缅甸的独立作为其方案一部分的工党在国会掌权。1946 年 3 月 14 日，英国政府表示愿意印度完全独立，这时印度正遭受印度教徒和穆斯林骚乱的煎熬，印度的政治家们则为未来争吵不休。近一年之后，英国宣布最迟将于 1948 年 6 月移交权力，以此胁迫印度人。这个做法某种程度上孕育了进一步的族群对抗。许多印度政客，尤其穆斯林政客，现在推动在印度领土的某些区域建立一个伊斯兰国家。至少一开始是由英国人强加的印度统一，正走向终结。1947 年 8 月 15 日，两个新的自治领在其境内出现，即巴基斯坦和印度。前者是伊斯兰国家，本身分为两块，坐落在印度次大陆北部的两端；后者是世俗政权国家，但是印度教在其人口构成和思想意识方面占压倒性优势。

分治绝不是无法避免。它是短视的印度政客（印度教和伊斯兰教双方）以及英国人（他们急于从自己统治了 200 年的次大陆脱身）合力导致的结果。但同样正确的是，印度未曾作为一个实体被统治过，甚至在英国的统治下也如此；自大暴动之后，印度教徒和穆斯林愈发分裂。然而，分治的代价是惨烈的。对许多民族主义者造成心灵创伤的标志性事件，是甘地被一名狂热的印度教徒刺杀，因为甘地企图制止进一步的族群暴力。大屠杀发生在少数民族居住的地区。大约1 400万人逃往其教友控制的地方，尽管大量穆斯林还是选择留在了印度（今天印度和巴基斯坦的穆斯林人口几乎同样多）。两个新国家都是从悲剧中诞生，并且即使殖民当局留下的行政、基础设施和教育体系能运作良好，至少一开始运作良好，未来的动荡也势难避免，尤其是在巴基斯坦——这个人造的宗教国家分成了两部分，相隔超过1 000英里。

致力建设新国家（同时也在积累彼此的长期敌意），并未有效改善两国都存在的大规模贫困和社会分化。一些地区的食品供应赶不上人口增长，而新政府在有效赈济方面的表现，就如英国统治的最糟糕时刻一样无能。在英国统治之下，印度人口开始稳定增长。有时它因受马尔萨斯所说的灾难影响稍微有所减缓，如一战末期的流感大瘟疫击倒了500多万印度人，或者二战期间的孟加拉大饥荒夺走过几百万人的生命。但是，1951年印度再次发生大饥荒，巴基斯坦在1953年也发生大饥荒。这一幽灵一直徘徊到20世纪70年代。

次大陆的工业化，尽管它在20世纪获得长足的发展（二战期间尤为明显），也未能抵消这一危险。它无法及时为快速增长中的人口提供新的就业岗位和收入。虽然新印度享有那儿的大部分工业，但是它在这方面的问题要比巴基斯坦严重得多。在大城市之外，多数印度人是无地的农民，居住在农村，尽管新共和国的一些领导人持平等主义抱负，那里的不平等还是一如既往。为统治国家的国大党提供资金，并在国大党的委员会中占主导地位的地主，抵制任何能解决这一问题的土地改革。在许多方面，对于这个宣扬民主、民族主义、世俗主义以及物质进步等欧洲理想的新国家，往昔留下了沉重负担，它将阻碍通往改革和发展的道路。

　　中国长期致力于赶走一个不同的帝国主义。第二次世界大战使中国战胜日本以及完成其长期的革命成为可能。这一转变的政治阶段始于 1941 年，当时抗日战争融入了整个世界的冲突当中。这给中国带来了强大的盟友和全新的国际地位。重要的是，与英国、法国及美国之间的不平等条约的最后残余被废除了。这比盟国所能提供的军事援助更重要；在很长的一段时间内，盟国忙于摆脱 1942 年初的灾难以至于无法为中国提供更多的帮助。事实上，一支中国部队反而帮助盟军阻击日本人，以保卫缅甸和通往中国的陆上交通线。尽管得到美国飞机的支援，中国人还是被困于西部地区，他们在很长的时期内尽自己最大的能耐坚持着，只能通过空中或者滇缅公路与盟国取得联系。尽管如此，决定性的变化依旧开始发生。

　　中国起初以长期追求的，但或许除了五四运动时外迄今未实现的全民族团结一心的精神，来对抗日本的侵略。虽然共产党和国民党之间存在摩擦，有时甚至爆发公开的冲突，但这种团结得以幸存下来，从广义上讲，一直到 1941 年。此后，日本施加的军事压力日增，以及国民党政府与共产党之间的角力加剧，都带来了新的内战苗头。从 1944 年开始，当很明显日本将要输掉太平洋战争，两党之间的对抗再次升级。但大多数中国人仍然相信，在抗日战争之后能够建立起某种形式的联合政府，只要新的超级大国——美国和苏联——能够同意在亚洲携手合作。

　　冷战在亚洲的第一串摩擦，终于引爆了国民党和共产党之间本已岌岌可危的和平。1945 年 8 月，美国投下原子弹，苏联出兵中国东北，日本帝国迅速崩溃，这也给两党之间任何形式的谈判造成了压力。到 1946 年夏，蒋介石显然已经决心要用武力消灭共产党，而美国人也不打算阻止他，尽管他们之前曾试图居中调解。内战已经不可避免。

　　起初，国民党政府几乎占尽优势。它得到了国际上的承认、美国的支援，并控制着中国所有富庶地区。国民党军队比共产党的规模更大，装备更好。此外，斯大林一开始并没有对共产党表示支持，认为他们不会取胜。但国民党很快浪费了他们的物质优势，和在抗日战争期间赢得的民众支持。尽管蒋介石再三劝诫，他领导的国民党还是很快显示出其冷漠、自私和腐败的特质，逐渐丧失民心，也疏远了知识分子们。军中的士兵没有得到很好的规训和约束，恐吓农民的架势和之前日本人的所作所为并无二致。内战爆发还不到一年，似乎国民政府只会做一件事了：与人民为敌。

　　而共产党的力量却在逐步增强。依靠在抗日战争中积累下来的好名声，他们又非常注意杜绝在自己早期斗争中曾有过的一些过火行为，诸如处决地主、焚烧寺庙等，表现得更加温和，至少是在公众形象方面。他们善于交朋友，一如蒋介石的政权善于制造敌人。更重要的是，共产党人成功地抵挡住了占优势的国民党军队一开始的进攻，生存下来。到1948年时，局势开始发生逆转。

　　中国共产党骤然取胜，让人们感到非常惊讶。为了理解其原因，我们必须从更长的时段来审视来龙去脉。国民党在中国的政权始终并不稳固，许多地方只是名义上服从他们的统治。尽管在抗日战争全面爆发之前的十年统治期里，国民党取得了重要的成就，却始终没能有效地组织经济或理顺行政体系。而20世纪30年代早期曾在政治上元气大伤的共产党，却从失误当中吸取了教训。他们的组织高度集中，领袖毛泽东富有个人魅力，一些农民拥护者将他奉若神明。他们还重点关注了国家的主要政治问题：许多乡村地区的土地占有情况不平等；长期在外的地主数量不断增加，他们在村落里没有根基。在其他事项上共产党也处事灵活，注意各方的需求，这让他们获得成功，因为人们关注的是政府的所为和所不为。

日本人在 1937 年发动的全面进攻，最终促成了他们一直想要避免的中国革命的胜利。若是国民党人没有受到外敌入侵及其引起的大规模破坏的影响，他们或许还有一些可能，像许多发展中国家的后殖民地精英那样巩固自己的统治。1937 年时，国民党还能诉诸爱国主义口号；许多中国人相信它是革命的合法实施者，是反抗外来统治的焦点。战争打破了他们利用这一点的机会，这并不是因为国民党没有参与战斗，而是因为它作战不利，还付出了沉重的代价。它还对本国人民犯下了很多不当罪行，大多数是在绝望的处境之下，而这些将在其后的内战中为它招来众多敌人。

蒋介石政府表现出来的缺陷和腐败令美国大失所望。1947 年美国军队撤出中国，放弃了调停的努力。接下来这一年，随着北方大部分地区落入共产党人之手，美国人开始削减对国民党的财政和军事援助。从这时起，国民政府在政治和军事上走下坡路了；当这一趋势尤为明显时，越来越多的政府人员以及地方当局寻求与共产党达成协议，只要其具备可行性。一个新时代正在显露的信念逐渐传开。到了 1949 年 12 月初，中国大陆已没有完整的国民党重要军事力量，蒋介石本人则撤退到台湾。当此次撤退正在进行时，美国人切断了他们的援助，并且公开谴责国民党的无能导致政权的崩溃。同时，1949 年 10 月 1 日，中华人民共和国开国大典正式在北京举行，世界上人口最多的共产主义国家诞生了。天命又一次更易，但这一次的继承者对中国的不少传统提出了批评，为了快速现代化，他们也会尽力做出改变。

与其他地方一样，第二次世界大战对结束东南亚的殖民统治具有决定性的意义，尽管与英国殖民地相比，荷兰和法国的殖民统治终结得更快更血腥。在 1939 年之前，荷兰授权印度尼西亚创立代表机构，但未能制止其民族主义政党的成长，随后还出现了蓬勃的共产主义运

动。一些民族主义领导人，当中有一位是苏加诺（Sukarno），在 1942
年日本占领这些岛屿时与其进行合作。日本投降时，他们处于夺取权
力的有利位置，并且他在荷兰重返之前宣布成立一个独立的印度尼西
亚共和国，但英军最后还是恢复了殖民秩序。

　　斗争和谈判持续了近两年，直到最终达成协议，印尼共和国仍留
在荷兰王国内；这并没有用。战斗再次打响，作为从前的殖民大国，
荷兰徒劳地在最初的战役中实施"警卫行动"，希冀借此在联合国全
面发起对共产主义和反殖民主义的责难。印度和澳大利亚（它们认为
荷兰应明智地安抚独立的印尼，它的出现是迟早的事）将此事送交安
理会处理。荷兰最终屈服了。开始于三个半世纪前的阿姆斯特丹东印
度公司的故事于 1949 年随着印度尼西亚合众国的成立结束了，一亿
多人组成一个混合体，分散居住在数百个岛屿上，分属不同的人种，
信仰不同的宗教。在荷兰王国内保留了一个印尼与荷兰的联盟，但五
年之后便解散了。20 世纪 50 年代初，30 多万白肤色和棕肤色的荷兰
人离开印尼抵达荷兰。

　　法国对中南半岛的掌控似乎一度比荷兰更严密。该地区的战时历
史与马来西亚和印尼的有些不同，因为尽管日本人自 1941 年起就对
该地区实施全面的军事控制，但直到 1945 年 3 月法国的统治权还未
正式被取代。日本人随后将安南、交趾支那和东京（Tonkin，越南北
部一地区旧称）合并，组成一个在安南皇帝统治下的新的越南国。不
过，日本人一投降，当地的共产党组织首领——胡志明便在河内的政
府宫就职，宣告越南共和国的成立。胡志明是一个在共产党内和欧洲
都有深刻体验的人。他接受了美国的支持和援助，而且相信中国在其
背后做靠山。当中国军队进入越南北部而英军派军至南部时，革命运
动迅速蔓延。事实证明，法国企图重建自己的势力绝非易事。英国人
会与他们进行合作，但中国不会，而是令法国重建势力的行动迟缓下

来。一支庞大的远征军被派往中南半岛，同时法国也作出妥协，承认越南共和国是法兰西联邦的一个自治邦国。但这时产生了归还交趾的问题，交趾是一个主要的产粮区，具有独特的地位，所有在这一问题上达成协议的尝试均失败了。与此同时，法国士兵受到狙击，他们的车队遇袭。1946 年底，河内的居民遇袭，许多人遇难。河内遭遇法军轰炸（6 000 多人遇害）且重新被法军占领，胡志明的政府转移。

由此开始了一场持续 30 年的战争，战争中共产党人致力于国家统一这一民族主义目标，而法国则竭力维持一个缩小的越南，以使它和其他中南半岛国家一同留在法兰西联邦内。到了 1949 年，法国人转向合并越南的交趾支那，并且承认柬埔寨和老挝为"准国家"。但新的外部势力开始感兴趣，冷战波及中南半岛地区。胡志明政府得到莫斯科和北京的承认，由法国人创建的安南皇帝政府则得到英国和美国的承认。

这样，亚洲的非殖民化很快就超出了罗斯福的简单设想。当英国开始清算他们重新得手的遗产时，事情变得复杂化。1947 年缅甸和锡兰获得独立。翌年，共产党支持的游击战在马来亚爆发，尽管并没有取得成功，这也不能妨碍国家在 1957 年的独立，它是最初困扰美国政策的众多后殖民问题之一。与共产主义世界对抗的加剧很快使美国将内心的反殖民主义置之不顾。

只有中东地区的事务看起来仍旧简单直接明朗。1948 年 5 月，新国家以色列在巴勒斯坦地区诞生。这标志着 40 年来只需两个大国共同协商管理该地区的时代的结束。法国和大不列颠曾经并不觉得这有多难。1939 年，法国仍然持有国联对叙利亚和黎巴嫩的委任统治权（原来权限被一分为二），英国则维持其对巴勒斯坦的委任统治权。在阿拉伯世界的其他地方，英国对各国的新领导者施加着不同程度的影响或者权力。最重要的是伊拉克，那里维持着一小股英军，主要是几支空军小分队，以及埃及，那里有大批驻军仍旧守卫着苏伊士运河。在 20 世纪 30 年代，当意大利对英国的敌意日益增强时，埃及变得越来越重要。

如同其他地方，1939 年的战争给中东带来了变化，不过起初并不明显。在意大利参战之后，运河周边一带成为英国最为重要的战略地区之一，埃及突然间发现自己成为西方边境地区的前线。埃及几乎保持中立至战争结束，但实际上是一个英国基地而非其他。战争也使确保从海湾地区，尤其是伊拉克获得石油供应变得不可或缺。这导致英国的干涉，当时伊拉克在 1941 的民族主义政变之后，威胁要转向亲德的方向。1941 年，英国和自由法国对叙利亚的入侵使其免于落入德国人之手，也导致一个独立的叙利亚的出现。此后不久，黎巴嫩宣布独立。法国试图在战争的后期重建其势力，但没有成功，1946 年，这两国不得不面对最后一支外国驻军的撤离。法国西进也遇到困难，1945 年阿尔及利亚爆发战斗。那时候那里的民族主义者只要求在与法国的联邦之下实现自治，法国于 1947 年开始沿着此方向走，但离故事的结束还很远。

在英国影响力仍旧强大的地方，反英情绪仍是一个很好的政治口号。埃及和伊拉克在战后时期对英国占领军充满敌意。1946 年英国宣称他们准备撤离埃及，但关于签订一个新条约的谈判破裂了，以致埃及将此事提交给联合国（没有成功）。到此刻，对阿拉伯世界的未来这整个问题的关注，因犹太人决定运用武力在巴勒斯坦建立一个民族国家而转移了。

巴勒斯坦问题此后一直伴随着我们。它的催化剂是德国的纳粹运动。《贝尔福宣言》时期，巴勒斯坦居住着 60 多万阿拉伯人和 8 万多犹太人——这一数字已经令阿拉伯人感受到巨大的威胁。不过，此后若干年，迁出的犹太人实际上超过迁入的犹太人，因此有理由期待，协调犹太人建立"民族家园"的希望以及对"巴勒斯坦的现存非犹太社区的民事权和宗教权"（《贝尔福宣言》所述）的尊重这一问题有望得到解决。希特勒改变了它。

自纳粹迫害开始，希望前往巴勒斯坦的犹太人数量不断增加。当灭绝政策在战争时期实施时，他们更是置英国的迁入限制于不顾。一方面，英国的政策令犹太人无法接受；另一方面巴勒斯坦的分割为阿拉伯人所不容。战争一结束，世界犹太复国主义协会要求立刻让100万犹太人进入巴勒斯坦，这一问题就戏剧化了。其他的新因素也开始发挥作用。1945年，英国以善意的目光看待一个由埃及、叙利亚、黎巴嫩、伊拉克、沙特阿拉伯、也门以及约旦组成的"阿拉伯联盟"的形成。英国的政策总是存在一丝幻想，即泛阿拉伯主义能够展现出一条使中东地区在后奥斯曼帝国混乱之后平静下来的道路，各阿拉伯国家政策的相互协调将为解决这个问题开辟道路。事实上，阿拉伯联盟很快就致力于把其他所有人从巴勒斯坦排除出去。

另一新事物是冷战。在战后初期，斯大林认为英国与美国将相互争夺世界霸权，苏联则可以渔翁得利。于是对英国的地位和影响的口头攻击开始了，当然，这在中东地区还与传统利益联系在一起。土耳其在海峡问题上遇到压力，而且苏联开始向犹太复国主义提供引人注目的援助，这是对整个局势最具破坏性的因素。无需非凡的政治洞察力便可看出在奥斯曼帝国的遗留地重申苏联利益的含义。美国人也在努力表明自己的立场。犹太复国主义观点在美国得到大批公众支持，纳粹死亡营中所揭示的恐怖景象又强化了这种支持。此处，1946年美国举行国会中期选举，犹太人的选票具有相当的分量。自罗斯福的国内政治改革以来，民主党总统几乎不会持反犹太主义立场。

既然如此烦心，英国便试图将自己从圣地解脱出来。自1945年开始，他们就在巴勒斯坦同时面临犹太人和阿拉伯人的恐怖主义和游

1947年联合国的巴勒斯坦领土分配方案

击战。不幸的阿拉伯警察、犹太警察以及英国警察正努力维持局势的稳定，英国政府则仍然试图找出一种能够被双方接受的方案以结束委任统治。英国寻求美国的帮助，但无济于事；杜鲁门想要的是一个亲犹太复国主义的解决方案。最终英国将这一问题提交给联合国。联合国建议分割巴勒斯坦，但这对阿拉伯人而言仍旧毫无指望。两个族群之间的斗争越来越激烈，英国决定立刻撤离。

在他们这样做的那天，即 1948 年 5 月 14 日，以色列国宣告诞生。它立刻得到美国（在宣告建国 16 分钟之后）和苏联的承认；美苏在接下来的 25 年里在中东地区其他问题上再没有达成多少共识。

埃及几乎即刻对以色列发动进攻，它的部队入侵了联合国协议授予犹太人的那部分巴勒斯坦地区。约旦和伊拉克军队则进入了授予巴勒斯坦阿拉伯人的领土支持他们。但以色列击退了这些敌人，随后在联合国的主持下签订停战协议（在此期间一个犹太复国主义恐怖分子刺杀了联合国的调停者）。1949 年，以色列政府迁至耶路撒冷，它自罗马帝国时期以来再度成为犹太人国家的首都。城市的一半还在约旦军队的占领之下，但这似乎已经是留给未来的最小的问题了。借助美国和苏联的外交支持以及美国的私人资金，犹太人的精力和创造力成功地使一个崭新的民族国家得以形成，25 年前那里连一点建国的基础也没有。

然而，代价是需要长期承受的。失望和受辱的阿拉伯国家注定要持久地敌视以色列，从而为大国将来的干预提供机会。而且，犹太复国主义极端分子的行为和以色列军队在 1948 至 1949 年的行动导致了大批阿拉伯难民的迁徙。很快，他们当中的 75 万人滞留在埃及和约旦的营地里，造成经济社会问题，这是世界良知的沉重负担，也是阿拉伯民族主义者潜在的军事力量和外交武器。据称以色列的首任总统鼓励本国的科学家们从事核能计划研究，这若是属实（如一些学者认为的那样），并不令人感到意外。到 1960 年代末期，以色列有了自己的核武库。

因而，许多股潮流以一种奇特而颇具讽刺性的方式汇聚在一起，在这个始终是世界历史焦点的地区的乱象中搅动。作为多个世纪的受害者，犹太人现在反过来被阿拉伯人视为迫害者。奥斯曼势力几个世纪以来的瓦解、帝国主义继任者的相互对抗（特别是两个新的世界大国的崛起，它们先后令旧帝国相形见绌）、19 世纪欧洲民族主义与古代宗教的相互作用，以及发达国家对石油的新依赖带来的初步影响，由此产生的种种力量进一步恶化了该地区人们不得不解决的问题。20 世纪很少有像以色列建立这样饱含历史意味的时刻。我们不妨在此刻暂停，然后再转向接下来 65 年的故事。

卷八

我们的时代

导　论

　　即使是在 20 世纪尚未完全落幕之时，我们就已经不难达成共识：从大概 1945 年至今，伟大而惊人的变化已经出现。时至今日，这一切更加明显。可是，有一些昔日就已出现的问题，我们很想将它们作为世界历史的一部分加以盖棺定论，却依旧没有消失。它们甚至变得更加难以解决。仅是所要叙述的事件就似乎无缘无故突然多出好多，而且还自有其发展逻辑。由于近期发生的事情总给人留下更深刻印象，我们试图恰如其分地以过去 6 000 多年历史为参照，来审视过去这 50 多年，就变得前所未有地困难了。

　　其中一个障碍来自我们的合理期望。当我们回望曾生活的年代，我们期待能够遇到自己记得的事件，或回忆起在已记事的年龄里听说的事件。一旦它们未在故事中展现，我们就会有些失望。但所有的历史都出于一种选择；严格意义上讲，每一个时代认为此前的岁月曾展现的卓越之处，还有人们的期望，无论合法还是不合法，都仅仅是所发生的一切中的一部分。

　　研究距离很近时代的历史，这并非所面临挑战的唯一来源。变化速度加快也带来了另一重困难。人类文化演进的概念也是几个世纪前才开始得到历史学家的关注。此外，也就是最近，历史学家才开始理所当然地认为一代人与另一代人在文化上是不同的，人们生活的社会总是在以非常深刻和确定的方式发生变革，人们的基本观念也会随之改变。然而，任何一个生活在今天的成年人，肯定都曾经历过剧烈的转变和适应过程，尽管这一切比我们前辈经历过的任何事情都可能要更深刻、更显著，但在今天看来已习以为常，融入我们的潜意识之中，且往往是无意识进行的。其中人口增长堪称典范例证；之前的人们在有生之年从未遇到过如此迅猛的人口数量增加。然而，很少有人意识到这一点。

历史加速不仅体现在事件更迭加快上。历史加速带来的变迁加速本身，还产生了比以往更加广泛、深入的影响力。例如，西方社会中妇女的机遇、自由发展的程度和规模已大大超过前几个世纪，尽管仍有许多人对进步幅度不满意。虽则如此，它们的全部影响力仍未穷尽（或在某些地方甚至才刚开始显现）。同样，许多领域更窄的技术变化和新材料变化的情况也是如此，其中一些还远未发挥出它们的潜在影响力。

如果由于历史导致的快速和激进的变革，过去几十年的历史与早期历史完全不同，那就很难把它描写成同一个故事的一部分。要研究近期的历史，看来我们不仅要（在某种意义上）"换挡变速"，还需要采取一种不同的看法。为了表明这样或那样的事实或事件的特殊影响，还需要更多解释方法，尤其是当涉及技术创新时。比如，在第一个真正意义上的全球经济秩序背景下探讨世界政治体系的崩溃和重建，或估计人类干预自然所导致的变化中有哪些是不可挽回的，就需要探讨更多的细节。当然，诸如此类的问题在先前历史中也需要考虑。然而，在过去，事件所具有的深刻长远影响往往只是慢慢地显露出来，有时几乎不知不觉。而如今，它们有时会出乎意料地显现，甚至是急速爆发，这就使得形成确定的观点更加困难。

再就是作为历史基石的年表。认为历史在20世纪中期的某个时间点迈入了一个独特的新阶段，这样的思考会让我们很多人想要去寻找那些在年表中可能会成为转折点、标志和不可缺少的里程碑的事件，正如我们在之前历史中公认的那些一样。然而，在思考这些问题时，1917年是否是一个比1989年更有意义的转折点，或1931年发生在中国东北的事件是否就比 1945 年发生在德国的事件更加标志着惊人的转折，几十年后我们可能会发现，这样的比较并没有当初认为的那么重要。或许比上述时间更加重要的是例如 1953 年，那年发现了遗传物质的结构（DNA），或 1977 年，那年发布了第一台个人电脑（Apple II）。

接下来，我们将特意尝试直面此类问题。为了让它们显得不那么令人生畏，我们会首先（可能会用比较长的篇幅）勾勒出最为重要的普遍发展态势。它们蕴含或表现了在过去差不多两代人时间内运作着的长时段主题和影响力。只有完成了这个任务之后，我们才会粗略地划分出较短的时段，试图描述经常出现在报纸头条中的种种事件。以这种方式，我希望"当代史"的各个主要里程碑（即这样一些时刻，此时，若历史不成其为历史，因此不会在固有规律的约束下上演的话，一切就将大不相同）会浮现出来。

当然，甚至在我们开始探讨之前就能相当肯定，有一些概括性的观点肯定会出现。例如，看出欧洲人统治世界事务的时代已经结束并不难；我们可以把自 1945 年后的这段时期称为后欧洲时代。但也有一些更普遍、更彻底的改变已然显现。现在的世界前所未见（尽管恰如一位伟大的历史学家曾说过的，它仍然是"一个世界，四分五裂"）。在短短几年内，世界发生了较之前历史更为迅速，或许也更为彻底的变革。一种更加普遍的文明正在传播开来，相比迄今任何一种文明，它为更多的人所共享。然而，就在我们观察到这一事实之时，它却在我们眼前继续快速演变。事实上，这是一种独特的以变化为本的文明，因此，往往会产生革命性的影响。我们可能远不及我们的前辈那样，拥有坚实的证据，有信心对未来哪怕几十年后的生活做出预测。经济和技术愈加互相依赖[①]，信息供应大量增加，以及发掘

[①]　原文这里是 independence，根据后文疑有误，应是 interdependence。——译者注

信息的更优手段出现，是这种变化的首要原因。在世界任何地方发生的任何事情，原则上都可能在其他地方迅速产生影响；政治领导人们似乎也越来越认识到这一点，无论他们是迫于意识形态、计算考量，还是单纯的惧意。即使有时太迟缓，他们大多最终还是会明白历史正在遵循的轨迹。为方便起见，在世界的任何角落，涉及上述变化的过程通常都被称作"现代化"，它的各种表现已经遍布全球各个角落，即使在某些地方表现得还不如预期的那么明显。

　　早在远古史前时期，人类就开始借助原始技术从大自然中获得解放。在此后的数千年里，人类沿着不同的路径分化发展，这让人们获得了不同的生活方式，创造了高度个性化和独特的文化与文明。几个世纪前，世界的一个区域启动了迅速的变化并开始扩展到全球，之前各条不同的道路开始汇聚。现在，我们可以感受到它们正在世界范围内进行融合，即使我们不能确定它们各自在何种层次上发生着。不过，我们必须（且幸运的是，可以很容易地）承认，即使是非常近期的历史，也仍然可以依照过去的历史学方法来加以观察。这样一来，我们就又多了些把握，对哪怕是最伟大的变革进行公正的评价。

第 1 章　科学与观念的变革

　　1974 年，有史以来第一次世界人口会议在罗马尼亚举办。少数因了解相关情况而感到担忧的人士首次得到一个平台，借以呼吁人类慎重考虑人口数量问题。在随后的 25 年间，这种担忧升级为预警；许多人开始追问，我们的世界是否还能容纳下仍在不断增长的人口，其数量到 2050 年或将达到 100 亿。以整数论，两个半世纪前世界人口约为 7.5 亿，150 多年后，到 1900 年人口数量增加了一倍多，到大约 16 亿人；然后，用了 50 多年又增加了大概 8.5 亿；到 1950 年，世界上有大约 25 亿居民；下一个 8.5 亿数量增长仅用了 20 年；现在，世界人口超过 70 亿。这种发展态势也可以用更长的时间标准来衡量。智人的人口数量达到 10 亿（1840 年左右达到）用了 5 万年，而最后一个 10 亿数量的增长仅仅用了 12 年时间。就在大概几十年前，人口总量的增长速度越来越快，在 1963 年以年增速超过 2.2％达到其峰值。

　　这样的增长使得一些人对"马尔萨斯灾难"的恐慌再次显现，尽管正如马尔萨斯本人所说，"基于现有人口增加或减少的速率所形成的对未来人口数量增加或减少的估计，不足为信"，我们仍然无法确定未来会发生什么会导致人口模式变化的事件。例如，有些社会已经着手试图控制人口的规模和结构。严格来说，这种努力并非首创。在一些地方，杀婴和堕胎早已是控制对稀缺资源需求的惯常做法。在中世纪日本，人们丢弃婴儿，任其自生自灭；在 19 世纪的印度，溺杀女婴很是普遍。新的创举主要是，政府开始把资源和权威隐藏在更人道的人口控制方法背后，目的是积极促进社会和经济发展，而不是单纯地避免个人和家庭的窘迫。

只有少数政府做出这样的尝试，经济和社会事实表明这一努力并没在各地产生同样的效果，即使毫无疑问都促进了技术和知识上的进步。20世纪60年代，一种新的避孕技术在许多西方国家迅速传播，并伴随着对人类行为和思维的颠覆式影响，但此时它还未被非西方世界的女性同样快乐地接纳。这正是虽然全球人口都在增长，但各地情况不尽相同，且引发的反响也各不相同的原因之一。虽然许多非欧洲国家都遵循了19世纪欧洲的模式（首先表现在死亡率下降，但出生率并未下降），但判断它们会简单地重复发达国家人口史的下一阶段状况则是草率的。人口增长的动力是极其复杂的，受到无知，以及难以预测的个人态度和社会态度的影响，更别说还有人为操纵了。

婴儿死亡率是一个很有帮助的预测未来人口增长潜力的粗略指标。1970年之前的百年间，发达国家的婴儿死亡率从每千人225，下降到每千人20以内；2010年，塞拉利昂与新加坡的对比数据分别为每千人135和每千人2。今天，富国和穷国之间的这一差距比过去更大。各年龄段的预期寿命上也有相当大的差距。在发达国家，1870年的出生预期寿命是40岁多一点，而100年后是70岁多一点。对发达国家而言，这个数据惊人地接近。例如，1987年，美国、英国和苏联的这一数字分别为76、75和70（俄罗斯的男性现已下降到63岁）。今天的整体反差更加显著。日本如今以83岁的人均寿命高居榜首，而莫桑比克还不到40岁，等于法国1789年之前的水平（部分是因为对莫桑比克人口造成毁灭性影响的艾滋病）。

不久的将来，这种差距将引发新的问题。在历史上多数时期，所有社会的结构都类似于金字塔，年轻人占大多数，处在金字塔的底部，老人为少数，处于塔尖。现在，发达国家的人口状况却宛若一个上宽下窄的圆柱体。老年人的比例大大超过了以前，例如意大利和日本的 15 岁以下人口比例不足 15％。而在一些贫穷国家，情况正好相反。尼日尔约有一半人口在 15 岁以下，印度则有三分之一。因此，简单地探讨整体的人口增长会掩盖重要事实。世界人口可能在迅速地增加，但有着非常不同的根源，并将具有大不相同的历史意义和效果。

其中，人口流动的方式是需要考察的。2010 年，人口在各大洲的分布大致如下：

洲	百 万	占总数的百分比
欧洲（包括俄罗斯）	733	10.61
亚洲	4 167	60.31
非洲	1 033	14.95
南美洲和加勒比	587	8.52
北美	351	5.09
澳大利亚和大洋洲	36	0.52

欧洲人口曾在 19 世纪中期占世界人口的四分之一，这个份额出现了惊人下滑。欧洲人口迁出这块大陆散布到世界各地的四个世纪也就此终结。直到 20 世纪 20 年代，欧洲仍在向海外输出人口，尤其是向美洲。但在那十年中，由于美国的限制政策，欧洲输出的人口数大幅下降，大萧条时期进一步减少，之后再也没有恢复到昔日的水平。另一方面，加勒比海地区、中南美洲和亚洲移民到美国的人数在 20 世纪最后几十年间迅速飙升。此外，尽管欧洲一些国家仍然输出移民（在 20 世纪 70 年代早期，相较于来自国外的移民而言，每年迁出的英国人更多），但它们从 20 世纪 50 年代开始，也吸引来北非人、土耳其人、亚洲人和西印度群岛的人，因为他们无法在本国找到工作。

总体上说，欧洲现在是人口输入地。

可是，目前的模式可能维持不了多久。亚洲现在容纳了全球一半的人口，其中中国和印度加起来就占了全球的 37%，但造成这种高占比的惊人增长率已经开始下降。巴西的人口增长率在 20 世纪 60 年代时曾经高达世界平均增长率的两倍，现在虽然巴西的人口还在保持增长，但增速已经不那么高了。印度（育龄妇女平均生育 2.8 个孩子）和中国（1.5 个）之间的差异很显著，但位居首位的尼日尔更是高达 7.7 个，立陶宛和韩国的数值最低，为 1.2 个。不过，全球总体的增长趋势是下降的：现在大概是 1963 年的一半。

虽然在这方面做任何概述都要小心，不过在我们的时代，随着平均收入增长，大多数社会的生育率都开始下滑。在过去，孩子被视作父母的养老保障，所以一个家庭里总会生很多孩子，或者如社会上流行的观念，多子多福。随着财富的增长，大家庭却被视为无谓消耗了资源。外出工作的职业女性也倾向于要更少的孩子，至少是在她们自己能够做主的情况下（如果她们在经济上独立的话，也大多会这么做）。让历史学家和人口学家都感到惊讶的是，人口结构类型变化起来如此之快，曾经让数代人视为古老智慧的观念，很可能在十年甚至更短的时间里就发生改变。人们曾认为，罗马天主教会的教义同南欧或拉丁美洲的高生育率大有关联，但意大利的育龄妇女现在平均只生育 1.3 个孩子，智利则是 1.8 个。

今天，全球最高平均生育率出现在撒哈拉以南非洲——但这个地区或许是最难承受人口高速增长的。紧随其后的是一些伊斯兰国家（伊拉克 3.8 个，约旦 3.4 个）。这么快的人口增长将对资源和政府都造成相当大的压力。可是，那些人口数量迅速萎缩的国家同样也有困扰。如果许多欧洲国家的趋势得不到逆转，就必须依赖移民来照顾国内的老年人口，可是某些国家现在的自然生育率实在太低，趋势很难逆转。中国曾实行的一胎化政策也带来了新议题——虽然人口总数仍然在增长，但人口结构在迅速发生改变，使得中国在发达之前，会先变"老"。困扰更大的是，中国人口中生孩子最多的是仍然贫困的群体，而城市中产阶层却大多只生了一个。

　　城市化是当今人口变化的另一个关键维度。20世纪临近尾声时，近一半人居住在城市里。城市成为人类特有的栖息地。相对于人类漫长的历史而言，这是一个显著的变化。这表明城市已失去昔日的"致死力"。过去，城市生活的高死亡率导致始终需要农村出生的人移民到城市，以保持城市人口的数量。19世纪，一些国家的城市居民开始了有效的自我繁衍，令城市人口得以内部有机增长。结果是惊人的：现在许多城市的居民多得根本就无法统计。加尔各答早在1900年就拥有100多万人，但现在已超过原先的15倍；20世纪开始时，墨西哥城只有35万居民，但20世纪结束时，有超过2 000万居民。从更长时段来看，我们可以得到其他一些概观。1700年，世界上只有5座城市的居民超过50万；1900年有43座；现在仅巴西就有7座城市的居民超过百万。在一些国家，卫生制度和公共健康措施的改善远远落后于其他国家，因此在那里上述变化还无法出现，但城市化的浪潮远未结束。

　　人口和城市化的动态变化均意味着世界资源的巨大增长。用简单粗暴的话来说，尽管很多人饿死，但还有更多的人活着；虽有数以百万计的人死于饥荒，但迄今全球没有出现马尔萨斯灾难。如果地球不能养活他们，人口的数量将会减少。但这是否可以长期持续，则是另一个问题。专家们得出结论，我们可以在未来很长时间内为越来越多的人提供食品。但在这一问题上，我们进入了推测的范畴，尽管这种希望引发了历史学家的兴趣，对他们来说，当今世界的实际状态对推测将会发生的事情很重要。在考虑这个问题时，我们必须认识到现代史特别是过去半个世纪的主要经济事实：前所未有的财富被生产了出来。

　　本书的读者可能在电视中已见多了饥荒的悲惨景象。然而，在世界上超过一半的土地上，自 1945 年以来，世界经济的持续增长第一次被认为是必然的。尽管发展的道路上充满波折起伏，但增长已是"常态"。增长速度的任何放缓，比如我们自 2008 年看到的情形，如今都是一种警示。更重要的是，整体来说，真正的经济增长也一直发生在大多数不发达世界，尽管不平等或高出生率仍然让大多数人口处于贫困之中。与大家仍然以为的相反，即使是在 1939 年，这些地方的经济增长也堪称是一场革命。

　　然而，经济高速增长并非仅仅始于二战后的几十年——这一时期世界一些地方处于前所未有的增长黄金时代。财富的激增成功地担负起了世界人口的剧增，而前者的合适历史背景要深远多了。有一个测算显示，目前的人均财富是 1500 年的 9 倍。根据一些经济学家的计算，今天全世界的 GDP 比 1500 年要多 185 倍。但这个估算并不确切，因为很难评估新产品的"价值"，并且今天分享 GDP 的人口要多得多，还有——至少在某些国家——分配也不公平得多。

人均国内生产总值的变化　　　　　（单位：美元）

国　　家	1900 年	2010 年
巴　西	678	10 816
中　国	545	4 382
英　国	4 492	36 000
美　国	4 091	46 800
印　度	599	1 370
德　国	2 895	40 274
日　本	1 135	42 783

事实上，在 19 世纪以前，财富和人口数量的增长基本保持平行态势。然后，一些经济体逐步比其他经济体增长得更快。早在 20 世纪初，新的财富急剧增长就已经开始，尽管两次世界大战和 20 世纪 30 年代经济大萧条引发的动荡严重阻碍了这一进程，但 1945 年后它又得以恢复。此后，尽管仍然遭遇了多次严峻挑战，不同经济体之间差异也很大，但经济高速增长态势几乎从未停止。一些国家遭遇了挫折，分化也在加剧，但经济增长还是比以往任何时候都更广泛地在进行。

对上述表格中所展示的数字，必须谨慎地加以解读，而且它们可能很快发生变化。但它们如实地给了我们一个印象，即，世界如何在一个世纪里变得更加富有。然而，还有一些人仍然处在赤贫之中。尽管中国和印度最近经济飞速发展，但就人均收入来看，两国仍算穷国。不过，最穷的国家是那些基础本来就差，却又遭受战火或流行病蹂躏的国家。布隆迪 2010 年的人均 GDP 只有 192 美元，阿富汗则是 362 美元。

如果说财富创造是重要的现实状况，那么大国之间如此长时间的持久和平必定对此大有助益。当然，1945 年以来，世界仍时不时有许多较小规模的血腥冲突或战争，其中每一天都有男人和女人死去，军事行动及其造成的后果令成千上万人死亡。大国通过代理人为自身的利益展开了诸多争斗。但如同两次世界大战对人力资源和经济资源造成的破坏程度，再没有出现过。相反，在这些冲突之下潜藏的国际竞争在许多国家往往会维持或促动一定的经济活动。它提供了许多技术衍生品，并导致出于政治动机的资本投资和转移，其中有一些的确促进了财富的增加。

第一次此类转移发生在 20 世纪 40 年代末，当时美国的援助为欧洲经济复苏提供了可能性。要让欧洲经济复苏，美国这台发动机必须要能够提供动力，而在 1918 年后它却没能做到。美国经济在战时的大规模扩张最终把它拉出战前的萧条，同时美国本土免于战争的破坏，这让它有能力成为发动机。美国经济实力的施展为何以援助的方式进行，这还需从当时的国际环境（冷战是其中的重要组成部分）中寻找答案。当时的国际紧张局势使得援助欧洲似乎符合美国的利益；许多美国政治家和商人都预见并抓住了这一机遇；很长一段时间内没有如此规模的资本替代来源；最后，它帮助了不同国家的人，甚至在战争结束前，就已经安排好了管理国际经济的制度，从而避免退回到 20 世纪 30 年代那种几乎致命的经济无政府状态。因此，早在 1945 年之前，世界就开始重塑其经济生活，战时的种种努力，最终产生了国际货币基金组织、世界银行和关税贸易总协定（GATT）。它们为 1945 年后非共产主义国家的经济稳定提供了支撑，使世界贸易的实值在 20 年间每年以近 7％的速度增长，尽管直到冷战结束，世界贸易才恢复到 1914 年之前的水平。不过，1945 年至 20 世纪 80 年代间，工业制成品的平均关税水平，从 40％下降至 5％，而世界贸易也增加到之前的五倍多。

在一个仍在持续的较长时期内，科学家和工程师们往往以非正式的或是隐秘的方式为经济增长做出贡献。科学技术知识的不断应用，以及在探索提高效率的过程中，进程和系统的改善与合理化，在 1939 年前都是非常重要的。但在 1945 年后它们更是走到前台，开始发挥更大的影响力。工业化之前农业就一直在改善，但上述要素给农业带来的显著效果已是公认的事实。几千年来，农民几乎完全采用古老的方法来极力逐步提升其产出，最主要是开荒拓土。仍然有大量这样的土地，只要加以适当的投入，就能转为耕地种植庄稼（即使是像印度这样一个人口拥挤的国家，在过去的 25 年中也采取了大量措施来使用这些土地）。然而，这并不能解释为什么世界农业产量最近增加得那么迅猛。根本的解释是，近代早期在欧洲启动的农业革命持续进行且不断加速，其效果至少从 17 世纪便已显现。250 多年后的今天，在很大程度上依赖于应用科学，农业产量的提高急剧加速。

早在 1939 年前，小麦就被成功地引入此前由于气候原因而未被耕种的土地。植物遗传学家培育出了新的谷物品种，这是 20 世纪科学对农业做出的一大贡献，其规模之大，远远超出了早期那种一点点试错式"改进"的程度；直到很久以后，基因改造作物品种才开始招致批评。一些已经在种植谷物的地区，通过使用更好的化肥（于 19 世纪第一次使用），对世界粮食的供应做出了更大的贡献。为土壤加入大量能提高产量的氮，这在先进农业国如今已非常常见。

不过，这样做的代价是巨大的能量投入，此外从 20 世纪 60 年代开始，人们越来越担忧其造成的生态后果。此时，除了高效肥料外，更为有效的除草剂和杀虫剂也已问世，而农业的机械化程度在发达国家也大大提升。依据每英亩耕种所使用的马力计算，英国曾在 1939 年拥有世界上机械化程度最高的耕作，然而英国农民当时仍主要靠马完成大部分工作，而联合收割机（在美国已经普及）还很罕见。但是此后，得以机械化的不仅是耕种领域。电力的使用带来了自动化的挤奶、粮食干燥、脱粒，冬季可以为畜舍保暖。现在，计算机和自动化已经开始进一步减少农业对人类劳动的依赖；发达国家的农业劳动力数量持续下降，而亩产量却不断提高，转基因作物有望带来更高的产量。

矛盾的是，仅仅由于世界上人口更多了，所以今天世界上仅能维持温饱的农民数量比 1900 年还要多，尽管他们的耕地和生产作物的价值份额减少了。生活在发达国家的 2％农民现在却提供了大约一半的世界粮食供应。欧洲的农民正在迅速消失，正如在两百年前的英国一样。但这种变化的程度在各个地方并不一致。俄罗斯是传统的农业大国，但迟至 1947 年还遭受过严重的饥荒。

对于那些人口不断增长，但仍维持着自给式农业、生产力低下的国家而言，当地的粮食不足仍是一种威胁。就在第一次世界大战前，英国的小麦亩产量已是印度的 2.5 倍多；到 1968 年则差不多是印度的 5 倍。大约在同一时间段，美国人把水稻产量从每英亩 4.25 吨提高到近 12 吨，而曾号称"亚洲的饭碗"的缅甸，仅从 3.8 吨提升至 4.2 吨①。1968 年，埃及的一个农业劳动者可提供略多于一个家庭的食物，而在新西兰，每个农场的雇员足以为 40 人提供食物。即使到 21 世纪初一些发展中国家的收益率差距已缩小，大部分非洲地区和部分南亚地区的产量依旧低得骇人。

非农业领域的经济发达国家表现出最高的农业生产力。相较于领先的工业国家，最需要粮食的国家却无法以更便宜的方式生产出大量粮食。具有讽刺意味的结果便是：俄罗斯人、印度人和中国人，这些大的粮食生产者，发现自己正在购买美国和加拿大的小麦。在粮食供给充足的年代里，发达国家和不发达国家之间的差距却在扩大。大约一半的人消耗了全世界约七分之六的产出，其余的人分享剩下的。美国是迄今为止最奢侈的消费国家。1970 年，100 个人中大概占到 6 个的美国人，使用了世界年产 100 桶油中的将近 40 桶。他们每人每年消耗大约 0.25 吨②的纸制品；在中国，相应的数字大约是 20 磅。当时中国一年内的电力消耗总量（据说）仅够供给美国所有空调的消耗。事实上，由于电力较少用于国际贸易且大部分是在国内消耗掉，因此，电力生产是进行比较的最佳标准之一。20 世纪 80 年代末，美国生产的人均电力将近印度的 40 倍，中国的 23 倍，但只是瑞士的

---

① 数据似有误。2019 年美国每英亩水稻产量约为 3.4 吨，缅甸约为 2 吨。——编辑注
② 即 250 千克，后面的 20 磅相当于 9.07 千克。——译者注

1.3 倍。

　　世界各地富国和穷国之间的差距自 1945 年以来已经变得越来越明显，这通常不是因为穷人更穷了，而是因为富人更富了。可能算唯一例外的是相对富有（按穷国标准）的苏联和东欧国家，那里的管理不善和指令经济导致了较低的增长率，或根本没有增长。除了这些例外，即使生产率极大提升（例如，亚洲一些国家在 1952 至 1970 年之间的农业产出提升比例大于欧洲，更是远远大于北美）也极少能成功地改善穷国相对于富国的地位，因为不平等，也因为人口不断增长——而富裕国家归根到底，起点更高。

　　尽管彼此间的排名会略有上下，但总体而言，1950 年时生活水平最高的国家，大多现在仍然享受着高水平的生活（但新加入了一批东亚国家）。这些都是主要的工业国家。它们的经济体拥有最高的人均财富，激励着穷国谋求自身经济脱胎换骨的增长。我们通常将这个发展过程太过简单地称为工业化。诚然，今天主要的工业经济体与 19 世纪的先驱们并不相似。长期作为经济实力基础的传统制造业，也不再是工业化程度的简单而又令人满意的衡量标准。领先国家以往的支柱产业都在衰退。1900 年的三大炼钢国家，前两个（美国和德国）80 年后仍然是世界前五，但分别排名第三和第五。英国（1900年是第三名）如今在炼钢榜上排名第十一——西班牙、罗马尼亚和巴西紧跟其后。波兰现在生产的钢材比一个世纪前的美国要多。此外，相较于在成熟经济体中，新生产业往往在发展中国家和地区找到迅速发展所需的更好环境。因此，2010 年，中国台湾地区的人均国内生产总值接近印度的 14 倍，韩国则是印度的 15 倍。

　　20 世纪经济的增长，通常是在诸如电子和塑料行业等在 1945 年还不存在的产业门类，以及源自新能源领域。19 世纪，煤炭取代流水和木材成为工业能源的主要原料，但早在 1939 年前，水力发电、石油以及天然气也已成为主要能源；近年来，核电也加入其间。随着能源成本下降，运输成本随之降低，工业增长便提高了人民的生活水平。其中，有一项创新作用巨大。1885 年，第一辆由内燃机推动的机车诞生，也就是说，这种机械直接使用热产生的能量驱动发动机汽缸里面的活塞，而不是借助外部火焰燃烧让锅炉产生蒸汽进行能量传递。九年后，法国潘哈德公司（Panhard Company）制造了一台四个轮子的奇异装置，成为可辨识的现代汽车的前身。接下来几十年中，法国与德国主宰了小汽车的生产，但它仍只是富人的玩具。这是汽车发展的史前史。真正的汽车的历史始于 1907 年，此时美国人亨利·福特建立了之后闻名遐迩的"T 型车"的汽车生产线。该车针对大众市场设计，价格低廉。到 1915 年，福特车每年生产百万辆，到 1926 年，T 型车的价格已低于 300 美元（按当时的汇率约合 60 英镑）。一项巨大的商业成功已经起步。

这同样也带来了社会和经济变革。福特改变了世界。通过给予普通百姓以前认为是一种奢侈品的东西（50 年前即使百万富翁都不可能拥有的汽车），他的影响如同铺设铁路一样伟大。这一便利设备迅速传遍世界各地，并带来巨大的影响。全球汽车制造业诞生便是其中之一，它往往主宰着国内制造业，并最终实现大规模的国际一体化。20 世纪 80 年代，世界上生产的四辆汽车中就有三辆出自八大生产商。该行业也刺激了对其他行业的巨大投资；仅仅几年前，世界工业领域使用的一半机器人都在汽车厂做焊工，另外的四分之一则给这些产品涂上油漆。同时，汽车生产极大地刺激了石油需求。大量人员受雇于为车主提供燃油及其他服务的行业。公路建设上的投资成为政府的主要关注对象，这是自罗马帝国以来久未得到关注的问题。

像其他许多伟大的革命家一样，福特把他人的思想纳为己用。在这个过程中，他也改变了工作场所。在这一榜样的带动下，装配生产线成为消费品制造的特有方式。在福特设置的生产线上，待组装的汽车稳步地从一个工人转到另一工人，每个人都在精确界定的最短必要时间内完成任务，如果可能的话，他（或，后来还有她）完成自己已熟练的尽可能简单的任务。很快，人们开始谴责这种工作方式对工人心理健康的影响，但福特也看到这项工作非常单调，于是开出很高的工资（从而也使他的工人能更容易买得起他的车）。这是对另一项具有不可估量文化影响力的根本性社会变革做出的一大贡献。这种变革就是——用增加购买力因而也增加需求的方式刺激经济繁荣。

时下一些装配生产线完全是由机器人"操控"。1945年以来一项影响了各个主要工业社会的最伟大技术变革，出自一个被宽泛地称为信息技术的庞大领域，包罗了设计、建构、处理以及管理由电力驱动的信息处理器的复杂技术。技术变革历史上出现过的新发明中，很少有发展如此迅速的技术。仅在二战期间运用过的各项应用成果，战后几十年间就被广泛运用到服务和工业的生产过程中。最明显的是诞生于1945年的电子数据处理器——"计算机"的广泛使用。能量和处理速度迅速增加，尺寸不断缩小，视觉显示能力不断改善，使得在给定时间段内可下令处理的信息量有了突飞猛进的增长。

量变带来了质变。由于所涉及的数据量过于巨大，此前这类技术操作一直很难实现，但现在却成为可能。智力活动从来没有如此突然加速过。此外，在电脑的能力不断发生变革性增长的同时，它也在变得越来越容易获得、便宜和便携。不到30年时间里，一张信用卡大小的"微芯片"，就能承担起当初需要如一般的英国客厅大小的机器来完成的工作。1965年时有报道称，一个芯片的处理能力每18个月增加一倍；30年前一个芯片上的晶体管数量大约为2 000个，如今却已增至数以百万计。这种影响已经强烈地被感知到，渗入人类的每项活动中——从金融运作到战争决策，从学术到色情。

　　当然，各种通信手段的进步和创新发展有着漫长的历史，计算机只是其中的一部分。这个故事开始于诸如商品和人等固体的物理及机械移动过程的进步。19 世纪的主要成就是蒸汽机运用到海陆通信，以及后来的电力和内燃机中。在空中运输方面则是热气球。第一个"可以驾驶"的飞艇 1900 年之前已经出现，但直到 1903 年才有"比空气重"（即，浮力不是来自袋装的比空气轻的气体）的载人机器进行了第一次飞行。由此宣告了一个物质传输新时代的来临；100 年后，伦敦最大的机场运输的商品，其价值远大于任何一个英国海港所承运的。如今，数以百万计的人乘坐飞机进行商务或休闲之旅，飞行让人们的空间掌控能力大为增长，而这在 20 世纪之初仍只是模糊的想象。

　　信息通信早已进入到另一场革命。这场革命的本质在于，信息流动脱离了信息来源和信号之间任何一种物理关联。19 世纪中叶，伫立在铁路旁为发电报而设的电线柱子早已是熟悉的景象，而用海底电缆连接世界的进程也已开始。物理线路连接仍是根本。之后，海因里希·赫兹发现了无线电磁波。到了 1900 年，科学家们开始利用电磁理论发送出第一条"无线"传递的信息。发报机和接收器不再需要任何物理连接。1901 年，新世纪的第一年，恰如其分地以一项新发明来开启，马可尼（Marconi）发送了第一封横跨大西洋的无线电报。30 年后，数以百万计的人拥有了无线接收器，他们大多已不再相信，需要打开窗口才能接收神秘的"电波"，同时所有大国都有了大型广播系统。

　　比这大概早上几年时间，日后的电视机赖以诞生的装置也首次得到展示。到 1936 年，英国广播公司首次开设了定期放送的电视广播服务；20 年后，在主要的工业国家中，这种传媒已是司空见惯，现在则可以真正称得上是遍布全球了。正如印刷业的到来一样，这种新媒体有着巨大的影响，但为了更全面地加以评价，必须把它们放置在整个现代通信发展的时代背景下。尽管新的传媒与印刷业一样，保持着政治和社会的中立（也可说是一把双刃剑），但其影响仍是不可估量的。电报和无线电使得信息传播更为迅速，这可能既对各国政府也对它们的对手有利。电视具有的模棱两可立场则更加迅速地得到了展现。它们可能会曝光政府想掩饰的内容，让数百万乃至上亿人看到，但也有人认为，为了控制者的利益，它们发布的内容也能影响人们的舆论观点。

到了 20 世纪末，毫无疑问，互联网这项信息技术的重大进展，同样作用不明。它源自阿帕网（由美国国防部高级研究计划局于 1969 年研发），到 2010 年已有近 20 亿常规用户，其中大部分在发展中国家。此时，它所提供的便捷交流有助于革新全球市场并强烈地影响到了世界政治，无论对所谓开放政治体系还是独裁国家。它推动了深刻的政治变革，甚至革命。随着诸如亚马逊和易趣这些公司在市场上成为最有价值和最有影响力的公司，电子商务（通过互联网买卖消费品和服务）成为 21 世纪早期美国商业的重要组成部分。到 2005 年，在北美、欧洲和东亚部分地区，电子邮件已取代邮政服务成为首选交流方式。但与此同时，互联网与日俱增的传输速度和能力，大量被用来观看色情电影或玩互动游戏。大量信息传输能力被浪费，而那些每天大部分时间在线的人和那些无法接触到互联网的人之间，社会差异在迅速拉大。

截至 1950 年，不管人们承认与否，现代工业早已或直接或间接，或明或暗地依赖于科学和科学家。此外，基础科学这时转化为终端产品往往非常迅速，大部分地区的技术革新也在不断加速。掌握了内燃机工作原理之后，汽车的大量推广历时约半个世纪；近期，微芯片的发明与使用，使得手持电脑在随后 10 年内就得以出现。技术进步仍是大多数人意识到科学重要性的唯一途径。然而，科学塑造人们生活的方式也发生了重大的变化。19世纪时，大多数的科学实践成果往往仍是科学好奇心的副产品，有时甚至是偶然得到的。到了1900年，变化便开始了。一些科学家开始认识到，有意识地针对性研究和重点研究是很重要的。20年后，大型工业企业开始认识到研发投入是很值得的，即使数额还不是很大。随着化学工业、塑料、电子和生物制药等领域出现，一些工业研究部门最终自身就发展为庞大的工业企业。

如今，发达国家中普通公民的生活根本离不开应用科学。这种无处不在的普遍性，再加上最壮观的科学成就给人们留下的深刻印象，是科学日益获得承认的原因之一。投入的资金是一种衡量尺度。例如，1914年之前进行了多次基础核物理实验的剑桥大学卡文迪什实验室（Cavendish Laboratory），当时每年从学校得到的经费大约是300英镑——按当时的利率折算，大约为1 500美元左右。1939至1945年战争期间，英国人和美国人决定必须花大力气研制核武器，后来所称的"曼哈顿计划"由此诞生。据估计，其花费的成本相当于此前人类有记录的所有科学研究的花费总和。

如此庞大的数目（后来冷战时期的花费比这还高）标示着另一个重大变化，显示出科学对政府的重要性。在之前几个世纪里仅偶尔得到国家资助的事项，现在却成了一个重大的政治关注点。1945年以来，有些科学研究项目所需的资源也只有政府才能提供。它们从中希求得到的好处之一，是更好的武器，这便是美国和苏联进行巨额科学投资的重要原因。但另一方面，政府对科学日益增加的兴趣和参与程度却并不意味着科学日渐本国化，事实上，情况正好相反。科学家之间的国际交流是17世纪这第一个伟大科学时代留下的遗产。而即使没有这份遗产，科学也会因为纯粹的理论和技术原因而冲破国界。

再次，历史背景是复杂和深刻的。早在 1914 年前，个别学科
（其中一些自 17 世纪后就已经成为清晰界定、作用明显的独立研究领
域）之间的界限就开始慢慢地趋于模糊，直至消失。但是，这种情况
的影响力直到近期才开始充分显现。如果说在 18、19 世纪，是伟大
的化学家和生物学家们取得了很大成就，那么，是物理学家改变了
20 世纪的科学地图。詹姆斯·克拉克·麦克斯韦（James Clerk
Maxwell）是剑桥大学首位应用物理学教授。19 世纪 70 年代他发布
的电磁学研究成果，首次有效探讨了牛顿物理学未触及的问题和领
域。传统的观点认为，宇宙遵从于某种自然的、规律的和可发现的，
且多少属于机械类的法则，它由本质上牢不可摧的物质以不同组合和
排列方式构成。但麦克斯韦的理论工作和实验研究深刻地撼动了这种
观点。新的观念图景中将加入新发现的电磁场，其技术可能性迅速让
非专业人士和科学家们都深深着迷。

随后在 1895 至 1914 年间，一系列重要的研究相机进行，奠定了
现代物理学理论的基础：伦琴（Röntgen）发现了 X 射线，贝克勒尔
（Becquerel）发现了放射性，汤姆逊（Thomson）发现了电子，居里
夫妇分离出镭，卢瑟福（Rutherford）深入研究了原子结构。他们使
人们能够以一种新的方式观察物理世界。宇宙不再是纠缠的物质团
块，而开始更像一个大量原子的集合体，这些原子就像是由众多粒
子——由不同排列组合的电力维系——构成的微小的太阳系。这些粒
子运动的方式似乎模糊了物质与电磁场之间的区别。此外，粒子的组
合并非固定不变，从本质上讲，一个组合可能转换为另一个组合，因
此，一种元素可能转变为其他元素。卢瑟福的工作尤其具有决定性的
意义，因为他确认了原子可以"分裂"，因为原子结构是一个粒子系
统。这就意味着即使在如此基础的层面上，物质也是可以被操控的。
很快两种这样分裂出来的粒子就被发现：质子和电子。其他粒子直到

1932 年后才被分离出来，这一年，查德威克（Chadwick）发现了中子。现在，科学界已经通过实验证明原子结构是一个粒子系统。但迟至 1935 年，卢瑟福还说过，核物理不会有实际意义——当时也并没有人跳出来反驳他。

这一极具重要性的实验成果没能立刻提供一个新的理论框架，来取代牛顿的体系。这项工作是在经历了长期的理论革命之后才实现的。这场革命始于 19 世纪的最后几年，并于 20 世纪 20 年代达到顶峰。它侧重于两类不同的问题，引发了分别被称为"相对论"和"量子理论"的两个研究方向。马克斯·普朗克（Max Planck），以及 20 世纪无可争议的最伟大科学家阿尔伯特·爱因斯坦（Albert Einstein），是研究先驱。到 1905 年，他们提供了实验和数学证据，证明牛顿运动规律不足以解释如今已不再存有争议的事实：物质世界的能量转换不是均匀流动的，而是呈现为离散跳跃的形式——这在后来被称为"量子"。普朗克表明，发散出来的热量（例如来自太阳）并非如牛顿物理学认为的那样是连续的；他认为，所有能量转换都是如此。爱因斯坦认为光并非连续传播的，而是经由粒子运动。虽然在接下来的 20 年里还有很多重要的工作要做，但普朗克的贡献产生了深远影响，却也引发了新的悬而未决的问题。牛顿的观点已被发现是有缺憾的，但可替代的理论还没有出现。

与此同时，爱因斯坦在研究量子后，于 1905 年出版了他最广为人所知（或许并不是最完善的）的作品，即他对相对论的阐述。相对论主要阐明，传统的空间和时间划分，以及质量和能量区别，并不是恒定不变的。因此这形同一场科学革命，尽管其意义需要很长时间才能被完全吸收。与牛顿的三维物理不同，爱因斯坦把人们的注意力转向了"空间—时间连续体"，借以理解空间、时间以及运动的相互作用。不久，天文观测上有了证实：有一些现象牛顿的宇宙学无法解

释，却可以契合爱因斯坦的理论。相对论赖以建基的一个奇怪且意料
之外的研究成果，是爱因斯坦关于质量和能量关系的论断，他将其概
括为一个公式：$E = mc^2$，其中 E 代表能量，m 代表质量，c 代表光的
恒定速度。要等到更多的核物理工作完成之后，这个理论公式的重要
性和准确性才逐渐得以清晰。原子核裂变过程中，可以观察到大量能
量转换为热能，这种关系转换显然也同爱因斯坦的公式相吻合。

　　吸收了这些成果之后，科学家们继续尝试改写物理学，但始终没
取得大的进展，直到 1926 年，一个重大的理论突破终于为普朗克的
观测结果，也因而为核物理学提供了一个数学框架。对此做出主要贡
献的两位数学家薛定谔（Schrödinger）和海森堡（Heisenberg），他
们的成果具有极大的普适性，乃至于有一段时间里，量子力学似乎在
科学上具有了不可限量的解释力。仰赖这个框架，卢瑟福和玻尔
（Bohr）发现的原子内部粒子的运动可以得到解释了。他们的工作还
在进一步展开，预言了原子核内还存在新的粒子，主要指正子，而它
也确实如预期的在 20 世纪 30 年代被确认。新粒子的发现还在持续。
量子力学似乎开创了物理学的新时代。

　　到 20 世纪中叶，除了曾经被广为接纳的一组一般法则外（但无
论如何，对几乎所有日常情况而言，牛顿物理学仍然具有全面的解释
力），科学上还有很多东西都消失了。从物理学开始，又扩展到其他
学科，寻求一种普遍法则的观念已被取代，如今我们至多能期望的就
是统计概率的可能性。科学的观念和内容都在不断发生变化。此外，
随着新理论和新仪器使人们接触到大量新知识，奔涌而来的知识潮让
学科之间的界限分崩离析。科学当中的任何一种主要传统分类很快就
失去了意义。把物理学理论运用于神经病学，或将数学应用于生物
学，这其中涉及的融合方式，又为 19 世纪人们获得包罗万象知识的
梦想之路，设置了新的障碍，同样形成障碍的，还有获取新知识（有

些数量是如此庞大，以至于只能通过最新型的电脑来处理）的概率前所未有地变快。但这些因素并没有削弱科学家们的权威，或人们的这种信念：只有科学家才能最好地实现人类更好管理自己未来的希望。当人们质疑科学家时，不是因为他们没有能力创造出一个像牛顿定律那样充满智慧，成为解释一切的基础的包罗万象的理论，而是出于其他原因。与此同时，科学上的实证进展还在不间断地持续。

　　相比之下，1945 年后，接力棒从物理学传给了生物或"生命"科学。它们当下的成功和远大前景同样也有着深厚的根源。17 世纪，显微镜的发明首次揭示了人体组织机构可以划分为具体的单位，即细胞。19 世纪，研究者就已知道细胞可以分裂，而且是单独成长的。细胞理论到 1900 年时已经被广泛接受，它认为单个细胞有自己的生命，提供了一个研究生命的好方法，而将化学应用到细胞研究中，就成为生物学研究的主要途径之一。19 世纪生物学的另一大进展出自一个新领域——遗传学，即对后代如何继承亲代特征的研究。达尔文曾将遗传定为传递自然选择所青睐特质的手段。这种传递如何成为可能？理解个中机制的最初进展，是由奥地利神父格雷戈尔·孟德尔（Gregor Mendel）在 19 世纪五六十年代实现的。经过一系列细致的豌豆育种实验，孟德尔得出结论，存在控制从父母遗传给后代特质的遗传单元。1909 年，一个丹麦人①把它们命名为"基因"。

　　渐渐地，细胞化学逐步得到了更好的理解，基因的物理形态也已被接受。1873 年，细胞核中存在某种物质，可能蕴含着对所有生物而言最根本的决定因素，这一观点已经确立。随后，实验揭示出基因在染色体上的位置。20 世纪 40 年代，基因被证明控制着细胞中最重

---

　　① 丹麦遗传学家约翰逊（W. Johansen，1859—1927）在《精密遗传学原理》一书中正式提出"基因"概念。——译者注

要的组成部分——蛋白质的化学结构。到底是什么引发了某些细菌变化，因此也就控制了蛋白质结构？1944年，科学家开始迈出确认具体起效部分的第一步。20世纪50年代，它最终被确定为"DNA"，其物理结构（双螺旋）于1953年被认定。这种物质（它的全称是脱氧核糖核酸）的重要性在于，它承载了决定着作为生命基础的蛋白质分子构成的遗传信息。生物现象多样性背后的化学机制，终于为人们所知晓。这意味着自19世纪达尔文主义传播开来之后，人对自身的认知再一次经历了在生理上，或许也在心理上的前所未有的大转变。

DNA结构的识别和分析，是迈向新的操纵自然程度、塑造生命形式进程中最为显著的一步。早在1947年，"生物技术"这个术语就已经诞生。再一次，不仅是更多的科学知识，还有新的研究领域和新的应用随之出现。"分子生物学"和"基因工程"，如同"生物技术"一样，迅速成为人们熟悉的术语。对一些生物体的基因可以加以改变，从而赋予其新的、人们所期望的特点，这一点很快就变得很明显。通过控制酵母和其他微生物的成长过程，它们也可以产生出新物质，如酶、激素或其他化学物质。这是这门新科学的早期应用之一，千百年来在制作面包、啤酒、葡萄酒以及奶酪中积累的经验性的和非正式的技术和数据最终被超越。对细菌进行基因编辑现在可以培育出新的复合物。截至20世纪末，美国种植的大豆有四分之三出自转基因种子，而像加拿大、阿根廷和巴西这样的农业国家也已开始种植大量的转基因作物。

更宏伟的是，20世纪80年代末，科学家们开始了一个全球范围内的协作调查，即人类基因组计划。其难以想象且雄心勃勃的目标，是绘制人类基因组图谱。科学家要确定每一个人的基因的位置、结构和功能——据说每一个细胞里的基因数目在3万至5万之间，每个基因拥有多达3万对构成基因密码的四种基本化学单元。20世纪结束时，该项目已经宣布完成。（不久，科学家明确发现，人类拥有的基因数大约只是果蝇的两倍——比之前预期的要少得多。）人们已经打开一扇通往在新层次上操纵自然的伟大前景的大门——它意味着什么，早已在一个苏格兰实验室第一次成功"克隆"羊时初见端倪。目前，基因缺陷的筛查也已成为现实，且更换其中一些也不无可能。这对社会及医疗的影响巨大，对历史学也是如此。本书之前好多章节中阐述的情形，如果不借助 DNA 提供的证据，便都无从谈起。

到新世纪伊始，前景日益清晰：尽管基因工程领域的很多研究项目都引发了争论，但它将会对我们未来的很大一部分产生重大影响。基因学者创造的"新"微生物现在可以取得专利，因此可以在世界大部分地区进行商业应用。此外，转基因作物通过创造更具有抵抗力和多产的菌株来增加产量，从而使一些地区第一次有机会自给自足地供应粮食。虽然带来不少明显的好处，但由于提供的食品可能不安全，以及大型跨国公司在研究与生产上日益占据统治地位，生物技术也招致不少关注和非议。当基因研究开始针对人类时，比如研究胚胎干细胞时，显而易见，这类关注就变得越发强烈。主要由于 20 世纪史中的诸多警示，科学研究引起了公众不断增加的巨大关注，很多科学家却未能意识到这一点。

这些方面的进展速度惊人，很大程度上有赖于新的电脑拥有了强大的能力，而这正是科学飞速进步的另一个实例。电脑既能促进新知识的快速应用，又能用普通大众也需要知晓的新观点来挑战现存的种种定论。然而，这类挑战到底意味着什么，或可能意味着什么，却一如既往地看不分明。尽管近来生命科学领域取得了长足进步，但仍然存疑的是，它们的重要性是否被一个极小群体之外的广大民众所感知，尤其是涉及自人类历史之初就始终困扰着我们的终极问题之时：创造生命与长生不死。

　　20世纪中叶有一小段时间里，科学能量的焦点从地面转到了天空。对太空的探索或许有一天会让（本书用更大篇幅讨论的）其他历史进程相形见绌，但目前还没有这样的迹象。然而，它表明人类文化应对前所未有挑战的能力仍与从前一样伟大，并成为人类统治自然迄今为止最壮观的例子。对于大多数人来说，太空时代始于1957年10月，当时无人驾驶的苏联卫星——"斯普特尼克一号"（Sputnik Ⅰ）由火箭发射升空，很快便确认到达绕地球旋转的轨道，并发射回无线电信号。其政治影响是巨大的：它粉碎了苏联技术明显落后于美国的观点。然而，这个事件其他方面的重要性在当时却没多少人看清，因为大多数观察家都被两个超级大国的对抗占据了全部注意力。事实上，它结束了人类进行太空旅行的可能性遭受质疑的时代。因此，几乎完全出于偶然，它具有了像欧洲人发现美洲，或工业革命一样的重要性，标志着历史连续性的一次突破。

　　19世纪末20世纪初，对太空探索的想象就已经出现。它们出现在小说中，吸引了西方公众的目光，尤其是儒勒·凡尔纳（Jules Verne）和H. G. 威尔斯（H. G. Wells）的小说。相关技术的出现也差不多可追溯至这个时期。早在1914年之前，俄国科学家康斯坦丁·齐奥尔科夫斯基（K. E. Tsiolkovsky）就设计出了多级火箭，还制定了太空旅行的多项基本原则（而且他也写小说来向大众普及自己所迷恋的这一切）。1933年，苏联第一枚液体燃料推进剂火箭起飞（升空3英里），六年后，苏联发明了两级火箭。二战催生了德国一项重大火箭计划，而美国以此为基础，于1955年开始提出自己的计划。

　　与苏联（它早已领先）相比，美国的计划起初的硬件有些寒酸。美国第一颗卫星仅重3磅（"斯普特尼克一号"重达184磅）。1957年12月底，美国做了一次更公开的发射尝试，但火箭并没起飞而是葬身火海。美国人很快就拿出了更好的成绩，但苏联发射"斯普特尼克一号"还不到一个月，就又发射了"斯普特尼克二号"。这颗卫星的成就惊人，它重达半吨，并把第一名乘客送入了太空——一只名叫莱卡的杂交犬。这颗卫星绕地球飞行了近 6 个月，地球上所有有人居住的地方都能观测到它的身影，但它也激怒了数千名爱狗的人，因为莱卡再也回不来了。

之后，美苏的太空计划开始分道扬镳。苏联人以他们战前的经验为基础，着重关注火箭的动力和大小，让它可以承载大负荷。他们在这方面的实力确实也在不断增强。与美国将注意力集中在数据搜集和仪器上相比（同样深刻，但不那么引人注目），苏联这样做的军事意涵更为明显。两国很快为追名逐利争得不可开交。尽管被人们称为"太空竞赛"，但竞争双方实际上在奔向不同的目标。除了一个很宏大的例外之外（希望首先把人送到太空），美苏的技术决策可能不怎么受到对方行为的影响。美国于 1957 年 12 月发射失败的"先锋号"，于次年 3 月发射成功。在它身上就充分体现了两国计划的差异。虽然体积很小，但是它比之前任何一颗卫星都更深入太空，而且，传回了与它的娇小体积不相称的众多珍贵科学信息。而且，它应该还能在轨道上再飞行差不多两个世纪之久。

新成就接踵而至。1958 年底，第一颗用于通信的卫星成功发射（出自美国）。1960 年美国人又夺得了另一个"第一"——发射并回收了太空舱。苏联人紧随其后，发射并回收了 4.5 吨重的人造卫星"斯普特尼克五号"。卫星上还携带了两只狗，它们成为第一对进入太空又安全返回地球的生物。次年春天的 4 月 12 日，苏联载人火箭载着尤里·加加林（Yuri Gagarin）升空。它绕地球飞行了一圈，于发射完 108 分钟后又带着加加林安全着陆。在"斯普特尼克一号"发射四年后，人类的太空生活拉开序幕。

可能是为了抵消美国与古巴之间紧张关系造成的公关危机的不利

影响，1961 年 5 月，肯尼迪总统提出，美国要在十年内尝试让人登上月球（第一个人造物体早在 1959 年就坠落在那里），并让他安全返回地球。肯尼迪公开陈述了理由，耐人寻味地把它与 15 世纪葡萄牙和西班牙的统治者支持麦哲伦和达·伽马航海相提并论。理由有四，第一，这样一个项目提供了一个好的国家目标；第二，它将会名声卓著（"令人类印象深刻"是总统的原话）；第三，这对太空探索而言非常重要；第四，（多少有点奇怪，）将面临前所未有的困难和巨额花费。肯尼迪完全没有提及科学的进步，商业或军事上的优势——甚或也完全没谈及似乎应是他真正动机的要点：抢在苏联之前做到。令人惊讶的是，该计划几乎没遇到任何反对，第一笔经费很快到位。

20 世纪 60 年代初，苏联不断取得辉煌的进展。其中也许最令全世界兴奋的是，他们于 1963 年把一名女性送到了太空。但他们的技术能力仍最集中地体现在飞行器的大小——1964 年苏联推出了可载三人的飞船——以及次年实现的第一次"太空行走"上，当时一名宇航员从船舱走出来，在宇宙飞船仍在绕地球飞行的情况下，在飞船四周走了走（尽管很令人心安地绑着救生索）。苏联人进一步取得了更大的进展，实现了多艘飞船在太空中定点集合并实现对接，但 1967 年（这一年太空旅行出现第一例死亡，一名苏联航天员在返回时遇难）后荣耀开始转向美国人。1968 年，美国取得了轰动全球的成功，成功发送一艘载有 3 人的飞船进入环绕月球的轨道，并发回月球表面的电视画面。此时，前景已经明朗，"阿波罗登月计划"即将成功。

1969 年 5 月，这项计划发射的第十枚火箭载着飞船进入距离月球不到 6 英里的预定轨道，以测试登月最后阶段的技术。几个星期后，7 月 16 日，3 名宇航员搭载飞船起飞。四天后他们的登月舱降落在月球表面。第二天，也就是 7 月 21 日的早晨，本次任务的指挥官尼尔·阿姆斯特朗在月球上留下了脚印。肯尼迪总统的目标提前实现。其他登月行动紧随其后。这个十年开始时，美国在加勒比地区遭受了政治上的羞辱，这十年终结时，美国又在亚洲陷入战争泥潭。相比之下，登月计划是美国试图重申自身（某种意义上也是资本主义）能力的胜利宣言。这也是智人最新和最大幅度拓展自身生活环境的绝佳标志，是人类历史将在其他天体上展开的新阶段的开端。

即使在当时，这一伟大的成就也遭到了非议，时至今日，则难免给人一种虎头蛇尾、不了了之的感觉。批评者认为，该计划动员的必要资源之巨，是不合理的，因为它无益于解决地球面临的现实问题。在一些人看来，太空旅行技术似乎就是我们文明中的金字塔，巨大投资用在错误的事情上，而世界上正亟须资金用于教育、营养、医学研究——这还仅是其中几种迫切需求而已。然而，这项计划取得的科学技术成果是不可否认的，同样重要的是其神秘的文化信仰意义。尽管非常令人遗憾，我们也必须承认，现代社会似乎已无力唤起社会成员多少关注和热忱来为集体目标奋斗，仅有零星的短期例外而已（或在战争期间，而战争的"道德等价物"——正如一位美国哲学家 1914 年之前恰如其分称呼的那样——却仍未寻得）。国内生产总值又增加了，或社会服务体系又有了改善，虽然这些事情都是人们孜孜以求的，却无法点燃广大民众的想象和热情。肯尼迪制定国家目标是明智的，在动荡的 20 世纪 60 年代，美国人面临太多煽动和分化因素，但他们却并没有阻挠启动太空探索任务。

随着时间的流逝，太空探索也变得更加国际化。20 世纪 70 年代前，与太空探索相关的这两个超级大国——美国和苏联之间很少合作，因此做了很多重复劳动，效率低下。美国人在月球上插上美国国旗的十年前，苏联的一项飞行任务朝月球投送了一面列宁三角锦旗。这似乎堪忧，因为这场科技竞赛本身具有一种基本的国家对抗色彩，而民族主义可能会挑起一场"太空争夺战"。但这一竞争的危险被避免了，至少就某些领域而言。两国很快达成协议，天体不属于任何一个国家。1975 年 7 月，在两国关系的缓和时期，在地球上空约 150 英里处，令人惊讶的合作成为现实：两国的空间站进行对接，双方航天员得以自由出入互访。尽管彼此间也不乏防备和疑虑，但太空探索仍在相对和谐的国际环境下继续着。对更远的太空的视觉探索，在木星之外是由无人卫星执行的。1976 年，一架无人探测器首次登陆火星。1977 年，第一架可重复使用的太空飞行器——美国的航天飞机实现了首航，这项计划将一直持续到 2011 年①。

这些成就是巨大的，但未来的太空计划还有巨大的不确定性。航天飞机项目的终止，让人怀疑空间研究中是否还有载人探测的位置。不过，安全降落在月球上并返回，乃是对下列观点的绝佳证明：我们生活在一个我们能够掌控的宇宙中。我们曾经只能依靠巫术和祈祷来试图掌控宇宙，如今却有了科学技术作为工具。但自然界可被操纵，历史上人类对此的自信心不断增长。登月是这一连续历程中又一具有里程碑意义的事件，不亚于火的掌握、农业的发明或核能的发现。还有后续，2012 年美国的无人"科学实验室"探测器登陆火星。（具有象征性的是，40 年前苏联的一个探测器在火星着陆失败。）

对天空的探索可以与地理大发现的伟大时代相比拟，虽然或许太空旅行比 15 世纪的航海探索要更加安全和可预见得多。但两者都需要基于知识的缓慢累积。随着新数据不断一点点加入我们现有的知识体系当中，探索的基础也在一点点变宽厚。绕过好望角后，达·伽马不得不带上一名阿拉伯领航员。前方全是未知的海洋。500 年后，"阿波罗"号的发射有着广泛得多但仍在积累的知识基础——几乎相

---

① 美国在该计划期间一共造了五架航天飞机，依次是哥伦比亚号（失事）、挑战者号（失事）、发现号、亚特兰蒂斯号和奋进号。2011 年亚特兰蒂斯号进行最后一次飞行后，该计划如期终止。——译者注

当于人类的全部科学知识。1969年，人们已经知道从地球到月球的距离，同样已被知晓的还有：人们到达那里的有利条件，他们可能遇到的大多数危险，他们返回地球所需的能量、其他给养以及其他支持系统的性质，他们身体将会承受的压力。尽管可能会出错，人们还是普遍相信不会出错。其可预见性，及其知识累积，都让太空探索成为以科学为基础的文明的缩影。或许这就是太空为何似乎不像先前的伟大发现一样，如此剧烈改变人类的思想和想象力的原因。

一万多年间人类控制自然能力提升的背后，是数十万年的史前探索史，其技术是从发现石头可以打磨出利刃，以及火是能够掌握的开始，一毫一厘向前缓慢推进的。而遗传编码和环境造成的压力，仍远远大于人类有意识控制自然的力量。在人类的身体结构稳定为今天这个形态之后，人类意识到他们能在有意识控制方面做得更多，这是人类进化迈出的一大步。有了这种意识，控制和利用经验已成为可能。

然而，早在20世纪80年代，由于人类干涉自然而产生的新的不安，对很多人来说已超过太空探索带来的振奋。"斯普特尼克一号"发射还没几年，人们就开始质疑，我们人类以这样的主人姿态对待自然世界的意识形态根源。这种不安，现在由于有了之前无法得到的或没从这个角度考虑过的可观测的事实，得以更加精准地表达出来。正是科学本身，提供了相应手段和数据来质疑正在发生的一切。人们开始认识到，过度干涉环境，可能在未来造成破坏。

当然，新鲜的是这种认知，而非引发这种认知的现象。智人（或许还有他的前辈）总是一点点在利用和更改自身所居住的自然界，修改了其中很多细节，也毁掉了其他物种。数千年后，人口南迁以及美洲旱地作物的引入，毁坏了中国西南地区的大森林，造成土壤退化，致使长江排水系统淤塞，最终使得大片地区重复水涝。中世纪早期，伊斯兰征服把放牧山羊和砍伐树木的做法带到了北非沿海地区，摧毁了曾能填满罗马粮仓的肥沃土地。这种翻天覆地的变化尽管并非没人注意到，其意义却没有得到理解。然而，17世纪从欧洲开始发端的急速生态干涉史无前例，把事情推向高潮。20世纪后半期，未经深思熟虑就加以应用的技术所带来的危险，已迫使人类不得不予以关注。人们开始估算损失和收益之间的关系，到20世纪70年代中期，似乎有些人开始认为，即使人类日渐掌控环境的故事是一部史诗，这部史诗也很可能变成一出悲剧。

17世纪科学革命的权威和影响逐渐展开，但西方社会对科学的怀疑却从未完全消失，尽管只限于几块原始的或反对改革的幸存飞地。历史可以提供大量干涉自然并试图控制它从而引发人们不安的证据，但直到最近，这种不安似乎都还是基于一些非理性的理由，如害怕挑起神怒或遭到报应。随着时间的推移，由于成功干涉自然带来各种真实可触的好处和进步，最明显的是以各种商品形式创造的新财富，从更好的药品到更好的衣服和食物，这种声音大为减弱。

然而，20世纪70年代，对科学本身的怀疑很明显已在盛传，即使只是在少数人和富裕国家中间。对这种现象，愤世嫉俗者可能会说，他们早就享受过科学的红利，现在倒过来开始怀疑起科学来了。尽管如此，20世纪七八十年代，科学怀疑主义者还是在这些国家组建起"绿党"，致力于促进制定保护环境的政策。尽管他们直接的政治影响力有限，但其实力确实壮大了；一些已成立的政党和敏感的政治家也因此开始把玩"绿色"议题。

这股势力开始被称为环保人士。他们利用现代通信的新进展，可以迅速从之前似乎难以联络的地域发布令人不安的新闻。1986年，乌克兰一家核电站发生爆炸。突然之间，人类之间相互依赖的关系以可怕的方式清晰可见。威尔士羔羊吃的草，波兰人和南斯拉夫人喝的牛奶，瑞典人呼吸的空气，全都被污染了。人们发现，有大批苏联人将在此后的数年里死于核辐射的缓慢影响。数以百万计的人在电视上看到了这个令人震惊的事件，而就在不久以前，数以百万计的人刚从电视上看到，美国的火箭爆炸，机组成员无人生还。切尔诺贝利事故以及"挑战者号"爆炸，首次向大批民众展示了拥有先进技术的文明的局限性和其可能带来的危险。

　　这些事故强化并普及了人们对环境的新关注。这种关注很快又与其他方面纠缠在一起。最近出现的一些质疑，一方面承认我们的文明善于创造物质财富，但也指出，创造财富本身并不一定让人们快乐。财富不能带来快乐，这绝非什么新观点，但新的关注点在于把它应用于社会，而不是个人。这让更多的人意识到，社会条件的改善并不能消除人们所有的不满，实际上还可能使某些愤懑更为激化。污染，拥挤城市中压抑的单调无趣，以及现代工作条件引发的焦虑和压力，很容易抹杀物质所得带来的快乐。而这些都不是什么新问题：1952 年在英国伦敦，一星期内有 4 000 人死于大气污染，但"雾霾"（smog）一词此前早已存在了近半个世纪。目前，规模本身也成为一个大问题。一些现代城市甚至可能已经发展到一个临界点，很多暴露出来的问题靠目前的手段已经无法解决。

　　有人担心，如今资源利用上的铺张浪费如此厉害，会使我们面临一种新的马尔萨斯危机。能源从未像今天这么奢侈地得到使用。一项统计表明，20 世纪人类使用的能源，比之前整个人类历史上（换言之，就是过去一万年内）使用的还多。这些能源有 87% 来自化石燃料，即在地壳中积累了至少几百万年的植物化石遗骸。随着数亿人希望达到西方当前的生活水平，储量正在耗尽。这种状况显然无法持续。许多政府和公司目前在投资开发各种"可再生"能源类型，诸如地热能、太阳能、潮汐能、风能和垃圾能源。但过去几十年其实进展甚微，尤其在开发基于这些能源的应用技术方面。加之核能仍在遭受巨大非议，人类在能源方面可谓前景黯淡。

　　能源消耗正对环境施加着无法控制的压力（例如，在对臭氧层的污染或破坏上），再增长下去，这些压力可能将变得无法消受。而我们可能就已经越过了临界点，进入这样的危险区域。我们都还没能成功应对业已发生的环境变化带来的社会和政治影响，也不具备相应的知识、技术或共识来提出替代方案，诸如把人们送到月球生活。

　　随着一个新的幽灵，即可能存在人为的不可逆转的气候变化，困扰着 20 世纪的最后十年，这些后果也变得更加明显。1990 年还没结束时，据说就已被认为是有气候记录以来最热的一年。有人提出，这是否就是"温室效应"（它由人类使用化石燃料而排放的大量二氧化碳造成）导致的"全球变暖"的迹象？据估计，现在大气中的二氧化碳比工业化前水平要高出 25％ 以上。可能这是准确的（据说每年世界释放的此类物质为 300 亿吨，门外汉想要驳倒这个结论很难）。二氧化碳并不是大气中阻止地球散热的气体累积现象的唯一贡献者，甲烷、氧化亚氮和氯氟碳化合物都加重了这一问题。

　　如果全球变暖还不足以令我们担心的话，那么，酸雨、臭氧耗损导致臭氧层出现"空洞"，以及森林以前所未有的速度消失，所有这些引发了人们新的环境关注。如果不出台有效的应对措施，这些现象造成的后果将不堪设想，这表现在可能发生的气候变化（下个世纪，地球的平均地表温度可能会上升 1 到 4 摄氏度）、农业转型、海平面上升（每年 6.35 厘米被认为是可能且可信的）以及大规模迁徙。

　　《联合国气候变化框架公约》的补充条款《京都议定书》在 2005 年生效，旨在尝试通过限定往大气层排放的温室气体量来处理这些问题。38 个工业国承诺到 2012 年将其排放量减少至低于 1990 年的水平。但是世界第二大排放国美国拒绝签署，而第一大排放国中国，由于是发展中国家而被免除了大部分义务。即使各缔约国履行它们的承诺（何况现在也没有迹象表明它们都完全做到了），大部分专家也认为要消除全球变暖的长期影响，还需要付出更多的努力。到 21 世纪初，极为明显的是，如果主要国家能够最终实现合作而不是竞争的话，那么将有很多共同关心的问题需要人类合作解决——如果他们能在必须要做的事情上达成共识的话。

历史学家不应该武断地推测大多数人心中在想些什么，因为他们并不比其他人知道得更多；他们了解最多的，是那些留下了多得不成比例的突出证据的人，但这些人却并不典型。在推测他们认为广为接受的观念的影响力方面，他们也应该谨慎。显然，近来政界对环境问题的回应，表明思想观念的变化很快会影响到我们的集体生活。即使只有少数人知道臭氧层，这也会变为事实。普遍流传的思想，虽然更为模糊，更缺乏清晰界定，仍具有历史影响力；一名维多利亚时代的英国人发明了“习惯蛋糕”（cake of custom）的说法，来指基于根深蒂固的、通常不容置疑的判断形成的态度，这在大多数社会中都是最主要的守旧力量。相比谈论这些观念如何与具体事务（比如环境变化）相关，对于这种观念如何发挥作用的教条式遵循，可能更为危险，但人们必须作出改变的努力。

我们现在可以看到，例如，近年来商品的日益丰富，比起其他任何一种影响因素来说，都更严重地击碎了不久前人们还抱有的世界将大体稳定的预期。这种情况还在持续进行，在一些最贫穷的国家尤为突出。便宜的消费品及其越来越频繁地在各种广告中现身，特别是在电视上，陆续带来了重大的社会变革。消费这些商品意味着具有某种地位；它们能够激发嫉妒和野心，激励人们为得到工资而工作，好购买它们，并往往鼓励人们为了工资涌向城镇和中心城市。这隔断了跟传统方式和规律的、稳定的生活之间的联系，成为促使新事物不断涌现的众多潮流之一。

　　这种变化的复杂背景和发展历程，在一定程度上是一个明显的悖论：20世纪无论用哪种尺度来衡量，都是一个充满史无前例的可怕悲剧和灾难的世纪，但在它结束时，却有比以往更多的人相信，人们的生活和世界的状况能得到持续改善，或许前景还不可限量，因此我们就应该朝着这样的方向去努力。这种乐观态度的根源可追溯到几个世纪前的欧洲，直到很晚近的年代，这一观点还只在这片大陆的各个文化中扎根，而在其他地方还有待发展。即使被问及，也很少有人能够清楚、自觉地意识到这种观念，但它却已经前所未有地成为很多人的共识，并在很多地方改变着人们的行为。

　　几乎可以肯定，这种变化并非主要出于说教（尽管说教层出不穷），而是归功于物质变革，它们造成的心理影响有助于打破"习惯蛋糕"。在许多地方，它们都是人们接触到的最早信号，让人们意识到改变实际上是可能的，事物并不必然是一成不变的。过去，大多数人类社会主要由被共同的常规、习俗、季节和贫穷束缚着的农民构成。现在，人类之间（比如欧洲的工厂工人跟印度或中国的工厂工人）的文化鸿沟通常是巨大的。工人和农民之间更是如此。然而，即使农民也开始感到变化是可能的。变化不仅可能，而且值得——这种观念传播开来，可能才是欧洲文化所造成的最重要也最恼人的影响。

　　技术进步往往是通过破坏各个行为领域的传统方式，促进了这种变化。如前所述，过去的两个世纪里更好的避孕方式的出现便是一个突出例子。"避孕药"迅速扩散，于20世纪60年代达到巅峰，在（很多文化中）人们直接把它简称为"小药丸"。尽管西方社会的妇女在这方面接触到有效的技术和知识由来已久，但避孕药——本质上是一种抑制排卵的化学手段——实际上比之前任何一种机制都意味着性行为和生育中的权力向妇女转移。尽管非西方世界妇女使用避孕药不如西方国家广泛，尽管并非所有发达国家都在法律上给予了相同程度的认可，仅仅人们普遍意识到它的存在，它就开创了两性关系的新时代。

但科学技术具有改变社会的能力，还有很多其他例子可以援引。例如，我们很容易感觉到，两个世纪以来，尤其是过去六七十年间通信技术的变化，对历史文化而言的意义，甚至比诸如印刷术的发明更为重大。技术进步也常通过证明科学那犹如魔法般神奇的功效，在更广泛的层面上起作用，因为人们比以往任何时候都认识到它的重要性。我们身边的科学家更多了；教育中对科学的关注增加了；科学信息通过媒体得到了更广泛的扩散，且更容易得到理解了。

然而，矛盾的是，正如在太空探索中一样，不断的成功所收获的赞叹却在不断减少。越来越多的东西被证明是可能的，于是新近的奇迹也就没那么令人惊讶了。当一些问题显得无法处理时，甚至出现了（不合理的）失望和愤怒。然而，我们这个时代的最重要主题，即在具备足够资源的情况下可以有目的地让自然发生相应变化，这一观念尽管不乏批评之声，却变得愈发强大了。这是一种源自欧洲的观念，目前在全球普及的科学（都是以欧洲的实验传统为基础）正在持续推翻传统的、以神为中心的人生观。与之相伴的是，人类社会进入了一个将超自然观念，乃至伟大宗教拉下神坛的漫长而活跃的过程。

科学技术因而均倾向于削弱传统权威、习惯方式，以及约定俗成的思想观念。即使它们似乎能为既定的秩序提供物质和技术支持，但它们的资源也可以为批判者所用。通信方式的改善比之前更能迅速地把新思想传播给大众，不过，把握科学思想对精英的影响显然更容易。18世纪，牛顿宇宙学与基督教以及其他有神论思想共存，并未带给与它们联系在一起的社会和道德信念太多麻烦。然而，随着时间的推移，科学的立场似乎越来越强硬，很难与任何固有信念调和。有时，它似乎强调相对主义和环境压力，以排除任何不容挑战的假设或观点。

　　一个很明显的例子，是从 19 世纪开始衍生的新学科分支——心理学。1900 年后，普通公众越来越经常地听说心理学，尤其是它的两种表现形式。其一逐渐被称为"精神分析"，可被视作一种已为人们所接受的方法。它对社会产生了普遍影响，一般认为始于西格蒙德·弗洛伊德的工作。他最初做的是对精神疾病的临床观察分析，之后他进行的理论阐述相对而言非常迅速地传播开来，在医学界之外也拥有广泛的影响力，但名声并不太好。精神分析不仅推动了大量据称科学性的临床工作（但直至今日仍有很多科学家提出质疑），也摧毁了很多公认的观念假设，其中最重要的是关于性、教育、责任和惩罚的观念。

　　与此同时，另一种心理学流派是"行为主义"（如"弗洛伊德主义"和"心理分析"一样，这个词语经常被滥用）。行为主义根源于 18 世纪的思想，它似乎获得了与精神分析的临床成功一样令人印象深刻（可以说是有过之而无不及）的大量实验数据。与行为主义密切相关的先驱，是俄罗斯人伊凡·彼德罗维奇·巴甫洛夫（I. P. Pavlov），即"条件反射"的发现者。条件反射指，要获得"设定的刺激"（经典实验是，每次给狗喂食之前都先摇铃；一段时间后，即使只摇铃但不给食物，也会刺激狗分泌唾液）获得可预见的行为结果，取决于对实验中变量的控制。人们相信，对类似这样的实验程序进行改善和推演，就能为我们提供大量有关人类行为的信息和洞见。

　　无论这些心理研究可能带来怎样的好处，对历史学家而言最令人震惊的是，弗洛伊德和巴甫洛夫为一种更宽泛但不容易界定的文化变革做出了巨大贡献。与利用化学、电能以及其他物理干预方式医治精神病患者的经验疗法一样，这两种学说都必然揭示出，欧洲式道德文化核心中对道德自主权和个人责任的传统尊重存在缺陷。而在另一个更为聚焦的方面，它们的重要性又与 19 世纪地质学家、生物学家以及人类学家的工作加在一起，削弱了宗教信仰的影响。

无论如何，最好用巫术或宗教手段来应对神秘和不可解的事情，这种旧观念现在似乎已经在西方社会中逐渐消失，或许仅仅在东南欧的农民和一些美国福音派基督徒中还存在。毋庸置疑，与这种趋势齐头并进的是，人们正在接纳一种新的观念，即使时断时续且还处在比较基础的层面，但科学如今已经在逐步接管我们的大部分生活。当人们谈及宗教影响力衰退时，他们主要是指基督教会的正式权威和影响力在消退；但行为与信仰是截然不同的。从 450 年前开始，自伊丽莎白一世起的英国君主，没有哪位会在加冕前向占星术士咨询黄道吉日。但在 20 世纪 80 年代，当听说美国总统的妻子喜欢向占星术士求教问事时，全世界都被逗乐了（但或许还有点警醒）。

或许更有揭示作用的是，1947 年印度独立仪式的时间是在与占星家们磋商后才确定的，尽管印度拥有一部非宗教的且从理论上说是世俗的宪法。现在全世界范围内除了少数国家外，宗教国家或政教合一都很罕见（不过英格兰和一些北欧国家仍然有国教）。然而，这并不意味着宗教信仰的真正力量或宗教对其追随者的真正影响力在所有地方都下降了。巴基斯坦的创始者是世俗派、西化的人，但独立后他们在与保守的乌里玛（Ulema）① 们抗争时却常常落败。以色列同为由世俗精英创建却以宗教为基础的国家，也碰到过很多类似情况。

今天，郑重地听从宗教权威言论的人比以往都要多，这是事实：毕竟活着的人也更多了，虽然在西方某些地区任何一种正式宗教的信徒都在减少。20 世纪 80 年代，当伊朗神职人员宣告一名畅销书作家是宗教叛徒，并宣判他死刑的时候，很多英国人都吓了一跳；对于思

---

① 穆斯林国家对有名望的神学家和教法学家的统称。——译者注

想正统的人及进步圈子而言，这是一个惊人的发现：中世纪传统竟然还活生生地存在于这个世界的某些地方，而他们之前竟然没有注意到。更让他们震惊的是，他们身边一些穆斯林英国公民，似乎也赞同这项法特瓦（Fatwa）[①]。

不过，"原教旨主义"是出自美国宗教社会学的一个词，它表达了那些觉得被现代化威胁、被剥夺权利的人的抗议，这在基督教内也存在。然而，一些人认为，像在其他方面一样，西方社会在这方面也指明了一条其他社会将追随的路径，传统的西方自由主义终将盛行。可能会这样。同样，也可能不会这样。宗教和社会的相互作用非常复杂，下结论之前最好要谨慎。前往麦加的朝圣者数量急剧上升，可能表示新的宗教热情，但也可能仅是由于拥有了更好的航空旅游设施。

近来，很多人开始以激烈的方式重申自己的信仰，这令人不安。然而，伊斯兰教似乎并不能避免欧洲式技术和唯物主义造成的文化影响，尽管他们成功抵制了欧洲式审美理念的大行其道。伊斯兰社会中的激进分子经常与西化的、不谨守教规的伊斯兰精英发生冲突。但显然，伊斯兰教仍然是一种积极传播的信仰，在伊斯兰世界里，伊斯兰团结的观念还远未消失。它仍可以鼓动人们行动，正如 1947 年在印度，或 1978 年在伊朗发生的那样。在北爱尔兰的阿尔斯特和爱尔兰，尽管停战协定已经签署，但爱尔兰宗派分子长期以来一直以 17 世纪欧洲宗教战争时代的语汇来表达愤恨，激烈地争论本国的未来。虽然不同宗教的高层和领袖们都认为在公开场合要表现得友好，但不能不说，宗教仍然有可能成为一种分裂的力量。教义可能变得没那么正式，但宗教的超自然内容是否正在失去其在世界各地的控制力，其重要性是否仅为团体成员的身份标志，这些都是值得商榷的。

---

① 伊斯兰律法的裁决或教令。——译者注

更为确定的是，具有基督教源流的那部分地区在极大程度上塑造了当今世界。如今，随着基督教信仰的普遍衰落和信念丧失，那里的宗教冲突也在减少。基督教内的普世教会运动，最突出的表现是1948年世界基督教堂理事会（World Council of Churches，罗马没有加入）的成立，很大程度上这归功于发达国家的基督徒们逐渐意识到他们身处充满敌意的环境中。人们普遍不了解也不确定基督教是什么，基督教到底宣扬什么，也是其成立的原因。基督教仍具有生机的唯一明确标志，是罗马天主教徒人数的增长（主要是自发增长）。这些教徒大多已不是欧洲人，20世纪60年代教皇首次访问南美洲和亚洲，以及出席1962年梵蒂冈大公会议的有72名非洲血统的大主教和主教，就生动地代表了这种变化。到2010年，全世界的天主教信徒中仅有四分之一生活在欧洲，而它在非洲的发展最快。

教廷在罗马教会中的历史地位，似乎于20世纪60年代开始削弱，第二次梵蒂冈大公会议本身就展示了一些迹象。若望二十三世要求梵蒂冈应更加"跟上时代"（Aggiornamento），甚至谈及要尊重伊斯兰教义中传递的"真理"，其激进程度可见一斑。但在1978年（当年有三个教皇）约翰·保罗二世登上教皇宝座，他是450年来第一个非意大利人教皇，历史上第一个波兰籍教皇，也是第一个请到坎特伯雷大主教出席其加冕仪式的教皇。他上任不久就显示出他要以保守的方式重申教皇历史权威及可能力量的决心；然而，他也是第一个亲自前往希腊寻求与东欧的东正教会和解的教皇。

1989年东欧剧变（特别是他的祖国波兰的变化）很大程度上受到教皇约翰·保罗二世的道德权威和实践主义的鼓动。他在2005年去世，成为历史上任职时间第三长的教皇，并留下了一份复杂的遗产：作为一个在教义上极为固执的保守主义分子，这个波兰籍教皇越来越关注在当代世界不断弥漫的物质主义，尤其是在他花费了力气的东欧国家。想要在教廷这样一种命运如此起伏坎坷（希尔德布兰德①改革是起，大裂教与公会议至上运动②是伏；特伦特大公会议是起，启蒙运动是伏；而第一次梵蒂冈大公会议又是起）的机制内推动改革风险重重。其他姑且不论，至少承认这一点是板上钉钉的：在数以百万计罗马天主教徒看来，20 世纪对避孕知识和技术的提倡、普及和接受，或许第一次对罗马的权威造成了致命的伤害。

近期一些最有影响力的变革，其影响力和重要性要完全展现，还有待时日。毕竟，尽管我们通常只认为避孕是女性发展史的一部分，但它对整个人类种族都具有潜在的影响力。即使仅从某一方来考虑问题是传统的且简便的方法，但男性和女性的关系还是应从整体上来加以考虑。尽管如此，决定大多数女性命运的因素还是能被粗略地判定出来，而即使只是以最粗略的衡量，情况也很快变得明显：尽管已经发生了翻天覆地的伟大变化，这条路仍然漫长。巨变只发生在少数地方，而且（如果有的话）也只在近几百年才清晰可见。我们对变化程度的确认必须要非常谨慎：大多数西方国家女性的生活，已大大不同于她们的曾祖母那一代，但世界上还有一些地区的女性，她们的生活千百年来几乎毫无变化。

女性争取与男性相同的政治和法律权利的平权运动所取得的进展，是我们这个时代最波澜壮阔的一大革命，释放出了巨大的智识和生产力。目前，联合国大多数成员国接受女性投票，且在大多数国家，正式的和法律上的性别不平等已受到长期抨击。虽则如此，需要做的还很多。通过立法来确保平等对待女性的努力正在逐步推进（例如，关注长期以来都被忽略的职场雇佣中女性的弱势）。因此，甚至

---

① 教皇格列高利七世的俗名，他毕生都在与神圣罗马帝国皇帝亨利四世争斗。他的改革让教皇权势达到顶峰。——译者注

② 指基督教会中主张限制教皇个人权力，由大公会议集体决策的运动。——译者注

不顾保守派的抵制，在非西方国家也有类似具有影响力的例子。这是一股改变人们观念的新推动力，而且，由于技术和经济上的变革，在当代世界，女性劳动力拥有了越来越多的机会，这就让这股推动力变得更加影响深远。

这种情况正以工业化浪潮以来形成的相互联系、环环相扣的方式，继续向前推进。甚至家也变为工作场所——自来水和天然气之后，电力接踵而至，家务管理更加便捷的可能性也很快来临，洗涤剂、合成纤维和预加工食品进入人们的生活当中，而女性能够通过广播、电影、电视以及廉价印刷品获得信息。但我们仍忍不住想，实在没有哪种变化，具有 20 世纪 60 年代时避孕小药丸出现带来的根本性影响。多亏了它的简便易得和使用方便，与早期避孕知识和避孕技术上的各种进步相比，它更加有力地推动了女性在这些方面对自己生活的掌控能力。它开启了性文化史的新时代，即使其影响要到三四十年后才在少数几个国家显著地表现出来。

妇女争取平等的另一个面向，是出现了一种新的女权主义，它与之前的运动所植根的自由主义传统分道扬镳。传统的女权主义观点倾向始终带有自由主义色彩，认为女性不应受制于男性不需遵守而仅强加在她们身上的法律和习俗，这其实是对如下真理的逻辑推演：自由和平等是善的，除非导致相反情况的特殊原因出现。新女权主义则朝着新方向发展。它囊括了众多仅针对女性的事业，例如保护女同性恋，特别强调妇女的性解放，以及最主要的，努力发掘和确认尚不为人知的各种心理的、隐性的和制度化形式的男性压迫女性案例。尽管其激进方面不太可能被大多数女性接受，更别说男性了，但它的影响相当大。

有一些社会激烈抵制女权主义的任何进展。伊斯兰世界的某些部分还在延续旨在保持男性完全主导地位的规定与习俗，其他大宗教的追随者也曾尝试限制女性自由。不过只有某些伊斯兰社会才强行规定女性的特定着装形式，此外有些情况下，戴头巾甚至穿罩袍的妇女却是女性权利的激烈捍卫者。这样的事实是否最终会促成明智的妥协，或至少暂时的均势局面，这取决于各个国家和地区的不同情况。但不应忘记的是，就在不久以前，欧洲社会中同样存在对着装不当的女性暴力相向的行为。想要把这种相悖的情况与所宣扬的理念联系在一起并不容易，因为有时候这些理念会被宣传为普遍接受的信念。

无论有组织的宗教和固定不变的道德法律观念是否失去了它们作为社会规约者的力量，历史上第三个伟大的社会秩序托管机制——国家，乍一看，似乎命运要好很多。尽管也面临挑战，但它已前所未有地被广泛视为理所当然的存在。国家——得到公认的、有明确地理界限的政治单位，它们宣告自己在边界范围内拥有立法主权和动用武力的排他性权力——的数量比以往任何时候都多。1945 至 2010 年间，国家数量从不足 50 个，增加到超过 200 个。越来越多的人认为政府是确保他们福祉的最佳体制，而不是自己不可逃避的敌人。争夺国家权力的政治角力，有时显然替代了宗教（有时甚至似乎要侵蚀市场经济）成为拥有移山填海力量的核心信念。

欧洲留给世界历史最显著的可见制度标志之一，是将国际生活基本上重组成了主权国家问题（现在，主权至少在名称上往往表现为共和的或民族的）。这种体制始于 17 世纪，19 世纪时就已开始在全球展开，并最终于 20 世纪在全球确立。伴随这一过程的，是国家机器的各种近似形式传播到各地，有时通过借鉴采纳，有时起初由帝国统治者强加。人们认为这是现代化的伴生物。虽然许多地方甚至在一个世纪之前还是另一种面貌，但如今，主权国家已被认为是人类社会必然的选择。这在很大程度上是帝国缓慢崩溃后带来的体制影响。新国家应运而生以取代帝国，在任何阶段都未受到质疑。其他帝国瓦解近

50年后，随着苏联解体，诸如人民主权、代议制以及分权制等制度术语在全球的普及达到了历史的巅峰。

因此，国家的强化——如果我们可以这样说的话——长期以来并未遇到什么有效的抵抗。即使在那些政府历来不被信任或现存机制对它们进行掣肘的国家，人们往往也觉得不像前些年那样抗拒它们了。对滥用权力最大的掣肘因素是习俗和公认的观念；只要自由国家的选民认为政府不会立即使用武力，他们便不会感到恐惧。不过，虽然全世界的民主国家数量比以往任何时候都多，如今发展中世界有一种盛行观点认为，威权体制最适用于一国经济的起步阶段。但是大多数独裁国家在经济上并不成功，而几乎所有发达国家都实行民主制。

尽管如此，在19和20世纪，一些国家的现代化过程无疑是由专制统治推行的，尽管这些政权并不总是能让经济持续增长。国家扮演的推动现代化发展因而增强国家实力的角色——早就在欧洲之外由穆罕默德·阿里或阿塔图尔克这样的人物作为代表——昭示出国家越来越赖以获取其道德权威的新源泉。国家不再依赖于个人对王朝的忠诚或超自然力量的惩罚，而越来越依赖于民主或功利主义的主张——它能满足集体的需求。这通常都是指物质方面的改善，但有时也不是。如今，个人自由或更大范围的平等也成为人们的需求。

如果说有一种价值比其他任何一种都更能赋予国家权威合法性，那就是民族主义。它仍是世界政治运动和分化的主要动力，且矛盾的是，它也曾经是许多国家的敌人。民族主义得以成功动员人们团结一致的力量，没有其他力量能够做到；将世界朝着相反的方向融合为同一个政治体系的力量，在不同情况下有所不同，一般是物质的，而不是源自相对强大的道德观念或神话力量。民族主义也是政治史上最革命的世纪中最强大的力量，是多民族帝国的主要威胁。而现在，它常与竞争性的民族主义结合在一起，暴力和破坏性斗争仍是它们的标志。

　　必须承认，即使从表面上看，国家机器集中了巨大的力量，但在与民族主义发生冲突时，国家却往往落下风。虽然具有集权的制度，但是苏联和南斯拉夫现在都已经解体为多个单一的民族国家。魁北克人仍在试图脱离加拿大。还有许多令人不安的潜在暴力的例子。然而，民族主义也大大增强了政府的权力并扩展了其掌控范围，且在那些本不存在民族主义的国家，政治家们都在努力工作以培育新的民族主义，以维持其非殖民化后并不牢固的政权。

　　民族主义也在持续起作用，通过宣称肩负集体的善，以最低限度的统治形式，成为国家道德权威的载体。即使仍存在有关国家在特定情况下应提供何种益处的争论与异见，但当代对政府合法性的论证至少在表面上依赖于其宣称能够提供这些益处，因而也就保护了民族国家利益。当然，国家是否真正发挥了这样的作用，一直就存在争议。传统马克思主义通常认为，国家是维护阶级统治的工具，因此，会随着历史的发展而消失。然而，即使是马克思主义政权，通常也不会这样表现。

　　至于国家乃某个王朝或某个人的私有财产，为其私利服务，这种看法即使现在在许多地方成为现实，却已普遍遭到正式的摈弃。如今，大多数国家为了比单纯的结盟要宏大得多的目的，接受让渡部分主权的条件，都以前所未有的程度参与到一些精细的体系、伙伴关系和组织中。其中有些是为了共同开展某些活动而结成群体，另一些会为参与其间的成员提供新机遇，而其他一些则是在刻意限制国家的权力。这些组织的结构及其对国际行为的影响力均千差万别。联合国是由主权国家组成，但它却曾针对个别成员国而组织或授权采取集体行动，这是国际联盟或更早的组织都没做过的。

　　在一个更小但却非常重要的层面上，区域集团纷纷涌现，并要求其成员遵守共同规则。其中有一些，如东欧曾有过的，已烟消云散，但欧盟却还在缓慢前行，即使其成立之初的很多愿景至今仍未实现。2002年1月1日起，欧盟12个成员国的3亿人开始使用共同的货币。但正式组织并不是故事的全部。仍有一些组织松散或残留的超国家实体，时不时会侵蚀单个国家的自由。伊斯兰教作为这样一股力量，时而引人担忧，时而又备受欢迎，或许泛非主义的种族主义意识（或被称为黑人精神主义）也是如此，会对某些国家行为形成妨碍。国际事务中这一潜流的蓬勃发展，必然使得这一旧观念过时，即世界由独立自主、不受限制（除了个人利益的限制）的国家组成。而矛盾的是，第一批真正意义上的跨国组织，却出现在国家间相互冲突史无前例地激烈的世纪里。

尽管存在诸多违反国际法的臭名昭著的例子，但是目前国际法仍然致力于较之以前更有效地约束国家行为。这部分源于舆论环境出现了缓慢且零星的改变。不文明和野蛮的政权仍旧继续其不文明的野蛮行为，但文明与高雅也赢得了不少胜利。1945年揭露出纳粹政权在战时欧洲的斑斑恶迹，让举世震惊，也意味着如今若不伪装合法，不借助欺骗和隐瞒的手段，罪大恶极的举动已经不再可能堂而皇之地得到实施。1998年，120个国家的代表——尽管美国代表不在其中——同意成立一个常设的国际法庭，用以审判战争罪和反人类罪相关案件。次年，英国最高法院史无前例地做出裁决，同意引渡一名前国家元首到另一个国家，出庭回应对他的犯罪指控①。2001年，塞尔维亚前总统被他的同胞移交到国际法庭，出现在被告席上。

重点是我们不能夸大其词。成百（或许还上千）的恶人继续在世

____

① 指引渡智利前总统皮诺切特到西班牙应诉的事件，但2000年案件又出现翻转，皮诺切特最终没有前往西班牙，而是返回智利。——译者注

界各地残酷地施暴，而目前却看不到什么切实的希望能将他们绳之以法。国际犯罪是一个侵犯国家主权的概念，而美国也不大可能在近期内承认国际法庭对本国公民具有司法管辖权。但美国自身也在20世纪90年代出于准道德性质的目标，明确采取了革命性的外交政策，寻求推翻萨达姆·侯赛因和斯洛博丹·米洛舍维奇政府，而现在它又关注联合各国打击恐怖主义，这必然意味着对其他国家主权的进一步干涉。

然而，两三百年来，政府在本国却享有了越来越多的权力，去做人们要求的事情。最近的例子是，20世纪30年代的经济困境和两场世界大战需要大规模动员资源，因而带来政府权力的新扩展。除此之外，政府还被要求间接促进公民福利，履行若干服务职能，而这些需求要么此前并未出现，要么在过去是留给个人或家庭和村庄等"自然"单位群体来管的。英国和德国早在1914年之前就已经是福利国家。在过去的50多年中，国家拿走的GDP份额几乎到处都在迅速提高。还有敦促实现现代化的需求。欧洲以外几乎没有几个国家是没有依靠从上至下的指令就实现这一目标的，甚至在欧洲内部，也有一些国家实现现代化须归功于政府。20世纪两大代表案例是俄罗斯和中国，两个伟大的农业社会，借助国家权力来实现现代化。最终，技术以更好的通信设施、更强大的武器和更全面的信息系统的形式，让能够给出最大投资者，也就是国家，获益。

就在不久前，即使是最伟大的欧洲君主国，也不可能组织实施一次人口普查，或创建一个统一的内部市场。而现在，国家在事实上垄断了资源控制的主要工具。就在100年前，政府还要依靠未被战争动摇以及叛乱冲破的警察和武装部队保障安全；技术只是增加了它们的确定性。但如今，新的镇压技术和武器仅是故事的一小部分。国家通过其作为消费者、投资者或规划者的权力对经济进行干预，而大众传播的改善使得国家可以高度集中地掌握相关信息，这些都产生了极大影响。希特勒和罗斯福都充分利用了广播（尽管是出于截然不同的目的），而试图规范经济生活的尝试与政府本身一样久远。

尽管如此，近年来大多数国家的政府却不得不努力应对世界经济新的一体化趋势，且因此，控制本国经济事务的自由度也随之下降。这种现象正越来越明显。它不仅是由于诸如世界银行或国际货币基金组织等跨国机构运作的结果，它还是一种显现已久的趋势作用的结果。如今我们根据其最近的表现形式，称这种趋势为"全球化"。它有时由国际条约或仅仅由于某些大公司的经济增长而制度化，但也是由世界各地人们逐渐增加的期望值推动着发展，这种现象常会打破政治家按自己预设期望管理社会的希望。不受管制的全球资金流动侵犯了经济和政治独立，大公司的业务也是如此，其中一些大公司能调动的资源远超过许多小国。矛盾的是，对全球化不断干涉国家独立的最激烈抱怨，恰恰来自那些督促在某些情况下（例如侵犯人权）要更严厉干涉主权的人。

随后的篇章中将会进一步展现这种力量的作用。或许它们一定程度上缩小了国家权力，但由于权力到处都在集中，各种体制结构基本未受触动。相比这种现实，此类激进力量不太可能成功摧毁国家。这些力量将继续存在，有时它们还从一些新的事业中汲取力量并似乎在其中蓬勃发展——生态保护、女权主义和广义的反核以及"和平"运动。但在 40 年的活动中，它们仅在能够影响和形塑国家政策、变革法律以及设置新机制的时候，才会获得成功。要想在完全忽略这样一种主流机制的情况下实现重大改良，这种观点似乎仍然不现实，一如它在 19 世纪的无政府主义和乌托邦运动时期一样。

第2章 冷战世界

　　1950年，一个新时期开始了，在此期间，不管其他地方发生什么，世界政治秩序的核心特征似乎僵住了一般完全不变。之后过了大约25年，变革的速度突然加快，并于20世纪80年代达到高潮。到了1990年，长达30多年里被认为理所当然的地标消失了（有时几乎是在一夜之间），剩下的也遭受着质疑。不过，在这一切发生之前的很长一段时间里，苏美之间长期而剧烈的对立笼罩着几乎整个国际社会，在世界的大部分地区都降下阴云，构成了犯罪、腐败的根源，一直持续了30多年。在那些年里，冷战远不是塑造历史的唯一力量，也可能不是最根本的，但它处在舞台的核心位置。

　　最初的严重斗争发生在欧洲，其中战后第一阶段的历史是短暂的，可能以捷克斯洛伐克共产党接管政府为结束时间。在那一刻，欧洲大陆的经济复苏基本还未开始。但也有一些理由，使我们对其他的、较老的问题抱有希望。熟悉的德国威胁已消失，现在再没有来自它的曾经咄咄逼人的强权威胁。相反，它的前对手们现在要解决的，是欧洲中心的权力真空。再往东，边界的变化、种族清洗和战时的暴行，已使波兰和捷克斯洛伐克不再存在1939年前必须面对的种族混杂问题。然而，在某种程度上，欧洲前所未有地分裂了，只是这一事实掩埋在了苏美在全球范围的对抗（其确切起源时至今日仍争议激烈）之下。

　　从某种意义上说，究根问底，意识形态史和外交史上的分裂发生在1917年，而冷战只是其延迟的大规模显现。不过，还有人认为冷战的根源更早，是在美国和俄国于 19 世纪跨越大洲扩张的时候，两国由此建立了无论规模还是狂热内容都在欧洲闻所未闻的国家。即使果真如此，从一开始就以全新的、独特的且令人困扰的方式着手处理国际事务的，是苏俄。对其而言，外交不仅是便捷的交易方式，而且是推动革命的武器。尽管如此，其影响力原本可能也不会有那么大，但到 1945 年，历史却创造了一个新的世界强国，期待已久的现代化俄罗斯诞生了，它在东欧自由行事的能力远胜任何沙皇帝国，并在世界其他地区彰显其野心。

斯大林掌权之后的苏联外交往往反映出了俄国历史上就有的野心，而历史将证明，由地理和历史决定的苏联国家利益，与意识形态的斗争密不可分。共产党人及其同情者们认为，他们必须保卫苏联，苏联是国际工人阶级的捍卫者，而且是（忠诚的信仰者们强调）整个人类物种命运的守护者。无论他们在实际行动中是否做到，比如当布尔什维克表示他们的目标是推翻非共产主义的社会，他们最终的目的正在于此。1945 年后其他共产党国家建立，它们的领导人至少在表面上也赞同这样的目的，因此也就合力在欧洲和全世界划分出了意识形态上的两大阵营。

不过，如果说苏联是一种全新的国家，其实美国也是。美国关于个体和宗教自由、财产权、自由市场、消费者机会以及人人平等的观念，无论在欧洲还是亚洲都是革命性的，虽然并不是总能在美国本土得到贯彻。大多数美国人相信，这些观念放之四海而皆准，其他国家想要获得成功，就必须加以实施。虽然他们也希望让在海外作战的战士们返回家乡，但美国也存在一种根深蒂固的观念，认为美国为了让世界返回正轨，已经在 20 世纪奋战并作出牺牲两次了，而其他国家既然已受益于美国的利他主义，现在就有责任经由追随美国的发展和进步轨迹，避免重蹈覆辙。与第一次世界大战结束后不同，美国这次

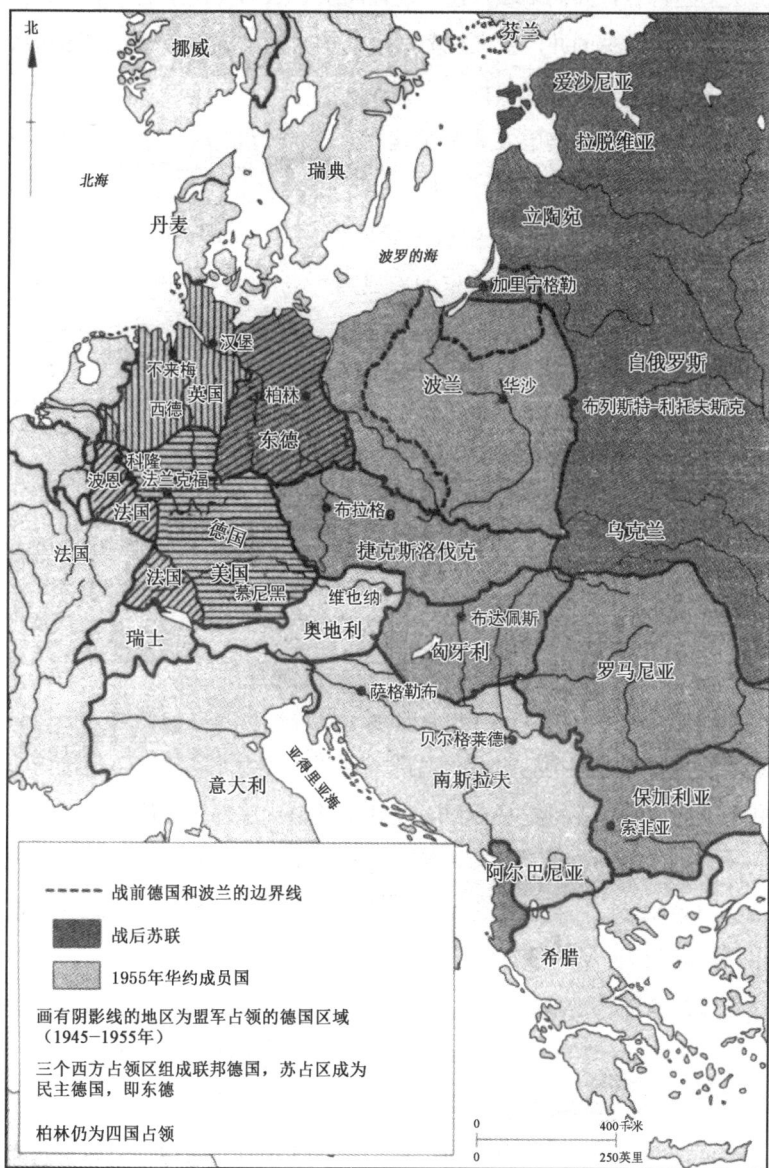

北

挪威

北海

瑞典

丹麦

波罗的海

芬兰

爱沙尼亚

拉脱维亚

立陶宛

加里宁格勒

白俄罗斯

布列斯特-利托夫斯克

汉堡

不来梅

西德

柏林

东德

英国

波兰

华沙

科隆

波恩 法兰克福

法国

德国

美国

慕尼黑

布拉格

捷克斯洛伐克

乌克兰

维也纳

奥地利

布达佩斯

匈牙利

罗马尼亚

法国

瑞士

意大利

萨格勒布

贝尔格莱德

南斯拉夫

亚得里亚海

阿尔巴尼亚

保加利亚

索非亚

希腊

- - - - - 战前德国和波兰的边界线

战后苏联

1955年华约成员国

画有阴影线的地区为盟军占领的德国区域
（1945-1955年）

三个西方占领区组成联邦德国，苏占区成为
民主德国，即东德

柏林仍为四国占领

0   400千米

0   250英里

二战后的德国和中欧

自认不会再弃世界而不顾，这一定程度上是因为新任总统哈里·杜鲁门开始把斯大林的共产主义视为危险的扩张主义意识形态，试图让世界背离美国观念带来的福祉。

东欧的形势让美国人非常担忧。到 1948 年，在匈牙利、罗马尼亚、波兰和捷克斯洛伐克，政府中都已不再有非共产党人，而此时，共产党人在保加利亚政府中占主导地位。随后，马歇尔援助计划启动，随之而来的是后来被认定的冷战第一场斗争——柏林命运之战。这场斗争具有决定性意义，因为它显然让美国在欧洲有了一个立足点，可据此展开争夺。苏联人似乎并没有预料到这样的结果，尽管是他们为了阻止出现一个在美国和英国控制下的经济实力强大的德国，挑起了这场争斗。他们的举动与西方列国的利益相左。西欧各国想要的，是重振德国经济，至少在他们各自的占领区内，而在未来德国政治模式完全确立之前实现这一点，这对于西欧整体的复苏是至关重要的。

1948 年，未征得苏联同意，西方国家就在自己的占领区推行了货币改革。改革有巨大的作用，加速了西德经济复苏的进程。根据马歇尔计划得到的援助，只给了西部占领区（因为苏联决定拒绝接受）；基于这些援助进行的这场改革，比其他任何措施都更加催化了把德国一分为二的进程。由于东部占领区的复苏不再与西欧相关，复兴的西德将单独崛起。西方国家继续在自己的占领区自行其是，毫无疑问是出于经济原因，但东德却因此被一锤定音地推入了铁幕的另一边。虽然这座城市孤零零地处在苏联占领区的包围之中，但货币改革也将柏林一分为二，因而也令共产党人失去了在城中动员大众武装夺权的机会。

苏联的回应是，扰乱德国西部占领区和柏林之间的交通联系。无论他们的初始动机如何，这场争端逐步升级了。早在西柏林与三个西方占领区间被隔离的危机可能发生之前，某些西方官员就已经料想到了这一点；"封锁"一词已经被使用，并且当时已经在这种意义上用来解释苏联的行动。苏联当局并没有质疑西方盟军在其各自的柏林占领区内部的权力，但是他们扰乱了给这些区域的柏林市民提供给养的交通。英国人和美国人组织了一场空运来为这个城市提供补给。苏联人企图向西部的柏林人宣示，如果他们不同意，那么西方势力就无法留在那儿；他们希望借此消除选举产生的非共产主义市政当局给苏联控制柏林造成的障碍。某种力量的角力就此展开。尽管为了保持西柏林正常运转，食品、燃料和药品转运代价不菲，但西方各国仍然宣布它们准备无限期地坚持下去。意思就是，只有动用武力才能阻止它们。美国战略轰炸机返回其在二战时期的英国基地。尽管双方都不想打仗，但是以战时协议为基础合作管理德国的所有希望都已彻底消亡。

封锁持续了一年多，比时间长短更为引人注目的，是出色的后勤保障成果。大多数时候，每天1 000多架飞机仅运煤量就达日均5 000吨。然而它的真正意义是政治上的。联合输送补给的行动没有中断，西柏林市民也没有被吓倒。苏联当局最好的招数，是故意把城市隔离成两半，以及拒绝市长进入自己的办公室。其间西方大国签署了一项协议，建立起新的联盟，超越欧洲范围的首个"冷战"产物诞生了。"北大西洋公约组织"于1949年4月建立，比双方同意结束封锁只早了几个星期。美国和加拿大是成员国，绝大多数西欧国家也是（只有爱尔兰、瑞典、瑞士、葡萄牙和西班牙没有加入）。它显然是防御性的，为任何受到攻击的成员国提供共同防御，但同时，它也打破了当时美国外交政策中本就几乎要消失的孤立主义传统。5月，一个新的德国，联邦德国，在三个西方占领区出现了，随后在10月份，民主德国在东部也成立了。从此以后两个德国似乎就要共存下去了，而冷

战就沿着分隔了它们的铁幕展开，而没有继续向东蔓延，像丘吉尔在
1946 年提出的那样，从的里雅斯特①到斯德丁②。但是，在欧洲，一
个特别危险的阶段结束了。

　　如同有两个欧洲一样，世界被冷战一分为二很快也显得可能了。
在 1945 年，沿着北纬 38 度线，朝鲜已经被分割，它的北方工业区被
苏联人占领，而南方农业区被美国人占领。南北朝鲜的领导者都希望
快速统一，但都只同意按自己的条件进行，北方掌权的共产主义者与
南方得到美国支持的民族主义者达不成一致。既然重新统一遭搁置，
1948 年美国和苏联分别承认自己占领区的政府对全国都拥有主权。
之后苏联和美国军事力量都撤出，但是 1950 年 6 月，在斯大林预先
知晓和同意之下，北朝鲜军队进攻了南方。不到两天时间，杜鲁门总
统就以联合国的名义，派出美国军队参战。联合国安理会之前已投票
决定要武力解决冲突，由于苏联人当时正在抵制安理会，因此他们没
能否决这次联合国决议。

　　在朝鲜，美国人一直充当着联合国军队的主力，但是其他国家很
快也派出了野战部队。出兵才几个月，它们就已经进军到三八线以
北。北朝鲜政权似乎可能会被推翻。然而，当战争接近中国东北边界
时，中国共产党开始派出军队干预。更大规模的危机现在一触即发。
中国当时是世界上第二大共产主义国家，如果以人口论则是第一大。
苏联在其背后力挺；你可以（至少在理论上）从赫尔辛基步行到香
港，而完全不需要离开共产主义版图。美国和中国之间面临直接冲
突，并有可能动用核武器。

　　杜鲁门审慎地坚持，美国在亚洲大陆不可以卷入一场更大规模的

---

　　①　意大利东北部港口城市，地处与斯洛文尼亚交界的边境地带。——译者注
　　②　今波兰城市什切青，德语中称为"斯德丁"，历史上曾先后被波兰、瑞典、丹麦、
普鲁士、德国统治过，二战后划归波兰。——译者注

战争。这个问题必须得到解决。而且进一步的战斗表明，尽管中国人或许能帮北朝鲜守住阵地，却不能无视美国的意愿，推翻南朝鲜。停战谈判开始了。1953 年上台的新一届美国政府，是旗帜鲜明反对共产主义的共和党人，但他们意识到，其前任已经充分地阐明了美国维护南朝鲜独立的意愿和能力，而且也感到冷战真正的中心是在欧洲而不在亚洲。1953 年 7 月，停战协议签署。但随后把这项协议转变成正式和平的努力迄今仍然没有完全成功；60 年后，朝韩两国之间发生冲突的可能性仍然很大。不过在当时的东亚和欧洲，美国人在冷战的最初一系列斗争中都成功阻止了共产党胜利；而在朝鲜，冲突真正升级为了战争，有人估计，这场战争付出了 300 多万人死亡的代价，其中绝大多数是朝鲜的平民。

　　朝鲜战争结束的另一个原因是，1953 年初，斯大林逝世了。这位苏联领导人曾相信，朝鲜战事继续进行对苏联不是坏事——它让美国人与中国人作战，从而陷入一场越来越不受欢迎的战争。斯大林认为，苏联只会从中获益。他的继任者却有不同想法。他们担心朝鲜战事会扩大成一场全面战争，把自己也拖进去，他们想同西方缓和紧张关系。然而，新任美国总统艾森豪威尔仍然不信任苏联的意图，于是在 20 世纪 50 年代中期，冷战气氛一如既往地紧张。斯大林逝世后不久，他的继任者宣布，苏联也拥有了改进的核武器，即氢弹。这是斯大林最后的纪念碑，确保了（或许这一点存疑）苏联在战后世界上的地位。

　　斯大林继承并实现了列宁政策合乎逻辑的发展结果，但是他的作为远远超过了他的前任。他重建了沙皇俄国的绝大部分疆土，并且在面临最严峻考验的时刻，给予了俄罗斯存活下去的力量（虽然是在强大盟友的帮助下）。但他的误判，也导致大战爆发，而他组建起的浪费又低效的体系——以及他制造的恐怖氛围——意味着苏联人为了取得胜利，不得不付出最高昂的代价。苏联是一个大国，不过考虑到它的构成成分，俄罗斯有朝一日会告别共产主义，这一点却几乎毋庸置疑。然而，1945 年时，它的人民仅得到极少值得称道的东西来补偿他们的牺牲，除了国际大国实力的保证。战后国内生活更加严酷；数年来消费一直停滞，苏联平民遭受宣传控制以及警察体系的严厉对待，在战后都被强化了。

　　欧洲分裂，斯大林的另一遗产，在他死后比生前更加明显。到1953 年，依赖美国的经济，德国西部的重建基本完成，开始承担起更多的本国国防成本。联邦德国和民主德国渐行渐远。随后的时期，1954 年 3 月，苏联人宣布东德现在拥有了完全的主权，紧随其后，西德总统签署了宪法修正案，允许他的国家重新武装起来。1955 年，西德加入北大西洋公约组织；苏联针锋相对建起了华沙条约组织，一个由其卫星国结成的联盟。柏林的未来悬而未决，但有一点是清楚的，除非达成协议，否则北约列国将会以武力抵制改变现状。在东方，民主德国同意与宿敌和解：以奥得河—尼萨河一线作为与波兰的国境线。希特勒实现的 19 世纪民族主义者的大德国梦想，随着俾斯麦德国时代的结束而湮没。历史上的普鲁士现在被革命的共产主义者所统治，而新西德在结构上是联邦制，倾向非军国主义的天主教和社会民主党政治家主导着政治，这些人曾被俾斯麦视为"德国的敌人"。因此，虽然没有一个和平协议，遏制这个曾两次通过战争摧毁欧洲的德国势力的问题，最终得到了妥善解决。同样在 1955 年，欧洲集团内部剩余的边界划分问题解决，奥地利作为一个独立国家重新出现、同盟国的占领军撤出，随着意大利与南斯拉夫的边界争端解决，最后一批美英军队也从的里雅斯特撤出。

　　中国建立共产主义体制之后，世界范围内的分化在我们所谓的资本主义经济体和计划（或准计划）经济体之间出现。苏联和其他国家之间的商业联系，自从十月革命以来一直与政治纠缠在一起。1931年世界贸易大幅受挫后，资本主义经济陷入衰退，寻求通过保护主义（甚至自给自足）来摆脱困境。但是，1945年以后，世界经济之前的种种区分标准都已被超越；两种资源分配的组织方法越来越成为唯一划分标准，它们首先两分了发达国家，随后又两分了世界其他大多数地区。资本主义体系的基本决定因素是市场——尽管这个市场与传统提倡自由贸易的自由主义者设想的已有很大差异，在许多方面很不完美，既容忍了相当大程度的干预，又默许了金融寡头。而在共产党领导的各国（以及其他少数国家，比如印度和斯堪的纳维亚各国），政治权威则会成为决定性的经济因素。贸易仍在继续扩展，甚至在两大冷战阵营间也是如此，不过是在狭窄不稳的基础之上。

任何一方都并非一成不变。它们之间的联系随着岁月的流逝而倍增。不过，长期以来，它们似乎为世界提供了经济增长的不同模式。它们之间的竞争由于冷战时期的军事政策而更加激烈，加剧了双方的对抗意识。然而，这个状态不会静止停滞。没过多久，与1950年的情形相比，一方在政治上由美国主导的程度就大幅下降，另一方由苏联主导的程度也或多或少有所降低。在20世纪五六十年代，双方经济都持续增长，但其后出现分化，市场经济发展变得更加迅猛。不过，从1945年直到20世纪80年代，这两种经济体系之间的差别仍然构成了世界历史的一个基本特征，甚至在非洲和亚洲很多新建立的国家，也必须为本国经济体系做出二选一的选择。

中国实行社会主义经济，起初几乎完全被人们用冷战思维加以看待，并被视为战略平衡的一个转折点。然而到斯大林逝世时，有许多其他迹象显示，南非政治家扬·史末资在四分之一多个世纪前预言的"场景从欧洲转向远东和太平洋"已经实现。尽管德国继续是冷战战略的中心，朝鲜半岛却作为一个鲜明的证据表明，世界历史的重心正在又一次转移，这次是从欧洲转向东方。

随着新独立的亚洲国家越来越意识到本国的国家利益和实力（或者缺乏实力），欧洲大国在亚洲的衰落注定还会有更多的后续。殖民者们给予它们的国家形态和统一，与殖民帝国一样无法持久；1947年，印度次大陆抛弃了还不到一个世纪的政治一体状态①，几乎同时，1950 年时，马来亚和印度支那在政府设置方面也已经开始进行重要的但通常不怎么令人舒服的变化。内部压力困扰着某些新国家；印度尼西亚庞大的华人族群拥有大得不成比例的地位和经济权力，而且，新中国发生的任何事情都可能影响到他们。更糟的是，无论所有这些国家的政治环境如何，它们都拥有快速增长的人口，并且在经济上是落后的。因此，对许多亚洲国家来说，欧洲统治的正式结束，不如逐渐脱贫重要（尽管在某些国家，两者间有着必然的联系）。

欧洲对亚洲人命运的控制再怎么说也不完全。尽管欧洲人改变了数以百万计亚洲人的命运，并且影响他们的生活长达几个世纪，但欧洲文化即使对统治精英群体心灵的触动也极少。在亚洲，欧洲文明必须同比世界上其他地方更加根深蒂固的和更加强大的传统进行竞争。亚洲文化并没有（也不可能）如同前哥伦布时代美洲的文化那样被弃之不顾。正如在中东一样，在当地自愿进行的现代化进程中，欧洲人直接的努力和欧洲文化间接的扩散都遇到了难以克服的障碍。思想和行为的最深层面常常保持着未被触及的状态，即便是深信自己从过去的束缚中解放出来的那些人也是如此；受过现代教育的印度教徒家庭，在孩子出生和订婚的时候，仍然还要求助于占星术；基于历史悠久的中华文化，中国马克思主义者仍然认为，相对于非华夏世界，自身拥有坚不可摧的道德优越感。

---

① 指 1947 年的"印巴分治"。——译者注

想要理解亚洲在世界历史上近来的角色，必须要注意到，有两个亚洲文明区如同数个世纪以来那样仍保持了令人瞩目的独特性和重要性。西亚文明区由印度以北的连绵山脉、缅甸和泰国的高地与主体是印度尼西亚的巨大群岛圈定。它的中心是印度洋，历史上主要的文化影响力有三种：从印度延伸到东南亚的印度文明；伊斯兰文明（也向东部横向延伸）；以及最初是通过商业和传教士，接着是一个较短时期政治统治的欧洲文明的影响。另一个文明区是东亚，由中国主导。这在很大程度上仅仅是由于中国地大物博的地理特征，但是其人口的数量和人口的向外迁徙，以及更加间接的中国文化对东亚文化圈各地——尤其是日本、朝鲜和中南半岛——程度不一的影响力，也是部分原因。在这个文明区里，欧洲对亚洲直接的政治统治，在范围和持久性两方面都从来没有能像它在亚洲更西边和更南边那样深远。

在 1945 年后的冷战世界里，我们很容易忽略这种重要差异，以及历史中很多其他因素。在这两个文明区里，都有一些国家采取了似乎相似的激烈排斥西方的路线，运用的却是西方民族主义和民主政治的术语，并诉诸我们已经十分熟悉的立场向世界舆论发声。印度凭借与本土传统几乎毫无关联的激进民族主义，独立后没几年就吸收了在英国统治印度时期还幸存的土邦，以及次大陆上遗留的法国和葡萄牙飞地。很快，印度安全部队在新共和国内强力镇压了任何分裂主义或者地区自治的威胁。

或许这并不值得惊讶。印度的独立，从印度方面看，是受过西方教育的精英们一力促成，他们从西方引入了民族、平等和自由思想，而最初仅仅寻求与英国殖民当局更加平等地合作。1947 年以后对这些精英们地位构成的威胁，往往最轻易（并且发自内心地）被理解成一种对实际上还在创造之中的印度民族性的威胁。

让所有这些更加真实的是，独立印度的统治者从英国统治者那儿继承了许多目标和制度。内阁制度、宪法条例、中央和地方之间的分权、公共秩序和安全机制都被贴上了共和国的标签，一如既往地像它们在 1947 年之前的状态那样运转。政府采纳的主导性的、明确的意识形态，是一种温和的、官僚制的社会主义，与当时英国的模式差别不大，在主旨上也与英国殖民政权统治末期公共管理加代表制的开明专制相距不远。印度当局面临的实际情况是，地方权贵们拥有投票权，可以打破之前的土邦王公们控制下的传统特权，但他们立场保守，不愿作为。可是，摆在印度面前的还有重重难题：人口快速增长，经济落后，贫穷（1950 年印度人均年收入为 55 美元），文盲，以及社会、部族和宗教信仰上的分裂，还有人们对独立应带来种种改变的巨大期待。很明显，必须作出重大的变革。

1950 年的新宪法丝毫没有改变这些问题。而至少直到新印度成立的第二个十年，其中一些问题才开始全面爆发。时至今日，印度大部分乡村的生活现状实际上依然像过去一样，战争、自然灾害和猖獗的盗匪仍然恣意横行。这意味着有些人仍然处于赤贫状态。到 1960 年，超过三分之一的农村贫困人口每周生活费仍然不足一美元（同一时期，有一半的城市居民赚到的钱，并不足以满足他们维持健康所需摄取的每日最低卡路里水平）。经济的增长被不平等和人口增长吞噬掉了。在当时的环境下，印度的统治者在宪法条款中列明自己享有像英国总督那样大的应急权力（像他一样可以实施预防性拘留和搁置个人权利），也就不足为奇了，至于以所谓"总统统治"为名架空各邦政府，将权力收归中央，就更不在话下了。

在克什米尔地区，一位印度教王公统治着主体为穆斯林的臣民。当印度与邻居巴基斯坦因克什米尔发生冲突时，软弱、优柔寡断的"新政府"让事态越发糟糕。早在 1947 年，当克什米尔的穆斯林们试图加入巴基斯坦组成联邦，克什米尔王请求印度帮助，并加入印度共和国的时候，战斗开始打响。克什米尔穆斯林的领导人之间也存在分歧，这让局势变得更加复杂。印度拒绝了联合国安理会举行全民公投的建议；那时，三分之二的克什米尔仍然掌握在印度人手中，成为印度处理印巴关系时的筹码。战争在 1949 年停火，随后又在 1965 至 1966 年，以及 1969 至 1970 年再次爆发，这时冲突已经逐步与冷战纠缠在一起。1971 年，在印度的资助下，东巴基斯坦讲孟加拉语的穆斯林地区分离出来，形成一个新的国家——孟加拉国，印巴两国间的争斗也再次开启。而这个新国家很快就面临比印度或巴基斯坦更为严重的经济问题。

在这些动荡时期，印度领导人展现出巨大的野心（有时或许竟大到想要重新统一整片次大陆）和有时对其他民族利益的公然漠视（例如对那加人①）。印度人的雄心激起的怨怒，又因冷战而变得更加复杂。印度领导人很早就表示不会加入任何一方阵营。在 20 世纪 50 年代，这意味着印度跟苏联和社会主义中国的关系远比跟美国的关系更加缓和。尼赫鲁似乎很喜欢对美国人的行动吹毛求疵，这有助于说服一些同情印度者，他所实行的是进步、和平、不结盟的民主政治。因此，当这些同情者及印度公众在 1959 年发现，尼赫鲁政府与中国围绕北部边界已经争吵了三年，只是没有公之于众罢了，他们感到受了巨大的打击。1962 年末，一场大规模的战争开始了。尼赫鲁作出了不太可能的举动，向美国人寻求军事援助，甚至更不可能的是，他还得到了，而且他同时也从苏联获取军事和外交方面的援助。至此，他在 20 世纪 50 年代中期达到顶峰的威望开始严重下滑。

理所当然，年轻的巴基斯坦并没有结交与印度一样的友邦。1947

---

① 13 世纪从中国和缅甸迁到印度东北部的民族，从英国殖民统治时期开始，到后来印度独立直至今日，其寻求独立建国的斗争始终没有平息。——译者注

年时，巴基斯坦比邻国印度更加孱弱，其受过培训的公务人员很少（印度教徒加入旧印度政府机构的人数比穆斯林要多很多），从一开始在地理上就存在东西分隔，而且几乎一立国就失去了最有能力的领导人——真纳。然而，即使还在英国殖民统治时期，与国大党相比，伊斯兰教领导人对民主制度总是（或许也更加现实地）表现得缺乏信心；巴基斯坦的统治者通常是专制的军人，寻求军事上可对抗印度、经济上有所发展（包括实行土地改革）和保证伊斯兰教的地位。但其立国实验迄今还算不上成功。到 20 世纪 70 年代，早在阿富汗战争爆发之前，巴基斯坦就已经对自身的国家认同和发展模式都存在深深的不确定感。

巴基斯坦是正式的伊斯兰教国家，而印度则是一个世俗的、没有官方宗教信仰的国家（乍一看似乎很"西方"，但与印度一向折中的文化传统也并不难融合），这让两方总是很疏离。这就导致巴基斯坦越来越倾向于按伊斯兰的教规来处理内政。不过，宗教信仰的差异对巴基斯坦对外关系的影响仍低于冷战。

1955 年，来自亚非 29 个国家的代表在印度尼西亚万隆召开会议，此后一个自称为中立主义者和"不结盟"的国家联盟诞生了。这让冷战给亚洲政治局势造成的影响更加扑朔迷离。除了中国之外，联盟内大多数国家都曾是某个殖民帝国的一部分。在欧洲，共产主义国家南斯拉夫自 1948 年与苏联决裂后正在寻找新的身份定位，它很快也加入进来。这些国家大多也都贫穷、物资匮乏，对美国和苏联都不信任，虽然与后者的冲突可能没那么严重。它们开始被统称为"第三世界"国家。这个词是一位法国新闻记者创造出来的，显然是有意让人联想起 1789 年时法国被剥夺了政治合法权利的"第三等级"，而他们正是法国大革命最大的推动力。

"第三世界"的含义意味着这主要是一个政治规划，而非地理规划。这些国家被强权国家歧视，并被排除在发达国家的特权之外。虽然这个组合听起来很合理，但"第三世界"的表述还是从一开始就遮蔽了该群体成员间的重要差异，尤其在经济发展计划方面。在20世纪50年代和60年代，团结互助、发展和不结盟的原则曾让第三世界的观念活力十足，但到70年代，经济需求成了主流，这个群体就最终分化。

因此，第三世界的团结并没有维持太久。20世纪晚期，在第三世界内部的战争和内战中死亡的人数，远远多于其外的战事。然而，在二战结束十年时，万隆会议迫使超级大国们承认，弱国只要动员组织起来，也能形成一支重要的国际政治力量。在冷战时期，当它们寻找盟友或在联合国中寻求选票支持时，它们总能牢记这一点。

到1960年时，鲜明的信号已经出现：苏联和中国都寻求对不发达国家和立场尚不明朗的国家的领导地位，两国必将分道扬镳。最终，这演变为一场全球范围的竞争。竞争的一项早期结果看似矛盾：随着时间的推移，巴基斯坦与中国日益亲近（尽管前者与美国也签订了条约），而苏联则与印度走得比较近。1965年，巴基斯坦与印度开战，向美国寻求武器支援，遭到拒绝，于是转而求助于中国。尽管巴基斯坦最后得到的中方援助小于预期，但这仍然成为20世纪60年代国际关系出现新动向的早期证据。美国已经不能再忽视中国，一如它不能忽视苏联一样。实际上，正是冷战促成美国在亚洲的角色发生了戏剧性变化；它不再像反殖民主义的热心赞助者及其盟友殖民帝国的粉碎者，反倒有时看起来像这些帝国的继承人，不过主要是在东亚，而不是在印度洋区域（在那里，美国为了安抚总是没有信誉的印度，付出了长期且完全没有回报的努力；在1960年以前，印度从美国获得的经济援助比从其他任何国家都要多）。

各大国遭遇的新困境，在印度尼西亚身上体现得特别明显。它广阔而布局散乱的国土上族群众多，且通常都有着多元分化的利益。尽管佛教是第一个在那里站稳脚跟的世界性宗教，印度尼西亚却是世界上穆斯林人口最多的国家，其他宗教的信众在人口数量上均居于少数。但印度尼西亚的华人族群在这里也根基深厚，在殖民时代，他们拥有大量财富，担任大多数行政职务。此外，穆斯林群体内部也存在很大差异。这个后殖民时代的新国家想要创建一个团结融洽的印度尼西亚，却经常承受着贫困和经济落后造成的压力。20 世纪 50 年代，新共和国的中央政府越来越让人感到失望；到 1957 年时，它已面临苏门答腊等地的武装反叛活动。历史上证明有效的以民族主义激情来减少内部反对情绪的招数（曾对一直驻扎在西新几内亚的荷兰人使用过）不再起作用；总统苏加诺没能再次取得大众的支持。他的政府已经远离国家新生伊始所采纳的自由主义政体，倾向于威权统治，并与强势的当地共产党联合。1960 年，议会被解散，1963 年苏加诺被任命为终身总统。

美国想要让苏加诺站在自己这边，于是支持他吞并了西新几内亚（西伊里安）本来可能出现的一个独立政权（这让荷兰人非常愤怒）。1957 年，他又把矛头指向新成立的马来亚联合邦——由英国在东南亚的各块殖民地连成一体组成。在英国的帮助下，马来亚在婆罗洲、沙捞越和马来亚本土挡住了印度尼西亚的进攻。这次受挫似乎成为苏加诺命运的转折点。此后发生的事件其详细情形至今仍然不清晰，我们只知道，当食物短缺、物价飞涨即将失去控制的时候，一场（失败的）政变爆发，军队领导人声称，其幕后策划是当地的共产党。军队将领开始把矛头指向印尼共产党，它一度被称为世界第三大共产党。在这次屠杀中遇害的人数，据估计在 25 万到 50 万之间，其中很大一部分是华人或有华裔血统的人，而他们其实与共产党并无关联。苏加诺本人在接下来几年里也逐渐靠边站了。一个顽固的反共政权上台，与中国断绝了外交关系（直到 1990 年才恢复）。这个独裁政权一直统治到 1998 年。

肯尼迪总统对苏加诺的怀柔政策反映出其下列信念的坚定和强大：繁荣的民族国家是反共产主义的最好堡垒。东亚和东南亚过去 40 年的历史实际上都可以从这个角度进行解读，为这种信念提供佐证，但它应用于各种困难而复杂的环境中时则更加明显。但无论如何，到 1960 年时，新加坡以东地区一个重要的、决定性的事实就是，中国力量在东方重新崛起。韩国和日本成功地抵制了共产主义，但它们同样也从中国革命获益；这给它们提供了制衡西方的手段和杠杆。正如东亚总是比印度洋地区国家更成功地阻抗了欧洲人一样，1947 年后，它们显示出自己有能力在共产主义和非共产主义形态之间维持自己的独立，绝不屈服于直接的操纵，无论来自何方。一些人将这种独立性归结于几个世纪以来借鉴中国模式形成的深层次且表现多元的社会保守主义。有序而复杂的社会网络、社会建设能力、忽略个人利益、敬重权威和等级秩序，以及强烈意识到自身是与西方有很大不同的文明和文化中的一员，这些方面让东亚人比许多其他族群拥有更多可赖以阻抗西方及其扩张主义的根基。东亚在 20 世纪末的崛起只能放在这样一个背景下才能得到理解：其表达方式相当多元，且远不能由"亚洲价值观"这样的术语来充分概括。

随着中国共产党取得革命胜利并于 1949 年建立新政权，北京又一次成为再次统一的中国的首都。毛泽东及中国共产党想要按照苏联的模式建立一个社会主义国家。就在中华人民共和国成立几个月后，毛泽东首次出访国外，理所当然选择了莫斯科。他在那里与斯大林签署了结盟协议，但后者始终对中国共产党人的决心和能力抱有疑虑。考虑到当时全球各地的冷战氛围，国民党又已经垮台，新中国实际上并不需要盟友来抵御外敌。毛泽东希望争取苏联的援助，主要是为了启动现代化建设这项艰巨任务，而不是在对抗美国人或日本人时有所保障。被局限在台湾的国民党势力几乎可被忽略，尽管当时他们处在美国的保护之下而无法被消灭。1950 年"联合国军"到达东北鸭绿江边境，面对如此重大的威胁，中国的反应是迅速而有力的：她派出了一支大军进入朝鲜。但中国新领导人主要关注的还是国家内部的状况。

自 37 年前清王朝被推翻开始，中国就一直动荡不堪。尽管她并没有丧失多少领土（除了外蒙古确实是很大一块损失），但政治稳定和社会进步始终没能实现。民国时期曾经取得的一些经济进步，又在抗日战争期间丧失殆尽。贫困普遍存在，疾病和营养不良广布。物质与自然科学建设及其重建长期滞后，土地的人口压力依然严重。"旧制度"（ancient regime）在上个世纪崩溃所留下的道德和意识形态真空需要填补。

农民问题是起点。自 20 世纪 20 年代以来，共产党人在自己领导的区域一直在试行土地革命，这让他们赢得了大批赤贫农民的拥戴。到 1956 年时，中国的农村进行了一场社会大改造，农田实行集体化管理，据说是要把控制权交给村民。地主和乡村首脑被推翻的过程往往牵涉暴力。同时，在苏联（这是当时唯一能向中国提供外援的国家）的帮助下，工业化也在加紧进行。苏联模式也是唯一能够选择的模式：1953 年，第一个五年计划宣布实施，开创了一个斯大林主义在中国经济管理中占据统治地位的短暂时期。

新中国很快成为一支主要的国际力量。然而，其真正的独立地位，长期被社会主义阵营表面上的统一和被排除在美国主导的联合国之外所掩盖。1950 年的中苏条约被解释——尤其是在美国——为中国正在进行冷战的进一步证据。无疑，其政权是共产主义的，宣扬革命和反殖民主义，她的选择在当时也必然受到冷战因素的限制。然而，从长远来看，中国共产党的政策从一开始就视野更加广泛。显而易见，他们从一开始主要关心的，就是重建过去数个世纪里中国一直试图具有的在整个地区的力量和影响。

东北地区的安全和与朝鲜共产党人的长久关系，本身足以解释中国军队对朝鲜的干预，但朝鲜半岛长期以来也是中国和日本相争的地区。不过从一开始，要求恢复中国统一的最大呼声，还是清除占据台湾的国民党残余。台湾在 1895 年被日本占领，1945 年回归中国。能否控制台湾对共产党而言已成为一个具有标志性意义的事件。直到1955 年，美国政府也一直致力于支持盘踞在那里的国民党当局，美国总统声称美国不仅仅保护台湾岛，而且保护那些临近中国海岸线的具有重大国防意义的小岛。关于台湾问题，并且鉴于中国（曾长期得到美国慈善机构和传教士的帮助）令人费解的反美意识所透露的心理背景，美国人对中国事务的观点在长达十年里异常露骨，以至于国民党有时像是美国的走狗。与之相反，在 50 年代期间，印度和苏联在台湾问题上支持了北京，坚持台湾问题是中国内部事务；当然这么做它们也根本就不需付出什么。然而，中国最终会与这两国发生武装冲突，实在是非常令人震惊。

与印度的争端首先是由西藏问题引发的。1959 年中国巩固了对西藏地区的控制，印度当时的政策似乎还是基本倾向中国政府的。一群西藏流亡分子试图在印度建立流亡政府的企图遭到了禁止。但领土争议已经开始出现，并导致了一些冲突。1914 年英国和西藏地方政府代表曾进行协商，划了一条边界，但每一届中国政府都拒绝承认。新中国同样宣布不予承认。40 年间被占据的经历，与中国数千年的历史相比，实在缺少说服力。但双方各执一词。1962 年秋天，尼赫鲁出兵进驻争议地区，要求中方撤出，这导致战斗升级。印度人作战不力，但最终中方还是在这年年底主动停火。

　　没过多久，1963 年初中国共产党猛烈抨击苏联，称其帮助了印度，并在三年前恶意地撤销了对华经济和军事援助。这震惊了全世界。第二项指责显示中苏纷争起源复杂，而并未触及事件的本质。事实上，这场纷争在多年前就开始了，只不过外界极少有人把握住它的重要性。20 世纪 20 年代时，中国的利益被迫服从于由莫斯科解释的整个共产国际的利益，但最后发生了什么，中国共产党人（包括毛泽东）都还记忆犹新。从那时候开始，中国共产党领导层中的留苏派和本土派之间的关系就始终不自然。毛泽东本人欣赏苏联，也想要效仿它，但并不愿被它控制。到 20 世纪 50 年代末，毛泽东的政策开始偏"左"。他对中国工业化的缓慢步伐感到失望，发起了一系列运动，希望让中国快速进入他所希望的现代化。他也担心苏联会构成妨碍。

　　由于中国对苏联政策的抨击是用马克思主义的术语来向世界宣布的，因此很难看清双方争吵到底是为了什么。但核心应该是毛泽东想要独立于苏联自主做决策的意愿。在 1963 年，外国观察家应该也会更多地回想起久远的过去。早在中国共产党建立以前，中国革命就是一场民族复兴运动。其主要目标之一就是摆脱外国人的控制，重新主宰自己的命运。于是苏联现在也成了曾经想要剥削中国的列强。让赫鲁晓夫倍感惊讶的是，鉴于苏联在 50 年代也为中国帮了不少忙，现在他听到的只是苏联霸占了沙俄时代从中国攫取的领土。两国间共享的国界长达近 4 000 英里（如果算上蒙古），如此漫长的边防线上很可能会爆发争端。

　　1960 年，苏联当局抗议 5 000 名中国边民越界。一个相当于加拿大五分之一大小的区域正式地处于争议中，到 1969 年（这一年里冲突不断，有数十人死亡），中国人称莫斯科当局为"法西斯"专政，大规模进行备战。导致整个社会主义阵营陷入混乱的中苏争端也由于苏联人的不智而加剧。苏联领导人似乎如同西方帝国主义者一般完全不在意自己亚洲盟友的感受：一位苏联领导人曾经赤裸裸地评论道，他和其他苏联人在中国游览的时候，"习惯于嘲笑他们原始的组织形式"。1960 年，苏联撤出经济和技术援助是一种严重的侮辱，更是一种严重的伤害，因为苏联撤退时，中国由于"大跃进"造成的灾难性后果，正面临新政权成立以来第一次重大的国内危机。

　　毛泽东的人生经历也与这次危机的发生关系良多。虽然他遵循的主要理论模式是马克思主义，虽然他认为这些概念范畴有助于解释他的国家所面临的困境，但他总是会用现实主义来加以调整。毛泽东是一个不倦的探求者，对中国的现实有着深刻的洞察。他对政治现实的判断力仅在晚年才有所波动。还很年轻的时候，他就主张要把马克思主义中国化，抛弃让中国共产党付出巨大代价的欧式教条。毛泽东世界观的基础似乎是：社会与政治是各种力量的角力场，人类的意志力和暴力可被用来产生道德上令人满意而富有创造性的改变——当然这种改变是由一位全能的领袖来界定的。他与其政党的关系并不总是和谐的，但是他提出的依靠农民的政策，为中国共产党提供了在城市革命失败后继续前行的道路。在 20 世纪 30 年代早期经历暂时的挫折之后，大约从 1935 年开始，他已成为党内事实上的最高领导人。农村的影响力已经占据支配地位。对毛泽东来说，一个新的方法也可适用于国际事件：长期的革命战争以及从农村包围城市的主张，在那些需要发展工业以形成一个革命无产阶层、传统马克思主义信仰缺少说服力的地方，看起来很有希望。

　　20 世纪 50 年代早期的显著特征就是强力征收和能量释放。以此受益之后，1958 年，中国的乡村地区事实上遭受了一个新的变动。数亿村民被组织加入"公社"，目标是农业集体化。私人生产资料被公社接收，新目标是集中进行生产，新的农业方法被强制推行。一些新方法带来了负面的损害（例如，消灭食谷鸟类的运动导致捕食性昆虫的剧增，这些鸟儿原本以此为食），另外的一些方法也是毫无效率的。管理公社的干部变得越来越倾向于弄虚作假，以显示他们完成了目标，而不是单纯地埋头于粮食生产。结果损失惨重；生产总量大幅下降，造成灾难。这场被称为"大跃进"的运动，是一场非常严重的灾祸。到 1960 年，大片地区处在饥荒或接近饥荒状态。甚至许多领导人都不了解真实情况。尽管如此，毛泽东的同伴慢慢地使经济回归到现代化道路上。

在 1964 年，一个显著的成功象征是中国的原子弹爆炸成功。因此，中国获得了加入排他性核俱乐部的高价通行证。然而，其国际影响力的终极基础一定是庞大的人口。即使在经受挫折后，人口总数仍然在持续上升。到 1950 年，5.9 亿人口已经被认为是一个合理的估计；25 年之后，达到 8.35 亿。现在的总数大概是 13.38 亿。虽然中国人口占世界人口的份额可能在过去某个时间点要更高一些，比如，在太平天国运动前夕大概几乎占到世界人口的 40%，但在 20 世纪 60 年代时，它与世界其他人口的关系更为特殊。其领导人曾说，即使发生核战争，也不能将他们全部消灭。中国人幸存的人数将比其他国家都要多。苏联（而且是其人口最为稀疏的地区）边界附近存在着统计学上如此庞大的人口实体，有迹象表明这着实让苏联感到恐慌。意识形态争论当然更是激化了事态。

外围一些对共产主义政权极不友善的国家也因这个数字的刺激而震惊，同样让它们吃惊的还有 20 世纪 60 年代早期这个国家发生的事件（据说蒋介石希望趁机从台湾发动反攻而受到美国人的阻止）。很快，毛泽东也再一次试图恢复他的权威。他的策略之一就是批判自斯大林去世后苏联发生的种种事件。他认为，在那里专政铁柄的放松，虽然有节制，却向官僚制度和党内派系的腐败和妥协敞开了大门。如果纪律松懈，中国可能发生同样的事情，这种忧惧促使毛泽东发动

"文化大革命"，在 1966 至 1969 年间，使国家和政党遭受冲击。许多人被拘禁、被剥夺工作或遭清洗。

对想让中国实现现代化的人们而言，"文化大革命"是又一次挫折。对毛泽东的狂热崇拜愈演愈烈；一些资深的党员、官员和知识分子受到迫害；大学被关闭，体力劳动被作为对全体公民的要求，以改变传统的态度。年轻人充当了迫害的主要工具。国家被"红卫兵"弄得混乱不堪，他们在各行各业恐吓权威。机会主义者在自己被年轻人打倒以前拼命地加入他们。最后毛泽东本人也发出信号，他认为事情过头了。新的领导干部被安排到位，代表大会确认了他的领导地位，但他还是未能如愿。军队终究还是恢复了秩序。

然而红卫兵的热情是真实的，在这场至今仍然让人们觉得奇幻的历史插曲中浮现的强烈道德偏见，仍然令人震惊。毛泽东发动"文革"的动机毫无疑问是复杂的。他似乎真的感觉到革命可能会停滞，有失去原有的道德热忱的危险。而在此之前正是这种热忱推动着革命前行。为了寻求维护这种热忱，旧的思想意识必须被清除，对残余的国外影响也同样如此。在中国，社会、政府和经济都应由意识形态驱动，有必要的话就与境外隔绝。知识分子和学者的传统声望仍然具体表达着旧秩序，正如在这个世纪之初考试制度的作用一样。对知识分子的"降级"和改造被视为建设新社会的必需结果。同样，对家族权威的攻击并不简单是对告密者和不忠者的鼓励，还是要试图打破中国所有体制中最为保守的一种。解放妇女、不提倡早婚的宣传不仅是一种"进步"女性主义观念或人口控制手段；它们是一种对过去的抨击，从来没有其他革命曾经做得如此彻底，因为在中国，过去的含义是，妇女的地位比美国、法国甚至俄国革命前夕所能发现的任何情况都还要低。对党的领导人的攻击，主要是谴责他们被儒家思想所动摇，这可远远不仅是嘲讽而已。这与西方没有可比性，因为西方在几百年来没有那么不可撼动的强大传统。"文化大革命"可能与现代化关系甚少，但它通过摧毁旧事物，为新变化开辟了道路。

然而，拒绝过去只是故事的一半。中国有着两千多年连续的历史，可以一直追溯到秦汉时代，甚至更早。这塑造了马克思主义中国化的形式。其中的一个线索就是权威的作用。尽管这场革命代价不菲，非常残酷，但中国的革命是一部英雄奋斗史，其波澜壮阔的程度，可与伊斯兰教的传播或近代早期欧洲在全世界的扩张相提并论。而中国革命与这些巨变的不同在于，它是集中指挥和控制的。其悖论之处在于，它依赖大众的热情，但是若缺乏继承了传统"天命"的国家的有意识指引，是不可想象的。中国人的传统是尊崇权威，而且给予它一种在西方长期都难以具有的道德认可。中国和其他任何大国一样都不可能脱离自身的历史。没有任何大国能够如此深入人心地让民众觉得，与集体相比，个人得失没有那么重要，为了国家的利益，政府能够合法地不惜代价调动庞大资源开展大型工程。只要权威是为公共的善而得到行使的，那么就不容置疑。对中国人来说，反对派的主张是灾难性的，因为这意味着社会分裂；它暗示着涉及西方个人主义的那种革命行不通，虽然这里并不缺少个人主义或集体的激进主义。

毛泽东所领导的政权，在从中国的过去获益的同时又扬弃了过去，因为他的角色可以很方便地用过去所界定的权威概念来理解。他既是导师又是官员（在中国人们总是很尊敬老师）；宣扬他的思想地位的红宝书无处不在，这让西方的评论家感到滑稽（但是他们忘记了很多欧洲新教徒的《圣经》崇拜）。毛泽东被视为社会核心的道德理念的发言人，一如当年的孔子。在毛泽东的艺术兴趣里也有些是传统的元素；作为诗人，他被人们赞美，他的诗歌赢得了行家的尊敬。但最重要的是，毛泽东是一位跨时代的、承前启后的重要人物：虽然他的许多努力未尽如愿，但他领导中国共产党重新统一了中国，摧毁了旧社会及其旧观念，为中国革命的下一次伟大转折扫清了道路。

历史的影响（无论好坏）也明显体现在中国的外交政策上。虽然曾在全世界资助革命，但是中国主要关注的还是东亚，尤其是朝鲜、印度支那这些曾经的藩属国。在后者的问题上，苏联人和中国人也是有分歧的。早在朝鲜战争之前，中国人就已开始向越南的共产党游击队提供武器，目标主要不是反对殖民主义（此事大局已定），而是为这之后的发展方向。在 1953 年，法国人已放弃了柬埔寨和老挝。1954 年，在一场对法国的声威和全体选民继续作战的意愿都十分重要的决定性战役中，他们丢掉了被称为奠边府的战略基地。从这以后，对法国来说，维持在红河三角洲的统治已不可能。来自中国的代表团参加了日内瓦会议，这因此代表着中国重新进入国际外交领域。会议同意越南分治，一边是南越政府，另一边是控制北部地区的共产主义者，直到选举产生统一的国家。这场选举从未举行。相反，中南半岛很快出现了自 1945 年以来亚洲反对西方战争的最激烈阶段。

但这一次，他们对抗的不再是之前的殖民列强，而是美国人。法国人已经打道回府，而英国人在其他地方也面临诸多问题。战斗的另一方，是中南半岛的共产主义者、民族主义者和改革家们组成的联合体，得到了中国和苏联的支援。中苏两国起初共同支持着他们，但后来却为获得影响力而彼此竞争。美国的反殖民主义和美国应该支援本土化政府的信念导致它支持南越政府，就像它支持韩国和菲律宾一样。不幸的是，无论是老挝，还是柬埔寨，都没能出现在当地被统治者眼中具有无可争议合法性的政权。美国的援助仅仅产生了人们认为勾结西方敌人的政府，而西方人在东亚并不受欢迎。美国的支持还容易倾向于让这些政权丧失进行改革、实现人民团结的动力。这主要是指在越南，那里的情况是，事实上的分裂没能在南方产生稳定而善意的政府。佛教徒和罗马天主教激烈地争吵，农民因为土地改革失败而与政权日渐疏离，然而，一个公然腐败的统治阶层却似乎在一届届政府更迭中屹立不倒。这使共产主义者获益。他们按自己的方式寻求统一，从北方获取支持，来支持越共（Vietcong）在南方的地下活动。

到 1960 年，越共已经控制了越南南部大部分地区。这就是 1962 年美国总统约翰·肯尼迪作出那个重大决定的背景：美国不仅提供了财政和物质上的援助，还派出 4 000 个"顾问"来帮助南越政府整顿军队。杜鲁门曾下决心要避免让美国卷入亚洲大陆的一场较大战争，但现在美国却迈开了抛弃这个政策的第一步。最终，这个决定导致超过 5 万美国人丧命。

在亚洲，华盛顿对冷战的另一回应，是尽可能长时间地保持美国因占领日本而获得的特殊地位。这种占领事实上就是独占，尽管也有英联邦军事力量的象征性参与。这种结果之所以可能，是由于苏联迟迟不对日宣战，而最终日本又迅速投降，让斯大林措手不及。美国人随后坚决拒绝了苏联共同占领的要求，因为苏联军事力量对占领毫无贡献。结果日本成为西方家长式管理在亚洲最后也最为成功的例子，也成为日本人再次展现他们惊人天赋的另一个新的实证：他们总能既保护自己的社会免受令人不安的变化影响，又能从他人那里学到想学的东西。

日本早就在经济和技术层面进入了欧洲模式范畴，但 1945 年发生的一切迫使日本从精神层面上也要进入。战败让日本的民众面临着在深层次困扰着他们的国家认同和国家目标问题。明治时代的西化播撒了一个"亚洲人的亚洲"之梦；这被包装为日本式的门罗主义政策，借由亚洲普遍的反西方情绪推动而广泛传播，掩盖了日本帝国主义的事实。但这一切都随着日本人的战败而烟消云散。1945 年之后，殖民主义的卷土重来让日本在亚洲没有了明确可信的角色。的确，在此刻，日本似乎无力拥有这一切。此外，战争表明日本脆弱不堪，这也带来极大的冲击。和英国一样，日本的安全完全建基于对海洋的控制，一旦失败，国家就会有大麻烦。此外，战败还带来了其他的后果：苏联人占领了库页岛和千叶群岛，以及美国对日实行军事占领。最后，日本还需要修复巨大的物质破坏和人员创伤。

但日本在1945年时的国家凝聚力仍然极为强大，尽管各中央机构因为战败而丧失了合法性，但在保证投降井然有序方面，天皇的威望仍然发挥了极大作用。美国在太平洋地区的指挥官——麦克阿瑟上将，想要保留天皇制，将其作为和平占领可以倚重的工具，而且很小心地限制了天皇在1941年以前拥有的决策影响力。他谨慎地赶在美国国内共和政体热衷者能出手干预之前，监督制定了日本的新宪法（选民群体是原来的两倍，还包括了女性）。他还发现以下主张很有效：应该给予日本经济援助，以便尽快减少它对美国纳税人造成的负担。

有些日本人希望战败后可以马上对日本社会进行重构，根除军国主义和威权主义统治，而美国人强制实行的改革对他们实现愿望大有帮助。战后进行了一场重大的土地改革，日本有三分之一的农田都从地主手中转归耕种者所有。到1948年，冷战也开始影响到日本，无论对日本人自身，还是对美国的占领政策而言。美国占领当局开始放弃之前对工会和激进组织的支持，转而与大批日本官僚、商人和地方领袖握手言和，这些人都曾支持日本对外发动战争，只是没有在其中发挥重要作用而已。有些人把美国政策的转变称为"开倒车"（尽管有点言过其实）。渐渐地，日本的政治重新回到了保守主义占上风的状态，并一直持续到今天。

随着朝鲜战争全面爆发，美国人在1951年认定，比起进一步令日本的教育民主化并认真地实现非军事化，还是让日本变为支持自己作战的盟友更为重要。他们于是抛出一份和平条约，然后是一份与美国的结盟协议。当然，苏联和中国都拒绝签署和约。而有些人认为，日本从中获得的是不完整的主权，因为宪法里宣称永远放弃"以国权发动的战争、武力威胁或武力行使作为解决国际争端的手段……永远不保持陆海空军"。但另一些日本人则欢迎这样的反军国主义宪法，甚至在美国人及本土一些保守派想要修宪时，他们还游行表示反对。虽然被局限在本岛，又面对一个世纪以来空前稳固的中国，日本所处的地位仍然说不上很糟糕。历史证明，就在不到 20 年的时间里，它的国际地位又会再次发生改变。

冷战使日本成了一个重要的基地，这也刺激了日本的经济。工业生产指数逐渐爬升回 20 世纪 30 年代的水平。美国通过外交手段在海外为日本争取利益。最后，日本处于美国的核保护伞之下，起初没有任何国防开支，因为它被禁止组建任何形式的军队。1960 年民众走上街头，抗议日美间条约续约，这阻止了执政的自民党进一步挑战左派、工会和学运。续约最终达成，但自民党首相岸信介（他在战争结束后曾作为甲级战犯嫌疑人被拘押）此时不得不辞职，而其继任者也只能搁置修宪，并与工会协商经济增长方案。国家激励、技术引进、劳工妥协、生产效率提高以及庞大的国外市场（多亏美国人），使得日本的人均 GDP 从 1960 年时只有美国的 16.2％，增长到 1990 年的 105.8％。这种转变非常引人瞩目。

日本与美国关系密切，与社会主义阵营地域上相邻，经济和社会进步、稳定，所有这些自然使它完全应该在美国建立的亚洲和太平洋地区安全体系中占据一席之地。该体系的基础是与澳大利亚、新西兰和菲律宾（在 1946 年独立）缔约。其次是和巴基斯坦及泰国缔约；它们是除了中国台湾地区之外美国人在亚洲仅有的"盟友"。印度尼西亚和（更加重要的）印度依然疏远。这些同盟部分地反映出自英国从印度撤退之后，太平洋和亚洲地区国际关系的新情况。英国虽然仍然还在苏伊士运河以东地区保留了军队，但是澳大利亚和新西兰在第二次世界大战期间就已经发现，英国保护不了它们，而美国却可以。1942年，新加坡的陷落具有决定性意义。尽管20世纪五六十年代英国军队支持马来亚对抗印尼，香港也依然遭受他们的殖民统治，但很显然，这只是因为中国人的暂时沉默才得以维持。另一方面，想简单地按照冷战阵营来替各个国家站队是不现实的。与日本签署和约阻力重重，因为虽然美国视日本为一股潜在的反共产主义力量，但其他国家——特别是澳大利亚和新西兰——仍记得1941年的遭遇，非常害怕日本军国主义复活。

因此美国制定政策不能只考虑意识形态。然而，它长期受到这样一种观念的误导，即共产主义在中国获得成功，以及中国援助他国革命远至非洲和南美，乃是一场灾难。当然，中国在国际上的地位已经发生改变，而且会更进一步。然而，决定性的事实是，中国正在作为一股团结的力量重新崛起。她最终并没有加强二元的冷战体系，而是使之变得毫无意义。尽管一开始只是在原先的中国文化圈范围内起作用，但她终将极大地改变国际力量对比关系。变化的信号首先在朝鲜出现。"联合国军"在那里受阻，甚至还考虑过是否要轰炸中国。中国的崛起对苏联也具有十分重要的影响。莫斯科已经作为两极体系一端的领导力量多年，但从20世纪60年代起莫斯科始终不得不回过头去，看看自己的竞争者中国在做什么。

对于亚洲的欧洲化，中国革命既是对它的拒绝，又是对它的确认，两者融为一体。中国共产党宣示的观念，最早起源于欧洲。可是，先抗衡美国，后又抗衡苏联，充分表明中国始终拒绝以任何形式受西方支配。在中国共产党领导下，中国社会也在探寻新的组织形式，将古老的价值观念、思想形式同新观念、新洞察结合起来。中国，就如亚洲大部分地区一样，正在告别由欧洲人支配的过去，但即使这么做也仍在借镜西方，无论是工业资本主义、民主政治、民族主义还是马克思主义。

中东也摆脱了欧洲的掌控，但其方式却是前一代人极难预测到的。以色列存活了下来，冷战的来临，以及对石油需求的剧增使得1948年之后的中东政治发生了革命性的巨变。相比英国之前的任何举动，以色列更加刺激到阿拉伯人的情感。它使泛阿拉伯主义变得真实可触。面对（曾被视为）阿拉伯人的土地遭受的不公正占领，巴勒斯坦难民的困境，大国以及联合国应为他们出头的义务，阿拉伯民众每思及此都伤心不已，而阿拉伯统治者也罕见地意见一致、同仇敌忾。

然而，在1948至1949年的失败之后，阿拉伯国家在一段时间内并未再次打算公开派军作战。一方面，整体的战争状态在延续；另一方面，一系列的休战条约为以色列确立了与约旦、叙利亚和埃及的实际边界，并一直持续到1967年。20世纪50年代早期，边界冲突不断出现，针对以色列的袭击由从埃及和叙利亚难民营中招募的一群年轻游击队战士组织实施，但是，移民、勤奋的工作和来自美国的金钱支持有助于巩固新生的以色列。一手缔造了这个新国家的政党，其威望始终保持着，在它的领导下，犹太人忙于改造自己的新国家。随后几年里，犹太人在开发贫瘠的土地和建立新工业上取得了恢宏的进展。以色列的人均国民收入与人口更多的各个阿拉伯国家之间的差距在稳步扩大。

阿拉伯人还受到了另一重刺激。他们的国家得到的外来援助从没能带来如此巨大的变化。埃及是阿拉伯国家中人口最多的，尤其面临严重的贫困和人口增长的问题。产油国在20世纪五六十年代获益，收入增加和国内生产总值升高，但这却导致了更紧张的气氛和分裂。差异的拉大既出现在阿拉伯国家之间，也出现在国内不同阶层之间。

大部分的产油国家都是被少数富人所统治，他们有时是传统派和保守派人士，偶尔也有民族主义者和西化的精英阶层，他们并不关心那些贫农和贫民窟居民。这种差别被一场新的阿拉伯政治运动所利用，这就是在战争期间建立的阿拉伯复兴社会党（Ba'ath）。它尝试综合马克思主义和泛阿拉伯主义，但是这场运动在叙利亚和伊拉克产生的两个分支（运动在这两个国家发展得最强劲），几乎从一开始就彼此争吵不休。

泛阿拉伯主义虽然有源自反以色列和反欧洲情绪的共同行动作为动力，但需要克服的东西还太多。哈希姆世系诸王国①、阿拉伯各个酋长国②，和北非以及黎凡特那些欧化的都市国家，彼此之间都有广泛的利益分歧，以及差别巨大的历史传统。它们其中的一些，比如伊拉克和约旦，完全是人为构造出来的，其国土形态完全是由 1918 年后欧洲列强的需求和愿望一手塑造，还有些国家则是社会和政治传统的结晶。甚至连阿拉伯语，在很多地方也仅在清真寺里才是通用语言（更别说并非所有讲阿拉伯语的人都是穆斯林了）。虽然伊斯兰教是许多阿拉伯人之间的纽带，但在很长一段时间里，它似乎作用不大。1950 年的时候，还很少有穆斯林认为这是一种军事化的激进信仰。仅仅因为以色列，阿拉伯人才有了一个共同的敌人，以及随之的一个共同的事业。

许多阿拉伯人的希望最初是被埃及革命所唤醒的，在此过程中，一个年轻的军人逐步崛起，他就是伽马尔·阿卜杜尔·纳赛尔。有一个时期，他似乎显得很有可能联合阿拉伯世界一起对抗以色列，并开

---

① 指源自穆罕默德宗族的世系家族，曾统治过汉志王国、伊拉克王国，至今仍统治着约旦。——译者注

② 指由被称为"谢赫"或"埃米尔"的部落首领或酋长统治的国家，类似于君主制，除阿联酋外，还包括科威特、卡塔尔等国。——译者注

辟社会变化的新道路。1954 年，他成为（两年前推翻埃及君主政体的）军事委员会的领袖。埃及的民族主义情绪在此前的数十年中主要攻击的替罪羊是英国，英国当时仍驻军在苏伊士运河区域，并参与了以色列的创建。这个区域对英国的通信和石油供应来说还是非常重要的，因为担心苏联在区域内影响力日增，英国政府一直在全力与阿拉伯统治者合作。对英国人来说，从印度撤退后，中东（如果想到英国人最初来到这里的动机，那多少有点讽刺意味①）并没有丧失它在战略上的吸引力。

这也是阿拉伯世界到处涌动着强大的反西方浪潮的时期。1951年，约旦国王被暗杀；为了维持统治，他的继任者很清楚地表明，自己切断了与英国历史久远的特殊关系。再往西，此前已被迫承认摩洛哥和突尼斯完全独立的法国人又遇到了麻烦：到 1954 年，阿尔及利亚的民族主义起义活动，很快演变成一场全面的战争。没有哪届法国政府会轻易地放弃一个驻有上百万欧裔移民的国家。而且，撒哈拉地区还刚刚发现了石油。在阿拉伯世界这样动荡不安的背景下，纳赛尔描绘的社会改革和民族主义有很大的吸引力。他反以色列的情感毋庸置疑，他也很快兑现了承诺，成功地与英国达成从苏伊士基地撤军的协议。与此同时，美国人意识到苏联人在中东的威胁与日俱增，也暂时把他看作是一个可以接纳的反殖民主义者和潜在的委托人。

但他很快就没那么有吸引力了。游击队从埃及的领土对以色列发动突袭，但这片领土上有一个最重要的巴勒斯坦难民营，这引发了华盛顿的不满。在 1950 年，英国人、法国人和美国人就已经表示，他们只会向中东国家提供有限制的武器支援，而且要以维持以色列和阿

---

① 英国在一战期间与阿拉伯国家接触，希望它们起来反对奥斯曼帝国，并承诺会出兵相助并帮它们正式建国。——译者注

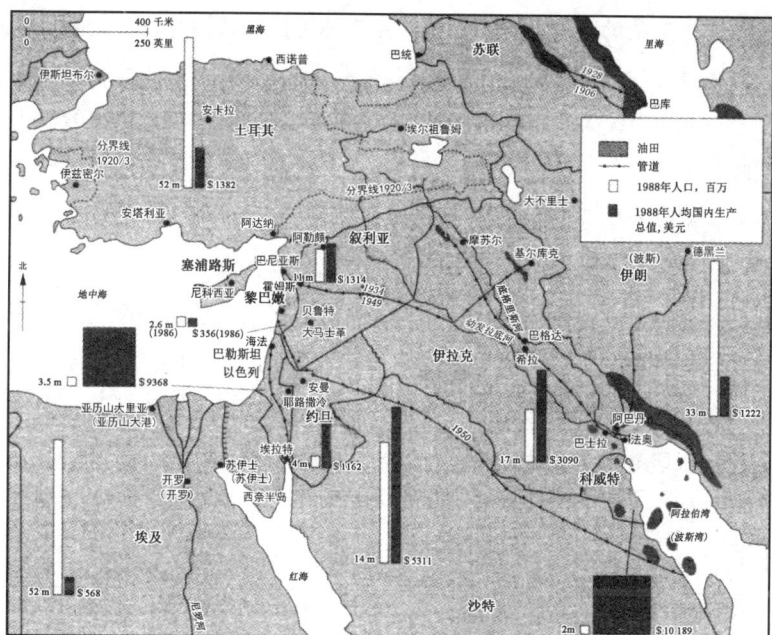

后奥斯曼时代的中东

拉伯人之间的平衡为前提。当纳赛尔以棉花为担保与捷克斯洛伐克达
成一笔军火购买交易，且埃及公开承认社会主义中国，西方对他的立
场开始强硬起来。为了表示不满，美国和英国撤回了原先为其拟定的
一项重大国内发展项目——在尼罗河上修一个高水坝——提供经费援
助的提议。作为回应，纳赛尔将运营苏伊士运河的私人公司的财产充
公，宣称要用其利润来修建水坝。这触碰了英国敏感的神经，原先受
到帝国收缩而有所收敛的攻击本能，似乎合乎逻辑地与反共产主义以
及与更加传统的阿拉伯国家间的友谊联系在了一起。这些国家的领导
人开始满怀疑虑地将纳赛尔当作是革命激进分子。英国总理安东尼·
艾登，痴迷于错误的类比，将纳赛尔视为新的希特勒，一定要在此人
成功实施侵略事业之前加以阻止。至于法国人，他们被纳赛尔对阿尔

及利亚人叛乱的支持惹恼。两国均正式地抗议运河国有化，并和以色列联手开始计划推翻纳赛尔。

1956 年 10 月，以色列人突然侵入埃及，他们宣布，将摧毁游击队骚扰以色列定居点的基地。英国和法国政府立刻宣称运河的航行自由受到威胁。它们要求停火，被纳赛尔拒绝后，它们首先发动了空袭，随后又发动海路进攻。英法否认与以色列共谋，但否认得有点荒诞。一看就是在撒谎，从一开始就非常难以置信。很快美国人就彻底地警醒，并担心苏联在这场帝国主义卷土重来的争斗中渔翁得利。美国用财政压力迫使英国接受一个由联合国商议通过的停火协议。英法的冒险以耻辱的方式失败。

苏伊士事件看起来是（其实本身就是）英法的一场灾难，但是从长远来看，它的重要性主要体现在心理上。英国人遭受的损失最大，它使其他国家对它纷纷丧失好感，尤其是在英联邦内部，而且它们还怀疑起英国从帝国各处撤退的诚意来。它加剧了阿拉伯人对以色列的憎恨；由于怀疑其与西方紧紧地联系在一起，阿拉伯人于是更容易接受苏联的迎合。纳赛尔的声望大幅提升。有些苦涩的是，苏伊士事件在关键时刻分散了西方各国的注意力，让它们无暇顾及东欧（当西方国家还在争吵不休时，那里反对苏联卫星国政府的匈牙利事件已被苏联军队粉碎）。然而，这次危机过后，区域事件的本质仍大体如常，虽然一场泛阿拉伯主义的新浪潮还可能会激化事态。苏伊士事件并没有改变冷战或中东的平衡。

1958 年，阿拉伯复兴社会党的同情者试图将叙利亚和埃及联起来组建阿拉伯联合共和国。这个尝试在 1961 年短暂实现。也是在那年，黎巴嫩亲西方的政府被推翻，伊拉克的君主政治也被革命清扫出局。这些事实激起了泛阿拉伯主义者的信心和勇气，但是阿拉伯国家之间的差异很快又再次凸显。全世界的人们都好奇地关注着美国军队被派往黎巴嫩，英国军队去往约旦，帮助该国政府镇压亲纳赛尔的势力。与此同时，虽然游击队曾在一段时间内受阻，但叙利亚和以色列边境的战斗仍在零星地进行。

然而，从苏伊士事件直到 1967 年，阿拉伯世界最重要的进展并没有出现在那里，而是在阿尔及利亚。阿尔及利亚法裔（pieds noirs）居民仍不肯妥协，众多派驻军人痛苦不堪（他们感觉受命在那里从事一项根本不可能完成的工作），几乎引发了法国自身的一场政变。尽管如此，戴高乐将军的政府仍与阿尔及利亚叛军进行了秘密的谈判。1962 年 7 月，经全民公决，法国正式承认新阿尔及利亚独立。100 万阿尔及利亚法裔满怀怒意地迁移到法国，扰乱了它的政局。讽刺的是，不到 20 年，法国将受益于阿尔及利亚的 100 万移民工作者，而他们的汇款对阿尔及利亚的经济也必不可少。1951 年，利比亚结束联合国托管独立，至此，除了仅存的小块飞地还归西班牙统辖外，整个北非海岸都不再由欧洲人主宰。然而，一如自被奥斯曼帝国征服以来的数个世纪中一样，外来的影响仍然持续扰乱着阿拉伯的土地，只不过现在是间接进行的——美国和苏联争相通过援助和外交手腕，拉拢收买朋友。

而美国是在很不利的条件下进行这一切的：没有哪个美国总统或哪届国会会郑重其事地向以色列施压，要求他们缔结和约。犹太人曾经历的伤痛让美国民众记忆犹新，而虽然在选举当年，艾森豪威尔总统曾在苏伊士事件中勇敢地和他们作对，但总体来说，犹太社群在美国国内的影响力相当大，根本难以与之抗衡。因此，埃及和叙利亚的政策继续鼓动反美，事实上也确实刺激了阿拉伯地区的反美情绪。另一方面，一旦以色列不再是可用来羞辱英国的工具，苏联就很快放弃了早期对它的支持。苏联此时的政策走坚定的亲阿拉伯路线，不遗余力地煽动阿拉伯人怨恨英国帝国主义在阿拉伯世界的残余势力。另外，同样起了一点作用的是，苏联人遏制了本国的犹太异见分子，让苏联人在 20 世纪 60 年代末又稍稍赢来一些阿拉伯人的好感。

同时，中东问题的背景也在慢慢地发生改变。20 世纪 50 年代在石油方面有了两项重要进展。一是，在一些地方发现了比之前大得多的储量，特别是在波斯湾的南边，主要是在仍处在英国影响力之下的几个小酋长国，以及沙特阿拉伯。其次是，西方国家，尤其是美国的能源消费大幅提升。石油繁荣的主要受益者是沙特阿拉伯、利比亚、科威特，其次是伊朗和伊拉克，它们已经成为主要的石油生产国。这带来了两大重要影响。那些依赖于中东石油的国家——美国、英国、西德，不久以后还有日本——不得不在其外交政策上对阿拉伯人的看法给予更多的重视。这也意味着阿拉伯国家的相对财富和地位都发生了重大的改变。前三位的主要产油国，其人口并不多，以往在国际事务中也没多大分量。

1966 年，一个比以往远为极端的政府掌控了叙利亚的权力，它宣扬的目标还得到了苏联的支持。但在 20 世纪 60 年代中东这最后一场危机中，上述变化的影响力还并不十分明显。只要约旦的国王不支援巴勒斯坦的游击队（1964 年组建为巴勒斯坦解放组织，或 PLO），他就会受到威胁。约旦军队因此开始准备和埃及、叙利亚一道进攻以色列。但是在 1967 年，以色列人被尝试封锁其红海港口的举动激怒，首先发起了攻击。通过一次很漂亮的战役，他们在西奈半岛摧毁了埃及的空军和陆军，把约旦人赶了回去，仅战斗了六天就将新边界扩张到了苏伊士运河、戈兰高地和约旦河一线。出于防卫目的，以色列推进到的这些地方已经大大超出了原先的边界，而且它宣布将保有这些领土。情况还不止这些。失败使原本魅力十足的纳赛尔黯然失色。他现在显然只能完全依赖于苏联的力量（当以色列人的前锋部队攻到苏伊士运河一带，苏联的一个海军中队便抵达亚历山大港帮忙防卫）和来自石油国家的援助。两者都要求他更加审慎。而这也意味着阿拉伯民众的激进领袖们将遭遇困境。

然而，1967 年的六日战争什么也没解决。新的巴勒斯坦难民潮又起；到 1973 年，据说大约有 140 万巴勒斯坦人流散在各个阿拉伯国家，留在以色列及其占领区的数量也大体相同。当以色列人开始在他们新赢得的征服领土上修建定居点时，阿拉伯人的怨恨变得更强。即使时势、石油和出生率似乎都有利于阿拉伯人，其他各种因素的走向却并不明朗。在联合国，由号称不结盟的各个国家组成的"77 国集团"促成了中止以色列（像南非一样）在某些国际组织中的资格，也许更重要的是，意见一致地通过一项决议，谴责以色列吞并耶路撒冷。另外一项决议则呼吁以色列从阿拉伯领土上撤退，以换取邻国的承认。同时，巴解组织转而在有争议的土地周边实施恐怖行动，以为他们的事业奋斗。像 19 世纪 90 年代的犹太复国主义一样，他们认定，西方式的民族国家神话就是终结他们苦难的答案：一个新国家应该是他们的民族地位的独立表达，而就像 20 世纪 40 年代的犹太好战分子一样，他们选择恐怖主义——暗杀和任意谋杀——作为他们的武器。很明显，另外一场战争迟早会爆发，随之而来的一种危险就是，由于美国和苏联分别支持敌对双方，一场世界性战争可能突然从本土冲突中引发，就如 1914 年那样。

当埃及和叙利亚在 1973 年 10 月犹太人神圣的赎罪日攻击以色列时，危险似乎一触即发。由于对手的军队大有改观，而且还装备着苏联的武器，以色列人首次面临军事失败的可能性。埃及人推进到西奈半岛，而以色列历尽艰难仍无法将他们击退。然而，以色列人另辟蹊径，于 10 月 20 日进军到离开罗不到 60 英里处，以及离叙利亚首都大马士革不足 25 英里处。以色列人终于再次获胜，不过是在苏联被指输送核武器到埃及，美国在全球保持军事戒备之后。在当时，这种严酷的背景是不会全然告知公众的，同样秘而不宣的是，以色列自己也拥有核武器，而且显然准备在极端的情况下加以使用。

然而，这并不是危机有可能超越该区域蔓延的唯一途径。1919年遗留的奥斯曼帝国领土继承问题（以色列的出现只是问题的一部分）持续在产生毒害，导致其加剧的因素首先是英国和法国在两次大战间隔期的政策，然后是冷战。但现在很清楚的是，中东的世界角色已经发生了重要的改变。1945年，世界最大的石油输出国是委内瑞拉；20年之后不再如此，大多数经济发达国家在很大程度上都靠中东地区来供给石油。在整个20世纪50年代及60年代的大部分时间里，美国人和英国人都有信心从这个地区获得廉价、更为确定的石油补给。1953年，他们推翻了对自己不友善的民族主义伊朗政府，成功处理了曾有可能阻碍他们获取伊朗石油的潜在威胁，并在伊拉克维持着非正式的管控影响力直到1963年（那一年阿拉伯复兴社会党夺取了政权），还毫不费力地地获得了沙特阿拉伯的友谊。

然而，赎罪日战争结束了这个时代。在沙特阿拉伯的领导下，阿拉伯国家宣布切断对欧洲、日本和美国的石油供应。以色列不得不面对这样一种可怕的可能性：它不可能总是依赖之前总能赢得的在阿拉伯地区以外的外交支持，也不能总是依赖他人对大屠杀怀有的罪恶感，对一个在落后地区实现进步的国家的同情和钦佩之情，也不能总是依赖美国犹太社群的影响力。对美国及其盟友来说，这不是一个好时期。1974年，联合国138个成员国一起反对西方（关于以色列和南非问题），这在联合国历史上还是第一次。尽管当时联合国赞成派兵前往西奈半岛分隔开以色列人和埃及人，但这个地区面临的根本性问题却没有一个得到解决。

无论如何，"石油外交"的影响远远超出了该地区本身。一夜之间，自20世纪60年代末期一直在积累的经济问题变得尖锐起来。世界石油价格猛涨。各地对石油进口的依赖变成对无力维持国际收支平衡的恐惧。挣扎于已变成烂泥潭的越南战争中的美国也受到严重打击，日本和欧洲也出现全面的衰退。或许，一切看起来就像，一个新的20世纪30年代正在来临；无论如何，经济增长有确定保障的黄金时期已经结束。同时，石油进口国家中最穷的国家在石油危机中遭受的损失最大。许多国家很快就面临物价飙升的通胀，有些国家只能穷尽几乎所有的收入（同时也是非常亟须的收入），来向它们的债权国支付高额的债务利息。

日益高涨的石油价格对非洲大部分地区的冲击非常大。20世纪50年代和60年代早期，非洲大陆经历了速度快得惊人的非殖民化进程。这是令人振奋的，但是却留下了许多虚弱的新国家，特别是在撒哈拉沙漠以南地区。在这段总体而言或许和平得令人惊讶的非殖民化进程中，相关的主要帝国主义国家是法国、比利时和英国。1943年意大利就已失去自己在非洲最后一块殖民地；解放进程中，仅在阿尔及利亚和葡萄牙人的殖民地发生了流血冲突，而在1974年国内发生革命后，葡萄牙人放弃了殖民地。由此，开启了欧洲人海外冒险和统治事业的伊比利亚人，也几乎是最晚放弃殖民事业的。事实是，殖民帝国纷纷卷铺盖走人，非洲人开始掌握非洲时，大量的流血事件发生了，但是对法国和英国来说，这些冲突仅在涉及白人定居社区时才值得着重关注。而在其他地方，法国和英国的政治家们都在可能的情况下，试图通过对自己的前臣民们给予善意的赠予，竭力保留影响力。

结果就是，撒哈拉以南非洲的现有形态主要归因于19世纪欧洲人的决定（就像中东许多国家的政治结构归因于20世纪欧洲人的决定一样）。新非洲国家的边界通常就是前殖民地的边界，而且事实证明，这些边界表现出显著的持久性。边界内部经常包括了拥有不同的语言、血统和习俗的族群，之前殖民当局的管理至多也就提供了表面的团结统一而已。非洲和亚洲不同，它缺乏具有统一作用的伟大本土文明，来对抗殖民造成的大陆分裂，因此，殖民帝国撤退后，随即出现的是巴尔干式的各国林立。对西化的非洲精英阶层（塞内加尔，一个伊斯兰国家，却有一位会用法语写诗的总统，他还是研究歌德的专家）颇有吸引力的民族主义教条，只是再次肯定了大陆的分裂，却往往忽视了一些曾由殖民主义控制或操纵的重要事实。新统治者偶尔尖锐的民族主义言论，通常是对离心力带来的风险的一种回应。西部非洲梳理了古代马里和加纳的历史记录，东部非洲则在极力思考和挖掘或许隐藏在诸如津巴布韦废墟等遗迹中的过去，以便像欧洲早期民族主义者一样塑造民族神话。民族主义既是撒哈拉以南非洲的非殖民化运动的产物，也是其起因。

　　内部的新分裂不是非洲面临的唯一问题，也不是其最严重的问题。尽管非洲大陆有巨大的潜力，但是让未来繁荣兴旺起来的经济和社会基础却是不稳固的。帝国主义的残余再一次产生了巨大的影响。殖民统治体系在非洲留下的文化和经济基础设施，比留在亚洲的更加薄弱。识字率低，受过训练的管理人员和技术专家少。非洲重要的经济资源（特别是矿产）需要技术、资金和市场推广机制才能得到开发利用，而这一切在近期只能从外部（许多黑人政治家将南非白人控制区也算作"外部"）获得。更重要的是，由于欧洲人的需求和利益，许多非洲国家的经济近期都经历了动荡和混乱。在 1939 至 1945 年战争期间，英国一些殖民地的农业为了出口而大规模转向经济作物。许多农民之前种植谷物、饲养家畜都仅供自己消费，这样的转向从长期来看是否对他们有利，仍存在争议，但可以确定的是，其直接后果却是迅速显现且意义深远的。后果之一是现金流入，为的是购买英国人和美国人所需的产品。这在一定程度上明显让人感到工资变高了，但现金经济的扩张通常具有扰乱地方经济的效果。始料未及的城市发展和区域增长出现了，腐败现象也在增长。

许多非洲国家就这样与特定的发展模式绑定在了一起，但这些模式在战后世界很快就显现出脆弱性和不足之处。即使像"英国殖民地发展和福利基金"这样慈善性质的计划，或许多国际扶助计划，在客观上也促使非洲生产者被世界市场所束缚，而作为自主的决策者，他们并没有准备要进入这样的市场。而司空见惯的是，独立后实施的错误经济政策，又让情况变得更加糟糕。他们总是比照当地生产的产品来人为地压低经济作物的价格，因此，通过进口替代谋求工业化的动机经常导致灾难性的后果。几乎总是农民为城市居民作出牺牲，低价导致他们没有动力提高产量。考虑到 20 世纪 30 年代人口开始增长，在 1960 年后增长更加快速，随着对摆脱殖民获取"自由"后的现实状况的失望，不满就必然会产生。

尽管如此，虽然面临重重困境，撒哈拉以南非洲的非殖民化进程却不可能被阻断。1945 年时，非洲真正独立的国家仅有埃塞俄比亚（它本身只在 1935 至 1943 年短暂地处于外国殖民统治之下）和利比里亚，虽然在事实和法律上，南非联邦是英联邦的一个自治领，因而在形式上被排除在此列之外（英国殖民地南罗德西亚当时的身份更加模糊，因此掩盖了它实质上的独立）。到 1961 年（当时南非成为一个完全独立的共和国，并退出英联邦）为止，又有 24 个新非洲国家获得独立新生。现在则超过了 50 个。

1957 年，加纳成为非洲撒哈拉以南第一个前殖民地新国家。非洲人摆脱殖民主义后，他们所面临的问题也随之迅速浮现。在随后的55 年里，非洲发生了 25 场战争，有 30 个国家元首或总理被谋杀。有些冲突爆发得相当严重。在前比属刚果，矿产资源丰富的加丹加省试图自行独立的举动引发了一场内战，相互竞争的苏联和美国势力的快速介入使事态变得更加复杂，与此同时联合国则努力恢复和平。随后，在 20 世纪 60 年代末期，出现了一个更加令人沮丧的插曲，尼日利亚，这个非洲当时最为稳定、最有前途的新独立国家，发生了内战。这场血腥的内战同样也引得非洲以外势力介入（一个原因是尼日利亚加入了石油生产国行列）。在其他国家，争斗虽然没有那么血腥，但是派系之间、地区之间和部族之间的斗争仍然很激烈，这就使得人数本来就少的西化政治精英发生了动摇，放弃了他们在殖民主义体制苟延残喘之时一度津津乐道的民主与自由。

冷战时代末期的各场战争，给非洲造成了尤其大的破坏。对抗推行种族隔离制度的南非及其支持者的战争，导致了大量人道灾难，南非在邻近国家挑起的各种内战同样如此。1990 年至 1993 年的卢旺达战争中，煽动分子利用以往的部落冲突，挑起了针对图西族的种族灭绝，造成至少 50 万人死亡，占到该国图西族人口的 20%。在刚果（由西方支持的独裁者蒙博托统治的 32 年里，称作扎伊尔），20 世纪 90 年代末的国内冲突引来了外国介入，很快激化为这块大陆有史以来最具毁灭性的战争，造成至少 500 万人死亡。殖民主义的终结，并不意味着非洲的苦难已走到尽头。

在众多新独立的非洲国家中，为防止现实的或是想象中的瓦解，压制公开异见和强化中央集权，导致 20 世纪 70 年代出现了不少一党专政政府或是军人独裁政权（与南美解放战争之后新独立国家的历史不无相似）。通常，独立之后，曾反对在独立过程中胜出的"民族"政党者，会被扣上叛国的污名。那些古老的独立非洲国家幸存下来的政体也无法逃脱。由于对无法提供和平的政治和社会变革的"旧制度"失去耐心，这就引发了 1974 年的埃塞俄比亚革命。"犹大的狮子"①

---

①　埃塞俄比亚末代皇帝海尔·塞拉西一世的称号。"犹大的狮子"在《圣经·旧约》中是犹大部落的象征，在《启示录》中还指诞生自这个部落的耶稣。——编辑注

的退位，几乎恰巧与世界上最古老的基督教君主政体的终结同步（同时也终结了这里的王室世系，其谱系在某个版本中据说可一直上溯到所罗门和示巴女王之子）。一年后，夺权的军人看起来像其前任一样不可信。非洲别处也出现了类似的变化。有时出现的一些政治专制者让欧洲人又想起了他们之前的独裁者，但是这种比较可能会产生误导。非洲民族主义者委婉地暗示出，新生国家的"强人"们大部分都能被视作继承了非洲前殖民时代的国王们，而不是欧洲式独裁者的衣钵。然而，这些人有一些简直就是盗匪。

非洲人自身的麻烦，并没有减少很多非洲人通常对外部世界表现出来的怨怒。有些刺激的根源并不久远。非洲人视为种族剥削典型事例的基于旧日欧洲奴隶贸易的这场神话剧，乃是欧洲人和北美人一手造就的。政治自卑感在非洲大陆上这些相对比较弱小无力的国家（部分国家的人口低于 100 万）普遍存在。在政治和军事方面，一个分裂的非洲不可能期望在国际事务中具有多大重要性，尽管它也做出过努力，来尝试克服分裂造成的弱点。一个失败的例子就是 1958 年试图创建非洲合众国，它开创了一个结盟、部分联合和试图结成联邦的时代，并在 1963 年以非洲统一组织（OAU）的成立达致高潮。这在很大程度上归功于埃塞俄比亚皇帝海尔·塞拉西。然而，在政治层面上，尽管在 1975 年为保护非洲生产商的利益与欧洲谈判达成了一项有利的贸易协定，但非洲统一组织并没有什么成果。

对独立非洲早期的大部分政治历史的极度失望，使有些政治家在经济发展上转向寻求合作，首先就是与欧洲——它仍是非洲最重要的国外资本来源。但是殖民时代的剥削回忆，成为这类发展的阻碍，再加之许多非洲国家认为交易不公平，因为它们所出口的原材料价格总体上被压得很低。许多国家转向了国内市场，并引入各种指令性经济。有一些则开始同苏联和东欧国家合作。不过这类计划中有真正成效的非常少。非洲独立后的经济记录，直到近期，仍然还非常糟糕。1960 年，粮食生产仍与人口增长大致保持一致，但到 1982 年，撒哈拉以南 39 个国家中除了 7 个外，其人均口粮均比 1970 年的还要低。腐败、政策不当和过分关注以炫耀声威为主要目的的投资案，败光了国家的产出，以及部分来自发达国家的经济援助。

1965 年，整个非洲大陆的国内生产总值加起来还低于美国的伊利诺伊州，而在 20 世纪 80 年代，一大半非洲国家的制造业产出额都呈下降趋势。就是这样虚弱的经济，却首先遭遇了 20 世纪 70 年代早期石油危机的打击，随后又面临贸易衰退。之后持续的干旱更是让非洲雪上加霜。1960 年非洲的国内生产总值增速是年均约 1.6％，虽不是个激动人心的数字，但毕竟是正增长。可是，发展趋势不久就开始下滑，在 20 世纪 80 年代前半期，以年均 1.7％的速度下降。这就不难理解为什么联合国非洲经济委员会在 1983 年时，将非洲经济发展历史趋势的图像描述为"近乎一场噩梦"。

自 20 世纪 90 年代末起，大多数非洲国家的经济都开始增长，前景看起来更加充满希望了，至少在 2008 年金融危机开始之前是如此。原材料价格上涨，治理状况得到改善，至少在某些国家是这样。长期内战的结束也大有帮助，金融体系以及通信和基础设施的改善也功劳不小。但非洲想要摆脱贫穷和不平等状况，还有很多重大问题需要解决。艾滋病的肆虐需要很长一段时间来消除（在有些国家，年轻人口中有超过 10％都被感染，而且这种疾病还在进一步蔓延）。还有更多国家的国民收入几乎完全依赖单一作物或矿物，受教育水平也很低。非洲大部分地方可能急需在代议制政府领导下实现政治稳定，以摆脱混乱和冲突，取得可持续发展。

非洲国家中最强大的南非，在很多年里都由白人统治着，与这片大陆其他地方相隔离，这一事实显然无助于非洲的发展。讲南非荷兰

语的布尔人直到1945年一直主宰着这个国家，他们热衷于戳英国的
痛处，从大迁徙时期，一直到他们因布尔战争的失败而更为怨愤。第
一次世界大战结束后，他们对维系英联邦联系的纽带展开积极破坏，
其进程由于盎格鲁—撒克逊裔的选民集中在开普敦和纳塔尔两地而变
得更加容易。布尔人在德兰士瓦和主要的工业区，乃至农村偏僻地区
都有稳固的势力。南非确实在1939年站在英国一边加入战争，并提
供了重要的战斗力量，但即使如此，不愿合作的"南非白人"
（Afrikaner，这群人逐渐以此自称）却支持了一场倾向于与纳粹合作
的运动。

　　1948年，布尔人的领导人在全国大选中战胜南非资深政治家
扬·史末资（Jan Smuts），成为南非总理。当布尔人在联邦内部稳步
巩固力量，在工业和金融领域建立其地位时，对非洲黑人实施背离其
深刻偏见的政策的前景已经无法想象。其结果就是种族隔离制度的创
建。它系统地体现并强化了非洲黑人的法律权利萎缩，使之与布尔人
观念里非洲黑人的低劣地位相符。它的目标就是在这片地区确保白人
的优越地位，而这里的工业化和市场经济，已经很大程度打破了不断
增长的黑人人口因旧的部落区分形成的法规和分布状况。

　　种族隔离对非洲其他地方的白人也有吸引力——而且他们秉持的
理由，甚至要比原始的迷信或是所谓的南非白人的必要经济需求更不
可原谅。黑人和白人人口比例与南非大致相当、财富集中程度也相当
的唯一国家是南罗德西亚。让英国政府极为难堪的是，1965年，为
了避免彻底的非殖民化，它退出了英联邦。令人担忧的是，分裂者的
目标就是推动社会越来越像南非。英国政府犹豫不决，失去了阻止的
机会。撒哈拉以南非洲国家暂时无法对罗德西亚采取什么措施，联合
国能做的也不多，尽管对这块前殖民地以贸易禁运的形式采取了"制
裁"。很多撒哈拉以南非洲国家忽视禁令的存在；而对于主要石油公

司积极采取行动将产品运给叛逆者的行为，英国政府也是睁一只眼闭一只眼。这是让一届无能内阁最丢脸的一大轶事，大英帝国的声望在非洲人眼里沉沦了。非洲人想当然地不能理解，英国政府为什么没有像 1776 年那样明目张胆地派兵镇压一块殖民地的叛乱。但很多英国人反思的结果是，正是借鉴了这一久远的先例，他们才会认为出兵干涉一个遥远且军力薄弱的自治邦实在不可取。

虽然南非（非洲最富裕最强大的国家，而且还在持续变得更加富有和强大）看起来安全有序，但它与罗德西亚和葡萄牙一道，成为自 20 世纪 70 年代开始引发撒哈拉以南非洲愤怒的主要对象。南非对国内黑人的微小让步及其与一些撒哈拉以南非洲国家经济联系日益增强，均无法弥补种族战争的前景。外部力量也很可能迅速卷入。1975年，葡萄牙帝国崩溃，一个马克思主义政权在安哥拉夺权。内战随后展开，外国共产主义战士从古巴前来支持这个政府，同时南非和美国也很快开始支持反对派与之对抗。

南非政府早就表示它可能采取行动。它试图摆脱与顽固不化的罗德西亚结盟的尴尬（1974 年葡萄牙人结束在莫桑比克的统治，反罗德西亚的游击运动开始以此为基地发动，让罗德西亚的独立前景日趋黯淡）。美国政府担心，万一罗德西亚落入共产主义者支持的黑人民族主义者手中，后果将不堪设想。它向南非人施压，南非人又向罗德西亚人施压。1976 年 9 月，罗德西亚总理悲伤地告诉他的国民，他们不得不接受全体国民拥有投票权的原则。建立一个由白人统治的非洲国家的最后尝试归于失败。这也是欧洲帝国主义衰落的又一个里程碑。然而，当罗德西亚的白人不情不愿地开始实施全面的多数人统治时，游击战争还在延续。最后，在 1980 年，罗德西亚先是短暂地归由英国统治，之后再次独立，这次是作为新的国家津巴布韦，并且有了一位黑人总理。

这让南非成为这片大陆上唯一由白人主导的国家和最富有的国家，还越来越成为全世界愤恨的焦点。尽管世界各国对安哥拉内战的看法不一，但各国领导人对南非的种族歧视却通常都意见一致。1974年，联合国大会因为南非的种族隔离政策而禁止其参会。苏联及其盟友们也越来越积极地支持所谓（对抗南非的）"前线国家"，为它们提供武器。古巴部队也继续驻守安哥拉。在比勒陀利亚看来，北边世界的观点对自己越来越不利，国内的安全状况也正在恶化。越来越多的南非年轻人开始加入反对种族隔离的阵营。1976年，在约翰内斯堡的黑人街区索韦托举行的反政府示威中，176人中枪身亡。

到20世纪80年代早期，毫无疑问，南非正面临危机。贸易因为制裁而受损，但更糟糕的是，南非的白人们开始感觉到，在种族隔离方面他们得不到国外的声援。甚至连美国也在1985年对南非实施制裁。其实，被压迫感本身就足以敲响丧钟了。这个国家因为害怕武装起来的黑人反抗，越来越变为一个警察国家，这种恐怖高压的氛围让所有人都遭殃。越来越多的非白人群体开始聚集在遭到禁止的非国大（ANC，南非非洲人国民大会）领导下，自1962年一直遭监禁的纳尔逊·曼德拉则是他们的精神领袖。连一些年轻的白人也开始公开反对他们所继承的这种体制，而在纳米比亚和安哥拉进行的战争尤其不得人心。

随着南非白人开始分裂，政府被迫撤出安哥拉并与纳米比亚达成协议，让后者得以在1988年按照多数原则获得独立。皮特·威廉·波塔（P. W. Botha）总统在自由派和保守派中都不受欢迎，终于在1989年黯然下台。继任的弗雷德里克·威廉·德克勒克（F. W. de Klerk）很快表明，他想要进行改革，废除种族隔离制度。政治抗议和反对行为都获得了更大的自由权。集会和游行合法化，被监禁的黑人民族主义领导人得到释放。冷战的结束让这些变化更加迫在眉睫；

甚至南非的保守派白人领导人，也害怕在东欧和平演变之际，南非警察射杀游行示威者的影像资料在全球四处流传。

　　突然，前方的道路戏剧性地敞开了。1990 年 2 月，德克勒克宣告 "一个新的南非" 诞生。9 天后，象征性人物纳尔逊·曼德拉，非洲人国民大会领导人，终于从监狱获释。不久以后，他开始忙于与政府讨论南非未来的发展。尽管他的言辞坚定，但还是流露出了新现实主义的积极迹象，即应当安抚白人少数派，让他们相信自己未来可以在黑人多数派的领导下生活，这个任务势在必行，即使南非的白人们自身有时候让这种现实立场变得相当困难。当然，这样的迹象也使得一些黑人政治家变得更加不耐烦。纳尔逊·曼德拉要掌控的局势非常复杂，对一个刚结束 27 年监禁生涯获得自由的人来说，更是如此。

　　南非向民主体制的过渡并不简单。即使德克勒克以迅速而极具勇气的行事方式，到 1991 年底撤销了大部分种族隔离制度的立法，但在白人精英阶层中，还有很多人以各种方式抵制变革。但不论是 1993 年非洲人国民大会杰出的左翼领导人克里斯·哈尼遇刺，还是黑人城镇的种族冲突（种族隔离状态下无赖分子的行为通常使其加剧），都不可能毁掉迈向多数人统治的道路。逐渐地，所有的南非人无论种族，都将纳尔逊·曼德拉——人们经常尊敬地以其族名 "马迪巴" 称呼他——视为多种族新国家政治稳定和经济进步的捍卫者。1994 年曼德拉当选为总统，他谈到国家的重生和所有南非人重新获得的自豪。但还是在第二年，当曼德拉穿上由全白人运动员组成的南非国家橄榄球队的球衣，庆祝他们在世界杯上获得胜利时，他才真正成为白人与黑人团结的国家象征。球队的白人队长说："马迪巴神奇的力量帮助了我们。" 1999 年，当曼德拉从总统职位卸任时，所有南非人都有理由这样说。

　　20 世纪末，南美也正在发生变化。对大多数人来说，过去的几十年间，生活和福利标准都令人失望。虽然20世纪的开端充满希望，但接下来拉丁美洲却似乎被困在了众多历史遗留问题，以及并不友好的国际局势里。

到1900年，一些拉丁美洲国家开始安顿下来，不仅稳定而且繁荣。阿根廷是世界上最富有的国家之一。除了新大陆发现之初的殖民影响外，它们还受到19世纪欧洲的文化影响，特别是法国的影响，这些影响力在后殖民时代深深吸引了拉丁美洲的精英阶层。他们的上层社会已经高度欧化，南美大陆上众多大城市的现代化反映了这一点，同样地，这些大城市也反映出近代欧洲移民的影响，这批移民逐步取代了老殖民精英。至于美洲土著人的后裔，他们几乎在各个地方都被边缘化了。在一两个国家里，他们被抑制得如此彻底，以至于几近消失。

几乎所有拉丁美洲国家都是初级的农业或矿物输出国。一些国家相对而言城市化程度较高，但它们的制造业部门却是无足轻重的，在相当一段时间内，它们似乎也没受到19世纪欧洲的社会和政治问题的影响。除了仅在金融危机与幻灭的影响下短暂和偶尔中止外，资本持续大量涌入这片大陆。1914年前拉丁美洲国家仅有的一场社会革命（为了反对政府人事更迭频繁），始于1911年墨西哥独裁者波菲里奥·迪亚斯（Porfirio Diaz）被推翻。这导致了近十年的斗争，10万人死亡。但在革命中起主要作用的，是感到自己被现有政治制度排除在外、无法获益的中产阶层，而不是工业和农业无产者，而中产阶层最终也是主要的得利者。另外获利的还有在革命中崛起的政党政治家们，他们垄断权力直到20世纪90年代。尽管大多数拉丁美洲国家在其国家内部显示出大量的阶级冲突，但它们似乎并没有经受工业化和城市化过程中欧洲的社会阵痛。

这些看起来前景一片光明的社会没受到一战太大的影响，继续繁荣发展。这给其与欧洲和北美的关系带来重要的变化。1914年前，虽然美国在加勒比海地区有压倒性的政治影响，但它在南美的经济影响并不大。1914年，美国在格兰德河以南的外国投资中仅占17%，而英国的份额要大得多。一战期间，英国的份额清零改变了那种现象；到1919年，美国已成为南美洲最大的外资来源地，提供了南美大陆外资的约40%。然后世界经济危机开始。对拉丁美洲国家来说，1929年打开了一扇通往一个令人讨厌的新时代之门，至此它们的19世纪才真正结束，20世纪才真正开始。许多国家拖欠外国投资者的债务，于是从国外几乎不可能借到更多的资金。繁荣崩溃导致民族情绪增加，有时这指向别的拉美国家，有时指向北美人和欧洲人；在墨西哥和玻利维亚，外国石油公司被没收。传统的欧化寡头集团由于自己没能处理好国家收入下降所导致的问题，被迫作出妥协姿态。从1930年开始，军事政变、起义和流产的叛乱比独立战争以来的任何时候都要多。

1939年由于战争需求（1950年朝鲜战争延长了这种趋势），商品价格上涨再一次带来繁荣。尽管阿根廷统治者对纳粹德国的钦佩臭名昭著，在别的几个共和国也有德国影响的迹象，但它们中的多数不是响应设法向其献殷勤的同盟国，就是跟随美国。它们大都在战争结束前就加入了联合国阵营，巴西更是向欧洲派遣了一支远征小分队，做出了令人惊讶的表示。然而，战争对拉丁美洲最重要的影响是经济方面。其中最重要的一点是，早前对美国和欧洲工业品的过度依赖，如今以物资短缺的形式暴露出来。强劲的工业化动力在几个国家加速显现。在战后时期，随工业化产生的城市工人群体作为军事精英和传统精英阶层的竞争对手，成为一股新的政治力量进入政治舞台。专制主义、半法西斯主义但具有广泛民众基础的政治运动，把一种新型的政治强人推上了权力舞台。阿根廷的庇隆是最著名的，但1953年的哥伦比亚和 1954 年的委内瑞拉也产生了类似的统治者。共产主义在人民大众中没有取得如此显著的成功。

美国在加勒比海运用其压倒性力量的过程中，也产生了一个重要的变化（但并不是战争所致）。在 20 世纪的头二十年里，美国武装力量先后 20 次直接干预邻国的共和政体，甚至有两次走得更远，建立起受保护国。在 1920 至 1939 年间仅有两次这样的干预，即 1924 年在洪都拉斯和两年后在尼加拉瓜。到 1936 年，在拉丁美洲国家的领土范围内，任何地方都没有美国军队驻扎，除了达成协议的驻地外（在古巴的关塔那摩基地）。间接施压也在减少。在很大程度上，这是承认环境变化的一种可感知的标识。20 世纪 30 年代的直接干预一无所获，罗斯福总统通过宣扬"好邻居"政策（值得注意的是，他在第一次就任演说上首次使用这种表述）来确立其价值，强调美洲国家不应相互干预内政（罗斯福也是历史上第一位对拉丁美洲国家进行国事访问的美国总统）。

在华盛顿的鼓励下，这种新政策开创了一段美洲大陆外交和制度合作的时代（国际形势的恶化，以及越来越意识到德国在美洲的影响，也推动了这种合作）。它成功地结束了玻利维亚和巴拉圭之间血腥的查科战争。这场战争从 1932 年一直持续到 1935 年。合作的高潮是 1939 年发布拉丁美洲中立宣言。宣言声称在其 300 英里水域范围内保持中立。然后，在第二年，一艘美国巡洋舰被派往蒙得维的亚支持乌拉圭政府对抗令人担忧的纳粹政变。事情已经变得前所未有地明显：门罗主义及其"罗斯福推论"已经悄然演变成某种形式的共同防御体系。

1945 年后，拉丁美洲再一次反映出国际形势的变化。在冷战的早期阶段，美国的政策集中关注欧洲，但在朝鲜战争后，它开始将关注点南移。对于拉美（所有反美味道的）民族主义的偶然表现，华盛

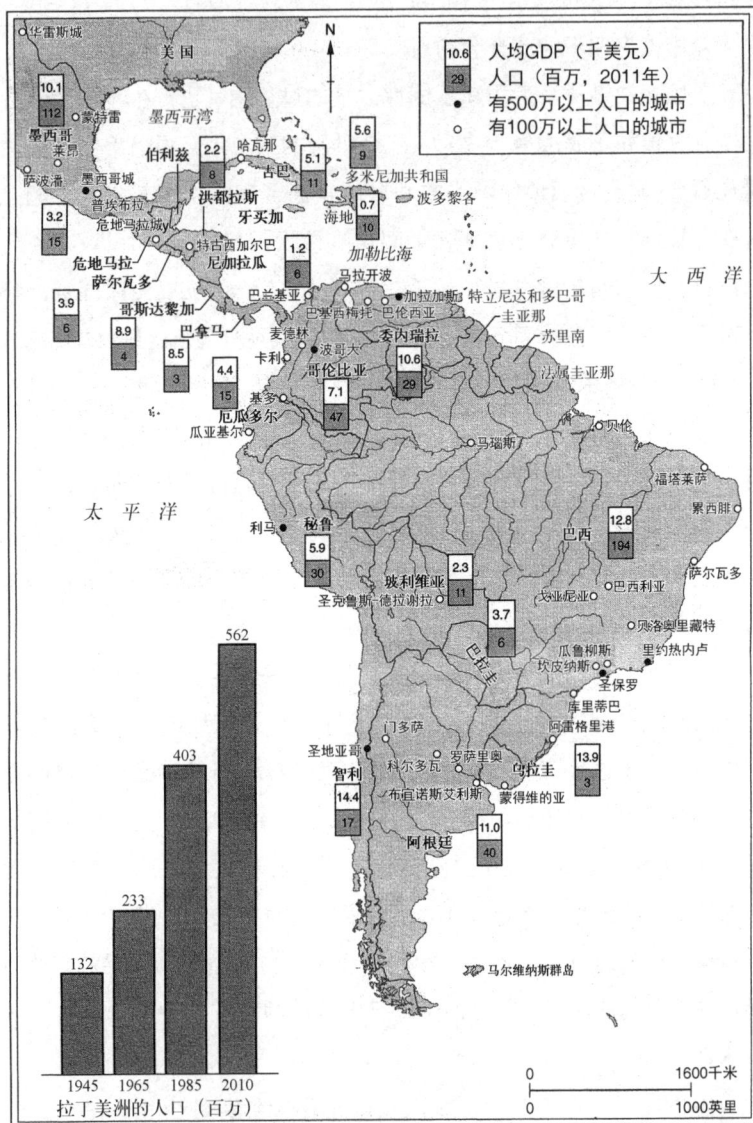

当代拉丁美洲

顿不再过于惊慌，而是更为关注避免美洲的南半球部分为苏联的渗透提供温床。随着冷战升级，美国对拉丁美洲国家政府的支持变得更具有选择性。这有时也导致了一些秘密行动，例如，1954年颠覆得到共产主义者支持的危地马拉政府。

同时，美国的决策者们也急切地认为，贫穷和不满为共产主义提供的机会应该被消除。他们提供了更多的经济援助（在20世纪50年代，向拉美提供的援助与向欧洲和亚洲提供的相比，份额很小，但在接下来的十年里有大幅增长），称赞那些声称要进行社会改革的政府。不幸的是，一旦这些政府通过国有化消除美国资本的控制，华盛顿就再一次转变态度，要求给予补偿，数额之巨，往往使改革变得非常困难。因此，从整体上看，美国政府虽然也可能谴责个人独裁政府的过分行为，诸如对1958年之前的古巴政府那样，但它会发现，像在亚洲一样，它还是倾向于在拉丁美洲支持保守利益集团。这也不是一成不变的；它支持的一些政府还是积极作为的，特别是玻利维亚在1952年实施了土地改革。但事实仍然是，就像前一个世纪的大部分时间里一样，穷困的拉美人的疾苦呼声并没有得到民粹主义者或保守派统治者的聆听，因为两者都仅仅听取了来自城市的意见，但显然，最贫苦的是农民，其中大部分是美洲印第安人。

然而，虽然华盛顿方面高度紧张，但拉丁美洲并没有发生什么革命活动。当然，除了古巴革命之外。这场革命在当时被给予了很大希望，也引发了很多忧虑。它在很多方面都是个特例。古巴与美国的距离很近，使其意义尤其重大。历史已经反复表明，能进入巴拿马运河区这一点在美国的战略考虑上的重要性，甚至高于苏伊士运河之于英国。其次，古巴在大萧条期间遭到了非常严重的打击；它实际上仅仅依靠一种作物——蔗糖，而且仅有一个出口地——美国。而且，古巴相比其他拉丁美洲国家与美国保持着更密切而令人讨厌的"特殊关系"，这种经济纽带仅是原因之一。其历史关联可以追溯到 1898 年前古巴脱离西班牙独立之时。直到 1934 年，古巴的宪法中都还包含着限制古巴外交自由的条款。美国仍然保留着在古巴岛的海军基地。在城市资产和公用事业上美国有大量的投资，古巴的贫穷和低价格水平，使它对追求赌博和女孩的美国人有很大的吸引力。总而言之，古巴爆发了历史上那场得到大众支持的激烈反美运动，实在不足为奇。

长期以来，美国都被作为藏于战后保守的古巴政权背后的真正掌权者而受到谴责，尽管在 1952 年独裁者巴蒂斯塔夺权后这种情况实际上已经停止；美国国务院并不赞同他的做法，在 1957 年切断对他的帮助。而此时，一个年轻的民族主义律师——菲德尔·卡斯特罗，已经开始他反对这个腐败政府的游击活动。不到两年时间，他就赢得了胜利。1959 年，作为新的革命古巴的首位总理，他将其政权描述为"人道主义的"，并强调，并非共产主义。

卡斯特罗的最初目标仍不为人知。或许他自己也不清楚他的目标。一开始他是与想推翻巴蒂斯塔的各界人士并肩作战，人员构成相当广泛，从自由主义者到马克思主义者不一而足。这些有助于使美国安心，于是曾短暂资助他，想让他成为古巴的苏加诺；美国公众则将他视作浪漫主义偶像加以崇拜，他的大胡子在美国激进主义者中风行一时。可一旦卡斯特罗转向干预美国公司利益，开始推行土地改革和蔗糖业国有化政策，双方关系很快变得恶化。他也公开谴责古巴社会那些支持旧政权的美国化元素。在古巴革命后卡斯特罗想要团结古巴人，反美主义是一种（或许是唯一的）合理的方式，而且毫无疑问，他本人也确实有这种情绪。

不久，美国中断了与古巴的外交关系，也开始施加其他各种压力。美国政府确信，这个岛国可能会落入卡斯特罗日渐依赖的共产主义者之手。苏联领导人赫鲁晓夫警告说，如果美国采取针对古巴的军事行动且终止门罗主义，可能招致苏联火箭武器的攻击，但似乎于事无补。美国国务院很快宣称对所谓终止门罗主义的报道是夸大其词。最后美国政府决定运用武力推翻卡斯特罗政权。

协商之后，美国人让古巴流亡分子来实施计划。1961 年总统换届，约翰·肯尼迪继续贯彻这个决定。在美国的支持下，流亡分子已经在危地马拉受训，美国与古巴的外交关系也已经中断。这些行动并不是肯尼迪发起的，但他既不够谨慎也不够深谋远虑，没能加以阻止。这是很遗憾的，因为新总统对拉美的态度在其他方面都表现良好，而且很显然在一个时期内，美国需要在那里培植对本国的亲善意愿。在美国金钱和武器的支持下，古巴流亡分子组成的远征军，在1961 年 4 月进行了"猪湾行动"，可最终结局悲惨，而这也让更积极接触的可能性几乎立刻化为泡影。卡斯特罗开始真正地转向苏联，在1961 年底宣布自己是一名马克思列宁主义者。

随后，一个新的和更加明显的冷战阶段开始出现在西半球，开局对美国而言很糟糕。美国发起的行动招致了世界各地的反对，因为它进攻的是一个受欢迎的、有坚实基础的政权。自此以后，古巴像一块磁石一样吸引着拉丁美洲革命者。卡斯特罗的政权越来越倾向于追随苏联模式，他的政府所推行的政策，与美国的压力一道，让经济受损严重，却带来了平均主义和社会改革（在 20 世纪 70 年代，古巴宣称其儿童死亡率是拉丁美洲最低的）。

作为古巴革命的副产品，古巴很快就发生了整个冷战时期最严重的两个超级大国的对峙，这或许也是冷战的转折点。1962 年初，赫鲁晓夫决定在古巴部署苏联核导弹，部分是出于保卫古巴的革命，部分是想赢得针对美国的战略优势。赫鲁晓夫告诉同仁们，美国人已经在与苏联接壤的多个国家部署了导弹。而现在，这位冲动的苏联领导人想要给美国人点颜色看看，同时也向全世界的革命同伴们保证，苏联是革命真正的朋友。一场危险的游戏就这样开始了，到 1962 年 10 月，苏联的核弹头已经秘密部署在了古巴，同样就位的还有一批中程导弹，能够将核弹头射向大陆上美国的任何一个角落。

1962 年 10 月，美国人拍摄的侦察照片证实，苏联人正在古巴修建导弹基地。肯尼迪总统一直等到其确凿无疑时才宣布，美国海军将阻止任何船只向古巴继续输送导弹，已在古巴的导弹必须撤离。一艘黎巴嫩船只在随后几天受到登船搜查，苏联船只仅仅受到监视。美国强大的核武力量做好了战争准备。几天之后，在肯尼迪和赫鲁晓夫之间多次通过私人信件交换意见后，后者同意撤出导弹。

危机此时已大大超出了美洲所在半球的历史界限，到处都在讨论它的外部反响。单就拉丁美洲的历史而言，即使美国答应不入侵古巴，它仍然继续将其与其邻居孤立起来。毫不奇怪，古巴革命的吸引力似乎有一段时间在其他拉美国家的年轻人中稳步增长。但这没有使它们的政府给予卡斯特罗更多的同情，特别是当他开始说古巴是整块大陆的革命中心时。结果，玻利维亚一场失败的革命尝试表明，革命不太可能轻易成功。古巴的情况实属例外。鼓舞了各处此起彼伏的农民起义的希望，最终被证明是虚幻的。其他国家当地的共产主义者开始谴责卡斯特罗的行为。事实证明，革命需要的潜在人力和物资总体而言来自城市而不是乡村，来自中产阶级而不是农民；正是在几座大城市，游击运动仅在几年之内就开始占据报纸头条。尽管运动进行得风风火火，风险也很大，但不明朗的是，他们是否得到广大民众的支持，虽然在一些国家里，施加于这些游击战士身上的暴行使大众更疏远了专制独裁政府。

与此同时，反美情绪持续高涨。肯尼迪提出的基于社会改革——如他所说的一个"进步联盟"——的新美洲一体化设想，由于美国人对待古巴的态度引发憎恶而毫无进展。他的继任者林登·约翰逊总统，做得也差不多，或许因为他对拉丁美洲的兴趣远低于国内的改革。在联盟最初提出以后，这个倡议就再也没人提起。更糟糕的是，1965 年它被卷土重来的直接干预的旧模式所取代：在多米尼加共和国，四年前，美国帮助推翻并击毙了一个腐败残暴的独裁者，并建立起一个锐意改革、奉行民主的政府。当这个政府被保护特权阶层的军队推翻（他们觉察到了改革的威胁），美国中断了援助。似乎进步联盟终究也会被区别运用。援助很快恢复，对其他右翼政权也是如此。1965 年反军人叛变的结果是，2 万美国军队到达将其扑灭。

到这十年末期，"联盟"实际上已经被遗忘殆尽，部分是由于对共产主义的持续担忧，导致美国在拉丁美洲各处支持保守派，部分是因为美国面临大量的其他紧迫问题。一个讽刺的结果是，既然共产主义的威胁似乎还将持续，那些毫不担心会失去美国支持的政府掀起了对美国资产攻击的一个新高潮。智利国有化了最大的美国铜业公司，玻利维亚接管了石油产业，秘鲁没收了美国人的种植园。1969 年，拉丁美洲国家政府召开了一个没有美国代表出席的历史性大会，会上，美国的行为受到明确而毫无保留地责难。那年，美国总统的代表进行的一次巡访在一些国家引发了抗议和骚乱，美国资产遭袭击，美国人被要求离开。当艾森豪威尔的副总统的"友好"之旅在一片讥讽和唾弃声中结束时，它更像是此前十年的终结。总体来说，到 1970 年时，拉丁美洲的民族主义似乎进入了一个新的活跃期。如果古巴激发的游击运动曾经代表着一种危险，它们现在不再是了。一旦内忧消失，对政府来说没有理由不去尝试利用反美情绪。

然而拉丁美洲真正的问题并未得以解决。20 世纪 70 年代，长期积累的经济问题暴露出来，到 80 年代愈演愈烈，到 1985 年时，观察家们开始提及一场明显无法解决的危机。以下几个因素导致了危机。尽管南美洲的工业化非常迅速，却受到咄咄逼人的人口增长和社会不平等问题联合造成的威胁，正当拉丁美洲的经济困境再一次显示出其棘手程度之时，这对组合的最坏影响也开始显现。进步联盟的援助方案显然在处理这些问题上失败，而失败又滋生了对如何使用美国基金的争吵。管理不善产生了巨额外国债务，这妨碍了继续获取投资和达到更好贸易平衡状态的尝试。社会分化仍然显得危机重重。即使最发达的拉丁美洲国家仍显示出财富和教育上巨大的差异。就算有些国家存在法制和民主制度，似乎也越来越不足以处理这些问题。在 20 世纪六七十年代，秘鲁、玻利维亚、巴西、阿根廷和巴拉圭都经历了持久的军事独裁统治，大量的民众相信，民主和文官政府无法带来的变化，只有靠专制独裁才能实现。

在 20 世纪 70 年代，从阿根廷、巴西和乌拉圭这些曾经被看作是文明法治的国家，世界开始听闻越来越多虐待和暴力镇压的情况。智利与大多数邻国相比，拥有立宪政府的历史都更长，也更连续，一直到 1970 年的选举。这一年，分裂的右派让位于少数派的社会主义联盟。当萨尔瓦多·阿连德（Salvador Allende）领导下的新政府推行它所说的"智利社会主义之路"后——将铜矿国有化、重新分配土地、强制提高穷人工资——经济所承受的压力导致了严重的通货膨胀和消费品短缺。智利右派煽动支持者走上街头，结果是 1973 年，在美国支持下爆发了军事政变。许多智利中产者被似乎日益恶化的形势吓坏了，并相信被推翻的政府已经被共产主义者控制，于是也赞同了政变。南美最长的宪政统治实验就此终结。

智利新的独裁军政府很快表明，它会毫不犹豫地利用最野蛮残忍且无所不用其极的方式来迫害反对者和批评者。最后，它重建了经济，甚至在 20 世纪 80 年代晚期开始显示出仿佛它还能够克制约束自己。但是它带给智利社会的思想分裂比迄今为止这个国家所见识过的都要深。这个国家成为毫无疑问也潜藏在其他拉丁美洲国家内部的各种风险的绝佳象征。而且所有这些风险并不是都属于同一类。到 20 世纪 70 年代，哥伦比亚围绕争夺对本国巨量可卡因生产的控制权，已经爆发了内战（直到下个世纪开始时仍然在激烈进行），实际上造成了国家的四分五裂。

雪上加霜的是，20 世纪 70 年代早期，石油危机降临于这个麻烦缠身又误入歧途的大陆。它使这里的石油进口国家（除了墨西哥和委内瑞拉）的外债问题失去控制。在接下来的二十年里，一个又一个的国家尝试了各种经济补救措施，但所有这些都被证明是无效的或不可行的。失控的通胀，外债收取的利息，过去糟糕的政府造成的资源配置的扭曲，以及易于滋生腐败的管理和文化上的缺陷，似乎已不太可能解决。1979 年，阿根廷政府为民众动乱所推翻，在接下来的十年里，阿根廷人经历了 200 倍的通胀。

拉丁美洲如今仍然是，而且或许比以往任何时候都更像一个随时可能爆发的不安的大陆。除了同样充满苦痛外，这里的国家之间变得越来越不相似，尽管它们有着共同的根源。由印第安人、奴隶、殖民和后殖民经历所导致的分层，反映在了各个阶层不同的经济状况上，随着 20 世纪 50 和 60 年代所设想的发达的、高科技社会的到来，新的分化进一步增加，因为由此而来的好处只有富人才能享受到，穷人却不能。就像在亚洲，尽管那里的情况没有那么明显，现代文明作用于历史悠久的社会而产生的张力，现在比以前任何时候都更加清晰可见，即使拉丁美洲自 16 世纪以来就对此有所经历。但在 20 世纪 80 年代，它们通过专制独裁者和激进分子实施的恐怖主义而格外强烈地表达出来，继续威胁着之前树立的文明和法制标准。

然而，在 20 世纪 90 年代，主要的拉丁美洲国家出现了民主法治政府的大规模复兴，以及经济复苏。在这些国家，军政府被正式抛弃。这有助于美洲半球内部的关系变得越来越好。阿根廷和巴西双方一致同意终止它们的核计划，同时在 1991 年，它们与巴拉圭和乌拉圭一起，建立了一个共同市场——南方共同市场（Mercosur），并立即发起削减关税活动。1996 年，智利也加入进来。这种充满希望的氛围仅受到几次叛乱尝试的干扰，但经济情况没受很大影响，仍然坚挺。不幸的是，到了这十年的中期，整片大陆上良好的状况开始出现问题，到 90 年代末，世界货币基金组织不得不推出新的方案来将阿根廷和巴西从麻烦缠身的状况中解救出来。前景不妙的是，虽然阿根廷已经将本国货币与美元挂钩（美元本身也是导致其部分困难的根源），但巴西却再一次开始显示出通胀的影响。而阿根廷的外债飙升到无法掌控的程度。国际社会面临空前规模的债务拒付。在临近 2001 年底时，布宜诺斯艾利斯居民再次走上街头，在十天之内经历了数次流血事件和三位总统更迭后，面临着新一轮的通货紧缩和艰难时期。

21 世纪早期，经济增长开始稳定出现在大多数拉丁美洲国家中，但经济增长领域的赢家和输家也表现得很明显。许多国家的经济增长要比 20 世纪 50 年代以来任何时候都要快得多，但这些发展成就在国内产生的回报，在居民中的分配是不均衡的。例如巴西，按照大多数标准都是全球最不平等的社会。它的 1.7 亿人口中，最富有的 10% 达到了欧盟平均生活水平，最贫穷的 50% 的生活则在 20 世纪 90 年代鲜有改善。在 21 世纪初期，很多拉丁美洲国家是左翼政府赢得大选，反映出这种发展不平等受到关注。但即使是激进的领导人——他们包括委内瑞拉的激进民粹主义者乌戈·查韦斯，智利温和的社会主义总统米歇尔·巴切莱特（2006 年当选），和巴西的路易斯·伊纳西奥·卢拉·达席尔瓦（2003 年当选）——都不愿意触碰过去十年间以市场为导向的改革，这类改革被普遍认为让这些国家在超过一代人以来第一次出现了经济发展。因此，经济增长与赤贫之间的矛盾很可能将成为拉丁美洲未来一些年发展的关键问题。

第 3 章 危机与缓和

在 20 世纪 70 年代，两个超级大国仍然如同巨人般支配着全世界。自 1945 年来一直如此。它们的言论依然把世界说成好像只分为它们的追随者或敌人那样。但是其他国家看待它们的方式已经在发生变化。很多人相信美国已经失去了对苏联压倒性的军事优势，但或许根本就没有任何优势。这个观念是错的，但是许多人甚至连一些美国人也认同它。那些很容易因预示动荡将出现的信号而感到害怕的人总在想，如果另一场冲突发生会带来怎样的后果。另一些人认为越来越势均力敌的平衡会使这种危机变得不可能，别的相关变化的影响也很难评估。两大阵营或多或少曾经都是内部团结的集团，边缘围绕着一些随时可能被它们吞并的小虾米，但其内部正呈现出紧张的信号。新的争吵开始超越旧的意识形态分歧。更耐人寻味的是，有望成为超级大国的新力量正在出现。一些人甚至开始谈论缓和时代。

再一次，变化的根源要回溯到过往岁月中，各个时期之间其实并没有明确的分界线。例如，斯大林之死不可能毫无影响，虽然这在当时并没有马上带来苏联政策的转向，因此也就使得人们更难解释其意义。随后的人事变化在近两年之后导致赫鲁晓夫作为苏联政府的决策人上台，1956 年莫洛托夫从外交部部长的位子上退下来，他是斯大林的忠实追随者，冷战外交的老手。之后，赫鲁晓夫在苏联共产党二十大的一次秘密会议上发表了一篇轰动的演说。在演说中，他谴责了斯大林时代的错误，宣布现在苏联外交政策的目标是"共存"。演说很快被广泛宣传，这动摇了共产主义者向世界展示的团结一致形象，第一次疏远了西欧的许多共产主义同情者——此前，苏联的现状还从没让他们感到困扰，或者，这次揭露只是让他们有机会在不受良心谴责的方式下表达出由来已久的背离之心。

如果1956年的局势没有迅速恶化的话，赫鲁晓夫的演说或许能与苏联削减军备的宣言一起，推动国际事务的新气象。然而，苏伊士事件的形势要求苏联对大英帝国和法国施以威胁；莫斯科可不想因为没能支持埃及而损害与阿拉伯世界的友好关系。但是同一年在波兰发生了反苏骚乱，在匈牙利爆发了反苏暴乱。而苏联的政策总是病态地对其卫星国背弃和不满的信号异常敏感。1948年，苏联顾问被从南斯拉夫召回，随后南斯拉夫被共产党和工人党情报局（Cominform）开除。南斯拉夫跟苏联和其他社会主义国家签署的条约被废止，对"铁托主义"长达五年的尖刻攻击开始了。直到1957年两国政府才最终达成谅解，苏联做出让步，并象征性地重新开始对铁托的援助。

然而，南斯拉夫作为一个社会主义国家在华约之外继续存在着，这让莫斯科感受到破坏性影响和尴尬，从而对东方阵营中的各种风吹草动变得更加敏感。像1953年东柏林的反苏骚乱一样，1956年夏天波兰的骚乱显示出，即使在非常接近中心的地区，因经济的不满而加剧的爱国心也会对共产主义发出挑战。同样的力量有助于解释1956年10月布达佩斯的骚乱为何会演变成为一场全国性的运动，导致苏联军队从该城市撤离。新的匈牙利政府承诺所谓自由选举，结束一党执政。当新政府也宣布退出华沙条约，宣称匈牙利中立，并请求联合国解决匈牙利问题时，苏联军队返回了，结果数千人逃离这个国家，匈牙利事件平息。联合国大会两次谴责苏联的干预，但都无济于事。

这一事件使两边阵营的态度更加强硬。苏联领导层再次意识到他们是多么不受东欧人民的欢迎，因此也对西方所谓"解放"他们的说法更是怀疑。西欧国家也再次认清了苏联实力的真相，并试图稳固自已不断恢复的力量。

1957 年 10 月，苏联人造卫星"斯普特尼克一号"揭开了超级大国太空竞赛的时代，给美国认为苏联技术落后于美国的自信心以极大的震动。赫鲁晓夫时代的苏联外交政策继续保持对抗，不合作，有时显得异常自信。由于担心西德有重新武装的危险，苏联领导人急于加强他们的卫星国——德意志民主共和国的实力。被德意志民主共和国版图包围起来的西柏林显而易见的成功和繁荣令人尴尬。东西之间的城市内部边界容易被穿越，经济富裕和自由吸引越来越多的东德人——特别是技术工人——到西德去。1958 年，苏联谴责了柏林赖以运转了十年的体制，声称如果找不到更好的解决办法，苏联占领区将移交给德意志民主共和国。之后，争吵持续了两年。

随着柏林的危机气氛不断加深，难民潮急速从柏林涌出。东德前往西德的人口数字 1959 年是 14 万，1960 年达 20 万。当 1961 年前 6 个月人员流出超过 10 万时，东德当局在这年 8 月突然修建了一堵墙（不久通过地雷和带刺铁丝网加强），切断了柏林苏占区与西方占领区之间的通道。不久，紧张气氛急剧增加，但长期来说，柏林墙使事态平静下来。它阴暗的存在（以及时不时有试图穿越的东德人被打死）成为二十五年间西方冷战宣传的绝好证据。但德意志民主共和国在阻止移民方面确实取得了成功。当美国清楚表明不准备就柏林的法律地位作出让步，哪怕开战也在所不惜，赫鲁晓夫悄悄放弃了更多极端的要求。

同样的情况随后在古巴也出现了，尽管所冒的风险更大。相比对德国问题上的风吹草动，美国的欧洲盟友们对此并没有显示出直接的兴趣，苏联人看起来也对古巴的利益没有太多关注。此外，在超级大国"纯粹的"实力对抗上，苏联似乎一直在被迫让步。虽然肯尼迪总统会避免具有危险的挑衅意味的行动或语言，并通过只提出基本的要求来让对手有简单的退避选择，但他并没有做出过明显的让步，尽管不久后美国导弹从土耳其悄悄撤走。赫鲁晓夫马上不得不对美国不会侵占古巴的许诺表示满意。

很难说这不是一个主要的转折点。作为冷战在全球扩张的终极代价，苏联必须面对核战的前景，但觉得这无法接受。意识到冲突的风险有可能因误会而引发，有必要在一般外交渠道之外增加更为密切且直接的沟通方式，两国随后在首脑之间建立起直接的电话通信——热线。同样很清楚的是，不管苏联如何自夸，美国在武装力量上的优势一如既往地巨大。与两个超级大国的直接冲突最为相关的新式武器是洲际导弹；1962 年末，美国人在洲际导弹上优势明显，其数量是苏联的六倍以上。苏联开始着手缩小这方面的差距，为此做出的选择就是，要火箭，不要黄油。苏联消费者再一次承受了负担。

其间，对古巴冲突的处理推动英国、美国与苏联就限制在太空、大气层和水下限制核武器试验达成第一个协议。裁减军备的努力还将持续多年，但始终徒劳无功。但是在核武器方面的协商，毕竟好歹取得了一项积极成果。

1964 年，赫鲁晓夫下台。自 1958 年以来，作为政党和政府首脑，他个人对苏联历史的贡献似乎就是造成了一场巨大的震荡。那意味着有保留的"去斯大林化"，对农业的巨大忽视，在重点军种方面的变化（偏向成为其精锐军种的战略火箭部门）。赫鲁晓夫在外交政策方面的倡议（除了灾难性的古巴冒险之外）成为免除他职务决定的根本原因。然而，尽管在军队的默许下他被他所冒犯和警告过的同仁拉下台，但他没有被处死，或被投入监狱，或甚至被流放到蒙古的某个发电站。很明显，苏联正在让政治变革变得更加文明。这一切与过去的对比相当鲜明。

斯大林死后，苏联社会确实宽松了一些。在苏共二十大上的演说一直被提及，即使其主旨在于让批评转移，不再集中于那些曾参与犯下斯大林受谴责的错误的那些人（像赫鲁晓夫本人）。（斯大林的遗体被象征性地从列宁的墓地移走，那是国家圣地。）接下来的数年被一些人称为"解冻时期"。作家和艺术家被允许有少量的创作自由，同时这个政权也短暂地表现出它开始更加关注世人对其某些行为的看法，比如它对待犹太人的方式。但这是个别的和零星的。唯一清楚的也许是，斯大林死后，尤其是在赫鲁晓夫统治时期，政党作为苏联生活中一种更加独立的因素显现出来。

　　如今看起来有些古怪的是，人们纷纷开始谈论，美国和苏联变得越来越相似。这意味着苏联的政策变得越来越缺乏威慑力。但这种"趋同"论用扭曲的方式强调出一个无可争辩的事实：苏联是一个经济发达的国家。在20世纪60年代，由于这一点，一些欧洲左翼人士认为社会主义是一条实现现代化的可行道路。但是经常被忽略的事实是，苏联经济也是低效的和扭曲的。

　　虽然苏联工业在重工业方面的实力长期以来都很明显，但与美国人相比较，苏联的个人消费者仍然很穷，倘若没有昂贵的补助金制度体系，可能还会穷更多。俄国的农业曾经养活了中欧许多城市，曾为沙皇时代的工业提供原料，如今却始终不见起色；矛盾的是，苏联经常不得不购买美国的谷物。1961年，苏联共产党计划到1970年，实现在工业产量上超过美国。但这没有发生。而肯尼迪总统同年派人登月的计划实现了。然而，苏联与不发达国家相比，无疑是富裕的。虽然以消费社会的角度看，美国和苏联之间的不一致非常明显，但对穷人来说，它们有时看起来并无差别。许多苏联人会更有意识地将他们这个在20世纪40年代灾难重重且贫困不堪的国家与其在60年代的情况相比，意识到两者之间的差距，而不是把本国与美国对比。

　　两种制度的比较也并非总是一边倒。例如，苏联在教育上的投入实现了与美国一样的高识字率，甚至比美国当时还要更好一些。这种比较很容易让人混淆对量的判断和对质的判断，尽管如此，基本的事实不会改变，在 20 世纪 70 年代，苏联的人均国内生产总值仍然远远落后于美国。即使它的公民在 1956 年终于得到了养老金（比英国人晚了近半个世纪），他们也不得不忍受比西方差得越来越远的医疗健康服务。长期以来的落后状况和阻碍发展的因素还需要得到剔除。直到 1952 年，苏联的实际收入才回升到 1928 年的水平。"趋同"论总是太过乐观，也太过简单。

尽管如此，到 1970 年时，苏联的科学和工业基础，其规模和最优势领域可以与美国相匹敌。它最明显的表现，并激发了苏联公民爱国自豪感的伟大源泉，是在太空领域。到 1980 年，在太空轨道上的金属飞行物已经如此之多，因此，想要再次激起 20 年前第一批苏联卫星上天时引发的赞叹已非常困难。尽管美国在迅速跟进，苏联的太空成就仍是最棒的。对太空探测的报道满足了爱国者的想象力，人们回报以包容苏联日常生活其他方面不足的耐心。对一些苏联人而言，他们的太空技术证明了革命的正确，这样说并不为过；这表明苏联能够做到别的国家可以做到的几乎任何事情，还可以做许多只有一个国家能做到的事情，甚至可能做一两件一个时期内没有其他国家可以做到的事情。俄罗斯母亲终于就此实现了现代化。

但是，这是否意味着在某种意义上苏联正在成为一个令人满意的国家，领导人更加自信，很少质疑外部世界，不致妨碍国际环境，则是一件完全不同的事情。苏联对中国复兴的反应似乎并没有显示这一点，曾有提议要对中国进行先发制人的核攻击（尽管是为了回应中国的严重挑衅）。到 1970 年，苏联社会又开始表现出内部紧张的新信号。异议和批评，特别是对知识分子自由的约束，在 20 世纪 60 年代首次变得明显，腐败横行和日益严重的酗酒现象等反社会行为的征兆也是如此。但是他们很可能成功控制住了这两类因素，使其不能像在其他大国一样，产生引发重大变化的潜力。从长远来看，事实证明，其他没那么明显的事实却具有更重大的意义；在 20 世纪 70 年代，以俄语为母语的人第一次成为苏联人口中的少数派。同时，这个制度下，个人自由和基本人权的权限仍然由行政决议和国家机器支持的机构限定。苏联和美国（或者是任何一个西欧国家）之间生活的差别，仍然可以通过诸如在屏蔽外国广播上的庞大开支等衡量标准来评估。

由于一些明显的原因，美国的变化比苏联更容易观察到，但这并不总是使变化的本质更加容易辨别。美国力量确实增长了，这对世界非常重要，这些都毋庸置疑。在 20 世纪 50 年代中期，美国容纳了世界人口的 6%，却生产了世界工业产品的一半多；到 2000 年，仅加利福尼亚州的经济总量就足可成为世界第五大经济体。1968 年，美国人口突破 2 亿（在 1900 年有 7 600 万），每 20 个人中仅有 1 个不是本土出生（虽然在十年内有大量讲西班牙语的人口从墨西哥和加勒比海地区移民美国）。1960 年后出生人数在增长，而出生率却在下降；在这方面美国在主要的发达国家中是独一无二的。美国人越来越多地生活在城市或是郊区。自 1900 年以来，他们死于某些恶性肿瘤的可能性增加了两倍；但矛盾的是，它却是公共健康医疗状况改善的一个确切信息，因为它表明其他疾病正在不断得到控制。

成就辉煌的美国工业体系在 1970 年时被一些非常大的企业所支配，其中一些企业所掌握的资源和财富比一些国家掌握的还要多。考虑到这些大公司在经济领域的分量，经常有言论称，应当监督这些公司，以保护公共机构和消费者的利益。但毫无疑问它们有着创造财富和权力的经济能力。尽管事实将表明，美国的工业力量可能做不到它被要求做到的所有事情，但它是战后世界一个非常大的恒量，支撑着美国对外政策实施所依赖的巨大军事潜力。

在 20 世纪 50 年代，政治神话仍然重要。杜鲁门总统的第二任期和艾森豪威尔总统的任期都充斥着嘈杂的辩论，和更加自说自话的、关于美国政府干预经济所带来风险的言论。这些大部分都没能切中要点。自 1945 年以来，联邦政府保持着，且实际上还增加了其作为美国经济第一消费者的重要性。政府开销成为主要的经济刺激，增加政府开支成为成百上千的利益集团和资本家们的目标；平衡的预算和参照商业体系设置的低成本行政体制的希望，总是因这样的现实而搁浅。重要的是，美国是一个民主国家；无论什么教条的反对，无论多少华丽修饰的攻击，一个福利国家仍在缓慢地进步，因为投票者希望它走那条道路。这些事实让传统的不受政府控制和干预的自由经济的理想变成了空想。它们也有助于延长民主联合。在 1952 年和 1968 年当选的共和党人总统每一次都得益于厌战情绪，但两者都不能说服美国人应该选出共和党人的国会。另一方面，即使在 1960 年前，在民主党阵营内部可以看到紧张的信号——艾森豪威尔吸引了许多南方选民——到 1970 年在共和党人的旗帜下，出现了一个有点更像民族主义保守党派的派别，因为许多南方选民被民主党为黑人权利立法所冒犯。因南北战争而产生的民主党人的票仓"南方大本营"，已经不再是一个政治常量了。

总统们有时会改变所强调的重点。艾森豪威尔时代留下一个印象：其间美国国内几乎没有大事发生。这位总统丝毫不认为，作为总统，他应该积极主导国内政策。很大程度上由于这一点，1960 年肯尼迪在民众投票中仅以微弱优势当选——一个新人（也是一个年轻人）的出现，却产生了一种将要有显著变化的感觉。在当时，太多文章就这个非常表面的层次大书特书，结果造成了错误的印象。但回顾过去，我们也会赞同，在对内对外事务上，从 1961 年开始民主党人再次执政的八年，给美国带来了很大的变化，尽管并不是以肯尼迪或是他的副总统林登·约翰逊就职时所希望的方式。

　　1960 年就已经存在的一个议题是所谓的"黑人问题"。虽已获得解放一个世纪，但与美国白人相比，美国黑人很可能更穷，接受救济更多，失业更多，居住条件和健康更差。21 世纪初的情况依然如此。然而，在 20 世纪五六十年代，乐观主义情绪逐步增长，人们认为事态是可以改变的。由于三个新的事实，美国社会中黑人的地位突然似乎变得无法忍受，成为一个很大的政治问题。一是黑人移民使之从南方问题转变成全国的难题。在 1940 至 1960 年间，北方各州的黑人人口在移民运动中几乎增加至原来的三倍，且增长趋势还在延续，直到 20 世纪 90 年代才改变。纽约成为黑人人口最多的州。

　　这不仅将黑人带入新的地方，他们还要适应新的生存方式。事实表明，他们面临的问题不仅是一个法律权利的问题，而且是多方面的综合性问题；经济和文化方面的剥夺也是其中之一。第二个事实将这个问题推向了美国之外更宽泛的民族主义层面。那些新生的国家正在联合国中成为多数派，而它们大多是有色族群组成的国家。尴尬的是美国在国内如此明目张胆地违反它在国外大肆宣扬的思想，这在美国大部分黑人处境艰难的事实中得到确证。最后，在一些受到甘地主义非暴力不合作原则激励的领导人带领下，黑人自身的行动把许多白人也争取过来了。最终的结果是，美国黑人的法律和政治地位都有极大改善。然而，在这一进程中，苦难和仇恨并没有消除，在有些地方实际上还有所增加。

　　对黑人来说，争取平等地位的运动最早也最成功的例子，是为"公民权利"进行的斗争，其中最重要的，是不受限制的选举权（形式上享有，可实际上在一些南方州不可得到）和在其他方面的平等待遇，例如使用公共设施和学校教育。其成功源于 1954 年和 1955 年最高法院的裁决。因此这个过程不是开始于立法，而是源于司法解释。

这第一批重要的裁决，宣告了在公共教育体系内不同种族的隔离是违反宪法的，存在隔离的地方应在一个合理的时期内结束隔离政策。在许多南方州，这是对其社会制度体系的挑战，但到 1963 年，在每个州都有一些既接收白人儿童又接收黑人儿童的学校，尽管其他还有只收黑人或白人的学校。

直到 1961 年后立法才真正变得重要起来。由黑人领袖发起的一场成功的"静坐抗议"（它本身在很多地方取得了胜利）运动开始后，肯尼迪提出了一个议案，超越了保障投票权事项，而旨在抨击种族隔离和各种不平等。他的继任者继续推进了这一方案。在破旧的城中区域，贫困、恶劣的居住环境和糟糕的学校是美国社会深层不和谐的征兆。而随着总体富裕程度的增加，在这种背景下，不平等显得更加令人厌烦。肯尼迪政府呼吁美国人把消除这一切作为"新边疆"（New Frontier）的挑战之一。

1963 年 11 月肯尼迪遇刺后，林登·约翰逊继任为总统。他更加强调借助立法来根除这些问题。不幸的是，美国黑人问题最深层的根源，在于法律无法触及的美国大城市中被称为"隔都"的地方。使用长远的视角将又一次大有帮助。1965 年（在美国全境解放黑奴成为法律 100 年后），在洛杉矶一个黑人街区爆发了一场据估计最高峰时有多达 7.5 万人参加的暴动。在其他城市，骚乱也相继发生，但规模没有那么大。25 年后，瓦茨（洛杉矶骚乱发生的地方）的状况进一步恶化。美国的黑人问题（通常被认为）是一个经济机会不均等的问题，但即使仅这样看待，也并不容易解决。它不仅未得到解决，而且出现越来越难以解决的趋势。它隐藏的危害，在犯罪、一些黑人社区医疗卫生标准和家庭凝聚力的崩坏，以及一些无法监管的城中城等问题上集中爆发出来。在美国白人的文化和政治里，这些问题有时会导致对肤色和种族议题产生近乎神经质的执迷。

林登·约翰逊总统提出"伟大的社会"一词来概括他设想的美国未来，在南方贫困家庭成长的经历使他本人确信这种前景，也成为其令人信服的一大例证。假如他能连任的话，或许会坚守处理黑人经济问题的承诺。虽然具有成为美国勇于开展伟大变革的总统之一的潜力，虽然满怀抱负、经验丰富，也不乏技巧，他却也终究以惨败收场。他建设性的变革工作很快就被遗忘（而且必须指出，被束之高阁），而他的总统任期由于那场灾难性的亚洲战争（实在太过惨痛，因此被一些人称为"美国的西西里远征"）①变得暗淡无光。

在艾森豪威尔当政期间，美国在东南亚的政策逐步建立在这样的信条上：一个非共产主义的南越对安全是必不可少的，想要这个地区的其他国家，或是远至印度和澳大利亚等国不被颠覆，南越就必须保留在西方阵营内。因此，美国成为中南半岛部分地区保守政府的幕后支持者。肯尼迪总统没有质疑这个观点，开始提供军事"顾问"援助。在他死时，南越已有2.3万名美国"军事顾问"，他们大部分都参与实际作战。约翰逊总统延续了这条既定路线，认为对其他国家做过的保证必须显示能切实兑现。但事实证明，西贡上台的一届又一届政府都不可信赖，不堪一击。1965年初，有人警告约翰逊，南越可能会垮台；而他拥有实施行动的权力（前一年北越攻击美国军舰后，出于谨慎的行政管理，国会授予了他这项权力），下令对北越多处目标发动空袭。不久以后，第一支正规部队被派往南越。美国的参与规模很快就失去了控制。1968年有超过50万美国军人在越南服役；到这年圣诞，投掷在北越的炸弹数量，总数已经比整个二战期间投在德

---

① 这场亚洲战争指越南战争。西西里远征是指公元前415年伯罗奔尼撒战争期间，雅典为打破战略僵局，出兵介入西西里岛城邦内部纷争，希望征服该岛并一举切断斯巴达的粮食和兵力来源，结果雅典惨败，损失了最精良的陆军部队和几乎全部的舰队。伯罗奔尼撒战争由此转向有利于斯巴达的态势，雅典帝国的黄金时代就此落幕。以雅典的西西里远征比拟美国的越南战争，可见它对美国人的心理影响之巨。——译者注

国和日本的加起来都多。

这个结果在政治上是灾难性的。美国的财政收支因战争的巨大支出而捉襟见肘，也让国内亟须的改革项目失去了资金支持。但相比让约翰逊更为糟心的其他事务，这一点简直不值一提。更糟糕的是，随着伤亡人数急速上升，谈判的努力又毫无进展，国内激烈的抗议声浪骤起。富裕家庭的年轻人试图逃避兵役。美国人在国内沮丧地从电视上注视着一场战争所付出的代价，由于电视的普及，这可能是一场前所未有的、人们坐在家里就能知晓战情的战争。怨恨在增加，温和的中间阶层也在越来越警醒。一点小安慰是，苏联人对北越的武器供给开销也很大。

美国国内关于越南的纷争，远不止年轻人因抗议和怀疑政府造成的骚乱，或者因同胞们仪式性地侮辱爱国主义象征物和拒绝服兵役所引起的保守派理想主义者们的怒气。越南正在改变许多美国人看待外部世界的方式。终于，有见识的美国人从东南亚的例子中深深感觉到，即使强大如美国，也不可能获得想要的所有结果，更别说想仅花上合理的代价就获得了。在 20 世纪 60 年代晚期，美国力量无限且不可抗拒的错觉宣告终结。美国人曾用这种完美无缺的错觉来处理战后的世界。他们认为，他们国家的力量最终决定了两次世界大战的走向。除此之外，再倒退一个半世纪，则是几乎不受抑制和阻挡的大陆扩张，拒之门外的欧洲干预和在美洲半球令人印象深刻的霸权增长。在美国历史上没有什么事是完全糟糕的和无法挽救的，几乎没有任何事情是注定失败的，没有什么事情让大多数美国人感到内疚。在这样的背景下，不假思索地形成"可能性无限"的前提假设，是很容易也很自然的。而持续繁荣又有助于把这种态度从国内事务扩展到国际事务上。美国人很容易忽视长期以来他们的成功得以实现的特殊条件。

然而，在 20 世纪 50 年代，当许多美国人不得不接受朝鲜战场上远比他们希望的少得多的战果时，对这种假设的重新审视开始出现。之后的 20 年是令人沮丧的，美国和一批国力还不及自己十分之一的国家打交道，却显然被它们憋得够呛。最后，在越南战争这场灾难里，力量的局限和巨大的代价都暴露出来。1968 年 3 月，反对战争的力量之强，在总统选举初期就表露无遗。

约翰逊已逐步倾向于认为美国不可能赢得胜利。他准备严格限制轰炸，要求北越重启谈判，富有戏剧性的是，他现在又开始宣称他不会再次参加 1968 年的竞选。正如朝鲜战争的伤亡让艾森豪威尔赢得 1952 年选举一样，越南战争在战场上和国内造成的伤亡，有助于（随着第三位候选人的出现）1968 年（仅在约翰逊为民主党赢得压倒性的绝大多数支持的四年之后）选出另一位共和党人总统，并在 1972 年使得他再次当选。越南不是唯一的因素，但它是最后扰乱老民主党联盟的最重要因素之一。

新总统理查德·尼克松，在其就职典礼后就开始从越南撤出美国的地面部队，但是实现和平最终耗费了三年。1970 年北越和美国之间开始秘密谈判。进一步的撤兵在继续，但美国人也重新开始并加强了对越南北部的轰炸，还延伸到柬埔寨。外交处理过程曲折艰难。美国不可能承认它正在放弃盟国，尽管它正在如此做，北越也不会接受让自己无法通过其南方同情者来控制南方政权的条款。在美国规模庞大的公众抗议潮中，轰炸在 1972 年底短暂地重新开始，但这是最后一次。很快不久，在 1973 年 1 月 27 日，停火协议在巴黎签署。战争耗费了美国巨量金钱，造成 5.8 万美国人死亡。它严重损害了美国的声望，侵蚀了美国的外交影响力，破坏了国内政治环境，使改革受挫。所得到的就是一个不稳固的南越政权暂时得以保存，但其内部问题重重，使其根本不可能维持下去，而中南半岛各族群遭受了严重的损失，300 多万人死亡。或许，仅有的一点收获是，美国万能的错觉被放弃了。

使美国从越南战争的泥潭中解脱出来确实是一大成就，尼克松总统因此收获了政治利益。清除这桩风险之后，他又发出了承认自古巴危机以来世界已经发生变化的其他信号。最令人惊喜的，是一项与社会主义中国实现正常直接的外交关系的新政策。这在 1978 年达到高潮，但早在越南战争和平解决之前，就发生了两件大事。1971 年 10 月，联合国大会承认中华人民共和国政府的代表为中国在联合国的唯一合法代表，驱逐了台湾当局的代表。这并不是美国预期的结果，直到决定性的投票举行。次年 2 月，尼克松前往中国访问，这是美国总统历史上第一次到访亚洲大陆，他将其形容为尝试抚平"1.6 万英里、22 年的敌意"之旅。

当尼克松不仅实现了他的中国之行，随后也成为首位访问莫斯科（在 1972 年 5 月）的美国总统，继而又就限制军备草签协议（在武器限制方面这还是首次），另一个重要的变化似乎也发生了。不论未来如何不确定，鲜明粗暴划分为两极的冷战世界正在消失。解决越南问题的协议随之达成，这不可能与此不相关；要达成停火协议，莫斯科和北京两方都必须得到安抚。中国对越南战争的态度绝不简单；来自苏联的潜在危险，美国的力量在亚洲无处不在，特别是在中国台湾地区和日本，以及对越南民族主义力量的古老记忆，使之变得复杂化。中国支持自己的中南半岛共产主义盟友，但也不可能全然加以信任。中国把越南看成是共产主义"小兄弟"，但越南人像看待反抗法国帝国主义那样，回望与中国相争的漫长历史。美国撤离后，越南国内继续进行的战事的实质越来越清楚地呈现为一场内战，它将决定谁来统治这个重新统一的国家。

北越及其在南方的盟友们没有等待很长时间就解决了这个问题。一个时期内，美国政府必须假装没有看到这一点。国内对于能不再专注在亚洲蹚浑水而感到如释重负，根本不想再去实际监督使撤离成为可能的和平协议的切实落实。1974 年，一件政治丑闻迫使尼克松下台，他的继任者所面对的国会，对自己眼中危险的国外冒险行为充满质疑，并坚定不移地加以阻止。美国不再尝试维护 1972 年的和平协议，使其保障南越政权不被推翻。1975 年初，美国对西贡的援助终止。一个实际上失去其他所有领土的政府，没落到背水一战的地步，尝试用一支意志消沉的战败之师保卫首都和湄公河下游河谷。同时，在柬埔寨，共产主义力量正在摧毁另一个美国曾支持过的政权。国会阻止了进一步派遣军事力量和财政援助。1948 年在中国出现过的模式正在被复制：美国为了减少自身的损失，于是让曾经依赖于它的那些人去承受代价（虽然有 11.7 万越南人与美国人一道离开），而北越军队于 1975 年 4 月进入西贡。

这样的结果特别有讽刺意味。美国参战，首先是为遏制中国的共产主义——而现在与中国靠近，意味着撤军顺理成章。在美国国内，声势越来越大的右派认为美国军队并没有输掉战争——它是输给了懦弱的政客、反战活动分子和社会激进分子。在 20 世纪 70 年代末，美国的战败或许有助于它反省自己的全球目的，并且暂时不愿轻易卷入其他后殖民地区的战事。但最重要的是，它意味着美国开始怀疑与苏联缓和的可能性，后者才是它在国际事务中的头号敌人。

随着 1980 年日益临近，许多美国人越发困惑和担忧。国民士气不是很好。越战留下了深深的心理创伤，也助推了国内令大多数人感到恐惧的反主流文化趋势。在 20 世纪 60 年代，第一次对环境危险提出警告的声音出现；20 世纪 70 年代发生了石油危机，还出现了一种新现象，当时美国的中东盟友以色列，面对自己的众多敌人首次不再坚不可摧。一次不体面的滥用行政权力之后，尼克松总统面临的耻辱和弹劾逐渐毁掉了人们对国家机器的信心。在国外，其他盟国（美国人的混乱使它们自己感到担忧和困惑）的行为的可预见性比过去更低。美国人相信，他们的国家被寄予厚望，匡扶人类，但在遭到伊斯兰世界多次直率的拒绝后，他们也变得迟疑。

形势实际上变得不容易看清。然而美国的民主制度没有显示出崩溃的信号，也没有显示出无法满足国家大多数需要的迹象，即使它不能找到所有问题的全部答案。美国经济令人异常惊讶地能够持续多年支付巨大的战争开支、把人类送入月球的太空探险项目，以及全球性的驻军开销。确实，美国黑人的困境继续恶化，国内一些最大的城市由于郊区的衰退看起来更加受挫。然而，却很少有美国人认为这些事实令人担忧，他们更担心的是，本国似乎在导弹力量上不如苏联（此事成为 1980 年总统选举的一个议题）。杰拉尔德·福特总统（1974年在他的前任辞职时就职）已经必须面对国会不愿进一步对美国在中南半岛的盟国进行援助。当柬埔寨政权垮台，南越很快紧随其后时，关于美国力量在全世界撤退可能达到什么程度的问题，在国内外被提出来。如果美国不再为中南半岛而战，那么对泰国它也会这么做么？更加令人担忧的是，它会为以色列甚至柏林而战吗？有很充足的理由认为美国退却和沮丧的气氛不会永远持续，但是当它还在持续的时候，它的盟国们，包括欧洲的那些关键国家，都在观察事态，感觉不安。

欧洲是冷战的发源地，长期成为冷战的主要战区。然而早在1970 年前，有一些信号显示，体现在北大西洋公约组织和华沙条约组织中的极端简化的态势，并不是塑造历史的全部因素。尽管能导致变化的外部刺激都被苏联力量及计划经济体制隔离，但东欧还是出现了分化的信号。20 世纪 60 年代，中苏两国闹翻，华约中最小的国家阿尔巴尼亚激烈谴责苏联，支持中国，苏联人不得不忍下这口气，因为阿尔巴尼亚与其他华约国家没有边界相连，这就无须顾忌苏军。更令人惊讶的是，罗马尼亚在中国的支持下成功地对经济互助委员会①控制的经济目标提出异议，强调本国有权利按照自己的利益发展。在外交政策问题上，该国甚至采取了模糊的中立主义立场，尽管它还留在华约内。更令人奇怪的是，它是在一个对同胞强硬统治的统治者控制下这么做的，那曾是东欧最严厉的政权之一。但是罗马尼亚与北约国家没有陆地边界，与苏联却有一条 800 千米长的边界；因此，它的轻佻之所以被容忍，是因为如有必要，它很快就会被遏止。

1968 年，捷克斯洛伐克的共产主义政府开始着手放松内部结构，发展与西德的贸易关系，此时就充分表明，脱离过去的家长制大家庭也有清晰的界限。这一举动没有被容忍。一系列将其带回正轨的尝试没有起到作用，之后，捷克斯洛伐克于 1968 年 8 月遭到华约军队的入侵。为避免重复 1956 年匈牙利发生的一切，捷克政府没有抵抗，一段简短的"人道社会主义"（正如一个捷克政治家所说的）尝试就此被消灭。

尽管如此，中苏间的紧张关系，再加上东欧阵营中的震动（或许还要加上美国与拉丁美洲国家别扭的关系），意味着世界总体而言正在放弃两极性，而像一位意大利共产主义者②所称的那样，走向"多中心主义"。冷战简单极化关系的放缓实际上是令人惊讶的。其他让形势变得复杂的发展同时也在西欧出现了。到 1980 年，很清楚的是，西欧诸民族所扮演的一大历史性角色已经谢幕，因为他们当时所统治的地表领土并不比他们的祖先在 500 年前所控制的多。巨大的转变已经发生，自那时起不可逆转的事态正在进行。尽管欧洲过去的帝国已经终结，但一个新角色却正在顺利形成。西欧开始第一次发出微弱的

---

①　简称经互会，是由苏联组织建立的一个由社会主义国家组成的政治经济合作组织，1949 年成立，1991 年解散。——译者注

②　指意大利共产党书记陶里亚蒂。——译者注

信号，表明民族主义对于人类大规模组织潜能的掌控，可能恰恰会在民族主义的起源地开始变得更加松散。

欧洲协作的遗产被热衷者追溯到了加洛林王朝，但 1945 年确实可作为一个起点。从那时起，这片大陆未来的 40 多年一直由战争和苏联政策的结果所决定。自战败和分区占领消除了德国问题，因而也平息了法国的忧惧，关于德国问题会引起另一场西方国家内部的大战的可能性似乎已很遥远。当时苏联的政策给了西方国家更多紧密合作的理由；20 世纪 40 年代末东欧的事件使它们深受触动，意识到美国一旦撤回家，而它们仍然四分五裂，可能会出现怎样的后果。历史证明，马歇尔计划和北约组织是一个新欧洲走向一体化的两个最先的重要步骤。

一体化得以形成不止一个根源。马歇尔计划一启动，一个欧洲经济合作组织（起先有 16 个国家，但后来扩大）随后于 1948 年建立，次年，就在北大西洋公约组织条约签署一个月后，在一个新的欧洲委员会领导下，代表着十个不同欧洲国家的首个政治团体建立起来。然而，是经济力量使一体化发展得更快速。1948 年在"比荷卢三国"（比利时、荷兰、卢森堡）之间以及法国和意大利之间（以不同的形式），关税同盟建立。最终，迈向更大规模联合的最重要早期措施，源于法国建立一个煤和钢铁共同体的建议。这在 1952 年正式成形，包含法国、意大利和"比荷卢三国"，最重要的是，还有西德。它使西欧核心工业区的恢复成为可能，也是使西德融入新的国际架构的主要步骤。通过经济调整，既牵制又复兴西德的手段形成。在西欧面临苏联地面武装力量威胁的情况下，很明显，复兴西德的力量非常必要。在朝鲜事件的影响下，美国官方的观点（让一些欧洲人感到惊慌失措）在 20 世纪 50 年代早期也快速转变为主张德国必须被重新武装。

　　另外一些事件也有助于使欧洲走向超国家组织的道路变得容易。在法国和意大利，政治上的软弱（主要表现为本土共产党活跃）渐渐有所改善，这主要归功于经济恢复。共产主义者早在 1947 年就开始停止在两国政府中扮演任何角色。法国和意大利的政治体制可能会遭遇到捷克斯洛伐克一样的命运，这种风险在 1950 年消失。反共产主义的观点围绕这样一些政党联合组织起来：促进团结的力量或者是罗马天主教政治人士，或是社会民主党人，他们都清楚意识到其东欧同仁的命运。概括地讲，这些变化意味着，稳健的右翼的西欧政府在 20 世纪 50 年代都在采取务实的措施，追求经济复兴、福利服务和西欧融合等相似的目标。

　　更进一步的机构出现了。1952 年，一个西欧防卫共同体使西德的军事地位变得正式。这逐渐又被西德获得北约组织成员国资格取代，但是像以前一样，迈向一体化的主要推动力是经济。1957 年，关键性的措施出现：法国、德国、比利时、荷兰、卢森堡和意大利共同签署《罗马条约》，欧洲经济共同体诞生。除了期望创建一个包括其成员的"共同市场"外，在共同市场内，货物、服务和劳动力自由流动的障碍得到逐步消除，采用了共同的关税，同时，条约还提供了一个有决策权的机构、一个官僚机构，以及一个拥有咨询权的欧洲议会。一些人谈及重建查理曼的遗产。它促动了没有加入欧洲经济共同体的国家两年半后建立起更松散、更有限的欧洲自由贸易联盟（EFTA）。到 1986 年，6 个欧洲经济共同体创始国（到那时，它已简化为欧共体，"经济"一词相当引人注目地被拿掉了）发展到 12 个，同时，欧洲自由贸易联盟仅剩下 4 个成员国。5 年后，残留的欧洲自由贸易联盟与欧共体合并。

　　西欧缓慢但是加速朝着初步政治共同体迈进的行动，证明了那些作出这些安排的人的信心：他们的国家间的协商与合作不应再为武装冲突所取代。不幸的是，尽管认可这个事实，但是大英帝国政府没有抓住机会加入，在制度上作出表示；后来，它两次被欧洲经济共同体拒之门外。同时，共同体的利益通过一项共同的农业政策逐步被联结在一起，尽管声称有各种意向和目的，但这是对农牧民的一笔巨大的收买款，因为他们是法国、德国选民的重要组成部分，后来，当那些穷国成为成员时也是如此。

长期坚决反对进一步政治一体化的呼声来自法国。戴高乐将军尤其强烈反对。他在 1958 年重返政治舞台，成为法国总统，此时第四共和国似乎很可能陷入阿尔及利亚内战。他的第一项任务就是与这些极端人士协商，推行重要的宪政改革，建立第五共和国。他为法国做出的下一项贡献与其在战时生涯中的贡献一样伟大，即 1961 年解除了法国对阿尔及利亚所负的责任。驻扎在那里的军团回国了，虽然有些不满。这场行动使他和他的国家获得自由，可扮演更有力的国际角色，尽管多少有些消极的成分。

戴高乐的欧洲统一观仅限于独立国家间的合作；他把欧共体主要看作保护法国经济利益的途径。他做好了充分准备，要限制这个新的组织，以推行他的道路。此外，他在英国申请加入欧共体时两次都投了反对票。战时的经历留给他的是对"盎格鲁—撒克逊人"深深的不信任，而且他相信（绝非无凭无据），英国仍然期望与包含美国的大西洋共同体联合，而不是与欧洲大陆。1964 年，他与新中国互派外交使节，这惹恼了美国。他坚持认为要发展法国自己的核武器项目，减少对美国保护的依赖。最后，在给北约造成不少麻烦后，他让法国退出了北约。这被视作西方阵营"多中心主义"时代的来临。1969 年一项不利于他的公民投票结果出来后，戴高乐辞职，一股导致西欧走向不稳定和混乱的政治力量消失。

英国在 1973 年最终加入欧洲经济共同体，这个坚持历史上的民

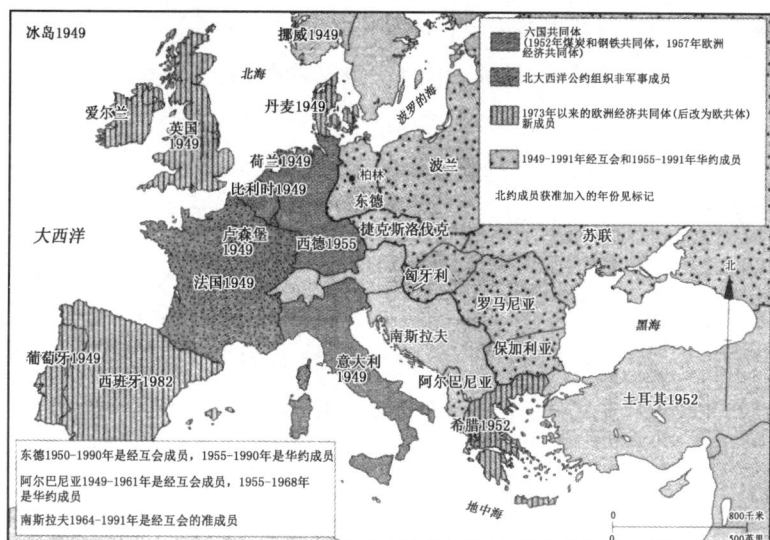

二战后欧洲的经济和军事集团

族国家传统的最保守国家也认可并融入了20世纪的历史事实。这个决定与帝国的收缩相辅相成，意味着英国的战略边界不再位于莱茵河，而是易北河。虽然离决定性的时刻还较远，但在一个不确定的时代，这是一个重要的转折点。在四分之一世纪的时间里，英国政府将经济增长、增加社会服务供给和维持高水平雇佣加以结合的努力都失败了。第二点最终依赖于第一点，但当困难增加时，第一点总是被牺牲，以成全另外两方面。毕竟，英国是一个民主国家，贪婪且易受骗的投票者必须得到抚慰。英国传统经济致力于发展国际贸易，这种脆弱的经济形态也造成了一定的阻碍。其他弱点在于它老式的主要产业、投资缺乏和根植于民族性格中的保守态度。虽然英国变得富裕（在1970年英国劳工实际上还没有每年四周的带薪假期，而十年后他们中有三分之一的人享有了），但在财富和财富创造率上它越来越落后于其他发达国家。如果说英国人已成功应对自身国际力量的衰落，并在不引起明显暴力和国内苦痛的情况下成功实现了非殖民化，那么，尚不明朗的是，他们是否能在其他方面摆脱过去，并确保自己能作为二等强国保持哪怕适度的繁荣。

北爱尔兰出现了一个很明显的对其文明秩序的威胁。新教徒和天主教徒中的恶棍好像决心宁愿毁掉他们的国家，也不愿寻求与他们的对手合作，这在20世纪七八十年代造成了数千英国公民死亡，其中包括士兵、警察和市民，新教徒和天主教徒，爱尔兰人、苏格兰人还有英格兰人。幸运的是，他们没有像爱尔兰人过去所做的那样妨碍英国政党政治。英国选民仍然十分专注于那些关键性的事件。通货膨胀以前所未有的水平运行（1970—1980年的年均通胀率高于13%）。在20世纪70年代英国徘徊在新的工业危机边缘，特别是在石油危机降临之后。一场矿工罢工就推翻了一届政府，这不免让一些人怀疑，国家是否"难以管制"，同时，许多领导人和评论家死抱住社会分裂的主题不放。即使是联合王国是否应该留在欧洲经济共同体这个问题（1975年6月这被提交给全民公决这种革命性设计），也经常被放在这些议题之中。当投票结果清楚地赞成继续保留成员资格时，许多政治家感到更加惊讶。

尽管如此，更加艰难的时世（从经济角度讲）即将降临；通货膨胀（1975年石油危机爆发时通胀运行在26.9%）最终被政府认定为最主要的威胁。工会提出的工资要求，体现出它们预期通胀仍会来临，有些人开始认为，在消费方面无可争议的增长时代已经结束。仅有一丝光明：几年前大型油田在北欧海岸的海底被发现。1976年，英国成为一个石油输出国。那并没有产生立竿见影的作用；同年，英国不得不从国际货币基金组织贷了一笔款。当撒切尔夫人，英国（和欧洲的）第一位女性首相，领导主要政党（保守党）的第一位女性，于1979年上任，在某种意义上，她也没什么好失去的了；她的对手已信用全无，很多人觉得，曾长期未受批评地得到接受的那些决定了英国政策的观念也是如此。彻底的新尝试这一次真的好像成为可能。使她的很多支持者和对手感到惊讶和错愕的是，经历了一个不稳固的开端之后，作为20世纪执掌英国任期最长的首相，她所做的正是彻底的革新。

担任首相不久，1982年，撒切尔发现自己意外地主持了可能是英国最后一次殖民战争。在阿根廷军队短暂的占领后，马尔维纳斯群岛①的夺回在逻辑上既是一个伟大的军事功绩又是一个心理和外交上的主要成就。首相直觉地认为，英方应为国际法准则而战，应为岛民表达他们应该接受谁的统治的权利而战，这种判断与大众的情绪不谋而合。她也准确地判断了国际形势的可能性。一个不确定的战争开端（考虑到拉丁美洲传统的敏感性，这并不令人吃惊）后，美国提供了具有重要的实际意义的秘密帮助。更重要的是，欧共体大多数国家支持在联合国孤立阿根廷，决定谴责阿根廷的行为。尤其值得一提的是，英国一开始就得到了法国政府的支持（这样明确的支持，法国人并不经常提供），因为法国感觉到对既定权力的威胁。

现在很清楚的是，前些年获自英国外交的英国可能反应的误导性观感，鼓励了阿根廷人的行动（由于这个原因，英国的外交大臣在危机开始时辞职）。令人高兴的是，这场冲突的一个政治结果是，当政的阿根廷军政府的声望受到致命的损伤并被推翻，1983年末，一届民选的政府取而代之。尽管国内有些人对他们所认为的冲突中不必要的人员牺牲感到遗憾，但在英国，撒切尔夫人的声望与国家的士气一道上升；在国际上，她的地位也逐步稳固，这是很重要的。在这十年剩下的时间里，这个国家对其他国家的首脑（显著的是美国总统）产

---

① 英国称福克兰群岛。——译者注

生了影响，其影响的程度，单凭英国国力的基本事实，是根本达不到的。

但也并非所有人都认为，这种影响力总是恰如其分地得到运用。像戴高乐将军一样，撒切尔夫人的个人信念、先入之见和偏见总是显而易见的，而且她，像他一样，都不倾向于欧洲一体化（如果这个词意味着致力于在情感上或实践中立足于欧洲整体，不惜模糊个人对国家利益的预见的话）。同时，在英国内部，她改变了英国政治的状况，或许也在文化和社会争论方面作出了努力，消解了根深蒂固的就国家目标达成的所谓"正统"（bien-pensant）共识。这与她许多毋庸置疑的激进主义政策一起，既唤起了人们的热情，也激起了对她的憎恶。然而，她在最重要的一些目标上没有取得成就。她上任十年后，政府在很多社会领域扮演了越来越重大而不是越来越小的角色。自 1979年以来花费在健康和社会安全维护上的公共资金实际增加了三分之一（但并未满足大幅增长的需求）。

尽管撒切尔夫人带领保守党连续赢得了三次大选胜利（在英国政治舞台上唯一的成就），党内很多人相信在下一轮竞争中她会失利，这种前景可能并不遥远。面对忠诚和支持的销蚀，1990 年她辞职，留给继任者的是不断增加的失业率和糟糕的财政形势。但另一种可能性似乎是，英国政治此时对英国加入欧洲经济共同体并参与其事务的阻碍越来越少，并且越来越务实。

对所有欧共体成员来说，20 世纪 70 年代都是一个非常困难的时期。增长衰退，在石油危机的影响下各国经济步履蹒跚。这引发了惯常的争吵和口角（特别是关于经济和财政问题），这使欧洲人意识到迄今为止所取得成绩的局限性。在 20 世纪 80 年代，这种情况继续，连同对由日本主导的远东经济的成功的不舒服感觉，以及越来越意识到别的国家也希望加入欧共体十国的行列，这些因素推动了关于"共同体"未来的进一步思想结晶。许多欧洲人更加清楚地看到，进一步统一、合作的习惯和财富增长是欧洲政治独立的必要条件，但是一些人也有一种新的感觉，认为这种独立总是显得空洞，除非欧洲也能把自己变成一股超级强大的势力。

热衷者可以从一体化的进一步发展中寻得安慰。1979 年，欧洲议会的首次直接选举就已经举行。希腊于 1981 年，西班牙和葡萄牙于 1986 年，很快加入了共同体。1987 年，欧洲共同的货币金融体系的基础得到拟定（虽然英国没有同意），成员国还一致决定，1992 年是真正的统一市场启动年，过境的货物、人员、资金和服务将可以自由通行。成员国甚至在原则上支持欧洲政治联盟的观点，虽然英国和法国有明显的疑虑。这并没有如期望的那样，立即促进更大的精神团结和舒适，但它是某种发展的一个毋庸置疑的信号。

在《罗马条约》签订以来的这些年里，西欧已经历了相当大的变化，或许已超出了这一时期出生并长大成人的男男女女们能把握的程度。在这些制度变化之下，相似性（在政治、社会结构、消费习惯和关于价值观与目标观的信念上）也慢慢发展起来。甚至经济结构上的一些旧有差距也大为缩减，这表现在法国和德国农民财富上的增长和数量上的减少。另一方面，随着更加贫困，或许政治上也没那么稳定的国家加入欧共体，新的问题也在浮现。融合度是相当高的，这一点无可辩驳。但这对未来意味着什么，却依然不明朗。

1975 年 12 月，杰拉尔德·福特成为第二位访问中国的美国总统。随着在越南的教训被缓慢接受，他的国家对中华人民共和国根深蒂固的不信任和仇恨也开始有所调整。在中国这边，这种变革是更为宏伟的发展进程的一部分：中国正在恢复与其历史地位和潜力相符合的国际角色和区域角色。毛泽东领导下的革命让中国空前稳固，并在健康和教育领域突飞猛进。但是经济发展却一度陷入混乱，中国人民还没有摆脱贫困。20世纪70年代中期，中国领导人开始设法摆脱无止境的政治运动，致力于国强民富。

1976年9月毛泽东去世，"四人帮"（其中一个是他的遗孀）的被捕（而且，最终在1981年被审判和定罪）终结了他们所造成的威胁。在经验丰富的新领导人的带领下，"文化大革命"过火的趋势很快被纠正。1977年，先前两次被打倒的邓小平作为副总理重新进入政府，坚定地与截然相反的趋势保持一致（他的一个儿子在"文化大革命"期间受到红卫兵的迫害而瘫痪）。不过，最重要的改变，是中国期待已久的经济恢复最终实现。现在私人企业得到了发展机会，并被允许逐利，与非共产主义国家保持经济联系受到鼓励。目标是重新开始技术和工业现代化。

新路线的主要定义在1981年党的中央委员会全体会议上被表述出来。它也开始了一项微妙的任务，区分毛的积极成就——一个"伟大的无产阶级革命家"，以及他由于"大跃进"和"文化大革命"而导致的退步的"严重错误"和责任。尽管中国共产党领导层在这些年里经历了变动，尽管内部争论和口号让政治形势不甚清晰，尽管邓小平和他的伙伴必须通过一个包含保守派在内的领导集体来开展工作，但20世纪80年代仍逐渐塑造了一种新的趋势。现代化最终成为优先目标。

马克思主义仍是政府的指导思想，同时市场经济也很快成为推动中国经济向前发展的引擎。邓小平及领导层愿意尝试，愿意给予他们认为能够为总体目标（邓小平和他的良师益友周恩来称之为四个现代化）服务的一切以优先地位。随之而来的变化看来似乎难觅头绪，但总体的方向仍然存在：政府不再延续自清朝以来的模式完全掌控生产，而是强调私人生产者的能动性。

一项显著的变化是，在接下来的几年里对农业进行了改革。虽然农民没有被给予土地的产权，但被鼓励在市场上自由出售产品。新的标语"致富光荣"被创造出来，用于鼓励发展乡镇企业和工商业。经济特区——与资本主义世界自由贸易的试验区首先在广东（中国与西方贸易的传统中心）出现。这不是一个没有成本代价的政策：谷物生产一度下降，通货膨胀在20世纪80年代早期开始显现，外债也增加了。一些人把不断蔓延的犯罪和腐败归咎于这一路线。

然而经济上的成功毋庸置疑。20世纪80年代，中国大陆开始表明，它也可以实现像台湾地区那样的经济"奇迹"。到1986年，中国已是世界第二大煤炭生产国、第四大钢铁生产国。在1978至1986年间，GDP每年以超过10％的速度增长，而同期工业产值翻了一番。农民人均收入增加了近两倍，到1988年平均每个农民家庭估计有近6个月的收入存入银行。

新路线特意将现代化与国力变强大联系在一起。因而反映了五四运动以来甚至更早时期的中国改革者们的愿望。中国的国际影响力在20世纪50年代已经有很明显提升；它现在则开始以不同的方式展现出来。与美国邦交正常化的最初努力在改革开放之前就已开始，但此时它才成为中国发展战略的有机组成部分。正式的外交承认在1979完成。在一份中美公报中，美国做出关键的让步：其军队应撤出台湾，并终止与台湾国民党当局的正式外交关系。但邓小平很明智，没有让美国在其他领域的对台事务成为中美关系的阻碍。对他来说，中国实现现代化更为重要。

1984年，中国与英国就香港1997年租借期满后回归达成协议，与葡萄牙也随后达成恢复澳门主权的协议。虽然中国的邻居大多普遍承认了中国应有的地位，美中不足的是，越南（与中国的关系一度退化成公开战争，当时两个共产主义国家成为控制柬埔寨的竞争对手）仍怀有敌意。不过，台湾地区有些人已开始相信大陆做出的承诺，即在适当的时候把海岛重新并入共和国的领土不会威胁到它的经济制度。同样的保证也适用于香港。像建立能让对外贸易繁荣发展的特区一样，上述承诺也强调了中国新的领导人把商业作为现代化的一个重要方面。中国的巨大规模使得这样的政策方向在整个区域范围都有重要影响。到1985年，整个东亚和东南亚组成了一个具有空前潜力的贸易区。

20世纪80年代，在这个贸易区里，新的工业和商业活动中心发展如此之快，以至于它们本身就能证明这样的观点：旧的全球经济平衡格局已经消失。韩国、中国台湾、中国香港和新加坡都已经摆脱了经济不发达的状况。到1990年，马来西亚、泰国、印度尼西亚看起来好像也在快速提升，期望加入它们行列。它们的成功是东亚整体成功的一部分，而日本对这一结果是必不可少的。

像中国一样，日本快速恢复（甚至超越）以前的强国地位，在亚洲和世界均势格局中具有明显的意义。1959年，日本的出口再次达到战前的水平。到1970年，日本的GDP在非社会主义国家中占据第二位。日本更新了工业基础，在制造业的新领域取得了巨大的成功。日本1951年才开始建造第一艘用于出口的船舶；而20年后，日本已拥有世界上规模最大的船舶建造工业。同时，在诸如电子器件和汽车等消费工业领域，日本也占据着领先的地位，其生产能力超过了其他所有国家，仅次于美国。这引起了美国制造商的怨恨——但对日本来说无疑是巨大的成就。1979年，日本汽车获准在英国生产，开始进入欧洲经济共同体市场。但这段故事苦涩的一面在于，日本人口数量快速膨胀，还有长期以来经济增长付出的代价——日本环境遭破坏以及城市生活令人厌烦的证据大量涌现。

不过，日本长期受惠于外部环境。像朝鲜战争一样，越南战争也对它有利；美国人在占领期间偏好投资而非消费也有益于日本。然而，再优越的环境，人类必须要行动起来才能加以利用，因此日本的态度很是关键。战后日本可资利用的，是民众强烈的自豪感和对于集体努力无与伦比的意愿；这两者都源于个人服从于集体目标带来的凝聚力和行动力，而这一直是日本社会的显著特征。奇怪的是，这种态度似乎在民主制度降临后仍得以幸存。民主机制在日本社会中的扎根程度究竟有多深，现在就下定论可能还为时尚早；1951 年后很快就出现了对于一党统治的某种共识（尽管对此的反感很快表现为一些替代组织的涌现，左翼和右翼中均有）。对传统价值观和制度状况逐渐增加的担忧也显示出来。经济增长的代价不仅反映在巨大的城市群和污染上，而且也反映在使日本习俗感到压力的社会问题上。大公司仍然在依赖基于传统观念和制度形成的团队忠诚来成功运作。可是，从另一个不同的层面来看，甚至连日本家庭似乎都承受了压力。

经济进步也有助于改变外交政策的实施境况。在 20 世纪 60 年代，日本外交政策已开始摆脱前十年的单一性。经济力量使日元在国际上更加重要，将日本吸入西方的金融外交。财富也使它与世界上很多其他地方联系在了一起。在环太平洋区域，日本是其他国家初级产品的主要消费国；在中东，它成为石油大买主。在欧洲，一些人认为日本的投资值得警惕（即使总的份额并不大），同时工业产品的进口也威胁到了欧洲生产商。甚至食物供给方面也引起了国际问题。在 20 世纪 60 年代，日本 90％ 的蛋白质需求由捕鱼来满足，这引起国际社会对日本在一些重要地点过度捕鱼的警告。

这些和别的一些事务改变了日本外交关系的内容和基调，其他强国的行为也同样在起作用，特别是在太平洋地区。20 世纪 60 年代，日本日益对太平洋其他国家拥有明显的经济优势，这与 1914 年前德国对中欧和东欧国家的情况不无相似。由于日本已发展成世界上最大的原材料进口商，新西兰和澳大利亚将发现自身经济越来越多地与日本市场绑在一起。两国都供应肉食，澳大利亚还供应矿产，特别是煤和铁矿石。在亚洲大陆上，苏联人和韩国人不断抱怨日本的捕鱼问题。这为老的历史问题增加了新的纠纷。韩国还是日本的第二大出口市场（美国是最大的市场），1951 年后日本又开始在那里投资。这激起了传统的不信任。日本不曾料到韩国的民族主义有如此高的反日声音，以至于 1959 年韩国总统鼓励他的国民团结起来"如同一人"，不是反对北方的邻居，而是反对日本。不到 20 年，日本的汽车生产商满怀疑虑地发现，他们曾经帮助扶持起来的地方已成为自己有力的竞争对手。像中国台湾地区一样，韩国工业增长建立在（至少部分源自）日本的技术输出之上。

虽然当 20 世纪 70 年代石油价格猛涨时，日本因依赖于能源进口而遭到一次严重的经济打击，但从长期来看，这似乎并没有影响到日本的经济进步。1971 年，日本对美国的出口价值达 60 亿美元；到 1984 年，总额又增加到原先的十倍。到 20 世纪 80 年代末，日本在 GDP 总量上已成为世界上第二大经济体。当日本的工业家们转向信息技术和生物技术进步，并开始讨论缩小汽车制造业规模时，没有理由会认为日本已经失去了训练有素的自我调适。

力量越大必然意味着责任越大。1972 年当冲绳岛被交给日本时，逻辑上美国管制的撤退已经圆满完成，即使那里仍保留了一个大型美军基地。千岛群岛还在苏联手中，但日本的态度毫无疑问是相当谨慎的。萨哈林岛问题也有重启的可能。在中国和日本的复兴开始带给亚洲格局巨大变化之时，所有这些议题的变动或至少是重新考虑，看起来都变得更加敏感。中苏争吵给日本提供了更多策略上的自由，无论对它从前的保护者美国，还是对中国和苏联都是如此。随着越南战争加剧，以及日本国内相应的反战声浪高涨，与美国保持太紧密的联系会带来尴尬，这一点变得更加清楚。日本的自由受限，这体现在到

1970 年，亚洲地区其他三个大国都用核武器武装了起来（所有国家中日本最有理由了解其影响）。但是毫无疑问，如果日本必须拥有的话，它能在很短的时间内就生产出来。日本的立场完全有潜力往各种各样的方向发展。1978 年，中国国务院副总理邓小平访问东京。日本无可争议地再次成为一个世界大国。

　　如果对地位的衡量，体现在一国能持续在本国地理区域之外施加决定性影响（无论在经济、军事还是政治方面），那么到 20 世纪 80 年代时印度仍然不是一个世界大国。这大概是 20 世纪下半叶的一大奇事。印度独立时拥有众多优势，而这既非欧洲的其他前殖民地能拥有的，也非战败的日本所能享有。印度于 1947 年接管了一个运转高效的行政体系，训练有素、颇可依赖的武装力量，有受过良好教育的精英阶层，有蓬勃发展的大学（大约 70 多所），有更多可以利用的国际善意和友谊，有庞大的未受战争损坏的基础设施；不久，又可利用冷战两极化带来的益处。这个国家虽然也必须面对贫困、营养不良和主要的公共健康问题，但中国也是如此。然而到 20 世纪末，两国之间的反差显而易见；中国城市的大街上充满了衣着得体、营养良好的人们，而同期印度街上仍然展现着贫困和疾病的令人毛骨悚然的例子。

　　这使人们很容易趋向悲观地选择性看待印度不佳的发展状况。印度也有一些领域取得了相当大且令人印象深刻的发展，但这些成就却因这样的事实而黯然失色：与亚洲其他地方相比，这样的经济增速实在不算什么，而且经济增长的幅度仅能勉强跟上人口增长的幅度。大多数印度人仅比 1947 年赢得独立时那代印度人的状况稍微好一点。

　　考虑到这个国家的分裂性本质和潜在的分离可能，可以说使印度保持统一本身就是一件伟大的成就。无论如何，民主选举的秩序得到维持；即使有许多限制，作为民主选举投票的结果，政府也能实现和平更迭。这就是一项巨大的成就。即使印度的民主状况在 1975 年后看起来不那么令人鼓舞——当时，总理（尼赫鲁的女儿）英迪拉·甘地宣称国家处于紧急状态，强行推行总统制统治，类似旧时代的总督（印度两个共产主义政党中有一个支持她）。但实际是，随后不久，她在 1977 年的选举中失利，接着在第二年因司法原因被一度排除在政府和议会之外；这被认为是印度立宪主义良性运作的一种征兆。当然在天平的另一端，诸如在特殊地区利用总统权力终止正常的宪政、关于警察和安全部队对少数民族采用暴行的报道等等事件也在反复出现。

对分裂危险加以回应的一个不祥征兆是，1971 年，作为第一个能切实对国大党领导权构成威胁的力量，一个正统的、非常保守的印度教政党出现在印度政治舞台上，并控制政府长达 3 年。不过，国大党的领导权仍然持续着。独立后 40 年，国大党与其说是一个欧洲意义上的政党，不如说是一个全印度利益集团、贵族名流和控制任免权者的联盟。这一点已变得越来越明显。这给予国大党（即使在尼赫鲁的领导下，即使有他充满社会主义色彩的抱负和言语）一种固有的保守特征。自英国统治结束后，国大党的功能从不包括带来变革，反而是适应。

这种保守主义在某种程度上体现在印度政府的王朝本质上。尼赫鲁的女儿英迪拉·甘地接替他成为总理，她没有满足他的葬礼上不出现宗教仪式的要求，从一开始就违背了他的意愿。英迪拉的接班人则是她儿子拉吉夫·甘地。当拉吉夫·甘地被刺客制造的爆炸谋杀（当时他不在职）后，国大党领导人立即显示出一种几乎是自发的反应，试图说服他的遗孀继续担任国大党的领袖。然而，在 20 世纪 80 年代，已经出现了王朝式统治不可能长期维持下去的信号。1984 年，印度军队在阿姆利则攻击了锡克教最重要的圣地后，印度锡克教徒用暗杀英迪拉·甘地（此时再次担任总理）的方式将自己清晰地带到世界媒体面前。在接下来7年时间，大约有1万多名锡克教斗士、无辜遭殃者和安全部队成员被杀。在这10年的后期，与巴基斯坦争夺克什米尔的战争也再次爆发。1990年，官方承认该年有890人在印度教徒和穆斯林暴乱中死亡，是自1947年以来情况最糟的。

再一次，要想不恢复陈腐的印象是困难的：在印度，过去的负担是沉重的，没有出现有活力的力量来推翻它，因而现代性的到来是缓慢的、补丁式的。当关于独立前的印度的记忆逐渐消失时，对印度传统的重申却总是可能。具有象征性意义的是，当1947年独立时刻降临时，印度正处于漆黑的午夜。因为英国人没有求问占星家们提供一个吉利的日期，因此就选择了两天相交的时刻作为新国家的诞辰：这也是在强调，印度式行事方式在接下来的40年里将不会失去力量。此后，印巴分治让印度社会变得更加以印度教徒为主。

到1980年，印度最后一批在英国统治下招聘的官员已经退休。印度仍然生活在舶来的西方政治制度和传统社会之间明显的不一致当中。尽管印度的许多领导人（具有献身精神的男男女女们）取得了诸多的伟大成就，但根深蒂固的过去（意味着特权、不平等、非正义）显而易见仍在妨碍印度的发展。因而，或许那些在1947年相信印度未来的人们，根本没有意识到进行根本性的变革将多么艰辛，但是，那些已发觉在自己的社会中进行比这更简单的根本性变革也很难的人，也不应因此就觉得高人一等。

印度的邻居巴基斯坦更有意识地转向了伊斯兰传统（或至少是其更加现代的表现形式），并很快发现自己正在与伊斯兰世界的大部分地方一起经历一场明显的复兴运动。西方政治家再次回想起伊斯兰是那么强劲的势力，分布在从西方的摩洛哥到东方的中国那么广阔的土地上。印度尼西亚（东南亚最大的国家）、巴基斯坦、马来西亚以及

处在它们之间的孟加拉国，几乎包含了全世界穆斯林人口的一半。除
了这些国家和阿拉伯文化所处的土地外，在苏联和人口最多的非洲国
家尼日利亚也有大量的穆斯林国民（早在 1906 年，俄国沙皇政府就
很担忧伊朗革命的影响，因为怕它激起本国穆斯林的骚动）。但是对
伊斯兰世界的新认识需要一定时间才能出现。一直到 20 世纪 70 年
代，当人们想到伊斯兰教时，世界其他地方的人们总倾向于关注中东
阿拉伯国家，特别是那些石油富国。

　　这种狭隘的观念也因冷战而长期变得模糊和混乱。有时冲突的形
式也嵌入到更古老的体系中。对一些观察家来说，俄国在这个地区体
现影响力的传统愿望，似乎也是苏联政策考虑的一个因素，而且此时
前所未有地接近满意的结果。到 1970 年，苏联拥有了与美国相匹敌
的世界性海军力量分布，甚至在印度洋也建立了活动基地。随着英国
在 1967 年从亚丁撤离，苏联就与南也门政府达成协议，加以利用。
这一切几乎就发生于美国人在更南边的战略受挫时。冷战在非洲之角
和在葡萄牙前殖民地发生，给更北边的事件增添了重要的意义。

　　然而，苏联的政策，从更长远的角度看，在伊斯兰世界似乎并未
得益于 20 世纪 70 年代美国中东政策明显的混乱局面。埃及当时已经
与叙利亚起纠纷，开始求助于美国，希望与以色列达成保全面子的和
平。当 1975 年联合国大会谴责犹太复国主义是一种种族主义，并承
认巴勒斯坦解放组织为联大"观察员"时，埃及不可避免地感到了来
自其他阿拉伯国家的更多孤立。到这时，巴勒斯坦解放组织在以色列
北部边界附近的行动不仅骚扰以色列，而且驱使黎巴嫩（其精英阶层
非常欧化）成为巴解组织的避难所，最终沦为废墟并趋于瓦解。1978
年以色列侵入黎巴嫩南部，希望结束巴解组织的骚扰。尽管非伊斯兰
世界都鼓掌赞成埃及总统和以色列总理在华盛顿会面并于次年达成和
平协议，为以色列从西奈半岛撤退做好准备，但这位埃及人在 3 年后

付出了被暗杀的代价，行刺者觉得他背叛了巴勒斯坦和阿拉伯的事业。

埃及和以色列之间达成有限和解，很大程度应归功于吉米·卡特总统，他在 1976 年作为民主党候选人赢得了美国总统大选的胜利。与在中东的遭遇相比，美国人的士气那时正在遭受别的更大挫折。越战已经毁掉了一个总统，而他的继任者的任期以处理美国战败及媾和事宜（很快事实就表明，这份解决方案的价值是多么小）为主。此外，暗地里，许多美国人都在担心苏联弹道导弹力量上的提升。这一切都影响到美国对一件几乎完全没预料到的事件的反应——伊朗国王被推翻。这不仅对美国是一个破坏性的打击，而且揭示了中东和伊斯兰动荡局面的一个可能极大的新维度。

伊朗国王作为一个可靠的盟友，长期以来一直受美国的支持与青睐，但在 1979 年 1 月他却被义愤填膺的自由派人士和伊斯兰保守派人士联手赶下台，并遭驱逐出境。但尝试建立一个稳定的立宪政府的努力，很快由于大众群起支持伊斯兰教而瓦解。伊朗的传统模式和社会结构曾由于国王（不加深思熟虑就）追随他的父亲礼萨·汗实施的一项现代化政策而遭到动摇。但几乎马上就建立了一个什叶派伊斯兰共和国，由一位年长且狂热的宗教领袖领导。美国很快就承认了这一新政权，但是无济于事。作为前国王的赞助人、资本主义和西方物质主义的突出代表，美国被认为罪行累累。一点小的慰藉是，苏联很快也被伊朗的宗教领导人指以类似的诽谤，被视为第二个威胁到伊斯兰教纯洁性的"撒旦"。

伊朗革命后不久，伊朗学生闯入美国大使馆，将外交官和其余人等劫持为人质，从而发泄了一些怒气。世界充满震惊地突然发现，伊朗政府支持占领者，拘押人质，并赞成学生关于将国王遣返回国受审的要求。卡特总统大概没有遭遇过如此尴尬的处境，因为当时美国在伊斯兰世界的政策，完全围绕苏联对阿富汗的干预展开。中断与伊朗的外交关系，和施加制裁，是第一波回应。然后是尝试营救人质，但黯然失败。这些倒霉的人质最后是经过协商救回的（其实就是付赎金：归还革命期间伊朗被冻结在美国的资产），不过美国人遭受的羞辱，并非此次事件中唯一重要哪怕最重要的方面。

扣留人质不仅产生了广泛的政策性影响，还以另一种方式具有象征意义。外交人员应免受干扰，这是源于欧洲，然后 300 年来在文明世界得到发展的惯例，该事件是对这个惯例的一次强烈冲击（联合国全体一致谴责便是明证）。伊朗政府的行动，显示它并非按公认规则行事。对源于欧洲，但随后已得到全球认可的那些设想，它给予了公然拒绝。它令全世界的许多人首次感到疑惑，伊斯兰革命是否还意味着其他什么。

伊拉克残暴的阿拉伯复兴社会党政权因为毫不留情地处决和追捕伊拉克共产党人，而业已受到美国的青睐。此时，在美索不达米亚，在逊尼派和波斯什叶派穆斯林之间长期存在的敌意刺激之下，他们与伊朗新政权发生冲突，闹翻了。这让美国人受到鼓舞。1979 年 7 月，萨达姆·侯赛因在巴格达当上总统，这似乎很有利于美国安全机构：他们觉得他可以抵消伊朗在海湾地区造成的威胁。

因为伊朗革命不仅仅意味着美国失去了一个附属国，伊拉克的情况就更受欢迎了。尽管确实是有多方苦痛结合在一起才使得国王被推翻，但快速恢复古老传统（引人注目地表现在对妇女的态度上）表明，被否决的不仅仅是一位统治者。新的伊朗伊斯兰共和国，虽然主要是什叶派，却提出了普遍的主张。它是一个神权国家，在这里合法的统治源自合法的信仰，有些像加尔文的日内瓦。它也是世界各地众多穆斯林（尤其是阿拉伯地区）在世俗的西化开始和现代化承诺失败时，所共享的一种愤怒的表达。在中东，而不是别的地方，民族主义、社会主义和资本主义在解决地区问题上都失败了——或者至少在满足它们所激发的情感和欲望上失败了。"原教旨主义者"认为凯末尔、礼萨·汗、纳赛尔都引导他们的人民走向了错误的道路。伊斯兰社会在抵制无神论的共产主义蔓延上非常成功，但对穆斯林来说，他们的领导人追寻了一个世纪或更长时间的西方文化熏陶，现在看起来似乎甚至威胁更大。自相矛盾的是，"资本家剥削"这种西方的革命观念有助于促成这种情感的剧变。

伊斯兰教激进主义有着各种各样而且很深刻的根源。它可能汲取了几个世纪以来反基督教斗争的力量。它于 20 世纪 60 年代以后重振旗鼓的一大原因是，外国势力（包括苏联）由于在冷战中分裂成不同阵营，在将其意愿强加于中东和波斯湾时困难明显增加。对许多阿拉伯穆斯林来说，逐渐增加的证据表明，自 19 世纪 80 年代以来，作为对奥斯曼土耳其衰落后出现的不稳定局面的一种组织化补救，西方的民族主义原则得到提倡，但并没有起到作用。非常明显，奥斯曼继承权战争还没有结束。近来石油因素呈现出的潜力，使一种对伊斯兰有利的、可以让西方窘困的组合因素变得更加有前途。但是，自 1945 年以来，虔诚的穆斯林也日益认识到，西方向那些拥有石油的富国提供的商业、通信技术和简单的诱惑物，将比已经出现过的任何早期（更别说纯粹军事方面的）威胁对伊斯兰国家造成更大的危险。这必将带来紧张和不安。

然而，这些国家和社会发现它们很难采取一致的步调。逊尼派和什叶派之间的敌对可以追溯到许多个世纪前。名义上发端于伊拉克的阿拉伯民族社会复兴运动鼓舞了很多穆斯林，但在 1945 年后的这个时期，却已遭到宗教色彩浓厚的穆斯林兄弟会厌弃。该会于 20 世纪 20 年代在埃及成立，甚至在巴勒斯坦争端里谴责双方都"不信神"。人民主权论是原教旨主义者拒绝的一个目标，他们追求伊斯兰教对社会的全方位控制。因此，不久以后，世界开始习惯于听到巴基斯坦禁止男女混合曲棍球，沙特阿拉伯用投石击毙和肢解来惩罚犯罪，阿曼正在建立一所在讲课期间将男女隔离的大学等更多的新闻报道。到1980年，激进穆斯林的力量已经足够强大，可以在很多国家确保自身目标实现。甚至在相对"西化"，到1978年时学生们已拥有自己投票选举机制的埃及，还有一些医学院的女学生拒绝解剖男性尸体，要求实行隔离的双重教学体系。

此外（乍一看，以西方的观点来看，学生激进分子乐意支持如此反动的事情是很奇特的），为了恰当地看待这些态度，必须把这一切放在伊斯兰里长期不存在西方那种国家理论或者制度理论的背景下加以理解。即使国家的掌权者是正统的，即使国家带来了受欢迎的好处，但在伊斯兰思想当中，这种国家并没有不证自明的合法权威——而且，最重要的是，自19世纪以来阿拉伯地域引入国家体制，始终是对西方有意或无意的模仿。年轻的激进主义曾试图发现推崇公众利益的社会主义政治（或者他们认为是在寻找这个，但其实归根到底还是西方的舶来品），却找不到，因此觉得国家或民族并没有什么内在的固有价值。于是他们开始往别处寻找，这部分地解释了首先出现在利比亚，然后在伊朗和阿尔及利亚也出现的想要推动合法政权新模式形成的努力。伊斯兰由来已久的对公共体制的偏见，以及对部落主义和伊斯兰兄弟关系的偏好会否继续保留，还有待观察。毕竟，虽然谈及兄弟关系，终究不能不承认世界上大部分穆斯林都不懂阿拉伯语。

出现混乱的可能性，甚至伊斯兰世界部分地区两败俱伤的内部冲突，都在诱惑着人们经由把事情简单化来加以理解。伊斯兰世界在文化上并非毫无差异。20世纪80年代时，一些清真寺里广受欢迎的布道者们将"西方"斥为神话构建，但他们自己的主张，也并不能更让人信服地被认定为充满凝聚力、切实、边界清晰的文明。很多穆斯林，包括一些笃信宗教的人，都寻求能立足于两个世界，在一定程度上依循着西方和伊斯兰两种理想在努力。这两个世界每个都是历史上的动力之源，一种活力来源，各自都可以说是无限的，但同时又随着时间的流逝互相影响交融，其中最近的一次交融，是欧洲观念对穆斯林世界的普遍影响渗透。

伊斯兰世界部分地区（尤其是中东地区）动荡不安的局势，因为人口结构而变得更为严重。在大多数伊斯兰社会，人口的平均年龄据说在 15 到 18 岁之间，其中一些社会的人口还在以非常快的速度增长。新一代穆斯林可能在政治、社会和伦理观念上都大不相同。显而易见的是，他们急切期盼变革，改变令他们中太多人深陷贫困，缺少政治代表，只剩下千言万语的处境。他们的想法或许斑驳复杂，但他们觉得无论西方还是自己的统治者，都并不尊重这些想法。

第 4 章　一个时代的终结

　　20 世纪 80 年代将发生惊人的变化，但甚少发生在中东地区；而当这十年开始时，那里似乎最有可能发生变化。实质上的停滞状态似乎已经笼罩这个地区。1980 年时那里的气氛高度紧张，一如之前多年的状况；在巴勒斯坦地区，以色列取代了当初奥斯曼帝国的位置，这带来的问题要如何解决？与之最息息相关的各方所抱的希望也曾高涨。但除了对少数以色列人而言，其他各方的这些希望都沉重地归于破灭。有一段时间，伊朗革命似乎会改变迄今为止的游戏规则，事实上一些人也希望如此。然而十年后，伊朗之外的世界到底发生了哪些改变，或者它在伊斯兰世界引发的动荡的重要性究竟如何，仍然很难评说。在一段时期里看起来像伊斯兰教复兴的那些迹象，也可能仅仅是清教主义在几个世纪中不时激励和吸纳信徒的周期性浪潮之一。同样明显的是，紧张气氛很大程度上在于环境；以色列占领了位于耶路撒冷的伊斯兰教第三重要的圣地，突然提高了伊斯兰世界的团结意识。然而 1980 年伊拉克对伊朗的进攻导致了一场持续达 8 年的血战，100 万人丧生。无论还有什么别的隐藏因素，在那场冲突中这种区分很重要：伊拉克是逊尼派，伊朗是什叶派。又一次，伊斯兰世界的人们同时被由来已久的断裂，以及当代的纷争所分割。

　　不久，事实表明，虽然伊朗可能激怒和吓住超级大国（特别是苏联，因为它有数以百万计的穆斯林国民），但不可能阻碍它们。在 1979 年末，伊朗的统治者不得不无助地注视着一支苏联军队进入阿富汗，去那里支持一个傀儡共产主义政权镇压穆斯林反抗者。伊朗支持恐怖分子和绑架者的一个原因是，它只能做到那么多了。此外，尽管伊朗成功地扣押了美国人质，却不可能让前国王回去接受伊斯兰教法的审判。伊朗通过在人质事件中捏住秃鹰的尾羽，使美国蒙羞，但这似乎很快就不再像当初发生时那么重要了。回顾过去，卡特总统在1980年宣布美国把波斯湾视作至关重要的利益区域，才对未来更有揭示意义。这是美国人缺乏把握和感到挫败等夸大情绪走向终结的一个早期信号。国际政治中的一个核心现实正打算重申自身的重要性。尽管自古巴危机以来发生了各种剧变，但美利坚合众国在1980年仍然是仅有的两个超级大国之一，其国力赋予其不容置疑的地位，（用苏联官方的定义）是"世界头等强国，缺少它的参与，就没有一个国际问题能够得到解决"。在某些情况下这种参与可能是潜在而不明确的，但它是这个世界运转法则中的一个基本因素。

此外，历史不会长期偏向谁。虽然从古巴导弹危机到入侵阿富汗等事件让一些美国人由于苏联的力量而害怕，但有大量的信号显示，到20世纪70年代早期，苏联领导人已经陷入困境。他们必须面对马克思主义的一个基本原理：意识随物质条件而变化。苏联社会切实但有限放松的管控，产生了两个结果（当然还有其他结果）。其一是明显的异议，规模虽相当小，却表明了对更大的不断增长的精神自由的追求。另一个结果没那么明显，但真实存在，即人们纷纷认为进一步的物质改善应该来临。虽然如此，苏联却继续在军备上花费巨大（20世纪80年代大约是GDP的四分之一）。然而就连这个数额似乎也仍然不够。可是，就算是为负担起这个数额的军备费用，苏联也需要西方的技术、管理技巧以及（可能的话）资金。接下来可能出现什么样的变化众说纷纭，但变化将会来临则是确定无疑的。

然而，到1980年，两个超级大国间扣人心弦的紧张关系更加登峰造极。虽然苏联尽巨大的努力想比美国拥有更强大的核打击力，但它在这一水平上的优势几乎没有实质性意义。美国，利用其出色的炮制口号的能力，简明地将当时的形势概括为"MAD"，意思是说，两个国家都有能力"相互保证摧毁"（Mutually Assured Destruction）。或者更加准确地说，两个潜在的参战者都有足够的打击力量确保相互摧毁，即使一次突然袭击使其中一方失去了主要武备，其剩余的武器也足够确保自己作出可怕的回应，将对手的城市变成冒烟的荒野，并使对手剩余的武装力量除了试图控制惊恐的幸存者外几乎无能为力。

　　这种异乎寻常的可能性，是一种强大的缓和力量。约翰逊博士曾说过，你即将被吊死的事实会让大脑高度专注地思考。这个论断也可以应用在受到如此庞大的灾祸威胁的群体身上：稍一犯错就可能导致种族灭绝，知晓这一点能强烈地刺激人们谨慎思考，因此即使偶尔也会有疯子（让我们简单地做个概括）掌握权力，但就连这样的人也不敢轻举妄动。或许这最根本地解释了美苏两国新的合作高度，这一点已经在 20 世纪 70 年代美国和苏联的关系中得到验证，尽管其间也不乏细碎的争吵。1972 年关于防御性导弹限制的条约是合作的第一个成果；这在一定程度上归功于双方都已意识到，科学现在可以监督谁违反了这类协议（不是所有的军事研究都会促使紧张加剧）。次年，进一步限制军备的讨论开始；同时双方也开始探讨在欧洲实施全面安全制度安排的可能性。

　　作为无保留承认欧洲战后边界（最重要的是两个德国之间的边界）的回报，1975 年苏联谈判代表最终在赫尔辛基同意加强东西欧之间的经济交流，并签署了一份人权与政治自由保证书。当然，最后一点是不可能强制执行的。然而，比起苏联谈判代表更为看重的在边界承认上的象征性收获来说，这可能更加重要。事实证明，最终导致东欧发生变革的公众舆论由此逐渐兴起。其间，两个欧洲之间的贸易和投资潮流几乎立即开始增加，尽管也非常缓慢。迄今为止，这次努力最接近于达成一份终止第二次世界大战的全面和平条约，它给予了苏联领导人最渴望得到的东西：保障其在 1945 年胜利后取得的主要战利品之——领土分配方案的安全有效。

虽然如此，当 1980 年来临时，美国对世界事务忧心忡忡。这一年美国还要进行总统大选。18 年前，古巴导弹危机曾向世界显示美国是世界上最有权势的国家。那时它享有超级出众的军事力量，遍布世界的盟国、代理人和卫星国的支持（通常还算可靠）；同时公众在尽力克服巨大的国内问题时，愿意为世界性的外交和军事事务有所付出。到 1980 年，许多美国公民觉得世界已经发生变化，并且对此并不满意。当新的共和党人总统罗纳德·里根于 1981 年就职时，他的支持者回顾了之前美国变得越来越无力的十年。他继承了庞大的预算赤字，失望于苏联武装在非洲和阿富汗看起来取得的新进展，沮丧于美国 20 世纪 60 年代在核武器方面曾享有的优势已消失。

在接下来的五年里，里根总统将让他的批评者们大吃一惊，他将通过非凡的（即使通常是粉饰过的）领导才能来恢复国民的士气。具有象征性的是，在他就职典礼当天，伊朗人释放了美国人质，一段伤自尊的、令人沮丧的插曲到此结束（很多美国人相信，释放时机是由新政府的拥护者精心安排的）。但这绝对不是美国在中东和海湾地区所面临的麻烦的结束。两个主要的难题并没有解决。一个是冷战思维持续期间，这个地区的国际秩序遭受的威胁；另一个则是以色列问题。许多人认为，伊拉克和伊朗间的战争体现的是第一重风险。不久，一些阿拉伯国家的动荡变得更加明显。有序的政府在黎巴嫩完全消失，它坍塌成一个受到叙利亚和伊朗资助的武装帮派你争我夺的无政府区域。结果这给了巴解组织中的革命派一个比过去更有指望的发展基地，但以色列也因此在其北部边境，或越过北部边境采取不断升级的暴力和扩张性的军事行动。随后在 20 世纪 80 年代紧张状态升

级，以色列和巴勒斯坦的冲突比以往更加剧烈。更让美国人心生警醒
的是，黎巴嫩进一步陷入无政府状态，就在美国海军到达之后，炸弹
在美国大使馆和海军兵营爆炸，总共导致超过 300 人丧生。

也不只是美国一个国家陷入这些顽疾引起的麻烦当中。当苏联派
出士兵进入阿富汗时（在下一个十年的大部分时间里，他们都陷在了
那个泥潭里），伊朗人和其他地方穆斯林的愤怒注定会影响到苏联境
内的穆斯林。一些人认为这是一个充满希望的信号，相信伊斯兰世界
的混乱会引起两个超级大国的重视，或许会导致两者在这个地区的卫
星国和盟国无法得到无条件的支持。当然这对以色列最为重要。同
时，伊朗革命中更加让人警醒的行动和言辞，使一些人认为文明的冲
突已经开始。不过，伊朗激进的清教主义，也震撼了保守的阿拉伯国
家和海湾地区富有的石油君主国，尤其是沙特阿拉伯。

20 世纪 80 年代，确实有大量迹象显示宗教激进主义的影响在扩
散。就连巴基斯坦的军政府（由一个世俗化穆斯林建立）都坚持伊斯
兰教正统性，尽管这主要为了参与一场利益驱使的圣战，以反击入侵
邻国阿富汗的苏联异教徒。随着这十年逐渐过去，北非涌现出更多惊
人的宗教激进气氛的证据。利比亚情绪激动的独裁者的奇谈怪论和公
开宣示可能还没那么重要。邻国阿尔及利亚的事态更值得关注。那个
国家在赢得独立后最初看来前景不错，但到 1980 年时其经济呈萎靡
态势，维持独立运动的共识已破碎，对很多精力充沛的年轻人来说移
民到欧洲寻找工作似乎成为唯一可行的出路。在 1990 年阿尔及利亚
的选举中，一个宗教激进主义的政党赢得了多数投票，这在阿拉伯国
家中尚属首次。而一年前苏丹的军事政变，为那里带来了一个好战的
军政府的统治，随之而来的则是对这块本就不幸福的地域上人民仅存
的公民自由权的压制。

尽管如此，虽然宗教激进运动颇具吸引力，但到 1990 年，有大

量的迹象表明，保守派阿拉伯政治家（包括他们的自由派政敌）已足以与宗教激进主义者对抗，且常常颇为有效。但中东的政治事件将在很长一段时间内掩盖掉这些迹象。伊拉克的统治者萨达姆·侯赛因得到美国人的支持，乃是中东主要的麻烦制造者，但他只是战略性和务实地支持一下伊斯兰教。他从小作为一名穆斯林长大，但领导的却是一个实际上基于资助庇护、家族和军人利己主义的世俗的阿拉伯复兴社会党政权。他追求权力，并把技术现代化作为其实现途径，没有证据显示他曾关切过伊拉克人民的福祉。当他发起对伊朗的战争，战事的绵延和花费的代价让其他阿拉伯国家——特别是海湾其他石油生产国——大松一口气，因为战事似乎同时束缚住了一个危险的匪帮和让他们害怕的伊朗革命分子。然而，使他们不太满意的是，战争转移了对巴勒斯坦问题的注意力，毫无疑问使以色列对付巴解组织变得更加容易。

海湾地区将近十年的惊慌与不安，进一步干扰了对西方的石油供应。一些突发事件似乎有时可能导致武装冲突的扩大，特别是在伊朗和美国之间。在黎凡特发生的事件搅动了那里的僵局。以色列对戈兰高地的持续占领，在黎巴嫩发起对巴勒斯坦游击队和他们保护人的激烈行动，及以色列政府鼓励更多犹太移民到来（特别是来自苏联），都有助于以色列壮大自身，以防有朝一日再次对阵阿拉伯联军。然而，在1987年底，以色列占领区爆发了第一次巴勒斯坦人暴动，并发展成一场时断时续但始终不绝的暴动——因提法达（Intifada）起义。巴解组织虽然通过承认以色列本身的生存权赢得了国际社会更多的同情，但当1989年两伊战争最终结束时，它仍然处于不利的被动地位。在接下来的那一年，伊朗的最高领袖阿亚图拉·霍梅尼逝世，新的迹象显示，他的继任者在支持巴勒斯坦和激进宗教事业上可能不会那么冒险了。

在两伊战争期间，美国偏袒伊拉克，部分是因为美国夸大了原教旨主义的威胁。然而，当美国最终在海湾地区与一个公开宣布的敌人面对面开战时，敌人却是伊拉克，而不是伊朗。1990 年，在与伊朗达成全面和平协议后，萨达姆·侯赛因重新挑起了与科威特酋长国的一项旧日的领土争端。他也与科威特的统治者就石油定额和价格发生了争吵。这些"冤情"令人难以置信；无论它们在象征层面对侯赛因本人意味着什么，他最看重的只不过是决心夺取科威特巨大的石油财富。1990 年夏，他的威胁升级。然后，在 8 月 2 日，伊拉克军队侵入科威特，几个小时内就使它屈服。

在联合国，一股反对伊拉克的异常显著的国际舆论被鼓动起来。侯赛因试图打出伊斯兰和阿拉伯两张牌，用阿拉伯对以色列的仇恨来掩饰自己的扩张野心。事实证明，中东城市大街上支持他的示威游行并没有什么价值。仅有巴解组织和约旦官方表示了对他的支持。毫无疑问使他震惊的是，沙特阿拉伯、叙利亚和埃及迅速结成一个先前无法想象的联盟，共同反对他。几乎同样让他吃惊的是，接下来所发生的一切都得到了苏联的默许。最令人吃惊的是，联合国安全理事会（以压倒性多数）达成了一系列决议谴责伊拉克的行动，最后授权使用武力对付它以确保解放科威特。

在美国的指挥下，庞大的军事力量在沙特阿拉伯集结。1991 年 1 月 16 日它们投入了战斗。不到一个月，伊拉克遭受了相当大的损失，主动放弃并撤兵（盟军的伤亡较少）。然而这一战的耻辱显然并没有威胁到侯赛因的生存。再一次，中东地区许多人期待已久的转折点并没有出现。战争使阿拉伯革命派和想成为和平缔造者的西方人都感到失望。最大的输家是巴解组织，而以色列是最大赢家；阿拉伯国家要想在军事上击败它，在短期内已难以想象。然而当这又一场奥斯曼继承战争结束后，以色列问题仍然存在。在科威特危机前，已有迹象显示叙利亚和伊朗出于各自目的，打算通过谈判来达成一个解决方案，但这样的方案是否真会出现则是另一回事，尽管很显然，美国比以往更迫切地期待其发生。

也许一大进展是，由激进派与原教旨主义结合而成的泛伊斯兰运动的幽灵暂时被驱散了。从现实目的来看，阿拉伯的团结又一次成为海市蜃楼。尽管许多穆斯林对西方有种种怨愤、不安和不满，但几乎没有迹象表明他们的怨气将得到协调一致的有效表达，而更不可能的是，他们可以不利用西方提供的具有微妙腐蚀性的现代化方式。顺便说一句，海湾战争危机也似乎表明，石油武器已失去了可损伤发达世界的大部分威力；因为，尽管发生过一次令人恐惧的危机，但新的石油危机没再出现。在这种背景下，1991 年，美国通过外交努力，终于说服阿拉伯人和以色列人又一次参加到关于中东局势的会议中来。

同时，其他地方也在发生巨大的转变，而且也影响到中东的事件。不过它们的影响，只是通过塑造美国和苏联在那里的所作所为来间接施加的。1980 年，美国的总统竞选活动故意利用了国民对苏联的忧惧情绪。毫不奇怪，这重新唤起了官方层面的敌对情绪；保守的苏联领导人再次怀疑美国政策的走向。本来充满希望的裁减军备措施似乎又被抛在了一边——或者甚至反其道行之。结果，美国政府逐渐在外交事务方面表现出新的实用主义；同时，在苏联这边，内部的变化也逐渐开辟了更具灵活性的道路。

一个里程碑是 1982 年 11 月列昂尼德·勃列日涅夫的去世。他是赫鲁晓夫的继任者，担任苏共总书记长达 18 年。他的直接接班人（克格勃首脑）不久就去世了，随后继任的一位七旬老人在任时间更短就去世了，最终，在 1985 年，最年轻的政治局成员戈尔巴乔夫成为总书记：时年 54 岁。戈尔巴乔夫的全部政治经历都处于后斯大林时代，而他对他的国家、世界以及历史的影响，都将十分深远。

推动戈尔巴乔夫继任的各种力量组合目前仍不清楚。克格勃大概不反对他的晋升，而且他最初的行为和言论也是正统的（虽然他已经在前一年给英国首相留下了一个可以合作的印象）。但他很快就阐明了一种新的政治基调。"共产主义"这个词很少在他的演讲中听到，"社会主义"被重新解释为要排除平均主义（尽管他不时提醒他的同事们他是共产党员）。因为找不到更好的表达，许多外国人将他的目标视为自由化，西方不太到位地试图以此概括他频繁使用的两个俄语词——公开性（glasnost）和改革（perestroika）。其新路线的影响将深远而巨大，在这十年的剩余期间，戈尔巴乔夫一直在设法理顺。

当他开启这一切时，其间可能会发生什么，他不可能预知到。确定无疑的是，他认为如果不进行激烈的变革，苏联经济就不可能稳定维系先前那种水平的军事力量，维持它对盟国的承诺，提高（不管多么缓慢和微小）国内生活标准，保证自主的技术进步能够延续。因此，戈尔巴乔夫似乎在按自己对列宁主义的看法来使苏联开放，以避免崩溃，最重要的是使它成为一个更加多元的制度体系，让知识分子能参与国家政治。而这种变化可能带来什么影响，似乎连他自己也不清楚。他实质上是认为：通过社会主义实现现代化的 70 年实验失败了。自由和物质状况改善都没有来临。现在，负担已过于沉重而难以承受。

罗纳德·里根很快就从戈尔巴乔夫的上台中获利。在双方会谈中，苏联的政策反映出了一种新的基调，这一点很快变得明显。裁减军备的谈判重启。其他事项方面也在达成协议（而且由于 1989 年苏联领导人决定从阿富汗撤军，商讨也相应变得更加容易）。在美国国内政治中，庞大且仍在不断增加的预算赤字和萎靡不振的经济，如果在其他总统治下，多半必将引起政治上的轩然大波，但似乎正在变化的国际局势所引起的欢欣鼓舞氛围，却实际上将其淹没了多年。很多美国人对苏联的恐惧和警觉心理正在逐渐减弱。

当苏联在改革中表现出陷入日益加剧的分裂和困境的迹象时，美国的乐观情绪和信心得到了极大的增长。同时，美国人得到保证，他们将见证奇迹：他们的政府将在太空部署新的防卫措施。尽管数以千计的科学家说这个方案不切实际，但毕竟苏联政府无法承受与其竞争的成本。利比亚不安分的统治者一直在支持反美的恐怖分子（重要的是，苏联对此表示的关注比西欧国家更少）。1986 年，美国轰炸机从英国起飞执行了对利比亚的惩罚行动，这也让美国人感到振奋。可里根总统在说服他的众多同胞们相信，更明确彰显美国在中美洲的权威确实对他们有利方面，他就没那么成功了。但是他仍然非常受欢迎。直到他卸任后人们才开始发现：这一时期，美国一直存在的贫富差距进一步拉大。

1987 年，军备控制谈判的成果聚集在有关中程核导弹的协议上。尽管新权力中心的出现带来侵蚀和大量冲击，但核均势已僵持太久，足以让两个超级大国首次做出让步姿态进行协商了。商讨之所以变得可能，如果不是因为其他国家也开始致力于获得核武器的话，至少也因为美苏似乎逐渐认识到，核战争如果真的来临，有可能会造成人类实质性灭绝的前景，因此开始着手做些预防措施。1991 年，美苏两国同意大幅削减现存武器储备，取得了进一步的重大进展。

国际关系中这种巨大的变化必然对其他国家产生多重影响。虽然不得不人为地分别讲述它们，但它们是在相互影响下才得以发生的。在 1980 年结束时，没有理由相信东欧和苏联人将会看到自 20 世纪 40 年代以来最重大的变化。但已经清楚的是，欧洲共产主义国家发现，要保持它们曾达到的哪怕最微小的增长率都越来越困难。与非共产主义世界的市场经济体相比，它们已经处在越来越不利的地位，不过这似乎并没有导致 1953 年、1956 年和 1968 年那样的事件，或是对苏联在东欧力量的任何挑战重现。华沙条约所提供的外壳，似乎依然能够控制住已消停约 30 年的社会和政治变化（如果考虑到二战及其余波带来的非自愿的剧变，那么时间还更长）。

乍一看，东欧有一种显著的一致性。在每一个国家党都是至高无上的；充满事业抱负的人们都围绕它来建设他们的生活，就如在前几个世纪里人们集聚在宫廷、赞助人或者教会周围一样。每个国家（首先是苏联本身）都有一个难以言明和无法探究的过去，它无法被哀悼或指责，其重量仍高悬在学术探讨和政治商议之上——如果还存在的话——侵蚀着这一切。在东欧经济领域，对重工业和大宗商品的投资在初期带来了经济增长（有些国家比其他国家更有活力）；随后，与其他社会主义国家的国际贸易体系建立起来，由苏联主导，由中央计划严格调控。这也造成了可怕的环境和公共健康问题涌现，但作为国家安全问题被掩盖。人们对生活消费品的需求不断增长，却得不到满足；各国无法得到国际经济分工带来的好处，在西欧被认为司空见惯的日用品，在东欧国家却成了奢侈品。

土地私有制到 20 世纪 50 年代中期已经大幅减少，通常被集体合作社和国家农场混合的状况所取代，尽管在这幅大体一致的图画里后来也出现了不同的模式。例如，在波兰，甚至还在共产党当政时期，大约有五分之四的农田就已经陆续返还给私人经营。然而，其产量仍然较低；大部分东欧国家能获得的农业产量仅有欧洲经济共同体国家产量的一半到四分之三。到 20 世纪 80 年代，东欧国家几乎全部不同程度地出现了经济贫弱，仅有德意志民主共和国可能例外。即使在那里，1988 年全年的人均国内生产总值也只有 9 300 美元，相比之下，联邦德国达到了 19 500 美元。其他问题也纷纷出现。基础设施投资下降，其世界贸易份额也在下降。以硬通货计算的债务不断累积。在 20 世纪 80 年代，仅波兰一国的实际工资水平就降低了五分之一。

后来所称的"勃列日涅夫主义"（1968 年勃列日涅夫在华沙发表一次讲话后得名）谈到，东方阵营国家内部的发展可能会要求——像当年捷克斯洛伐克一样——苏联进行直接干预，从而制止将社会主义经济复辟为资本主义的任何企图，捍卫苏联及其盟国的利益。然而勃列日涅夫也对追求缓和感兴趣，他的主义反映了他对共产主义欧洲各自发展可能引发国际局势不稳的现实主义态度。可以通过划定更加清晰的界限来限制这些风险。自那时起，伴随着 20 世纪 40 年代的记忆和被颠覆的可能性被远远抛在脑后，西欧内部稳步增长，变得日益繁荣，这种变化消除了东西欧之间紧张关系的部分根基。到 1980 年，在西班牙和葡萄牙发生革命性的变化后，的里雅斯特—斯德丁一线以西已不再存在专制政权。30 年来，产业工人反对其政治领导人的活动只在东德、匈牙利、波兰和捷克斯洛伐克发生。

1970 年后，特别是 1975 年《赫尔辛基协定》签署后，随着日益意识到东方阵营与西欧间的差距，持不同政见团体开始出现，尽管面临严厉压制，它们仍存活下来并巩固了自身的地位。渐渐地，也有少数官员或经济专家，甚至一些党员，对于烦琐的中央计划的效率开始表露出怀疑的迹象，对市场机制所具优势的讨论也逐步增多。但是促成根本性改变的关键在别处。如果勃列日涅夫主义仍然盛行，且背后有苏联驻军支持的话，没有理由相信在任何华约成员国会出现这种可能。

表明情况不会永远如此的首个清晰信号，于 20 世纪 80 年代早期出现在波兰。在相当大的程度上，波兰民族是通过追随神父而非统治者维系着民族的完整性。罗马天主教会以波兰民族化身的形式，对大多数波兰人的思想和情感有着持久的控制力，并经常为他们代言——一旦一个波兰人当上教皇，一切将更加令人信服。它的做法是站在 20 世纪 70 年代反对当时经济政策的工人一边，谴责他们受到的不公平对待。

教会的作用，与日益恶化的经济状况一起，构成了 1980 年波兰危机之年的背景。一系列的罢工逐渐在格但斯克造船厂的斗争中掀起一个高潮。从这场运动的参与者开始，出现了一个新的、自发组织起来的工会联盟——团结工会；它在罢工工人的经济目标之外又添加了政治要求，其中包括独立的行业工会。团结工会的领导人莱赫·瓦文萨，是一个不同寻常、经常被监禁的电工和工会首领，虔诚的天主教徒。他与波兰的教会上层保持着密切的接触。造船厂的闸门上装饰着教皇的图像，罢工工人还举行了露天弥撒集会。随着罢工范围扩大，全世界惊讶地看到，摇摇欲坠的波兰政府很快作出历史性的妥协，其中最为关键的是，政府承认团结工会为一个独立自治的工会组织。而具有象征意义的是，天主教弥撒在星期天定期广播也得到许可。但是混乱没有停止，随着冬天的来临，危机的气氛变得更浓。波兰的邻国发出了可能进行干预的威胁，苏联的 40 个师据说已经在东德和苏联边境做好准备。然而突然的干预并没有到来；苏联军队没有采取行动，也没有接到勃列日涅夫要求这么做的命令。他的继任者在接下来的动荡岁月里也没有这么做。这是莫斯科第一次出现变化的信号，也是东欧接下来十年所发生的一切的必要前提。

1981 年，紧张气氛继续加剧，经济形势持续恶化，但是瓦文萨仍力图避免挑衅。华约部队的苏联指挥官曾 5 次来到华沙。最后，激进分子摆脱了瓦文萨的控制，并呼吁一旦政府行使紧急权力就开展总罢工。12 月 13 日，戒严令实施。接着是严厉的镇压和可能数百人的死亡。但波兰军队的行动也使苏联的入侵变得不再必要。团结工会转入地下，开始了长达 7 年的斗争。在这期间，情况变得越来越明显：政府既不能阻止经济持续恶化，也得不到所谓"真正"的波兰（与政府日益疏远的民众）的支持。一场道德的革命正在进行。如一位西方观察员的描述，波兰人开始表现出"好像他们生活在一个自由的国家"的行为。秘密组织和出版物、罢工和示威游行，以及天主教会持续地谴责政权，有时候表现出一种内战的气氛。

虽然几个月后政府谨慎地解除了戒严，但仍然继续实施各式各样公开和秘密的压制措施。与此同时，经济进一步衰退，西方国家未提供任何帮助，也没表示出什么同情。然而 1985 年后，莫斯科的变化开始产生影响。这一切在 1989 年达到高潮。对波兰来说，这一年是自 1945 年以来最重大一年；对其他国家也是一样，这有赖于波兰的示例。一开年，政府承认了包括团结工会在内的其他政党和组织参与政治的权利。作为波兰政治真正多元化的第一步，6 月，大选举行，一些议席第一次开放供"自由"竞选。团结工会在议席选举中大获全胜。很快新议会通告废除了 1939 年 8 月签署的苏德协议，谴责苏联1968 年入侵捷克斯洛伐克，并开启了对 1981 年以来的政治谋杀事件的调查工作。

1989 年 8 月，瓦文萨宣布团结工会支持建立一个联合政府；戈尔巴乔夫要求共产党的强硬人士接受这一点（而且一些苏联军事力量已经离开了这个国家）。9 月，团结工会主导的联盟建立，以 1945 年以来第一个非共产党人总理为首，组成了波兰新一届政府。西方很快承诺将提供经济援助。到 1989 年圣诞节，波兰人民共和国已经成为历史；这个世纪内第二次，旧的波兰共和国从坟墓里爬起。更重要的是，事实很快证明，波兰引导了东欧走向改变。在其他东欧国家，波兰发生的重要事件很快被知悉，它们的领导人都很震惊。虽然程度不同，但东欧各国普遍接受了一个新的因素：不断增加的有关西方国家的信息。这首先是通过西方电视节目（在东德特别容易收到）获得的。更多的行动自由、更多地接触外国书籍和报纸，逐步加速了其他地方的批评滋生的进程，就像在波兰一样。尽管有些国家采取了一些荒谬的尝试去控制信息（罗马尼亚仍要求打字机须在国家当局登记），但意识上的改变已经在发生。

在莫斯科似乎也出现了同样的事态。戈尔巴乔夫是在这些事态发展的早期阶段掌权的。5 年后，事实已经很明显，他的上台在苏联也启动了革命性的制度变迁。首先政党的权力减少。然后，这些主动提供的机会为新近出现的反对力量所抓住，尤其是在各个加盟共和国。它们纷纷开始宣布实行不同程度的自治。不久，事态的发展似乎表明，戈尔巴乔夫或许破坏了自己的权威。看似矛盾，同时也令人震惊的是，经济境况看起来越来越糟。很明显，无论缓慢还是快速，向市场经济过渡，有可能让很多（也许是大多数）苏联公民承受更大的艰辛和苦痛，其程度已超出之前的预想。到 1989 年，苏联经济显然已经失去控制，变得精疲力竭。一如苏联历史上的情形，现代化是从中央发起的，然后通过集权结构流向边缘。但那个模式已不能奏效，首先是由于遭到党政要员（nomenklatura）和经济计划部门的抵制；然后是因为，在这十年的末期，中央高层权力明显在快速地崩溃。

1990 年，相比以往任何时候，世界其他地方可以更多地得知苏联及其人民的态度的真实状况。现在不仅公众的情绪能够得到公开表达，而且所实施的"公开性"政策也带来了苏联的第一次民意调查。一些大致的判断已经可以得出：党和党内高层已经信誉大失，即使截至 1990 年，其程度还不像在其他华约国家那么显著。更令人惊讶的是，相比旧政权的其他机构，长期消极、不加抗争的东正教会似乎保留了更多的尊重和权威。

但是，很明显，经济失败就像一团乌云，笼罩在任何开放的政治进程之上。1989 年苏联公民和外国观察员一样开始谈起内战的可能性。过去的铁腕控制的熔化，暴露出由经济崩溃和机会所激发的民族主义和地方主义情绪的力量。在经过 70 多年打造团结一致的苏联人民的努力后，情况的发展表明，苏联仍是彼此具有空前差异性的多个族群的聚合体。15 个加盟共和国中有几个（尤其是拉脱维亚、爱沙尼亚和立陶宛）很快表达了不满，它们将带头走向政治变革之路。在让苏联整体都感到不安的伊斯兰群体动荡的阴影下，亚美尼亚和阿塞拜疆的问题显得尤为复杂。更糟的是，一些人认为存在军事政变的危险。和那些在越南战争中失败的美国士兵一样，有些军队高官对苏联在阿富汗的失败感到不满，有些人认为，他们很可能成为发动政变的波拿巴。

　　分裂的迹象成倍增加。虽然戈尔巴乔夫成功地继续掌权，且以正式的手段增强了自己名义上可拥有的权力；但此举的不利之处在于，一旦失败，他也将担负更多的责任。立陶宛议会发布声明，宣称 1939 年的兼并无效，这导致拉脱维亚和爱沙尼亚也在经过复杂的谈判后，宣告独立，尽管措辞和状况略有不同。戈尔巴乔夫没有寻求挽回分裂局面，而是与波罗的海各共和国协商要其保证向苏联继续履行某些义务。对他来说，这意味着结局已开始。有一个时期他在改革派和保守派之间调整来调整去，一会儿与一派结盟，后来为了保持平衡，又倒向另一派。这么做的结果是，到 1990 年底，各种妥协方案似乎越来越不可行。在新年初，对士兵和克格勃在维尔纽斯和里加的镇压行动的默许，也未能遏制这个势头。此时，已有 9 个苏联加盟共和国声明自己拥有主权或有很大程度的独立性。它们中的一些已将当地语言定为官方语言，另一些则将苏联的政务部门和经济机构转由本地控制。俄罗斯共和国——最重要的加盟共和国——开始着手脱离联盟单独运行自己的经济。乌克兰共和国提出要建立自己的军队。3 月，选举导致戈尔巴乔夫再一次回转向改革道路和为苏联国家探求新的联盟条约，从而使其能保留一些中央层面的作用。全世界都在关注，充满了迷茫。

波兰的例子在其他国家的影响力不断增加，它们意识到日益分裂甚至瘫痪的苏联不会（也许不能）进行干预，以支持华沙条约组织其他国家的亲苏派。这也就确定了1986年后各国的基本动向。甚至在公开的政治变化之前，匈牙利人在经济自由化方面已经几乎像波兰一样迅速，虽然他们对欧洲共产主义瓦解的最重要影响在1989年8月才来临。那时来自东德的德国人获准作为游客自由进入匈牙利，虽然谁都知道他们的目的是向联邦德国大使馆和领事馆申请作为难民避难。9月，匈牙利的边境完全开放（捷克斯洛伐克也步其后尘）时，人流汇聚成了洪流。在三天内，有1.2万东德人穿过这些国家进入西德。

苏联当局说这"不同寻常"。对东德来说，这时结局开始上演。在东德作为一个社会主义国家精心策划的大规模庆祝40年"成功"的前夕，在戈尔巴乔夫（使德国共产主义者感到绝望，他似乎在敦促东德人抓住"机会"）访问期间，防暴警察不得不在东柏林的街道上应对反政府示威者。党与政府抛弃了他们的领袖，但这还不够。11月开始，许多城市爆发了反对日益腐败的政权的大规模游行示威。11月9日，所有示威中最引人注目的象征性行动来临了：柏林墙被破坏。东德政治局屈服了，随后拆除了柏林墙的其余部分。

发生在东德的事件比其他任何地方都更深刻地表明，即使是最发达的东欧国家，多年来公众与政权之间也在日益疏远。1989年，这种情绪集中爆发。在东欧各地，情况忽然之间变得非常明显：政权在民众眼中已经没有了合法性，他们要不起而反对它，要不转身背弃它，任其自生自灭。这种疏离情绪在制度上的表达，是到处都在要求举行自由选举，让反对党可以自由地参加竞选。波兰在部分自由的选举（一些议席仍然保留给现政权的支持者）之后，新宪法也在筹备当中。1990年，莱赫·瓦文萨成为总统。而几个月前，匈牙利选举产生了一个议会，从中选举出一个非共产党政府。协定也很快达成：苏联部队在 1991 年 5 月前撤出该国。不过保加利亚的投票不那么一边倒：在这里，此次竞选的获胜者是转向改革派并改名社会党的共产党人。

有两个国家的事态发展不太一样。1989 年 12 月的一场暴动之后，罗马尼亚经历了一场暴力变革（以齐奥塞斯库被杀而告终），这揭示了前路的不确定性，以及预示着将来纷争的内部分歧。到 1990 年 6 月，被一些人认为仍深受前共产党人影响的政府，开始攻击部分前支持者（如今的批评者），在矿工治安小队的援助下平息了学生的抗议，并造成了人员伤亡和国外的非议。东德是事件发生特殊转向的另一个国家。它必然是一种特殊情况，因为政治改革的问题必然要绑定德国统一的问题。

柏林墙的倒塌透露出，这里不只是没有支持原体制的政治意愿，而且没有支持东德的意愿。1990 年 3 月，在那里举行的换届选举中，基督教民主党——西德执政党——主导的联盟得到了大多数席位（48％的选票）。统一不再存疑，尚有待解决的只剩下程序和时间表。7 月，两德结成货币、经济和社会联盟。10 月，两德实现政治上的统一，前民主德国的版图变成了联邦德国的几个州。变化是重大的，但并没有哪方公然发出警告，甚至连莫斯科也没有，而戈尔巴乔夫的默许是他对德意志国家的第二大"贡献"。

然而，苏联必然会因此产生警惕。新德国将会成为苏联以西的欧洲最强大的力量。苏联的力量现在正在衰落，这是自 1918 年以来从没有出现过的。对戈尔巴乔夫而言，得到的回报是与新的德国签署了一份条约，承诺对苏联的现代化给予经济援助。或许，还通过设法使那些回忆起 1939 至 1945 年的人确信，新德国并不只是旧帝国的死灰复燃。德国现在已被剥夺了东普鲁士的土地（事实上，已经正式声明放弃），也没有像俾斯麦时期的帝国和魏玛共和国那样以普鲁士为主体。更加令人确信的是（对那些感到疑虑的西欧人会更加重要），联邦德国是一个似乎能够取得经济成功的联邦和宪政国家，已积累了近40年的民主经验，并已嵌入到欧盟和北约的组织结构之中。记忆犹新的西欧人已相信了它，至少当时是这样。

1990年底，曾经看似一个整体的东欧阵营已经发展到非常多元的状态，完全不适合概括或笼统的描述。随着一些前共产主义国家（波兰、捷克斯洛伐克、匈牙利）申请加入欧共体，或准备申请加入（保加利亚），观察人士开始设想一个比以前任何时候都更加广阔的潜在的欧洲统一体。那些注意到新的或者旧的民族和地区分裂态势出现（或重现）的人士，作出了更加谨慎的判断。东欧国家普遍正在聚集起经济失败的暴风雨，必然会带来动荡。开放虽然可能就要来临了，但确实会降临在处事技能和发展水平不同，且有着不同历史渊源的民族和社会身上。提前预言是不明智的，而且在1991年这种不明智变得更加清晰。在那一年，当南斯拉夫的两个加盟共和国宣布分离的决定时，对和平变革前景的乐观情绪受到了动摇。

1918年，"塞尔维亚、克罗地亚和斯洛文尼亚王国"作为塞尔维亚和黑山的继任者登上了历史舞台。伴随着王室独裁政权的建立并为消除旧的分歧，它早在1929年就更名为"南斯拉夫"。但它的大多数臣民，包括塞族人和非塞族人，都认为新王国寻求的目标实质上是"大塞尔维亚"历史旧梦的表现。第二任国王亚历山大于1934年在法国被暗杀——这是由得到克罗地亚人协助的一个马其顿人实施的，行动也得到了匈牙利和意大利政府的支持。国家分歧之烈，很快就吸引了外人涉足其事务，当地的政客也开始寻求外界的支持。1941年德国部队到达后不久，克罗地亚就宣布自己作为一个国家独立。

除了人口和族群的多样性（1931年南斯拉夫人口普查中区分出

塞尔维亚—克罗地亚人、斯洛文尼亚人、德意志人、马札尔人、罗马尼亚人、瓦拉几人、阿尔巴尼亚人、土耳其人，以及其他斯拉夫人、犹太人、吉卜赛人和意大利人），南斯拉夫也显示出在风俗、财富和经济发展上的不一致。在 1950 年，南斯拉夫有一部分地区刚刚褪掉中世纪的色彩，而其他地区则已实现了现代化、城市化，还拥有重要的产业。总体而言，以农业经济为主的地区随着人口的迅速增长，变得更加贫穷。然而在两次世界大战的间隔期里，南斯拉夫的政治主要体现为克罗地亚人—塞尔维亚人之间的对抗。1941 年后克罗地亚人、以塞族为主体的共产党人（他们自己的领袖却是克罗地亚人铁托）和塞族保王党人之间的三边内战所导致的战时暴行和斗争，又加深了这种对抗。这场斗争始于一场对新的克罗地亚（其中包括波斯尼亚和黑塞哥维那）的 200 万塞族人发起的恐怖的种族清洗运动。1945 年，斗争以共产党人的胜利而结束，民族不和在联邦结构内通过铁托的独裁统治得到了有效遏制；这看起来似乎可以解决旧的波斯尼亚和马其顿问题，并很可能足以抵挡外界的领土夺占野心。但是，45 年后，也即铁托死去十年后，旧的问题突然显示其仍然根深蒂固。

1990 年，南斯拉夫联邦政府试图处理经济困境，却加快了政治分裂。当不同的民族开始各自想方设法填补联邦政权崩溃后所留下的政治真空时，民主自决最终抹除了铁托的成就。代表塞族、克族、马其顿人、斯洛文尼亚人利益以及赞成南斯拉夫理念和联邦本身的党派纷纷形成。不久，除了马其顿，所有共和国政府都赢得多数票当选，但个别共和国内新的少数派甚至又已经开始发出自己的声音。克罗地亚塞族人宣布自治；而在塞尔维亚省份科索沃出现了流血冲突，那里有五分之四的居民是阿尔巴尼亚人。在科索沃，一个独立共和国的宣言对塞尔维亚人是一种重要的象征性侮辱——而且与希腊和保加利亚政府关系重大，自巴尔干战争时代以来，二者的祖先就未停止回味当年马其顿的野心。在 8 月，塞族人和克罗地亚人之间零星的空中和地面战斗开始了。外界干预的先例似乎一直都没什么好结果——尽管不同的欧共体国家持不同的观点——当苏联在 7 月对当地冲突蔓延至国际层面的危险发出警告时，干预的前景就更加不妙了。同年底，像克罗地亚一样，马其顿、波斯尼亚—黑塞哥维那、斯洛文尼亚都自行宣布独立。

苏联的警告是其政权采取的最后外交举措。很快，它被更重大的事件所吞噬。8 月 19 日，党内及克格勃的一些高层仓促联手发动了一场秘密政变，旨在让米哈伊尔·戈尔巴乔夫下台。政变失败了，三天后他又重新掌权。不过，他的地位已经大不如前；不断变换立场、追求妥协已经毁了他的政治信誉。他掌控党和苏联都已经太久了；苏联政治已经步履蹒跚，在很多人眼中已经走向解体。这给苏联最大的加盟共和国——俄罗斯共和国的领导人鲍里斯·叶利钦提供了机会，而他也抓住了机会。军队，作为唯一能对其支持者产生威胁的力量，并没有反对他。现在他作为一个强力人物出现在苏联政治舞台上，没有他的同意任何事情都做不成；并且，作为俄罗斯沙文主义的扛鼎人物，他可能会威胁到其他共和国。当外国观察员还在努力想要看清局势发展时，清除那些曾支持或默许政变的人的行动，已发展成对苏联各级官员的激烈洗牌；对克格勃的角色重新定位，以及在联盟和各加盟共和国之间重新分配对它的控制权。最显著的变化是对苏联共产党的摧毁，这几乎立刻就开始了。几乎没有发生任何流血冲突（至少在开始时是这样），发端于 1917 年布尔什维克革命的庞大党派实体就走向了终结。最开始似乎有理由为此欢欣呐喊，尽管谁也不清楚接下来要发生的事情是好是坏。

到这一年年底，形势仍不明朗。随着俄罗斯共和国决定不久即放弃价格管制，可能的前景似乎是，不仅自苏联体制初创以来空前的通货膨胀可能出现，而且意味着数以百万计的俄国人濒临饿死的危险。在另一个共和国格鲁吉亚，第一次自由选举后，不满的反对派和当选总统的支持者之间就已经爆发战斗。然而，让这一切变化都相形见绌的是，在布尔什维克革命的流血经历中诞生的超级大国就这样瓦解了。近70年来，几乎直到最后一刻，它始终是世界各地革命者的希望，和赢得了历史上最伟大陆地战争的军事力量的发动机。现在，它突然无能为力地瓦解为一系列继承国。

当俄罗斯、乌克兰和白俄罗斯领导人于12月8日在明斯克会晤并宣布苏联停止存在，建立新"独联体"时，欧洲最后一个多民族大帝国消失了。1991年12月21日，11个苏联加盟共和国的代表聚集在阿拉木图短暂会晤，确认了这个决定。他们同意在当年的最后一天正式解散联盟。随即，戈尔巴乔夫辞职。

这是现代史上最令人吃惊也最为重要的一个变化。没有人能确知前路究竟为何，只知道这对许多曾经的苏联公民来说，将是一个危险、艰难和痛苦的时期。在其他国家，政治家们在此重大事件发生期间表现谨慎，未敢多言。因为前方有太多的不确定性。至于苏联先前的朋友们，它们都保持沉默。有几个国家曾严厉谴责过这年早期发生的事件，以至于它们对8月发生的未遂政变表达了赞许或鼓励。利比亚和巴解组织会这样做是因为，以任何形式回归到冷战两分阵营那样的状态，都注定能增加它们重新进行国际操纵的可能性；这种可能性曾因美国和苏联之间的缓和，然后因后者的衰落而受到压缩。

苏联的事件必定会在中国引发密切的关注。中国的领导人有自己的理由，对与自己有最长陆地边界的邻国解体后的事件走向表示不安。随着苏联的消失，他们成为唯一一个完好无缺的多民族国家的领导者。此外，自1978年以来，中国一直持续进行着谨慎而有控制的现代化进程。

在这方面，邓小平被认为有着主要的影响，但他坚持集体领导。地方和集体企业得到了发展机会，并被允许逐利。与非共产主义国家的商业联系受到鼓励。尽管新的进程仍然是完全以马克思主义的语言来界定的，但结果似乎是一场以市场为导向的根本经济变革。但与此同时政权的掌控力并没有弱化。中国领导人仍牢牢地控制着政权。他们受益于中国社会传统规则的持续影响，受益于"文化大革命"的结束让数百万人体验到的如释重负之感，受益于对革命益处的信仰（虽然可能有所限制），进而受益于经济收益应经由这一体系流向农民的政策（这与直到 1980 年莫斯科仍在加以详细阐述的政策不同）。这提高了农村的购买力，使农村走向富足。农村公社的权力大幅转移，在很多地方它事实上已毫无作用。到 1985 年时，家庭农业作为中国大部分农村的主要生产形式回归。

乡镇里的工商企业从"大跃进"时代的"公社"和"生产队"中脱胎而出。到 20 世纪 80 年代中期，农村收入的一半来自工业就业。经济特区——外商可以在此投资并从中国的低工资中获利——建立起来，大多位于 20 世纪 40 年代前有大量外国商人常驻的地区。到 80 年代末，中国的大型私人公司开始出现，其中许多脱胎于南方省份的合作制企业，或来源于与外商的合资公司。城市化加速，出口猛增。20 世纪 30 年代后，中国再次成为世界经济的一部分。

然而，新政策不是没有代价。不断增长的城市市场激励了农民，他们获得的利润回报又促使他们扩大生产，但城市居民开始受到物价上涨的影响。随着时间的推移，国内的难题也在不断增加。外债猛升，到 80 年代末，通胀以年均约 30％的速度发展。对贪污现象的愤怒以及政策分歧广泛存在。一些人认为，有必要重新加强政治领导力。

加强政治基本原则的有力尝试随即进行。中国很快就表明它不可能走东欧国家或苏联的道路。但向哪里去呢？邓小平很快明示，经济改革将继续坚定推进，力度将更胜以往。许多中国人和外国人都同样好奇，党对于迅猛的经济发展究竟发挥了多大影响。因为一些经济现象似乎非常西化。其实，找一个经济或政治场合，花不了太多力气，就能发现中国漫长历史的某些证据，还有这段历史向自己人民提出的挑战，以及给予的机遇。

第 5 章 开篇与终曲

　　早在苏联解体之前很久，有一点就已经很明显：世界上没有哪个地方可以完全不受在欧洲所发生的一切所影响。冷战结束再度凸显了这片大陆由来已久的认同问题，而新问题也在出现。在对某些人而言是寒冬黎明所带来的微光中，人们开始重新审视自己和他人。有些噩梦已随风而逝，但新浮现的也不过是令人不安的风景。一些重要的问题再次被提上议事日程，包括认同、种族和宗教等方面；其中有些问题实在令人困扰。新的塑形时期在世界历史上又一次出现了。

　　近乎偶然，不仅欧洲安全体系的一半随着华沙条约组织消失，而且另一半——北约也微妙地发生了改变。主要的潜在对手苏联的解体，不仅剥夺了北约的主要作用，而且也消除了让其得以形成的压力。像温暖的房间里的一个牛奶冻，它开始有点融化了。即使有些人已经认为，复兴的俄罗斯在将来某个时候将作为一个新威胁出现，但意识形态斗争的消失将意味着潜在对手需要以新的方式来考虑这件事。很快就有前共产主义国家谋求加入北约。波兰、匈牙利和捷克共和国在 1999 年加入，而斯洛文尼亚、斯洛伐克、保加利亚、罗马尼亚和波罗的海诸国也在 5 年后加入。与美国总统乔治·H. W. 布什1990 年给予米哈伊尔·戈尔巴乔夫的承诺完全相反，北约不仅扩张到了苏联的边境地区，还越过了边境。它成为一个将美国和大部分欧洲国家（除去俄罗斯）联结在一起的工具。即使在 20 世纪 90 年代中期，美国政府开始将北约作为处理新欧洲问题的一个工具，特别是在前南斯拉夫地区，进而在欧洲地区之外也加以运用，但其军事力量的存在目的已并不明朗。

冷战结束后，东欧和东南欧人民的命运似乎在 20 世纪第一次明确地完全掌握在自己手中。犹如旧日的王朝帝国，或在第二次世界大战中德国和意大利独裁者的即兴建制一样，现在这个地区的原有体制框架已经倒塌。随着许多被掩埋的历史重现，还有更多的被记起或编造出来，展现在人们眼前的一切往往令人沮丧。斯洛伐克人对归入捷克斯洛伐克感到焦躁不安，但是斯洛伐克自身在人口构成上也像罗马尼亚一样有大量的匈牙利人。对于处于匈牙利北部和东部边境以外的马札尔人所受的待遇，匈牙利人现在可以更公然地表达他们的怒气。最重要的是，南斯拉夫的老问题迅速升级为新的暴力事件和危机。1991 年，当南斯拉夫各个加盟共和国全部宣布独立时，战争在当地塞族人跟克罗地亚和波斯尼亚—黑塞哥维那的新政府之间打响。塞族少数派得到了贝尔格莱德政府（在尚武的塞族民族主义者斯洛博丹·米洛舍维奇的领导下）的支持，还得到了南斯拉夫联邦军队残余力量的援助。

波斯尼亚—黑塞哥维那的内战导致了自二战结束以来对欧洲公民施加的最残酷暴行。由于塞尔维亚人、克罗地亚人和波斯尼亚穆斯林这三个主要的族群都想尽可能控制更多的版图，当他们进占时通常将别的人口群体驱赶出境。在斯雷布雷尼察，塞族军队在 1995 年屠杀了数千名波斯尼亚公民，塞族人还从 1992 至 1995 年包围了波斯尼亚首都萨拉热窝。欧盟（欧共体现在的名称）和美国不愿进行干预；对塞族人来说，只有军事上的失利才导致了 1995 年 12 月在俄亥俄州的代顿达成协议。波斯尼亚—黑塞哥维那不再是原来不同族群杂居的和平聚落，反而催生了"种族清洗"这样的词汇——武力驱逐被定义为敌人的族群。克罗地亚利用塞族军事衰落的机会，收回了克拉伊纳整个地区，将那里作为人口主体的塞族人大部分驱逐出境。在米洛舍维奇的所谓塞族"自卫"战中，灾难一个接着一个发生了，他在阿尔巴尼亚人占主导地位的科索沃地区实施高压政策，导致北约干预，打击他的军队，最终，他在 2000 年被推翻。因为担忧对波斯尼亚人的暴行重演，西方各国最后达成一致，进行干预。

结果是，在 20 世纪 90 年代初，数以百万计东欧人面临着各种严重的问题和困境。在合法性原则和理念方面，人们普遍缺乏共识。这个地区已经拥有了"现代化的"精英，无论他们是否发挥了作用，他们通常都在旧的官僚群体中。在原先的体制下开创事业的专业人士、管理人员和各方面的专家，不可避免地还继续管理着国家，因为没有人可以替换他们。另一个问题是，随着政治革命的即时幸福感消退，可参与自由投票选举的人们显得有些变化无常。有些人又开始怀念显然很安稳的旧日时光。当人们为国家的合法性到处寻找新的基础时，唯一可行的候选项往往似乎就是民族主义，虽然它曾经常困扰过去的政治，有时长达几个世纪。过去的部族意识很快也重新显现，虚构的历史很快就变得与过去实际发生的事件同样重要。

一些古老的对抗和纷争随着第二次世界大战而以悲剧的方式告终。最可怕、最大规模的事例，大屠杀——人们这样称呼纳粹清除犹太人的尝试——结束了东欧作为世界犹太人中心的历史。1901 年时，全世界大约四分之三的犹太人都生活在这里，大都住在俄罗斯帝国。而如今在那些曾经讲意第绪语的地区，仅有略高于 10% 的犹太人居住。现在，接近一半的世界犹太人口都生活在讲英语的国家，另外的 30% 在以色列。在东欧，政府急于利用传统流行的反犹太主义（尤其在苏联），通过骚扰和司法迫害来鼓励移民。在少数几个国家里，这样的举动几乎消除了 1945 年后残留的犹太人口，让他们不再是重要的人口构成部分。1945 年，幸存的 20 万波兰犹太人很快发现，自己再次沦为传统暴行和骚扰的受害者；到 1990 年，没有移民者的数量仅为 6 000，东欧过去的犹太人中心消失了。

在一些西欧国家，少数群体也表现出新的抵制情绪。巴斯克分离主义分子在西班牙制造恐怖气氛。在比利时，瓦隆人和弗拉芒人①相互谴责。北爱尔兰也许是最令人震惊的实例，在那里，贯穿于 20 世纪 90 年代的联合派与民族派情绪之间的纷争，持续阻塞着政治和解之路。1998 年，经与爱尔兰政府合作，英国的倡议排除了阻力，成功令新芬党和北爱尔兰统一党的官方领导人默许了一份全爱尔兰全民公决提案，该提案比以往进一步在制度上既确保了北爱的民族主义少数派权益，又保护了北爱与英国的历史纽带。当然，这份"星期五和平协议"暗示着未来这个王国主权的内涵将发生根本性的变化（顺便说一句，它比英国政府此时在苏格兰和威尔士实施的权力下放措施走得更远）。它旨在驱散困扰这个地区近三十年之久的恐怖暴行。

从 1986 年起，向欧洲共同体成员国公民发放的护照不仅印上了护照发放国家的名称，还印上了"欧洲共同体"一词。然而，在实践中，共同体面临着越来越多的困难。虽然主要的中央机构——成员国部长理事会、委员会和法院——是分开运作的，但彼此并非毫无争吵，有些政策，特别在渔业和运输方面，就引发了众所周知的争议。特别是在 1971 年美元不再与黄金挂钩、布雷顿森林体系终结和石油危机后，汇率的波动更是成为尴尬和各机构争吵的另一大根源。然而，20 世纪 80 年代出现了鼓励经济成功的确凿证据。20 世纪 70 年代美国恢复了它 1914 年前的地位，成为外来投资的主要接受国，而它吸引的投资有三分之二来自欧洲。西欧还占了世界贸易的最大份额。外界变得热衷于加入一个向贫穷成员国提供有吸引力"贿赂"的

---

① 均为比利时主要族群，前者生活在南部的法语区，后者生活在北部的荷兰语区。——译者注

组织。1981 年希腊加入该组织，而西班牙和葡萄牙于 1986 年加入。

事实证明，1986 年是一个具有决定性意义的年份；当时欧共体同意在 1992 年采取进一步措施超越单纯的关税同盟，进而形成一个单一、综合、无国界的内部市场。在艰难的磋商后，1991 年 12 月的《马斯特里赫特条约》就欧洲共同市场作出了安排，并提出了时间表——不得迟于 1999 年建立一个全面的经济与货币联盟。资本、货物、服务和人员最终可以无障碍或无妨碍地自由跨越国界。但又一次，谨慎的英国提出了保留和特别的安排。作为首相撒切尔夫人的继任者，约翰·梅杰当时还不太为人所知，但他几乎马上在马斯特里赫特谈判中，针对分歧带头坚持了英国的立场。

该条约打开了采纳单一货币，并设立有自主权的中央银行进行管理之路。《马斯特里赫特条约》也将新"欧洲联盟"（取代了欧洲共同体）的公民身份给了所有成员国的国民，并规定成员国有义务在劳动实践和一些社会福利上实施某些共同的标准。最后，该条约扩展了欧盟可能通过多数票赞成的方式作出决策的领域。这一切都像是在大踏步走向权力集中，虽然为了尽力安抚质疑者，条约也针对主从性原则（subsidiarity，这个词根植于天主教的社会教义）达成了共识；它指的是，在干预国家行政管理的细节上，应限制位于布鲁塞尔的委员会的管辖权。关于欧洲防务和安全政策的协议，由于波斯尼亚事件，很快就陷入无望的混乱。

在一些国家，《马斯特里赫特条约》的实施遇到了困难。第二年，丹麦人就在全民公决中否决了它。在法国的类似考验仅产生了微弱的多数赞成票。英国政府（尽管它通过谈判得到了特殊保障措施）历经重重困难，在议会关于这一议题的投票中胜出，但当它下一步面对选民时，执政的保守党内部出现的分裂将使这个政党瘫痪。欧洲的选民仍习惯于考虑这些举措是保护还是破坏传统区域和国家的利益，但

20世纪90年代初经济条件出现恶化的时候，他们的顾虑就更明显了。但是《马斯特里赫特条约》最终在15个成员国得到批准。围绕各成员国的主权受到布鲁塞尔委员会侵蚀的争论，以及个别国家较公平或不公平地使用或滥用联盟规则的争论，一直都在发生。

《马斯特里赫特条约》的进程，部分是因为很多成员国——特别是法国——感到有必要让强大统一的新德国更进一步融入欧洲，才得以启动的，但很快它就具有了更广泛的意义。随着共产主义在东欧受挫，对一个真正的欧洲联盟——《马斯特里赫特条约》之后欧共体的新名字——的需求就凸显出来。欧盟成功引入了共同的货币（欧元，从2002年开始），同时创立了欧盟中央银行，并在刑事司法、外交政策和军事事务方面开展了更深层次的合作，还加快了同意中东欧国家加入联盟的步伐。这些都证明了欧洲一体化半个世纪以来所创建的各种机制的力量。1995年，冷战时期的中立国奥地利、芬兰和瑞典加入。东扩的一大步在2004年迈出，共有十个国家加入，其中包括波兰、捷克、斯洛伐克、匈牙利，以及最令人惊讶的，波罗的海沿岸的前苏维埃共和国爱沙尼亚、拉脱维亚和立陶宛。尽管各成员国就联盟的构成、预算和进一步扩张计划总是分歧不断，但拥有4.61亿人口的欧盟，已向着成为其创建者所设想的全欧洲联盟，迈出了巨大的步伐。

经济环境也已经改变了。共同农业政策（CAP）虽然仍非常重要，但已经没有了20世纪60年代的含义。在一些国家，它从向大量小农提供的选举贿赂，转变为向人数较少但更富有的农场主们的福利补贴。在新欧盟的内部，各国的表现也与它们在20世纪60年代和更晚时期不同了。德国现在是欧盟的驱动力量和联盟大部分财政支持的来源。总理赫尔穆特·科尔最重大的成就是实现两德统一，巩固了德国作为欧洲大国的天然地位。但这样做的成本非常高昂。德国在贸易项目上陷入赤字，对统一条款的不满开始出现。随着时间的推移，德国人旧日的噩梦——通胀的危险也更多被传出。当曾经的东德人迁移到西部，德国纳税人的负担和失业率都上升了。20世纪90年代，欧盟大多数成员国都笼罩在持续的经济衰退造成的阴影中，这也提醒人们各个国家之间是存在差异的，经济实力也各不相同。20世纪90年代到处出现的财政、预算和汇率问题逐渐削弱了各成员国政府的信心。

因此，政治家们需要考虑的维度很多。世界各地的观念都在发生改变。例如，对法国来说，推动他们致力于欧洲一体化的最强大动力，始终根源于对德国的恐惧，因此法国的政治家们首先设法让德国牢牢地与共同市场绑定，然后又与欧共同体绑定；但随着德国经济不断壮大，他们被迫承认德国在绘制欧洲未来版图方面享有主导权。在法国人心中，戴高乐追求的民族国家林立的欧洲，已经让位于一个有意识建构起来的、更具联邦性质——但矛盾的是，也更加中央集权——的欧洲。只有这样，法国才会得到最大份额的非正式和文化影响力，比如说，通过获得在布鲁塞尔的要职。如果未来难免出现一个欧洲超级国家，法国至少可以尝试主宰它。不论如何，1995年法国重新加入北约的决定，与戴高乐的路线已明显决裂。

1990年之后，德国政府很快就设法通过与前共产主义邻国的邦交来寻求施加其新的影响。德国商人和投资者迅速前往这些国家展开了项目合作，而德国在1991年年底急切地承认了新独立的克罗地亚和斯洛文尼亚（德国是第一个这样做的国家），这些都一点也不让其他欧盟成员感到安心。欧盟将如何扩展，对世界历史来说注定具有关键意义。一个拥有近7亿人口的民主多元的欧盟，从北极圈延伸到安塔利亚①，从法鲁②到刻赤③，是有可能成真的设想。但另一个可能

————————
① 土耳其南海岸最大城市，位于地中海沿岸。——译者注
② 葡萄牙本土最南端的城市，濒临大西洋。——译者注
③ 克里米亚半岛东端的城市。——译者注

的结果，是现存联盟的崩裂（但也不一定是按单个国家裂分）。迟早要面对的一个问题为，是否尝试让俄罗斯融入。尽管它非常庞大且有专制传统，但不可辩驳的是，它是一个有很多资源——人口和原料——的欧洲国家，而这是欧盟持续维持其公民福利所需的资源。

在 30 多年的时间里，在欧盟内部和共同市场内，理所当然会产生一定程度的文化融合。不过，消费水平的日益提高，与其说归功于欧洲的政策，不如说归功于在大众层面上更精明的市场推广和日益增长的国际交流（像在过去一样，其结果通常被谴责为"美国化"）。诸如在农业领域的这种得到有意识推动的缓慢融合进程花费巨大，并且共同农业政策也可想而知激怒了非农选民。联盟在处理对外事务上看起来也似乎虚弱无力，它在南斯拉夫解体问题这个严峻的考验面前明显败下阵来。因此，在 21 世纪伊始，许多不确定因素仍然笼罩着欧洲的未来。统一的欧洲货币计划就是其中之一。虽然围绕货币而产生的争论总是带有压倒性的政治色彩，但有人断言，它的引入将带来巨大的经济效益，较低的价格和较低的利率也有可能随之而来。但同样有人言之凿凿，参与国可能会失去对其经济生活重要方面的控制力。事实上，一种共同的货币，意味着主权的进一步丧失。

政客冥思苦想的是，若必须作出选择，把货币联盟的种种后果带回本国，选民会怎么想。然而不难想见的是，一旦货币联盟失败或扩张不成功，欧盟可能退回到比简单的关税同盟强不了多少的局面。

赫尔穆特·科尔在 1998 年 11 月的德国大选中被击败，德国统一后第一个社民党总理格哈特·施罗德上任。但这对德国政府促进货币统一的目标没有任何影响。法国政府也紧随其后。丹麦和瑞典坚定地宣布不想参与。在英国，托尼·布莱尔的新工党政府于 1997 年以绝对优势当选，他们虽然对进一步的一体化表示了谨慎的肯定，但拒绝在"直到时机成熟"前加入，而在他们执政的第一个十年，成熟的时机并没有出现。但在 2002 年 1 月 1 日，大多数成员国引入了自查理曼时期以来第一种共享的货币。为了刻意回避冒犯国家情感，采取伟大历史名称如克朗、弗罗林、法郎、马克、塔勒等的可能性被搁置在一边，新的货币单位被称为"欧元"。到 21 世纪头十年的中期，其纸币及硬币在 12 个会员国 3 亿公民中成为唯一合法货币；它甚至也被欧盟以外的国家和领土，如黑山和科索沃采用。

　　扩大联盟的困难在当时变得更加清楚。土耳其一直在申请加入，坚持的时间最久。一些成员国质疑它是否完全是一个"欧洲"国家，因为其领土大部分处于亚洲，大部分人口是穆斯林。更糟的是，在长达 60 年的高扬之后，凯末尔的现代化遗产面临挑战。伊斯兰教徒总是不满政权的传统世俗主义。然而，如果所谓欧洲性的检验标准在于体制的现代化（例如代议制政府和妇女的权利）和一定程度的经济发展，那么很显然，土耳其将与欧洲人，而不是与其他伊斯兰中东地区站在一起。可是，土耳其对政治反对派和少数民族（尤其是库尔德人）的处理仍然遭到国外的众多谴责；土耳其政府作为人权卫士的记录也受到质疑。因此土耳其又一次提出了一个始终没有答案的老问题：欧洲到底是什么。但值得一提的是，尽管土耳其与其宿敌希腊在塞浦路斯（现在已成为欧盟的一个独立成员）的争端尚未解决，但希腊已是土耳其加入欧盟的关键支持者之一，从经济和政治路线两方面为后者游说。

　　2000 年末，在尼斯的谈判就欧盟进一步扩充的原则达成一致，同样达成共识的还有改变投票资格事宜。不过，法国还是成功地继续掌握了与德国相同"分量"的投票权，而德国现在已无可争议地成为规模最大、最富有的成员国。当然，对《尼斯条约》的批准仍必须经过各国议会，而爱尔兰政府很快就不得不面对其提案无法在全民公投中通过的问题；这引发了这个体系的又一次震动。2001 年底达成协议，应订立一个涉及欧盟机构的运转，及其可能出现的变化的特别公约，但这仅稍微抵消了之前的冲击。但是，2005 年法国和荷兰的公民投票拒绝接受公约（稍微有些夸张地称为"欧洲宪法"）的成果，进一步加强一体化进程的方案似乎再一次深陷困境。虽然该宪法到处遭民众否决再次表明，欧洲联盟仍然只是政治精英的事业，仅得到他们的力挺，但宪法的大部分内容还是（或许正出于这个原因）渗入欧盟的条例和规章中，这有赖于宪法提案的修订版本在那些之前拒绝它的国家再次接受公投表决。

在一定程度上，冷战的结束似乎终于揭示出，欧洲不仅仅如它在很长一段时间内表现的那样，是一种单纯的地理表达概念。不过同样，想寻求一种先天的欧洲本质或精神，甚或一种欧洲文明，似乎也比以往任何时候更加无意义，尽管它或许是世界文明的一大来源。它如以往一样，是一个对自己内部的动力机制产生强大共鸣的各民族文化的集合。因为尽管自《罗马条约》以来欧洲的一体化进程也取得了一些成绩，但在 21 世纪开始时，鲜有迹象表明存在一种"爱欧洲主义"，能像旧时代的国家忠诚思想一样鼓动群众的情绪。欧洲议会选举的投票参与率到处都在下降，除了在强制性投票的国家之外。语言沙文主义让联盟机构内部再次面临无法运转的威胁——联盟机构巨大、无序的复杂性已经阻碍了那些在其中寻求政治逻辑的国家，这无疑有助于令公众对"欧洲"概念进一步丧失兴趣。

但成就毕竟也不少。最重要的是，欧盟是各宪政民主政体组成的共同体，是不基于单一国家霸权展开欧洲一体化的第一个成功篇章。在 21 世纪开始之际，欧盟，即使处于不断加剧的经济风暴中，从长远来说显然在经济上取得了成功。其成员国的总人口数为 5 亿，在世界贸易中的份额超过 75％（多数是在成员国之间）。其 GDP 总量在 2010 年高于美国，是日本的三倍。欧洲是过去 50 年间出现的世界经济的三个主要推动者之一。尽管欧洲人似乎仍然对自己走向哪里感到担心，他们却显然是一个许多旁观者希望加入的团队。

1989 年给中国未来的走向留下了很多疑问。邓小平，10 年前设计经济改革的人，在 85 岁高龄，于 1989 年重返政治决策中心。1992 年南行，邓批评了那些将政治上的不放松与经济上的不放松相等同的人。他说，改革必须深化，应当给予私有企业更大的发展空间。到那时，1989 年的停滞已经成为过去；从 1992 年开始中国进入了飞速发展阶段，GDP 年均增长速度在接下来的 14 年里都超过 10％。

事实证明，中国经济的飞速增长可能是 20 世纪 90 年代以来全球最重要的事件。这不仅创造了一个超过 4 亿人的中产阶层，其购买力与欧盟的平均水平相当，也使中国成为全球第二大国家经济体。这种增长大部分是在私有领域；但是，经过大量重组后，到 21 世纪初，国有或集体所有板块也出现了一定程度的增长。中国的经济模式中，似乎国家甚至是共产党在融合市场经济中都发挥了重要作用。它将开发利用从农村大量进入工厂的男女青年劳动力，与强调对所有公司的政治领导结合起来，包括那些由中国人或外国人拥有的私人企业。虽然已逐步向北部和西部扩展，经济增长仍然主要集中在南部和东部地区，沿着海岸线和大河两岸，重复着自王朝时代早期以来那种显而易见的模式。中国共产党似乎已经找到了一种可行的发展模式。

冷战结束也改变了中国的对外关系。与苏联接壤的 4 000 多英里边界，现在有大约一半换成了与新独立的、更弱小的国家哈萨克斯坦、吉尔吉斯斯坦和塔吉克斯坦的疆界。与此同时，在 20 世纪 90 年代晚期，台湾问题仍然像以前那样至关重要。事实上，台湾的国民党当局与美国的关系正式结束，及其从联合国被逐出后，问题已经稍微变得模糊。然而在 20 世纪 90 年代，当北京依旧坚持台湾（如同香港和澳门）与大陆统一的政策是一项长期目标时，岛上出现了独立分子。北京显然感到不安；在 1995 年李登辉访问美国期间，警告达到了顶峰。中华人民共和国撤回驻华盛顿大使，政府报纸宣称台湾问题为"爆炸的火药桶"。很明显，如果台湾当局正式宣布独立，大陆武力统一台湾将可能随之而来。

此外，东亚的不稳定性和情绪紧张，不仅仅来自台湾问题。冷战结束后，这个地区的不稳定性和波动性显然在增加，即使这些趋势没有达到当时欧洲的相同水平。那场相对明确和清楚的斗争的终结，可能会带来哪些影响，一开始是难以判断出来的。例如，在朝鲜半岛，改变很少；由于其统治者决定孤立地维持计划经济模式，朝鲜固执地与美国和韩国进行对抗。由于经济管理不善，1991 年苏联的援助终止，以及统治者对权力的直接行使，1998 年初朝鲜走到了饥荒的边缘。朝鲜的问题仍然异常独特，多少有些游离于地区趋势之外，而韩国不可能存在这样的情况。到 20 世纪 90 年代中期，韩国都是一个保持高增速、稳定的民主政权，在国际贸易领域更是一个令人印象深刻的参与者。

所有的东亚和东南亚国家（中国除外）在 1997 至 1998 年陷入了一场严重但（对大多数国家来说）短暂的金融危机，而日本则在冷战结束后陷入持续十多年的经济不景气，直至今日还在为复苏而挣扎。在 20 世纪 80 年代，日本经济经常被称赞为生产效率领域的世界引领者；到 20 世纪末，其状态却虚弱不少。房产投机，在非生产性活动或产生回报很小的部门的巨额投资，制造了大量坏账，妨害了银行和金融机构。货币大幅下挫，相关投机行为紧随而至，并在金融交易领域比以往任何时候更快速地造成了危害。事实证明，在日本盛行的牢牢嵌入官方和金融网络的企业文化，不能产生具有决策力的领导层；当条件恶化时，这一切将导致解决办法更难获得。日本经济成了国际上的落后者，带来了通货紧缩和失业的后果。频繁更迭的政府似乎无力阻止这一进程，一些政府人员开始迎合民族主义者的观点以强化其权威。日本的不景气意味着它不能被指望在 20 世纪 90 年代晚期帮助其他经济体克服经济困难。尽管作为一个整体，这个地区在 21 世纪初再一次开始增长，但有些国家，像印度尼西亚和菲律宾，并没有继续保持早期的增长率。在这一过程中，从北海道到巴厘岛，数以百万计的人失去了他们的积蓄和营生。

在东南亚，伴随着经济危机而来的政治转向也意味深长。一些国家的专制政府利用公共资源来维护当权者的党羽及其家人的利益。1998 年 5 月，印度尼西亚经济自年初以来萎缩了超过 8％，货币对美元的汇率降了五分之四后，暴乱将总统赶下台。一个长达 32 年的控制严密、腐败，但形式上"民主"的体系走向了终结。继任政府使印度尼西亚成为一个更加开放的社会，但经济的重建非常缓慢。有一个时期，种族和宗教冲突增加了。但从 21 世纪初起，经济重新开始增长，在苏西诺总统（之前是一名将军）领导下，政治稳定性在多元背景下增强。到 2010 年，这个以穆斯林为主体、人口近 2.5 亿的国家，正在迅速进步。

东南亚地区的人口第二大国越南，则以相反的方向运行，政治上进一步强化中央权力的同时，加速推进中国模式的经济改革。这在越南被称为革新开放（doi moi）。到 21 世纪初，越南经济增速为世界第二，但这个国家的大部分地区仍然非常贫困。总之，东亚经济在 21 世纪头十年表现出的极端动荡表明，世界经济已经融合到了何种程度：北京或雅加达的经济变动可能立即影响到全世界，而反过来也是一样。

印度，像中国一样，没有立即遭遇许多东亚国家那样的金融和经济混乱。在这方面，无可否认，过去的政策有利于印度。国大党政府虽然有些逐渐远离了独立早期的社会主义道路，但其长期受到贸易保护论影响，实践的是国家自给自足，甚至是经济主权独立的思想。其因此付出的代价是低增长率和社会的保守，但与此同时，也让本国受国际资本流动影响的程度比其他国家更低。

1996 年，推崇印度教的民族主义政党印度人民党（Bharatiya Janata Party，BJP）挫败了国大党，成为议会下院的最大政党。不过，它并不能够单独组建政府，而建立的联合政府在 1998 年另一场（非常暴力的）大选中没有幸存。这场失败也并非决定性的，因为议会中没有出现明确的多数派，人民党及其盟友仍是其中最大的联盟团体。另一个联合政府很快出现，其人民党支持者很快就发布了一份不祥的民族主义议程表，宣称"印度应由印度人来建设"。一些人发现这种趋势出现在这个国家令人震惊，因为虽然民族主义已受到国大党长达一个世纪左右的鼓励，但通常由对于这片次大陆的实际分裂和潜在暴力的谨慎认识而抵消。不过，最终，新政府通过避免国内印度教民族主义的过激行为和加快经济自由化使很多人感到惊讶，这使得部分地区的经济持续增长。

这种增长态势在国大党主导的新政府（2004 年奇迹般地当选）领导下继续，这是印度民主体制确实在有效运转的另一个示例。新总理曼莫汉·辛格，一位锡克教徒出身的经济学家，努力加快印度经济开放，使其在国际上更具竞争力。到 21 世纪前十年的中期，印度似乎出现了经济快速扩张的势头。

尽管人民党政府始终坚持打民族主义的旗帜，决心赢得国内的赞誉，但要以与巴基斯坦旧日宿怨的持续发展为背景，世界才能努力理解人民党政府在 1998 年 5 月和 6 月继续进行一系列核试爆的决定。他们激起巴基斯坦政府效仿进行类似的核试验。两国政府现在被公认为具有可部署核武器的国家俱乐部的成员。但（印度总理指出）要把这个事实放到更大的背景中来理解。印度担心的是，中国已经是核力量强国，以及巴基斯坦政府面对其他国家的宗教激进主义鼓动所展示出来的越来越多的同情——特别是阿富汗，在一个名为"塔利班"的小派别领导下，1996 年在喀布尔建立了一个特别反动的政府。一些人士沮丧地思考这个观念：一颗巴基斯坦的核弹也可能是一颗宗教核弹。无论如何，印度的举动让迄今为止在防止核武器扩散方面取得的进展遭受巨大挫折；各国都感受到威胁，多位大使撤出了德里，一些国家追随美国切断或中止了对印度的援助。不过，这些举动却并没能阻止巴基斯坦追随印度的先例。很明显，冷战的结束并没有让世界摆脱核战争的危险。这种危险，必须要放在今天的世界背景下来理解，一些人认为如今比 20 世纪 60 年代更不安全，印度和巴基斯坦的关系也由于克什米尔问题仍然糟糕。

在俄罗斯这个最大和最重要的独联体国家，1991 年 6 月鲍里斯·叶利钦在 1917 年以来第一次自由选举中以 57% 的得票率当选为共和国总统。11 月，苏联共产党被总统下令解散。1992 年 1 月，苏联解体后，一个激进的经济改革方案实施，大刀阔斧地让经济从以前的重重管制转向几乎完全自由化。这种自由化的经济后果，几乎对所有的俄罗斯人来说都是一场十足的灾难。少数局内人变得非常富有，而大多数人失去了他们的积蓄、退休金，或是他们的工作。能耗下降了三分之一，伴随着快速上升的失业率，国民收入和实际工资下降，工业产量下降一半，政府机关严重腐败，犯罪滋生蔓延。对很多俄罗斯人来说，这些抽象的概括生动地体现在了个人所受的苦难中。大众健康状况恶化，男性预期寿命在 21 世纪初期下降到不足 60 岁，即在不到十年的时间里下降了 5 岁。

1993 年，一个包含叶利钦很多敌人的新议会被选了出来，增加了他执政的难度。其他困难源自与独联体里其他各共和国（那里居住着 2 700 万俄罗斯人）的关系，源自新俄罗斯国内围绕着官僚和工业精英产生的政治利益集团，以及失望的原改革派（他已清洗掉他们中的很多人）。没过多久，人们开始认识到，俄罗斯的麻烦不完全由苏联的遗产引起，而是大部分归因于俄罗斯历史文化和文明的总体状况。1992 年俄罗斯自身已经成为一个联邦；在下一年，一个总统制的甚至独裁的宪法体制构成了国家的宪法框架。但鲍里斯·叶利钦很快就不得不面对来自左翼和右翼反对派的挑战，最后，演变成暴乱。他中止议会职能并下令"渐进式的宪法改革"后，100 多人丧生于自1917 年以来莫斯科最严重的流血事件中。像他早些时候解散共产党一样，这被视为总统的专横表现。无疑，总统的个性和办事风格总是使他更有可能采取强力行动而不是耐心的外交努力。不过，考虑到他带给俄国人的物质享受如此之少，同时经济被腐败的官场和追求名利的企业家所利用，因而是他主导的政府的信誉，以及俄罗斯人对他们新获得的政治自由的热爱，才让他成功地击退共产党人新的挑战，并于 1996 年成功连任总统。

在这之前两年，一个新问题出现在内陆的车臣地区。这个以穆斯林人口为主的俄罗斯联邦内部的自治共和国，出现了一场族群叛乱。一些车臣人说，叶卡捷琳娜大帝在 18 世纪对他们的征服和镇压是不道德行为，他们为此愤恨并要复仇。他们的愤怒和反抗由于俄罗斯人的严厉回应而变得更强：俄方为免他们为其他穆斯林树立危险的榜样，让车臣首都沦为了废墟，乡间陷入饥荒。有数千人丧生，但俄罗斯的人员伤亡再一次唤醒当年在阿富汗的记忆，而且很明显战斗有蔓延到邻近共和国的危险。毕竟，俄罗斯自 1992 年起就驻军在塔吉克斯坦，支持其政府消除被巴基斯坦支持的宗教激进势力颠覆的危险。在这样令人对前景生疑的背景下，到 1996 年时，当年的"改革和公开性"所激起的希望已所剩无几。而且，很明显，当叶利钦总统的健康状况变得很差（可能由于过度饮酒而更加恶化），形势变得格外晦暗。当时针对本国之外，尤其是在前南斯拉夫发生的事件，俄罗斯的言行让西方再次觉得，这个国家仍渴望扮演一个它自认理所当然的大国角色，同时俄罗斯日益担忧西方对一个独立主权国家事务的干预可能产生的影响。

然而，到1998年时，俄罗斯政府几乎很难征收税款并支付其雇员的薪水。1997年是自1991年以来GDP显示出真实增长（即使很小）的第一年，但显然，当国家经常在腐败和私人关系的基础上把越来越多的国家投资卖给私人企业时，经济的发展完全取决于特殊利益集团的恩惠。部分人迅速积累了巨大的财富，但数以百万计的俄罗斯人忍受着拖欠工资，市场上的日用品消失，价格继续上涨，以及不可避免的不满和敌对——因为一些人的高消费与另一些人的贫困，在街头直接形成刺眼的对比。接着，1998年的金融危机和外债违约冲击着俄罗斯。叶利钦不得不更换掉自己选择的致力发展市场经济的总理，接受对手强加给他的另一人。然而下届议会选举，回报给他一个不太可能与他争吵的议会。1999年新年除夕，他觉得差不多可以宣布辞职了。

他的继任者那时已经在担任他的总理。鲍里斯·叶利钦正式宣布下届总统应该是弗拉基米尔·普京，他也确实在2000年3月选举后上任。作为一位前克格勃成员，当时普京在很多俄罗斯人眼中成功地平定了车臣叛乱（尽管事实证明这只是暂时而言），降低了其动荡可能越过其原来边界的危险。国外对于车臣人权所遇威胁的抗议，有可能进一步帮助弗拉基米尔·普京重新激发起爱国者的支持，而且他也给西方各国首脑留下了良好的印象。尽管他作为总统的前几个月就遇到一系列的意外灾祸，反映出俄罗斯基础设施的衰败，但国内却产生了一种新的气氛：严重的问题终于要被克服了。在一种更狭隘的个人感受层面，这对于叶利钦无疑属实；他与他的家人都得到了他的继任者的保证，对他担任总统期间犯下的罪行免予起诉。

在叶利钦执政最后几年的萧条之后，普京的总统任期给俄罗斯政府注入了新活力。新总统就职时才 48 岁，说话不多，雷厉风行，相比性格外向但经常显得无能的前任，其形象得到了多数俄罗斯人的喜爱。普京渴望被称为实干家。他立即开始在俄罗斯重新集中权力，严厉打击超级富豪——所谓的石油寡头——当他们不愿执行克里姆林宫的命令时。但在 2004 年重新当选后，他的政府向批评总统政策的俄罗斯媒体施压的行为，引起了人们关注。

2001 年的"9·11"事件给了普京一个好机会，可以将在车臣的激烈战争描绘成反对恐怖主义分子的行动，从而避免了西方的过度批评。虽则如此，他在结束这场冲突上却没取得什么进展。在尝试影响苏联各邻国增加对新俄罗斯的好感方面，他的努力也大多适得其反。普京最重要的贡献是让经济在一定程度上稳定下来；到 2005 年，通货膨胀得到遏制，俄罗斯的 GDP 开始逐步增长。但即使在 2011 年再次当选后，在引领一个新的俄罗斯夺回在世界权力中心的位置这条道路上，弗拉基米尔·普京可能仍会被看作一个过渡性的人物。

从 21 世纪初极目回溯，与 1945 年相比更加清晰的是，美国的确是世界上最强大的国家。尽管遭遇了 20 世纪七八十年代的不利环境，以及由财政赤字导致的公共债务的肆意增加，但长期来看，其巨大的经济体量继续呈现出一种从挫折中恢复过来的巨大的活力，以及看似源源不断的动力。当 20 世纪 90 年代接近尾声时，其经济的放缓并未改变这一点。尽管其政治保守主义常常让外人感到吃惊，但美国仍然是世界上最具有适应能力，且最瞬息万变的社会之一。

当 20 世纪最后十年开始时，仍有许多老问题悬而未决。繁荣使得那些无须亲自面对这些问题的美国人更容易对问题熟视无睹，但繁荣也为美国黑人的愿望、恐惧和怨恨提供了刺激因素。这反映了自约翰逊总统（最近一位坚决立法来帮助美国黑人摆脱各种麻烦的总统）以来美国在社会和经济方面取得的进步。虽然这个国家历史上的第一位黑人州长在1990年上任，但就在几年后，瓦茨的居民（四分之一个世纪之前，他们的暴乱臭名昭著）就再一次显示出他们只不过将洛杉矶警察部队看作是占领军成员。从全国整体情况来看，一个年轻黑人男子被谋杀（或许是被另一个黑人）的可能性要比同期的白人高出7倍，对一个黑人小伙来说，更有可能去坐牢而不是上大学。全美有近四分之一的婴儿为未婚母亲所生，而黑人婴儿中这个比例却是三分之二——这是美国黑人社区家庭生活破裂的缩影。犯罪，一些地区的健康状况的严重恶化，以及实际上毫无监管的内城区域，仍然使许多有责任心的美国人相信，这个国家的很多问题正在变得越来越难解决。

但事实上，一些统计数据看起来开始有所好转。如果比尔·克林顿（1993年就任）因其实际通过的立法内容让许多支持者深感失望，那么在国会中的共和党人其实应负主要责任。虽然由于来自墨西哥和加勒比海地区国家的合法与非法移民成倍增长，出现了"拉美裔美国人"数量激增的现象，这让很多人感到担心，但克林顿总统却搁置了进一步限制移民的建议。拉美裔人口在30年里翻了一番，现在占总人口的大约八分之一。在最富有的州加利福尼亚，这些人口占总人口的四分之一，是主要的低工资劳动力资源。即使在得克萨斯州，拉美裔也已开始利用政治活动来确保自己的利益不被忽视。与此同时，用一个时髦的说法，克林顿可以借助经济景气的浪潮。对他的国内政策的失望，其支持者倾向于归咎给他的对手，而不是他自己在领导上的失误和对选民意愿的过度考量。虽然在1994年民主党失去了对立法机构的控制，但在1996年的选举中克林顿再次当选，大获全胜，他的政党也在随后的中期选举中获得成功。

　　不过，克林顿的第二个总统任期是令人失望的。若为他辩护的话，可以说他一开始就继承了一个自约翰逊时代和尼克松的最初数年以来，威望和权力都逐渐降低的职位。总统职位在伍德罗·威尔逊、富兰克林·罗斯福当政期间以及在冷战初期积累下来的威望，在尼克松之后迅速而显著地消退。但克林顿没有采取任何措施来遏止这种衰败趋势。事实上，对许多美国人来说，是他使其变得更糟。他个人的不检点，招致了公众的谴责以及对其展开的长期金融调查和性指控，并导致 1999 年发生了一起前所未有的事件：参议院对当选总统的聆讯指控，目的是决定是否弹劾他（巧合的是，在那一年弹劾鲍里斯·叶利钦的企图也失败了）。但克林顿的民意支持率在聆讯开始时却比一年前民调中显示的还更高，弹劾失败。那些投票支持他的人似乎满足于他们相信他曾试图要做的事情，尽管他们无法忘记他性格上的缺点。

　　随着克林顿总统任期逐渐过去，美国似乎也越来越搞砸了自冷战结束以来它所获得的领导世界的可能性。不管美国的报纸和电视媒体通常报道什么，似乎那时一度有些人希望，传统的狭隘主义将永远趋向没落，而美国将与全球其他国家共同努力，改善所有人的生活。在世界各地，需要美国持续关注和努力的事项实在难以被轻易忽略掉。在接下来的十年里，这些问题甚至还更加突出了，但很快又因美国政策的模棱两可而变得不那么明朗。克林顿最重要的目标是帮助市场经济体实现全球化，让其他国家学到美国的成功经验。而克林顿本质上是一个多边主义者，是一位过于小心的政治家，他不会冒险反对已经厌倦冷战时期的国际运动的美国公众。美国原本可以起带头作用的许多议题，例如世界贫困和全球生态问题，因此都被扫到地毯下置之不理，回报是选民们将其视为"感觉良好的总统"——他让他们感觉良好，但除了使他们自己变得更加富有外，其实没做什么事。

然而，不久，联合国的维持和平活动使美国政策陷入困境。1995年是联合国成立50周年纪念，这促使克林顿告诉他的同胞们，不与这个组织合作就是在忽略历史的经验教训；而他的言论是由美国国会众议院当年早些时候的行动引发的，众议院提出削减美国对联合国维持和平经费的贡献。此外，美国拖欠联合国正常预算的会费累计超过2.7亿美元（占所有拖欠联合国会费国家的总欠款的十分之九）。1993年，联合国在索马里的干预行动遭遇大溃败，导致联合国部队出现伤亡，愤怒和欣喜的索马里人虐待美国军人尸体的情景也出现在电视画面里。美国的政策似乎因此到达一个转折点。不久，美国拒绝参与或支持联合国对非洲布隆迪和卢旺达的干预，此事表明，美国人一旦拒绝参与或拒绝允许用地面部队进行强制干预，会在维持和平行动中带来怎样的灾难，更遑论缔造和平。这两个小国家的族群都无奈地被分化成执政的少数和从属的大多数；1995—1996年，种族灭绝大屠杀发生，超过60万人被杀，数以百万计（这两个国家的总人口只有约1 300万）难民被迫流亡。情况似乎是，如果华盛顿方面不采取行动，联合国什么也做不了。

美国总统克林顿授权对波斯尼亚的塞族军队进行有限空袭，最终带来了1995年在代顿签署的和平协议。之后，在学者、记者和政治家中，对美国的世界角色应该是什么有很多争议。这种争议大部分集中于美国的力量该如何得到正确使用，和它应当被用于什么目的——甚至也讨论到潜在的文明冲突。与此同时，克林顿的外交政策处在了进退两难的境地：夹在创造一个更符合美国意识形态目标的世界的愿望，和避免军事伤亡（首要的是美国人）的希望之间。

在所要面对的新国际问题中，新的潜在核危险来源出现是其一。1993至1994年朝鲜初步的核计划表明（1998年印度与巴基斯坦的核试验则再次确认），无论美国运载系统和潜在的攻击能量仍具有多么巨大的优势，美国现在只是一个缓慢发展的核国家团体（七个国家已公开承认，另外两个没有）中的一员。美国也已经没有理由再相信（因为在过去某些时候还是可能的），所有这些国家会（按照美国的标准）合理计算各自的利益所在。但这仅是冷战结束后做决策时需考虑的众多新因素之一。

在中东地区，20世纪90年代早期，美国针对以色列在其占领的约旦河西岸地区扩建犹太人定居点的行为施加了财政压力，因此美国似乎一度有可能说服以色列政府——后者正困于因提法达起义及其随附的恐怖主义——单凭武力解决巴勒斯坦问题不会奏效。之后，在付出巨大努力后，在挪威政府的友好帮助下，1993年以色列和巴勒斯坦的代表在奥斯陆秘密谈判，终于通向了令人鼓舞的新尝试。双方当时宣布是时候"结束几十年的对抗和冲突，承认……对方的合法权利和政治权利，努力实现和平共处"。以色列同意成立自主的巴勒斯坦权力机构（坚持将其定义为"临时"）管理西岸和加沙地带，最终和平解决应在五年之内完成。这似乎有望使作为一个整体的中东地区更加稳定，巴勒斯坦人也第一次收获了他们的重大外交成果。但是，新的以色列定居点在以色列军队占领地区持续植入，很快再次摧毁了良好的气氛。当恐怖袭击及相应的报复行动都没有停止，乐观情绪开始消退。巴勒斯坦的炸弹在以色列城市的街道杀害和致残许多购物者和路人；同一时期，一名犹太枪手在希伯伦的清真寺杀死30名巴勒斯坦人，事后却赢得很多同胞的掌声。即便如此，希望尚存。叙利亚、约旦和黎巴嫩都恢复了与以色列的和平谈判，而当以色列军队撤出指定的巴勒斯坦自治地区时，新开端事实上来临了。

然后，在1995年11月，以色列总理被一名狂热的同胞暗杀。次年，一个保守的总理依赖犹太极端主义党派控制的议会支持上台。让他当选的多数票优势非常微弱，但无论如何很明显，至少在不久的将来，唯一可能发生的，就是以色列进一步扩建定居点的侵略性政策，而奥斯陆协议前景成疑。即使 1999 年新当选的工党政府也没有继续遵守奥斯陆协议。新的谈判，由克林顿在他总统任期即将结束时安排进行，却令人吃惊地未能达成任何实质性的协议。2000 年，一场新的巴勒斯坦起义爆发后，巴勒斯坦领导人亚西尔·阿拉法特在被以色列军队包围的拉马拉寓所里度过了余年（他过世于 2004 年）。2006 年，伊斯兰组织哈马斯，一个致力于灭亡以色列的政党，赢得了巴勒斯坦议会的控制权。在应对一个世纪以前犹太复国主义计划创建的影响，及 1917 年《贝尔福宣言》的影响方面，美国并没有比这个地区以外的其他势力做得更好。

美国在波斯湾的政策，也没有给那里提供持久的解决办法。联合国授权实施的制裁在伊朗或伊拉克收效甚微，到 20 世纪 90 年代中期，经过伊拉克的不懈努力，维持 1991 年建立的有广泛基础的反伊拉克联盟的任何机会都基本破灭了。萨达姆的政府看起来似乎没有因制裁陷入困境；制裁使其臣民负荷沉重，但政权所需商品可能因走私得到缓和。伊拉克还是一个大的石油出口国，来自石油的收入使其可能恢复部分军事潜力；虽然联合国已经下令，但该国的大规模杀伤性武器生产并没有得到有效的检查。美国的政策前所未有地远离了其革命性的、明确推翻这个政权的目标，即使（仅得到英国支持）美国在 1998 年 12 月诉诸公开的空袭长达四个晚上，最终却毫无效果。有人怀疑，轰炸时间的选择可能与企图分散对国内弹劾进程的关注相关，于是这场忙碌也无助于增强美国的威望。

1998 年伊始，美国总统克林顿在他的国情咨文中强调，国内情况表明美国人有了"好时光"，但外交事务方面却并非如此。8 月，美国大使馆在肯尼亚和坦桑尼亚均遭到恐怖分子袭击，人员伤亡严重。几个星期后，美国的回应是，用导弹袭击了在阿富汗和苏丹的几处所谓的恐怖分子基地（被攻击的工厂据说在准备细菌战武器，但这一指控的公信力迅速消退）。比尔·克林顿将大使馆爆炸案与沙特的极端分子和神秘人物本·拉登联系起来，克林顿在一次发言中还称有"令人注目"的证据表明，针对美国公民的进一步攻击正在筹划中。11月，曼哈顿的一个联邦法院大陪审团起诉了本·拉登和他的一名同伙，指控超过200项，包括袭击大使馆，其他针对美国公务人员的袭击，以及1993年针对纽约世界贸易中心的一次流产的爆炸袭击。毫不意外，他未能出庭应诉。据说，本·拉登正躲在阿富汗，处于塔利班政权的保护之下；塔利班在20世纪90年代中期控制了这个因对苏战争变为废墟的国家。

1999年开始，科索沃成为前南斯拉夫纷争的中心。在春夏之交的3月份，北约部队（但主要由美国人实施）最终对塞尔维亚发起一场纯粹的空袭行动；但这项战略承诺除了增强其人民的抵抗意志和使更多难民从科索沃流出之外，似乎没取得什么效果。俄国人对北约的行动感到震惊，因为该行动并没有得到联合国的授权，并认为这忽略了自己在这个地区的传统利益。空袭导致塞尔维亚和科索沃平民伤亡，这很快就在19个北约国家的国内舆论中引起疑虑，同时由于克林顿保证北约不会进行地面入侵，塞尔维亚总统米洛舍维奇显然反而增强了信心。当时正发生的一切确实不寻常：一个欧洲主权国家由于其对待本国公民的行为而受到外国的武装胁迫。

与此同时，超过100万科索沃难民中，有四分之三越过边境在马其顿和阿尔巴尼亚寻求避难，带来了塞族人制造暴行和恐怖气氛的故事。看来，贝尔格莱德政府蓄意要驱逐在这个地区本来构成人口主体的非塞族人口。接着发生了一桩意外的灾难。依照过时的信息——因此本来是可以避免的错误——美国飞机的空袭直接命中了中国驻贝尔格莱德大使馆，馆内多名工作人员遇难。北京甚至拒绝听取克林顿试图作出的道歉。

中国对美国的世界角色的关注程度几乎毋庸置疑，而中国的参与，像俄罗斯一样，当然不会在科索沃危机中增加北约要实现其目标的难度。中国人坚定地拥护安全理事会的否决权制度，把它视作对各国主权的保护。他们也无意于给科索沃分裂分子想要的同情，因为他们对分裂自己广大国家版图的任何危险总是很敏感。在深远背景中，必定还存在着重新主张自己历史性的世界角色的想法，以及近些年所遭遇的特定冒犯。毕竟，在鸦片战争后的一个世纪里，中国一直在遭受欧洲和美国军队在中国一些城市维持"秩序"的羞辱。

由于美国总统希望不惜一切代价避免地面部队遭受危险，结果正如波斯尼亚事件破坏了联合国作为保证国际秩序的工具的公信力，现在看来科索沃可能会破坏北约的公信力。不过，6月初，看来轰炸造成的损失，加上俄罗斯及时努力调解斡旋，以及英国施压称北约地面部队会进军，最终削弱了塞尔维亚政府的意志。同月，俄罗斯政府参加调解后，商定北约地面部队应该以"维持和平"的角色进入科索沃。塞尔维亚部队随后撤出科索沃，该地区被北约占领。然而这并没有终结前南斯拉夫联邦的麻烦。直到2006年，北约士兵还驻扎在那里，科索沃的长远未来仍然不确定，虽然塞族少数派变得越来越少，同时阿尔巴尼亚多数派用铁腕的方式控制着这个省。但那时，国际氛围已经发生转变，贝尔格莱德政府的情绪也有了明显的变化，塞尔维亚前总统已被逮捕，并被移交给新建的海牙国际法庭，该法庭正开始审判因发动战争和其他指控而违反国际法的罪犯。

克林顿在总统任期快结束时，曾在不同场合主张需要扭转国防开支下降的趋势，指出限制排放对气候造成损害的工业气体的提案是不可接受的，并致力于以确保正常贸易关系的方式让中国消除疑虑。事实上，在2001年，中国成功获得认可加入世贸组织。在2000年总统

大选期间，共和党候选人乔治·布什（1992 年被比尔·克林顿击败
的老布什之子）在其成功的竞选活动中强调，他急切地想要避免使用
美国部队承担海外维和职责；他将授权建立核导弹防御系统，以保护
美国对抗装备有这种导弹的"无赖"国家。我曾在本书前几版的尾声
写道，我们将总是发现发生的一切有些令人惊讶。因为一方面事情往
往会改变得更慢，另一方面又更快，皆超出我们可把握的范围。这一
点似乎前所未有地准确——2001 年 9 月 11 日的悲惨事件使事情发生
了剧变。

　　在那个美丽秋日的上午，美国境内的四架定期航班在飞行中被有
伊斯兰或中东背景和出身的人劫持。恐怖分子没有尝试（类似的空中
劫机行动经常发生）要求赎金或对他们的目标发表公开声明，就更改
了飞机航向，结成自杀和谋杀的组合，其中两架飞机撞击了曼哈顿世
界贸易中心的巨塔，另一架撞击了华盛顿的五角大楼，美国的军事计
划和管理的核心。第四架坠毁在空旷的乡村，显然是一些乘客的英勇
努力战胜了劫机的恐怖分子，使飞机迫降。四架飞机上均无人幸存。
两座城市（尤其是纽约）均损失巨大，3 000 人丧生，他们中有许多
人不是美国人。

　　很明显，需要花些时间才能发现这些悲剧的完整真相，但美国政
府的直接反应是把责任笼统地归咎于宗教极端恐怖分子，布什总统宣
布开展一场毫无保留的全球战争来对抗抽象的"恐怖主义"。更具体
的是，要追捕本·拉登，并将其绳之以法。但在某种意义上，"9·
11"事件中个体的责任并不是眼前最需要考虑的。更重要的是，全球
普遍对宗教激进主义——也许是特定宗教本身——与这种暴行的总体
联系激动不已。为此，所发生的一切的潜在影响甚至比其带给数千人
的苦难和恐惧，造成的物质和经济损失更加重要。这几种影响在几个
国家直接表现为独立发生的反穆斯林的行为。

一切都因"9·11"事件发生了改变，这个说法迅速成为一种陈词滥调。这当然是一种夸张。尽管接下来产生了种种反响，但在世界许多地方，很多历史进程仍不受影响地继续着。但这场袭击毫无疑问使人震惊，也使先前隐藏的一些东西变得明显。美国人的意识立即并明显地受到巨大的冲击。要衡量这种冲击，不能仅仅着眼于总统所得到的不同寻常的公众舆论支持——他由此将事件归结为一场"战争"（虽然没有得到精确识别的敌人）的开端——以及新任总统乔治·布什处境的转变，须知他在年初的一场有争议的选举后，还受到很多人质疑。很明显，现在他的同胞再次感到国家的愤怒和团结之类的东西，这在近 60 年前的偷袭珍珠港事件中出现过。美国在国内外遭受恐怖袭击已长达 20 年。但"9·11"事件的悲剧，在规模上完全是空前的，而且不幸地意味着，其他暴行可能即将到来。因此布什觉得他可以用强有力的语言来回应民主的愤怒并不令人感到惊讶，而全国上下也压倒性地表示支持他。

似乎很快就可能发生的是，在逮捕和审判幕后人物本·拉登之外，将增加武力清除"无赖国家"威胁的目标，据称后者曾对恐怖活动提供了大量必要的帮助。这种主张的实际影响远远超出了传统的军事努力，美国还立即开始在世界各地展开积极的外交攻势，获得精神上的支持和实际的援助。这获得了空前的成功。并不是所有的政府都以同等的热情响应，但几乎各国都反应积极，包括一些伊斯兰国家，更重要的则是俄罗斯和中国。安全理事会没有遭遇任何阻力，一致表示赞同；北约各国则承认它们的责任在于协助遭到攻击的盟友。

在拿破仑战争后的神圣同盟时代，欧洲的保守国家曾饱受阴谋与革命噩梦的困扰。劫机事件后数年，有惊人的线索显示，出现了类似的对宗教恐怖主义的过度恐惧。毫无疑问，发生的一切都经过了周密和巧妙的计划。但实际上真正的幕后组织力量是什么，以及它们的分支和范围如何,我们知之甚少。把这些行为仅仅解释成一个人的谋划,这种论调似乎一看就不合理。但也不可能振振有词地说,世界正进入文明的冲突,虽然有些人这样说。

美国的对外政策——首先是支持以色列——极大刺激了阿拉伯国家反美情绪的增长,这不容置疑,即使许多美国人才刚刚意识到这一点。美国的通信技术以令人讨厌的鼓噪方式,将罔顾当地人感受的资本主义文化表现形式强推入各个国家(有些还非常贫穷),这也招致了广泛的不满。而在一些地方,被视为占领军的美国军队,总是被视为不速之客而不受欢迎,还可能会被描述为腐败政权的支持者。但这些理由并不足以让人认为有一支讨伐伊斯兰文明的十字军,正如拥有巨大的多样性的伊斯兰文明无法被视为一个单一的力量,同单一的西方文明相对抗。迅速取得的成果是,阿富汗的塔利班政权在其当地敌人及美国的轰炸、技术和特种部队联合努力下,遭到推翻。到2001年年底,尽管阿富汗看似毫无资源,危险地分裂为各个军阀领地和部落飞地,虽然看起来它不过是依靠美国和其他北约力量来打击敌人,但一个新的阿富汗国家正式形成。在其他地方,界定不明的反恐战争使发生在巴勒斯坦的事件复杂化。当以色列以反对国际恐怖主义为名攻击巴勒斯坦人,阿拉伯国家却并不愿意停止支持他们。

"9·11"悲剧造成的最具灾难性的影响,是由布什总统和其主要的国际盟友、英国首相托尼·布莱尔作出的在2003年入侵伊拉克的决定。入侵的主要原因是,特别是在美国,对萨达姆·侯赛因政权拥有或很快可能掌握大规模杀伤性化学、生物或核武器的担忧不断增加。2001年9月前很难想象,仅仅基于(事实证明并无根据)对某个国家拥有或想拥有某种武器的怀疑,就对一个主权国家进行先发制人的打击,不论这个国家的政权多么不得人心。但是,对许多美国人来说,"9·11"事件改变了一切。他们现在已经准备好——至少一段时间内——跟随一个想利用灾后紧迫感的总统来应对别的潜在威胁。即使布什和布莱尔认识到萨达姆——尽管他无数次进行反西方的虚张声势和恫吓——跟对纽约和华盛顿的攻击并无关联，他们照样认为他的政权是一个必须清除的邪恶势力。尽管遭受到安理会其他成员国和全球绝大多数舆论的坚决抵制，美国和英国还是坚定地推动联合国授权它们进攻伊拉克的决议。在 2003 年 3 月初，决议并没有通过，但这两个国家及其部分盟国还是决定入侵伊拉克，消灭萨达姆政权，即使没有联合国的支持。

第二次海湾战争在 2003 年 3 至 4 月间仅持续了 21 天，但在 21世纪伊始逐渐主导了国际事务。可以预料，它以推翻萨达姆政权及随后对他的审判和处决结束。但它也在政治上滋生出新的无法弥合的新分歧，在伊拉克很多地区出现了对一切外国占领行为的抵抗。在欧洲，法国、德国和俄罗斯反对入侵，大声疾呼反对它。中国谴责其违反国际法。当北约不能就支持入侵达成一致，美国只有东欧新成员作为其最坚定的支持者，北约面临着后冷战时代最大的危机。但受到最大损害的，是关于后冷战时代的世界新秩序概念：大国间应磋商解决问题，以及多边合作应取代全球对抗。联合国秘书长、加纳人科菲·安南——美国曾努力促使其当选——告诉全世界，美国和英国在伊拉克的行动是违法的。他，以及其他很多人，真正要关心的还不是布什清除萨达姆的决定，而是当其他国家决定清除其敌人，而地球上最强大的国家又通过单边行动做了一个示范时，其他地方将会发生什么。

假如布什和布莱尔曾更好地规划如何在占领期间管理这个国家的话，他们或许本来能逃脱入侵伊拉克后招致的一些批评。可惜相反，政权垮台后这个国家的部分地区陷入无政府状态，基础服务停止，经济裹足不前。伊拉克人——一辆美国坦克帮了大忙——推翻了巴格达市中心的萨达姆雕像之后，在长达数月的时间里，抢劫和目无法纪的行为肆虐。对任何后萨达姆时代的政府来说，伊拉克各主要族群和宗教团体之间的关系原本就很难处理，而缺乏安全保障和经济混乱无异于火上浇油。作为多数派的什叶派穆斯林，之前长期受到主要为逊尼派的前复兴党政权领导人的压制，如今纷纷听命于他们的宗教领袖，其中许多人渴望建立一个类似于伊朗那样的伊斯兰政权。其间，以萨达姆追随者和不断增加的伊拉克和其他阿拉伯国家的逊尼派伊斯兰教徒为基础力量，一系列叛乱在这个国家的逊尼派控制区展开。新伊拉克政府——一个由什叶派主导的脆弱的联合政府——仍旧依赖美国的军事支持，同时北部库尔德人地区建立了他们自己的与巴格达政府分立的机构。

　　冷战结束之际，美国明显地在行使历史上首次出现的全球性霸权。美国行使这种霸权的种种最初尝试，都非常不纯熟，而这已经是最不严厉的评断了。2001 年 9 月 11 日对无辜生命的屠杀事件令美国开始朝着一个新方向进发，这导致美国疏远了大部分的盟友，卷入一场看似无法完全打赢或撤退的战争。结果，2004 年重新赢得大选后不久，布什总统是在人们记忆中最不受年轻人欢迎的总统，除了之前面对迫在眉睫的弹劾的尼克松总统外。但是，尽管入侵伊拉克扰乱了布什的总统任期和布莱尔的首相任期，但很少有人能拿出如何在后冷战世界使用美国力量的更好方案。一方面，美国人自己也存在分歧，有人认为伊拉克的教训是需要更多孤立主义，有人则认为需要更多多边主义；另一方面，更重要的是，世界其他国家，虽然经常抱怨美国单边行动的后果，但当重大危机来临时，除了指望美国也没有别的选择。在后冷战时代末期，这个文明的发源地已经开始分娩出漫长历史传奇中的又一个转变。闯入者与侵略者纷至沓来的凄凉命运，对美索不达米亚来说并不新奇，但一个国家的全球霸权却明显很新鲜。美国的确有力量改变国际事务。但在布什时代终结之后，它会凭此做些什么，仍有待观察。

2008 年美国大选，成了对布什任期的批判大会。甚至连共和党候选人都找不出前任总统的执政记录中有太多值得捍卫之处。但这次选举最引人瞩目的地方，还是民主党提名了非洲裔美国人巴拉克·奥巴马充当本党的候选人。奥巴马传递的信息重新给了美国希望，证明它仍是一个充满变革力的国家，不仅在国内，而且在国际范围。他抛弃了 21 世纪初的干涉主义，宣称美国应该通过在全球范围内与其他国家合作来增强实力。奥巴马在国内外都大受欢迎，起初似乎有望成为自约翰·肯尼迪以来最能切中时代精神的总统，而他文采卓绝的演讲一直在承诺要做出改变，虽然通常并没有指明是何种变化。

但奥巴马并没有进行根本性变革的空间，其中很重要的原因是，他从前任那里接手的是自 1930 年代大萧条以来最为严重的全球金融危机。有些经济体在 20 世纪 90 年代末期就已经察觉到严重不稳定的迹象，在亚洲金融危机期间，或在俄国变化无常的赌场资本主义中（到 21 世纪初，这已让多数俄国人遗憾苏联时代的安稳一去不返）。在美国，最大的能源公司之一安然在 2001 年破产，此外特别是两家由政府赞助的抵押贷款公司在 2008 年夏季破产，都对市场的某些基础运作原则敲响了警钟。但冷战结束的方式，似乎无所不能的市场力量，以及相伴随的更为激进的自由市场观念，已经让大多数监管机制被搁置。整个体系注定要迎来一次失败。

最终引发危机的，是美国房价泡沫破灭。银行和买家们都曾表现出似乎房价会永远上涨，似乎贷款利率会永远那么低。2007 年，利率仅仅略微上调，房地产价格就随之下降。很多买家再也负担不起更高的房贷，被迫抛售，从而引发全国性房价的断崖式下滑。在某些地方，比如佛罗里达，价格下降达 70%。

对以低边际收益发放贷款的银行来说，这是很坏的消息。但更糟糕的是，大多数银行都直接或间接卷入了"次级贷款"中。这种抵押贷款的借贷者，实际上仅在最乐观情况下才还得起贷款。家庭和银行都承担了过高的风险，这引发了几乎三代人都没见过的大规模金融危机。2008 年 9 月，美国第四大投行雷曼兄弟破产，债务高达 7 500 亿美元。尽管该银行的资产足够覆盖大部分债务，但它的破产还是引发了金融市场的连锁反应，美国的一个股票价值指数甚至在 7 个月时间里缩水超过 50％。

奥巴马总统于 2009 年 1 月宣誓就职后，被迫把其他优先事项搁到一边，全力处理金融危机事宜，因为它有可能蔓延为一场全球大萧条。通过一揽子联邦财政刺激——主要是增发纸币和加大政府开支——行业和社会免于遭受最糟糕的直接冲击，至少在最初是这样。美国政府和其他各国政府还强令实力不够的银行进行资本重组（意味着被国家或其他银行收购）。但公众对市场的信心已经大为动摇，信用越来越难获得。在消费者的不确定心理和股市的动荡表现刺激下，金融危机的影响一直在延续。迟至 2011 年，北美和欧洲的失业率仍然高企：西班牙是 20％，爱尔兰是 15％，美国是 9％。这些数字还没达到大萧条的地步，但已经是一场相当长期也相当厉害的衰退的迹象了。

有些人提出疑问，是否更深层次变化的迹象也出现了，比如资本主义体系呈现出了结构性弱点，或是全球财富和权力在从西方向东方转移。唯一清楚的是，缺乏监管和对风险的偏好已经造成了一场大规模危机，这是一场大多数人都无法逃脱的危机，是人类财富的一次大规模波动的产物。在欧洲，政治影响是巨大的：债务危机导致从爱尔兰到希腊的多国政府下台，在某些时刻，甚至连欧元能否继续存在都出现疑问。英国工党政府在 2010 年被由保守党和自民党组成的不稳固联盟取代，新政府实行了自第二次世界大战以来最为严厉的公共开支紧缩政策。不过，如果说人们对政府怨声载道的话，他们对银行家就更是如此。明目张胆的投机和不负责任行为被视为这次危机的主要起因。但很少有人停下来想一想，是否目前的跨国金融体系已经过于复杂，以至于根本没有人能完全了解这个体系。毕竟，人类大脑的进化乃是为着更为不同的目的，而不是去追踪股市上的交易量波动（即便是伟大的阿拉伯数学家花拉子密①，也会被这些数值搞晕掉）。

有些人相信，人类历史正在出现一个长期趋势，亚洲在人类事务中的重要性在日益增长，而这场危机正是这个趋势的一种表征。他们的观点现在非常热门。中国渡过了这场危机，所受的损失似乎小于西方，这场让世界其他地方元气大伤的危机带给东亚经济的影响，似乎还不如2011年日本发生的大地震和海啸（造成至少16 000人身亡）。这些人认为，整个北大西洋世界都过得力不从心，它们的经济与亚洲相比已经越来越缺乏竞争力，而它们过多的外债如今已无力偿还，还不限于经济上。尽管这种观点也有几分道理，但过于简单地总结了2008年危机的真正起因和结果。事实是，作为生产者和消费者，作为工具和观念的制造者和使用者，世界已经越来越紧密连接在一起了，以至于世界某一部分发生的危机没法不影响到其他部分。亚洲可能会飞速发展，但从今往后，它将在很大程度上始终被其他地方发生的事件所影响。

当代历史的紧密相关性，在2011年春天体现得特别明显。那一年，阿拉伯世界突然出现了巨大的变迁。与许多伟大的革命一样，这一次的开端也是一件小事，却将影响到数以百万计的人。位于沙漠边缘的突尼斯小镇西迪布济德（Sidi Bouzid），当地管理部门没收了一个年轻卖菜小贩的推车，还在他试图抗议时扇了他一巴掌。结果小贩在

① 约780—约850，波斯帝国的数学家，被称为"代数之父"。——译者注

绝望中采取了极端措施，在地区政府门口自焚。穆罕默德·布瓦吉吉（Mohamed Bouazizi）惨烈的死亡引发了全市镇的示威游行，并很快蔓延到其他城镇。到 1 月底时，已统治突尼斯长达 23 年的独裁者外逃开始流亡生涯，赶走他的人们开始着手进行整个阿拉伯世界从没有过的一种民主改革。

这次事件被称为"阿拉伯之春"，它最终转变成对阿拉伯世界到处可见的独裁体制、侵犯人权、腐败、经济衰退、年轻人失业和普遍贫困的集体抗议。它出现的方式耐人寻味：起初最多只是一场为捍卫年轻生命的尊严而举行的抗议活动。人们的武器主要是和平抗议，至少最开始是如此。但当独裁者们抵制变化，反叛就爆发了。在埃及这个人口最多且被众多阿拉伯人视为文化中心的阿拉伯国家里，2011年 2 月，总统穆巴拉克在长达 30 年的统治之后，被占领了开罗中央广场的年轻人逼迫下台。变化似乎一波接一波来临。也门总统被迫辞职。摩洛哥国王和约旦国王同意逐步引入完全的民主。在利比亚，统治时间最长的独裁者穆阿迈尔·卡扎菲大大误判了公众的情绪，最终不仅被赶下台，还一直遭到追捕，在 10 月被杀身亡。

利比亚的变迁，是在数月的战斗和北约介入并帮助反对派后才发生的。这次干预受到了多数利比亚人的欢迎，也是由阿拉伯联盟正式请求的。这些变化发生的方式最能说明问题：十年来，西方一直对各种形式的伊斯兰思潮充满猜疑，此时却介入利比亚事态，庇护当地反对派——其中很多人有伊斯兰背景。而他们所面对的这名独裁者，虽然有些迟，但在此前最清醒的时刻，还曾特地与西方合作反对"恐怖分子"。随着奥巴马总统结束对伊拉克和阿富汗的占领（一个重要原因是美国已经负担不起所需的代价），整个伊斯兰世界的政治局势似乎也正在改变。"9·11"事件幕后的恐怖组织头目本·拉登，于 2011年 5 月在美国闯入巴基斯坦实施的一次军事行动中被射杀，此时正值数以百万计的年轻穆斯林走上街头，要求民主和对个人的尊重。历史的走向有时非常难以预见。

但相比阿拉伯世界的萧条，有些问题更难以追根溯源。在海地——哥伦布正是在这个加勒比海小岛上建立了欧洲人在美洲的首个定居点——2010 年发生了一场大地震，首都及周边地区的很大部分被损毁。近 25 万人丧生。但与日本不同，重建措施并没有减轻海地人民的痛苦，尽管单美国各个救援组织的捐款就将近 20 亿美金。关于地震及其后果的消息首次让海地这个国家登上各大国际媒体的头条，但它存在的问题却由来已久。这个国家是西半球最贫困的，年人均 GDP 仅 667 美金。国内的大多数精英群体都更喜欢生活在美国，那里离海地乘飞机不到两个小时，但年人均 GDP 却高达 47 600 美金。不过前往美国的经济舱机票价格大概是 300 美金，大约相当于海地人均年收入的一半。

海地的问题是普遍的贫困，和广泛的社会不平等。导致贫困的众多原因中，首先就是受教育程度和基础设施的不足。政治上的无力也有影响，但这到底是腐败的副产品还是其表现，就很难讲了。清楚的是，世界各地提供的援助都无法就此解决海地的问题。要使有类似问题的任何地方得到改观，都只能从内部着手。但如何打破这种痛苦的循环却是个难题，尤其是在这样一个国度：贫困导致的各种疾病肆虐，婴儿死亡率也高达惊人的千分之九十（加拿大的数值仅为千分之五）。海地还将继续颤巍巍前行，问题在短时间内是挥之不去的。历史往往似乎在人们最急需变革的时候走得最缓慢。但如果历史的确教会我们点什么的话，那就是：引发变化的力量一直都在，哪怕是在最黑暗的角落里。

第6章　整体世界历史

本书讲述的故事没有终点。无论多么充满戏剧性和干扰性，世界历史都不可能急刹车，或在一个明确的时间界限停止。在作者选择停笔的那一年结尾，完全出于形式的要求；关于当前历史进程的未来，难以判断，因此只能就此停下。因为历史是一个时代认为值得注意而另一个时代却认为没有价值的东西，所以最近发生的事件将会获得新的意义，当人们一次又一次思索是什么创造了自己所处的世界时，当前的模式将失去其清晰的轮廓。即使几个月里，眼前的当务之急也可能大变样，如今的事件可以变化得如此之快。展望越来越难。

这并不意味着记载仅仅是对于事实，或对于如万花筒般变幻的一系列事件的汇编。可辨别的趋势和力量，是在长时段、大范围起作用的。从最深远的尺度看，引人瞩目的是如下三种相互联结的趋势：变化的日益加速，人类经验的日益统一，以及人类控制环境能力的日益增强。在我们的时代，人类首次让一个真正统一的世界历史清晰可辨。的确，对于所有怀抱理想主义的人来说，"同一个世界"的说法未免苍白无力。冲突和争端无处不在，20世纪的暴力事件比以往任何时候都要多。即使没有激化成公开争斗，这个世纪的政治也代价高昂、充满危险，冷战再清楚不过地展示了这一点。而现在，进入新世纪不久，新的分化仍在出现。讽刺的是（即使比50年前稍少一些坚定），联合国的运行方式所基于的理论仍然是将地球表面分为属于近200个主权国家的领土。巴尔干半岛或缅甸或卢旺达的殊死斗争可能重新开启，而许多人却要坚持伊斯兰与西方文明冲突那样的简单性，尽管阿富汗这样一个如此伊斯兰化的国家也按照部落差别被划为好几部分。

沿同样的思路还可以说更多。但这并不意味着人类现在共享的事物不比过去更多。蹒跚前行的统一拴紧了人类。最初源于基督教的历法，现在是世界其他地方大多数政府活动的基础。现代化意味着目标的共性在日益扩大。文化冲突的确频繁，但过去显然冲突更多。如今，我们是在日常生活层面上共享数以百万计个人的经验。如果社会是可供参考的事物的集合体，那么我们的世界所分享的比以往任何时候都多，即使成悖论的是，人们仍旧在日常经验中强烈感觉到彼此的差异。然而，虽然那些住在邻近村庄的人说着迥异的方言，虽然他们大多数人终其一生很少离开自己家园十英里，甚至他们的衣服和工具，也可能在形状和工艺方面彰显了技术、款式和习俗的巨大差异，其实在许多重要方面，这类体验的差异程度在过去要比今天大得多。

过去的巨大物质、种族和语言差异要比今天的更难克服。这是因为通信的改进、英语作为全球通用语言在受过教育者当中的普及、大众教育、日常必需品的批量生产。旅行者仍然可以在一些国家看到具异国情调或是自己不熟悉的衣服，但全球大部分地区的更多人现在的穿着比以往更相近。苏格兰方格呢短裙、土耳其长袍、和服正在成为游客的旅游纪念品，或小心保存的情感记忆，但在有些地方传统服装越来越成为贫穷和落后的标志。少数保守和民族主义的政权努力坚持自己过去的符号只能证实这一点。伊朗革命者要求妇女回归披巾，因为他们觉得从外面的世界涌入的体验对道德和传统具有腐蚀性。相形之下，彼得大帝命令他的臣子穿西欧服饰，凯末尔禁止土耳其人穿菲斯，以宣布转向一种进步、先进的文化，并面向新的未来迈出有象征意义的一步。

不过，现有共享经验的基础，仅仅是任何有意识努力的附带后果。也许这就是它被历史学家如此忽视的原因之一，他们对此不感兴趣。然而在较短的时间里，数以百万计拥有不同文化背景的男子和妇女借助电力、空调和医学，一定程度上克服了气候差异的诸多影响。现在世界各地的城市都对路灯和交通信号习以为常，都有警察当值，都在超市和银行以相近方式交易。城市里可以买到相同的商品，在大多数其他国家也不例外（当季时，日本也卖圣诞蛋糕）。语言不通的人们在不同国家检修相同的机器。汽车到处吵吵嚷嚷。虽然一些地方的农村地区仍在逃避这些现代生活物品，但大的城市（全球城市人口已超过农村地区，这是人类历史上第一次）却不然。然而，数以百万计的城市居民同样共享着肮脏、经济动荡和相对的贫困。无论开罗、加尔各答和里约的伊斯兰教、印度教和基督教渊源有何不同，无论城里有清真寺、寺庙还是教堂，这几座城市都在制造大体相似的贫穷（而对少数人，是相似的富足）。其他不幸，现在也能更轻易地共享。现代运输工具方便了人口往来，也意味着疾病的传播更胜以往，这也是由于旧的免疫力消失。每一个大洲（或许南极洲除外），现在都出现了艾滋病，它每天要夺去近 6 000 人生命。

　　甚至在许多世纪前，一位从罗马帝国前往东汉都城洛阳的旅行者，也会比一个现代旅行者发现很多更大的反差。富人和穷人的衣服被裁剪成不同的款式并由不同材料制成，他吃到的食物异乎寻常，在大街上他会看到不熟悉的动物种类，士兵的武器和铠甲看上去也很不一样。连手推车也有不同的形状。而一个现代的美国人或欧洲人却不会在北京或上海看到什么令人惊讶的东西，即使这个国家在很多方面还比较保守；如果他选择吃中国菜（也可以选择吃别的菜）可能会有所不同，但中国的客机看起来没什么不一样，中国的女孩也穿网眼连裤袜。甚至不久之前，中国人还驾驶中国式帆船远航，外形迥异于同时代欧洲的柯克船或卡拉维尔帆船。

　　共享的物质现实，推动了精神目标和责任的共享。现在生产出来的信息和大众娱乐可供全球消费。流行音乐家环游世界，仿佛行吟诗人闯荡中古欧洲（比后者更轻松也更赚钱），在不同的国家演唱和表演。尤其是年轻人，高兴地放弃了独特的本地生活方式，转而追逐新潮流，这将他们与远方那些口袋里有闲钱的年轻人连接起来——现在他们数以亿计。一模一样的电影，配音和配上字幕，面向全世界的观众播放，让他们从中获得类似的幻想和梦想。在一个不同的和更有意识的层面，民主和人权的语言比以前得到了更广泛的流传，至少在口头支持了西方的公共生活概念。无论政府和媒体的实际意愿怎样，都认为必须反复强调自己相信民主、法治、人权、性别平等之类的理想——不过时不时也会曝出丑闻，诸如实践当中的虚伪，未得到承认的道德分歧，还有某些文化（仍拒绝改变它们视为自身传统和感情的东西）对这些观念的断然拒斥。

　　确实，数以百万计的人仍旧居住在村庄，在高度保守的社会依靠传统工具和方法苦苦挣扎谋生，而富国和穷国的生活之间一目了然的不平等，令过去那些差异相形见绌。有钱人现在比以往任何时候更富裕，有钱人还越来越多，同时按照现代标准一千年前所有社会都很穷。所以，至少就此而言，后者彼此的日常生活比今天更相近。每日艰难糊口，生命在不可知现象面前不堪一击，如同草芥被无情的力量砍倒，这是当时所有男女的共性，无论他们说何种语言或遵奉何种信仰。现在，大多数人都生活在人均年收入超过3 000美元的国家——超过这个数字就被联合国称为"中等收入国家"。但即使在这些国家，多数人的年收入还不到这个数字的十分之一，甚至在穷人中又有巨大差别。这种差异是一个短暂历史时期的相对新近的产物，我们不应假定它们会长久持续，正如不应假定它们会轻易或迅速地消亡。

　　在至少一个世纪里，即使是最贫穷国家的领导阶级和精英，也将某种现代化理想视为摆脱自身困境的一条出路。他们的愿望似乎证实了那种源于欧洲的文明的普遍影响。有些人认为现代化只是技术问题，更为根本的信仰、机制和态度问题才是社会行为的首要决定因素，但这回避了物质经验如何塑造文化的问题。越来越多证据显示，某些主导观念和机制，连同物质产品和技术，已经扩散到全人类。无论联合国《世界人权宣言》这类文件产生了何种实际影响，显而易见的是，在拟定和签署它们时所透露出的旨趣十分强烈，哪怕一些签署者几乎没有意愿尊重它们。这些原则的确是源于西欧传统，无论我们认为这个传统贪婪、暴虐、残酷和力求剥削，抑或真正进步、仁慈和人性化，都无关紧要。阿兹特克和印加文明没能抵挡住西班牙人，印度和中国文明面对之后的"法兰克人"也只是稍微成功一些。无论这类陈述本身真实与否，对于其背后的事实，钦佩或反感并非要害。它们只是记录了这个事实：欧洲重塑了旧世界，创造了现代世界。

一些根本上源于欧洲的"西方"观念和制度，常常遭受深深的反感和抵制。对待妇女的方式，伊斯兰教社会和基督教社会之间并不一样——这里不讨论是好是坏——但在当今的所有伊斯兰社会间也不同，而在所有我们所谓的"西方"社会间照样如此。印度人仍然参考占星术来选定婚礼日期，而英国人则可能认为火车时刻表（前提是他们能获得准确信息）或有毛病的天气信息——他们认为这很"科学"——更有参考价值。不同的传统，甚至对相同技术和观念的利用方式也不一样。日本资本主义的运作方式与英国相异，任何解释都只能在两个民族的不同历史中，虽然两者在其他方面接近（比如都是很少遭受入侵的岛屿族群）。然而任何其他传统，都没有在陌生环境中表现出与欧洲人一样的影响力和吸引力：作为世界的塑造者，欧洲文明独一无二。

其至其最粗野的表现形式——对物质的贪婪和不知足——也显示

出这一点。曾经以非物质世界的核心地位以及道德的自我精进为基础的各个社会，如今都接受了这一信念：物质生活水平的无限改善是一个合适的目标。人为的变化是可能的，这个观念本身就有深刻的颠覆性，下列观念同样如此——人为的变化可能是通往幸福之路。今天的许多人在自己有生之年就亲历了事物的变化，也预感到未来或许会变得更美好。人们广泛、毫不犹豫也未加深思地同意，人类的问题是可控的或至少可补救的，这是一个重大的心理转变；然而即便是几个世纪前的欧洲人，也很少有人能预见这一点，更别说坚信了。虽说今天仍有数以百万计的人，在生命大部分时间很少展望未来，除非怀着悲伤和忧虑这么做——那是因为他们经常挨饿，所以唯有打起精神才能去考虑——但在正常情况下比以往更多的人已不再挨饿，也不会有明显的风险会挨饿。与以往相比，现在有更多的人理所当然地认为不必考虑什么真正需求。比这少一些但数量仍然庞大的人，相信自己的生活会改善，比这多得多的人则感觉到会改善。

在未来展望方面的这种变化，当然在富裕社会中最明显，它们现在消耗的地球资源比几十年前的富裕社会要多得多。在西方世界，尽管还存在相对贫困的少数群体和下层阶级，但大多数人在这个意义上都堪称富足。仅仅约 200 年前，一个典型的英国人一生当中除了靠双腿步行，几乎不可能离开他的出生地几英里。仅仅 150 年前，他都享受不到稳定的清洁水供应。100 年前，他很有可能因为一起意外事故，或是无药可医的疾病而残废乃至于死亡，他也得不到护理服务，同时很多人都像他及其家人那样吃着低劣的饮食，既缺乏平衡又欠营养（就别提什么单调和倒胃口了），如今在英国只有最穷的人才吃这些东西；他们到了五六十岁时（前提是他们能活这么长），能够想见自己的老年将是如何痛苦和潦倒。其他欧洲人、北美人、澳大利亚人、日本人等等，都大同小异。现在即使是全球数以百万计的最贫穷者，也可以瞥见自己的生活迎来改观的曙光。

还要重要的，是那些逐渐相信这种变化可以去追求、去推动以及去实际激发的人。政治人物就是如此告诉他们。现在很显然，人们和政府毫无保留地相信，事实就是自己以及自己社会的生活当中的许多问题有可能获得解决。很多人因而走得更远，觉得这些问题的确会得到解决。当然，这在逻辑上并非理所当然。我们有可能面临着便宜的化石燃料耗尽，以及水供应枯竭。而且若是我们还记得 20 世纪在社会工程方面的某些尝试，或是那些成本巨大却招致不幸与流血的迷信、宗派主义、道德偏执以及狭隘忠诚的话，我们也可能怀疑通过重整世界来增加人类幸福的总量有何成效。

然而，与以往相比，更多的人认为自己的大多数问题基本上是可以解决或可以补救的。这是人类态度的一场革命。毫无疑问，其最深层的根源，要远远追溯到人类操控自然的能力缓慢增长的史前岁月，那时人们还在学习控制火，或是击打燧石取火。这样的操控或许可行——但这一抽象观念则可能是很久之后才形成，起初只是某些关键时代和文化区域中的少数人的洞见。这个观念现在却司空见惯，在全世界广为接受。我们现在理所当然地认为，每个地方的人都应自问，并且也会自问，为何事物明明可能变得更好，却还未改变。这是整个历史上最伟大的变化之一。

过去几个世纪人类操控物质世界的能力不断增长，为这个变化提供了最明了的根据。科学对此提供了工具。现在提供的就更多了。我们站在一个新时代的前沿，在这个时代人类有能力比以往更为根本性地操控自然（例如，通过基因工程），这既带来希望，又造成威胁。或许在将来世界，人们可以设计，比方说，某些私人订制的未来。现在已可以想象，他们可以计划对未出生的后代进行基因编制，以及在信息技术到位后为自己购买"现成的"经验，以创造出比现实更完美的虚拟现实。如果人们愿意的话，或许他们可以在自己构筑的世界，而非由寻常的感官经验提供的世界，过上更接近自己设想的生活。

这种推想大概令人生畏。毕竟，它们很可能预示着混乱和倾覆。与其自问什么可能会或不会发生，最好还是脚踏实地地沉思历史，沉思是什么已经改变了人类过去的生活。例如，物质生活水平的变化改变了政治，这不仅是通过改变预期，还是通过改变政治人物决策的环境，机构运作的方式，以及社会的权力分配。现在只有在少数社会，宗教还能够或者确实仍在按以往的方式运作。科学不仅大幅扩充了人类可用于征服自然的知识工具包，而且在日常生活层面改变了数以百万计的人视为理所当然的事物。在20世纪，对于人口数量的大幅增长，对于国家间关系的根本改变，对于世界经济中某些版块的兴衰，对于通过几乎即时的通信让世界联成一体，对于还要多得多的最令人吃惊的变化，它都是重大原因。而且，无论过去一个多世纪在政治民主方面达成或错失了什么，由于科学，实际自由出现了伟大扩张。表达在先进技术中的科学知识，绝大多数源于现代的西方（尽管其根基往往在亚洲），它们很快就影响到了全球。

唯有富裕社会的知识精英，才在人类经由科学和技术（而非诸如经由魔法或宗教）操控世界的能力方面拥有一些自信的条件，直到20世纪60年代左右，这种自信都显而易见并几乎未遭挑战。不过，这样的条件或许还任重道远。我们现在对自然环境的脆弱性，乃至进一步恶化的可能性已有更多了解。一种新的认识是，从自然开发中获取的明显收益并非全无代价，有一些甚至有可怕后果，况且更为根本的是，我们还不具备相应的社会、政治方面的技巧与结构，以确保人类能对知识善加利用。公共政策讨论刚刚才给予由此引发的诸多议题以应有重视，其中最受瞩目的议题可以概括为"环境"——污染、土壤侵蚀、水供应减少、物种灭绝、森林枯竭则是当中最受关注的。

这种认识在近些年给予"全球变暖"（地球表面的平均气温上升）问题的关注中体现得很明显。该问题据信是源于大气层以及影响热量扩散与流失速率的同温层的变化。事实本身直到最近仍有争议，但1990年在日内瓦举行的一次联合国会议承认，全球变暖的确是一个不断增长的危险，这很大程度上是人类排放到大气中的气体不断累积的结果。人们同意，这在一个世纪里已经让平均温度明显上升；气候变化事实上比末次冰期以来的任何时候更快。目前，权威的共识是人类活动是这一现象的主因。

围绕进一步升温的可能速度及其可能后果（例如海平面上升）的争论还在继续，但针对由人类引发的气候变化，一个框架公约已经开始筹备工作，并在1992年通过。其主要目标是稳定排放水平，使得到2000年能维持在1990年水平。1997年在京都，这变成一项覆盖所有主要"温室"气体（如其所称）排放的有法律约束力的协议；它强制规定了减排目标和时间表，发达国家要承担主要责任。目前已有191个国家和地区批准该议定书，这给出了一些希望。但是美国仍未同意，并且缔约国的当前目标也非常适度：把全球平均气温升幅控制在工业化前水平以上低于2摄氏度之内。此外，人类引发的气候变化，其不利影响的迹象还在激增，同时在洪水泛滥方面，对气候变化造成的损失寻求法律救济的最初尝试已经开始。

20年左右的时间，几乎不足以期望或确实找到政治上可接受的办法，以解决这个牵涉如此之广的问题。似乎没有理由认为事态在可能改观之前，不会先恶化，但更重要的是，广为接受的解决办法绝非找不到。毕竟，人类对科学的信心是基于确切的成功，而非基于幻觉。即便这种信心目前还需要更多条件的充实，那也是因为科学向我们提供了应予考虑的更多知识，才有可能那么做。我们有理由说，既然人类早在史前时期就取代了更大型的哺乳动物，因而一直在制造大量不可逆的变化，那么随之，哪怕现在遭遇了一些严重问题，人类的工具包似乎也并无耗竭的迹象。人类在面对冰期的挑战时，无论知识资源还是技术资源，都比今天面对气候变化时贫乏多了。若是在我们改变过的环境里，对自然的干预导致了新的耐药细菌的出现（经由自然选择产生的突变），那么旨在制服它们的研究也会跟进。更有甚者，倘若新的证据和考量迫使人类放弃"全球变暖主要是由人类导致"这个假定——比方说，不受人类控制或操控的自然力量，例如造成史前大冰期的那些力量，才是正在发挥作用的决定性力量——那么科学也会转而用于应对其后果。

长远来说，哪怕是不可逆变化，也不足以让我们马上放弃对于人类摆脱困境的力量的信心。虽然我们可能已永远失去了一些选择，但适用人类选择的竞技场——历史本身——不会消失，除非人类灭绝。人类的确有可能因为独立于人类行动的自然灾难而灭绝，但对此妄加推测无甚用处（即便对其精确演算），除非设定有限的条件范围（比如，地球遭可怕的小行星撞击）。人类仍然是一种具有反思能力、会制造工具的动物，其潜力还远远没有耗尽。正如一名学者的惊人之语——从其他生物的角度来看，人类就其成功的竞争力而言，从一开始就像是一种流行病。不过，先不谈人类对其他物种做了什么，数量和寿命上的证据似乎依然显示，人类的操控力量迄今带给全人类的好处要多于伤害。哪怕科学技术制造某些新问题的速度暂且快于找到解决办法的速度，这一点照样成立。

人类的力量，近乎潜移默化地推动了某些假设和神话——它们源自欧洲自由主义的历史经验——往其他文化的良性传播，其中有一种对待政治的乐观态度，尽管在近期尤其是当前也有相反迹象。比方说，要有效应对全球变暖，社会适应很可能意味着巨大代价，此外是否还意味着大范围痛苦和强迫也成问题。不过，鉴于各种政治参与形式得到广泛采用，我们对于自己制定政治解决方案的协作能力还是满怀信心。如今，共和制遍布世界各地，几乎所有人都在高谈阔论民主和人权。到处都在努力让政府及行政部门合理化和实用化，都在努力复制欧洲传统当中得到成功实践的制度模式。当黑人男子大声控诉他们所在的社会受白人支配时，他们希望为自己争取的人权和人类尊严的理想，也是由欧洲人逐渐改进。几乎没有哪种文化能够完全拒斥这个有力的传统：中国早在接受市场之前很久，就接受了马克思和科学。某些文化的抗拒比别的文化成功一些，但几乎无论何处，其他伟大政治文化的特性都在某种程度上遭到了削弱。当现代化的推动者试图在西方政治模式内部择善而从时，他们发现这绝非易事。若愿意付出一定代价，那么选择性的现代化固然有其可能，但现代化常是一个整体，难免有某些不合意的内容。

对怀疑者来说，民族主义的持续活跃最有力地证明了，政治文化的不断趋同对于社会福祉可谓吉凶难料。近百年来，民族主义几乎在全世界都大获成功。今天最大型的"国际"（这个词得到普遍接受，这很重要）组织称为联合国，其前身是国际联盟。旧的殖民帝国已经分解成大批新国家。当前的许多民族国家必须向少数族群证明自己存在的合法性，以及自己有权立国，因而有权脱离并自我治理。如果某些少数族群希望脱离自己所属的国家——例如某些巴斯克人、库尔德人和魁北克人——它们的旗号就是假想的国家地位。在满足其他意识形态无力触及的渴求方面，民族国家似乎最为成功；它已成为现代社群的主要创建者，令阶级和宗教都靠边站，它在这个日益现代化的世界（旧有纽带已于此间式微），为漂泊无定的人群提供了意义感和归属感。

如出一辙，无论如何去看待国家机制或是民族主义观念的相对兴衰，当前的世界政治都大体是围绕源于欧洲的概念而组织起来的，即使在实践中备受质疑并且面目模糊；与之类似的还有今日世界的知识生活，它也正处于围绕源于欧洲的科学而进一步组织起来的过程中。不可否认，恰如历史故态，文化移植的过程可能无法预知，于是后果也出人意料。诸如国家和（自我主张的）个人权利等概念，在离开原产地后所产生的影响远远超出了输出者的想象——这些输出者当初之所以信心满满地鼓励他人采纳，是因为相信正是那些原则令自己成功。新机器的引入、公路铁路的建设与矿井的开采，以及银行和报纸的开办，经由符合或是不符合人们期待和想象的方式，改变了社会生活。如今，电视正在延续这个一旦开始，就不可逆转的过程。只要普遍性的方法和目标得到接受，无法遏制的演化就注定要开始。

很有可能，首先由欧洲人发明的观念和技术，最终会在来自其他文化的人们手中和脑海中孕育出未来全球通行的形式。的确，如今我们可接收到的大多数信息都在一边倒地暗示这种可能性，至少在某些领域是这样。过去 50 年里发生的故事，其大框架似乎是财富和权力逐步从西半球向东半球转移，并因 2008 年金融危机而进一步加速。这在人类历史上并不是什么新鲜事。在很多方面它只是对 19 世纪之前的世界形势的回归。那时亚洲是地球上生产力最高的大洲，虽然其技术水平并不总是最高。不过这当然也并不意味着，欧洲及其众多衍生出来的分支在今后不断展开的历史中就可有可无了。但这也确实表明，或许，未来全球文明中一些重要的元素，将以北京或德里为中心创立，而不是以华盛顿、巴黎和伦敦。

围绕人类如何应对变化，这样的进展将提出各种各样的疑问。虽然人类还在继续形塑历史的进程，但已无法如过去那般长期控制它。即使在得到最严格控制的现代化尝试中，新的、意外的需求和趋势也不时涌现。或许其间也在浮现出隐忧——现代化的成功可能传达给了人类一些目标，它们在物质和心灵上都难以实现，并在按其本性不断扩大、永不满足。

对这个前景不可轻慢待之，但预言并非历史学家的工作，哪怕假装成推断也不行。不过猜测还是可行的，若是它们能阐明当前事态，或有助于教学的话。化石燃料可能会走上史前大型哺乳动物在人类猎人手中消失那样的老路——或者也可能不会。历史学家的主题还是在过去。这才是他要讲述的全部。如果是不久前的过去，他可以尝试去看清过往事物的一致性或不一致性、连续性或不连续性，并且诚实地面对涌向我们的大量事实所造成的难题，特别是在近代史领域。恰恰是它们造成的这种困扰，意味着出现了一个史无前例的革命性阶段，迄今关于变化不断加速的全部论述都呼应了这一点。另一方面，这并不意味着上述更加暴烈、深远的变化就不会以一种易于解释且大体可理解的方式，从过去浮现出来。

部分是因为认识到了这类问题，所以今天看待世界的许多思路，都不像以往那般头头是道。许多世纪以来，中国人考虑问题的角度都毫无困扰且确定无疑：世界秩序的核心，通常是定都北京的那个君临天下的王朝，且由神圣天命来维持。对于国家这个抽象概念，穆斯林曾经并不太重视，现在仍有些人不太当回事；对于某些人来说，信徒和非信徒的区别更重要。数以百万计的非洲人过去没有任何科学理念，照旧习以为常。与此同时，那些生活在"西方"国家的人可能在心目中将世界分为"文明"和"不文明"，就像英国人在板球场上马上能区分"业余球手"和"职业球手"一样。

如此强烈的分野如今已受到那般深刻的侵蚀，这标志着我们终于成了"同一个世界"。中国的知识分子现在运用着马克思主义或自由主义的表述。在吉达和德黑兰，有思想的穆斯林必须面对一种张力，这边是宗教的吸引，而那边，面对陌生的现代主义的危险诱惑，仍有着至少能获得一些知识性了解的需要。印度有时似乎也会出现精神上的牵扯，一边是领导人在 1947 年所设想的世俗民主价值，另一边则是过去的影响。然而，过去总是与我们所有人同在，不论是好还是坏。历史，我们必须承认，依然在与我们的现实相互纠缠，且丝毫未见走到尽头的迹象。

译后记

　　人类文明史既有宏大叙事，也充满了生动细节，既见证着民族国家的兴旺与衰败，也反映了英雄个人的梦想和血泪。事实上，真正决定文明发展的基本要素，是那些恒常存在的日常生活方式、社会习俗和文化心理等，它波澜不惊却暗流涌动，彼此关联而又催生变化，并裹挟一切外部因素，使之转变成自身发展和变化的动力。因此，那些关乎全球文明发展和彼此共生性因素，无一不成为研究的对象，无一不成为公众阅读的焦点。生态、交往、和平、安全、人口、疾病、食品、能源、犯罪等等问题，凡此，既是不同信仰、不同制度和不同文化的文明发展需要直面的，又是它们之间彼此交流、进行合作乃至相互促进的基础。在这种文明史叙述中，阶段性的政治内容相对淡化，长时段文明形态发展的基础——文化和社会生活得以凸显。文明史的目的是介绍、传播人类文明、文化知识与价值观念，更重要的是读者可以通过文明史的阅读进了人类尊严获得的历史，从而塑造自己的生活理念。

　　全球化的当下，我国地位不断凸显，我国与世界各国往来日益密切，一方面，需要我们阅读文明史，以便更真实、更全面、更深入地了解域外历史文化、价值观念；另一方面，文明史也可以培育人们更加开阔的思维、更加完善的人格。多读文明史，不仅能让人们认识到文明的多样性、复杂性，使人们能以兼容并包的思维看待世界和人生，而且可以从历史发展的多变中汲取有益的智慧，训练理性思考的能力。

　　在文化多元交融的全球化时代，了解、掌握人类文明知识和理念是当代中国人应该补上的一课。因此，学术研究不能局限于象牙塔，虽然这很重要，但更重要的是要让这些知识形态转变为普通民众也能接受的公众文化。况且，精英文化也是要靠公众文化的普及才能不断吸引更多的人才参与研究工作，文化也才能不断推陈出新，才能不断出现更多精英文化。这是一个相互依存、循环发展的过程，缺一不可。

投资大师罗杰斯给女儿的 12 条箴言，其中第 6 条就是"学习历史"，可见阅读历史获得的不仅仅是知识文化、经验教训，更重要的是会让民众明白人类历史实际上是一部人类尊严获得史。一书一世界，每位读者都可以在这本书中找到自己的世界。

最后要交代翻译的相关事情。该书是大家共同协作翻译的：贾斐（序言、第 3 卷部分），奚昊杰（第 1 卷），苗倩（第 2 卷），黄公夏（第 4、5、6 卷），陈世阳、林剑贞、黎海波（第 7 卷），黎海波、陈华东、魏晓燕、郭秋梅（第 8 卷），其余部分由我负责。

本书为上海市地方本科院校"十二五"内涵建设项目（知识服务平台）之上海市教师教育培训服务基地建设子项目世界文明通识教育与公众教育专项的成果，是上海高校都市文化 E-研究院的成果，上海高校一流学科（B类）世界史成果，得到教育部新世纪优秀人才支持计划资助。虽前后反复校对几次，但由于该书涉及的知识面比较广泛，难免会存在一些问题，恳请读者不吝赐教，便于再版时修订。

陈恒

2013 年 6 月 13 日

第六版补译后记

　　《企鹅全球史》英文原版从 1976 年初版以来，已历经四十多年的时间，先后进行了六次修订。前四次修订主要由原作者 J. M. 罗伯茨亲自完成，文字虽有增删调整，但文本的主体部分基本没有太大的改动。第五次修订时，由于原作者健康状况的原因，请 O. A. 维斯塔德教授参与，由他修订和扩展了卷八，主要是新增了 21 世纪人类历史，但其他部分仍然基本维持原状。

　　但 2013 年出版的第六版，完全由 O. A. 维斯塔德教授完成修订。这一次修订，他一方面保持全书若干宏观的特色和主旨不变，比如"高屋建瓴的能力和优美的行文"；比如强调"普遍的、主要的、本质的"，以及它们之间的相互作用，而不是事无巨细地记录史实；比如认为"人类文化之间的交流与合作，始终比它们之间的对抗更为重要"。但整体而言，第六版的调整和改动相当大，是"根据新的历史知识和解释对文本进行的重构……将是为新世纪而写的一本新的世界史"。维斯塔德教授也已经在第六版序言当中大致列出了修订内容，我们可以看到，除了卷三，其余每一卷都有不小的改动。

　　本书自第五版引进国内以来，也已经过去了十几年的时间。当年翻译第五版的译者团队也发生了很多变化，曾身为第五版编辑的我也已经转换身份，成为自由译者。此次为了更高效地完成第六版译文的修订、补译工作，也更好地对多人合译的译文加以风格上的统一润色，上述各卷修订文字的查对、补译、改译工作由我独立完成，并应出版社要求，对第八卷进行了全部重译。真诚地希望这些工作都没有白费，能更好地将原文的妙处传递给读者。

我们所处的时代信息爆炸，众声喧哗，但正如罗伯茨先生所说，出现在当天新闻里的东西不一定就重要，努力识别有用的东西才更加重要。时间的流逝渐渐累积起厚重的历史，时间的流逝也慢慢显现出事物的价值。让自己、让读者静下心来，回望这些长时段，并试着从中学会更长远地去展望未来，我想，这便是我们这些花费大量时间去写史、译史和出史书的人们那一点初心吧。

欧阳敏

2020 年 7 月于上海